IRANY FERRARI

MELCHÍADES RODRIGUES MARTINS

CONSOLIDAÇÃO DAS LEIS DO TRABALHO

DOUTRINA

JURISPRUDÊNCIA PREDOMINANTE E PROCEDIMENTOS ADMINISTRATIVOS

DO CONTRATO INDIVIDUAL DO TRABALHO

ARTIGOS 442 A 510

IRANY FERRARI

MELCHÍADES RODRIGUES MARTINS

CONSOLIDAÇÃO DAS LEIS DO TRABALHO

DOUTRINA

JURISPRUDÊNCIA PREDOMINANTE E PROCEDIMENTOS ADMINISTRATIVOS

DO CONTRATO INDIVIDUAL DO TRABALHO

ARTIGOS 442 A 510

Dados Internacionais de Catalogação na Publicação (CIP)
(Câmara Brasileira do Livro, SP, Brasil)

Ferrari, Irany
   Consolidação das Leis do Trabalho, 4 : doutrina, jurisprudência predominante e procedimentos administrativos : do contrato individual do trabalho, artigos 442 a 510 / Irany Ferrari, Melchíades Rodrigues Martins. — São Paulo : LTr, 2009.

   Bibliografia.
   ISBN 978-85-361-1387-6

   1. Contrato de trabalho 2. Trabalho — Leis e legislação — Brasil I. Martins, Melchíades Rodrigues. II. Título.

09-05295   CDU-34:331(81) (094)

Índices para catálogo sistemático:

1. Brasil : Leis trabalhistas 34:331(81) (094)
2. Consolidação das Leis do Trabalho : Brasil 34:331(81) (094)

© Todos os direitos reservados

EDITORA LTDA.

Rua Apa, 165 — CEP 01201-904 — Fone (11) 3826-2788 — Fax (11) 3826-9180
São Paulo, SP — Brasil — www.ltr.com.br

NOTA EXPLICATIVA

Este quarto fascículo cuida do Título IV da CLT, abrangendo os artigos 442 a 510, todos eles pertinentes ao Contrato Individual do Trabalho, e relacionados com disposições gerais, como remuneração, alteração, suspensão e interrupção, rescisão, aviso prévio, estabilidade, força maior e com disposições especiais.

Sem dúvida nenhuma, este é o Título mais importante do Direito Material do Trabalho tendo em vista as normas que devem vigorar em toda e qualquer relação de emprego, seja ela de origem tácita ou expressa, por prazo determinado ou ainda por força de sucessão trabalhista.

Como nos demais fascículos, nossa missão foi a de trazer à baila doutrina, jurisprudência predominante e procedimentos administrativos, de modo a levar ao leitor particularidades imiscuídas por trás dos textos legais.

Com o aprendizado deste Título, todo o Direito Material do Trabalho fica adstrito às formalidades consignadas na Introdução e nos direitos específicos de férias, 13º salário, FGTS, etc, porém todos ligados umbilicalmente à existência do Contrato Individual do Trabalho correspondente à relação de emprego.

Pode-se, assim, afirmar que o Direito do Trabalho não existiria sem o Contrato Individual do Trabalho e suas normas de caráter impositivo.

ÍNDICE SISTEMÁTICO

Título IV
Do contrato individual do trabalho
Capítulo I
Disposições gerais

Artigo 442

    1. Contrato de trabalho. Conceito, natureza jurídica e manifestação de vontade 21

    2. Contrato de trabalho. Capacidade das partes. Trabalho proibido e objeto lícito 22

    3. Contrato de trabalho. Notas características 24

        3.1 Contrato de trabalho e o princípio da realidade 24

    4. Empregador. Múltiplas facetas 25

    5. Empregado (Conceito e elementos configuradores) 25

        5.1. Policial militar. Relação de emprego 26

        5.2. Contrato de trabalho e o menor 26

        5.3. Contrato de trabalho entre cônjuges e familiares 26

    6. Dualidade do contrato do trabalho com o mesmo empregador. Possibilidade 28

    7. Contrato de equipe 30

    8. Administração Pública. Contrato de trabalho 30

    9. Sociedade cooperativa (parágrafo único) 31

    10. Sociedade cooperativa. Meio rural 33

    11. Trabalho rural. Contratação do trabalhador rural por pequeno prazo para atividades de natureza temporária (Lei n. 11.718, de 20.6.08 — DOU 23.6.08) 34

Artigo 442-A 34

Artigo 443 36

    a) Serviço cuja natureza ou transitoriedade justificar a predeterminação do prazo 37

        a.1) Contrato de safra. Lei n. 5.889/73 39

    b) Atividades empresariais de caráter transitório 39

    c) Contato de experiência 40

    d) Peculiaridades do contrato de experiência 40

        d.1) Contrato de experiência. Natureza jurídica 40

        d.2) Contrato de experiência. Finalidade 41

        d.3) Contrato de experiência e a anotação na Carteira de Trabalho e Previdência Social ... 42

        d.4) Contrato de experiência. Necessidade de justificativa dos motivos da extinção do pacto e o dano moral 42

        d.5) Contrato de experiência e cláusula assecuratória de direito recíproco de rescisão antes do termo final 43

d.6) Contrato de experiência e sua prorrogação automática	43
d.7) Contrato de experiência e a garantia de emprego	44
d.8) Contrato de experiência e o trabalho temporário	46
d.9) Contrato de experiência e o trabalhador rural (contrato de safra)	46
d.10) Contrato de experiência e o empregado doméstico	47
d.11) Contrato de experiência e o cargo de confiança	48
d.12) Contrato de experiência. Existência de acordo de compensação de horário pelo não trabalho aos sábados. Final do contrato. Efeitos	48
d.13) Contrato de experiência. Término e o repouso semanal remunerado	49
d.14) Contrato de experiência seguido de outro da mesma espécie	49
d.15) Contrato de experiência e empresa pública e sociedade de economia mista	50
d.16) Contrato de experiência e o ônus da prova	50
e) Contrato de trabalho. Tempo parcial. Lei n. 9.601/98	51
Artigo 444	**51**
Artigo 445	**53**
1. Contrato de experiência	54
Artigo 446	**55**
Artigo 447	**55**
Artigo 448	**57**
1. Considerações iniciais	57
2. Modalidades de sucessão	58
3. Sucessão trabalhista e contrato de concessão pública	59
4. Contrato de arrendamento e a sucessão trabalhista	59
5. Sucessão trabalhista e o desmembramento de municípios	60
6. Sucessão trabalhista e titularidade de cartório extrajudicial	60
7. Sucessão trabalhista e a Lei de Recuperação Judicial e Falência (art. 141, II e § 2º) da Lei n. 11.101/05	61
8. Sucessão trabalhista e o trabalho doméstico	62
9. Sucessão trabalhista e o trabalho rural	63
Artigo 449	**63**
Artigo 450	**65**
Artigo 451	**68**
Artigo 452	**69**
Artigo 453	**70**
1. Considerações preliminares	70
2. Readmissão. Soma de período anterior	71
2.1. Regime da CLT (Indenização) e do FGTS (Lei n. 8.036/90)	72
2.2. Somatória de períodos de trabalho e o prazo prescricional	72
3. Aposentadoria e a extinção do contrato de trabalho	72
4. Servidores de empresa pública e a sociedade de economia mista. Aposentadoria e somatória de contratos	77

Artigo 454 79
    1. Considerações preliminares 79
    2. Invenção e modelo de utilidade realizado por empregado e efeitos no contrato de trabalho .. 79
    3. Invenção e ou modelo de utilidade realizado por trabalhador autônomo ou o estagiário e a empresa contratante e entre empresas contratantes e contratadas 81
    4. Invenção e/ou modelo de utilidade ocorrido nas entidades da Administração Pública direta, indireta e fundacional, federal, estadual ou municipal 81
    5. Direitos intelectuais ligados à criação e utilização de *software* 82
    6. Direitos autorais e a situação de empregado. Dano moral 83

Artigo 455 84
    1. Contrato de empreitada e subempreitada e a responsabilidade subsidiária 84
        1.1. Competência 86
    2. Dono da obra. Responsabilidade pelas obrigações trabalhistas 86
    3. Terceirização de serviços e a responsabilidade subsidiária 87
    4. Terceirização de serviços e os órgãos públicos 90
    5. Ação regressiva e denunciação à lide 91

Artigo 456 91

Capítulo II
Da remuneração

Artigo 457 93
    1. Salário e remuneração 93
    2. Gorjetas 95
        2.1. Gueltas 96
    3. Importância fixa 97
    4. Comissões e percentagens 97
    5. Gratificações ajustadas 98
        5.1. Gratificação semestral 100
    6. Gratificação de função 100
    7. Gratificação por tempo de serviço 102
    8. Prêmios e gratificações 103
    9. Abonos 104
    10. Gratificação de natal ou 13º salário 105
    11. Diárias para viagem 106
    12. Ajudas de custo 107
    13. Salário complessivo 109
    14. Participação nos lucros ou resultados 110
    15. Programa de Integração Social — PIS/PASEP 112

16. *Stock Option*. Contrato de opção de compra de ações 113
17. Salário. Pagamento por fora. V. art. 464, item 2.5 115
18. Salário e a intimidade do trabalhador 115
19. Impenhorabilidade do salário 115

Artigo 458 117
    1. Comentários (*caput*) 118
    2. Alimentação 118
        2.1. Alimentação no meio rural e outras prestações *in natura* 121
    3. Habitação 121
        3.1. Habitação no meio rural 123
    4. Utilidades não consideradas como salário (§ 2º) 123
        4.1. (Inciso I, do § 2º). Vestuários, equipamentos e outros acessórios fornecidos aos empregados e utilizados no local de trabalho, para a prestação do serviço 124
        4.2. (Inciso II, do § 2º). Educação em estabelecimento de ensino próprio ou de terceiros, compreendendo os valores relativos à matrícula, mensalidade, anuidade, livros e material didático 124
        4.3. (Inciso III, do § 2º). Transporte destinado ao deslocamento para o trabalho e retorno, em percurso servido ou não por transporte público 124
            4.3.1. Veículo fornecido para o trabalho 125
                4.3.1.1. Vale-transporte 126
        4.4. (Inciso IV). Assistência médica, hospitalar e odontológica, prestada diretamente ou mediante seguro-saúde 126
        4.5. (Inciso V). Seguros de vida e de acidentes pessoais 127
        4.6. (Inciso VI). Previdência privada 127

Artigo 459 127
    1. Pagamento de salário. Estipulação 128
    2. Pagamento. Comissões e percentagens. Gratificações 128
    3. Época própria para o pagamento 128
    4. Mora salarial 130
    5. Atraso de pagamento de salário e o dano moral 131

Artigo 460 132

Artigo 461 133
    1. Identidade de funções e simultaneidade na prestação de serviço 134
        1.1. Simultaneidade na prestação de serviço 136
        1.2. Trabalho intelectual 137
        1.3. Cargo de confiança 138
        1.4. Cargo comissionado 139
    2 e 3. Trabalho de igual valor (igual produtividade e mesma perfeição técnica) e tempo de serviço na função inferior a dois anos 139

4. Mesmo empregador 142
    4.1. Trabalhador temporário 142
    4.2. Empregados de empresas que sofreram processo de fusão, incorporação ou sucessão 143
5. Mesma localidade 143
6. Quadro organizado em carreira 144
7. Trabalhador readaptado. Obstáculo à equiparação salarial 145
8. Desvio de função 145
9. Substituição de empregados 146
10. Cessão de empregados 146
11. Empregados de empresas concessionárias de serviços públicos federais, estaduais e municipais. Encampação ou transferência dois serviços 146
12. Servidor público 147
13. Sociedade de economia mista 147
14. Peculiaridades da equiparação salarial 147
    14.1. Indicação de paradigma 147
    14.2. Vantagens pessoais 148
    14.3. Vantagens obtidas pelo paradigma em decisão judicial 149
    14.4. Ônus da prova 149
    14.5. Prescrição 149

Artigo 462 150
1. Salário. Proteção (art. 462, *caput* e §§ 3º e 4º) 150
2. Salário. Adiantamentos. Descontos (§ 1º) 150
3. Salário. Descontos permitidos (*caput*) 151
    3.1. Atleta profissional de futebol 152
4. Descontos. Acordo ou convenção coletiva 152
5. Descontos. Contrato individual de trabalho (§ 1º) 152

Artigo 463 154

Artigo 464 155
1. Comentários 155
2. Peculiaridades 158
    2.1. Empregado analfabeto 158
    2.2. Confissão do empregado 158
    2.3. Empregado doméstico 158
    2.4. Empregado menor 159
    2.5. Pagamento de salário "por fora" 159

Artigo 465 159

Artigo 466 160
1. Comissões e percentagens 160
2. A expressão "ultimada a transação" 161

3. Exclusividade de zona 162
4. Prestações sucessivas (§ 2º) 162
5. Insolvência do comprador 163
6. Alteração contratual (§ 2º) 164
7. Rescisão contratual 164
8. Peculiaridades sobre pagamento na forma de comissões e percentagens 164
    8.1. Verbas rescisórias 164
    8.2. Férias 164
    8.3. Décimo terceiro salário 164
    8.4. Correção monetária 164
    8.5. Horas extras 165
    8.6. Prova 165
    8.7. Prescrição 165

Artigo 467 166
1. Comentários 166
    1.1 Entes públicos. Exclusão 166
2. Requisitos para a incidência do acréscimo de 50% 166
    a) que haja rescisão do contrato de trabalho 166
    b) que não haja controvérsia sobre as verbas rescisórias 167
3. Verbas rescisórias. Componentes 167
4. Aplicação de ofício do acréscimo de 50% 167
5. Revelia 168
6. Responsabilidade subsidiária. Tomador de serviços 168
7. Empregado doméstico 168
8. Massa falida 168

Capítulo III
Da alteração

Artigo 468 169
1. Considerações preliminares 169
2. Mútuo consentimento 169
3. Prejuízos diretos e indiretos 169
4. *Jus variandi.* 170
5. Alteração do contrato de trabalho 171
    5.1. Alteração de local de trabalho 171
    5.2. Alteração de função 171
    5.3. Alteração da jornada de trabalho 172
    5.4. Alteração de salário 173
    5.5. Alteração em razão de inovações tecnológicas 174

    6. Regulamento de empresas. (Cláusulas sobre regulamento ou de regimento interno) 175

    7. Complementação de aposentadoria 175

    8. Reversão do empregado de confiança ao seu cargo efetivo 176

Artigo 469 177

    1. Domicílio e residência 177

    2. Transferência e domicílio 178

    3. Cargo de confiança (§ 1º) 178

    4. Transferência. Conceito de real necessidade de serviço (§ 2º) 180

    5. Transferência. Cláusula explícita e implícita (§ 1º) 181

    6. Transferência. Extinção do estabelecimento (§ 2º) 182

        6.1. Transferência. Garantia de emprego 182

    7. Transferência: definitiva e provisória. Adicional (§ 3º) 183

        7.1. Transferência definitiva 183

        7.2. Transferência provisória 184

    8. Adicional de 25%. Base de cálculo (§ 3º) 186

    9. Transferência entre empresas do mesmo grupo econômico 186

    10. Transferência para o exterior. Lei n. 7.064/82 187

    11. Transferência do empregado para local mais distante de sua residência. Despesas com transporte 188

Artigo 470 189

    1. Transferência. Despesas de ida do empregado 189

    2. Transferência. Despesas de retorno do empregado 189

Capítulo IV

Da suspensão e da interrupção

Artigo 471 190

Artigo 472 192

Artigo 473 194

    I. Falecimento do cônjuge 195

    II. Casamento 195

    III. Nascimento do filho 196

    IV. Doação voluntária de sangue 196

    V. Alistamento como eleitor 196

    VI. Alistamento militar 197

    VII. Exame vestibular — Prova 197

    VIII. Comparecimento a Juízo 197

    IX. Representação sindical. Participação em reunião oficial de organismo internacional do qual o Brasil seja membro 197

        IX.1. Participantes de Conselho de Órgãos oficiais (Fundo de Garantia por Tempo de Serviço — FGTS) e Previdência Social 198

X. Outras hipóteses de afastamento do empregado consideradas como de interrupção do contrato de trabalho, ou seja, como pagamento de salário 198

    X.1. Licença-paternidade 198

    X.2. Licença-maternidade 198

    X.3. Motivo de doença 198

        X.3.1. Atestado médico. Abono de faltas 199

    X.4. Licença remunerada, concedida pelo empregador 199

    X.5. Interrupção do trabalho (art. 61, § 3º, da CLT) 199

    X.6. Período de amamentação (art. 396, da CLT) 199

Artigo 474 199

Artigo 475 201

Artigo 476 202

Artigo 476-A 204

Capítulo V
Da rescisão

Artigo 477 206

  1. Indenização e estabilidade (*caput*) 207

    1.1. Garantia de emprego 208

    1.2. Contrato de trabalho por prazo determinado e indeterminado (*caput*) 208

        1.2.1. Prazo determinado 209

        1.2.2. Prazo indeterminado 209

  2. Denominação (*caput*) 209

  3. Remuneração (*caput*) 209

  4. Pedido de demissão ou rescisão por iniciativa do empregador. Validade (§ 1º) 209

    4.1. Contagem do tempo de serviço para compreensão do termo de "mais de um ano" e o aviso prévio 211

    4.2. Assistência na rescisão contratual e a Comissão de Conciliação Prévia ou Núcleo Intersindical de Conciliação Trabalhista — NINTER 212

    4.3. Contagem do início do aviso prévio. Vide art. 487, da CLT 213

  5. Categoria de trabalhadores dispensados da assistência no ato rescisório 213

    5.1. União, Estados Distrito Federal, Município, Autarquia e Fundação de Direito no âmbito federal, estadual ou municipal 213

    5.2. Empregado doméstico 213

  6. Pedido de demissão de empregado estável ou amparado por garantia provisória de emprego 214

  7. Rescisão de empregado menor 215

  8. Rescisão do contrato de trabalho e FGTS 215

  9. Órgãos competentes, formalidades e meios de prova (§§ 1º e 3º) 216

    9.1. Impedimentos e circunstâncias obstativas à assistência 219

    9.2. Exame médico demissional 220

    9.3. Perfil Profissiográfico Previdenciário — PPP 222

10. Recibo de quitação e termo de rescisão. Especificações das verbas pagas. Quitação e ressalva. (§ 2º) 223

11. Órgãos competentes para homologação. Assistência sem ônus para as partes (empregado e empregador) (§ 7º) 224

12. Pagamento das verbas rescisórias (condições e formas de pagamento) (§ 4º) 224

    12.1. Multa. Pagamento em cheque de outra praça 225

    12.2. Compensações possíveis (§ 5º) 226

13. Prazo para o pagamento das verbas rescisórias. Assistência e homologação. (§ 6º) 227

    13.1. Contrato de prazo determinado (§ 6º, "a") 227

    13.2. Demais contratos. (Prazo indeterminado) (§ 6º, "b") 228

    13.3. Aposentadoria e o pagamento das verbas rescisórias 229

14. Multa em caso de descumprimento dos prazos para o pagamento das verbas rescisórias (§ 8º) 230

    14.1. Prova do atraso do pagamento das verbas rescisórias 230

    14.2. Salário base para efeito da aplicação da multa 231

    14.3. Salário. Multa. Proporcionalidade. Descabimento 231

    14.4. Depósito das verbas rescisórias no prazo legal e homologação posterior. Efeitos 232

    14.5. Multa. Controvérsia sobre a relação de emprego e aplicação da multa 234

    14.6. Multa. Pagamento incompleto ou a menor das verbas rescisórias 236

    14.7. Multa. Justa causa e rescisão indireta do contrato de trabalho 237

    14.8. Multa. Aviso prévio cumprido em casa 238

    14.9. Multa. Demora no saque no FGTS 239

    14.10. Multa. Parcelamento do pagamento de verbas rescisórias 239

    14.11. Multa. Cumulação da multa do art. 477, § 8º da CLT com outra multa também sobre atraso de pagamento de verbas rescisórias prevista em norma coletiva 240

    14.12. Multa. Pessoa jurídica de Direito Público 241

    14.13. Multa. Falência. Em relação à multa aqui tratada, duas situações se extraem 241

    14.14. Multa. Empresa em recuperação judicial 241

    14.15. Multa. Força maior 242

    14.16. Multa. Ação de consignação em pagamento 243

    14.17. Multa. Pagamento fora do prazo legal e multa administrativa. Distinção. Efeitos . 244

    14.18. Multa. Responsabilidade subsidiária 244

Artigo 478 245

Artigo 479 247

1. Rescisão do contrato de trabalho por prazo determinado 247

    1.1. Parte variável ou incerta dos salários 248

2. Atleta profissional. Art. 479 da CLT e arts. 28 e 31, § 3º da Lei n. 9.615/98 248

Artigo 480	250
Artigo 481	251
Artigo 482	252
1. Poder disciplinar do empregador e conceito de justa causa	253
1.1. Conceito de justa causa	253
2. Denominação: falta grave ou justa causa	253
3. Rol do art. 482. Taxativo ou exemplificativo	254
4. Advertência e suspensão. Efeitos	254
5. Comunicação da dispensa por justa causa. Norma coletiva	256
6. Requisitos configuradores da justa causa	257
6.1. Nexo causal entre o ato faltoso e a punição	258
6.2. Princípio da proporcionalidade entre o ato e a pena máxima	260
6.3. Imediatidade entre ato faltoso e a penalidade (perdão tácito)	262
6.4. Dupla penalidade pela mesma falta. Vedação	264
6.5. Princípio da isonomia na aplicação da justa causa	266
6.6. Ônus da prova na justa causa	268
7. Outras singularidades sobre a justa causa	270
7.1. Dosagem da pena pela Justiça do Trabalho	270
7.2. Justa causa (reversão pela Justiça do Trabalho) e o dano moral	271
7.3. Conversão da dispensa por justa causa do aviso prévio	274
7.4. A justa causa no período de suspensão ou interrupção do contrato de trabalho	275
8. As justas causas tipificadas no art. 482 da CLT	277
a) ato de improbidade	277
b) incontinência de conduta ou mau procedimento	284
c) negociação habitual por conta própria ou alheia sem permissão do empregador e quando constituir ato de concorrência à empresa para a qual trabalha o empregado, ou for prejudicial ao serviço	290
d) condenação criminal do empregado, passada em julgado, caso não tenha havido suspensão da execução da pena	293
d.1) justa causa e processo crime	294
e) desídia no desempenho das respectivas funções	296
f) embriaguez habitual ou em serviço	303
g) violação de segredo de que o empregado tenha conhecimento	308
h) ato de indisciplina ou de insubordinação	310
i) abandono de emprego	314
i.1) convocação do empregado para reassumir suas funções por meio de publicação em jornal	317

j) ato lesivo da honra ou da boa fama praticado no serviço contra qualquer pessoa, ou ofensas físicas, nas mesmas condições, salvo em caso de legítima defesa, própria ou de outrem 318

k) ato lesivo da honra e boa fama ou ofensas físicas praticadas contra o empregador e superiores hierárquicos, salvo em caso de legítima defesa, própria ou de outrem 322

l) prática constante de jogos de azar 324

9. Outras justas causas previstas na Consolidação das Leis do Trabalho e normas esparsas ... 326

   9.1. Art. 158, da CLT. Segurança e Medicina do Trabalho 326

      9.1.1. Membro da CIPA. Art. 165, da CLT 327

   9.2. Ferroviário. Art. 240 da CLT 328

   9.3. Art. 508, da CLT. Bancários 328

   9.4. Contrato de aprendizagem. Art. 433, II, da CLT 328

   9.5. Trabalho temporário. Lei n. 6.019, art. 13 328

   9.6. Vale-transporte. Lei n. 7.418, de 16.12.85 e Decreto n. 95.247, de 17.11.87 329

10. Situações que merecem tratamento especial 329

   10.1. A justa causa e o empregado exercente da função de confiança 329

   10.2. Justa causa e o monitoramento do e-mail e a restrição à privacidade do empregado — Informatização 332

   10.3. Justa causa e greve abusiva ou ilegal 336

   10.4. A justa causa e o empregado doméstico. Prova 339

Artigo 483 339

1. Considerações preliminares 340

   a) princípio da imediatidade (perdão tácito) 340

   b) nexo causal (relação de causa e efeito) entre o ato faltoso e punição 342

   c) comunicação da rescisão indireta 342

   d) ônus da prova 343

2. Hipóteses elencadas no art. 483 343

   a) alínea "a" — quando forem exigidos do empregado serviços superiores às suas forças, defesos por lei, contrários aos bons costumes, ou alheios ao contrato" 343

      a. 1). exigência de serviços superiores às suas forças 343

      a. 2). exigência de serviços defesos em lei 344

      a. 3). exigência de serviços contrários aos bons costumes 345

         a. 3.1) assédio sexual no ambiente do trabalho 345

      a. 4) Serviços alheios ao contrato de trabalho 348

   b) alínea "b" — "quando for tratado pelo empregador ou por seus superiores hierárquicos rigor excessivo" 349

      b. 1) assédio moral (dano moral) 350

   c) alínea "c" — "correr perigo manifesto de mal considerável" 352

d) alínea "d" — "não cumprir o empregador as obrigações do contrato" 353

 d.1) não pagamento de salário 356

  d.1.1) Atleta profissional. Art. 28, II e 31, § 2º da Lei n. 9.615/98 358

 d.2) não depósito no FGTS 359

 d.3) não fornecimento de trabalho ao empregado 361

 d.4) suspensão por mais de 30 dias (art. 474, da CLT) 362

 d.5) alterações contratuais lesivas 362

 d.6) menor e não mudança de função (art. 407, parágrafo único, da CLT) 362

e) alínea "e" — "praticar o empregador, ou seus prepostos, contra ele ou pessoas de sua família, ato lesivo da honra e boa fama 362

 e.1) assédio moral 364

f) alínea "f" — o empregador ou seus prepostos ofenderem-no fisicamente, salvo em caso de legítima defesa, própria ou de outrem 364

g) alínea "g" — o empregador reduzir o seu trabalho, sendo este por peça ou tarefa, de forma a afetar sensivelmente a importância dos salários 364

h) (§ 1º, do art. 483, da CLT) — Suspensão da prestação de serviços ou rescisão do contrato na hipótese de o empregado tiver que desempenhar obrigações legais incompatíveis com a continuação do serviço 365

i) (§ 2º do art. 483, da CLT) — Morte do empregador, constituído em empresa individual. Rescisão do contrato. Faculdade do empregado 365

j) (§ 3º do art. 483, da CLT) — Nas hipóteses das letras *d* e *g*, poderá o empregado pleitear a rescisão de seu contrato de trabalho e o pagamento das respectivas indenizações, permanecendo ou não no serviço até final decisão do processo 366

k) Consequências da rescisão indireta do contrato de trabalho. Verbas rescisórias e data de desligamento 367

 k.1) verbas rescisórias 367

 k.2) data da rescisão contratual 368

l) rescisão indireta e o aviso prévio 368

m) peculiaridades da rescisão indireta ....

 m.1) Pedido de reconhecimento de vínculo empregatício acompanhada de pedido de rescisão indireta 369

 m.2) Pedido de rescisão indireta *x* pedido de demissão 369

 m.3) Pedido de rescisão indireta *x* estabilidade provisória 370

 m.4) Rescisão indireta e a multa prevista no art. 477, § 8º, da CLT 371

Artigo 484 371

Artigo 485 373

Artigo 486 374

Capítulo VI
Do aviso prévio

Artigo 487 376

1. Considerações preliminares 376

 1.1. Aviso prévio. Constituição de 1988 377

2. Aviso prévio. Conceito 377
3. Aviso prévio. Natureza jurídica e finalidade 377
4. Aviso prévio. Princípio da reciprocidade 378
5. Aviso prévio. Prazo mínimo e proporcionalidade 379
6. Aviso prévio. Forma e a sua prova 380
7. Aviso prévio. Remuneração 380
8. Aviso prévio. Pagamento feito por tarefa (§ 3º) 381
9. Aviso prévio e a despedida indireta (§ 4º) 382
10. Aviso prévio e as horas extras habituais (§5º) 382
11. Aviso prévio e o reajustamento coletivo no curso do aviso prévio. (§ 6º) 382
12. Peculiaridades do aviso prévio 382
    12.1. Aviso prévio. Baixa na CTPS 382
    12.2. Aviso prévio. Cessação da atividade da empresa 383
    12.3. Aviso prévio. Força maior 383
    12.4. Aviso prévio. Comissionista 384
    12.5. Aviso prévio. Contrato de experiência 384
    12.6. Aviso prévio. Contribuição previdenciária 384
    12.7. Aviso prévio. Cumprido em casa. Efeitos 385
    12.8. Aviso prévio. Empregado analfabeto 386
    12.9. Aviso prévio. Estabilidade provisória. Dirigente sindical 386
    12.10. Aviso prévio. Férias 387
    12.11. Aviso prévio. Fundo de Garantia por Tempo de Serviço 387
    12.12. Aviso prévio. Garantia de emprego. Concessão na sua fluência 387
    12.13. Aviso prévio. Indenização adicional da Lei n. 6.708/79 388
    12.14. Aviso prévio. Indenizado. Superveniência de auxílio-doença no seu curso ... 388
    12.15. Aviso prévio. Início da contagem 389
    12.16. Aviso prévio. Indenizado. Prescrição 389
    12.17. Aviso prévio. Empregado menor 390
    12.18. Aviso prévio. Norma coletiva. Aumento do prazo 390
    12.19. Aviso prévio. Dispensa do pagamento do aviso prévio na ruptura imotivada do contrato de trabalho. Norma coletiva 391
    12.20. Aviso prévio. Professores 392
    12.21. Aviso prévio. Renúncia pelo empregado 393
    12.22. Aviso prévio. Rescisão por culpa recíproca 393
    12.23. Aviso prévio e a falência 394
    12.24. Aviso prévio. Trabalhador rural 394
    12.25. Aviso prévio. Trabalho temporário. Lei n. 6.019/74 394

Artigo 488 395

    1. Aviso prévio. Do empregador. Redução de duas horas do horário normal de trabalho. (art. 488, *caput*) 395

    2. Aviso prévio. Substituição da redução de duas horas do horário por sete dias corridos. (Art. 488, parágrafo único) 397

    3. Aviso prévio. Cumprido em casa 397

    4. Aviso prévio. Trabalhador rural 398

    5. Aviso prévio. Empregado doméstico 399

Artigo 489 399

Artigo 490 401

Artigo 491 401

Capítulo VII
Da estabilidade

Artigo 492 403

Artigo 493 406

    1. Falta grave e justa causa 406

    2. Reiteração e gravidade das faltas 407

Artigo 494 407

Artigo 495 409

Artigo 496 410

Artigo 497 411

Artigo 498 413

Artigo 499 414

    1. Diretor de sociedade anônima 414

    2. Os cargos de confiança do art. 499, da CLT 415

Artigo 500 417

Capítulo VIII
Da força maior

Artigo 501 419

Artigo 502 421

Artigo 503 423

Artigo 504 423

Capítulo IX
Disposições especiais

Artigo 505 424

Artigo 506 425

Artigo 507 425

Artigo 508 426

Artigo 509 428

Artigo 510 428

Índice Alfabético e Remissivo 431

TÍTULO IV

DO CONTRATO INDIVIDUAL DO TRABALHO

CAPÍTULO I
DISPOSIÇÕES GERAIS

Art. 442 *Contrato individual de trabalho é o acordo tácito ou expresso, correspondente à relação de emprego.*

Parágrafo único Qualquer que seja o ramo de atividade da sociedade cooperativa, não existe vínculo empregatício entre ela e seus associados, nem entre estes e os tomadores de serviços daquela. (Acrescentado pela L. n. 8.949, de 9.12.94).

1. Contrato de trabalho. Conceito, natureza jurídica e manifestação de vontade. O art. 442, a exemplo do que dispunha o Código Civil, de 1916, no art. 1079, conceitua o contrato individual do trabalho como sendo o acordo ou a manifestação de vontade, de forma tácita ou expressa.

Assim, o acordo de vontades entre empregado e empregador pode ser por escrito, verbal, ou apenas consentido, revelando que o trabalho pode ser prestado mediante relação de emprego, apenas com o consentimento do empregador. O art. 443 ratifica essa conceituação.

Nessas condições, se uma pessoa física passar a trabalhar para outra pessoa física ou jurídica, sem que tenha havido qualquer manifestação escrita ou verbal, porém sem a oposição daquele a quem seus serviços estejam sendo prestados aperfeiçoar-se-á a relação de emprego entre tais pessoas. A não oposição do tomador de serviços equivalerá ao consentimento tácito.

A conceituação que nos é dada por esse dispositivo é criticada por alguns doutrinadores por não definir nem o contrato de trabalho, nem a relação de emprego, já que tão-somente assevera que um corresponde ao outro.

Como consta da Exposição de Motivos, da CLT, foi "clara e total a definição do contrato individual do trabalho pelo anteprojeto da Consolidação, provocando algumas divergências de mero gosto polêmico"; esclarecendo que "os objetantes não alcançaram o deliberado propósito de se reconhecer a correspondência e equivalência entre a relação de emprego e o contrato individual do trabalho, para os efeitos da legislação social, correspondência essa que a escola italiana nega, exigindo a expressa pactuação".

O Direito do Trabalho, como é de seu intento desde o seu início, é composto de medidas protetoras do trabalhador, as quais, de certa forma, constituem privilégios de natureza jurídica, com o objetivo de atenuar as desigualdades econômicas entre empregados e empregadores.

Para certos autores, todos os contratos de trabalho, sobretudo os de emprego, poderiam ser denominados de contratos de atividade, adotando-se, nesse passo, a lição de *Jean Vincent*, em "La Dissolucion du Contrat de Travail", p. 27, como expõem *Orlando Gomes* e *Elson Gottschalk*.[1]

O Código Civil, de 2002, no art. 421, dispondo sobre os contratos em geral, estabelece que "a liberdade de contratar será exercida em razão e nos limites da função social do contrato", colocando o princípio da socialidade como limitação à liberdade contratual, no dizer de *Maria Helena Diniz*[2].

---

(1) GOMES, Orlando e outro em *Curso de Direito do Trabalho,* 17. ed. Rio: Forense, p. 131.
(2) DINIZ, Maria Helena, *Código Civil Anotado,* Saraiva, p. 305.

É, ainda, dessa excelente civilista, nas anotações ao citado art. 421, a conclusão correta de que "a função social dos contratos condiciona-se ao atendimento do bem comum e dos fins sociais", como a consagração do princípio da socialidade.

Neste ponto convém chamar-se à colação o disposto no art. 422 do mesmo Código Civil, de 2002, estabelecendo que "os contratantes são obrigados a guardar, assim na conclusão do contrato como em sua execução, os princípios da probabilidade e da boa-fé".

O art. 425, do estatuto civil, traz disposição já consagrada no Direito do Trabalho, estatuindo, que "é lícito às partes estipular contratos atípicos, observadas as normas gerais fixadas neste Código", eis que são muitos os contratos de trabalho além dos de emprego como os de empreitada, de sociedade, de parceria, de meação, de comissão mercantil, de representação, diferenciando-se pela natureza do vínculo obrigacional que criem.

Ocorre, porém, que tão somente o contrato de emprego é objeto de proteção, porque nele, uma das partes é o trabalhador, considerado, no nascedouro do Direito do Trabalho, como hipossuficiente e merecedor, por isso, da tutela jurídica.

Como o contrato individual do trabalho só existe se houver a relação de emprego, há que se tomar como referência o que dispõem os artigos 2º e 3º da CLT, os quais, ao conceituarem as figuras do empregador e do empregado, informam quais são suas características.

Para tanto, há que se destacar, de um lado, o empregador considerado como a empresa individual ou coletiva que, assumindo os riscos de suas atividades, admite, assalaria e dirige a prestação pessoal de serviços (art. 2º, *caput*, CLT), e do outro lado, a figura do empregado, como sendo a pessoa física que presta serviços de natureza não eventual a empregador, sob a dependência deste e mediante salário (art. 3º, CLT).

De tudo isso se conclui que a relação de emprego é na sua essência um contrato de trabalho. Ainda que num primeiro momento ela possa resultar da inserção do trabalhador na empresa ou de aceitação tácita do empregador, mas ato seguinte é um contrato que se formou. Todas as teorias que procuraram se afastar da teoria contratual, como a acontratualista e anticontratual não lograram êxito. Ocorre que, é pela natureza contratual que se explica e justifica as alterações das condições de trabalho que são feitas no decorrer da prestação de serviços. O mesmo se diz quanto à exigência do cumprimento das obrigações contratadas, principalmente quando mais favoráveis, a teor do disposto no art. 444, da CLT.

Conclui-se, assim, que a natureza jurídica da relação de emprego é contratual. Quanto ao seu conceito acolhemos o de Délio Maranhão, para quem o "Contrato individual de trabalho, em sentido estrito, é o negócio jurídico de direito privado pelo qual uma pessoa física (empregado) se obriga à prestação pessoal, subordinada e não eventual de serviço, colocando sua força de trabalho à disposição de outra pessoa, física ou jurídica, que assume os riscos de um empreendimento econômico (empregador) ou de quem é a este, legalmente equiparado, e que se obriga a uma contraprestação (salário)".[3]

2. Contrato de trabalho. Capacidade das partes. Trabalho proibido e objeto ilícito.

Para a compreensão do ajuste de vontade que resulta na validade do negócio jurídico, no caso, o contrato de trabalho, é necessário que as partes sejam capazes, que o objeto seja lícito e forma

---

(3) *Direito do Trabalho*, 13. ed., Rio de Janeiro: Fund. Getúlio Vargas, 1985, p. 38.

prescrita ou não defesa em lei, conforme reza o art. 104, do Código Civil vigente. O art. 166, II, do Código Civil também prescreve "que será nulo o ato jurídico quando for ilícito, ou impossível, o seu objeto".

É importante esclarecer que existe trabalho que é proibido por força de lei e aqui citamos o caso do trabalho noturno, perigoso ou insalubre a menores de 18 anos, sendo que os menores de 16 anos também não podem firmar contrato de trabalho, a teor do art. 7º, XXIII, da Constituição Federal, ressalvado na condição de aprendiz, a partir dos 14 anos. À mulher, por força do art. 390 da CLT, é proibido o trabalho em serviço que demande o emprego de força muscular superior a 20 (vinte) quilos para o trabalho contínuo, ou 25 (vinte e cinco) quilos para trabalho ocasional. Havendo trabalho proibido, por ser ato situado na esfera do anulável, o prestador de serviços tem direito à reparação dos direitos trabalhistas (salário, 13º salário, férias, FGTS, etc) na forma prescrita em lei, justamente para não causar o enriquecimento sem causa do tomador dos serviços.

No que concerne ao trabalho, cujo objeto é ilícito, citando como exemplo o "jogo do bicho", não há como se formar o vínculo empregatício, já que as partes não estão capacitadas para tal. Se a ordem jurídica do país não admite a atividade como lícita, situa-se a questão no âmbito da impossibilidade jurídica a que se refere o art. 267, VI, do CPC, obrigando o julgador a dar por extinto o processo, sem julgamento do mérito, em caso como este. Nesse sentido, é a OJ-SDI-1, n. 199, do TST.

De notar-se, no entanto, a existência de decisão (TRT 15ª Reg. 1532-2005-113/15-00-0, 11ª Câmara, Rel. Edison dos Santos Pelegrini) que, embora não reconhecendo o vínculo de emprego entre as partes, em virtude da atividade ilícita (casa de jogos — carteados), concedeu ao trabalhador uma indenização contraprestacional com fundamento nos princípios da proteção, da primazia da realidade, do enriquecimento sem causa, da irretroatividade das nulidades e a impossibilidade da volta do *status quo* ante. Acreditamos ser justa a decisão que se amolda ao princípio da proporcionalidade e da razoabilidade, já que, muitas vezes o trabalhador acaba entrando na atividade ilícita por falta de opção e pensando na sua sobrevivência e dos seus familiares. Não seria lógico e nem racional que o explorador do negócio ilícito tire proveito da situação à custa do trabalhador. A indenização, no caso é uma forma de compensação que encontra apoio nos referidos princípios.

Jurisprudência

TST, OJ-SDI-1, n. 199. JOGO DO BICHO. CONTRATO DE TRABALHO. NULIDADE. OBJETO ILÍCITO. ARTS. 82 E 145 DO CÓDIGO CIVIL (inserida em 8.11.2000)

Ementa: Jogo do bicho. Nulidade contratual. Impossibilidade de reconhecimento do vínculo empregatício. No presente caso, o reclamante confessou em seu depoimento pessoal que era recolhedor de apostas do jogo do bicho. Nesse contexto, ciente o autor de que exercia atividade enquadrada como contravenção penal, não é possível o reconhecimento do vínculo juslaboral, a teor do que dispõem os artigos 104 e 166 do CCB. Dessa forma, não merece reparo a decisão de origem que declarou a nulidade do contrato de trabalho com fundamento no entendimento sedimentado na Orientação Jurisprudencial n. 199 da SDI-I do TST. TRT 3ª Reg. RO 00622-2006-041-03-00-0 — (Ac. 5ª T.) — Relª. Juíza Lucilde D'Ajuda L. de Almeida. DJMG 17.10.06, p. 20.

Ementa: Atividade ilícita. Casa de jogos (carteado). Efeitos da nulidade trabalhista. Indenização pelo equivalente. A se evitar o enriquecimento ilícito do contraventor maior: o explorador do negócio ilícito. Inconteste que o contrato de trabalho para sua validade requer a licitude do objeto, logo em atividade ilícita não há que se falar em relação de emprego. É certo também que a nulidade do contrato de trabalho gera efeitos "ex nunc", haja vista a natureza infungível do labor, que uma vez despendido não tem como ser restituído ao agente. Daí comportar indenização pelo equivalente da prestação dos serviços, mesmo em atividade ilícita. Como forma de contribuir para coibir os negócios escusos, impondo ao contraventor maior uma indenização pecuniária, de modo a evitar o seu enriquecimento ilícito à custa do trabalhador, com a complacência do Judiciário Trabalhista. Os princípios da proteção, da primazia da realidade, do enriquecimento sem causa, da irretroatividade das nulidades e a impossibilidade da volta ao *status quo ante*, dão sustentação a tal modalidade reparatória. Afinal a Justiça é cega, mas o juiz não... A decisão deve ser mais justa e equânime possível, atendendo aos fins sociais da lei e as exigências do bem comum. Recurso do reclamante provido para conceder uma indenização contraprestacional de R$5.000,00. TRT 15ª Reg. (Campinas/SP) RO 01532-2005-113-15-00-0 — (Ac. 8179/2007-PATR, 11ª C.) — Rel. Juiz Edison dos Santos Pelegrini. DJSP 2.3.07, p. 10.

Ementa: Contrato de trabalho. Objeto ilícito. Máquinas de caça-níqueis. O art. 104, II, do Código Civil vigente, estabelece que a validade do negócio jurídico requer objeto lícito. Nesse sentido, o contrato de trabalho, como ato jurídico, exige, para sua validade, o atendimento ao requisito previsto no referido dispositivo da lei civil. Por isso não se reconhece o contrato de trabalho, quando a atividade exercida pelo trabalhador consiste exclusivamente em abastecer máquinas de caça-níqueis. Aplica-se, aqui, analogicamente, a OJ n. 199 da SDI-1 do TST. TRT 3ª Reg. RO 00482-2006-037-03-00-1 — (Ac. 3ª T.) — Rel. Des. Cesar Machado. DJMG 31.1.07, p. 8.

Ementa: Incapacidade absoluta. Surdo-mudo. Quando a lei se refere à impossibilidade de "exprimir a vontade" não é pelo simples fato de a pessoa ser surda-muda e sim em razão da incapacidade de se fazer entender ou de compreender o que lhe é comunicado. TRT 1ª Reg. RO 02291-1999416-0140-4 — (Ac. 4ª T.) — Rel. Juiz Cesar Marques Carvalho. DJRJ 27.7.04, p. 211.

3. Contrato de trabalho. Notas características. Nunca é demais lembrar, no entanto, que o contrato individual de trabalho, correspondente à relação de emprego, tem as seguintes e notórias características:

a) *é consensual*, no sentido que basta o simples consentimento, tácito ou expresso, para se aperfeiçoar (art. 443, da CLT);

b) *é sinalagmático perfeito*, no sentido de que é bilateral e cria obrigações para ambas as partes, livremente aceitas, desde o início (arts. 476 e 477 do Código Civil, de 2002);

c) *é comutativo*, significando que deve haver uma equivalência entre a prestação do trabalho e a contraprestação salarial;

d) *é de trato sucessivo*, significando que é continuativo, ou como denomina *Gierke*, de "débito permanente" e também como diz *Jean Vincent*, "é um contrato sucessivo, no sentido de que se efetua através de uma série de prestações diferenciadas no tempo"[4];

e) *é do tipo de adesão ou contrato-tipo*, no sentido de que, em geral, o empregado adere às condições de trabalho oferecidas pelo empregador, eis que elaboradas previamente segundo seus interesses (v. arts. 423 e 424 do Código Civil);

f) *é oneroso*, no sentido de que não há prestação de trabalho subordinado, de forma gratuita, o que, se ocorresse, seria a negação de sua natureza alimentar, segundo *Evaristo de Moraes Filho* e *Antonio Carlos Flores de Moraes*, obra citada, à p. 253;

g) *é subordinativo*, significando que durante todo o período de vigência do contrato submete-se o empregado às ordens e à fiscalização do trabalho contratado.

3.1. Contrato de trabalho e o princípio da realidade. No campo das relações trabalhistas é muito aplicado o princípio da realidade justamente porque ele dá ênfase à realidade dos fatos sobre os termos firmados em contrato pelas partes. Sobre essa ótica não importa a aparência

---

(4) Gierke e Jean Vicent, citados por Evaristo de Moraes Filho e Antonio Carlos Flores de Moraes, em *Introdução ao Direito do Trabalho*, 9. ed. São Paulo: LTr, 2003. p. 251.

jurídica estabelecida pelas partes num documento (contrato de empreitada, por exemplo), mas a realidade dos fatos. Assim, se os fatos levam à formação de um vínculo empregatício, este é que prevalecerá, pouco importando a existência de um contrato diverso da relação de emprego. Para *Amauri Mascaro Nascimento*, o princípio da realidade "visa à priorização da verdade real diante da verdade formal. Entre os documentos sobre a relação de emprego e o modo efetivo como, concretamente, os fatos ocorreram, deve-se reconhecer estes em detrimento dos papéis"[5]. *Ruprecht* afirma que: "Muitas são as circunstâncias que fazem com que esse princípio tenha aplicação. Geralmente, no desejo de burlar a lei, faz-se o contrato de trabalho parecer com o de outro tipo não sujeito à lei trabalhista ou, então, se escondem fatos ou situações que beneficiam o trabalhador ou, ainda, não se cumprem requisitos formais, isto é, qualquer situação que procure encobrir ou mudar a realidade. Em suma, as estipulações contratuais, mesmo as escritas, só oferecem um valor de presunção, que desaparece diante da realidade dos fatos, os que definitivamente se sobrepõem. Daí se deduz o grande divórcio que intervém — nesse aspecto — entre os contratos civis e os laborais, pois nos primeiros que tem a primazia é a vontade das partes expressa no contrato"[6]. A verdade é que o princípio da realidade visa à proteção do trabalhador enquanto hipossuficiente, embora em algumas circunstâncias não o seja, como se dá com os altos empregados. Este princípio a que nos referimos, no entanto, não deixa de ter sintonia com o princípio da proteção, sobre o qual repousa toda a construção jurídica em que se apóia o Direito do Trabalho.

Jurisprudência

Ementa: Recurso ordinário. Contrato de trabalho. Contrato realidade. O contrato de trabalho é regido pelo princípio da primazia da realidade, segundo o qual os fatos sobrepõem-se às formalidades que norteiam o pacto laboral. Por este prisma, não se pode julgar a natureza de uma relação de trabalho tomando-se por fundamento apenas o que as partes pactuaram, observando-se que se as estipulações consignadas no contrato de trabalho não correspondem à realidade, carecerão de qualquer valor probatório. TRT 1ª Reg. RO 02055-2001-521-01-00-1 — (Ac. 9ª T.) — Rel. Des. José da Fonseca Martins Junior. DJRJ 30.9.04, p. 210.

Ementa: Contrato de trabalho. Princípio da primazia da realidade. Um dos princípios norteadores do Direito do Trabalho é o da primazia da realidade. "Isto significa que em matéria de trabalho importa o que ocorre na prática, mais do que aquilo que as partes hajam pactuado de forma mais ou menos solene, ou expressa, ou aquilo que conste em documentos, formulários e instrumentos de controle". Ou seja, "o princípio da primazia da realidade significa que, em caso de discordância entre o que ocorre na prática e o que emerge de documentos ou acordos, deve-se dar preferência ao primeiro, isto é, ao que sucede no terreno dos fatos" (Américo Plá Rodrigues). TRT 10ª Reg. RO 0004/2002 — (Ac. 1ª T.) — Rel. Juiz Fernando A. V. Damasceno. DJU3 5.4.02, p. 87.

4. Empregador. Múltiplas facetas. O empregador em suas múltiplas facetas, tais como, grupo econômico, microempresa e empresa de pequeno porte, dono de obra, cartório não oficializado, igreja, condomínio, partido político, União, Estados e Municípios, profissionais liberais, instituições beneficentes, foram examinados no Fascículo n.1, desta Coletânea Celetista, às p. 19 a 34.

5. Empregado (Conceito e elementos configuradores). O empregado (conceito e elementos configuradores), o Diretor-Empregado, Empregado de Confiança, o estagiário, o vendedor e o representante comercial, e também, o trabalhador avulso, o temporário, o religioso, o

---

(5) *Curso de Direito do Trabalho*, 21. ed. São Paulo: Saraiva, 2006. p. 366/7.
(6) RUPRECHT, Alfredo J., *Os Princípios do Direito do Trabalho*. São Paulo: LTr, 1995. p. 82.

voluntário, o indígena, o presidiário, o portador de deficiência física, o intelectual, técnico e manual foram também examinados no Fascículo n. 1, desta Coletânea Celetista, às p. 34 a 55.

5.1. Policial militar. Relação de emprego. Embora a função do policial seja de relevância, pois defende os interesses ligados à segurança pública, proteção da sociedade e o estatuto da profissão é bem rígido, o certo é que a jurisprudência consolidou o entendimento de que preenchidos os requisitos do art. 3º, da CLT há relação de emprego entre o policial militar e a empresa privada, independentemente de eventual cabimento de penalidade administrativa prevista no respectivo Estatuto do Policial Militar, conforme Súmula n. 386, do TST. Evidentemente, se a empresa privada contrata o policial militar através de empresa fornecedora de mão de obra, o que tem ocorrido na prática, ela estará sujeita a responder subsidiariamente por eventual descumprimento de direitos trabalhistas na falta de pagamento das verbas trabalhistas pela empresa principal (Súmula n. 331, do TST).

Jurisprudência

TST, Súmula n. 386: POLICIAL MILITAR. RECONHECIMENTO DE VÍNCULO EMPREGATÍCIO COM EMPRESA PRIVADA (conversão da Orientação Jurisprudencial n. 167 da SBDI-1) — Res. 129/2005, DJ 20, 22 e 25.4.2005. Preenchidos os requisitos do art. 3º da CLT, é legítimo o reconhecimento de relação de emprego entre policial militar e empresa privada, independentemente do eventual cabimento de penalidade disciplinar prevista no Estatuto do Policial Militar. (ex-OJ n. 167 da SBDI-1 — inserida em 26.03.1999)

Ementa: Policial militar. Empresa de vigilância. Relação de emprego. Impossibilidade. Vinculado à hierarquia e ao comando da Corporação a que pertence, intuitivo que a prestação de serviços do policial militar a particulares ocorra apenas do modo e tempo que atendam às suas próprias conveniências, o que torna incompatível a manutenção de liame empregatício com empresas prestadoras de serviços de vigilância, à míngua da necessária subordinação. Também o comprometimento da qualidade dos serviços prestados pelo policial militar, em prejuízo da população, constitui óbice ao reconhecimento daquela espécie de liame jurídico em hipóteses que tais. TRT 15ª Reg. (Campinas/SP) RO 00787-2004-095-15-00-7 — (Ac. 2279/07-PATR, 8ª C) — Relª. Juíza Vera Teresa Martins Crespo. DJSP 12.1.07, p. 93

5.2. Contrato de trabalho e o menor. O disposto no art. 7º, XXXIII, da Carta Magna, proíbe o trabalho do menor de 16 anos, salvo na condição de aprendiz, a partir de 14 anos. O descumprimento dessa norma pelo empregador não isenta a possibilidade de ser reconhecido o vínculo empregatício já que houve a prestação de serviços. Outra interpretação acarretaria o enriquecimento sem causa do empregador e prejuízo manifesto ao menor.

Jurisprudência

Ementa: Trabalho do menor. Possibilidade de reconhecimento da relação de emprego. Anotação do contrato em CTPS. O sistema de proteção ao trabalho do menor foi edificado justamente para beneficiá-lo contra a exploração e propiciar seu pleno desenvolvimento físico e mental antes de ingressar no mercado de trabalho, e não para prejudicá-lo quando forem desrespeitadas as regras de proteção. Assim sendo, trata-se de negócio jurídico existente, nulo por falta de capacidade, porém eficaz, sob pena de resultar ampliada a perversidade da exploração. Logo, a relação de emprego celebrada com menor de dezesseis anos surte todos os efeitos legais, inclusive relativos à exigência de anotação do contrato de trabalho em CTPS. TRT 12ª Reg. RO 00468-2006-051-12-00-5 — (Ac. 2ªT.9675/07) — Irno Ilmar Resener. TRTSC/ DOE 14.1.08.

5.3. Contrato de trabalho entre cônjuges e familiares. Com base no art. 226, § 5º, da CF, que prevê a igualdade entre marido e mulher, a Lei n. 4.121/62, estatuto da mulher e os dispositivos do Código Civil (art. 1659, VI e 1668, V) permite-se dizer que "Na ordem jurídica brasileira não existe proibição para o reconhecimento da relação de emprego entre cônjuges, pouco importando se ela decorra de uma relação de união estável ou formal. Entretanto, a sua constatação pelo julgador deve ser feita com toda a cautela que o caso requer, de forma que não paire nenhuma dúvida a respeito, principalmente sobre a existência da subordinação jurídica, elemento diferencial e caracterizador da relação de emprego. Os requisitos estabelecidos pela jurisprudência francesa para a configuração da relação de emprego entre cônjuges, são: a) o cônjuge deve exercer na empresa uma atividade a título profissional e constante; b) o salário figure na contabilidade; c) seja normal a remuneração; d) exista entre o chefe da empresa e seu cônjuge uma relação de subordinação própria do contrato de trabalho. Justifica-se toda essa preocupação, até porque numa relação como esta, imagina-se, numa primeira impressão, a existência de uma incompatibilidade entre a relação conjugal e a de emprego, já que na sociedade conjugal, os objetivos são comuns e os laços que os unem têm como suporte sentimentos dos mais nobres da humanidade que é o amor e a constituição de família[7].

Entre familiares, como pai e filho, filho e mãe, neto e avô e entre irmãos é normal a existência de contrato de trabalho, desde que presentes os requisitos configuradores da relação (arts. 2º e 3º da CLT). No entanto, não será empregado se da relação houver apenas um interesse pela continuação do negócio como se fosse uma sucessão familiar, já que em tal hipótese não existirá a subordinação jurídica, que, aliás, nessa relação, deve ser mais intensa do que uma simples relação familiar, evitando-se atos simulados.

Precedente Administrativo da SIT/MTE

PRECEDENTE ADMINISTRATIVO N. 69. *Empregado sem registro. Parentesco com o proprietário da empresa.* Parentesco entre empregador e empregado não é fato impeditivo da caracterização da relação laboral, cuja configuração se dá pela presença dos elementos contidos na lei. Referência Normativa: Art. 3º da CLT.

Jurisprudência

Ementa: Relação de emprego. Pai e filho. Quando a prova dos autos revela que o autor trabalhou juntamente com seu pai num pequeno empreendimento familiar (padaria), dividindo tarefas, na medida das necessidades comuns, sobrepõem-se aos pressupostos da relação de emprego, os elementos que conformam os laços entre os integrantes de uma família. Sentença que se mantém. TRT 3ª Reg. RO 01709-2007-043-03-00-9 — (Ac. 1ª T.) — Relª. Juíza Convocada Monica Sette Lopes. DJMG 19.7.08, p. 20.

Ementa: Relação de emprego. Mãe e filho. Presunção. Ônus da prova. Não é presumível o vínculo de emprego entre entes próximos em razão da obrigação mútua de auxílio, sendo, naturalmente, de outra natureza a relação existente. Assim, o ônus da prova de que o serviço prestado pela mãe junto à empresa em que o filho era sócio tenha sido na qualidade de empregada, é da autora. Ausente qualquer prova nesse sentido, nega-se provimento ao recurso. TRT 18ª Reg. RO 00135-2008-005-18-00-4 — (Ac. 1ª T.) — Relª. Des. Kathia Maria Bomtempo de Albuquerque. DJE/TRT 18ª Reg., Ano II, n. 121, 8.7.08, p. 21.

Ementa: Relação de emprego entre os cônjuges. Possibilidade jurídica. Importância da realidade fática em confronto com o figurino jurídico. Forma societária e regime conjugal. Preponderância lógica da relação matrimonial e afetiva. Embora em tese não exista impeditivo legal à existência de qualquer contrato entre os cônjuges (Código Civil, art. 82, combinado com os arts. 129, 130 e 145), as verdadeiras relações fáticas é

---

(7) MARTINS, Melchíades Rodrigues. *Contrato de trabalho entre cônjuges.* — Código Civil — Possibilidade, Supl. Trab. LTr, n. 43/2006.

que demonstrarão, de forma irretorquível, a realidade contratual paralela ao relacionamento sempre presente, preponderante e lógico das relações matrimoniais. A união societária conjugal sempre prevalecerá sobre qualquer outra relação jurídica, salvo, dada a excepcionalidade, ante a experiência comum, prova inequívoca da existência de outra relação jurídica e do ânimo demonstrador da vontade dos contratantes (Código Civil, art. 85), notadamente o contrato de trabalho, em que a subordinação é o elemento diferenciador e ausente, de regra e legalmente, na sociedade conjugal, que tem gênese em um dos sentimentos mais nobres da humanidade: o amor. TRT 12ª Reg. RO-V-07871/00 — (Ac. 1ª T. 06856/01, 19.6.01) — Rel. Juiz Antonio Carlos Facioli Chedid. DJSC 18.7.01, p. 231

Ementa: Relação de emprego. Relação conjugal entre as partes. Reconhecimento. Não desqualifica a relação empregatícia o laço de matrimônio que une as partes, de modo que presentes os requisitos pertinentes ao vínculo de emprego, irrecusável o seu reconhecimento, mormente se não demonstrado conluio engendrado com o fim de ser alcançada vantagem indevida. TRT 15ª Reg. (Campinas/SP) ROS 00088-1998-006-15-00-9 — (Ac. 46487/2001-SPAJ) Relª. Juíza Maria Cecília Fernandes Alvares Leite. DJSP 22.10.01, p. 71.

Ementa: Vínculo familiar. Relação de emprego. Caracterização. O vínculo familiar entre primos, como se dá na hipótese vertente, não exclui, por si só, a relação de emprego, desde que constatados, a par da relação afetiva e familiar, os pressupostos fáticos caracterizadores do contrato empregatício, previstos no art. 3º da CLT. Assim, para o reconhecimento da relação de emprego, é mister prova cabal da prestação pessoal de serviços de natureza não eventual, com subordinação e mediante salário. No caso dos presentes autos, restou demonstrado que a Autora prestou serviços à Ré, cumprindo tarefas no restaurante de propriedade desta última. Outrossim, a subordinação jurídica restou evidenciada, em seu aspecto objetivo, porquanto as atividades desempenhadas pela Reclamante estavam inseridas na atividade fim do empreendimento. TRT 3ª Reg. RO 01320-2005-100-03-00-1 — (Ac. 4ª T.) — Rel. Juiz Luiz Otavio Linhares Renault. DJMG 3.12.05, p. 14.

Ementa: Membros de uma mesma família têm uns com os outros obrigações objetivando a mantença da vida, principalmente quando estão envolvidas pessoas idosas, ou doentes. O trabalho prestado pelo neto insere-se neste contexto. Não há vínculo empregatício a ser considerado. TRT 15ª Reg. (Campinas/SP) RO 00647-2005-033-15-00-3 — (Ac. 6668/2006-PATR, 11ª Câmara) — Relª. Juíza Nora Magnólia Costa Rotondaro. DJSP 17.2.06, p. 61.

Ementa: Vínculo de emprego. Esposa de empregado rural. Eventual serviço prestado pela reclamante, esposa do empregado retireiro da fazenda do reclamado, de forma colaborativa às tarefas do marido, não configura relação de emprego. Assim, as atividades de lavar a ordenha e limpar a casa sede do produtor rural, uma vez por mês, possuem natureza meramente eventual. E o preparo do almoço e do jantar pela autora para os poucos empregados da propriedade rurícola e para a sua própria família revelou um verdadeiro ajuste de conveniências, em que o reclamado contribuía fornecendo gratuitamente os mantimentos e a demandante auxiliava preparando as refeições, afastando de vez o vínculo empregatício. Recurso desprovido. TRT 3ª Reg. RO 00756-2005-048-03-00-5 — (Ac. 1ª T.) — Rel. Juiz Marcio Flavio Salem Vidigal. DJMG 15.9.06, p. 4.

Ementa: Relação de emprego. Sociedade de fato e relacionamento marital. Para a existência de relação de emprego é necessária a prestação de serviços pessoais, subordinados, onerosos e não-eventuais, nos termos dos arts. 2º e 3º da CLT, que lhe dão tais contornos. Tal não ocorre quando a reclamante, sua filha e sua mãe são dependentes do plano de saúde UNIMED do sócio do reclamado; possuem conta bancária conjunta com ampla possibilidade de movimentação; o sócio da reclamada recolhe contribuições previdenciárias em nome da reclamante, e, enfim, resta demonstrada a convivência marital por documentos e inequívoca prova testemunhal, mormente quando inexistente a subordinação jurídica e emerge dos autos luminosa a *affectio societatis* e porque não dizer a *affectio maritalis*. TRT 9ª Reg. RO 00671-2004-093-09-00-8 — (Ac. 4ª T. 34496/06) — Rel. Juiz Cássio Colombo Filho. DJPR 1.12.06, p. 659.

Ementa: Vínculo de emprego. Grupo familiar. O parentesco por afinidade, por si só, não afasta a existência de vínculo empregatício. Há que se avaliar, além da presença dos requisitos objetivos inerentes à relação de emprego, presentes nos arts. 2º e 3º da CLT, o elemento subjetivo consubstanciado na vontade de estabelecer e manter relação de emprego. Se, na relação havida, não se vislumbra o "animus contrahendi" em nenhuma das partes, ou em apenas uma delas, impossível a declaração de vínculo de emprego. TRT 9ª Reg. RO 00670-2005-089-09-00-5 — (Ac. 1ª T. 30450/06) — Rel. Juiz Ubirajara Carlos Mendes. DJPR 24.10.06, p. 265.

6. Dualidade do contrato do trabalho com o mesmo empregador. Possibilidade. Nada impede de o trabalhador ter com o seu empregador dois contratos de trabalhos simultâneos, embora seja difícil a sua ocorrência. *Carrion*, aponta algumas dificuldades como "a pessoalidade e a confiança mútua não permitem a caminhada paralela independente; as violações havidas em um atingiriam o outro; os limites de jornada, e tantos outros institutos, trazem inúmeras dificuldades a justificar a rejeição; a propalada dualidade muitas vezes pretende na verdade a redutibilidade da remuneração ou o atentado contra a inalterabilidade do contrato em geral"[8]. Vale ressaltar, no entanto, que no art. 12, da Lei n. 5.889, de 8 de junho de 1973, que trata do trabalho rural está previsto que "Nas regiões em que se adota a plantação subsidiária ou intercalar (cultura secundária), a cargo do empregado rural, quando autorizada ou permitida, será objeto de contrato em separado. Parágrafo único. Embora devendo integrar o resultado anual a que tiver direito o empregado rural, a plantação subsidiária ou intercalar não poderá compor a parte correspondente ao salário mínimo na remuneração geral do empregado, durante o ano agrícola". Na prática, no entanto, tem-se que rescindido o contrato principal do rural, o secundário terá o mesmo destino, já que os dois formam um todo, salvo quando há estipulação em contrário. Em se tratando de grupo econômico, o empregado poderá prestar serviços para as outras empresas que compõem o grupo, sem que com isso configure dupla relação de emprego. Contudo, o trabalho deverá ser prestado no mesmo local e horário de trabalho e se houver ajuste em contrário é permitida a formação de dois contratos de trabalho. É o que se extrai da Súmula n. 129, do TST.

Precedente Administrativo — SIT/MTE

PRECEDENTE ADMINISTRATIVO N. 59: *Registro. Contrato de trabalho. Grupo Econômico.* O trabalho prestado pelo empregado a várias empresas do mesmo grupo econômico configura apenas um contrato de trabalho, sendo desnecessário o registro do empregado em cada uma das empresas. Autuação improcedente. Referência normativa: art. 2º, § 2º e 41 ambos da CLT.

Jurisprudência

TST, Súmula n. 129: CONTRATO DE TRABALHO GRUPO ECONÔMICO. A prestação de serviços a mais de uma empresa do mesmo grupo econômico, durante a mesma jornada de trabalho, não caracteriza a coexistência de mais de um contrato de trabalho, salvo ajuste em contrário. (RA 26/1982, DJ 4.5.1982)

Ementa: Duplicidade contratual. Mesmo empregador. Reconhecimento. À luz do que dispõem os artigos 442, 443 e 444, da Consolidação das Leis do Trabalho, há que se concluir que não há nenhum óbice legal à vigência de dois contratos distintos, ainda que para a mesma empregadora, quando se verifica que o empregado exerce tarefas distintas, em horários distintos e recebendo remuneração diferenciada para cada uma das tarefas realizadas. Provado que a obreira exerce o cargo de Professora e de Coordenadora pedagógica, atividades completamente diferentes, recebendo salários individualizados para cada uma das tarefas, não há como não reconhecer a existência de dois contratos distintos. Recurso ao qual se dá provimento. TRT 23ª Reg. RO 00046.2006.041.23.00-2- (Sessão 11/06) — Rel. Juiz Bruno Weiler. DJE/TRT 23ª Reg. n. 108/06, 18.10.06, p. 13.

Ementa: Contratos de trabalho simultâneos. Possibilidade. Requisito: compatibilidade de horário. Não há na legislação trabalhista qualquer obrigatoriedade de exclusividade como condição para a existência do vínculo de emprego. Por conseguinte, seria legalmente possível que, no caso presente, o obreiro mantivesse dois contratos de trabalho simultâneos, um com a empresa de vigilância e outro com a ré. Entretanto, para isso seria necessário cumprir um requisito básico, qual seja a compatibilidade de horários. Inexistindo esta, como reconhecido pelo próprio autor, não há como se falar em duplicidade de vínculos. TRT 9ª Reg. RO 04421-2005-663-09-00-5 — (Ac. 4ª T. 06633/07) — Relª. Juíza Sueli Gil El-Rafihi. DJPR 13.3.07, p. 336.

---

(8) *Comentários à Consolidação das Leis do Trabalho,* 32. ed. São Paulo: Saraiva, 2007. p. 283.

Ementa: Contrato simultâneo. Possibilidade. Prestando a empregada serviços à empresa e à família, em horários distintos, há de se considerar a existência de dois contratos, e não apenas um. A diversidade de naturezas jurídicas impede a somatória das jornadas, bem como a projeção de cláusulas, normas e regras entre os dois contratos, cada um considerável isoladamente. TRT 12ª Reg. RO-V 04131-2003-022-12-00-9 — (Ac. 1ª T. 00481/05, 16.11.04) — Rel. Juiz José Ernesto Manzi. DJSC 19.1.05, p. 141.

7. Contrato de equipe. O contrato de equipe se verifica quando há uma pluralidade de trabalhadores de um lado com interesses entrelaçados num mesmo objetivo, citando, como exemplo, uma orquestra musical e de, outro lado, o empregador. Algumas características são encontradas nesse tipo de contratação e lembradas por *Pinto Rodrigues*, a saber: "à retribuição do trabalho (fixada para todo o grupo, sem assumir a fisionomia de um salário coletivo, pois será repartido entre seus integrantes individualmente, de acordo com a classificação profissional de cada um ...); poder disciplinar (deixa de se individualizar sobre os membros da equipe e passa a ser exercido sobre toda ela)." Assim, portanto, a justa causa oferecida por um desses integrantes deve ser considerada como de todo o grupo, para efeito resilitório e "à retirada de integrante do grupo (não significará a resilição contratual de toda a equipe, podendo o trabalhador que se retira ou o próprio empregador indicar sucessor para recomposição plena do conjunto, ou este subsistir sem preenchimento da lacuna. No caso do preenchimento, a novação do contrato não será subjetiva, mas somente de conteúdo)"[9].

Jurisprudência

Ementa: Contrato. Relação de emprego. Músico. Pessoalidade. A pessoalidade está evidente no trabalho de um músico integrante de um grupo musical que se manteve em atuação ao longo de período considerável, com apresentações às sextas-feiras, sábados e domingos. A referência à substituição de um companheiro faltoso mediante convocação dos próprios integrantes da banda apenas ressalta a característica de autodefesa dos contratos de equipe mantidos em situação de irregularidade, na qual a vontade dos trabalhadores é suplantada pelo interesse do tomador dos serviços em mascarar o vínculo empregatício. Se a relação jurídica fosse legalmente tutelada, a falta ocasional seria naturalmente suprida pela substituição determinada ou autorizada pelo empregador, mas na contingência de um contrato de equipe meramente factual, incumbe aos próprios componentes do grupo resolver problemas e imprevistos de ordem administrativa que o tomador se recusa a enfrentar. A configuração do contrato de trabalho decorre necessariamente da realidade que se revela em sua execução e quando a força de trabalho é canalizada para a implementação da atividade econômica resultam irrelevantes os aspectos dissonantes cuja constatação se possa atribuir ao intuito de fraudar a legislação consolidada. TRT 2ª Reg. RO 02293-2002-902-02-00-5 — (Ac. 8ª T. 20020580937) — Relª. Desig. Wilma Nogueira de Araujo Vaz da Silva. DOE 17.9.2002.

8. Administração Pública. Contrato de trabalho. Por força do art. 37, II, e § 2º, da CF, não se forma vínculo de emprego entre a Administração Pública e o trabalhador, a não ser que decorra de concurso público com observância de todos os requisitos estabelecidos em lei, em razão dos princípios que regem a respectiva contratação, notadamente os da legalidade e da moralidade pública. A jurisprudência consolidada do Tribunal Superior do Trabalho na Súmula n. 363 tem conferido ao trabalhador, quando presente a irregularidade, o pagamento da contraprestação pactuada, em relação ao número de horas trabalhadas, respeitado o valor da hora do salário mínimo, e dos valores referentes aos depósitos do FGTS.

---

(9) RODRIGUES PINTO, José Augusto, *Tratado de Direito Material do Trabalho*. São Paulo: LTr, 2007. p. 284/285.

Jurisprudência

TST, Súmula n. 331, II. CONTRATO DE PRESTAÇÃO DE SERVIÇOS. LEGALIDADE (mantida) — Res. 121/2003, DJ 19, 20 e 21.11.2003. A contratação irregular de trabalhador, mediante empresa interposta, não gera vínculo de emprego com os órgãos da administração pública direta, indireta ou fundacional (art. 37, II, da CF/1988).

TST, Súmula n. 363. CONTRATO NULO. EFEITOS (nova redação) — Res. 121/2003, DJ 19, 20 e 21.11.2003. A contratação de servidor público, após a CF/1988, sem prévia aprovação em concurso público, encontra óbice no respectivo art. 37, II e § 2º, somente lhe conferindo direito ao pagamento da contraprestação pactuada, em relação ao número de horas trabalhadas, respeitado o valor da hora do salário mínimo, e dos valores referentes aos depósitos do FGTS.

TST, OJ-SDI-1 n. 321 VÍNCULO EMPREGATÍCIO COM A ADMINISTRAÇÃO PÚBLICA. PERÍODO ANTERIOR À CF/1988 (nova redação) — DJ 20.4.2005. Salvo os casos de trabalho temporário e de serviço de vigilância, previstos nas Leis ns. 6.019, de 3.1.74, e 7.102, de 20.6.83, é ilegal a contratação de trabalhadores por empresa interposta, formando-se o vínculo empregatício diretamente com o tomador dos serviços, inclusive ente público, em relação ao período anterior à vigência da CF/88.

Ementa: Recurso de revista. Ente público. Admissão sem prévia aprovação em concurso público. Nulidade. FGTS. A admissão de servidor público sem a prévia aprovação em concurso público, desde a promulgação da Magna Carta de 1988, ressalvadas as hipóteses de nomeação para cargo em comissão, declarado em lei de livre nomeação e exoneração, e de contrato a prazo determinado para atender a necessidade temporária de excepcional interesse público (art. 37, IX), é nula de pleno direito, a teor de seu art. 37, II e § 2º, fazendo jus, o servidor, tão-só ao pagamento da contraprestação pactuada, em relação ao número de horas laboradas, respeitado o salário mínimo/hora, e ao FGTS, dada a irreversibilidade do trabalho prestado, segundo a jurisprudência desta Corte consolidada na Súmula n. 363/TST. Recurso de revista parcialmente provido. TST- RR-4.084/2005-051-11-00.6 — (Ac. 3ª T.) —11ª Reg. — Relª. Min. Rosa Maria Weber Candiota da Rosa. DJU 15.2.08, p. 910.

9. Sociedade cooperativa (parágrafo único). O parágrafo único deste artigo que trata da Sociedade Cooperativa foi acrescentado pela Lei n. 8.949, de 9 de dezembro de 1994, como incentivo à constituição de cooperativas, com o esclarecimento de que não existe vínculo empregatício entre elas e seus associados, nem entre estes e os tomadores de serviços delas.

O Código Civil, de 2002, regulou a existência das sociedades cooperativas, nos arts. 1093 a 1096, com ressalva à legislação especial que, ao seu tempo, era composta das seguintes normas: 1) CF/88, arts. 174, § 2º, 192, VIII e 187, VI, Lei n. 5.764/71, com alterações da Lei n. 7.231/84; Resolução BACEN n. 2.771/2000, sobre cooperativas de trabalho portuário; Lei n. 9.867/99, sobre cooperativas sociais; e Decreto n. 2.936/99.

Em sede de Direito do Trabalho, o que se tem, de relevante, a examinar, é a utilização das cooperativas organizadas para fornecimento de mão de obra para empresas, como uma modalidade de terceirização, ou como técnica administrativa de se confiar a terceiros certos tipos de atividades da empresa terceirizante. No Brasil, esta técnica começou a ser praticada com a vinda das montadoras de veículos, para melhor administrar os serviços e também para reduzir custos. O que tem ocorrido, no entanto, é a existência de falsas cooperativas que são constituídas para os fins de fraudar direitos trabalhistas.

Com efeito, com muita frequência, são constituídas cooperativas de trabalho visando à exploração dos cooperados, para redução de custos pelas próprias empresas tomadoras de serviços. Estas é que se valem de cooperativas para a utilização da mão de obra dos cooperados, sem vínculo de emprego, e, portanto, sem os custos decorrentes, por vezes, por elas mesmas constituídas. Evidentemente que este não é o espírito do verdadeiro cooperativismo. Este, sendo autêntico, "viabiliza obtenção de vantagens e resultados ao cooperado muitos superiores, quando comparados à atuação de forma isolada, em razão da ampla estrutura colocada à disposição de cada filiado. Por isso a verdadeira cooperativa de trabalho deve ser criada e formada por profissionais autônomos, que exerçam a mesma profissão, unindo esforços para obter vantagens ao próprio empreendimento, prestando serviços sem nenhuma intermediação nem subordinação (seja perante terceiros, seja em face da cooperativa)".[10]

Contudo, a cooperativa é um instrumento válido de trabalho para os associados, estes os verdadeiros beneficiários (art. 4º da Lei n. 5.764/71), tendo em vista seus próprios Estatutos, e, em alguns casos, para o trabalho para terceiros, se observados os requisitos legais da não existência de pessoalidade e de subordinação direta, e de serviços especializados ligados à atividade-meio do tomador (Súmula 331, do TST, item III).

Assim, se a cooperativa tem em seu Estatuto a comprovação de que possui qualificação e autonomia técnica ou profissional, os serviços que por ela serão prestados terão a conotação de especializados. No meio urbano, são, por exemplo, as Cooperativas de Engenharia, de Medicina, de Odontologia, de Táxis, *etc*, desde que preenchidos os requisitos legais na sua constituição.

Jurisprudência

Ementa: Recurso de embargos. Vínculo empregatício. Art. 442, parágrafo único, da CLT. Cooperativa. Intermediação fraudulenta de mão de obra. Violação do art. 896 da CLT não constatada. O recurso de revista não lograva êxito por violação do art. 442, parágrafo único, da CLT. Isto porque, conforme exposto pelo eg. TRT, ficou comprovada a existência de fraude, revelada pela ausência de autonomia dos pretensos "cooperados", pela sua falta de independência no ajuste e execução dos serviços e prestação de serviços relacionados com a atividade-fim da tomadora dos serviços, levando à ilação de que a Cooperativa era mera intermediadora de mão de obra e que a tomadora era a real beneficiária dos serviços prestados pelo autor. Desta forma, excluída a condição de cooperativada da reclamante, não há que se cogitar de ofensa ao art. 442, parágrafo único, da CLT. E, diante do quadro fático delineado pelo Eg. Tribunal Regional, instância soberana na apreciação do quadro fático, cujo reexame nesta sede extraordinária encontra óbice na Súmula n. 126, não há, ainda, como se constatar violação dos arts. 5º, II, 170, *caput* e inciso IV, e 174 da Constituição Federal. TST-E-RR-640.345/2000.7 — (Ac. SBDI1) — 15ª Reg. — Rel. Min. Aloysio Corrêa da Veiga. DJU 14.9.07, p. 878.

Ementa: Cooperativa de serviço. Inaplicabilidade da CLT aos verdadeiros cooperados. A Cooperativa, qualquer que seja o seu ramo de atividade, só exclui a relação de emprego entre si e o cooperado, ou até entre o cooperado e a empresa para a qual os serviços são prestados, naquelas hipóteses em que a relação jurídica entre as partes não deixa a menor sombra de dúvida quanto à observância de todos os pressupostos caracterizadores do vínculo societário. O parágrafo único do art. 442 da CLT não constitui uma porta aberta ao cooperativismo desenfreado, mesmo porque se trata de autêntica superfetação jurídica, sob a ótica estritamente sistemática do ordenamento jurídico, uma vez que realmente não pode haver contrato de trabalho entre a cooperativa e o cooperado, seja no âmbito restrito dessa, seja para além e em direção à empresa tomadora dos serviços do cooperado. Neste contexto, o que importa não é tanto a natureza da cooperativa, mas a maneira pela qual se dá a prestação de serviços. Sem o exame criterioso do modo pelo qual o cooperado trabalha, bem como a sua relação com a cooperativa e a empresa contratante dos serviços, não há como se saber com segurança qual a espécie de vínculo firmado entre as partes. No caso, a análise da prova evidenciou que o Reclamante era verdadeiro cooperado, afastada ficando a fraude alegada na petição inicial. TRT 3ª Reg. RO 01204-2006-065-03-00-0 — (Ac. 4ª T.) — Rel. Des. Luiz Otavio Linhares Renault. DJMG 12.6.07, p. 24.

Ementa: Cooperativa. Fraude. Empresa tomadora de serviços. Vínculo de emprego. Os artigos 4º e 7º, da Lei n. 5.764/71 estabelecem que a caracterização da sociedade cooperativa é a prestação direta de serviço aos associados, sendo essa a razão de sua constituição. Impõe-se sempre o respeito aos objetivos sociais e ao conjunto de previsões legais e estatutárias. E as normas jurídicas que regulam essa sociedade são bastante rígidas, haja vista cuidar o exercício de negócio comercial consoante o art. 87 (ibidem). Ausente uma destas características, compromete-se a existência da sociedade cooperativa como ente coletor de interesses obreiros em face de dado empregador. Desvirtuada a relação cooperativista disciplinada pela Lei n. 5.764/71, não cabe subsumi-la ao parágrafo único, do art. 442, da CLT,

---

(10) BARBOSA GARCIA, Gustavo Filipe, *Curso de Direito do Trabalho*, 2. ed. São Paulo: Método, 2008. p. 320.

hipótese em que a formalidade constitutiva da cooperativa e a associação do Reclamante se tornam irrelevantes, pois os fatos preponderam sobre os documentos. Não há dúvidas de que a Cooperativa criada, no caso específico, funcionou como verdadeira "agência de serviços", cuja atuação na consecução dos serviços inerentes e permanentes da Recorrente contratante dos serviços de mão de obra, configurando verdadeiro *marchandage*, fora das hipóteses de intermediação de mão de obra lícita reconhecidas pela jurisprudência e ordenamento pátrios, distante dos objetivos verdadeiros visados pelo espírito cooperativo. Resta evidente que a primeira Reclamada apenas tentou esquivar-se das obrigações trabalhistas, fraudando, assim, os direitos do trabalhador. TRT 3ª Reg. RO 0403-2006-103-03-00 — (Ac. 6ª T.) — Relª. Juíza Emilia Facchini. DJMG 5.10.06, p. 17.

Ementa: Cooperativismo. Fraude. A adesão à cooperativa perde substância ante a prestação de serviços sob subordinação e o pagamento de benefícios como auxílio-transporte e auxílio-refeição, bem como de cesta básica, pois estes amoldam-se aos institutos celetistas, incompatíveis com o cooperativismo. Inaplicáveis a Lei n. 5.764/71 e art. 442, parágrafo único da CLT, quando a contratação do trabalhador, por meio da cooperativa, tem por fim a realização de atividade-fim da empresa tomadora. A prevalência do princípio do contrato-realidade repudia manobras destinadas a desvirtuar a autêntica relação de emprego e de alijar o trabalhador da proteção legal na esfera trabalhista (art. 9º da CLT), impondo-se o reconhecimento do liame. TRT 2ª Reg. RO 01960200250102003 — (Ac. 4ª T. 20040705751) — Rel. Juiz Paulo Augusto Câmara. DJSP 14.1.05, p. 03.

10. Sociedade cooperativa. Meio rural. No meio rural, respeitando suas características, também é admitida a formação de cooperativa, embora haja restrição a respeito, conforme *Francisco Ferreira Jorge Neto* e *Jouberto de Quadros Pessoa Cavalcante*, porque "a cooperativa não pode fazer o elo entre o proprietário da terra, pois pode ser vista como empregador rural equiparado. Portanto, a terceirização deve ser vista com restrições na área rural, mesmo quando se tratar das cooperativas[11]. As decisões encontradas nos Tribunais trabalhistas caminham nesse sentido.

Jurisprudência

Ementa: Cooperativas de trabalho. Meio rural. Inviabilidade. Uma autêntica Cooperativa de Trabalho ou de serviços se constitui e existe para prestar serviços, ser útil, enfim melhorar as condições de vida e de trabalho dos seus cooperados, não para beneficiar terceiros — caso de deformação do seu sentido —, o que leva a reputar sua criação e existência para fraudar a lei. Nessa hipótese, passa a mesma a figurar como simples intermediadora de mão de obra, cuja prática é absolutamente irregular, importando em afronta aos princípios norteadores do Direito do Trabalho, especialmente ao art. 9º da CLT. Não encontra amparo na doutrina e jurisprudência a contratação de terceiros para a prestação de serviços que não digam respeito à atividade-meio do tomador, tendo-se como ilegal a aludida contratação, quando para a execução de atividades permanentes e inerentes aos objetivos do contratante, nos termos do Enunciado n. 331, inciso I do C. TST. É o que vem ocorrendo com as inúmeras cooperativas de colhedores de laranja ou de cortadores de cana que, prestando serviços às indústrias ou às usinas, fazem a intermediação de mão de obra ilícita, já que o serviço oferecido relaciona-se intrinsecamente com a atividade-fim daquelas mesmas indústrias e usinas. A intermediação de cooperativas de mão de obra, nesse meio específico, revela-se absolutamente nula, porque fraudatória dos direitos do trabalhador, formando-se o vínculo, neste caso, diretamente com o tomador dos serviços, eis que ao trabalhador rural aplicam-se somente as normas da CLT não conflitantes com a Lei n. 5.889/73, e o parágrafo único do art. 442 do Texto Consolidado é totalmente incompatível com a referida lei. TRT 15ª Reg. (Campinas/SP) 00857-2002-058-15-00-5 — (Ac. 3ª T. 12513/2005-PATR) — Relª. Juíza Ana Paula Pellegrina Lockmann. DJSP 1.4.05, p.28.

Ementa: Cooperativas. Fraude. Vínculo empregatício. Tomador de serviços. As cooperativas de mão de obra, no meio rural, afiguram-se fraudulentas, na medida em que eliminam o trabalho regido pela legislação laboral, antes contratado por turmeiros e empresas prestadoras de serviço. O tomador final dos serviços deve responder pelos encargos do contrato de trabalho mascarado pela fraude — aplicação do art. 9º da CLT. TRT 15ª Reg. (Campinas/SP) — ROPS 2543-2001-025-15.00-5 (Ac. 037668/2003-PATR) — Rel. Luiz Antônio Lazarim. DJSP 28.11.03.

---

(11) *Direito do Trabalho*, I, 4. ed. Rio de Janeiro: Lumen Juris, 2008, p. 440.

11. Trabalho rural. Contratação do trabalhador rural por pequeno prazo para atividades de natureza temporária (Lei n. 11.718, de 20.6.08 — DOU 23.6.08. A Medida Provisória n. 410, de 28.12.07, (DOU 28.12.07, Ed. extra) foi transformada na Lei n. 11.718, de 20.6.08) e acrescenta o art. 14-A na Lei n. 5.889, de 8 de junho de 1973, criando o contrato de trabalhador rural por pequeno prazo. Referido artigo dispõe que "O produtor rural pessoa física poderá realizar contratação de trabalhador rural por pequeno prazo para o exercício de atividades de natureza temporária". § 1º A contratação de trabalhador rural por pequeno prazo que, dentro do período de 1 (um) ano, superar 2 (dois) meses fica convertida em contrato de trabalho por prazo indeterminado, observando-se os termos da legislação aplicável"; o contrato de trabalho por pequeno prazo deverá ser formalizado mediante a inclusão do trabalhador na GFIP, na forma do disposto no § 2º deste artigo, e: I — mediante a anotação na Carteira de Trabalho e Previdência Social e em Livro ou Ficha de Registro de Empregados; ou II — mediante contrato escrito, em 2 (duas) vias, uma para cada parte, onde conste, no mínimo: a) expressa autorização em acordo coletivo ou convenção coletiva; b) identificação do produtor rural e do imóvel rural onde o trabalho será realizado e indicação da respectiva matrícula; c) identificação do trabalhador, com indicação do respectivo Número de Inscrição do Trabalhador — NIT." (§ 3º) A contratação de trabalhador rural por pequeno prazo só poderá ser realizada por produtor rural pessoa física, proprietário ou não, que explore diretamente atividade agroeconômica (§ 4º; "A contribuição do segurado trabalhador rural contratado para prestar serviço na forma deste artigo é de 8% (oito por cento) sobre o respectivo salário-de-contribuição definido no inciso I do *caput* do art. 28 da Lei n. 8.212, de 24 de julho de 1991 (§ 5º); A não inclusão do trabalhador na GFIP pressupõe a inexistência de contratação na forma deste artigo, sem prejuízo de comprovação, por qualquer meio admitido em direito, da existência de relação jurídica diversa. (§ 6º); Compete ao empregador fazer o recolhimento das contribuições previdenciárias nos termos da legislação vigente, cabendo à Previdência Social e à Receita Federal do Brasil instituir mecanismos que facilitem o acesso do trabalhador e da entidade sindical que o representa às informações sobre as contribuições recolhidas (§ 7º); São assegurados ao trabalhador rural contratado por pequeno prazo, além de remuneração equivalente à do trabalhador rural permanente, os demais direitos de natureza trabalhista (§ 8º); Todas as parcelas devidas ao trabalhador de que trata este artigo serão calculadas dia a dia e pagas diretamente a ele mediante recibo (§ 9º) e o Fundo de Garantia do Tempo de Serviço — FGTS deverá ser recolhido e poderá ser levantado nos termos da Lei n. 8.036, de 11 de maio de 1990(§ 10).

Por essa modalidade nova de contratação, tem-se a impressão de que ela está sendo implantada para colocar os trabalhadores rurais respectivos, na formalidade, com a finalidade de incluí-los no FGTS e Previdência Social. Será também uma maneira de o empregador rural (pequeno, médio ou até de grande porte) fornecer serviços que não demandem mais que dois meses, o que é comum no meio rural, com a obrigação de dar atendimento aos direitos prescritos na referida lei, diretamente, ou através da Justiça do Trabalho por meio de ação sem haver previsão taxativa dos fatos que a caracterizam.

Art. 442-A *Para fins de contratação, o empregador não exigirá do candidato a emprego comprovação de experiência prévia por tempo superior a 6 (seis) meses no mesmo tipo de atividade. (Acrescentado pela Lei n. 11.644, de 10.3.08, DOU 11.3.08)*

Esse artigo foi introduzido pela Lei n. 11.644, de 10 de março de 2008, e no projeto original era para figurar como § 2º do art. 442, da CLT, com a transformação do parágrafo único em primeiro.

Portanto, estaria ligado ao contrato de experiência. Na sua tramitação no Congresso Nacional, ganhou novos contornos para abranger todos os contratos de trabalho, conforme justificativa que consta do parecer da Comissão que o inclui como art. 442-A. Segundo o que consta do projeto de lei "A exigência de experiência profissional, não obstante ser um requisito para se verificar a adequação do cidadão ao desempenho da atividade pleiteada, tem-se colocado como barreira ao funcionamento socialmente justo do mercado de trabalho, trazendo prejuízos ao país hoje e no futuro. De fato, inúmeros são os relatos de pessoas preteridas em disputas por ocupações devido a exigência de 5 anos de experiência. Em vista do próprio ciclo de vida do jovem, que apenas iniciou no mercado de trabalho, essas exigências tornam inviável ao trabalhador iniciante pleitear vagas em melhores trabalhos. Mais grave ainda é o quadro, pois a falta de experiência hoje acaba por impedir a conquista dessa própria experiência no futuro, erigindo-se como barreira intransponível ao avanço profissional do jovem". Com base nessas premissas e de outros pareceres afirma *Simone B. Martins de Mello* que "o objetivo da nova regra é fomentar a inserção de jovens no mercado de trabalho. Contudo, provável que o dispositivo, ao menos por si só, não tenha o condão de alcançar seu fim, afinal, nada seria capaz de impedir que o empregador, ao contratar, analisasse o currículo dos candidatos fazendo uma seleção natural também pelo tempo de experiência na atividade; e essa atitude é legítima, considerando-se que todo o risco do negócio é do empregador o que também o aconselha, mais das vezes, a contratar aqueles a quem também o tempo ajudou a conferir "senioridade"[12].

Não se sabe se esta norma irá contribuir para abrir o mercado de trabalho para os jovens que se aventuram na busca de emprego, até porque os empregadores por certo continuarão selecionando os candidatos a emprego visando os interesses do seu empreendimento. Apenas não poderão identificar os motivos que levaram a não escolher determinado candidato, sob pena de ficar configurada a discriminação que a norma procura evitar. De notar-se também que existem profissões ou mesmo funções que exigem necessariamente mais tempo de serviço para o devido aperfeiçoamento, cabendo ainda esclarecer que isso varia de trabalhador para trabalhador. Ilustrando a questão do período experimental, vale lembrar que no Código do Trabalho Português vigente no seu art. 107, está disposto: "Nos contratos de trabalho por tempo indeterminado, o período experimental tem a seguinte duração:

a) 90 dias para a generalidade dos trabalhadores;

b) 180 dias para os trabalhadores que exerçam cargos de complexidade técnica, elevado grau de responsabilidade ou que pressuponham uma especial qualificação, bem como para os que desempenham funções de confiança;

c) 240 dias para pessoal de direcção e quadros superiores"[13].

Logo, é evidente que as disposições das alíneas "b" e "c" mereceram do legislador português um tratamento especial em virtude das naturais complexidades encontradas em cargos técnicos ou de qualificações mais elevadas demonstrando que não podem ser generalizadas as condições para preenchimento de determinados cargos na empresa (médicos, pilotos de avião, advogados, jornalistas, etc). É preciso compreender também que qualquer empregador quer ter no seu quadro funcional pessoas qualificadas para atender os anseios dos seus consumidores,

---

(12) Ao (novo) art. 442-A da CLT. Suplemento Trabalhista LTr n. 49/246.
(13) Código de Trabalho, outubro 2004, António José Moreira, Teresa Coelho Moreira, Almedina, Coimbra, Portugal, p. 96.

de forma que se o trabalhador se sentir discriminado terá que provar a sua ocorrência, para fazer jus à indenização que no caso será de dano moral (art. 5º, X, da CF).

Art. 443 *O contrato individual de trabalho poderá ser acordado tácita ou expressamente, verbalmente ou por escrito e por prazo determinado ou indeterminado.*

§ 1º Considera-se como de prazo determinado o contrato de trabalho cuja vigência dependa de termo prefixado ou da execução de serviços especificados ou ainda da realização de certo acontecimento suscetível de previsão aproximada.

— v. nota ao art. 452

§ 2º O contrato por prazo determinado só será válido em se tratando:

a) de serviço cuja natureza ou transitoriedade justifique a predeterminação do prazo;

b) de atividades empresariais de caráter transitório;

c) de contrato de experiência. *(Redação do § 2º e alíneas pelo DL n. 229, 28.2.67, DOU 28.2.67, LTr 31/137).*

1. A filosofia do Direito do Trabalho nos seus primórdios foi a de que os contratos de trabalho seriam pactuados por prazo indeterminado, tanto que previu indenizações para dispensas sem justa causa; restringiu as possibilidades de contratação determinada; e, por fim, instituiu a estabilidade no emprego após dez anos ininterruptos de serviços prestados ao mesmo empregador, a qual foi substituída pelo regime do FGTS pela CF/88 abolindo a estabilidade no emprego, exceto para aqueles que já tinham direito adquirido. Era essa a preferência do legislador, eis que a determinação de prazos, nos contratos de trabalho, era e sempre foi a exceção. A ideia vigorante é a de que, em empresas de atividades permanentes, não se justifica a limitação no tempo das contratações para o trabalho.

Por essa razão, este dispositivo consagra o que vimos afirmando com base no artigo anterior, ou seja, que o contrato individual do trabalho pode ser acordado tácita ou expressamente, verbalmente ou por escrito, acrescentando que pode ser por prazo determinado ou por prazo indeterminado.

Os §§ 1º e 2º, bem como as letras "a", "b", e "c", desse art. 443, prestam-se para conceituar o contrato por prazo determinado e suas diversas possibilidades. Sua existência tem razão de ser. Nesse sentido, citando *Duran Lopez*, o autor português *Pedro Ortins de Bettencourt* afirma que "O Direito do Trabalho tem de prever, e desenvolver, os mecanismos necessários que permitam a sua adaptação às novas realidades econômicas e às suas exigências relativamente as situações laborais"[14]. Portanto, as normas aqui tratadas visam em última análise possibilitar ao empregador firmar contrato por prazo determinado com empregado em situações que o permitem e com a comprovação do fato que justifique a medida.

Por outro lado, a conceituação genérica é a de que o contrato por prazo determinado é aquele cuja vigência dependa de termo prefixado ou da execução de serviços especificados ou ainda da realização de certo acontecimento suscetível de previsão aproximada. Caso similar é encontrado na Lei n. 6.019/74, a qual trata especificamente do trabalho temporário, permitindo

---

(14) *Contrato de Trabalho a Termo*, 1996, Amadora, Portugal: Erasmos Editora, p. 45/46.

que a empresa tomadora de serviço se utilize do trabalhador temporário para "atendimento de necessidade transitória de substituição de pessoal regular e permanente ou acréscimo extraordinário de serviços". O mesmo raciocínio poderá ser aplicado pelas empresas na contratação de empregado por prazo determinado. Ocorre que, se nas situações emergenciais previstas na citada lei, o empregador está autorizado a se utilizar da terceirização (trabalho temporário), com mais razão poderá ele próprio fazer as contratações por prazo determinado, até porque suscetível de haver continuidade do pacto laboral.

O contrato de trabalho por prazo determinado constitui a exceção no contexto geral que é reservado ao de prazos indeterminados.

Por isso, suas hipóteses estão previstas na lei, de forma restritiva, dependendo de prazo prefixado, de serviços especificados, ou de previsão aproximada, quanto ao seu termo (§ 1º).

Normalmente, os contratos por prazo determinado, por serem exceção devem ser formalizados por escrito e entre eles podemos enumerar o de: safra (art. 14, parágrafo único, da Lei n. 5.889/73); de atleta profissional (art. 30, da Lei n. 9.615/98); de artistas (art. 9º da Lei n. 6.533/78); de técnico estrangeiro (Decreto-lei n. 691/69), e de obra certa (Lei n. 2.959/56)

O § 2º completa as restrições, estabelecendo, nas letras "a", "b" e "c", as hipóteses em que será válido e que serão analisadas a seguir:

a) Serviço cuja natureza ou transitoriedade justificar a predeterminação do prazo: Compreende-se pelo dispositivo em causa que o legislador pretendeu conferir às empresas a possibilidade de firmar contrato por prazo determinado se o serviço, pela sua natureza ou transitoriedade, justificar a predeterminação de prazo. Isso, porque, não seria lógico nem razoável que o empregador mantivesse em ociosidade empregados, em grande parte do ano só para atender serviços que surgem em determinado período. São muitos os serviços que poderiam ser enquadrados nesse dispositivo, pois variam em função do comércio (aumento de produção em épocas festivas, aumento de produção nas variações climáticas, tal como se dá com a produção de gelo, quando o clima propicia a sua comercialização). Evidentemente que, se o aumento de serviço resultar de uma evolução normal do empreendimento, portanto, não estando relacionado com nenhum fato inabitual ou atípico, não se poderá aplicar o referido dispositivo. O contrato de obra certa prevista na Lei n. 2.959/56, se aplica a hipótese aqui prevista.

Jurisprudência

Ementa: Contrato por obra certa. Ausência dos requisitos essenciais. Nulidade. O contrato por obra certa insere-se no contexto do art. 443 da CLT quando demonstrada a existência de serviço cuja natureza ou transitoriedade justifique a predeterminação do prazo e seja a atividade empresarial de caráter transitório. Revelando-se imprestável para a comprovação desses requisitos a prova dos autos, impõe-se a manutenção do julgado que reconheceu a existência de vínculo empregatício por prazo indeterminado. TRT 12ª Reg. RO 02148-2007-054-12-00-0 — (Ac. 1ª T., 13.5.08) — Relª. Juíza Águeda Maria Lavorato Pereira. Disp. TRT-SC/DOE 17.6.08. Data de Publ. 18.6.08.

Ementa: Construção civil. Contratos por obra certa. Validade. Previsão no art. 443 da CLT e na Lei n. 2.959/56. Autorização em negociação coletiva. A contratação por prazo determinado é forma exceptiva do contrato de trabalho, devendo estar prevista em lei, tal como ocorre no art. 443, da CLT, e também na Lei n. 2.959/56, que assim dispõe: "Art. 1º No contrato individual de trabalho por obra certa, as inscrições na carteira profissional do empregado serão feitas pelo construtor, desse modo constituído em empregador, desde que exerça a atividade em caráter permanente". Infere-se daí que a empresa de construção civil, que exerça permanentemente essa atividade, pode contratar empregados por prazo determinado, por obra certa, como ocorreu no presente caso, em que ela firmou esta modalidade contratual com o empregado para execução de serviços específicos e de natureza transitória. Válidas, portanto, as referidas contratações, que inclusive são expressamente autorizadas pelos instrumentos normativos pertinentes. TRT 3ª Reg. RO 00574-2007-144-03-00-9 — (Ac. 6ª T) — Rel. Juiz Convocado João Bosco Pinto Lara — DJMG — 31.7.08, p. 13.

Ementa: Contrato de trabalho por prazo determinado. Atividade empresarial sazonal. Interpretação do art. 443, § 2º, letra "a", da CLT. Validade. Exigir-se do empregador que mantenha, mesmo no período de entressafra, igual número de empregados necessário na época da safra é descabido, na medida em que, salta aos olhos, haverá um contingente de mão de obra ocioso em parte do ano, que a médio, ou longo prazo, inviabilizará a continuidade do empreendimento, provocando o desemprego daqueles contratados por prazo indeterminado. Na lição de Sérgio Pinto Martins, em tais hipóteses, a "transitoriedade deverá ser observada em relação às atividades do empregador e não do empregado, de acordo com as necessidades do seu empreendimento". Nesse contexto, se a reclamada, em parte do ano, tinha o aumento de suas encomendas umbilicalmente ligado à safra de cana-de-açúcar, uma vez que fornecia embalagens para o acondicionamento do açúcar produzido, não se pode reputar inválido o contrato por prazo determinado celebrado com a autora para, exatamente, suprir esse acréscimo de produção. Recurso conhecido e provido. TRT 15ª Reg. (Campinas/SP) ROPS 00155-2005-007-15-00-1 — (Ac. 52663/2005-PATR, 3ª Câmara) — Rel. Juiz Samuel Corrêa Leite. DJSP 4.11.05, p. 77.

Ementa: Contrato por prazo determinado. Nulidade. A contratação de empregado por prazo determinado, desde que existam realmente serviços a serem executados dentro de um prazo previsível, é lícita, ainda que tais serviços sejam essenciais e estejam vinculados à atividade-fim do empregador. O término do contrato ocorre justamente quando verificada a completa execução do serviço contratado. TRT 3ª Reg. RO 00925-2006-089-03-00-3 — (Ac. 2ª T.) — Rel. Des. Marcio Flavio Salem Vidigal. DJMG 24.1.07, p. 14.

Ementa: Contrato por prazo determinado. Descaracterização. Se o legislador, excepcionalmente, criou uma possibilidade para que o empregador contratasse com prazo predeterminado, afetando alguns direitos, foi para viabilizar a admissão, em casos que justificassem essa perda. Na letra "a" do § 2º do art. 443 da CLT foram delineadas duas condições para o referido enquadramento, quais sejam, "natureza" ou "transitoriedade". Se o aumento de produção foi a causa da contratação do autor, a natureza, ora citada, não pode ser a justificativa que garanta a predeterminação do prazo. Por sua vez, a "transitoriedade" assinalada pelo legislador não se refere à necessidade transitória da empresa de forma genérica, pois, se assim fosse, o trabalho por prazo determinado seria a regra, haja vista ter a maioria das empresas alguns momentos de pequena e outros de grande produtividade. TRT 15ª Reg. (Campinas/SP) ROPS 00083-2005-099-15-00-0 — (Ac. 51748/2005-PATR, 5ª Câmara) — Relª. Juíza Helena Rosa Mônaco da Silva Lins Coelho. DJSP 4.11.05, p. 87.

Ementa: Contrato por prazo determinado. Art. 443, § 2º, da CLT. Transitoriedade do serviço ou da atividade empresarial. Nulidade. Nos termos do art. 443, § 2º, da CLT, além do contrato de experiência, somente se justifica a celebração de contrato de trabalho por prazo determinado quando se tratar de serviço cuja natureza ou transitoriedade justifica a predeterminação do prazo ou na hipótese de atividades empresariais de caráter transitório. Como a atividade permanente da reclamada é a prestação de serviços de manutenção, não há que se falar em atividades empresariais de caráter transitório, ressaltando que a transitoriedade deve ser aferida em relação aos fins normais do empregador. A frequência com que as empresas clientes celebram contratos de prestação de serviços configura risco da atividade econômica desenvolvida (art. 2º, "caput", da CLT), ônus que não pode ser transferido aos empregados, não se tipificando a hipótese prevista na alínea "a" do § 2º, do art. 443 da CLT. Empresa que tem por atividade-fim a prestação de serviços de manutenção deve manter um quadro permanente de empregados, podendo, eventualmente, em caso de aumento extraordinário de serviços, contratar outros trabalhadores por prazo determinado, não podendo transferir aos trabalhadores os riscos do negócio. Nulidade que se declara, para reconhecer a unicidade contratual na forma dos arts. 9º e 452 da CLT. TRT 15ª Reg. (Campinas/SP) RO 0085-2006-071-15-00-5 — (Ac. 56061/06-PATR, 8ª C.) — Rel. Juiz João Batista da Silva. DJSP 1.12.06, p. 54.

Ementa: Contrato determinado. Serviço transitório. Obra certa. Empregador não é construtor. Aplicabilidade do art. 443, 2º, "a", da CLT. Ainda que o contrato entre empregado e empregador visasse à execução de um serviço transitório, de obra certa, não há que se pensar em aplicação dos dispositivos da Lei n. 2.959/56, porquanto tal lei, em seu art. 1º, expressamente exige que o empregador exerça a atividade permanente de construtor. Por essa razão, considerando-se que o reclamado não exerce a atividade de construtor em caráter permanente, e, considerando-se, também, que o pacto laboral foi firmado para a execução de obra certa, a qual era suscetível de previsão aproximada, é indiscutível o enquadramento do contrato na norma contida no art. 443, §2º, "a", da CLT, tornando, por consequência, legítimo o reconhecimento de contratação por prazo determinado. Recurso ordinário não provido. TRT 15ª Reg. (Campinas/SP) ROPS 00304-2005-133-15-00-7 — (Ac. 63056/2005-PATR, 5ª Câmara) — Rel. Juiz Lorival Ferreira dos Santos. DJSP 19.12.05, p. 34.

Ementa: Contrato de trabalho por prazo determinado. Art. 443 da CLT. Nos termos do art. 443 e § 1º da

CLT, a duração do contrato pode ser fixada ou por unidade de tempo, ou pela natureza do serviço a ser executado pelo empregado. Natural, por outro lado, que o contrato por tempo determinado é e deve ser uma exceção, mormente porque não beneficia o empregado do mesmo modo que o contrato por tempo indeterminado. Assim, precisamente porque desvantajoso ao empregado, o Direito do Trabalho apenas excepcionalmente admite o contrato por prazo determinado. Por isso, a lei limita expressamente as hipóteses em que é cabível, em algumas situações objetivas, o que constitui fato dissuasivo de sua utilização. Isso importa dizer que as partes não têm liberdade para firmar contrato por tempo determinado, somente podendo fazê-lo se o contrato corresponder a uma das situações objetivas previstas expressamente pelo legislador, em leis especiais ou no art. 443, § 2º, da CLT. TRT 9ª Reg. Proc. 00903-2001-670-09-00-0 — (Ac. 20791-2003) — Relª. Juíza Sueli Gil El-Rafihi. DJPR 12.9.03, p. 462.

a. 1) Contrato de safra. Lei n. 5.889/73: O contrato de safra previsto no parágrafo único do art. 14, da Lei n. 5.889/73, para o meio rural e um dos mais utilizados é sempre dependente de variações sazonais da atividade agrícola. Caracteriza-se como um contrato a prazo e pode ser previsto por aproximação já que o seu "término pode ser definido pela própria natureza" (TRT 3ª Reg., RO 00220-2005-044-03-00-4, Ac. 1ª T., Rel. Juiz Jose Marlon de Freitas. DJMG 1.7.05, p.3). "Não se cuida de exigir que o contrato contenha a data de início e fim do mesmo, visto que, nesse tipo de contrato, onde as atividades do trabalhador dependem da sazão e esta, por sua vez, varia em virtude de fatores ambientais, seria desarrazoada a fixação do prazo". TRT 3ª Reg. RO 5108/00 — (Ac. 4ª T.) — Júlio Bernardo do Carmo. DJMG 9.9.00, p.11.

Jurisprudência

Ementa: Contrato de safra. O contrato de safra é modalidade de pacto a termo, destinando-se ao atendimento de necessidades cíclicas do empreendimento agroeconômico, cuja duração depende de variações sazonais da atividade agrícola. Portanto, o período de vigência desse tipo de contrato pode ser previsto, por aproximação, sendo impossível a pré-fixação da data de seu término — já que o mesmo é definido, pela própria natureza. TRT 3ª Reg. RO 00220-2005-044-03-00-4 — (Ac. 1ª T.) — Rel. Juiz Jose Marlon de Freitas. DJMG 1.7.05, p. 3.

Ementa: Safra. Plantio, capina e aceiros. Prazo determinado. Validade do ajuste. A capina de cana-de-açúcar, o corte de mudas, o plantio e a "confecção de aceiros" também dependem de variações estacionais da atividade agrária, autorizando a contratação pela modalidade prevista no parágrafo único, do art. 14, Lei n. 5.889/73, até porque são "tarefas normalmente executadas no período compreendido entre o preparo do solo para o cultivo e a colheita" (parágrafo único do art. 19 do Decreto n. 73.626/74)... TRT 15ª Reg. (Campinas/SP) ROPS 2219-2004-011-15-00-7 — (Ac. 24763/05-PATR, 4ª Câmara) — Rel. Juiz Paulo de Tarso Salomão. DJSP 3.6.05, p.72.

b) Atividades empresariais de caráter transitório: Sobre as atividades empresariais de caráter transitório a que alude a alínea "b" do § 2º, deste artigo, esclareceu o saudoso *Octavio Bueno Magano* que "são aquelas que se realçam em determinadas épocas do ano e passam despercebidas em outras". Entre tais atividades *Magano* incluiu o contrato de obra com a justificativa de que "supõe geralmente empresário com atividade contínua, mas recessivas nos intervalos entre as obras a serem executadas"[15]. Para *Gustavo Filipe Barbosa Garcia*, "A hipótese é mais rara, podendo-se exemplificar com empresa constituída somente para realizar certa atividade de duração determinada, como organizar uma excursão para visitar certo evento em determinado local, ou realizar venda de produtos relacionados às festas do mês de junho, encerrando-se a atividade empresarial logo após estes eventos. Nessas circunstâncias, admite-se a contratação do empregado por tempo determinado, ou seja, com duração do vínculo empregatício somente enquanto durar a própria empresa, entendida como atividade organizada"[16].

---

(15) *Contrato de prazo determinado*, São Paulo: Saraiva, 1984. p. 43.
(16) *Curso de Direito do Trabalho*, São Paulo: Método, 2007. p.114/5.

Ilustrativamente, *Maurício Godinho Delgado* aponta as "atividades empresariais em feiras industriais, comerciais ou agropecuárias; atividades circenses em determinadas comunidades; atividades empresariais sazonais; vendas de fogos de artifício em períodos juninos, etc"[17].

c) Contrato de experiência. De todas as possibilidades previstas no art. 443, §§ 1º e 2º, destacamos o contrato de experiência por ser o mais comum e que desperta várias questões no dia-a-dia para empregados e empregadores, isto porque nossa legislação não regulou minuciosamente esse tipo de contrato, a não ser quanto ao prazo, de 90 (noventa) dias, no parágrafo único do art. 445.

No entanto, como ele faz parte do rol dos contratos por prazo determinado suas regras são aplicáveis para essa modalidade contratual, como o previsto nos artigos 451 e 452, o primeiro para estabelecer que o contrato com determinação de prazo, se prorrogado mais uma vez, passará a ser indeterminado, e o segundo para estatuir que o contrato a prazo determinado que suceder a outro, dentro de seis meses, também passará a ser indeterminado.

Os direitos relacionados com as férias e décimo terceiro salário, no caso, proporcionais, bem como o do FGTS, este, na forma da Súmula n. 125, do TST são devidos na hipótese de contrato de experiência.

Jurisprudência

Ementa: Contrato de experiência. Expiração do termo. Continuidade na prestação de serviços. Prorrogação tácita. 1. Expirado o prazo inicialmente fixado para a vigência do contrato de trabalho a termo, do qual constitui espécie o contrato de experiência, não gera a presunção de sua prorrogação tácita o simples fato de o empregado permanecer prestando serviços no âmbito da Empresa-demandada. Conquanto juridicamente viável (CLT, art. 451), a prorrogação tácita de contrato de trabalho supõe que se infira da conduta objetiva das partes o intuito de prorrogar o ajuste por período predeterminado, nunca por mera manifestação de vontade apenas do empregador. 2. A simples continuidade do trabalho, após o termo final do contrato de emprego por tempo determinado, desde que ausente intenção de ambas as partes em efetivamente prorrogá-lo, transforma-o juridicamente em contrato de trabalho por tempo indeterminado. 3. Ausência de violação aos artigos 451 e 479 da CLT. 4. Recurso de revista não conhecido, no particular. TST-RR-770.264/2001.4 — (Ac. 1ª T.) — 7ª Reg. — Rel. Min. João Oreste Dalazen. DJU 24.6.05, p. 910.

d) Peculiaridades do contrato de experiência

d.1) Contrato de experiência. Natureza jurídica. É controvertida a natureza jurídica do contrato de experiência, eis que até então havia muita dúvida quanto à sua legitimidade, porque não previsto na lei, e por estar sujeito, segundo a doutrina e jurisprudência, a condição resolutiva. Outros, ainda, entendiam que era o contrato de prova e que seria necessária a prova de que o empregado não havia logrado êxito no período de sua vigência para sua resolução. O prazo dele também variava entre 90 e 120 dias. A tese de que era um contrato de prova e *sui generis* teve muitos adeptos em virtude do disposto no parágrafo primeiro do art. 478, da CLT, segundo o qual "o primeiro ano de duração do contrato por prazo indeterminado é considerado como período de experiência", sendo certo que em relação a esse período o trabalhador não tinha direito a indenização pelo regime então da CLT, que foi substituído pelo Fundo de Garantia do Tempo de Serviço. Embora se admita como *Sérgio Pinto Martins* que o período de experiência não se confunde com o contrato de experiência[18], em face dos seus efeitos, o certo é que os seus

---

(17) *Curso de Direito do Trabalho*, 6ª ed. São Paulo: LTr, 2007. p. 527.
(18) *Comentários à CLT*, 10. ed. São Paulo: Atlas, p. 501.

objetivos são correlacionados. O primeiro abrangia um tempo maior de experiência, já que isentava o empregador do pagamento da indenização prevista na CLT se a rescisão do contrato operasse no primeiro ano, de forma que o trabalhador só tinha direito as férias e décimo terceiro salário proporcionais. Foi o Decreto-Lei n. 229, de 28 de fevereiro de 1967, que alterou a redação desse art. 443, para incluir o contrato de experiência, como uma das três hipóteses de validade do contrato e consolidou o entendimento de que se trata de um contrato de prazo determinado, tanto que *Russomano* afirma com propriedade que "o contrato de experiência é, por definição legal, contrato de trabalho por breve prazo e determinado (até o máximo de noventa dias), deve ser tratado como todos os demais contratos dessa natureza, pois a única norma que o singulariza é pertinente ao seu tempo de duração"[19].

Na linha de raciocínio de que o contrato de experiência é de prazo determinado, é de se aplicar a ele, igualmente, o disposto no art. 479, da CLT, que trata da indenização pela metade, da remuneração a que teria direito o empregado, na rescisão sem justa causa, tendo direito também ao FGTS no respectivo período.

d. 2) Contrato de experiência. Finalidade. Quando se firma um contrato de experiência é porque as partes desejam se conhecer mutuamente: o empregador, com o objetivo de avaliar se o trabalhador possui as condições desejáveis para a função contratada e seu relacionamento no trabalho com a chefia e colegas, etc. O empregado, por sua vez deseja conhecer as condições e o ambiente do trabalho de forma, a saber, se são as mesmas condizentes com as suas aspirações profissionais. Nada impede a sua formalização em qualquer atividade, seja técnica, operacional, administrativa ou de serviços, uma vez que o objetivo atende aos interesses das partes de se avaliarem as condições de trabalho, embora se saiba que o empregador sempre esteve e está numa situação de superioridade já que detém o poder potestativo de dispensa. Por tal prisma também se poderá dizer que se o empregado sair da empresa por qualquer razão e vier a ser recontratado para a mesma função não poderá ser no regime experimental, já que fora avaliado no primeiro contrato.

Jurisprudência

Ementa: Gestante. Contrato de experiência. Nulidade. Impossibilidade por ausência de desvirtuamento. 1 — A estabilidade prevista no art. 10, II, b, do ADCT é incompatível com a modalidade contratual prevista no art. 443, § 2º, 'c', da CLT, pois é da essência dessa modalidade de contrato o prévio ajuste do seu termo final, de modo que a ocorrência da gravidez no seu curso não gera o direito à estabilidade provisória. Assim não restando provado nos autos que a dispensa tenha se operado por motivos ilícitos, como ato de discriminação, vigente o entendimento consagrado na Súmula n. 244, item III, TST. 2 — Para além das finalidades objetivas como a própria experiência técnica na função exercida pelo Obreiro, o contrato de experiência visa constatar o comportamento pessoal do empregado, como assiduidade, diligência, caráter e entrosamento com o ambiente de trabalho, motivo pelo qual não se torna irregular a dispensa ainda que verificado que a Autora possuía experiência na função para qual foi contratada, tendo em vista que podem ser outras, que não somente a experiência profissional, as necessidades do Empregador. Recurso da Reclamante que se nega provimento. TRT 23ª Reg. RO 01069.2007.005.23.00-1- (Ac. 2ª T, Sessão 5/08) — Rel. Des. Luiz Alcântara. DJE/TRT 23ª Reg. n. 423/08, 6.3.08, p. 13.

Ementa: Contrato de experiência. Período já trabalhado anteriormente. Mesma função. Inadmissibilidade. Contrato de trabalho anterior com o mesmo empregador, por quase dois anos, período durante o qual, por um ano e meio, a trabalhadora exerceu a mesma função para a qual foi admitida num segundo contrato. Interregno de poucos meses entre um e outro. Empregador que já tinha conhecimento das condições pessoais e das aptidões da empregada. Contratação em regime experimental que não tem justificativa. Recurso da autora a que se dá provimento. TRT 2ª Reg. RO 00490200546102009 — (Ac. 2ª T. 20060653447) — Rel. Juiz Eduardo de Azevedo Silva. DJSP 5.9.06, p. 11.

---

(19) RUSSOMANO, Mozart Victor. *Comentários à Consolidação das Leis do Trabalho.* 17. ed., V. I, Rio de Janeiro: Forense, 1997. p. 480.

d. 3) Contrato de experiência e a anotação na Carteira de Trabalho e Previdência Social. É controvertida a questão da necessidade da anotação na Carteira de Trabalho e Previdência Social quando do ajuste do contrato de experiência justamente por ser contrato de exceção, do qual o indeterminado é a regra. Algumas decisões consideram que esse requisito é essencial para a sua configuração; outros admitem que se trata de procedimento meramente administrativo que não invalida o que foi acertado entre as partes, já que existem outros documentos que poderão demonstrar a modalidade do ajuste: exemplo, a assinatura do respectivo contrato de trabalho, no qual estão declinadas as condições para a sua formalização. Esta última posição é a que merece acolhida porque se são admitidos todos os meios de prova para elucidar um fato posto em juízo, nada melhor do que o próprio contrato assinado pelas partes e sem qualquer vício que o macule. Na ausência de prova documental, haverá sempre a presunção de que o ajuste foi por prazo indeterminado, salvo se houver confissão do trabalhador em sentido contrário.

Jurisprudência

Ementa: Contrato de experiência. Ausência de anotação na CTPS. A ausência de anotação na CTPS do Autor, quando celebrado por escrito entre as partes, não dá ensejo à nulidade ou invalida o referido pacto, conforme o art. 443 da CLT. TRT 5ª Reg. RO 01679-2006-121-05-00-0 — (Ac. 2ª T., 6.9.07) Rel. Des. Cláudio Brandão.

Ementa: Contrato de experiência. Prorrogação prevista no contrato, mas não anotada na CTPS. Efeitos. O fato de a prorrogação do prazo do contrato de experiência não ter sido anotada na CTPS do empregado não obsta o seu reconhecimento quando demonstrado por meio de cláusula contratual ser essa a vontade das partes, mormente quando nem sequer foi aventada a hipótese de vício de consentimento. TRT 12ª Reg. RO-V 02718-2004-001-12-00-3 — (Ac. 3ª T. 00373/06, 11.10.05) — Relª. Juíza Lília Leonor Abreu. DJSC 19.1.06, p. 175.

d. 4) Contrato de experiência. Necessidade de justificativa dos motivos da extinção do pacto e o dano moral. O rompimento do contrato de trabalho pelo empregador, por qualquer razão que seja, é sempre traumático para o trabalhador, porque representa a perda do posto de trabalho que é fonte de sua subsistência e fica também na expectativa do surgimento ou não de nova colocação, o que não deixa de ser uma preocupação, principalmente quando se trata de um pai de família. A rigor, em se tratando de contrato de trabalho por prazo determinado não haveria razão para tais preocupações, já que as partes sabem de antemão do término do vínculo. Por outro lado, não existe lei que obrigue o empregador a justificar o motivo do contrato de experiência chegar ao seu término já que detém o poder potestativo. Entretanto, tem surgido pedido de indenização com fulcro em dano moral sob o fundamento de que o rompimento do contrato de experiência antes do seu término causa constrangimento à pessoa do trabalhador pela perda do tão sonhado emprego, já que ficaria também a presunção de que não seria apto ao trabalho, considerando-se que a rescisão se opera sem nenhuma prova do motivo pelo empregador. A jurisprudência, no entanto, tem rejeitado essa pretensão e, com razão, porque o término do contrato de experiência, mesmo antes do prazo previsto em lei, encontra-se dentro do poder discricionário do empregador, ressalvada a hipótese do ato vir acompanhado de ofensas, humilhações e outras atitudes que possam dificultar o acesso a novo emprego, por mero capricho do empregador e com isso macular a moral do trabalhador. Em tais situações o dano moral poderá ser invocado.

Jurisprudência

Ementa: Dano moral. Contrato de experiência. Dispensa. Não caracterização. O fato de o empregado ter sido demitido na vigência do contrato de experiência, por si só, não configura dano moral passível de indenização eis que a aptidão ou inaptidão para o trabalho é requisito intrínseco do contrato e pode ser constatada a qualquer momento, inclusive após o início da atividade laborativa. Neste caso, a dispensa enquadra-se no poder discricionário do empregador. Somente se caracterizaria o dano moral indenizável se ficasse provado que o obreiro foi humilhado, ofendido ou teve sua moral maculada pelo empregador. Recurso do reclamante não provido. TRT 15ª Reg. (Campinas/SP) RO 1597-2005-115-15-00-8 — (Ac. 24499/06-PATR, 7ª Câmara) — Rel. Juiz Manuel Soares Ferreira Carradita. DJSP 26.5.06, p. 28.

Ementa: Demissão. Ausência de garantia de emprego. Dano moral Inocorrência. A demissão do autor, ocorrida no curso do seu contrato de experiência, constitui ato perfeitamente legal, exercido nos limites do poder potestativo do empregador, não caracterizando "dano moral" passível de reparação. É direito da reclamada rescindir um contrato de trabalho que não lhe convém, quando a manutenção do vínculo não está assegurada por qualquer garantia de estabilidade legal. TRT 3ª Reg. RO 00098-2006-081-03-00-7 — (Ac. 1ª T.) — Rel. Juiz Marcio Flavio Salem Vidigal. DJMG 2.6.06, p. 3.

d. 5) Contrato de experiência e cláusula assecuratória de direito recíproco de rescisão antes do termo final. Nada impede que as partes na celebração do contrato de experiência insiram entre as condições acertadas a faculdade de extinguirem o respectivo contrato com a imposição de prévio aviso, equiparando-o a um contrato de prazo indeterminado. Essa regra está prevista no art. 481, da CLT, que trata do contrato de prazo determinado e a incidência da referida cláusula. Assim, se houver no contrato de experiência cláusula que preveja a sua rescisão antecipada, na forma do art. 481, da CLT, será devido o aviso prévio. Caso contrário, não.

Jurisprudência

TST, Súmula n. 163. AVISO PRÉVIO. CONTRATO DE EXPERIÊNCIA (mantida) — Res. 121/2003, DJ 19, 20 e 21.11.2003. Cabe aviso prévio nas rescisões antecipadas dos contratos de experiência, na forma do art. 481 da CLT (ex-Prejulgado n. 42).

Ementa: Contrato de experiência. Estabilidade. Gestante. Dispensa antecipada da reclamante com base em cláusula assecuratória do direito recíproco de rescisão antes do termo final. À primeira vista, seria inviável conferir-se a incidência das garantias de emprego no âmbito dos contratos a prazo. A pré-fixação de um termo final ao contrato, no caso os noventa dias, tornaria incompatível a posterior consequência legal típica de contratos de duração incerta e que levaria a tornar indeterminado o prazo do contrato de trabalho. Todavia, a previsão da data da extinção do contrato de trabalho, apesar de inicialmente previsível foi alterada, tendo em vista cláusula assecuratória permitindo a rescisão antes de expirado o termo ajustado. A faculdade efetivamente exercida pelo empregador em dispensar a empregada antes do termo final, retirou as características, regras e efeitos jurídicos próprios do contrato a termo. Este fato transmudou a modalidade do contrato de determinado para indeterminado assegurando a plena repercussão sobre o liame empregatício das garantias especiais de emprego, entre elas a estabilidade provisória. Esta garantia inviabiliza a ruptura arbitrária do pacto, mantendo-o íntegro até o fim correspondente da garantia. *In casu*, assegura-se a indenização referente ao período de garantia desrespeitado. Embargos não conhecidos. TST-E-RR-57.344/2002-900-02-00.3 — (Ac. SBDI1) — Rel. Min. Aloysio Corrêa da Veiga. DJU 25.8.06, p. 1.075.

d. 6) Contrato de experiência e sua prorrogação automática. Como já visto, o contrato de experiência é de prazo determinado de 90 dias, permitindo-se uma prorrogação no seu curso desde que não ultrapassado o referido prazo. Nessa conformidade, se o empregado é contratado em regime experimental pelo prazo de 60 dias e se houver interesse de sua prorrogação por mais 30 dias, de forma a totalizar o prazo máximo de 90 dias, o ajuste entre as partes deverá ocorrer antes do termo pactuado inicialmente, sob pena de ser configurado por prazo indeterminado, sendo esse o posicionamento da jurisprudência majoritária. Vale ressaltar, no entanto, que a jurisprudência tem admitido que o ajuste da prorrogação possa ser feito quando da contratação, desde que limitado ao prazo máximo de 90 dias. Trata-se de uma medida que fica dentro da razoabilidade, pois se partes estão autorizadas a formalizar o contrato pelo seu prazo máximo, nada a impede de ajustar desde o início da contratação um contrato pelo prazo 45 dias e com a sua prorrogação por mais 45 dias, de forma a perfazer o prazo de 90 dias. Negar essa faculdade às partes contratantes é levar ao extremo o formalismo e renegar a simplicidade dos atos e de seus efeitos.

Jurisprudência

TST, Súmula n. 188. CONTRATO DE TRABALHO. EXPERIÊNCIA. PRORROGAÇÃO (mantida) — Res. 121/2003, DJ 19, 20 e 21.11.2003. O contrato de experiência pode ser prorrogado, respeitado o limite máximo de 90 (noventa) dias.

Ementa: Agravo. Contrato de experiência. Validade de prorrogação por uma vez se observado o prazo máximo. Gestante. 1. É lícita, por uma vez, a prorrogação de contrato por prazo determinado, desde que tal ato não importe em excesso do prazo máximo definido em lei. Como se lê do parágrafo único do art. 445, da CLT, o prazo máximo do contrato de experiência é de 90 (noventa dias). Prazo esse que pode, inclusive, ser ajustado desde a admissão. 2. Assim, não há falar em nulidade de ajuste de prorrogação previsto quando da admissão da Reclamante. A *fortiori* por estarem as partes autorizadas por lei a celebrar, desde a admissão, contrato de experiência pelo prazo máximo previsto. Inteligência do art. 188, inciso I, do Código Civil, segundo o qual não constitui ato ilícito o exercício de direito reconhecido. Agravo a que se nega provimento. TST-A-E-RR-517.010/1998.9 — (Ac. SBDI1) — 4ª Reg. — Relª. Min. Maria Cristina Irigoyen Peduzzi. DJU 2.6.06, p. 497.

Ementa: Recurso Ordinário. Contrato de Experiência. Prorrogação automática. Nulidade. O art. 122 do Código Civil, em sua parte final, considera defesas as condições que "privam de todo efeito o ato ou o sujeitam ao arbítrio de uma das partes". A prorrogação do contrato de experiência deve ser pactuada entre empregado e empregador, antes do alcance do termo *ad quem* ajustado. Na questão em tela, nos termos em que foi celebrado o contrato, há violação dos artigos 9º e 444 da CLT, configurando-se o pacto laboral como de prazo indeterminado. TRT 1ª Reg. RO 03293-2003-263-01-00-1 — (Ac. 8ªº T.) — Relª. Desembargadora Maria José Aguiar Teixeira Oliveira. DJRJ 20.2.06, p. 185.

Ementa: Contratos de experiência em sequência. Prorrogação não prevista no primeiro. Inadmissibilidade. Firmado o contrato de experiência, sem previsão de prorrogação, não se admite outro contrato da mesma natureza, ainda que a soma de ambos respeite o prazo de 90 dias. Hipótese que chama a regra do art. 452 da CLT, com o que, a partir do segundo instrumento, já vigorava o contrato de determinação de prazo. Recurso da empresa a que se nega provimento. TRT 2ª Reg. RO 01109200546302001 — (Ac. 11ª T. 20060259153) — Rel. Juiz Eduardo de Azevedo Silva. DJSP 2.5.06, p. 60

Ementa: Contrato de experiência. Renovação automática prevista contratualmente. Desnecessário novo documento. Súmula 188 do c. TST. Exsurgindo dos termos firmados contratualmente a possibilidade de prorrogação automática do período de experiência, respeitado o limite imposto e permanecendo a reclamante trabalhando para a reclamada, demonstra-se despicienda a formalização de novo documento para convalidar esse elastecimento. Além de expressamente contratada, essa prorrogação encontra-se em consonância com o disposto na Súmula n. 188 do C. TST. Decisão por unanimidade, acompanhada pelos Juízes Eurico Cruz Neto e José Pitas. TRT 15ª Reg. (Campinas/SP) RO 2096-2004-113-15-00-5 — (Ac. 47915/07-PATR, 12ª C.) — Relª. Olga Aida Joaquim Gomieri. DJSP 21.9.07, p. 159.

d. 7) Contrato de experiência e a garantia de emprego. Uma das características do contrato de trabalho por prazo determinado é a de que as partes já sabem do seu término quando do ajuste, daí porque deve ser formalizado por escrito, em face do princípio da continuidade do vínculo de emprego que é a regra normal nas relações trabalhistas.

Contrasta-se, assim, este tipo de contrato com a garantia de emprego prevista nos casos de gestante (art. 10, II, "b", ADCT), de acidente do trabalho (art. 118, da Lei n. 8.213/91); membro de CIPA, representante dos empregados (arts. 10, II, "a", do ADCT e 165, da CLT) e dirigente sindical (arts. 8º, VIII, da CF e 543, § 3º, da CLT). Nessa conformidade, a jurisprudência tem caminhado no sentido de que, se no curso do contrato de trabalho a empregada, por exemplo, ficar grávida; o empregado, for eleito como membro de CIPA (representante dos empregados), não poderá ser aplicada à situação a garantia de emprego, porque da forma como ajustado, o vínculo se extinguirá no seu término, sem qualquer vício, não se cogitando de dispensa ainda mais arbitrária. Há, no entanto, decisões que consideram que, no caso de acidente do trabalho ou a ele equiparado, havendo afastamento com percepção de auxílio-doença, o contrato se extinguirá ao término da licença, por aplicação analógica do art. 476, da CLT, cujo entendimento nos parece o mais correto, mas para isso será necessário a comunicação do empregador no sentido apontado visando resguardar o término do contrato de trabalho.

Jurisprudência

TST, Súmula n. 244. GESTANTE. ESTABILIDADE PROVISÓRIA (incorporadas as Orientações Jurisprudenciais ns. 88 e 196 da SBDI-1) — Res. 129/2005, DJ 20, 22 e 25.4.2005 — ...III — Não há direito da empregada gestante à estabilidade provisória na hipótese de admissão mediante contrato de experiência, visto que a extinção da relação de emprego, em face do término do prazo, não constitui dispensa arbitrária ou sem justa causa. (ex-OJ n. 196 da SBDI-1 — inserida em 8.11.2000)

Ementa: Recurso de embargos. Estabilidade provisória decorrente de acidente de trabalho. Art. 118 da Lei n. 8.213/91. Compatibilidade com o contrato por prazo determinado de experiência. É incompatível a garantia de emprego a que alude o art. 118 da Lei n. 8.213/91 com o contrato a prazo, notadamente o contrato de experiência, porque a garantia de emprego pressupõe a proteção da continuidade do vínculo de emprego, nos contratos por prazo indeterminado. Recurso de embargos não conhecido. TST-E-ED-RR-93.566/2003-900-04-00.0 — (Ac. SBDI1) — 4ª Reg. — Red. Desig. Min. Carlos Alberto Reis de Paula. DJU 8.2.08, p. 1443.

Ementa: Embargos interpostos anteriormente à vigência da Lei n. 11.496/07. Contrato de experiência. Estabilidade decorrente de acidente do trabalho. Impossibilidade 1. A natureza do contrato de trabalho por prazo determinado (modalidade contratual na qual se insere o contrato de experiência) pressupõe o direito de o empregador rescindi-lo quando atingido o seu termo. Trata-se, pois, de modalidade contratual em que as partes já conhecem, de antemão, a data do término do ajuste. 2. A ocorrência de um acidente do trabalho, nessa hipótese, só tem o condão de i) prorrogar o final do contrato à data da extinção do auxílio-doença (Súmula n. 371 do TST; ou, ii) caso o retorno ao trabalho seja anterior, garantir a estabilidade no emprego até o final do prazo ajustado no contrato. 3. Assim, salvo disposição contratual em sentido diverso, o prazo estabilitário previsto no art. 118 da Lei n. 8.213/91 (no que ultrapassar o termo ajustado) não é compatível com a prestação de serviços mediante contratação por prazo determinado. Precedente da C. SBDI-1 do TST. Embargos não conhecidos. TST-E-A-RR-956/2004-017-03-00.9 — (Ac. SBDI1) — 3ª Reg. — Relª. Min. Maria Cristina Irigoyen Peduzzi. DJU 7.12.07, p. 1.059.

Ementa: Agravo de instrumento. Recurso de revista. Divergência jurisprudencial. Ao contrário do entendimento do r. despacho agravado, restou demonstrada divergência jurisprudencial autorizadora do processamento do Recurso de Revista. Agravo de Instrumento provido. *Recurso de revista. Contrato de experiência. Acidente de trabalho. Suspensão. Prorrogação do prazo.* O contrato de experiência é modalidade de contrato por prazo determinado (art. 443, § 2º, "c", da CLT), e, sendo com termo certo, a transitoriedade da respectiva prestação de serviços extingue-se naturalmente pelo decurso do prazo. Entretanto, a concessão de auxílio-doença, pela Previdência Social, suspende o contrato de trabalho, impossibilitando a rescisão contratual. Recurso de Revista conhecido e provido. TST-RR-32/2006-201-04-40.4 — (Ac. 2ª T.) — 4ª Reg. — Rel. Min. José Simpliciano Fontes de F. Fernandes. DJU 8.2.08, p. 868.

Ementa: Contrato de experiência. Acidente de trabalho no curso do contrato. Prorrogação do prazo. Possibilidade. 1. Ocorre a suspensão do contrato de experiência na hipótese de afastamento do empregado por acidente de trabalho, podendo, assim, tal contrato ser retomado após a alta médica, pelo tempo faltante para completar os 90 (noventa) dias, sem que isso implique a modificação na modalidade do contrato, tornando-o indeterminado. 2. Recurso de revista conhecido e provido. TST-RR-1.192/2002-071-15-00.7 — (Ac. 1ª T.) — 15ª Reg. — Rel. Min. Emmanoel Pereira. DJU 10.3.06, p. 950.

Ementa: Acidente do trabalho. Experiência. Suspensão do contrato. O disposto no § 2º do art. 472, da CLT, é de caráter excepcional e abrange somente as hipóteses nele mencionadas ("exigências do serviço militar ou de outro encargo público"). O acidente do trabalho suspende o contrato de trabalho, mesmo quando ajustado por prazo determinado, e o período de afastamento não pode ser computado na contagem do prazo ajustado, independentemente de qualquer ajuste especial nesse sentido. TRT 15ª Reg. (Campinas/SP) ROPS 2721-2006-011-15-00-0 — (Ac. 59294/07-PATR, 4ª C.) — Rel. Desig. Paulo de Tarso Salomão. DOE 23.11.07, p. 63.

Ementa: Contrato de experiência — Estabilidade do acidentado. O art. 118 da Lei n. 8.213/91 estabelece que o segurado que sofreu acidente do trabalho tem garantido, pelo prazo mínimo de 12 meses, a manutenção do seu contrato de trabalho na empresa, após a cessação do auxílio-doença acidentário, independentemente de percepção de auxílio-acidente. Verifica-se que a referida norma não contempla o empregado contratado por prazo determinado, como enfatizado no acórdão recorrido. O legislador, ao assegurar a estabilidade, buscou evitar que o empregado acidentado, detentor de contrato por prazo indeterminado, passível de rescisão a qualquer momento, fosse demitido após o seu retorno ao trabalho. Registre-se que não existe dispensa imotivada do empregado, quando o contrato de trabalho, a título de experiência, chega ao seu termo. Tecnicamente, o contrato é extinto (resolvido) pela implementação do termo, razão pela qual, segundo a jurídica interpretação do art. 118 da Lei n. 8.213/91, não há que se falar em direito à estabilidade que pressupõe a existência de relação jurídica de prazo indeterminado. Recurso de revista não provido. TST-RR-570/2003-018-10-00.4 — (Ac. 4ª T.) — Rel. Juiz Convocado José Antonio Pancotti. DJU 11.3.05, p. 751.

Ementa: Estabilidade acidentária. Contrato de trabalho por prazo determinado. Suspensão decorrente da percepção de benefício previdenciário. Não-caracterização. Havendo as partes firmado contrato de experiência, e se afastando a reclamante de suas atividades em função de acidente de trabalho durante a vigência dessa contratação a termo, antes de exaurido o prazo estabelecido contratualmente, o pacto laboral permaneceu suspenso. Assim, ao retornar às suas atividades, o contrato de trabalho por prazo determinado firmado entre as partes continuava em vigor, não havendo que se falar em estabilidade acidentária uma vez que, embora a obreira tenha usufruído de auxílio previdenciário por cerca de trinta e quatro meses, nessa modalidade de contratação não há direito àquela garantia, pois as partes conhecem antecipadamente o termo da relação empregatícia. Decisão por unanimidade, acompanhada pelos Juízes Eurico Cruz Neto e José Pitas. TRT 15ª Reg. (Campinas/SP) RO 2096-2004-113-15-00-5 — (Ac. 47915/07-PATR, 12ª C.) — Relª. Olga Aida Joaquim Gomieri. DJSP 21.9.07, p. 159.

d. 8) Contrato de experiência e o trabalho temporário. Não é rara a hipótese de o empregador utilizar-se de trabalhador que prestou serviços na condição de temporário, na forma da Lei n. 6.019/74, como empregado, após o término daquele. Sucede-se, assim, um contrato de experiência, superveniente ao contrato de trabalho temporário. A indagação que se faz é se é válida a contratação na forma de experiência. Se a contratação se der em outra atividade da empresa que não aquela em que o trabalhador laborava não haverá nenhuma dúvida de que poderá ser celebrado um contrato de experiência, até porque no respectivo período a avaliação levaria em conta se o obreiro estaria apto para aquela nova atividade ou função. No entanto, se a contratação se der na mesma atividade ou função exercida na condição de trabalho temporário, o entendimento é de que o trabalhador já teria sido avaliado e, por conseguinte, não poderia ser contratado na condição de experiência.

Jurisprudência

Ementa: Contrato de experiência. Firmado após contrato temporário (Lei n. 6.019/74). É nulo o contrato de experiência, que visa aferir a adequação da obreira para o labor a ser desenvolvido, firmado na mesma função em que se deu o contrato temporário (Lei n. 6.019/74), a teor do disposto no art. 9º da CLT, posto que já constatadas as aptidões necessárias. TRT 15ª Reg. (Campinas/SP) ROPS 0319-2005-105-15-00-6 — (Ac. 18342/06-PATR, 8ª Câmara) — Rel. Juiz Flavio Allegretti de Campos Cooper. DJSP 20.4.06, p. 74.

d. 9) Contrato de experiência e o trabalhador rural (contrato de safra). "Em sendo o contrato de safra de prazo determinado, com características próprias, definido na Lei n. 5.889/73, não poderia, por óbvio, abrigar no seu contexto, outro contrato de prazo determinado, no caso, o de experiência.

Por outro lado, o contrato de prazo determinado de até 2 anos, previsto no art. 445, da CLT, poderá ser utilizado pelo empregador rural, mas não como substitutivo do contrato de safra, eis que este não se confunde com aquele.

Registre-se, também, que o contrato de experiência poderá ser adotado pelo empregador rural, mas para outra modalidade que não o de safra.

Acontece que, no de safra, a vontade das partes não seria suficiente para estabelecer o contrato de experiência, mormente porque o contrato de safra é de natureza provisória e para sua ocorrência não se pode olvidar os requisitos da lei, conforme salientado acima. A respeito, veja-se a presente decisão:

"A celebração concomitante dos contratos de experiência e de safra descaracteriza a ambos. (TRT, 2ª T., Proc. RO-5.7671/97, julg.: 24.10.97, ReI. Juiz Pedro Mesquita, BJ n. 12/97). *In Repertório de Jurisprudência* de João Lima de Teixeira Filho, 1999, Ed. Renovar, Rio, p.363." (Melchíades Rodrigues Martins, Contrato de safra — Aviso prévio e contrato de experiência. Incompatibilidade, *in Revista do Tribunal Regional do Trabalho da Décima Quinta Região*, Vol. 12, Jul./Set;/2000, p. 179/90.

Justifica-se esse raciocínio porque há necessidade de caracterização da coincidência do período do contrato com aquele da safra.

Entretanto, o entendimento predominante é no sentido de que não há vedação legal para a celebração do contrato de experiência no meio rural, dada a exegese dos arts. 4º do Decreto n. 73.626/76 e 1º da Lei n. 5.889/73, os quais admitem a aplicação dos dispositivos da CLT que tratam do contrato de trabalho. Vale, no entanto, observar as lições de *José Luiz Ferreira Prunes* para quem "Embora os contratos de safra — agrícola ou pecuária — sejam usualmente de curta duração, nada impede que haja entre as partes, primeiramente, um contrato de experiência. Não se pode pensar em contrato de safra com apenas operações rotineiras ou até mesmo grosseiras, já que muitos vegetais principalmente flores e frutos — requerem cuidados especiais de colheita, embalagem, conservação e transporte. Esses contratos seguirão as regras especiais pertinentes aos contratos por prazo determinado, o que não impede a existência de contrato de experiência, desde que este seja preparatório daquele (de safra), que está condicionado não a uma data certa, mas a acontecimento de previsão aproximada (fim da safra). Por certo a experiência a que se submete o empregado está condicionada às exigências técnicas elementares naqueles serviços mais corriqueiros e de maior duração e constatação de aptidões nos que demandam uma mão de obra mais refinada. Na pactuação da experiência já devem as partes estabelecer que a prorrogação (uma única, devido a natureza análoga dos dois contratos) será 'por safra'. Como esta se repete conforme as estações, não nos parece que o próximo contrato por safra deva ser precedido de um de experiência, eis que o empregado já foi testado na safra anterior"[20].

Jurisprudência

Ementa: Contrato de safra. Prazo de experiência. Não se pode deixar de considerar o disposto pela cláusula 14ª do contrato de trabalho efetivado entre as partes, assinado pela autora, no dia de sua admissão, que previa a contratação por experiência, por um prazo de 30 dias. Nem mesmo a anotação constante da CTPS da obreira, de contratação para a safra de 2001 tem o condão de alterar o entendimento ora defendido. Não provado nenhum vício quando da assinatura de tal contrato, não faz jus a autora à indenização determinada, que deverá ser excluída da condenação. TRT 9ª Reg. ROPS-01173-2002 — (Ac. 04589-2003) — Rel. Juiz Sergio Murilo Rodrigues Lemos. DJPR 7.3.03, p. 243.

d. 10) Contrato de experiência e o empregado doméstico. A Lei n. 5.859/72, do empregado doméstico, nada diz a respeito da aplicação do contrato de experiência a categoria. Entretanto, no art. 2º do Decreto n. 71.885/73, que regulamenta o trabalho doméstico, dispõe que, com exceção do capítulo das férias, não se aplica a esta categoria de trabalhadores as demais disposi-

---

(20) *Contrato de Trabalho com Cláusula de Experiência*, 2. ed. São Paulo: LTr, 2001. p. 102.

ções de CLT. Em razão disso, alguns entendem que não pode ser aplicado ao empregado doméstico, o contrato de experiência, enquanto outros entendem que nada obsta a sua celebração, já que esta categoria também se sujeita a período experimental, a exemplo dos demais trabalhadores. Ademais, há que ser salientado que não havendo proibição, em tese está se admitindo a permissibilidade, tanto que o Ministério do Trabalho e Emprego, em seu *site* publica a "Cartilha do empregado doméstico" na qual dispõe que: O(a) empregado(a) doméstico(a) poderá ser contratado(a) em caráter experimental, de modo a que suas aptidões possam ser melhor avaliadas. O contrato de experiência deverá ser anotado na CTPS do(a) empregado(a) e recomenda-se que seja firmado por escrito entre empregado(a) e empregador(a), podendo ser prorrogado uma única vez, desde que a soma desses períodos não exceda 90 (noventa) dias" — www.mte.gov.br, 24.9.07. De notar-se, no entanto, que há jurisprudência em contrário.

Jurisprudência

Ementa: Empregada doméstica. Contrato de experiência. Inaplicabilidade das disposições comidas na Consolidação das Leis do Trabalho, razão por que o contrato de trabalho é tido como a prazo indeterminado. TRT 4ª Reg. — RO 96.022750-4 — (Ac. 2ª T.) — Rel. Desig.Juíza Dulce Olenca B. Padilha. DJRS 16.3.98, p. 37.

Ementa: Contrato de experiência. Doméstico. Ao contrato de trabalho de empregado doméstico é perfeitamente aplicável a cláusula de experiência por se tratar de serviços prestados dentro do âmbito familiar, justificando a averiguação da qualificação do empregado. TRT 3ª Reg. RO 19.651/1999 — (Ac. 5ª T.) — Rel. Juiz Virgílio Selmi Dei Falci. DJMG 10.6.00, p. 19.

d. 11) Contrato de experiência e o cargo de confiança. Inexiste na ordem jurídica laboral brasileira qualquer impedimento de formalização de contrato de experiência com empregado contratado para o exercício de confiança no melhor sentido da expressão. Essa forma de contratação pode interessar tanto ao empregado quanto ao empregador: o primeiro para saber se o ambiente de trabalho era o esperado e o segundo, para avaliar se as qualidades descritas quando da contratação ou pelo currículo apresentado corresponde ao desejado pela empresa. Referindo-se a contrato de experiência e os exercentes da função de confiança assinala com propriedade *Ferreira Prunes* que "As empresas podem fazer tais contratações para cargos de maior hierarquia porque as referências ou *curriculum vitae* do candidato ao emprego se ajustam ao perfil desejado. Já há, pois, um certo conhecimento das aptidões e virtudes do empregado contratado, mas isso não é obstáculo a que se firme um contrato de experiência, porquanto essa espécie de contrato visa à avaliação de um conjunto maior de condições funcionais e pessoais" e acrescenta que "a bilateralidade ou bidirecionalidade da experiência pode ser mais notável sob o aspecto do empregado estar experimentando o empregador"[21]. Vale, no entanto, lembrar que no Código do Trabalho português vigente, nos casos de pessoal de direção e quadros superiores o período experimental se estende para 240 dias (art. 107, alíena c). Justifica-se a extensão desse período de experiência para aquele patamar que é o máximo permitido, por envolver não só maior responsabilidade (poderes decisórios e de gestão), mas também a necessidade de avaliação técnica e outras qualificações especiais que determinadas atividades exigem.

d. 12) Contrato de experiência. Existência de acordo de compensação de horário pelo não trabalho aos sábados. Final de contrato. Efeitos. É normal a existência de acordo de compensação de horário pelo não trabalho aos sábados (acréscimo de algumas horas de segunda a sexta-feira e não trabalho ao sábado, de forma a perfazer a jornada semanal de 44 horas). Nessa circunstância, a indagação que se faz é como ficaria a situação do contrato de experiência que tem o seu final no sábado, quando pelo acordo de compensação de horário o empregado já

---

(21) Ob. cit., p. 115.

houvera cumprido a jornada semanal na sexta-feira. *José Serson* admitia que nessa situação "o contrato passou um dia do limite, estendendo-se pelo sábado por força da compensação, tornando devidos o aviso prévio, mais 1/12 de 13º e de férias proporcionais e os 40% do FGTS (Curso de Rotinas Trabalhistas, 31ª ed, SP, RT, p. 52. E há jurisprudência nesse sentido.

Jurisprudência

Ementa: Contrato de Experiência. Término em Fim de Semana. Regime de Compensação. Considera-se ultrapassado o prazo contratual que recaia em fim de semana, se nesta houver trabalho em regime de compensação do sábado. TRT 2ª Reg. — RP00302900150447. (Ac. 3'T.) 02920098904 — ReI. Geraldo Passei. DJSR 22.06.92, (Irany Ferrari e Melchíades Rodrigues Martins, Julgados Trabalhistas Selecionados, vol. II, SP, LTr, p. 205).

d. 13) Contrato de experiência. Término e o repouso semanal remunerado. Como se sabe, pelo disposto no art. 6º da Lei n. 605/49, o direito ao repouso semanal remunerado está vinculado à pontualidade e assiduidade do empregado no mesmo período. A ausência durante o período aquisitivo desse direito ou atrasos injustificados faz com que o empregado perca o descanso semanal remunerado. A dúvida que surge é se para o empregado em período de experiência que cujo termino do prazo de 90 dias recaia numa sexta-feira terá ou não prorrogado o seu contrato para o sábado e consequentemente ultrapassado o prazo de 90 dias, o que torna o contrato por prazo indeterminado. Segundo *Sérgio Pinto Martins*, "se o prazo final do contrato for no dia imediatamente anterior ao domingo ou feriado, o empregado tem direito ao descanso semanal remunerado ou ao feriado, porém, não tem direito à prorrogação do contrato de trabalho de prazo determinado, que são coisas diversas. Uma coisa é o tempo do contrato, outra coisa é o pagamento do descanso semanal remunerado e do feriado. O empregado não trabalhou no repouso semanal ou no feriado. Logo, seu contrato termina efetivamente no último dia trabalhado, não se projetando mais um dia e o transformando em prazo indeterminado". Sugere-se, no entanto, para resolver qualquer dúvida a respeito que "empregador celebre o contrato de trabalho com o empregado com um dia a menos do prazo de 90 dias ou dois anos"[22]. A verdade é que não localizamos precedente na jurisprudência sobre tal questão, mas se a analisarmos sob a mesma ótica do acordo de compensação pelo não trabalho ao sábado poderá dar margem a interpretação de que estaria havendo a prorrogação do contrato.

d. 14) Contrato de experiência seguido de outro da mesma espécie. A aptidão para determinada função como a que exige treinamento específico pode levar a necessidade de um período experimental, o que pressupõe nova avaliação, mesmo que o trabalhador já tenha prestado serviço em outra atividade em período experimental numa mesma empresa. Esse procedimento pode ser compreendido como uma oportunidade que a empresa oferece ao empregado que, por qualquer razão não se adaptou as funções antes ocupada, em período experimental. Nessa conformidade, a jurisprudência tem admitido a sucessão de contrato de experiência desde que não haja desvirtuamento da sua finalidade.

Jurisprudência

Ementa: Sucessão de contrato de experiência por outro da mesma espécie. Finalidade do instituto não desvirtuada. Validade da contratação. Considera-se válido o contrato de experiência que sucede a outro da mesma espécie, ainda que o empregado tenha sido contratado para o mesmo cargo anteriormente ocupado, quando se constata, além do atendimento das formalidades legais (prazo máximo de duração, unicidade de prorrogação e interstício mínimo entre o término do primeiro contrato e o início do segundo), a alteração no *modus faciendi* da prestação dos serviços que impõe a realização de treinamento específico e de nova avaliação acerca da adaptação do trabalhador. Em tal hipótese, não há falar em confi-

---

(22) *Comentários à CLT*, 10. ed., São Paulo: Atlas, 2006. p. 385.l.

guração da prática de ato objetivando a desvirtuar a aplicação de preceitos contidos na CLT, sendo inaplicável, *in casu*, a regra contida no art. 9º deste mesmo diploma legal. TRT 3ª Reg. RO 01261-2005-114-03-00-4 — (Ac. 2ª T.) — Rel. Sebastião Geraldo de Oliveira. DJMG 8.2.06, p. 10.

d. 15) Contrato de experiência e empresa pública e sociedade de economia mista.

Nada impede a empresa pública ou sociedade de economia mista de celebrar contrato de experiência uma vez que de acordo com o art. 173, § 1º, da CF, ela se equipara ao empregador comum para fins trabalhistas. Ademais, os objetivos informadores do referido contrato são os mesmos aplicados às demais empresas, quais sejam, a avaliação recíproca sobre a conveniência ou não da continuidade do vínculo após o prazo experimental. Assim, às empresas públicas são aplicadas as mesmas regras, tempo de duração, prorrogação, etc.

Jurisprudência

Ementa: Recurso ordinário. Contrato de experiência. Empresa pública. Não celebração do contrato de trabalho por prazo indeterminado. O contrato de experiência é uma espécie do gênero contrato por prazo determinado, conforme alínea "c" do § 2º do art. 443 da CLT. Tem como finalidade permitir ao empregador avaliar a capacidade técnica do empregado, a sua aptidão para a atividade, assiduidade, iniciativa e capacidade de se adaptar ao ambiente de trabalho, assim como propicia ao empregado avaliar as condições de trabalho oferecidas pelo empregador. É plenamente válido nas empresas públicas, pois estas sujeitam-se ao regime jurídico próprio das empresas privadas, inclusive quanto às obrigações trabalhistas (inciso II do § 1º do art. 173 da CF). Com o advento do termo final do contrato de experiência o empregador pode denunciá-lo, tendo em vista o exercício do seu regular poder potestativo. O exercício desse poder do empregador é absolutamente lícito e, por isso, por si só não gera para o empregado direito à indenização por dano moral e material. TRT 2ª Reg. RO 00375200601602008 — (Ac. 12ªT 20070610457) — Rel. Marcelo Freire Gonçalves. DOE/TRT 2ª Reg. 17.8.07.

d. 16) Contrato de experiência e o ônus da prova.

O ônus da prova sobre o contrato de experiência é do empregador (art. 818, da CLT e 333, II, do CPC), até porque a prova na sua essência só pode ser documental, valendo aqui a aplicação do princípio da aptidão para a prova (o empregador estará em melhores condições de produzir a respectiva prova). Entretanto, havendo a prova documental do empregador, caberá ao empregado a comprovação de que houve desvirtuamento do ajuste (art. 818, da CLT e 333, I, do CPC).

Jurisprudência

Ementa: Contrato de experiência. Ônus da prova. Os pactos por prazo determinado — gênero, do qual é espécie o contrato de experiência — constituem exceção na ordem jurídica trabalhista, haja vista que a regra é a contratação por prazo indeterminado, face ao princípio da continuidade da relação de emprego. Por essa razão, o empregador que sustente a existência de um contrato a termo terá o ônus de comprovar as suas alegações, na forma dos arts. 818 da CLT e 333,II,do CPC. TRT 3ª Reg. RO 00315-2006-064-03-00-3 — (Ac. 3ª T.) — Rel. Juiz Convocado Danilo Siqueira de C. Faria. DJMG 11.8.07, p. 7.

Ementa: Contrato de trabalho. Por prazo determinado. Art. 443 da CLT. Serviços não especificados: falta de justificativa para a limitação. Desconsideração. O § 1º do art. 443 da CLT considera como de prazo determinado o contrato de trabalho cuja vigência dependa de termo prefixado ou da execução de serviços especificados ou ainda da realização de certo acontecimento suscetível de previsão aproximada. Seu § 2º dispõe que referido contrato só será válido em se tratando: "a) de serviço cuja natureza ou transitoriedade justifique a predeterminação do prazo". No caso dos autos, a prova oral restou cindida, e apesar de os contratos informarem a rescisão automática, o objeto dos mesmos revela-se muito vago. Assim, apesar de se reconhecer a validade formal de contratos firmados por prazo certo, por outro lado se constata que seria necessário que o contrato detalhasse a razão da limitação do prazo e especificasse o porque de aquele serviço terminar em determinada data, sob pena de ser desconsiderado. Decisão por unanimidade, acompanhada pelos Juízes Eurico Cruz Neto e José Pitas. TRT 15ª Reg. (Campinas/SP) ROPS 0957-2006-047-15-00-1 — (Ac. 37426/07-PATR, 12ª C.) — Rel. Olga Aida Joaquim Gomieri. DJSP 10.8.07, p. 103.

Ementa: Contrato de experiência. Comprovação. Ônus da prova da ré. Tendo o autor carreado para os autos contrato de trabalho dispondo que ele é contratado por prazo indeterminado e não impugnando a ré esse documento, meras comunicações ou avisos acerca da transitoriedade são insuficientes para configurar o contrato de experiência, cuja pactuação ou prorrogação exige prova inequívoca por parte da ré. TRT 12ª Reg. Proc. n. 00269-2006-015-12-00-3 — (Ac. 4.625/07, Relª. Juíza Águeda M. L. Pereira — TRTSC/DOE 13.4.07.

e) Contrato de trabalho. Tempo parcial. Lei n. 9.601/98. A Lei n. 9.601/98, com experiência no Direito do Trabalho português criou um novo contrato de duração determinada, para atender o avanço da automação, com fulcro na informática e na comunicação, como verdadeira Revolução da Tecnologia.

Flexibilizou-se, com essa lei, a duração do contrato de trabalho, bem como a duração da jornada de trabalho, com a criação do denominado banco de horas.

Referida lei estabelece que por via sindical, através de convenções e acordos coletivos de trabalho, poderão ser instituídos contratos de trabalho por prazo determinado, reportando-se ao art. 443, da CLT, independentemente das condições estabelecidas em seu parágrafo segundo, em qualquer atividade da empresa, para admissões, desde que representem acréscimo no número de seus empregados.

Os contratos que serão celebrados serão individuais. Contudo, seu pressuposto é coletivo, pela obrigatoriedade de só poderem ser celebrados mediante prévia convenção ou acordo coletivo de trabalho.

Além do aumento de empregados, há, ainda, na lei, a permissão para reduzir, por 60 meses, várias contribuições sociais e para o FGTS, este seria reduzido para 2%.

Condiciona, também, essa lei, para seu aperfeiçoamento, que a empresa esteja em dia com os débitos para o INSS e FGTS.

A nosso ver, foi uma novidade tentada sem que se saiba, exatamente, se deu certo.

Art. 444

As relações contratuais de trabalho podem ser objeto de livre estipulação das partes interessadas em tudo quanto não contravenha às disposições de proteção ao trabalho, aos contratos coletivos que lhes sejam aplicáveis e às decisões das autoridades competentes. (V. nota ao art. 513).

No item 2º do art. 442 tratamos da capacidade das partes na celebração do contrato de trabalho. Além dessas regras a serem observadas pelas partes é necessária também a observância das normas de proteção encontradas na ordem jurídica, sob pena de invalidade do ato. Daí o disposto neste artigo.

Retrata esse artigo o princípio da autonomia da vontade controlada no sentido do que o que não é proibido é permitido, mas sempre em consonância com as regras que disciplinam as normas de proteção ao trabalho, observado ainda o disposto no art. 8º da CLT, que trata da aplicação subsidiária das regras do direito privado. O art. 9º também considera nulos todos os atos que tenham por objetivo desvirtuar, impedir ou fraudar a aplicação dos dispositivos da CLT. O contrato de trabalho tem, portanto, uma tela protetiva criada pela lei não só por estar ligada à sobrevivência do trabalhador e de sua família, mas também pela sua finalidade social.

De notar-se que as disposições de proteção ao trabalho são as normas que constam do art. 7º, da CF, as gerais e especiais de tutela do trabalho constam nos títulos II e III da CLT (arts. 13 a 223 e 224 a 441). Os contratos coletivos se desdobram em acordos coletivos e convenções coletivas que são disciplinados nos artigos 611 a 625 da CLT e serão analisados nos artigos respectivos. As normas regulamentares instituídas pelas empresas e as decisões administrativas das autoridades competentes também fazem parte desse arcabouço jurídico de proteção ao trabalhador.

No campo do Dissídio Coletivo de Trabalho, que envolve a apreciação judicial do litígio (arts. 856 a 875 da CLT), é importante assinalar que, de conformidade com a redação dada ao § 2º do art. 114 da CF pela EC n. 45, devem ser respeitadas as disposições legais mínimas de proteção ao trabalho e as convencionadas anteriormente.

Referidas normas traçam os limites da autonomia de vontade no direito do trabalho, balizados sempre pelo respeito às fontes normativas mais favoráveis aos empregados.

Assim, podem as partes, por exemplo, deliberar sobre a qualificação profissional, a duração do trabalho, até certo ponto o salário, bem como aspectos técnicos e disciplinares. Acreditamos até que nada impediria, por exemplo, da contratação direta do empregado para uma jornada de 44 horas semanais, de segunda a sexta-feira, compensando-se, o não trabalho aos sábados, pois essa pactuação se dá na formação do contrato de trabalho, sendo, portanto, um ato que representa a autonomia da vontade das partes. Entretanto, a jurisprudência predominante é no sentido de que, mesmo nessa hipótese, é necessária a formalização de acordo de compensação de horário.

Quando o contrato for tácito, ou simplesmente por adesão hão de serem respeitadas as leis e normas protetoras (Convenções Coletivas e Decisões Administrativas). A livre pactuação, portanto, não está acima das normas de proteção que são de ordem pública.

As cláusulas regulamentares instituídas pelo empregador aderem às condições contratuais e não podem ser alteradas em prejuízo do obreiro. Possíveis alterações só alcançariam os novos empregados. Os atuais têm a seu favor a incorporação de todas as condições previstas no regulamento da empresa, as quais ficam fazendo parte do contrato de trabalho (direito adquirido), conforme Súmula n. 51, do TST.

A esse respeito é de se invocar o disposto no art. 447 adiante examinado.

Jurisprudência

TST, Súmula n. 51: NORMA REGULAMENTAR. VANTAGENS E OPÇÃO PELO NOVO REGULAMENTO. ART. 468 DA CLT (Incorporada a Orientação Jurisprudencial n. 163 da SBDI-1) — Res. 129/2005, DJ 20, 22 e 25.4.2005. I — As cláusulas regulamentares, que revoguem ou alterem vantagens deferidas anteriormente, só atingirão os trabalhadores admitidos após a revogação ou alteração do regulamento. (ex-Súmula n. 51 — RA 41/1973, DJ 14.6.1973) II — Havendo a coexistência de dois regulamentos da empresa, a opção do empregado por um deles tem efeito jurídico de renúncia às regras do sistema do outro. (ex-OJ n. 163 da SBDI-1 — inserida em 26.3.1999)

Ementa: Omissão reconhecida. Cláusulas sobre trabalho externo. Análise. Embargos de declaração.

Toda norma jurídica, seja ela de origem estatal ou privada, submete-se à conformidade com a Constituição e com o ordenamento jurídico em vigor. Por isso, no caso de normas coletivas, fruto de negociação entre sindicatos e/ou entre agremiação profissional e determinada empresa, para a respectiva eficácia e validade intrínsecas não basta a forma de sua gênese, ou seja, insuficiente a invocação do inciso XXVI do art. 7º da CF; este inciso não é "carta branca" ou "porta da felicidade" para se estipularem condições de trabalho contrárias à Lei. A pactuação só é válida se visar à melhoria da condição social dos trabalhadores (*caput* do art. 7º), e se em harmonia com as demais regras do referido art. 7º e, ainda, com os fundamentos do Estado Democrático de direito (dignidade da pessoa humana, valores sociais do trabalho e da livre iniciativa), com os princípios gerais da Atividade Econômica (art. 170) e da Ordem Social (art.193). Nesse quadro, ainda que "estipuladas" pelas partes, não podem gerar qualquer efeito as cláusulas que dispõem sobre valor probante de tacógrafos, rádios, computadores de bordo etc., de modo a afastar a apuração da jornada de trabalho, com isso querendo-se contornar a OJ. n. 332 da Eg. SBDI-1 do C. TST e o item II da Súmula n. 338/TST. Esse tipo de "pactuação" é tanto ou mais írrito se considerado o princípio da reserva legal à União para expedir normas de processo e, ainda, o que estipulado no art. 332 do CPC, segundo o qual "todos os meios legais, bem como os moralmente legítimos, ainda que não especificados neste Código, são hábeis para provar a verdade dos fatos, em que se funda a ação ou a defesa". Só a efetiva impossibilidade de controle da jornada externa é que impedirá a existência de horas extras, não bastando que o empregador, simplesmente, se omita de o fazer! Embargos de Declaração acolhidos para sanar omissão, sem efeito modificativo. TRT 15ª Reg. (Campinas/SP) — ED 1718-2006-043-15-00-3 — (Ac. 49123/08-PATR, 3ªC.) — Rel. José Pedro de Camargo Rodrigues de Souza. DOE 15.8.08, p. 69.

Ementa: Recurso de revista. Meia-diárias. Súmula n. 51/TST. Aplicação. A garantia da percepção de 50% do valor da diária nos deslocamentos, que não envolvessem pernoite fora da sede de trabalho, por se tratar de vantagem benéfica deferida ao empregado, e prevista em norma regulamentar, incorporou-se ao patrimônio jurídico do Reclamante, não lhe podendo ser retirada. Os novos critérios de fixação das "meia-diárias" seriam aplicados aos empregados admitidos após a revogação da norma, e não àqueles admitidos anteriormente à edição da norma que instituiu a vantagem. Recurso de Revista provido. TST-RR-53.256/2002-900-04-00.1 — (Ac. 3ª T.) — 4ª Reg. — Rel. Min. Carlos Alberto Reis de Paula. DJU 20.6.08, p. 171/2.

Ementa: Pedido de demissão. Recontratação. Redução de salário. Integridade de dispositivos legais e constitucionais. Como regra geral, a resilição do contrato por iniciativa do empregado, sem a presença de vício de vontade, não impede que na recontratação se convencione o pagamento de salário inferior ao estipulado no contrato de emprego anterior. As disposições da CLT, art. 444 e 468 e da CF, art. 7º, inciso VI, são remissivas a injurídicas alterações de contrato que estejam em curso; extinta a relação de emprego de maneira regular, a livre contratação assegura também a livre estipulação de salário, à conveniência dos contratantes TRT 2ª Reg. RO 02944200320202000 — (Ac. 3ª T. 20060487601) — Rel. Juiz Rovirso Aparecido Boldo. DJSP 15.8.06, p. 21.

Ementa: Direito do trabalho. Cláusula benéfica. Regulamento de empresa. Incorporação ao contrato de trabalho. Norma posterior, que reduz direito, não se aplica. Trazendo o regulamento de empresa da Reclamada norma autoaplicável de benefício ao empregado, como é o caso da complementação de benefício previdenciário, normas coletivas posteriores, que reduzem o direito, não se aplica ao trabalhador alcançado pela norma antecedente. A cláusula benéfica incorpora-se ao contrato de trabalho, conforme posição assente na Súmula n. 51, C. TST. Mesmo em se tratando de sucessor, assume os riscos da atividade econômica, nos termos do disposto nos arts. 10 e 448, CLT. Portanto, eventual redução de prazo da complementação de auxílio-doença à qual fazia jus o empregado, nos termos do regulamento de empresa, não lhe alcança, sob pena de afronta ao art. 5º, XXXVI, CF. Recurso a que se dá provimento. TRT 15ª (Campinas/SP) RO 00844-2004-057-15-00-1 — (Ac. 8777/2006-PATR, 3ª Câmara) — Relª. Juíza Luciane Storel da Silva. DJSP 24.2.06, p. 37.

Ementa: Concessão de assistência médica, odontológica e medicamental através de norma regulamentar. Supressão/alteração. Súmula n. 51 do TST. As cláusulas regulamentares, que revoguem ou alterem vantagens concedidas anteriormente, só atingirão os trabalhadores admitidos após a revogação ou alteração da norma interna/regulamento que concedia o benefício, consoante Enunciado n. 51 do TST, posto que normas posteriores não podem afetar o direito aos benefícios outrora concedidos que já haviam sido incorporados ao patrimônio jurídico dos empregados admitidos sob a vigência da norma regulamentar que concedeu benefícios. TRT 17ª Reg. RO 01715.2004.003.17.00.8 — (Ac. 1881/2006) — Rel. Juiz Jailson Pereira da Silva. DJES 3.3.06, p. 1716.

Art. 445
O contrato de trabalho por prazo determinado não poderá ser estipulado por mais de 2 (dois) anos, observada a regra do art. 451.

PARÁGRAFO ÚNICO. O contrato de experiência não poderá exceder de 90 (noventa) dias. (Redação DL n. 229, 28.2.67, DOU 28.2.67).

Esse artigo dispõe que o contrato por prazo determinado não pode ser estipulado por mais de 2 (dois) anos, observada a regra do art. 451, a ser visto adiante.

De notar-se, no entanto, que antes da redação dada a este artigo pelo Decreto-lei n. 229, de 28.2.67, era permitida a contratação por prazo determinado pelo prazo de 4 (quatro) anos, tanto que o Supremo Tribunal Federal editou a Súmula n. 195, assim expressada: "contrato de trabalho para obra certa, ou de prazo determinado, transforma-se em contrato de prazo indeterminado, quando prorrogado por mais de 4 (quatro anos)". No entanto, isso se dava em virtude da redação primitiva do art. 445 que dispunha "O prazo de vigência do contrato de trabalho, quando estipulado ou se dependente da execução de determinado trabalho ou realização de certo acontecimento, não poderá ser superior a quatro anos".[23]

Pela atual redação desse artigo não há margem para o estabelecimento de contrato de trabalho por prazo determinado superior a dois anos. O que se permite dentro do prazo de 2 (dois) anos é a existência de prorrogação por uma única vez, mas sempre respeitado o prazo máximo de 2 (dois anos). Nessa conformidade, nada impede que o contrato seja celebrado por um ano e prorrogado por mais um até completar o prazo máximo, ou mesmo em meses, desde que haja apenas uma prorrogação e observado sempre o prazo máximo de dois anos. Se ultrapassado o prazo máximo de dois anos, o contrato de trabalho se transforma em prazo indeterminado com todas as suas consequências. Igualmente, se for prorrogado por mais de uma vez no respectivo prazo de dois anos.

Está a merecer critica esse dispositivo por não excepcionar a possibilidade dos altos empregados ou exercentes de função de confiança de firmarem contrato de trabalho por prazo determinado superior a dois anos, limitando-o, por exemplo, a 4 (quatro) anos. Poderia favorecer tanto o empregado quanto o empregador: ao obreiro, que passa a ter garantia de um contrato de, pelo menos 4 (quatro) anos, já que muitas vezes se arrisca de um emprego para se aventurar em outro; ao empregador, pela possibilidade de permanecer com o empregado por mais tempo para adequação ao seu empreendimento, uma vez que o prazo de dois anos poderia não ser suficiente para tanto. Vale lembrar que, no Código do Trabalho português de 2002, especificamente no item 5, do art. 146, que trata do pacto de não concorrência, permite que "o prazo máximo de dois anos subsequentes à cessação do contrato de trabalho lá previsto poderá ser prorrogada até três anos em se tratando de trabalhador afeto ao exercício de atividades cuja natureza suponha especial relação de confiança ou com acesso a informação particularmente sensível no plano de concorrência". Essa ressalva tem razão de ser já que nessa categoria de trabalhadores, o princípio de proteção deveria ser relativizado já que eles estão em condições bem superiores aos demais trabalhadores na tratativa das cláusulas que farão parte do pacto laboral. Há jurisprudência avançada no direito do trabalho brasileiro reconhecendo a formalização do contrato com duração de 4 (quatro) anos tendo por fundamento, entre os argumentos o art. 444, da CLT, já analisado com os princípios da função social do contrato, da lealdade e da boa-fé, insculpidos nos arts. 421 e 422 do CCB.

1. Contrato de experiência. O contrato de experiência, também considerado contrato por prazo determinado, não poderá exceder de 90 dias, prazo esse que poderá, no entanto, ser fracionado em dois, de 30 e 60 dias ou de 45 e 45 dias, por força do mesmo artigo 451. No art. 443, foram tratadas várias peculiaridades atinentes a este tipo de contrato e a ele nos reportamos.

Jurisprudência

Ementa: Contrato por prazo determinado. Com duração de quatro anos. Gerente industrial. Validade.

Não nos parece razoável invalidar contrato por prazo determinado superior a 02 anos, notadamente quando se constata cuidar do cargo de Gerente Industrial, ocupado por profissional de alta qualifica-

---

(23) Texto extraído da CLT Histórica, Aloysio Santos, Organizador, SENAI, SESI, 1993, p. 158.

ção, para o qual o modelo de contratação por prazo indeterminado não era o mais interessante, justamente porque profissionais de prestígio no mercado necessitam ter certas garantias para aceitar uma contratação, como a certeza de que o contrato não vá se romper em um tempo exíguo, ao que fatalmente se submeteria caso o contrato se desse por prazo indeterminado. É o que se verifica no caso dos autos, onde a intenção das partes com a inserção da cláusula que previu o prazo de 04 anos para o contrato era outorgar garantia ao empregado de que sua contratação não seria efêmera. A regra contida no art. 9º da CLT — que fulmina de nulidade os atos praticados com objetivo de desvirtuar, impedir ou fraudar a aplicação dos preceitos contidos na CLT — deve ser interpretada em harmonia com o art. 444 da Consolidação e, sobretudo, com os princípios da função social do contrato, da lealdade e da boa-fé, insculpidos nos arts. 421 e 422 do CCB, os quais se entrelaçam com o princípio constitucional dos valores da solidariedade e da construção de uma sociedade mais justa (art. 3º, I da CF), com relevo para o fato de que as disposições do art. 9º da CLT têm como finalidade proteger o trabalhador, jamais prejudicá-lo. Recurso a que se dá provimento no particular. TRT 15ª Reg. (Campinas/SP) RO 1724-2002-067-15-00-7 — (Ac. 15797/07-PATR, 5ª T.) — Rel. Desig. Lorival Ferreira dos Santos. DJSP 13.4.07, p. 72.

Art. 446 *Revogado pela Lei n. 7.855, de 24.10.89 (DOU 25.10.89).*

Para efeito de registro vale lembrar que o artigo em causa tinha a seguinte redação:

"Art. 446 — Presume -se autorizado o trabalho da mulher casada e do menor de 21 anos e maior de 18. Em caso de oposição conjugal ou paterna, poderá a mulher ou o menor recorrer ao suprimento da autoridade judiciária competente.

Parágrafo único — Ao marido ou pai é facultado pleitear a rescisão do contrato de trabalho, quando a sua continuação for suscetível de acarretar ameaça aos vínculos da família perigo manifesto à condições peculiares da mulher ou prejuízo de ordem física ou moral para o menor".

Embora este artigo só tenha sido revogado pela Lei n. 7.855/89, o certo é que na prática já não possuía eficácia em face do Estatuto da Mulher Casada (Lei n. 4.121/62) ao permitir que a mulher casada formalize contrato de emprego sem a necessidade da incidência da presunção.

No que toca ao menor, a redação atual do art. 16 da CLT, com a redação dada pela Lei n. 8.260/91, foram excluídas as exigências para contratação de menor de 18 anos. Ademais, pelos termos do inciso XXXIII, do art. 7º da CF, com a redação dada pela Emenda Constitucional n. 20, de 15 de dezembro de 1998 ficou clara "a proibição de trabalho noturno, perigoso ou insalubre a menores de dezoito e de qualquer trabalho a menores de dezesseis anos, salvo na condição de aprendiz, a partir de quatorze anos".

Art. 447 *Na falta de acordo ou prova sobre condição essencial ao contrato verbal, esta se presume existente, como se a tivessem estatuído os interessados, na conformidade dos preceitos jurídicos adequados à sua legitimidade.*

Quando o contrato for verbal e inexistir acordo ou prova de condição essencial a essa pactuação, a presunção é de que a ele se devem aplicar os preceitos jurídicos adequados à sua legitimidade. É verdade, como diz *Russomano*, que o art. 447, fala, somente, em contratos *verbais*. Com razões melhores, entretanto, seu princípio se aplicará aos contratos *tácitos*, onde são mais comuns as omissões. Nem existe razão jurídica para não aplicar o art. 447 aos casos em que se verifiquem lacunas no contexto dos contratos escritos"[24]. Entretanto, o art. 447 está prescrevendo aquilo que se afigura como razoável na esfera da prova, já que ela poderá ser produzida por todos os meios admitidos em direito. É lógico que a prova do contrato de trabalho é feita preferencialmente pelas anotações na Carteira do Trabalho e Previdência Social, mas ela é relativa ante os termos da Súmula n. 12, do TST. O instrumento escrito também se insere como meio de prova entre outros admitidos.

Em face da finalidade da Carteira de Trabalho e Previdência Social, não só como um dos meios mais hábeis como prova em razão do valor das suas anotações (art. 40, da CLT), mas também pelos efeitos sociais derivantes (Previdência Social, Aposentadoria, etc), nela devem ser apontadas as condições ajustadas, como o tempo de duração do contrato, ou seja, se é por prazo determinado ou indeterminado, função e duração de trabalho, inclusive se o empregado está dispensado do cumprimento de horário, tal como se dá com aquele que labora externamente (art. 62, I, da CLT).

Quanto à forma de prestação de serviços, se não houver estipulação a respeito, o empregado estará sujeito a qualquer serviço que venha a ser determinado pelo empregador, mas sempre respeitada a sua condição própria ou pessoal (art. 456, parágrafo único).

No que concerne à estipulação do salário, na sua ausência ou não havendo prova sobre a importância acordada, receberá o empregado salário igual ao daquele que, na mesma empresa fizer serviço equivalente, ou do que for habitualmente pago para serviço semelhante (art. 460, da CLT). O trabalho dignifica o homem e a retribuição (salário) pelo serviço prestado está ligada à sobrevivência do trabalhador, daí porque o legislador estabeleceu tais parâmetros, os quais são condizentes com que ordinariamente acontece nas empresas.

Os preceitos jurídicos adequados à sua legitimidade de que trata este artigo são aqueles estabelecidos no art. 444, da CLT, que preconiza o respeito às normas protetivas dos trabalhadores, observando-se também os limites do art. 9º, do mesmo Diploma Legal, que consideram nulos de pleno direito os atos praticados com o objetivo de desvirtuar, impedir ou fraudar a aplicação dos preceitos nelas contidos.

O instituto da presunção no direito do trabalho português tem um papel importante na formação do contrato de trabalho tanto que no seu art. 12 está prescrito que "Presume-se que as partes celebraram um contrato de trabalho sempre que, cumulativamente:

a) O prestador de trabalho esteja inserido na estrutura organizativa do beneficiário da actividade e realize a sua prestação sob as orientações deste;

b) O trabalho seja realizado na empresa beneficiária da actividade ou em local por esta controlado, respeitando um horário previamente definido;

c) O prestador de trabalho seja retribuído em função do tempo despendido na execução da actividade ou se encontre numa situação de dependência económica face ao beneficiário da actividade;

d) Os instrumentos de trabalho sejam essencialmente fornecidos pelo beneficiário da actividade;

e) A prestação de trabalho tenha sido executada por um período, ininterrupto, superior a 90 dias."[25]

---

(24) RUSSOMANO, Mozart Victor, *Comentários à Consolidação das Leis do Trabalho*, V. 17. Rio de Janeiro: Forense, p. 485.
(25) *Código do Trabalho*, 4. ed., 2003, Fernando Gonçalves — Manual João Alves, Almedina, Portugal, p. 48.

Este último elemento da enumeração legal portuguesa tem sido objeto de críticas naquele país por haver entendimento de que é "inteiramente destituído de aptidão qualificativa", uma vez que os quatros primeiros já poderiam levar à formação do vínculo laboral. Existem também objeções sobre as exigências da verificação cumulativa das características enumeradas — sendo uma delas, já de si, concludente, e outra manifestamente imprópria (a de duração da situação) — "pode levar que se suscitem dúvidas sobre a qualificação de situações que, sem esse artigo, os tribunais considerariam, líquida e correctamente, cobertas pelas leis do trabalho"[26].

De notar-se, também, que no campo das relações trabalhistas o que importa é a realidade fática e não a aparência jurídica que as partes atribuem a uma situação. Nesse contexto, se as partes celebram um contrato de parceria ou de empreitada, mas a realidade demonstra que efetivamente existiu uma relação de emprego entre as partes, esta é que prevalecerá, dada a incidência das leis protetivas do trabalho que são normas de ordem pública que não podem ser renunciadas pelo trabalhador.

Jurisprudência

STF, Súmula 225 — Não é absoluto o valor probatório das anotações da carteira profissional. (Aprovada na Sessão Plenária de 13.12.1963)

TST, Súmula n. 12 As anotações apostas pelo empregador na carteira profissional do empregado não geram presunção *juris et de jure* mas apenas *juris tantum*.

Ementa: Vínculo de emprego. Fretes. Sendo incontroversa nos autos a existência de contrato verbal firmado entre as partes em litígio, com estipulação de determinada quantia, em favor do trabalhador, relativamente a fretes de caminhão de sua propriedade, ainda que presentes a habitualidade na prestação de serviços e, sob certo ponto de vista, a onerosidade, se não se faz presente o requisito fundamental da subordinação, não existe vínculo de emprego (art. 3º da CLT). TRT 9ª Reg. Proc. 00289-2005-093-09-00-5- (Ac. 1ª T. 20598/06) — Rel. Ubirajara Carlos Mendes. DJPR 14.7.06.

Art. 448 A mudança na propriedade ou na estrutura jurídica da empresa não afetará os contratos de trabalho dos respectivos empregados.

1. Considerações iniciais. Destaque-se inicialmente que não é o local do estabelecimento por si só que autoriza o reconhecimento da sucessão, mas sim a mudança da propriedade ou da estrutura jurídica da empresa, com a permanência ou não dos trabalhadores. Assim, o fato de uma empresa se estabelecer em um local em que foi explorado negócio do mesmo gênero é apenas uma presunção de sucessão trabalhista que poderá ser elidida por outras provas em contrário. É o que se extrai do mencionado artigo, o qual deve ser examinado em conjunto com o art. 10, eis que ambos mantêm incólumes os contratos de trabalho, nos casos de mudança na propriedade ou na estrutura jurídica da empresa.

Como ficou dito no exame que fizemos ao disposto no art. 10, "as alterações mais conhecidas na estrutura jurídica da empresa podem ocorrer com a mudança do tipo secretário ou com a alternância de sócios. Também uma sociedade por quotas poderá ser transformada em sociedade anônima, ou os sócios A e B podem ser substituídos pelos sócios C e D". Tais alterações ocorrem apenas em relação aos titulares do negócio, ou seja de empresários, mas os seus efeitos não atingem os empregados, que continuam com os seus contratos de trabalho íntegros, em razão da continuidade do empreendimento.

---

(26) FERNANDES, António Monteiro, 13. ed. Portugal: Almedina, 2006. p. 152.

É a garantia dos empregados contra empregadores fraudulentos, tendo em vista o princípio da continuidade do vínculo de emprego e da despersonalização da figura do empregador, já que a empresa, outra coisa não é, se não sua organização, seus bens e seus sócios.

Cláusula do contrato social que afasta a responsabilidade dos novos empresários dos direitos trabalhistas, cujos encargos passariam a ser dos sócios retirantes, é de nenhum valor, pois se isso fosse válido, os maus empregadores, para se verem livres dos seus encargos com os trabalhadores simplesmente transfeririam para terceiros o empreendimento fugindo de sua responsabilidade.

2. Modalidades de sucessão. *Ricardo Regis Laraia* indica três modalidades de sucessão de empregadores: "a sucessão de empresa ou do empreendimento —, que ocorre entre pessoas jurídicas ou físicas, por meio de atos de vontade, como na alienação, fusão, cisão, incorporação etc (Orientação Jurisprudencial Transitória n. 28 da SDI-1 do TST a sucessão *causa mortis*, que ocorre pela morte do empregador pessoa física ou equiparado, sendo facultado ao empregado romper o contrato de trabalho ou prosseguir com os sucessores — art. 483, § 2º, da CLT); e a sucessão inominada que ocorre com a extinção do empregador pessoa física ou jurídica, e sua substituição por entidade sem personalidade jurídica — sucessão da sociedade pela massa falida, da pessoa física pelo espólio etc"[27].

A sucessão também pode ser total ou parcial. É total quando uma empresa (sucedida) é absorvida por outra (sucessora). Nesta hipótese, o sucessor responde por todas as obrigações do sucedido, abarcando inclusive aquelas existentes antes e após a sucessão, porquanto o empregador é a empresa e esta responde pelo passivo trabalhista. É parcial, quando parte da unidade econômica é transferida para outra empresa. Aqui, a responsabilidade do sucessor limita-se apenas ao passivo do estabelecimento sucedido, ressalvada à hipótese de fraude, como na situação em que a unidade econômica transferida de dono se resume no maior patrimônio, quer quanto aos bens materiais ou imateriais, do empreendimento do qual foi desmembrada.

Jurisprudência

TST, Súmula n. 129. CONTRATO DE TRABALHO. GRUPO ECONÔMICO (mantida) — Res. 121/2003, DJ 19, 20 e 21.11.2003. A prestação de serviços a mais de uma empresa do mesmo grupo econômico, durante a mesma jornada de trabalho, não caracteriza a coexistência de mais de um contrato de trabalho, salvo ajuste em contrário.

TST, OJ-SDI-1 n. 261 BANCOS. SUCESSÃO TRABALHISTA. Inserida em 27.9.02. As obrigações trabalhistas, inclusive as contraídas à época em que os empregados trabalhavam para o banco sucedido, são de responsabilidade do sucessor, uma vez que a este foram transferidos os ativos, as agências, os direitos e deveres contratuais, caracterizando típica sucessão trabalhista.

TST, OJ-Transitória n. 28 CDHU. SUCESSÃO TRABALHISTA. DJ 09.12.2003. Considerando a moldura fática delineada pelo Regional, conduz-se à ilação de que a CDHU foi a sucessora da CONESP, uma vez que ocupou os imóveis e assumiu os contratos anteriores, dando sequência às obras com o mesmo pessoal.

Ementa: Sucessão Trabalhista. Não configura sucessão trabalhista o simples fato de uma empresa se instalar em imóvel antes ocupado por outra, se não há a mínima identidade de atividade econômica, nem se constata a presença de outro elemento, objetivo ou subjetivo, que possa estabelecer um vínculo de ordem empresarial entre as demandadas. TRT 3ª Reg. RO 01178-2006-044-03-00-0 — (Ac. 3ª T.) — Rel. Des. Cesar Machado. DJMG 31.1.07, p.

Ementa: Sucessão. Arrendamento. Inexistência de transferência da organização produtiva. Há de se destacar que, no Direito do Trabalho, a sucessão supõe a substituição de sujeitos de uma relação jurídica, de modo que a transferência do acervo, como organi-

---

(27) *CLT Interpretada, artigo por artigo*, Organizador Costa Machada, Coordenador Domingos Sávio **Sainaghi**, São Paulo: Manole, 2007. p. 319.

zação produtiva, impõe que o novo empregador responda pelos contratos de trabalho concluídos pelo antigo, a quem sucede. Portanto, o fato objetivo é a continuidade da exploração do empreendimento, tanto que o próprio arrendamento pode caracterizar uma sucessão. Entretanto, se o contrato de arrendamento não acarretou a transferência da organização produtiva, não há que suportar a arrendatária as despesas resultantes da exploração anterior do negócio. Agravo de petição não-provido. TRT 15ª Reg. (Campinas/SP) AP 01054-2000-063-15-00-1 — (Ac. 2137/07-PATR, 5ª C.) — Rel. Juiz Lorival Ferreira dos Santos. DJSP 12.1.07, p. 70.

Ementa: *Agravo de instrumento. Recurso de revista. Descabimento. Sucessão trabalhista entre provedores da "internet". Violações legais e divergência jurisprudencial não caracterizadas.* Restou delineado, no acórdão regional, que, por força do contrato de cessão de direitos celebrado entre a Super11. Net do Brasil e a Internet Group (IG) do Brasil, o estabelecimento virtual da primeira Reclamada foi transferido para a segunda, que passou a, no seu lugar, auferir os lucros advindos da cobrança de quotas dos anunciantes interessados na publicidade de seus produtos, dando continuidade à atividade comercial da empregadora da Reclamante e conservando, mesmo após a ruptura do contrato de cessão de direitos, a atividade comercial da primeira Ré que representava o filão principal de seus lucros e que por ela não foi retomada, ao permanecer, tão somente, com os serviços de "e-mail". A doutrina e a jurisprudência, sensíveis à evolução jurídica, têm consagrado a ocorrência de sucessão, no sentido mais amplo possível, quando se detecta o desmembramento das atividades empresariais, de forma a afetar, sensivelmente, os contratos de trabalho, como na hipótese sob exame. Em tal quadro, não há que se cogitar de violação dos arts. 10, 448 e 818 da CLT e 333, I, do CPC e, tampouco, de dissenso pretoriano com os paradigmas colacionados, que não consideram os mesmos pressupostos de fato e de direito de que partiu o Regional (Súmulas ns. 23 e 296, I, do TST). Agravo de instrumento conhecido e desprovido. TST-AIRR-34.888/2002-902-02-40.4 — (Ac. 3ª T.) — 2ª Reg. — Rel. Min. Alberto Luiz Bresciani de Fontan Pereira. DJU 9.2.07, p. 755.

Ementa: *Sucessão. Hipótese em que o sucedido transfere o patrimônio para empresa com situação econômica precária. Responsabilização do sucedido.* No Direito do Trabalho, é regra geral que a responsabilidade pelos créditos trabalhistas se transfere exclusivamente para o sucessor, eliminando qualquer vínculo entre o credor trabalhista e o sucedido. No entanto, a doutrina e a jurisprudência têm admitido a responsabilização subsidiária do sucedido nos casos de fraude ou na hipótese de a sucessão trabalhista ser propiciadora de comprometimento das garantias empresariais deferidas aos contratos de trabalho, ainda mais quando é notória a precariedade da situação financeira do sucessor. TRT 12ª Reg. RO-V 02722-2005-002-12-00-9 — (Ac. 3ª T. 06357/07, 20.3.07) — Relª. Juíza Lília Leonor Abreu. TRT-SC/DOE em 16.5.07.

3. Sucessão trabalhista e contrato de concessão pública. Nos contratos de concessão de serviço público há sempre a preocupação com os direitos dos trabalhadores e é também objeto de controvérsia, tanto que a Orientação Jurisprudencial da SDI-1 n. 225, passou por três alterações: a primeira, em 20 de dezembro de 2001, a segunda em 18 de abril de 2002 e, finalmente, a última em 20 de abril de 2005, cujos termos, que constam na parte destinada à jurisprudência por si expressam as razões de sua edição.

Jurisprudência

TST, OJ-SDI-1 n. 225. CONTRATO DE CONCESSÃO DE SERVIÇO PÚBLICO. RESPONSABILIDADE TRABALHISTA. (nova redação, DJ 20.4.2005) Celebrado contrato de concessão de serviço público em que uma empresa (primeira concessionária) outorga a outra (segunda concessionária), no todo ou em parte, mediante arrendamento, ou qualquer outra forma contratual, a título transitório, bens de sua propriedade: I — em caso de rescisão do contrato de trabalho após a entrada em vigor da concessão, a segunda concessionária, na condição de sucessora, responde pelos direitos decorrentes do contrato de trabalho, sem prejuízo da responsabilidade subsidiária da primeira concessionária pelos débitos trabalhistas contraídos até a concessão; II — no tocante ao contrato de trabalho extinto antes da vigência da concessão, a responsabilidade pelos direitos dos trabalhadores será exclusivamente da antecessora.

4. Contrato de arrendamento e a sucessão trabalhista. Demonstrada que a transferência da empresa se deu na forma de arrendamento e, como se sabe é a empresa com seus bens corpóreos ou incorpóreos ou acervo, que respondem pelas obrigações trabalhistas, recaem sobre os arrendatários todos os pactos laborais então existentes. Responde também o arrendante se ele tiver ingerência na atividade comercial dos arrendatários, conforme deixa antever a jurisprudência.

Jurisprudência

Ementa: Arrendamento. Exploração comercial. Responsabilidade da arrendante. Entidade associativa que celebra contrato de arrendamento para exploração de atividade comercial em seu estabelecimento, mantendo estreita vinculação e ingerência sobre a atividade desenvolvida pela arrendatária, utilizando-se desta para beneficiar-se, inclusive economicamente, responde pelos créditos trabalhistas devidos aos empregados contratados pela arrendatária. TRT 9ª Reg. Proc. 03830-2007-016-09-00-0 — (Ac. 5ª T. 36653/08) — Rel. Arion Mazurkevic. DJPR 17.10.08.

Ementa: Sucessão. Responsabilidade por dívidas trabalhistas do sucedido — contrato de arrendamento e subarrendamento. As situações-tipo tradicionais que demarcam a sucessão de empregadores à luz dos art. 10 e 448 da CLT — modificações que não afetem os contratos e a substituição do antigo empregador por outra pessoa física ou jurídica — podem se desdobrar em outras possibilidades, segundo variadas fórmulas de modificações empresariais. É possível reconhecer sucessão, ainda que ausente a transferência definitiva e integral de propriedade, desde que haja alienação ou transferência, a qualquer título, de parte significativa do estabelecimento, de modo a afetar a garantia original dos contratos, como em casos de arrendamento e subarrendamento. Subarrendatária que assume integral ou predominantemente atividade de cooperativas, com uso dos mesmos bens e instalações, em continuação ao empreendimento do qual extrai rendimentos, deve ser declarada sucessora. Agravo de petição a que se nega provimento. TRT 9ª Reg. Proc. 01812-1992-093-09-00-5 — (Ac. SE 17752/06) — Relª. Marlene T. Fuverki Suguimatsu. DJPR 20.6.06.

5. Sucessão trabalhista e o desmembramento de municípios. Em caso de desmembramento de municípios, o que ocorre em face da criação de outro, cada uma das novas entidades, em face da sua autonomia administrativa e da indisponibilidade dos seus bens, responderá pelos direitos do trabalhador referente ao período em que cada um figurar como real empregador, conforme disposto na Orientação Jurisprudencial da SDI-1 n. 92, do TST.

TST, OJ-SDI-1 n. 92. Desmembramento de Municípios. Responsabilidade Trabalhista. Inserida em 30 de maio de 1997. Em caso de criação de novo município, por desmembramento, cada uma das novas entidades responsabiliza-se pelos direitos trabalhistas do empregado no período em que figurarem como real empregador.

6. Sucessão trabalhista e titularidade de cartório extrajudicial. A jurisprudência trabalhista tem considerado que o titular de cartório extrajudicial, no exercício da função a ele delegada, se equipara ao empregador comum, até porque se trata de entidade que possui fins lucrativos. Entretanto, quanto às responsabilidades pelas obrigações trabalhistas em caso de mudança de titularidade do cartório, há divergência de entendimento no Tribunal Superior do Trabalho: uma decisão da 4ª Turma do TST considera, na hipótese, a existência de sucessão trabalhista, respondendo o sucessor por todo o passivo trabalhista e outra da SDI só admite a existência de vínculo de emprego se o pacto laboral for estabelecido diretamente com a pessoa do titular da serventia, visto que a manutenção dos antigos empregados do cartório somente será possível mediante nova contratação. As duas decisões estão relacionadas abaixo.

Jurisprudência

Ementa: I — Agravo de instrumento do reclamante. Abandono de emprego. Matéria fática. Reexame inviável mediante recurso de revista. Aplicação da súmula n. 126. 1. Situação em que a prova produzida demonstrou que a extinção do contrato de trabalho resultou de iniciativa do Reclamante, que abandonou o emprego quando nomeado o novo titular da escrivania do cartório. Razões recursais que se orientam a partir de premissas fáticas que não encontram respaldo no quadro delineado pelo acórdão prolatado em instância ordinária. Incidência da Súmula n. 126, que inviabiliza o exame da matéria. 2. Agravo de instrumento a que se nega provimento. *II. Recurso de revista do reclamado. Cartório. Transferência da titularidade. Inexistência de prestação de serviços diretamente ao novo titular do cartório. Sucessão trabalhista não-configurada.* 1. Embora a sucessão ocorra com a simples mudança ou substituição de uma pessoa por outra em um dos pólos da relação jurídica, é imprescindível que se demonstre a continuidade da prestação de serviços do empregado nos casos de transferência do negócio de um para outro titular. Uma vez que o titular de cartório, no exercício de função pública a ele delegada, se equipara ao empregador comum, somente pode ser admitida a existência de vínculo de emprego se o pacto laboral for estabelecido diretamente com a pessoa do titular da serventia, visto que a manutenção dos antigos empregados do cartório somente será possível mediante nova contratação. Assim, sendo incontroverso que o Reclamante não prestou serviços diretamente ao Reclamado, é inevitável concluir pela inexistência de sucessão trabalhista. 2. Recurso de revista parcialmente conhecido e provido. TST-AIRR E RR-66.132/2002-900-09-00.9 — (Ac. 1ª T.) — 9ª Reg. — Red. Desig. Min. Emmanoel Pereira. DJU 28.9.07, p. 961/62.

Ementa: Recurso de revista. Sucessão trabalhista. Mudança de titularidade de cartório de registro. I. A sucessão trabalhista opera-se sempre que a pessoa do empregador é substituída na exploração do negócio, com transferência de bens e sem ruptura na continuidade da atividade empresarial. Nessa hipótese, o sucessor é responsável pelos direitos trabalhistas oriundos das relações laborais vigentes à época do repasse, bem como pelos débitos de igual natureza decorrentes de contratos já rescindidos. Com efeito, a mudança na propriedade do estabelecimento não afeta os direitos dos respectivos trabalhadores, à luz dos artigos 10 e 448 da CLT. II. Como é cediço, o cartório extrajudicial não possui personalidade jurídica própria, seu titular é o responsável pela contratação, remuneração e direção da prestação dos serviços, equiparando-se ao empregador comum, sobretudo porque aufere renda proveniente da exploração das atividades cartorárias. Assim, a alteração da titularidade do serviço notarial, com a correspondente transferência da unidade econômico-jurídica que integra o estabelecimento, além da continuidade na prestação dos serviços, caracteriza a sucessão de empregadores. Destarte, a teor dos artigos 10 e 448 da CLT, o Tabelião sucessor é responsável pelos créditos trabalhistas relativos tanto aos contratos laborais vigentes quanto aos já extintos. III — Recurso a que se nega provimento. TST-RR-504/2005-244-01-00.8 — (Ac. 4ª T.) — 1ª Reg. — Rel. Min. Antônio José de Barros Levenhagen. DJU 21.9.07, p. 1.274.

Ementa: Cartório extrajudicial. Falecimento do Tabelião. Vacância da serventia e consequente extinção da delegação do tabelionato. Recolhimento do acervo a outro Tabelião de Notas e Protesto de Letras e Títulos na respectiva Comarca. Cessação imediata de prática de qualquer ato notarial e de protesto. Inventário e encerramento de todos os livros e documentos da serventia extinta pelo MM. Juiz Corregedor Permanente. Sucessão trabalhista. Inocorrência: Incensurável a r. decisão recorrida; isto porque, se, como amplamente assente na jurisprudência juslaborista, a sucessão clama a transferência de uma unidade econômica-jurídica de um titular a outro, além da continuidade na prestação laboral, fazendo coro, assim, às previsões dos artigos 10 e 448, da CLT, tais requisitos não se fizeram presentes na hipótese: Falecido o respectivo tabelião, restou declarada vaga a serventia e extinta a decorrente delegação, sem qualquer continuidade da prestação laboral pelo recorrente a partir do referido falecimento, por determinação expressa do Exmo. Sr. Desembargar da Justiça Bandeirante. De resto, apenas se transferiu o acervo documental do cartório extinto ao existente na Comarca, sem possibilidade deste utilizar-se daquele, porquanto encerrado pela MM. Juíza Corregedora Permanente. Saliente-se, ainda, "que a concentração de atividades foi decorrência natural dessa determinação do Poder Público concedente, não advindo qualquer transferência formal e obrigatória" e que, de resto, "impossível, diante desse quadro, transferir-se os ônus advindos das obrigações trabalhistas assumidas pelo tabelião falecido ao reclamado, sem que nenhum proveito econômico tivesse obtido" da efetiva prestação (Rodarte Ribeiro). TRT 15ª Reg. (Campinas/SP) — RO 01276-2004-062-15-00-1 — (Ac. 51305/2005-PATR, 10ª Câmara) — Rel. Juiz Valdevir Roberto Zanardi. DJSP 21.10.05, p. 60.

7. Sucessão trabalhista e a Lei de Recuperação Judicial e Falência (art. 141, II e § 2º) da Lei n. 11.101/05. Com a finalidade de motivar a arrematação dos ativos da massa falida o legislador ordinário estabeleceu no item II do art. 141, da Lei n. 11.101/05 que "o objeto da alienação estará livre de qualquer ônus e não haverá sucessão do arrematante nas obrigações do devedor, inclusive as de natureza tributária, as derivadas da legislação do trabalho e as decorrentes de acidentes de trabalho" e no § 2º do mesmo artigo que "empregados do devedor contratados pelo arrematante serão admitidos mediante novos contratos de trabalho e o arrematante não responde por obrigações decorrentes do contrato anterior". Essa segunda regra deixa evidente a inexistência de sucessão nas obrigações e impõe que os empregados do devedor contratados pelo arrematante o serão mediante novos contratos de trabalhos, com novas cláusulas no que concerne a função, salário, jornada de trabalho e demais condições. Equivale dizer que o arrematante não responde pelas obrigações decorrentes do contrato anterior. No entanto, em relação à empresa que se encontra em situação de recuperação na forma da respectiva lei, a jurisprudência deixa antever a possibilidade de sucessão sob o argumento de que a vedação legal à sucessão limita-se apenas à falência, já que nesta já se aperfeiçoou todo o processo falimentar.

Jurisprudência

STF, Súmula n. 227. A concordata (recuperação judicial) do empregador não impede a execução de crédito nem a reclamação de empregado na Justiça do Trabalho.

Ementa: Recuperação judicial. Venda de unidade produtiva. Sucessão trabalhista. A diversidade de redação entre os dispositivos da recuperação judicial e da falência, na Lei n. 11.101/2005, art. 60, parágrafo único, e art. 141, II, quanto à responsabilidade sobre os créditos trabalhistas, deixa clara a interpretação de que com relação a estes, na alienação de unidade produtiva, em sede de recuperação judicial, existe sucessão por parte da adquirente. TRT 4ª Reg. RO 00968-2006-020-04-00-2 — (Ac. 4ª T.) — Rel. Juiz Marcelo Gonçalves de Oliveira. DOERS 29.11.07.

Ementa: Recuperação judicial. Possibilidade de que nela se configure a sucessão trabalhista. A aquisição de todo um fundo de operações, em ato praticado no curso de processo de recuperação judicial, bem como a continuidade (mesmo que em linhas gerais) das operações empresariais da empresa adquirida revela quadro que, em termos clássicos, representa sucessão empresarial, sucessão esta que (nos termos do art. 448, da CLT) transfere a responsabilidade por débitos trabalhistas ao sucessor (quer a parte obreira tivesse ou não trabalhado diretamente para ele). O § 2º, do art. 141, da Lei n. 11.101/05 não é vedação legal absoluta à transmissão de responsabilidade trabalhista àquele que adquiria uma determinada empresa em processo regido pela referida lei. Tal norma se acha no cap. V da mencionada lei, o qual regula somente a falência, e não a recuperação judicial. No que tange à recuperação judicial, a norma que disciplina a transmissão de responsabilidades é o art. 60 da mesma lei. E este, por sua vez, fala na não transmissão de responsabilidade pelas obrigações em geral e pelas obrigações tributárias, deixando em aberto a possibilidade de que a transmissão de responsabilidade trabalhista se faça presente já que arrimada em norma específica não derrogável (salvo expressamente, o que não é o caso) por normas gerais. TRT 10ª Reg. RO 00849-2006-018-10-00-0 —(Ac. 3ª T./07) — Rel. Juiz Paulo Henrique Blair. DJU3 27.7.07, p. 30.

8. Sucessão trabalhista e o trabalho doméstico. Em relação ao doméstico existe controvérsia a respeito de sucessão, em virtude dos arts. 10 e 448 da CLT só se referirem a empresa e não a pessoa física. Dessa forma não se poderia se cogitar de sucessão dada à peculiaridade desse trabalhador que normalmente presta serviço no âmbito familiar. *Rodolfo Pamplona Filho* e *Marco Antônio César Villatore* após apresentarem algumas hipóteses de trabalho doméstico e a questão da sucessão assinalam: "Qualquer que seja o ângulo analisado, portanto, é impossível verificar-se a sucessão na relação empregatícia doméstica. Contudo, há uma hipótese que precisa ser mais bem explicada. É o caso de uma empregada doméstica que presta serviços em determinada residência, tendo sua CTPS assinada pelo pai da família. Caso este venha a falecer e a empregada continue a prestar serviços para os membros remanescentes, não há que se falar em sucessão de empregadores. Como já nos pronunciamos adrede, o empregador não é, em regra, um membro isolado da família, mas sim toda a entidade familiar, pelo que o fato de passar a viúva, por exemplo, a assinar todos os documentos referentes ao vínculo empregatício, não implica o surgimento de uma nova relação trabalhista, mas sim a continuação da anterior.

Isso porque o termo 'sucessão' significa necessariamente a mudança do polo empregador da relação, o que não ocorre no exemplo em tela"[28]. A controvérsia, no entanto, se verifica quando o empregado doméstico sem registro, por exemplo, trabalha numa chácara de lazer por vários anos e com a propriedade se identifica e nela permanece trabalhando mesmo com a transferência de dono. Nesse caso, há uma sucessão, no mínimo, atípica, porque em tese, a propriedade seria a garantidora dos direitos descumpridos do trabalhador doméstico (ausência de registro, recolhimento previdenciário, não pagamento de férias, etc) e traduzindo-se numa sucessão em função da mudança da titularidade do bem que não é de família em face da excludente (art. 3º, I, da Lei n. 8.009/90 que dispõe sobre a impenhorabilidade do bem de família) e com isso poderia ser objeto de penhora.

Jurisprudência

Ementa: Sucessão de empregadores. Empregado doméstico. Não se aplica aos empregados domésticos a sucessão de empregadores prevista nos artigos 10 e 448 da CLT. Ac. (unânime). TRT 9ª Reg. 3ª T (RO 5912/91), Rel. Juiz Pedro Ribeiro Tavares, DJPR 21.8.92, p. 128.

9. Sucessão trabalhista e o trabalho rural. Inexiste dúvida sobre a aplicação dos artigos 10 e 448 da CLT ao trabalhador rural. Isso decorre pelo disposto no art. 1º da Lei n. 5.889, de 8 de junho de 1973, que estatui normas reguladoras do trabalho rural e dá outras providências. Referido artigo estabelece que "as relações de trabalho rural serão reguladas por esta Lei e, no que com ela não colidirem, pelas normas da Consolidação das Leis do Trabalho, aprovada pelo Decreto-lei n. 5.452, de 1º de maio de 1943, e também pelo disposto no art. 4º do Decreto n. 73.626, de 12 de fevereiro de 1974, que regulamenta a mencionada lei e que inclui os dois artigos como aplicáveis nas relações de trabalho rural. Assim, todas as formas de sucessão são aplicáveis no meio rural para fins trabalhistas.

Art. 449 *Os direitos oriundos da existência do contrato de trabalho subsistirão em caso de falência, concordata ou dissolução da empresa.*

§ 1º Na falência, constituirão créditos privilegiados a totalidade dos salários devidos ao empregado e a totalidade das indenizações a que tiver direito. (Redação L. n. 6.449, 14.10.77, DOU 18.10.77.

§ 2º Havendo concordata na falência, será facultado aos contratantes tornar sem efeito a rescisão do contrato de trabalho e consequente indenização, desde que o empregador pague, no mínimo, a metade dos salários que seriam devidos aos empregados durante o interregno.

O *caput* desse artigo há de ser entendido no sentido de que os direitos oriundos da existência do contrato de trabalho continuarão a pertencer aos empregados mesmo em caso de falência, recuperação da empresa-empregadora e na dissolução desta.

Os §§ 1º e 2º, tornaram-se inaplicáveis em face da nova Lei de Recuperação Judicial, Extrajudicial e Falência, de n. 11.101, de 9 de fevereiro de 2005, que passa a disciplinar a matéria.

As mudanças ocorridas foram muitas e vão muito além da concordata prevista no Decreto-Lei n. 7.661, de 21 de junho de 1945, ora substituída por "recuperação judicial".

---

(28) *Direito do Trabalho Doméstico.* 3. ed. São Paulo: LTr, 2006. p. 40.

Sua maior vantagem consiste no esforço de preservar a continuidade dos negócios da empresa ou de sua melhor utilização produtiva dos bens deixados. Vide art. 448, item 6.

Quanto aos direitos trabalhistas, tão logo se constate a dificuldade dos recursos financeiros, haverá redução no tocante a salários, a indenizações e a contribuições devidas ao FGTS.

Nessa matéria, releva notar quais os efeitos da recuperação judicial, bem como os efeitos na falência.

No caso de pedido de recuperação judicial, os créditos trabalhistas só se submeterão a ela, na data do pedido ainda que não vencidos (art. 49 da LRF).

Se, no entanto, a recuperação foi convalidada em falência, os valores devidos terão tratamento especial, na forma do art. 67 da LRF.

O credor trabalhista terá de se habilitar no Quadro Geral de Credores, tanto no caso de recuperação judicial, como na de falência (art. 6º, § 2º, da LRF).

Há quem entenda que o crédito trabalhista em ambos os casos, deva ser primeiramente apurado por sentença da Justiça do Trabalho, para depois ser habilitado.

Tal entendimento, segundo entendemos, não tem respaldo na lei, já que o crédito do trabalhador pode ser reconhecido pelo administrador judicial, na forma do disposto no art. 6º, § 2º, da Lei de Recuperação e Falência.

É que para a formação de um quadro de credores não há necessidade de jurisdição, como entende *Manoel Justino Bezerra Filho*, em artigo publicado na Revista dos Tribunais, 2005, p.67, citado por *Marcelo Papaléo de Souza*, em "A nova lei de recuperação e falência", LTr, 2ª ed., p.181.

A Lei incluiu os credores-trabalhistas também pelos créditos decorrentes de acidentes do trabalho na recuperação judicial e previu, para tanto, a suspensão da prescrição, ações e execuções, com a declaração de que tais débitos sejam quitados dentro de 12 meses, e se a parcela for salarial, que o pagamento seja feito no prazo de 30 dias.

Ressalte-se que, uma das formas da recuperação judicial é a de reduzir salários e a jornada de trabalho, mediante acordo ou convenção coletiva de trabalho (art. 50, VIII, da LRF).

Na falência há três categorias de créditos trabalhistas: 1ª) créditos extraconcursais; 2ª) preferenciais (limitados ao valor de até 150 (cento e cinquenta) salários mínimos; 3ª) equiparados aos credores quirografários (valores excedentes a 150 (cento e cinquenta) salários mínimos e os cedidos aos terceiros). O mesmo ocorre quando a recuperação judicial é convertida em falência, já que se reclassifica, nesse caso, a ordem de preferência.

O art. 83, I, da LRF, estabelece que, na classificação dos créditos, a ordem será, inicialmente, dos créditos trabalhistas limitados a 150 (cento e cinquenta) salários mínimos por credor, e os decorrentes de acidentes de trabalho. No inciso VI, alínea "c" está dito que o saldo excedente de 150 (cento e cinquenta) salários mínimos será tratado como crédito de natureza quirografária.

A grande polêmica existente ainda quando escrevíamos essa matéria, por pendente de julgamento, perante o Supremo Tribunal Federal, a Ação Direta de Inconstitucionalidade, de n. 3.424-DF. É que nessa ADIn se discute a constitucionalidade, ou não, dos dispositivos que reduzem direitos dos trabalhadores, em especial a limitação da preferência a 150 (cento e cinquenta) salários mínimos.

Jurisprudência

Ementa: Falência. Prosseguimento da execução na justiça do trabalho. Nos termos do art. 76 da Lei n. 11.101/2005, o Juízo da falência é indivisível e competente para conhecer todas as ações sobre bens, interesses e negócios do falido, ressalvadas as causas trabalhistas, fiscais e aquelas não reguladas nesta Lei em que o falido figurar como autor ou litisconsorte ativo, de modo que o Juízo do Trabalho não pode determinar a manutenção da penhora de valores. TRT 12ª Reg. AP 00343-2006-051-12-00-5 — (Ac. 1ª T., 23.10.07) — Rel. Juiz Roberto Basilone Leite. TRT-SC/DOE 28.11.07.

Ementa: Recuperação judicial. Sucessão. Lei n. 11.101/ 2005. Malgrado o art. 60 da Lei 11.101/2005, que trata da recuperação judicial, livre o objeto da alienação de qualquer ônus, declarando a inexistência de sucessão do arrematante quanto às obrigações do alienante, ao mesmo tempo é expresso no sentido de isentar as arrematantes da sucessão nas obrigações de natureza tributária, nada dispondo sobre as obrigações trabalhistas, as quais precedem as obrigações tributárias no Quadro Geral de Credores, elaborado no processo falimentar. Assim, ao não mencionar as obrigações trabalhistas, o dispositivo em análise não excluiu a sucessão quanto a essas obrigações. A própria norma, nos casos de falência, em seu art. 141, inciso II, menciona expressamente a inexistência de sucessão do arrematante quanto aos débitos derivados da legislação do trabalho. TRT 10ª Reg. RO 01017-2006-013-10-00-0 — (Ac. 1ª T./08) — Relª. Juíza Elaine Machado Vasconcelos. DJU 28.3.08, p. 1.623.

Ementa: Recuperação judicial. Possibilidade de que nela se configure a sucessão trabalhista. A aquisição de todo um fundo de operações, em ato praticado no curso de processo de recuperação judicial, bem como a continuidade (mesmo que em linhas gerais) das operações empresariais da empresa adquirida revela quadro que, em termos clássicos, representa sucessão empresarial, sucessão esta que (nos termos do art. 448, da CLT) transfere a responsabilidade por débitos trabalhistas ao sucessor (quer a parte obreira tivesse ou não trabalhado diretamente para ele). O § 2º, do art. 141, da Lei n. 11.101/05 não é vedação legal absoluta à transmissão de responsabilidade trabalhista àquele que adquiria uma determinada empresa em processo regido pela referida lei. Tal norma se acha no cap. V da mencionada lei, o qual regula somente a falência, e não a recuperação judicial. No que tange à recuperação judicial, a norma que disciplina a transmissão de responsabilidades é o art. 60 da mesma lei. E este, por sua vez, falar na não transmissão de responsabilidade pelas obrigações em geral e pelas obrigações tributárias, deixando em aberto a possibilidade de que a transmissão de responsabilidade trabalhista se faça presente já que arrimada em norma específica não derrogável (salvo expressamente, o que não é o caso) por normas gerais. TRT 10ª Reg. RO 00849-2006-018-10-00-0 — (Ac. 3ª T./07) — Rel. Juiz Paulo Henrique Blair. DJU3 27.7.07, p. 30.

Ementa: Recuperação judicial. Venda de unidade produtiva. Sucessão trabalhista. A diversidade de redação entre os dispositivos da recuperação judicial e da falência, na Lei n. 11.101/2005, art. 60, parágrafo único, e art. 141, II, quanto à responsabilidade sobre os créditos trabalhistas, deixa clara a interpretação de que com relação a estes, na alienação de unidade produtiva, em sede de recuperação judicial, existe sucessão por parte da adquirente. TRT 4ª Reg. RO 00968-2006-020-04-00-2 — (Ac. 4ª T.) — Rel. Juiz Marcelo Gonçalves de Oliveira. DOERS 29.11.07.

Ementa: Falência. Aviso prévio. Multa fundiária integral. A extinção do contrato de trabalho por força de falência da empresa empregadora não retira do trabalhador o direito ao aviso prévio, mesmo que indenizado, e à multa fundiária. As legislações específicas, de falência e a trabalhista, não possuem qualquer dispositivo a afastar tais direitos; ao contrário, o art. 449, da CLT, é cristalino ao dispor que o estado de falência não produzirá quaisquer efeitos sobre os direitos decorrentes da relação empregatícia. E, quanto à multa, é devida na integralidade, porquanto a situação não é de força maior e, sim, de sujeição do empreendedor aos riscos inerentes a seus negócios. TRT 9ª Reg. Proc. 06955-2003-004-09-00-8 —(Ac. 16264/05) —Rel. Márcio Dionísio Gapski. DJPR 1.7.05.

Art. 450

Ao empregado chamado a ocupar, em comissão, interinamente, ou em substituição eventual ou temporária, cargo diverso do que exercer na empresa, serão garantidas a contagem do tempo naquele serviço, bem como volta ao cargo anterior.

Esse artigo trata das hipóteses em que o empregado é designado para ocupar, em comissão ou interinamente, ou ainda em substituição eventual ou temporária, cargo diverso do que exerce na empresa, sem que haja renúncia ao seu cargo efetivo. Trata também este dispositivo do cargo em comissão no sentido estrito. Isso porque, a escolha do empregado para tais cargos em comissão fica sempre na dependência do empregador, pois os riscos do empreendimento são seus. Via de regra, são indicados os empregados com mais conhecimento e desenvoltura para o cargo na condição prevista neste artigo, já que normalmente a eles são atribuídas maior responsabilidade e nesse caso é justo que percebam em retribuição pelo seu trabalho o valor estipulado pela empresa e pago ao titular do cargo.

Normalmente, os cargos referidos nesse artigo são os de comissão e ou de confiança, estes, entendido os de diretoria (art. 499, da CLT), de gerência, de chefia ou equivalentes, na forma do disposto no art. 62, II, e parágrafo único da CLT. Vale dizer que o exercício da função em comissão é provisória, já que o trabalhador poderá ser revertido ao cargo anteriormente ocupado, conforme o disposto no parágrafo único do art. 468, da CLT.

É claro também que a alteração supracitada precisará ter a anuência do empregado, ainda que tacitamente, pois existem situações em que a mudança de cargo e de função poderá acarretar-lhe prejuízo e, nessa conformidade, encontrar óbice nos artigos 9º e 468 da CLT.

De notar-se que a lei não estabeleceu nenhum prazo de permanência na função comissionada, de forma que haverá a presunção de que a qualquer momento o empregado poderá retornar ao seu posto efetivo.

Entretanto, perdurando a substituição que não tenha caráter meramente eventual, inclusive nas férias, o empregado substituto fará jus ao salário contratual do substituído, na forma da Súmula n. 159, I, do TST. Ao se referir às férias está explicitando caso de substituição não eventual, pois as férias são acontecimentos previsíveis e decorrentes de lei. Outras hipóteses se amoldam a essa situação, tal como sucedem na substituição nos casos de licença-maternidade, doenças prolongadas ou licenças concedidas ao empregado substituído.

Na substituição eventual pode-se dizer que ela se verifica por um curtíssimo espaço de tempo, como nos casos de faltas aos serviços, ausências momentâneas e outras situações indicativas de que o substituto sequer teve tempo de assumir as obrigações efetivas do substituído. É em síntese, uma obrigação passageira. Com razão *Martins* quando afirma "que a pessoa que passa a ocupar o lugar de outra na empresa, que venha a se desligar desta ou é transferida de local ou função não é substituto, mas sucessor. Na substituição, ambas as pessoas estão na empresa. Há, portanto, simultaneidade". Por essa razão é que a Súmula n. 159, II, estipula que "vago o cargo em definitivo, o empregado que passa a ocupá-lo não tem direito a salário igual ao do antecessor"[29]. Essa disposição sumular, no entanto, merece uma reflexão na hipótese de o empregado substituído no curso da substituição deixar a empresa por qualquer motivo. Evidentemente se o substituto estava percebendo o salário do substituído, justo é a manutenção do salário percebido na condição provisória, pois nessa situação como bem afirma *Márcio Túlio Viana*, citando o grande *Evaristo*, "a substituição de um empregado por outro é a afirmação mais clara da identidade funcional"[30].

Ressalte-se, no entanto, que a jurisprudência predominante no TST é no sentido de que, permanecendo o empregado na função comissionada por mais de 10 anos, a gratificação de

---

(29) *Comentário à CLT*, 11. ed. São Paulo: Atlas, 2007. p. 382.
(30) Remuneração e salário. *Curso de Direito do Trabalho*, Coleção Pedro Vidal Neto, V. II, janeiro/ 2008, Direito Individual do Trabalho, LTr, SP, p. 141.

função percebida pela função não poderá ser lhe retirada em virtude da estabilidade econômica que se estabelece na relação (Súmula n. 372, I, do TST). Também, se mantido o empregado no exercício de função comissionada, não pode o empregador reduzir o valor da gratificação (Súmula n. 372, II, do TST), critério esse justo porque se conjuga a função com o pagamento da comissão.

Pode também o empregado ocupar o cargo de diretor eleito pela assembleia da sociedade em função que o torna incompatível com a de trabalhador, hipótese em que o seu contrato de trabalho ficará suspenso, não se computando como tempo de serviço, salvo se permanecer a subordinação jurídica inerente à relação de emprego. É o que dispõe a Súmula n. 269, do TST. Referida Súmula, no entanto, não retrata bem a questão, pois em se tratando de empregado que passa a ocupar o cargo de diretor eleito, a empregadora é obrigada a recolher o FGTS, o qual tem ligação com o tempo de serviço, de forma que a suspensão do contrato de trabalho não é total, mas parcial. O diretor que não passa pela condição de empregado, o recolhimento é facultativo (art. 16, da Lei n. 8.036/90).

O que o presente dispositivo pretende é, antes de qualquer coisa, a possibilidade do retorno do empregado ao seu cargo efetivo, depois de vencida a substituição temporária ou interina, em cargo de comissão, com a certeza de que o tempo em que ficou na condição de substituto será devidamente computado para todos os efeitos legais.

Jurisprudência

TST, Súmula n.159. SUBSTITUIÇÃO DE CARÁTER NÃO EVENTUAL E VACÂNCIA DO CARGO (incorporada a Orientação Jurisprudencial n. 112 da SBDI-1) — Res. 129/2005, DJ 20, 22 e 25.4.2005. I — Enquanto perdurar a substituição que não tenha caráter meramente eventual, inclusive nas férias, o empregado substituto fará jus ao salário contratual do substituído. (ex-Súmula n. 159 — alterada pela Res. 121/2003, DJ 21.11.2003) II — Vago o cargo em definitivo, o empregado que passa a ocupá-lo não tem direito a salário igual ao do antecessor. (ex-OJ n. 112 da SBDI-1 — inserida em 1.10.1997)

TST, Súmula n. 269 DIRETOR ELEITO. CÔMPUTO DO PERÍODO COMO TEMPO DE SERVIÇO (mantida) — Res. 121/2003, DJ 19, 20 e 21.11.2003. O empregado eleito para ocupar cargo de diretor tem o respectivo contrato de trabalho suspenso, não se computando o tempo de serviço desse período, salvo se permanecer a subordinação jurídica inerente à relação de emprego.

TST, Súmula n. 372. GRATIFICAÇÃO DE FUNÇÃO. SUPRESSÃO OU REDUÇÃO. LIMITES (conversão das Orientações Jurisprudenciais ns. 45 e 303 da SBDI-1) — Res. 129/2005, DJ 20, 22 e 25.4.2005. I — Percebida a gratificação de função por dez ou mais anos pelo empregado, se o empregador, sem justo motivo, revertê-lo a seu cargo efetivo, não poderá retirar-lhe a gratificação tendo em vista o princípio da estabilidade financeira. (ex-OJ n. 45 da SBDI-1 — inserida em 25.11.1996). II — Mantido o empregado no exercício da função comissionada, não pode o empregador reduzir o valor da gratificação. (ex-OJ n. 303 da SBDI-1 — DJ 11.8.2003)

Ementa: Agravo. Decisão monocrática. Salário de digitador. Cargo em comissão. Não caracterizada a violação do art. 450 da CLT. Arestos inespecíficos. O Regional concluiu que a Reclamada desvirtuou o conceito de função "em comissão" para mascarar promoção indefinidamente revogável. Corrobora este entendimento a conclusão da Vara do Trabalho, no sentido de que "o reclamante não tinha, enquanto digitador, qualquer resquício de função de confiança, nem se demonstrou tratar de substituição temporária, o comissionamento inexistiu". Assim, não há como se vislumbrar violação literal do art. 450 da CLT, por tratar o dispositivo de lei de cargo em comissão no sentido estrito. Arestos inespecíficos. Agravo a que se nega provimento. TST-A-RR-622.647/2000.9 — (Ac. 1ª T.) — 2ª Reg. — Rel. Min. Emmanoel Pereira. DJU 8.2.08, p. 1.513.

Ementa: Substituição não eventual. Direito ao patamar remuneratório do substituído. Comissões. Súmula n. 159 do TST. Se o empregador altera a função do empregado, de maneira não eventual e compatível com cargo de maior remuneração, deve arcar com o incremento salarial correspondente, nos moldes do art. 450 da CLT e da Súmula n. 159 do C. TST: "Enquanto perdurar a substituição que não tenha caráter meramente eventual, inclusive nas férias, o empregado substituto fará jus ao salário contratual do substituído". A referência ao salário contratual importa estender ao substituto o mesmo patamar remuneratório do substituído, inclusive comissões sobre vendas realizadas, especialmente quando, em concreto, comprova-se que o substituto dedica-se a cobrir folgas e férias de responsáveis por lojas, sujeitando-se às mesmas metas de vendas a eles impostas. Recurso ordinário da Reclamada a que se nega provimento. TRT 9ª Reg. RO 15742-2006-010-09-00-1 — (Ac. 1ª T. 23028/08) — Rel. Ubirajara Carlos Mendes. DJPR 4.7.08, p. 889.

Ementa: Equiparação salarial. Salário-substituição. Há que se ter em mente o fato de que a norma do art. 450 da CLT, que regula o acesso do trabalhador ao direito de receber o salário-substituição, estabelece parâmetros diferenciados ao da equiparação salarial. Afinal, o foco principal do salário-substituição não está em dar uma justa retribuição ao trabalhador em razão da identidade de suas qualidades profissionais comparadas a de outro, mas sim em garantir-lhe uma reparação coerente em face de necessidade do empregador, relacionada com a vacância temporária de cargo e de funções. Assim sendo, o importante que se deve ter em mente é a confiança depositada, pelo empregador, no empregado substituto, quando este vem a assumir, interinamente, determinadas funções até então sob responsabilidade da pessoa substituída. É questão irrelevante procurar saber se ele teve de enfrentar, na prática, todas as tarefas exigidas ao cargo. TRT 15ª Reg. (Campinas/SP) RO 0366-2005-032-15— (Ac. 32929/06-PATR, 9ª Câmara) — Rel. Gerson Lacerda Pistori. DJSP 14.7.06, p. 30.

Ementa: Cargo de confiança. Pagamento de gratificação. O reclamante exerceu função comissionada por 5 anos. O parágrafo único do art. 468 e o art. 450 da CLT permitem o retorno ao cargo anterior. Terminado o exercício de cargo de confiança, cessa a vantagem respectiva. Logo, não poderia o reclamante receber gratificação se deixou de exercer o cargo de confiança. O pagamento tinha caráter provisório. Trate-se de um pagamento que depende de uma condição, que é o exercício do cargo de confiança. TRT 2ª Reg. RO 20000327195 — (Ac. 3ª T. 20010559030) — Rel. Juiz Sérgio Pinto Martins. DOE 18.9.01.

Art. 451

O contrato de trabalho por prazo determinado que, tácita ou expressamente, for prorrogado mais de uma vez, passará a vigorar sem determinação de prazo.

A regra prevalente no âmbito das relações trabalhistas é o contrato por prazo indeterminado, daí porque esse dispositivo deixa bem claro que o contrato por prazo certo, que tácita ou expressamente for prorrogado mais de uma vez, será considerado de prazo indeterminado. Por outro lado, o contrato de prazo determinado é sempre exceção, pois sua utilização é disciplinada em lei com observância de certos requisitos para que ele não seja desvirtuado de sua finalidade. Por isso é que temos vários tipos de contrato de prazo determinado, todos eles disciplinados em lei, como o de safra (Lei n. 5.889/73), de experiência (CLT, art. 445,) de obra certa (Lei n. 2.959/56), de técnico estrangeiro (DL n. 691/69), de atleta profissional (Lei n. 9.615/98), de trabalho temporário (Lei n. 6.019/74), etc.

Importante ressaltar que esse dispositivo preconiza o respeito pelo prazo desse contrato de natureza especial, a fim de que não seja ultrapassado o termo fixado pela lei. Assim, se o contrato de experiência tem limitada a sua duração em 90 dias (art. 445, parágrafo único, da CLT), é claro que a prorrogação possível é de apenas uma vez e ainda no interregno do citado prazo, ou então em prazo menor se esse for a vontade das partes, qual seja, um contrato de experiência com prazo de 30 dias e prorrogado por mais 30 dias, perfazendo assim 60 dias e sendo este o limite que passa a ser o legal. Ultrapassado este prazo ele passará a ser de prazo indeterminado.

Por outro lado, se o contrato por prazo determinado for de dois anos (art. 445, da CLT), a contratação poderá ser feita por doze meses e prorrogado por mais doze meses. Se ultrapassado o prazo de dois anos, será tido por prazo indeterminado, mesmo que tenha uma só prorrogação.

Jurisprudência

TST, Súmula n. 188. Contrato de trabalho. Experiência. Prorrogação (mantida) — Res. 121/2003, DJ 19, 20 e 21.11.2003. O contrato de experiência pode ser prorrogado, respeitado o limite máximo de 90 (noventa) dias.

Ementa: Contrato de experiência. Prorrogação automática. Legalidade. Os contratos por prazo determinado podem ser tácita ou expressamente prorrogados, conforme disposição literal do art. 451 da CLT. E o contrato de experiência nada mais é do que espécie de contrato por prazo determinado. Em assim sendo, a prorrogação do contrato de experiência de 30 dias, por mais 60 dias, quando há cláusula expressa prevendo tal possibilidade(fls. 13, cláusula 6) não torna nulo o referido contrato por prazo determinado, nem implica conversão negocial para contrato por prazo indeterminado, desde que observado o prazo máximo total de 90 dias a que faz referência a Súmula n. 188 do C. TST. Diante do exposto, não extrapolado o prazo máximo legalmente estabelecido, reformo a r. sentença, para afastar a declaração de nulidade do contrato de experiência. TRT 9ª Reg. ROPS 00497-2007-671-09-00-8 — (Ac. 4ª T. 33181/07) — Relª. Sueli Gil El-Rafihi. DJPR 13.11.07, p. 411.

Ementa: Contrato de experiência. Estabilidade provisória indevida. Restando sobejamente demonstrado nos autos que a reclamante foi contratada para cumprir contrato de experiência, de trinta dias, prorrogado uma única vez, por mais sessenta dias, respeitado, portanto, o limite de noventa dias estabelecido no parágrafo único do art. 445, da CLT e Súmula n. 188 do Colendo TST, bem como a prorrogação por uma única vez, art. 451 do citado diploma legal, não há que se falar em estabilidade provisória no emprego, ainda que a reclamante se encontrasse grávida na data da dispensa, tendo em vista que já tinha prévia ciência de quando seu contrato expiraria. Nesse sentido, o disposto na Súmula n. 244, II, do Colendo TST, que estabelece: "Não há direito da empregada gestante à estabilidade provisória na hipótese de admissão mediante contrato de experiência, visto que a extinção da relação de emprego, em face do término do prazo, não constitui dispensa arbitrária ou sem justa causa". TRT 3ª Reg. RO 00764-2007-099-03-00-6 — (Ac. 3ª T.) — Relª. Juíza Convocada Taisa Maria M. de Lima. DJMG 19.12.07, p. 15.

Art. 452

Considera-se por prazo indeterminado todo contrato que suceder, dentro de seis meses, a outro contrato por prazo determinado, salvo se a expiração deste dependeu da execução de serviços especializados ou da realização de certos acontecimentos.

Ainda na condição do que deve ser considerado contrato por prazo determinado é a proibição de sua continuidade, eis que se outro houver dentro de 6 (seis) meses, será ele tido como de prazo indeterminado, a não ser que tenha havido uma necessidade de prorrogação em virtude de execução de serviços especializados ou de realização de certos acontecimentos, normalmente imprevisíveis ou de força maior.

Esclareça-se que na redação desse artigo foi utilizada a expressão "serviços especializados" diferente daquela locução empregada no § 1º do art. 443, da CLT, que foi de "serviços especificados", parecendo-nos que a primeira atende melhor aos fins a que se destina.

As excludentes que impedem a transformação do contrato a prazo determinado em indeterminado como a *execução de serviços especializados* ou *a realização de certos acontecimentos* não foram definidas pela lei.

Entretanto, serviços corriqueiros não podem ser considerados serviços especializados, mas sim aqueles que exigem uma profissionalização, citando, como exemplo, um engenheiro ou um técnico altamente especializado para montagem de um equipamento ou serviços que demandam tempo não previsível.

Por certos acontecimentos poder-se-ia entender aqueles que ensejam a sucessividade de contratos de prazos determinados para atender demandas tipicamente de épocas natalinas, de temporadas, de período de férias em que se exige de determinadas atividades maior número de empregados (hotéis, pousadas, etc). Também se inserem no contexto desses contratos, os de safra, os de obra certa, enfim, os contratos de prazo de determinado que são celebrados tendo por objetivo um fim específico com a possibilidade de ocorrência de outros fatos sucessivos que exigem a mesma solução.

Jurisprudência

Ementa: Contrato de trabalho. Prazo indeterminado. Unicidade contratual. Tendo em vista o princípio da continuidade laboral que rege o Direito do Trabalho, considera-se contrato por prazo indeterminado a relação laboral constituída por uma sucessão de contratos por prazo determinado, que não observa a norma disposta no art. 452 da CLT, que estabelece o período mínimo de seis meses entre o término de um contrato e o início do seguinte, não se tratando de hipótese em que o contrato anterior tenha expirado pela execução dos serviços especializados ou em virtude da realização de certos acontecimentos suscetíveis de previsão aproximada. TRT 3ª Reg. RO 01121-2007-008-03-00-8 — (Ac. 8ª T.) — Rel. Des. Marcio Ribeiro do Valle. DJMG 19.12.07, p. 26.

Ementa: Contrato de experiência. Validade. Não existe nulidade no fato de o empregado já ter trabalhado na mesma função, em contrato de experiência anterior com o empregador, se entre o primeiro e o segundo contrato houver prazo superior a seis meses, o que permite a contratação mediante novo contrato de experiência, conforme ilação do disposto no art. 452 da CLT. TRT 12ª Reg. RO 08106-2005-037-12-00-5. Maioria, (Ac. 1ª T. 26.6.07) — Relª. Juíza Mari Eleda Migliorini. TRT-SC/DOE 5.9.07.

Ementa: Continuidade do contrato de trabalho. Comprovado que o autor permaneceu à disposição da reclamada após o encerramento da obra de Campo Bom para a qual foi inicialmente contratado e não havendo qualquer solução de continuidade, entende-se por implementada a prorrogação do contrato a prazo determinado celebrado em 10.12.2004 e consequente conversão em pacto a prazo indeterminado, nos moldes do previsto no art. 452 da CLT e cláusula "9" do contrato das fls. 27/28. Recurso negado. TRT 4ª Reg. RO 00408-2006-371-04-00-5 — (Ac. 6ª T.) — Relª.Juíza Rosane Serafini Casa Nova. DJRS 1.6.07.

Ementa: Contrato de experiência no bojo de outro contrato a prazo determinado. Não se admite contrato de experiência no bojo de outro contrato a prazo determinado. Tratando-se de dois contratos a termo, a recontratação por prazo determinado dentro do período de seis meses após o término de outro contrato a prazo determinado se condiciona aos supostos previstos no art. 452 da CLT, quais sejam, se a expiração do primeiro dependeu da execução de serviços especializados ou da realização de certos acontecimentos. Em tais hipóteses, de natureza predominantemente objetiva, não se enquadra o contrato experimental ou de prova, que reclama a implementação de fatores de cunho predominantemente subjetivo, a critério do empregador. Delineado nos autos o contexto em apreço, declara-se por prazo indeterminado o ajuste a termo certo celebrado entre os contratantes. TRT 3ª Reg. RO 2749/99 — (Ac. 1ª T.) — Rel. Juiz Ricardo Antônio Mohallem. DJMG 19.11.99, p. 5.

Art. 453 No tempo de serviço do empregado, quando readmitido, serão computados os períodos, ainda que não contínuos, em que tiver trabalhado anteriormente na empresa, salvo se houver sido despedido por falta grave, recebido indenização legal ou se aposentado espontaneamente. *(Redação L. n. 6.204, 29.4.75, DOU 30.4.75).*

§ 1º *Na aposentadoria espontânea de empregados das empresas públicas e sociedades de economia mista é permitida sua readmissão desde que atendidos aos requisitos constantes do art. 37, inciso XVI, da Constituição, e condicionada à prestação de concurso público. Acrescentado pela Lei n. 9.528/97, cujo parágrafo foi considerado inconstitucional pelo STF, no julgamento da ADIn 1.770-4 (Plenário, 11.10.06, DJ 1.12.06).*

§ 2º *O ato de concessão de benefício de aposentadoria a empregado que não tiver completado trinta e cinco anos de serviço, se homem, ou trinta, se mulher, importa extinção do vínculo empregatício. Acrescentado pela Lei n. 9.528/97, cujo parágrafo foi considerado inconstitucional pelo STF, no julgamento da ADIn 1.721-3 (Plenário, 17.8.07, DJ 1.12.06).*

1. Considerações preliminares. A redação original do art. 453 da CLT que decorreu do Decreto n. 5.452, de 1º de maio de 1943 estava assim disposta: "No tempo de serviço do empregado, quando readmitido, serão computados os períodos, ainda que não contínuos, em que tiver trabalhado anteriormente na empresa, salvo se houver sido despedido por falta grave ou tiver recebido indenização legal". [31] Essa redação permitia o cômputo do período anterior à aposentadoria, se o empregado permanecesse na empresa. Nesse sentido era a Súmula n. 21 do TST, a qual foi cancelada pelo TST por intermédio da Res. n. 121/2003, DJ 19.11.03. A Súmula n. 215, do STF, que continua em vigor dispõe que "conta-se a favor de empregado readmitido o tempo de serviço anterior, salvo se houver sido despedido por falta grave ou tiver recebido indenização legal".

Com a Lei n. 6.204, de 29 de abril de 1975, DOU 30 de abril de 1975, a redação do *caput* ficou na forma disposta no texto acima ostentado.

Finalmente, a Lei n. 9.528, de 10 de dezembro de 1997, DOU 11 de dezembro de 1997, introduziu os parágrafos primeiro e segundo no art. 453, conforme a redação que consta do mencionado artigo, cujos parágrafos foram considerados inconstitucionais pelo Supremo Tribunal Federal nas ADIns 1770-4 e 1721-3, conforme veremos mais adiante.

2. Readmissão. Soma de período anterior. Ao estipular o mencionado artigo que no caso de readmissão do trabalhador pelo empregador, o período de trabalho anterior será computado como tempo de serviço, ressalvadas as hipóteses: a) falta grave ou justa causa e b) recebimento de indenização legal; nada mais fez do que aplicar o princípio da razoabilidade. Isso porque, se o empregado não deu causa ao rompimento do contrato de trabalho, nada mais justo ficar em aberto a possibilidade de sua readmissão pelo empregador com a contagem do tempo de serviço anterior. Entretanto, se a rescisão contratual ocorreu por motivo justificado não teria sentido a contagem do tempo anterior, cuja hipótese pode-se dizer que seria difícil de ser encontrada na prática. O que pode acontecer é a reintegração no emprego, mas isso por força de decisão judicial, notadamente na conversão da justa causa em reintegração no emprego, por ser o empregado portador de estabilidade que pode ser decorrente de lei, de norma coletiva ou de regulamento de empresa. A reintegração no caso difere da readmissão, pois nesta o empregado é recontratado depois de deixar a empresa e a reintegração ocorre com o pagamento dos salários como se estivesse trabalhando. Na reintegração não há interrupção do contrato de trabalho.

Na hipótese de saída espontânea, a Súmula n. 138, do TST, disciplina a questão ao estatuir que "Em caso de readmissão, conta-se a favor do empregado o período de serviço anterior encerrado com a saída espontânea".

De notar-se que se o empregado sai de uma empresa (pedido de demissão) e é readmitido em outra empresa do mesmo grupo econômico, teremos a somatória do período anterior, em virtude do grupo econômico ser considerado empregador único para fins trabalhistas (Súmula n. 129, do TST).

Jurisprudência

TST, Súmula n.138. READMISSÃO (mantida) — Res. 121/2003, DJ 19, 20 e 21.11.2003. Em caso de readmissão, conta-se a favor do empregado o período de serviço anterior, encerrado com a saída espontânea (ex-Prejulgado n. 9).

Ementa: Readmissão de empregada após longo interregno sem prestação de serviços ausência de fraude a direitos trabalhistas indevido o pleito de unicidade contratual. Restando suficientemente demonstrado que a dispensa imotivada da reclamante ocorreu de maneira regular e com o pagamento das verbas rescisórias daí decorrentes, inclusive com o levantamento do FGTS + 40% e recebimento de parcelas referentes ao seguro-desemprego, tem-se que a sua nova contratação após o interregno de sete meses, sem qualquer prestação de serviços nesse lapso temporal, não justifica o reconhecimento da unicidade

---

(31) *Consolidação das Leis do Trabalho Histórica*, 1993, Organizador Santos, Aloysio. SENAI E SESI, p. 129.

contratual e a declaração de nulidade da dispensa anteriormente ocorrida, tendo em vista a total ausência de prova de fraude a seus direitos trabalhistas. Inteligência do art. 453, caput, da CLT. TRT 3ª Reg. RO 00339-2008-041-03-00-0 — (Ac. 1ª T) — Rel. Des. Marcus Moura Ferreira — DJMG 25.7.08, p. 9.

2.1. Regime da CLT (Indenização) e do FGTS (Lei n. 8.036/90). O regime da CLT que conferia estabilidade ao trabalhador com mais de 10 anos de serviços prestados para o mesmo empregador vigorou até a criação do regime do FGTS inicialmente opcional (Lei n. 5.107/66) e depois com a Constituição de 1988 (5.10.88) alcançou todos os trabalhadores, respeitados o direito daqueles que já tinham direito à estabilidade pelo regime da CLT. Ficou também consolidado o entendimento de que o regime do FGTS seria juridicamente equivalente ao da indenização da CLT, conforme Súmula n 98-1, do TST.

Em virtude do disposto no art. 7º, III, da CF (FGTS), a Lei n. 8.036/90, no seu art. 14 possibilitou não só ao empregador, de forma facultativa, desobrigar-se da responsabilidade da indenização do período anterior à opção pelo regime do FGTS, desde que fizesse o depósito do FGTS na conta vinculada do empregado do valor respectivo (art. 14, § 3º), mas também de transacionar com o empregado o período anterior ao regime do FGTS, respeitado o limite mínimo, qual seja 60% (sessenta por cento) da indenização prevista (art. 14, § 2º). Em tais hipóteses, o tempo de serviço anterior não se somaria, pois indenizado, em caso de readmissão.

A rigor, com o regime do FGTS, o empregado tem a seu favor os depósitos do FGTS que substituiu o regime da estabilidade. Dessa forma, se o empregado vier a ser readmitido na empresa, haverá a somatória do tempo anterior dos valores do FGTS depositados para efeito da multa de 40% (quarenta por cento) na hipótese de dispensa sem causa.

2.2. Somatória de períodos de trabalho e o prazo prescricional. O prazo prescricional é o previsto no art. 7º, XXIX, da CF e art. 11, da CLT. Como o disposto no art. 453 se refere à somatória de contratos de trabalho, depois de muita controvérsia a respeito de qual contrato se iniciava o período prescricional, acabou prevalecendo a tese de que "da extinção do último contrato é que começa a fluir o prazo prescricional do direito de ação objetivando a soma de períodos descontínuos de trabalho". Justo este entendimento porquanto no curso do contrato de trabalho poderiam ocorrer vários atos de rescisão e readmissão sem que houvesse a livre manifestação do empregado.

TST, Súmula n. 156. PRESCRIÇÃO. PRAZO (mantida) — Res. 121/2003, DJ 19, 20 e 21.11.2003. Da extinção do último contrato começa a fluir o prazo prescricional do direito de ação em que se objetiva a soma de períodos descontínuos de trabalho (ex-Prejulgado n. 31).

3. Aposentadoria e a extinção do contrato de trabalho. Depois da Lei n. 6.204/75 citada, perdurou inicialmente na doutrina e jurisprudência controvérsia sobre a somatória de contrato e aposentadoria, pois havia entendimento de que mesmo com aposentadoria haveria a soma do período anterior se o empregado permanecesse na empresa. No entanto, acabou consolidado o entendimento no TST de que a aposentadoria era causa da extinção do contrato de trabalho, tanto que foi editada a Orientação Jurisprudencial n. 177, da SBDI-1, do seguinte teor: *Aposentadoria Espontânea. Efeitos.* A aposentadoria espontânea extingue o contrato de trabalho, mesmo quando o empregado continua a trabalhar na empresa após a concessão do benefício previdenciário. Assim sendo, indevida a multa de 40% do FGTS em relação ao período anterior à aposentadoria".

Aliás, por mais de 20 anos predominou o entendimento de que a aposentadoria era causa de rescisão do contrato de trabalho tendo o legislador ordinário pela Lei n. 9.011, de 30 de março de 1995, DOU 31 de março de 1995, acrescentado o item II, no § 3º da Lei n. 4.090, de 13 de julho de 1962, a qual trata da gratificação de natal, para estabelecer que a gratificação será proporcional "**na cessação da relação de emprego** resultante da aposentadoria do trabalhador, ainda que verificada antes de dezembro" (Sem destaque no original). Esse entendimento era também predominante na doutrina e jurisprudência a ponto de ter sido editada a Orientação Jurisprudencial.

Entretanto, a Orientação Jurisprudencial n. 177, da SBDI, foi cancelada em função de decisões proferidas nas ADIns ns. 1770-4 e 1721-3, que considerou inconstitucionais os parágrafos primeiro e segundo do art. 453, da CLT, que foram introduzidos pela Lei n. 9.528/97. As decisões da Suprema Corte não foram recebidas pacificamente porque a Lei n. 9.528/97 tinha como destinatários empresas públicas e sociedades de economia mista, cujo tratamento difere das empresas privadas e a referida Lei jamais poderia ser aplicada aos empregadores comuns em face das questões específicas por ela tratadas, como foi o caso da possibilidade do retorno se servidores que já estavam aposentados.

Aliás, as próprias ações diretas de inconstitucionalidade foram ajuizadas por partido político que tinha interesse na defesa de tais servidores. Esse fato é marcante e está demonstrado na decisão de 11 de outubro de 2006 proferida pela Suprema Corte, em que foi apreciado o mérito da AdIn n. 1770-4, na qual se tratou de questão relacionada com a readmissão de empregados de empresas públicas e sociedades de economia mista e acumulação de proventos e vencimentos, conforme destaque na ementa do referido acórdão.

A verdade é que o *caput* do art. 453, da CLT, não foi alterado, até porque foi a Lei n. 6.204/75, que acrescentou a ele a aposentadoria como causa da cessação do contrato de trabalho e, no mesmo sentido, a Lei n. 9.011/95, que introduziu o item II, no art. 3º da Lei n. 4.090, de 13 de julho de 1962, para estabelecer que o pagamento da gratificação de natal será proporcional "na cessação da relação de emprego resultante da aposentadoria do trabalhador, ainda que verificada antes de dezembro". A declaração de inconstitucionalidade deveria ser contra as Leis ns. 6.204/75 e 9.011/95, uma vez que os processos legislativos partiram de outras premissas e destinadas às empresas em geral e não às empresas públicas e sociedades de economia.

Em artigo publicado na LTr, de janeiro de 2007, o segundo signatário desse fascículo afirmou que "Se for admitida a tese de que a Suprema Corte, apreciando as declarações de inconstitucionalidade pertinentes aos dois parágrafos acrescentados ao art. 453, da CLT, pela Lei n. 9.528/97, e acolhendo-as alcançou o *caput* do art. 453, da CLT, teríamos uma situação anômala na ordem jurídica ou até teratológica, porquanto a citada Lei só surgiu para vigorar por um curto período e de uma forma infeliz destruiu um entendimento até então tido como dos mais sólidos que considerava a aposentadoria como causa da cessação do contrato de trabalho e que tem também respaldo no Direito Comparado".

Por outro lado, o disposto no art. 49, da Lei n. 8.213/91, que trata apenas de requerimento e prazo para aposentadoria, não serve como parâmetro para o reconhecimento de um só contrato de trabalho (período anterior à aposentadoria e posterior), pois sua redação tem correspondência com o disposto na Lei n. 6.887/80, no sentido de não mais ser exigido o desligamento da atividade para a concessão de aposentadoria voluntária. Essa diretriz foi extinta pela Lei n. 6.950/81 e recriada pela Lei n. 8.213/91 e o objetivo foi o mesmo da Lei n. 6.887/80, qual seja de desburocratizar o procedimento da aposentadoria e que perdurou na ordem jurídica por muitos anos sem qualquer vício de inconstitucionalidade. Há que se argumentar ainda que:

1. O FGTS teve por objetivo substituir o regime de indenização pelo tempo de serviço então previsto pela CLT e a confirmar isso está a Súmula n. 98, do TST, com plena vigência; que seria também, por demais injusto, onerar o empregador que contribuiu para o benefício do seu

empregado (aposentadoria e FGTS) e ainda ter a obrigação de pagar a multa de 40% do FGTS sobre o período que já foi compensado (com os depósitos do FGTS) e exaurido pela própria aposentadoria (nesse sentido a decisão no processo TRT 3ª Reg. RO 00762-2006-074-03-00-0 — (Ac. 8ª T.) — Rel. Juiz Marcio Ribeiro do Valle. DJMG 2.12.06, p. 26).

2. Há violação ao princípio da legalidade porque não há na ordem jurídica nenhuma lei que determine o pagamento da multa de 40% sobre todo o período anterior à aposentadoria; mas ao contrário, como está dito no item anterior e, mais que o Supremo Tribunal Federal não é órgão legisferante.

3. A aposentadoria é um benefício que interessa tanto ao empregado como ao empregador, em face dos aspectos sociais derivantes, daí porque pode ser aplicada a toda evidência o princípio da proteção ao lado da salvaguarda dos interesses de gestão do empregador e da qualificação de ambos como vertentes paralelas do princípio da proteção, conforme salienta Maria do Rosário Palma Ramalho no seu livro *Direito do Trabalho, Parte I — Dogmática Geral*, abril de 2005, Almedina, Coimbra, Portugal, p. 499/500.

E mais. Que o Ministro Joaquim Machado da Suprema Corte, Relator da ADIn 1770-4, em decisão monocrática na Reclamação n. 4.782-2 (464), j. 20.3.07, publicada no DJ de 3.4.07, p.57, afirma que o *caput* do art. 453, da CLT, não foi afetado pela decisão proferida nas mencionadas *ADIns 1.770-4 (Moreira Alves, DJ 6.11.98) e 1.721-3 (Galvão, DJ 11.4.2003)*: É o que se compreende pela decisão como segue:

"Em julgamento recente do Plenário desta Corte, ficou resolvido, por unanimidade, que decisão fundada na Orientação Jurisprudencial n. 177 da SBDI-1 do Tribunal Superior do Trabalho não ofende aquilo que decidido no julgamento das ADIns 1.770 e 1.721, uma vez que a posição do Tribunal Superior do Trabalho baseia-se no § 1º do art. 453 da CLT, cuja inconstitucionalidade não foi arguida nas ações diretas citadas. É este o teor da ementa do referido julgado: "*Reclamação: alegação de desrespeito dos julgados do Supremo Tribunal nas ADIns 1.770-4 (Moreira Alves, DJ 6.11.98) e 1.721-3 (Galvão, DJ 11.4.2003): improcedência. 1. A decisão reclamada, com base na OJ n. 177, da SDI-1, do Tribunal Superior do Trabalho, aplicou o* caput *do art. 453 da CLT, para considerar extinto o contrato de trabalho pela aposentadoria espontânea. 2. As decisões das ações diretas invocadas não cuidaram do* caput *do art. 453, CLT, não impugnado. 3. Não há desrespeito à decisão vinculante do Supremo Tribunal se o paradigma normativo invalidado é diverso do dispositivo legal aplicado ao caso pela autoridade reclamada. Precedentes. 4. Ademais, a discussão acerca da interpretação do* caput *do art. 453 da CLT ou do teor da OJ n. 177-SDI-1/TST extrapola os limites da via processual eleita* (Rcl 3.940-AgR, rel. min. Sepúlveda Pertence, DJ de 24.3.2006)". Em sentido similar, há diversas decisões da Corte (Rcl 3.862, rel. min. Ricardo Lewandowski, DJ 18.12.2006; Rcl 3.401, rel. Min. Cezar Peluso, DJ 07.12.2006; Rcl 4.763, rel. min. Sepúlveda Pertence, DJ 14.11.2006; Rcl 4.129, rel. min. Gilmar Mendes, DJ 30.05.2006;) e decisão em processo de minha relatoria (Rcl 4.350, DJ 22.06.2006). ***O paradigma apontado pelos reclamantes é, portanto, inadequado, uma vez que, no julgamento das ADI 1.770 e 1.721, não foi analisada a constitucionalidade do art. 453, caput, da CLT.***" (não há grifos no original).

Ademais, o art. 453, *caput*, da CLT, ao se referir à readmissão deve ser entendido no sentido de que a sua ocorrência só se verifica com a saída do empregado e nova contratação, não é determinante para a tese adotada pelo STF sobre a continuidade do vínculo após aposentadoria. Isso acontece porque o Decreto n. 20.465, de 1º de outubro de 1931, como bem esclarece

Weliton Souza Carvalho "adotou explicitamente a readmissão do empregado, estabelecendo a suspensão do obreiro quando do início do inquérito. Se o inquérito não confirmasse a falta grave, estaria confirmada a 'despedida arbitrária'[32]. A nossa CLT, também adota a expressão readmissão e reintegração como equivalentes, bastando se ater aos artigos 492, 496 e 504. Com isso fica evidente que a expressão readmissão, também poderá ser aplicada em caso de suspensão do contrato de trabalho, não sendo necessariamente vinculada a um ato de rescisão do contrato de trabalho seguida de nova contratação. Enfatize-se também que a cessação do contrato de trabalho em razão da aposentadoria não só compatibiliza com o art. 170, VIII, da Constituição Federal, que trata do pleno emprego, sendo certo que o estímulo da permanência no emprego com a aposentadoria e pagamento da multa de 40% envolvendo o período anterior à aposentadoria, em caso de dispensa sem justa causa, é restringir a abertura do mercado do trabalho para novos postos de trabalho".

Judiciosas são as considerações feitas por *Jairo Halpern*[33] sobre o tema ao afirmar que "o Excelso STF deveria sim, ter conjugado as interpretações da Lei n. 8.036/90; FGTS; Lei n. 8.213/91 Benefício Previdenciário; art. 453 da CLT e ainda o art. 7º. inciso I da Carta Política da República, sem falar na Convenção n. 158 da Organização Internacional do Trabalho, adotada e posteriormente denunciada.

Seria forma de enriquecimento não previsto em lei e de se realizar exegese diferentemente do que tratam as Leis n. 8.036/90 e 8.213/91 que, no caso, se conjugam com o próprio cancelamento da Orientação Jurisprudencial n. 177 da SDI 1 do TST e a inexistência da regulamentação do inciso I do art. 7º da CLT".

Acrescenta ainda o autor que "A indenização de 40% de multa fundiária dá-se pela não regulamentação do art. 7º, inciso I, da CF e que apenas trata de penalidade nunca numa interpretação ampliativa que seria estendida a todo o período àqueles trabalhadores que tiveram e têm a oportunidade de deixar o emprego ou voltar aos 'aposentos', expressão etimologicamente correta ao vocábulo aposentadoria ou de pretenderem seguir a trabalhar. Assim, a multa não é devida sobre o saldo de todo o período, mas do período posterior à aposentadoria. Não seria, a pensar-se em crédito de natureza tipicamente trabalhista, mas em indenização decorrente de dano ou prejuízo causado ao empregado que desconhece a motivação de seu afastamento da empresa ou do emprego".

Sérgio Pinto Martins, em artigo publicado no Repertório IOB de Jurisprudência, 2ª Quinzena de Janeiro/2007, p. 60, após apresentar as suas razões para o entendimento de que a aposentadoria é causa da cessação do vínculo empregatício afirma que "As decisões do STF que julgaram inconstitucionais os §§ 1º e 2º do art. 453 da CLT não são vinculantes, pois não foi julgada a matéria com base no *caput* do art. 453 da CLT".

Entretanto, hoje está consolidado o entendimento no Tribunal Superior do Trabalho e no próprio Supremo Tribunal Federal, embora ainda não haja súmula nas duas Cortes, de que a aposentadoria não é causa de extinção do contrato de trabalho e decisão que assim entendesse estaria violando o art. 7º, I, da CF, que consagra o entendimento de que, qualquer rescisão contratual que não seja de iniciativa do empregado é tida como arbitrária. Assim, o empregado faz jus à multa de 40% do FGTS calculada também sobre o montante do período anterior à aposentadoria.

---

(32) Despedida arbitrária no texto constitucional de 1988, 1998, Juruá Editora, Curitiba, PR, p. 104.
(33) FGTS, multa de 40% e cancelamento da OJ n. 177 da SDI do TST: Uma abordagem cotidiana do Direito do Trabalho e das relações sociais e institucionais — Uma breve visão opinativa. *Revista Justiça do Trabalho*, n. 280, Abril/2007, HS Editora Ltda, RS, p. 63/69.

Há, no entanto, decisão que considera extinto o contrato de trabalho no caso da aposentadoria ser especial na forma do art. 57, § 8º, da Lei n. 8.213/91, com o seguinte fundamento: "É certo que o Excelso Supremo Tribunal Federal, nas ações diretas de inconstitucionalidade ns. 1.721-3 e 1.770-4, publicadas no Diário Oficial da União (edições de 20.10.2006 e 01.12.2006), reconheceu a inconstitucionalidade dos §§ 1º e 2º do art. 453 da CLT, acrescentados pela Lei n. 9.528/97, sob o fundamento de que a aposentadoria espontânea não extingue o contrato de trabalho. No entanto, referida decisão não se aplica à aposentadoria especial de que trata o art. 57 da Lei 8.213/91, e que beneficiou o autor em face da prestação laboral à reclamada, em condições especiais que prejudicavam a saúde, por mais de quinze anos, mormente porque o obreiro não teria interesse em continuar no exercício de atividades idênticas, para não perder o benefício que acabara de conquistar (art.57, § 8º, Lei n. 8.213/91), e porque não se poderia exigir que a empregadora imprimisse a alteração objetiva que permitiria a continuidade do contrato de trabalho. Em síntese, a aposentadoria especial foi a causa de extinção do contrato de trabalho."

Jurisprudência

Ementa: Ação direta de inconstitucionalidade. Readmissão de empregados de empresas públicas e sociedades de economia mista. Acumulação de proventos e vencimentos. Extinção do vínculo empregatício por aposentadoria espontânea. Não-conhecimento. Inconstitucionalidade. Lei 9.528/1997, que dá nova redação ao § 1º do art. 453 da Consolidação das Leis do Trabalho — CLT, prevendo a possibilidade de readmissão de empregado de empresa pública e sociedade de economia mista aposentado espontaneamente. Art. 11 da mesma lei, que estabelece regra de transição. Não se conhece de ação direta de inconstitucionalidade na parte que impugna dispositivos cujos efeitos já se exauriram no tempo, no caso, o art. 11 e parágrafos. É inconstitucional o § 1º do art. 453 da CLT, com redação dada pela Lei n. 9.528/1997, quer porque permite, como regra, acumulação de proventos e vencimentos — vedada pela jurisprudência do Supremo Tribunal Federal —, quer porque se funda na idéia de que aposentadoria espontânea rompe o vínculo empregatício. Pedido não conhecido quanto ao art. 11, e parágrafos, da Lei n. 9.528/1997. Ação conhecida quanto ao § 1º do art. 453 da Consolidação das Leis do Trabalho, na redação dada pelo art. 30 da mesma Lei n. 9.528/1997, para declarar sua inconstitucionalidade. STF. Ação Direta De Inconstitucionalidade 1.770-4 Distrito Federal — (Ac. Tribunal Pleno, j. 11.10.06) — Rel. Min. Joaquim Barbosa.

Ementa: Ação direta de inconstitucionalidade. Art. 3º da medida provisória n. 1.596-14/97, convertida na lei n. 9.528/97, que adicionou ao art. 453 da Consolidação das Leis do Trabalho um segundo parágrafo para extinguir o vínculo empregatício quando da concessão da aposentadoria espontânea. Procedência da ação. 1. A conversão da medida provisória em lei prejudica o debate jurisdicional acerca da "relevância e urgência" dessa espécie de ato normativo. 2. Os valores sociais do trabalho constituem: a) fundamento da República Federativa do Brasil (inciso IV do art. 1º da CF); b) alicerce da Ordem Econômica, que tem por finalidade assegurar a todos existência digna, conforme os ditames da justiça social, e, por um dos seus princípios, a busca do pleno emprego (art. 170, caput e inciso VIII); c) base de toda a Ordem Social (art. 193). Esse arcabouço principiológico, densificado em regras como a do inciso I do art. 7º da Magna Carta e as do art. 10 do ADCT/88, desvela um mandamento constitucional que perpassa toda relação de emprego, no sentido de sua desejada continuidade. 3. A Constituição Federal versa a aposentadoria como um benefício que se dá mediante o exercício regular de um direito. E o certo é que o regular exercício de um direito não é de colocar o seu titular numa situação jurídico-passiva de efeitos ainda mais drásticos do que aqueles que resultariam do cometimento de uma falta grave (sabido que, nesse caso, a ruptura do vínculo empregatício não opera automaticamente). 4. O direito à aposentadoria previdenciária, uma vez objetivamente constituído, se dá no âmago de uma relação jurídica entre o segurado do Sistema Geral de Previdência e o Instituto Nacional de Seguro Social. Às expensas, portanto, de um sistema atuarial-financeiro que é gerido por esse Instituto mesmo, e não às custas desse ou daquele empregador. 5. O Ordenamento Constitucional não autoriza o legislador ordinário a criar modalidade de rompimento automático do vínculo de emprego, em desfavor do trabalhador, na situação em que este apenas exercita o seu direito de aposentadoria espontânea, sem cometer deslize algum. 6. A mera concessão da aposentadoria voluntária ao trabalhador não tem por efeito extinguir, instantânea e automaticamente, o seu vínculo de emprego. 7. Inconstitucionalidade do § 2º do art. 453 da Consolidação das Leis do Trabalho, introduzido pela

Lei n. 9.528/97. STF — Ação Direta de Inconstitucionalidade 1.721-3 (391 — DF —(Ac. Plenário, 11.10.06) — Rel. Min. Carlos Britto. DJU 17.8.07, p. 18.

Ementa: Recurso de embargos. Aposentadoria espontânea. Ausência de extinção do contrato de trabalho. ADIn n. 1721-3. Incidência da multa de 40% sobre os depósitos do FGTS efetuados anteriormente à jubilação. O excelso Supremo Tribunal Federal, julgando a ADIn n. 1721-3 e a ADIn n. 1.770-4, firmou posicionamento no sentido de que o contrato de trabalho permanece íntegro mesmo com a aposentadoria espontânea do trabalhador. Diante desse posicionamento, não resta dúvida de que a multa de 40% do FGTS, devida por ocasião do rompimento do contrato de trabalho por iniciativa da empresa, deve incidir sobre os depósitos do FGTS efetuados no período anterior à jubilação, sacados por força da aposentadoria espontânea. Embargos conhecidos e providos. TST-E-RR-666.618/2000.3 — (Ac. SBDI1) — Rel. Min. Aloysio Corrêa da Veiga. DJU 19.12.06, p. 1.148.

Ementa: Aposentadoria especial (art.57 da Lei n. 8.213/91). Extinção do contrato de trabalho. Não obstante as decisões do Excelso Supremo Tribunal Federal, nas Ações Diretas de Inconstitucionalidade ns. 1.721-3 e 1.770-4, publicadas no Diário Oficial da União (edições de 20.10.2006 e 1.12.2006), reconhecendo a inconstitucionalidade dos §§ 1º e 2º do art. 453 da CLT, acrescentados pela Lei n. 9.528/97, não se deve perder de vista que a aposentadoria especial, concedida pelo órgão previdenciário, nos termos do art. 57 da Lei 8.213/91, torna desinteressante, ao empregado, a continuidade do contrato de trabalho nas mesmas condições até então verificadas, sob pena de perda do benefício previdenciário (art. 57, § 8º, Lei n. 8.213/91). Em síntese, na hipótese mencionada, o contrato de trabalho não se extingue, tão somente, nos casos em que o empregador imprime a alteração objetiva das condições contratuais, de forma a viabilizar a continuidade da prestação de serviços sem as consequências desfavoráveis ao trabalhador, mas a tanto o empregador não está obrigado pela legislação trabalhista. TRT 2ª Reg. RO 00825200625202002 — (Ac. 12ª T. 20080524316) — Rel. Adalberto Martins. DOe/TRT 2ª Reg. 27.6.08, p. 46.

4. Servidores de empresa pública e sociedade de economia mista. Aposentadoria e somatória de contratos. Inicialmente, é preciso esclarecer que para os servidores públicos regidos pela Lei n. 8.112/90 é vedada a acumulação de remuneração com os proventos de aposentadoria em face dos termos do art. 37, XVI, "a", "b" e "c" e § 10º. Dessa forma, não seria possível tal servidor público se aposentar e permanecer no serviço público, excetuado a hipótese de ter prestado concurso público para outra função.

No que concerne aos servidores públicos regidos pela CLT, portanto, pertencentes à administração indireta (empresa pública e sociedade de economia mista), aplica-se a mesma regra do empregado comum. Nessa conformidade, se permanecer no emprego, a aposentadoria não será causa de extinção do contrato de trabalho, nem possibilitando o raciocínio de um segundo contrato, de forma que neste caso numa eventual rescisão sem justa causa, o empregado público terá direito a multa de 40% do FGTS sobre todo o período de trabalho, incluído, evidentemente, o período anterior à aposentadoria. Isso sucede pelo fato do Supremo Tribunal Federal, conforme já dito, ter considerado inconstitucional os dois parágrafos acrescentados ao art. 453, pela Lei n. 9.528/97, e alcançando o disposto no *caput* do mesmo artigo.

O empregado público que vier a se aposentar para perceber a complementação de aposentadoria altamente benéfica, estabelecida em regulamento de empresa, não poderá ser favorecido com a somatória do período anterior à aposentadoria, porque resultaria numa acumulação imprópria, considerando-se também que neste caso haveria manifestação de vontade inegável do trabalhador pelo benefício criado pelo empregador que não poderá ser penalizado pelo fato de criar norma que tem finalidade social no tempo. Aliás, essa questão tem sido colocada como um paradoxo interpretativo para solução de conflito em relação à decisão proferida pelo Supremo Tribunal Federal que considerou que aposentadoria não seria causa de extinção do contrato de trabalho, conforme se verifica pela decisão proferida no processo n. RO 00193-2007-006-10-00-7, Ac. 2ª T./07, tendo como Red. o Juiz Alexandre Nery de Oliveira, publicada no DJU3 de 5.10.07, p. 22, cuja ementa consta da parte destinada à jurisprudência.

Jurisprudência

Ementa: Aposentadoria espontânea. Efeitos. Violação do art. 896 da Consolidação das Leis do Trabalho. 1. Não se divisa na legislação em vigor dispositivo que autorize concluir pela extinção do contrato de trabalho em decorrência da aposentadoria espontânea. O art. 453, *caput*, da Consolidação das Leis do Trabalho não contém determinação nesse sentido, uma vez que se destina a regular matéria diversa, relativa à contagem do tempo de serviço nas hipóteses de readmissão do empregado. Já os §§ 1º e 2º do referido dispositivo legal foram retirados do mundo jurídico por força das decisões proferidas pelo Supremo Tribunal Federal por ocasião do julgamento das ADIns de ns. 1.770-4/DF e 1.721-3/DF, ocorrido em 11.10.2006. 2. A legislação trabalhista em vigor não consagra hipótese para a extinção da relação de emprego que não decorra da manifestação de vontade das partes ou de grave violação dos deveres resultantes do contrato, ensejando o reconhecimento de justo motivo para a sua rescisão unilateral, seja pelo empregado, seja pelo empregador. Admitir a presunção do desinteresse na continuidade da relação empregatícia a partir de ato exógeno ao contrato celebrado e diante da continuidade da prestação dos serviços afigura-se, pois, não apenas incompatível com o regramento legal regente da espécie como também contrário à lógica. Com efeito, se o reconhecimento da prestação dos serviços autoriza supor a existência da relação de emprego, não há como admitir que se presuma o seu término se as partes assim não se manifestaram e a prestação dos serviços prosseguiu. 3. Se a extinção do contrato não resultou da iniciativa espontânea do empregado, nem deu ele ensejo à rescisão unilateral por parte do empregador, tem jus o obreiro à indenização constitucionalmente assegurada. De outro lado, se a aposentadoria espontânea não extingue o contrato de trabalho, não há motivos para cindir o tempo de vinculação do empregado à empresa, devendo a indenização incidir sobre todo o período de duração do contrato, anterior e posterior à aposentadoria. Entendimento em sentido contrário resultaria claramente atentatório ao comando emanado do art. 10, I, do Ato das Disposições Constitucionais Transitórias, frustrando a garantia insculpida no art. 7º, I, da Constituição da República. 4. Uma vez infirmada a premissa de que a aposentadoria extingue o contrato de trabalho, não subsistem razões para se argumentar com a formação ilegal de um segundo contrato de emprego por ausência de concurso público. Inteligência do art. 37, II e § 2º, da Constituição da República, aliado à Súmula n. 363 desta Corte superior. 5. Recurso de embargos conhecido e provido. TST-E-RR-424.420/1998.5 — (Ac. SBDI1) — 10ª Reg. — Rel. Min. Lelio Bentes Corrêa. DJU 29.2.08, p. 62.

Ementa: Empregado público: Concessão de aposentadoria: Vedação de acumulação de remuneração e proventos: Extinção do contrato de trabalho: Efeitos peculiares da declaração de inconstitucionalidade dos §§ 1º e 2º do art. 453 da CLT: Normas de regência: Solução do paradoxo interpretativo. O STF declarou a inconstitucionalidade dos §§ 1º e 2º do art. 453 da CLT (ADIn n. 1770/DF e ADIn n. 1721/DF, respectivamente — decisão plenária de 11.10.2006), resultando no cancelamento pelo TST da OJ-177/SDI-1. O STF considerou que a aposentadoria não resulta na extinção do contrato de trabalho, devendo ser considerada a rescisão assim operada como imotivada com as indenizações rescisórias pertinentes, porque impróprio seria considerar o benefício como a resultar efeito punitivo para o obreiro, expungindo valores indenizatórios que lhe seriam devidos pela rescisão contratual regular. Com relação aos empregados públicos, o STF enunciou a incidência do art. 37, XVII, da Constituição, que veda a acumulação de proventos e remuneração aos detentores de empregos públicos, inclusive nas empresas públicas e sociedades de economia mista, ao instante em que também adotou o fundamento do impróprio aspecto da desoneração indenizatória dos empregadores, considerando que o art. 7º, I, da Constituição apenas não assegura indenização quando a demissão fundar-se em justa causa, porque a aposentadoria não pode ser considerada como punição ao obreiro, mas antes como benefício decorrente do trabalho. O aparente paradoxo deve ser resolvido no sentido de que o empregador público não pode permitir a continuidade do vínculo após a jubilação, porque disso resultaria acumulação imprópria, nem pode deixar de considerar que, ainda quando voluntária, pedida pelo próprio obreiro, da concessão da aposentadoria emerge o efeito indenizatório próprio da rescisão contratual imotivada, operada por ato necessário do empregador público, até o período do início de vigência do benefício, ainda que concedido em caráter retroativo. Desse contexto resulta a improcedência do pedido de aviso prévio indenizatório, porque, operada a jubilação, perde efeito a natureza do instituto de período destinado à busca de nova colocação de emprego, ainda quando indenizado, e improcedência do pedido de indenização compensatória de 40% sobre o saldo fundiário apurado após a vigência do benefício da aposentadoria, porque impróprio o vínculo a partir da concessão, ainda que retroativa, dada a vedação à acumulação de proventos e salários. Inteligência dos artigos 37, XVI e XVII, e 40, § 11, sem afronta ao art. 173, § 1º, II, da Constituição: especificidade temática das normas constitucionais, dada a necessária interpretação sistemática do conjunto oriundo da Carta Suprema. Aplicação extensiva do art. 51, parte final, da Lei n. 8.213/1991 c/c os artigos 18, § 1º, da Lei n. 8.036/1990, e 487 da CLT, com efeito similar ao consagrado pela Súmula 363/TST. Recurso empresarial conhecido em parte e em parte provido (acórdão conforme voto médio do Redator designado). TRT 10ª Reg.

RO 00193-2007-006-10-00-7 — (Ac. 2ª T./07) — Red. Juiz Alexandre Nery de Oliveira. DJU3 5.10.07, p. 22.

Ementa: Aposentadoria voluntária por tempo de contribuição: enquadramento jurídico da ruptura faticamente ocorrida, quer como extinção sob ônus do empregador, quer sob ônus do obreiro, em convergência com o interesse e a iniciativa preponderantes. Situações diferenciadas. A aposentadoria voluntária por tempo de contribuição (anteriormente a 1998, "tempo de serviço") não pode ser mais tida, por si somente, como fator de ruptura do contrato empregatício, a teor da decisão vinculante do STF, na ADIn n. 1.721. Isso significa que, havendo continuidade da prestação laborativa para o mesmo empregador, mantém-se hígido o pacto laboral (a Corte Máxima não esclareceu, em tais casos, como guardar respeito aos distintos comandos constitucionais vedatórios da acumulação de remuneração de emprego com proventos de aposentadoria, em situações que envolvam entidades estatais — art. 37, XVI e XVII; art. 37, XVI, "a", "b" e "c"; art. 37, § 10, todos da CR/1988). A decisão vinculante também significa que, ocorrendo ruptura em decorrência deste tipo de aposentadoria, presume-se ter resultado de ato potestativo empresarial (dispensa injusta), com consequente pagamento das verbas rescisórias pela despedida sem justa causa (Súmula n. 212, TST). Entretanto, se a prova dos autos demonstra que o empregado tomou a iniciativa de se aposentar pelo INSS visando ingressar no altamente favorável plano de complementação de aposentadoria patrocinado pelo empregador com a participação do Fundo de Pensão a ele vinculado, não há como atribuir-se à empresa, mas sim ao empregado, a iniciativa pela resilição unilateral do pacto empregatício. Comprovada a ruptura por interesse e iniciativa do trabalhador, é insustentável, tecnicamente, condenar-se a empresa a pagar verbas da despedida sem justa causa. TRT 3ª Reg. RO 00162-2007-065-03-00-1 — Rel. Des. Mauricio J. Godinho Delgado. DJMG 29.6.07, p. 5.

Art. 454 Revogado pela Lei n. 9.279, de 14.5.96, que revogou a Lei n. 5.772, de 21/12/71.

1. Considerações preliminares. O art. 454 tinha a seguinte redação: "Na vigência do contrato de trabalho, as invenções do empregado, quando decorrentes de sua contribuição pessoal e da instalação ou equipamento fornecido pelo empregador, serão de propriedade comum, em partes iguais, salvo se o contrato de trabalho tiver por objeto implícita ou explicitamente, pesquisa científica.

Parágrafo único. Ao empregador caberá a exploração do invento, ficando obrigado a promovê-la no prazo de um ano da concessão da patente, sob pena de reverter em favor do empregado a plena propriedade deste invento.". Esse artigo foi revogado tacitamente pela Lei n. 5.772, de 21 de dezembro 1971, que cuidou inteiramente da matéria. Essa Lei foi posteriormente revogada pela Lei n. 9.279, de 14 de maio de 1996, a qual é aplicada para caso de invenção e modelo de utilidade realizado por empregado ou prestador de serviços e sua repercussão no contrato de trabalho.

2. **Invenção e modelo de utilidade realizado por empregado e efeitos no contrato de trabalho.** Disciplina, pois, a matéria antes tratada por esse artigo, a Lei n. 9.279, de 14 de maio de 1996 que trata dos direitos e obrigações relativos à propriedade industrial, destacando-se, para o Direito do Trabalho, o Capítulo referente à Invenção do Empregado ou Prestador de Serviço. Com efeito, o art. 88, da mencionada lei estatui que "A invenção e o modelo de utilidade pertencem exclusivamente ao empregador quando decorrerem de contrato de trabalho cuja execução ocorra no Brasil e que tenha por objeto a pesquisa ou a atividade inventiva, ou resulte esta da natureza dos serviços para os quais foi o empregado contratado".

Prescreve também que "salvo expressa disposição contratual em contrário, a retribuição pelo trabalho a que se refere este artigo limita-se ao salário ajustado (§ 1º).

A lei não trata da questão da invenção e modelo de utilidade ter ocorrido durante a prestação de serviço no exterior pelo empregado, o que poderá ocorrer e com repercussão no contrato de trabalho. Martins afirma que "se o empregado estiver trabalhando no exterior, não terá direito a nada" [34]. Pensamos que não, pois se a invenção e modelo de utilidade, ainda que conseguidos no exterior, mas aproveitados pelo empregador, fugiria da lógica e do razoável a não aplicação dessa lei ao empregado. A norma do *caput* é específica e não abrange aquelas que são de caráter geral.

Estatui o § 2º do art. 2º da lei supracitada que "Salvo prova em contrário, consideram-se desenvolvidos na vigência do contrato a invenção ou o modelo de utilidade, cuja patente seja requerida pelo empregado até 1 (um) ano após a extinção do vínculo empregatício". Compreende-se por esse dispositivo que inexistindo prova em contrário e tendo o empregado requerido a patente do invento ou do modelo de utilidade até um ano após a extinção do contrato de trabalho serão considerados como desenvolvidos na constância da relação de emprego. Evidentemente que, ficando comprovado que sem a participação do empregador com o fornecimento de materiais e técnicas a invenção ou o modelo de utilidade não teriam sido desenvolvidos, terá também o empregador participação no empreendimento (art. 91, *caput*)

No art. 89 da referida Lei está disposto que "O empregador, titular da patente, poderá conceder ao empregado, autor de invento ou aperfeiçoamento, participação nos ganhos econômicos resultantes da exploração da patente, mediante negociação com o interessado ou conforme disposto em norma da empresa" e que "A participação referida neste artigo não se incorpora, a qualquer título, ao salário do empregado" (parágrafo único).

Duas vertentes se extraem do art. 89, quais sejam: 1ª) que é uma faculdade conferida ao empregador, titular da patente, em conceder ao empregado, autor do invento ou aperfeiçoamento, participação nos ganhos, o que seria feito mediante negociação entre as partes interessadas ou derivada em norma da empresa; 2ª) que a participação no resultado dos ganhos no invento ou aperfeiçoamento não será considerada como salário, seja a que título for o pagamento.

O art. 90 da lei diz o óbvio ao estabelecer que "Pertencerá exclusivamente ao empregado a invenção ou o modelo de utilidade por ele desenvolvido, desde que desvinculado do contrato de trabalho e não decorrente da utilização de recursos, meios, dados, materiais, instalações ou equipamentos do empregador". Ora, é evidente que nada tendo a ver com o contrato e nem sido utilizado com recursos proporcionados pelo empregador, a invenção ou o modelo de utilidade pertencerá exclusivamente ao empregado.

Entretanto, quando resultar da colaboração entre as partes envolvidas, empregado e empregador, "a propriedade de invenção ou de modelo de utilidade será comum, em partes iguais, quando resultar da contribuição pessoal do empregado e de recursos, dados, meios, materiais, instalações ou equipamentos do empregador, ressalvada expressa disposição contratual em contrário" (art. 91). Havendo mais de um empregado, a parte que lhes couber será dividida igualmente entre todos, salvo ajuste em contrário (§ 1º).

A licença de exploração necessária para a utilização do invento ou do modelo de utilidade é conferida pela lei ao empregador que, no entanto, deverá pagar ao empregado uma justa remuneração ou mesmo uma indenização, entendendo esta como decorrente da negociação entre as partes, já que no § 2º, que disciplina a questão não poderia estabelecer qualquer parâmetro a respeito, dada a complexidade que envolve essa matéria.

---

(34) MARTINS, Sérgio Pinto. *Comentários à CLT*, 12. ed. São Paulo: Atlas, 2008. p. 398.

A exploração do objeto da patente, na falta de acordo, deverá ser iniciada pelo empregador dentro do prazo de 1 (um) ano, contado da data de sua concessão, sob pena de passar à exclusiva propriedade do empregado a titularidade da patente, ressalvadas as hipóteses de falta de exploração por razões legítimas (§ 3º) e "no caso de cessão, qualquer dos cotitulares, em igualdade de condições, poderá exercer o direito de preferência".

3. Invenção e/ou modelo de utilidade realizado por trabalhador autônomo ou o estagiário e a empresa contratante e entre empresas contratantes e contratadas. Para tais situações a Lei n. 9.279/99, determina a aplicação dos artigos 88 a 91, naquilo que couber, para não deixar no vazio, casos similares que ocorrem nas relações de trabalho.

4. Invenção e ou modelo de utilidade ocorrido nas entidades da Administração Pública direta, indireta e fundacional, federal, estadual ou municipal. Também para os casos que envolvem as entidades da administração pública direta, indireta e fundacional, federal, estadual ou municipal, a Lei n. 9.279/99 determina no seu art. 93, que se aplica o disposto no seu Capítulo XIV, no que couber, sendo que "na hipótese do art. 88, será assegurada ao inventor, na forma e condições previstas no estatuto ou Regimento Interno da entidade a que se refere este artigo, premiação de parcela no valor das vantagens auferidas com o pedido ou com a patente, a título de incentivo". (parágrafo único do art. 93)

Jurisprudência

Ementa: Professor. Direitos autorais. Os direitos do autor são um tipo específico de direitos intelectuais, os quais se relacionam à autoria ou utilização de obra decorrente da produção mental da pessoa. Demonstrado nos autos que o reclamante era responsável pela elaboração do material didático (apostilas) utilizado pelo reclamado, o qual era vendido aos seus alunos, faz jus ao pagamento dos direitos autorais correspondentes. TRT 3ª Reg. RO 01798-2007-134-03-00-0 — (Ac. 5ª T.) — Rel. Juiz Convocado Rogerio Valle Ferreira. DJMG 19.7.08, p. 17.

Ementa: Inventos do empregado. Aperfeiçoamento de máquinas da reclamada, com evidente ganho de produção e redução de custos. Hipótese que se enquadra como modelo de utilidade, desenvolvido à míngua de previsão do contrato de emprego, mas com recursos da empregadora. Direito do empregado a uma parte nos ganhos da reclamada, na espécie, representados pela economia que obteve como maquinário desenvolvido por aquele. Admissibilidade. Aplicação do art. 218, § 4º, da CF/88, e da Lei 9.279/96, art. 91, § 2º, afora do princípio da manutenção de equilíbrio financeiro do contrato. Indenização arbitrada com base na economia que a empresa desfrutou, em tese, com a dispensa de empregados, desde a implantação dos modelos e até a rescisão do reclamante. Recurso provido para ampliar o valor indenizatório. TRT 2ª Reg. RO 03250200138202005 — (Ac. 6ª T. 20071045710) — Relª. Ivani Contini Bramante. DOE/TRT 2ª Reg., 14.12.07, p. 232

Ementa: Participação em invento. Indenização. Incontroverso nos autos que o Autor utilizou-se da estrutura, dos insumos e equipamentos da Reclamada, atuando como colaborador na formulação de um molho, havendo conjugação de esforços com o engenheiro na fixação dos percentuais, tanto na base científica (engenharia e química) como em relação à pesquisa realizada, devida indenização pelo invento, vez que o desenvolvimento da atividade não estava vinculado ao contrato de trabalho. Sentença mantida. TRT 18ª Reg. RO 00712-2005-051-18-00-6 — (Ac. Pleno) — Juiz Marcelo Nogueira Pedra. DJE n. 14.917, 11.1.07, p. 38.

Ementa: Invento produzido pelo empregado. Direito à indenização. O invento produzido pelo empregado, com o uso de recurso e meios materiais da empresa, mas de forma espontânea, ou seja, não decorrente das atribuições inerentes ao seu contrato de trabalho, caracteriza invenção à qual a doutrina chama de casual e, assim, é de propriedade comum às partes, na ausência de disposição convencional em contrário, nos termos do art. 91 da Lei n. 9.279/96 (Lei de Propriedade Industrial). TRT 3ª Reg. RO 01602-2004-016-03-00-5 — (Ac. 2ª T.) — Rel. Juiz Jorge Berg de Mendonça. DJMG 27.9.06, p. 12.

Ementa: Invenção. Não caracterização. Simples idéia de solução para resolver problema do cotidiano. A expressão inventar existe na língua com uma gama variada de sentidos, desde a fabulação e imaginação a invenção de ficções a desculpas ou pretextos inventar motivos para fazer ou deixar de fazer alguma coisa ou justificar a quebra de um compromisso, etc até a apresentação de boas ou más idéias novas para alegrar, melhorar, aperfeiçoar o cotidiano e chegando ao invento em sentido estrito aqui examinado, da criação original de algo novo, diferente e diverso de tudo que já existiu e que sirva para uma nova função ou utilidade, inexistente e impensada antes, gerando novidade, progresso e evolução tecnológica. Não sendo o caso, a simples e singela idéia e não invenção de se amarrar o telefone público à sua base com um fio de aço para não ser furtado por vândalos. O que amarrar objetos para desestimular ou dificultar o furto é tão velho que se perde na memória dos tempos. Não se podendo dizer, pois, que o Autor tenha feito uma invenção, nos sentidos técnico e jurídico do termo, capaz de lhe garantir direitos e a propriedade do "invento" de maneira tal que ninguém mais no mundo possa prender um telefone na base com um arame sem ter que obter dele a devida licença e pagar taxas pelo uso da invenção. Pela idéia útil, o empregado foi premiado com pequeno incentivo como previsto no regulamento da empresa, não ficando caracterizada invenção, no sentido próprio do termo técnico, para dar-lhe milionária indenização pelo uso dela. TRT 3ª Reg. RO 00812-2002-023-03-00-2 — (Ac. 3ª T.) — Rel. Juiz Paulo Araujo. DJMG 02.08.03, p. 06.

5. Direitos intelectuais ligados à criação e utilização de *software*. É sabido que os direitos intelectuais ligados à criação e utilização de *software*, compreendido na relação de emprego, são disciplinados pelo art. 4º da Lei n. 9.609/98, que dispõe: "Salvo estipulação em contrário, pertencerão exclusivamente ao empregador, contratante de serviços ou órgão público, os direitos relativos ao programa de computador, desenvolvido e elaborado durante a vigência de contrato ou de vínculo estatutário, expressamente destinado à pesquisa e desenvolvimento, ou em que a atividade do empregado, contratado de serviço ou servidor seja prevista, ou ainda, que decorra da própria natureza dos encargos concernentes a esses vínculos." Prescreve também que, ressalvado ajuste em contrário, a compensação do trabalho ou serviço prestado limitar-se-á a remuneração ou ao salário convencionado (§ 1º), e, mais que "pertencerão, com exclusividade, ao empregado, contratado de serviço ou servidor os direitos concernentes a programa de computador gerado sem relação com o contrato de trabalho, prestação de serviços ou vínculo estatutário, e sem a utilização de recursos, informações tecnológicas, segredos industriais e de negócios, materiais, instalações ou equipamentos do empregador, da empresa ou entidade com a qual o empregador mantenha contrato de prestação de serviços ou assemelhados, do contratante de serviços ou órgão público. (§ 2º). O tratamento previsto neste artigo será aplicado nos casos em que o programa de computador for desenvolvido por bolsistas, estagiários e assemelhados". (§ 3º)

Com base nos citados dispositivos legais tem sido reconhecido o direito do empregador ao programa criado pelo empregado em razão das funções por ele exercidas, com evidente relação com o contrato de trabalho e com a utilização de recursos, informações tecnológicas, segredos industriais e de negócios, materiais, instalações ou equipamentos do empregador. No entanto, pertencerão, com exclusividade, ao empregado, contratado de serviço ou servidor os direitos concernentes a programa de computador gerado sem relação com o contratante de trabalho, prestação de serviços ou vínculo estatutário, e sem a utilização de recursos do empregador ou de empresas a ele ligadas.

Jurisprudência

Ementa: Direitos intelectuais. Criação de programa de computador. Legislação aplicável. Definição da propriedade. No dizer de Maurício Godinho Delgado, os chamados direitos intelectuais podem ser conceituados como aqueles que "se relacionam à autoria e utilização de obra decorrente da produção mental da pessoa. São vantagens jurídicas concernentes aos interesses morais e materiais resultantes de qualquer produção científica, literária ou artística" (Curso de Direito do Trabalho, 2ª ed., São Paulo: LTr, 2003, p. 602). É considerado, portanto, direito intelectual a criação, pelo empregado, de programa de computador cuja propriedade deve ser definida pela Lei n. 9.609/98, na medida em que normatiza a proteção da propriedade intelectual de programa de computador. Demonstrado nos autos que o programa de computador criado pelo empregado foi gerado em razão das funções por ele exercidas, com evidente relação com o contrato de trabalho e com a utilização de recursos, informações tecnológicas, segredos industriais e de negócios, materiais, instalações ou equipamentos do empregador, há que se definir como sendo deste último os direitos concernentes ao programa criado, na forma do § 2º do art. 4º da Lei n. 9.609/98. TRT 10ª Reg. RO 00900-2004-005-10-00-6 — (Ac. 1ª T./05) — Relª. Juíza Maria Regina Machado Guimarães. DJU3 19.8.05, p.18.

Ementa: Direitos intelectuais. Criação de programa de computador. Legislação aplicável. Os direitos intelectuais relativos à criação e utilização de "software" regem-se pela Lei n.9.609, de 19.2.1998, texto normativo próprio. TRT 18ª Reg. RO-01224-2005-009-18-00-0 — Rel. Juiz Luiz Francisco Guedes de Amorim. DJGO 24.11.05, p. 46.

Ementa: Propriedade intelectual. Programa de computador. Lei n. 9.609/98. Segundo os fundamentos expendidos pela Excelentíssima Juíza Ana Cláudia Torres Vianna, na decisão combatida, "A conhecida lei do software trata apenas de duas situações de propriedade das invenções. Ou seja, ou pertencem ao empregador, nos casos disciplinados no "caput" do art. 4º, ou pertencem ao empregado, nas situações do § 2º. Não cuida da propriedade em comum da invenção, hipótese conhecida na doutrina como invenções casuais, na qual o direito à exploração é exclusivo do empregador e ao empregado assegurada a justa remuneração, como parcela na distribuição dos frutos do invento." *Propriedade Intelectual. Programa de Computador. Leis ns. 9.279/96 e 9.609/98.* O legislador não concedeu o tratamento previsto pela Lei n. 9.279/96 às invenções de programas de computador porque tais inventos, devido à velocidade e frequência nas inovações, tornam-se mera ferramenta de trabalho, utilizada para incrementar e agilizar os sistemas produtivos, em qualquer área de atuação, não tendo razão de ser fora do ambiente de trabalho a que relacionados. Nestes termos, segundo os fundamentos expendidos pela Excelentíssima Juíza Ana Cláudia Torres Vianna, na decisão combatida, "a propriedade intelectual somente será do empregado quando ele desenvolver um projeto que não tenha ligação com o contrato de trabalho, utilizando recursos próprios. É óbvio que os conhecimentos obtidos na empregadora podem influenciar na invenção, porque o ser humano é uma só cabeça e não pode ser compartimentalizada. No entanto, a lei expressamente destaca que, se para a invenção contribuíram fatores tecnológicos, segredos industriais da empregadora, ou de negócios, a propriedade da invenção é da empresa empregadora ou do órgão público contratante e não do empregado". TRT 15ª Reg. (Campinas/SP RO 0125-2004-032-15-00-4 — (Ac. 47988/07-PATR, 12ª C.) — Relª. Juíza Olga Aida Joaquim Gomieri. DJSP 21.9.07, p. 165.

6. Direitos autorais e a situação de empregado. Dano moral. A proteção autoral acha-se assegurada na Carta Magna no seu art. 5º, XXVII, e se relaciona ainda com o direito da personalidade, cuja violação dá ensejo à indenização, nos termos do inciso X, do mesmo artigo.

A Lei n. 9.610/98 que trata dos direitos autorais considera como dano moral a simples existência de uma das condutas tipificadas no art. 24 e entre elas, inclui como direito moral a prerrogativa de o autor ver o seu nome mencionado em qualquer tipo de reprodução da sua obra, protegendo, desse modo, a sua criação. Não há necessidade de prova para sua configuração, a não ser quando a autoria. Por outro lado, o art. 108 da mesma lei é claro no sentido da incidência de dano moral quem, na utilização, por qualquer modalidade, de obra intelectual, não indica ou não anuncia, como tal, o nome, o pseudônimo ou sinal convencional do autor e do intérprete.

Jurisprudência

Ementa: Dano moral. Direito autoral. Identificação da autoria na produção intelectual. A matéria do dano moral, no âmbito do direito autoral, encontra previsão específica no ordenamento jurídico. Nos termos do art. 24, inciso II da Lei n. 9.610/98 a identificação da autoria da obra é uma das manifestações de direito moral de toda criação intelectual prevista em lei. Não bastasse, referido diploma, em seu art. 108, consigna de forma categórica a responsabilidade pelo dano moral decorrente da omissão na identificação do autor da obra, e vai além ao acrescentar a obrigatoriedade de sua divulgação. Portanto, sem que necessário se faça a comprovação do constrangimento, da humilhação ou da condição vexatória à qual relegada o autor da obra, para deferimento da reparação por dano moral. Trata-se de presunção *iuris et de iuris* a de que há dano moral quando não identificada a autoria da produção intelectual prevista em lei. Dessa forma, é imperativo de lei admitir que a ausência ou mesmo a diminuição da nomenclatura, na identificação do autor da produção intelectual, importa em procedimento que, inevitavelmente, induz ao dano moral. Por conseguinte, sequer se deve perquirir, como pretende fazer crer a ré, se tal ato gerou menoscabo da figura profissional do autor perante seu mercado de trabalho ou mesmo diante de seus colegas de profissão, posto que a lei, *ipso facto*, assim entende e reconhece a existência do dano moral, no caso do direito autoral. TRT 2ª Reg. RO 01431200605502004 — (Ac. 6ª T. 20080072237) — Rel. Valdir Florindo. DOE/TRT 2ª Reg. 22.2.08, p. 143.

Ementa: Direito do autor. Dano moral. O simples fato de não constar o nome do reclamante como autor das ilustrações divulgadas nos cartões telefônicos lhe confere o direito a perceber indenização pelos danos morais. A reclamada infringiu o art. 24 da Lei n. 9.610/98 que prevê o direito do autor de ter o seu nome mencionado em qualquer tipo de reprodução da sua obra, protegendo, desse modo, a criação do espírito humano. TRT 3ª Reg. RO 01130-2005-021-03-00-7 — (Ac. 7ª Tª) — Relª. Juíza Convocada Taisa Maria M. de Lima. DJMG 25.1.07, p. 20.

Ementa: Indenização. Direitos autorais do empregado. Obra literária criada a par da execução do contrato de trabalho. A alegação empresária (desacompanhada de prova) de que, dentre as funções contratuais do reclamante, estaria a de confeccionar, em nome da empresa, obra literária, não encontra guarida no princípio da razoabilidade e tampouco se compadece com a regra da experiência comum, porquanto não se pode admitir que o contrato de trabalho do reclamante, executado ao longo de mais de sete anos, tivesse por objeto a criação de apenas três obras literárias no seu transcorrer ou que, sendo dado ao autor de obra literária reivindicar (ele próprio ou seus herdeiros), a qualquer tempo, sua autoria, segundo o art. 24, I, da Lei n. 9.610/98, não tivesse a reclamada, sua editora, cuidado de pactuar com o reclamante, expressamente, a cessão dos direitos morais e patrimoniais decorrentes da criação literária deste último. TRT 3ª Reg. RO 00397-2003-009-03-00-1 — (Ac. 5ª T.) — Rel. Juiz José Roberto Freire Pimenta. DJMG 17.1.04, p. 11.

Art. 455 *Nos contratos de subempreitada responderá o subempreiteiro pelas obrigações derivadas do contrato de trabalho que celebrar, cabendo, todavia, aos empregados, o direito de reclamação contra o empreiteiro principal pelo inadimplemento daquelas obrigações por parte do primeiro.*

PARÁGRAFO ÚNICO. Ao empreiteiro principal fica ressalvada, nos termos da lei civil, ação regressiva contra o subempreiteiro e a retenção de importâncias a este devidas, para a garantia das obrigações previstas neste artigo.

1. Contrato de empreitada e subempreitada e a responsabilidade subsidiária. Segundo Fabrício Zamprogna Matiello "Empreitada é o contrato pelo qual uma das partes se obriga, mediante remuneração e sem subordinação ou dependência, a fazer e entregar determinado trabalho para o outro contraente. Trata-se de avença que pode visar à construção de prédios, casas, pontes, demolições, aterros, canalizações e tudo o que for lícito e passível de consecução pelo trabalho humano, inclusive atividades de caráter imaterial e intelectual, como escrever livros e novelas, compor músicas etc." E esclarece ainda o autor que "não se confunde a empreitada com a prestação de serviço, pois enquanto aquela tem em vista o resultado final, que é o verdadeiro objeto do contrato, esta tem por objeto contratual apenas a atividade do prestador. Noutras palavras, na empreitada o trabalho é o meio pelo qual se chega ao objetivo almejado, ao passo que na prestação de serviço o trabalho é o próprio fim visado, ainda que, obviamente, ao tomador interesse o produto da atividade realizada. Embora se diga que outra diferença essencial consiste na circunstância de que o tempo de execução do trabalho pouco importa na empreitada, e que na prestação de serviço o fator tempo é fundamental, isso nem sempre ocorre, pois o empreiteiro pode ser obrigado a fazer a atividade no prazo demarcado pelas partes, constituindo infração contratual a sua inobservância sem justa causa"[35].

---

(35) *Código Civil Comentado*, 3. ed. São Paulo: LTr, 2007. p. 390.

No caso previsto neste artigo, o tomador de serviços será o empreiteiro, ou seja, aquele que, num contrato de empreitada transfere a um subempreiteiro, os serviços contratados. Sob tal ótica é que art. 455 dispõe que os empregados poderão reclamar contra o empreiteiro principal se houver inadimplemento das obrigações trabalhistas por parte do subempreiteiro.

É a responsabilidade solidária entre as empresas legalmente previstas, para assegurar os direitos trabalhistas aos empregados em face de trabalhos prestados para terceiro, no caso, o subempreiteiro. Mas, na relação entre o trabalhador e o subempreiteiro e este com o empreiteiro principal, haverá a responsabilidade subsidiária deste último, na hipótese de descumprimento das obrigações trabalhistas pelo subempreiteiro, verdadeiro empregador. É que nessa hipótese, não se trataria de responsabilidade solidária, pois esta como se sabe decorre de lei ou da vontade das partes, conforme o disposto no art. 264 do novo Código Civil.

Na verdade, como diz *Russomano* "embora o empreiteiro principal e o subempreiteiro sejam declarados em lei, *devedores solidários,* a lógica indica haver um benefício de ordem em favor do primeiro". Daí porque o trabalhador aciona o empreiteiro principal e subempreiteiro, este o verdadeiro empregador e o outro para responder subsidiariamente pelas obrigações trabalhistas não cumpridas. Por outro lado, não é incomum o reconhecimento do vínculo empregatício do trabalhador diretamente com o empreiteiro principal ou tomador de serviços quando a contratação dos serviços se deu de forma fraudulenta (art. 9º da CLT), mas para isso deverão figurar no polo passivo — empreiteiro e subempreiteiro — e o pedido na inicial deverá ser adequado para esse interesse jurídico. Tal situação é encontradiça nos casos de trabalho temporário em que o trabalhador é contratado na forma da Lei n. 6.019/74, mas na realidade com fraude à legislação trabalhista.

Jurisprudência

TST, Súmula n. 331. CONTRATO DE PRESTAÇÃO DE SERVIÇOS. LEGALIDADE (mantida) — Res. 121/2003, DJ 19, 20 e 21.11.2003. I — A contratação de trabalhadores por empresa interposta é ilegal, formando-se o vínculo diretamente com o tomador dos serviços, salvo no caso de trabalho temporário (Lei n. 6.019, de 3.1.1974). II — A contratação irregular de trabalhador, mediante empresa interposta, não gera vínculo de emprego com os órgãos da administração pública direta, indireta ou fundacional (art. 37, II, da CF/1988). III — Não forma vínculo de emprego com o tomador a contratação de serviços de vigilância (Lei n. 7.102, de 20.6.1983) e de conservação e limpeza, bem como a de serviços especializados ligados à atividade-meio do tomador, desde que inexistente a pessoalidade e a subordinação direta. IV — O inadimplemento das obrigações trabalhistas, por parte do empregador, implica a responsabilidade subsidiária do tomador dos serviços, quanto àquelas obrigações, inclusive quanto aos órgãos da administração direta, das autarquias, das fundações públicas, das empresas públicas e das sociedades de economia mista, desde que hajam participado da relação processual e constem também do título executivo judicial (art. 71 da Lei n. 8.666, de 21.6.1993).

Ementa: Responsabilidade solidária. Empresa fornecedora de produtos, marca e layout. *Impossibilidade.* O contrato de fornecimento de produtos, marca e *layout* não caracteriza formação de grupo econômico entre as empresas fornecedora e revendedora dos produtos, portanto é incabível a responsabilização solidária da primeira pelas obrigações trabalhistas não satisfeitas pela segunda. TRT 12ª Reg. RO-VA 00755-2004-011-12-00-4 — (Ac. 3ª T. 13185/06, 8.8.06) — Red. Desig. Juiz Gilmar Cavalheri. DJSC 6.10.06, p. 55.

Ementa: Ação ajuizada contra diversas reclamadas (prestadora e tomadoras de serviços). Dificuldade do reclamante de fixar os períodos de trabalho para cada uma das responsáveis subsidiárias. Ausência de inépcia. Necessidade de instrução processual. Extinguir o processo, sem o julgamento do mérito, equivale a negativa de prestação jurisdicional a pretexto da complexidade da realidade fática relatada pelo reclamante. A complexidade do mundo empírico, por mais inusitada que possa se apresentar, não pode ser invocada como entrave para a atuação do juiz. No caso dos autos, o reclamante ingressou a presente ação contra a empresa Scorpions Segurança e Vigilância Ltda, prestadora de serviços, e contra outras dez reclamadas, tomadoras de serviço. O Juiz *a quo* extinguiu o processo, sem a resolução do mérito, tendo como fundamento o descumprimento, pelo reclamante, do despacho de fl. 62, no seguinte teor: "Considerando a audiência ocorrida no processo 2.175/2005 que tramita por esta 12ª VT. Considerando a identidade de reclamadas neste feito e naquele; Considerando a semelhança entre os pedidos aqui e lá efetuados, determino: Intime-se o reclamante para que, no prazo de dez dias e sob as penas do art. 295, I do CPC, emende sua petição inicial, especificando o período em que cada uma das tomadoras de serviço deverão responder subsidiariamente por eventual inadimplemento da 1ª reclamada." Entretanto, com a devida vênia em relação ao entendimento do juízo *a quo*, no item 3 da petição inicial o reclamante já havia adiantado que: "Esclarece o RECLAMANTE, que no exercício de suas atividades, estava ativado na execução de escolta armada de veículos das tomadoras de serviços, habitualmente, sem distinção, quanto no transporte de bens e valores, conforme escala previamente estabelecida, ocorrendo normalmente a escolta armada para uma tomadora de serviços, na ida e, para outra, no retorno, condição característica da função, que provará em audiência de instrução e julgamento, através de provas testemunhais a serem produzidas;". Logo, quando da determinação de emenda à inicial já se sabia que seria infrutífera, o que só veio a ser confirmado pela petição do reclamante (fls. 68/71), no esforço de atender a determinação do juízo. Entretanto, como já era de se esperar, não foi possível determinar o período de trabalho para cada uma das tomadoras. Ademais, a reclamada principal foi citada por edital, não se vislumbrando nenhuma dificuldade na citação das demais e, dadas as peculiaridades do caso, nenhum prejuízo haveria para as reclamadas com o prosseguimento do processo, com a regular designação da audiência, na qual presentes as reclamadas, tomadoras de serviço, a situação de fato ficaria esclarecida. Logo, dou provimento ao apelo, determinando o retorno dos autos à origem para que se prossiga o feito, com sua regular instrução e julgamento como entender de direito. Recurso conhecido e provido. TRT 15ª Reg. (Campinas/SP) RO 03198-2005-131-15-00-0 — (Ac. 47415/2006-PATR, 10ª Câmara) — Rel. Juiz José Antônio Pancotti. DJSP 6.10.06, p. 48.

1.1. Competência. Pelo disposto no art. 652, III, da CLT, a competência é da Justiça do Trabalho para conciliar e julgar os "dissídios resultantes de contratos de empreitada em que o empreiteiro seja operário ou artífice". Com a Emenda Constitucional n. 45, que alterou o art. 114, da CLT, para estender a sua competência para as relações de trabalho, tem-se entendido que a Justiça do Trabalho passou a ser competente para apreciar também as empreitadas de operários.

2. Dono da obra. Responsabilidade pelas obrigações trabalhistas. Entre o dono da obra e o empreiteiro, não haverá responsabilidade solidária ou subsidiária nas obrigações trabalhistas já que não há previsão legal a respeito. Entretanto, a jurisprudência tem deixado antever que o art. 455 não autoriza a condenação do dono de obra, mas não impede o reconhecimento da sua responsabilidade nas obrigações trabalhistas se ficar constatado fraude na respectiva contratação (art. 9º, da CLT). Aliás, outros mecanismos que a ordem jurídica possibilita ao aplicador do direito podem ser utilizados na solução que se apresenta quando está em jogo o trabalho humano. A própria Lei n. 8.212/91, que trata da previdência social admite a responsabilidade solidária do dono da obra para com o construtor ou subempreiteiro no que toca ao cumprimento das obrigações relacionadas com a Seguridade Social (art. 30, VI). Sob tal ótica, *Ricardo Regis Laraia* afirma que "não há motivo para distinguir as responsabilidades civil e previdenciária do dono da obra pelos atos praticados pelo empreiteiro e a responsabilidade trabalhista pelos créditos dos empregados deste último. Por um lado, já que o fato do terceiro (empreiteiro) implica que o dono da obra suporte as obrigações perante outros e Previdência, não há razão para excluir as obrigações em relações aos trabalhadores. Por outro lado, não há distinção ontológica ou axiológica entre o fato de o trabalhador prestar serviços a outrem sob as ordens de terceiro (terceirização, subcontratação, sublocação de serviços etc.) e o de realizar obras em circunstâncias similares. A realização de obra não deixa de ser igualmente prestação de serviço. Em ambas as hipóteses, a força de trabalho é posta à disposição daquele que se beneficia dela, e que por isso deve responder. Tanto é verdade, que o art. 12 do Decreto n. 75.242/75 prevê que a empresa Itaipu Binacional 'responderá solidariamente pelas obrigações resultantes dos contratos de trabalho celebrados pelos empreiteiros ou subempreiteiros de obras e locadores ou sublocadores de serviços', sem distinção entre obra ou serviço"[36]. Enfim, existem situações em que há uma intermediação de mão de obra que levam ao reconhecimento do vínculo empregatício e seus consectários legais diretamente com o tomador de serviços ou dono da obra, conforme deixa entender o disposto no item I da Súmula n. 331, do TST.

Note-se, porém, que em sendo o dono da obra, construtor ou incorporador, haverá possibilidade de sua responsabilidade subsidiária, conforme o disposto na Orientação Jurisprudencial n. 191, da SDI-1 do TST.

Jurisprudência

TST, Súmula n. 331. CONTRATO DE PRESTAÇÃO DE SERVIÇOS. LEGALIDADE (mantida) — Res. 121/2003, DJ 19, 20 e 21.11.2003.

I — A contratação de trabalhadores por empresa interposta é ilegal, formando-se o vínculo diretamente com o tomador dos serviços, salvo no caso de trabalho temporário (Lei n. 6.019, de 03.01.1974).

....

IV — O inadimplemento das obrigações trabalhistas, por parte do empregador, implica a responsabilidade subsidiária do tomador dos serviços, quanto àquelas obrigações, inclusive quanto aos órgãos da administração direta, das autarquias, das fundações públicas, das empresas públicas e das sociedades de economia mista, desde que hajam participado da relação processual e constem também do título executivo judicial (art. 71 da Lei n. 8.666, de 21.06.1993).

TST, OJ-SDI-1 n. 191: DONO DA OBRA. RESPONSABILIDADE. Inserida em 08.11.00. Diante da inexistência de previsão legal, o contrato de empreitada entre o dono da obra e o empreiteiro não enseja responsabilidade solidária ou subsidiária nas obrigações trabalhistas contraídas pelo empreiteiro, salvo sendo o dono da obra uma empresa construtora ou incorporadora.

Ementa: Responsabilidade subsidiária. Dono da obra. Empreitada. Orientação jurisprudencial n. 191 da SBDI1. De acordo com os fatos descritos pelo Tribunal Regional, o Reclamante foi contratado pela COSEL — Comércio e Serviços Elétricos Ltda., que celebrou contrato de empreitada com a TELESC — Telecomunicações de Santa Catarina S/A, a favor de quem o Autor despendia a sua força de trabalho. No caso da empreitada, o empreiteiro obriga-se a executar obra ou serviço certo, enquanto o dono da obra se compromete ao pagamento do preço estabelecido, objetivando apenas o resultado do trabalho contratado. Desse modo, o empreiteiro pode, para a execução da obra ou serviço a que se comprometeu, contratar empregados que ficarão sob sua subordinação, inexistindo entre estes e o dono da obra qualquer vínculo jurídico. Logo, este tipo de contrato não enseja a responsabilidade subsidiária e tampouco solidária do dono da obra, conforme estabelecido no item n. 191 da Orientação Jurisprudencial da SBDI1. Embargos providos para restabelecer o acórdão do Tribunal Regional. TST-E-RR-618.000/1999.6 — (Ac. SBDI1) — 12ª Reg. — Red. Desig. Min. Rider Nogueira de Brito. DJU 11.11.05, p. 911.

Ementa: Dono da obra. Responsabilidade. Inteligência do Precedente 191 da SDI-1 do C. TST. Assim como a letra da lei deve ajustar-se aos casos concretos, também as súmulas e orientações jurisprudenciais não podem ser aplicadas automaticamente, sob pena de, em determinadas hipóteses, o resultado do processo culminar odiosa injustiça. Para efeito de responsabilização do tomador, como beneficiário dos serviços, pouco importa o nome dado ao contrato de terceirização dos serviços. Seria um absurdo, somente porque o art. 455 da CLT não prevê a forma de responsabilização direta nas empreitadas, negar-se a ampliação da garantia da satisfação dos créditos trabalhistas, excluindo-se o tomador, ainda mais quando o empregador contratado é inadimplente e encontra-se em local incerto e não sabido, indicando claramente a sua intenção de forrar-se sorrateiramente da dívida. O importante a enfatizar é que se o referido dispositivo não autoriza a condenação, também não lhe opõe obstáculo, permitindo com isto que sejam utilizados outros preceitos do ordenamento jurídico para responsabilizar a empresa terceirizante. TRT 3ª Reg. RO 00173-2004-048-03-00-3 — (Ac. 6ª T.) — Rel. Des. Sebastião Geraldo de Oliveira. DJMG 30.9.04, p. 11.

3. Terceirização de serviços e a responsabilidade subsidiária. A terceirização de serviços é uma realidade que veio para ficar nas relações industriais, comerciais e de serviços, hoje já se

---

(36) *CLT Interpretada.* Artigo por artigo, parágrafo por parágrafo. Organizador Costa Machado, Domingos Sávio Zainaghi, Coordenador. São Paulo: Manole, 2007. p. 333.

falando em quarteirização ou sucessão de contratos de prestação de serviços, de forma a se ter um encadeamento na produção de bens e serviços que são executados com a mão-de-obra de empresas terceirizantes. Entretanto, a terceirização de serviços só é permitida nas atividades-meio, conforme se infere pela Súmula n. 331, II, do TST, já que a transferência de serviços de atividades que se identificam com as atividades fins da empresa é considerada ilícita. Algumas das atividades em que é permitida a terceirização constam da mencionada Súmula n. 331, no caso a do trabalho temporário (Lei n. 6.019/74, vigilância bancária (Lei n. 7.102/83, serviços de conservação e limpeza e outros serviços considerados como atividades meio, não podendo, ocorrer na prestação de serviços, a pessoalidade e subordinação direta.

Sobre a terceirização, vale registrar o seguinte:

1º) A regra geral, em Direito do Trabalho, é a de que a relação empregatícia se forma entre o empregado e o empregador.

2º) A terceirização é uma exceção a essa regra geral, já que, com ela, o importante não será o que contrata os serviços do empregado, mas aquele que se serve de seus préstimos, ou seja, o tomador de seus serviços.

Esse fenômeno relativamente novo em seara trabalhista deve merecer, por parte das empresas que se utilizam de terceirização de mão de obra, cautelas especiais, quais sejam:

a) Contratar apenas serviços ou obras especializadas.

b) Dirigir a prestação de serviços, no âmbito de sua especialização.

c) Contratar com empresas idôneas economicamente.

d) Fiscalizar o cumprimento das obrigações trabalhistas, INSS e FGTS, pela empresa terceirizada.

e) Evitar ordens ou medidas configuradoras de subordinação.

f) Efetuar pagamentos diretamente à empresa terceirizada.

Jurisprudência

Ementa: Recurso Ordinário. A terceirização, por evidenciar restrição ao princípio constitucional que persegue o pleno emprego (art. 170 da Constituição da República), não empolga aplicação ampla. Disso resulta que a descentralização de serviços somente é possível no labor temporário e na atividade-meio, tais como: vigilância, conservação e limpeza, as de transporte, lazer, fornecimento e preparação de alimentos, manutenção de máquinas, elevadores e equipamentos de informática, vale dizer, quando estranhas à finalidade normal da empresa. TRT 1ª Reg. RO 00606-2004-025-01-00-8 — (Ac. 8ª T.) Relª. Juíza Desembargadora Maria José Aguiar Teixeira Oliveira. DJRJ 17.2.06, p. 134.

Ementa: Responsabilidade subsidiária. Contrato de prestação de serviços. Condomínio de empresas. Proveito comum dos serviços prestados. A responsabilidade subsidiária da empresa que celebrou contrato de prestação de serviços pelas obrigações trabalhistas da empresa-contratada decorre da culpa *in eligendo* e *in vigilando*, já que, como beneficiária dos serviços executados pelo trabalhador, deveria fiscalizar o cumprimento das obrigações trabalhistas por parte da sua contratada, consoante o disposto nos artigos 186 e 927 do novo Código Civil (correspondentes ao art. 159 do antigo) e inciso IV, do Enunciado n. 331 do C. TST. Não há como isentar a empresa contratante da responsabilidade subsidiária ao argumento de que o serviço teria sido prestado em benefício de todas as empresas do condomínio, eis que, segundo o disposto no art. 1318 do CC. as dívidas contraídas por um dos condôminos em proveito da comunhão obrigam aquele que contratou, cabendo a esse ação regressiva contra os demais condôminos. Portanto, é indiscutível a responsabilidade subsidiária da empresa que contratou os serviços, ou seja, a recorrente. Recurso ordinário não-provido. TRT 15ª Reg. (Campinas/SP) RO 00147-2005-083-15-00-8 — (Ac. 43829/2006-PATR, 5ª C.) — Rel. Juiz Lorival Ferreira dos Santos. DJSP 22.9.06, p. 42.

Ementa: Terceirização. Ilicitude. A terceirização lícita é aquela cujo objeto do contrato transfere as atividades-meio da empresa tomadora de serviço para empresas que as desenvolvam como sua atividade-fim, ou seja, é uma espécie de delegação de atribuições da empresa tomadora para a prestadora de serviços. Nesse passo, a terceirização lícita se distingue da ilícita precisamente porque o objeto da transferência não se confunde com sua atividade-fim e a ilícita se configura justamente por transferir à empresa prestadora de serviço atribuições que deveriam ser assumidas pela tomadora. TRT 12ª Reg. RO 00122-2006-034-12-00-1 — (Ac. 1ª T., 9.10.07) — Relª Juíza Viviane Colucci. DOE 16.11.07.

Ementa: Terceirização ilícita. Atividade-fim. Operadora de telemarketing. Venda de produtos do banco. Reconhecimento de vínculo com o tomador dos serviços. Verificando-se que a atividade desenvolvida pela Obreira, conquanto na condição de operadora de telemarketing, guarda estreita pertinência com a atividade econômica preponderante do Banco Reclamado, pois abrange a comercialização de produtos bancários com utilização de mobiliário, equipamentos e materiais fornecidos por este, que, ademais, exercia ingerência na empresa prestadora de serviços, há que se resolver a questão pela aplicação do disposto no art. 9º da CLT e da orientação consagrada na Súmula n. 331, inciso I, do TST. Vínculo de emprego reconhecido diretamente com o tomador dos serviços. (RO-01955-2005-006-18-00-7, da lavra do Exmo. Juiz Convocado Dr. Marcelo Nogueira Pedra). TRT 18ª Reg. RO 00579-2007-013-18-00-3 — (Ac. 1ª T.) — Relª. Juíza Marilda Jungmann Gonçalves Daher. DJE/18ª Reg. n. 175, 19.10.07, p. 7/8.

Ementa: Terceirização. De atividade-fim do empreendimento empresarial. Fraude. Configuração (Súmula n. 331, I do TST). A utilização da terceirização de prestação de serviços ligados à atividade-fim do empreendimento empresarial não é admitida pela jurisprudência, exceto nas hipóteses de trabalho temporário (Lei n. 6.019/74), porque será interpretada como forma de subtrair dos trabalhadores a proteção social mínima garantida pela Constituição, CLT e legislação complementar. No presente caso, o objeto do contrato civil de prestação de serviços deixa evidente a terceirização em atividade-fim do tomador, que a rigor não pode ser terceirizada, pelo entendimento externado na Súmula n. 331 do TST. O diferencial da existência de relação de emprego contra a mera relação de trabalho está na subordinação jurídica, que existe quando a atividade desenvolvida pelo trabalhador está diretamente ligada à atividade econômica do tomador de serviços, à luz do art. 2º da CLT. Nesses termos, havendo fraude à lei e aos direitos dos trabalhadores, diante da contratação de trabalhadores por empresa interposta, há que se manter a responsabilidade solidária reconhecida na origem. Recurso Ordinário da reclamada a que se nega provimento, no particular. TRT 15ª Reg. (Campinas/SP) ROPS 0264-2006-101-15-00-0 — (Ac. 15112/07-PATR, 10ª C.) — Rel. Juiz José Antonio Pancotti. DJSP 13.4.07, p. 91.

Ementa: Terceirização de serviços. Remuneração equivalente. Mesmo nas hipóteses de terceirização lícita, ligados às atividades-meio (desde que ausente a pessoalidade e subordinação jurídica, diretamente, com o tomador dos serviços), os princípios constitucionais impõem a isonomia no tratamento daqueles trabalhadores, não se admitindo o tratamento desigual de trabalhadores, na mesma situação, exclusivamente, por terem sido contratados, por outro empregador. Em razão da existência de lacunas normativas, quanto ao fenômeno da terceirização, faz-se necessário o emprego da analogia (art. 8º, da CLT), alcançando os trabalhadores que, através de empresa interposta, prestam serviços ao tomador (art. 12, da Lei n. 6.019/74). Tratando de terceirização de atividade-fim do tomador, restaria autorizado o reconhecimento de vínculo, diretamente, com a tomadora — se houvesse pedido, neste sentido —, sendo muito mais injustificada a prática remuneratória aos empregados da empresa prestadora de serviços. TRT 3ª Reg. RO 00422-2007-021-03-00-4 — (Ac. 1ª T.) — Rel. Des. Manuel Candido Rodrigues. DJMG 5.10.07, p. 7.

Ementa: Solidariedade condicional. Subsidiariedade. O art. 266, do Código Civil, traduz a possibilidade de que o credor tenha uma modalidade obrigacional com determinado devedor diversa daquela que mantém com os demais. Ao estabelecer que a obrigação da segunda ré é condicional, com eficácia subordinada a evento futuro e incerto (inadimplemento da devedora principal), o julgador apenas aplica a subsidiariedade, que nada mais é que uma espécie de solidariedade, abrandada pelo benefício de ordem. No processo trabalhista, em que a sentença permite conhecer o direito, mas não o seu valor, não seria prudente ordenar o pagamento imediato, cuja falta acarretaria a responsabilização subsidiária. O correto, assim, é que se direcione a execução ao devedor subsidiário apenas depois da citação do devedor principal para pagamento, com indícios razoáveis de que, contra ele, o processo executivo será infrutífero. Recurso ordinário a que se dá provimento parcial, apenas para determinar que a execução só poderá ser dirigida ao devedor solidário depois que o principal for citado, para pagamento. TRT 9ª Reg. RO 00467-2005-671-09-00-0 — (Ac. 2ª T. 30749/06) — Relª. Juíza Marlene T. Fuverki Suguimatsu. DJPR 27.10.06, p. 690.

Ementa: Serviços prestados por atendente de call center que se inserem na atividade-fim da empresa — Terceirização ilícita. No caso em tela, a prova dos autos evidencia que os serviços prestados através do *call center* não se restringiam à mera prestação de informações, tira dúvidas ou recebimento de queixas e reclamações. As atividades desenvolvidas pela Reclamante naquele setor ultrapassavam o simples atendimento telefônico. Ela realizava atos inerentes ao núcleo empresarial explorado pela empresa tomadora de seus serviços. Por isso, não se pode admitir a tese recursal de que as funções desempenhadas pela Autora se limitavam à atividade-meio da tomadora. Ao revés, restou bem evidenciado que a Reclamante estava inserida no processo produtivo empresarial da empresa terceirizante, de modo a caracterizar a subordinação objetiva. Tendo sido comprovados todos os requisitos exigidos pelo art. 3º da CLT, aplica-se o art. 9º do mesmo diploma legal, para considerar ilícita a terceirização. TRT 3ª Reg. RO 00339-2006-018-03-00-1 — (Ac. 8ª T.) — Relª. Juíza Olivia Figueiredo Pinto Coelho. DJMG 7.9.06, p. 19.

4. Terceirização de serviços e os órgãos públicos. É normal a administração pública contratar obras e serviços com terceiros, havendo lei disciplinando a questão (Lei n. 8.666/73). A responsabilidade trabalhista no caso será sempre subsidiária (TST, Súmula n. 331, IV, parte final), desde que o órgão da administração pública tenha participado da relação processual e conste do título executivo fiscal, porque não poderá haver o reconhecimento de vínculo empregatício com trabalhadores de empresa contratadas, já que a contratação de servidor da administração direta, indireta, fundacional, empresa pública e sociedade de economia mista está sujeita a concurso público (TST, Súmula n. 331, II). Vale ressaltar o grande número de ações na esfera da Justiça do Trabalho com enfoque na responsabilidade subsidiária dos órgãos da administração pública, isso porque, muitas empresas prestadoras de serviços são constituídas sem qualquer lastro financeiro e às vezes apenas para atender processo licitatório. Assim, a possibilidade de frustração de direitos trabalhistas se mostra em maior intensidade, eis que não há rigor na comprovação do suporte econômico da empresa fornecedora da mão de obra e não há também qualquer resguardo quanto aos riscos trabalhistas e fiscais. Há, no caso, a culpa in *eligendo* e culpa in *vigilando*.

Jurisprudência

TST, Súmula n. 331. CONTRATO DE PRESTAÇÃO DE SERVIÇOS. LEGALIDADE (mantida) — Res. 121/2003, DJ 19, 20 e 21.11.2003

II — A contratação irregular de trabalhador, mediante empresa interposta, não gera vínculo de emprego com os órgãos da administração pública direta, indireta ou fundacional (art. 37, II, da CF/1988).

IV — O inadimplemento das obrigações trabalhistas, por parte do empregador, implica a responsabilidade subsidiária do tomador dos serviços, quanto àquelas obrigações, inclusive quanto aos órgãos da administração direta, das autarquias, das fundações públicas, das empresas públicas e das sociedades de economia mista, desde que hajam participado da relação processual e constem também do título executivo judicial (art. 71 da Lei n. 8.666, de 21.06.1993).

TST, OJ-SDI-1, TRANSITÓRIA N. 66 SPTRANS. RESPONSABILIDADE SUBSIDIÁRIA. NÃO CONFIGURAÇÃO. CONTRATO DE CONCESSÃO DE SERVIÇO PÚBLICO. TRANSPORTE COLETIVO. DJe divulgado em 3, 4 e 5.12.2008). A atividade da São Paulo Transportes S/A — SPTrans de gerenciamento e fiscalização dos serviços prestados pelas concessionárias de transporte público, atividade descentralizada da Administração Pública, não se confunde com a terceirização de mão de obra, não se configurado a responsabilidade subsidiária.

Ementa: Administração pública. Parcerias. Organizações Sociais (OSs) e Organizações da Sociedade Civil de Interesse Público (OSCIP's) compõem o chamado terceiro setor, a quem incumbe, em tese, suprir a atuação deficiente do Estado e do mercado, em especial na área social. Ocorre que o verdadeiro objetivo das entidades foi desvirtuado, em larga escala, para fazê-las funcionar como meros instrumentos de terceirização de serviços que, embora calcada na lei, produz os mesmos efeitos danosos da intermediação ilícita de mão de obra que tanto se combate. A ideologia que gerou essas figuras, embora muito bem maquiada com intuito benemerente, nada mais é do que a mesma cultura neoliberalista que levou à privatização indiscriminada, com o objetivo de reduzir o Estado ao mínimo necessário e sepultar, definitivamente, o assistencialismo. O combate a endemias pode, de certa forma, ser considerado de natureza transitória, na medida em que é noção do senso comum que endemias devem ser combatidas o mais rapidamente possível. Para o ente público, todavia, ações regulares de prevenção de doenças e promoção da saúde não são necessidades transitórias, até porque indispensáveis para que cumpra o comando constitucional de prestar serviço público de saúde. O correto, portanto, é que mantenha quadro próprio e fixo de servidores que possam ser direcionados, temporariamente, ao atendimento de situações emergenciais. Recurso a que se nega provimento para manter a responsabilidade do ente público. TRT 9ª Reg. RO 04223-2005-658-09-00-6 — (Ac. 2ª T.) — Relª. Juíza Marlene T. Fuverki Suguimatsu. DJPR 20.10.06, p. 668.

5. Ação regressiva e denunciação à lide. O disposto no parágrafo único desse artigo afasta a denunciação à lide do subempreiteiro pelo empreiteiro principal ao assegurar a este o direito de ação regressiva contra o subempreiteiro inadimplente ou a retenção de eventuais importâncias devidas a ele. Foi uma forma de se tornar mais célere o processo trabalhista ao evitar outras discussões no mesmo processo. Entretanto com o alargamento da competência da Justiça do Trabalho pela Emenda Constitucional n. 45, que passou a apreciar outros tipos de ações ligadas à relação de trabalho, bem como a decorrente de responsabilidade civil, há entendimento de que a denunciação à lide deve ser aceita em determinados casos. Aliás, o próprio Tribunal Superior do Trabalho acabou cancelando a sua Orientação Jurisprudencial n. 228 da SDI. Entretanto, ainda continua o entendimento de que é incabível a denunciação à lide, em caso de responsabilidade subsidiária e pelas mesmas razões já assinaladas que é a celeridade do processo já que o Direito do Trabalho tem característica alimentar por envolver a subsistência do trabalhador e de sua família.

Art. 456

A prova do contrato individual do trabalho será feita pelas anotações constantes da carteira profissional ou por instrumento escrito e suprida por todos os meios permitidos em direito.

PARÁGRAFO ÚNICO. À falta de prova ou inexistindo cláusula expressa a tal respeito, entender-se-á que o empregado se obrigou a todo e qualquer serviço compatível com a sua condição pessoal.

Esse dispositivo diz respeito à prova do contrato individual do trabalho, que deve ser feita pelas anotações constantes da CTPS ou por instrumento escrito, suprida por todos os meios permitidos em direito.

Meios de prova permitidos são aqueles previstos no art. 212 do Código Civil, no caso, confissão, documento, testemunha, presunção, perícia (art. 420 a 439 do CPC) e quaisquer outros desde que moralmente legítimos (art. 332, do CPC). As provas obtidas por meios ilícitos não são admissíveis no processo (CF, art. 5º, LVI).

A rigor, a prova mais cabal da existência do vínculo empregatício são as anotações constantes da CTPS do trabalhador as quais mais se vê, mas admitindo prova em contrário, a teor da Súmula n. 12, do TST. Isso porque pode muito bem acontecer de o trabalhador ingressar na empresa antes da data mencionada na CTPS, como também permanecer no emprego após a respectiva baixa. Além dos mais, "as anotações na CTPS são apostas unilateralmente, pelo empregador (art. 29, da CLT)[37]".

Como o contrato pode ser verbal ou até tácito, a prova em tais situações será necessariamente testemunhal ou eventualmente através de algum documento escrito.

Se não houver prova ou cláusula expressa a respeito da contratação, esclarece o parágrafo único desse dispositivo que o empregado se obriga a executar qualquer serviço compatível com sua condição pessoal. A disposição desse artigo tem certa semelhança com o disposto no art. 601, do Código Civil que dispõe que "não sendo o prestador de serviço contratado para certo e determinado trabalho, entender-se-á que se obrigou a todo e qualquer serviço com as suas forças e condições".

---

(37) LARAIA, Ricardo Régis. *CLT Interpretada* artigo por artigo, parágrafo por parágrafo. Organizador Costa Machado, Coordenador Domingos Sávio Zainaghi. São Paulo: Manole, 2007. p. 334.

A respeito da aplicação desse dispositivo é oportuna a lição dada por *Russomano* quando afirma que "A correspondência que deve existir entre a condição pessoal do empregado e o serviço para o qual o empregador o designa é questão fática muitas vezes sutil, que dependerá da argúcia do julgador e da prova feita pelas partes. O servente é empregado sem funções definidas: é admitido para o serviço em geral. Pode ser, por isso, destacado para fazer a limpeza do estabelecimento, para reparar um móvel, para carregar mercadorias, para conduzir animais etc. Se um datilógrafo, por exemplo, com habilitação profissional, é contratado, em função de suas habilitações, por um escritório comercial, sem especificação do cargo, é lógico que o empregador possa exigir-lhe serviços de datilografia, de auxiliar de escritório ou outros de índole análoga. Mas, apesar da omissão referida, o empregador não poderá mandar que o datilógrafo faça a limpeza do escritório, que sirva de porteiro, que funcione como estafeta na entrega ou expedição de correspondência etc. Aí, a natureza do serviço é incompatível com a condição pessoal do empregado. Da mesma forma, se um operário é contratado sem indicação de funções, o empregador não lhe poderá exigir serviços de mecânico, eletricista, motorista ou qualquer profissão que exija habilitação especializada que o operário não possua"[38].

Extrai-se dessa explicação que o empregado poderá recusar a realizar serviços que estão aquém da sua categoria ou então em situação acima da sua habilitação profissional.

Por fim, é importante assinalar que o princípio do *in dubio pro operario* informa o direito do trabalho, não se estendendo a sua regra no direito processual laboral. Encontrando o julgador eventual dúvida ou insuficiência de prova há de ser aplicada à situação a teoria do ônus da prova, a qual se encontra disciplinada nos artigos 818 da CLT e 333 do CPC.

Jurisprudência

TST, Súmula n. 12. CARTEIRA PROFISSIONAL (mantida) — Res. 121/2003, DJ 19, 20 e 21.11.2003. As anotações apostas pelo empregador na carteira profissional do empregado não geram presunção "juris et de jure", mas apenas "juris tantum".

Ementa: Equiparação salarial. Compatibilidade entre os arts. 456 e 461 da CLT. Requisitos. I — O disposto no art. 456 da CLT não exclui a aplicação do preceito contido no art. 461 do referido Diploma, pois o fato de estar obrigado a desenvolver atividades compatíveis com sua condição pessoal, quando o contrário não estiver determinado no contrato de trabalho, em hipótese alguma excluirá a obrigação de remunerar igualmente os empregados que desempenhem iguais funções, na mesma localidade, com diferença de tempo de serviço não superior a dois anos, quando a empresa não dispuser de pessoal organizado em quadro de carreiras. II — Diferenças de produtividade ou perfeição técnica são fatos impeditivos da isonomia assegurada em lei, de modo que sua comprovação incumbe ao empregador, e não ao empregado, conforme preconizado pelos arts. 818 da CLT e 333, II, do CPC, bem como pela Súmula n. 6 do c. Tribunal Superior do Trabalho. TRT 12ª Reg. RO 01332-2007-039-12-00-0. Unânime, (Ac. 3ª T. 8.4.08) — Relª. Juíza Mari Eleda Migliorini. Disp. TRT-SC/DOE 15.5.08. Data de Publ. 16.5.08.

Ementa: Diferenças salariais. Acúmulo de funções. Previsão normativa. Prevê a norma coletiva que os empregados que vierem a exercer outro cargo, cumulativamente com suas funções contratuais, terão direito à percepção de adicional correspondente a no mínimo 20% da respectiva remuneração. Resulta da referida disposição, que o exercício de vários misteres durante a jornada não caracteriza acúmulo de funções, situando-se nos limites da máxima colaboração que deve existir entre empregado e empregador, estando a hipótese legalmente autorizada na previsão do parágrafo único do art. 456 da CLT, caso inexista cláusula contratual expressa em sentido contrário. Entretanto, referida inteligência cede lugar quando o empregado, sem prejuízo de sua função normal, exerce todas as atribuições inerentes a de outro profissional, em caráter permanente, pois aí o empregador deve repartir o benefício que disso lhe resulta. Destarte, o auxiliar de limpeza que labuta em banheiros públicos pode também exercer os misteres das cobranças pelo respectivo uso pela população, sem que isso lhe possa representar acúmulo de função passível de acréscimo salarial, caso disso não

---

(38) *Comentários à Consolidação das Leis do Trabalho*, 17. ed. Rio de Janeiro: Forense, 1997. p. 504/5.

lhe resulte qualquer ônus, situação diversa da dos autos, onde o recorrido responsabilizava-se pelas diferenças constatadas nas cobranças, traduzindo-se, portanto, no exercício da acumulada função de caixa. TRT 15ª Reg. (Campinas/SP) — ROPS 1193-2007-004-15-00-4 — (Ac. 51549/08-PATR, 10ªC.) — Rel. Valdevir Roberto Zanardi. DOE 22.8.08, p. 71.

Ementa:1...2. Alteração funcional lícita, decorrente de ato bilateral, sem a correspondente repercussão no contrato de trabalho. Jus variandi *empresarial.* Inexistência de critério autorizativo. Traduz o parágrafo único do art. 456 da CLT que, inexistindo evidência clara sobre a função contratual pactuada, admitir-se-á como prevalecente função compatível com a qualificação profissional do obreiro, desde que ajustada às circunstâncias e cláusulas que se considerem inerentes ao contrato. Explicitado no v. acórdão regional que a assunção de novo cargo pelo empregado decorreu de sua aprovação em processo de seleção promovido pela empregadora, sem ter havido a correspondente majoração salarial, não se há falar em conformidade do procedimento com o art. 456, parágrafo único, da CLT, porquanto o *jus variandi* do empregador só se caracterizaria se as novas funções exercidas decorressem de alteração unilateral de aspectos da prestação laborativa, e não de aprovação do obreiro em processo seletivo. A alteração funcional lícita e resultante de ato bilateral das partes implica a observância das pertinentes repercussões no restante do contrato, no caso, a compatível modificação do salário. Violação legal não configurada (art. 896, "c", da CLT). Agravo de instrumento desprovido. TST-AIRR-991/2003-006-04-40.2 — (Ac. 6ª T.) — 4ª Reg. — Rel. Min. Mauricio Godinho Delgado. DJU 16.5.08, p. 270.

Ementa: Acúmulo de função. Auxiliar de serviços gerais. Não configuração. A realização de tarefas múltiplas relacionadas com a função contratada — Auxiliar de Serviços Gerais — dentro da mesma jornada e para o mesmo empregador, nos termos previstos na norma coletiva da categoria e desde o início do contrato de trabalho não caracteriza o acúmulo de funções apto a gerar o pagamento do adicional. Exegese do parágrafo único do art. 456, da CLT. TRT 2ª Reg. RS 02173200506302007 — (Ac. 2ª T. 20071013479) — Relª. Rosa Maria Zuccaro. DOE 11.12.07.

CAPÍTULO II
DA REMUNERAÇÃO

Art. 457 *Compreendem-se na remuneração do empregado, para todos os efeitos legais, além do salário devido e pago diretamente pelo empregador, como contraprestação do serviço, as gorjetas que receber.*

§ 1º Integram o salário, não só a importância fixa estipulada, como também as comissões, percentagens, gratificações ajustadas, diárias para viagem e abonos pagos pelo empregador.

§ 2º Não se incluem nos salários as ajudas de custo, assim como as diárias para viagem que não excedam de cinquenta por cento do salário percebido pelo empregado. (Redação do "caput" e §§, L. n. 1.999, 1.10.53, DOU 7.10.53).

§ 3º Considera-se gorjeta não só a importância espontaneamente dada pelo cliente ao empregado, como também aquela que for cobrada pela empresa ao cliente, como adicional nas contas, a qualquer título, e destinada à distribuição aos empregados. (§ incluído DL n. 229, 28.2.67, DOU 28.2.67).

1. Salário e Remuneração. "O trabalho deve ser remunerado de tal modo que se ofereça ao homem a possibilidade de manter dignamente a sua vida e a dos seus, sob o aspecto material, social, cultural e espiritual, considerando-se a tarefa e a produção de cada um, assim como as condições da empresa e do bem comum."[39] O salário é na sua essência o aspecto mais importante da relação de emprego, pois ele representa a retribuição ao serviço prestado pelo empregado; é a energia do homem despendida em proveito de outro, no caso, o empregador. Como

---

(39) Constituição Pastoral *Gaudium ET Spes*, apud Lúcio Rodrigues de Almeida, *A Nova Caracterização do Salário Utilidade*. Rio de Janeiro: Aide, 2002. p. 93.

informa *João Leal Neto*, o salário possui três atributos, quais sejam "Carácter alimentar, protecção internacional, dignidade constitucional, eis três atributos do salário que, na minha opinião, não poderão deixar de se repercutir na natureza do respectivo direito. Certo, o direito ao salário é, estruturalmente, um direito de crédito, na medida em que tem por objecto comportamentos de pessoas certas e determinadas, no caso prestações de dar por parte da entidade patronal mas é também um direito fundamental; e é, seguramente, um crédito especial (atenta a sua nota alimentar). Por outro lado, ele é, com toda a certeza, um direito patrimonial, pois o bem em jogo não oferece dúvidas quanto à sua susceptibilidade de ser redutível a um equivalente pecuniário — mas não deixa, ainda assim, de, em certo sentido, assumir um caráter de alguma forma pessoal, ligado como está de modo tão intenso à vida e à dignidade do trabalhador enquanto pessoa"[40]. Daí a sua elevação como um dos direitos fundamentais em face da proteção que se gravita em torno dele. Isso porque, entre os incisos que constam do art. 7º, da CF, vários deles são dedicados ao salário, a saber: (...) IV (salário mínimo); V (piso salarial proporcional à extensão e à complexidade do trabalho); VI (irredutibilidade do salário, salvo o disposto em convenção ou acordo coletivo); VII (garantia de salário, nunca inferior ao mínimo, para os que percebem remuneração variável) VIII —(décimo terceiro salário com base na remuneração integral ou no valor da aposentadoria) IX (remuneração do trabalho noturno superior à do diurno); XXX — (proibição de diferença de salários, de exercício de funções e de critério de admissão por motivo de sexo, idade, cor ou estado civil) e XXXI — proibição de qualquer discriminação no tocante a salário e critérios de admissão do trabalhador portador de deficiência.

Vale ressaltar que o inciso X do art.7º, da Carta Magna assegura ao trabalhador a proteção do salário na forma da lei, constituindo crime sua retenção dolosa; cujo dispositivo ainda não foi regulamentado pelo legislador ordinário.

Compreende-se, portanto, porque o salário tem a natureza alimentar, contraprestativo, indisponível, irredutível (só por negociação coletiva, convenção ou acordo coletivo, poderá haver redução), irrenunciável e dignifica o trabalhador, tanto que o pagamento de salário sem o trabalho respectivo é causa que pode levar à rescisão indireta do contrato de trabalho pelo descumprimento de uma das obrigações do empregador que é de dar trabalho (art. 483, "d" da CLT). O trabalho sem a retribuição monetária como se dá com o trabalho voluntário (Lei n. 9.601/98) ou o de cunho religioso não interessa para o Direito do Trabalho. O salário interessa também para os fins previdenciários e tributários

O art. 457, no seu *caput* deixa claro que remuneração é mais do que salário, porque este é pago diretamente pelo empregador em razão da contraprestação do serviço, e aquela é a que é paga também por terceiros, como acontece com as gorjetas.

Assim, enquanto o salário é restrito, a remuneração é mais ampla, e, portanto, não se confundem em todos os seus efeitos, embora se registre que existem autores que consideram expressões que indicam a mesma coisa, ou seja, são sinônimas.

Jurisprudência

Ementa: Salário. Quando é e quando não é. O ser e o tudo. O ser e o nada. Salário é a contraprestação devida e paga diretamente pela empregadora ao empregado pela prestação de serviços. Estabelecer a distinção com base nas expressões pela ou para a prestação de serviços é mero jogo de palavras, sem expressivo valor científico. O complexo salarial (parágrafo primeiro do art. 457 c/c o *caput* do art. 458), muitas vezes confundido ou equiparado com a remuneração (salário mais gorjetas, conforme *caput* do art. 457), é todo e qualquer valor, em dinheiro ou em utilidade, recebido pelo empregado diretamente

---

(40) *A Proteção do Salário*. Portugal: Coimbra, 1993, p. 34/35.

de sua empregadora e que saia dos cofres desta, com habitualidade, e em decorrência do contrato de trabalho. Exceções existem e assim devem ser interpretadas sem força expansiva, com fulcro no art. 458, § 2º, da CLT, que flexibilizou, mas não despotencializou o estuário comutativo do contrato do emprego, que continua recepcionando as vantagens concedidas pela empregadora. Se a parcela em dinheiro ou *in natura* possui travo salarial, os seus efeitos justrabalhistas são plenos: ela é tudo e em tudo repercute, trazendo bônus para o empregado e muito ônus para a empresa. Se, ao revés, a parcela em pecúnia ou em utilidade possui traço indenizatório, os seus efeitos justrabalhistas são anulados: ela em nada repercute, desobrigando a empresa dos mais diversos encargos trabalhistas e sociais que incidem sobre o salário. TRT 3ª Reg. RO 00624-2006-077-03-00-0 — (Ac. 4ª T.) — Rel. Des. Luiz Otavio Linhares Renault. DJMG 15.12.07, p. 22.

Ementa: Salário básico. Conceito. A melhor doutrina, estampada nos ensinamentos de José Martins Catharino, Luiz José de Mesquita, Amauri Mascaro Nascimento, Délio Maranhão e Arnaldo Süssekind, é unânime em pontificar que, na aplicação da legislação brasileira do trabalho, cumpre estabelecer uma nítida distinção entre o salário básico ou normal — ajustado por unidade de tempo ou de obra e o sobre-salário, constituído de parcelas suplementares, também de natureza salarial: adicionais de caráter legal ou contratual, comissões, gratificações ajustadas e diárias para viagens (quando excedentes da metade do salário estipulado). Estas prestações complementares, exatamente por ostentarem caráter salarial, integram-se à remuneração, mas não ao salário básico. Somam-se, tais parcelas, a este, mas nele não se diluem. A jurisprudência trabalhista tem repudiado a integração de qualquer adicional ou gratificação no salário básico, pois isso resultaria inaceitável *bis in idem*, eis que a prestação suplementar passaria a incidir sobre a soma do salário normal com o adicional ou gratificação a ele já incorporado. TRT 3ª Reg. RO 00820-2003-016-03-00-1 — (Ac. 2ª T.) Rel. Juiz Fernando Antonio Viegas Peixoto. DJMG 11.2.04, p. 08.

2. Gorjetas. Gorjeta é uma modalidade de pagamento feita por terceiro, mas que está relacionado com o contrato de trabalho, podendo o seu pagamento estar incluso na nota de serviço ou concedido espontaneamente pelo cliente. O § 3º do art. 457 refere-se à gorjeta, como sendo a importância espontaneamente paga pelo cliente ao empregado e também a que é cobrada pela empresa ao cliente, como adicional nas contas e destinada à distribuição aos empregados. Gorjeta não é gratificação, porque esta é paga diretamente ao empregador pelo obreiro, enquanto a gorjeta é paga por terceiro, daí porque ela se compreende como remuneração e não como salário propriamente dito. Sergio Pinto Martins assinala que "o pagamento da gorjeta pode ser decorrente de causa subjetiva, como o fato de o cliente ser bem servido, ou de causa objetiva, em decorrência do serviço prestado, mas sempre será proveniente da existência do contrato de trabalho entre empregado e empregador"[41].

A Súmula n. 354/TST, enfocando a natureza jurídica e as repercussões das gorjetas, assim conclui: "As gorjetas, cobradas pelo empregador na nota de serviço ou oferecidas espontaneamente pelos clientes, integram a remuneração do empregado, não servindo de base de cálculo para as parcelas de aviso-prévio, adicional noturno, horas-extras e repouso semanal remunerado", isso porque não constitui em paga feita diretamente pelo empregador. Há, no entanto, integração no cálculo das férias, do 13º salário (Lei n. 4.090/60, art. 1º, § 1º) e do FGTS. A gorjeta também não se agrega ao salário para efeito do cálculo do adicional de insalubridade, já que é o salário mínimo o seu referencial ou então o salário normativo ou convencional, embora haja entendimento da incidência sobre a remuneração do empregado, em face do que dispõe o art. 7º, XXIII, da Constituição Federal (adicional de remuneração para as atividades penosas, insalubres ou perigosas, na forma da lei). A gorjeta por estimativa, normalmente é estabelecida em convenções coletivas de trabalho, com valor mensal estimado constante da CTPS do empregado e para cálculo do recolhimento ao FGTS.

---

(41) *Comentários à CLT,* 12. ed. São Paulo: Atlas, 2008. p. 403.

Jurisprudência

TST, Súmula n. 354 GORJETAS. NATUREZA JURÍDICA. REPERCUSSÕES (mantida) — Res. 121/2003, DJ 19, 20 e 21.11.2003. As gorjetas, cobradas pelo empregador na nota de serviço ou oferecidas espontaneamente pelos clientes, integram a remuneração do empregado, não servindo de base de cálculo para as parcelas de aviso-prévio, adicional noturno, horas extras e repouso semanal remunerado.

Ementa: Gorjetas. Redução do percentual. Inadmissibilidade. Apesar das gorjetas não integrarem o salário *stricto sensu*, há disposição expressa no *caput* art. 457 da CLT de que tal parcela integra a remuneração do trabalhador. A reclamada tinha ciência e consentia com a base remuneratória composta pela gorjeta, tanto que a fixação de salário fixo menor se sustentava justamente porque a remuneração tinha seu maior algarismo ditado pelas gorjetas. Desta forma, considerando-se que o princípio da irredutibilidade salarial, consagrado no art. 7º, VI, da CF, tem por fundamento a manutenção da estabilidade econômica do empregado, há de se considerar inaceitável a alteração contratual efetivada pela reclamada que ensejou a comprovada redução do valor percentual de gorjetas destinado ao reclamante, sendo devidas as diferenças pleiteadas. Recurso ordinário não-provido. TRT 15ª Reg. (Campinas/SP) -RO 01237-2001-053-15-00-0 — (Ac. 3ª T. 16591/2005-PATR) — Rel. Juiz Lorival Ferreira dos Santos. DJSP 20.4.05, p. 82.

2.1. Gueltas. As gueltas se assemelham às gorjetas já que são pagas ao obreiro por terceiros estranhos à relação de emprego e visam incentivar a venda pelo fornecedor (indústria ou comércio) e normalmente conta com anuência da empresa empregadora. É o que ocorre nas grandes redes de eletrodomésticos nas quais os seus empregados são estimulados a vender produtos de determinada marca com a percepção de uma comissão pela venda que é arcada pela empresa fornecedora. No ramo farmacêutico, é muito utilizada essa prática (o atendente sugere ao comprador determinado remédio em substituição ao outro, de laboratório que está por trás o incentivando na venda de seus produtos). A jurisprudência trabalhista tem dado às *gueltas* o mesmo tratamento dispensado às gorjetas principalmente quando a empregadora participa no processo não só com a sua anuência, mas também recebendo e repassando os valores aos empregados beneficiados. Nesse caso as gueltas são integrativas do salário, mas com limitação a exemplo do que acontece com o gorjeta, ou seja, não incidem sobre horas extras, adicional noturno, repouso semanal remunerado e aviso prévio (Súmula n. 354 do TST).

Jurisprudência

Ementa: Recurso de revista. Gueltas. Natureza jurídica. Semelhança com gorjetas. As *gueltas* pagas por terceiro, com objetivo de fomentar a venda de produtos, com anuência do empregador, assemelham-se às gorjetas, possuindo, portanto, natureza salarial. Aplica-se, analogicamente o entendimento da Súmula n. 354 desta Corte, "as gorjetas, cobradas pelo empregador na nota de serviço ou oferecidas espontaneamente pelos clientes, integram a remuneração do empregado, não servindo de base de cálculo para as parcelas de aviso-prévio, adicional noturno, horas extras e repouso semanal remunerado". Recurso de revista conhecido e provido. TST-RR-5.990/ 2004-001-09-00.1 — (Ac. 6ª T.) — 9ª Reg. — Rel. Min. Aloysio Corrêa da Veiga. DJU 23.2.07, p. 942.

Ementa: Gueltas. Habitualidade. Integração. Reflexos. A regra do art. 457 da CLT determina a integração ao salário não só das importâncias pagas diretamente pelo empregador, mas também daquelas que o empregado vier a receber de terceiros em razão da execução do contrato. As gueltas, assim denominados os valores pagos pelo fornecedor ao empregado da empresa que comercializa seu produto, como prêmio e incentivo para "alavancagem" das vendas, ostentam natureza remuneratória, pois retribuem o trabalho. O fato de serem pagas por terceiros não constitui obstáculo à integração, em face da intermediação do empregador, que tem interesse nessa prática, e da oportunidade que é dada ao empregado: incentivado, este diligencia no sentido de aumentar a própria produtividade, beneficiando não apenas o fornecedor do produto, mas também o seu empregador. Por outro lado, compondo a remuneração, mas não o salário, as gueltas guardam afinidade com as gorjetas. Por essa razão, mesmo sendo habituais, têm reflexos limitados e não incidem sobre horas extras, adicional noturno, repouso semanal remunerado e aviso prévio (Súmula n. 354 do TST). TRT 3ª Reg. RO 00818-2006-114-03-00-0 — (Ac. 2ª T.) — Rel. Des. Sebastião Geraldo de Oliveira. DJMG 14.2.07, p. 10.

3. Importância fixa. O parágrafo 1º desse artigo declara que são partes integrantes do salário, não só a parte fixa estipulada, como também as comissões, percentagens, gratificações ajustadas, diárias para viagem e abonos pagos pelo empregador. Vale dizer que o salário não é só as importância fixa paga pelo empregador (salário contratual, básico, normativo ou convencional), mas também outras verbas pagas diretamente pelo empregador, como as comissões, percentagens, gratificações ajustadas, diárias para viagens e abonos. As utilidades são consideradas parte integrante do salário, conforme veremos no art. 458, da CLT. Compreende-se, portanto, que a expressão salário tem uma dimensão maior do que a norma contém ao estipular outras verbas pagas diretamente pelo empregador para situar também no seu contexto. Não é exaustiva a expressão, pois outras verbas, embora com denominação diversa, não estão impedidas de fazer parte do salário se a sua natureza for salarial. O salário também poderá se apresentar sob várias modalidades, como o salário por tarefa, por peça ou obra, por produção ou por unidade de tempo desde que sem ofensa aos arts. 9º, 444 e 457 da CLT, conforme o disposto no art. 78, da CLT.

De notar-se, que o pagamento de salário tem correlação com o contrato de trabalho e nem sempre com a retribuição de serviço, pois é sabido que existem situações no curso do pacto laboral em que o empregado recebe sem haver a prestação de serviços, citando o caso de férias simples, férias coletivas, os primeiros quinze de afastamento com percepção do benefício previdenciário, licença remunerada, etc.

4. Comissões e percentagens. Comissões e percentagens são rendimentos que dependem do esforço pessoal do empregado e quase sempre representam um *plus* a uma parte fixa acordada. Se não houver este fixo, as comissões e percentagens terão que ser complementadas a fim de que o salário mínimo seja pago. As comissões diferem das percentagens, pois estas são pagas em função das vendas ou negócios efetuados pelo empregado (3% sobre o valor do bem vendido). Já as comissões normalmente decorrem de estipulação de um determinado valor pela venda ou negócio realizado (exemplo; R$ 1.000,00 pela venda de um bem) e por essa razão alguns entendem que é uma modalidade especial de salário por obra. Esclarece-se também que existem dois tipos de comissionista: o *puro*, ou seja, aquele que só recebe na forma de comissões, sempre respeitado o salário mínimo, normativo ou convencional e *misto*, aquele que além de receber parte fixa em salário, também aufere comissões, respeitado sempre o mínimo legal, normativo ou convencional. Tais formas de pagamento ocorrem com vendedores, corretores, etc.

A Lei n. 3.207/57 que regula a situação dos vendedores pracistas e viajantes estabelece para tais empregados o direito às comissões na forma lá estabelecidas, observado, no entanto, o ajuste entre as partes envolvidas. No art. 466 que trata das comissões serão tratadas outras peculiaridades dessa modalidade de pagamento.

As comissões e as percentagens são integrativas ao salário com reflexos nas férias, no 13º salário e no repouso semanal remunerado.

Jurisprudência

TST, OJ-SDI-1 n. 175. COMISSÕES. ALTERAÇÃO OU SUPRESSÃO. PRESCRIÇÃO TOTAL (nova redação em decorrência da incorporação da Orientação Jurisprudencial n. 248 da SBDI-1) — DJ 22.11.2005. A supressão das comissões, ou a alteração quanto à forma ou ao percentual, em prejuízo do empregado, é suscetível de operar a prescrição total da ação, nos termos da Súmula n. 294 do TST, em virtude de cuidar-se de parcela não assegurada por preceito de lei.

Ementa: Aplicação da Súmula n. 340 do TST. I — O valor-hora das comissões para o pagamento das horas extras é calculado sobre aquelas recebidas no mês, e não apenas no período destinado à sobrejornada, considerando-se como divisor o número de horas efetivamente trabalhadas. II — A Súmula n. 340/TST (redação conferida pela Resolução 121/2003), estabelece que — o empregado, sujeito a controle de horário, remunerado à base de comissões, tem direito ao adicional de, no mínimo, 50% (cinquenta por cento) pelo trabalho em horas extras, calculado sobre o valor-hora das comissões recebidas no mês, considerando-se como divisor o número de horas efetivamente trabalhadas — III — Com efeito, as horas extras relativas às comissões, além de serem remuneradas exclusivamente com o adicional de sobrejornada, tendo em vista que as horas simples a elas relativas já se encontram pagas pelas comissões recebidas, possuem apenas estas como base de cálculo, e seu divisor é o número total de horas efetivamente trabalhadas, e não somente as horas da jornada normal de trabalho. IV — Acresça-se a isso que, ciente de o Tribunal Regional ter registrado existir também uma parcela fixa a compor a base de cálculo, o cômputo das horas extras concernentes a essa parte invariável do salário não está contemplado na Súmula n. 340/TST, mas sim na Súmula n. 264/TST. V — Em relação à parte fixa, as horas simples não estão remuneradas no trabalho extraordinário, motivo pelo qual são devidas tanto aquelas quanto o adicional de sobrejornada. Além disso, apenas quanto a essa parcela, o divisor para o cálculo do valor-hora deve levar em conta a jornada normal de trabalho. Nesse sentido cite-se o processo TST-E-RR-467.187/1998.0, DJ 5.12.2003, redator designado João Oreste Dalazen. VI — Recurso desprovido. TST-RR-1033/2005-113-03-00.8 (Ac. 4ª T., j. 20.6.07) — Rel. Min. Antônio José de Barros Levenhagen. DJU 3.8.07.

Ementa: Comissões. Estorno por simples inadimplemento do comprador. Descabimento. Nos termos do art. 466 da CLT, o pagamento das comissões passa a ser exigível após efetuada a transação a que as mesmas se referem, não importando se a venda se subdividiu em prestações sucessivas, uma vez ultimado o negócio jurídico que lhe deu origem. E o art. 7º da Lei n. 3.207/57 condiciona a possibilidade de estorno da comissão pelo empregador à insolvência do comprador, o que não se confunde com o mero inadimplemento das prestações. Ou seja, em resumo, se a venda foi realizada com a aceitação expressa ou tácita da proposta, a mera inadimplência do comprador não pode impedir que o vendedor empregado receba as suas comissões pelo trabalho realizado, presumindo-se que este agiu de boa-fé e tomando as precauções necessárias à abertura do crédito. Do contrário, admitir-se-ia deixar de remunerar o empregado comissionista pelo trabalho efetivamente por ele prestado, além de lhe transferir os riscos da atividade. Portanto, uma vez improvada a insolvência dos compradores, tem-se por correta a decisão hostilizada. TRT 3ª Reg. RO 00768-2007-005-03-00-3 — (Ac. 8ª T.) — Rel. Des. Marcio Ribeiro do Valle. DJMG 15.12.07, p. 32.

Ementa: Comissões. Reflexos. Nos termos do que dispõe o art. 457, § 1º, da CLT, as comissões, percentagens, gratificações ajustadas, diárias para viagens e abonos pagos com habitualidade integram a remuneração do obreiro para os fins legais. Verificada a habitualidade no pagamento de comissões, são devidos os seus reflexos nos repousos semanais remunerados e, com estes, no FGTS mais a multa compensatória de 40%, conforme o caso. TRT. 12ª Reg. RO 04283-2006-028-12-00-2. (Ac. 1ª T. 26.2.08). Rel.: Juíza Lourdes Dreyer. Disp. TRT-SC/DOE 12.03.08. Data de Publ. 13.03.08.

Ementa: Princípio do não retrocesso. Comissões. Pagamento integral do tempo à disposição do empregador como hora extra. Não aplicação da Súmula 340 do E. TST. Não endossamos o posicionamento esposado pela Súmula n. 340 do C. TST, porquanto parte da premissa, nem sempre real, de que a parte já teve remuneradas as horas trabalhadas pelo recebimento de comissões. Entender devido somente o adicional de 50% sobre as comissões importa na imposição ao trabalhador dos riscos da atividade econômica, pois este pode ficar à disposição do patrão sem remuneração quando não conseguir realizar vendas dos produtos e serviços do empregador, o que implica em retrocesso social, consagrando a mais valia absoluta, além da afronta visceral ao art. 4º da CLT. Assim, considerando o disposto no art. 7º, XVI, da Constituição da República e o princípio do não retrocesso, adoto entendimento diverso da Súmula n. 340 do E. TST e nego provimento ao recurso para manter a sentença que condenou o reclamado ao pagamento das horas extras e não só do respectivo adicional. TRT 17ª Reg. RO 00378.2007.003.17.00.4 — (Ac. 1061/08) — Rel. Juiz Claudio Armando Couce de Menezes. DJES 21.2.08, p. 1.303.

5. Gratificações ajustadas. A gratificação, "a rigor, é uma liberalidade, uma demonstração de agradecimento, de reconhecimento ou de mero regozijo de um fato"[42]. Assim, se o empregador paga uma gratificação a seus empregados por ter a empresa completado 20 anos de atividades e de uma só vez, a gratificação em causa não seria integrativa do salário até porque

---

(42) SANTOS, José Aparecido dos. Curso Prático — *Cálculos de Liquidação Trabalhista*, Uma obra definitiva. Curitiba: Juruá, 2002. p. 206.

desmotivaria a sua concessão pelo empregador. Gratificações ajustadas são as concedidas expressamente, que pela sua repetição ou costume, ficam tacitamente convencionadas e, nesse caso, são integrativas do salário. Assim, a gratificação paga com habitualidade terá repercussão no salário pelo seu duodécimo e computado também no 13º salário (Súmula n. 78, do TST) e indenização (Súmula n. 459, do STF) e no FGTS. Já as gratificações por produtividade e por tempo de serviço pagas mensalmente, no seu valor já estão compreendidos os dias de repouso semanal remunerado; consequentemente não repercutem sobre os mesmos, para não haver o *bis in idem* (Súmula n. 225, do TST).

No que toca às férias e ao aviso prévio, compreende-se na gratificação semestral, a inclusão de 1/6 a cada mês, de forma que nova inclusão resultaria no *bis in idem* (Súmula n. 253, do TST). Quanto ao imposto de renda vale ressaltar a existência de decisões no STJ que prega o entendimento de que incide imposto de renda sobre a verba paga a título de gratificação especial ao empregado quando da rescisão de seu contrato trabalhista. As verbas concedidas ao empregado, por mera liberalidade do empregador, quando da rescisão unilateral de seu contrato de trabalho, implicam acréscimo patrimonial por não possuírem caráter indenizatório, sujeitando-se, assim, à incidência do imposto de renda.

Jurisprudência

STF, Súmula n. 207. As gratificações habituais, inclusive a de Natal, consideram-se tacitamente convencionadas, integrando o salário.

STF, Súmula n. 459. No cálculo da indenização por despedida injusta incluem-se os adicionais, ou gratificações que, pela sua habitualidade, se tenham incorporado ao salário.

TST, Súmula n. 115. HORAS EXTRAS. GRATIFICAÇÕES SEMESTRAIS (nova redação) — Res. 121/2003, DJ 19, 20 e 21.11.2003. O valor das horas extras habituais integra a remuneração do trabalhador para o cálculo das gratificações semestrais.

TST, Súmula n. 152. GRATIFICAÇÃO. AJUSTE TÁCITO (mantida) — Res. 121/2003, DJ 19, 20 e 21.11.2003. O fato de constar do recibo de pagamento de gratificação o caráter de liberalidade não basta, por si só, para excluir a existência de ajuste tácito (ex-Prejulgado n. 25).

TST, Súmula n. 225. REPOUSO SEMANAL. CÁLCULO. GRATIFICAÇÕES POR TEMPO DE SERVIÇO E PRODUTIVIDADE (mantida) — Res. 121/2003, DJ 19, 20 e 21.11.2003. As gratificações por tempo de serviço e produtividade, pagas mensalmente, não repercutem no cálculo do repouso semanal remunerado.

Ementa: Utilidade salarial. Gratificação ou prêmio pago a cada três anos, por força de cláusula unilateral instituída pelo empregador. Não se enquadra como utilidade salarial. CLT, art. 458. O benefício pago de uma só vez, a cada ano, ou dois, ou três anos, a título de prêmio ou gratificação especial, de caráter pessoal, ainda que a verba possa ter natureza salarial para outros efeitos, não pode ser fracionada para compor a remuneração mensal do empregado. TRT 2ª Reg. RO 02879200004002000 — (Ac. 9ª T.20040699166) — Rel. Juiz Luiz Edgar Ferraz de Oliveira. DJSP 21.1.05, p.219.

Ementa: Integração salarial. Gratificação. Pagamento habitual. Incorporação nos salários. A gratificação ajustada é salário. A avença relativa à gratificação pode ser expressa ou tácita. Quando o ajuste é expresso, não existe dificuldade para a determinação da sua natureza jurídica, emergente que é da vontade das partes expressa verbalmente ou por escrito. Quando se trata de ajuste tácito, a absorção da vontade das partes pelo contrato de trabalho se exterioriza pela habitualidade do pagamento. Se a gratificação é concedida ao empregado uma única vez, a presunção é de que se trata de mera liberalidade. Paga novamente, a gratificação tangencia o contrato de trabalho, que recepciona a vontade das partes, fazendo com que a gratificação ganhe aderência definitiva, a teor do que dispõe o art. 457, § 1º, da CLT. A supressão de parte da gratificação, pelo ente público que a instituiu, sem nenhuma motivação legal, ofende os artigos 37 e 7º, VI, da CF/88, assim como os artigos 457 e 468 da CLT. TRT 3ª Reg. RO 00020-2003-073-03-00-5 — (Ac. 4ª T.) — Rel. Juiz Luiz Otávio Linhares Renault. DJMG 16.1.04, p. 01.

Ementa: Embargos de divergência. Tributário. Imposto de renda. Pagamento a empregado, por ocasião da rescisão do contrato. Gratificação a título espontâneo. Incidência da exação. Provimento dos embargos. 1. Em exame embargos de divergência opostos contra acórdão que entendeu não incidir imposto de renda sobre verba paga a empregado a título de gratificação especial por razão de rescisão contratual de trabalho. Caracterizada a divergência apontada. Os acórdãos embargado e paradigma firmaram sobre a mesma matéria (incidência do imposto de renda sobre verba paga a título de gratificação especial) conclusões antagônicas. impondo-se, destarte, sua uniformização. **2.** Conforme decidido pela Primeira Seção deste Sodalício nos EREsp 515148/RS, firmou-se o entendimento de que incide imposto de renda sobre a verba paga a título de gratificação especial ao empregado quando da rescisão de seu contrato trabalhista. As verbas concedidas ao empregado, por mera liberalidade do empregador, quando da rescisão unilateral de seu contrato de trabalho, implicam acréscimo patrimonial por não possuírem caráter indenizatório, sujeitando-se, assim, à incidência do imposto de renda (Precedentes: REsp n. 706.817/RJ, Primeira Turma, Rel. Min. Francisco Falcão, DJ de 28.11.2005; e REsp n.) **3.** Embargos de divergência providos. STJ — embargos de divergência em agravo n. 586.583 -RJ (2005/0154907-3) — (Ac. 1ª Seção) — Rel. Min. José Delgado. DJU 12.6.06, p. 421.

5.1. Gratificação semestral. A gratificação semestral também denominada de balanço surgiu no meio bancário, primeiramente por liberalidade e depois tornando habitual o seu pagamento, e com isso não paira nenhuma dúvida a respeito de sua natureza salarial. Como no seu pagamento já estaria compreendido o equivalente a 1/6 (cada mês), por razões lógicas a gratificação semestral não repercute nos cálculos das horas extras, das férias e do aviso prévio, ainda que indenizado (Súmula n. 253, do TST), sendo certo, no entanto, que repercute pelo seu duodécimo na indenização por antiguidade e na gratificação (parte final da referida Súmula). Há que ser ressaltado também que o cálculo da gratificação se perfaz pelo seu duodécimo e não será considerado para efeito do pagamento do repouso semanal remunerado (Lei n. 605/49, § 2º). Incide, porém, no 13º salário (Súmula n. 78, do TST). As horas extras integrarão o cálculo da gratificação semestral (Súmula n. 115, do TST).

Jurisprudência

TST, Súmula n. 115. HORAS EXTRAS. GRATIFICAÇÕES SEMESTRAIS (nova redação) — Res. 121/2003, DJ 19, 20 e 21.11.2003. O valor das horas extras habituais integra a remuneração do trabalhador para o cálculo das gratificações semestrais.

TST, Súmula n. 253. GRATIFICAÇÃO SEMESTRAL. REPERCUSSÕES (nova redação) — Res. 121/2003, DJ 19, 20 e 21.11.2003. A gratificação semestral não repercute no cálculo das horas extras, das férias e do aviso prévio, ainda que indenizados. Repercute, contudo, pelo seu duodécimo na indenização por antiguidade e na gratificação natalina.

Ementa: Agravo de petição. Gratificação semestral. Pagamento mensal e em valor fixo. Natureza salarial. Integra remuneração para todos os efeitos e para cômputo das horas extras. Inteligência do art. 457, § 1º da CLT e Súmula n. 264 do colendo TST. Em que pese a denominação dessa parcela da remuneração, era paga mensalmente e em valor fixo, caracterizando, sem sombra de dúvida, sua natureza salarial. O Banco agravante não logrou comprovar que tal verba fosse a contraprestação pela participação nos lucros e resultados. A "gratificação semestral" deve ser considerada como parcela integrante da remuneração, para todos os fins, inclusive para cálculo das horas extras, de acordo com o prescrito no art. 457, § 1º da CLT, e em conformidade com o entendimento pacificado pelo Colendo TST na Súmula n. 264. TRT/SP — 01032200106802005 — AP — Ac. 10ªT 20080064625 — Relª. Marta Casadei Momezzo. DOE 26.2.08.

6. Gratificação de função. A gratificação de função está ligada ao exercício de função comissionada ou então na função de confiança. Decorre, portanto, do exercício de função que exija mais responsabilidade e obrigações. O pagamento dessa gratificação se dá com frequência no meio bancário, já que o § 2º do art. 224 da CLT, estatui o pagamento de uma gratificação correspondente a um terço do salário do cargo efetivo para os bancários exercentes das funções de direção, gerência, fiscalização, chefia e equivalentes ou que desempenhem outros cargos de confiança. A expressão "salário do cargo efetivo" deu ensejo a muita controvérsia em face de os bancários terem um adicional por tempo de serviço fixado em norma coletiva e que não era considerado para efeito de cálculo da referida gratificação, já que não fazia parte do salário efetivo. No entanto, depois de muita controvérsia a respeito acabou consolidando-se o entendimento de que o adicional por tempo de serviço também faz parte do salário do cargo efetivo integrando-se ao salário para todos os efeitos legais (Súmula n. 203, do TST). Importante ressaltar que na atualidade, a gratificação de função no meio bancário é fixada em instrumentos coletivos e normalmente em condições mais vantajosas do que as decorrentes da lei.

Outra categoria de trabalhadores que percebem a gratificação de função são os gerentes, assim considerados os exercentes de cargos de gestão, aos quais se equiparam os diretores (empregados) e chefes de departamentos ou filial (parágrafo único do art. 62, da CLT). O salário de tais empregados deve ser superior a 40% do salário do cargo efetivo, conforme a previsão legal. Vale lembrar que o exercente de tais cargos pode ser oriundo do próprio quadro de empregados, como também contratado diretamente na função pelo empregador, bastando que respeite o critério da lei. Evidentemente, quando contratado diretamente, o salário do exercente da função de confiança deverá ser condizente com a função, não havendo a necessidade do percebimento da gratificação de função para a sua configuração, até porque a lei não deixa antever a sua existência, em face da expressão "se houver".

O ocupante de cargo em comissão, na forma do art. 450, da CLT (substituição, eventual ou temporária, em cargo diverso do que exerce na empresa) também percebe comissão comumente chamada de gratificação de função pela maior responsabilidade do cargo; "trata-se de um *plus* condicionado: a ele o beneficiário faz jus, enquanto servir no desempenho do cargo. Uma vez deste despojado, cessa seu pagamento"[43].

Por uma decorrência lógica, o empregado que vier a ser mantido no cargo em comissão não poderá ter reduzido o valor pago a título de comissionamento, a teor do disposto no item II da Súmula n. 372, do TST.

O empregado que permanecer no cargo em comissão ou de confiança por mais de dez anos, o valor percebido para o exercício da função, que naturalmente agrega à renda familiar, passa a compor a sua remuneração, ainda que tenha sido destituído do cargo comissionado ou de confiança por ato do empregador. Prevalece no caso, o princípio da estabilidade econômica do trabalhador (Súmula n. 372, I, do TST. O número estimado de dez anos pela Súmula para a supracitada incorporação decorre de construção jurisprudencial já que o parágrafo único do art. 468, da CLT, não trata dessa questão. Ainda sobre a questão da estabilidade econômica surge uma dúvida se o período de dez anos a que alude o item I, da Súmula n. 372, admite períodos descontínuos para efeito da sua aplicação ou se o período deve ser contínuo. Encontramos jurisprudência que entende que o período de dez anos deve ser contínuo.

Jurisprudência

TST, Súmula n. 203. GRATIFICAÇÃO POR TEMPO DE SERVIÇO. NATUREZA SALARIAL. (mantida) — Res. 121/2003, DJ 19, 20 e 21.11.2003. A gratificação por tempo de serviço integra o salário para todos os efeitos legais.

TST, Súmula n. 240. BANCÁRIO. GRATIFICAÇÃO DE FUNÇÃO E ADICIONAL POR TEMPO DE SERVIÇO (mantida) — Res. 121/2003, DJ 19, 20 e 21.11.2003. O adicional por tempo de serviço integra o cálculo da gratificação prevista no art. 224, § 2º, da CLT.

Ementa: Gratificação de função. Reversão ao cargo efetivo. Integração. 1. A jurisprudência atual, notória e iterativa do Tribunal Superior do Trabalho, tendo em vista o princípio da estabilidade econômica, considera que se incorpora ao salário do empregado a gratificação de função percebida por, no mínimo, dez anos seguidos. 2. Na hipótese de o empregado perceber gratificação de função por menos de dez anos, lícita, pois, a reversão ao cargo efetivo sem a manutenção do pagamento da gratificação de função. 3. Não impressiona o fato de, na espécie, o

---

(43) DONATO, Messias Pereira, *Curso de Direito Individual do Trabalho*. São Paulo: LTr, 2008. p. 242.

Reclamante haver exercido a função por 8 anos e 6 meses. Isso porque eventual elastecimento da aludida diretriz jurisprudencial daria azo a subjetivismo incompatível com a isenção objetiva que deve pautar qualquer pronunciamento judicial. 4. Embargos conhecidos e não providos, no particular. TST-E-RR-1.149/2001-001-22-00.1 — (Ac. SBDI1) — 22ª Reg. — Rel. Min. João Oreste Dalazen. DJU 10.3.06, p. 906.

Ementa: *Gratificação de função. Incorporação. Reajustamento. Vinculação aos índices incidentes aos salários.* Incorporada a gratificação percebida por mais de 10 (dez) anos aos vencimentos do empregado, em decorrência do princípio da estabilidade financeira, inegável a transmutação de sua natureza jurídica, pois dissipado seu caráter de prêmio por reconhecimento de prestação diferenciada de serviços, adquirindo feição salarial em razão de aspecto integrativo. Nesta diretriz, seu reajustamento encontra-se jungido ao regime de correção dos salário, pois salário é. TRT 10ª Reg. RO 00803-2007-021-10-00-5 — (Ac. 1ª T./08) — Rel. Juiz Ricardo Alencar Machado. DJU 29.2.08, p. 1.003.

Ementa: *Gratificação de função. Incorporação. Períodos descontínuos.* De acordo com a Súmula n. 372 do Tribunal Superior do Trabalho, a gratificação de função paga por dez anos ou mais não pode ser suprimida, em apreço ao princípio da estabilidade financeira, caso seja o empregado revertido ao cargo efetivo. Contudo, a referência à estabilidade financeira do empregado permite pressupor que o exercício da função gratificada, por dez anos ou mais, deve ser continuado. Tratando-se de exercício intercalado, descontinuado, de função gratificada, ainda que por mais de dez anos, não cabe a aplicação do entendimento sumulado pelo Colendo TST. Recurso improvido. TRT 24ª Reg. RO 01472-2004-001-24-00-7 — Juiz Red. Márcio Eurico Vitral Amaro. DOMS n. 6543, 8.8.05, p. 30.

Ementa: *Gratificação de função. Paga por mais de 10 anos. Supressão.* Muito embora a gratificação de função, a princípio, somente seja devida enquanto o empregado permanece ocupando o cargo de confiança, há de se consignar que o trabalhador, que recebe tal gratificação ao longo do tempo, ajustou seu padrão de vida ao recebimento deste valor, sendo certo que a supressão desta quantia importará sérios transtornos ao seu orçamento financeiro. É que a estabilidade salarial detida por longos anos — oriunda pela efetividade forjada no tempo — integra-se ao contrato de trabalho e, por essa razão, insere-se no patrimônio jurídico do seu detentor, não podendo mais ser suprimida por ato unilateral do empregador, em razão dos princípios da inalterabilidade contratual e da irredutibilidade salarial. Neste sentido, o entendimento pacífico do C. TST consubstanciado na Súmula n. 372. Recurso provido. TRT 15ª Reg. (Campinas/SP) RO 1004-2006-124-15-00-5 — (Ac. 7192/08-PATR, 5ª C.) — Rel. Lorival Ferreira dos Santos. DOE 15.2.08, p. 25.

7. Gratificação por tempo de serviço. Também denominada de adicional por tempo de serviço. Sua natureza é salarial e "tem o mérito de integrar o empregado no ambiente de trabalho. É comum dizer que o empregado, velho de casa, **veste a camisa da empresa**"[44]. Seu pagamento normalmente é mensal, trienal ou quinquenal ou ajustado sobre o salário básico ou sobre a remuneração. Pago mensalmente, já remunera o repouso semanal remunerado (Súmula n. 225 do TST) e a sua natureza salarial é reconhecida na Súmula n. 203, do TST.

TST, Súmula n. 52. Tempo de serviço (mantida) — Res. 121/2003, DJ 19, 20 e 21.11.2003 O adicional de tempo de serviço (quinquênio) é devido, nas condições estabelecidas no art. 19 da Lei n. 4.345, de 26.6.1964, aos contratados sob o regime da CLT, pela empresa a que se refere à mencionada lei, inclusive para o fim de complementação de aposentadoria.

TST, Súmula n. 202. Gratificação por tempo de serviço. Compensação (mantida) — Res. 121/2003 DJ 19, 20 e 21.11.2003. Existindo, ao mesmo tempo, gratificação por tempo de serviço outorgada pelo empregador e outra da mesma natureza prevista em acordo coletivo, convenção coletiva ou sentença normativa, o empregado tem direito a receber, exclusivamente, a que lhe seja mais benéfica.

TST, Súmula n. 203. Gratificação por tempo de serviço. Natureza salarial. (mantida) — Res. 121/2003, DJ 19, 20 e 21.11.2003. A gratificação por tempo de serviço integra o salário para todos os efeitos legais.

---

(44) DONATO, Messias Pereira, ob. cit., p. 242.

TST, Súmula n. 225. Repouso semanal. Cálculo. Gratificações por tempo de serviço e produtividade (mantida) — Res. 121/2003, DJ 19, 20 e 21.11.2003. As gratificações por tempo de serviço e produtividade, pagas mensalmente, não repercutem no cálculo do repouso semanal remunerado.

TST, Súmula n. 240. Bancário. Gratificação de função e adicional por tempo de serviço (mantida) — Res. 121/2003, DJ 19, 20 e 21.11.2003. O adicional por tempo de serviço integra o cálculo da gratificação prevista no art. 224, § 2º, da CLT.

8. Prêmios e gratificações. As duas expressões levam ao raciocínio de que são sinônimas ou então se confundem por envolver ato de agraciar o empregado em razão de fatores ligados ou não a sua produção. Para o saudoso *Luiz José de Mesquita* que se apóia também em *Dorval Lacerda* o "prêmio é uma recompensa à eficiência e dedicação do empregado, não ao seu trabalho. Assim, por exemplo, numa empresa, todos os empregados recebem pelo mesmo trabalho a mesma importância, por mês, por hora ou por unidade de obra, mas aos que produzem ou trabalham com mais eficiência e dedicação se lhes abona uma importância extra, a título de prêmio ou recompensa premial. Informa *Dorval Lacerda* que: 'o prêmio pressupõe competição e é nisso que ele se distingue da gratificação. Se o empregador, no fim do ano, em virtude dos bons lucros obtidos pela empresa, abonar ao empregado, ou aos empregados, como é mais comum, uma certa quantia — ele está gratificando. Se, entretanto, abona ao empregado uma determinada importância pelo fato de ter sido o que mais ou melhor produziu — ele está premiando'"[45]. E acrescenta *Arnaldo Süssekind* que "na instituição dos prêmios, o empregador costuma estipular as condições que subordinam sua concessão"[46].

A verdade é que é o prêmio qualquer que seja o rótulo atribuído pelo empregador, sua natureza depende do "seu conteúdo e características, estipulação, finalidade e, decisivamente, pela periodicidade com que são efetuados pagamentos — tudo para saber se estamos diante de uma atribuição salarial ou não salarial"[47]. Assim, se o prêmio é pago habitualmente pelo empregador terá forçosamente natureza salarial. O mesmo não se dará se efetuado esporadicamente e vinculado a situações especiais. Aliás, várias empresas possuem em seu regimento interno a premiação de empregado que atinge certo tempo de casa, aquele que requer aposentadoria (prêmio jubileu) ou no incentivo para rescisão do contrato de trabalho, como acontecem nos programas de demissão voluntária.

Evidentemente, que os prêmios assiduidade, produtividade, por tempo de serviço ou outros prêmios que são pagos habitualmente ao empregado e ligados à retribuição pelos serviços prestados terão natureza salarial, pois se assemelham às gratificações, conforme deixam antever as Súmulas ns. 115, 202, 203 e 225, do TST, que estão relacionadas nos itens anteriores.

Precedente Administrativo da SIT/MTE

PRECEDENTE ADMINISTRATIVO N. 6. *FGTS. Gratificação. Falta de recolhimento do percentual de 8% sobre parte da remuneração devida.* A gratificação, bem como comissões, per-

---

[45] *Das Gratificações no Direito do Trabalho Brasileiro*. LTr, 1974. p. 189.
[46] *Instituições de Direito do Trabalho,* Délio Maranhão, Segadas Viana e Lima Teixeira, 22. ed., São Paulo: LTr, 2005. p. 380.
[47] NASCIMENTO, Amauri Mascaro. *Salário, Conceito e Proteção*. São Paulo: LTr, 2008. p. 363.

centagens ou abonos pagos pelo empregador, integram o salário. Consequentemente, são base de cálculo para o FGTS. Referência Normativa: art. 457 e 458, CLT; Lei n. 8.036/90, art. 15.

Jurisprudência

Ementa: Recurso Ordinário. Prêmio: natureza jurídica. O prêmio objetiva incentivar e recompensar atributos individuais, dependendo, portanto, seu deferimento, da ação pessoal do empregado em relação à empresa. Desde que concedido com as características que configuram sua verdadeira natureza jurídica, o prêmio não deve ser conceituado como salário porque representa, como visto, uma liberalidade patronal, um reconhecimento da empresa aos seus colaboradores, como ocorreu na questão *sub judice*. TRT 1ª Reg. RO 01847-2000-052-0-1-00-3 — (Ac. 8ª T.) — Relª. Desembargadora Maria José Aguiar Teixeira Oliveira. DJRJ 2.2.06, p. 192.

Ementa: Prêmio-produção. Natureza jurídica. Composição da base de cálculo das horas extras. Ensina-nos a doutrina, que o prêmio destituído de cunho salarial é somente aquele que se vincula exclusivamente à benevolência patronal, que "depende da apreciação subjetiva do empregador" (Orlando Gomes, *apud* Arnaldo Süssekind, Instituições de Direito do Trabalho, 17. ed., v. 1, p. 384). Concedido esporadicamente, "o prêmio liberalidade não integra a remuneração do empregado" (Alice Monteiro de Barros, Curso de Direito do Trabalho, 1ª edição, p. 732). É essa, também, a lição de Messias Pereira Donato, e de Délio Maranhão — respectivamente: "O prêmio, produto de liberalidade, é o que fica sujeito à inteira discricionalidade do empregador. É-lhe dado suprimi-lo, quando lhe aprouver" (Curso de Direito do Trabalho, 3ª edição, p. 83). "Apresentam-se, às vezes, entretanto, como liberalidade, não como contraprestação do trabalho prestado, ainda que além do que seria normalmente devido pelo empregador, mas como recompensa, puramente subjetiva e a título de benevolência, por motivos não necessariamente ligados à prestação de trabalho como, por exemplo, o prêmio fidelidade. Assim, também, quando se destinam a recompensar a maneira pela qual o empregado cumpriu a obrigação a que, normalmente, se obrigou, já devidamente remunerada pelo pagamento do salário respectivo: prêmio-assiduidade" (Direito do Trabalho, 14ª edição, p. 180/181). O chamado prêmio-produção, entretanto, ligado a rendimentos individuais ou coletivos, tem, sempre, natureza de contraprestação, geradora dos reflexos de lei. TRT 3ª Reg. RO 01326-2007-015-03-00-1 — (Ac. 1ª T.) — Rel. Des. Deoclecia Amorelli Dias. DJMG 11.7.08, p. 11.

Ementa: Adicional de assiduidade. Pagamento habitual. Natureza salarial. Considerando que os prêmios caracterizam-se pelo seu aspecto condicional, relacionados diretamente a fatores de ordem pessoal do trabalhador, afigura-se evidente a natureza salarial do adicional de assiduidade pago de forma habitual, eis que o fato gerador para o pagamento da referida verba depende apenas do próprio esforço do empregado, estando evidente o caráter contraprestativo da parcela, ao estipular como condição do seu pagamento a prestação de serviços de forma pontual e sem atrasos. A parcela se afigura como verdadeiro complemento salarial, destinado a premiar o trabalho assíduo. Nesse sentido, pois, era pago com habitualidade e, por conseguinte, deve integrar as demais verbas, na forma do art. 457, § 1º, da CLT. TRT 9ª Reg. RO 06274-2006-010-09-00-4 — (Ac. 4ª T. 26586/07) — Rel. Luiz Celso Nap. DJPR 21.9.07, p. 686.

Ementa: Prêmio. Recebimento. Danos morais. Para fazer jus ao pagamento de prêmio estabelecido em programa da empresa por liberalidade desta, o obreiro deve demonstrar ter satisfeito os requisitos exigíveis para a sua obtenção, como fato constitutivo do direito à parcela. Ausente a prova de que o autor atingiu as metas de produtividade fixadas como condição para tal benefício, não cabe falar em descumprimento contratual pela empresa que gere reparação de qualquer natureza, inclusive e sobretudo, relacionada a dano moral pela frustração de expectativa do prêmio. TRT 3ª Reg. RO 00037-2005-136-03-00-2 — (Ac. 2ª T.) — Rel. Des.Jorge Berg de Mendonça. DJMG 24.1.07, p. 10.

Ementa: Comissões e prêmios. Distinção. Comissão é um porcentual calculado sobre as vendas ou cobranças feitas pela empregado em favor do empregador. O prêmio depende do atingimento de metas estabelecidas pelo empregador. É salário-condição. Uma vez atingida a condição, a empresa paga o valor combinado. Não se pode querer que o preposto saiba a natureza jurídica entre uma verba e outra. TRT 2ª Reg. RO 00693200390202007 — (Ac. 3ª T. 20030282661) — Rel. Juiz Sérgio Pinto Martins. DJSP 24.6.03, p. 77.

9. Abonos. A expressão abono sempre foi entendida como uma antecipação salarial normalmente concedida enquanto não se definido o reajuste decorrente de negociação coletiva envolvendo o Sindicato dos Trabalhadores e o patronal e sujeita a respectiva compensação com o que foi estabelecido na convenção ou acordo coletivo, observada a data-base da categoria. Isso ocorreu com muita frequência nos períodos de inflação mais acentuada como forma de recomposição das perdas salariais pelos trabalhadores. Sua natureza salarial está delineada no disposto no § 1º do art. 457 ao assim a considerar, de forma que não pode haver norma coletiva que estipule natureza diversa da salarial, a não ser que decorra de lei, como ocorre com o abono de férias (art. 144, da CLT). Importante assinalar que o art. 28, § 9º, item 7 (Incluído pela Lei n. 9.711/78), da Lei n. 8.212/91, dispõe que as importâncias recebidas "a título de ganhos eventuais e os abonos expressamente desvinculados do salário" não se incorporarão ao salário para quaisquer direitos trabalhistas. Evidentemente que a razão para tal norma está no fato de que o pagamento do abono se dá de uma forma especial, normalmente concedida uma única vez, totalmente desvinculado do salário até por ser uma concessão esporádica ou eventual. Nesse caso, sobre este abono não incidirá também o FGTS.

10. Gratificação de natal ou 13º salário. Hoje é um direito assegurado constitucionalmente a todo empregado — urbano e rural (CF/art. 7º, VIII) — doméstico (CF/art. 7º, parágrafo único) e avulso (CF/art. 7º, XXXIV). Os servidores públicos também fazem jus a esse direito. Entretanto, a gratificação de natal, "de sólida raiz brotada da religiosidade lusitana e a nós transmitida como herança cultural"[48]), era no seu início concedida por liberalidade por alguns empregadores e visava proporcionar aos empregados uma ceia de natal mais farta; depois, outros empregadores passaram a adotar o mesmo procedimento, e como essa prática se alastrou, em boa hora o legislador resolveu instituir esse benefício para todos os trabalhadores, o que veio acontecer com a Lei n. 4.090, de 13 de julho de 1963. Pela Lei n. 4.749, de 12.8.65, o pagamento do 13º salário pode ser feito em duas parcelas, a primeira entre os meses de fevereiro e novembro de cada ano, correspondendo a metade do salário percebido pelo empregado no mês anterior e se referindo a um adiantamento do direito a ele assegurado, sendo que o empregador não está obrigado a pagar a primeira parcela do 13º salário num mesmo mês. Permitiu-se, no entanto, a faculdade de fazer o pagamento dessa metade quando da saída de férias do empregado. A segunda parcela deverá ser paga até o dia 20 de dezembro (se este dia cair no domingo ou feriado deverá ser antecipado — Precedente Administrativo n. 25 do SRT/MTE) e na oportunidade é compensado o valor correspondente a primeira parcela, sem nenhuma correção monetária. Isso porque a Constituição Federal dispõe no seu inciso VIII do art. 7º, "décimo terceiro com base na remuneração integral ou no valor da aposentadoria". Por remuneração integral compreende-se o salário e as gorjetas. O cálculo do direito é feito na base de 1/12 por mês de serviço e considera-se como mês a fração igual ou superior a 15 dias de trabalho.

Na rescisão do contrato de trabalho, quer sem justa causa ou pedido de demissão (TST, Súmula n. 157), o valor do 13º salário será pago proporcionalmente ou integral, se for o caso. Se a rescisão se der por justa causa, o empregado não terá direito ao 13º salário e no caso de culpa recíproca, o seu valor será reduzido pela metade. Várias Súmulas do TST disciplinam algumas questões sobre o pagamento no 13º salário, que tem natureza salarial, como o seu cômputo na indenização devida ao empregado (Súmula n. 148); integração das horas extras habitualmente prestadas no seu cálculo (Súmula n. 45); que as faltas ou ausências decorrentes de acidentes do trabalho não são consideradas para efeito do pagamento do 13º salário (Súmula n. 46) e que é devida pela empresa cessionária ao servidor público cedido enquanto durar a cessão (Súmula n. 50).

---

(48) RODRIGUES PINTO, José Augusto; PAMPLONA FILHO, Rodolfo. Repertório de Conceitos Trabalhistas, V. 1, São Paulo: LTr, 2000. p. 308.

Precedente Administrativo — SRT/MTE

PRECEDENTE ADMINISTRATIVO N. 25. *Gratificação natalina. Prazo.* A lei dispõe que o prazo para pagamento da gratificação natalina é o dia 20 de dezembro de cada ano. Recaindo o dia 20 em domingo ou feriado, o pagamento deve ser antecipado. Não há que se falar em prorrogação para o primeiro dia útil subsequente. Referência Normativa: art. 1º da Lei n. 4.749, de 12 de agosto de 1965.

Jurisprudência

STF, Súmula n. 688. É legítima a incidência da contribuição previdenciária sobre o 13º salário.

TST, Súmula n. 14. CULPA RECÍPROCA (nova redação) — Res. 121/2003, DJ 19, 20 e 21.11.2003 .Reconhecida a culpa recíproca na rescisão do contrato de trabalho (art. 484 da CLT), o empregado tem direito a 50% (cinquenta por cento) do valor do aviso prévio, do décimo terceiro salário e das férias proporcionais.

TST, Súmula n. 45. SERVIÇO SUPLEMENTAR (mantida) — Res. 121/2003, DJ 19, 20 e 21.11.2003. A remuneração do serviço suplementar, habitualmente prestado, integra o cálculo da gratificação natalina prevista na Lei n. 4.090, de 13.7.1962.

TST, Súmula n. 46. ACIDENTE DE TRABALHO (mantida) — Res. 121/2003, DJ 19, 20 e 21.11.2003. As faltas ou ausências decorrentes de acidente do trabalho não são consideradas para os efeitos de duração de férias e cálculo da gratificação natalina.

TST, Súmula n. 50. GRATIFICAÇÃO NATALINA (mantida) — Res. 121/2003, DJ 19, 20 e 21.11.2003. A gratificação natalina, instituída pela Lei n. 4.090, de 13.7.1962, é devida pela empresa cessionária ao servidor público cedido enquanto durar a cessão.

TST, Súmula n. 148. GRATIFICAÇÃO NATALINA (mantida) — Res. 121/2003, DJ 19, 20 e 21.11.2003. É computável a gratificação de Natal para efeito de cálculo de indenização (ex-Prejulgado n. 20).

TST, Súmula n. 157. GRATIFICAÇÃO (mantida) — Res. 121/2003, DJ19, 20 e 21.11.2003. A gratificação instituída pela Lei n. 4.090, de 13.7.1962, é devida na resilição contratual de iniciativa do empregado (ex-Prejulgado n. 32).

11. Diárias para viagem. As diárias para viagem integram o salário do empregado, com exceção das que não excedam de 50% do valor percebido, conforme disposto no § 2º deste artigo. Entende-se a respeito das diárias as que são para viagem e as que são por viagem, ou seja, diárias salariais quando visam a remunerar a viagem (serviços prestados no período) e não salariais quando visam a indenizar os gastos dela decorrentes. Estas seriam as diárias propriamente ditas e as primeiras as impróprias por se traduzirem em complementação salarial e consequentemente de natureza salarial. Quer nos parecer, no entanto, que mesmo quando as diárias ultrapassarem de 50% do salário, se elas vierem acompanhadas de comprovação das despesas efetuadas pelo empregado, sem qualquer vício, a sua natureza será indenizatória, por se equipararem as ajudas de custo. No caso, caberá sempre ao empregador a prova de que as diárias foram concedidas efetivamente para custear as despesas necessárias na prestação de serviços e a forma para isso seria a exigência da comprovação delas respectivas feitas pelo empregado. Nesse sentido, por sinal, o Precedente Administrativo n. 50, da SIT/MTE.

A Súmula n. 318/TST, no entanto, continua admitindo o critério aritmético para que as diárias sejam ou não consideradas como salário, quando o lógico seria considerar como salário aquelas em que não ocorreu a prova dos gastos realizados pelo empregado, pressupondo que neste caso elas efetivamente se revestiram de natureza salarial e nesta ótica se alicerça o Precedente Administrativo n. 50, da SIT/MTE.

Precedente Administrativo da SIT/MTE

PRECEDENTE ADMINISTRATIVO N. 50. *Remuneração. Diárias de viagem que excedem 50% do salário. Natureza jurídica.* É ônus do empregador afastar a presunção de que as diárias de viagem que excedam a 50% do salário do empregado têm natureza salarial, pela comprovação de que o empregado presta contas de suas despesas, recebendo os valores a título de ressarcimento. Referência Normativa: art. 457, § 2º da Consolidação das Leis do Trabalho — CLT e Instrução Normativa n. 8, de 1º de novembro de 1991.

Jurisprudência

TST, Súmula n. 101. DIÁRIAS DE VIAGEM. SALÁRIO (incorporada a Orientação Jurisprudencial n. 292 da SBDI-1) — Res. 129/2005, DJ 20, 22 e 25.4.2005. Integram o salário, pelo seu valor total e para efeitos indenizatórios, as diárias de viagem que excedam a 50% (cinquenta por cento) do salário do empregado, enquanto perdurarem as viagens. (primeira parte — ex-Súmula n. 101 — RA 65/1980, DJ 18.6.1980; segunda parte — ex-OJ n. 292 da SBDI-1 — inserida em 11.8.2003)

TST, Súmula n. 318 DIÁRIAS. BASE DE CÁLCULO PARA SUA INTEGRAÇÃO NO SALÁRIO (mantida) — Res. 121/2003, DJ 19, 20 e 21.11.2003. Tratando-se de empregado mensalista, a integração das diárias no salário deve ser feita tomando-se por base o salário mensal por ele percebido e não o valor do dia de salário, somente sendo devida a referida integração quando o valor das diárias, no mês, for superior à metade do salário mensal.

Ementa: Recurso de embargos. Diárias. Integração. Salário-base. Provimento. Não se inclui no complexo salarial, nos termos do § 2º do art. 457 da CLT, as ajudas de custo, assim como as diárias para viagem que não excedam de 50% do salário do empregado. Se o legislador, no § 1º do art. 457, determina que integra o salário-base aquelas parcelas ali estipuladas (comissões, percentagens, gratificações ajustadas, diárias para viagem e abonos pagos pelo empregador), e no § 2º excluiu as diárias para viagem que não ultrapassam a 50% do salário, lógico é que o salário a ser utilizado como parâmetro do excesso ou não das diárias é o salário base, sem o acréscimo de qualquer adicional. TST-E-ED-RR-93.552/2003-900-04-00.6 — (Ac. SBDI1) — 4ª Reg. — Rel. Min. Aloysio Corrêa da Veiga. DJU 11.11.05, p. 904.

Ementa: Diárias para viagem. Segundo disposição do § 2º, do art. 457 da CLT, possuem natureza salarial as diárias para viagem que excedam de 50% (cinquenta por cento) do salário percebido pelo empregado. No caso, tal parcela deve servir de base para o cálculo do adicional de periculosidade do eletricitário. TRT 7ª Reg. Proc. 01749/2003-002-07-00-0 — (Julg. 26.3.07) — Rel. Des. José Antonio Parente da Silva. DOJT/7ªReg. 24.4.07

Ementa: Diária para viagem. Ressarcimento de gastos. Natureza indenizatória. As diárias estão relacionadas como despesas realizadas pelo empregado em viagem não destinada à transferência, sendo seu retorno esperado. Quando próprias, ou seja, não excedentes à 50%(cinquenta por cento)do salário, possuem natureza indenizatória, não se incluindo na remuneração, conforme preconiza o § 2º do art. 457 da CLT, uma vez que traduzem, na essência, mero ressarcimento de despesas feitas ou a se fazer em função do estrito cumprimento do contrato empregatício. TRT 9ª Reg. RO 04899-2003-005-09-00-3 — (Ac. 4ª T. 26593/07) — Rel. Luiz Celso Nap. DJPR 21.9.07, p. 668.

Ementa: Diárias de viagens. Natureza jurídica. Distribuição de ônus de prova. O §1º do art. 457 dispõe que as diárias integram o salário obreiro, quando excederem o salário mensal. Contudo, a intenção da lei, segundo o Professor Maurício Godinho Delgado em sua obra "Curso de Direito do Trabalho", 2ª edição, "O que pretendeu a CLT foi simplesmente fixar uma presunção relativa, hábil a distribuir equitativamente o ônus da prova no tocante a essa matéria. Nesse contexto, se as diárias para viagem não ultrapassarem 50% do salário mensal obreiro, presumir-se-ão regulares, destituídas assim de natureza salarial (cabendo ao empregado, portanto, provar que, na verdade, naquele caso concreto, configuram-se como fraudulentas). Caso as diárias venham a ultrapassar a fronteira de 50% do salário obreiro, caberá, neste segundo caso, ao empregador evidenciar que tais diárias, embora elevadas, correspondem a efetivas despesas de viagens, não tendo, desse modo, qualquer caráter retributivo e qualquer sentido fraudulento tendo sido deferidas, pois, fundamentalmente para viabilizar as viagens a trabalho" (negritei e grifei). Tem-se, pois, que as diárias de viagens que ultrapassem o percentual de 50% nem sempre se constituem salário, embora haja presunção relativa de fraude, sujeitando-se o empregador a produzir prova contrária no sentido de que as mesmas, ainda que elevadas, visam atender às necessidades com viagens, se o intuito lógico de fraudar preceitos trabalhistas e encargos previdenciários e fiscais. Neste caso, resta afastada a natureza salarial. Recurso provido no aspecto. TRT 3ª Reg. RO 01367-2002-001-03-00-0 — (Ac. 3ª T) — Relª Juíza Maria Cristina Diniz Caixeta. DJMG 09.08.03, p. 5.

12. Ajudas de custo. Quanto às ajudas de custo, no seu sentido próprio, possuem natureza indenizatória, porque reembolsáveis os gastos efetuados pelo empregado. Gastos estes que podem ser com alimentação, estadia, combustível e manutenção do veículo quando o empregado dele se utiliza como meio de transporte na consecução do contrato de trabalho. É uma espécie de compensação ao empregado pelo uso de equipamentos ou de outras despesas decorrentes necessárias para a prestação do trabalho. Se, no entanto, a ajuda de custo for concedida de forma a desvirtuar a sua finalidade, ou seja, como uma vantagem pela prestação dos serviços, sem qualquer acerto de contas ela será considerada imprópria e nesse caso terá natureza salarial.

Assim, pode-se dizer que a ajuda de custo propriamente dita jamais poderá ter natureza salarial porque será tida como ressarcitória das despesas devidamente comprovadas pelo empregado. Haverá que se ter uma correlação entre o valor da ajuda de custo e as respectivas despesas a fim de que não se extraia do pagamento uma vantagem ao empregado. Daí porque o seu valor será sempre variável pela própria necessidade de prestação de contas pelo empregado, tendo, portanto, cunho indenizatório. Exemplo típico é a ajuda por quilometragem rodada.

De notar-se que na ajuda de custo há sempre o sentido de indenização das despesas efetivadas pelo empregado, de forma que se houver a adulteração das respectivas notas comprobatórias das despesas poderá resultar até na quebra de confiança que deve imperar no contrato de trabalho e redundar na rescisão por justa causa do obreiro.

Nas diárias para viagem não há necessidade de prestação de contas porque o valor será sempre fixo para atender as eventuais necessidades do empregado com o deslocamento, refeições, pernoites e os inconvenientes naturais de viagens. As diárias para viagem como a própria expressão indica é repetitiva quanto ao valor e não há prestação de contas, de forma que eventuais sobras do valor concedido a título de diárias serão do empregado.

Note-se, por último, que embora o disposto no § 2º deste artigo exclua da natureza salarial as diárias que não excedam de 50% do salário percebido pelo empregado, o certo é que se ficar configurado que o pagamento expressado na forma de diárias teve por objetivo mascarar uma complementação salarial, há que prevalecer esta natureza salarial ante aos termos do art. 9º da CLT que veda todo procedimento que desvirtue as finalidades do Direito do Trabalho. Este raciocínio se aplica também às ajudas de custo pelas mesmas razões, conforme já visto.

Jurisprudência

Ementa: Ajuda de custo. Ajuda de custo típica tem caráter indenizatório. Há até mesmo quem entenda que a parcela nunca é computada no salário, independentemente de exceder ou não 50% do valor deste, pois esse limite foi fixado no art. 457, § 2º, da CLT, apenas para as diárias de viagem. Certo é que, de modo geral, a ajuda de custo constitui um valor em pecúnia hábil a permitir a execução de um trabalho pelo empregado, ou seja, não tem o caráter de contraprestação pelo trabalho. A rigor, sua praxe afigura-se ao reembolso. O pagamento é eventual ou decorrente de pagamento único. Verificadas tais circunstâncias, a natureza jurídica da ajuda de custo não pode ser considerada como parcela salarial retributiva dos serviços prestados, salvo se o conjunto probatório revelar outra realidade contratual, caso em que a verba de natureza tipicamente indenizatória poderá vir a ser considerada de caráter salarial.

TRT 3ª Reg. RO 01457-2004-001-03-00-3 — (Ac. 2ª T.) — Rel. Juiz Hegel de Brito Bóson. DJMG 14.9.05, p. 12.

Ementa: Ajuda de custo. Art. 457, § 2º, da CLT. Nos termos do art. 457, § 2º, da CLT não se inclui na remuneração a ajuda de custo que não exceda a 50% do salário. No presente caso, os recibos salariais demonstram que a ajuda de custo não excedia a 50% da remuneração do reclamante, motivo pelo qual há presunção de regularidade no seu pagamento. Além disso, o obreiro admitiu na inicial que a referida verba se destinava a custear combustível, requerendo até mesmo diferenças, o que também corrobora a natureza indenizatória da parcela. TRT 3ª Reg. RO 01177-2006-044-03-00-5 — (Ac. 5ª T.) — Relª. Des. Lucilde D'Ajuda Lyra de Almeida. DJMG 15.12.07, p. 29.

Ementa: Ajuda de custo. Dissimulação de efetiva contraprestação. Reconhecimento da natureza salarial. A ajuda de custo traduz o ressarcimento de despesas necessárias ao cumprimento das atividades do empregado no contexto do contrato de trabalho. É, portanto, instrumental para a prestação dos serviços pelo trabalhador e detém, consequentemente, caráter indenizatório. Não obstante, pode, no contexto fático da prestação dos serviços, adquirir feição fraudulenta consistente na dissimulação de efetiva contraprestação, furtando-se o empregador, com essa prática, da repercussão do montante pago a tal título nas demais verbas. Afastada a justificativa patronal para o pagamento da ajuda de custo, e inexistindo fundamento, nas condições de prestação do trabalho, para o respectivo adimplemento, que consta habitual e uniformemente nos contracheques, o reconhecimento da natureza salarial da verba é medida que se impõe. TRT 12ª Reg. RO 00796-2006-005-12-00-0 — (Ac. 1ª T., 18.9.07) — Rel. Juiz Garibaldi T. P. Ferreira. Disp. TRT-SC/DOE 26.10.07. Data de Publ. 29.10.07.

13. Salário complessivo. Compreende-se por salário complessivo ou completivo aquele pago pelo seu valor total, mas englobando várias parcelas sem pertinência com a respectiva rúbrica ou então dificultando a sua individualização. Sua prática é rejeitada pela doutrina — permitir o salário complessivo seria uma porta aberta para a fraude. Bastaria, nos processos trabalhistas, alegar a complessividade como forma de liberação do pagamento de adicionais como de horas extraordinárias, noturno, periculosidade, insalubridade, ou, até mesmo, de qualquer forma complementar da remuneração do trabalhador"[49]. A verdade é que toda a verba paga ao trabalhador deve ser especificada justamente para que não paire nenhuma dúvida a respeito, tanto que o § 2º do art. 477, da CLT que trata da rescisão contratual diz claramente que deve ser "especificada a natureza de cada parcela paga ao empregado e discriminado o seu valor, sendo válida a quitação apenas relativamente às mesmas parcelas". Nessa conformidade, é nula qualquer cláusula contratual que adote o salário complessivo (Súmula n. 91, do TST).

Vale lembrar que o salário complessivo não se confunde com o salário à *forfait* (fixado para cada uma das parcelas devidas pelo empregador na execução do contrato de trabalho — Süssekind, Instituições do Direito do Trabalho, 22ª ed, SP, LTr, 2005. p. 358). Como dizem *José Augusto Rodrigues Pinto* e *Rodolfo Pamplona Filho* "na complessividade esse cálculo é feito *comprimindo as várias parcelas*, de modo a torná-las indistintas dentro do todo, enquanto na *forfetariedade* o cálculo é feito para cada parcela, preservando-lhe a identidade, de modo a permitir o valor que está sendo pago com referência a ela[50]".

Jurisprudência

TST, Súmula n. 91. Nula é a cláusula contratual que fixa determinada importância ou percentagem para atender englobadamente vários direitos legais ou contratuais do trabalhador.

Ementa: Salário complessivo. Não configuração. A configuração do salário complessivo se dá quando impossibilitado o trabalhador de verificar a que título está recebendo o pagamento praticado. Havendo a possibilidade, por simples cálculo aritmético, de verificar-se o pagamento do repouso semanal remunerado, inclusive em percentual maior ao postulado pelo obreiro, embora englobado no pagamento das horas-aula, não há deferir nova contraprestação, sob pena de enriquecimento ilícito. TRT 12ª Reg. RO 03906-2006-030-12-00-6 — (Ac. 3ª T., 12.2.08) — Rel. Juiz Gerson Paulo Taboada Conrado. TRT-SC/DOE 28.2.08.

Ementa: Salário complessivo. Não se admite a prova do pagamento de verbas decorrentes do contrato de trabalho quando este se deu de forma complessiva, ou seja, englobando numa única parcela valores referentes a títulos distintos. Assim, ausente a discriminação específica de uma verba no documento de quitação, deve a reclamada pagar o valor pleiteado a este título. TRT 15ª Reg. (Campinas/SP) RO 01764-2004-011-15-00-6 — (Ac. 36171/2005-PATR, 10ª Câmara) — Relª. Juíza Elency Pereira Neves. DJSP 5.8.05, p. 43.

Ementa: Salário complessivo. Possibilidade. Na verdade, não há ilegitimidade no pagamento de salários complessivos. O objetivo da Súmulan. 91 do TST, contudo, consiste em rejeitar essa forma de pagamento, se alguma confusão permanecer. TRT 15ª Reg. RO 02413-2006-010-15-00-8 — (Ac. 62030/2007-PATR, 12ª C.) — Rel. José Pitas. DOE 11.1.08, p. 159.

---

(49) NASCIMENTO, Amauri Mascaro, *Teoria Jurídica do Salário*, São Paulo: LTr, 2. ed., 1977. p. 147.
(50) *Repertório de Conceitos Trabalhistas*, Vol. Direito Individual, São Paulo: LTr, 2000. p. 466.

14. Participação nos lucros ou resultados. A participação nos lucros ou resultados figura na Carta Magna como um dos direitos assegurados ao trabalhador. Com efeito, o inciso XI, do art. 7º estatui "participação nos lucros, ou resultados, desvinculada da remuneração, e, excepcionalmente, participação na gestão da empresa, conforme definido em lei". Embora alguns autores entendam que há distinções entre participação nos lucros da participação nos resultados, o certo é que a Constituição Federal ao dispor "participação nos lucros, ou resultados", os equiparou. A própria expressão "participação de lucros" já carrega uma vertente ligada ao lucro, mas não se deve esquecer que os resultados não deixam de estar vinculados também ao lucro ou ao empreendimento, como acontecem com as metas estabelecidas pelo empregador para seus departamentos ou filiais, etc., como forma de incrementar maior lucratividade.

Sempre predominou na doutrina e na jurisprudência o entendimento de que a participação nos lucros paga habitualmente tinha natureza salarial, tanto que o TST chegou a editar a Súmula n. 254, que assim dispunha: "A parcela participação nos lucros da empresa, habitualmente paga, tem natureza salarial, para todos os efeitos legais". Referida Súmula foi cancelada pela Resol. 33/1994, DJ 12.5.94. O cancelamento dessa Súmula se deu pelo disposto no texto constitucional (art. 7º, XI) e em função de várias Medidas Provisórias que trataram sobre tal matéria. Aliás, a Medida Provisória n. 1.698-48, dispunha no seu art. 2º que " A participação nos lucros ou resultados será objeto de negociação entre a empresa e seus empregados, mediante um dos procedimentos a seguir descritos, escolhidos pelas partes de comum acordo: I — comissão escolhida pelas partes, integrada, também, por um representante indicado pelo sindicato da respectiva categoria dentre os empregados da empresa; II convenção ou acordo coletivo." O STF, apreciando medida cautelar na ADIn n. 1861-0, decidiu suspender a eficácia da expressão "dentre os empregados da empresa", por aparente inconstitucionalidade com o art. 8º, III, da Carta Magna. As sucessivas medidas provisórias se ajustaram à decisão do STF e até que a Lei n. 10.101/2000, que cuidou da matéria e precisamente no seu art. 2º dispôs que: "A participação nos lucros ou resultados será objeto de negociação entre a empresa e seus empregados, mediante um dos procedimentos a seguir descritos, escolhidos pelas partes de comum acordo: I — comissão escolhida pelas partes, integrada, também, por um representante indicado pelo sindicato da respectiva categoria; II — convenção ou acordo coletivo". Assim, o direito do trabalhador na participação de lucros ficou vinculado a uma negociação entre as partes envolvidas, através de comissões, composta por representantes dos empregados, garantido sempre a participação do sindicato mediante a escolha de um representante nas comissões. A questão nuclear que tem sido debatida é se é válida a negociação sem a participação do representante do Sindicato. Alguns entendem que se houver inércia do sindicato na indicação de representante para compor a respectiva comissão isso não poderá prejudicar os interesses dos trabalhadores, os maiores favorecidos em caso de concretização de acordo estabelecendo as suas participações nos lucros da empresa. Aliás, *Amauri Mascaro Nascimento* afirma com propriedade que "Se o sindicato não indicar representante, os trabalhos da comissão podem prosseguir sem a sua presença porque se não fosse assim todo desatendimento do convite paralisaria as discussões e os empregados ficariam sem a participação o que não é razoável" e complementa que "a vaga do representante sindical na comissão em nada modifica esse aspecto, uma vez que não transfere a legitimidade para negociar ao sindicato, continuando com a comissão dos empregados"[51]. A Lei n. 10.101/2000 traça algumas diretrizes sobre a participação nos lucros das quais destacamos que nos "Dos instrumentos decorrentes da negociação deverão constar regras claras e objetivas quanto à fixação dos direitos substantivos da participação e das regras adjetivas, inclusive mecanismos de aferição das informações pertinentes ao cumprimento do acordado,

---

(51) *Salário* — Conceito e Proteção. São Paulo: LTr, 2008. p. 319.

periodicidade da distribuição, período de vigência e prazos para revisão do acordo, podendo ser considerados, entre outros, os seguintes critérios e condições: I — índices de produtividade, qualidade ou lucratividade da empresa; II — programas de metas, resultados e prazos, pactuados previamente (§ 1º, do art 2º); O instrumento de acordo celebrado será arquivado na entidade sindical dos trabalhadores (§ 2º do art. 2º); que "participação de que trata o art. 2º não substitui ou complementa a remuneração devida a qualquer empregado, nem constitui base de incidência de qualquer encargo trabalhista, não se lhe aplicando o princípio da habitualidade (art. 3º); que "é vedado o pagamento de qualquer antecipação ou distribuição de valores a título de participação nos lucros ou resultados da empresa em periodicidade inferior a um semestre civil, ou mais de duas vezes no mesmo ano civil (§ 2º do art. 3º); que é todos os pagamentos efetuados em decorrência de planos de participação nos lucros ou resultados, mantidos espontaneamente pela empresa, poderão ser compensados com as obrigações decorrentes de acordos ou convenções coletivas de trabalho atinentes à participação nos lucros ou resultados. (§ 3º do art. 3º); que "caso a negociação visando à participação nos lucros ou resultados da empresa resulte em impasse, as partes poderão utilizar-se dos seguintes mecanismos de solução do litígio: I — mediação; II — arbitragem de ofertas finais, cujas condições se acham especificadas nos §§ 1º a 4º do art. 4º da mencionada lei, e, finalmente, os trabalhadores em empresas estatais, conforme art. 5º se sujeitarão as diretrizes pelo Poder Executivo, as quais são definidas no parágrafo único do mesmo artigo. Importante assinalar que nada impede que conste de acordo ou convenção coletiva de trabalho norma atinente a participação de lucros e resultados, mas sendo vedada a sua utilização como forma de recomposição da remuneração dos empregados, como se dá com o pagamento mensal a tal título ou então em periodicidade inferior a um semestre civil ou em mais de duas vezes no mesmo ano, já que a participação nos lucros não substitui nem complementa a remuneração devida a qualquer empregado, não se lhe aplicando o princípio da habitualidade. Portanto, o desvirtuamento de sua finalidade transmuda a verba em natureza salarial, conforme tem decidido os tribunais trabalhistas.

Jurisprudência

OJ-SDI1-Transitória n. 15. ENERGIPE. PARTICIPAÇÃO NOS LUCROS. INCORPORAÇÃO ANTERIOR À CF/1988. NATUREZA SALARIAL (inserida em 19.10.2000). A parcela participação nos lucros, incorporada ao salário do empregado anteriormente à CF/88, possui natureza salarial e gera reflexos em todas as verbas salariais.

Ementa: Recurso de embargos. Acordo coletivo. Exclusão dos funcionários do nível de diretoria, gerência, chefia e supervisão. Aplicação da convenção coletiva. Possibilidade. Participação nos lucros. Existência de acordo específico. Aplicabilidade aos autores. Má-aplicação da Súmula 126 do c. TST não evidenciada. Não se verifica, pela condenação da empresa no pagamento dos reajustes salariais previstos na convenção coletiva, pinçar de cláusulas entre normas, nem a escolha da norma mais favorável, pois em relação ao acordo coletivo, houve negociação excluindo os reclamantes de sua aplicabilidade, incumbindo-se assim a aplicação da convenção coletiva. Quanto à condenação na aplicação do acordo coletivo, o tema foi apreciado, com base na prova, de que se trata de acordo específico para pagamento de participação nos lucros, sem qualquer indicativo de que tal pedido também constava no acordo coletivo que excluiu os autores de sua aplicabilidade. Inafastável o óbice da Súmula n. 126 do C. TST. Embargos não conhecidos. TST-E-RR-775.153/2001.2 — (Ac. SBDI1) — 1ª Reg. — Rel. Min. Aloysio Corrêa da Veiga. DJU 27.6.08, p. 107.

Ementa: Agravo de instrumento. Recurso de revista. Participação nos lucros ou resultados. Natureza jurídica. Deve prevalecer o entendimento jurisprudencial de que na matéria ora debatida participação nos lucros e resultados da empresa, no caso a Volkswagen, há de se observar a vedação expressa ao parcelamento e antecipação da referida verba, nos termos da Lei n. 10.101/2000. A Constituição da República incentiva e valoriza a autonomia das partes, mediante a negociação coletiva, reconhecendo as cláusulas avençadas em acordos ou convenções. Contudo, a parcela participação nos lucros é tratada de forma específica pela Carta Magna, em seu art. 7º, XI, que a desvincula da remuneração percebida pelo obreiro. Neste caso, deixa expresso o seu pagamento conforme o que estabelece a Lei n. 10.101/2000, a qual repete o disposto na MP n. 794/94. Agravo de Instrumento a que se nega provimento. TST-AIRR-1.079/

2003-461-02-40.3 — (Ac. 3ª T.) — Rel. Min. Carlos Alberto Reis de Paula. DJU 23.5.08, p. 153.

Ementa: Recurso de revista. Participação nos resultados. Pagamento parcelado. Natureza jurídica. Previsão em norma coletiva. Flexibilização e princípio da reserva legal. A autonomia da norma coletiva, em face do reconhecimento dos acordos e convenções coletivos (art. 7º, XXVI, CF/88) não é absoluta, uma vez que deva submeter-se ao princípio da reserva legal. Não se concebe a possibilidade de derrogação de texto expresso de lei. Assim, não se pode conferir validade a cláusula de acordo coletivo que estabelece pagamento mensal de parcela intitulada "participação nos lucros", como forma de recomposição da remuneração dos empregados, afetada em razão da redução da jornada de trabalho, em total desacordo com a previsão expressa na Lei n. 10.101/2000, quando veda o pagamento do título em periodicidade inferior a um semestre civil ou em mais de duas vezes no mesmo ano, estabelecendo, ainda, que a participação nos lucros não substitui ou complementa a remuneração devida a qualquer empregado, não se lhe aplicando o princípio da habitualidade. Reconhecida, portanto, a natureza salarial da parcela. Recurso de revista conhecido e provido. TST-RR-1.447/2004-461-02-00.0 — (Ac. 3ª T.) — 2ª Reg. — Rel. Min. Alberto Luiz Bresciani de Fontan Pereira. DJU 23.5.08, p. 174.

Ementa: Recurso de Revista. Participação nos lucros e resultados. Prevista em acordo coletivo. Parcelamento. O art. 3º, § 2º, da Lei n. 10.101/2000 veda o parcelamento e a antecipação dos lucros e resultados; desconstituída a natureza indenizatória da referida verba. No caso concreto, não é possível atribuir validade à cláusula de acordo coletivo que permite o pagamento da participação nos lucros e resultados de forma parcelada. Recurso de revista conhecido e provido. TST-RR-2.119/2003-464-02-00.9 — (Ac. 8ª T.) — 2ª T. — Relª. Min. Dora Maria da Costa. DJU 8.2.08, p. 1.804.

Ementa: Participação nos lucros. Art. 7º, XIX, da Constituição Federal. Inconstitucionalidade da lei regulamentadora (Lei n. 10.101/2000). Intervenção sindical. Princípio da isonomia. É preciso remontar ao histórico regulamentador do art. 7º, XI, da Constituição Federal, que assegura aos trabalhadores a "participação nos lucros ou resultados, desvinculada da remuneração e, excepcionalmente, gestão na empresa, conforme definido em lei". A regulamentação da norma constitucional operada pela Medida Provisória n. 1698-48 dispunha em seu art. 2º: "A participação nos lucros ou resultados será objeto de negociação entre a empresa e seus empregados, mediante um dos procedimentos a seguir descritos, escolhidos pelas partes de comum acordo: I — comissão escolhida pelas partes, integrada, também, por um representante indicado pelo sindicato da respectiva categoria dentre os empregados da empresa; II convenção ou acordo coletivo". O STF, apreciando medida cautelar na ADIn n. 1861-0, decidiu suspender a eficácia da expressão "dentre os empregados da empresa", por aparente inconstitucionalidade com o art. 8º, III, da Carta Magna, o que traz à ilação a permanência do dispositivo que autoriza a pactuação por meio de comissões dirigidas à discussão acerca da participação nos lucros, infirmando, assim, a sua pretendida inconstitucionalidade. As sucessivas medidas provisórias procuraram se ajustar à decisão do STF e culminaram com a edição da Lei n. 10.101/2000. Verifica-se, dessa forma, que a empresa-reclamada, ao pretender tratar da participação nos lucros e resultados diretamente com uma comissão composta por representantes dos empregados, garantindo a participação do sindicato mediante a escolha de um representante nas comissões, procedeu em estrita observância à legislação vigente. A peculiaridade dos autos relativa à inércia do sindicato da categoria diante da oficiação procedida para indicação de seu representante foi enfrentada com acuidade pelo Regional ao ressaltar "à negligência da própria entidade sindical, que deixou de acompanhar os interesses da classe trabalhadora que representa", não pode ser atribuída ao empregador, sobretudo aos demais trabalhadores que acabariam por não serem contemplados com a percepção da participação nos lucros. A par da insubsistência da inconstitucionalidade ou ilegalidade da comissão eleita, constata-se ainda da decisão regional a remissão feita ao não-preenchimento pelos reclamantes de requisito necessário à obtenção da parcela, relativo à permanência nos quadros da empresa à data de 31.12.98, o que afasta a indicação de ter sido vulnerado o princípio da isonomia. Recurso não conhecido. TST-RR-790.167/2001.4 — (Ac. 4ª T.) — 3ª Reg. — Rel. Min. Antônio José de Barros Levenhagen. DJU 29.8.03, p. 930.

Ementa: Bônus empresarial. Participação nos lucros e resultados. A demissão do autor, projetado o aviso prévio, no último mês do período aquisitivo para o recebimento do bônus empresarial (participação nos lucros e resultados), constitui medida obstativa de recebimento do direito, mormente porque a empresa não provou que ele não teria cumprido as metas individuais determinadas para o recebimento da PLR, o que não pode encontrar guarida nesta Justiça Especializada. TRT 3ª Reg. RO 01249-2006-110-03-00-5 — (Ac. 1ª T) — Rel. Des. Marcus Moura Ferreira. DJMG 1.8.08, p. 8.

15. Programa de Integração Social — PIS/PASEP. O Programa de Integração Social — PIS derivou da Lei Complementar n. 7 de 7 de setembro de 1970, sendo que a Lei Complementar

n. 26, de 11 de setembro de 1975 tratou de unificar o PIS ao PASEP — Programa de Formação do Patrimônio Público, este último abrangendo os servidores públicos. A Constituição Federal de 1988 deu nova conotação a esse direito que alcançou todos os trabalhadores, conforme o disposto no seu art. 239: "Art. 239. A arrecadação decorrente das contribuições para o Programa de Integração Social, criado pela Lei Complementar n. 7, de 7 de setembro de 1970, e para o Programa de Formação do Patrimônio do Servidor Público, criado pela Lei Complementar n. 8, de 3 de dezembro de 1970, passa, a partir da promulgação desta Constituição, a financiar, nos termos que a lei dispuser, o programa do seguro-desemprego e o abono de que trata o § 3º deste artigo. § 1º — Dos recursos mencionados no *caput* deste artigo, pelo menos quarenta por cento serão destinados a financiar programas de desenvolvimento econômico, através do Banco Nacional de Desenvolvimento Econômico e Social, com critérios de remuneração que lhes preservem o valor. § 2º — Os patrimônios acumulados do Programa de Integração Social e do Programa de Formação do Patrimônio do Servidor Público são preservados, mantendo-se os critérios de saque nas situações previstas nas leis específicas, com exceção da retirada por motivo de casamento, ficando vedada a distribuição da arrecadação de que trata o *caput* deste artigo, para depósito nas contas individuais dos participantes. § 3º — Aos empregados que percebam de empregadores que contribuem para o Programa de Integração Social ou para o Programa de Formação do Patrimônio do Servidor Público, até dois salários mínimos de remuneração mensal, é assegurado o pagamento de um salário mínimo anual, computado neste valor o rendimento das contas individuais, no caso daqueles que já participavam dos referidos programas, até a data da promulgação desta Constituição. § 4º — O financiamento do seguro-desemprego receberá uma contribuição adicional da empresa cujo índice de rotatividade da força de trabalho superar o índice médio da rotatividade do setor, na forma estabelecida por lei". A Justiça do Trabalho é competente para apreciação das ações ajuizadas pelos empregados no que concerne ao cadastramento no respectivo programa. (Súmula n. 300, do TST).

Jurisprudência

TST, Súmula n. 300. COMPETÊNCIA DA JUSTIÇA DO TRABALHO. CADASTRAMENTO NO PIS (mantida) — Res. 121/2003, DJ 19, 20 e 21.11.200. Compete à Justiça do Trabalho processar e julgar ações ajuizadas por empregados em face de empregadores relativas ao cadastramento no Programa de Integração Social (PIS).

16. *Stock Option*. Contrato de opção de compra de ações. É sistema ainda embrionário no Direito Brasileiro de uma prática adotada nos Estados Unidos e alguns paises na Europa, que nada mais é do que um atrativo oferecido pelas empresas aos seus empregados executivos. O seu objetivo é trazer um empenho maior do empregado para o crescimento da empresa já que se identificará com um dos seus acionistas. *Alice Monteiro de Barros*, em seu Curso de Direito do Trabalho, já na 4ª edição, afirma que "as stock option constituem um regime de compra ou subscrição de ações e foram introduzidas na França em 1970, cujas novas regras encontram-se na Lei n. 420, de 2001. Não se identificam com a poupança salarial"[52]. Normalmente nesse regime são estabelecidas as formas de aquisição das ações por um determinado período e por preço ajustado previamente. O direito é facultativo, não gratuito, já que o empregado terá custo nas aquisições das ações e ficará também sujeito às condições impostas pela empresa e ainda na variação dos mercados das ações. Se elas sobem de preço, melhor para o empregado, que poderá

---

(52) Ob. cit. p. 773.

revendê-las ou então continuar como acionista da empresa. Tal sistema não tem sido considerado de natureza salarial pela doutrina e jurisprudência brasileira, já que não visam a remunerar o trabalho e sim incentivar a obtenção de um melhor desempenho da companhia empregadora, embora se registre que na Espanha há jurisprudência atribuindo a esse sistema, a feição salarial, conforme aponta *Alice Monteiro de Barros*, na mesma obra citada[53]. Para *Viviane Castro Neves Pascoal M. Dal Mas* pelo disposto no § 3º do art. 168, da Lei n. 6.404/76, que trata das Sociedades Anônimas "já evidencia as características específicas das *Stock Options* no Brasil"[54], não havendo, porém, norma específica no Direito do Trabalho. Acrescenta ainda referida autora que "Independentemente da discussão acerca da natureza jurídica das *Stock options* uma vez concedido o Plano como condição do trabalho, desde o início da relação, como 'pacote de benefícios' para a contratação e retenção do empregado, o mesmo incorpora-se ao contrato de trabalho, não podendo ser suprimido unilateralmente e causar prejuízo ao empregado: a) se o entendimento for no sentido de que a natureza jurídica das *Stock Options* é comercial, o que se incorpora não é o lucro, já que este irá depender de questões mercadológicas e o empregado terá uma relação diferenciada com o empregador, de emprego e de contrato comercial; no primeiro, o risco é sempre do empregador, no segundo, que se refere ao Plano de *Stock Options*, o risco é do empregado. O que incorpora ao contrato, nesse caso, é a oportunidade de compra e venda das ações, mesmo que o empregado nada venha a receber, ou ainda, mesmo que venha a perder; b) se o entendimento for no sentido de que a natureza jurídica é salarial, sendo habitual, o plano de concessão irá incorporar o contrato de trabalho do empregado, somente podendo ser objeto de alteração se respeitados os requisitos do art. 468 da CLT: bilateralidade e ausência de prejuízo ao empregado"[55]. Entretanto, se as ações são concedidas como parte do salário em virtude do desempenho das atividades realizadas pelo empregado, elas poderão ser consideradas como de natureza salarial, conforme se infere pela decisão no Proc. TST-AIRR-496/2002-041-02.0, cuja ementa acha-se relacionada na parte destinada à jurisprudência.

Jurisprudência

Ementa: Agravo de instrumento — Indenização de ações. Ações pagas como parte do salário em virtude do desempenho das atividades realizadas pelos empregados. Reexame de fatos e provas. Súmula n. 126 do TST. 1. A 4ª Turma desta Corte firmou o entendimento de que seria inviável se conferir natureza salarial aos *stock option plans*. 2. In casu, todavia, a premissa fática delineada pelo Regional, que não pode ser alterada por esta Corte, a teor da Súmula n. 126 do TST, é no sentido de que as ações eram conferidas aos empregados em virtude do seu esforço no desempenho de suas atividades, razão pela qual não se pode afastar a natureza salarial do referido benefício. Agravo de Instrumento desprovido. TST-AIRR-496/2002-041-02-40.0 — (Ac. 4ª T.) — Relª. Juíza Convocada Maria de Assis Calsing. DJU 9.6.06.

Ementa: Stock option. Contrato de opção de compra de ações. Condição não implementada. Direito não consolidado. Descumprimento contratual não caracterizado. Indenização indevida. Se o contrato de opção de compra de ações da Reclamada é absolutamente claro ao estabelecer condições para concessão da aludida opção, não preenchidas as condições, mormente a exigência de permanência do vínculo empregatício, não faz jus o Reclamante à indenização por descumprimento contratual da Reclamada, pois esse não ocorreu. É certo que a opção ofertada implica, evidentemente, o maior empenho do empregado em contribuir para o crescimento da empresa, no entanto, isso não significa que a transferência das ações ocorra de forma gratuita e automática, sem o implemento de determinadas condições, as quais constaram expressamente do contrato. Até porque o crescimento da empresa gerará maior valorização das ações no mercado de capitais, fato que consequentemente beneficiará o Autor, se optar pela compra das ações. Recurso do Reclamante a que se nega provimento. TRT 9ª Reg. RO 19377-2005-008-09-00-7 — (Ac. 1ª T. 25901/07) — Rel. Ubirajara Carlos Mendes. DJPR 18.9.07, p. 364.

---

(53) Ob. cit., p. 773.
(54) Stock Options *na Relação de Emprego*. São Paulo: LTr, 2008. p. 92.
(55) Ob. cit, p. 104.

Ementa: Opção de compra de ações. ("stock option"). Remuneração. Não configuração. Os lucros decorrentes de opções de compra de ações ("stock options") não configuram remuneração, nos termos do art. 457 ou do art. 458, da CLT. Embora normalmente resultem em acréscimo patrimonial, não visam a remunerar o trabalho, mas a incentivar a obtenção de um melhor desempenho da companhia empregadora, o que as aproxima da participação nos lucros ou resultados. Por outro lado, a aquisição não é obrigatória e, sim, opcional, e as ações são transferidas a título oneroso, o que exclui a hipótese de constituir-se salário-utilidade. Além do mais, tais opções implicam risco para o empregado adquirente, uma vez que as ações adquiridas podem valorizar-se ou desvalorizar-se, circunstância que a distingue do salário "stricto sensu", cujo caráter "forfetário" é conhecido. TRT 15ª Reg. (Campinas/SP) RO 0387-2003-045-15-85-7 — (Ac. 31971/07-PATR; 3ª C.) — Rel. Juiz Ricardo Regis Laraia. DJSP 13.7.07, p. 76.

17. Salário. Pagamento por fora. V. art. 464, item 2.5.

18. Salário e a intimidade do trabalhador. Cada trabalhador tem o direito de ver preservado o seu salário na sua intimidade porque normalmente só a ele interessa e ao seu empregador. Por essa razão é que existem trabalhadores que passam pela empresa até sua aposentadoria sem que os seus colegas saibam efetivamente qual era o salário por ele recebido. É uma conduta ligada à intimidade do trabalhador, cujo direito lhe é assegurado constitucionalmente. Assim, não pode o empregador divulgar abertamente o salário dos seus empregados, sob pena de ofensa a intimidade deles. Uma atitude como essa precisaria estar alicerçada em prova que justificasse o posicionamento adotado pelo empregador. A respeito, registre-se decisão que condena o empregador a uma indenização por dano moral por ter ele divulgado o valor de salários mensais pagos ao trabalhador em página aberta pela internet.

Jurisprudência

Ementa: Danos morais. Divulgação pelo empregador, em página aberta na "internet", do valor de salários mensais pagos ao obreiro. Violação da intimidade protegida constitucionalmente. A divulgação pelo empregador privado do valor de salários mensais pagos ao obreiro, em página na "internet" aberta ao público em geral, com efeito viola a intimidade que é protegida constitucionalmente, e sujeita o violador ao pagamento de indenização (CF, art. 5º, XI), ainda que tal informação não tenha sido utilizada por terceiro para a prática de qualquer ato ilícito ou mesmo reproduzida novamente por outros meios. Há que se adequar esta indenização, contudo, não apenas a um propósito de dissuasão da prática de ilícitos semelhantes no futuro, ou mesmo à capacidade econômica do empregador, mas principalmente à extensão em si do dano causado, mesmo quando se cuida de danos imateriais. Do contrário, uma clara desproporção entre a extensão do dano e a indenização fixada fará da indenização fonte de injustiça, negando a sua própria razão de ser no ordenamento jurídico. Recurso ordinário do réu conhecido e provido em parte. Recurso ordinário do autor julgado prejudicado. TRT 10ª Reg. RO 01014-2005-014-10-00-1 — (Ac. 3ª T./06) — Rel. Juiz Paulo Henrique Blair. DJU3 10.11.06.

19. Impenhorabilidade do salário. Entre os bens absolutamente impenhoráveis enumerados no inciso IV do art. 649, do CPC, figuram "os vencimentos, subsídios, soldos, salários, remunerações e proventos de aposentadoria". Isso decorre do fato do salário ser de natureza alimentar e tem muito a ver com a dignidade da pessoa humana. Nesse sentido *Luiz Guilherme Marinoni* e *Daniel Mitidiero* ao afirmarem que "as impenhorabilidades são erigidas como uma densificação infraconstitucional da dignidade da pessoa humana (art. 1º, III, da CF)[56]. No

---

(56) *Código de Processo Civil.* Comentado artigo por artigo. São Paulo: RT, 2008. p. 638/39.

campo das relações trabalhistas se instalou controvérsia sobre a questão sob o fundamento de que os créditos trabalhistas também são de natureza alimentícia e que por essa razão não seria lógico nem razoável impedir a penhora do salário do devedor que ficaria numa situação privilegiada em relação ao direito do outro e da mesma categoria. Na jurisprudência tem surgido entendimento de que parte do salário poderia ser penhorada, dando-se uma relativização na aplicação da norma proibitiva. Há, no entanto, decisão do TST no sentido da inviabilidade da penhora do salário, mesmo na base de 30%. Parece-nos, correta tal decisão até porque o § 2º do art. 659, do CPC, só excepciona da impenhorabilidade, os valores destinados a "pagamento de prestação alimentícia", assim considerada a pensão judicial para tal fim estabelecida. A vedação e a permissibilidade da penhora em situação de excepcionalidade são os limites da norma legal, não cabendo ao intérprete a indagação se ela é justa ou injusta. Veja-se, a respeito, a última decisão que consta da parte destinada à jurisprudência no processo TRT 3ª Reg. AP 01644-2004-020-03-00-5 — (Ac. 6ª T.) — Rel. Juiz Convocado João Bosco Pinto Lara, publicada no DJMG 24.5.07, p. 16.

Jurisprudência

Ementa: Recurso ordinário em mandado de segurança. Penhora de 30% do salário. Ilegalidade. Sendo os valores penhorados relativos aos salários do impetrante, tem-se que houve ofensa ao seu direito líquido e certo, insculpido no art. 649, inciso IV, do CPC, tendo em vista que incluem-se entre os bens absolutamente impenhoráveis os salários pagos pelo empregador ao ora recorrente como retribuição pelos serviços prestados, não sendo passíveis de penhora, diante do seu caráter nitidamente alimentício, a teor daquele preceito. Recurso provido, para afastar o não-cabimento do *mandamus* e, nos termos do art. 515, §3º, do CPC, conceder desde logo a segurança. TST-ROAG — 49/2008-000-10-00 — (Ac. SBDI-2) — 10ª Reg. — Rel. Min. Renato de Lacerda Paiva. DJe/TST 10.10.08.

Ementa: 1. Penhora em conta salário limitada a 30% do saldo. Legalidade. Não viola direito líquido e certo do impetrante a determinação de penhora sobre 30% da conta salário após efetuados os descontos legais, isto porque se, por um lado, a execução deve ser procedida de maneira menos gravosa para o devedor (art. 620/CPC), por outro, realiza-se no interesse do credor (art. 612/CPC), devendo o juiz implementar esforços para tornar concreto o provimento judicial transitado em julgado. 2. Segurança denegada e liminar revogada. TRT 10ª Reg. MS 00209-2007-000-10-00-3 — (Ac. 2ªS.Esp./07) — Red. Juiz Gilberto Augusto Leitão Martins. DJU3 7.12.07, p. 2.

Ementa: Execução trabalhista. Penhora de salários. Impossibilidade. Exegese do art. 649, IV, do CPC, recepcionado pelo inciso X do art. 7º da CF. O salário, bem indispensável ao sustento próprio e familiar do trabalhador, encontra-se protegido pelo art. 7º, X, da Constituição Federal e não pode ser objeto de penhora para quitação de dívida trabalhista, face ao previsto no art. 649, IV, do CPC, que estabelece sua impenhorabilidade, salvo nos casos de pagamento de prestação alimentícia. O amparo do legislador em relação aos salários tem alicerce no primado dos princípios fundamentais da ordem constitucional, como o direito à vida e à dignidade da pessoa humana, sobre demais valores. Ensina J.J. Gomes Canotilho que "os direitos constitucionalmente garantidos e protegidos representavam a positivação jurídico-constitucional de direitos e liberdades inerentes ao indivíduo e preexistentes ao estado. (...) a constituição assume-se e é reconhecida como "direito superior", como "lei superior", que vincula, em termos jurídicos e não apenas políticos, os titulares do poder. Através da subordinação ao direito dos titulares do poder, pretende-se realizar o fim permanente de qualquer lei fundamental — a limitação do poder". Assim sendo, não há se falar em colisão de direitos, ou mesmo no princípio da proporcionalidade, haja vista que os salários destinam-se às necessidades vitais básicas do trabalhador e sua família. Agravo de petição parcialmente provido. TRT 15ª Reg. (Campinas/SP) AP 1482-2001-059-15-00-6 — (Ac. 9123/08-PATR, 5ªC) — Rel. Lorival Ferreira dos Santos. DOE 29.2.08, p. 42.

Ementa: Créditos trabalhistas. Penhora de fração do montante percebido. Possibilidade em face de especial circunstância. Tendo em vista a natureza salarial do crédito trabalhista, a regra quanto à impenhorabilidade de salários, vencimentos ou proventos do devedor insculpida no art. 649, IV, do CPC merece ser relativizada quando demonstrado nos autos que a constrição de parcela do montante percebido a tais títulos não compromete a subsistência do executado e de seus familiares. TRT 12ª Reg. AP 01104-2005-030-12-00-0 — (Ac. 2ª T., 24.7.07) — Relª: Juíza Teresa Regina Cotosky. TRT-SC/DOE 4.9.07.

Ementa: Agravo de petição. Execução. Penhora. Salário. A impenhorabilidade absoluta dos bens enumerados no art. 649 do CPC é norma de ordem pública, não subsistindo a penhora sobre valores que decorrem de remuneração, salário e pensão paga a qualquer título, pois provisão de subsistência do seu beneficiário. Há redondo equívoco nos fundamentos que ordinariamente têm sido adotados em primeiro grau para justificar penhora de salários e equiparados, qual seja aquele de que os créditos trabalhistas também ostentam a mesma natureza, e por isto haveria relativização da norma que proíbe a sua penhora. Isto é uma meia verdade, apenas, porque na quase totalidade das execuções trabalhistas (e este é o caso dos autos, onde o exequente, durante a relação havida com a executada, recebeu regularmente seus salários mensais, portanto os alimentos para sua manutenção), e são poucas as exceções, os créditos em execução não correspondem a salários ou alimentos em senso estrito, e sim, nas mais das vezes, aos variados valores agregados que a jurisprudência, e também a lei, foi criando ao longo dos anos em benefício do obreiro. Já os salários do executado, depositados em sua conta, estes sim ostentam nítida natureza de alimento para o presente, para a sua sobrevivência no presente e no futuro. TRT 3ª Reg. AP 01644-2004-020-03-00-5 — (Ac. 6ª T.) — Rel. Juiz Convocado João Bosco Pinto Lara. DJMG 24.5.07, p. 16.

Ementa: Penhora sobre salários. Possibilidade. O crédito gerado em ação trabalhista possui caráter alimentar, porque decorre de relação contratual de trabalho, da qual o empregado retira o seu sustento e o de sua família. Diante disso, a apreensão de crédito decorrente de salário é admitida, desde que em percentual razoável, de modo a não comprometer a subsistência da pessoa que teve sua renda penhorada. TRT 12ª Reg. AP 01178-2006-012-12-00-6. (Ac. 2ª T.,) 19.8.08. Red. Desig.: Juiz Roberto Basilone Leite. Disp. TRT-SC/DOE 23.09.08. Data de Publ. 24.09.08.

Art. 458 *Além do pagamento em dinheiro, compreende-se no salário, para todos os efeitos legais, a alimentação, habitação, vestuário ou outras prestações* in natura *que a empresa, por força do contrato ou o costume, fornecer habitualmente ao empregado. Em caso algum será permitido o pagamento com bebidas alcoólicas ou drogas nocivas.*

§ 1º Os valores atribuídos às prestações in natura *deverão ser justos e razoáveis, não podendo exceder, em cada caso, os dos percentuais das parcelas componentes do salário mínimo (arts. 81 e 82).*

§ 2º Para os efeitos previstos neste artigo, não serão consideradas como salário as seguintes utilidades concedidas pelo empregador:

I — vestuários, equipamentos e outros acessórios fornecidos aos empregados e utilizados no local de trabalho, para a prestação do serviço;

II — educação, em estabelecimento de ensino próprio ou de terceiros, compreendendo os valores relativos à matrícula, mensalidade, anuidade, livros e material didático;

III — transporte destinado ao deslocamento para o trabalho e retorno, em percurso servido ou não por transporte público.

IV — assistência médica, hospitalar e odontológica, prestada diretamente ou mediante seguro-saúde;

V — seguros de vida e de acidentes pessoais;

VI — previdência privada;

VII — (VETADO) (NR). (Redação do § 2º da L. n. 10.243, de 19.6.01, DOU 20.6.01).

§ 3º A habitação e a alimentação fornecidas como salário-utilidade deverão atender aos fins a que se destinam e não poderão exceder, respectivamente, a 25% (vinte e cinco por cento) e 20% (vinte por cento) do salário contratual. (Redação da L. n. 8.860, 24.3.94, DOU 25.3.94).

§ 4º Tratando-se de habitação coletiva, o valor do salário-utilidade a ela correspondente será obtido mediante a divisão do justo valor da habitação pelo número de coocupantes, vedada, em qualquer hipótese, a utilização da mesma unidade residencial por mais de uma família. *(Redação da L. n. 8.860, de 24.3.94, DOU 25.3.94).*

1. Comentários (*caput*). Nem sempre o empregado recebe o seu salário totalmente em dinheiro, pois nele podem estar compreendidos também a alimentação, a habitação, vestuários e outras prestações *in natura* fornecidos com habitualidade pelo empregador. Nesse sentido, o disposto no *caput* deste artigo, deixa bem claro que, em nenhuma hipótese, será permitido o pagamento com bebidas alcoólicas e drogas nocivas, já que não fazem bem à saúde do trabalhador. A respeito, o Tribunal Superior do Trabalho já editou a Súmula n. 367, II, estabelecendo que o cigarro não pode ser considerado utilidade em face de sua nocividade à saúde. Entretanto, nem toda utilidade será considerada de natureza salarial, conforme veremos a seguir.

Jurisprudência

TST, Súmula n. 367. UTILIDADES "IN NATURA". HABITAÇÃO. ENERGIA ELÉTRICA. VEÍCULO. CIGARRO. NÃO INTEGRAÇÃO AO SALÁRIO (conversão das Orientações Jurisprudenciais n.s 24, 131 e 246 da SBDI-1) — Res. 129/2005, DJ 20, 22 e 25.04.2005. I...II — O cigarro não se considera salário utilidade em face de sua nocividade à saúde. (ex-OJ n. 24 da SBDI-1 — inserida em 29.3.1996)

2. Alimentação. A alimentação fornecida habitualmente pelo empregador não está excepcionada pelo § 2º do art. 458, da CLT, tanto que compreendida como remuneração no *caput* do artigo para todos os efeitos legais. A alimentação só não terá natureza salarial se esta for fornecida através do Programa de Alimentação ao Trabalhador — PAT, instituído pela Lei n. 6.321/76, sendo que no art. 3º dessa lei e no 6º do seu Decreto n. 5/1991, que a regulamenta, dispõe que a alimentação concedida nos moldes do programa citado, não integra a remuneração do empregado. A Orientação Jurisprudencial n. 133 da SDI-1, do TST, é no sentido apontado. Em sendo considerada como salário a alimentação há que ter presente o disposto no § 3º deste artigo no sentido de que alimentação fornecida como salário-utilidade deverá atender aos fins a que se destina e não poderá exceder a 25% (vinte e cinco por cento) do salário contratual. Portanto, a concessão de vale para refeição, fora do Programa de Alimentação ao Trabalhador-PAT, fornecido por força do contrato de trabalho, tem caráter salarial, integrando a remuneração do empregado, para todos os efeitos legais (Súmula n. 241, do TST).

A jurisprudência tem interpretado que, no caso da alimentação, se for cobrado o seu valor pelo empregador, mesmo que não corresponda à realidade do seu custo fica desconsiderada a sua natureza salarial, porque em tal situação trata-se de uma condição benéfica para o trabalhador, socialmente justa e não desestimularia a sua prática pelo empregador que muitas vezes instala refeitório em suas dependências apenas para facilitar a tomada de refeições pelos seus empregados.

Até a hipótese de fornecimento de lanche ao empregado com desconto ínfimo no seu salário não tem sido considerado como de natureza salarial. Simples café da manhã também não é considerado como benefício de natureza salarial, devendo até ser incentivada a sua concessão, conforme decisão que consta na parte destinada à jurisprudência. Entretanto, se constar tal benefício de cláusula de acordo ou convenção coletiva de trabalho e não concedido pelo empregador, o empregado tem o direito de pleitear a devida reparação já que se trata de descumprimento de norma coletiva, conforme a Orientação Jurisprudencial da SDI-1 n. 133.

Jurisprudência

TST, Súmula n. 241. SALÁRIO-UTILIDADE. ALIMENTAÇÃO (mantida) — Res. 121/2003, DJ 19, 20 e 21.11.2003. O vale para refeição, fornecido por força do contrato de trabalho, tem caráter salarial, integrando a remuneração do empregado, para todos os efeitos legais.

TST, OJ-SDI-1 n. 123. BANCÁRIOS. AJUDA ALIMENTAÇÃO (inserida em 20.4.1998). A ajuda alimentação prevista em norma coletiva em decorrência de prestação de horas extras tem natureza indenizatória e, por isso, não integra o salário do empregado bancário. ERR 118739/94, SDI-Plena. Em 10.2.1998, a SDI-Plena, por maioria, decidiu que ajuda alimentação paga ao bancário, em decorrência de prestação de horas extras por prorrogação de jornada, tem natureza indenizatória e, portanto, não integrativa ao salário.

TST, OJ-SDI-1 n. 133.AJUDA ALIMENTAÇÃO. PAT. LEI N. 6.321/76. NÃO INTEGRAÇÃO AO SALÁRIO (inserida em 27.11.1998). A ajuda alimentação fornecida por empresa participante do programa de alimentação ao trabalhador, instituído pela Lei n. 6.321/76, não tem caráter salarial. Portanto, não integra o salário para nenhum efeito legal.

Ementa: Salário in natura. Alimentação. Desconto ainda que em valor ínfimo. Provimento. A não gratuidade na alimentação fornecida pela empresa descaracteriza a natureza salarial da verba. No presente caso, restou consignado pelo Eg. Tribunal Regional que era efetuado desconto mensal no salário do reclamante a título de auxílio-alimentação. Embargos conhecidos e providos. TST-E-ED-RR-757.504/2001.3 — (Ac. SBDI1) — 3ª Reg. — Rel. Min. Aloysio Corrêa da Veiga. DJU 24.8.07, p. 1.045

Ementa: Salário-utilidade. Alimentação. Parcela objeto de acordo judicial. Incidência das contribuições previdenciárias. Nos termos do art. 28, § 9º, alínea c, da Lei n. 8.212/91, apenas se exclui da base de cálculo do benefício previdenciário a parcela *in natura* recebida de acordo com os programas de alimentação aprovados pelo Ministério do Trabalho e da Previdência Social. Em situação na qual a parcela percebida a título de auxílio-alimentação é objeto de acordo homologado judicialmente, sem que a empregadora seja participante do PAT, resulta imperativa a contribuição previdenciária. Incorre em violação da literalidade da norma em comento o Órgão julgador que, ampliando o seu escopo para além do comando ali contido, exclui do âmbito de incidência dos descontos devidos à Previdência Social o valor acordado pelas partes, relativo ao auxílio-alimentação. Recurso de revista de que se conhece, parcialmente, e a que se dá provimento para restabelecer a ordem jurídica malferida. TST-RR-4.379/2005-037-12-00.0 — (Ac. 1ª T.)- 12ª Reg. — Rel. Min. Lélio Bentes Corrêa. DJU 7.12.07, p. 1.134.

Ementa: Salário in natura. Café da manhã e vale-gás. I — Para a caracterização da utilidade *in natura*, é necessário perquirir a que título a utilidade foi fornecida. Se o empregador concede a utilidade a título gratuito, de forma habitual, em função do contrato de trabalho (princípio da causalidade), em tese, caracterizada está o salário *in natura*, que se integra ao salário contratual para todos os efeitos. II — Na espécie, a concessão do café da manhã e do vale-gás não foi suportada apenas pelo empregador, pois as utilidades recebidas pelo empregado implicaram desconto de seu salário, o que as desfigura como salário *in natura*, sendo irrelevante que tenha sido ínfima a participação do empregado, pois o dispositivo legal não acoberta tal distinção. Não sendo, portanto, ônus econômico exclusivo do empregador, está afastado o caráter salarial da utilidade prestada, não havendo falar em integração de tais verbas na remuneração do empregado para os efeitos legais. III — Recurso provido. TST-RR-1.208/2002-662-04-00.0 — (Ac. 4ª T.) — 4ª Reg. — Rel. Min. Antônio José de Barros Levenhagen. DJU 23.2.07, p. 896.

Ementa: Salário-utilidade. Alimentação. Parcela objeto de acordo judicial incidência das contribuições previdenciárias. Nos termos do art. 28, § 9º, alínea c, da Lei n. 8.212/91, apenas se exclui da base de cálculo do benefício previdenciário "a parcela *in natura* recebida de acordo com os programas de alimentação aprovados pelo Ministério do Trabalho e da Previdência Social". Em situação na qual a parcela percebida a título de auxílio-alimentação é objeto de acordo homologado judicialmente, sem que a empregadora seja conveniada ao PAT, incorre em violação à literalidade da norma referida o Órgão julgador que, ampliando o seu escopo para além do comando ali contido, exclui do âmbito de incidência dos descontos devidos à Previdência Social o valor acordado pelas partes, relativo ao auxílio-alimentação, ao argumento de ser indenizatória a sua natureza, porque não mais destinada a contraprestar diretamente o esforço despendido pela trabalhadora em favor da atividade patronal. Recurso de revista de que se conhece e ao qual se dá provimento para restabelecer a ordem jurídica malferida. TST-RR-3.685/2001-036-12-00.0 — (Ac. 1ª T.) — 12ª Reg. — Rel. Min. Lélio Bentes Corrêa. DJU 9.6.06, p. 634.

Ementa: *Auxílio alimentação. Valor simbólico. Não ocorrência.* A alimentação fornecida ao empregado, seja 'in natura', paga em dinheiro, ou através de vale-refeição, terá seu valor incorporado ao salário para todos os efeitos, salvo se o fornecimento se der através de uma das hipóteses excludentes da natureza salarial. Compulsando os autos, verifico que os descontos realizados pela Reclamada, no valor de R$ 15,00 mensais, que visavam a custear a prestação de alimentação, não podem ser tidos como simbólico, porquanto representava 4% do salário mínimo vigente à época, portanto, dentro do limite fixado pela Lei n. 3.030/56, visto que a refeição era preparada pela própria empresa. TRT 23ª Reg. RO 01349.2007.036.23.00-8- (Ac. 2ª T. Sessão: 16/08) — Relª. Des. Leila Calvo. DJE/TRT 23ªReg. n. 480/08, 4.6.08, p. 14.

Ementa: *Salário utilidade. Cabimento.* Se é certo que a utilidade posta à disposição do empregado é salário se fornecida como contraprestação pelos serviços prestados, não menos certo é que deixará de sê-lo sempre que entregue como instrumento para consecução do trabalho, quando é manifesta a ausência de caráter retributivo. O cerne do conceito realçado está em não destacar, a priori, um conjunto de utilidades que sempre teriam caráter salarial ou não, pois, dependendo das condições e circunstâncias específicas de cada relação, poderá a mesma utilidade ora ser retribuição, ora instrumento para o eficiente cumprimento do contrato do trabalho. Na hipótese, em que o reclamante mourejava como operador de estação de tratamento de esgoto situada em área urbana, quer parecer que a alimentação fornecida tem natureza salarial, porquanto ínfimas hipóteses atraem a 'indispensabilidade' de sua utilização como instrumento para a consecução do trabalho, a exemplo do que ocorre com os petroleiros e petroquímicos, regulados pela Lei n. 5.811/72. Por analogia à hipótese legal supra, tenho que a funcionalidade da alimentação pressupõe a impossibilidade absoluta, quer pela localização da empresa, quer pela natureza do trabalho, de o empregado deslocar-se até sua casa para tomar refeição ou trazê-la pronta já no início da jornada ou socorrer-se de estabelecimentos que a forneçam, tais como marmitarias, restaurantes e lanchonetes, a exemplo do que ocorre com trabalhadores em plataformas oceânicas, minas de subsolo, aeronaves, construção de estradas ou usinas hidrelétricas em regiões desabitadas, marítimos, etc. Não se vislumbra na espécie, portanto, configuração dessa condição de 'indispensabilidade' do fornecimento de refeição pelo empregador capaz de repelir a incidência do art. 458 da CLT, pelo que inexiste outra solução que não seja considerá-la salário in natura. TRT 23ª Reg. RO 01255.2005.007.23.00-1 — (Sessão 20/06) — Rel. Des. Roberto Benatar. DJE/TRT 23ª Reg. 149/07, 9.1.07, p. 35/36.

Ementa: *1. Salário* in natura *— Fornecimento de lanche no local de trabalho.* O fornecimento pelo empregador de lanche aos seus empregados no próprio local de trabalho é altamente benéfico para os obreiros, uma vez que assim não necessitarão de despender parte de seus salários com a realização da respectiva despesa. Desse modo, o benefício somente adquirirá o caráter de salário *in natura* quando existente pactuação individual ou coletiva de que se destina a remunerar os serviços prestados pelo empregado. Ademais, o lanche que era consumido pelos trabalhadores não era integralmente custeado pela recorrente, uma vez que, segundo informou o próprio autor em seu depoimento pessoal, a ré fornecia apenas pão com manteiga, sendo que os empregados arrecadavam entre eles o numerário necessário para a aquisição de outros produtos. Assim, considerando o baixo custo dos produtos alimentícios fornecidos pela ré, circunstância que permite vislumbrar a inexistência de eventual intenção do empregador de mascarar a natureza salarial do benefício social concedido ao obreiro, e tendo em vista que os trabalhadores participavam com parte do custeio do lanche, tenho como não configurada a ocorrência de salário in natura. Recurso patronal provido no particular, por unanimidade. 2....TRT 24ª Reg. RO 730/2006-4-24-0-9-RO.1 — (Ac. 1ª T.) — Rel. Des. Marcio V. Thibau de Almeida. DOE/TRT 24ª Reg., n. 125, 8.8.07

Ementa: *Salário* in natura. *Alimentação. Não-configuração.* Nem toda vantagem oferecida pelo empregador ao empregado deve integrar o salário. A aplicação rigorosa desta presunção, ao invés de beneficiar os empregados, fatalmente poderá prejudicá-los, haja vista que os empregadores sentir-se-iam desestimulados a oferecer vantagens ou benefícios de qualquer natureza, justamente pelo receio de serem penalizados pela conversão em "plus" salarial. Recurso a que se dá provimento. TRT 24ª Reg. RO.1 525/2006-1-24-4-0-(Ac. 1ª T.) — Rel. Des. Abdalla Jallad. DOC. n. 32284, DOE/TRT 24ª Reg., 14.5.07.

Ementa: *Salário* in natura. *Singelo café da manhã. Inviabilidade de integração salarial.* Evidente que um dos princípios mais importantes do ramo justrabalhista é o da proteção do empregado, visando à melhoria de sua condição social (art. 7º, *caput*, CF), sendo que o fornecimento de simples café da manhã no início da jornada laboral deve ser incentivado no âmbito das relações empregatícias, finalidade essa que não se alcança ao se reconhecer o caráter salarial da benesse concedida, prejudicando todos os empregados beneficiados pela singela alimentação fornecida gratuitamente(café-com-leite e pão com manteiga), devendo ser aplicado, aqui, o princípio da razoabilidade. TRT 9ª Reg. RO 02527-2005-018-09-00-0 — (Ac. 4ª T. 00741/07) — Rel. Juiz Luiz Celso Nap. DJPR 23.1.07, p. 206.

Ementa: *Salário* in natura. *Não integração.* Sou do entendimento de que na ordem jurídica trabalhista, nem toda utilidade fornecida pelo empregador ao empregado, ao longo do contrato de trabalho, deva se configurar como salário *in natura*. No caso presente, não há como reconhecer a integração da alimentação como pretendida, já que se trata de benefício concedido espontaneamente pelo empregador, e, se o Poder Judiciário Trabalhista, a guisa de beneficiar o empregado, impingir o ônus de integrá-lo ao salário obreiro, estará desestimulando que benefícios outros sejam concedidos, pois o receio de se verem penalizados, certamente inibirá a boa intenção dos empresários de maior visão social. Recurso ordinário provido por unanimidade, no particular. TRT 24ª Reg. RO.1 1072/2004-004-24-00-0 — Rel. Juiz João de Deus Gomes de Souza. DJMS n. 6552 de 19.8.05, p.30.

2.1. Alimentação no meio rural e outras prestações *in natura*. A questão é disciplinada na Lei n. 5.889/73, que dispõe no seu art. 9º, "a", que o desconto a título de alimentação, a qual deverá ser sadia e farta, está limitado a 20% do salário mínimo, observando-se também que a dedução deverá ser previamente autorizada, caso contrário, será considerada nula. (art. 9º, §1º). O fornecimento de água e luz no meio rural não pode ser deduzido do salário porque são condições que estão atreladas à residência.

3. Habitação. Conforme se infere do disposto no *caput* e no § 2º desse artigo, a habitação fornecida habitualmente pelo empregador ao empregado tem natureza salarial e normalmente essa concessão tem um peso na remuneração e por essa razão é que surgem muitas controvérsias nos tribunais trabalhistas, alimentado ainda por outro aspecto no que concerne à sua concessão pelo trabalho ou para o trabalho. É que se a moradia for concedida pelo trabalho, ou seja, como forma de retribuição ou composição da remuneração do empregado não haverá dúvida de que terá natureza salarial. E não é só. O valor atribuído à habitação deverá corresponder ao real valor da utilidade, na forma da Súmula n. 258 do TST, com a seguinte redação:"Os percentuais fixados em lei relativos ao salário "in natura" apenas se referem às hipóteses em que o empregado percebe salário mínimo, apurando-se, nas demais, o real valor da utilidade". Dentro desse raciocínio, ficaria a possibilidade de ser considerado o real valor da utilidade em detrimento do percentual de 25% sobre o salário contratual a que alude o § 3º, embora seja essa solução mais adequada à situação de fornecimento de habitação, por ser decorrente de lei.

Ocorrendo, no entanto, o fornecimento da habitação para que o empregado possa realizar o seu trabalho, ela não terá natureza salarial. Isso acontece em várias situações do cotidiano trabalhista, citando, como exemplo, o zelador de um edifício ou de um condomínio em que a sua presença no local da prestação de serviços é importante para resolver eventuais emergências lá surgidas. Nesse sentido, o disposto na Súmula n. 367, I, do TST.

Na concessão de habitação a doutrina e a jurisprudência se mostram mais restritivas em relação à cobrança por parte do empregador mediante valor irrisório, considerando-se, neste caso, como uma fraude à legislação trabalhista (art. 9º, da CLT), principalmente, quando não se comprova que o fornecimento se deu para o trabalho. Desse modo, fica entendido como uma retribuição, motivo pelo qual o valor correspondente deve integrar a remuneração do empregado.

No concernente à habitação o § 4º deste artigo estatui que se a habitação for coletiva, o valor do salário enquanto utilidade, será o resultado da divisão do seu valor pelo número de ocupantes, vedada sua utilização por mais de uma família. Quando a norma se refere à proibição da utilização de mais de uma família por unidade, está preservando o núcleo familiar. Evidentemente que a dedução está relacionada com os trabalhadores propriamente ditos, ou seja, daqueles que recebem salário, quando coletiva, pois em se tratando de família, o desconto, a nosso ver, deverá se ater apenas ao empregado ou empregada que comanda a família.

Finalmente, como impera no contrato de trabalho o princípio da primazia da verdade, não importa a aparência jurídica que as partes atribuem a uma situação, mas sim a realidade fática, temos que se o imóvel for cedido na forma de comodato (art. 579, do CC — empréstimo gratuito do imóvel) ou então na forma de contrato de locação, e ficando comprovado que o objetivo dos aludidos contratos foi de camuflar o fornecimento da utilidade para evitar a sua configuração como de natureza salarial, esta é que prevalecerá no caso, em face da atração do art. 9º da CLT, que diz que serão nulos de pleno direito os atos praticados com o objetivo de desvirtuar, impedir ou aplicar os preceitos contidos na legislação do trabalho.

Jurisprudência

TST, Súmula n. 258. SALÁRIO-UTILIDADE. PERCENTUAIS (nova redação) — Res. 121/2003, DJ 19, 20 e 21.11.2003. Os percentuais fixados em lei relativos ao salário "in natura" apenas se referem às hipóteses em que o empregado percebe salário mínimo, apurando-se, nas demais, o real valor da utilidade.

TST, Súmula n. 367. UTILIDADES "IN NATURA". HABITAÇÃO. ENERGIA ELÉTRICA. VEÍCULO. CIGARRO. NÃO INTEGRAÇÃO AO SALÁRIO (conversão das Orientações Jurisprudenciais n.s 24, 131 e 246 da SBDI-1) — Res. 129/2005, DJ 20, 22 e 25.4.2005. I — A habitação, a energia elétrica e veículo fornecidos pelo empregador ao empregado, quando indispensáveis para a realização do trabalho, não têm natureza salarial, ainda que, no caso de veículo, seja ele utilizado pelo empregado também em atividades particulares. (ex-OJs da SBDI-1 ns. 131 — inserida em 20.4.1998 e ratificada pelo Tribunal Pleno em 7.12.2000 — e 246 — inserida em 20.6.2001). II — O cigarro não se considera salário utilidade em face de sua nocividade à saúde. (ex-OJ n. 24 da SBDI-1 — inserida em 29.3.1996)

Ementa: Salário in natura. *Moradia. Demonstrado nos autos que a moradia fornecida à autora não objetivava tornar viável a própria prestação dos serviços, mas que o imóvel era fornecido pelo trabalho, e não para o trabalho, deve ser mantida a decisão de primeiro grau que declarou a natureza salarial da referida parcela.* TRT 12ª Reg. RO 01267-2007-050-12-00-0 — (Ac. 1ª T., 17.6.08) — Rel. Juiz Reinaldo Branco de Moraes. Disp. TRT-SC/DOE 7.8.08. Data de Publ. 8.8.08.

Ementa: Salário utilidade. Configuração. Segundo a doutrina e a jurisprudência clássicas, somente se configura o salário utilidade quando esta é fornecida pelo serviço realizado, como contraprestação. Quando fornecida para o trabalho, como meio necessário e indispensável para a sua execução, não constitui acréscimo salarial. No caso, o obreiro foi transferido para outro município, onde assumiu nova função, e passou a residir em imóvel cedido pela reclamada, sem nenhuma despesa com manutenção. Desse modo, a moradia foi fornecida pela empregadora como forma de retribuição do trabalho prestado, motivo pelo qual o valor correspondente deve integrar sua remuneração, com os reflexos pertinentes.TRT 18ª Reg. RO-00073-2006-081-18-00-1 — Rel. Juiz Gentil Pio de Oliveira. DJGO n. 14.831, 31.8.06, p.74.

Ementa: Salário in natura. *Habitação. Cobrança de aluguel irrisório. Efeitos. A configuração da exata natureza da habitação fornecida pelo empregador está intimamente ligada à finalidade para a qual se destina. Não terá caráter salarial se cedida com o objetivo de viabilizar a prestação de serviços por parte do empregado; afastado, por outro lado, o cunho instrumental da utilidade, imperativo reconhecer o complemento salarial em favor do obreiro. A cobrança de valor irrisório pela moradia, especialmente quando implantada após longo decurso de tempo, presta-se, tão-somente, a mascarar a natureza contraprestativa da utilidade fornecida. Recurso da Reclamada a que se nega provimento.* TRT 9ª Reg. RO 00382-2004-094-09-00-5 — (Ac. 1ª T. 23769/05) — Rel. Juiz Ubirajara Carlos Mendes. DJPR 20.9.05, p.247.

Ementa: Salário in natura. *Moradia concedida para o serviço. indevido. Horas extraordinárias. Trabalho no horário destinado ao repouso e alimentação. Ausentes pedido e causa de pedir. Indevidas. Férias acrescidas de 1/3. Preclusa a oportunidade de discussão da matéria. Honorários advocatícios. Ausentes os requisitos das Súmulas, ns. 219 e 329, ambos do c. TST. Indevidos.* Situado o estabelecimento reclamado na área rural e conforme contrato de comodato encartado nos autos, a moradia foi concedida como instrumento de viabilização da prestação de serviços, ou seja: para o trabalho, não constituindo salário "in natura". Inexistindo na petição exordial pedido ou causa de pedir relativos à prestação de serviços no intervalo diário destinado ao repouso e alimentação, não há se cogitar possa a parte alterar os fatos postos em juízo para acrescer o pedido em sede recursal. Omissa a r. sentença de primeira instância quanto ao **pedido de férias acrescidas de 1/3**, sem interposição de embargos declaratórios à época própria pela **parte interessada**, vedada a análise da matéria em grau recursal, porque preclusa a discussão da matéria, sob **pena de** supressão de instância. Não estando o reclamante assistido pela entidade de classe, ausente requisito das Súmulas, I — ns. 219 e 329, ambos do C. TST, óbice ao pedido de honorários advocatícios.TRT 15ª Reg. (Campinas/SP) RO 01001-2004-071-15-00-9 — (Ac. 52682/2005-PATR, 3ª Câmara) — Rel. Juiz Samuel Corrêa Leite. DJSP 4.11.05, p. 78.

Ementa: Salário-utilidade. Moradia. Zelador. No caso dos autos resta explicitado que a moradia de zelador no local de trabalho é item indispensável ao exercício da função, ou seja, o fornecimento da habitação decorreu para o trabalho e não do trabalho. Consequentemente, há de se afastar a natureza salarial da parcela. Recurso a que se nega provimento. TRT 23ª Reg. RO 01078.2007.006.23.00-9 — (Ac. 2ª T.) — Relª. Des. Leila Calvo. DJE/TRT 23ª Reg. n. 409, 15.2.08, p. 6.

Ementa: Moradia de zelador. Utilidade indispensável ao bom desempenho da função. Natureza salarial afastada. A moradia de zelador de prédio residencial ou edifício de Condomínio não constitui salário-utilidade, pois trata-se de benefício fornecido para o bom desempenho da tarefa contratada e não como contraprestação do serviço. A constante presença do zelador é indispensável para a preservação e bom funcionamento de qualquer Condomínio, por ser a pessoa encarregada de resolver eventuais emergências surgidas no local. A utilidade fornecida na hipótese não se reveste, assim, de natureza salarial. ...TRT 2ª Reg. RO 00067200330202001 — (Ac. 4ª T. 20050903530) — Rel. Juiz Paulo Augusto Câmara. DJSP 13.1.06, p. 8.

Ementa: Zelador. Salário Moradia. Percentual fixado em norma coletiva. O pedido de diferenças do salário moradia sob a alegação de que deve ser observado o valor de mercado de aluguel do apartamento ocupado, mais a média dos impostos, taxas e despesas que poderia ser despendida se pagasse aluguel não possui respaldo, tendo em vista que a moradia é concedida ao zelador por força de negociações entre empregados e empregadores, não se confundindo com a locação do apartamento utilizado. O reclamante não era condômino, não pagava aluguel e menos ainda impostos, taxas e despesas de condomínio, evidenciando-se, de plano, a intenção de locupletar-se de valores que hipoteticamente poderiam ser por ele suportados. TRT 2ª Reg. RO 01942200430202003 — (Ac. 2ª T. 20080408952) — Relª. Rosa Maria Zuccaro. DOe/TRT 2ª Reg. 20.5.08, p. 167/168.

3.1. Habitação no meio rural. É a Lei n. 5.889/73 que disciplina a questão da habitação no meio rural. Com efeito, dispõe o art. 9º da referida lei a dedução alusiva a habitação será até o limite de 20% (vinte por cento) do salário mínimo (alínea "a") dependendo sempre da autorização prévia do empregado, sem o que será nula de pleno direito. Sempre que mais de um empregado residir na mesma moradia, o desconto, previsto de 20%, será dividido proporcionalmente ao número de empregados, vedada, em qualquer hipótese, a moradia coletiva de famílias (§ 2º) e rescindido ou findo o contrato de trabalho, o empregado será obrigado a desocupar a casa dentro de trinta dias (§ 3º). Importante destacar que Lei n. 9.300/96, incluiu o art. 5º na Lei n. 5.589/73, dispondo que "A cessão pelo empregador, de moradia e de sua infraestrutura básica, assim, como, bens destinados à produção para sua subsistência e de sua família, não integram o salário do trabalhador rural, desde que caracterizados como tais, em contrato escrito celebrado entre as partes, com testemunhas e notificação obrigatória ao respectivo sindicato de trabalhadores rurais".

4. Utilidades não consideradas como salário (§ 2º). Neste parágrafo são elencadas as utilidades fornecidas pelo empregador em função do contrato de trabalho e que não são consideradas como de natureza salarial. Segundo *Sérgio Pinto Martins* "a previsão do § 2º do art. 458, da CLT é taxativa e não meramente exemplificativa, pois a norma não usa a palavra como"[(57)], mas duas conclusões se extraem do mencionado parágrafo. Uma, no sentido de que se a utilidade é fornecida para o trabalho não terá natureza salarial; se for pelo trabalho, sim e a outra, que não fica esgotada a possibilidade de outras prestações *in natura* serem incluídas no elenco do § 2º, em face do que dispõe o *caput* do art. 458, quando expressa outras prestações *in natura* que por força do contrato ou do costume for fornecida ao empregado, cabendo, portanto, ao julgador a apreciação de cada caso concreto."

---

(57) *Comentários à CLT.* São Paulo: Atlas. 12. ed., 2008. p. 418.

Utilidades não consideradas como salário, as quais estão dispostas nos incisos I a VI do § 2º do art. 458.

4.1. (inciso I, do § 2º). Vestuários, equipamentos e outros acessórios fornecidos aos empregados e utilizados no local de trabalho, para a prestação do serviço. Não teria sentido outra solução, pois fugiria da razoabilidade considerar tais utilidades como de natureza salarial, pois elas estão intimamente ligadas com a prestação de serviços. Sem elas o empregado não poderia realizar os seus serviços, sendo que, muitas vezes os vestuários, equipamentos e acessórios estão associados às normas de segurança e medicina do trabalho. A jurisprudência tem admitido que até o uso do celular desde que nasça de sua necessidade para a prestação de serviços não será considerado de natureza salarial. De ressaltar também que o empregador não poderá cobrar do empregado os custos decorrentes dos vestuários, equipamentos e acessórios pelas mesmas razões apontadas.

Jurisprudência

Ementa: Salário-utilidade. Uso de automóvel e celular. A utilização tanto de celular quanto de automóvel se dava "para" o trabalho e não "pelo" trabalho, uma vez que o reclamante deles necessitava para exercer suas atividades e a Reclamada lhe fornecia os bens em questão de forma a permitir que o Autor desenvolvesse de forma mais eficiente as funções para fora admitido, o que afasta a alegada natureza salarial. TRT 1ª Reg. RO 1966/02 (01223-2001-030-01-00-0) — (Ac. 3ª T.) — Relª. Juíza Maria das Graças Cabral Viégas Paranhos. DJRJ 17.7.03, p. 209.

4.2. (inciso II, do § 2º). Educação em estabelecimento de ensino próprio ou de terceiros, compreendendo os valores relativos à matrícula, mensalidade, anuidade, livros e material didático. Segundo o disposto no art. 205, da Carta Magna, "A educação, direito de todos e dever do Estado e da família, será promovida e incentivada com a colaboração da sociedade, visando ao pleno desenvolvimento da pessoa, seu preparo para o exercício da cidadania e sua qualificação para o trabalho". Ora, diante desse primado constitucional nada mais justo o disposto no mencionado inciso que permite ao empregador pagar os estudos de seus empregados não só para o seu desenvolvimento no trabalho, como no estudo de línguas, curso no exterior, hoje de valor inestimável no mercado de trabalho, como também o que for necessário para a formação profissional de qualquer empregado, já que a educação está a ela atrelada. A norma pelo seu conteúdo é abrangente, nela considera a educação proveniente de estabelecimento próprio, de terceiros (escolas particulares) e compreendendo os valores atinentes a matrícula, mensalidade, anuidade, livros e material didático; e, neste, tudo que seja necessário para a aprendizagem.

Jurisprudência

Ementa: Educação. Utilidade concedida pelo empregador. Custeio de parte das mensalidades escolares dos filhos do empregado. Prestação que não configura salário "in natura". A utilidade "educação", concedida pelo empregador sob a forma de custeio de parte de mensalidades escolares, não configura salário "in natura", seja a utilidade concedida em prol do empregado ou de seus filhos, na forma do inc. II do art. 458 da CLT, que não estabelece distinção nesse sentido e cujo objetivo é estimular o fornecimento da prestação. TRT 12ª Reg. RO 00130-2007-037-12-00-8 — (Ac. 1ª T., 29.4.08) — Rel. Juiz Garibaldi T. P. Ferreira. Disp. TRT-SC/DOE 21.05.08. Data de Publ. 23.5.08.

4.3. (Inciso III, do § 2º). Transporte destinado ao deslocamento para o trabalho e retorno, em percurso servido ou não por transporte público. Evidente que se o transporte for destinado ao descolamento para o trabalho e retorno, em percurso servido ou não por transporte público não terá natureza salarial. Verifica-se que a questão do percurso ser servido ou não por transporte público é irrelevante para o efeito da norma. A exclusão da natureza salarial está na condição da sua concessão. Com efeito, se o transporte é fornecido para proporcionar o desenvolvimento do trabalho e não para retribuí-lo não poderá ser considerado de natureza salarial. Imagine-se, um local de trabalho, embora provido de transporte público, mas com dificuldade para os empregados se locomoverem até a empresa. Se o empregador diante dessa situação vem a fornecer condução aos empregados para sua ida e volta ao trabalho não poderá ser prejudicado com essa medida, ainda que venha a cobrar um preço não compatível com o custo da condução. Outro entendimento seria desestimular o empregador zeloso e prestimoso com os seus empregados.

4.3.1. Veículo fornecido para o trabalho. Se a cessão do veículo é feita ao empregado sem nada a ter com a sua atividade profissional, constituindo apenas em uma complementação salarial, a sua natureza será salarial. O valor a ser fixado, neste caso, deverá ser moderado e não com o luxo por ele proporcionado, conforme prega o § 1º do art. 458, da CLT e a Súmula n. 258, do TST, já transcrita acima. No entanto, se o veículo é fornecido para o trabalho do empregado e não havendo finalidade retributiva na sua utilidade ela não será integrativa do salário. A jurisprudência tem elasticido a sua natureza não salarial mesmo quando o veículo é utilizado pelo empregado nos finais de semana, ou ainda para fins particulares, cuja tese ficou consagrada na Súmula n. 367, I, do TST. Quanto ao combustível, segue a mesma lógica do veículo, ou seja, não constitui salário-utilidade, ainda que, eventualmente, houvesse a sua utilização para fins particulares.

Jurisprudência

TST, Súmula n. 367. UTILIDADES "IN NATURA". HABITAÇÃO. ENERGIA ELÉTRICA. VEÍCULO. CIGARRO. NÃO INTEGRAÇÃO AO SALÁRIO (conversão das Orientações Jurisprudenciais ns. 24, 131 e 246 da SBDI-1) — Res. 129/2005, DJ 20, 22 e 25.4.2005.
I — A habitação, a energia elétrica e veículo fornecidos pelo empregador ao empregado, quando indispensáveis para a realização do trabalho, não têm natureza salarial, ainda que, no caso de veículo, seja ele utilizado pelo empregado também em atividades particulares. (ex-Ojs da SBDI-1 ns. 131 — inserida em 20.4.1998 e ratificada pelo Tribunal Pleno em 7.12.2000 — e 246 — inserida em 20.6.2001).

Ementa: Ônus da prova. Uso do veículo próprio em serviço. Ressarcimento. Natureza salarial. Se o trabalhador, motorista, utiliza seu próprio veículo em serviço e arca com sua manutenção, recebendo salário fixo mensal e mais pagamentos sob o título "Reembolso de despesas — Kombi", recai sobre ele o ônus de comprovar que esses constituíam-se simplesmente em "salário por fora" e não ressarcimento pelo uso de seu veículo em serviço e respectiva manutenção. Recurso de revista conhecido e provido.TST-RR-61.030/2002-900-02-00.5 — (Ac. 2ª T.) — 2ª Reg. — Rel. Min. Vantuil Abdala. DJU 8.6.07, p. 763/64.

Ementa: Recurso de revista. Salário-utilidade. Utilização de veículo. Combustível. O veículo fornecido pelo empregador ao empregado, quando indispensável para a realização do trabalho, não tem natureza salarial, ainda que seja utilizado pelo empregado também em atividades particulares. Inteligência da Súmula n. 367, item I, do TST (ex-OJ n. 246 da SDI-1). Em relação ao combustível, presume-se que esse é fornecido para viabilizar a utilização do veículo. O combustível nada mais é do que um elemento indispensável para o uso do automóvel, motivo pelo qual obedece à mesma lógica antes mencionada, ou seja, não se constitui em salário-utilidade, ainda que, eventualmente, houvesse a sua utilização para fins particulares. Recurso conhecido e provido. TST-RR-6.462/2002-900-02-00.3 — (Ac. 3ª T.) — 2ª Reg. — Rel. Min. Carlos Alberto Reis de Paula. DJU 4.5.07, p. 1.321.

Ementa: Salário-utilidade. Veículo fornecido pelo empregador. Utilização pelo empregado. Folgas, fins de semana e férias. Natureza jurídica. O veículo fornecido para o trabalho não tem natureza salarial. O fato de a empresa autorizar seu uso pelo empregado também em suas folgas, finais de semana e férias não modifica a natureza jurídica do bem. Não constitui salário-utilidade veículo fornecido por liberalidade do empregador, com o escopo não de incrementar a remuneração do empregado, mas, tão-somente, permitir que desenvolva de forma mais eficiente as funções inerentes ao contrato de emprego. Entendimento esse pacificado na Súmula n. 367 do TST, vazada nos seguintes termos: "*Utilidades* 'in natura'. *Habitação. Energia elétrica. Veículo. Cigarro. Não integração ao salário*. A habitação, a energia elétrica e veículo fornecidos pelo empregador ao empregado, quando indispensáveis para a realização do trabalho, não têm natureza salarial, ainda que, no caso de veículo, seja ele utilizado pelo empregado também em atividades particulares". Recurso de revista conhecido e provido. TST-RR-91.991/2003-900-04-00.4 — (Ac. 1ª T.) — 4ª Reg. — Rel. Min. Lélio Bentes Corrêa. DJU 27.4.07, p. 1.098.

Ementa: Veículo fornecido pelo empregador. Uso também para fins particulares. Salário in natura não caracterizado. A utilização de veículo fornecido pelo empregador para o trabalho, ainda que também utilizado pelo empregado para atividades particulares, não modifica a natureza jurídica do benefício para caracterizá-lo como salário "in natura". Deve-se levar em conta que não se trata de liberalidade do empregador dirigida a melhor remuneração do empregado, mas com a primordial finalidade de permitir que este desenvolva de forma mais eficiente as funções para as quais foi contratado. O fato de o empregado utilizar o veículo também para fins particulares não pode onerar ainda mais o empregador, inclusive porque a extensão do uso para estes fins resulta benéfica ao empregado que, deixando de utilizar veículo próprio, tem uma vantagem indireta, mas não salarial, uma vez que não se trata de contraprestação ajustada pelo trabalho realizado. Entendimento sedimentado no inciso I da Súmula n. 367 do TST. Recurso do autor a que se nega provimento no particular.TRT 9ª Reg. RO 00499-2005-069-09-00-0 — (Ac. 1ª T. 27696/07) — Rel. Juiz Edmilson Antonio de Lima. DJPR 28.9.07, p. 649/50.

4.3.1.1. Vale-transporte. O vale-transporte não constitui salário *in natura*, conforme o disposto no art. 2º, "a", da Lei n. 7.418/85. A Lei n. 8.212/91, em seu art. 28, § 9º, alínea "f", é expressa ao prever que não integra o salário de contribuição a parcela recebida a título de vale-transporte, na forma da legislação própria. Insta lembrar que se o vale-transporte for concedido ao empregado fora da respectiva lei tem sido considerado como integrativo do salário, até porque se existe lei é para ser cumprida.

Jurisprudência

Ementa: Vale-transporte. Natureza jurídica. Incorporação ao salário. A parcela quitada sob o título "vale-transporte" tem, em princípio, natureza indenizatória, porque paga para o trabalho. Logo, cabe ao Reclamante afastar a presunção ditada pela nomenclatura da verba (arts. 333, I do CPC e 818 da CLT), comprovando que a parcela não era destinada ao transporte e nem para a realização do trabalho. Não se desincumbindo o obreiro de seu ônus, o fato de a parcela ser concedida em pecúnia, nada altera a sua natureza jurídica, mormente se os acordos coletivos celebrados entre a empresa reclamada e o Sindicato representante dos trabalhadores, prevêem o pagamento do vale-transporte em espécie, tal como procedido pela reclamada. De outro lado, nos termos do art. 7º., inciso XXVI, da CR/88, é permitida a flexibilização de direitos, dentre eles o do pagamento do vale-transporte em pecúnia. Isto porque a Constituição da República, em seu art. 7º. assegura o reconhecimento das convenções e acordos coletivos do trabalho, garantindo aos sindicatos liberdade para ajustarem as condições que melhor satisfaçam aos direitos e interesses coletivos e individuais, desde que sejam observadas as garantias mínimas asseguradas ao trabalhador, como ocorreu no presente caso, uma vez que dispõe a cláusula: "convencionam as partes que em atendimento à legislação vigente, a empresa fornecerá aos seus empregados os vales-transporte em espécie e no valor correspondente ao deslocamento de ida e volta ao trabalho a cada empregado, juntamente com a folha de pagamento, sob a rubrica 'VT', cabendo o desconto de 6% (seis por cento) do salário do empregado, na forma da lei. Parágrafo único: O pagamento acima estipulado não tem caráter salarial e, consequentemente, não se incorporará, em hipótese alguma, ao salário do empregado e ainda, sobre o mesmo não haverá incidência de quaisquer encargos fiscais, trabalhistas ou previdenciários". Recurso a que se nega provimento. TRT 3ª Reg. RO 00623-2006-113-03-00-4 — (Ac. 4ª T.) — Rel. Des. Julio Bernardo do Carmo. DJMG 18.11.06.

4.4. (Inciso IV). Assistência médica, hospitalar e odontológica, prestada diretamente ou mediante seguro-saúde. Louvável a atitude do legislador, pois são utilidades ligadas à saúde do trabalhador e de sua família. A norma não deixa dúvida sobre a sua abrangência, pois agrega os aspectos básicos de assistência à saúde, quais sejam, a assistência médica e odontológica. A forma como ela é prestada pouco importa, já que poderá ser via plano de saúde ou mediante seguro-saúde.

4.5. (Inciso V). Seguros de vida e de acidentes pessoais. Dadas as finalidades a que se destinam jamais poderiam ser consideradas como de natureza salarial, já que estão ligados ao infortúnio e os reflexos decorrentes.

4.6. (Inciso VI). Previdência privada. Segundo o disposto no art. 202 da CF, introduzido pela Emenda Constitucional n. 20/98, "O regime de previdência privada, de caráter complementar e organizado de forma autônoma em relação ao regime geral de previdência social, será facultativo, baseado na constituição de reservas que garantam o benefício contratado, e regulado por lei complementar, sendo que no § 2º do mencionado artigo consta que "As contribuições do empregador, os benefícios e as condições contratuais previstas nos estatutos, regulamentos e planos de benefícios das entidades de previdência privada não integram o contrato de trabalho dos participantes, assim como, à exceção dos benefícios concedidos, não integram a remuneração dos participantes, nos termos da lei". A Lei Complementar n. 109/2001 disciplina a Previdência Privada, prevendo no seu art. 68, que os aportes feitos pelo empregador não integram a remuneração dos participantes. É um sistema organizado "de forma autônoma em relação ao regime geral de previdência social, é facultativo, baseado na constituição de reservas que garantam o benefício" (art. 1º da Lei Complementar n. 109/01. Sua finalidade é social, porque visa assegurar uma complementação à previdência estatal, funcionando como um mecanismo de proteção social já que está associado a um bem-estar futuro do trabalhador que aderirem ao sistema. Não deixa de ser também uma modalidade de poupança em virtude das contribuições dos trabalhadores e dos empregadores, privados ou públicos. Vários são os mecanismos que a ordem jurídica que dão sustentação a esse regime, que pode ser fechado (arts. 12 a 25, da LC n. 109/01), ou aberto (arts. 26 a 30). Importante assinalar que nas entidades fechadas, os planos são acessíveis apenas "aos empregados de uma empresa ou grupo de empresas e aos servidores da União, dos Estados, do Distrito Federal e dos Municípios. A adesão aos planos da Previdência Privada está vinculada a existência de uma relação laboral; também numa relação institucional ou estatutária na hipótese dos servidores (art. 31, I, da LC n. 109/01). No sistema aberto, existe a vinculação do participante com o respectivo plano. Em síntese, por tais considerações, pode-se dizer que o disposto no inciso VI desse artigo não é nenhuma novidade, pois está em consonância com o texto constitucional (§ 2º, do art. 202) e com o art. 68, da Lei Complementar n. 109/2001, portanto, sem feição salarial para os empregados e servidores que participam de planos de previdência privada ou complementar.

Art. 459 *O pagamento do salário, qualquer que seja a modalidade do trabalho, não deve ser estipulado por período superior a um mês, salvo o que concerne a comissões, percentagens e gratificações. (V. L. n. 8.716/93 — DOU 13.10.93) — LTr 57/11-1405).*

PARÁGRAFO ÚNICO[58]. Quando o pagamento houver sido estipulado por mês, deverá ser efetuado, o mais tardar, até o quinto dia útil do mês subsequente ao vencido. (Redação L. n. 7.855, 24.10.89, DOU 25.10.89).

---

(58) Na Lei n. 7.855, de 14.8.89, ao invés de parágrafo único, consta parágrafo primeiro, o que é incorreto na sistematização de leis.

1. Pagamento de salário. Estipulação. Os empregados, como quaisquer pessoas possuem seus compromissos segundo a programação feita em função do pagamento dos seus salários, os quais estão vinculados a prestação de serviços, uma vez que, o contrato de trabalho é de trato sucessivo. Por essa razão é que esse artigo estipula que o salário qualquer que seja o tipo de trabalho não deve ser estipulado por período superior a um mês, com exceção do pagamento de comissões, percentagens e gratificações.

2. Pagamento. Comissões e percentagens. Gratificações. Com relação às comissões e às percentagens há que ser considerado que elas normalmente dependem da concretização do pagamento dos negócios realizados, o que impede o seu pagamento de pronto. Entretanto, se o trabalhador só recebe com base em comissões, como ocorre com os vendedores, viajantes e pracistas, o pagamento deve ser mensal conforme impõe o disposto no § 4º da Lei n. 3.207/57. Já, as gratificações normalmente estabelecidas por semestre, por ano, ou ainda decorrente de regulamento interno da empresa, o seu pagamento ficará sempre na dependência das condições ajustadas. Na verdade, elas representam uma suplementação salarial, principalmente quando pagas com habitualidade, uma vez que as esporádicas normalmente não possuem natureza salarial.

Jurisprudência

Ementa: Empregado. Vendedor. Direito ao pagamento das comissões. O pagamento das comissões e percentagens deverá ser feito mensalmente, expedindo o empregador, no fim de cada mês, a conta respectiva com a cópia das faturas correspondentes aos negócios concluídos. (art. 4º, da Lei n. 3.207/57). Enquanto não concluídos os negócios, com a expedição das faturas correspondentes às vendas realizadas, porque o pedido, proposta de compra e venda, permanece em carteira, ou foi cancelado pelo cliente, não há direito ao pagamento das comissões. TST-E-RR-300241-1996 — (Ac. SBDI-1) — Rel. Min. Barros Levenhagem. DJU 18.2.00.

3. Época própria para o pagamento. Qualquer que seja a forma de pagamento adotada pelo empregador (em espécie, em depósito em conta corrente ou pagamento em cheque) ou modalidade da prestação de serviço (trabalho por peça, tarefa, produção) ele terá de estar à disposição do empregado até o quinto dia útil do mês subsequente ao vencido.

É a regra expressa no parágrafo único desse artigo. A mesma regra vale para o empregador que paga o salário por semana ou quinzenal, de forma a respeitar o limite imposto pela citada norma (até o quinto dia útil do vencimento da obrigação ajustada). A expressão "dia útil" foi inserida pela Lei n. 7.855/89, que fora eliminado pelo Decreto-Lei n. 75/66 e segundo a Instrução Normativa n. 1, de 7 de novembro de 1989, da SRT/MTE, que dispõe sobre o prazo para pagamento do salário, considera que o sábado é considerado como dia útil, de forma que na contagem dos dias para efeito da aplicação da regra do § 1º do art. 459, da CLT, será incluído o sábado, excluindo-se o domingo e feriado, inclusive o municipal.

De outra parte, muitas empresas, principalmente as instituições bancárias, fazem o pagamento do salário dos seus empregados no próprio mês da prestação de serviços, citando como exemplo, o dia 20, 25, e 30. Em função disso, havia controvérsia na doutrina e na jurisprudência no sentido de que a correção monetária deveria ter por parâmetro o mês em que a obrigação seria cumprida. Esse entendimento não vingou por fugir do princípio da razoabilidade, já que estaria punindo o empregador que antecipava o pagamento dos salários, de forma que o TST firmou jurisprudência de ser a época própria para incidência da correção monetária nos salários o mês subsequente ao da prestação de serviços, conforme entendimento consubstanciado na Orientação Jurisprudencial n. 124 da SDI-1, a qual foi convertida na Súmula n. 381. Assim, uma vez desrespeitada a data limite prevista no art. 459 da CLT, a correção monetária deverá incidir a partir do dia 1º, como também ficou sedimentado o entendimento de que a mudança da data de pagamento desde que respeitado a data limite prevista na lei, não constitui alteração ilícita, conforme o disposto na Orientação Jurisprudencial n. 159 da SDI-1, do TST.

Precedente Administrativo da SIT/MTE

PRECEDENTE ADMINISTRATIVO N. 35. *Salário. Pagamento fora do prazo legal. Dificuldades econômicas.* Dificuldades econômicas do empregador, decorrentes de inadimplemento contratual de clientes, retração de mercado ou de outros transtornos inerentes à atividade empreendedora, não autorizam o atraso no pagamento de salários, uma vez que, salvo exceções expressamente previstas em lei, os riscos do negócio devem ser suportados exclusivamente pelo empregador. Referência Normativa: art. 2º e art. 459, § 1º, da Consolidação das Leis do Trabalho — CLT.

Jurisprudência

TST, Súmula n. 381. CORREÇÃO MONETÁRIA. SALÁRIO. ART. 459 DA CLT (conversão da Orientação Jurisprudencial n. 124 da SBDI-1) — Res. 129/2005, DJ 20, 22 e 25.4.2005. O pagamento dos salários até o 5º dia útil do mês subsequente ao vencido não está sujeito à correção monetária. Se essa data limite for ultrapassada, incidirá o índice da correção monetária do mês subsequente ao da prestação dos serviços, a partir do dia 1º. (ex-OJ n. 124 da SBDI-1 — inserida em 20.4.1998)

TST, OJ-SDI-1 n. 159. DATA DE PAGAMENTO. SALÁRIOS. ALTERAÇÃO (inserida em 26.3.1999). Diante da inexistência de previsão expressa em contrato ou em instrumento normativo, a alteração de data de pagamento pelo empregador não viola o art. 468, desde que observado o parágrafo único, do art. 459, ambos da CLT.

Ementa: Recurso de revista. Vantagem contratual alusiva ao pagamento antecipado dos salários. Orientação jurisprudencial n. 159 da SBDI-1 do TST. A jurisprudência pacificada do TST consubstanciada na Orientação Jurisprudencial n. 159 da SBDI-1, firmou-se no sentido de que diante da inexistência de previsão expressa em contrato ou em instrumento normativo, a alteração de data de pagamento pelo empregador não viola o art. 468, desde que observado o parágrafo único, do art. 459, ambos da CLT. Por outro lado, nos termos de precedentes desta Corte Superior, envolvendo o ora recorrente, a alteração da data de pagamento, do dia vinte para o dia trinta ou para o penúltimo dia útil do próprio mês, não acarretou prejuízos aos reclamantes. Nesse contexto, a revista merece ser provida, para julgar improcedente a presente ação, por meio da qual o sindicato pretende assegurar a manutenção do pagamento dos salários dos substituídos no dia vinte de cada mês. Recurso de revista parcialmente conhecido e provido. TST-RR-627.044/2000.7 — (Ac. 8ª T.) — 1ª Reg. — Relª. Min. Dora Maria da Costa. DJU 16.5.08, p. 384.

Ementa: ...Atraso no pagamento das comissões. Violação do art. 459, § 1º, da CLT. Não houve atraso no pagamento das comissões, justamente em virtude do contido no *caput* do art. 459 da CLT, que excetua as comissões e gratificações da regra geral dos pagamentos salariais por período superior a um mês. Nesse diapasão, tem-se que o parágrafo único da norma em foco, tido por violado, apenas abrange o pagamento estipulado contratualmente por mês, devendo ser nesse caso efetuado o mais tardar, aí sim, até o quinto dia útil do mês subsequente ao vencido, hipótese diversa da dos autos originários, que trata de pagamento de comissões, o qual podia ser efetuado até o 30º (trigésimo) dia útil do mês subsequente ao vencido, conforme cláusula do contrato de trabalho firmado entre as partes. Sendo assim, não se há falar em incidência de correção monetária e tampouco em violação do dispositivo de lei referido. Ademais, trata-se de matéria de índole infraconstitucional, cuja interpretação ainda não foi objeto de uniformização pela SBDI-I desta Corte (Súmula n. 83). Recurso desprovido. TST-ROAR-90.182/2003-900-04-00.5 — (Ac. CSBDI2) 4ª Reg. — Rel. Min. Renato de Lacerda Paiva. DJU 23.5.08, p. 79

Ementa: Recurso de embargos. Correção monetária. Época própria. Art. 459, parágrafo único, da CLT. Súmula n. 381. Provimento. Esta C. Corte Superior já firmou jurisprudência de ser a época própria para incidência da correção monetária nos salários o mês subsequente ao da prestação de serviços, conforme entendimento consubstanciado na Orientação Jurisprudencial n. 124 da SDI-1, recentemente convertida na Súmula n. 381. Assim, uma vez desrespeitada a data limite prevista no art. 459 da CLT, a correção monetária deverá incidir a partir do dia 1º, nos exatos termos do verbete sumular acima citado. Recurso de embargos conhecido e provido. TST-E-RR-75.581/2003-900-02-00.7 — (Ac. SBDI1) — 2ª Reg. — Rel. Min. Aloysio Corrêa da Veiga. DJU 8.2.08, p. 1.443.

4. Mora salarial. O Decreto-lei n. 368, de 29 de dezembro de 1968 dispõe sobre efeitos de débitos salariais e dá outras providências. Ocorre em mora contumaz o empregador que em relação a mencionada obrigação, deixa de fazer o pagamento de salário por período igual ou superior a três meses (Decreto-lei n. 368/68, art. 2º, § 1º). Considera-se salário devido, a retribuição de responsabilidade direta da empresa, inclusive comissões, percentagens, gratificações, diárias para viagens e abonos, quando a sua liquidez e certeza não sofram contestação nem estejam pendentes de decisão judicial (art. 6º). E enquanto a empresa estiver em mora, ele não poderá pagar honorários, gratificação, *pro labore* ou qualquer outro tipo de retribuição ou retirada a seus diretores, sócios, gerentes ou titulares da firma individual (art. 1º, I); distribuir quaisquer lucros, bonificações, dividendos ou interesses a seus sócios, titulares, acionistas, ou membros de órgãos dirigentes, fiscais ou consultivos (Art. 1º, II) e ser dissolvida. Estipula ainda o Decreto-lei que "a empresa em mora contumaz relativamente a salários não poderá, além do disposto no art. 1º, ser favorecida com qualquer benefício de natureza fiscal, tributária, ou financeira, por parte de órgãos da União, dos Estados ou dos Municípios, ou de que estes participem (art. 2º), e sendo configurada a mora contumaz o atraso ou sonegação de salários devidos aos empregados, por período igual ou superior a 3 (três) meses, sem motivo grave e relevante, excluídas as causas pertinentes ao risco do empreendimento" (art. 2º, § 2º); Destaque-se, também que "os diretores, sócios, gerentes, membros de órgãos fiscais ou consultivos, titulares de firma individual ou quaisquer outros dirigentes de empresa responsável por infração do disposto no art. 1º, incisos I e II, estarão sujeitos à pena de detenção de um mês a um ano" (art. 4º). Extrai-se da parte final desse artigo, que a mora contumaz está sujeito a processo criminal que poderá ser instaurado mediante a comunicação da autoridade administrativa (Ministério do Trabalho e Emprego) ao Ministério Público, órgão competente para promover a respectiva ação. Há entendimento, no entanto, que a regra prevista no Decreto-lei n. 368/68 foi criada para "sanção penal e fiscal e não trabalhista. O não pagamento do salário é falta gravíssima que não precisa reiteração"[(59)] para configuração da rescisão indireta do contrato de trabalho, na forma da alínea "d" do art. 483, da CLT. Ver. Art. 483. d.1.

Jurisprudência

TST, Súmula n. 300. EXECUÇÃO TRABALHISTA. CORREÇÃO MONETÁRIA. JUROS. LEI N. 8.177/91, ART. 39, E LEI N. 10.192/01, ART. 15 (**nova redação**) — DJ 20.4.2005. Não viola norma constitucional (art. 5º, II e XXXVI) a determinação de aplicação da TRD, como fator de correção monetária dos débitos trabalhistas, cumulada com juros de mora, previstos no art. 39 da Lei n. 8.177/91 e convalidado pelo art. 15 da Lei n. 10.192/01.

Ementa: Recurso de revista. Juros de mora. Lei n. 9.494/97 que estabelece o percentual máximo de 6% ao ano. O art. 1º-F da Lei n. 9.494/97, estabelece que os juros de mora, nas condenações impostas à Fazenda Pública para pagamento de verbas remuneratórias devidas a servidores e empregados públicos, não poderão ultrapassar o percentual de 6% ao ano ou 0,5% ao mês. Portanto merece reforma o v. acórdão regional ao determinar a aplicação de juros de mora no percentual de 1% ao mês, contrariamente ao que determina o art. 1º-F da Lei n. 9.494/97, na redação dada pela Medida Provisória n. 2.180-35, de 24 de agosto de 2001. Recurso de revista conhecido e provido. TST-RR-1.109/2004-702-04-00.4 — (Ac. 6ª T.) — 4ª Reg. — Rel. Min. Aloysio Corrêa da Veiga. DJU 24.8.07, p. 1.278.

Ementa: Juros. Principal não tributável. Imposto de renda indevido sobre o acessório. Fazendo parte da principal verba de natureza indenizatória (FGTS, por

---

(59) *Direito do Trabalho*, 2. ed. 2008, Niterói, RJ: Ed. Impetus, p. 1135.

exemplo), sobre a qual o imposto de renda não incide na forma da lei, da mesma forma não se apresentaram tributáveis os juros de mora apurados sobre o título, já que não poderá o acessório sofrer a incidência que o principal não teve, nos moldes do Decreto Regulamentador n. 3.000/99, art. 55: "São também tributáveis (...) XIV — os juros compensatórios ou moratórios de qualquer natureza, inclusive os que resultarem de sentença, e quaisquer outras indenizações por atraso de pagamento, ...exceto aqueles correspondentes a rendimentos isentos ou não tributáveis...". TRT 2ª Reg. AP 01597200204102004 — (Ac. 10ª. T. 20050914230) — Relª. Juíza Sônia Aparecida Gindro. DJSP 7.2.06, p. 195.

Ementa: Aplicação da Taxa Selic (art. 406 do NCC) às dívidas trabalhistas. Se as dívidas quirografárias com juros não convencionados são atualizadas pelos juros da taxa SELIC, segundo o art. 406 do CC vigente, as dívidas trabalhistas tuteladas com preferência a todas as outras (art.186, CTN e art. 83, I, LF) não podem se sujeitar a tratamento desigual, sendo tal preceito atraído pelo art. 8º, parágrafo único da CLT, com o que se revoga o art. 39, caput, da Lei n. 8.177/91, na parte que regula a atualização monetária, também chamada de juros em sentido amplo, sob pena de subversão dos princípios do Direito do Trabalho. TRT 15ª Reg. (Campinas/SP) REO-RO 1318-2004-067-15-00-6 — (Ac. 29482/05-PATR, 8ª Câmara) — Rel. Juiz Flavio Allegretti de Campos Cooper. DJSP 1.7.05, p.26.

5. Atraso de pagamento de salário e o dano moral. O atraso habitual no pagamento de salários tem sido considerado ato ilícito e atraído o direito à indenização com fundamento em dano moral (artigos 1º, III e 5º, X, da Constituição Federal). O fundamento para a indenização está no fato de que o trabalhador se vê subtraído de parcelas de natureza alimentar e de certa forma privado do direito de ter uma vida econômica, familiar e mental equilibradas. Situações de *stress* psicológicos com reflexos no direito da personalidade (art. 5º, X, da CF) e na dignidade da pessoa humana (art. 1º, III, da CF), são também levados em conta na apreciação desse feito pela Justiça do Trabalho, com decisão que entende a desnecessidade de imediatidade na reação do empregado. A questão, no entanto, não é pacífica na jurisprudência, pois há entendimento em contrário, sob o fundamento de que o atraso no pagamento de salário enseja apenas as penalidades previstas em lei, como a possibilidade de rescisão indireta do contrato de trabalho (art. 483, d, da CLT). Outros entendem que para a caracterização do dano moral haverá a necessidade de comprovação da lesão na esfera moral do empregado, causando-lhe o efetivo dano.

Jurisprudência

Ementa: Atraso no pagamento de salários. Dano moral não configurado. O atraso no pagamento dos salários enseja reparação através das penalidades já previstas na lei, não podendo ser considerado motivo bastante para caracterizar um dano de ordem moral passível de indenização. TRT 3ª Reg RO 00580-2004-071-03-00-8 — (Ac. 1ª T.) — Rel. Juiz Marcio Flavio Salem Vidigal. DJMG 18.2.05, p.04.

Ementa: ...Dano moral. Atraso habitual no pagamento dos salários. Ocorrendo o pagamento nas mais variadas datas e épocas, é inconteste a incerteza e insegurança vivenciadas pelo trabalhador. A situação angustiante que o reclamante estava obrigado a vivenciar decorria de ato praticado única e exclusivamente pela ré. Daí porque se conclui que o autor sofreu prejuízos de ordem moral por culpa de sua empregadora. A par disso, a habitual inobservância do prazo legal (art. 459/CLT) para o pagamento das verbas trabalhistas devidas ao autor, constitui inegável ato ilícito praticado pela empregadora que, valendo-se do trabalho por ele prestado, sonegava-lhe o salário na época em que deveria ser pago. Inegável, pois, a ofensa à honra e à dignidade do trabalhador, incorrendo a ré em prática de dano moral, haja vista a inviolabilidade desses bens maiores do homem, consagrados na Constituição da República (artigos 1º, III e 5º, X). Ao deixar de pagar oportunamente os salário, gratificações natalinas e as férias ao reclamante, foram-lhe subtraídas parcelas de natureza alimentar, postergando-lhe o direito de ter uma vida econômica, familiar e mental equilibradas, submetendo-o aos desgastes e às delongas da ação judicial. A situação em tela gera abalo de ordem psicológica, social e familiar. Não pode o empregador para fins de furtar-se ao pagamento de haveres trabalhistas, submeter o empregado a situações de *stress* psicológico, sem incorrer em nítida violação a direito da personalidade (CF, art. 5º, X) e sem macular o princípio constitucional da dignidade da pessoa humana, insculpido em nossa Carta Constitucional (art. 1º, III) como um princípio fundamental da República Federativa do Brasil. Recurso a que se nega provimento. *Dano moral. Atraso habitual no pagamento de salários. Desnecessidade de imediatidade da reação do empregado.* Havendo habitual atraso no pagamento dos salários por parte da ré, configurado está o dano moral. O argumento utilizado pela empregadora de que não houve imediatidade da reação por parte do empregado com o requerimento da rescisão indireta de seu contrato de trabalho, não afasta a configuração dos danos morais, pois, a meu ver, não se pode exigir que o trabalhador de uma cidade pequena que tem família para sustentar, opte pela rescisão do pacto laboral e assuma o risco de ficar por muito tempo desempregado. Seria exigir o inexigível! Além do que, é muita audácia da empregadora atribuir à vítima de sua ilicitude o ônus da justificada omissão. TRT 9ª Reg. RO 00232-2004-669-09-00-0 — (Ac. 3ª T. 07701/05 — Relª. Juíza Rosemarie Diedrichs Pimpão. DJPR 5.4.05, p.196.

Ementa: Dano moral. Atraso no pagamento dos salários. Indenização devida. Cuida-se de realidade inegável que o não pagamento dos salários ajustados e/ou o seu pagamento serôdio, magoa o princípio da dignidade da pessoa humana, além de impor severo maltrato, seriamente abalando, o íntimo de um trabalhador, que tem obrigações e compromissos a saldar, em datas certas, com os salários que recebe e já por isso tem que fazer verdadeiro malabarismo, num País como o Brasil, mas que, não os recebendo e/ou recebendo fora do prazo ajustado e/ou legal, vê-se na impossibilidade de satisfazer aludidas obrigações e compromissos, enquanto cidadão, homem e sendo o caso, como pai, o que leva a que o senso de responsabilidade, honradez e de responsável por uma família, que habita os espíritos probos, sinta-se duramente vergastado em tal situação, daí caracterizado o dano moral, a exigir reparação. TRT 15ª Reg. (Campinas/SP) RO 0826-2006-073-15-00-0 — (Ac. 40592/07-PATR, 5ª C.) — Rel. Desig. Lorival Ferreira dos Santos. DJSP 24.8.07, p. 118.

Art. 460
Na falta de estipulação do salário ou não havendo prova sobre a importância ajustada, o empregado terá direito a perceber salário igual ao daquele que, na mesma empresa, fizer serviço equivalente, ou do que for habitualmente pago para serviço semelhante.

O conteúdo deste dispositivo tem um significado relevante nos casos em que o contrato de trabalho omite estipulação do salário entre as partes contratantes ou quando inexiste prova sobre a importância ajustada. Nessa hipótese o empregado terá direito a perceber salário igual ao daquele que, na mesma empresa, faz o mesmo serviço ou desempenhe função equivalente, ou então, ao que for pago por serviço semelhante. Inexistindo na empresa, função equivalente ou mesmo serviço assemelhado, será aplicado o salário pago na localidade da prestação de serviço (mercado). Se o empregado já recebe valor estabelecido contratualmente com seu empregador, torna-se incabível a aplicação desse dispositivo.

Jurisprudência

Ementa: Arbitramento de salário. Princípio isonômico. Critérios de razoabilidade. Em casos em que não há prova acerca da estipulação dos salários vindicados pelo reclamante na inicial, o direcionamento para a adoção do princípio isonômico inscrito no art. 460 da CLT se impõe, devendo o Juiz pautar-se por critérios de razoabilidade, levando em conta o conjunto probatório que emerge dos autos, para o arbitramento do quantum remuneratório do reclamante. Não é escusado dizer que a norma contida no referido dispositivo celetista estabelece o direito do empregado à percepção de salário igual ao daquele que, na mesma empresa, fizer serviço equivalente, ou do que for habitualmente pago para serviço semelhante, na falta de estipulação do salário ou não havendo prova sobre a importância ajustada. TRT 3ª Reg. RO 00698-2007-019-03-00-6 — (Ac. 3ª T.) — Rel. Des. Irapuan Lyra. DJMG 15.12.07, p. 10.

Ementa: Equiparação salarial. Equivalência de função. Art. 460 da CLT. O direito à equiparação salarial por equivalência de função, do art. 460, da CLT, difere do direito à equiparação salarial por identidade, do art. 461, da Consolidação. Manifesta-se quando o salário não é ajustado ou quando são atribuídas ao empregado tarefas superiores às previstas pelas partes, sem o pagamento de remuneração correspondente. Decorre da obrigação comum às relações civis, de consumo e do trabalho, de manter-se o equilíbrio contratual, que se obtém com o arbitramento de retribuição semelhante a de outro trabalhador empregado em função equivalente perante o mesmo empregador ou do que for habitualmente pago no mercado. TRT 15ª Reg. (Campinas/SP) RO

00328-2004-102-15-00-7 — (Ac. 148/2006-PATR, 5ª Câmara) — Rel. Juiz Ricardo Regis Laraia. DJSP 13.1.06, p. 66.

Ementa: Equivalência salarial. Art. 460 da CLT. Alteração de função sem expresso ajuste de alteração salarial. Incabível. O art. 460 da CLT é categórico ao regular, tão-somente, hipótese de falta de estipulação do salário ou de ausência de prova sobre a importância ajustada. É incabível a aplicação desta regra no caso de mudança funcional ocorrida na vigência do contrato de trabalho, sem a correspondente majoração do salário. Neste contexto, o empregado já percebe o valor contratualmente pactuado com seu empregador, inexistindo a ausência de ajuste apta a atrair a equivalência salarial legalmente prevista. TRT 9ª Reg. RO 01460-2004-019-09-00-2 — (Ac. 1ª T. 22856/05) — Rel. Juiz Ubirajara Carlos Mendes. DJPR 16.9.05, p. 458.

Ementa ... Salário. Arbitrado pelo juiz. Ausência de prova. Dispõe o art. 460 da CLT que na falta de estipulação do salário ou não havendo prova sobre a importância ajustada, o empregado terá direito a perceber salário igual ao daquele que, na mesma empresa, fizer serviço equivalente, ou do que for habitualmente pago para serviço semelhante. Não havendo prova dos valores alegados e, em caso de divergência de valores, o magistrado deve analisar as alegações, em conjunto com os demais elementos constantes dos autos, o princípio da verdade real ou primazia da realidade e da razoabilidade para a fixação do valor do salário. Recurso a que se nega provimento. TRT 23ª Reg. RO 00586.2007.008.23.00-2 — (Ac. 2ª T.) — Rel. Des. Osmair Couto.DJ 13.3.08.

Art. 461 *Sendo idêntica a função, a todo trabalho de igual valor, prestado ao mesmo empregador, na mesma localidade, corresponderá igual salário, sem distinção de sexo, nacionalidade ou idade.*

§ 1º Trabalho de igual valor, para os fins deste Capítulo, será o que for feito com igual produtividade e com a mesma perfeição técnica, entre pessoas cuja diferença de tempo de serviço não for superior a dois anos.

§ 2º Os dispositivos deste artigo não prevalecerão quando o empregador tiver pessoal organizado em quadro de carreira, hipótese em que as promoções deverão obedecer aos critérios de antiguidade e merecimento.

§ 3º No caso do parágrafo anterior, as promoções deverão ser feitas alternadamente por merecimento e por antiguidade, dentro de cada categoria profissional. (Redação do art. e §§, L. n. 1.723, 8.11.52, DOU 12.11.52)..

§ 4º O trabalhador readaptado em nova função, por motivo de deficiência física ou mental atestada pelo órgão competente da Previdência Social, não servirá de paradigma para fins de equiparação salarial. (§ 4º incluído pela L. n. 5.798, 31.8.72, DOU 4.9.72).

Esse artigo trata da igualdade de tratamento a que alude o art. 5º, da CLT, no sentido de que a todo trabalho de igual valor corresponderá salário igual, sem distinção de sexo e que tem suporte na CF, especificamente no inciso XXX, do art. 7º, que proíbe a diferença de salários, de exercício de funções e de critérios de admissão por motivo de sexo, idade, cor ou estado civil.

A Organização Internacional do Trabalho — OIT, através da Convenção n. 95, de 1949, cuidou da proteção do salário, tanto que grande parte das suas disposições foi adotada em nosso ordenamento jurídico. A Declaração dos Direitos do Homem também estabelece no art. 23, § 2º que "todos têm direito, sem discriminação alguma, a salário igual por trabalho igual". Verifica-se, assim, uma preocupação dos Organismos Internacionais com o salário ao impor não só proteção, mas também mecanismos que possibilitam o seu fiel cumprimento por parte dos empregadores e de uma forma mais justa possível.

O princípio da igualdade de tratamento não é exclusivo do Direito do Trabalho, pois como assinala Damasceno há manifestação dele "no direito societário e no direito contratual:

naquele, quando todos os membros de uma organização devem possuir direitos e deveres idênticos; neste, quando uma das partes se obriga a tratar, de forma idêntica, todos os contratantes que a ela se vincularem, em especial quando se trata de entidades que exploram atividades econômicas monopolisticamente"[60].

Tal princípio tem, no entanto, uma aplicação mais intensa no campo das relações trabalhistas por força da energia despendida pelo empregado e para que ele receba pela mesma função salário de igual valor.

Entretanto, essa regra não é absoluta, pois existem situações que permitem salário maior, não só pelo tempo na função, mas pela forma em que o trabalho é prestado, tal como sucede na questão da produtividade, na qualidade e na perfeição técnica. Nessa conformidade, para que se dê a equiparação de salários entre um empregado e outro apontado como paradigma hão que ser observados os seguintes requisitos:

1. identidade de funções e simultaneidade na prestação de serviços

2. trabalho de igual valor (igual produtividade e mesma perfeição técnica)

3. tempo de serviço na função inferior a dois anos

4. mesmo empregador

5. mesma localidade

1. Identidade de funções e simultaneidade na prestação de serviço. A função fica na esfera do cargo: este por ser denominação dada até para que o empregador possa estabelecer uma hierarquização na sua estrutura organizacional; aquela, por compreender as atribuições ou serviços inerentes ao cargo, que podem variar segundo a complexidade e as exigências do cargo. Assim, podemos ter na estrutura organizacional da empresa o cargo de gerente, mas com a sua utilização em setores específicos, como o de administração, pessoal, de compras, etc.

O cargo por si só não poderá ser o referencial para fins de equiparação salarial, já que a lei exige as mesmas atividades. Nada impede, portanto, a equiparação salarial entre cargos com nomenclaturas diversas se o autor e paradigma atenderem as exigências da lei. Entrementes, não serão considerados serviços assemelhados ou parecidos para fins de isonomia salarial.

Por mesma função se entende desempenho das mesmas atividades e "prescinde de igualdade absoluta. A existência de uma única tarefa não comum, não afasta, isoladamente, todo o complexo de atribuições exercidas indistintamente". (TST-RR-217.174/1995.8-3ª Reg. (Ac. 1ª T.) — Min. João Oreste Dalazen, DJU 29.5.98. p. 280). A respeito dessa temática são judiciosas as ponderações feitas por Rodrigues Pinto: "Superada a exigência de identidade, deve ser entregue ao prudente critério do Juiz do Trabalho considerar se ela está satisfeita mesmo quando não forem desempenhadas pelo *equiparando,* uma por uma, *todas as funções* do cargo".[61]

Entretanto, a maior responsabilidade, a maior complexidade do trabalho e o grau distinto de atribuições no exercício da função afastam o direito à equiparação salarial, já que é patente a desigualdade de atividades. Por exemplo, se o paradigma possuir maior número de subordinados do que o autor, não pode estar presente o requisito da identidade de função, uma vez que a quantidade de subordinados está a demonstrar mais atividades inerentes ao próprio poder de controle e disciplinar, de forma que o trabalho do comparado é superior e não pode ser tido de igual valor.

---

(60) *Igualdade de tratamento no trabalho* — Isonomia salarial. São Paulo: Manole, 2004. p. 2.
(61) *Tratado de direito material do trabalho* São Paulo: LTr, 2007. p. 379.

A existência de uma mesma chefia, o trabalho em regime de turnos ininterruptos de revezamento não são fatores que inibem à equiparação salarial, mas ao contrário, muitas vezes reforçam a sua ocorrência ou não. Como diz Martins: "Motorista de caminhão e motorista de passageiros, v.g., apesar de serem motoristas, exercem misteres diferentes: um dirige caminhão e outro dirige veículo de passageiros. Não há como se equiparar o salário. O motorista de caminhão, para dirigi-lo, deve ter maior experiência, da que é adquirida no manuseio de veículo de menor porte".[62]

Entre 21 e 23 de novembro de 2007, na sede do TST, na 1ª Jornada de Direito Material e Processual do Trabalho, organizada pela ANAMATRA (Associação Nacional dos Magistrados da Justiça do Trabalho, juntamente com Tribunal Superior do Trabalho, com a Escola Nacional de Formação e Aperfeiçoamento de Magistrados (ENAMAT) e com o apoio do Conselho Nacional das Escolas de Magistratura do Trabalho (CONEMATRA) foram aprovados vários enunciados, entre eles o de n. 16-1, da Comissão 1, Direitos Fundamentais e as relações de trabalho, o qual estabelece: "I — *Salário. Princípio da isonomia*. Os estreitos limites das condições para a obtenção da igualdade salarial estipulados pelo art. 461 da CLT e Súmula n. 6 do Colendo TST não esgotam as hipóteses de correção das desigualdades salariais, devendo o intérprete proceder à sua aplicação na conformidade dos arts. 5º, *caput*, e 7º, inc. XXX, da Constituição da República e das Convenções n. 100 e n. 111 da OIT. Referido Enunciado complementado com o item II abaixo procura, em síntese, alargar às hipóteses de equiparação salarial, o que na prática já tem acontecido, conforme se verifica pela jurisprudência. Contudo, sem força normativa, pois não se equivale a Súmula e muito menos a Orientação Jurisprudencial do Tribunal Superior do Trabalho que possuem regras próprias e originadas de processos em que estiveram presentes o contraditório e a ampla defesa (art. 5º, da CF), ou seja, após muitos debates e com a solidificação de um entendimento predominante. Fora disso, é uma forma de legislar sem qualquer amparo legal. II — *Terceirização. Salário equitativo. Princípio da não discriminação*. Os empregados da empresa prestadora de serviços, em caso de terceirização lícita ou ilícita, terão direito ao mesmo salário dos empregados vinculados à empresa tomadora que exercerem função similar.

Jurisprudência

TST, Súmula n. 6. EQUIPARAÇÃO SALARIAL. ART. 461 DA CLT (incorporação das Súmulas ns. 22, 68, 111, 120, 135 e 274 e das Orientações Jurisprudenciais n.s 252, 298 e 328 da SBDI-1) — Res. 129/2005, DJ 20, 22 e 25.4.2005

....

II — Para efeito de equiparação de salários em caso de trabalho igual, conta-se o tempo de serviço na função e não no emprego. (ex-Súmula n. 135 — RA 102/1982, DJ 11.10.1982 e DJ 15.10.1982)

III — A equiparação salarial só é possível se o empregado e o paradigma exercerem a mesma função, desempenhando as mesmas tarefas, não importando se os cargos têm, ou não, a mesma denominação. (ex-OJ da SBDI-1 n. 328 — DJ 9.12.2003)

Ementa: Equiparação salarial. CLT, arts. 5º e 461. Distinções subjetivas. Não tem valor jurídico à avaliação subjetiva feita pelo empregador, ou por seus prepostos, com a finalidade de pagar salário maior a este ou a aquele empregado, atribuindo-lhe uma identificação do tipo "A", "B", "C", "D" ou "E". Essas distinções só têm valor legal se estiverem relacionadas a empregados com tempo na função superior a dois anos, ou maior produtividade, ou maior perfeição técnica, ou em decorrência de quadro organizado em carreira. TRT 2ª Reg. RO 02148200207202854 — (Ac. 9ª T. 20050450292) — Rel. Luiz Edgar Ferraz de Oliveira. DJSP 29.7.05, p.71.

Ementa: Secretária. Equiparação salarial. Art. 461 da CLT. Identidade de função independentemente da

---

(62) *Comentários à CLT*. 11. ed. São Paulo: Atlas, 2007. p. 417.

idêntica nomenclatura. Igualdade de salário indevida. A equiparação salarial prevista no art. 461 da CLT tem por pressuposto o exercício de idênticas funções e não a identidade entre mesmas nomenclaturas de cargos. Comprovada a diferenciação entre paragonada e modelo no exercício da função de secretária, pelo fato de as atividades por elas exercidas dirigirem-se à esfera de atribuições dos seus superiores, os quais pertenciam a setores distintos — coordenadora de curso e diretor executivo — indevidas as diferenças salariais postuladas pela Autora, somente pelo fato de idêntica nomenclatura. Recurso da Autora a que se nega provimento. TRT 9ª Reg. RO 16081-2005-002-09-00-6 — (Ac. 1ª T. 14763/07) — Rel. Juiz Ubirajara Carlos Mendes. DJPR 12.6.07, p. 291.

Ementa: Equiparação salarial. Cargos com a mesma denominação. Exercício de funções distintas. Impossibilidade de equiparação. 1 — De acordo com o disposto no art. 461 da CLT, para a configuração da equiparação salarial é necessário que reclamante e paradigma exerçam as mesmas funções, com igual produtividade e perfeição técnica e a diferença de tempo no exercício da função seja inferior a dois anos, incumbindo ao reclamante a prova dos fatos constitutivos de seu direito e ao empregador os fatos impeditivos, modificativos e extintivos. 2 — A denominação dos cargos não é fator essencial para a apreciação do pedido equiparatório, devendo haver coincidência das funções exercidas e, assim, o que se deve ter em foco, não é a igualdade formal dos cargos, mas a igualdade substancial entre as tarefas desempenhadas, não importando se os cargos têm ou não a mesma denominação (Súmula n. 06, III/TST). 3 — Muito embora os cargos tivessem a mesma denominação "Supervisor", as atribuições da reclamante e paradigma eram distintas, não havendo como estabelecer isonomia das funções para fins de equiparação salarial. TRT 3ª Reg. RO 02766-2006-137-03-00-0 — (Ac. 3ª T.) — Rel. Des. Maria Lucia Cardoso Magalhães. DJMG 21.7.07, p. 11.

Ementa: Equiparação salarial. Controladores de estoque. Diferenças existentes quanto ao tipo de material. Identidade funcional. Se reclamante e paradigma executavam, objetivamente, as mesmas funções na área de planejamento e controle de estoque da primeira ré, com o único diferencial de que um respondia pelo controle de estoque de "cabos óticos e metálicos, com alto valor agregado" e a outra pelo controle de estoque de "ferragens e material miscelânea de rede de acesso, de menor valor agregado", esse diferencial não vai atuar como óbice à aferição da identidade funcional, porque se dava em razão da distribuição dos materiais, e não do trabalho, se não havia diferença nas funções ou tarefas em face do material controlado no estoque da empresa. Nem mesmo interfere nessa conclusão a possibilidade de um eventual erro no planejamento do produto mais caro causar à empresa um prejuízo econômico maior que um erro no planejamento do produto de menor valor agregado, porque isso não diminui a responsabilidade atribuída ao empregado que se ocupa de controlar material de consumo de menor valor e tampouco induz que a empresa não fosse igualmente rigorosa com ambos os empregados no exercício do seu poder diretivo, já que, dentro de uma estrutura organizacional, o erro de qualquer empregado pode comprometer toda uma produção da empresa. Ou, como disse o paradigma em Juízo: "não adianta ter o cabo se faltar o parafuso". TRT 3ª Reg. RO 00370-2006-014-03-00-7 — (Ac. 5ª T.) — Rel. Des. José Roberto Freire Pimenta. DJMG 16.6.07, p. 19.

Ementa: Isonomia e equiparação salarial. Distinção. Quando uma reclamação trabalhista fundamente-se unicamente no aspecto fático da disparidade de remuneração entre diferentes empregados, trata-se de equiparação salarial, qualquer que seja o rótulo que se tenha emprestado ao pleito na exordial: isonomia, preterição ou outro nome. Neste caso, a postulação deve subordinar-se aos pressupostos legais da equiparação, insertos no art. 461 da CLT. A autêntica pretensão isonômica, em contrapartida, há de estear-se em norma jurídica, contratual ou legal, cuja aplicação seja pertinente ao reclamante, à semelhança de outros empregados em idêntica situação funcional, a quem tenha sido reconhecida a aplicabilidade da mesma norma. O foco da discussão jurídica não será, porém, a situação funcional do paradigma — na verdade irrelevante —, e sim a norma que dá origem ao direito vindicado. TRT 10ª Reg. RO 01012-2004-020-10-00-3 — (Ac. 1ª T./05) — Rel. Juiz Fernando Gabriele Bernardes. DJU3 11.3.05, p.18.

1.1. Simultaneidade na prestação de serviço. Esse requisito da simultaneidade ou contemporaneidade no serviço, embora não tenha sido previsto em lei, é de suma importância para a configuração da equiparação salarial, pois sem essa exigência seria impraticável a sua aferição. Isso porque, para que haja a possibilidade de equiparação salarial é necessário que o equiparando e paradigma tenham exercido as mesmas funções, numa situação de concomitância, cuja diferença do tempo de serviço não seja superior a dois anos, para que se possa ter o confronto entre os dois no que concerne a produtividade, qualitativa e quantitativa, e chegar à conclusão se havia ou não identidade de funções. E para aquilatarem-se tais requisitos, deve o empregador possuir efetivo controle de produção não só na quantidade como na qualidade dos serviços prestados dos seus empregados para servir como prova de excludente da isonomia salarial. Entretanto, é desnecessário que, ao tempo da reclamação sobre equiparação salarial, reclamante e paradigma estejam a serviço do estabelecimento, desde que o pedido se relacione com situação pretérita (Súmula n. 6, IV, do TST)

Jurisprudência

TST, Súmula n. 6. EQUIPARAÇÃO SALARIAL. ART. 461 DA CLT (incorporação das Súmulas n.s 22, 68, 111, 120, 135 e 274 e das Orientações Jurisprudenciais ns. 252, 298 e 328 da SBDI-1) — Res. 129/2005, DJ 20, 22 e 25.4.2005.

IV — É desnecessário que, ao tempo da reclamação sobre equiparação salarial, reclamante e paradigma estejam a serviço do estabelecimento, desde que o pedido se relacione com situação pretérita. (ex-Súmula n. 22 — RA 57/1970, DO-GB 27.11.1970)

Ementa: Equiparação salarial. Contemporaneidade da prestação de serviços do equiparando e do modelo. Para que se possa determinar a equiparação salarial, necessário que o equiparando e o modelo não apenas exerçam as mesmas funções, com idêntica produtividade e perfeição técnica, mas que se encontrem na mesma situação, no mesmo momento do curso do pacto laboral, para que então sejam identificados os requisitos do art. 461 da CLT. Não demonstrada à contemporaneidade da prestação de serviços pelo reclamante e os paradigmas no exercício das funções, mas sim, que houve substituição e/ou promoção em virtude da rescisão do contrato de um dos paradigmas e suspensão do contrato em virtude da percepção de benefício previdenciário pelo outro modelo, indevidas as diferenças salariais, pleiteadas com fundamento em equiparação salarial, conforme disposto no art. 461 da CLT. TRT 3ª Reg. RO 00111-2006-013-03-00-0 — (Ac. 4ª T.) — Rel. Des. Julio Bernardo do Carmo DJMG 10.2.07, p. 9.

Ementa: Equiparação salarial. Simultaneidade na prestação de serviços. O princípio isonômico insculpido no art. 461 da CLT tem a finalidade de evitar a parcialidade do empregador, proibindo tratamento diferenciado a empregados que se encontram em situação idêntica. Embora a lei não faça menção à simultaneidade na prestação de serviço, ela constitui um requisito lógico da equiparação salarial, pois o confronto entre a atividade do paradigma e reclamante somente será possível quando a prestação de serviços na mesma função for simultânea. A substituição de empregados, com a vacância do cargo, seja pela cessação do contrato ou promoção do ocupante anterior, enseja a aplicação da livre estipulação salarial, cabendo ao empregador fixar a contraprestação que lhe aprouver. Logo, o empregado que presta serviços em época distinta do paradigma não faz jus à equiparação salarial com ele. TRT 3ª Reg. RO 00609-2005-113-03-00-0 — (Ac. 7ª T.) — Relª. Juíza Alice Monteiro de Barros. DJMG 31.1.06, p. 12.

1.2. Trabalho intelectual. Não há nenhuma exigência na lei no que toca ao grau de escolaridade para efeito de isonomia salarial. O que interessa é a identidade de trabalho objetivamente considerado, até porque encontramos no cotidiano das empresas pessoas que desempenham suas funções que nada têm a ver com a sua formação escolar. Nessa conformidade, a lei permite a identidade no trabalho intelectual, embora seja necessária uma maior cautela no trato dessa questão pelo julgador, pois como observa Martins "se a equiparação salarial ocorre entre professores, há necessidade de terem as mesmas especialidades, pois ao reverso, terão o mesmo cargo e não as mesmas funções" [63].

É verdade, no entanto, que só se passou a ser aplicado à equiparação salarial entre trabalhadores intelectuais, após muita controvérsia na doutrina e na jurisprudência, sob o fundamento de ser difícil a aplicação de critérios objetivos, em razão de essas atividades serem revestidas de características nem sempre identificáveis. Hoje a questão não comporta mais discussão em face da Súmula n. 6, VII, do TST.

---

(63) Ob. cit., p. 417.

Jurisprudência

TST, Súmula n. 6. EQUIPARAÇÃO SALARIAL. ART. 461 DA CLT (incorporação das Súmulas n.s 22, 68, 111, 120, 135 e 274 e das Orientações Jurisprudenciais n.s 252, 298 e 328 da SBDI-1) — Res. 129/2005, DJ 20, 22 e 25.4.2005.

....

VII — Desde que atendidos os requisitos do art. 461 da CLT, é possível a equiparação salarial de trabalho intelectual, que pode ser avaliado por sua perfeição técnica, cuja aferição terá critérios objetivos. (ex-OJ da SBDI-1 n. 298 — DJ 11.8.2003)

Ementa: Equiparação salarial professor. Diferença de titulação. Não se podem equiparar salários de professores que possuem titulação acadêmica diversa. No caso, restou demonstrado que a reclamante possuía o título de especialista, enquanto que a modelo indicada tinha o título de doutor, fato que justifica a disparidade de salários. TRT 3ª Reg. RO 01613-2006-104-03-00-5 — (Ac. 7ª T.) — Rel. Des. Luiz Ronan Neves Koury. DJMG 11.10.07.

1.3. Cargo de confiança. O cargo de confiança na sua acepção ampla é aquele previsto no art. 62, II, da CLT que é complementado pelo disposto no parágrafo único do mesmo artigo ao estabelecer critério objetivo para sua configuração que é o relativo à remuneração. Em síntese, exerce cargo de confiança o empregado investido de poderes de gestão, portanto, com poderes de mando e representando e substituindo o próprio empregador nas opções importantes para o sucesso do empreendimento e percebendo uma remuneração condizente com o cargo (acréscimo de 40% sobre o salário do cargo efetivo. *Damasceno* admite a equiparação quando o empregado ocupa cargo de "confiança técnica, a despeito do alto grau de poder técnico-decisório que possui, a lei não o exclui do tratamento comum a qualquer outro empregado. Portanto, aplica-se-lhe o princípio "trabalho igual, salário igual", desde que preenchidos os requisitos do art. 461. Mas, tratando-se de real cargo de confiança, nos termos suprafixados, parece impossível medir a identidade de valores. Se a contratação laboral se dá com base na confiança do empregador no empregado, não apenas na capacidade técnica, torna-se imensurável o seu valor. A confiança é exclusivamente subjetiva, decorrendo de ligações quase pessoais entre empregado e empregador, escapando a possibilidade de verificação do *quantum* qualitativo e quantitativo"[64]. Não deixa de ter razão o citado autor, pois nesse estágio as aptidões pessoais e a personalidade do empregado variam de um para outro, de forma que qualquer avaliação que se faça será muito subjetiva e não conclusiva. Entretanto, a jurisprudência dominante caminha no sentido de que a equiparação salarial é cabível entre os exercentes de função de confiança.

Jurisprudência

Ementa: Equiparação salarial. Cargo de confiança. A equiparação tem como objeto o trabalho em si, envolve a comparação de funções, de atribuições. Às vezes inviável, a princípio, como nos casos de trabalho artístico, intelectual, esportivo. Não, porém, nos cargos de confiança, pois é condição que não impede a comparação, já que envolve apenas aspecto subjetivo da relação entre empregador e empregado. Gerentes, diretores e chefes também se submetem, portanto, ao princípio do trabalho igual, salário igual. TRT 2ª Reg. RO 00496200202402000 — (Ac. 3ª T. 20040594038) — Rel. Juiz Eduardo de Azevedo Silva. DJSP 16.11.04, p.35.

Ementa: Recurso de revista. Equiparação salarial. Exercentes de cargo de confiança. Possibilidade. Não há óbice ao reconhecimento da equiparação salarial entre exercentes de cargos de confiança quando o retrato fático desenhado no acórdão recorrido revela a identidade de funções entre o equiparando e o paradigma, e que o reclamado não se desincumbiu do ônus de demonstrar a inexistência de mesma perfeição técnica e produtividade entre ambos. Satisfeitos, portanto, os requisitos mencionados no art. 461 da CLT, a circunstância de se tratar de pedido de equiparação entre exercentes de cargo de confiança não obsta o reconhecimento do direito, porque onde a lei não distingue não cabe ao intérprete fazê-lo. Recurso de revista do reclamado parcialmente conhecido e desprovido. TST-RR-593.811/1999.6 — (Ac. 1ª T.) — 3ª Reg. — Rel. Juiz Convocado Altino Pedrozo dos Santos. DJU 29.4.05, p.628.

---

(64) Ob. cit., p. 43.

Ementa: Agravo de instrumento. Recurso de revista. Equiparação salarial. Cargo de confiança. Trabalho intelectual. 1. Havendo o eg. Regional reconhecido, com lastro no conjunto fático-probatório, a comprovação da identidade entre as funções exercidas pelo equiparando e pelo paradigma, bem como a ausência dos fatos impeditivos previstos nos §§ 1º do art. 461 da CLT, qualquer mudança no quadro decisório demandaria necessariamente o reexame de fatos e provas, inviável em sede recursal extraordinária (inteligência da Súmula de n. 126 do TST). 2. Por outro lado, não tendo havido pronunciamento, na esfera regional acerca do tema referente à possibilidade de equiparação salarial em cargo de confiança, incide, como óbice ao processamento da revista, a ausência do requisito indispensável do prequestionamento (Súmula de n. 297 do TST). 3. Ademais, "Desde que atendidos os requisitos do art. 461 da CLT, é possível a equiparação salarial de trabalho intelectual, que pode ser avaliado por sua perfeição técnica, cuja aferição terá critérios objetivos." (TST, Súmula de n. 6, VII). Agravo de Instrumento a que se nega provimento. TST-AIRR-2.438/2001-024-02-40.5 — (Ac. 3ª T.) — 2ª Reg.- Rel. Juiz Convocado Ricardo Alencar Machado. DJU 3.2.06, p. 884.

1.4. Cargo comissionado. Se no trabalho intelectual e no exercício de função de confiança não existe óbice para a equiparação salarial, o mesmo se dá em relação ao empregado exercente de cargo comissionado. Entende-se, por cargo comissionado aquele em que o empregado é guindado a determinado cargo na empresa e para isso recebe uma comissão que deixa de existir quando termina o comissionamento. A matéria guarda certa semelhança com o empregado exercente da função de confiança, porque normalmente o comissionamento ocorre para desempenho de funções especiais, na qual o salário será maior dada a sua composição: salário do cargo efetivo mais comissão pelo novo cargo ocupado.

2 e 3. Trabalho de igual valor (igual produtividade e mesma perfeição técnica) e tempo de serviço na função inferior a dois anos. O disposto no § 1º do art. 461. Da CLT, exclui a possibilidade de equiparação salarial quando haja entre equiparando e paradigma diferença superior a dois anos de tempo de serviço na função. Conta-se, portanto, o tempo na função e não no emprego, sendo razoável essa posição da lei, pois há presunção de que o empregado mais antigo familiarizou-se com os serviços e os executa com mais segurança e desenvoltura, embora não seja uma regra absoluta, mas que precisa existir para tornar exequível o direito e evitar o abuso. A Súmula n. 202 do STF e a de n. 6, II, do TST, registram que o tempo a que se refere o § 1º do art. 461, da CLT, é na função.

É óbvio que a contagem dos dois anos na função se dá em relação a uma mesma empresa. No entanto, se os dois anos na mesma função ocorrer em trabalho prestado a empresas do mesmo grupo econômico, possível é a equiparação salarial, se presentes os seus requisitos, até porque o empregado poderá ser transferido de uma empresa para outra, sendo o tempo de serviço contado para todos os efeitos legais (férias, 13º salário, e outros direitos já incorporados ao contrato de trabalho).

Dúvidas, no entanto, surgem a respeito da contagem dos dois anos se o empregado não tiver exercido a sua função em determinado período, por motivo de licença médica, deslocamento para outra atividade a interesse do empregador e nas hipóteses de período descontínuos de serviços. Tais períodos de afastamento, a nosso ver, não elidem o direito à equiparação salarial, ressalvado a hipótese licença médica, superior a 15 dias, em que há suspensão do contrato de trabalho. No caso de trabalho descontínuo, o disposto no art. 453, da CLT, dá guarida a esse posicionamento.

Note-se, também, que dois fatores informam o trabalho de igual valor; a quantidade, que corresponde à produção e a qualidade (perfeição técnica). Isso quer dizer que o equiparando deverá produzir na mesma quantidade e com a mesma qualidade que seu paradigma. A produtividade poderá ser aferida numa comparação entre o equiparando e paradigma justificando *Rodrigues Pinto* que é "na capacidade de produzir, que é o significado de *produtividade,* e não do *resultado quantitativo* do trabalho, que é a produção. Lembre-se, para chegar com exatidão ao ponto que o legislador quis atingir, que empregados do mesmo potencial para produzir podem obter níveis de *produção* completamente diversos, uma vez colocados em condições diferentes de trabalho"[65].

No que concerne à perfeição técnica, a questão merece algumas considerações. Tem razão *Damasceno* quando afirma que "Literalmente, dir-se-ia que mesma perfeição técnica significa dois empregados desempenharem suas funções com o mesmo conjunto positivo de qualidades e negativo de defeitos. Mas, como na realização de qualquer tarefa, por mais elementar que seja, o homem não desenvolve apenas uma técnica de execução, mas nela deixa também um pouco de sua própria personalidade, é sobremaneira difícil apurar a igualdade qualitativa na prestação de serviços, sobretudo quanto maior for o predomínio intelectual necessário a seu desempenho. Quanto maior o caráter pessoal do trabalho, tanto mais difícil avaliar a igualdade qualitativa. Só a prudência do julgador poderá deslindar questões dessa natureza, todas elas eminentemente casuísticas. Em certas profissões, como seria o caso dos atletas, artistas, profissionais liberais etc., essa apuração torna-se praticamente impossível. Não basta a identidade de funções. Será preciso que o trabalho prestado pelo reclamante e pelo colega paradigma, seja de igual produtividade e apresente a mesma perfeição técnica"[66].

Jurisprudência

Ementa: Agravo de instrumento. Recurso de revista. Equiparação salarial. Não se verifica ofensa ao art. 461, § 1º, da CLT, tampouco contrariedade à Súmula n. 06, II, do TST, que incorporou a Súmula 135 também desta Corte, que não preveem a integração no tempo de serviço do período em que o modelo exerceu a mesma função em contrato anterior, matéria regulada pelo art. 453 da CLT. Cabe registrar que rescindido o contrato de trabalho com o pagamento das parcelas rescisórias, na forma mencionada no art. 453 da CLT, descabe considerar o período anterior de trabalho para qualquer efeito, inclusive como óbice para o pedido de equiparação salarial. Agravo desprovido. TST-AIRR-97.667/2003-900-01-00.6 — (Ac. 3ª T.) — Rel. Juiz Convocado Luiz Ronan Neves Koury. DJU 30.6.06, p. 1.261.

Ementa: Equiparação salarial indevida. Identidade de funções não configurada. Trabalho em setores diferentes. O art. 461 da CLT prevê a equiparação salarial para os empregados que desempenham as mesmas funções, ou seja, a norma aplicável exige, como pressuposto, exercício de atribuições idênticas. Idêntico, segundo o dicionarista Aurélio Buarque de Holanda significa perfeitamente igual. A partir desta breve análise, é possível concluir que somente empregados que desempenham exatamente as mesmas funções fazem jus à equiparação salarial. O corolário lógico é que aqueles profissionais lotados em setores distintos, sendo um no departamento de contabilidade e finanças e outro, no jurídico, exercem funções diversas, com atribuições totalmente desiguais, o que repele a aplicação do art. 461, *caput*, Consolidado. A simples semelhança da nomenclatura dos cargos (gerente), o fato dos exercentes serem eleitos por assembléia e de assinarem documentos em conjunto não são suficientes para gerar a equiparação salarial pretendida, pois o Direito do Trabalho é informado pelo princípio da realidade, ao qual interessam as circunstâncias como verdadeiramente ocorreram. Equiparação salarial indevida, ante as diferenças de atribuições. TRT 2ª Reg. AI 03140200006402006 — (Ac. 4ª T.20050286638) — Rel. Juiz Paulo Augusto Câmara. DJSP 20.5.05, p.119.

Ementa: Equiparação salarial. Abrangência da identidade de funções. A identidade de funções, no contexto da lei, compreende todo o conjunto de atribuições, e não apenas parte delas. Envolve a mesma natureza e também a mesma extensão. Atribuições a mais implicam maior grau de responsabilidade, além de outros desdobramentos no contrato de trabalho. Não se trata de quantidade, que é elemento de outro fato impeditivo (trabalho de igual valor). A extensão está antes, no próprio fato constitutivo (identidade). Provado, portanto, que o empregado não exercia a

---

(65) Ob. cit., p. 380.
(66) Ob. cit., p. 63.

totalidade das atribuições normais do paradigma, deve ser afastada a equiparação. Recurso da ré a que se dá provimento, nesse ponto. TRT 2ª Reg. RO 01473200506002000 — (Ac. 11ª T. 20060993930) — Rel. Juiz Eduardo de Azevedo Silva. DJSP 16.1.07, p. 65.

Ementa: Equiparação salarial. Maior capacidade técnica do paradigma enquanto fator excludente da equiparação salarial. A maior capacidade técnica do paradigma configura pressuposto objetivo para exclusão da equiparação salarial preconizada no art. 461, *caput* da CLT. Ao demandado incumbe prová-la (fato impeditivo do direito) demonstrando-a de forma objetiva, através de avaliações periódicas, relatórios de produtividade ou sucedâneos, tudo de acordo com critérios preestabelecidos, sob pena de acolhida da pretensão. TRT 2ª Reg. RO 01912200202502004 — (Ac. 4ª T. 20040684789) — Rel. Juiz Paulo Augusto Câmara. DJSP 10.12.04, p.23.

Ementa: Equiparação salarial. Ausência da mesma perfeição técnica. Serviços de manutenção de equipamentos. Inexistência de discrimen. Acumulando o paradigma, além da maior experiência, treinamento ministrado diretamente pelo fabricante dos equipamentos, tal objetivamente revela maior qualificação técnica para a execução dos serviços em relação aquele que apenas obteve conhecimentos empíricos sobre o ofício, a evidenciar a ausência do requisito da mesma perfeição técnica. Onde há situações diversas não há de se falar em salário igual, pelo que justifica-se o tratamento diferenciado sem risco algum da provocação de *discrimen.* Recurso desprovido. TRT 10ª Reg. RO 01216-2005-020-10-00-5 — (Ac. 3ª T./06) — Rel. Juiz João Luis Rocha Sampaio. DJU 3 28.4.06, p. 45.

Ementa: Equiparação salarial. A diferenciação de produtividade e perfeição técnica deve ser mensurada por critérios objetivos. Maior experiência, quando inferior a dois anos na função, não autoriza disparidade salarial. TRT 2ª Reg. RO 01866200444602009 — (Ac. 6ª T. 20060827542) — Relª. Desig. Ivete Ribeiro. DJSP 27.10.06, p. 40.

Ementa: Embargos. Equiparação salarial. Recurso de revista provido. Ausência dos requisitos contidos no art. 461 da CLT. Decisão da C. Turma que concluiu pela ausência dos requisitos previstos no art. 461 da CLT, porque havia uma pequena diferenciação entre a "carteira" de clientes do reclamante e a do paradigma. Esta afirmativa decorre do fato de que as funções desempenhadas pelo paradigma revestiam-se de operações econômicas de maior porte implicando maior responsabilidade, produtividade e perfeição técnica, enquanto não verificado este aspecto naquela função exercida pelo reclamante. Esta diferenciação mostra-se relevante e crucial para que se defina a concessão do pedido de equiparação salarial, considerando a expressa previsão do § 1º do art. 461 da CLT de que: "há a necessidade de este trabalho de igual valor será o que for feito com igual produtividade e com a mesma perfeição técnica, entre pessoas cuja diferença de tempo de serviço não for superior a dois anos". Por identidade funcional deve se entender a circunstância de os empregados comparados realizarem o mesmo trabalho englobando as mesmas atribuições, poderes e prática de atos materiais concretos. E, isso não se verificou, em sua totalidade, conforme se descreveu. Assim igual produtividade corresponde à produção, ou melhor, a quantidade, enquanto que perfeição técnica, quer dizer a mesma qualidade, ou seja, o equiparando deverá produzir na mesma quantidade e com a mesma qualidade que seu paradigma. Tese em conformidade com o disposto no art. 461 da CLT, revelando inespecíficos os modelos paradigmas trazidos ao confronto de teses, porque não se mostram divergentes da interpretação conferida pela C. Turma à matéria. Embargos não conhecidos. TST-E-ED-RR-1.040/2004-025-03-00.0 — (Ac. SBDI1) — 3ª Reg. — Rel. Min. Aloysio Corrêa da Veiga. DJU 14.9.07, p. 848.

Ementa: Equiparação salarial. Aptidão técnica e produtividade. O art. 461, da CLT apresenta como requisitos necessários à equiparação salarial, além da identidade de funções, o trabalho de igual valor, prestado ao mesmo empregador, e na mesma localidade, sendo que trabalho de igual valor é aquele que resulta na mesma produtividade e é exercido com a mesma perfeição técnica, por pessoas, cuja diferença de tempo de serviço (na função) não seja superior a dois anos. A prova oral denota que as funções do reclamante eram diferentes das realizadas pelo paradigma e que, das fichas de avaliação anual e prova testemunhal, constata-se que o reclamante não tinha a mesma aptidão técnica e produtividade que o paradigma, resta ausente um dos requisitos apto a conferir-lhe o direito à equiparação. Recurso do reclamante não provido. TRT 15ª Reg. (Campinas/SP) ROPS 1868-2004-023-15-00-0 — (Ac. 47412/06-PATR, 10ª Câmara) — Rel. Juiz José Antonio Pancotti. DJSP 6.10.06, p. 48.

Ementa: Equiparação salarial. Funções análogas com idêntico grau de responsabilidade. Art. 461 da CLT. Intepretação à luz da nova estruturação empresarial advinda do modelo técnico informatizado. Ainda se nomeados de modo diverso, as funções desempenhadas pelos trabalhadores, se providas do mesmo grau de responsabilidade, patamar hierárquico e condições de desempenho, impõe-se o reconhecimento da equiparação salarial. O moderno modelo empresarial abandonou a organização rigidamente hierarquizada, sob estrutura vertical de chefias e supervisões sobrepostas. Ao adotar a estrutura horizontalizada sob ótica da eficácia e da responsabilidade, impõe-se novo conceito à valorização de cargos e funções empresariais, adotando-se interpretação mais acurada para o art. 461 da CLT. Tal ocorre em razão de se conter a alteração do sistema produtivo sob o comando dos mesmos princípios de Justiça, ainda impregnados na mesma norma que o rege. TRT 15ª Reg. (Campinas/SP) RO 663-2004-099-15-00-7 — (Ac. 32387/06-PATR, 11ª Câmara) — Relª. Maria Cecília Fernandes Alvares Leite. DJSP 7.7.06, p. 61.

Ementa: Equiparação salarial. A diferenciação de produtividade e perfeição técnica deve ser mensurada por critérios objetivos. Maior experiência, quando inferior a dois anos na função, não autoriza disparidade salarial. TRT 2ª Reg. RO 01866200444602009 — (Ac. 6ª T. 20060827542) — Relª. Desig. Ivete Ribeiro. DJSP 27.10.06, p. 40.

Ementa: Equiparação salarial. Conjunto de atribuições. A identidade de funções, no contexto da lei, compreende todo o conjunto de atribuições, e não apenas parte delas. Envolve a mesma natureza e também a mesma extensão. Atribuições a mais implicam maior grau de responsabilidade, além de outros desdobramentos no contrato de trabalho. Não se trata de quantidade, que é elemento de outro fato impeditivo (trabalho de igual valor). A extensão está antes, no próprio fato constitutivo (identidade). Provado, portanto, que o empregado não exerce a totalidade das atribuições normais do paradigma, não tem lugar à equiparação. TRT 2ª Reg. RO 02700200305102001 — (Ac. 3ª T. 20050655153) — Rel. Juiz Eduardo de Azevedo Silva. DJSP 4.10.05, p.162

Ementa: Equiparação salarial. Tempo de serviço de outro contrato de trabalho. É contado o tempo de serviço de outro contrato de trabalho com o mesmo empregador para efeito de verificar o tempo de serviço na função, que denota, inclusive, maior experiência do paradigma. TRT 2ª Reg. RO 01535200130102007 — (Ac. 2ª T. 20050435226) — Rel. Juiz Sérgio Pinto Martins. DJSP 12.7.05, p.131.

Ementa: Equiparação salarial. Empregados que não prestaram serviços para o mesmo empregador. Diferença de tempo de serviço superior a dois anos. Tendo a reclamante prestado serviços na reclamada, inicialmente, por intermédio de empresa de locação de mão-de-obra, cujo contrato temporário foi declarado válido, tem-se que a obreira somente passou a prestar serviços para o mesmo empregador que as modelos indicadas, a partir da sua contratação pela empresa tomadora dos serviços. A prestação de serviços para o mesmo empregador é exigência expressa contida no *caput* do art. 461 da CLT. Assim, considerando o tempo de serviço para a mesma empregadora, constata-se a existência de lapso temporal superior a dois anos, no exercício da função, entre postulante e paradigmas, circunstância que inviabiliza o pleito equiparatório, nos termos do § 1º do art. 461 da CLT. TRT 3ª Reg. RO 01226-2005-109-03-00-0 — (Ac. 5ª T.) — Rel. Juiz Danilo Siqueira de Castro Faria. DJMG 25.2.06, p. 19.

4. Mesmo empregador. Ao se referir a prestação de serviços ao mesmo empregador para efeito de equiparação salarial é porque não seria razoável e nem lógico admitir que ela pudesse ocorrer entre empregados de empresas distintas. Já em se tratando de empresas do mesmo grupo econômico o mesmo não se pode dizer, uma vez que o grupo é considerado empregador único para fins trabalhistas (Súmula n. 129, do TST) e atendo-se, também, ao fato que é o empregador à luz do disposto no § 2º do art. 2º da CLT, mormente quando o empregado presta serviços para todas as empresas do grupo. Exige-se, no entanto, que atenda os demais requisitos da lei.

Jurisprudência

TST, Súmula n. 129. CONTRATO DE TRABALHO. GRUPO ECONÔMICO (mantida) — Res. 121/2003, DJ 19, 20 e 21.11.2003. A prestação de serviços a mais de uma empresa do mesmo grupo econômico, durante a mesma jornada de trabalho, não caracteriza a coexistência de mais de um contrato de trabalho, salvo ajuste em contrário.

Ementa: Equiparação salarial. Diversidade de empresas. Grupo econômico. Empregador único. Para efeitos das obrigações trabalhistas, as empresas integrantes de mesmo grupo econômico se constituem num único empregador (art. 2º, § 2º, CLT), não sendo óbice, portanto, à equiparação salarial o registro dos equiparandos perante as diferentes pessoas jurídicas componentes do consórcio empresarial. TRT 15ª Reg. (Campinas/SP) RO 00662-2004-053-15-00-5 — (Ac. 4982/2006-PATR, 11ª Câmara) — Relª. Desig. Juíza Maria Cecília Fernandes Álvares Leite. DJSP 10.2.06, p. 74.

4.1. Trabalhador temporário. No que concerne ao trabalhador temporário (Lei n. 6.019/74), o qual presta serviços no estabelecimento do tomador de serviços, não há que se falar em equiparação salarial, já que afastado o requisito de mesmo empregador e também porque o "temporário" tem assegurado remuneração equivalente à percebida pelos empregados da mesma categoria da tomadora dos serviços ou cliente, observando-se para cálculo a base horária (art. 12, "a").

Jurisprudência

Ementa: *Isonomia salarial nos casos de terceirização. Possibilidade.* Uma vez que a nossa Constituição da República consagra o princípio da igualdade, que este deve ser analisado em sua inteireza e que todas as formas de discriminação devem ser banidas, não se pode restringir o pleito de diferença salarial aos estreitos limites do art. 461, da CLT, o qual, por se referir à relação de emprego tradicional não se amolda a hipótese de terceirização. Se o tomador possuir empregados e terceirizados no exercício das mesmas funções, constituirá discriminação odiosa a permissão para que percebam salários diferentes. Sendo esta a hipótese dos autos autorizado está o reconhecimento de isonomia salarial, na forma dos artigos 5º, da CR e 12, "a", da Lei n. 6.019/74". (Juíza Cilene Ferreira Amaro Santos). TRT 10ª Reg. ROPS 00856-2007-006-10-00-3 — (Ac. 1ª T./07) — Rel. Juiz André R. P. V. Damasceno. DJU 7.12.07, p. 19.

4.2. Empregados de empresas que sofreram processo de fusão, incorporação ou sucessão. Os empregados de tais empresas que são originados de um processo de transformação contam também com a possibilidade de equiparação salarial, mesmo porque o empregador se transcende no mesmo pela absorção do ativo e passivo das empresas então distintas. O importante, no entanto, é o atendimento de todos os requisitos do art. 461, sobretudo o do tempo na função não superior a dois anos (§ 1º).

Jurisprudência

Ementa: *Equiparação salarial. Funções idênticas. Empregadores distintos. Fusão empresarial.* Da fusão empresarial emerge a identidade entre as empresas componentes, ainda que oriundas de um mesmo grupo econômico. Assim, antes dela, funções idênticas não implicam em equiparação salarial quando em empregadores distintos e quadros de pessoal independentes entre si. TRT 9ª Reg. RO 02951-2003-664-09-00-3 — (Ac. 2ª T. 18915/05) — Rel. Juiz Márcio Dionísio Gapski. DJPR 26.7.05, p.199.

5. Mesma localidade. A equiparação salarial reclama a necessidade de que o trabalho seja prestado na mesma localidade, a fim de que se tenha uma afinidade entre o local de trabalho e o de sua execução, uma vez que a lei teve em mira a proteção da vida socioeconômica dos empregados fixados em determinada região pelo custo de vida em comum. A verdade é que não seria justo um trabalhador situado na mesma região, exercendo as mesmas funções de outro, e percebendo remuneração inferior, enquanto que o custo de vida é igual para os dois.

O requisito da mesma localidade tem sofrido interpretações divergentes, uns entendendo que "mesma localidade" é o mesmo município em que trabalham os contendores e, outros entendendo que é a mesma região, se demonstradas iguais condições de vida e econômicas. Entretanto, pela Súmula n. 6, X, do TST, tem sido considerado não só o município, mas também os municípios distintos que, comprovadamente, pertencem, a mesma região metropolitana. Há, no entanto, decisão da SDBI, do TST, que consta da parte destinada à jurisprudência que admite a equiparação salarial quando equiparando e paradigma ocupam idêntica função e a exercem em diversas localidades, em sistema de rodízio, sem afronta ao art. 461 da CLT, ainda que os locais em que prestam serviços não estejam circunscritos à mesma localidade ou à mesma região metropolitana.

É oportuno frisar que se a empresa no âmbito nacional adota tabela uniforme de salário para os seus empregados, automaticamente se obriga a manter essa política, pois a isonomia salarial decorre de seu regulamento interno, o qual só poderá ser alterado para os novos empregados, em face do teor da Súmula n. 51, do TST.

Jurisprudência

TST, Súmula n. 6. EQUIPARAÇÃO SALARIAL. ART. 461 DA CLT (incorporação das Súmulas ns. 22, 68, 111, 120, 135 e 274 e das Orientações Jurisprudenciais ns. 252, 298 e 328 da SBDI-1) — Res. 129/2005, DJ 20, 22 e 25.4.2005.

....

X — O conceito de "mesma localidade" de que trata o art. 461 da CLT refere-se, em princípio, ao mesmo município, ou a municípios distintos que, comprovadamente, pertençam à mesma região metropolitana. (ex-OJ da SBDI-1 n. 252 — inserida em 13.3.2002)

Ementa: Equiparação salarial. Equiparandos que exercem idêntica função e trabalham em diversas localidades em sistema de rodízio. Violação ao art. 461 da CLT. Contrariedade ao item X da Súmula n. 6 do TST. Se equiparando e paradigma ocupam idêntica função e a exercem em diversas localidades, em sistema de rodízio, não há falar que o deferimento do direito à equiparação salarial importe em afronta ao art. 461 da CLT, ainda que os locais em que prestam serviços não estejam circunscritos à mesma localidade ou à mesma região metropolitana. Da mesma forma, não há falar em contrariedade da decisão regional ao item X da Súmula n. 6 do TST (ex-Orientação Jurisprudencial n. 252 da SBDI-1), uma vez que o referido verbete não aborda a questão da equiparação salarial sob o enfoque do trabalho prestado em diversas localidades, em sistema de rodízio, pelos empregados ocupantes de idêntica função. Recurso de Embargos de que não se conhece. TST-E-ED-RR-E-RR-697.566/2000.1 — (Ac. SBDI1) — 2ª Reg. — Rel. Min. João Batista Brito Pereira. DJU 23.6.06, p. 771.

6. Quadro organizado em carreira. É o criado pela empresa para melhor administração de seu pessoal e para isso deverá prever a possibilidade de promoção por antiguidade e merecimento, de forma alternativa e ser ainda homologado pelo Ministério do Trabalho e Emprego para ter validade. A respeito, a Portaria n. 2, do SRT/MTE, de 25.5.06, estabelece critérios para homologação dos quadros de carreira. A inobservância das regras impostas no quadro organizado em carreira gera a possibilidade de o trabalhador prejudicado pedir o correto enquadramento pela via judicial, sendo a Justiça do Trabalho competente para tanto.

Mero plano de cargos e salários, ainda que estabelecido em acordo coletivo de trabalho ou homologado pela Justiça do Trabalho não equivale ao quadro organização em carreira, pois este, se exige a devida homologação pelo MTE (Súmula n. 6, I, do TST).

Não havendo a homologação do quadro de carreira pelo órgão competente, ele será considerado como uma espécie de regulamento interno, de forma que no seu descumprimento, o empregado lesado poderá pedir a devida reparação por meio judicial.

De notar-se que se o quadro de carreira for de entidades de Direito Público (administração direta, autárquica e funcional, a aprovação deverá ser por ato administrativo da autoridade competente (Súmula n. 6, do TST).

Jurisprudência

TST, Súmula n. 6. EQUIPARAÇÃO SALARIAL. ART. 461 DA CLT (incorporação das Súmulas ns. 22, 68, 111, 120, 135 e 274 e das Orientações Jurisprudenciais ns. 252, 298 e 328 da SBDI-1) — Res. 129/2005, DJ 20, 22 e 25.4.2005.

I — Para os fins previstos no § 2º do art. 461 da CLT, só é válido o quadro de pessoal organizado em carreira quando homologado pelo Ministério do Trabalho, excluindo-se, apenas, dessa exigência o quadro de carreira das entidades de direito público da administração direta, autárquica e fundacional aprovado por ato administrativo da autoridade competente. (ex-Súmula n. 06 — alterada pela Res. n. 104/2000, DJ 20.12.2000)

TST, Súmula n. 127. QUADRO DE CARREIRA (mantida) — Res. 121/2003, DJ 19, 20 e 21.11.2003. Quadro de pessoal organizado em carreira, aprovado pelo órgão competente, excluída a hipótese de equiparação salarial, não obsta reclamação fundada em preterição, enquadramento ou reclassificação.

TST, OJ-SDI-1 Transitória n. 29 CEEE. EQUIPARAÇÃO SALARIAL. QUADRO DE CARREIRA. REESTRUTURAÇÃO EM 1991. VÁLIDO (DJ 9.12.2003). O quadro de carreira implantado na CEEE em 1977 foi homologado pelo Ministério do Trabalho. A reestruturação procedida em 1991, mesmo não homologada, é válida.

Ementa: Embargos. Equiparação salarial. Quadro de carreira. Alternância de promoções por antiguidade e merecimento. 1. Conforme a previsão dos §§ 2º e 3º do art. 461 da CLT, a condição para que o quadro de carreira tenha efeito modificativo do direito à equiparação salarial é que, além de prévia homologação, contenha duplo critério de promoção, que, de forma alternada, premie por merecimento e antiguidade. 2. Na espécie, O Eg. Tribunal Regional não reconheceu o Plano de Cargos e Salários da Reclamada, ante a inobservância do requisito de alternância de promoções por merecimento e antiguidade. Entendimento diverso demandaria o reexame do conteúdo fático probatório dos autos, obstado pela Súmula n. 126. Embargos não conhecidos. TST-E-RR-22.403/2000-010-09-00.6 — (Ac. SBDI1) — Relª. Min. Maria Cristina Irigoyen Peduzzi. DJU 8.2.08, p. 1.441.

7. Trabalhador readaptado. Obstáculo à equiparação salarial. O § 4º, do art. 461 ou examinado, trata de hipóteses em que o reclamante ou o paradigma se encontrem em situação de readaptados em nova função por motivo de deficiência física ou mental atestada pela Previdência Social. Em tais hipóteses, não se aplicarão as normas referentes à equiparação salarial.

A consequência dessa exclusão reside no fato de que o empregado readaptado passa a ter função diferente daquela para o qual foi contratado e permanece com a mesma remuneração em face do princípio da irredutibilidade salarial. Não há por essa razão identidade de função até porque a remuneração passa a ter um caráter personalíssimo em virtude da situação do trabalhador. "Nem sequer aproveita ao postulante a alegação de que ele também foi readaptado na função, em decorrência da mesma moléstia que acometeu o modelo"[67].

8. Desvio de função. Verifica-se o desvio de função como a própria expressão indica, a realização de outra função pelo empregado, diferente daquela contratada, com a percepção do mesmo salário, mas inferior ao da nova função. O desvio de função também pode ocorrer sem que haja diferença de salário. Entretanto, se a nova função importar em percebimento de salário superior, uma vez descumprido pelo empregador essa particularidade, o empregado terá o direito de postular diferenças salariais em decorrência da alteração que lhe foi prejudicial. Tratando-se de empregado da administração direta ou indireta, ou de empresas públicas ou sociedades de economia mista, as diferenças serão devidas tão-somente no período em que houve o desvio de função, já que não haveria como permanecer na função desviada, por vedação legal (preenchimento por concurso público).

Jurisprudência

Ementa: Diferenças salariais. Desvio de função x equiparação salarial. A equiparação salarial é o direito à isonomia salarial do trabalhador, contratado para o exercício de uma função, em recebendo salário menor que outro contratado para aquela mesma função e preenchidos os requisitos da lei. É regida pelo art. 461 da CLT, que estabelece os elementos necessários para sua configuração, quais sejam: trabalho de igual valor, prestado ao mesmo empregador e na mesma localidade. Já o desvio de função está jungido ao fato de que um obreiro, apesar de contratado para desenvolver determinada função, passa a exercer outra. Em ambas as hipóteses constitui corolário lógico a postulação de diferenças salariais e, no caso do desvio funcional, em se tratando de empresa privada com organização de pessoal em quadro de carreira, seu respectivo reenquadramento. TRT 10ª Reg. RO 00091-2005-011-10-00-5 — (Ac. 2ª T./06) — Relª. Juíza Flávia Simões Falcão. DJU 2.6.06, p. 24.

---

(67) BARROS, Alice Monteiro de. *Curso de Direito do Trabalho*. São Paulo: LTr, 2007. p. 822.

Ementa: Desvio funcional. Engenheiro. Coordenação técnica. Execução de tarefas expressamente pactuadas e inerentes ao cargo objeto da contratação. Atribuições definidas em lei regulamentadora da profissão. Não configuração. Ao empregador não é dado transferir o empregada para o exercício de função diversa daquela para a qual foi contratado, sobretudo quando se cuida de deslocamento para o desempenho de atribuições de maior responsabilidade e complexidade. Tal procedimento se reveste de ilicitude e garante ao trabalhador o direito de perceber o salário regulamentar previsto para o cargo a que fora desviada, Todavia, delimitadas desde a contratação as específicas tarefas do ofício, entre as quais a coordenação técnica, a guardar perfeita compatibilidade com as atribuições cometidas ao engenheiro, tal como definidas na art. 7º da Lei n. 5.194/1966, que regula o exercício da profissão, e inexistindo norma regulamentar instituindo contraprestação outra além daquela expressamente pactuada, não se viabiliza a pretensão de elevação salarial. Recurso provido. TRT 10ª Reg. RO 00151-2006-018-l0-00-5 — (Ac. 3ª T./06) — Rel. Juiz João Luis Rocha Sampaio. DJU3 17.11.06, p. 47.

9. Substituição de empregados. É comum o empregado substituir outro na empresa, de cargo e salário superior, por um curto período, ou seja, em caráter não eventual, como se dá em período de férias, de licença ou em outra situação similar, hipótese em que se aplica o disposto na Súmula n. 159, do TST, a qual trata da substituição e não de equiparação salarial. O empregado, nesse caso, terá direito ao salário do titular enquanto perdurou a substituição. Não há impedimento de o empregado substituto postular o direito a equiparação salarial se preenchidos todos os requisitos, até porque a lei não poderia excluí-lo, mas essa situação exige muita cautela do julgador no trato da questão, pois como assinala *Catharino* "a própria noção de função repele a contingência porque ela decorre, geralmente da profissão e do posto hierárquico que o empregado galgou na empresa. Seria injusta a equiparação de um empregado que, embora exercendo funções em caráter transitório, pretendesse receber igual salário ao de outro que exerce idênticas funções, mas a título permanente".

10. Cessão de empregados. A cessão de empregado ocorre entre empresas públicas ou de sociedade de economia mista ou mesmo em órgão público, aqui compreendo os servidores admitidos pelo regime da CLT, o que torna aplicável a regra do art. 461. Explica *Raymundo Antonio Carneio Pinto* que "o trabalho igual a que alude o multicitado art. 461 da CLT pode ser prestado pelo empregado em órgão governamental estranho à sua empresa. Colocou, no entanto, uma condição: reclamante e paradigma devem permanecer recebendo salário do mesmo empregador, no caso, a empresa cedente. Saliente-se, no entanto, que pelo disposto no inciso XIII do art. 37 da CF/88, não pode haver equiparação salarial para os servidores públicos da administração direta e indireta ou fundacional, mesmo que contratado pela CLT. Nesse sentido a OJ-SDI n. 297, do TST.

Jurisprudência

TST, OJ-SDI- n. 297 EQUIPARAÇÃO SALARIAL. SERVIDOR PÚBLICO DA ADMINISTRAÇÃO DIRETA, AUTÁRQUICA E FUNDACIONAL. ART. 37, XIII, DA CF/1988 (DJ 11.8.2003). O art. 37, inciso XIII, da CF/1988, veda a equiparação de qualquer natureza para o efeito de remuneração do pessoal do serviço público, sendo juridicamente impossível a aplicação da norma infraconstitucional prevista no art. 461 da CLT quando se pleiteia equiparação salarial entre servidores públicos, independentemente de terem sido contratados pela CLT.

11. Empregados de empresas concessionárias de serviços públicos federais, estaduais e municipais. Encampação ou transferência dos serviços. Em tais situações, ou seja, a encampação ou transferência de serviços por empresas públicas ou de sociedade de economia mista, obrigam-se estas à constituição de um quadro especial, que deixará de existir com o tempo, devido ao aproveitamento em cargos que se vagarem na empresa que assumiu os serviços. Nesse caso, não há que se falar em equiparação salarial

12. Servidor Público. Nos termos do art. 37, XIII, da CF, é vedada a vinculação ou equiparação de quaisquer espécies remuneratória para efeito de remuneração do pessoal de serviço público. Assim, pouco importa que haja a mesma função, dada a expressa vedação constitucional. Nesse sentido, a Orientação Jurisprudencial n.297, da SDI-1, do TST, já transcrita no item 10.

Jurisprudência

Ementa: Equiparação salarial. Art. 461 da CLT. Funcionário público. Inaplicabilidade. Diferenças salariais decorrentes da equiparação salarial com base no art. 461 da CLT são indevidas a funcionários da administração direta, fundacional ou autárquica, por se estar promovendo o equivalente a um reenquadramento funcional, invadindo a órbita administrativa do empregador público, o que se mostra prejudicial ao gerenciamento do Ente Público, ante os princípios constitucionais da legalidade, moralidade e publicidade. Inteligência do art. 37, *caput*, inciso XIII, da CF e OJ n. 297 da SDI-1 do Col. TST. Recurso da reclamada provido. TRT 15ª Reg. (Campinas/SP) REO-RO 2013-2002-066-15-00-3 — (Ac. 18502/07-PATR, 7ª C.) — Rel. Juiz Manuel Soares Ferreira Carradita. DJSP 27.4.07, p. 95.

13. Sociedade de economia mista. Não há equiparação salarial entre os servidores públicos, conforme já visto em função do disposto no art. 37, XIII, da CF/88. Essa restrição, no entanto, não se aplica aos empregados de sociedade de economia mista, pois esta ao contratar empregados pelo regime da CLT se equipara ao empregador privado, por força do disposto no art. 173,§ 1º, II, da CF/88.

353. EQUIPARAÇÃO SALARIAL. SOCIEDADE DE ECONOMIA MISTA. ART. 37, XIII, DA CF/1988. POSSIBILIDADE. *À sociedade de economia mista não se aplica a vedação à equiparação prevista no art. 37, XIII, da CF/1988, pois, ao contratar empregados sob o regime da CLT, equipara-se a empregador privado, conforme disposto no art. 173, § 1º, II, da CF/1988.(DJ 14.3.08)*

14. Peculiaridades da equiparação salarial

14.1. Indicação de paradigma. Deve o reclamante indicar o paradigma e as razões que justificam o pedido de equiparação, já que cabe ao trabalhador equiparando a prova do fato constitutivo do seu direito. Sem a indicação de paradigma não há como aferir-se a contemporaneidade na prestação de serviços, bem como perquirir sobre a existência de trabalho de igual valor e com a mesma perfeição técnica. A jurisprudência trabalhista tem admitido que a indicação de mais de um paradigma não prejudica a apreciação judicial. Acreditamos, no entanto, que a parte deverá motivar as razões de tais indicações.

Jurisprudência

Ementa: Equiparação salarial. Necessidade de indicação de paradigma. Tal necessidade advém da imposição contida no art. 461 da CLT para se aferir a identidade de função, empregador, localidade, igual produtividade e perfeição técnica, entre pessoas cuja diferença de tempo de serviço não seja superior a dois anos. Portanto, a ausência de indicação de paradigma obsta a apreciação de todos estes requisitos necessários para o reconhecimento da isonomia entre os empregados e consequente deferimento da equiparação salarial. TRT 15ª Reg. (Campinas/SP) RO 02021-2003-099-15-00-1 — (Ac. 10832/2006-PATR, 6ª Câmara) — Rel. Juiz Luiz Carlos de Araújo. DJSP 10.3.06, p. 100.

Ementa: Equiparação salarial. Indicação do nome do paradigma. Ônus do autor. Conquanto o pleito de equiparação salarial tenha seu ônus probatório bem delimitado pela Súmula n. 6 do TST, baseando-se pelas disposições do art. 818 da CLT e do art. 333 do CPC, não há olvidar que, ao menos, a indicação do nome correto e completo do paradigma incumbe à parte autora, pois faz parte do fato constitutivo de seu direito, bem como da causa de pedir de sua pretensão judicial. TRT 9ª Reg. RO 00947-2007-013-09-00-2 — (Ac. 4ª T. 30590/07) — Rel. Juiz Luiz Celso Nap. DJPR 23.10.07, p. 378.

Ementa: *Equiparação salarial. Indicação de três paradigmas. Inépcia da inicial. Não caracterização.* A cumulação de vários paradigmas em pedido de equiparação salarial, por óbvio, pode prejudicar a prova, mas não enseja a decretação da inépcia da inicial, eis que é possível a avaliação do pedido frente aos variados modelos apontados pela parte autora. Inépcia da inicial afastada. TRT 18ª Reg. RO 01720-2005-005-18-00-9 — (Ac. 1ª T.) — Rel. Juiz Aldon do Vale Alves Taglialegna. DJE/TRT 18ª Reg., Ano I, n. 193, 21.11.07, p. 7/8.

Ementa: *Equiparação salarial. Indicação de mais de um paradigma. Possibilidade. Limitação. Cerceamento de defesa.* Inexiste óbice legal à pretensão de equiparação salarial com mais de um paradigma. O art. 461 da CLT não traz tal limitação, não sendo admissível ao interprete fazê-lo. Assim, a determinação do Juízo, de que o Reclamante limite o pedido de equiparação a um único paradigma, configura cerceamento do direito de defesa, ensejando nulidade processual (art. 794 e seguintes da CLT). TRT 9ª Reg. RO 16144-2003-013-09-00-6 — (Ac. 5ª T. 26345/05) — Rel. Juiz Arion Mazurkevic. DJPR 14.10.05, p. 469.

Ementa: *Equiparação salarial. Paradigma. Indicação. Necessidade.* O reclamante, para pleitear a equiparação salarial e as diferenças decorrentes, deve, na exordial, indicar paradigma específico e não apenas apresentar alegações genéricas, ante a necessidade de se aferir, entre outros requisitos, a identidade de função, de produtividade e de local de trabalho, além do tempo de serviço na função. Inteligência dos artigos 461, 818 da CLT e 333 do CPC. Recurso do reclamante não provido. TRT 15ª Reg. (Campinas/SP) — RO 03652-2005-146-15-00-2 — (Ac. 16137/07-PATR, 7ª C.) — Rel. Juiz Manuel Soares Ferreira Carradita. DJSP 20.4.07, p. 43/44.

14.2. Vantagens pessoais. As vantagens pessoais são aquelas personalíssimas e ligadas à situação do empregado, como ocorre com o adicional por tempo de serviço. Nessa conformidade, não pode ser considerado para efeito de equiparação salarial, mas *Damasceno* admite-a se "as condições especiais forem idênticas e a diferença salarial tiver caráter discriminatório"[68].

Jurisprudência

Ementa: *Paradigma. Vantagem pessoal. Equiparação com espeque no princípio da isonomia. Impossibilidade.* A locução do art. 461, § 2º, da CLT, determina que não se aplica a equiparação salarial quando a empresa possuir quadro de pessoal organizado em carreira, desde que este discipline as progressões por antiguidade e merecimento. No pertinente ao princípio da isonomia, é cediço que o intolerável são as distinções injustificáveis e não propriamente qualquer diferenciação. Isso porque o *caput* do art. 5º, da CF, estabelece, na verdade, uma igualdade relativa, não absoluta, porquanto a igualdade absoluta seria instrumento para perpetrar desigualdades sociais, uma vez que mesmo os desiguais seriam tratados de forma igualitária, o que não se pode permitir em um estado que busca a justiça social, conforme descrito pelo preâmbulo constitucional. Tanto é assim que o próprio art. 7º da Carta Magna estabelece distinções entre desiguais, de maneira a amenizar as distorções sociais, a exemplo do tratamento privilegiado dedicado à mulher, conforme se percebe nos incisos XVIII e XX. Dessa maneira, não se pode arguir violação à isonomia por simples tratamento diferenciado, quando a distinção está fundada em argumento justificável, a exemplo da diferença de salários originada da percepção de alguma vantagem financeira auferida mediante decisão judicial de cunho particular, pessoal. Afinal, a decisão judicial impõe uma diferenciação justificável, qual seja, a relativa aos que exerceram seu direito subjetivo de ação dentro do prazo prescricional. TRT 10ª Reg. RO 01012-2004-006-10-00-7 — (Ac. 1ª T./2005) — Rel. Juiz Pedro Luis Vicentin Foltran. DJU3 13.5.05, p. 20.

Ementa: *Equiparação salarial (art. 461 da CLT). Vantagem pessoal (Súmula n. 6, VI, do TST).* Constatado nos autos que o desnível salarial entre paradigma e paragonado assenta-se em vantagens pessoais do primeiro em relação ao segundo e é relacionada ao exercício de função superior anteriormente à reestruturação funcional da empresa, há impedimento à isonomia em face da incomunicabilidade da vantagem que melhor qualifica o seu salário-base. Recurso Ordinário a que se nega provimento. TRT 15ª Reg. (Campinas/SP) — RO 1364-2004-090-15-00-2 — (Ac. 56318/06-PATR, 10ª C.) — Rel. Juiz José Antonio Pancotti. DJSP 1.12.06, p. 58.

---

(68) Ob. cit., p. 126.

14.3. Vantagens obtidas pelo paradigma em decisão judicial. Atendidos os pressupostos do art. 461 da CLT, é irrelevante a circunstância de o empregado paradigma ser favorecido por decisão judicial que lhe deu um salário maior. No entanto, comporta exceção, uma delas é a vantagem pessoal ou personalíssima e outra diz respeito a tese jurídica superada pela jurisprudência da Corte Superior. A matéria já se acha sumulada (Súmula n. 6, VI, do TST).

Jurisprudência

TST, Súmula n. 6. EQUIPARAÇÃO SALARIAL. ART. 461 DA CLT (incorporação das Súmulas ns. 22, 68, 111, 120, 135 e 274 e das Orientações Jurisprudenciais ns. 252, 298 e 328 da SBDI-1) — Res. 129/2005, DJ 20, 22 e 25.4.2005.

....

VI — Presentes os pressupostos do art. 461 da CLT, é irrelevante a circunstância de que o desnível salarial tenha origem em decisão judicial que beneficiou o paradigma, exceto se decorrente de vantagem pessoal ou de tese jurídica superada pela jurisprudência de Corte Superior. (ex-Súmula n. 120 — alterada pela Res. n. 100/2000, DJ 20.9.2000)

Ementa: Equiparação salarial (art. 461 da CLT). Vantagem pessoal (Súmula n. 6, VI, do TST). Constatado nos autos que o desnível salarial entre paradigma e paragonado assenta-se em vantagens pessoais do primeiro em relação ao segundo e é relacionada ao exercício de função superior anteriormente à reestruturação funcional da empresa, há impedimento à isonomia em face da incomunicabilidade da vantagem que melhor qualifica o seu salário-base. Recurso Ordinário a que se nega provimento. TRT 15ª Reg. (Campinas/SP) — RO 1364-2004-090-15-00-2 — (Ac. 56318/06-PATR, 10ª C.) — Rel. Juiz José Antonio Pancotti. DJSP 1.12.06, p. 58.

14.4. Ônus da prova. A rigor aplica-se a regra do art. 818, da CLT combinado com art. 333, do CPC. Por ser fato constitutivo do seu direito cabe ao reclamante o ônus de demonstrar os fatos constitutivos de seu direito enquanto cabe ao reclamado o ônus de provar fato impeditivo, modificativo ou extintivo do direito perseguido, ou seja, a ausência dos requisitos ligados a produtividade e a qualidade entre as funções exercidas pelo equiparando e paradigma.

Jurisprudência

TST, Súmula n. 6. EQUIPARAÇÃO SALARIAL. ART. 461 DA CLT (incorporação das Súmulas ns. 22, 68, 111, 120, 135 e 274 e das Orientações Jurisprudenciais ns. 252, 298 e 328 da SBDI-1) — Res. 129/2005, DJ 20, 22 e 25.04.2005.

....

VIII — É do empregador o ônus da prova do fato impeditivo, modificativo ou extintivo da equiparação salarial. (ex-Súmula n. 68 — RA 9/1977, DJ 11.2.1977)

Ementa: *Equiparação salarial. Ônus da prova.* O § 1º, do art. 461, da CLT estabelece, para fins de equiparação salarial, que será considerado trabalho de igual valor aquele prestado com igual produtividade e mesma perfeição técnica. Portanto, estabelece os pressupostos para o reconhecimento do direito à equiparação, cujo ônus de demonstrar incumbe ao empregado, já que são fatos constitutivos de seu direito. À reclamada cabe o ônus de provar fato impeditivo, modificativo ou extintivo do direito perseguido, quais sejam, a desigualdade de produtividade e de qualidade entre as funções exercidas pelo empregado e pelo paradigma. Evidenciada a inexistência de identidade de funções entre o reclamante e os paradigmas, não há que se cogitar em equiparação salarial. TRT 10ª Reg. RO 01077-2006-010-10-00-3 — (Ac. 1ª T./07) — Rel. Juiz André R. P. V. Damasceno. DJU3 16.11.07, p. 7.

14.5. Prescrição. Vide art. 11.5, primeiro fascículo.

Art. 462 Ao empregador é vedado efetuar qualquer desconto nos salários do empregado, salvo quando este resultar de adiantamentos, de dispositivos de lei ou de contrato coletivo (atualmente convenção coletiva).

§ 1º *Em caso de dano causado pelo empregado, o desconto será lícito, desde que esta possibilidade tenha sido acordada ou na ocorrência de dolo do empregado.*

§ 2º *É vedado à empresa que mantiver armazém para venda de mercadorias aos empregados ou serviços destinados a proporcionar-lhes prestações* in natura *exercer qualquer coação ou induzimento no sentido de que os empregados se utilizem do armazém ou dos serviços.*

§ 3º *Sempre que não for possível o acesso dos empregados a armazéns ou serviços não mantidos pela empresa, é lícito à autoridade competente determinar a adoção de medidas adequadas, visando a que as mercadorias sejam vendidas e os serviços prestados a preços razoáveis, sem intuito de lucro e sempre em benefício dos empregados.*

§ 4º *Observado o disposto neste Capítulo, é vedado às empresas limitar, por qualquer forma, a liberdade dos empregados de dispor do seu salário. (Os §§ 2º a 4º deste artigo foram incluídos pelo DL n. 229, 28.2.67, DOU 28.2.67).*

1. Salário. Proteção (art. 462, *caput* e §§ 3º e 4º). Esse artigo, em seu *caput*, é uma garantia de que o salário deve ser íntegro em virtude de sua natureza alimentar. O espírito da norma é dar proteção ao salário de possíveis abusos por parte do empregador, o que vem ao encontro da Convenção n. 95, da OIT, que dispõe que "os descontos em salários não serão autorizados, senão sob condições e limites prescritos pela legislação nacional ou fixados por convenção coletiva ou sentença arbitral (art. 8.1.). Fica, também proibido qualquer desconto dos salários cuja finalidade seja assegurar pagamento direto ou indireto do trabalhador ao empregador, a representante deste ou a qualquer intermediário (tal como um agente encarregado de recrutar a mão de obra), com o fim de obter ou conservar um emprego (art. 9º) e mais que "o salário não poderá ser objeto de penhora ou cessão, a não ser segundo as modalidades e nos limites prescritos pela legislação nacional (art. 10.1). O disposto no § 4º desse artigo que veda às empresas limitar, por qualquer forma, a liberdade dos empregados de dispor do seu salário, nada mais é do que o complemento do seu *caput*, que por sinal, está em sintonia com art. 6 da Convenção n. 95, da OIT que diz "Fica o empregador proibido de restringir a liberdade do trabalhador de dispor de seu salário da maneira que lhe convier". Os §§ 2º e 3º reforça a liberdade dos empregados de disporem do seu salário, vedando o fornecimento de mercadorias por armazém próprio com intuito de lucro e com prejuízo dos empregados. Nesse caso, a autoridade competente poderá autorizar as medidas adequadas para regularizar a venda de mercadorias, sem lucro.

Portanto, a liberdade do empregado de dispor do seu salário, a proteção contra os abusos e também a necessidade de que os valores atribuídos às prestações em utilidades seja justo e razoável são formas de proteção do salário, tanto que o *caput* desse artigo dispõe que é vedado efetuar qualquer desconto no salário, a não ser em quatro situações: de adiantamentos; de dispositivos de lei ou contrato coletivo (acordo e convenção coletiva de trabalho), ou em caso de dano causado pelo empregado, desde que o desconto tenha sido acordado ou na ocorrência de dolo do empregado (§ 1º).

2. Salário. Adiantamentos. Descontos (§ 1º). Os adiantamentos são importâncias normalmente antecipadas pelo empregador durante o mês, que pode ser semanal, quinzenal, ou através de vales segundo a necessidade do trabalhador. Evidentemente, por ser uma situação mais benéfica para o empregado, a lei não poderia obstar esse direito do empregador de fazer os descontos, até para se evitar o enriquecimento sem causa do empregado. Existem as antecipações por conta de futuro acordo ou convenção coletiva de trabalho, ou ainda de sentença normativa, prática adotada à época dos planos econômicos em que a inflação era elevada.

3. Salário. Descontos permitidos (*caput*). O desconto permitido no salário decorrente de dispositivos de lei vem sendo aumentado no decorrer dos anos, pois antes os descontos eram apenas aqueles ligados à Previdência Social (Lei n. 8.212/91, art. 30, I, "a"), ao Imposto de Renda (Lei n.7.713/98) à Contribuição Sindical (art. 582, da CLT), mensalidade a favor do Sindicato que representa a respectiva categoria (art. 548 da CLT), dívidas contraídas com o Sistema Financeiro de Habitação em função de aquisição de casa própria (Lei n. 5.721/71); vale-transporte, parte do empregado, até 6% do salário (Decreto n. 95.247/67); alimentação, quando fornecida pelo empregador, até 20% do custo direto da refeição (art. 2º, I, do Decreto n. 5/91 e 4º da Portaria n. 3, da SIT/MTE, de 1.3.02) e pagamento de empréstimos, financiamentos e operações de arrendamento mercantil (Lei n. 10.820/03). É permitido também o desconto derivado de decisão judicial sobre prestação alimentícia e outras prestações *in natura*, como a alimentação, habitação, transporte, vestuário, etc, e, de qualquer forma, quando o salário for o mínimo legal, as utilidades ficam limitadas a 70%, já que 30% (trinta por cento) deverão ser pagos em dinheiro (art. 82, parágrafo único, da CLT). Os critérios para o estabelecimento de percentuais sobre os descontos de utilidades estão prescritos na Portaria n. 19/52 do MTE, valendo ressaltar que a Lei n. 3.030/56, permite o desconto de até 25% do salário mínimo, no caso de alimentação preparada pelo próprio empregador.

Jurisprudência

TST, Súmula n. 368. DESCONTOS PREVIDENCIÁRIOS E FISCAIS. COMPETÊNCIA. RESPONSABILIDADE PELO PAGAMENTO. FORMA DE CÁLCULO (inciso I alterado) — Res. 138/2005, DJ 23, 24 e 25.11.2005. I. A Justiça do Trabalho é competente para determinar o recolhimento das contribuições fiscais. A competência da Justiça do Trabalho, quanto à execução das contribuições previdenciárias, limita-se às sentenças condenatórias em pecúnia que proferir e aos valores, objeto de acordo homologado, que integrem o salário de contribuição. (ex-OJ n. 141 da SBDI-1 — inserida em 27.11.1998) II. É do empregador a responsabilidade pelo recolhimento das contribuições previdenciárias e fiscais, resultante de crédito do empregado oriundo de condenação judicial, devendo incidir, em relação aos descontos fiscais, sobre o valor total da condenação, referente às parcelas tributáveis, calculado ao final, nos termos da Lei n. 8.541, de 23.12.1992, art. 46 e Provimento da CGJT n. 01/1996. (ex-OJs ns. 32 e 228 da SBDI-1 — inseridas, respectivamente, em 14.3.1994 e 20.6.2001). III. Em se tratando de descontos previdenciários, o critério de apuração encontra-se disciplinado no art. 276, §4º, do Decreto n. 3.048/1999 que regulamentou a Lei n. 8.212/1991 e determina que a contribuição do empregado, no caso de ações trabalhistas, seja calculada mês a mês, aplicando-se as alíquotas previstas no art. 198, observado o limite máximo do salário-de-contribuição. (ex-OJs ns. 32 e 228 da SBDI-1 — inseridas, respectivamente, em 14.3.1994 e 20.6.2001).

Ementa: Empréstimo bancário. Consignação em folha de pagamento. Limites. Os descontos salariais relativos ao pagamento de empréstimos contraídos pelo empregado junto a instituições financeiras, ainda que expressamente autorizados, devem observar os limites impostos na Lei n. 10.820/2003, regulamentada pelo Decreto n. 4.840/2003, sob pena de violação à regra cogente voltada à proteção do salário, insculpida no art. 462 da CLT. Recurso ordinário conhecido e desprovido. TRT 9ª Reg. RO 01652-2005-024-09-00-5 (Ac. 3ª T. 28735/06) — Rel. Juiz Altino Pedrozo dos Santos. DJPR 6.10.06, p. 618.

Ementa: Descontos no salário. Inexigibilidade. Ausência de culpa. Não tendo restado comprovado de forma segura a culpa do laborista no acidente, havendo, ao contrário, indícios de que o motorista do carro que colidiu com o ônibus trafegava na contramão de direção, não há como se autorizar descontos decorrentes do conserto dos veículos no salário do trabalhador, sob o fundamento de que ele deu causa ao acidente. TRT 3ª Reg. RO 00975-2007-059-03-00-0 — (Ac. 1ª T) — Rel. Juiz Convocado José Eduardo de R. C. Junior. DJMG 5.9.08, p. 12.

3.1. Atleta profissional de futebol. A Lei n. 6.354/76, que trata do atleta profissional de futebol permite o desconto no salário do jogador de futebol, de penalidades estabelecidas na legislação esportiva, não podendo a penalidade ser superior a 40% do salário percebido pelo atleta, sendo os valores das penalidades recolhidos ao Fundo de Assistência ao Atleta Profissional — FAAP (art. 15 e § 1º). A Lei n. 9.615, de 24, de 24 de março de 1998, que institui normas gerais sobre desporto e dá outras providencias estipula também a possibilidade de multa no inciso III, do art. 48, cuja multa entre outras sanções lá previstas tem por objetivo de manter a ordem desportiva, o respeito aos atos emanados de seus poderes internos.

4. Descontos. Acordo ou convenção coletiva. Em face do disposto no art. 7º, XXVI, da Carta Magna que reconhece as convenções coletivas de trabalho, muitas normas coletivas têm entre suas cláusulas a permissibilidade de desconto no salário quando o empregado descumpre as regras impostas na respectiva cláusula. Caso mais frequente é a dos frentistas de postos de gasolina que são obrigados a apontar os dados do emitente do cheque e outras informações que interessam a empresa numa eventual devolução do cheque (TST, OJ-SDI-1 n. 251). Descumprindo tais regras previstas na norma coletiva, o empregador estará autorizado a fazer o desconto no salário do empregado.

Jurisprudência

TST, OJ-SDI-1 N. 251 DESCONTOS. FRENTISTA. CHEQUES SEM FUNDOS (inserida em 13.3.2002). É lícito o desconto salarial referente à devolução de cheques sem fundos, quando o frentista não observar as recomendações previstas em instrumento coletivo.

Ementa: Devolução de cheques. Observância das normas previstas em convenção coletiva. Desconto indevido. Tendo o empregado adotado as providências previstas na norma coletiva para recebimento de cheques, consistentes essas providências na anotação do RG do emitente, telefone e placa do carro, e deixando o empregador de apontar a informação específica que, por não ter sido aposta naqueles documentos, teria frustrado a possibilidade de cobrança do valor ali descrito, impõe-se manter a sentença que determinou a restituição dos valores respectivos descontados do salário do trabalhador. TRT 12ª Reg. RO01031-2007-045-12-00-8 — (Ac. 3ª T.,17.6.08) — Rel. Juíza Gisele Pereira Alexandrino. Disp. TRT-SC/DOE 21.07.08. Data de Publ. 22.07.08

5. Descontos. Contrato individual de trabalho (§ 1º). Deste, são possíveis os descontos decorrentes de danos materiais ou morais causados pelo empregado, com cláusula expressa nesse sentido. Fora dessas hipóteses, o desconto será permitido se houver dolo (intenção de prejudicar) do empregado.

Pela Súmula n. 342, do TST, resultante de muita controvérsia a respeito, na doutrina e jurisprudência, ficou entendido que o empregador poderá fazer descontos salariais com autorização prévia e por escrito do empregado, para este ser integrado em planos de assistência odontológica, médico-hospitalar, de seguro, de previdência privada, ou de entidade cooperativa, cultural ou recreativo-associativa de seus trabalhadores, em seu benefício e de seus dependentes. No entanto, se ficar demonstrada a existência de coação ou de outro defeito que vicie o ato jurídico, haverá violação ao disposto no art. 462, da CLT.

Quanto ao dano material será preciso ficar atento para que não haja confusão com atos praticados pelo empregado os quais se inserem no risco da atividade empresarial. Exemplo comum do que ocorre nesse tema é o do garçom ou vendedor que recebe cheque sem fundo, e que não pode ser punido por isso, com o pagamento do valor do cheque. Se o empregado, por outro lado, agiu com dolo, o desconto poderá ser feito além da dispensa por justa causa.

Registre-se também que as horas que o empregado falta ao serviço para comparecimento necessário, como parte, à Justiça do Trabalho, não serão descontadas no seu salário, conforme Súmula n. 155, do TST.

Jurisprudência

TST, Súmula n. 155. AUSÊNCIA AO SERVIÇO (mantida) — Res. 121/2003, DJ 19, 20 e 21.11.2003. As horas em que o empregado falta ao serviço para comparecimento necessário, como parte, à Justiça do Trabalho não serão descontadas de seus salários (ex-Prejulgado n. 30).

TST, Súmula n. 342. DESCONTOS SALARIAIS. ART. 462 DA CLT (mantida) — Res. 121/2003, DJ 19, 20 e 21.11.2003. Descontos salariais efetuados pelo empregador, com a autorização prévia e por escrito do empregado, para ser integrado em planos de assistência odontológica, médico-hospitalar, de seguro, de previdência privada, ou de entidade cooperativa, cultural ou recreativo-associativa de seus trabalhadores, em seu benefício e de seus dependentes, não afrontam o disposto no art. 462 da CLT, salvo se ficar demonstrada a existência de coação ou de outro defeito que vicie o ato jurídico.

Ementa: Desaparecimento de objetos no local de trabalho. Desconto quando da rescisão contratual. Os riscos da atividade econômica devem ser assumidos pelo empregador, sendo vedado o repasse dos mesmos, objetivamente, ao empregado. Logo, para a realização de descontos para ressarcimento da reclamada do valor de objetos desaparecidos (ferramentas) deve restar cabalmente demonstrado que o empregado agiu com dolo ou culpa no desempenho de suas funções, independentemente de autorizações para a realização de tais descontos pelo trabalhador, por não previstos tais descontos no art. 462 da CLT, e ante o princípio da intangibilidade salarial previsto não só neste artigo celetário, como erigido em nível constitucional (art. 7º, inciso X). TRT 17ª Reg. RO 00198.2004.006.17.00.9 — (Ac. 1101/08) — Rel. Juiz Marcello Maciel Mancilha. DJES 21.2.08, p. 1.307.

Ementa: Descontos no salário. "Quebra de caixa". Gratificação. Não basta autorização contratual genérica para que se permita os descontos de valores relativos a "quebra de caixa", porquanto a atividade de caixa bancário requer o manejo direto e rotineiro de dinheiro, sendo efetiva a possibilidade de ocorrência de diferenças de numerário. Nesse sentido, não comprovado o dolo ou culpa, faz-se necessária uma disposição específica, seja no contrato de trabalho ou em instrumento coletivo, para que se permita o desconto no salário do empregado. Não se pode conceber a transferência ao empregado dos riscos do empreendimento econômico, sendo a "gratificação de caixa" percebida, apenas uma compensação financeira pela maior responsabilidade do cargo (Inteligência da Súmula n. 102, VI do c. TST). TRT 3ª Reg. RO 00207-2008-137-03-00-8 — (Ac. 8ª T) — Rel. Juíza Convocada Maria Cristina D. Caixeta — DJMG — 2.8.08, p. 19.

Ementa: Descontos efetuados. O salário do empregado é intangível. A realização de descontos deve ser precedida de autorização legal e sucedida de autorização escrita, ainda assim, nos estritos limites da lei. A realização de descontos sem prova do preenchimento dos requisitos induz obrigação de restituir. A confissão ficta do empregado não dispensa a empresa de trazer aos autos prova documental dos vales e adiantamentos salariais. TRT 12ª Reg. RO 00917-2007-046-12-00-0 — (Ac. 1ª T., 27.5.08) — Rel. Juiz José Ernesto Manzi. Disp. TRT-SC/DOE 30.6.08. Data de Publ. 1.7.08.

Ementa: Descontos salariais. Ilicitude. É cediço que o empregador só pode efetuar desconto de salário no caso de prejuízo causado por dolo ou culpa. Não se pode olvidar que o risco do empreendimento é do empregador, devendo este assumir os imprevistos de sua atividade econômica, vedada sua transferência instantânea ao trabalhador. Para atribuir a responsabilidade por um ato ao empregado, a empresa deve apresentar o dano e a prova da ação do obreiro, dolosa ou culposa, omissiva ou comissiva, o nexo de causa e o efeito danoso. TRT 18ª Reg. RO 00431-2008-008-18-00-4 — (Ac. 1ª T.) — Rel. Juiz Aldon do Vale Alves Taglialegna. DJe/ TRT 18ª Reg., ano II, n.150, 18.8.08, p. 67.

Ementa: Danos morais. Desconto do valor total do salário. Caso em que a reclamante foi dispensada grávida e reintegrada após um mês, tendo descontados seis meses de salário após a reintegração, a título de devolução das verbas rescisórias. O desconto do valor total do salário é contrário à razoabilidade e à dignidade da pessoa humana, incorrendo em abuso de direito o empregador que o realiza. A empregada faz jus à indenização por danos morais no importe do valor descontado indevidamente. Aplicação dos arts. 462 da CLT, 187 e 927 do Código Civil e da Orientação Jurisprudencial n. 18 da SDC do C. TST. TRT 15ª Reg. (Campinas/SP) RO 00049-2005-093-15-00-8 — (Ac. 26970/2006-PATR, 7ª Câmara) — Rel. Juiz Manuel Soares Ferreira Carradita. DJSP 9.6.06, p. 69.

Ementa: 1. Dano causado pelo empregado. Ressarcimento. Impossibilidade. Ausência de autorização. O art. 462 da CLT, contemplando o princípio da intangibilidade salarial, expressamente veda o desconto no salário do empregado, salvo quando resultar de adiantamentos, dispositivos de lei ou de convenção coletiva e, ainda, de dano causado pelo empregado. Nessa última hipótese, o diploma celetário permite o desconto no salário quando decorra de dolo do empregado, ou quando o ato praticado for culposo, desde que exista prévia e expressa autorização do funcionário (§1º). Ainda que haja culpa, falece à empresa direito a reaver os prejuízos causados pelo empregado se não existir autorização. 2. Recurso parcialmente conhecido e desprovido. TRT 10ª Reg. ROPS 00012-2008-004-10-00-0 — (Ac. 2ª T./08) — Rel. Juiz Gilberto Augusto Leitão Martins. DJU 11.7.08, p. 233.

Art. 463 A prestação em espécie do salário será paga em moeda corrente do País.

PARÁGRAFO ÚNICO. O pagamento do salário realizado com inobservância deste artigo considera-se como não feito.

Conforme já vimos no art. 457 e seguintes, o salário conta com a proteção da lei, a qual como não poderia deixar de ser, estipula o seu pagamento em moeda corrente do País, pois é a circulante e da qual todos se valem nas suas transações comerciais, inclusive os trabalhadores. Há proibição expressa a respeito (Decreto-lei n. 859/69).

Aliás, a Convenção n. 95, da OIT, aprovada pelo Decreto Legislativo n. 24/56 e promulgada pelo Decreto n. 41.721/57, com vigência nacional a partir de 25 de abril de 1958, estabelece no seu art. 3.1 que "Os salários pagáveis em espécie serão pagos exclusivamente em moeda de curso legal; o pagamento sob forma de ordem de pagamento, bônus, cupons, ou sob qualquer outra forma que se suponha representar a moeda de curso legal, será proibido" e o 3.2 dispõe que "A autoridade competente poderá permitir ou prescrever o pagamento do salário em cheque ou vale postal, quando esse modo de pagamento for de prática corrente ou necessária, em razão de circunstâncias especiais, quando uma convenção coletiva ou uma sentença arbitral o determinar, ou quando, apesar de tais disposições, o trabalhador interessado consentir"[69].

Com isso se verifica que esse dispositivo celetista, concebido em 1943, não pode mais ser considerado de forma absoluta. É que a Portaria n. 3.281, de 7 de dezembro de 1984 (DOU 12.12.84) permite o pagamento de salários e férias por meio de cheque, desde que em horário que permita seu desconto imediatamente e que haja transporte, se o acesso ao banco for difícil, de forma a que não ocorra atraso no recebimento do salário ou da remuneração das férias.

Também é permitido o pagamento de salário por meio do depósito em conta bancária do empregado, observado o disposto no parágrafo único do art. 464, da CLT. Da mesma forma é permitido o pagamento de salário em utilidades, na conformidade do art. 458, também da CLT. Reportamo-nos aos dois artigos.

No caso de técnico de estrangeiro, o salário poderá ser estipulado em moeda de outro país, mas será convertido na nossa moeda, Real, em face do que dispõe os arts. 1º e 3º do Decreto-lei n. 691/69. Nesse caso, a conversão da moeda estrangeira para a nossa moeda é feita pelo câmbio considerando-se a data da celebração do contrato para que então possa sofrer os reajustes convencionais ou não derivados das normas brasileiras.

O pagamento de salário de empregado transferido para o exterior se rege pela Lei n. 7.064/82, a qual estabelece que os reajustes e aumentos compulsórios incidirão exclusivamente sobre os

---

[69] SÜSSEKIND, Arnaldo. *Convenções da OIT e outros Tratados.* 3. ed., São Paulo: LTr, 2007. p. 108.

valores ajustados em moeda nacional (art. 4º, § 3º); que o salário-base do contrato será obrigatoriamente estipulado em moeda nacional, mas a remuneração devida durante a transferência do empregado, computado o adicional de transferência, poderá, no todo ou em parte, ser paga no exterior, em moeda estrangeira (art. 5º); por opção escrita do empregado, a parcela da remuneração a ser paga em moeda nacional poderá ser depositada em conta bancária (art. 5º, 1º) e por fim sendo assegurada ao empregado, enquanto estiver prestando serviços no exterior, a conversão e remessa dos correspondentes valores para o local de trabalho, observado o disposto em regulamento (art. 5º, § 2º.).

O parágrafo único desse artigo penaliza o empregador que descumpre as normas estabelecidas no seu *caput* ao considerar como não feito o pagamento. É a regra que a vida nos ensina, ou seja: quem paga mal, paga duas vezes, já que o empregado não está obrigado a devolver o que recebeu.

Jurisprudência

Ementa: Salário. Contratação em moeda estrangeira. Se a contratação é feita em dólar, o pagamento deve ser feito em real e a conversão deve ser feita na data da contratação, de forma a aplicar a legislação brasileira e as normas coletivas locais. TRT 2ª Reg. RO 01793200401702007 — (Ac. 2ª T. 20060855406) — Rel. Juiz Sérgio Pinto Martins. DJSP 31.10.06, p. 216.

Ementa: Salário em moeda estrangeira. Conversão. O ajuste de salário em moeda estrangeira é proibido em razão do disposto nos arts. 463 da CLT e 1º do Decreto-lei n. 857/69. Daí porque carece de validade cláusula do contrato de trabalho, que, exequível no Brasil, estipule pagamento de salário em moeda estrangeira. Excetuam-se somente os contratos de técnicos estrangeiros para execução de serviços no Brasil em caráter provisório (Decreto-lei n. 691/69, art. 1º). A conversão em moeda nacional da parcela do salário avençada em moeda estrangeira dá-se no câmbio da data da celebração do contrato. Na espécie, considerando que à época da celebração do contrato de trabalho a execução dos serviços nem se dava no Brasil (1966) e considerando que, no período anterior à despedida (1980) houve prestação de parte do serviço no Brasil e parte na Alemanha, não sendo objeto do pedido o salário de tal período, juridicamente correto considerar-se o câmbio de julho/80, incidindo a partir daí todos os reajustes salariais e correção monetária até a data do efetivo pagamento. TST-RO AR 301.409/96.6 — (Ac. SBDI -2) — Rel. Min. Carlos Alberto Reis de Paula, *DJU* 11.12.98, p. 43.

Art. 464. *O pagamento do salário deverá ser efetuado contra recibo, assinado pelo empregado; em se tratando de analfabeto, mediante sua impressão digital, ou, não sendo esta possível, a seu rogo.*

PARÁGRAFO ÚNICO. *Terá força de recibo o comprovante de depósito em conta bancária, aberta para esse fim em nome de cada empregado, com o consentimento deste, em estabelecimento de crédito próximo ao local de trabalho. (Redação dada pela L. n. 9.528, de 10.12.97, DOU 11.12.97).*

1. Comentários. Não há dúvida de que o pagamento do salário constitui um dos atos mais solenes que impera na relação entre empregado e empregador, já que é a retribuição do trabalho prestado do primeiro para o segundo.

O Brasil, por sinal, é signatário da Convenção n. 95, da OIT, (Decreto n. 41.721/57[70]), a qual estabelece no art. 14 as medidas eficazes de proteção ao salário "com o fim de informar os trabalhadores de maneira apropriada e facilmente compreensível: a) das condições

---

(70) SÜSSEKIND, Arnaldo, *Convenções da OIT e Outros Tratados*. 3. ed., São Paulo: LTr, 2007. p. 107.

de salário que lhe serão aplicáveis, antes que eles sejam admitidos em um emprego, ou quando houver quaisquer mudanças nessas condições; b) quando do pagamento do salário, dos elementos que constituem seu salário pelo período de paga considerado na medida em que esses elementos são suscetíveis de variar"[71].

Ao se referir à lei que o pagamento de salário deverá ser feito mediante recibo é porque nele deverão ser especificadas as parcelas respectivas, a fim de não pairar dúvidas a respeito, até porque é vedado o salário complessivo (Súmula n. 91, do TST).

Paralelamente, a presente norma prega também que o salário deverá ser efetuado contra recibo assinado pelo empregado, demonstrando que essa forma é das mais eficazes como meio de prova, embora se registre que no universo das reclamatórias trabalhistas há casos em que o empregado alega que assinou documentos em branco, o que evidentemente dependerá de prova cabal da sua ocorrência pelo lesado.

Outra forma válida de pagamento de salário é aquele efetuado por meio de depósito bancário, conforme previsão no parágrafo único desse artigo. No entanto, essa forma de pagamento exige a concordância do empregado e o estabelecimento de crédito deve estar próximo ao local de trabalho, a fim de que o trabalhador não perca tempo no seu recebimento, cabendo ainda o empregador fornecer ao trabalhador cópia do demonstrativo de pagamento, ainda que remetido pela via postal.

Também é permitido o pagamento do salário por meio de cheque, mediante convênios entre a empresa e o estabelecimento de crédito, conforme disposição constante da Portaria n. 3.281, do MTE, de 7.12.04, art. 1º, prática essa que tem caído em desuso pela possibilidade do depósito em conta bancária do empregado, sendo este o meio de prova mais eficiente. No entanto, se o pagamento for por meio de cheque, o empregador estará obrigado a assegurar ao empregado: "a) horário que permita o desconto imediato de cheque; b) transporte, caso o acesso ao estabelecimento de crédito exija a utilização do mesmo e c) condições que impeça qualquer atraso no recebimento dos salários e da remuneração das férias" (art. 2º, da mencionada Portaria).

De tudo isso se extrai que a prova do pagamento de salário é de suma importância para as partes envolvidas na relação de emprego, pois hoje não vivemos como antes em que "a palavra do homem era a honra empenhada. Não vale a pena correr os riscos que derivam dessa ilimitada confiança e na dignidade alheias. Mesmo porque o legislador não permitiu que isso fosse feito, quando exigiu, com o preceito marginado, uma formalidade essencial para celebração do ato jurídico de pagamento de salários"[72].

Precedente Normativo do TST

TST, PRECEDENTE NORMATIVO N. 93. *Comprovante de Pagamento (positivo).* O pagamento do salário será feito mediante recibo, fornecendo-se cópia ao empregado, com a identificação da empresa, e do qual constarão a remuneração, com a discriminação das parcelas, a quantia líquida paga, os dias trabalhados ou o total da produção, as horas extras e os descontos efetuados, inclusive para a Previdência Social, e o valor correspondente ao FGTS.

---

(71) SÜSSEKIND, Arnaldo, *op. cit.*, p. 109.
(72) RUSSOMANO, Mozart Victor. *Comentários à Consolidação das Leis do Trabalho.* 17. ed., Rio de Janeiro: Forense, 1977. p. 580.

Jurisprudência

Ementa: Salário. Pagamento. Prova documental. O pagamento de salário faz-se mediante recibo assinado pelo empregado, nos termos do art. 464 da CLT, sendo essencialmente documental a prova, no aspecto. Na hipótese, se o reclamado declara que pagou salários mediante recibo, mas não colaciona para o processo um único sequer, apesar de ter produzido defesa apta e colacionando documentos relativos ao contrato de trabalho, entende-se injustificável a ausência de prova da matéria objeto da controvérsia, respaldando a convicção de que o valor pago corresponde ao alegado pela trabalhadora. TRT 3ª Reg. RO 00460-2008-042-03-00-9 — (Ac. 7ª T) — Rel. Des. Emerson Jose Alves Lage. DJMG 9.9.08, p. 19.

Ementa: Salário. Recibo. Prova. Na forma do art. 464, da CLT, o pagamento de salário deve ser efetuado contra recibo assinado pelo empregador, ou em conta bancária aberta para esse fim. Não tendo sido comprovada a segunda hipótese e estando apócrifos os recibos de salários no mês em que se estabeleceu a controvérsia acerca da quitação, a tese de ausência de pagamento prevalece. TRT 3ª Reg. RO 00256-2008-131-03-00-2 — (Ac. 3ª T.) — Rel. Juiz Convocado Danilo Siqueira de C. Faria. DJMG 26.7.08, p. 4.

Ementa: Prova de pagamento se faz por recibo. A prova do pagamento de qualquer verba faz-se por intermédio de recibos (art. 464 da CLT). Assim, o fato de a testemunha ter esclarecido que o pagamento era feito, é imprestável para a prova pretendida. TRT 2ª Reg. RO 01380200605802000 (Ac. 4ª T. 20080199474) — Relª. Maria Elizabeth Mostardo Nunes. DOE/TRT 2ª Reg., 28.3.08.

Ementa: Verbas rescisórias. Depósito na conta corrente do empregado efetuado com cheque. O pagamento de verbas rescisórias através de depósito na conta corrente do empregado efetuado com cheque está autorizado pela Instrução Normativa SRT n. 3, de 21.6.2002, do Ministério de Trabalho e Emprego, desde que o estabelecimento bancário esteja situado na mesma cidade do local de trabalho, o trabalhador tenha sido informado do fato, e os valores tenham sido efetivamente disponibilizados para saque nos prazos do § 6º do art. 477 da CLT (§ 1º do art. 36). TRT 12ª Reg. RO 00667-2007-010-12-00-9 — (Ac. 2ª T., 1.4.08) — Relª. Juíza Lourdes Dreyer. Disp. TRT-SC/DOE 6.5.08. Data de Publ. 7.5.08.

Ementa:Recibos de pagamento. Quitação. Validade. O simples fato de existir mais de um recibo de pagamento para um mesmo mês, por si só, não é suficiente para invalidar a quitação dada pelo autor nos mesmos. Isto porque não existe exigência legal para que seja emitido apenas um recibo de pagamento por mês. Como os recibos paralelos foram assinados, sem que o autor tenha alegado, tampouco, comprovado a existência de qualquer vício de consentimento ou coação, imperioso reconhecer que ele recebeu os valores consignados nos mesmos. TRT 9ª Reg. RO 00360-2007-017-09-00-9 — (Ac. 4ª T.04733/08) — Rel. Sérgio Murilo Rodrigues Lemos. DJPR 15.2.08, p. 769.

Ementa: Salário. Falta de anotação na CTPS. Comprovação do valor ajustado. Ônus probatório do empregador. Não havendo prova documental acerca do valor pago ao Autor a título de salários, eis que o Reclamado não carreou para os autos os recibos dos salários pagos, conforme lhe incumbia (art. 464 da CLT), e inexistindo elementos que demonstrem o valor do salário ajustado, impõe-se a inversão do ônus da prova, a fim de que o Obreiro não seja prejudicado por ato omissivo de seu empregador, ao qual incumbe fazer a prova do salário ajustado, notadamente quando o valor estipulado deveria ser (e não foi) anotado na carteira de trabalho (art. 29, § 1º, c/c o art. 456 da CLT), prevalecendo, assim, as alegações do Autor a esse respeito na exordial. TRT 3ª Reg. RO 01031-2007-058-03-00-3 — (Ac. 8ª T.) — Rel. Des.Marcio Ribeiro do Valle. DJMG 9.2.08, p. 19.

Ementa: Recibos de pagamento não assinados pelo empregado. Invalidade para fins de comprovação de pagamento. Dispõe o art. 464 da CLT que o pagamento do salário deverá ser efetuado mediante recibo, assinado pelo empregado, ou, se este for analfabeto, com a aposição de sua impressão digital, ou, não sendo esta possível, a seu rogo. De fato, apesar da reclamada ter trazido aos autos os comprovantes de pagamento, verifica-se que a maior parte destes está sem a assinatura do reclamante, razão pela qual não têm o condão de comprovar o efetivo pagamento das verbas pleiteadas. Ademais, restou claro que a reclamada efetuava o pagamento dos salários de forma fracionada, por meio de — vales —, nos quais não eram discriminadas as parcelas remuneratórias, o que configura salário complessivo. Recurso a que se nega provimento. TRT 24ª Reg. RO.1 01009/2006-002-24-00-3 — (Ac. 1ª T.) — Rel. Des. Abdalla Jallad. DO/MS n. 127 de 10.8.07.

Ementa: Verbas rescisórias. Não consignação da data do pagamento no TRC. Empregado com mais de um ano de serviço. Ausência de assistência sindical. Presunção de pagamento intempestivo. Multa do art. 477 devida. Arts. 320 do CCB e 464 da CLT. O pagamento das verbas rescisórias, segundo o art. 464 da CLT e § 1º do art. 477, deve ser feito mediante recibo (TRCT) — e consignar, dentre outros requisitos, o "tempo" do pagamento (art. 320 do CCB). Não registrada a data no TRCT, nem demonstrado por qualquer outro meio a observância do prazo prescrito no art. 477, § 6º, da CLT, e ainda, ausente a assistência sindical obrigatória para empregado com mais de 1(um)ano de serviço, implica considerar-se intempestivo o pagamento. A ausência de impugnação ao mencionado documento, muito embora autorize concluir pela ocorrência da quitação (premissa essa válida ante o parágrafo único do art. 320-CCB)- não estende seu alcance ao momento da prática do ato, permanecendo íntegra, quanto a esse, a presunção de intempestividade. Condenação mantida.TRT 9ª Reg. RO 16136-2006-028-09-00-1 — (Ac. 4ª T. 33368/07) — Relª. Sueli Gil El-Rafihi. DJPR 13.11.07, p. 404.

Ementa: Salário contratado. Retificação posterior da CTPS e demais documentos relativos à contratação. Ausência de prova quanto ao erro material alegado. Prevalência do valor primeiramente anotado. Efeitos. A anotação da CTPS, ficha funcional e do próprio contrato de experiência com determinado valor de salário faz presumir seja este o correto, cabendo à reclamada demonstrar que eventual retificação posterior tenha sido necessária por erro material que, no caso em tela, não se configurou, na medida em que, tivesse havido mero equívoco, não teria sido entregue cópia do documento equivocado ao empregado, que inclusive o trouxe a juízo, razão pela qual a prova dos autos ampara o pagamento das diferenças salariais pretendidas. TRT 12ª Reg. RO-V 02628-2003-032-12-00-0 — (Ac. 3ª T. 00291/05, 30.11.04) — Rel. Juiz Gerson Paulo Taboada Conrado. DJSC 17.1.05, p. 117.

2. Peculiaridades

2.1 Empregado analfabeto. Em relação ao empregado analfabeto, exige a lei que o pagamento de salário seja feito com maiores formalidades. A Portaria n. 3.281, de 7 de dezembro de 2004, já referida, dispõe no seu art. 1º que "se o empregado for analfabeto, o pagamento de salário somente poderá ser efetuado em dinheiro. O *caput* do artigo em destaque preconiza a forma de pagamento de salário para o empregado analfabeto, o que será feito 'mediante sua impressão digital, ou, não sendo esta possível, a seu rogo'. Importante assinalar que 'a rogo' significa dizer que uma terceira pessoa assinará em nome do empregado, na presença de duas testemunha que atestarão o recebimento e ainda certificando que ele estava de acordo com o valor recebido".

PRECEDENTE NORMATIVO DO TST N. 58. *Salário. Pagamento ao analfabeto (positivo).* O pagamento de salário ao empregado analfabeto deverá ser efetuado na presença de 2 (duas) testemunhas.

2.2. Confissão do empregado. A confissão do empregado de que recebeu o pagamento de salário, quando feito em juízo tem sido considerado como meio de prova eficaz, já que a confissão é a rainha das provas. A presunção do recebimento também ocorre quando o empregado reclama judicialmente tão somente a ausência de registro na CTPS e os reflexos decorrentes, o que vale dizer que recebeu o respectivo pagamento.

2.3. Empregado doméstico. É sabido que na relação do empregado doméstico com o seu empregador há um componente de confiança diferente daquele do empregado comum, já que o trabalho é realizado no âmbito familiar. Assim, tem sido admitida a prova testemunhal ou então a presunção do seu recebimento sob o fundamento de que caso o empregado "alegue que alguns dos meses anteriores, poder-se-ia aplicar a regra de que 'quando o pagamento for em cotas periódicas, a quitação da última estabelece, até prova em contrário, a presunção de estarem solvidas as anteriores' (art. 322 do CC)"[73].

Jurisprudência

Ementa: Pagamento de salário de doméstico. Comprovação mediante recibo. Qualquer pagamento que se faça ao empregado, inclusive o doméstico, deve obedecer ao disposto na CLT, art. 464, *caput*. O trabalho doméstico, com muito mais razão, exige a dação do comprovante de pagamento; via de regra,

---

(73) MARTINS, Sérgio Pinto. *Comentários à CLT.* 12. ed., São Paulo: Atlas, 2008. p. 436.

a contratualidade se resume apenas a um empregado, o que dificulta até mesmo a comprovação da relação de emprego, quiçá o pagamento das verbas contratuais e legais. Ainda que haja mais de um empregado doméstico, a exigência do recibo se faz presente com vistas a resguardar o direito do trabalhador em uma eventual ação judicial. É muito cômodo ao empregador alegar a existência de "relação de confiança" para se eximir da obrigação legal imposta por lei. Não é por certo o objetivo da lei estratificar a sociedade, impondo a determinados laboriosos a pecha de trabalhadores de segunda classe. A vilania não pode contar com a benesse do Estado; é premissa constitucional a preservação da dignidade da pessoa humana (CF, art. 1º, inciso III). TRT 2ª Reg. RO 02656200207902004 — (Ac. 4ª T. 20060114848) — Rel. Juiz Rovirso Aparecido Boldo. DJSP 14.3.06, p. 77.

2.4. Empregado menor. O menor poderá receber o pagamento de salário normalmente, sendo-lhe lícito assinar o respectivo recibo sem a necessidade de assistência dos seus pais ou representante legal, conforme disposto no art. 439, da CLT.

2.5. Pagamento de salário "por fora". A jurisprudência trabalhista tem mostrado que a pratica do pagamento de salário por fora ainda persiste em nossos dias. Esse procedimento não só causa prejuízo ao trabalhador, mas também ao Fundo de Garantia do Tempo de Serviço, à Previdência Social e ao Imposto de Renda, dependendo do valor pago. Há de se ressaltar que a Lei n. 9.983, de 14 de julho de 2000, introduziu no Código Penal os crimes previdenciários e entre eles figura a sonegação de contribuição previdenciária, que pode se verificar quando há omissão na folha de pagamento ou de informações que envolvam recolhimento à Previdência Social (art. 337-A, I, do Código Penal) ou que cause prejuízo ao trabalhador no que concerne ao seu direito à aposentadoria (art. 297, II, III e § 4º, do Código Penal). A prova do pagamento de salário "por fora", não é fácil, principalmente quando o pagamento é feito em dinheiro sem deixar rastros. Quando o pagamento é feito em cheques ou por meio de créditos em conta corrente do trabalhador, a prova será mais, prevalecendo-se também os indícios como meio de prova.

Jurisprudência

Ementa: Salário por fora prova. É certo que a prova do salário por fora, via de regra, é elemento fático de difícil comprovação na instrução do processo trabalhista, porque traduz a intenção do empregador de diminuição de custos. Normalmente, é levada a efeito, de maneira a não deixar rastros, e o empregado tende a aceitá-la, contentando-se com o ganho aparentemente maior, mas ficando prejudicado com a sonegação de direitos e com o ônus de comprovar, mais tarde, que recebeu salário de forma irregular. No entanto, se há confissão do empregador de que quitava determinada importância fora da folha de pagamento, trazendo documentação comprobatória dos valores alegados, e a obreira insiste que a importância sonegada era maior, ainda é dela o ônus de comprovar o fato constitutivo do seu direito, não havendo se falar em inversão do ônus probante. TRT 3ª Reg. RO 00579-2006-101-03-00-2 — (Ac. 3ª T) — Rel. Juiz Convocado Danilo Siqueira de C. Faria — DJMG — 26.7.08, p. 5.

Ementa: Salário extrafolha. Ônus da prova. O recebimento de salário além do consignado no registro do empregado e nas folhas de pagamento exige prova concreta, e, por ser fato constitutivo de direito, é do autor o ônus de prová-lo, de acordo com os termos do art. 818 da CLT combinado com o art. 333, inc. I, do CPC. Em que pese à dificuldade de produzir prova da existência de salário extrafolha, é inadmissível ignorar as regras da distribuição do ônus probatório. Além disso, deve ser observado o princípio da necessidade da prova, que informa que só pode servir de prova para o julgamento da lide o que consta regularmente dos autos. TRT 12ª Reg. RO 01012-2007-038-12-00-3. (Ac. 3ª T. 05.08.08) Red. Desig.: Juíza Lília Leonor Abreu. Disp. TRT-SC/DOE 29.8.08. Data de Publ. 1.9.08.

Art. 465 *O pagamento dos salários será efetuado em dia útil e no local do trabalho, dentro do horário do serviço ou imediatamente após o encerramento deste, salvo quando efetuado por depósito em conta bancária, observado o disposto no artigo anterior.*

Determina esse dispositivo que o pagamento dos salários deverá ser feito em dia útil e no local de trabalho, dentro do horário do serviço ou imediatamente após seu encerramento, salvo quando efetuado em conta bancária. A Convenção n. 95, da OIT, ratificada em 25 de abril de 1957 e promulgada pelo Decreto n. 41.721, de 25 de junho de 1957, dispõe no art. 13.1. que "o pagamento do salário, quando feito em espécie, será efetuado apenas nos dias úteis, e no local do trabalho ou na proximidade deste, a menos que a legislação nacional, uma convenção coletiva ou uma sentença arbitral disponham diferentemente, ou que outras soluções do conhecimento dos trabalhadores interessados pareçam mais apropriadas". A Instrução Normativa do MTE n. 1, de 7 de novembro de 1989, DOU 13 de novembro 1989, dispõe que "quando o pagamento for efetuado através de cheque, deve ser assegurado ao empregado: a) horário que permita o desconto imediato do cheque; b) transporte, caso o acesso ao estabelecimento de crédito exija a utilização do mesmo". Portanto, o objetivo dessa norma é fazer com que o trabalhador não tenha dificuldade no recebimento do seu salário e de certa forma a economia de tempo e dinheiro para o empregado e empregador. Não será permitido o pagamento de salário nos dias de domingo e feriados civis e religiosos.

A verdade é que na atualidade a maioria das empresas prefere fazer o pagamento mediante o depósito em conta bancária do empregado, conforme já analisado no artigo anterior, pois é meio de prova idôneo e facilita tanto para o empregador como também para os empregados.

Jurisprudência

Ementa: Pagamento de salário. Depósito em conta corrente. Possibilidade. O pagamento de salários mediante depósito em conta bancária é possível, conforme se denota da leitura do art. 465 da CLT, também regulado pela Portaria n. 3.281/84 do Ministério do Trabalho e Emprego. TRT 15ª Reg. (Campinas/SP) RO 3003-2007-010-15-00-5 — (Ac. 63744/08-PATR, 4ª C.) — Rel. Luís Carlos Cândido Martins Sotero da Silva. DOE 3.10.08, p. 30.

Art. 466 *O pagamento de comissões e percentagens só é exigível depois de ultimada a transação a que se referem.*

§ 1º Nas transações realizadas por prestações sucessivas, é exigível o pagamento das percentagens e comissões que lhes disserem respeito proporcionalmente à respectiva liquidação.

§ 2º A cessação das relações de trabalho não prejudica a percepção das comissões e percentagens devidas na forma estabelecida por este artigo.

1. Comissões e percentagens. Determinados trabalhadores recebem os seus salários na base de comissões, como acontece com os vendedores, pracistas ou viajantes, estes contemplados por uma legislação específica (Lei n. 3.207/57). Outros trabalhadores também recebem os salários nas mesmas condições, conforme a previsão deste artigo. Alguns são comissionistas puros, só recebem na base de comissões e outros de forma mista, ou seja, uma parte fixa e outra na base de comissões. A distinção entre comissões e percentagens foi apontada no item 4, do art. 457, da CLT.

Quando as partes estipulem que as comissões serão pagas com base no valor líquido, há que prevalecer o ajuste, em face do que dispõe o art. 444, da CLT.

Em qualquer dessas hipóteses não poderá o empregado receber importância inferior ao salário mínimo ou convencional.

Jurisprudência

Ementa: Vendas pelo sistema telemarketing. Aplicação da Lei n. 3.207/57. Comissões pelo valor líquido. A Lei n. 3.207/57, que regula as atividades dos empregados vendedores, aplicada aos vendedores pelo sistema *telemarketing*, preceitua em seu art. 2º que o empregado vendedor terá direito à comissão avençada sobre as vendas que realizar. Tal dispositivo não garante que as comissões incidam sobre o valor bruto das vendas. Quando no contrato celebrado entre as partes se estipulou comissões sobre o valor líquido, prevalece esse ajuste. TRT 12ª Reg. RO-V 00528-2005-035-12-00-0 — (Ac. 2ª T. 16095/06, 3.10.06) — Relª. Juíza Mari Eleda Migliorini. DJSC 23.11.06, p. 49.

Ementa: Comissões. Contratação sem natureza salarial. Pactuação inválida. Fraude. No campo do Direito do Trabalho prevalecem as disposições de ordem pública sobre a esfera da autonomia da vontade, sendo vedada a contratação *contra legem*, conforme dispõe textualmente o art. 444 consolidado. Desse modo, embora livres para pactuar as condições contratuais e, dentre estas, a forma de remuneração, não estão as partes autorizadas a negar a natureza salarial deste ou daquele título, quando dita natureza decorre de lei e se manifesta de forma objetiva, pelo *modus* como cada verba é paga e sobretudo, em face de sua feição contraprestativa. Não há a menor dúvida de que as comissões pagas ao empregado têm natureza salarial (art. 457, § 1º, CLT). Logo, diante desse incontornável comando legal e considerando os princípios da legalidade, da anterioridade e da reserva legal, todos constitucionalmente assegurados no art. 5º inciso II, XXXIX da Constituição Federal, inválida a pactuação com a prática fraudulenta (art. 9º, CLT) de pagamento salarial à margem dos recibos. TRT 2ª Reg. RO 02490200202202005 — (Ac. 4ª T. 20040671270) — Rel. Juiz Ricardo Artur Costa e Trigueiros. DJSP 3.12.04, p. 29.

2. A expressão "ultimada a transação" (*caput*). Quando os salários forem por comissões e/ou percentagens, o pagamento poderá ser feito depois de ultimada a transação a que se referirem, porque só nessas hipóteses serão exigíveis. No que toca à expressão "ultimada a transação", conforme *Alice Monteiro de Barros*, despertou divergência quanto à sua interpretação: uns entendiam que o termo 'ultimada a transação' significava a conclusão do negócio com a aceitação da proposta, e outros entendiam que a expressão pressupunha a completa execução, inclusive com pagamento feito pelo comprador. Com advento da Lei n. 3.207, seu art. 3º dispôs que a transação será considerada aceita se o empregador não recusar a proposta, por escrito dentro de 10 dias, contados da data da proposta, em se tratando de vendas realizadas no mesmo Estado. Esse prazo alonga-se para 90 dias quando se trata de venda efetivada em outro Estado ou no estrangeiro, podendo o referido prazo ser prorrogado por tempo determinado, mediante comunicação escrita do empregador ao empregado[74].

Evidentemente que, aceita a proposta pelo comprador, gera ao empregado o direito às comissões, mesmo que o empregador, por motivo alheio a vontade do empregado, deixar de entregar os produtos ou mercadorias, situando essa questão no risco do empreendimento. Também se as vendas forem canceladas, em virtude da recusa do comprador em aceitar as mercadorias que lhe foram enviadas e inexistindo nenhum vício no negócio jurídico (ato da compra), o empregado fará jus às comissões.

Precedente Normativo do TST

PRECEDENTE NORMATIVO N. 97, DO TST. *Proibição de estorno de comissões.* Ressalvada a hipótese prevista no art. 7º da Lei n. 3.207/57, fica vedado às empresas o desconto ou estorno das comissões do empregado, incidentes sobre mercadorias pelo cliente, após efetivada a venda.

---

(74) *Curso de Direito do Trabalho*. 3. ed., São Paulo: LTr, 2007. p. 744.

Jurisprudência

Ementa: Comissões. Vendas canceladas. O Empregado faz jus às comissões por vendas canceladas quando o empregador não se vale do prazo estabelecido no art. 3º da Lei n. 3.205/57. Vendas de produtos. Ausência de previsão do pagamento de comissões. indevidas. Embora toda a sistemática da Lei n. 3.205/57 seja no sentido de contemplar comissão para este tipo de atividade, não há como alterar o contrato de trabalho que estipulou outras formas de pagamento, como no caso. O art. 444 da CLT dá o real alcance da questão, quando preceitua que as relações contratuais de trabalho podem ser objeto de livre estipulação das partes interessadas, desde que não afronte as disposições de proteção do trabalho. Revista em parte conhecida e em parte provida. TST-RR-788.202/2001.8 — (Ac. 2ª T.) — 4ª Reg. — Rel. Min. José Luciano de Castilho Pereira. DJU 1.12.06, p. 889.

Ementa: Comissões. Estorno. Impossibilidade. Concretizada a transação, que se dá assim que é concluído o negócio, tem direito o empregado de receber o valor das comissões ajustadas. Este direito subsiste ainda que o cliente deixe de efetuar o pagamento devido, na medida em que o risco do empreendimento é do empregador, o qual não pode ser suportado pelo empregado. O empregador somente é autorizado a estornar o valor da comissão, se restar devidamente comprovada a situação de insolvência do cliente, na forma prevista no art. 7º da Lei n. 3.207/57. TRT 12ª Reg.. RO-V 06227-2005-014-12-00-9 — (Ac. 3ª T. 00563/07, 21.11.06) — Relª. Juíza Gisele Pereira Alexandrino. TRT-SC/DOE 9.2.07.

Ementa: Comissões. Estorno sobre vendas não concretizadas. Legalidade. Art. 466 da CLT. Desnecessária a autorização escrita do empregado ou prévia anotação na CPTS ou no registro do empregado. O estorno das comissões já pagas por vendas que depois não venham a se concretizar é legal, ante o disposto no art. 466 da CLT: "Art. 466 — O pagamento de comissões e percentagens só é exigível depois de ultimada a transação a que se referem". Existindo expressa previsão no citado art. 466 da CLT, é desnecessária a autorização escrita do empregado com esse fim, ou prévia anotação dessa possibilidade em sua CPTS ou, ainda, no registro do empregado, para a efetivação do estorno das comissões. TRT 15ª Reg. (Campinas/SP) — RO 01141-2002-007-15 — (Ac. 32144/06-PATR, 7ª Câmara) — Rel. Desig. I. Renato Buratto. DJSP 7.7.06, p. 56.

Ementa: Comissões antecipadas. Vendas canceladas. Estorno. Licitude. Incidência do art. 466 da CLT. É lícita a cláusula contratual que dispõe sobre o estorno de comissões de vendas canceladas pelo cliente, eis que amparada no desenho do art. 466 da CLT, o qual estabelece que o pagamento de comissões e percentagens só é exigível depois de ultimada a transação a que se referem. Se a empresa adianta as comissões antes que a transação seja ultimada pelo cliente, tem direito de estorná-las. (Recurso provido). TRT 17ª Reg. RO 01183.2004.007.17.00.4 — (Ac. 921/2006) — Relª Juíza Sonia das Dores Dionísio. DJES 2.2.06, p. 940.

Ementa: Recurso ordinário. Comissões. Ultimação da transação. Nos termos do que dispõe o art. 466, da CLT, são devidas as comissões quando ultimada a transação, ocorrendo esta com a aceitação do negócio, pelo empregador. Assim, deve a reclamada ser compelida ao pagamento de diferença de comissões e reflexos, pois compete exclusivamente ao empregador assumir os riscos do empreendimento, não podendo repassá-los a seus empregados no caso de clientes com restrições cadastrais, ou que não acessem as linhas, fazendo jus o empregado às comissões a que tem direito. Recurso a que se nega provimento, por unanimidade. TRT 24ª Reg. RO 01574-2004-002-24-00-9 — Red. Juiz Abdalla Jallad. DJMS n. 6593, 24.10.05, p. 53.

3. Exclusividade de zona. Os empregados comissionistas, a que alude a Lei n. 3.207/57, para garantia do seu ganho, possuem uma zona de exclusividade (art. 2º), que deve ser determinada expressamente, e tem por finalidade evitar que o empregador ou seus prepostos ajam concorrentemente na sua zona de atuação, de forma a reduzir-lhe as comissões. Isso ocorrendo, o trabalhador poderá postular não só o direito às comissões, mas também a rescisão indireta do contrato de trabalho, com fulcro na alínea "d", do art. 483 da CLT.

4. Prestações sucessivas (§ 2º). Nas transações por prestações sucessivas (comumente parceladas) o pagamento será exigível na proporção das respectivas liquidações (art. 5º, da Lei n. 3.207/57). Ocorre que aceitas as condições do comprador pelo empregador gera para o vendedor o direito às comissões, as quais ficam vinculadas ao respectivo vencimento de cada parcela. Pelo disposto na norma referida tem-se que o pagamento das comissões está condicionado ao seu recebimento pelo empregador. Consequentemente, assumem o risco o empregado e o empregador, em caso de descumprimento da obrigação pelo comprador. No entanto, se "a venda tiver sido realizada, com a aceitação expressa ou tácita da proposta, a simples inadimplência do cliente ou o cancelamento do contrato por quaisquer das partes não impede que o vendedor receba suas comissões pelo trabalho realizado, sendo irrelevante tratar-se de pagamento integral ou parcelado. Entendimento contrário implicaria transferir para o trabalhador os riscos do negócio, contrariamente ao que dispõe o art. 2º da CLT. O trabalhador só perderia esse direito se tivesse agido dolosa ou culposamente"[75].

5. Insolvência do comprador. A insolvência do comprador pode trazer reflexos no pagamento das comissões, conforme o disposto no art. 7º da Lei n. 3.207/57. Com efeito, com a insolvência do comprador, o empregador poderá estornar a comissão que houvera sido pago ao empregado, embora haja controvérsia a respeito, sob o fundamento de que se o empregado agiu de boa-fé e com todas as cautelas na concretização das vendas não seria justo e nem razoável o estorno das comissões pelo empregador, ressalvada à hipótese de falência da empresa.

Jurisprudência

Ementa: Comissões. Estorno. Não cabimento. Somente quando se verificar a insolvência do comprador e não nos casos de mera inadimplência ou cancelamento, o empregador tem o direito de estornar a comissão, conforme prevê o art. 7º, da Lei n. 3.207/57, sob pena de se transferir os riscos do empreendimento para a empregada e afrontar o art. 462/CLT. TRT 18ª Reg. RO-02263-2007-005-18-00-1 — (Ac. 1ª T.) — Rel. Des. Ialba-Luza Guimarães de Mello. DJE/TRT 18ª Reg., ano II, n. 142/08, 6.8.08, p. 4

Ementa: Constitucionalidade da Súmula n. 331 do TST. Estorno de comissões. 1. A atribuição de responsabilidade subsidiária ao tomador dos serviços, constante da Súmula n. 331 do TST, não viola a Constituição Federal. A um, porque o TST não legislou acerca de Direito do Trabalho, mas apenas consolidou o seu posicionamento a respeito da intermediação de mão de obra (art. 22, I, da CF/88). A dois, porque a função jurisdicional pressupõe a atividade de aclarar a Lei, descobrir o sentido da Lei, demarcar os propósitos da Lei. Assim, a interpretação firmada pelo TST não representa intervenção na competência do Congresso Nacional (art. 48 da CF/88). E a três, porque a responsabilidade subsidiária do tomador dos serviços decorre de expressas disposições legais que podem ser aplicadas aos contratos de prestação de serviço, (arts. 932, 933 e 942 do Código Civil) — motivo pelo qual não há violação ao princípio da legalidade (art. 5º, II, da CF/88). 2. Se a reclamada retinha 20% das comissões obreiras para as hipóteses de cancelamento dos contratos de venda (a fim de compor um "fundo" para possíveis estornos) — revela-se ilícita a realização de descontos no salário da autora sob a rubrica "estorno de comissões". Não bastasse isso, o art. 7º da Lei n. 3.207/57 é claro ao dispor que o estorno de comissões só é possível na hipótese de "insolvência" do comprador (o que é muito diferente de "cancelamento" do contrato). Ademais, a legislação é clara no sentido de que as comissões são devidas quando a transação é ultimada pelo empregado, ou seja, quando a venda é concluída pelo trabalhador (arts. 466 da CLT e 3º da Lei 3.207/57)- máxime quando o empregador não a recusa no prazo de 10 (dez) dias, mediante instrumento escrito. TRT 9ª Reg. RO 20715-2003-009-09-00-8 — (Ac. 1ª T. 13732/06) — Relª. Juíza Odete Grasselli. DJPR 12.5.06, p. 557.

Ementa: Comissões. E bônus. Descontos pela não-concretização da venda. Inadmissibilidade. Conforme conclusões periciais apontadas na r. sentença, ficou comprovado que a reclamada procedia ao desconto de comissões como também de bônus na hipótese de não concretização de uma venda efetivada ou da substituição ou remoção de um equipamento antigo, circunstância que evidencia que o risco do empreendimento era parcialmente assumido pelo autor, o que é inadmissível, na medida em que o risco da atividade econômica pertence exclusivamente ao empregador, conforme previsto no art. 2º da CLT. Sendo assim, o desconto de comissões ou de bônus implica em ofensa literal ao disposto no art. 462 da CLT, devendo ser restituído. Recurso da reclamada não-provido quanto à questão relativa ao desconto de comissões e recurso do reclamante provido quanto à matéria pertinente ao desconto de bônus. TRT 15ª Reg. (Campinas/SP) RO 0938-2003-005-15-00-0 — (Ac. 46545/05-PATR, 5ª Câmara) — Rel. Juiz Lorival Ferreira dos Santos. DJSP 23.9.05, p. 70.

---

[75] *Ob. cit.*, p. 747.

6. Alteração contratual. Empregado comissionista. Conforme o disposto no § 2º do art. 2º, da Lei n. 3.207/57, sempre que, por conveniência da empresa empregadora, for o empregado viajante transferido de zona de trabalho, com redução de vantagens, ser-lhe-á assegurado, como mínimo de remuneração, um salário correspondente à média dos 12 (doze) último meses, anteriores à transferência. É evidente que essa norma guarda correspondência com o art. 468, da CLT, o qual não admite alteração prejudicial ao empregado, de forma direta ou indireta, ainda que seja por mútuo consentimento.

Jurisprudência

Ementa: Comissões. Redução do percentual. Ausência de prejuízo. Possibilidade. É lícita a alteração contratual, à luz do art. 468 da CLT, se a redução do percentual das comissões pagas ao empregado não lhe causa prejuízo, ante a constância do valor médio da remuneração, procedida exclusivamente à base de comissões. TRT 9ª Reg. RO 12827-2005-029-09-00-1 — (Ac. 1ª T. 30451/06) — Rel. Juiz Ubirajara Carlos Mendes. DJPR 24.10.06, p. 269.

Ementa: Comissões. Escalonamento de percentuais. Redução salarial. Alteração ilícita. Inegável que as comissões oscilam, naturalmente, de acordo com a produção do empregado (base de cálculo variável)- porém, não se concebe redução salarial quando a diminuição dirige-se ao percentual estipulado para incidência sobre aquela base (caput do art. 468 da CLT)- como ocorreu no caso em apreço. Logo, inócuo o argumento patronal de que o procedimento adotado pela empresa-Ré não gerou prejuízos ao obreiro, como evidenciado, sem olvidar que a alteração ocorreu de forma unilateral, diversamente do sustentado em razões de recurso, em afronta, pois, ao dispositivo celetário supracitado. Comprovada a redução salarial ilícita, devido o pagamento de diferenças salariais. Recurso da Reclamada a que se nega provimento, nesse particular. TRT 9ª Reg. RO 02025-2005-002-09-00-4 — (Ac. 1ª T. 27646/07) — Rel. Ubirajara Carlos Mendes. DJPR 28.9.07, p. 651.

7. Rescisão contratual (§ 2º). Quando ocorrer a ruptura do contrato de trabalho a percepção das comissões e/ou percentagens devidas continuarão a ser devidas e pagas mesmo posteriormente. No caso, "o contrato continua com 'efeito residual', deixando rastro jurídico. É o fenômeno da eficácia retardada do contrato", conforme assinala *Alice Monteiro de Barros*, citando *José Martins Catharino*[76].

8. Peculiaridades sobre pagamento na forma de comissões e percentagens.

8.1. Verbas rescisórias. Utiliza-se a média das comissões ou percentagens pagas nos últimos doze meses de serviço, para se achar o respectivo salário (art. 478, § 4º, da CLT)

8.2. Férias. Utiliza-se a média dos últimos doze meses do período que antecedeu a concessão (art. 142, § 3º, da CLT)

8.3. Décimo terceiro salário. Utiliza-se a média dos últimos 11 meses, ou seja, de janeiro a novembro (art. 2º, *caput*, do Decreto n. 57.155/65), efetuando-se o pagamento da diferença no mês de janeiro seguinte (até o dia 20) e para efeito do pagamento, apura-se a media dos doze meses (janeiro e dezembro) e deduz-se o valor pago (art. 2º, parágrafo único do Decreto n. 57.155/65).

8.4. Correção monetária. As comissões devem ser corrigidas monetariamente, para, em seguida, encontrar a respectiva média, conforme a Orientação Jurisprudencial n. 181, da SBDI-1, do TST.

---

(76) *Ob. cit.*, p. 746.

Jurisprudência

TST, OJ-SDI-1 n. 181 COMISSÕES. CORREÇÃO MONETÁRIA. CÁLCULO (inserida em 8.11.2000). O valor das comissões deve ser corrigido monetariamente para em seguida obter-se a média para efeito de cálculo de férias, 13º salário e verbas rescisórias.

8.5. Horas extras. O comissionista sujeito a horas extras já tem remunerada a sobrejornada de forma simples, fazendo jus apenas ao adicional correspondente, considerando-se como divisor o número de horas efetivamente trabalhadas, conforme Súmula n. 340, do TST.

Jurisprudência

TST, Súmula n. 340. COMISSIONISTA. HORAS EXTRAS (nova redação) — Res. 121/2003, DJ 19, 20 e 21.11.2003. O empregado, sujeito a controle de horário, remunerado à base de comissões, tem direito ao adicional de, no mínimo, 50% (cinquenta por cento) pelo trabalho em horas extras, calculado sobre o valor-hora das comissões recebidas no mês, considerando-se como divisor o número de horas efetivamente trabalhadas.

Ementa: Comissionista. Horas extras. Remuneração mista. Só adicional. Reconhecida remuneração mista e havendo prestação de horas extraordinárias, somente é devido o respectivo adicional sobre a parte variável da remuneração, porquanto o valor da hora normal já está incluído na própria comissão. Inteligência da Súmula n. 340 do C. TST. Recurso do Reclamante a que se nega provimento. TRT 9ª Reg. — RO 01036-2004-015-09-00-2 — (Ac. 1ª T. 22940/08) — Rel. Ubirajara Carlos Mendes. DJPR 4.7.08, p. 872.

8.6. Prova. Empregador: deverá provar, por meio de documentos (CLT, art. 464), o valor das comissões mensalmente auferidas pelo trabalhador, apresentando: a) recibos de pagamento assinados; b) notas fiscais das vendas realizadas; "empregado: deverá produzir contraprova visando a desconstituir presunção de verdade emanada dos documentos que o empregador apresentar. Esse fato, poderá o juízo acolher o valor indicado na inicial"[77].

Jurisprudência

Ementa: Comissões. Inversão do ônus da prova. O réu que invoca fato impeditivo do direito do autor, relatando que as vendas descritas no relatório constante dos autos foram realizadas pelo seu sócio-proprietário, atrai para si o encargo probatório. Se não comprova esse fato e a prova carreada para os autos demonstra que o autor realizava as vendas sem receber a comissão correspondente, incumbindo ao vendedor apenas proceder à finalização da venda cujo atendimento e tramitação eram realizados pelo autor, não pode privá-lo do recebimento da comissão correspondente. TRT 12ª Reg. RO 07451-2006-001-12-00-2. Unânime, (Ac. 1ª T., 23.10.07) — Relª Juíza Viviane Colucci. TRT-SC/DOE de 27.11.07.

8.7. Prescrição. Opera-se a prescrição total em caso de supressão das comissões, ou de alteração quanto à forma ou ao percentual, em prejuízo do empregado já que se trata de parcela não assegurada por preceito de lei. A alteração, portanto, é considerada como ato único, incidindo no caso a prescrição total a que alude a Súmula n. 294, do TST.

Jurisprudência

TST, Súmula n. 175. COMISSÕES. ALTERAÇÃO OU SUPRESSÃO. PRESCRIÇÃO TOTAL (nova redação em decorrência da incorporação da Orientação Jurisprudencial n. 248 da SBDI-1) — DJ 22.11.2005. A supressão das comissões, ou a alteração quanto à forma ou ao percentual, em prejuízo do empregado, é suscetível de operar a prescrição total da ação, nos termos da Súmula n. 294 do TST, em virtude de cuidar-se de parcela não assegurada por preceito de lei.

---

(77) SAKO, Emília Simeão Albino. *A Prova no Processo do Trabalho.* 2. ed. São Paulo: LTr, 2008. p. 181.

Art. 467 *Em caso de rescisão de contrato de trabalho, havendo controvérsia sobre o montante das verbas rescisórias, o empregador é obrigado a pagar ao trabalhador, à data do comparecimento à Justiça do Trabalho, a parte incontroversa dessas verbas, sob pena de pagá-las acrescidas de cinquenta por cento. (NR). (Redação dada pela L. n. 10.272, de 5.9.01, DOU 6.9.01).*

PARÁGRAFO ÚNICO. O disposto no caput *não se aplica à União, aos Estados, ao Distrito Federal, aos Municípios, e às suas autarquias e fundações públicas. (NR) (Parágrafo acrescentado pela MP 2.180-35, de 24.8.01, DOU 27.8.01).*

1. Comentários. Na redação anterior à Lei n. 10.272, de 5 de setembro de 1971, o empregador na ocorrência de rescisão do contrato de trabalho tinha por obrigação pagar ao empregado na primeira audiência o salário incontroverso sob pena de pagá-lo em dobro. A imposição decorria de um procedimento lógico, pois se não fosse assim, o empregador poderia postergar o cumprimento da obrigação até o final do processo, considerando que nem sempre o empregado consegue uma nova colocação em seguida a rescisão do contrato de trabalho.

Com a nova redação desse artigo ficou evidente que o foco do legislador se direcionou às verbas rescisórias, as quais não sendo pagas na primeira audiência sofrerão um acréscimo de 50%. Aumentou-se a dimensão das verbas sujeitas ao acréscimo de 50%, mas em algumas situações o valor será inferior ao da lei anterior. Com efeito, se o empregador deixou de pagar apenas o salário, pela redação anterior, receberia o dobro, e pela redação atual, o salário acrescido de 50%. Houve, portanto, redução. Havendo, no entanto, várias verbas rescisórias o acréscimo de 50% poderá ser superior ou não.

Por outro lado, não importa a modalidade da rescisão contratual. Assim pode haver a incidência da regra prevista neste artigo nos casos de pedido de demissão, dispensa com justa ou sem justa causa e na rescisão indireta do contrato de trabalho.

1.1. Entes públicos. Exclusão. Conforme o disposto no parágrafo único desse artigo não se aplica à União, aos Estados, ao Distrito Federal, aos Municípios, e às suas autarquias e fundações públicas. É que as peculiaridades dos entes públicos no cumprimento das suas obrigações decorrentes de ações judiciais, o que se dá por meio de precatório, conforme o disposto no art. 100, da Constituição Federal, afasta a aplicação do acréscimo de 50% em caso de não pagamento das verbas rescisórias incontroversas na primeira audiência.

Entretanto, as empresas públicas que exploram a atividade econômica e as sociedades de economia mista as quais se equiparam ao empregador comum, por força do art. 173, § 1º, II, da Carta Magna, estão sujeitos à regra desse artigo, em caso do não pagamento das verbas rescisórias incontroversas na primeira audiência.

2. Requisitos para a incidência do acréscimo de 50%. São dois os requisitos impostos pela norma:

a) que haja rescisão do contrato de trabalho. Se o texto legal faz referência às verbas rescisórias é obvio que o acréscimo de 50% está vinculado à rescisão do contrato de trabalho. Portanto, diferenças salariais, ainda que incontrovertidas no curso da relação de emprego não ensejam a aplicação desse dispositivo legal.

b) que não haja controvérsia sobre as verbas rescisórias. Portanto, havendo controvérsia sobre as verbas rescisórias, em quaisquer circunstâncias, como no caso em que se discute a existência do vínculo empregatício, não será devido o referido acréscimo. Se houver várias verbas rescisórias, deverão ser consideradas de forma isoladas para o acréscimo de 50%, excluindo evidentemente as que são controvertidas.

Jurisprudência

Ementa: Acréscimo do art. 467 da CLT. Controvérsia. Inaplicabilidade. O acréscimo previsto no art. 467 da CLT incide sobre as verbas rescisórias incontroversas não pagas à data do comparecimento das partes em juízo. Nessa esteira, a fundada controvérsia acerca da exigibilidade de determinadas parcelas do acerto rescisório afasta a apuração do acréscimo de 50% sobre esse crédito. TRT 3ª Reg. RO 01392-2007-017-03-00-4 — (Ac. 8ª T) — Relª. Des. Denise Alves Horta. DJMG 27.9.08, p. 27

Ementa: Multas inscritas nos arts. 467 e 477, §§ 8º., ambos da CLT. Hipótese de cabimento. 1— Com relação à multa prevista no art. 467 da CLT, a norma nele contida prevê que o fato gerador da sanção reside na parte incontroversa das verbas trabalhistas não pagas em audiência trabalhista pelo empregador, sendo induvidosa a incidência dela em hipóteses em que a reclamada não quita, mas, apenas demonstra nos autos do processo a parcela rescisória reconhecida por ele como devida ao empregado. 2...TRT 3ª Reg. RO 01687-2007-063-03-00-1 — (Ac. 3ª T) — Rel. Juiz Convocado Danilo Siqueira de C. Faria — DJMG — 26.7.08, p. 8.

3. Verbas rescisórias. Componentes. A norma constante deste artigo comporta uma interpretação restritiva por envolver penalidade. Assim, o acréscimo de 50% é devido, apenas, sobre as parcelas rescisórias *strictu sensu*, nas quais são incluídos, por exemplo, o saldo de salário, o aviso prévio, o 13º salário, as férias, acrescidas de 1/3, bem como a multa de 20% (culpa recíproca) ou 40% (dispensa sem justa causa) referente ao FGTS. Na verdade, todas as verbas de natureza salarial a que aludem o § 1º do art. 457, da CLT, não satisfeitas na primeira audiência estarão sujeitas ao referido acréscimo. Mesmo aquelas consideradas de natureza indenizatória como ocorre com as férias indenizadas, a indenização adicional da Lei n. 7.238/84, a indenização por tempo de serviço, se inserem também como verbas rescisórias, por estarem intimamente ligadas ao rompimento do contrato de trabalho.

Entretanto, o acréscimo de 50% não será devido em relação ao salário-família, nem em relação à multa prevista no § 8º do art. 477, da CLT: a primeira, por não ser salário e a segunda por se tratar de penalidade.

Jurisprudência

Ementa: Multa do art. 467 da CLT. Nova redação. Multa de 40% sobre o FGTS. Não ocorrência de bis in idem. A multa prevista no *caput*, do art. 467, da CLT, com a redação que lhe foi dada pela Lei n. 10.272/01, é cabível em caso de rescisão de contrato de trabalho, sobre as parcelas rescisórias incontroversas. Entende-se que o acréscimo de 50% é devido, apenas, sobre as parcelas resilitórias *strictu sensu*, nas quais são incluídos, por exemplo, o aviso prévio, o 13º salário, as férias, acrescidas de 1/3, o saldo de salário e a multa de 40% sobre o FGTS. Não incide em *bis in idem* a condenação da Reclamada ao pagamento da multa do art. 467 da CLT e a dos 40% do FGTS, porquanto diversas as suas naturezas jurídicas. A primeira caracteriza-se como penalidade no caso de a empresa não proceder ao pagamento das parcelas rescisórias incontroversas na audiência inaugural e a segunda trata-se de indenização, decorrente da dispensa imotivada do empregado. TRT 3ª Reg. RO 00591-2005-011-03-00-5 — (Ac. 4ª T.) — Des. Luiz Otavio Linhares Renault. DJMG 24.9.05, p. 11.

4. Aplicação de ofício do acréscimo de 50%. Determinada norma que é de ordem pública poderá ser aplicada de ofício pelo julgador, como é o caso do acréscimo de 50%. Assim, mesmo que não haja pedido na inicial o Juiz poderá aplicar de ofício o referido acréscimo, pois em sentido contrário, o trabalhador seria por demais prejudicado, até porque as verbas rescisórias não deixam de ter natureza alimentícia, mormente quando o mercado de trabalho encontra-se em situação de recessão. Entretanto, não é uma matéria pacífica dado os limites da coisa julgada que são impostos pelos arts. 128 e 460, do CPC.

5. Revelia. A parte que deveria se defender em juízo, e que não o faz se aplicam-se os efeitos da revelia quanto à matéria de fato ou de prova. Consequentemente, ficam presumidos como verdadeiros os fatos articulados na inicial, ressalvada a existência de documentos nos autos que contradigam o alegado na exordial. Assim, ocorrendo a revelia, não há dúvida que deve ser aplicado o acréscimo de 50%, pois se não compareceu em juízo para se defender, obviamente deixou de cumprir a obrigação principal que era o pagamento das verbas rescisórias incontroversas. Nesse sentido, por sinal a Súmula n. 69, do TST.

Jurisprudência

TST, Súmula n. 69. RESCISÃO DO CONTRATO (nova redação) — Res. 121/2003, DJ 19, 20 e 21.11.2003. A partir da Lei n. 10.272, de 5.9.2001, havendo rescisão do contrato de trabalho e sendo revel e confesso quanto à matéria de fato, deve ser o empregador condenado ao pagamento das verbas rescisórias, não quitadas na primeira audiência, com acréscimo de 50% (cinquenta por cento)

6. Responsabilidade subsidiária. Tomador de serviços. Ainda grassa na doutrina e jurisprudência a questão da aplicação da normatividade do art. 467 às empresas tomadoras de serviços, quando fornecedoras de mão de obra deixam de pagar as verbas rescisórias na primeira audiência, por entender que ela é só cabível em relação ao real empregador, uma vez que é obrigação de natureza personalíssima e intransferível para terceiro. A tese contrária, ou seja, a que admite a aplicação da referida regra ao tomador de serviços, em processo de terceirização, quando patente a responsabilidade subsidiária, parece-nos mais correta, em face da *culpa in vigilando* e *in eligendo* do tomador dos serviços.

7. Empregado doméstico. Como é sabido a CLT não se aplica ao doméstico, em face do disposto no art. 7º, "a", da CLT, havendo lei específica que disciplina o direito desses trabalhadores, no caso, a Lei n. 5.859/72. Nessa lei não há nenhuma norma, ainda que indireta que autorize a condenação do empregador ao pagamento do aludido acréscimo em caso do não pagamento das verbas rescisórias na primeira audiência. Como bem observa *Sérgio Pinto Martins*, "as penalidades devem ser interpretadas restritivamente e não por analogia ou extensivamente"[78].

8. Massa falida. Não se pode impor uma penalidade a quem está impossibilitado de cumprir uma obrigação em razão da ausência de numerário já configurado no processo de falência, na forma da Lei n. 11.101/01. Nesse sentido, a Súmula n. 388, do TST. Entretanto, há jurisprudência com fundamento na mesma lei, ou seja, no seu art. 83,VII, que autoriza a cobrança de multas e penalidades da empresa em regime falimentar, uma vez que decorrentes de atos ilícitos praticados pelo empregador. Assim, as multas decorrentes do art. 467 e 477 seriam devidas como créditos a serem habilitados no processo falimentar.

---

(78) *Comentários à CLT.* 12. ed. São Paulo: Atlas, 2008. p.

Jurisprudência

TST. Súmula n. 388 MASSA FALIDA. ARTS. 467 E 477 DA CLT. INAPLICABILIDADE (conversão das Orientações Jurisprudenciais ns. 201 e 314 da SBDI-1) — Res. 129/2005, DJ 20, 22 e 25.4.2005. A Massa Falida não se sujeita à penalidade do art. 467 e nem à multa do § 8º do art. 477, ambos da CLT. (ex-Ojs da SBDI-1 ns. 201 — DJ 11.8.2003 — e 314 — DJ 8.11.2000)

Ementa: Massa falida. Penalidades previstas nos arts. 467 e 477 da CLT. Aplicação. Diante do disposto no art. 83, VII, da atual Lei de Falências, que autoriza a cobrança de multas e penalidades da empresa em regime falimentar, é possível ao credor trabalhista cobrar a aplicação das penalidades previstas nos arts. 467 e 477 da CLT, uma vez que decorrentes de atos ilícitos praticados pelo empregador. TRT 12ª Reg. RO 04899-2007-028-12-00-4 — (Ac. 1ª T, 19.8.08) — Red. Desig. Juíza Águeda Maria Lavorato Pereira. Disp. TRT-SC/DOE 16.09.08. Data de Publ. 17.

CAPÍTULO III
DA ALTERAÇÃO

Art. 468 *Nos contratos individuais de trabalho só é lícita a alteração das respectivas condições, por mútuo consentimento, e, ainda assim, desde que não resultem, direta ou indiretamente, prejuízos ao empregado, sob pena de nulidade da cláusula infringente desta garantia.*

PARÁGRAFO ÚNICO. Não se considera alteração unilateral a determinação do empregador para que o respectivo empregado reverta ao cargo efetivo, anteriormente ocupado, deixando o exercício de função de confiança.

1. Considerações preliminares. Nos atos sucessivos das relações de trabalho, os arts. 468, 469 e 470, são de importância capital, tendo em vista as alterações das condições ajustadas que, por vezes, se fazem necessárias diante das mutações econômicas do país ou das modificações financeiras dos empregadores.

O art. 468 é o que define quando podem ser lícitas as alterações das condições contratuais, declarando, em primeiro lugar, que elas devem ser por mútuo consentimento das partes; e, em segundo lugar, que não podem, mesmo assim, causarem prejuízos diretos ou indiretos ao empregado, sob pena de nulidade da cláusula que infringiu a garantia da inalterabilidade (art. 9º, da CLT).

2. Mútuo consentimento. Como bem assevera *Valentin Carrion* "o mútuo consentimento para alteração poderá ser verbal ou escrito, tal como o próprio contrato. Faltando a concordância do empregado, a modificação não terá eficácia. Deve-se afastar o mero capricho do empregador que, sem justificativa razoável, pessoal ou familiar, opõe-se a pequenas modificações fundamentais, do mesmo modo que se deve proceder contra abusos caprichosos do empregador"[79].

3. Prejuízos diretos e indiretos. Os prejuízos diretos ou indiretos podem ser econômicos ou não, pois nem sempre o fator econômico está presente numa alteração contratual. As vezes a alteração contratual poderá ser vantajosa para o empregado mesmo havendo redução do salá-

---

(79) *Comentários à Consolidação das Leis do Trabalho*. 34. ed. São Paulo: Saraiva, 2009. p. 342.

rio. Sob tal ótica podemos citar a situação do empregado que deseja aprimorar os seus estudos e para isso necessita da redução da jornada e do salário. É lógico que, concordando o empregador com a solicitação feita pelo empregado, a alteração será licita, já que decorrente de mútuo consentimento e de interesse do próprio trabalhador. Existe também alteração permitida pela jurisprudência, mesmo sem haver a concordância do empregado, principalmente quando há interesse social em discussão. Encaixa-se nessa situação o disposto na Súmula n. 265, do TST, que admite a transferência do empregado do período noturno para o diurno com a perda do respectivo adicional. A perda do adicional é recompensada pelo trabalho em horário diurno que não é penoso como o noturno.

Jurisprudência

Ementa: Contrato de trabalho. Inovação contratual prejudicial ao empregado. São elementos essenciais ao contrato de trabalho os sujeitos e o objeto. A inovação objetiva, unilateral, é nula de pleno direito, a teor do que dispõe o art. 468 da CLT. TRT 12ª Reg. RO 01627-2006-010-12-00-3 — (Ac. 2ª T., 15.1.08) — Relª. Juíza Marta Maria Villalba Falcão Fabre. Disp. TRT-SC/DOE 5.3.08. Data de Publ. 6.3.08.

Ementa: Alteração prejudicial do contrato de trabalho. Impossibilidade de cumprimento de cláusula convencional. O cumprimento de cláusula convencional que prevê alteração prejudicial do contrato individual do trabalho esbarra na regra proibitiva contida no art. 468, da CLT, atraindo sua nulidade. TRT 12ª Reg. RO 01586-2007-031-12-00-7 — Ac. 2ª T, 13.5.08) — Relª. Juíza Maria Aparecida Caitano. Disp. TRT-SC/DOE 4.6.08. Data de Publ. 5.6.08

4. Jus variandi. Os riscos do empreendimento são sempre do empregador, conforme se infere pelo disposto no art. 2º da CLT, de forma que cabe ele estabelecer a melhor forma de direcionar ou gerenciar sua empresa. O *jus variandi* é uma das manifestações do poder discricionário do empregador e está fundado "no seu Poder Diretivo, de introduzir unilateral e continuamente, modificações circunstanciais ou rotineiras referentes à execução da atividade laboral e à organização empresarial e necessárias ao desenvolvimento regular dos trabalhos na empresa, observados certos limites"[80]. Importante ressaltar que *jus variandi* nada tem a ver com as alterações contratuais, pois são institutos diversos, que não podem ser confundidos, conforme lição de *Ricardo José Engel*, para quem "no primeiro caso, trata-se de modificações circunstanciais, rotineiras, no vazio das cláusulas contratuais. No segundo, de *alterações* do conteúdo essencial do próprio contrato de trabalho, com limitação no art. 468 da CLT"[81]. Como poder discricionário o *jus variandi* não pode ser encarado como um poder absoluto, já que ele sofre limitações. É necessário no seu exercício que o empregador aja dentro da razoabilidade, sem abuso, discriminação e atendo-se ao princípio da dignidade da pessoa humana. O balizamento desses valores sociais serão os limites do *jus variandi*.

Jurisprudência

TST, Súmula n. 265. ADICIONAL NOTURNO. ALTERAÇÃO DE TURNO DE TRABALHO. POSSIBILIDADE DE SUPRESSÃO (MANTIDA) — RES. 121/2003, DJ 19, 20 E 21.11.2003. A transferência para o período diurno de trabalho implica a perda do direito ao adicional noturno.

TRF, Súmula n. 222. A prorrogação da jornada diária de trabalho não constitui alteração unilateral do contrato, desde que mantido o limite do horário semanal avençado.

Ementa: Alteração de jornada. Exercício do jus variandi. Evidenciando nos autos que a alteração da jornada do reclamante decorreu do *jus variandi* do

---

(80) ENGEL, Ricardo José. *O Jus Variandi no Contrato Individual de Trabalho*. São Paulo: LTr, 2003. p. 144.
(81) Obra citada, p. 137.

empregador na adequação dos serviços às necessidades da empresa, não fica configurada a hipótese de alteração contratual ilícita vedada pelo art. 468 da CLT.

TRT 12ª Reg. RO 03553-2007-028-12-00-9. — (Ac. 3ª T, 17.6.08) — Rel.: Juiz Roberto Basilone Leite. Disp. TRT-SC/DOE 03.07.08. Data de Publ. 4.7.08.

5. Alteração do contrato de trabalho. O contrato individual do trabalho, como vimos, quando estudamos o disposto no art. 444, pode ser objeto de livre estipulação das partes contratantes, respeitadas as normas de proteção ao trabalho, aos contratos coletivos e às decisões das autoridades administrativas, sendo que o art. 9º, da CLT, estabelece os parâmetros para que a alteração não seja considerada nula de pleno direito.

Em geral, e, especialmente nos contratos verbais, tácitos ou mesmo expressos, se forem do tipo dos de adesão, fazem parte deles, de forma automática, os regulamentos das empresas e os usos e costumes para determinadas modalidades de serviços.

Os contratos assim concebidos têm uma estrutura regulamentar diversa dos que são para serviços especializados ou específicos, os quais se assentam em cláusulas próprias.

Em todos, no entanto, respeitadas terão que ser as condições em que foram ajustadas na admissão, sob pena de nulidade de cláusula infringente.

Jurisprudência

Ementa: Contrato de trabalho. Alteração do art. 468, da Consolidação das Leis do Trabalho. À luz do art. 468, da Consolidação das Leis do Trabalho, se a alteração contratual — ainda que consentida, pelo trabalhador — lhe traz prejuízo, é nula, de pleno direito. TRT 3ª Reg. RO 00655-2007-073-03-00-6 — (Ac. 1ª T) — Rel. Des. Manuel Candido Rodrigues. DJMG 9.7.08, p. 14.

Ementa: Alteração de condição. Ilicitude. De acordo com o disposto no art. 468 da CLT, que alberga o princípio da *imodificabilidade in pejus* do contrato de trabalho", é vedada a alteração de condição já integrada ao contrato de trabalho e efetivada por ato unilateral do empregador, resultando em prejuízo para o empregado. O empregador não pode alterar, unilateralmente e com prejuízos financeiros, a jornada da empregada de seis para oito horas diárias. TRT 12ª Reg. RO 02272-2007-054-12-00-5 — (Ac. 1ª T., 1º.4.08) — Rel. Juiz José Ernesto Manzi. Disp. TRT-SC/DOE 16.5.08. Data de Publ. 19.5.08.

5.1. Alteração de local de trabalho. A alteração do local de trabalho sofre também o crivo desse artigo e do art. 9º da CLT e é tratado mais especificamente no art. 469. Portanto, dessa modalidade de alteração cuidaremos no mencionado artigo.

5.2. Alteração de função. A função tem relevância para o empregado, pois é nela que se identifica a sua qualificação profissional. Fica também no círculo do cargo, este conduz hierquização, que varia segundo a forma adotada pela empresa, isso quando não exista quadro de carreira que tem suas regras próprias. A função é também passível de modificação em três vertentes. A promoção é a primeira delas, pois está ligada à hierarquia ascendente na empresa. Há controvérsia na doutrina e na jurisprudência sobre a possibilidade de recusa do empregado em ser promovido. No caso de regulamento de empresa, a situação muda, *Umberto Grillo* admite que o empregado não está obrigado a aceitar a promoção que lhe foi oferecida pelo seu empregador, ao aduzir: "A recusa do empregado à promoção é uma prerrogativa sua, embora, frise-se, tal ocorrência seja incomum. É que a promoção, a despeito de envolver aumento salarial, pode trazer prejuízos ao empregado, em razão do local de trabalho, do horário, ou mesmo por razões de ordem íntima"[82]. A verdade é que o empregado, do ponto de vista do art. 468, da

---

(82) *Alteração do contrato de trabalho*, Rio: Freitas Bastos, p. 71.

CLT, está autorizado a recusar à promoção, se esta vier a lhe causar prejuízos diretos e indiretos. E aqui, é importante assinalar que a lei não distinguiu para os fins de alteração do contrato de trabalho, o conceito de prejuízo, depreendendo-se disso que pode ser de qualquer natureza, desde que relacionado com o trabalho, com a pessoa do trabalhador ou ainda decorrentes de outros fatores externos. Muitas vezes uma proposta de promoção poderá vir acompanhada de vantagens, mas que na realidade, seria prejudicial para o empregado em relação a outros interesses mais prementes para ele, citando como exemplo, a conclusão de estudos, etc. Outra modificação possível é a recondução do cargo ocupado pelo empregado em comissão ao seu cargo efetivo, conforme previsão no parágrafo único deste artigo e que será analisada mais adiante.

Jurisprudência

Ementa: Alteração ilícita do contrato de trabalho não verificada. Diferenças salariais indevidas. Comprovado que o autor possuía uma significativa diminuição da acuidade auditiva, correta a atitude adotada pela empresa de conduzí-lo para outra função, até porque estaria agindo de forma imprudente se o mantivesse como motorista de caminhão de transporte de carga, atividade que, pela natureza, exige que o trabalhador esteja em perfeitas condições de saúde. Assim, não há falar em redução salarial ilícita a supressão de uma parcela assegurada por norma coletiva exclusivamente aos motoristas. TRT 12ª Reg. RO 04800-2007-022-12-00-6 — (Ac. 3ª T., 10.6.08) — Relª. Juíza Mari Eleda Migliorini. Disp. TRT-SC/DOE 2.7.08. Data de Publ. 3.7.08.

5.3. Alteração da jornada de trabalho. A Constituição Federal também se ocupou da jornada de trabalho ao estatuir no inciso III do art. 7º "a duração do trabalho normal não superior a oito horas diárias e quarenta e quatro semanais, facultada a compensação de horários e a redução da jornada, mediante acordo ou convenção coletiva de trabalho. Houve portanto, uma regulação quanto ao limite da jornada de trabalho diária e semanal, só permitindo a compensação ou sua redução mediante a participação do sindicato que representa a categoria do trabalhadores. Nos arts. 58 a 72 da CLT, estão disciplinadas as normas situadas no plano infraconstitucional que tratam da jornada de trabalho em todos os seus aspectos, salientando-se no entanto, a existência de categorias que possuem jornadas especiais de trabalho, como os bancários (seis horas) art. 224, da CLT, médicos (quatro horas) Lei n. 3.999/61 etc. Os empregados que trabalham externamente sem controle de horário e os empregados exercentes da função de confiança, estão excluídos das regras pertinentes à duração de trabalho, conforme art. 62, II da CLT, tendo, no entanto, direito aos repousos semanais remunerados (Lei n. 605, art. 1º). Qualquer alteração ligada à jornada de trabalho que traga prejuízo direto ou indireto ao empregado estará sujeita a ser considerada nula em face dos preceitos dos arts. 9º e 468, da CLT. Isso porque o sentido protecionista do Direito do Trabalho impede que o empregador a seu alvedrio modifique a jornada de trabalho, as vezes com o objetivo de dificultar a prestação de serviços e o leve a solicitar demissão, ou então, pedido de rescisão indireta com fundamento no descumprimento das obrigações contratuais (art. 483, d). A respeito, imagine-se um empregado que trabalhe numa jornada de seis horas das 08 às 14 horas e que tenha compromisso depois desse horário, sendo do conhecimento do empregador. Evidentemente que se o empregador alterar a jornada para ser cumprida das 12 às 18 horas, sem qualquer justificativa plausível, por certo estará causando prejuízo ao empregado. Existem também situações como as já descritas no item 3 em que são permitidas as alterações como a mudança do turno de trabalho, de noturno para o diurno quando está em jogo a saúde do trabalhador (Súmula n. 265, do TST).

Por isso é que os limites do poder diretivo devem estar alicerçados no princípio da boa-fé que deve imperar em todos os contratos e no mútuo consentimento, que representa a vontade das duas partes, até porque é na conjugação desses valores que torna a relação laboral mais saudável.

Jurisprudência

Ementa: Contrato de trabalho. Alteração unilateral. Turno noturno para o diurno. A determinação do empregador para que os trabalhadores passem a desenvolver as atividades laborais, antes desenvolvidas em horário noturno, em período diurno, não implica a vedação prevista nos artigos, VI, da CRFB/88 e 468 da CLT, porque se trata de alteração benéfica nas condições de trabalho dos empregados. TRT 12ª Reg. RO 00651-2007-013-12-00-5. (Ac. 1ª T., 6.5.08) — Rel. Juiz Garibaldi T. P. Ferreira. Disp. TRT-SC/DOE 28.5.08. Data de Publ. 29.5.08.

Ementa: Alteração contratual lesiva. Majoração da jornada de trabalho sem incremento da remuneração. Vedação. Art. 468 da CLT. As alterações contratuais, no âmbito justrabalhista, requerem, para sua validade, mútuo consentimento, desde que não resultem, direta ou indiretamente, prejuízos ao empregado. É o que dispõe o art. 468 da CLT, o qual prevê a nulidade da cláusula infringente dessas garantias. A Constituição Federal assegura ao trabalhador o direito à irredutibilidade salarial, salvo por disposição em norma coletiva, requisito presente também para os casos de redução de jornada, conforme os incisos VI e XIII do art. 7º. Tais comandos derivam do princípio da inalterabilidade contratual lesiva, segundo o qual a alteração que traga prejuízos ao empregado deve ser considerada ilícita, gerando a nulidade do ato. No caso dos autos, embora haja norma coletivamente ajustada prevendo o reaproveitamento dos empregados afetados pela implementação de inovações tecnológicas, não há cláusula normativa prevendo a possibilidade de ocorrência de prejuízos financeiros aos empregados, nada mencionando, os ajustes, acerca do incremento da jornada de trabalho ou da redução salarial. A majoração da jornada sem o correspondente acréscimo da remuneração constitui redução salarial indireta, a qual somente é possível se firmada por convenção ou acordo coletivo (art. 7º, VI, da Constituição Federal). Diferenças salariais devidas. 2. Recurso conhecido e provido. TRT 10ª Reg. RO 00185-2006-020-10-00-6 — (Ac. 2ª T./06) — Rel. Juiz Brasilino Santos Ramos. DJU3 24.11.06, p. 39.

Ementa: Jornada de trabalho. Redução. A alteração da jornada de trabalho de 8 para 6 horas, com o objetivo de atender aos interesses do empregador, representa evidente alteração lesiva do contrato de trabalho. Assim, nos termos do art. 468 da CLT, essa modificação não tem validade. TRT 12ª Reg. RO 00650-2007-035-12-00-8 — (Ac. 2ª T. 20.11.07) — Relª. Juíza Teresa Regina Cotosky. Disp. TRT-SC/DOE 8.1.08. Data de Publ. 9.1.08.

Ementa: Alteração contratual. Restabelecimento da jornada inicial de oito horas. Inexistência de desrespeito ao disposto no art. 468 da CLT. O restabelecimento da jornada de trabalho inicialmente contratada pelo empregador, ente público municipal, não implica alteração unilateral do contrato de trabalho, porque veio acompanhada da majoração salarial correspondente. Inexistência de desrespeito ao disposto no art. 468 da CLT. TRT 12ª Reg. -RO 00793-2007-053-12-00-1 — (Ac. 2ª T., 12.8.08) — Red. Desig. Juíza Lourdes Dreyer. Disp. TRT-SC/DOE 10.9.08. Data de Publ. 11.9.08.

5.4. Alteração de salário. A Constituição Federal nos seus incisos VI e X do art. 7º, dispõem respectivamente a "irredutibilidade do salário, salvo o disposto em convenção ou acordo coletivo", "proteção do salário, na forma da lei, constituindo crime sua retenção dolosa". Compreendem por tais dispositivos que toda alteração salarial que visem a sua redução dependerá de convenção ou acordo coletivo. A Lei n. 4.923/65, admite a redução salarial dos empregados, envolvendo inclusive os ganhos dos seus diretores quando a conjuntura econômica for desfavorável ao empregador, mas mesmo assim depende da participação sindical ou judicial, no caso de impasse. Assim, qualquer alteração que seja feita, mesmo com a concordância do empregado, deverá respeitar os limites da sua remuneração ou a média respectiva, sob pena de nulidade da cláusula infringente.

Jurisprudência

Ementa: Redução salarial. Contrato novo. Inocorrência. Quando verificado que existiram entre as partes dois contratos de trabalho distintos e incomunicáveis, com intervalo de quase seis meses entre um e outro, onde não-configurado o intuito do empregador de sonegar direitos trabalhistas ao trabalhador, a pactuação de salário menor, na recontratação, do que aquele percebido na vigência do primeiro contrato, não viola o direito garantido pela Constituição da República, de irredutibilidade salarial. Isto porque o empregador é livre para estipular o salário que pretende pagar ao empregado, desde que respeitadas às disposições legais pertinentes. Em contrapartida, a pessoa interessada no emprego pode aceitar ou não as condições da pactuação, conforme seus interesses. (Acórdão 9740/2003, Rel. Juíza Gisele Pereira Alexandrino, publicado no DJ/SC de 8.10.2003, p. 148.). TRT 12ª Reg. .RO 00142-2007-008-12-00-7 — Ac. 1ª T, 3.6.08) — Rel. Juiz Marcos Vinicio Zanchetta. Disp. TRT-SC/DOE 23.6.08. Data de Publ. 24.6.08.

Ementa: Alteração contratual lesiva. Redução do salário fixo e acréscimo de prêmio produtividade. Nulidade de aditivo ao contrato de trabalho. 1 — Vigora no Direito do Trabalho o princípio da inalterabilidade contratual lesiva (CLT, art. 468), não possuindo qualquer validade alterações contratuais prejudiciais ao empregado, ainda que decorram de ajuste bilateral, estando o poder diretivo, regulamentador e o *jus variandi* do empregador sujeito a limitações impostas pela legislação trabalhista, restando assegurada a intangibilidade salarial, possuindo o trabalhador direito adquirido à manutenção da condição contratual mais benéfica. 2 — A alteração da estrutura da remuneração do reclamante levada a termo em setembro/02, com significativa redução da parte fixa, exclusão da verba denominada incentivo de vendas mais rsr sobre incentivo de vendas e estabelecimento de gratificação denominada prêmio de produtividade mais rsr sobre prêmio produtividade traduz manifesto prejuízo ao autor, vez que dúvidas não há de que a segurança do salário fixo é mais vantajosa do que a instabilidade da remuneração dependente das metas a serem alcançadas para que o empregado mantenha o mesmo padrão salarial anterior. 3 — A adoção de política mais agressiva de vendas não pode refletir de forma prejudicial nos contratos de trabalho dos empregados, sujeitando-os aos revezes do mercado e obrigando-os a intensificar a sua jornada de trabalho, com o fito de atingir as metas estabelecidas de modo a não sofrer prejuízo financeiro ao final do mês. TRT 3ª Reg. RO 01255-2005-022-03-00-3 — (Ac. 3ª T.) — Relª. Juiza Maria Cristina Diniz Caixeta. DJMG 21.10.06, p.

5.5. Alteração em razão de inovações tecnológicas. "A flexibilização do Direito do Trabalho torna-se premente para promover uma adaptação da relação de emprego à nova realidade econômica e as modificações tecnológicas"[83]. Como diz *Bento Herculano Duarte Neto* "se o desenvolvimento tecnológico até hoje maravilha e facilita a vida dos povos, por outro lado empurra alguns à mais absoluta condição de miséria humana. A desocupação profissional, como mesmo a precarização do trabalho, retiram o conforto e, o que é bem pior, dignidade"[84]. O certo também é que até hoje não veio a Lei anunciada no art. 7º, XXVII, da CF, que dispõe: "proteção em face da automação, na forma de lei". Enquanto a lei não vem, a solução tem acontecido pela via negociada, pois efetivamente o empregador não pode ficar atado em seu empreendimento, principalmente pela concorrência natural que se insere no meio industrial, comercial ou de serviços. Com o avanço tecnológico, determinadas atividades deixam de existir e se o empregado não for aproveitado em outra função, às vezes até com prejuízo, a despedida torna-se a única solução para o empregador. Daí, a importância da solução negociada ou a instituição de plano de cargo e salário para essas situações que tende a se evoluírem com o tempo.

Jurisprudência

Ementa: Inovação tecnológica. Readaptação de função. Alteração da jornada de trabalho. Inexistência de ofensa ao art. 468 da CLT. Não se constitui alteração ilícita do contrato de trabalho a readaptação de função do obreiro, em razão de inovação tecnológica, ainda que resulte no aumento da jornada diária de trabalho. Recurso conhecido e provido.TRT 7ª Reg. RO 02808/2004-008-07-00-6, j 11.4.07 — Rel. Des. Manoel Arízio Eduardo de Castro DOJT/ 7ªReg. 15.5.07.

Ementa: Alteração contratual decorrente de inovação tecnológica. Se a função exercida pela reclamante foi extinta e para não dispensá-la a reenquadrou em outra, de acordo com o Plano de Cargos e Salários, inexiste o direito às horas extras em face do aumento da jornada de trabalho, de seis horas diárias para oito. No caso, a reestruturação do quadro da empresa decorreu de inovações tecnológicas, comuns aos tempos modernos. TRT 11ª Reg. RO 01492/2005-051-11-00 — (Ac. 1.940/07) — Relª. Des. Vera Lúcia Câmara de Sá Peixoto. DJAM 17.5.07.

---

(83) Gonçalves, Rogério Magnus Varela. Direito Constitucional do Trabalho. Aspectos controversos da automatização. RS: Livraria do Advogado, 2003. p. 179.
(84) Prefácio do livro de Rogério Magnus Varela Gonçalves, Direito Constitucional do Trabalho, Aspectos controversos da automatização. RS: Livraria do Advogado, 2003. p. 179.

6. Regulamento de empresa. (Cláusulas sobre regulamento ou de regimento interno). Deve ser ressaltado que o empregador, uma vez instituído o regulamento de empresa deve seguir as normas nele tratadas. Assim, se prevendo o regulamento que, para a aplicação de justa causa ao empregado, deverá ser precedida de um inquérito para apuração da falta grave, a inobservância dessa regra a que se obrigou a empresa favorece o empregado numa eventual discussão judicial, conforme Súmula n. 77, do TST. Uma das questões em que houve questionamentos na esfera judicial se refere às modificações das cláusulas regulamentares e a sua aplicação no tempo. O Tribunal Superior do Trabalho, após muita discussão veio a editar a Súmula n. 51 que pôs fim a controvérsia ao regular a matéria. Assim, a Súmula 51, do TST, regula a matéria nas hipóteses de normas regulamentares que alterem vantagens deferidas anteriormente, esclarecendo que tais alterações só atingirão os trabalhadores admitidos após a revogação ou alteração do regulamento (inciso I). Esclarece referida Súmula n. 51, no inciso II que, em havendo coexistência de dois regulamentos da empresa, poderá o empregado optar por um deles, importando esse ato em renúncia às regras do sistema do outro. Compreende-se pelos termos da referida Súmula, que as alterações no regulamento só valem para os novos empregados, ou seja, para os admitidos após a alteração do regulamento. Essa interpretação visa resguardar os direitos adquiridos dos empregados mais antigos de alterações contratuais que lhes sejam prejudiciais.

Jurisprudência

TST, Súmula N. 51. NORMA REGULAMENTAR. VANTAGENS E OPÇÃO PELO NOVO REGULAMENTO. ART. 468 DA CLT (incorporada a Orientação Jurisprudencial n. 163 da SBDI-1) — Res. 129/2005, DJ 20, 22 e 25.4.2005. I — As cláusulas regulamentares, que revoguem ou alterem vantagens deferidas anteriormente, só atingirão os trabalhadores admitidos após a revogação ou alteração do regulamento. (ex-Súmula n. 51 — RA 41/1973, DJ 14.06.1973). II — Havendo a coexistência de dois regulamentos da empresa, a opção do empregado por um deles tem efeito jurídico de renúncia às regras do sistema do outro. (ex-OJ n. 163 da SBDI-1 — inserida em 26.03.1999)

TST, Súmula n. 77. PUNIÇÃO (mantida) — Res. 121/2003, DJ 19, 20 e 21.11.2003. Nula é a punição de empregado se não precedida de inquérito ou sindicância internos a que se obrigou a empresa por norma regulamentar.

7. Complementação de aposentadoria. Acrescentando questão envolvendo o regulamento de empresa, é mister esclarecer que a complementação de aposentadoria, típica norma que é nele tratado, figura como uma das causas muito frequentes na Justiça do Trabalho não só quanto ao resguardo do direito daqueles que implementaram as condições impostas no respectivo regulamento, mas também no que concerne à aplicação de suas cláusulas, as quais comportam interpretação restrita, conforme art. 114, do Código Civil, que estatui que "Os negócios jurídicos benéficos e a renúncia interpretam-se estritamente".

Jurisprudência

TST, Súmula n. 72. APOSENTADORIA (nova redação) — Res. 121/2003, DJ 19, 20 e 21.11.2003. O prêmio-aposentadoria instituído por norma regulamentar da empresa não está condicionado ao disposto no § 2º do art. 14 da Lei n. 8.036, de 11.5.1990.

TST, SÚMULA N. 87. PREVIDÊNCIA PRIVADA (mantida) — Res. 121/2003, DJ 19, 20 e 21.11.2003. Se o empregado, ou seu beneficiário, já recebeu da instituição previdenciária privada, criada pela empresa, vantagem equivalente, é cabível a dedução de seu valor do benefício a que faz jus por norma regulamentar anterior.

TST, Súmula N. 92. APOSENTADORIA (mantida) — Res. 121/2003, DJ 19, 20 e 21.11.2003. O direito à complementação de aposentadoria, criado pela empresa, com requisitos próprios, não se altera pela instituição de benefício previdenciário por órgão oficial.

TST, Súmula n. 97. APOSENTADORIA. COMPLEMENTAÇÃO (mantida) — Res. 121/2003, DJ 19, 20 e 21.11.2003. Instituída complementação de aposentadoria por ato da empresa, expressamente dependente de regulamentação, as condições desta devem ser observadas como parte integrante da norma.

TST, Súmula n. 186. LICENÇA-PRÊMIO. CONVERSÃO EM PECÚNIA. REGULAMENTO DA EMPRESA (nova redação) — Res. 121/2003, DJ 19, 20 e 21.11.2003. A licença-prêmio, na vigência do contrato de trabalho, não pode ser convertida em pecúnia, salvo se expressamente admitida a conversão no regulamento da empresa.

TST, Súmula n. 288. COMPLEMENTAÇÃO DOS PROVENTOS DA APOSENTADORIA (mantida) — Res. 121/2003, DJ 19, 20 e 21.11.2003. A complementação dos proventos da aposentadoria é regida pelas normas em vigor na data da admissão do empregado, observando-se as alterações posteriores desde que mais favoráveis ao beneficiário do direito.

TST, Súmula n. 313. COMPLEMENTAÇÃO DE APOSENTADORIA. PROPORCIONALIDADE. BANESPA (mantida) — Res. 121/2003, DJ 19, 20 e 21.11.2003. A complementação de aposentadoria, prevista no art. 106, e seus parágrafos, do regulamento de pessoal editado em 1965, só é integral para os empregados que tenham 30 (trinta) ou mais anos de serviços prestados exclusivamente ao banco.

TST, Súmula n. 326. COMPLEMENTAÇÃO DOS PROVENTOS DE APOSENTADORIA. PARCELA NUNCA RECEBIDA. PRESCRIÇÃO TOTAL (mantida) — Res. 121/2003, DJ 19, 20 e 21.11.2003. Tratando-se de pedido de complementação de aposentadoria oriunda de norma regulamentar e jamais paga ao ex-empregado, a prescrição aplicável é a total, começando a fluir o biênio a partir da aposentadoria.

TST, Súmula n. 327. COMPLEMENTAÇÃO DOS PROVENTOS DE APOSENTADORIA. DIFERENÇA. PRESCRIÇÃO PARCIAL (nova redação) — Res. 121/2003, DJ 19, 20 e 21.11.2003. Tratando-se de pedido de diferença de complementação de aposentadoria oriunda de norma regulamentar, a prescrição aplicável é a parcial, não atingindo o direito de ação, mas, tão-somente, as parcelas anteriores ao quinquênio.

8. Reversão do empregado de confiança ao seu cargo efetivo. Normalmente os empregadores designam determinados empregados a ocuparem funções de sua inteira confiança e para isso recebem uma gratificação de função já que permanecem com o seu cargo efetivo, que não pode ser alterado. Tais empregados, no entanto, estão sujeitos a ser revertidos ao seu cargo efetivo com a perda da gratificação de função, sem que com isso seja considerada alteração unilateral pelo empregador. É que o dispõe o parágrafo único do art. 468.

De notar-se que a doutrina e a jurisprudência acabaram por criar uma estabilidade econômica para os empregados que ficaram em cargo de confiança por mais de dez anos, de forma que a reversão seria possível, mas o empregado permaneceria percebendo a respectiva gratificação, tanto que a matéria é sumulada no TST (n. 372). Assim, para que a empresa não venha a ter surpresas com a reversão para o cargo efetivo do empregado que, temporariamente ocupou cargo de confiança de outro empregado, a prudência manda que, no ato da alteração, fique bem explicitada a intenção dela, para que não se anule a reversão.

Jurisprudência

TST, Súmula n. 372. GRATIFICAÇÃO DE FUNÇÃO. SUPRESSÃO OU REDUÇÃO. LIMITES (conversão das Orientações Jurisprudenciais ns. 45 e 303 da SBDI-1) — Res. 129/2005, DJ 20, 22 e 25.04.2005. I — Percebida a gratificação de função por dez ou mais anos pelo empregado, se o empregador, sem justo motivo, revertê-lo a seu cargo efetivo, não poderá retirar-lhe a gratificação tendo em vista o princípio da estabilidade financeira. (ex-OJ n. 45 da SBDI-1 — inserida em 25.11.1996). II — Mantido o empregado no exercício da função comissionada, não pode o empregador reduzir o valor da gratificação. (ex-OJ n. 303 da SBDI-1 — DJ 11.8.2003)

Ementa: Cargo de confiança. Destituição ad nutum. *Suspensão do contrato de trabalho não provada.* O exercício de função de confiança é demissível *ad nutum*, pois revestido de cunho de provisoriedade por sua própria definição. Improvada a suspensão do pacto laboral na data da reversão, inexiste qualquer ilegalidade no procedimento de destituição do empregado. *Gratificação de função. Incorporação ao salário.* Consoante a dicção do parágrafo único do art. 468 do Estatuto Consolidado, a reversão ao cargo efetivo encontra-se dentro do poder diretivo patronal, não implicando alteração unilateral da avença trabalhista. Todavia, quando percebida a gratificação de função por mais de dez anos ininterruptos, faz jus o obreiro à sua integração, em observância aos princípios da irredutibilidade salarial e à estabilidade econômica e financeira do empregado, conforme entendimento jurisprudencial consolidado pela Súmula n. 372 do c. TST. TRT 12ª Reg. RO 07785-2006-035-12-00-3 — (Ac. 3ª T., 20.11.07) — Relª. Juíza Ligia Maria Teixeira Gouvêa. Disp. TRT-SC/DOE 24.1.08. Data de Publ. 25.1.08.

Ementa: Gratificação de função. Reversão. Exercício da função por mais de dez anos. Aplicação da Súmula n. 372 do TST. Não obstante o disposto no parágrafo único do art. 468 do Estatuto Consolidado, quando o obreiro é destituído da função de confiança que exerceu por mais de dez anos, deve ser aplicada a Súmula n. 372 do TST, sendo vedada, portanto, a supressão da respectiva gratificação. TRT 12ª Reg. Proc. RO03322-2005-027-12-00-7 — (Ac. 3ª T., 2.10.07) — Red. Desig. Juíza Ligia Maria Teixeira Gouvêa. TRT-SC/DOE 14.11.07.

Art. 469 *Ao empregador é vedado transferir o empregado, sem a sua anuência, para localidade diversa da que resultar do contrato, não se considerando transferência a que não acarretar necessariamente a mudança do seu domicílio.*

§ 1º Não estão compreendidos na proibição deste artigo os empregados que exerçam cargos de confiança e aqueles cujos contratos tenham como condição, implícita ou explícita, a transferência quando esta decorra de real necessidade de serviço.

§ 2º É lícita a transferência quando ocorrer extinção do estabelecimento em que trabalhar o empregado.

§ 3º Em caso de necessidade de serviço o empregador poderá transferir o empregado para localidade diversa da que resultar do contrato, não obstante as restrições do artigo anterior, mas, nesse caso, ficará obrigado a um pagamento suplementar, nunca inferior a 25% (vinte e cinco por cento), dos salários que o empregado percebia naquela localidade, enquanto durar essa situação. (Redação § 1º, L. n. 6.203, 17.4.75, DOU 18.4.75, LTr 39/557, que incluiu o § 3º).

1. Domicílio e residência. (art. 469, *caput*). Inicialmente, esclareça-se que "domicílio não pode ser confundido com residência. Enquanto esta pertence originariamente ao mundo dos fatos e importa na fixação de um lugar onde a pessoa habita, aquele representa cunho jurídico e passa pelo exame do fator anímico da pessoa, ou seja, da existência ou não de vontade de permanecer naquele *locus*"[85]. Nesse sentido, o disposto no art. 70 do Código Civil vigente quando estatui "que o domicílio da pessoa natural é o lugar onde ela estabelece a sua residência com ânimo definitivo". O art. 72, *caput*, do mesmo Código estabelece também como domicílio da pessoa natural "quanto às relações concernentes à profissão, o lugar onde esta é exercida". Assim, o local de trabalho é normalmente onde o trabalhador fixa a sua residência para melhor executar o seu trabalho, cuja condição passa a fazer parte do contrato de trabalho, daí porque o empregador fica impedido de transferi-lo para outra localidade diversa da do contrato, sem sua anuência, sob pena de nulidade da cláusula infringente. Na verdade, como explica *Francisco Antonio de Oliveira* "o trabalhador fixa o seu domicílio e o da sua família na localidade onde trabalha e em torno dessa realidade passa a prover para as necessidades, v.g., empregos de filhos, escolas de filhos, trabalhos da esposa, etc". (*Direito do trabalho em sintonia com a nova Constituição*, São Paulo: Revista dos Tribunais, p. 248). Esses fatos por si só atraem o sentido protecionista conferido ao trabalhador pelo Direito Laboral, motivo pelo qual a sua anuência é vista ainda com certa reserva em virtude do poder de direção do empregador, subentendendo muitas vezes que o empregado aceita a transferência pela necessidade do emprego. A comprovação da necessidade da transferência que está ligada

---

(85) Matielo, Fábricio Zamprogna. *Curso de Direito Civil*, São Paulo: LTr, V. 1, Parte Geral. p. 144.

à necessidade dos serviços no local para onde o empregado irá prestá-los é o marco delimitador do poder diretivo do empregador, cuja questão será analisada mais adiante.

2. Transferência e domicílio (*caput*). Não será considerada transferência a que não acarretar mudança de domicílio, conforme previsão no *caput* do mencionado artigo, porque em regra o empregado deve trabalhar no local do contrato e onde está fixada a sua residência. Por vezes, não haverá mudança de domicílio, mas, sim, de residência, como poderá ocorrer, com trabalhador domiciliado na cidade de São Paulo, em um determinado bairro, e que é transferido para outro bairro da mesma cidade. Nesse caso, a Súmula n. 29/TST, resolve a pendência, com a determinação da obrigação por parte do empregador, de pagar um suplemento salarial correspondente ao acréscimo da despesa de transporte.

Nem sempre o fator "residência" tem interferência no contrato de trabalho, citando como exemplo, o empregado que é contratado em São Paulo, onde presta seus serviços e que, por opção pessoal e familiar, continua residindo em Jundiaí, cidade próxima a São Paulo, situação está que não é incomum na atualidade. Evidentemente, que se o empregado mudar a sua residência para São Paulo, não haverá nenhuma repercussão no contrato de trabalho.

Existe também situação em que o empregado por circunstâncias especiais tem o seu domicílio na empresa, tal como se dá com a atividade circense, hipótese em que a mudança de localidade faz parte dela. Nesse caso, não há falar-se em transferência. Da mesma forma, "se o empregado, por exemplo, é deslocado para trabalhar em plataforma de petróleo, não há pagamento de adicional de transferência, pois inexistiu mudança de residência"[86].

A transferência, portanto, no âmbito do Direito do Trabalho é aquela que produz alteração no local de prestação de serviço, que implica mudança de residência atrelada ao poder diretivo do empregador que é limitado, pois se a alteração for unilateral, na forma deste dispositivo, ou do art. 468, poderá redundar nas seguintes consequências:

1) Nulidade da alteração praticada, com a manutenção do vínculo de empregado;

2) Rescisão indireta do contrato, por iniciativa do empregado, com fundamento em não cumprimento das obrigações do empregador (art. 483, alínea "d" e §3º, da CLT);

3) Dispensa do empregado por justa causa em razão de desobediência à ordem do empregador, se lícita a alteração.

Jurisprudência

Ementa: Adicional de transferência. Não cabimento. Ausência de preenchimento dos requisitos legais. Conforme previsto no art. 469 da CLT, "ao empregador é vedado transferir o empregado, sem a sua anuência, para localidade diversa da que resultar do contrato, não se considerando transferência a que não acarretar necessariamente a mudança do seu domicílio" (grifos acrescidos). Conforme se infere do artigo em comento, para que haja efetiva transferência de um empregado, é necessário que haja mudança de seu domicílio, não sendo devido o referido adicional se os requisitos legais não forem preenchidos. TRT 3ª Reg. RO 01322-2007-048-03-00-4 — (Ac. 7ª T) — Rel. Juíza Convocada Monica Sette Lopes — DJMG 17.7.08, p. 19

3. Cargo de confiança (§ 1º). Em relação ao empregado exercente da função de confiança, assim entendido aqueles disciplinados nos arts. 62, II, e parágrafo único, e 499 da CLT, há uma ressalva no § 1º do artigo em análise, no sentido de que a eles não se aplica a regra proibitiva da

---

(86) MARTINS, Sérgio Pinto. *Comentários à CLT*. 12. ed., São Paulo: Atlas, p. 452.

transferência, já que eles ocupam cargos de gestão, assim considerados os gerentes ou a eles equiparados (diretores e chefes de departamentos ou filial).

O legislador ordinário ao excluir o empregado exercente da função de confiança da abrangência do citado artigo teve em conta que ele goza de uma alta fidúcia do seu empregador e dando a este direito de transferir o trabalhador sem a respectiva anuência.

Este direito tem sempre esbarrado na Súmula n. 43, do TST que dispõe: "Presume-se abusiva a transferência de que trata o § 1º do art. 469 da CLT, sem comprovação da necessidade de serviço". Isso porque a questão relacionada com a necessidade da comprovação da necessidade de serviço foi introduzida nos §§ 1º e 3º deste artigo, pela Lei n. 6.203, de 17 de abril de 1975, originada de algumas situações enfrentadas pelo empregado, exercente ou não de função de confiança, quais sejam: a) aceitação da transferência às vezes com prejuízo manifesto para ele e sua família; b) pedido de demissão pela impossibilidade de aceitar, ou c) a tentativa de anulação da determinação da transferência mediante a tutela jurisdicional, considerando-se que o disposto no inciso IX, do art. 659, da CLT, permite ao Juiz do Trabalho conceder medida liminar, até a decisão final do processo em reclamações trabalhistas que visem tornar sem efeito transferência disciplinada pelos parágrafos do art. 469.

A verdade é que os exercentes de função de confiança, a exemplo dos demais empregados estão também sujeitos à transferência abusiva talvez de forma sub-reptícia em virtude da condição especial em que eles se situam na empresa e pelos encargos que lhes são impostos. Assim, para eles também deverá haver a comprovação da real necessidade do serviço, em razão dos termos da Súmula n. 43, do TST, que dita regra geral para as hipóteses de transferência, consistindo ela num freio ou mesmo no limite do poder diretivo do empregador. Esse é entendimento de *José Alberto Couto Maciel* para quem a comprovação da necessidade de serviço é exigida em todos os tipos de transferência, podendo qualquer empregado ser transferido desde que comprovada a real necessidade, mas faz uma diferenciação no que diz respeito ao ônus da prova, ao afirmar que "a diferença está em que, nos cargos de confiança, e nos contratos que tenham como condição implícita ou explícita a transferência, bem como quando ocorrer extinção do estabelecimento, a necessidade é presumida, cabendo ao empregado contrariar a presunção, enquanto que, nos demais casos, inverte-se o ônus da prova, devendo o empregador comprovar a real necessidade de serviço"[87]. A tais argumentos acrescentamos que o disposto no art. 659, IX, da CLT, que permite a concessão de liminar pelo Juiz do Trabalho até decisão final do processo em reclamações trabalhistas que visem tornar sem efeito transferência disciplinada por este art. 469, não distingue os cargos que a liminar poderá alcançar e há que considerar ainda que a comprovação da real necessidade de serviço será o aspecto nuclear para se saber se a transferência é abusiva ou não. Essa posição, no entanto, não é pacifica. *Francisco Ferreira Jorge Neto* e *Jouberto de Quadros Pessoa Cavalcante* sustentam que "a expressão 'real necessidade de serviço' prevista no art. 469, § 1º, não é aplicável ao empregado que detenha cargo de confiança"[88]. *Sergio Pinto Martins* também é do mesmo entendimento sob o argumento de que o legislador teve por intuito excluir a necessidade de serviço para a transferência para o empregado detentor de cargo de confiança, pois a jurisprudência já vinha interpretando com rigor a caracterização dos cargos de confiança, além do que existem certas peculiaridades que cercam o desempenho dessas funções, sendo prescindível a necessidade de serviço"[89].

---

(87) Transferência do local do trabalho. In: *O contrato de trabalho e sua alteração*. Vários autores, Coordenação de Hugo Gueiros Bernardes, 2. ed. São Paulo: LTr, 1986. p. 78.
(88) *Direito do Trabalho*. 4. ed., Rio de Janeiro, Lumens Juris, Tomo I, 2008. p. 650.
(89) *Comentários à CLT*. 12. ed., São Paulo: Atlas, 2008. p. 455.

Jurisprudência

TST, Súmula n. 113 ADICIONAL DE TRANSFERÊNCIA. CARGO DE CONFIANÇA OU PREVISÃO CONTRATUAL DE TRANSFERÊNCIA. DEVIDO. DESDE QUE A TRANSFERÊNCIA SEJA PROVISÓRIA (inserida em 20.11.1997). O fato de o empregado exercer cargo de confiança ou a existência de previsão de transferência no contrato de trabalho não exclui o direito ao adicional. O pressuposto legal apto a legitimar a percepção do mencionado adicional é a transferência provisória.

TST, OJSDI-2 n. 67 MANDADO DE SEGURANÇA. TRANSFERÊNCIA. ART. 659, IX, DA CLT (inserida em 20.9.2000). Não fere direito líquido e certo a concessão de liminar obstativa de transferência de empregado, em face da previsão do inciso IX do art. 659 da CLT.

Ementa: Adicional de transferência. Cargo de confiança ou extinção do estabelecimento. Transferência provisória. 1. O pressuposto legal apto a legitimar a percepção do mencionado adicional é a transferência provisória. O fato de o empregado exercer cargo de confiança ou de o empregador extinguir o estabelecimento onde se dão as atividades laborais, por si só, não exclui o direito ao adicional. 2. Afigura-se provisória a transferência do empregado — gerente — que é dispensado seis meses após a mudança de domicílio da contratação, ainda que ditada pela extinção do estabelecimento. A dispensa de trabalhador em exíguo lapso temporal induz transitoriedade da transferência. 3. Não se pode descartar que o risco da atividade econômica é da álea do empreendedor. A transferência do empregado, ainda que gerente, para localidade diversa da do domicílio da contratação, acarreta-lhe sérios transtornos, que se traduzem em prejuízos, os quais, naturalmente, não deve suportar. 4. Reveste-se, pois, de caráter transitório a transferência do empregado seguida de dispensa em tão exíguo lapso temporal, ainda que ditada pela extinção do estabelecimento da contratação. Sobretudo se não há notícia da extinção do novo estabelecimento para o qual se dá a transferência e se o acórdão impugnado expressamente declina que, após a dispensa, o empregado retorna à cidade de origem. 5. Evidenciada a transferência provisória, faz jus o empregado ao adicional postulado. 6. Recurso de revista de que não se conhece. TST-RR-1.176/2002-023-03-00.6 — (Ac. 1ª T.) — Rel. Min. João Oreste Dalazen. DJU 30.3.07, p. 1.206.

4. Transferência. Conceito de real necessidade de serviço (§ 2º). A lei não fornece o conceito de real necessidade de serviço. Entretanto, numa feliz síntese, *Carrion* apontando lições de doutrinadores assim se manifesta sobre a questão "Por necessidade de serviço entenda-se a impossibilidade de a empresa desenvolver a atividade a contento, sem o concurso do empregado que transfere. É o que a doutrina indica: não haver no local profissional habilitado (Süssekind, Comentários); que o serviço não possa ser executado por outro empregado (Magano, Lineamentos); haverá que avaliar a diferença de dificuldades em utilizar o empregado que vai ser transferido e as dificuldades em se encontrar um novo: balança-se este fator e a importunação que causará ao empregado que se pretende transferir. Necessidade é superior a mera conveniência; não chega aos requisitos que fundamentam a força maior ou os prejuízos manifestos de outros institutos. Real necessidade. Não no sentido de verdadeiro, que para isso o adjetivo seria inútil aqui, mas no sentido de que a necessidade para transferência definitiva (§ 1º) tenha de ser objetiva, palpável, superior à simples necessidade da transferência provisória (§ 3º). A maior qualificação do empregado é fator que sempre pesou para se considerar justificada a mudança" [90]. Há também quem entenda que se deve atribuir uma margem de discricionariedade ao empregador, quanto aos motivos alegados para a transferência do empregado, colocando o abuso como limite. É o que pensa *Hugo Gueiros Bernardes*, quando afirma que "Do contrário, será muito difícil fazer justiça a respeito, por exemplo, da transferência de um técnico para determinada localidade distante, onde se inicia atividade pioneira: saber, dentre os técnicos existentes na empresa, qual o que 'com maior justiça' deveria ser transferido é adentrar o terreno da discricionariedade inerente ao poder de comando empresarial e correr o risco de entravar o exercício desse comando, sem deixar-lhe alternativa de exercício: dizer a Justiça do Trabalho, por exemplo, que uma transferência é ilícita, porque poderia ser contratado outro técnico na localidade de

---

[90] *Comentários à Consolidação das Leis do Trabalho*. 32. ed., São Paulo: Saraiva, 2008. p. 346.

destino, é decidir sobre a gestão da empresa e afirmar que ela está financeiramente obrigada a despender recursos com treinamento de novos técnicos e a aguardar que eles adquiram a ambientação suficiente com os problemas da empresa até se tornar útil a sua transferência para a nova localidade. Seria ir muito longe no julgamento, não da transferência em si mesma, mas dos critérios de gestão da empresa"[91]. Por último, é importante assinalar que a recusa do empregado, sem qualquer justificativa plausível, em se transferir para outra localidade, em situação que esteja comprovada a necessidade dos seus serviços, poderá dar ensejo à sua dispensa por justa causa, conforme deixa antever a jurisprudência trabalhista.

Jurisprudência

TST, Súmula n. 43. TRANSFERÊNCIA (mantida) — Res. 121/2003, DJ 19, 20 e 21.11.2003. Presume-se abusiva a transferência de que trata o § 1º do art. 469 da CLT, sem comprovação da necessidade do serviço. Histórico: Redação original — RA 41/1973, DJ 14.06.1973

TST, OJ SDI-2 n. 67 MANDADO DE SEGURANÇA. TRANSFERÊNCIA. ART. 659, IX, DA CLT (inserida em 20.9.2000). Não fere direito líquido e certo a concessão de liminar obstativa de transferência de empregado, em face da previsão do inciso IX do art. 659 da CLT.

Ementa: Despedida motivada. Possibilidade de transferência prevista no contrato de trabalho. Necessidade evidenciada. Recusa do empregado sem justificativa plausível. Falta grave. Prevendo o contrato de trabalho a possibilidade de transferência do empregado e havendo necessidade desta, a persistência dele na recusa em se mudar para município diverso daquele onde vinha prestando serviços sem nenhuma justificativa plausível, mesmo após a aplicação de outras penalidades mais brandas, configura falta grave, passível de punição máxima, qual seja, a dispensa motivada. TRT 12ª Reg. RO-VA 03994-2004-004-12-00-8 — (Ac. 3ª T. 03169/06, 10.01.06) — Relª. Juíza Gisele Pereira Alexandrino. DJSC 16.3.06, p. 298.

5. Transferência. Cláusula explícita e implícita (§ 1º). A cláusula explícita de transferência é aquela que está estipulada como condição no contrato de trabalho, de forma que o empregado fica sabendo da possibilidade de ser transferido pelo empregador já na formação do pacto laboral. Nesse caso, a cláusula é explícita, documentada, valendo-se também como tal aquela inserida no regulamento interno por fazer parte das condições integrativas do contrato de trabalho. Se a condição de transferibilidade foi estabelecida verbalmente, caberá ao empregador a prova respectiva, como também a real necessidade de serviço para dar legalidade ao ato. Empresas que normalmente atuam em vários pontos do país contemplam cláusulas explícitas de transferência, como ocorre com os empregados de bancos.

Na cláusula implícita inexiste a estipulação de transferência, mas a natureza da função, a atividade da empresa e, por si só, indica a possibilidade de a prestação de serviços ocorrerem em vários lugares. *Sérgio Pinto Martins* aponta várias categorias em que estaria implícita tal cláusula, a saber: o aeronauta, o ferroviário, o motorista rodoviário, o viajante comercial, o marítimo, o atleta profissional, o artista de teatro, etc "[92].

É possível também a existência das duas cláusulas numa mesma categoria de trabalhador, citando, como exemplo, a do bancário, cuja cláusula explícita é contida no contrato de trabalho ou mesmo do seu regulamento interno, mas que estaria implícita a possibilidade de transferência pelo fato de os bancos possuírem agências em várias localidades do país.

Note-se, também, que tanto na existência de cláusula explícita ou implícita de transferência haverá necessidade de comprovação da real necessidade de serviços, uma vez que essa exigência é da lei (§ 1º) balizando os limites do abuso do poder diretivo do empregador.

---

(91) *Direito do Trabalho.* São Paulo: LTr, V. I, 1989. p. 364.
(92) *Comentários à CLT.* 12. ed., São Paulo: Atlas, 2008. p. 454.

Jurisprudência

Ementa: Embargos. Adicional de transferência. Contrato em vigor quando do ajuizamento da reclamatória. Cláusula de transferibilidade implícita do próprio contrato de trabalho. Definitividade da transferência. Depreende-se do processo que a transferência do Reclamante não teve caráter provisório, mas definitivo, à medida que a última transferência perdurou até o ajuizamento da presente Reclamatória. O passar do tempo, efetivamente, notadamente cinco anos, serve para caracterizar a definitividade da transferência, porque demonstra o ânimo de fixar residência e domicílio naquele lugar. Não se pode aferir, como o faz o Embargante, que por ser da essência da atividade do empregado a sua transferibilidade, a transferência, por isso, configurar-se-ia provisória, porque, na forma da jurisprudência da Corte, consubstanciada no item n. 113 da Orientação Jurisprudencial da SBDI-1, a existência de previsão de transferência no contrato de trabalho não exclui o direito ao adicional, devendo ficar configurada a definitividade da transferência, o que ocorreu no processo. Embargos não conhecidos.TST-E-RR-623.683/2000.9 — (Ac. SBDI1) — 9ª Reg. — Rel. Min. Carlos Alberto Reis de Paula. DJU 11.2.05, p. 430.

6. Transferência. Extinção do estabelecimento (§ 2º). O parágrafo segundo estabelece como lícita a transferência no caso de extinção do estabelecimento em que trabalhava o empregado. Ocorre que, extinto o estabelecimento ou a sua transferência para outra localidade, não resta alternativa para o empregador senão a transferência do trabalhador para outra localidade. Evidentemente que em tais situações não haverá necessidade de o empregador provar a necessidade dos serviços e muito menos a anuência do trabalhador, pois a transferência será decorrente de um processo natural e lógico, já que inexistirá posto de trabalho onde a empresa extinguiu ou transferiu o estabelecimento para outra localidade. Da mesma forma, será lícita a transferência, quando houver o término da obra ou em decorrência de uma situação provisória de prestação de serviço, em que houve ajuste nesse sentido, pois o empregador não é obrigado a manter o empregado em local que não existam estabelecimento ou serviços.

Jurisprudência

Ementa: Extinção do estabelecimento. Transferência. "A extinção do estabelecimento, como está na lei, confere ao empregador o direito de transferir seus empregados, com a única restrição referida relativa aos estáveis. Trata-se, portanto, de uma hipótese em que a lei, expressamente, admite o "jus variandi", permitindo a alteração permanente de uma das condições de trabalho. Não exige a Consolidação que a extinção se dê por motivo de força maior. Não cabe, assim, em princípio, indagar dos motivos que determinaram o fechamento do estabelecimento. Nem pode o empregado recusar-se a acatar a ordem de transferência alegando razões de ordem pessoal, por mais respeitáveis que sejam. A transferência, no caso, não atinge apenas um, mas todos os empregados. E é um direito do empregador". (Délio Maranhão, "Instituições de Direito do Trabalho". 17. ed. São Paulo: LTr, p. 552). TRT 12ª Reg. RO-V 01443-2004-033-12-00-5 — (Ac. 3ª T. 07576/05, 07.06.05) — Rel. Juiz Gerson Paulo Taboada Conrado. DJSC 28.06.05, p. 179.

6.1. Transferência. Garantia de emprego. Os empregadores detentores de estabilidade plena (estáveis) ou mesmo provisória, não podem ser transferidos, citando como exemplo os dirigentes sindicais (art. 543, §3º da CLT), os membros de CIPA, etc., a não ser que haja pedido do empregado por escrito e aceitação da empresa. No caso de dirigente sindical, o pedido de transferência envolve a sua renuncia ao cargo sindical, ressalvada a hipótese de a transferência ocorrer entre localidades da mesma base territorial da entidade sindical. Vale ressaltar também que o TST tem considerado como válida cláusula constante de instrumento normativo que assegure ao empregado transferido, na forma do art. 469, da CLT, a garantia de emprego por um ano após a data da transferência (PN -77).

Precedente Normativo e Jurisprudência

TST, PRECEDENTE NORMATIVO N. 77. *Empregado transferido. Garantia de emprego (positivo).* Assegura-se ao empregado transferido, na forma do art. 469 da CLT, a garantia de emprego por 1 (um) ano após a data da transferência.

7. Transferência: definitiva e provisória. Adicional (§ 3º). A transferência poderá ser definitiva ou provisória, conforme veremos a seguir.

7.1. Transferência definitiva. A transferência definitiva é aquela que não paira dúvida a respeito, o que se dá quando o empregado muda a sua residência para outra localidade com ânimo de lá permanecer por um tempo razoável. Quanto a esse tempo razoável inexiste fixação em lei, de forma que a jurisprudência é que vem suprindo essa lacuna, algumas delas considerando que o período de um ano em diante é suficiente para comprovar que a transferência teve caráter definitivo. Se o empregado no curso de dois anos, por exemplo, teve várias transferências, a pressuposição é que as transferências foram provisórias. Importante ressaltar que existe categoria de trabalhadores com lei prevendo os casos de transferência definitiva e provisória. É o caso dos aeronautas, cuja Lei n. 7.183/84, trata da matéria no capítulo IV. Nesse capítulo estão disciplinadas as hipóteses de transferência definitiva e provisória, destacando que o art. 51, considera como "transferência provisória o deslocamento do aeronauta de sua base, por período mínimo de 30 (trinta) dias e não superior a 120 (cento e vinte) dias, para prestação de serviços temporários, sem mudança de domicílio, à qual retorna tão logo cesse a incumbência que lhe foi cometida" e permanente "o deslocamento do aeronauta de sua base, por período superior a 120 (cento e vinte) dias, com mudança de domicílio", sendo certo que "após cada transferência provisória o aeronauta deverá permanecer na sua base pelo menos 180 (cento e oitenta) dias (§ 2º, do art. 51º) e que "O interstício entre transferências permanentes será de 2 (dois) anos (§ 3, do art. 51). E, mais o art. 52, da mencionada lei estabelece que "O aeronauta deverá ser notificado pelo empregador com a antecedência mínima de 60 (sessenta) dias na transferência permanente e 15 (quinze) dias na provisória". O ideal, portanto, é que por ocasião da transferência o empregador notifique o seu empregado que a transferência será por tempo limitado, sujeito à possível prorrogação, mas sempre tendo um prazo máximo de duração, daí a provisoriedade. A legislação ordinária poderia estabelecer o tempo de duração e outras peculiaridades que envolve a transferência de empregado, o que contribuiria no sentido de ter menos controvérsia sobre a temática.

Jurisprudência

Ementa: Adicional de transferência. I — O § 3º do art. 469 da CLT não conceitua o que seja transferência provisória ou definitiva. Assim, para se identificar uma e outra, é imprescindível a utilização do fator tempo. Embora esse posicionamento reflita ampla subjetividade do intérprete, não se pode considerar provisória transferência que dure mais de três anos, na esteira do que ministra a experiência do dia-a-dia de que nessa hipótese são tênues os vínculos do empregado com o local de trabalho do qual fora removido. II — De outro lado, se não é concebível reputar provisória transferência com duração superior a três anos, há caso de transferência de pequena duração em que ainda assim é inegável a sua definitividade. É o que se verifica em relação à transferência para a cidade onde o empregado, embora tenha trabalhado por pouco tempo, haja sido dispensado, diante da inexistência da possibilidade de outra transferência no cotejo com a qual se pudesse indagar da definitividade ou provisoriedade da que a antecedera. III — Recurso provido. TST-RR-1.101/2002-092-09-00.7 — (Ac. 4ª T.) — 9ª Reg. — Rel. Min. Antônio José de Barros Levenhagen. DJU 6.9.07, p. 880.

Ementa: Adicional de transferência. Alteração de residência. Ônus da prova. Transferência entre cidades não abrangidas pela mesma região metropolitana . Presunção favorável ao empregado. Da leitura do *caput* do art. 469 da CLT conclui-se que o fato constitutivo do direito ao adicional em questão é a transferência do empregado para trabalhar em localidade diversa daquela para qual fora contratado, ao passo que eventual ausência de mudança de domicílio (na acepção de residência), quando a transferência ocorrer entre cidades não abrangidas pela mesma região metropolitana, trata-se de fato impeditivo do direito, cujo ônus da prova incumbe ao demandado, nos termos do art. 333, II, do CPC, e não ao Reclamante. Logo, admitido pelo Reclamado a existência de transferência nos moldes acima, presume-se que o empregado, de fato, alterou sua residência para o novo local de trabalho, transferindo-se para o empregador o ônus da prova em sentido contrário. TRT 9ª Reg. RO 00649-2005-093-09-00-9 — (Ac. 3ª T. 34155/08) — Rel. Paulo Ricardo Pozzolo. DJPR 23.9.08.

Ementa: Adicional de transferência. Indeferimento. Ausência do pressuposto básico da transitoriedade. Quando a transferência ocorre em caráter definitivo, não cabe o pagamento do adicional fixado no § 3º do art. 469 da CLT, tendo em vista que este dispositivo legal tem como pressuposto básico o atendimento de situações provisórias e transitórias em função da necessidade de serviço. Essa interpretação nasce do teor do mencionado Texto Legal que, ao tratar do direito ao adicional enquanto perdurar a transferência, expõe a ideia de transitoriedade. TRT 12ª Reg. RO 00518-2006-007-12-00-6 — (Ac. 3ª T, 12.8.08) — Red. Desig.: Juíza Lília Leonor Abreu. Disp. TRT-SC/DOE 1.9.08. Data de Publ. 2.9.08

Ementa: Adicional de transferência. Caráter definitivo ou provisório. Critérios de definição. O legislador não estabeleceu critérios para a definição do caráter definitivo ou provisório da transferência, o que fica delegado ao prudente arbítrio do magistrado, que deve analisar cada situação específica. No entender desta relatora a permanência do empregado, por mais de um ano, no novo local de trabalho revela o caráter definitivo da transferência, não gerando direito ao adicional respectivo, sempre vinculado à provisoriedade da transferência. TRT 18ª Reg. RO 00375-2007-013-18-00-2 — (Ac. 1ª T.) — Relª. Des. Kathia Maria Bomtempo de Albuquerque. DJE/18ª Reg. n. 145, 5.9.07, p. 3.

Ementa: Adicional de transferência. Requisitos para a apuração da provisoriedade. A análise acerca da provisoriedade da transferência deve ser feita à luz de cada situação específica e de acordo com o prudente arbítrio do juiz, pois o legislador não fixou um prazo a partir do qual a transferência deve ser tida como definitiva. Nesse sentido, a permanência do empregado no novo local de trabalho, pelo prazo mínimo de um ano, é fator que afasta o direito ao adicional de transferência, pois representa forte indício de que a mesma se deu em caráter definitivo. TRT 3ª Reg. RO 02327-2006-139-03-00-0 — (Ac. 3ª T.) — Rel. Des. Cesar Machado. DJMG 14.7.07, p. 9.

Ementa: Recurso de revista. Adicional de transferência. Provisoriedade x definitividade. Contrariedade à Orientação Jurisprudencial n. 113 da SBDI-1. Conhecimento e provimento. O pressuposto legal apto a legitimar a percepção do adicional de transferência previsto no art. 469 da CLT é a provisoriedade da remoção, não fazendo jus o empregado ao referido adicional quando a transferência se dá em caráter definitivo. No caso vertente, considerando que a transferência se deu em caráter definitivo, a decisão regional que defere o pleito sob a alegação que irrelevante o fato da transferência ser definitiva, uma vez que a lei não faz tal distinção, colide com o entendimento predominante nesta Corte que é no sentido de que o adicional de transferência tem seu cabimento restrito às hipóteses em que a transferência é apenas provisória. Aliás, encontra-se tal posicionamento consagrado no Tema n. 113 da Orientação Jurisprudencial da SBDI-1 desta Corte. Recurso de revista de que se conhece e a que se dá provimento. TST-RR-814.786/2001.8 — (Ac. 1ª T.) — 9ª Reg. — Rel. Juiz Convocado Guilherme Augusto *Caputo* Bastos. DJU 9.2.07, p. 679.

7.2. Transferência provisória. Inicialmente é preciso registrar que toda transferência, queira ou não, carrega implicitamente, o caráter de transitoriedade, isso porque subsiste sempre a possibilidade de haver nova mudança de local de trabalho. Contudo, o disposto no § 3º considera transferência provisória aquela em que o empregado se desloca para outra localidade onde a empresa possui estabelecimento e lá permanece por um determinado tempo, sabendo de antemão que retornaria ao seu local de origem. Essa situação ocorre com muita frequência no caso de assessoramento ou montagem de máquinas, ou mesmo em serviço de obra, de forma que, enquanto durar o serviço será considerado como provisória a transferência. É importante destacar que na situação de provisoriedade a alteração contratual será lícita, tanto que no § 3º deste artigo já está explicitado que nessa hipótese não se aplicam as restrições impostas no artigo anterior, que só pode ser o do 468, da CLT, vedando qualquer alteração que traga prejuízo direto ou indireto ao empregado. Entretanto, a real necessidade de serviço continua a ser exigida a fim de se evitar que o empregado seja transferido por motivos fúteis, de perseguição ou outros motivos que evidenciem abuso do poder diretivo do empregador. A verdade é que toda transferência provisória, além da comprovação da necessidade de serviço deveria ser precedida de uma carta na qual se estipularia o seu prazo assegurando o retorno do empregado, de forma a configurar o seu caráter provisório. Se houver a necessidade de exceder o prazo anteriormente ajustado, o empregador fará a comunicação a respeito, de forma que o empregado saberá que a situação era provisória, sendo certo que enquanto durasse a permanência em outra localidade receberia o adicional respectivo, previsto no § 3º, nunca inferior a 25% (vinte e cinco por cento) do salário percebido.

Quanto ao adicional se a transferência for definitiva não há falar-se nesse direito porque a lei (§ 3º) ao se referir na sua parte final "enquanto durar essa situação" leva ao raciocínio lógico e insofismável que o direito é provisório. Se não fosse assim, toda transferência implicaria no pagamento do adicional e passaria a ser um direito em cascata. Ademais, se fosse esse o desejo do legislador por certo expressaria esse direito em todos os casos de transferência, embora se registre que há entendimento no sentido de que em qualquer transferência, definitiva ou provisória, é devido o adicional.

Jurisprudência

Ementa: Adicional de transferência. É devido o adicional de transferência ao empregado que é transferido para outro local, enquanto perdurar a condição de provisoriedade, nos termos do art. 469, § 3º, da CLT e da OJ n. 113 do C. TST, ainda que somente tenha ocorrido a mudança de seu domicílio profissional. A circunstância de ter o empregado de laborar, durante os dias úteis da semana, em cidade diversa daquela para o qual foi contratado, implica, por certo, na necessidade de mudar também a sua residência profissional, mesmo que a sua família continua na cidade de origem, sob pena de o empregado arcar com os inconvenientes do necessário deslocamento (diário e/ou semanal). Trata-se, sem dúvida, de alteração do pactuado que, efetivamente, trouxe prejuízos (ou transtornos) ao demandante, ao alterar o cotidiano da sua vida profissional e familiar, fazendo jus ao adicional de transferência previsto no § 3º do art. 469 da CLT. Recurso Ordinário do autor a que se dá parcial provimento. TRT 9ª Reg. RO 01573-2005-069-09-00-5 — (Ac. 1ª T. 15267/07) — Rel. Juiz Edmilson Antonio de Lima. DJPR 19.6.07, p. 255.

Ementa: Adicional de transferência. Transferência provisória. Mudança de domicílio. Empregado em obras. Se o empregado é admitido para trabalhar em obras, e se o local da prestação de serviços é alterado sucessivamente ao término de cada uma delas, é evidente o caráter provisório de tais transferências pois, para tanto, não se exige o retorno à localidade de origem. De outra sorte, o fato de o trabalhador utilizar os alojamentos existentes nos canteiros e manter sua residência em local determinado, não impede que se reconheçam as mudanças domiciliares, pois é possível à pessoa natural ter mais de um domicílio, consoante o art. 32, do CC/1916, vigente ao tempo dos fatos. TRT 15ª Reg. (Campinas/SP) RO 1461-2002-069-15-00-9 — (Ac. 11059/06-PATR, 3ª Câmara) — Rel. Juiz Ricardo Regis Laraia. DJSP 17.3.06, p. 55.

Ementa: Adicional de transferência. Transitoriedade. A circunstância de o empregado ser dispensado em cidade diversa daquela em que foi contratado não caracteriza, por si só, a definitividade da transferência. Esse é apenas um elemento que aliado a outros, como por exemplo o tempo de permanência no local, poderá caracterizar a transferência definitiva. No caso, em face das sucessivas transferências e do curto lapso temporal — oito meses — em que o reclamante passou em Piracicaba, última cidade para a qual foi transferido e na qual foi dispensado, não é possível concluir pela definitividade da transferência, ao contrário, resta evidenciada a natureza transitória dessas transferências, o que autoriza o pagamento do adicional respectivo. Recurso de Embargos de que não se conhece. TST-E-RR-2.602/1999-012-15-00.3 — (Ac. SBDI1) — 15ª Reg. — Rel. Min. João Batista Brito Pereira. DJU 22.9.06, p. 825.

Ementa: Local da prestação de serviços. Várias alterações. Provisoriedade caracterizada. Adicional de transferência devido. O adicional de transferência tem previsão legal para as hipóteses de alteração do *locus* da prestação laboral que não tenha caráter definitivo e que implique alteração de domicílio. Funda-se no princípio da irredutibilidade salarial posto que o trabalhador, ao mudar seu local de trabalho, vê-se obrigado a alterar a residência, passando a ter um gasto adicional com moradia, novas instalações etc. Tendo ocorrido quatro alterações de residência num contrato de pouco mais de cinco anos, não podem ser consideradas "definitivas" tais mudanças, ainda que previstas em contrato de trabalho. Forçoso concluir que houve sucessivas alterações de domicílio, sempre em caráter provisório. Faz jus assim, o trabalhador, ao adicional pretendido. Recurso ordinário a que se dá provimento, no particular. TRT 2ª Reg. RO 00447200625102000 — (Ac. 4ªT. 20071026910) — Rel. Ricardo Artur Costa e Trigueiros. DOE 7.12.07.

Ementa: Agravo de instrumento. Recurso de revista. Adicional de transferência. Caráter provisório. Cabimento. O acórdão recorrido revela clara harmonia com a jurisprudência do c. TST, consubstanciada na Orientação Jurisprudencial n. 113 da Subseção Especializada em Dissídios Individuais — 1 deste Tribunal, segundo a qual o fato de o empregado exercer cargo de confiança ou a existência de previsão de transferência no contrato de trabalho não exclui o direito ao adicional. O pressuposto legal apto a legitimar a percepção do mencionado adicional é a transferência provisória. Incide, assim, a obstaculizar a admissibilidade da revista o óbice da Súmula n. 333 do TST. Agravo de instrumento a que se nega provimento. TST-AIRR-1.746/2003-261-02-40.1 — (Ac. 6ª T.) — 2ª Reg. — Rel. Juiz Convocado Luiz Antonio Lazarim. DJU 25.5.07, p. 1.225.

8. Adicional de 25%. Base de cálculo (§ 3º). O adicional de transferência é de 25% calculado sobre o salário que o empregado percebia na localidade de origem e não sobre o salário-base e no seu cálculo devem ser computadas todas as verbas de natureza salarial (art. 457, § 1º). Nesse sentido tem sido o posicionamento da jurisprudência.

Jurisprudência

Ementa: Recurso de embargos. Adicional de transferência. Natureza jurídica. Vigência da Lei n. 11.496/2007. Infere-se do § 3º do art. 469 da CLT que na base de cálculo do adicional de transferência, devem ser computadas todas as verbas de natureza salarial, por força do § 1º do art. 457 da CLT. Composta a parcela por verbas de natureza salarial, evidenciado que o adicional de transferência possui natureza salarial produzindo os devidos reflexos. Correta a decisão da C. Turma que manteve a natureza salarial da referida parcela, enquanto estiver sendo paga. Embargos conhecidos e desprovidos. TST-E-ED-RR-780.970/2001.0 — (Ac. SBDI1) — 3ª Reg. — Rel. Min. Aloysio Corrêa da Veiga. DJU 6.6.08, p. 57.

Ementa: Adicional de transferência. Base de cálculo. A teor do § 3º do art. 469 da CLT, o adicional de transferência deve ser calculado sobre o que a doutrina convencionou chamar de "complexo salarial", e não apenas sobre o salário-base, porquanto o legislador, ao mencionar no referido preceito que o adicional devido ao empregado deve incidir sobre os "salários" que este percebia na localidade da qual foi transferido, certamente que tencionou com a aludida expressão, haja vista tê-la empregada no plural, remeter o intérprete para o disposto no § 1º do art. 457 do Texto Consolidado. TRT 12ª Reg. AP01019-2000-019-12-86-6 — (Ac. 1ª T., 7.8.07) — Rel. Juiz Garibaldi T. P. Ferreira. Disp. TRT-SC/DOE 14.9.07. Data de Publ. 17.9.07.

9. Transferência entre empresas do mesmo grupo econômico. Em se tratando de empresas do mesmo grupo econômico, a transferência do empregado de uma empresa para outra não encontra óbice, desde que respeitado o tempo de serviço anterior do empregado na outra empresa e que não lhe cause prejuízo. Duas razões justificam a licitude da transferência. A primeira reside no disposto no § 2º do art. 2º da CLT que admite a solidariedade entre as empresas que compõem o mesmo grupo econômico. A segunda está no fato de que o grupo de empresas é tido como empregador único, a teor da Súmula n. 129, do TST. A transferência, no caso, poderá ser definitiva ou provisória. Se definitiva a transferência, com mudança de residência, o empregado não terá direito ao adicional de transferência. Na provisória, é devido o adicional se a transferência envolver localidade diversa da do contrato, já que o trabalho na mesma localidade, em empresas do mesmo grupo de empresas, não constituirá transferência que atraia o referido adicional.

Jurisprudência

Ementa: Unicidade contratual. Transferência de trabalhador entre empresas do mesmo grupo econômico. Manutenção das condições laborais. Fraude trabalhista. O fato de duas ou mais empresas comporem o mesmo grupo econômico, por si só, não gera presunção absoluta de que o trabalhador que firmou mais de um contrato de trabalho com empresas diferentes sujeitou-se a um único contrato de trabalho. Contudo, constatada a existência de mera transferência do empregado de uma empresa para outra, sem solução de continuidade na prestação de serviços, nas mesmas funções e atividades em ambos os contratos, evidencia-se a tentativa de fraude trabalhista, ensejando o reconhecimento da unicidade contratual. TRT 9ª Reg. Proc. 00804-2006-657-09-00-3 — (Ac. 2ª T. 35292/08) — Rel. Márcio Dionísio Gapski. DJPR 10.10.08.

10. Transferência para o exterior. Lei n. 7.064/82. Essa Lei é a única que trata de transferência de empregado para o exterior e embora ela seja direcionada às empresas prestadoras de serviços de engenharia, inclusive de consultoria, projetos e obras, montagens, gerenciamento e congêneres. Entretanto, referida lei tem sido aplicada analogicamente (art. 8º *caput*, da CLT) em todos os casos de transferência de empregados para o exterior. Segundo o art. 2º da mencionada Lei considera-se transferido I — o empregado removido para o exterior, cujo contrato estava sendo executado no território brasileiro; II — o empregado cedido a empresa sediada no estrangeiro, para trabalhar no exterior, desde que mantido o vínculo trabalhista com o empregador brasileiro; e III — o empregado contratado por empresa sediada no Brasil para trabalhar a seu serviço no exterior. Os serviços transitórios, não superiores a 90 dias, ficam excluídos da aplicação dessa lei desde que: a) tenha ciência expressa dessa transitoriedade; receba, além da passagem de ida e volta, diárias durante o período de trabalho no exterior, as quais, seja qual for o respectivo valor, não tem natureza salarial (parágrafo único do art. 1º). Há que ser observado também que o art. 3º da referida lei prescreve que: "A empresa responsável pelo contrato de trabalho do empregado transferido assegurar-lhe-á, independentemente da observância da legislação do local da execução dos serviços: I — os direitos previstos nesta Lei; II — a aplicação da legislação brasileira de proteção ao trabalho, naquilo que não for incompatível com o disposto nesta Lei, quando mais favorável do que a legislação territorial, no conjunto de normas e em relação a cada matéria. Parágrafo único. Respeitadas as disposições especiais desta Lei, aplicar-se-á a legislação brasileira sobre Previdência Social, Fundo de Garantia por Tempo de Serviço — FGTS e Programa de Integração Social — PIS/PASEP. Outros dispositivos da mencionada lei, tratam da fixação do salário-base e do adicional de transferência, bem como sobre os reajustes e aumentos compulsórios (art. 4º), estipulação do salário-base, moeda nacional e forma de pagamento em moeda estrangeira (§ 5º), férias e seu custeio (§ 6º), retorno do empregado ao Brasil (art. 7º), retorno por iniciativa do empregado e justa causa do empregado, despesas, etc (art. 8º), contagem de tempo de serviço no exterior (art. 9º). Os demais dispositivos desta lei (arts. 10 a 24) procuram disciplinar outras questões afetas à transferência do empregado para o exterior, tentando, enfim, preencher a lacuna na ordem jurídica. Quanto à aplicação da lei no espaço, há que se ter presente o disposto na Súmula n. 207 do Colendo TST, que, com fundamento no Código de Bustamante (art. 198), estabelece que "a relação jurídica trabalhista é regida pelas leis vigentes no país da prestação de serviços e não por aquelas do local da contratação". No que concerne à incidência do FGTS sobre as parcelas recebidas pelo empregado no exterior, depois de muita controvérsia a respeito, a matéria veio a ser pacificada no Tribunal Superior do Trabalho, através da Orientação Jurisprudencial, n. 232, da SDI-1, que prega a sua incidência sobre todas as parcelas de natureza salarial pagas ao empregado em virtude de prestação de serviços no exterior.

Jurisprudência

TST, Súmula n. 207. CONFLITOS DE LEIS TRABALHISTAS NO ESPAÇO. PRINCÍPIO DA "LEX LOCI EXECUTIONIS" (mantida) — Res. 121/2003, DJ 19, 20 e 21.11.2003. A relação jurídica trabalhista é regida pelas leis vigentes no país da prestação de serviço e não por aquelas do local da contratação. Histórico: Redação original — Res. 13/1985, DJ 11, 12 e 15.07.1985

TST, OJSDI-1 n. 232 FGTS. INCIDÊNCIA. EMPREGADO TRANSFERIDO PARA O EXTERIOR. REMUNERAÇÃO (inserida em 20.6.2001). O FGTS incide sobre todas as parcelas de natureza salarial pagas ao empregado em virtude de prestação de serviços no exterior.

Ementa: Adicional de transferêcia. Transferência de domicílio. O reclamante teve alterado o local da prestação de serviço (para o exterior)- o que necessariamente implicou em mudança do seu domicílio. Vale destacar que o conceito de domicílio não se esgota naquele do art. 70 do CCB-2002("O domicílio da pessoa natural é o lugar onde ela estabelece a sua residência com ânimo definitivo"), mas abrange também o conceito do art. 72 do CCB-2002, no sentido de que "É também domicílio da pessoa natural, quanto às relações concernentes à profissão, o lugar onde esta é exercida". Assim, evidente que houve transferência de domicílio do autor que autoriza o deferimento do adicional de transferência. TRT 9ª Reg. RO 04298-2006-892-09-00-5 — (Ac. 4ª T. 25239/08) — Rel. Sérgio Murilo Rodrigues Lemos. DJPR 15.7.08, p. 353.

Ementa: Adicional de transferência dólar. Ajuda aluguel. As verbas "adicional de transferência dólar" e "ajuda aluguel", concedidas pela reclamada a empregado que trabalha no exterior, não possuem natureza indenizatória, mas sim de salário-condição, pois são fornecidas como contraprestação pelo trabalho, destinando-se a viabilizar o serviço. Neste contexto, devem integrar o salário do autor para todos os efeitos legais. TRT 3ª Reg. RO 01430-2000-011-03-00-4 — (Ac. 1ª T.) — Rel. Des. Marcus Moura Ferreira. DJMG 2.3.07, p. 7.

Ementa: Recurso ordinário. Transferência do empregado para o exterior. Rescisão por iniciativa da empresa antes do prazo estabelecido. Obrigatoriedade de pagamento de indenização contratual. O excesso de formalismo não se coaduna com o Direito do Trabalho, sendo certo que tanto o contrato individual de trabalho, como os seus eventuais aditamentos, podem ser acordados tácita ou expressamente, verbalmente ou por escrito (inteligência do art. 443 da CLT). Diante dessa assertiva, não constitui óbice ao reconhecimento da efetiva transferência do reclamante para os Estados Unidos o fato alegado pela reclamada de que haveria a necessidade da anuência de seu Presidente mundial para que se formalizasse o aditamento ao contrato de trabalho do reclamante e sua transferência para o aludido País. De todo o modo, todos os trâmites administrativos desenvolveram-se no sentido da expatriação do empregado, a qual efetivamente ocorreu, sendo certo que a desaprovação do presidente mundial acerca da transferência do obreiro, quando este já se encontrava trabalhando no exterior há mais de dois meses, afronta o princípio da boa-fé objetiva previsto no art. 422 do CC, nova tendência do direito civil, aplicável por analogia ao direito do trabalho, que se constitui num dever de agir conforme determinados padrões de lealdade e honestidade e tem a função de controlar os limites do exercício de um direito. TRT 2ª Reg. RO 00311200536102005 — (Ac. 12ª T. 20070497405) — Rel. Juiz Marcelo Freire Gonçalves. DOE/TRT 2ª Reg. 6.7.07, p. 164.

Ementa: Contrato de trabalho celebrado no Brasil. Prestação do serviço realizada exclusivamente no exterior. Aplicação da legislação do país onde o serviço foi prestado, no caso, Estados Unidos — Miami/Flórida e não a legislação brasileira. Súmula n. 207 do TST. Sentença mantida. Recurso não provido. TRT 2ª Reg. RO 02936200101102007 — (Ac. 1ª T.) — Rel. Juiz Plínio Bolivar de Almeida. DJSP 10.5.05, p. 165.

11. Transferência do empregado para local mais distante de sua residência. Despesas com transporte. O empregador tendo vários estabelecimentos numa mesma localidade, poderá transferir o empregado de um para outro estabelecimento. Nesse caso, a transferência será licita, já que não haverá necessidade de mudança de residência. No entanto, se houver acréscimo de despesas na locomoção para novo local de trabalho, ficará por conta do empregador. Se o empregado arcar com os custos não existentes antes de sua transferência para o novo local de trabalho, haveria uma redução salarial, daí porque a Súmula n. 29, do TST, que trata da hipótese vertente em suplementação salarial, o que não é verdade, pois o acréscimo despesa de transporte tem natureza indenizatória.

Jurisprudência

TST, Súmula n. 29. TRANSFERÊNCIA (mantida) — Res. 121/2003, DJ 19, 20 e 21.11.2003. Empregado transferido, por ato unilateral do empregador, para local mais distante de sua residência, tem direito a suplemento salarial correspondente ao acréscimo da despesa de transporte. Histórico: Redação original — RA 57/1970, DO-GB 27.11.1970.

Art. 470 As despesas resultantes da transferência correrão por conta do empregador. (Redação L. n. 6.203, 17.4.75, DOU 18.4.75, LTr 39/557).

1. Transferência. Despesas de ida do empregado. A transferência do empregado acarretará ao empregador, a obrigação de pagar todas as despesas que dela resultarem. Não há enumeração na lei sobre quais as despesas que serão de responsabilidade do empregador, o que pressupõe que serão todas aquelas que envolvem a transferência. Assim, compreendem as despesas de multa em caso de rompimento de contrato de locação, já que foi o empregador quem deu causa a essa rescisão e as despesas com a transferência propriamente dita, com a de mudança, de transporte, de estadia, inclusive as dos familiares, etc. Referidas despesas não possuem caráter salarial até porque serão pagas mediante a respectiva comprovação.

Se o empregado é transferido unilateralmente de um estabelecimento para outro numa mesma localidade, e com isso tenha acréscimo nas despesas com transporte, o empregador se obriga a indenizá-lo, a fim de que ele não sofra prejuízo com a mudança de local de trabalho. É o que dispõe a Súmula n. 29 do TST, cuja expressão nela inserida de "suplementação salarial" deve ser compreendida como uma reparação a uma perda salarial que o empregado passaria a ter se não houvesse o ressarcimento das aludidas despesas, pois não se cogita de verba de natureza salarial.

Jurisprudência

TST, Súmula n. 29. TRANSFERÊNCIA (mantida) — Res. 121/2003, DJ 19, 20 e 21.11.2003. Empregado transferido, por ato unilateral do empregador, para local mais distante de sua residência, tem direito a suplemento salarial correspondente ao acréscimo da despesa de transporte. Histórico: Redação original — RA 57/1970, DO-GB 27.11.1970

Ementa: Despesas decorrentes de transferência. Em que pese dispor o art. 470 da CLT que as despesas resultantes da transferência correrão por conta do empregador, não há dúvida de que apenas é devido ao empregado o ressarcimento com os gastos realizados a esse título quando devidamente comprovados... TRT 12ª Reg. Proc. 01067-2006-007-12-00-4 — Relª. Gisele P. Alexandrino. TRTSC/DOE 27.11.07.

2. Transferência. Despesas de retorno do empregado. O disposto no art. 470 deve ser interpretado de forma extensiva atendo-se ao princípio da intenção e finalidade da lei, para alcançar as despesas de retorno do empregado ao local de origem. Isso porque não seria lógico e nem razoável que o empregador depois de transferir o empregado, definitivamente ou transitoriamente o demita sem justa causa, deixando-o longe de seu domicílio, com todos os problemas de desemprego. Assim, o direito seria devido mesmo inexistindo cláusula contratual expressa obrigando o empregador a custear as despesas de retorno do empregado ao seu local de origem, por ser-lhe um ato oneroso para o qual não deu causa. Nesse caso, o empregado deverá comprovar o seu desejo de retornar a cidade de origem e fazer a comprovação das despesas efetivadas. O empregado que solicita demissão não tem direito as despesas de retorno, o mesmo acontecendo com o empregado dispensado por justa causa. Há, no entanto, entendimento de que "as despesas de retorno não ficarão a cargo do empregador, pois são devidas as despesas de transferência, inexistindo previsão legal de pagamento das despesas de retorno"[93].

Jurisprudência

Ementa: I — ... II — Recurso de revista. Transferência. Ressarcimento de despesas de retorno após a extinção do contrato de trabalho. Do comando do art. 470 da CLT extrai-se que, evidenciado ter a transferência decorrido de determinação do empregador, são devidas as despesas com o retorno do empregado ao local de origem, mesmo após a rescisão do contrato de trabalho. Recurso de revista conhecido e provido. TST-RR-104147/2003-900-04-00.0 — (Ac. 3ª T., j. 10.10.07) — Rel. Min. Alberto Luiz Bresciani de Fontan Pereira. DJU 9.11.07.

Ementa: Recurso de revista — Despesas de mudança. Vulnera-se o art. 470 da Consolidação das Leis do Trabalho quando é negada a cobertura de despesas com o retorno do empregado ao primitivo domicílio, estando já extinto o pacto laboral, em face da dispensa do empregado. Se houve mudança do empregado para localidade diversa da qual se encontrava domiciliado em razão do contrato de trabalho, pois da necessidade e da conveniência do empregador, com muito mais fundamento há de se estender o campo de abrangência da norma em exame aos casos em que extinto o contrato de trabalho, com a dispensa do empregado, venha o empregador arcar com as despesas de volta, uma vez que as verbas decorrentes da extinção do contrato têm natureza indenizatória pela perda do emprego, e alimentar, pois prendem-se à subsistência do homem e de sua família em circunstâncias adversas, como aquela pertinente à sua exclusão do mundo do trabalho. Daí obrigá-lo ainda a arcar com as despesas de retorno do local da prestação de serviço, além de constituir grave desequilíbrio entre as partes, inclusive quanto ao distrato, impõe situação iníqua ao sobrecarregar economicamente o já hipossuficiente, segundo os princípios que norteiam o Direito do Trabalho. Recurso de revista conhecido e provido neste aspecto. TST-RR-812937/2001.7 — (Ac. 1ª T, j. 11.6.03) —Rel. Min. Luiz Philippe Vieira de Mello Filho. DJU 1.8.03.

Ementa: Despesas com a transferência. Retorno após a rescisão do contrato. Nos termos do art. 470 da CLT as despesas decorrentes da transferência do empregado correrão por conta do empregador. Assim, pouco importa se esta ocorre em caráter provisório ou definitivo. Havendo a transferência, despesas são contraídas pelo empregado, razão pela qual faz jus ao respectivo reembolso. Nesse passo, ocorrendo a rescisão do contrato sem justo motivo, deve o empregador arcar com as despesas relativas ao retorno, pois nada mais justo do que ser responsabilizado pelo regresso do empregado e de sua família à sua cidade, quando dali transferido por força do contrato de trabalho. TRT 9ª Reg. Proc. 01031-2003-096-09-00-3 — (Ac. 25168/04) — Rel. Luiz Eduardo Gunther. DJPR 5.11.04.

CAPÍTULO IV
DA SUSPENSÃO E DA INTERRUPÇÃO

Art. 471 *Ao empregado, afastado do emprego, são asseguradas, por ocasião de sua volta, todas as vantagens que, em sua ausência, tenham sido atribuídas à categoria a que pertencia na empresa.*

1. Na suspensão do contrato de trabalho, a relação laboral continua existindo, mas as suas cláusulas não produzem nenhum efeito já que não há prestação de serviços e nem pagamento de salário. Não deixa também de ser temporária a paralisação dos seus efeitos, pois deixando de existir o impedimento do seu afastamento, os efeitos normais do contrato são restabelecidos. Já na interrupção há uma paralisação, também temporária, mas parcial dos

---

(93) MARTINS. Sérgio Pinto, *Comentários à CLT*. 12. ed., São Paulo: Atlas, 2008. p. 456.

efeitos do contrato, uma vez que o empregado continua recebendo normalmente o seu salário, sem prestação de serviços e tem a seu favor a contagem do respectivo período como tempo de serviço para todos os efeitos legais.

2. As duas hipóteses legais poderiam ser mais bem explicadas na forma de suspensão total ou parcial do contrato, levando-se em conta os respectivos efeitos, como acontece no direito comparado. Ocorre que existem situações em que estão presentes a suspensão e interrupção e distinguem-se apenas quanto aos seus efeitos e nem sempre são coincidentes no que concerne à identificação de cada instituto. É o caso da Súmula n. 269, do TST, que considera suspenso o contrato de trabalho quando o empregado passa à condição de diretor eleito. No entanto, o empregado é beneficiário do recolhimento do FGTS. Ora é evidente que de suspensão não se trata, já que não desapareceu o direito do empregado de ver creditado na sua conta vinculada o FGTS, conforme art. 29, do Decreto n. 99.684/90, que regulamenta a Lei n. 8.036/90, para garantia do tempo de serviço. Portanto, o contrato está produzindo efeitos parciais não só quanto ao recolhimento do FGTS, como também quanto ao tempo de serviço que é contado para todos os efeitos legais. Outras situações se encaixam na mesma situação: período de afastamento do empregado em razão de serviço militar ou então em caso de acidente do trabalho (art. 4, da CLT). Nesses casos, mesmo afastado do serviço, o recolhimento do FGTS é feito sobre os salários que normalmente receberia se estivesse trabalhando.

3. Entre os exemplos de suspensão, encontramos as seguintes hipóteses: suspensão disciplinar a que alude o art. 474, da CLT; o afastamento do empregado em decorrência de licença médica após os primeiros quinze dias (art. 476, da CLT); a eleição do empregado para o cargo de diretor de sociedade anônima sem existência da subordinação jurídica (Súmula n. 269, do TST); e faltas injustificadas.

4. No que toca à interrupção poderão ser enumerados várias situações, quais sejam: todas as hipóteses dos incisos I a IX, do art. 473, da CLT, aos quais nos reportamos; os primeiros quinze dias de afastamento por motivo de doença (Lei n. 8.213/91, art. 60) ou acidente do trabalho (Decreto n. 3.048/99, arts. 30 e 71); aviso prévio indenizado; férias (art. 130, da CLT); férias coletivas (art. 139, da CLT); domingos e feriados, na hipótese do trabalho realizado durante a semana (Lei. n. 605/49); testemunha (arts. 822 e art. 473, VIII, da CLT); parte em reclamação trabalhista (Súmula n. 155, do TST e art. 473, VIII, da CLT); greve, se houver pagamento de salário; trabalho nas eleições (Lei n. 9.504/97); professor, casamento, 9 dias , licença à gestante, inclusive a mãe adotante (arts. 7º, XVIII e 392-A e 393, da CLT); licença-paternidade, etc..

5. A rigor, as ausências devem ser comprovadas para que o empregador as aceite como justificadas. No caso de comprovação de doenças, dispõe o § 2º do art. 2º da Lei n. 605/49 que a "A doença será comprovada mediante atestado de médico da instituição da previdência social a que estiver filiado o empregado, e, na falta deste e sucessivamente, de médico do SESC ou SESI; de médico da empresa ou por ela designado; de médico a serviço de representação federal, estadual ou municipal incumbido de assuntos de higiene ou de saúde pública; ou não existindo estes, na localidade em que trabalhar, de médico de sua escolha. Mas com o disposto no § 4º do art. 60, da Lei n. 8.213/91" a empresa que dispuser de serviço médico, próprio ou em convênio, terá a seu cargo o exame médico e o abono das faltas correspondentes ao período referido no § 3º, somente devendo encaminhar o segurado à perícia médica da Previdência Social quando a incapacidade ultrapassar 15 (quinze) dias". Havendo convênio, este para ter valor terá que ser homologado pelo órgão previdenciário. Continua também válido o atestado médico fornecido pelo INSS. Na ausência na localidade de médicos das entidades destacadas na Lei n. 605/49 e nem

convênio médico instituído pela empresa, há que prevalecer o médico da escolha do empregado, já que ele poderá ficar sem assistência. Quanto ao dentista o art. 6º da Lei n. 5.081, de 24.8.66, dispõe que ele compete "atestar, no setor de sua atividade profissional, estados mórbidos e outros, inclusive, para justificação de falta ao emprego".

6. As ausências admitidas pelo empregador com o pagamento de salários, as quais ficam inseridas no seu poder de comando ou derivadas do seu poder regulamentar constituem em interrupção do contrato de trabalho e são consideradas como tempo de serviço para todos os efeitos legais. O exemplo típico é a licença remunerada. No mesmo patamar ficam as ausências estabelecidas em normas coletivas, citando como exemplo a do dirigente sindical que fica liberado do trabalho para prestar serviços ao seu sindicato, com a percepção de salário.

7. Existem situações que envolvem hipóteses de suspensão do contrato, mas que se transformam em interrupção por decisão judicial. Ocorre que se o empregado ficar com o contrato de trabalho suspenso por 30 dias, com a perda da remuneração na forma do art. 474, da CLT e vier a ter êxito na demanda judicial que teve com o seu empregador, envolvendo aquela suspensão e outros direitos ligados ao contrato, a suspensão se transforma em interrupção do contrato de trabalho, uma vez que ficou restabelecida a normalidade do pacto laboral.

Jurisprudência

Ementa: ... Demissão por justa causa. Contrato suspenso. Benefício previdenciário. Porque vigente o contrato de trabalho, malgrado com efeitos restritos, o despedimento por justa causa (improbidade), antes ocorrida, não viola a literalidade do art. 476 da CLT, que considera o empregado em licença não remunerada, enquanto estiver recebendo benefício previdenciário por doença. Da mesma forma, ileso o art. 471 da CLT, que pressupõe normalidade contratual, sem a ocorrência de justa causa anterior ao afastamento do empregado. Agravo a que se nega provimento. TST-AIRR-1426/2002-055-01-40.8 — (Ac. 5ª T., j. 30.5.07) — Rel. Juiz Convocado: José Pedro de Camargo Rodrigues de Souza. DJU 8.6.07.

Ementa: Agravo de instrumento. Enquadramento funcional. Art. 471 da CLT. Ofensa. Não caracterização. O art. 471 da CLT assegura ao empregado, quando do retorno à atividade, as vantagens que tenham sido atribuídas à sua categoria, durante seu afastamento, nada dispondo, portanto, sobre a possibilidade de se exercer a mesma função anteriormente desempenhada. Assim, esta última questão não rende ensejo ao conhecimento do recurso de revista calcado em afronta à sua literalidade, mormente em se considerando que o Tribunal *a quo* não determinou a permanência da autora na função que exercia antes do afastamento, mantendo apenas o deferimento das diferenças salariais pleiteadas, com o fito, justamente, de atender à referida norma consolidada. Agravo de instrumento a que se nega provimento. TST-AIRR — 3209/1999-076-02-40.1 — (Ac. 1ª T, j. 18.5.05) — Rel. Juiz Convocado Guilherme Augusto *Caputo* Bastos. DJU 3.6.05.

Ementa: Atestados médicos. Validade. Atestados emitidos por profissionais habilitados, mormente por médicos do SUS — Sistema Único de Saúde, gozam da presunção de veracidade até que se prove o contrário, sendo da empresa o ônus de comprovar que houve fraude. A empresa não pode restringir a aceitação de atestados apenas aos emitidos por médicos integrantes de seu quadro, punindo ou dispensado o empregado que se utilizar do sistema público de saúde. TRT 12ª Reg. RO 01479-2006-054-12-00-1 — (Ac. 1ª T., 15.4.08) — Rel. Juiz José Ernesto Manzi. Disp. TRT-SC/DOE 3.6.08. Data de Publ. 4.6.08.

Art. 472

O afastamento do empregado em virtude das exigências do serviço militar ou de outro encargo público não constituirá motivo para a alteração ou rescisão do contrato de trabalho por parte do empregador.

§ 1º Para que o empregado tenha direito a voltar a exercer o cargo do qual se afastou em virtude de exigência do serviço militar ou de encargo público, é indispensável que notifique o empregador dessa intenção, por telegrama ou carta registrada, dentro do prazo máximo de trinta dias, contados da data em que se verificar a respectiva baixa ou a terminação do encargo a que estava obrigado.

§ 2º Nos contratos por prazo determinado, o tempo de afastamento, se assim acordarem as partes interessadas, não será computado na contagem do prazo para a respectiva terminação.

§§ 3º a 5º. Referidos parágrafos foram revogados pela Lei n. 8.630/93 (art. 76). É que tais parágrafos foram acrescentados pelo Decreto-lei n. 3, de 27.1.66, DOU 27.1.66, o qual foi revogado na sua totalidade pela Lei n. 8.630/73). Assim, foram afastados da ordem jurídica os efeitos do mencionado Decreto-lei.

O afastamento a que se refere o artigo anterior (471), tem como um de seus motivos, o serviço militar e outro motivo exigências de encargo público. Em tais casos, não poderá o empregador alterar ou rescindir o contrato de trabalho, porque são exigências decorrentes de leis específicas.

O parágrafo primeiro concede um prazo de (30) dias, no máximo, a contar da data em que se verificar a baixa do serviço militar ou o término do encargo a que estava obrigado o empregado, para que este, nessas condições, notifique o empregador sua intenção de retornar ao cargo que ocupava anteriormente. A notificação deve ser feita por telegrama ou carta registrada, de forma a que não reste nenhuma dúvida da intenção da volta, eis que tal providência é indispensável.

O parágrafo segundo regula a contagem do prazo para a respectiva terminação, em se tratando de contratos por prazo determinado, estabelecendo que o tempo de afastamento não seja computado, se nesse sentido houver acordo entre as partes interessadas.

Esse dispositivo deve ser observado principalmente em contratos de experiência, tendo em vista que seu prazo é de apenas 90 (noventa) dias (art. 445, parágrafo único). Assim, se ocorrer a suspensão do contrato ou sua interrupção, nos casos previstos em lei, tais períodos não serão computados para o término do prazo contratual, a não ser se isso tenha sido acordado entre as partes. Imagine-se um contrato de 90 (noventa) dias, em que o 85º dia ocorra um motivo legal para afastamento do emprego, por trinta dias. Daí a necessidade do acordo de que trata esse parágrafo segundo do art. 472, a fim de que se possa dar ao empregado mais 5 (cinco) dias de vigência do contrato de experiência, quando então haverá a rescisão em razão de sua expiração normal, ou seja, de 90 dias de trabalho efetivo.

Jurisprudência

Ementa: Contrato de experiência. Período de afastamento. Cômputo na contagem da sua duração. Os períodos de afastamento do empregado são considerados para contagem da duração do contrato de experiência, salvo ajuste em contrário. Intelecção do § 2º do art. 472 da CLT. TRT 12ª Reg. RO 00894-2007-008-12-00-8 — (Ac. 2ª T., 12.8.08) — Red. Desig. Juiz Roberto Luiz Guglielmetto. Disp. TRT-SC/DOE 10.09.08. Data de Publ. 11.09.08.

Ementa: Garantia de emprego ao trabalhador incorporado ao serviço militar. Exegese do art. 472 da CLT. Não caracterização. O que o diploma consolidado preconiza é que a rescisão contratual do empregado incorporado, caso verificada, assumirá a natureza de despedida imotivada, arcando o empregador com todos os haveres daí legalmente consequentes. Não há obrigatoriedade de mantença do contrato durante o lapso de incorporação. Recurso desprovido. TRT 15ª Reg. (Campinas/SP) ROPS 0436-2007-101-15-00-6 — (Ac. 16766/08-PATR, 4ªC.) — Rel. Manoel Carlos Toledo Filho. DOE 4.4.08, p. 19.

Ementa: Contrato de trabalho por prazo determinado. Suspensão. De regra, o afastamento previdenciário não suspende o contrato de trabalho por prazo determinado, que se encerra no seu termo. A exceção é ajuste expresso das partes em sentido contrário. Não havendo prova de tal ajuste, correta a conclusão pela extinção do contrato de trabalho no termo fixado, ainda que o obreiro estivesse, à época, em gozo de benefício previdenciário. Inteligência do art. 472,

§ 2º da CLT. TRT 2ª Reg. RS 00390200637102002 — (Ac. 9ª T. 20080105844) — Rel. Antero Arantes Martins. DOE 7.3.08.

Ementa: Contrato de experiência. Acidente de trabalho como fato superveniente ao contrato. Prorrogação ou garantia de emprego. Necessidade de expressa estipulação. Exegese do art. 472, § 2º, da CLT. Conforme dispõe o § 2º, do art. 472, da CLT, nos contratos por prazo determinado, o tempo de afastamento, se assim acordarem as partes interessadas, não será computado na contagem do prazo para a respectiva terminação. Caso não seja estipulada a ocorrência de fato superveniente, como é o caso do acidente de trabalho, não é possível falar em prorrogação ou garantia de emprego. TRT 12ª Reg. RO 00579-2007-019-12-00-4 — (Ac. 3ª Tª, 23.10.07) — Rel. Juiz Gilmar Cavalheri. TRT-SC/DOE 20.11.07.

Art. 473 *O empregado poderá deixar de comparecer ao serviço sem prejuízo do salário:*

I — até 2 (dois) dias consecutivos, em caso de falecimento do cônjuge, ascendente, descendente, irmão ou pessoa que, declarada em sua Carteira de Trabalho e Previdência Social, viva sob sua dependência econômica;

II — até 3 (três) dias consecutivos, em virtude de casamento;

III — por um dia, em caso de nascimento de filho, no decorrer da primeira semana;

    — v. CF, art. 7º, XIX e art. 10, II, § 1º do ADCT, p. 6 e 20

IV — por um dia, em cada 12 (doze) meses de trabalho, em caso de doação voluntária de sangue devidamente comprovada;

V — até 2 (dois) dias consecutivos ou não, para o fim de se alistar eleitor, nos termos da lei respectiva;

VI — no período de tempo em que tiver de cumprir as exigências do Serviço Militar referidas na letra c do art. 65 da Lei n. 4.375, de 17 de agosto de 1964 (Lei do Serviço Militar). (Redação art. e incisos I a V, DL n. 229, 28.2.67, DOU 28.2.67, LTr 37/137; inciso VI, DL n. 757, 12.8.69, DOU 13.8.69, LTr 33/525);

VII — nos dias em que estiver comprovadamente realizando provas de exame vestibular para ingresso em estabelecimento de ensino superior. (Incluído pela L. n. 9.471, de 14.07.97, DOU 15.7.97);

VIII — pelo tempo que se fizer necessário, quando tiver que comparecer a juízo. (Incluído pela L. n. 9.853, de 27.10.99, DOU, Seção 1, de 28.10.99).

IX — pelo tempo que se fizer necessário, quando, na qualidade de representante de entidade sindical, estiver participando de reunião oficial de organismo internacional do qual o Brasil seja membro" (NR) (Acrescentado pela Lei n. 11.304, de 11.5.06, DOU 12.5.06)

    Esse artigo enumera casos em que ocorrem as interrupções do contrato de trabalho, que são, a rigor, casos de "execução incompleta", como lembrou *Délio Maranhão*, citando *Orlando Gomes*. No Direito do Trabalho brasileiro costuma-se dizer, entre nós, como interrupção do contrato os casos em que o empregador continua obrigado a pagar o salário, embora o empregado esteja desobrigado da prestação do serviço"[94].

    Nesses casos, o contrato não se suspende, eis que continua em sua execução, embora de maneira incompleta. Não haverá interrupção salarial, nem impedimento do cômputo dos respectivos períodos no tempo de serviço.

---

(94) MARANHÃO, Délio, in *Direito do Trabalho*. 15. ed, p. 250.

A verdade é que este dispositivo elenca as hipóteses das faltas justificadas, ou seja, aquelas ligadas por motivos nobres, sociais, humanos ou cumprimento de obrigações que são impostas por lei. Não sendo justificadas as faltas o empregador está autorizado a fazer o respectivo desconto nos salários do empregado.

Jurisprudência

Ementa: Descontos no salário a título de faltas justificadas ao serviço — Art. 473 da CLT. 1. O art. 473 da CLT enumera, taxativamente, as hipóteses em que o trabalhador poderá faltar ao serviço, sem prejuízo do seu salário. Tem-se, assim, que o legislador pátrio elencou um rol de faltas justificadas que indiscutivelmente não acarretaria prejuízo ao salário do trabalhador. 2. Fora das hipóteses mencionadas no referido preceito de lei, reputa-se viável o ajuste por instrumento coletivo, prevendo outras causas que poderiam autorizar a falta do trabalhador ao serviço sem prejuízo do seu salário. 3. No caso, havia norma coletiva vigente no ano de 2002, prevendo a ausência justificada do trabalhador para acompanhar familiar que se encontrasse acometido por doença. 4. Todavia, o Regional reconheceu que tal cláusula do ajuste coletivo não foi renovada no instrumento coletivo subsequente, com vigência no ano de 2003, sendo que o Reclamante, no período de 7 a 22.8.03, justificou os 15 dias de ausência, apresentando atestado médico e de internação, para acompanhar sua filha, que tinha o diagnóstico de meningite. 5. Embora relevante as ausências do Reclamante, porque demonstra ser pai zeloso e cumpridor dos deveres familiares, não se pode olvidar que o intérprete não pode conceder benefícios que não estejam contemplados em lei ou em norma coletiva, sob pena de desrespeitar o princípio constitucional que norteia as decisões judiciais, que é o da legalidade (CF, art. 5º, II). 6. Assim, como as ausências do Reclamante não se encontram elencadas nos incisos do art. 473 da CLT e não há norma coletiva prevendo tais faltas ao serviço, reputam-se as ausências como injustificadas, sendo lícito à empregadora não pagar os respectivos salários no período apontado. Recurso de revista parcialmente conhecido e provido. TST-RR-2229/2003-251-04-00.7 — (Ac. 4ª T., j. 25.8.06) — Rel. Min. Ives Gandra Martins Filho. DJ 25.8.06.

Ementa: Faltas não justificadas ao serviço. Inexigibilidade da contraprestação salarial. As faltas não-justificadas ao serviço e as consequências dessa inadimplência, no que tange às obrigações advindas do contrato de trabalho, podem ser analisadas sob os aspectos que envolvem os contratos em geral, à luz do Direito Civil, aplicável ao Direito do Trabalho, por força do art. 8º, parágrafo único, da CLT. O contrato de trabalho tem natureza sinalagmática e descumprida a obrigação de um dos contratantes tem incidência a *exceptio non adimpleti contractus*, prevista no art. 476 do Código Civil, significando que: se não houve prestação de trabalho pelo autor, sem qualquer motivo que pudesse justificar essa conduta, não se pode exigir da reclamada o cumprimento de sua contraprestação contratual, que era a de pagar os salários daquele, incluídas as parcelas legais dele decorrentes. TRT 3ª Reg. RO 00287-2008-074-03-00-3 — (Ac. Turma Recursal de Juiz de Fora) — Rel. Juiz Convocado Paulo Mauricio R. Pires — DJMG — 15.7.08, p. 22

I. Falecimento do cônjuge. O disposto no inciso I permite a ausência do empregado até 2 (dois) dias consecutivos, em caso de falecimento do cônjuge, ascendente, descendente, irmão ou pessoa que, declarada em sua Carteira de Trabalho e Previdência Social, viva sob sua dependência econômica. Ascendente, como a própria expressão indica é o que está acima, portanto, na linha familiar de parentesco, é o pai, mãe, avô, avó, bisavô, bisavó, trisavô e trisavó, etc. Já, os descendentes são os filhos, os netos, bisnetos ou tataranetos, etc.

II. Casamento. O inciso II permite a ausência ao serviço por três dias consecutivos no caso de casamento. Esse período de ausência aos serviços é também chamado de gala, conforme se verifica no art. 320 da CLT, que concede ao professor a ausência por 9 (nove) dias consecutivos. Destaque-se que a forma fala em dias consecutivos e não úteis. Não é considerado o dia do casamento, mas os três dias seguintes a da sua ocorrência, entretanto, este entendimento admite controvérsia por considerar que o dia do casamento é também contado. Daí porque existem normas coletivas que tratam a respeito da ausência por motivo de casamento, disciplinando a forma da sua concessão e aumentando o respectivo período, o que deve ser incentivado, já que o período de três dias é muito curto.

O casamento tanto pode ser civil como religioso. Este por força do art. 226, § 2º da CF, que considera o casamento religioso com efeito civil, nos termos da lei. Há que ser respeitado a vontade das partes e a solenidade por eles escolhida.

III — Nascimento do filho. No inciso III o empregado poderá deixar de comparecer ao serviço por 1 (um dia), em caso de nascimento do filho, no decorrer da primeira semana. Evidente que essa ausência está relacionada com o registro do nascimento no respectivo cartório de registro de pessoas naturais. Essa ausência está direcionada ao homem, pois como se sabe, a mulher tem direito a licença-maternidade.

IV — Doação voluntária de sangue. Prescreve no inciso IV a ausência por um dia, em cada 12 (doze) meses de trabalho, em caso de doação voluntária de sangue devidamente comprovada. A expressão voluntária tem sentido de colaboração com o outro ser humano e é um ato humanitário. Fins outros não são alcançados por esta norma, como a venda de sangue. A limitação imposta (um dia a cada doze meses) visa a que não seja desvirtuada a sua finalidade com o empregado faltando várias vezes por uma mesma finalidade. O ideal dada a sua finalidade social seria a permissão de uma ausência a cada seis meses.

Jurisprudência

Ementa: Recurso de revista. Doação de sangue. Falta injustificada. Abuso de direito. Configura falta injustificada ao trabalho, ante o abuso do direito preconizado no art. 473, inc. IV, da CLT, a ausência para doação de sangue, como forma de protesto coletivo, incentivado pelo sindicato diante da declaração de abusividade da greve da categoria. Recurso de revista a que se dá provimento. TST-RR-592089/1999.7 — (Ac. 5ª T., j. 16.2.05) — Rel. Min. Gelson de Azevedo. DJU 20.5.05.

Ementa: Recurso de revista. Ausência justificada do empregado. Doação voluntária de sangue. Pagamento do dia não trabalhado. Provimento. O art. 473 do estatuto legal consolidado enumera as hipóteses em que é permitido ao empregado deixar de comparecer ao serviço sem prejuízo dos seus salários, destacando, em seu inciso IV, o caso relativo à doação voluntária de sangue, que permite àquele ausentar-se por um dia em cada doze meses de trabalho. Atentando para o texto da lei, as únicas condições apresentadas para que o empregado venha a ausentar-se do seu trabalho quando procede à doação de sangue são a comprovação do ato e a observância de um período de doze meses entre uma e outra ausência. Se a empresa contava com um conjunto de normas e procedimentos aplicáveis ao seu pessoal, a inobservância das condições ali estabelecidas para a doação voluntária de sangue — comunicação prévia do ato ao superior e obtenção de autorização — poderia acarretar, no máximo, alguma sanção de ordem administrativa. O não-pagamento do salário obreiro relativo ao dia de seu afastamento afronta o dispositivo consolidado acima indicado, não merecendo amparo a pretensão da empresa Recorrente. Recurso de Revista conhecido e desprovido. TST-RR-592092/1999.6 — (Ac. 1ª T., j. 6.8.03) — Relª. Juíza Convocada Maria de Assis Calsing. DJU 22.8.03.

Ementa: Recurso de revista. Doação de sangue. Falta justificada. O dia de ausência ao trabalho para doação de sangue pelo trabalhador é ato objetivo justificador da falta ao serviço, conforme previsão expressa ínsita no inciso IV do art. 473 da CLT, o que exclui interpretação de cunho subjetivo. Revista conhecida e provida. TST-RR-559074/1999.0 — (Ac. 4ª T., j. 11.12.02) — Relª. Juíza Convocada Helena Sobral Albuquerque e Mello. DJU 21.2.0, p. 492.

V. Alistamento como eleitor. A ausência prevista no inciso V decorre de que no Brasil o voto é obrigatório e para isso o empregado tem que se alistar como eleitor. Para isso o legislador infraconstitucional concede até 2 (dois) dias consecutivos ou não, para o fim de se alistar eleitor, nos termos da lei respectiva. Essa ausência abonada também tem previsão no art. 48 da Lei n. 4.737, de 15 de julho de 1965 (Lei eleitoral). Neste artigo, a previsão é de dois dias, para o fim de se alistar eleitor ou requerer transferência. Aqui o legislador admite que os dias não sejam consecutivos já que existe a possibilidade de num dia o empregado fazer a sua inscrição como eleitor e noutro para apanhar o documento respectivo.

VI. Alistamento militar. O inciso VI também trata do cumprimento de obrigação legal que é o alistamento militar. As ausências para tais finalidades serão abonadas pelo empregado. A norma fala "no período de tempo em que tiver de cumprir as exigências do Serviço Militar referidas na letra *c* do art. 65 da Lei n. 4.375, de 17 de agosto de 1964 (Lei do Serviço Militar)". Segundo *Sérgio Pinto Martins*, "a lei não é expressa quanto as faltas para o chamado 'tiro de guerra', em que o trabalhador fica afastado meio período para cumprir exigências do serviço militar. É expresso o dispositivo apenas em relação a situações relativas ao reservista. Tais horas, poderão, assim ser descontadas, por falta de determinação expressa em sentido contrário".[95]

VII. Exame vestibular — prova. No inciso VII está autorizada a ausência do empregado "nos dias em que estiver comprovadamente realizando provas de exame vestibular para ingresso em estabelecimento de ensino superior". Também se trata de uma situação que merece amparo legal, pois visa o progresso educacional ou profissional do trabalhador, deixando antever a lei que os dias abonados serão restritos ao exame vestibular para ingresso em estabelecimento de ensino superior, consequentemente não abrangendo outras situações de ensino. Se a prova compreender vários dias estes deverão ser abonados pelo empregador mediante a devida comprovação por parte do empregado.

VIII. Comparecimento a Juízo. A regra prevista no inciso VIII tem relação com o direito de ação e de contribuição para com a Justiça ao permitir a ausência do empregado para comparecimento a juízo. A Súmula n. 155 do TST considera abonada "as horas em que o empregado se ausenta do serviço para comparecimento como parte, à Justiça do Trabalho, desde que feita a devida justificação. A Lei n. 9.853, de 27.10.99, no entanto, generalizou ao permitir a ausência "pelo tempo que se fizer necessário, quando tiver que comparecer a juízo". Abrangem, portanto, todas as esferas judiciais e considerando também para o mesmo efeito quando o empregado comparece a juízo na condição de testemunha. Vale ressaltar que, na condição de testemunha a matéria é regulada no art. 822, da CLT, e no parágrafo único do art. 419 do CPC, cujos dispositivos são elucidativos a respeito. Importante ressaltar que serão consideradas as horas que envolveram a sua presença em juízo, estando compreendido o período de trajeto de ida e volta ao local onde se fez presente. É obvio que se houver necessidade de o empregado comparecer em mais de uma oportunidade em juízo, a falta será considerada justificada. Seria um contrassenso outro entendimento, pois não haveria contribuição para com a Justiça para elucidar a controvérsia instaurada num processo judicial.

Jurisprudência

TST, Súmula n. 155. AUSÊNCIA AO SERVIÇO (mantida) — Res. 121/2003, DJ 19, 20 e 21.11.2003. As horas em que o empregado falta ao serviço para comparecimento necessário, como parte, à Justiça do Trabalho não serão descontadas de seus salários (ex-Prejulgado n. 30).

IX. Representação sindical. Participação em reunião oficial de organismo internacional do qual o Brasil seja membro. Finalmente o inciso IX foi acrescentado pela Lei n. 11.304, de 11 de maio de 2006, ao permitir a ausência do empregado "pelo tempo que se fizer necessário, quando, na qualidade de representante de entidade sindical, estiver participando de reunião oficial de organismo internacional do qual o Brasil seja membro". Nada mais justo a inserção desse parágrafo nesse artigo, pois é importante a participação do representante dos trabalhadores em reunião de organismo internacional que conta com a participação do Brasil.

---

(95) *Comentários à CLT,* 9. ed. São Paulo: Atlas, 2005. p. 484.

IX. 1. Participantes de Conselho de Órgãos oficiais (Fundo de Garantia do Tempo de Serviço — FGTS) e Previdência Social. Os empregados que participam de reuniões do Conselho Nacional de Previdência Social (Lei n. 8.213/91, art. 3º, § 6º) e do Conselho Curador do FGTS (Lei n. 8.036/90, art. 3º, § 6º) também terão suas ausências consideradas como justificadas para todos os efeitos legais quando participam das reuniões para as quais foram convocadas.

X. Outras hipóteses de afastamento do empregado consideradas como de interrupção do contrato de trabalho, ou seja, com o pagamento de salário.

X. 1. Licença-paternidade. Referido direito é assegurado constitucionalmente no art. 7º, XIX, da Carta Magna, como um direito trabalhista e não previdenciário, sendo que no disposto no § 1º do ADCT, foi consignado que "até que a lei venha a disciplinar o disposto no art. 7º, XIX, da Constituição, o prazo a que se refere o inciso é de 5 (cinco) dias. É um direito que favorece os empregados urbanos e rurais, inclusive os domésticos (art. 7º, parágrafo único, da CF), os servidores públicos (art. 37, § 9º, da Carta Magna) e os militares (art. 42, § 11, do Texto Maior). Os trabalhadores avulsos também terão direito a essa licença em virtude do art. 7º, XXXIV, da Carta Magna, assegurar a igualdade de direito entre o trabalhador com vínculo empregatício permanente e o trabalhador avulso. O direito alcança o empregado casado ou o solteiro, bastando apenas que seja o pai. Se houver adoção, quer nos parecer que o direito também se estende ao pai adotivo. Esse direito não exclui o direito da ausência de um dia para o registro do nascimento do filho a que alude o inciso III deste artigo, pois são direitos que não se confundem, já que a licença-paternidade está relacionada com as preocupações naturais que decorrem do nascimento de uma criança e outro com a obtenção do seu registro.

X. 2. Licença-maternidade. Também é um direito assegurado constitucionalmente (art. 7º, XVIII), ao conferir à gestante, licença sem prejuízo do emprego e do salário, com duração de cento e vinte dias. O início do período de licença fica condicionado ao atestado médico do médico que cuida da empregada, observada a ordem preferencial dos atestados médicos estabelecida em lei.

X. 3. Motivo de doença. Nos 15 (quinze) primeiros dias de interrupção, por motivo de doença, devidamente comprovada, cabe ao empregador pagar integralmente o salário. Se a empresa dispuser de serviço médico, a ele caberá o exame nesse período. Se a doença ultrapassar 15 (quinze) dias, o empregado será encaminhado à Previdência Social. Os primeiros quinze dias configurarão interrupção. Do 16º dia em dia se dará a suspensão do contrato. A assistência a filho doente, desde que devidamente comprovada tem sido considerada como justificada pelo Tribunal Superior do Trabalho, conforme decisão que consta da parte destinada à jurisprudência.

Jurisprudência

Ementa: Agravo de instrumento. Recurso de revista. Procedimento sumaríssimo. Faltas ao serviço por doença de filho. Nas causas sujeitas ao procedimento sumaríssimo, somente será admitido recurso de revista por contrariedade à Súmula de Jurisprudência Uniforme do Tribunal Superior do Trabalho e, ou violação direta a dispositivos da Constituição Federal, a teor do disposto no art. 896, § 6º, da CLT. Pautada, a decisão regional, nos deveres relativos aos vínculos familiares, de prestação de assistência a filho doente, e deliberando com base no Código Civil e no Estatuto da Criança e do Adolescente, considerando justificada a falta ao serviço para os efeitos disciplinares, não se verifica a alegada ofensa ao inciso II, art. 5º, CF, mediante a não aplicação do disposto no art. 473 da CLT. Agravo de instrumento ao qual se nega provimento. TST-AIRR — 884/2004-303-04-40.0 — (Ac. 1ª T., j. 21.9.05) — Relª. Juíza Convocada Maria do Perpétuo Socorro Wanderley de Castro. DJ 14.10.05.

X. 3.1. Atestado médico. Abono de faltas. A ausência do serviço quando atestada por médico da empresa, de convênio médico firmado pela empresa ou de médico do Instituto Nacional de Seguro Social-INSS (art. 60, § 4º, da Lei n. 8.213/91) será considerada abonada pelo empregador.

Jurisprudência

TST, SÚMULA N. 15. ATESTADO MÉDICO (mantida) — Res. 121/2003, DJ 19, 20 e 21.11.2003. A justificação da ausência do empregado motivada por doença, para a percepção do salário-enfermidade e da remuneração do repouso semanal, deve observar a ordem preferencial dos atestados médicos estabelecida em lei.

TST, SÚMULA N. 282. ABONO DE FALTAS. SERVIÇO MÉDICO DA EMPRESA (mantida) — Res. 121/2003, DJ 19, 20 e 21.11.2003. Ao serviço médico da empresa ou ao mantido por esta última mediante convênio compete abonar os primeiros 15 (quinze) dias de ausência ao trabalho.

X. 4. Licença remunerada, concedida pelo empregador. Se o empregador por sua iniciativa concede licença remunerada ao seu empregado, deve ser considerada como tal, permanecendo intacto o pacto laboral.

X. 5. Interrupção do trabalho (art. 61, § 3º, da CLT). Trata-se de uma situação excepcional já que a interrupção do contrato resulta de causas acidentais, ou de força maior. Não haverá desconto nos salários, mas é permitida a prorrogação da jornada de trabalho pelo tempo necessário até máximo de duas horas, durante o número de dias indispensáveis para recuperação do tempo perdido, desde que não exceda de quarenta e cinco dias por ano. Essa recuperação fica, no entanto, sujeita a prévia autorização da autoridade competente, no caso o Ministério do Trabalho e Emprego.

X. 6. Período de amamentação (art. 396, da CLT). O período de amamentação correspondente a meia hora cada um, destinado a descansos especiais, previsto no art. 396, da CLT será considerado como justificado, portanto, sem desconto no salário.

Art. 474 *A suspensão do empregado por mais de 30 dias consecutivos importa na rescisão injusta do contrato de trabalho.*

Tanto a advertência como a suspensão disciplinar servem para demonstrar o inconformismo do empregador com a conduta do empregado. O que difere é que na suspensão o empregado não recebe salário nos dias em que está ausente em razão de punição. Esta tem previsão neste artigo e a outra, advertência, não, embora seja usual a sua prática pelos empregadores, pois inserida dentro do seu poder disciplinar, o qual resulta da manifestação do poder diretivo a que alude o art. 2º da CLT. A respeito da advertência *Mesquita* afirma que "A advertência ou admoestação é um prévio aviso sobre possível irregularidade ou transtorno no serviço. E a mais branda das sanções disciplinares. Tem lugar quando os atos do empregado, sua imprudência, incompetência ou desleixo, podem causar um desvio na boa ordem do serviço. Reveste-se de caráter preventivo apenas, levando, em regra geral, ser aplicada secretamente ou em particular. Seu intento não é, propriamente, punir uma falta, mas preveni-la"[96].

---

(96) *Direito Disciplinar do Trabalho*, 2. ed., São Paulo: LTr, 1991. p. 219.

A advertência pode ser verbal ou escrita e serve de alerta para que o empregado não repita a falta cometida. Nada impede de o empregador depois da advertência aplicar a suspensão do empregado por um dia, dois, três ou mais, respeitado o limite de 30 dias, na forma deste artigo. Se ultrapassado os 30 dias, que são consecutivos, entender-se-á de conformidade com este dispositivo que se operou a rescisão do contrato de trabalho, por culpa do empregador e arcando este com o pagamento das verbas rescisórias, assim consideradas o aviso prévio, férias, 13º salário, a multa de 40%, etc.

Quando o empregado estável é suspenso para efeito de abertura de inquérito para apuração de falta grave (arts. 494 e 853, da CLT), o prazo para o ajuizamento do inquérito é de 30 dias, justamente porque se o empregador não agiu dentro desse prazo ocorrerá à perda do direito. Ocorre que, porque o prazo é decadencial e também porque este dispositivo, ora em análise, não permite que a suspensão do empregado ultrapasse o prazo de 30 dias consecutivos, sob pena de ser considerada injusta a rescisão do contrato de trabalho.

Jurisprudência

TST, Súmula n. 77. Nula é a punição do empregado se não precedida de inquérito ou sindicância internos a que se obrigou a empresa por norma regulamentar.

Ementa: Abandono de emprego. Justa causa. Abuso do poder diretivo do empregador. O não-comparecimento do reclamante por mais de trinta dias na empresa não caracteriza justa causa quando a empregadora dispensa a prestação de serviços para apuração de falta através de inquérito administrativo. A exigência constante do termo de suspensão do obreiro, relativa ao seu comparecimento diário na empresa, para marcação de ponto e prestação de esclarecimentos, denota abuso do poder diretivo do empregador, pois submete o empregado a situação humilhante, mormente quando a suspensão ultrapassa o período de trinta dias. ...TST-RR-354475/1997.2 — (Ac. 2ª T., j. 12.4.00) — Rel. Min. Vantuil Abdala. DJU 5.5.00.

Ementa: Agravo de instrumento em recurso de revista. Negativa de prestação jurisdicional. Inexiste negativa de prestação jurisdicional quando a decisão é proferida na forma legal e constitucional e com adequada motivação. No caso, o Regional reportou-se à circunstância de que o contrato de trabalho ficou suspenso, por prazo indeterminado, para apuração de falta grave pelo empregador, que não fixou um prazo para a penalidade aplicada e, também, não ajuizou o inquérito prometido. Como o prazo de suspensão extrapolou o limite de trinta dias estabelecido no art. 474 da CLT, a Corte Regional entendeu configurada a hipótese de rescisão injusta do contrato de trabalho, de que trata dito preceito consolidado. *Culpa recíproca.* Não prospera a tese de culpa recíproca quando, em sede de recurso ordinário, o Regional acolhe a inconformidade do Reclamante e o absolve da acusação de prática de falta grave para, ao final, com base na prova dos autos, declarar que a suspensão do empregado por mais de trinta dias consecutivos importa na rescisão injusta do contrato de trabalho, com ônus rescisórios a cargo do empregador, na forma do art. 474 da CLT, que não restou ofendido em sua literalidade, mas, sim, aplicado à solução do litígio consoante seu sentido e alcance e segundo o princípio do livre convencimento motivado do juiz (CPC, art. 131). Incidência dos Enunciados n. 126 e 221 do TST. Agravo de Instrumento a que se nega provimento. TST-AIRR-731168/2001 — (Ac. 5ª T., j. 10.4.02) — Rel. Juiz Convocado Walmir Oliveira da Costa. DJU 10.5.02.

Ementa: Ação rescisória. Documento novo. Justa causa. Sentença criminal. A sentença criminal está desvinculada da decisão rescindenda, não constituindo, dessa forma, documento novo capaz de, por si só, ensejar a desconstituição da mesma. Além do mais, o documento apresentado (fls. 53/54) foi obtido posteriormente à prolação do v. acórdão regional (fls. 26), não se enquadrando, portanto, no pressuposto do art. 485, VII, do CPC, o qual diz respeito a documento anterior à decisão rescindenda e que não pôde ser apresentado por motivo justificável e não a documento cronologicamente novo. Quanto ao alegado erro de fato, entendo com o Eg. Regional no sentido de que inexistente, pois no acórdão rescindendo concluiu-se pela despedida injusta baseando-se no fato de os réus terem sido suspensos por um prazo superior a 30 dias (art. 474 da CLT), e não porque eles não teriam sido culpados no alegado ato de improbidade objeto do inquérito policial. Recurso ordinário não provido. TST-ROAR-311673/1996 — (Ac. SBDI-.2, j. 20.4.99) — Rel. Juiz Convocado: João Mathias de Souza Filho. DJU 21.5.99.

Ementa: Justa causa. CLT, Art. 474. Na forma do art. 474 da CLT, a lei autoriza a suspensão do trabalhador pelo período de até 30 dias, do que se deduz que o ato faltoso do empregado deve ser mais grave do que aquele gerador desta punibilidade para se considerar a justa causa da despedida. TRT 15ª Reg. (Campinas/SP) RO 0828-2006-041-15-00-5 — (Ac. 8712/08-PATR, 12ªC.) — Rel. José Pitas. DOE 29.2.08, p. 87.

Art. 475 O empregado que for aposentado por invalidez terá suspenso o seu contrato de trabalho durante o prazo fixado pelas leis de previdência social para a efetivação do benefício.

§ 1º Recuperando o empregado a capacidade de trabalho e sendo a aposentadoria cancelada, ser-lhe-á assegurado o direito à função que ocupava ao tempo da aposentadoria, facultado, porém, ao empregador, o direito de indenizá-lo por rescisão do contrato de trabalho, nos termos dos arts. 477 e 478, salvo na hipótese de ser ele portador de estabilidade, quando a indenização deverá ser paga na forma do art. 497. (Redação deste § L. n. 4.824, 5.11.65, DOU 8.11.65).

§ 2º Se o empregador houver admitido substituto para o aposentado, poderá rescindir, com este, o respectivo contrato de trabalho sem indenização, desde que tenha havido ciência inequívoca da interinidade ao ser celebrado o contrato.

Conforme se depreende pelo disposto no *caput* deste artigo a aposentadoria por invalidez suspende o contrato de trabalho, uma vez que o empregado poderá retornar ao trabalho, tanto que prescreve o art. 46, da Lei n. 8.213/91 que "aposentado por invalidez que retornar voluntariamente à atividade terá sua aposentadoria automaticamente cancelada, a partir do seu retorno, isso se recuperação ocorrer dentro de 5 (cinco) anos contados da data do início da aposentadoria por invalidez ou do auxílio-doença que a antecedeu sem interrupção (Lei n. 8.213/91, art. 47, I,). No entanto, se a recuperação for parcial e o empregado for declarado apto para o exercício de trabalho diverso do qual habitualmente exercia, a aposentadoria será mantida, sem prejuízo da volta à atividade, observado, porém, as condições previstas nas alíneas "a" a "c", do inciso II, do mesmo artigo no que concerne aos valores dos benefícios previdenciários.

O disposto no § 1º deixa claro que recuperando o empregado a capacidade de trabalho e cancelada a aposentadoria, o empregador tem a faculdade de rescindir o contrato de trabalho, pagando-se as verbas rescisórias ou indenizatórias, nos termos do art. 477 e 478, da CLT, no que se compreende a multa de 40% referente ao FGTS. Em sendo o empregado estável na forma do art. 497, da CLT será devido à indenização em dobro (Regime da CLT e não do FGTS). Na verdade, trata-se de uma situação difícil de ser encontrada, uma vez que com a CF/88, todos os empregados passaram a ser regidos pelo FGTS, ressalvado os empregados que contavam com mais de 10 anos de serviços, antes da opção pelo regime do FGTS. Importante ressaltar que de acordo com a Súmula n. 160 do TST, cancelada a aposentadoria por invalidez, mesmo após cinco anos, o trabalhador terá direito de retornar ao emprego, facultando, porém, ao empregador, indenizá-lo, na forma da lei.

No que concerne ao § 2º, a finalidade da norma foi de admitir a possibilidade de o empregador contratar outro trabalhador em lugar do afastado em razão da aposentadoria por invalidez que não é definitiva, a fim de não prejudicar a produção, exigindo-se que na contratação do substituto na função fique ciente de que a sua situação será de transitoriedade, em face do possível retorno do substituído, de forma que na rescisão daquele (substituto) não será devida indenização.

De notar-se também que o substituto a que alude o § 2º deverá ser contratado por prazo determinado, não podendo ser superior a dois anos em face dos termos do art. 445, da CLT, sendo certo que ultrapassado o prazo de dois anos será devido o aviso prévio, mas não a multa de 40%, já que empregado estava ciente que substituía o que estava aposentado por invalidez.

Descumprindo o empregador as exigências mencionadas no § 2º do artigo em análise, as verbas rescisórias serão devidas normalmente em sua plenitude.

Jurisprudência

STF, SÚMULA N. 217. Tem direito de retornar ao emprego, ou a ser indenizado em caso de recusa do empregador, o aposentado que recupera a capacidade de trabalho dentro de cinco anos a contar da aposentadoria, que se torna definitiva após esse prazo.

TST, Súmula n. 160. APOSENTADORIA POR INVALIDEZ (mantida) — Res. 121/2003, DJ 19, 20 e 21.11.2003. Cancelada a aposentadoria por invalidez, mesmo após cinco anos, o trabalhador terá direito de retornar ao emprego, facultado, porém, ao empregador, indenizá-lo na forma da lei (ex-Prejulgado n. 37).

Ementa: Recurso de revista. Aposentadoria por invalidez. Suspensão do plano de saúde. A hipótese dos autos enquadra-se na regra contida no art. 468 da CLT, diante da presença de prejuízos, em momento crucial da vida do obreiro, eis que se encontra aposentado por invalidez, quando, seguramente, mais necessita da assistência de que se beneficiava, suprimida pelo empregador, de forma unilateral. Vale ressaltar, as condições de trabalho estabelecidas num contrato aderem ao mesmo, não podendo ser alteradas unilateralmente e, como tal, somente poderiam ser alteradas por normas mais favoráveis, o que, no entanto, não ocorrera no caso dos autos. Recurso de revista conhecido e provido. TST- RR-1007/2005-461-05-00.7 — (Ac. 2ª T, j.22.10.08 — Rel. Min. Renato de Lacerda Paiva. DJU 7.11.08.

Ementa: Aposentadoria por invalidez. Seguro de vida previsto em norma coletiva. Indenização correspondente. A aposentadoria por invalidez, na forma do art. 475 da CLT, constitui hipótese de suspensão do contrato de trabalho sem que para tal tenha concorrido o empregado, e, neste caso, os efeitos da suspensão devem ser diminuídos, e os ônus da suspensão distribuídos entre os sujeitos da relação de trabalho. A legislação previdenciária, Lei n. 8.213/91, art. 47, estabelece que cessa o benefício se a recuperação laborativa ocorrer dentro de cinco anos, o segurado retorna à antiga função na empresa, e, se o segurado for declarado apto para o exercício de trabalho diverso daquele que exercia anteriormente, será mantida a aposentadoria sem prejuízo da volta à atividade, nos critérios previstos na lei. Portanto, a *mens legis* relativa aos efeitos da suspensão no contrato de trabalho, quando o fato não é atribuível ao empregado, é a da preservação de alguns direitos e decorre exatamente da possibilidade do retorno do empregado ao trabalho, após desaparecida a causa suspensiva. Desta forma, entendo que, ao empregado afastado por invalidez, mormente considerando o prazo previsto na lei previdenciária, incide o teor da Cláusula convencional pela qual se obrigou o empregador de efetuar seguro de vida em favor de seus empregados, não o fazendo atraiu para si a obrigação de indenizar, na hipótese de ocorrência do sinistro. Afastada as violações dos arts. 475 da CLT e 5º, incisos XXXV e LV, da Constituição da República. Recurso de Revista não conhecido. TST-RR-132/2001-001-17-00.4 — (Ac. 3ª T., 15.8.07) — Relª. Min. Maria Cristina Irigoyen Peduzzi. DJU 11.10.07.

Art. 476
Em caso de seguro-doença ou auxílio-enfermidade, o empregado é considerado em licença não remunerada, durante o prazo desse benefício.

O trabalhador além das doenças ou acidentes possíveis de serem acometidas no curso da vida também está sujeito a doença ocupacional ou profissional, ou ainda de lesão decorrente de acidente do trabalho.

Portanto, quando tais anomalias se verificam o empregado recebe auxílio-doença e não mais seguro-doença ou auxílio-enfermidade, os quais foram substituídos pelo primeiro.

Assim, afastamento do empregado decorrente do gozo de benefício previdenciário, seja por motivo de doença ou por acidente de trabalho constitui causa de suspensão do contrato de trabalho. Faltas ocorridas nesse período obsta o reconhecimento de que houve abandono de emprego pelo trabalhador.

De registrar que "o auxílio-doença será devido ao segurado que, havendo cumprido, quando for o caso, o período de carência exigida nesta Lei, ficar incapacitado para o seu trabalho ou para a sua atividade habitual por mais de 15 (quinze) dias consecutivos" (art. 59, da Lei n. 8.213/91).

Os primeiros quinze dias de afastamento serão considerados como de interrupção do contrato e de responsabilidade do empregador; os demais, de suspensão, ou seja, do 16º dia em diante, de responsabilidade da Previdência Social que vai até o término do benefício.

Assim, o auxílio-doença será devido ao segurado empregado a contar do décimo sexto dia do afastamento da atividade, e, no caso dos demais segurados, a contar da data do início da incapacidade e enquanto ele permanecer incapaz. O segurado afastado da atividade por mais de 30 (trinta) dias, o auxílio-doença será devido a contar da data da entrada do requerimento (art. 60 e § 1º).

Esclareça-se, também que "a empresa que dispuser de serviço médico, próprio ou em convênio, terá a seu cargo o exame médico e o abono das faltas correspondentes aos primeiros quinze dias, somente devendo encaminhar o segurado à perícia médica da Previdência Social quando a incapacidade ultrapassar 15 (quinze) dias.

No caso de suspensão do contrato, o 13º salário será pago como abono anual, sendo calculado, no que couber, da mesma forma que a Gratificação de Natal dos trabalhadores, tendo por base o valor da renda mensal do benefício do mês de dezembro de cada ano (art. 40, da Lei n. 8.213/91).

É importante ressaltar que em tratamento de suspensão parcial do contrato de trabalho o empregado não fica imune de dispensa por justa causa se houver a sua prática. Ocorre que certas obrigações contratuais, recíprocas, como a do compromisso de lealdade contratual perduram enquanto vigente o pacto laboral. A respeito, vide o art. 482, especificamente no item 7.4 (peculiaridades da justa causa), no qual foi analisada essa questão.

Jurisprudência

Ementa: Recurso de embargos interposto sob a égide da lei n. 11.496/2007. Contrato por prazo determinado. Licença para tratamento de saúde. Suspensão. De acordo com a nova redação do inciso II do art. 894 da CLT, conferida pela Lei n. 11.496, de 22.6.2007, vigente a partir do dia 24.9.2007, somente são cabíveis embargos quando demonstrada divergência jurisprudencial entre Turmas do Tribunal Superior do Trabalho ou entre essas e a Seção de Dissídios Individuais. O presente recurso de embargos foi interposto sob a égide da aludida legislação. Quanto à divergência, os arestos colacionados não preenchem os requisitos de especificidade contidos na Súmula n. 296, I, do TST, porquanto defendem tese inespecífica à hipótese dos autos, quando, da decisão da Turma, não se infere a adoção de posicionamento no sentido da aplicação do art. 118 da Lei 8.213/91, que prevê a estabilidade de doze meses a contar do auxílio-doença acidentário em caso de contrato firmado por prazo determinado, e sim o enfrentamento da questão somente sob o enfoque de que devem ser observados dois pontos distintos na decisão regional: o primeiro, de que o reclamante estava afastado por motivo de doença, e o segundo, de que se trata de contrato determinado, registrando que a decisão regional fundamentou-se no art. 476 da CLT para demonstrar que afastamento previdenciário por motivo de doença configura hipótese de suspensão, e que, dessa forma, o contrato de trabalho estava suspenso. E, por essa razão, considerou justa a recusa do obreiro em receber os valores consignados a título de haveres rescisórios enquanto não completado o prazo contratual de 90 dias. Recurso de embargos não conhecido. TST-E-ED-RR — 9747/2002-902-02-00.9 — (Ac. SBDI-1, j. 20.10.08) — Rel. Min. Luiz Philippe Vieira de Mello Filho. DJe 31.10.08.

Ementa: Estabilidade. Aviso prévio indenizado. Superveniência de auxílio-doença acidentário. 1. O aviso prévio, ainda que indenizado, apõe um termo final ao contrato de emprego por tempo indeterminado, cuja cessação somente se opera após o exaurimento do respectivo prazo, em virtude de lei (CLT, art. 489 e art. 487, § 1º). Daí se segue que os direitos e as obrigações inerentes ao contrato de emprego remanescem até o término do aviso prévio. 2. As causas de suspensão do contrato de emprego provenientes de força maior, tais como a doença profissional e o acidente de trabalho típico, provocam igualmente a suspensão do aviso prévio, cujo fluxo somente pode ser retomado após o desaparecimento da respectiva causa. Incidência do art. 476 da CLT. 3. O art. 118 da Lei 8.213/91 garante ao segurado, vítima de acidente de trabalho, o direito à estabilidade no emprego, pelo prazo mínimo de doze meses, após a cessação do auxílio-doença acidentário. Irrelevante que a concessão do benefício previdenciário verifique-se no curso do aviso prévio, tendo em vista que os efeitos da dispensa só se concretizam depois de expirado o benefício previdenciário, já que vigente o contrato. Aplicação da Orientação Jurisprudencial n. 135 da SDI-1 do TST, atualmente convertida na Súmula n. 371 do TST. 4. Se despedido e pré-avisado o empregado, sobrevém a concessão de auxílio-doença em favor deste, em virtude de acidente de trabalho, cabe ao empregador reatar a execução do contrato que, juridicamente, não se pode romper. 5. Incensurável decisão que determina reintegração de empregado, beneficiário de auxílio-doença acidentário, concedido no curso do aviso prévio, ainda que indenizado. 6. Recurso de revista de que não se conhece. TST-RR-674701/2000.3 — (Ac. 1ª T., 5.4.06) — Rel. Min. João Oreste Dalazen. DJU 26.5.06.

Ementa: Suspensão do contrato de trabalho. Dispensa por justa causa. Possibilidade. A suspensão do contrato de trabalho, por força do recebimento de auxílio-doença (art. 476 da CLT), atrai a sustação provisória das principais obrigações contratuais, quais sejam: a prestação dos serviços e o pagamento de salários. Ficam preservados, entretanto, o próprio vínculo entre as partes e certas obrigações contratuais recíprocas, podendo-se citar, a título de exemplo, o compromisso de lealdade contratual. Por conseguinte, é plenamente viável a dispensa por justa causa, mesmo que o contrato de trabalho esteja suspenso, se ficar constatado o cometimento de falta tipificada no art. 482 da CLT, antes da suspensão contratual. TRT 3ª Reg. RO 00733-2005-061-03-00-0 — (Ac. 2ª T) — Relª. Juíza Convocada Maristela Iris S. Malheiros — DJMG 30.7.08, p. 12.

Ementa: Licença médica. Suspensão do contrato de trabalho. Por expressa disposição do art. 476 da CLT, "[e]m caso de seguro-doença ou auxílio-enfermidade, o empregado é considerado em licença não remunerada, durante o prazo desse benefício". Donde se conclui pela suspensão do contrato de trabalho no período em que o empregado estiver gozando de licença médica, o qual não deve ser remunerado pelo empregador, mas sim, pela Previdência Social, na forma estabelecida pela legislação específica (Leis 8.212 e 8.213 de 1991). TRT 3ª Reg. RO 01382-2007-131-03-00-3 — (Ac. 3ª. T.) — Rel. Des. Cesar Machado. DJMG 15.3.08, p. 6.

Ementa: Contrato de trabalho suspenso em razão de auxílio-doença. Justa causa do empregador. Possibilidade de resolução contratual. É inegável que o recebimento do auxílio-doença a partir do décimo sexto dia de afastamento suspende o curso do contrato de trabalho, por força do art. 476 da CLT, impedindo, a princípio, a rescisão contratual. A regra, todavia, não é absoluta. Impede-se a resilição unilateral do contrato por ato do empregador, porquanto um dos efeitos da suspensão é justamente a garantia de retorno do obreiro ao cargo anteriormente ocupado, após desaparecida a causa suspensiva (art. 471 da CLT). A ilação é diversa, no entanto, em se tratando de justas causas, consoante entende o C. TST: "Nula é a dispensa do empregado durante o período de suspensão do contrato, considerando-se como dispensa a resilição unilateral, e não a resolução por motivo faltoso do empregado.(...)(TST-ROAR-450.418-98-Ac. SDI-2-Rel. Juiz Convocado Aloysio Corrêa da Veiga-DJU 6.9.2002. Revista TST, v. 68, julho-dezembro de 2002, p. 382). A viabilidade jurídica de ruptura de contrato suspenso não conduz, todavia, à procedência da pretensão obreira, porquanto não provadas as causas motivadoras aduzidas na peça preambular. Recurso da Reclamante a que se nega provimento. TRT 9ª Reg. RO 00993-2005-015-09-00-2 — (Ac. 9ª T. 30651/06) — Rel. Rel.Ubirajara Carlos Mendes. DJPR 27.10.06, p. 691.

Ementa: Férias. Contrato suspenso, interrompido ou extinto. A concessão de férias durante o período de afastamento, em gozo de benefício previdenciário, reveste-se de nulidade, haja vista a ocorrência de suspensão do contrato de trabalho (inteligência dos arts. 9º e 476 da CLT). TRT 2ª Reg. RO 02118200390202009 — (Ac. 10ª T. 20030418229) — Relª. Juíza Lilian Gonçalves. DJSP 2.9.03, p. 166.

Art. 476-A

O contrato de trabalho poderá ser suspenso, por um período de dois a cinco meses, para participação do empregado em curso ou programa de qualificação profissional oferecido pelo empregador, com duração equivalente à suspensão contratual, mediante previsão em convenção ou acordo coletivo de trabalho e aquiescência formal do empregado, observado o disposto no art. 471 desta Consolidação.

§ 1º Após a autorização concedida por intermédio de convenção ou acordo coletivo, o empregador deverá notificar o respectivo sindicato, com antecedência mínima de quinze dias da suspensão contratual.

§ 2º O contrato de trabalho não poderá ser suspenso em conformidade com o disposto no caput deste artigo mais de uma vez no período de dezesseis meses.

§ 3º O empregador poderá conceder ao empregado ajuda compensatória mensal, sem natureza salarial, durante o período de suspensão contratual nos termos do caput deste artigo, com valor a ser definido em convenção ou acordo coletivo.

§ 4º Durante o período de suspensão contratual para participação em curso ou programa de qualificação profissional, o empregado fará jus aos benefícios voluntariamente concedidos pelo empregador.

§ 5º Se ocorrer a dispensa do empregado no transcurso do período de suspensão contratual ou nos três meses subsequentes ao seu retorno ao trabalho, o empregador pagará ao empregado, além das parcelas indenizatórias previstas na legislação em vigor, multa a ser estabelecida em convenção ou acordo coletivo, sendo de, no mínimo, cem por cento sobre o valor da última remuneração mensal anterior à suspensão do contrato.

§ 6º Se durante a suspensão do contrato não for ministrado o curso ou programa de qualificação profissional, ou o empregado permanecer trabalhando para o empregador, ficará descaracterizada a suspensão, sujeitando o empregador ao pagamento imediato dos salários e dos encargos sociais referentes ao período, às penalidades cabíveis previstas na legislação em vigor, bem como às sanções previstas em convenção ou acordo coletivo.

§ 7º O prazo limite fixado no caput poderá ser prorrogado mediante convenção ou acordo coletivo de trabalho e aquiescência formal do empregado, desde que o empregador arque com o ônus correspondente ao valor da bolsa de qualificação profissional, no respectivo período. (NR) (Artigo acrescentado pela MP n. 2.164-41, de 24.8.01, DOU 27.8.01):

"MP n. 2.164-41, de 24.8.01 (DOU 27.8.01):

....

Art. 11. Ao empregado com contrato de trabalho suspenso nos termos do disposto no art. 476-A da Consolidação das Leis do Trabalho — CLT aplica-se o disposto no art. 15, inciso II, da Lei n. 8.213, de 24 de julho de 1991".

Esse artigo foi incluído nesse Capítulo, pela Medida Provisória n. 2.164, de 24 de agosto de 1991, para disciplinar a hipótese de suspensão do contrato individual do trabalho, por um período de 2 a 5 meses, para o empregado participar de curso ou programa de qualificação profissional às expensas do empregador, desde que tenha havido previsão em Convenção Coletiva e desde que haja concordância devidamente formalizada pelo empregado.

No prazo de 16 meses só poderá ocorrer uma vez a suspensão, que será acompanhada pelo sindicato após ser notificado pelo empregado.

Durante esse período o empregador poderá conceder ajuda compensatória, que não terá natureza salarial cujo valor será definido em acordo ou convenção coletiva.

Se houver rescisão do contrato pelo empregador durante o período da suspensão ou nos três meses seguintes ao retorno, será devida ao empregado, além das verbas rescisórias, uma multa estabelecida na norma coletiva que deverá ser, no mínimo, cem por cento sobre o valor da última remuneração mensal do empregado anterior à suspensão.

Se o curso não for realizado, nada prejudicará o empregado quanto a salários e demais vantagens com a descaracterização da suspensão.

O prazo limite, de 2 (dois) a 5 (cinco) meses, poderá ser prorrogado mediante acordo ou convenção coletiva e com a concordância do empregado, desde que o empregador pague o valor da bolsa correspondente ao respectivo período.

Não há dúvida de que a iniciativa é elogiável, porém, poderia ser mais simplificada.

Jurisprudência

Ementa: Suspensão do contrato para curso de qualificação profissional. O art. 476-A, *caput*, da CLT, ao possibilitar a suspensão do contrato de trabalho para a realização de curso de qualificação profissional, requereu a existência de negociação coletiva, e a aquiescência formal do empregado. Ora, se no instrumento coletivo as partes concordaram que os empregados indicados na lista de excedentes, que não aderissem à suspensão, seriam dispensados, por óbvio houve vício de consentimento na expressão da vontade do empregado em aderir. Por isso, há que se condenar a ex-empregadora ao pagamento das diferenças impostas pelo § 6º do mesmo artigo. Recurso a que se dá provimento. TRT 2ª Reg. RO 00358200146202000 — (Ac. 8ª T. 20050392179) — Rel. Juiz Antônio José Teixeira de Carvalho. DJSP 28.6.05, p. 62.

CAPÍTULO V
DA RESCISÃO

Art. 477 *É assegurado a todo empregado, não existindo prazo estipulado para a terminação do respectivo contrato, e quando não haja ele dado motivo para cessação das relações de trabalho, o direito de haver do empregador uma indenização, paga na base da maior remuneração que tenha percebido na mesma empresa.*

§ 1º O pedido de demissão ou recibo de quitação de rescisão do contrato de trabalho, firmado por empregado com mais de 1 (um) ano de serviço, só será válido quando feito com a assistência do respectivo Sindicato ou perante a autoridade do Ministério do Trabalho.

§ 2º O instrumento de rescisão ou recibo de quitação, qualquer que seja a causa ou forma de dissolução do contrato, deve ter especificada a natureza de cada parcela paga ao empregado e discriminado o seu valor, sendo válida a quitação, apenas, relativamente às mesmas parcelas.

§ 3º Quando não existir na localidade nenhum dos órgãos previstos neste artigo, a assistência será prestada pelo Representante do Ministério Público ou, onde houver, pelo Defensor Público e, na falta ou impedimento destes, pelo Juiz de Paz.

§ 4º O pagamento a que fizer jus o empregado será efetuado no ato da homologação da rescisão do contrato de trabalho, em dinheiro ou em cheque visado, conforme acordem as partes, salvo se o empregado for analfabeto, quando o pagamento somente poderá ser feito em dinheiro.

§ 5º Qualquer compensação no pagamento de que trata o parágrafo anterior não poderá exceder o equivalente a um mês de remuneração do empregado. (Redação art. e parágrafos, L. n. 5.584, 26.6.70, DOU 29.6.70).

§ 6º O pagamento das parcelas constantes do instrumento de rescisão ou recibo de quitação deverá ser efetuado nos seguintes prazos:

a) até o primeiro dia útil imediato ao término do contrato; ou

b) até o décimo dia, contado da data da notificação da demissão, quando da ausência do aviso prévio, indenização do mesmo ou dispensa de seu cumprimento.

§ 7º O ato da assistência na rescisão contratual (§§ 1º e 2º) será sem ônus para o trabalhador e empregador.

§ 8º A inobservância do disposto no § 6º deste artigo sujeitará o infrator à multa de 160 BTN, por trabalhador, bem assim ao pagamento da multa a favor do empregado, em valor equivalente ao seu salário, devidamente corrigido pelo índice de variação do BTN, salvo quando, comprovadamente, o trabalhador der causa à mora.

§ 9º (Vetado). (Redação L. n. 7.855, 24.10.89, DOU 25.10.89).

1. Indenização e estabilidade. (*caput*). A expressão indenização utilizada no *caput* desse artigo vincula-se à época em que o regime da CLT prescrevia o pagamento de uma indenização por tempo de serviço correspondendo a um mês de remuneração paga com base na maior remuneração, por ano de serviço, ou fração igual ou superior a seis meses, cujo pagamento era em dobro quando o empregado contasse com mais de 10 anos de serviço na empresa. Evidentemente que a indenização só seria devida em caso de rescisão por iniciativa do empregador ou em decorrência de rescisão indireta do contrato de trabalho (art. 483, da CLT).

Destaque-se ainda que se o empregado com mais de 10 anos de serviços na empresa teria estabilidade no emprego, só podendo ser despedido por justa causa e, mesmo assim, mediante o respectivo inquérito na forma do art. 853, da CLT. Com a Constituição de 1988, o regime do FGTS que antes dela era direcionada apenas aos empregados que optassem por tal sistema na forma da Lei n. 5.107/66, revogada pela atual Lei n. 8.036/90, passou a abranger todos os empregados celetistas, permanecendo estáveis no emprego àqueles trabalhadores com direito adquirido.

Não se pode perder de vista também que a "estabilidade contratual ou a derivada de regulamento de empresa são compatíveis com o regime do FGTS". Diversamente ocorre com a estabilidade legal (decenal, art. 492 da CLT), que é renunciada com a opção pelo FGTS (Súmula n. 98, II, do TST-ex-OJ n. 299 da SBDI-1 — DJ 11.8.2003)

Pelo regime do FGTS, houve substituição da anterior indenização pelo levantamento dos depósitos fundiários acrescido de 40% (quarenta por cento) a título de compensação ou indenização pela despedida sem justa causa, na forma da lei. Evidentemente que compõem as verbas rescisórias, o aviso prévio, férias vencidas, décimo terceiro salário, inclusive os proporcionais, se houver. De notar-se que a indenização prevista no ADCT (art. 10, I) inicialmente era de 10% (art. 6º, *caput* e § 1º, da Lei n. 5.107, de 13.9.66) e com a CF/88 passou a ser de 40%, sobre o montante dos depósitos realizados na conta vinculada do trabalhador, em virtude da elevação para quatro vezes, da porcentagem então prevista de 10%. De notar-se também que a Lei n. 5.107/66, foi revogada pela Lei n. 8.036/90, a qual manteve os 40% (art. 18, § 1º). Em caso de rescisão contratual por culpa recíproca ou força maior, o percentual é reduzido para 20% (art. 18, § 2º).

É importante ressaltar que muito se discutiu a respeito da equivalência da indenização prevista pelo regime da CLT e do FGTS. Contudo, a controvérsia ficou superada em face do entendimento prevalente na mais alta corte trabalhista no sentido de que a equivalência entre os regimes do FGTS e da estabilidade da CLT é meramente jurídica e não econômica, sendo indevidos quaisquer valores a título de reposição de diferenças (Súmula n. 98, I, do TST).

Jurisprudência

TST, Súmula n. 98. FGTS. INDENIZAÇÃO. EQUIVALÊNCIA. COMPATIBILIDADE (incorporada a Orientação Jurisprudencial n. 299 da SBDI-1) — Res. 129/2005, DJ 20, 22 e 25.4.2005. I — A equivalência entre os regimes do Fundo de Garantia do Tempo de Serviço e da estabilidade prevista na CLT é meramente jurídica e não econômica, sendo indevidos valores a título de reposição de diferenças.

(ex-Súmula n. 98 — RA 57/1980, DJ 06.06.1980) II — A estabilidade contratual ou a derivada de regulamento de empresa são compatíveis com o regime do FGTS. Diversamente ocorre com a estabilidade legal (decenal, art. 492 da CLT), que é renunciada com a opção pelo FGTS. (ex-OJ n. 299 da SBDI-1 — DJ 11.8.2003)

TST, OJ-SDI-1-T N. 39 FGTS. OPÇÃO RETROATIVA. CONCORDÂNCIA DO EMPREGADOR. NECESSIDADE (conversão da Orientação Jurisprudencial n. 146 da SBDI-1) — DJ 20.4.2005. A concordância do empregador é indispensável para que o empregado possa optar retroativamente pelo sistema do Fundo de Garantia por Tempo de Serviço. (ex-OJ n. 146 da SBDI-1 — inserida em 27.11.98)

1.1. Garantia de emprego. Determinados empregados são detentores de estabilidade provisória prevista em lei, citando como exemplo, o dirigente sindical (art. 543, §3º, da CLT), que se encontra numa posição privilegiada, já que não poderá ser dispensado a não ser por falta grave ou justa causa, e ainda assim, mediante o respectivo inquérito judicial para apuração de falta grave a que alude o art. 853, da CLT.

Outros trabalhadores também possuem uma garantia de emprego por determinado período, este fixado em lei, como ocorre com os membros da CIPA, titulares e suplentes, eleitos como representantes dos empregados (CF, ADCT, art. 10, II, a), membros cooperativa (Lei n. 5.764/71), gestantes (CF, ADCT, art. 10, II, b), representantes dos trabalhadores no Conselho Curador do FGTS (Lei n. 8.036/90, art. 3º, § 9º), titulares e suplentes representantes dos trabalhadores no Conselho Nacional de Previdência Social (Lei n. 8.213/91, art. 3º, § 7º) e os acidentados, desde que fiquem afastados por período superior a quinze dias (art. 118, da Lei n. 8.213/91). Estes trabalhadores estão sujeitos a dispensa por justa causa se praticarem atos que se enquadram nas hipóteses do art. 482, da CLT. Não há necessidade de inquérito judicial para a rescisão por justa causa dos membros de CIPA e gestante, mas se for questionada judicialmente, caberá ao empregador produzir prova cabal da medida extremada, sendo que em relação ao membro da CIPA, a lei permite a sua dispensa quando ela se fundar em motivo técnico, econômico ou financeiro, além do disciplinar.

Existem mais trabalhadores que possuem garantia de emprego, mas esta fixada em instrumento coletivo ou sentença normativa (empregado que está prestando serviço militar (PN 80) e empregado às vésperas de aposentadoria (PN-85) e empregado transferido (PN-77), ou então em regulamento de empresa. Estas normalmente dependem de inquérito administrativo para a efetivação da dispensa por falta grave, se assim dispuser o regulamento interno do empregador; quanto as demais, não.

Quanto ao pedido de demissão de tais empregados serão tratados no item 4.

Jurisprudência

Ementa: Inquérito judicial para apuração de falta grave. Empregado portador de garantia de emprego acidentária. Falta de interesse de agir do empregador. Impossibilidade jurídica do pedido. Extinção do processo. O empregador, ao entender configurado justo motivo para dispensa do empregado portador de garantia de emprego acidentária, pode dispensá-lo imediatamente, sem necessidade de chancela do Judiciário para o ato potestativo através de reconhecimento da justa causa do empregado. Por outro lado, havendo recusa ao recebimento dos valores rescisórios, cabe ajuizamento da competente ação consignatória. Como se vê, o interesse, sob o prisma da adequação, não está presente. TRT 3ª Reg. RO 00148-2008-038-03-00-6 — (Ac. Turma Recursal de Juiz de Fora) — Rel. Juiz Convocado Paulo Mauricio R. Pires. DJMG 1.7.08, p. 20.

1.2. Contrato de trabalho por prazo determinado e indeterminado (*caput*). Depreende-se pelo disposto neste artigo que ele se refere à rescisão contratual em que empregado não deu causa para a sua ocorrência e ao mesmo tempo descarta as hipóteses verificadas nos contratos firmados por prazo determinado.

1.2.1. Prazo determinado. O contrato de prazo determinado não gera direito à indenização, pois essencialmente o seu término é ajustado entre as partes, ressalvada a hipótese em que se estipulam regras de permanência e de rescisão antecipada com os ônus decorrentes. Reportamo-nos ao art. 478.

1.2.2. Prazo indeterminado. O contrato por prazo indeterminado é a regra que vigora no Direito do Trabalho em face da prevalência do princípio da proteção e da continuidade do vínculo empregatício (Súmula n. 212, TST), portanto, o contrato de trabalho por prazo determinado é a exceção e assim é tratado pela legislação trabalhista (art. 443, §§ 1º, 2º da CLT). Essa rescisão unilateral do contrato por prazo indeterminado, sem justa causa, dava ao empregado o direito de receber uma indenização correspondente a um mês de remuneração por ano de serviço, ou por ano e fração igual ou superior a seis meses, a qual foi substituída pelo regime do FGTS, conforme salientado acima.

2. Denominação. (caput) O término do contrato individual do trabalho tem recebido dos doutrinadores, denominações diversas, tais como "dissolução", "resolução", "cessação", "despedida" e "rescisão", todos tendo o mesmo significado semântico, porque na sua essência se referem a um ato que põe fim a um contrato em geral, entre eles o contrato de trabalho. A discussão sobre tais denominações é cerebrina e não cabe a sua análise na prática nesta obra.

3. Remuneração (caput). Este faz referência à maior remuneração que o empregado tenha percebido na empresa. Compreende-se por este dispositivo a preocupação de ser observada no ato da rescisão contratual a maior remuneração do empregado para fins de cálculos indenizatórios. E tem razão de ser. Acontece que há situação, como a do empregado de confiança que fica sujeito a reversão ao seu cargo efetivo (art. 468, parágrafo único da CLT) e perde a respectiva gratificação, isso na hipótese de o exercício de função gratificada ser inferior a 10 anos (Súmula n. 372, I do TST). Neste caso, fica preservada a maior remuneração, até porque se não fosse assim o empregador poderia simplesmente reverter o empregado com o objetivo de reduzir os direitos decorrentes da rescisão contratual.

De ressaltar também que existem empregados que trabalhem por comissão ou percentagens, por produção (peças, tarefas, serviço feito, etc), de forma que a remuneração é variável, incidindo para estes casos o disposto no art. 478, da CLT que prescreve a observância da média dos 12 últimos meses, para efeito da maior remuneração.

Jurisprudência

Ementa: Remuneração variável. Cálculo das verbas rescisórias. Havendo remuneração variável, o cálculo das verbas rescisórias é feito pela média dos últimos doze meses, pela aplicação analógica do art. 478, § 4º, da CLT, salvo regra mais benéfica instituída pelo empregador. Verificado que a média dos prêmios utilizada para o cálculo das verbas rescisórias está incorreta, devem ser deferidas as diferenças respectivas. Deferidas diferenças, está implícita a dedução dos valores pagos, portanto, não há falar em enriquecimento sem causa da reclamante ou prejuízo da reclamada. Recurso conhecido e não provido. TRT 10ª Reg. ROPS 00754-2005-007-10-00-2 — (Ac. 1ª T./06) — Relª. Juíza Cilene Ferreira Amaro Santos. DJU3 20.1.06, p. 26.

4. Pedido de demissão ou rescisão por iniciativa do empregador. Validade (§ 1º). O pedido de demissão ou termo de rescisão do contrato de trabalho, firmado por empregado com mais de 1 (um) ano de serviço, só será válido se contar com a assistência do respectivo Sindicato ou perante a autoridade do Ministério do Trabalho, formalidade essencial, da própria substância do ato, de tal forma que seu descumprimento implica na sua inexistência. É o que prescreve o § 1º deste artigo. Na ausência dos mencionados órgãos valerá a assistência do Ministério Público, pelo Defensor Público, ou na ausência destes pelo Juiz de Paz (§ 3º), já que o empregado não poderá ficar desassistido pela ausência dos órgãos preferencialmente indicados. A finalidade da assistência para os empregados com mais de um ano de serviço é no sentido de coibir abusos por parte do empregador e sinaliza também maior segurança na concretização de um ato que envolve a rescisão de um pacto laboral e, que a rigor, atende de certa forma as duas partes, mormente no que toca a quitação das parcelas constantes do recibo ou termo de rescisão. De ressaltar ainda, que o pedido de demissão deve ser formalizado por escrito, para demonstrar a expressão máxima da vontade do empregado. Tal regra deverá ser adotada, mesmo que o empregado tenha menos de um ano de serviço, já que se trata de uma prova documental que só será elidida se houver a comprovação de vício na declaração de vontade (art.151, do CC). Por fim, o empregado que pede demissão e depois faz o pedido de reconsideração, este fica na dependência do empregador e se este não concordar a consequência é a extinção do feito.

Jurisprudência

Ementa: Demissão. Reconsideração. O empregado que pede demissão e depois faz pedido de reconsideração fica sujeito à aceitação do empregador. Não aceita a reconsideração, resta extinto o contrato de trabalho. TRT 12ª Reg. RO 01838-2007-046-12-00-7. — (Ac. 2ª T., 29.07.08). Rel. Juiz Geraldo José Balbinot. Disp. TRT-SC/DOE 8.8.08. Data de Publ. 12.8.08.

Ementa: Recurso de revista. Pedido de demissão sem homologação sindical. Empregado com mais de um ano de serviço. Irregularidade. (Art. 477, § 1º, da CLT). Nos termos do § 1º do art. 477 da CLT, o pedido de demissão, firmado por empregado com mais de um ano de serviço, só tem validade se homologado mediante assistência sindical ou perante o Ministério do Trabalho. A inobservância desta formalidade legal implica nulidade do referido ato. Recurso de Revista de que se conhece e a que se dá provimento. TST-RR-728/2001-252-02-00.5 — (Ac. 5ª T.) — 2ª Reg. — Rel. Min. João Batista Brito Pereira. DJU 9.6.06, p. 780.

Ementa: Pedido de demissão. Homologação da rescisão contratual. Necessidade. Condição de validade do ato. O § 1º do art. 477 da CLT estabelece que o pedido de demissão ou recibo de rescisão do contrato de trabalho, firmado por empregado com mais de um ano de serviço, somente será válido quando feito com a assistência do respectivo sindicato ou perante a autoridade do Ministério do Trabalho. A norma condiciona a validade do ato à assistência do sindicato a que o empregado está vinculado ou a presença do representante do Ministério do Trabalho, ou na falta destes de membro do Ministério Público ou Defensor Público, ou Juiz de Paz, isso para prevenir eventuais abusos por parte do empregador. Não observada a formalidade legal, a presunção é aquela favorável ao trabalhador, ou seja, a não validade do ato gera a presunção de dispensa sem justa causa, com suas consequências legais. Recurso de Revista conhecido e parcialmente provido. TST-RR-738.993/2001.4 — (Ac. 3ª T.) — 2ª Reg. — Rel. Min. Carlos Alberto Reis de Paula. DJU 31.3.06, p. 934.

Ementa: Pedido de demissão firmado sob coação. Invalidade. Impossível atribuir validade a pedidos de demissão assinados em massa pelos empregados de determinada empresa, quando comprovado que tal atitude se deu por força de coação do empregador, que pretendia se exonerar do pagamento de verbas rescisórias. TRT 10ª Reg. ROPS 01001-2007-013-10-00-8 — (Ac. 1ª T./07) — Red. Desig. Juiz Pedro Luís Vicentin Foltran. DJU 1.2.08, p. 2.348

Ementa: 1. Termo de rescisão contratual. Ausência de homologação pelo sindicato ou delegacia regional do trabalho. Validade. É requisito essencial para a validade da quitação que o empregado com mais de um ano de serviço seja assistido no ato de sua manifestação de vontade pelo sindicato de classe ou autoridade prevista em lei. A ausência desta formalidade, quando se tratar de homologação da quitação de pagamento, pode ser suprida, desde que haja prova irrefutável do pagamento. Não havendo, nos autos, prova convincente de que efetivamente os valores consignados no TRCT foram pagos ao empregado, são devidos os valores referentes às verbas rescisórias, pois o ato resilitório não contou com a necessária assistência determinada em lei. 2. ... TRT 10ª Reg. RO 00156-2006-020-10-00-4 — (Ac. 2ª T./06) — Rel. Juiz Brasilino Santos Ramos. DJU3 13.10.06, p. 18.

Ementa: Demissão a pedido — Reversão da causa de afastamento para sem justa causa. Dispõe o art. 151 do CCB-2002: "A coação, para viciar a declaração da vontade, há de ser tal que incuta ao paciente fundado temor de dano iminente e considerável à sua pessoa, à sua família, ou aos seus bens". No caso em exame, a Reclamante não se desincumbiu de seu ônus da prova de que houve vício de consentimento no seu pedido de demissão. A alegação de que a Autora teria sofrido constrangimento após constatada falta de numerário em depósito efetuado em cofre "boca de lobo", não restou provada. Mormente considerando-se que continuou desempenhando suas funções sem qualquer alteração. O que leva à conclusão que ao formular o pedido de demissão, em tempo bem posterior ao fato, a Autora o fez por livre e espontânea vontade. TRT 9ª Reg. RO 06510-2004-005-09-00-5- (Ac. 4ª T. 25296/06) — Rel. Juiz Arnor Lima Neto. DJPR 1.9.06, p. 726

Ementa: Pedido de demissão. Validade. Não há presunção favorável à tese patronal fincada em suposta intenção do empregado de se desligar do emprego. Eventual manifestação de vontade dessa ordem exige ato formal, consubstanciado em expresso e inequívoco pedido de demissão. A questão adquire relevância ante a proteção legal que se confere ao emprego, bem como ao princípio da continuidade da relação empregatícia, já que este é fonte de subsistência própria e familiar e a presunção que se extrai é a do interesse do obreiro em mantê-lo o maior tempo possível, especialmente, em épocas de notória escassez dos postos de trabalho que assola a nossa atualidade. TRT 2ª Reg. RS 01485200403902009 — (Ac. 4ª T. 20050793793) — Rel. Juiz Paulo Augusto Câmara. DJSP 25.11.05, p. 71.

Ementa: Pedido de demissão. Conversão em rescisão indireta. Impossibilidade. À míngua de qualquer indício de vício de consentimento na solicitação de desligamento por parte do trabalhador, é inviável a conversão do pedido de demissão em rescisão indireta e o consequente deferimento ao trabalhador de verbas que somente faria jus no caso de dispensa imotivada, especialmente quando inaugura novo liame empregatício em curto espaço de tempo, corroborando sua intenção na ruptura. TRT 15ª Reg. (Campinas/SP) RO 00519-2005-100-15-00-7 — (Ac. 7291/2006-PATR, 5ª Câmara) — Relª. Juíza Helena Rosa Mônaco da Silva Lins Coelho. DJSP 24.2.06, p. 47

4.1. Contagem do tempo de serviço para compreensão do termo de "mais de um ano" e o aviso prévio. O prazo de aviso prévio é considerado como tempo de serviços para todos os efeitos legais, como já visto. Nesse caso, computado o prazo do aviso prévio e com ele resultar mais de um ano de serviço a assistência deverá acontecer. A contagem de um ano para efeito da assistência levará em consideração a regra prevista no art. 132, do CC. Nesse sentido, por sinal, o disposto na Ementa Normativa n. 12, da Secretaria das Relações de Trabalho/MTE.

Ao contrário senso, se o empregado solicita demissão ou é dispensado sem justa causa, com menos de um ano, desnecessária se torna a assistência estabelecida por este artigo, bastando apenas a assinatura do empregado no recibo de quitação, salvo se houver instrumento coletivo que estipule a assistência mesmo que o empregado tenha menos de um ano de serviço, o que na prática tem ocorrido.

Ementas Normativas da SRT/MTE

Ementa n. 11. *Homologação. Aviso prévio.* O período do aviso prévio, mesmo indenizado, é considerado tempo de serviço para todos os efeitos legais. Dessa forma se, quando computado esse período, resultar mais de um ano de serviço do empregado, deverá ser realizada a assistência à rescisão do contrato de trabalho prevista no § 1º, do art. 477, da Consolidação das Leis do Trabalho. *Ref.: art. 477, § 1º, e art. 487, § 1º, da CLT. (Portaria n. 1, SRT/MTE, de 25.5.06, DOU 26.5.08)*

Ementa n. 12. *Homologação. Contagem do prazo.* O prazo de um ano e um dia de trabalho, a partir do qual se torna necessária a prestação de assistência na rescisão do contrato de trabalho, deve ser contado pelo calendário comum, incluindo-se o dia em que se iniciou a prestação do trabalho. A assistência será devida, portanto, se houver prestação de serviço até o mesmo dia do começo, no ano seguinte. *Ref.: art.132, § 3º, do CC. (Portaria n. 1, SRT/MTE, de 25.5.06, DOU 26.5.08)*

Jurisprudência

TST, OJ-SDI-1 N. 162. MULTA. ART. 477 DA CLT. CONTAGEM DO PRAZO. APLICÁVEL O ART. 132 DO CÓDIGO CIVIL DE 2002. (atualizada a legislação e inserido dispositivo) — DJ 20.4.2005. A contagem do prazo para quitação das verbas decorrentes da rescisão contratual prevista no art. 477 da CLT exclui necessariamente o dia da notificação da demissão e inclui o dia do vencimento, em obediência ao disposto no art. 132 do Código Civil de 2002 (art. 125 do Código Civil de 1916).

4.2. Assistência na rescisão contratual e a Comissão de Conciliação Prévia ou Núcleo Intersindical de Conciliação Trabalhista — NINTER. As duas entidades criadas pela Lei n. 9.958/2000 como a própria denominação indica têm por finalidade a conciliação de conflitos trabalhistas e não se prestam a fins outros, como o de dar assistência nas rescisões de contrato de trabalho. Por outro lado, o termo objeto da conciliação perante a referida Comissão é um título extrajudicial que não se confunde com o termo de rescisão contratual, este sujeito apenas a assistência ou homologação pelo órgão ou órgãos competentes para tanto.

Ementas Normativas da SRT/MTE

Ementa n. 32. *Comissão de Conciliação Prévia — CCP e Núcleo Intersindical de Conciliação Trabalhista — NINTER. Assistência ao empregado na rescisão do contrato de trabalho.* A Comissão de Conciliação Prévia — CCP e o Núcleo Intersindical de Conciliação Trabalhista — NINTER não têm competência para a assistência e homologação de rescisão de contrato de trabalho de empregado com mais de um ano de serviço. O termo de conciliação celebrado no âmbito da CCP e NINTER possui natureza de título executivo extrajudicial, o qual não está sujeito à homologação prevista no art. 477 da CLT. Ref.: art. 477, § 1º e art. 625-E, parágrafo único, da CLT.

Ementa n. 33. *Comissão de conciliação prévia — CCP E Núcleo Intersindical de Conciliação Trabalhista. NINTER. Descumprimento de prazo para pagamento das verbas rescisórias.* I — Os prazos para pagamento das verbas rescisórias são determinados pelo § 6º, do art. 477, da Consolidação das Leis do Trabalho. II — A formalização de demanda, pelo empregado, nos termos do § 1º, do art. 625-D, da CLT, após os prazos acima referidos, em virtude da não quitação das verbas rescisórias, implica a imposição da penalidade administrativa prevista no § 8º, do art. 477, da CLT, independentemente do acordo que vier a ser firmado. Ref.: art. 477, §§ 6º e 8º, e art. 625-D, § 1º, da CLT.

Jurisprudência

Ementa: Verbas rescisórias. Pagamento. O acordo entabulado na Comissão de Conciliação Prévia não tem eficácia liberatória geral, mas tão-somente das parcelas e valores pagos sob o mesmo título. No caso dos autos, restou demonstrado que o acordo realizado na CCP visou simular homologações das verbas rescisórias obreiras. Dessa forma, se as parcelas deferidas a título de rescisórias não constam no acordo extrajudicial, são elas devidas pelas Reclamadas. TRT 23ª Reg. RO 00700.2007.006.23.00-1 — (Ac. Sessão 45/07) — Relª. Desembargadora Leila Calvo. DJE/TRT 23ª Reg., 8.1.08, p.21.

Ementa: Nulidade de acordo firmado perante CCP. Simulação. Vícios e fraude de direitos trabalhistas. Homologação de rescisão contratual. As Comissões de Conciliação Prévia não podem servir para o exercício de fraude dos direitos trabalhistas e também não se prestam à simples função homologatória das rescisões contratuais (art. 477 da CLT). Provado que o empregador, além de procurar fraudar direitos trabalhistas através de acordo firmado perante a Comissão de Conciliação Prévia, também a utilizou como mera instância homologatória para obter a quitação das verbas rescisórias, com o efeito liberatório geral, desvirtuando totalmente a finalidade do instituto criado pela Lei n. 9.958/2000, em afronta ao disposto nos arts. 477, §§ 1º, 2º, 3º e 4º, e 625-A da CLT, nego provimento ao recurso ordinário das Reclamadas, no particular. TRT 23ª Reg. RO — 00700.2007.005.23.00-5- (Ac. Sessão: 0005/2008 — Rel. Des. Osmair Couto. DJE/TRT 23ª Reg., 6.3.08, p. 10/11.

4.3. Contagem do início do aviso prévio. Vide art. 487, da CLT.

5. Categoria de trabalhadores dispensados da assistência no ato rescisório. Existem determinadas categorias de trabalhadores que estão dispensadas de assistência no ato de rescisão do contrato de trabalho, as quais serão tratadas a seguir:

5.1. União, Estado, Distrito Federal, Município, Autarquia e Fundação de Direito no âmbito federal, estadual ou municipal. Determinada categoria de trabalhador, pela própria natureza do vínculo e da entidade empregadora, normalmente sem exploração de atividade econômica (União, Estado, Distrito Federal, Município, Autarquia e Fundação de Direito no âmbito federal, estadual ou municipal), está dispensada da assistência nos casos de terminação do contrato de trabalho, pouco importando o tempo de serviço. Incide, no caso, a presunção de que os pagamentos feitos correspondem ao efetivamente devidos. O fundamento para tal posicionamento está no disposto no item I do art. 1º do Decreto-lei n. 779/69, que estatui "a presunção relativa de validade dos recibos de quitação ou pedidos de demissão de seus empregados ainda que não homologados nem submetidos à assistência mencionada nos §§ 1º, 2º e 3º do art. 477 da Consolidação das Leis do Trabalho". O mesmo posicionamento está expresso no art. 3º da Instrução Normativa MTE/SRT n. 3, de 21 de junho de 2002, DOU 28.6.02 e no mesmo sentido, o Precedente Normativo n. 27, da SIT/MTE.

Precedente Administrativo da SIT/MTE

PRECEDENTE ADMINISTRATIVO N. 27. *Rescisão contratual. Homologação. Entidades públicas.* A União, os Estados e os Municípios, as autarquias e as fundações de direito público que não explorem atividade econômica não estão sujeitos à assistência mencionada no art. 477 da CLT, face à presunção de legitimidade de seus atos. *Referência Normativa: art. 1º, I do Dec-lei n. 779, de 21 de agosto de 1969 e art. 477 CLT.*

5.2. Empregador doméstico. Não é exigida a assistência no acerto de contas entre empregador e o empregado doméstico. O argumento é que não se aplica a estes trabalhadores a CLT (art. 7º, "a") e a Lei n. 5.859/72, que dispõe sobre a profissão de empregado doméstico, nada fala a respeito. A IN n. 3, de 3.6.02, da SRT/MTE estabelece no seu art. 3º que não é devida a assistência ao empregado doméstico. Entretanto, há jurisprudência entendendo cabível a incidência da multa a que alude o § 8º do art. 477 ao empregado doméstico, por ser sanção imposta ao empregador e também porque não seria lógico deixar ao seu alvedrio o acerto de contas.

Jurisprudência

Ementa: Art. 477, § 1º, da CLT. Empregado doméstico. Rescisão. Homologação. A legislação que regulamentou a profissão do doméstico, consoante preleciona o art. 2º do Decreto n. 71.885/73, ao aprovar o regulamento da Lei n. 5.859/72, determina que excetuando o capítulo referente a férias, não se aplicam aos empregados as demais disposições da CLT. A Constituição Federal de 1988 estendeu aos domésticos os direitos trabalhistas que especifica em seu art. 7º, parágrafo único, dentre os quais não figura, todavia, a exigência de homologação perante o Sindicato do Termo de Rescisão do Contrato de Trabalho, mesmo tendo o empregado mais de um ano de casa. Não existe previsão expressa de aplicação aos trabalhadores domésticos do disposto no art. 477, § 1º, da CLT e, portanto, não há como se ter por inválido o termo rescisório apresentado no processo, pela ausência de homologação. Recurso de Revista provido....TST-RR-636.374/2000.8 — (Ac. 3ª T.) — 18ª Reg. — Rel. Min. Carlos Alberto Reis de Paula. DJU 12.11.04, p. 819.

Ementa: Empregada doméstica. Demissão. A profissão da empregada doméstica é regida por norma especial — Lei n. 5.859/72 — por isso que contrato de trabalho celebrado entre ela e a empregadora possui contornos próprios e específicos, dos quais não deve se afastar o intérprete, sob pena de distanciamento da realidade social, em especial no que tange ao acesso à prova, difícil para ambas as partes, uma vez que os fatos se desenrolam intramuros, isto é, no recôndito do lar. Todas as atividades desenvolvidas na residência são essencialmente de consumo e não de produção, pelo que a empregadora, titular da relação jurídica de emprego, normalmente, possui compromissos fora do lar, onde se dedica também a uma profissão propulsora de renda. Se a empregadora comprova que se encontrava em viagem no dia da audiência e se faz substituída, na última hora, por seu marido, que desconhece a razão da resilição contratual, isto é, se a empregada se demitiu ou se foi dispensada, mas existe prova pré-constituída, escrita pela própria autora e por ela assinada, reconhecendo que o pacto se desfez por iniciativa dela, o depoimento pessoal do preposto não adquire os efeitos da confissão, a ponto de fazer prevalecer esse desconhecimento sobre o documento consubstanciador da demissão. TRT 3ª Reg. RO 00142-2007-139-03-00-2 — (Ac. 4ª T.) — Rel. Des. Luiz Otavio Linhares Renault. DJMG 12.6.07, p. 19.

Ementa: ...Multa prevista no art. 477, § 8º, da CLT. Aplicabilidade. Empregado doméstico. Apesar da limitação do texto consolidado, não se pode deixar de analisar com maior profundidade alguns institutos ausentes na legislação dos trabalhadores domésticos, os quais devem ser aplicados em razão do próprio texto Constitucional, o qual, por meio do parágrafo único do art. 7º terminou por estender-lhes inúmeros direitos trabalhistas. Logo, a multa prevista no art. 477, § 8º, da CLT deve ser aplicada, pois surge como uma sanção ao empregador que deixa de quitar os títulos rescisórios dentro do prazo legal. TRT 15ª Reg. (Campinas/SP) ROPS 0055-2005-114-15-00-1 — (Ac. 54509/05-PATR, 5ª Câmara) — Relª. Juíza Helena Rosa Mônaco da Silva Lins Coelho. DJSP 11.11.05, p. 85.

Ementa: Empregada Doméstica. Homologação da rescisão do contrato de trabalho. Não há que se falar em homologação da rescisão do contrato de trabalho de empregada doméstica perante o sindicato de classe ou autoridade do Ministério Público do Trabalho, uma vez que, regida por lei própria, a esta não se aplica o disposto no art. 477, § 1º, da Consolidação das Leis do Trabalho. TRT 1ª Reg. RO 12.756/01 — (Ac. 5ª T.) — Relª. Des. Nídia de Assunção Aguiar. DJRJ 5.8.05, p. 164.

6. Pedido de demissão de empregado estável ou amparado por garantia provisória de emprego. Em se tratando de empregado estável, nos termos do art. 500 da CLT e do amparado por garantia provisória de emprego, no caso de pedido de demissão a assistência será prestada pelo sindicato profissional ou federação respectiva e, apenas, na falta de entidade sindical, pela autoridade do Ministério do Trabalho e Emprego ou da Justiça do Trabalho (art. 7º, da Instrução Normativa n. 3 da SRT/MTE, de 21 de junho de 2002. No caso, o empregado não só está pedindo demissão, mas renunciando a garantia de emprego. Assim, nada mais justa a regra que transfere a assistência na rescisão contratual para a entidade sindical que representa a categoria profissional, já que haverá a pressuposição de que ela jamais aceitará qualquer ato de pressão contra o trabalhador, como também será mais difícil a existência de vício que macule o ato. Ocorre que a entidade sindical é a maior interessada na defesa dos seus representados, sobretudo daqueles que possuem garantia de emprego.

Ementa Normativa da SRT/MTE

Ementa n. 18. *Homologação. Extinção da empresa.* Não compete aos órgãos do Ministério do Trabalho e Emprego a homologação de rescisão de contrato de trabalho de empregado com garantia de emprego cuja dispensa se fundamente em extinção da empresa, diante da dificuldade de comprovação da veracidade dessa informação. Ref.: art. 8º, VIII, da CF; Art. 10, II, do ADCT; art. 492 a 500 da CLT; Livro II do Código Civil.

Jurisprudência

Ementa: ...Estabilidade sindical. Renúncia expressa. Conforme o quadro fático delineado no acórdão recorrido, o Reclamante compareceu à entidade sindical para homologação das suas verbas rescisórias, e não após qualquer ressalva quanto à estabilidade a que entende fazer jus, praticando ato incompatível com sua vontade de permanecer no emprego, em notória renúncia à estabilidade, na expectativa de que a investidura sindical, por si só, garantiria os ganhos do período de atividade profissional, sem demonstração de motivos imperiosos e justificáveis para tanto. Nesse contexto, para se aferir a tese recursal quanto à inexistência de renúncia expressa à estabilidade sindical ou que o termo de rescisão contém expressa ressalva feita pelo sindicato no ato da homologação da rescisão contratual, seria necessário o reexame do conjunto fático probatório produzido, atraindo a incidência da Súmula n. 126 desta Corte Superior. Agravo de instrumento a que se nega provimento. TST-AIRR-1.564/2002-463-05-40.2 — (Ac. 1ª T.) — 5ª Reg. — Rel. Min. Walmir Oliveira da Costa. DJU 23.5.08, p. 85.

Ementa: Estabilidade provisória. Gestante. Pedido de demissão. A renúncia à estabilidade provisória da gestante expressa pelo pedido de demissão não é válida, diante do princípio da irrenunciabilidade dos direitos trabalhistas e por aplicação analógica da Orientação Jurisprudencial n. 30 da SDC, do TST, porque essa espécie de estabilidade provisória não se destina à empregada, mas ao nascituro, consoante incorporado pela Súmula n. 244, do TST. Mais ainda quando a empregada, com mais de um ano de casa, não foi devidamente assistida pelo Sindicato da categoria (CLT, art. 500), uma vez que as verbas rescisórias só foram consignadas em juízo. TRT 3ª Reg. RO 00036-2008-095-03-00-0 — (Ac. 3ª T) — Rel. Juiz Convocado Danilo Siqueira de C. Faria — DJMG — 5.7.08, p. 4.

7. Rescisão de empregado menor. Segundo o disposto no art. 439, da CLT, "é lícito ao menor firmar recibo pelo pagamento de salário. Tratando-se, porém, de rescisão do contrato de trabalho, é vedado ao menor de 18 anos dar, sem assistência dos seus responsáveis legais, quitação ao empregador pelo recebimento da indenização que lhe for devida". Entretanto, há entendimento de que referida norma só tem incidência quando o menor alega que não recebeu as verbas rescisórias, havendo, portanto, uma presunção relativa quanto ao percebimento.

Jurisprudência

Ementa: Rescisão. Contrato de trabalho quitação. Menor de idade. Assistência responsável. Necessidade 1. A norma do art. 439, da CLT, no que contempla a exigência de assistência do empregado menor de dezoito anos para quitação da rescisão contratual, surte efeito apenas quando e se o interessado negar o pagamento. Ademais, gera uma presunção relativa de que o empregado não recebeu as verbas rescisórias, invertendo-se o ônus de tal modo que caberá ao empregador produzir prova cabal de que o pagamento foi efetivado. 2. Se o próprio empregado não põe em dúvida o recebimento da verba rescisória, não há razão para, apenas por questão formal, declarar-se que é inválida a quitação e, virtualmente, ensejar uma repetição de pagamento de verbas rescisórias. 3. Recurso de revista de que não se conhece. TST-RR-488.866/1998.6 — (Ac. 1ª T.) — 2ª Reg. — Red. Desig. Min. João Oreste Dalazen. DJU 17.11.06, p. 754.

8. Rescisão do contrato de trabalho e FGTS. Em caso de rescisão do contrato de trabalho, quer por iniciativa do empregado ou do empregador, este ficará obrigado a depositar na conta vinculada do trabalhador no FGTS os valores relativos aos depósitos referentes ao mês da rescisão e ao imediatamente anterior, que ainda não houver sido recolhido, sem prejuízo das cominações legais (art. 18, *caput*, da Lei n. 8.036/90). No caso de rescisão sem justa causa pelo empregador, depositará este, na conta vinculada do trabalhador no FGTS, importância igual a quarenta por cento do montante de todos os depósitos realizados na conta vinculada durante a vigência do contrato de trabalho, atualizados monetariamente e acrescidos dos respectivos juros (§ 1º, do art. 18, da Lei n. 8.036/90). As importâncias relacionadas com o FGTS deverão constar da documentação comprobatória do recolhimento dos valores devidos a título de rescisão do contrato de trabalho, observado o disposto no art. 477 da CLT, eximindo o empregador, exclusivamente, quanto aos valores discriminados (§ 3º do art. 18, da Lei n. 8.036/90). Em se tratando de despedida por culpa recíproca ou força maior, reconhecida pela Justiça do Trabalho, o percentual de 40% fica reduzido para 20% (vinte por cento). Tem muita importância a ressalva constante do § 3º do art. 18 mencionado, na qual estatui que o empregador fique eximido apenas em relação aos valores discriminados do FGTS, dado a possibilidade de existirem diferenças no que diz respeito à incidência do FGTS sobre horas extras e os seus reflexos, adicionais e etc. e outras situações que são encontradas no cotidiano dos Tribunais Trabalhistas. A regra em causa se aplica também as verbas rescisórias, cuja quitação é valida apenas em relação às parcelas especificadas no respectivo termo de rescisão. (§ 2º do art. 477, da CLT)

9. Órgãos competentes, formalidades e meios de prova (§§ 1º e 3º). O parágrafo primeiro contém formalidade indispensável para o ato rescisório, eis que o termo de rescisão do contrato de trabalho a ser firmado por empregado com mais de um ano de serviço prestado ao mesmo empregador somente será válido se efetuado com a assistência das entidades descritas no art. 477, da CLT.

A assistência ou homologação (expressão mais comumente aplicada à hipótese) do termo de rescisão do trabalho é feita tanto no Ministério do Trabalho e Emprego quanto no sindicato. Entretanto, em decorrência de ajuste firmado em norma coletiva entre Sindicato dos Trabalhadores e Sindicato dos Empregadores, ou entre o primeiro e o empregador tem prevalecido à assistência feita pelo sindicato que representa a categoria dos trabalhadores.

Para *Sérgio Pinto Martins* "o Sindicato não tem preferência em relação ao Ministério do Trabalho, pois o § 1º do art. 477 da CLT usa a conjunção alternativa "ou". Inexiste ordem preferencial entre a assistência ser feita pelo sindicato ou pela autoridade do Ministério do Trabalho. O empregador é que tem de pagar as verbas rescisórias, escolhendo qual órgão em que será feita a assistência"[97].

A rigor, a assistência deveria ser sempre do Sindicato que está mais assimilado com os direitos dos trabalhadores por ele representado, aliás, esse foi o espírito da lei que o coloca em primeiro lugar, sendo que, a Súmula n. 330, do TST, que trata de quitação, só faz referência ao ato homologatório pelo Sindicato.

E não é só. A Ementa Normativa n. 8 da SRT/MTE, também estabelece que a assistência seja feita preferencialmente pela entidade sindical representativa da categoria profissional, restando ao Ministério do Trabalho e Emprego para atender os trabalhadores sem representação sindical na localidade, ou quando houver recusa ou cobrança indevida pelo referido encargo.

Importante assinalar que a Ementa Normativa n. 10, da SRT/MTE, restringe à competência dos servidores que prestam a devida assistência no ato rescisório, ou seja, limitando-se à função aos auditores fiscais do trabalho e outros servidores tão somente com portaria específica para tal, vedando a participação de cedidos por outros órgãos, trabalhadores terceirizados e estagiários.

---

(97) *Comentários à CLT.* 12. ed. São Paulo: Atlas, 2008, p. 482.

Nessa hipótese, valerá a assistência do Ministério Público, pelo Defensor Público, ou na ausência destes pelo Juiz de Paz (§ 3º). Esclareça-se também que as Federações de Trabalhadores são competentes para prestar assistência prevista no § 1º, deste artigo, nas localidades onde a categoria profissional não estiver organizada em sindicato.

Nesse sentido, a Ementa Normativa n.9, da Portaria n. 1, SRT/MTE, de 25 de maio de 2006, DOU 26 de maio de 2006. Compreende-se também na assistência, quer a feita pelo sindicato, quer pelos demais órgãos competentes, vários atos, conforme se infere pela Ementa Normativa n. 6, do SRT/MTE, de 25 de maio de 2006, DOU 26 de maio de 2006, entre eles a averiguação de todas as documentação ligadas ao respectivo ato, sendo permitido a admissão de meios de prova de quitação prevista em lei ou normas administrativas aplicáveis ao caso.

Vale ressaltar também que Instrução Normativa MTE/SRT n. 3, de 21 de junho de 2002, DOU 28.6.02, estabelece procedimentos para assistência ao empregado, na rescisão do contrato, no âmbito do Ministério do Trabalho e Emprego.

De notar-se que deve figurar de maneira correta a data do efetivo pagamento, bem como o carimbo do órgão homologador e outras informações exigidas que constem do termo de rescisão do contrato na forma estabelecida na Portaria n. 302, de 26 de junho de 2002 (DOU 5 de julho de 2002) do MTE, que aprova o respectivo modelo a ser utilizado como recibo de quitação ou termo de rescisão para efeito de pagamento das verbas rescisórias e para saque do FGTS. Tais exigências têm razão de ser, pois se não for mencionada a data em que foi feito pagamento, a assinatura do empregado, aqui citando como exemplo, o termo de rescisão não é eficaz para o fim a que destina.

Por fim, deve ser salientado que, sendo o empregador quem efetua o pagamento é dele a respectiva prova através de documentos ou de outros meios, como depósito em conta corrente, cheque visado, etc., podendo se valer todos os meios de prova admitido em lei.

Ementas Normativas da SRT/MTE

Ementa n. 6. *Homologação. Meios de prova dos pagamentos.* A assistência ao empregado na rescisão do contrato de trabalho compreende os seguintes atos: informar direitos e deveres aos interessados; conciliar controvérsias; conferir os reflexos financeiros decorrentes da extinção do contrato; e zelar pela quitação dos valores especificados no Termo de Rescisão do Contrato de Trabalho. Dada a natureza de ato vinculado da assistência, o agente somente deve admitir os meios de prova de quitação previstos em lei ou normas administrativas aplicáveis, quais sejam: o pagamento em dinheiro ou cheque administrativo no ato da assistência; a comprovação da transferência dos valores, para a conta corrente do empregado, por meio eletrônico, por depósito bancário, ou ordem bancária de pagamento ou de crédito. Ref.: art. 477, § 4º, da CLT e art. 36 da IN n. 3, de 2002.

Ementa n. 9. *Homologação. Federação de trabalhadores. Competência.* As federações de trabalhadores são competentes para prestar a assistência prevista no § 1º, do art. 477, da CLT, nas localidades onde a categoria profissional não estiver organizada em sindicato. Ref.: art. 477, § 1º e art. 611, § 2º, da CLT.

Ementa n. 10. *Assistência. Rescisão. Competência dos servidores.* A assistência e a homologação de rescisão do contrato de trabalho somente poderão ser prestadas por servidor não integrante da carreira de auditor-fiscal do trabalho quando devidamente autorizado por portaria específica do Delegado Regional do Trabalho. Servidores cedidos de outros órgãos públicos, trabalhadores terceirizados e estagiários não poderão ser autorizados a prestar assistência e homologação de rescisão de contrato de trabalho. Ref.: art. 477, § 1º, da CLT e art. 8º da IN n. 3, de 2002.

Jurisprudência

Ementa: Carência de ação. Homologação de pedido de demissão pela Justiça do Trabalho. Impossibilidade jurídica do pedido. Reconhecimento. Extinção do processo sem resolução de mérito. Como é cediço, o pedido de demissão de empregado com mais de um ano de serviço tem sua validade condicionada à assistência administrativa, em regra prestada pelo sindicato profissional ou perante autoridade do Ministério do Trabalho, de acordo com a previsão do art. 477, § 1º, da CLT, assistência esta, nunca prestada pela Justiça do Trabalho, porém, excepcionalmente poderá ser feita por Defensor Público ou Juiz de Paz (§ 3º). Se a causa de pedir é a mera homologação da rescisão contratual pela Justiça do Trabalho, à toda evidência, o pedido resvala na seara da impossibilidade jurídica, não merecendo o debate sequer aferição meritória em face da carência de ação. Hipótese de extinção do processo sem resolução de mérito (art. 267, VI, CPC). TRT 15ª Reg. (Campinas/SP) — RO 563-2007-043-15-00-9 — (Ac. 50922/08-PATR, 4ªC.) — Rel. Luís Carlos Cândido Martins Sotero da Silva. DOE 22.8.08, p. 31.

Ementa: Multa do art. 477/CLT. Declaração do empregado de que deu causa à mora. Ausência de valor probante. A declaração da autora, constante do verso da rescisão contratual, não se mostra convincente para eximir a reclamada do pagamento da multa do art. 477/CLT, eis que devidamente impugnada, presumindo-se que decorreu da necessidade de recebimento dos haveres rescisórios. Equivale, nos termos em que se encontra vazada, em verdadeira renúncia de direito, realizada extrajudicialmente, o que compromete o seu valor probante. TRT 3ª Reg. RO 00703-2007-059-03-00-0 — (Ac. 2ª T) — Rel. Des. Luiz Ronan Neves Koury. DJMG — 1.8.08, p. 11.

Ementa: Verbas rescisórias. Recibo não-assinado pela empregada. Imprestabilidade. Estabelece o § 1º do art. 477 da CLT que a validade do recibo de quitação das verbas rescisórias está condicionada à assinatura do empregado e à assistência da entidade de classe ou à interveniência do Ministério do Trabalho, Ministério Público, Defensor Público ou Juiz de Paz, erigindo, desta forma, formalidade inerente ao negócio jurídico. In casu, é imprestável o recibo apresentado pela empregadora, porquanto destituído da assinatura obreira e da respectiva homologação sindical, razão pela qual considero inválido para o fim colimado. Recurso ao qual se nega provimento. TRT 23ª Reg. RO 00318.2007.046.23.00-7 — (Ac. 1ª T.) — Red. Desig. Leila Calvo. DJE/TRT 23ªReg. n. 411, 19.2.08, p. 25.

Ementa: Verbas rescisórias. Não consignação da data do pagamento no TRCT. Empregado com mais de um ano de serviço. Ausência de assistência sindical. Presunção de pagamento intempestivo. Multa do art. 477 devida -Arts. 320 do CCB e 464 da CLT. O pagamento das verbas rescisórias, segundo o art. 464 da CLT e o § 1º do art. 477, deve ser feito mediante recibo(TRCT), e consignar, dentre outros requisitos, o "tempo" do pagamento (art. 320 do CCB). Não registrada a data no TRCT, nem demonstrado por qualquer outro meio a observância do prazo prescrito no art. 477, o § 6º, da CLT, e ainda, ausente a assistência sindical obrigatória para empregado com mais de 1(um)ano de serviço, implica considerar-se intempestivo o pagamento. A ausência de impugnação ao mencionado documento, muito embora autorize concluir pela ocorrência da quitação (premissa essa válida ante o parágrafo único do art. 320/CCB), não estende seu alcance ao momento da prática do ato, permanecendo íntegra, quanto a esse, a presunção de intempestividade. Condenação mantida. TRT 9ª Reg. RO 16136-2006-028-09-00-1 — (Ac. 4ª T. 33368/07) — Relª. Sueli Gil El-Rafihi. DJPR 13.11.07, p. 404.

Ementa: 1. Termo de rescisão contratual. Ausência de homologação pelo Sindicato ou Delegacia Regional do Trabalho. Validade. É requisito essencial para a validade da quitação que o empregado com mais de um ano de serviço seja assistido no ato de sua manifestação de vontade pelo sindicato de classe ou autoridade prevista em lei. A ausência desta formalidade, quando se tratar de homologação da quitação de pagamento, pode ser suprida, desde que haja prova irrefutável do pagamento. Não havendo, nos autos, prova convincente de que efetivamente os valores consignados no TRCT foram pagos ao empregado, são devidos os valores referentes às verbas rescisórias, pois o ato resilitório não contou com a necessária assistência determinada em lei. 2... 3. Recurso conhecido parcialmente e provido parcialmente. TRT 10ª Reg. RO 00156-2006-020-10-00-4 — (Ac. 2ª T./06) — Rel. Juiz Brasilino Santos Ramos. DJU3 13.10.06, p. 18.

Ementa: ...Modalidade de ruptura do pacto laboral. E-mail como meio de prova. Validade. Com base no princípio da continuidade da relação de emprego, é do reclamado o ônus de comprovar o pedido de dispensa. Assim como os diversos meios de prova em que se ampara o sistema jurídico na busca da verdade processual, o documento eletrônico deve ser examinado com esteio no contexto dos autos. A sua admissão como elemento hábil a formular a convicção judicial junge-se à inexistência de vícios a macular sua forma ou conteúdo (art. 225 do CC).

Ademais, *in casu,* as informações constantes do referido documento foram ratificadas por prova testemunhal. Recurso da reclamada não conhecido, por deserto. Recurso do reclamante conhecido e desprovido. TRT 10ª Reg. RO 00290-2005-016-10-00-5 — (Ac. 3ª T./05) — Relª. Juíza Márcia Mazoni Cúrcio Ribeiro. DJU3 21.10.05, p. 14.

Ementa: Multa do art. 477 da CLT. O não preenchimento do campo correto, relativo à data da homologação no Termo de Rescisão do Contrato de Trabalho, constitui-se em óbice para a confirmação da alegação patronal de que o Autor recebeu as verbas rescisórias no prazo legal. Recurso parcialmente provido. TRT 1ª Reg. RO 00840-2001-024-01-00-6 — (Ac. 5ª T.) — Rel. Des. Antonio Carlos Areal. DJRJ 3.12.04, p. 89.

Ementa: Homologação da rescisão contratual. Juiz de paz. A legislação autoriza ao Juiz de Paz proceder a homologação de rescisão contratual nas localidades aonde não houver sindicato e nem órgão do Ministério Público. No caso dos autos, embora não haja sede do sindicato da categoria na região, restou incontroversa a existência de órgão do Ministério Público. O reclamado não se desincumbiu do ônus que lhe competia, no sentido de demonstrar a impossibilidade de homologação da rescisão do obreiro pelo Ministério Público. Ainda há prova robusta a desconstituir os recibos de quitação das verbas rescisórias, firmados pelo obreiro e por ele impugnados, pelo que a condenação no pagamento das mesmas deve ser mantida. Recurso do reclamado a que se nega provimento. TRT 9ª Reg. RO 00385-2004-668-09-00-1 — (Ac. 4ª T. 22214/05) — Rel. Arnor Lima Neto. DJPR 13.9.05, p. 401.

Ementa: Homologação do TRCT perante Juiz de Paz. Observância dos dispositivos legais que regem a espécie. Não é válida a homologação do Termo de Rescisão do Contrato de Trabalho quando a empresa, injustificadamente, realiza o acerto perante o Juiz de Paz, sem observar a enumeração contida no § 3º do art. 477 da CLT. Este dispositivo dispõe que, em não existindo na localidade nenhum dos órgãos previstos em seu § 1º (Sindicato ou autoridade do Ministério do Trabalho e Emprego), a assistência será prestada pelo representante do Ministério Público ou, onde houver, pelo Defensor Público e, na falta ou impedimento destes, pelo Juiz de Paz. TRT 3ª Reg. RO 00980-2003-087-03-00-8 — (Ac. 5ª T.) — Rel. Des. Eduardo Augusto Lobato. DJMG 6.12.03, p. 13.

9.1. Impedimentos e circunstâncias obstativas à assistência. A exigência legal de assistência na rescisão contratual deve ser precedida de uma averiguação de toda a documentação pertinentes ao respectivo ato, que é de natureza administrativa (art. 12, da IN n. 3, de 21.6.02, da SRT/MTE) sendo que em determinadas circunstâncias as irregularidades encontradas deverão ser sanadas no decorrer da assistência. Se não regularizadas, não será efetuada a homologação, ainda que o empregado com ela concorde. A respeito, a Secretaria das Relações do Trabalho, do Ministério do Trabalho e Emprego editou uma Ementa Normativa, a de n. 4, que coloca entre as possíveis irregularidades, as seguintes situações: I — a irregularidade na representação das partes; II — a existência de garantia de emprego; III — a suspensão contratual; IV — a inaptidão do trabalhador declarada no atestado de saúde ocupacional (ASO); V — a fraude caracterizada; VI — a falta de apresentação de todos os documentos necessários; VII — a falta de apresentação de prova idônea dos pagamentos rescisórios; VIII — a recusa do empregador em pagar pelos menos parte das verbas rescisórias. Registre-se, também, que a Instrução Normativa n. 3, do SRT/MTE de 21 de junho de 2002, que estabelece procedimentos para assistência ao empregado, na rescisão do contrato de trabalho, no âmbito de Ministério do Trabalho e Emprego diz que no seu art. 14, com a redação dada pela Instrução Normativa n. 4, da SRT/MTE, de 8 de dezembro de 2006, que "é vedada a homologação de rescisão contratual sem pagamento de verbas rescisórias devidas que vise, tão somente, ao saque de FGTS e a habilitação ao Seguro-Desemprego". Apesar de serem restrições derivadas de órgãos administrativos, na prática, também vale para a assistência quando feita pelo Sindicato, até porque este é o maior interessado num acerto que atenda todas as normas legais que favoreça o trabalhador já que é defensor nato da categoria que representa.

Ementa Normativa da SRT/MTE

Ementa n. 4. *Homologação. Impedimentos.* As seguintes circunstâncias, se não sanadas no decorrer da assistência, impedem o assistente do Ministério do Trabalho e Emprego de efetuar a homologação, ainda que o empregado com ela concorde:

I — a irregularidade na representação das partes;

II — a existência de garantia de emprego, no caso de dispensa sem justa causa;

III — a suspensão contratual;

IV — a inaptidão do trabalhador declarada no atestado de saúde ocupacional (ASO);

V — a fraude caracterizada;

VI — a falta de apresentação de todos os documentos necessários;

VII — a falta de apresentação de prova idônea dos pagamentos rescisórios;

VIII — a recusa do empregador em pagar pelo menos parte das verbas rescisórias.

Ref.: CLT; NR-07; IN n. 3, de 2002. (Portaria n. 1, SRT/MTE, de 25.5.06, DOU 26.5.06)

9.2. Exame médico demissional. O art. 168, da CLT obriga o exame médico, por conta do empregador, na admissão (I) e na demissão (II) como medida preventiva. O objetivo na verdade é averiguar se o empregado não adquiriu doença ocupacional ou profissional durante o período de trabalho e se ele continua apto para o trabalho com vista à nova colocação no mercado de trabalho. Portanto, a exigência em causa é uma das formalidades determinada pela lei e que se acha vinculada ao ato de assistência a que alude o § 1º deste artigo. As formalidades aqui tratadas evidenciam que o ato de uma rescisão é complexo, em virtude das exigências a ele impostas.

Registre-se que há entendimento de que a ausência do aludido exame caracteriza-se apenas infração administrativa, com fundamento no art. 201, da CLT, mas existe decisão que considera nula a rescisão contratual com o restabelecimento do vínculo e a consequente suspensão do contrato de trabalho até a alta médica, em virtude da doença ocupacional ou profissional adquirida no decorrer da prestação de serviços e devidamente comprovada pelo órgão previdenciário.

É sabido também que se houver ajuizamento de reclamatória perante a Justiça do Trabalho e constatado pela perícia médica determinada pelo juízo que o empregado adquiriu doença ocupacional ou profissional durante período de trabalho, haverá responsabilidade civil do empregador, a teor dos artigos 186, 187, 932, III e 933 do Código Civil e possível indenização por dano moral (art, 5º, V e X, da Carta Magna).

Jurisprudência

Ementa: Nulidade demissional. Fraude. Exame demissional. Violação ao art. 63 da Lei n. 8.213/91. 1. O fato de haver atestado médico posterior ao produzido no exame demissional por si só não leva à conclusão de que haja fraude. Consignou o Eg. TRT, após o cotejo dos atestados acostados aos autos, que a Reclamante estava apta à demissão. 2. A violação ao art. 63 da Lei n. 8.213/91 tampouco enseja o conhecimento do apelo. O argumento utilizado que acarretaria tal violação carece de prequestionamento. Não há tese no acórdão regional no sentido de que o segurado em gozo de auxílio-doença pode ser dispensado. Simplesmente entendeu aquela Corte que não restou configurado o direito à estabilidade acidentária. 3. Não se divisa a ocorrência de julgamento *citra petita*. O indeferimento dos pedidos formulados pela Autora, quando esta não logra êxito nas teses levantadas, não configura decisão *citra petita*. Recurso de Revista não conhecido.TST-RR-59.187/2002-900-01-00.6 — (Ac. 8ª T.) — Relª. Min. Maria Cristina Irigoyen Peduzzi, DJU 8.2.08, p. 1.482.

Ementa: Recurso de revista. Dispensa imotivada. Ausência de exame médico demissional. Reintegração. Decisão regional em que se determina consequência de estabilidade, em caso de despedida imotivada, tão-somente pelo fato de a despedida ter ocorrido sem submissão a exame médico demissional. Inexistência, no ordenamento jurídico, de norma nesse sentido. Violação do art. 5º, II, da Constituição Federal demonstrada. Recurso de revista a que se dá provimento. TST-RR-340/2002-049-01-00.1 — (Ac. 5ª. T.) — 1ª Reg. — Red. Desig. Min. Gelson de Azevedo. DJU 15.2.08, p. 1.028.

Ementa: Dispensa arbitrária. Nulidade. Doença do trabalhador. Ausência de exame médico demissional. Reputa-se arbitrária e abusiva a dispensa do trabalhador doente, que não é precedida do exame médico obrigatório demissional. Se a empresa resolve dispensar o empregado exatamente no momento em que ele mais precisa do emprego e está desamparado pela previdência, em razão de sua inadequada alta médica, subtrai dele o direito à própria subsistência e a de sua família, cabendo a esta Justiça do Trabalho conceder a tutela protetiva de declarar nula a dispensa arbitrária. Contudo, como a enfermidade do reclamante, segundo apurado em prova técnica, não tem qualquer origem ocupacional, não há que se falar em reintegração ao emprego, mas apenas na manutenção do contrato que estava e permanece suspenso, desde a dispensa arbitrária, assegurando-se à empresa, por outro lado, formular pedido incidental de revisão (art. 471, I, do CPC), perante o Juízo da execução, por reputar-se inviável a fixação de limite temporal para a subsistência do direito reconhecido ao reclamante, diante da sua incapacidade de para o trabalho. TRT 3ª Reg. RO 00060-2007-048-03-00-0 — (Ac. 7ª T.) — Rel. Des. Emerson Jose Alves Lage. DJMG 25.9.08, p. 16.

Ementa: Nulidade da dispensa. Não-realização do exame demissional. Inocorrência. A não realização do exame demissional previsto no art. 168, II, "a", da CLT não resulta na nulidade da dispensa, pois essa norma, ao estabelecer a obrigatoriedade do referido exame, não impôs consequência, de ordem a impedir o direito potestativo de dispensa por parte do empregador, tanto mais quando o Regional deixa claro que a Reclamante, na data da dispensa, não estava em gozo de perfeita saúde, conforme atestavam os laudos médicos por ela juntados, e que o parecer do órgão previdenciário foi de que inexistia nexo causal entre a doença e o trabalho. Recurso de revista não conhecido. TST-RR-1.744/2001-016-05-00.9 — (Ac. 4ª T.) — 5ª Reg. — Rel. Min. Ives Gandra Martins Filho. DJU 10.2.06, p. 1050/1.

Ementa: Atestado médico apresentado pelo trabalhador. Conflito entre documento particular e exames realizados pela Previdência Social e perante a empresa. Dispensa promovida em período de suposta suspensão contratual. Fato não demonstrado. Evidenciada nos autos flagrante divergência entre o atestado médico particular apresentado pelo trabalhador — concedendo afastamento em período correlato à rescisão contratual perpetrada — e os exames médicos, tanto demissional quanto o realizado pela Previdência Social, o deslinde da quaestio, para fins de prevalência daquele ou destes, fundamental para constatar a validade ou não da dispensa operada, parte da aplicação análoga da Súmula n. 15, do Colendo TST: "A justificação da ausência do empregado motivada por doença, para a percepção do salário-enfermidade e da remuneração do repouso semanal, deve observar a ordem preferencial dos atestados médicos estabelecida em lei". A ilação é de que o atestado trazido pelo empregado, emitido por um único médico, não prevalece contra as conclusões do serviço médico da empresa ou conveniado, solucionando-se a controvérsia diante da dicção clara da legislação ordinária, art. 6º, parágrafo segundo da Lei n. 605/49, com a redação dada pela Lei 2.761/56, ao estabelecer a ordem preferencial referida pelo verbete sumulado em comento, prevalecendo, antes, para fins de comprovação da doença, o atestado oriundo da Previdência Social, seguido do serviço médico da empresa, somente em última hipótese, a declaração do profissional escolhido pelo trabalhador. In casu, ainda que não se vislumbre vício formal grave no documento trazido pelo autor, sonega o médico a informação do código da doença que o acometeu, circunstância que, somada à aptidão para o trabalho concomitantemente declarada, tanto por ocasião da realização de exame demissional quanto pelo INSS, após encaminhamento do obreiro pela própria empregadora com requerimento de benefício por incapacidade, rejeitado, leva à inexorável conclusão de que, no ato da dispensa, não se encontrava o contrato de trabalho suspenso como fato obstativo à rescisão contratual, plenamente válida, portanto. TRT 3ª Reg. RO 00272-2007-045-03-00-9 — (Ac. 4ª T.) — Rel. Des. Julio Bernardo do Carmo. DJMG 29.3.08, p. 10.

Ementa: Exame demissional. Conclusão de aptidão descaracterizada por diagnóstico de doença grave com incapacidade laborativa. Nulidade da dispensa. Quando da dispensa é necessário submeter o trabalhador a exame demissional válido, atendendo-se as exigências e condições estabelecidas pelo art. 168 da CLT, bem como da Norma Regulamentadora n. 7 — Programa de Controle Médico de Saúde Ocupacional. Não basta o "de acordo" do médico da empresa, mas o máximo de zelo e capacidade profissional na proteção à Segurança e Medicina do Trabalho. O relato de sintomas subjetivos comuns a uma série de patologias, exige uma análise mais apurada com exames complementares. O diagnóstico posterior de doença grave preexistente, ensejadora de incapacidade laborativa, descaracteriza a declaração de aptidão constante de atestado de saúde ocupacional e torna nula a rescisão contratual. A consequência da declaração de nulidade é o restabelecimento do vínculo e de suspensão do contrato de trabalho, não havendo que se falar em reinício do prazo do aviso prévio quando recuperada a capacidade laborativa. A fixação, desde logo, dos efeitos futuros, pode configurar sentença condicional e invasão injustificada no direito potestativo do reclamado. Recurso conhecido e não provido. TRT 10ª Reg. RO 00940-2005-005-10-00-9 — (Ac. 2ª T./06) — Rel. Juiz Mário Macedo Fernandes Caron. DJU3 2.6.06, p. 28

Ementa: Exame demissional. Normas de Segurança e Medicina do Trabalho. A violação dos preceitos contidos nos arts. 168 e 169, da CLT, referentes à realização, pelo empregador, de exames médicos admissionais, periódicos e demissionais, caso houvesse, não importaria na pleiteada reintegração da empregada, por absoluta falta de previsão legal, uma vez que se trata de normas de segurança e medicina do trabalho, de caráter administrativo, com fiscalização das Delegacias Regionais do Trabalho. TRT 1ª Reg. RO 00494-2002-029-00-0 — (Ac. 3ª T.) — Relª. Juíza Maria das Graças Cabral Viégas Paranhos. DJRJ 5.2.04, p. 248.

9.3. Perfil Profissiográfico Previdenciário — PPP. Referido documento é previsto na Lei n. 8.213/91 (art. 58, § 4º) e no Decreto n. 3.048/99. Segundo o disposto no § 4º do art. 58, da Lei n. 8.213/91, acrescentado pela Lei n. 9.528/97, a "A empresa deverá elaborar e manter atualizado perfil profissiográfico abrangendo as atividades desenvolvidas pelo trabalhador e fornecer a este, quando da rescisão do contrato de trabalho", sendo este documento um "histórico-laboral do trabalhador, segundo modelo instituído pelo Instituto Nacional do Seguro Social, que, entre outras informações, deve conter registros ambientais, resultados de monitoração biológica e dados administrativos (§ 8º do art. 68 do Decreto n. 3.048/99. O objetivo do aludido documento é registrar as atividades desenvolvidas pelo trabalhador, o ambiente laboral e evidentemente relacionado com a sua saúde e sobre a existência de agentes nocivos, bem como, viabilizar possível programa de reabilitação profissional, requerimento de benefício acidentário e de aposentadoria especial. Conforme o disposto na referida lei, o documento supracitado deverá ser entregue ao trabalhador por ocasião da rescisão contratual. Entretanto, não se exige que ele seja entregue ao empregado no ato da assistência da homologação da rescisão contratual. A Ementa Normativa n. 16 da SRT/MTE desobriga os assistentes do MTE a sua apresentação pela empresa no ato da assistência e homologação das rescisões de contrato de trabalho, sob a alegação de que essa exigência é da competência do Auditoria-Fiscal da Previdência Social. Há que ressaltar que o texto de lei não contempla palavras inúteis e a expressão que obriga a entrega do documento quando da rescisão contratual está a indicar que é este o momento apropriado para o cumprimento de obrigação imposta em lei.

Ementa Normativa da SRT/MTE

Ementa n. 16. *Homologação. Perfil Profissiográfico Previdenciário.* Não compete aos assistentes do MTE exigir a apresentação do Perfil Profissiográfico Previdenciário — PPP, previsto na Lei n. 8.213, de 1991 e no Decreto n. 3.048, de 1999, no ato da assistência e homologação das rescisões de contrato de trabalho, uma vez que tal exigência é de competência da Auditoria-Fiscal da Previdência Social. Ref.: art. 58, §4º, da Lei n. 8.213, de 1991; art. 68, § 2º, do Decreto n. 3048, de 1999; e Informação CGRT/SRT n. 12, de 2004.

Jurisprudência

Ementa: Perfil profissiográfico. Obrigação patronal. A teor do § 4º do art. 58, da Lei n. 8.213/91, "a empresa deverá elaborar e manter atualizado perfil profissiográfico abrangendo as atividades desenvolvidas pelo trabalhador e fornecer a este, quando da rescisão do contrato de trabalho, cópia autêntica desse documento". Essa obrigação tem caráter geral e alcança a todos os empregados, expostos ou não a ambiente insalubre. TRT 3ª Reg. RO 00146-2002-046-03-00-6 — (Ac. 2ª T.) — Relª Juiza Convocada Taisa Maria M. de Lima. DJMG 25.6.08.

Ementa: Perfil Profissiográfico Previdenciário (PPP). Apuração sobre ambiente de trabalho. Obrigatoriedade de emissão. A partir de 1º de janeiro de 2004, conforme disposto no art. 178, § 14, da IN INSS/PRES

n. 11/2006 (DOU 21.9.2006), a comprovação da efetiva exposição do empregado segurado aos agentes nocivos deverá ser feita através do PPP (Perfil Profissiográfico Previdenciário), documento esse que, além de registrar as atividades desenvolvidas pelo trabalhador e o ambiente laboral, relativas à fiscalização do gerenciamento de riscos, busca a existência de agentes nocivos, bem como, viabilizar possível programa de reabilitação profissional, requerimento de benefício acidentário e de aposentadoria especial. A obrigatoriedade de emissão e atualização do PPP cabe à empresa ou ao preposto (Lei n. 9.732/1998 c/ c art. 68, do Decreto n. 3.048/99), com base em laudo técnico de condições ambientais do trabalho expedido por médico do trabalho ou engenheiro de segurança do trabalho nos termos da legislação trabalhista. Na rescisão contratual, a imposição legal se mantém pelo encargo em fornecer ao empregado cópia autêntica desse documento. Ante a infrigência de quaisquer dos casos, fica o faltoso sujeito às penalidades previstas, nos arts. 68, §§ 4º e 6º; 283, do Decreto n. 3.048/99; 58 e §§; e 133, ambos da Lei n. 8.213/1991. Os formulários anteriormente utilizados para a mesma finalidade (SB-40, DISESBE 5235, DSS-8030 e DIRBEN 8030) devem observar seus períodos de vigência, atentando-se para tanto, a data de emissão do documento, já que deixaram de ter eficácia para os períodos laborados a partir de 1.1.2004 (art. 162, da IN INSS/PRES n. 11/2006). TRT 2ª Reg. RO 02349200207502008 — Ac. 8ª T. 20070392646) — Rel. Juiz Rovirso Aparecido Boldo. DOE/TRT 2ª Reg. 5.6.07, p. 366.

10. Recibo de quitação e termo de rescisão. Especificações das verbas pagas. Quitação e ressalva. (§ 2º) O recibo de quitação ou termo de rescisão do contrato de trabalho, qualquer que seja a causa da dissolução do contrato, devem ser específicos quanto à natureza de cada parcela paga ao empregado e discriminado seu valor, com a ressalva de que só será válida a quitação apenas com relação às mesmas parcelas, ou seja, as parcelas pagas. O § 2º ao mencionar o recibo de quitação e instrumento de rescisão está a exigir documento formal, que pode inclusive se sobrepor a confissão ficta, conforme já decidiu o TST (proc. RR-708-349/2001 — (Ac. 2ª T.) — 4ª Reg. — Rel. Juiz Convocado Luiz Carlos Gomes de Godoi, DJU 5.5.06, p. 951). Essa exigência abrange toda forma de rescisão do contrato de trabalho, tenha ou não, o empregado, menos de um ano de serviço, dada a necessidade da discriminação das parcelas que estão sendo pagas ao obreiro e este tendo a oportunidade de ressalvar os direitos que no seu entender não foram satisfeitos pelo empregador.

A Súmula n. 330/TST é categórica no sentido de que "a quitação não abrange parcelas não consignadas no recibo e, consequentemente, seus reflexos em outras parcelas, ainda que estas constem desse recibo", deixando claro também que "quanto aos direitos que deveriam ter sido satisfeitos durante a vigência do contrato, a quitação é válida em relação ao período expressamente consignado no recibo de quitação". São condições que só podem ser firmados num documento formal. Daí porque a referida Súmula dá ênfase à quitação das parcelas especificadas ou discriminadas, ou seja, aquelas identificadas com o seu correspondente, assim considerado o aviso prévio, salário, décimo terceiro salário, férias, comissões, horas extras, adicional de insalubridade, FGTS, etc., como também ao período expressamente consignado no recibo, dando-se, portanto, uma conotação de relatividade à quitação, o que não deixa de ter sentido, pois a prática tem demonstrado que nem sempre são quitados na integralidade os direitos dos trabalhadores, sendo o exemplo disso o excessivo número de processos que tramitam no Judiciário Trabalhista.

Jurisprudência

TST, Súmula n. 330. QUITAÇÃO. VALIDADE (mantida) — Res. 121/2003, DJ 19, 20 e 21.11.2003. A quitação passada pelo empregado, com assistência de entidade sindical de sua categoria, ao empregador, com observância dos requisitos exigidos nos parágrafos do art. 477 da CLT, tem eficácia liberatória em relação às parcelas expressamente consignadas no recibo, salvo se oposta ressalva expressa e especificada ao valor dado à parcela ou parcelas impugnadas. I — A quitação não abrange parcelas não consignadas no recibo de quitação e, consequentemente, seus reflexos em outras parcelas, ainda que estas constem desse recibo. II — Quanto a direitos que deveriam ter sido satisfeitos durante a vigência do contrato de trabalho, a quitação é válida em relação ao período expressamente consignado no recibo de quitação.

Ementa: Quitação. Súmula n. 330 do TST. Constitui pressuposto de aplicabilidade da Súmula n. 330 que estejam especificadas no acórdão as parcelas postuladas e as abrangidas pelo recibo de quitação, premissa sem a qual não há como se estabelecer o necessário confronto, sob pena de contrariar a Súmula 126 desta Corte, que impede o reexame de fatos e provas em sede de Recurso de Revista ou de Embargos. Não constando do acórdão regional indicação das parcelas postuladas nem das discriminadas no termo de rescisão contratual, tem-se que essa circunstância impede a pretendida aferição de contrariedade à Súmula n. 330 do TST, conforme explicitado, ante o óbice da Súmula n. 126 desta Corte. Não se caracteriza, portanto, violação ao art. 896 da CLT. Recurso de Embargos de que não se conhece. TST-E-ED-RR-4.017/2002-900-03-00.3 — (Ac. SBDI1) — 3ª Reg. — Rel. Min. João Batista Brito Pereira. DJU 23.5.08, p. 48.

Ementa: Enunciado n. 330/TST. Eficácia liberatória. Nos termos do Enunciado n. 330/TST, a quitação não abrange parcelas não consignadas no recibo. Nesse contexto, tem-se que a discriminação, no Acórdão regional, das parcelas consignadas no termo de rescisão do contrato de trabalho, com o esclarecimento acerca da existência ou não de ressalva, afigura-se como requisito essencial para a incidência do aludido Verbete. Não pode o Tribunal Superior do Trabalho, sem ter a absoluta certeza de quais os pedidos que foram concretamente formulados na ação e quais as parcelas discriminadas no termo de rescisão, reconhecer a existência de contrariedade a esse Enunciado, sobretudo em razão das graves consequências para a parte reclamante que adviriam de tal ato. Embargos não conhecidos. TST-E-RR-779.732/2001.8 — (Ac. SBDI1) — 9ª Reg. — Rel. Min. José Luciano de Castilho Pereira. DJU 4.3.05, p. 789.

Ementa: Recurso de revista. Confissão. O § 2º do art. 477 da CLT exige documento formal (instrumento de rescisão ou documento de quitação) na dissolução do contrato de trabalho e ao estabelecer os requisitos para sua validade, em se tratando de trabalhador com mais de um ano de serviço, atribuiu-lhe valor probante que pode se sobrepor à presunção de veracidade da confissão ficta. Recurso de revista não conhecido. TST-RR-708.349/2000.1 — (Ac. 2ª T.) — 4ª Reg. — Rel. Juiz Convocado Luiz Carlos Gomes de Godoi. DJU 5.5.06, p. 951.

11. Órgãos competentes para homologação. Assistência sem ônus para as partes (empregado e empregador) (§ 7º). O ato de assistência ou de homologação de todas as modalidades de rescisão do contrato de trabalho, conforme exigência da lei, não poderá acarretar ônus para as partes, mesmo para o empregado não associado ao sindicato que o representa. A norma é expressa no sentido apontado, de forma que nem por negociação coletiva poderá ser instituído cláusula admitindo a cobrança de taxa na assistência de rescisões contratuais. Nesse sentido, o disposto no art. 2º da Instrução Normativa n. 3, do MTE/GM, de 21.6.02 "É vedada a cobrança de qualquer taxa ou encargo pela prestação da assistência na rescisão contratual".

Jurisprudência

TST, OJ-SDC n .16. TAXA DE HOMOLOGAÇÃO DE RESCISÃO CONTRATUAL. ILEGALIDADE (inserida em 27.03.1998). É contrária ao espírito da lei (art. 477, § 7º, da CLT) e da função precípua do Sindicato a cláusula coletiva que estabelece taxa para homologação de rescisão contratual, a ser paga pela empresa a favor do sindicato profissional.

12. Pagamento das verbas rescisórias (condições e formas de pagamento) (§ 4º). O parágrafo quarto estabelece que o pagamento a ser feito no ato da assistência deverá ser em dinheiro ou cheque visado, conforme acordem as partes e, no caso de o empregado ser analfabeto, o pagamento só poderá ser efetivado em dinheiro. A expressão conforme acordem as partes permite concluir que se o pagamento for feito, por exemplo, em depósito na conta corrente do trabalhador, ou outros meios via banco, será válido, porque na atualidade, é um meio dos mais seguros, para ambas as partes pela relação triangular que ele encerra: empregador, banco e empregado. Entretanto, o trabalhador não poderá sofrer nenhum prejuízo com o referido procedimento, daí porque a Instrução Normativa n. 3, da SRT/MTE, de 21 de junho de 2002, o condiciona a três requisitos para sua validade:

a) que o estabelecimento bancário esteja situado na mesma cidade do local de trabalho;

b) que o trabalhador tenha sido informado do fato;

c) os valores tenham sido disponibilizados para saques nos prazos do § 6º do art. 477 da CLT.

Em relação ao analfabeto, há o Precedente n. 58, do Tribunal Superior do Trabalho, aplicável aos processos de dissídios coletivos que estatui que "O pagamento de salário do empregado analfabeto deverá ser efetuado na presença de 2 (duas) testemunhas. A Instrução Normativa n. 3 supracitada estabelece que "na assistência à rescisão contratual de empregado adolescente ou não alfabetizado, ou na realizada pelos Grupos Especiais de Fiscalização Móvel, instituído pela Portaria MTb n. 265, de 6 de junho de 2002, o pagamento das verbas rescisórias somente será realizado em dinheiro.

Jurisprudência

Ementa: Verbas rescisórias. Pagamento em cheque. Multa do art. 477 da CLT. Não-incidência. Constituindo o cheque ordem de pagamento à vista, o devedor não pode ser constituído em mora, considerando-se os prazos diferenciados fixados pelo Banco Central do Brasil para a compensação de tais títulos. Desse modo, o pagamento das verbas rescisórias efetuado por meio de depósito bancário em cheque e a compensação após o decênio legal, não se prestam a atrair a aplicação da multa prevista no § 8º do art. 477 da CLT. TRT 10ª Reg. ROPS 00765-2007-801-10-00-1 — (Ac. 1ª T./08) — Relª. Juíza Maria Regina Machado Guimarães. DJU 29.2.08, p. 1.005.

Ementa: Verbas rescisórias. Forma de pagamento. Crédito em conta corrente. Descontos. 1. O pagamento de verbas rescisórias mediante crédito em conta bancária não afronta o art. 477, § 4º, da CLT, porquanto equivale ao pagamento "em dinheiro ou em cheque visado" a que alude a lei e não acarreta prejuízo ao empregado. A circunstância de o empregador colher dessa forma de pagamento para efetivar descontos de natureza civil, por meio de débito em conta, em tese poderia violar apenas o § 5º do art. 477 da CLT. 2. Embargos não conhecidos. TST-E-RR-565.394/1999.7 — (Ac. SBDI1) — 16ª Reg. — Rel. Min. João Oreste Dalazen. DJU 21.10.05, p. 510.

12.1. Multa. Pagamento em cheque de outra praça. A regra prevista no § 4º do art. 477 é no sentido de que o pagamento das verbas rescisórias seja feito em dinheiro ou cheque visado, permitindo-se também o depósito em conta corrente do empregado, este o mais praticado justamente por dar maior segurança ao empregador e para o empregado em face dos meios de comprovação que nasce dessa sistemática. A preocupação do legislador foi de que o trabalhador recebesse os seus direitos no prazo legal e se afastando dos meios burocráticos que retardassem o cumprimento da obrigação pelo empregador. Assim, o pagamento com cheque de outra praça, que implica em demora na sua compensação, não atende os fins preconizados pela referida norma.

Jurisprudência

Ementa: Verbas rescisórias. Pagamento com cheque de outra praça. Demora da compensação. Multa do art. 477, § 8º, da CLT. Se empresa de grande porte, como a reclamada, paga as verbas rescisórias do empregado usando cheque nominal, cruzado, contudo de agência bancária localizada em outro Estado (o acerto foi em Gravataí-RS e o cheque da praça de São Paulo-SP), o que atrasa consideravelmente a percepção do numerário pelo trabalhador, face a necessidade de compensação, evidentemente que o seu procedimento atenta contra a disposição do art. 477, § 6º, da CLT, eis que manifesto o desrespeito à finalidade da lei quanto a disponibilização sem serodiedade dos valores da rescisão ao trabalhador. Assim sendo, é perfeitamente cabível a aplicação da multa do art. 477, § 8º, da CLT, diante da mora no recebimento das verbas rescisórias, por ação e responsabilidade exclusivas da empregadora. Recurso de Revista conhecido e provido. TST-RR-1.089/2002-231-04-00.4 — (Ac. 2ª T.)- 4ª Reg. Rel. Juiz Convocado Márcio Ribeiro do Valle. DJU 25.8.06, p. 1173.

12.2. Compensações possíveis (§ 5º). O parágrafo quinto refere-se à compensação no pagamento das verbas rescisórias, esclarecendo que não poderá ela exceder o equivalente a um mês de salário do empregado, sendo certo que toda e qualquer compensação no campo do Direito do Trabalho está restrita a dívidas de natureza trabalhista, a teor da Súmula n. 18/TST. Entretanto, haverá a possibilidade de desconto nas verbas rescisórias de valor superior ao salário se houver previsão no contrato de trabalho, na forma do disposto no § 1º do art. 462, da CLT, mormente em se tratando de ato ilícito do trabalhador. Imagine-se o empregador sendo condenado por assédio sexual por um dos seus prepostos. É um ato fora da relação de trabalho, muitas vezes imperceptível pelo empregador porque praticado em surdina e fora do seu controle. Assim, não seria injusto o empregador responder pelo prejuízo que não deu causa, daí ser legítimo o desconto por ocasião do pagamento das verbas rescisórias.

De notar-se, no entanto, que havendo reclamação trabalhista perante a Justiça do Trabalho e o empregador vem a requerer a compensação de possível direito relacionado com o contrato de trabalho, a compensação não ficará limitada ao disposto no § 5º do art. 477. Ocorre que, na discussão judicial haverá necessariamente um pronunciamento sobre a matéria discutida que não se confunde com mero ato administrativo de assistência, sendo certo, também, que a compensação, no caso, é restrita a dívidas de natureza trabalhista, conforme a Súmula n. 18, do TST.

Jurisprudência

TST, Súmula n. 18 COMPENSAÇÃO (mantida) — Res. 121/2003, DJ 19, 20 e 21.11.2003. A compensação, na Justiça do Trabalho, está restrita a dívidas de natureza trabalhista.

Ementa: Desconto nas verbas rescisórias. Previsão em convênio. Lei n. 10.820/03. Licitude. Prevendo o convênio firmado entre a empregadora e a instituição financeira, visando a concessão de empréstimo aos empregados daquela, a obrigação de a empresa reter até o limite de 30% das verbas rescisórias do empregado que tiver o contrato rescindido antes do término da amortização total do valor do empréstimo, autorização prevista na Lei n. 10.820/03, não há qualquer irregularidade no desconto efetuado em observância a tais condições. Não se trata de compensação de verbas trabalhistas, razão pela qual não há que se falar no limite de um mês de remuneração previsto no §5º, do art. 477, da CLT. TRT 3ª Reg. RO 01339-2006-009-03-00-8 — (Ac. 6ª T) — Rel. Desa. Emilia Facchini. DJMG 4.9.08, p. 11.

Ementa: Descontos efetuados no TRCT. Art. 462 c/c art. 477, § 5º, ambos da CLT. Limite de uma remuneração. Com base no princípio da alteridade — segundo o qual o empregador assume os riscos do empreendimento, do próprio contrato de trabalho e de sua execução —, não pode a empresa transferir sua responsabilidade para o empregado. Nesse contexto, para evitar que parcelas recebidas antecipadamente pelo empregado não lhe sejam ressarcidas, deve o empregador sustentar o vínculo de emprego pelo tempo necessário à implementação total dos descontos, para, só então, exercer seu direito potestativo de dispensar o empregado. Se optou por rescindir o contrato de trabalho na pendência de parcelas a restituir, deve arcar com o ônus da escolha e não transferi-lo ao empregado. TRT 3ª Reg. RO 00299-2008-035-03-00-5 — (Ac. Turma Recursal de Juiz de Fora) — Rel. Juiz Convocado Paulo Mauricio R. Pires. DJMG 15.7.08, p. 22.

Ementa: O fato do empregado reconhecer a existência de cláusula no contrato de mútuo, autorizando a cobrança antecipada de saldo devedor em caso de ruptura do contrato de trabalho, não autoriza o empregador a abater todo o montante devido por ocasião da quitação do TRCT, haja vista que há legislação trabalhista específica acerca da possibilidade de descontos de valores no termo rescisório, constando expressamente do art. 477, § 5º, da CLT, que:

"Qualquer compensação no pagamento de que trata o parágrafo anterior não poderá exceder o equivalente a um mês de remuneração do empregado". No mesmo aspecto, por terem natureza distinta, não é possível abater dos débitos trabalhistas devidos ao obreiro o saldo devedor da dívida obtida junto à Caixa Beneficente dos Funcionários, o qual deve ser cobrado no Juízo competente. TRT 9ª Reg. RO 00007-2007-093-09-00-1 — (Ac. 5ª T. 23056/08) — Relª. Nair Maria Ramos Gubert. DJPR 4.7.08, p. 893.

Ementa: Desconto efetuado na rescisão. Dano causado pelo empregado consistente em condenação judicial por ato ilícito (assédio sexual por intimidação). Fatos apurados durante a instrução processual em ação de indenização demonstraram que o Autor praticou atos corporificadores de assédio sexual, fato que determinou a condenação da Reclamada ao pagamento de indenização na importância de R$ 5.000,00(cinco mil reais). Havendo previsão no contrato de trabalho de possibilidade de efetuar descontos no salário em decorrência de prejuízos causados pelo empregado e demonstrado que o Autor, deliberadamente, praticou ato danoso, deve arcar com o pagamento do *quantum* que resultou de sua prática ilícita(art. 462, § 1º, da CLT). Reiteradamente as Cortes Trabalhistas vêm se deparando com ações de danos morais onde os empregadores são alertados quanto à necessidade de medidas rigorosas para coibir atitudes dessa espécie, como, aliás, ficou assentado na sentença da AIND 00031-2006. Portanto, inviável, diante de ato recomendado pelo Judiciário, dizer que este foi abusivo. Recurso do Reclamante a que se nega provimento, mantendo-se a r. sentença que declarou lícito o desconto, na rescisão, do valor a que foi condenada a Ré na ação de indenização. TRT 9ª Reg. RO 01322-2007-094-09-00-2 — (Ac. 1ª T. 17751/08) — Rel. Ubirajara Carlos Mendes. DJPR 30.5.08, p. 874.

Ementa: Desconto salarial. Adiantamento. Ilegalidade. É ilegal o desconto efetuado a título de adiantamento na rescisão contratual do empregado, se não comprovada a sua concessão mediante recibo assinado pelo trabalhador, nos termos do art. 464 da CLT, ainda mais quando a quantia descontada é superior ao salário mensal do empregado, em violação ao § 5º do art. 477 da CLT. TRT 12ª Reg. RO-V 00140-2005-013-12-00-1 — (Ac. 1ª T. 09437/06, 6.6.06). —.Relª. Juíza Viviane Colucci. Publ. DJSC 20.7.06, p. 52.

13. Prazo para o pagamento das verbas rescisórias. Assistência e homologação (§ 6º). Em duas alíneas estão estabelecidos os prazos para o pagamento das verbas rescisórias. Os prazos são peremptórios para o pagamento das parcelas constantes dos recibos de quitação ou termo de rescisão, sob as penas de, em não sendo obedecido ficarem sujeitos os empregadores (devedores) ao pagamento de uma multa de valor equivalente ao salário do trabalhador, devidamente corrigido na forma do § 8º deste artigo que será analisado mais adiante.

13.1. Contrato de prazo determinado (§ 6º, "a"). Nela está disciplinado o prazo para o pagamento das parcelas figuradas no termo de rescisão ou recibo de quitação dos contratos que tem o seu fim ajustado na respectiva contratação, envolvendo inclusive as hipóteses de prorrogação, na forma da lei. Compreende-se esse prazo porque o empregador como o empregado sabem o dia do término do contrato e assim não teria sentido estipular outra data para o respectivo pagamento das verbas rescisórias. Portanto, direciona-se a toda modalidade de contrato com prazo determinado, sendo certo que, neste caso, o pagamento das verbas rescisórias deverá ocorrer no dia seguinte ao término do vínculo, ou então no primeiro dia útil imediato.

Jurisprudência

Ementa: Multa rescisória. Devida. Art. 477 da CLT. Contrato de experiência. Rescisão antecipada. Em se tratando de contrato de emprego a prazo determinado, inclusive o de experiência, havendo rescisão antecipada, o prazo para pagamento das verbas rescisórias é o primeiro dia útil imediato ao término do pacto, do desligamento, a teor da alínea "a" do § 6º do art. 477 da CLT. Desrespeitado o prazo para pagamento, incide a mora, atraindo a incidência da multa rescisória em valor equivalente ao salário do empregado, prevista no § 8º, do art. 477, da CLT. Sentença mantida. TRT 15ª Reg. (Campinas/SP). ROPS 0097-2007-087-15-00-6 -(Ac. 15269/08-PATR, 12ªC.) — Rel. Edison dos Santos Pelegrini. DOE 28.3.08, p. 109.

Ementa: Contrato de trabalho por tempo determinado. Quitação das verbas rescisórias. Art. 477, "a", do Esta-

tuto Consolidado. As verbas rescisórias, decorrentes da ruptura dos contratos por tempo determinado, deverão ser quitadas até o primeiro dia útil imediato ao término do pacto laboral, nos termos preconizados na alínea "a" do art. 477 da CLT. TRT 15ª Reg. (Campinas/SP) RO 0307-2005-123-15-00-3 — (Ac. 55416/06-PATR, 2ª C.) — Rel. Juiz Eduardo Benedito de Oliveira Zanella. DJSP 1.12.06, p. 24.

Ementa: Contrato de experiência. Prazo para pagamento das verbas rescisórias. O pagamento das verbas rescisórias, em se tratando de contrato de experiência, deve ocorrer no primeiro dia útil ao seu término, nos termos da letra "a" do § 6º do art. 477 da CLT. TRT 9ª Reg. ROPS 53352-2005-008-09-00-2 — (Ac. 4ª T. 23352/06) — Rel. Juiz Arnor Lima Neto. DJPR 15.8.06, p. 281

13.2. Demais contratos (Prazo indeterminado) (§ 6º, "b"). Prescreve que o pagamento das verbas rescisórias poderá ser feito até o décimo dia da data da notificação da demissão, quer quando há ausência do aviso prévio, indenização do mesmo ou dispensa de seu cumprimento. Observa-se que a norma se direciona as situações em que não há previsibilidade do término do contrato, podendo a rescisão ocorrer pela iniciativa do empregado ou do empregador, este se estiver na plenitude do seu poder potestativo. Há decisão que admite a aplicação dessa alínea ao contrato de safra, previsto na Lei n. 5.889/72, embora este seja um contrato de prazo determinado. O fundamento é que as partes não sabem com precisão a data de seu término, apenas estando cientes que o fim do contrato coincidirá com o fim da safra. Em tais casos a quitação das verbas rescisórias deverão ser satisfeitas pelo empregador até o décimo dia, contado da data de notificação. Evidentemente, se a notificação ocorrer na sexta-feira, o prazo se inicia na segunda-feira, observada a regra da Orientação Jurisprudencial n. 162, da SDI, do TST. No curso do aviso prévio, poderá ocorrer de o empregador dispensar o empregado do seu cumprimento. Em tal situação, o prazo para o pagamento das verbas rescisórias será o que ocorrer primeiro: o décimo dia, a contar da dispensa do cumprimento, ou o primeiro dia útil após o término do cumprimento do aviso prévio. Nesse sentido, a Ementa Normativa da SRT/MTE n. 24.

Ementa Normativa da SRT/MTE

Ementa n. 24. *Homologação. Aviso prévio. Dispensa do empregado durante o cumprimento do aviso. Prazo para pagamento.* Quando, no curso do aviso prévio, o trabalhador for dispensado pelo empregador do seu cumprimento, o prazo para o pagamento das verbas rescisórias será o que ocorrer primeiro: o décimo dia, a contar da dispensa do cumprimento, ou o primeiro dia útil após o término do cumprimento do aviso prévio. Ref.: art. 477, § 6º, da CLT.

Jurisprudência

Ementa: Recurso de revista. Prazo do art. 477, § 6º, da CLT. Vencimento no domingo. Prorrogação para o primeiro dia útil subsequente. Quando o último dia do prazo previsto no § 6º do art. 477 da CLT coincidir com sábado, domingo ou feriado, o vencimento deverá ser prorrogado para o primeiro dia útil subsequente, a teor da Orientação Jurisprudencial n. 162 do TST e do art. 132 do Código Civil. Recurso de revista de que não se conhece. TST-RR-15.773/2002-900-02-00.3 — (Ac. 1ª T.) — 2ª Reg. — Rel. Min. Walmir Oliveira da Costa. DJU 23.5.08, p. 94.

Ementa: Recurso de revista. Multa prevista no art. 477, § 8º, da CLT. Início do prazo para pagamento das verbas rescisórias em dia de sábado. Dispensa ocorrida na sexta-feira. Ausência de expediente nos órgãos assistenciais previstos no § 1º art. 477 da CLT. Ocorrendo a dispensa do empregado em dia de sexta-feira, o prazo para o pagamento das verbas rescisórias, nos termos do art. 477 da CLT, apenas inicia-se na segunda-feira, visto que inexiste expediente aos sábados nos sindicatos e no órgão do Ministério do Trabalho e Emprego, órgãos encarregados da assistência a ser prestada aos empregados com mais de um ano de serviço (art. 477, § 1º, da CLT). Adira-se, ainda, a exegese da Orientação Jurisprudencial n. 162 da Subseção I da Seção Especializada em Dissídios Individuais desta Corte superior. Recurso de revista conhecido e provido. TST-RR-527/2006-015-05-00.0 — (Ac. 1ª T.) — 5ª Reg. — Rel. Min. Luiz Philippe Vieira de Mello Filho. DJU 15.2.08, p. 798.

Ementa: 2. Multa do art. 477, § 8º, da CLT. Contagem do prazo previsto no § 6º do mesmo dispositivo legal. Tenho defendido em processos que ostentam a mesma controvérsia — natureza jurídica do prazo previsto no § 6º do art. 477 da CLT — que o prazo previsto no referido dispositivo legal, que fixa o tempo em que as verbas rescisórias deverão ser pagas pelo empregador quando da ausência de aviso prévio, indenização do mesmo ou dispensa do seu cumprimento, tem natureza diversa do prazo processual, tratado no art. 184 do CPC. Entretanto, a jurisprudência pacífica deste Colendo Tribunal Superior do Trabalho é em sentido contrário — Orientação Jurisprudencial n. 162 da SBDI-1. Assim, o prazo de 10 dias há que ser considerado como constante na norma legal, qual seja, até o décimo dia com exclusão do dia da notificação e inclusão do dia do vencimento; se notificada a parte numa 6ª feira, tem-se que iniciado a contagem do prazo na 2ª feira, dia 5.2.1996, e tendo sido o pagamento feito no dia 13.2.1996, deu-se, pois, atempadamente. Recurso de Revista não conhecido, no particular. TST-RR-700.043/2000.2 — (Ac. 1ª T.) — 1ª Reg. — Rel. Juiz Convocado Guilherme Augusto Caputo Bastos . DJU 23.6.06, p. 812.

Ementa: Multa do art. 477, da CLT. Coincidindo o fim do prazo para pagamento da multa rescisória com o domingo, deve o empregador antecipar a quitação contratual. O objetivo do Legislador Consolidado foi garantir um rápido pagamento do ato rescisório. Tal desiderato seria definitivamente sepultado por ardis que levassem a coincidir o pagamento com feriados ou datas na qual não funcionasse o sistema financeiro. TRT 11ª Reg. RO-10719/2007-015-11-00 — (Ac. 2ª T. 7825/08) — Rel. David Alves de Mello Júnior.

Ementa: Multa prevista no art. 477, § 8º, da CLT. O § 6º, do art. 477, da CLT aponta o prazo para o pagamento rescisório, quando da ausência de aviso prévio, indenização do mesmo ou dispensa do seu cumprimento (alínea "b"), "até o décimo dia", o que impõe entender que somente estará isento da multa prevista no § 8º do mesmo dispositivo legal, aquele que realizar a quitação nos dez dias seguintes, descabendo prorrogação para, por exemplo, a segunda-feira subsequente, quando o décimo dia recaia num domingo, hipótese em que o pagamento deve ser antecipado para a sexta-feira ou até mesmo para o sábado anterior. TRT 2ª Reg. RS 00606200608202009 — (Ac. 10ª T. 20060793370) — Relª Juíza Sônia Aparecida Gindro. DJSP 16.10.06, p. 39.

Ementa: Contrato de safra. Pagamento das verbas rescisórias. Prazo previsto na alínea 'b' do § 6º do art. 477 da CLT. Como o contrato é de safra, as partes não sabem com precisão a data de seu término, apenas estando cientes que o fim do contrato coincidirá com o fim da safra. Assim, as verbas rescisórias devem ser pagas no prazo estabelecido na alínea 'b', do § 6º, do art. 477/CLT, ou seja, até o décimo dia, contado da notificação da demissão, pois assim, o empregador terá um tempo para realizar o cálculo rescisório e reservar o numerário para pagá-las. Outrossim, a alínea 'a' é aplicada quando há aviso prévio. No caso de ausência de aviso prévio, como é o presente caso, aplica-se a alínea 'b'. TRT 18ª Reg. RO 02009-2007-101-18-00-6 — (Ac. 1ª T.) — Relª. Des. Kathia Maria Bomtempo de Albuquerque. DJE/TRT 18ª Reg., Ano II, n. 79, de 7.5.08, p. 2.

13.3. Aposentadoria e o pagamento das verbas rescisórias. Em face da aposentadoria não mais ser causa da extinção do contrato de trabalho, conforme decisão do Supremo Tribunal Federal na ADin 7204/MG, entendemos que o prazo para o pagamento das verbas rescisórias será em conformidade com as regras pertinentes ao pedido de demissão (alínea "a" do art. 477) ou então de rescisão sem justa causa (alínea "b" do art. 477), portanto, variando de acordo com a modalidade do ato rescisório.

Jurisprudência

Ementa: Multa do art. 477 da CLT. Extinção do contrato de trabalho. Aposentadoria espontânea. Extinto o contrato de trabalho, independentemente da forma, assegurada ao empregado a percepção dos valores devidos em prazo compatível com suas necessidades. O § 6º, do art. 477 da CLT, prevê dois prazos distintos, condicionados apenas pela modalidade do aviso prévio. A multa prevista no art. 477, § 8º, da CLT é cabível quando houver mora, causada pelo empregador, na quitação das parcelas constantes do termo de rescisão contratual, em todas as hipóteses de terminação do contrato de trabalho. Não há nesse dispositivo distinção quanto à forma de extinção do vínculo, bastando que o empregador tenha dado causa ao atraso no pagamento das parcelas para que lhe seja aplicada a multa respectiva, inclusive na aposentadoria, uma vez que o preceito legal não estabelece exceções. Recurso de Embargos não conhecido. TST-E-RR-313/2004-008-04-00.9 — (Ac. SBDI1) — 4ª Reg. — Rel. Min. Carlos Alberto Reis de Paula. DJU 17.11.06, p. 699.

14. Multa em caso de descumprimento dos prazos para o pagamento das verbas rescisórias (§ 8º). Não efetivando o empregador o pagamento das verbas rescisórias no prazo estipulado nas alíneas "a" e "b" do § 6º deste artigo ele estará sujeito a uma multa estabelecida no § 8º do artigo em exame. A multa nada mais é do que uma forma de inibir o pagamento fora do prazo, já que o cumprimento da obrigação se insere no princípio da boa-fé que deve imperar nas relações trabalhistas.

14.1. Prova do atraso do pagamento das verbas rescisórias. Uma vez questionado o atraso no pagamento das verbas rescisórias, é do empregador o ônus da prova, por várias razões: a) o pagamento das verbas rescisórias deve ser feito mediante recibo com a assinatura do empregado, ou então por depósito em conta do trabalhador, ou ainda por intermédio de cheque visado; b) o princípio da aptidão da prova que nada mais é do que a transferência do ônus da prova para a parte que possui melhores condições de sua produção e assim, presume-se que o empregador por razões óbvias e até contábeis não deixaria de obter o recibo com a assinatura do empregado para eventual comprovação em juízo ou fora dele; c) o empregador também poderá se utilizar da ação consignatória numa eventual recusa do empregado em receber as verbas rescisórias, cujo procedimento visa afastar a incidência da multa por atraso (§ 8º, do art. 477)

Jurisprudência

Ementa: Multa. Art. 477 da CLT. Atraso. Culpa do empregado. Comprovação. 1. A mora no pagamento de parcelas rescisórias incontroversas somente exime o empregador de responder pela multa prevista no art. 477, da CLT se o empregado, comprovadamente, der-lhe causa. 2. O mero envio de telegrama ao empregado não autoriza a liberação do empregador pelo pagamento da multa porquanto não é demonstração cabal de que o retardamento no cumprimento da obrigação deveu-se, apenas por isso, à conduta culposa do empregado. Incumbe ao empregador valer-se de outro meio mais satisfatório e convincente, tal como a consignação em pagamento, para comprovar a recusa injustificada do empregado. 3. Embargos não conhecidos. TST-E-RR-578.798/1999.0 — (Ac. SBDI1) — 2ª Reg. — Rel. Min. João Oreste Dalazen. DJU 3.2.06, p. 667.

Ementa: Multa do art. 477/CLT. Declaração do empregado de que deu causa à mora. Ausência de valor probante. A declaração da autora, constante do verso da rescisão contratual, não se mostra convincente para eximir a reclamada do pagamento da multa do art. 477/CLT, eis que devidamente impugnada, presumindo-se que decorreu da necessidade de recebimento dos haveres rescisórios. Equivale, nos termos em que se encontra vazada, em verdadeira renúncia de direito, realizada extrajudicialmente, o que compromete o seu valor probante. TRT 3ª Reg. RO 00703-2007-059-03-00-0 — (Ac. 2ª T) — Rel. Des. Luiz Ronan Neves Koury. DJMG 1.8.08, p. 11.

Ementa: Verbas rescisórias. Recibo não-assinado pela empregada. Imprestabilidade. Estabelece o § 1º do art. 477 da CLT que a validade do recibo de quitação das verbas rescisórias está condicionada à assinatura do empregado e à assistência da entidade de classe ou à interveniência do Ministério do Trabalho, Ministério Público, Defensor Público ou Juiz de Paz, erigindo, desta forma, formalidade inerente ao negócio jurídico. *In casu*, é imprestável o recibo apresentado pela empregadora, porquanto destituído da assinatura obreira e da respectiva homologação sindical, razão pela qual considero inválido para o fim colimado. Recurso ao qual se nega provimento. TRT 23ª Reg. RO 00318.2007.046.23.00-7 — (Ac. 1ª T.) — Red. Desig. Leila Calvo. DJE/TRT 23ªReg. n. 411, 19.2.08, p. 25.

Ementa: Recurso de revista. Multa. Art. 477, § 8º, da CLT. Afastamento. Empregador que não deu causa ao atraso na quitação. Provimento. O pagamento da multa preconizada no § 8º do art. 477 consolidado fica afastado naqueles casos em que o empregador não deu causa à demora na efetivação da quitação rescisória, conforme expressamente registrado no referido dispositivo legal. Assim sendo, tendo em vista que o Regional admitiu que há nos autos certidão fornecida pelo Sindicato mediante a qual foi certificado que a Reclamada compareceu para efetuar o pagamento, mas que o Autor não compareceu para receber os valores, evidenciando-se que a Reclamada não deu causa ao atraso no pagamento, deve ser excluída da condenação a multa referida. Recurso parcialmente conhecido e provido.TST-RR-19.755/2002-900-09-00.2 — (Ac. 4ª T.) — 9ª Reg. — Rel. Juíza Convocada Maria de Assis Calsing. DJU 11.4.06, p. 729.

14.2. Salário base para efeito da aplicação da multa. Estipula o § 8º que a inobservância dos prazos a que aludem o § 6º do artigo em exame, sujeitará ao infrator o pagamento de uma multa a favor do empregado no valor equivalente ao seu salário. A expressão salário contida no mencionado parágrafo está relacionada com a última remuneração percebida pelo empregado, alcançando todas as verbas de natureza salarial. Essa, por sinal, a posição da jurisprudência, inclusive em decisão proferida na Seção de Dissídios Individuais do TST.

Jurisprudência

Ementa: Multa do § 8º do art. 477 da CLT. Base de cálculo. O artigo celetista ora tratado prevê multa em favor do empregado em caso de atraso na quitação das parcelas rescisórias, em valor equivalente ao seu salário, inexistindo determinação de que seja considerado, tão-somente, o salário base obreiro, não competindo ao julgador restringir onde a lei não o faz. Por outro lado, conforme ensinamentos do Exmo. Juiz Maurício Godinho Delgado, in "Curso de Direito do Trabalho", São Paulo, LTr, 2002, p. 660: "Salário é um conjunto de parcelas contraprestativas pagas pelo empregador ao empregado em função do contrato de trabalho. Trata-se de um complexo de parcelas e não de uma única verba". Assim, a multa prevista no artigo celetista aqui tratado equivale a um salário do obreiro, entendido, como tal, o salário-base acrescido das demais parcelas contraprestativas por ele percebidas mensalmente. TRT 3ª Reg. RO 00949-2004-018-03-00-3 — (Ac. 5ª T.) — Relª. Juíza Convocada Taisa Maria M. de Lima. DJMG 16.10.04, p. 11.

Ementa: Remuneração variável. Cálculo das verbas rescisórias. Havendo remuneração variável, o cálculo das verbas rescisórias é feito pela média dos últimos doze meses, pela aplicação analógica do art. 478, § 4º, da CLT, salvo regra mais benéfica instituída pelo empregador. Verificado que a média dos prêmios utilizada para o cálculo das verbas rescisórias está incorreta, devem ser deferidas as diferenças respectivas. Deferidas diferenças, está implícita a dedução dos valores pagos, portanto, não há falar em enriquecimento sem causa da reclamante ou prejuízo da reclamada. Recurso conhecido e não provido. TRT 10ª Reg. ROPS 00754-2005-007-10-00-2 — (Ac. 1ª T./06) — Relª. Juíza Cilene Ferreira Amaro Santos. DJU3 20.1.06, p. 26.

14.3. Salário. Multa. Proporcionalidade. Descabimento. Cogitou-se que, em caso de atraso no pagamento das verbas rescisórias, a multa equivalente ao salário seria paga proporcionalmente aos dias de atraso, tanto que a questão chegou aos Tribunais trabalhistas. Entretanto, essa tese não teve acolhida tendo em vista os termos do § 8º deste artigo, no qual está compreendida a expressão "salário", pois se fosse intenção do legislador em estabelecer o critério da proporcionalidade, isso teria que ser claramente definido no texto, até porque em se tratando de norma punitiva a interpretação é restrita. Considera-se, ademais, que a proporcionalidade aventada só beneficiária o infrator. A multa, portanto, é de um salário por inteiro do empregado.

Jurisprudência

Ementa: Ação rescisória. Multa do art. 477, § 8º, da CLT. Proporcionalidade aos dias de mora. Violação de preceito de lei. Ocorrência. A procedência de pedido de corte rescisório com fundamento em violação de dispositivo de lei, nos termos do art. 485, inciso V, do Código de Processo Civil, importa no reconhecimento de agressão direta e literal à norma apontada. Na hipótese dos autos, a decisão rescindenda, ao fixar o valor da multa prevista no art. 477, § 8º, da Consolidação das Leis do Trabalho, levando em conta o salário-dia do trabalhador, e de forma proporcional aos dias de atraso do pagamento das verbas rescisórias, transgrediu a literalidade do dispositivo de lei em comento, que prevê tão-somente a aplicação da penalidade a partir do fato gerador (atraso no pagamento das verbas devidas na resilição contratual) tomando por base o salário do empregado. Portanto, correta a decisão recorrida ao julgar procedente o pedido de corte rescisório por violação do art. 477, § 8º, da CLT, pois nele não há previsão para a aplicação da penalidade moratória de forma diária, levando-se em conta período total em que o empregador incidiu em demora no pagamento das verbas resilitórias. Recurso desprovido. TST-ROAR-1.008/2004-000-05-00.8 — (Ac. SBDI2) 5ª Reg. — Rel. Min. Emmanoel Pereira. DJU 1.9.06, p. 973.

Ementa: Recurso ordinário em ação rescisória. Multa do art. 477, § 8º, da CLT. Proporcionalidade inviável. Violação literal de lei. Configuração. A multa prevista no art. 477, § 8º, da CLT tem natureza de cláusula penal e visa a evitar atraso no pagamento das verbas rescisórias, ou mesmo servir como indenização mínima pelo cumprimento a destempo de tal obrigação. O fato ensejador da sua incidência é tão-somente o atraso no pagamento das verbas rescisórias, sendo que, independente do tempo de mora, o seu valor corresponde a uma vez o salário do empregado, na medida em que a aludida norma da CLT não estipulou qualquer proporcionalidade no seu pagamento. Recurso Ordinário a que se nega provimento. TST-ROAR-972/2004-000-05-00.9 — (Ac. SBDI-2) — Rel. Min. José Simpliciano Fontes F. Fernande. DJU 4.11.05, p. 502

Ementa: ...Proporcionalidade da multa do art. 477 da CLT. A proporcionalidade da multa pretendida pela demandada não encontra respaldo na lei, tendo em vista que a CLT, em seu art. 477, não condiciona a multa ao atraso *pro rata die*, limitando-se a estabelecer um prazo que, ao ser descumprido, ocasiona o apenamento de se pagar, por inteiro, o valor equivalente a um salário. Destaque-se que tratando-se de norma excepcional, pois estabelece a aplicação de sanção pecuniária, sua exegese é de natureza restrita, não comportando a ampliação pretendida sob pena de desequilíbrio da sanção perseguida ao ilícito praticado. Revista conhecida e desprovida. TST-RR-614.205/1999.0 — (Ac. 1ª T.) — 23ª Reg. — Rel. Min. Luiz Philippe Vieira de Mello Filho. DJU 14.3.03, p. 423.

14.4. Depósito das verbas rescisórias no prazo legal e homologação posterior. Efeitos. Conforme já visto, o art. 477, da CLT, estabelece prazo para o acerto de contas e, para os empregados que possuam mais de um ano de serviço, exige-se que o pagamento das verbas rescisórias seja feito com a assistência do Sindicato que representa a categoria profissional do trabalhador, pelo Ministério do Trabalho e Emprego e ou então pelas demais autoridades que possuem competência para tanto (§ 3º, do art. 477). A norma coletiva poderá reduzir o referido prazo e assim ocorrendo deverá prevalecer para o mesmo efeito.

Rotineiramente está se vendo à prática de o empregador fazer o depósito das verbas rescisórias em conta corrente do trabalhador, dentro do prazo legal, sendo que, em muitos casos, a homologação ocorre depois do prazo legal. Tal prática tem motivado muita controvérsia na jurisprudência, sob o fundamento de que o ato de assistência é um ato complexo porque envolve a necessidade de apresentação de vários documentos perante o órgão competente (guias para levantamento do FGTS, seguro-desemprego, atestado médico demissional, etc,). Existem também situações em que o pagamento das verbas rescisórias se faz em dinheiro, tal como se dá com o empregado analfabeto.

Portanto, a homologação não se resume em mero pagamento das verbas rescisórias, considerando-se, inclusive, que no ato o empregado poderá fazer as ressalvas sobre as parcelas que no seu entender não foram pagas corretamente.

O intérprete, no caso, deve se balizar pela intenção do empregador para a aplicação da aludida multa. Assim, se o depósito em conta corrente se deu apenas por questões burocráticas da empresa que não teve condições de fazer o pagamento no prazo, a multa deverá ser aplicada para não desvirtuar a finalidade da norma, até porque não existem palavras inúteis em texto de lei.

Finalmente, no aspecto administrativo, o depósito das verbas rescisórias no prazo legal, com o empregado sendo certificado da sua realização tem considerado como válido pelo Ministério do Trabalho e Emprego, conforme se verifica pela Ementa Normativa n. 7, da SRT/MTE.

Ementa Normativa da SRT/MTE

Ementa n. 7. *Homologação. Depósito bancário. Multas.* Não são devidas as multas previstas no § 8º, do art. 477, da CLT quando o pagamento integral das verbas rescisórias, realizado por meio de depósito bancário em conta corrente do empregado, tenha observado o prazo previsto no § 6º, do art. 477, da CLT. Se o depósito for efetuado mediante cheque, este deve ser compensado no referido prazo legal. Em qualquer caso, o empregado deve ser, comprovadamente, informado desse depósito. Este entendimento não se aplica às hipóteses em que o pagamento das verbas rescisórias deve ser feito necessariamente em dinheiro, como por exemplo, na rescisão do contrato do empregado analfabeto ou adolescente e na efetuada pelo grupo móvel de fiscalização. Ref.: art. 477, §§ 6º e 8º da CLT; e art. 36, da IN n. 3, de 2002.

Jurisprudência

Ementa: Multa do art. 477, § 8º, da CLT. Pagamento das verbas rescisórias. Homologação sindical realizada fora do prazo legal. 1. Ainda que haja sido efetivado o pagamento das verbas rescisórias, incide a multa prevista no art. 477, § 8º, da CLT se inocorreu oportunamente homologação da rescisão contratual pelo sindicato. 2. A homologação tempestiva da rescisão contratual em que há o pagamento de verbas rescisórias é pressuposto de validade do ato (CLT, art. 477, § 1º). 3. Independentemente de perquirir-se a razão pela qual o sindicato não realizou a homologação no prazo legal, cumpre considerar que também a autoridade do Ministério do Trabalho tem competência para homologar a quitação passada pelo empregado. Não havendo pagamento e homologação oportunos, cabível a multa do art. 477 da CLT. 4. Recurso de revista conhecido e provido. TST-RR-141.455/2004-900-01-00.8 — (Ac. 1ª T.) — 1ª Reg. — Rel. Min. João Oreste Dalazen. DJU 31.3.06, p. 846.

Ementa: Multa. Art. 477 da CLT. Atraso. Culpa do empregado. Comprovação. 1. A mora no pagamento de parcelas rescisórias incontroversas somente exime o empregador de responder pela multa prevista no art. 477, da CLT se o empregado, comprovadamente, der-lhe causa. 2. O mero envio de telegrama ao empregado não autoriza a liberação do empregador pelo pagamento da multa porquanto não é demonstração cabal de que o retardamento no cumprimento da obrigação deveu-se, apenas por isso, à conduta culposa do empregado. Incumbe ao empregador valer-se de outro meio mais satisfatório e convincente, tal como a consignação em pagamento, para comprovar a recusa injustificada do empregado. 3. Embargos não conhecidos. TST-E-RR-578.798/1999.0 — (Ac. SBDI1) — 2ª Reg. — Rel. Min. João Oreste Dalazen. DJU 3.2.06, p. 667.

Ementa: Recurso obreiro que ataca condenação lhe imposta em reconvenção. Não recolhimento do depósito recursal. Deserção configurada. Juízo de admissibilidade negativo. Empregado condenado em ação reconvencional a pagar determinada soma em dinheiro ao seu ex-patrão se quiser interpor recurso ordinário para discutir a sentença condenatória tem o ônus processual de comprovar nos autos o recolhimento do depósito recursal de que cuida o art. 899 da CLT, ainda que seja ele beneficiário da justiça gratuita, porque este benefício o isenta apenas do pagamento das custas processuais (art. 790-A da CLT). A ausência de comprovação do recolhimento do depósito recursal ocasiona o não conhecimento de seu recurso por sê-lo deserto. *Homologação do TRCT após o prazo legal multa por mora resilitória. Configuração, ainda que o depósito do valor tenha ocorrido no prazo frizado no § 6º do art. 477 da CLT.* A homologação tardia do TRCT, nas hipóteses em que há essa exigência legal, dá direito ao trabalhador de receber a multa prevista no § 8º do art. 477 da CLT, ainda que o ex-empregador tenha efetuado o depósito integral do valor do acerto final na conta-corrente (bancária ou salarial) de seu ex-empregado dentro do prazo fixado no § 6º do mesmo art. 477 da CLT, pois além do pagamento integral do crédito trabalhista, também exige-se que seja realizado o ato homologatório da rescisão. Tratam-se, portanto, de obrigações complexas e indissociáveis, ou seja, obrigação de pagar e obrigação de fazer, que devem ser praticadas em conjunto (uma complementando a outra) para, só assim, afastar a incidência da multa. O ato homologatório é etapa indispensável para que o trabalhador possa movimentar (e sacar) os depósitos do FGTS que, por sua vez, constitui estágio antecedente e necessário à habilitação no programa do seguro-desemprego, e, por fim, só após estar de posse de cópia do TRCT, pode o trabalhador conferir se os valores constantes em tal documento estão corretos ou errados.TRT 23ª Reg. RO 00872.2006.007.23.00-0 — (Ac. 1ª T., Sessão 19/08) — Red. Desig. Des. Edson Bueno. DJE/TRT 23ª Reg. ano 8, n. 507, 11.7.08, p. 11.

Ementa: Multa do art. 477, § 8º, da CLT. Depósito realizado no prazo legal. Não basta que a empresa efetue o depósito da quantia correspondente às verbas rescisórias nos prazos previstos no § 6º do art. 477/CLT. É necessário que também proceda à formalização do acerto rescisório, perante o sindicato profissional ou autoridade do Ministério do Trabalho (em se tratando de empregado com tempo de serviço igual ou superior a um ano), liberando ao trabalhador, em caso de dispensa imotivada, o TRCT no código 01 e as guias CD/SD. Só assim o empregado poderá providenciar o requerimento do seguro-desemprego e sacar o FGTS depositado, razão pela qual também o atraso na formalização do acerto dá ensejo à multa prevista no § 8º do citado art. 477, já que ocasiona prejuízo ao trabalhador. TRT 3ª Reg. RO 01283-2007-137-03-00-0 — (Ac. 1ª T) — Rel. Des. Maria Laura Franco Lima de Faria — DJMG — 4.7.08, p. 13

Ementa: Acerto rescisório. Multa do art. 477 da CLT. Devida. O acerto rescisório deve ser feito no prazo legal, observando o procedimento estabelecido no art. 477 da CLT. Ainda que seja comprovada a realização de depósito em conta corrente do empregado, sem que este tenha conhecimento de parcelas e valores se incluírem destacadamente no total depositado, tem-se por ineficaz o meio utilizado para se considerar quitado o débito e elidir a penalidade decorrente da mora. Não sendo, portanto, observadas as exigências de tempo e modo estabelecidas no referido dispositivo legal, já que a homologação do acerto rescisório só foi efetuada depois de exaurido o prazo legal, devida a multa decorrente da mora. TRT 3ª Reg. RO 00219-2007-016-03-00-2 — (Ac. 1ª T) — Rel. Desa. Maria Laura Franco Lima de Faria — DJMG — 4.7.08, p. 11

Ementa: Depósito das verbas rescisórias efetuado em conta corrente do empregado dentro do prazo do § 6º do art. 477 da CLT. Incidência da multa do § 8º do mesmo dispositivo. O depósito das verbas rescisórias efetuado na conta corrente do empregado não exime o empregador da obrigação de cumprir o prazo previsto no art. 477, § 6º, da CLT, porquanto o acerto rescisório é procedimento que não se resume a pagamento de valores, mas representa a quitação de rescisão do contrato de trabalho, nos termos da lei, o que ganha ainda maior seriedade no caso de empregado com mais de um ano de serviços prestados, em razão do direito que ele tem à assistência do Sindicato ou do Ministério do Trabalho, motivos pelos quais lhe é devida a multa prevista no § 8º. daquele dispositivo. TRT 3ª Reg. RO 01544-2004-023-03-00-8 — (Ac. 1ª T.) — Rel. Juiz Marcus Moura Ferreira. DJMG 18.1.06, p. 12.

Ementa: Indenização. Art. 477, § 8º da CLT. Pagamento no prazo legal. Homologação extemporânea. A quitação das verbas rescisórias dentro do prazo de lei, sem a correspondente homologação, não elide o pagamento da indenização prevista no § 8º do art. 477 da CLT, uma vez que o ato formal homologatório compreende a assistência sindical ou a das autoridades legais indicadas, não representando mera confirmação do termo rescisório. TRT 15ª Reg. (Campinas/SP) RO 01671-2005-034-15-00-6 — (Ac. 35822/2006-PATR, 1ª Câmara) — Rel. Juiz Eduardo Benedito de Oliveira Zanella. DJSP 4.8.06, p. 4.8.06, p. 17.

Ementa: Multa do art. 477 da CLT. Pagamento tempestivo. Homologação posterior. Demonstrado o pagamento das verbas rescisórias no prazo de que trata o § 6º do art. 477 da CLT, a homologação da rescisão contratual posterior, se constitui em mera irregularidade administrativa sanável, que não autoriza a aplicação da sanção prevista pelo art. 477, § 8º da CLT, que por traduzir penalidade merece interpretação restritiva. Recurso ordinário provido parcialmente. TRT 15ª Reg. (Campinas/SP) — ROPS 01941-2003-096-15-00-3 — (Ac. 5ª T. 16675/2005-PATR) — Rel. Juiz João Alberto Alves Machado. DJSP 29.4.05, p. 73.

14.5. Multa. Controvérsia sobre a relação de emprego e aplicação da multa. Quando há controvérsia sobre a existência de relação de emprego que obrigou as partes a se valerem do judiciário para dirimi-la não há dúvida de que, somente depois do pronunciamento judicial é que as condições contratuais ficaram definidas. Evidentemente, que em tais situações não haveria como de se definir o prazo para o pagamento das verbas rescisórias. Diante desse quadro, houve por bem o Tribunal Superior do Trabalho, editar a OJ-SDI-1 n. 351, dispondo que é "incabível a multa prevista no art. 477, § 8º, da CLT, quando houver fundada controvérsia quanto à existência da obrigação cujo inadimplemento gerou a multa". Na expressão "fundada controvérsia" está compreendida a existência de uma situação duvidosa ou de incerteza que dependa efetivamente de um pronunciamento judicial. Os casos que, na sua essência, tiveram apenas a utilização do judiciário para afirmação do vínculo que já existia em verdadeira fraude à lei, não haverá dúvida do cabimento da multa, pois caso contrário estará premiando os maus empregadores em detrimento daqueles que cumprem a lei.

Jurisprudência

TST, OJ-SDI-1 n. 351. MULTA. ART. 477, § 8º, DA CLT. VERBAS RESCISÓRIAS RECONHECIDAS EM JUÍZO (DJ 25.4.2007) Incabível a multa prevista no art. 477, § 8º, da CLT, quando houver fundada controvérsia quanto à existência da obrigação cujo inadimplemento gerou a multa. Legislação: CLT, art. 477, caput, §§ 6º e 8º.

Ementa: Recurso de revista. Multa do art. 477 da CLT. Atraso na quitação de verbas rescisórias. Pagamento de parcelas determinadas pelo órgão julgador. Afastamento da multa. O art. 477 do estatuto legal consolidado, ao prever, em seu § 8º, o pagamento de multa quando inobservados os prazos fixados no seu § 6º para quitação das parcelas de cunho rescisório, não contempla a situação em que o reconhecimento do débito ocorreu por intermédio do pronunciamento jurisdicional. A controvérsia estabelecida acerca da existência de vínculo de emprego e o consequente acolhimento do pleito de pagamento de verbas rescisórias afastam o reconhecimento do atraso discutido no texto legal, merecendo reforma a decisão que determinou o pagamento da multa ali prevista. Recurso de Revista conhecido e provido. TST-RR-582/2005-046-03-00.8 — (Ac. 4ª T.) — 3ª Reg. — Relª. Min. Maria de Assis Calsing. DJU 23.5.08, p. 212.

Ementa: Recurso de embargos. Multa do § 8º do art. 477 da CLT. Controvérsia dirimida em juízo. Inaplicabilidade. Orientação jurisprudencial n. 351 da SDI-1. A aplicação da multa de que cogita o § 8º do art. 477 da CLT tem pertinência quando o empregador não cumpre o prazo ali estabelecido para a quitação das verbas rescisórias incontroversas. Se o reconhecimento do vínculo empregatício somente ocorreu em juízo, porque controvertida a relação de emprego, não havia como estabelecer prazo para a quitação das verbas rescisórias. Essa é a exegese da recente Orientação Jurisprudencial n. 351 da SDI-1, quando dispõe: "Incabível a multa prevista no art. 477, § 8º, da CLT, quando houver fundada controvérsia quanto à existência da obrigação cujo inadimplemento gerou a multa". Recurso de embargos conhecido e provido. TST-E-RR-2.023/2002-059-02-00.1 — (Ac. SBDI1) — 2ª Reg. — Rel. Min. Aloysio Corrêa da Veiga. DJU 23.5.08, p. 44.

Ementa: Vínculo de emprego em juízo. Necessidade de caracterização da "Fundada Controvérsia" da Orientação Jurisprudencial n. 351/SBDI-1/TST. 1. O art. 477, § 8º, da CLT, estipula multa em razão da desobediência do empregador aos prazos de pagamento das verbas rescisórias preconizados pelo § 6º do mesmo comando de lei, "salvo quando, comprovadamente, o trabalhador der causa à mora" (§ 8º, in fine, do art. 477). 2. Esta Corte Superior Trabalhista, acolhendo a possibilidade de um juízo de equidade no exame dos casos concretos envolvendo esta premissa, construiu entendimento no sentido da inaplicabilidade da multa rescisória, quando há "fundada controvérsia quanto à existência de obrigação cujo inadimplemento gerou a multa", como dimana da OJ n. 351/SBDI-1/TST. 3. Tratando-se de situação de exceção, que exclui o empregador da incidência de pena, o critério encontrado pela interpretação jurisprudencial ("fundada controvérsia") deve ser observado à risca, sob pena de gerar tratamentos dissonantes e incoerentes na lógica do sistema de rescisão contratual, para situações idênticas. A desconsideração desse critério permite concluir que o Judiciário Trabalhista estaria conferindo salvo-conduto ilegítimo a todas as alegações patronais de inexistência de relação empregatícia, bastando serem ventiladas em defesa pelo reclamado, para que se caracterize a situação de dúvida razoável que leva à exclusão da sanção. Outra conclusão aponta para a geração de indesejável situação de desigualdade de tratamento entre o empregador que paga as verbas rescisórias com pequeno atraso, mas com a multa, e o que só vem a adimplir as verbas rescisórias em juízo (corriqueiramente, muitos anos depois do fim do pacto laboral), mas, alegando, sem nenhum respaldo, a inocorrência de vínculo empregatício, exime-se da incidência da multa. Tal linha de raciocínio não se coaduna com o princípio-norma da não discriminação, insculpido no art. 5º, caput, da CF. Ainda nessa mesma esteira, caso venha a ser reconhecida a existência de relação de emprego, tendo por pano de fundo controvérsia não fundada, a declaração retroage no tempo e consolida situação de fato que determina a incidência da multa, pois perfeitamente encampada pelo art. 477 da CLT. 4. Nessa linha, o critério autorizador da não-incidência da multa pelo atraso no pagamento das verbas rescisórias em juízo, ante a alegação de inexistência de relação de emprego, traduzido na fundada controvérsia da OJ n. 351/SBDI-1/TST, deve ser avaliado a cada caso apresentado, a fim de que os contornos da expressão possam ficar delineados, configurando, assim, a hipótese de exceção da incidência da lei. Recurso de revista parcialmente conhecido e desprovido. TST-RR-921/2005-009-03-00.6 — (Ac. 6ª T.) — 3ª Reg. — Red. Desig. Min. Mauricio Godinho Delgado. DJU 15.2.08, p. 1.098.

Ementa: *Recurso de embargos. Multa do art. 477, § 8º, da CLT. Controvérsia sobre a existência de vínculo empregatício. Reconhecimento apenas em juízo. Inexistência de direito à "astreinte". Orientação jurisprudencial n. 351 da SBDI-1 do TST. Provimento.* O art. 477 do estatuto legal consolidado, ao prever, em seu § 8º, o pagamento de multa quando não observados os prazos fixados no seu § 6º para quitação das parcelas de cunho rescisório, não contempla a situação em que o reconhecimento do débito ocorreu por intermédio do pronunciamento jurisdicional de reconhecimento do vínculo empregatício. Assim, a controvérsia estabelecida acerca da existência de relação de emprego e o consequente acolhimento do pleito de pagamento de verbas rescisórias afastam o reconhecimento do atraso discutido no texto legal, segundo inteligência da Orientação Jurisprudencial n. 351 desta col. Seção Especializada. Recurso de Embargos provido. TST-E-RR-1.451/2004-002-23-40.8 — (Ac. SBDI1) — 23ª Reg. — Relª. Min. Maria de Assis Calsing. DJU 8.2.08, p. 1.422.

Ementa: *Multa do § 8º do art. 477 da CLT. Reconhecimento de vínculo de emprego. Cabimento.* Ao contratar trabalhadores para laborar em seu favor, sem se preocupar com a proteção jurídica trabalhista destinada a estes, a reclamada assumiu os riscos inerentes ao desenvolvimento de sua atividade econômica, devendo, em consequência, responder por todos os direitos decorrentes do contrato de trabalho, inclusive pela multa do § 8º do art. 477 da CLT, em face de não proceder à quitação de direitos. De outra parte, mostra-se irrelevante o fato de o vínculo empregatício ter sido reconhecido por decisão judicial, porque a decisão que reconhece a relação empregatícia não é constitutiva, mas declaratória, ou seja, reconhece uma relação jurídica já existente ao tempo da rescisão. Recurso não provido quanto ao tópico. TRT 15ª Reg. (Campinas/SP) RO 01802-2004-062-15-00-3 — (Ac. 2881/2008-PATR, 5ª C.) — Rel. Lorival Ferreira dos Santos. DOE 18.11.08, p. 43.

Ementa: *Cominação do art. 477, § 8º, da CLT. Relação de emprego reconhecida judicialmente.* O empregador que tenta camuflar o verdadeiro vínculo empregatício age em fraude à legislação trabalhista, razão pela qual se sujeita ao pagamento da multa do art.477, § 8º, da CLT, ante o reconhecimento judicial do pacto laboral, mormente quando não há controvérsia válida acerca da existência do liame empregatício. TRT 2ª Reg. RO 00072200638202005 — (Ac. 12ª T. 20070979248) — Rel. Adalberto Martins. DOE/TRT 2ª Reg. 30.11.07, p. 28.

14.6. Multa. Pagamento incompleto ou a menor das verbas rescisórias. Há entendimento de Turma do Colendo TST no sentido de que as verbas rescisórias quitadas parcialmente ou a menor não enseja o pagamento da multa, já que a norma não comporta interpretação ampliativa. Há também outra decisão do TST em sentido, contrário, conforme se verifica na parte destinada à jurisprudência. Quer nos parecer que esse entendimento está voltado as hipóteses em que houve controvérsia sobre as verbas pagas e que deu ensejo a ação judicial. No entanto (OJ-SDI-1 n. 351, do TST), se as verbas rescisórias não comportam controvérsia e o empregador as pagas de forma incompleta ou a menor temos que não foi atendido o comando legal, sendo cabível a multa. Este entendimento encontra amparo no princípio da razoabilidade, pois se fosse admitido o pagamento parcial ou a menor para afastar a aludida multa, bastará o empregador fazer o pagamento de 10% (dez por cento) das verbas rescisórias para dela ficar livre. Estar-se-á também premiando os maus empregados em detrimento daqueles que cumprem regularmente as suas obrigações contratuais.

Finalmente, podem acontecer de o trabalhador já dispensado e com a rescisão contratual devidamente homologada na forma da lei vir a receber diferenças decorrentes de reajustes salariais conquistados pela categoria que não estavam definidas quando do ato rescisório, como também de decisões judiciais, aqui compreendidas as de dissídio individual ou coletivo e ação de cumprimento. Em tais situações, torna-se incabível a multa porque o empregador não é o causador do atraso no pagamento das diferenças.

Jurisprudência

Ementa: *Recurso de revista. Multa. § 8º do art. 477 da Consolidação das Leis do Trabalho. Verbas rescisórias pagas de forma parcial ou incompleta.* A circunstância de as verbas rescisórias terem sido quitadas apenas parcialmente ou a menor não enseja o pagamento da multa estabelecida no art. 477, § 8º, da CLT, considerados o escopo da norma — que não comporta interpretação ampliativa, exatamente por implicar sanção — e a exegese consagrada pela jurisprudência atual e iterativa desta Corte uniformizadora, segundo a qual referida penalidade apenas tem cabimento quando incontroversas as verbas a satisfazer no prazo legal. Recurso de revista conhecido e provido. TST-RR-2.095/2003-074-02-00.2 — (Ac. 1ª T.) — 2ª Reg. — Rel. Min. Luiz Philippe Vieira de Mello Filho. DJU 8.2.08, p. 1.506.

Ementa: Multa do art. 477 da CLT. A multa prevista no art. 477, § 8º, da CLT, decorre do atraso no pagamento das verbas rescisórias. Todavia, a interpretação de tais dispositivos não deve se limitar ao descumprimento pelo empregador do prazo estipulado para quitação dos haveres trabalhistas, devendo ser aplicada também na hipótese de pagamento das parcelas ter sido efetuado a menor. Pagamento a menor não representa quitação das parcelas. TRT 17ª Reg. RO 353.2005.002.17.00.0 — (Ac. 691/2008) — Rel. Juiz Sérgio Moreira de Oliveira. DOJT 7.2.08, p. 760.

Ementa: Multa do art. 477, § 8º, da CLT. Pagamento incompleto das verbas rescisórias. A multa de que trata o § 8º do art. 477 da CLT é sanção imposta ao empregador que não paga as parcelas rescisórias constantes do instrumento de rescisão no prazo a que alude o § 6º do mesmo dispositivo legal. Da exegese dos citados parágrafos, verifica-se que o fato gerador da multa é a inobservância do disposto no § 6º do art. 477 que, por sua vez, disciplina o prazo para o pagamento das parcelas constantes do instrumento de rescisão ou recibo de quitação. Nesse contexto, o pagamento incompleto das verbas rescisórias incontroversas implica a desobediência do comando legal que expressamente estabelece os prazos para "o pagamento das parcelas constantes do instrumento de rescisão ou recibo de quitação", e não, como pretende o agravante, o seu pagamento parcial. Na verdade, por constituir norma de proteção do trabalhador, o pagamento em atraso e incompleto das verbas rescisórias incontroversas, para efeito de aplicação da multa do art. 477, § 8º, da CLT, equivale ao não-pagamento. Agravo não provido. TST-A-RR-1.550/2001-061-02-00.4 — (Ac. 4ª T.) — 2ª Reg. — Rel. Min. Milton de Moura França. DJU 11.4.06, p. 725.

Ementa: Multa do art. 477, § 8º, da CLT. Saldo de salário. Quitação da parcela rescisória apenas na primeira audiência na justiça do trabalho. cabimento da penalidade. 1. O art. 477, § 6º, da CLT estabelece os prazos para o pagamento das verbas constantes no termo de rescisão contratual. Por sua vez, o § 8º do mesmo dispositivo consolidado prevê o pagamento de uma multa pelo descumprimento dos prazos fixados no § 6º. 2. "In casu", discute-se a incidência da multa do art. 477, § 8º, da CLT em face da quitação apenas na primeira audiência na Justiça do Trabalho da verba referente ao saldo de salários. 3. O saldo de salários é uma das verbas constantes no termo de rescisão contratual, razão pela qual é típica parcela rescisória. Ora, não havendo a sua quitação dentro do prazo fixado em lei (CLT, art. 477, § 6º), mostra-se devida a incidência da multa prevista no § 8º do art. 477 consolidado. 4. A pretensão de não-incidência da multa do art. 477, § 8º, da CLT, ante a quitação do saldo de salários na primeira audiência na justiça trabalhista, por se tratar de verba incontroversa, não se justifica, porquanto não se concebe que o trabalhador seja obrigado a recorrer à justiça para a quitação de típica parcela rescisória, qual seja, o saldo de salários. Recurso de revista conhecido em parte e desprovido. TST-RR-2.244/2002-038-15-00.8 — (AC. 4ª T.) — 15ª Reg. — Rel. Min. Ives Gandra Martins Filho. DJU 11.4.06, p. 726.

14.7. Multa. Justa causa e rescisão indireta do contrato de trabalho. Em se tratando de rescisão indireta do contrato, a multa prevista no § 8º do art. 477, da CLT, não é devida, pois derivada de uma controvérsia só dirimida pela decisão judicial. Não se pode olvidar que o empregado poderá postular a rescisão indireta do contrato de trabalho permanecendo no emprego (art. 483, alínea "d", da CLT), cujo término do contrato de trabalho fica na dependência da decisão judicial. Na justa causa, quando a discussão envolve a necessária apreciação judiciária, porque há controvérsia a respeito, a multa não é devida. Entretanto, se a justa causa decorrer de mera ilação da empregadora, ou seja, o objetivo da dispensa ocorreu sem motivo que a justificasse, visando apenas punir o empregado, a Seção de Dissídios Individuais do Tribunal Superior do Trabalho já decidiu pelo cabimento da multa, até porque muitas vezes o trabalhador dispensado por justa causa tem direito a saldo de salário e férias vencidas, que devem ser satisfeitos no prazo legal.

Jurisprudência

Ementa: ...Multa prevista no art. 477, § 8º, da Consolidação das Leis do Trabalho. Verbas reconhecidas judicialmente. Justa causa não comprovada. Tem-se firmado, nesta Corte superior, o entendimento de que o escopo da penalidade prevista no art. 477, § 8º, da Consolidação das Leis do Trabalho é reprimir a atitude do empregador que cause injustificado atraso no pagamento das verbas rescisórias sobre as quais não repouse dúvida. A tal penalidade não se sujeita, portanto, o empregador que tenha a sua responsabilidade pelo pagamento de determinada parcela reconhecida somente em virtude da procedência do pleito deduzido pelo empregado na Justiça do Trabalho, em relação ao qual pairava dúvida razoável, que só veio a ser dirimida com a decisão judicial. Ressalvam-se, no entanto, aquelas hipóteses em que não paire dúvida razoável sobre a existência e liquidez do direito vindicado, afigurando-se injustificada a oposição do empregador em satisfazê-lo. Em casos que tais, a alegação empresarial assume contornos de estratagema para afastar a incidência da norma legal — atitude que deve ser rechaçada sumária e veementemente. Hipótese essa, em que se enquadra o caso dos autos, vez que as provas produzidas nos autos demonstraram não ser razoável a aplicação da justa causa ao reclamante, mormente quando evidenciado, ainda, a existência de fraude, com intuito de fraudar a legislação trabalhista. Agravo de instrumento a que se nega provimento. TST-AIRR-1.707/2005-404-04-40.7 — (Ac. 1ª T.) — 4ª Reg. — Rel. Min. Lelio Bentes Corrêa. DJU 23.5.08, p. 85.

Ementa: Multa do art. 477, § 8º, da CLT. Imputação de justa causa. Mera ilação. Direitos incontroversos a serem respeitados. Não pagamento. Multa devida. É devida a multa do art. 477, § 8º, da CLT, no caso dos autos porque, não obstante a justa causa imputada, o Regional afirma que esta se deu "por mera ilação" e, não obstante isso, havia direitos a serem respeitados, tais como férias vencidas e salários, que não foram pagos no momento oportuno. Recurso de Embargos conhecido e desprovido. TST-E-ED-RR-638.849/2000.2 — (Ac. SBDI1) — 1ª Reg.

— Rel. Min. Carlos Alberto Reis de Paula. DJU 15.2.08, p. 760.

Ementa: Recurso de embargos. Multa do § 8º do art. 477 da Consolidação das Leis do Trabalho. Descaracterização da justa causa em juízo. Controvérsia razoável. Incidência da Orientação Jurisprudencial n. 351 da SBDI-1. Esta Corte Superior tem posicionamento firme no sentido de ser incabível a multa do art. 477, § 8º, da CLT quando houver fundada controvérsia quanto à existência da obrigação cujo inadimplemento gerou a multa, conforme estabelece a Orientação Jurisprudencial n. 351 da Subseção I da Seção Especializada em Dissídios Individuais. No caso concreto, depreende-se que a controvérsia estabelecida em relação à justa causa imputada pela reclamada não se afastou dos limites da razoabilidade. Isso porque, consta do acórdão embargado a transcrição da decisão regional relativamente à justa causa, em que se evidencia que a desídia imputada ao empregado estava fundada em diversas faltas por ele cometidas no preenchimento de documentos da reclamada, que em parte não foram consideradas pela Corte Regional tendo em vista a existência de superior hierárquico que aprovava os documentos de fechamento do caixa, fato que afastava a responsabilidade do autor. Nota-se que, embora as faltas narradas pela empresa não tenham sensibilizado as instâncias originárias quanto à ocorrência de justa causa, o fato é que a controvérsia não se mostrou infundada, pois se restringia à subsunção dos fatos à norma jurídica. Assim, diante da razoabilidade da controvérsia acerca da configuração da justa causa, incidem os termos da aludida Orientação Jurisprudencial. Recurso de embargos conhecido e provido. TST-E-RR-99.612/2003-900-04-00.4 — (Ac. SBDI1) — 4ª Reg. — Red. Desig. Min. Luiz Philippe Vieira de Mello Filho. DJU 7.12.07, p. 1.079.

14.8. Multa. Aviso prévio cumprido em casa. Houve muita controvérsia na doutrina e na jurisprudência sobre o aviso prévio cumprido em casa, ou seja, aquele em que o empregado recebe a notificação da sua dispensa e permanece em casa sem trabalhar durante o respectivo período de pré-aviso. Esse procedimento que não tem previsão em lei foi muito criticado porque não se define desde logo a situação do trabalhador que fica na ociosidade. O seu objetivo se resume apenas no retardamento do pagamento das verbas rescisórias, embora entendam alguns que no aludido prazo poderá haver possibilidade de reconsideração do ato e sem prejuízo de o trabalhador conseguir nova colocação. Consequentemente, o empregador fazia o pagamento das verbas rescisórias no dia seguinte ao término do contrato, pois como se sabe com a entrega da notificação do aviso prévio, o contrato de trabalho que então era de prazo indeterminado passa a ser determinado. Observa-se que na prática não houve proibição desse procedimento, pois a jurisprudência dominante é no sentido de que, dado o aviso prévio cumprido em casa, o prazo de pagamento das verbas rescisórias continua sendo até o décimo dias da notificação de despedida. Esse é o posicionamento adotado pela Orientação Jurisprudencial n. 14 da SBDI-1, do TST. Registre-se, no entanto, que há jurisprudência admitindo que uma vez resultando de cláusula normativa é válido o aviso prévio domiciliar, por refletir a vontade das partes.

Jurisprudência

TST, OJ-SDI-1 n. 14. Em caso de aviso prévio cumprido em casa, o prazo para pagamento das verbas rescisórias é até o 10 décimo dia da notificação da despedida.

Ementa: Aviso prévio domiciliar. Convenção coletiva de trabalho. Validade. É válida a previsão normativa que autoriza o cumprimento do aviso prévio domiciliar, permanecendo o empregado à disposição do empregador nesse período. As cláusulas normativas refletem a vontade das partes acordantes e, por isso, devem ser amplamente observadas, tais como pactuadas, sob pena de ofensa ao art. 7º, XXVI, da CF/88. Não se admite que a própria parte, legalmente representada no ajuste coletivo, negue a sua validade plena. TRT 3ª Reg. RO 00095-2008-088-03-00-0 — (Ac. 6ª T.) — Rel. Des. Ricardo Antonio Mohallem. DJMG 14.8.08, p. 10.

14.9. Multa. Demora no saque no FGTS. Quando da assistência ou do ato homologatório da rescisão contratual, o empregador é obrigado a fornecer ao empregado as respectivas guias para levantamento do FGTS, nas hipóteses em que lhe é permitido o saque. Se atendidas todas as exigências para a homologação da rescisão contratual, eventuais atrasos no seu pagamento por parte do órgão gestor incumbido do pagamento não atraem a aplicação da multa do § 8º, do art. 477, da CLT.

Jurisprudência

Ementa: Multa do art. 477 da CLT. Pagamento das verbas rescisórias no prazo legal. Demora no saque do FGTS. Inaplicabilidade. Realizado o pagamento das verbas rescisórias e o depósito do FGTS, incluída a multa de 40%, dentro do prazo legal, indevida a cobrança da multa do art. 477 da CLT. Retardo no levantamento do Fundo de Garantia junto à Caixa Econômica Federal, devido a questões burocráticas, não gera direito ao recebimento da penalidade pecuniária. Recurso conhecido e improvido. TRT 7ª Reg. RO 00867/2007-014-07-00-4 — Rel. Des. José Antonio Parente da Silva. DOJT 26.2.08, p. 2006.

14.10. Multa. Parcelamento do pagamento de verbas rescisórias. O pagamento de verbas rescisórias de forma parcelada mediante acordo individual entre empregado e empregador não é válido porque se trata de um direito indisponível do trabalhador, já que a lei só isenta o empregador da multa quando ele der causa ao retardamento. Entretanto, havendo a participação do Sindicato que representa a categoria, a jurisprudência, não sem controvérsia a respeito, tem admitido o parcelamento das verbas rescisórias, nos parecendo razoável tal procedimento, pois muitas vezes o interesse maior é o recebimento das verbas rescisórias. Muitas vezes, o Sindicato dos trabalhadores tem muito mais conhecimento da situação financeira do empregador do que qualquer outra pessoa. Aliás, se na própria Justiça do Trabalho, o trabalhador pode formalizar acordo com o pagamento das verbas postuladas em juízo em parcelas, porque não poderia o trabalhador fazer com a assistência do Sindicato. A multa, no caso, só seria devida se o empregador agisse de má-fé e o fato devidamente comprovado em juízo.

Jurisprudência

Ementa: Recurso de revista. Multa do § 8º do art. 477 da CLT. Se há acordo no momento da rescisão do contrato de trabalho, com o fim de pagamento das parcelas rescisórias de modo parcelado, com a devida representação do empregado pelo sindicato, não há como se pretender a aplicação da multa disposta no § 8º do art. 477 da CLT. Inexiste atraso na quitação, na medida em que pactuado parcelamento, não cabe buscar indenização na Justiça do Trabalho, sob alegação de pagamento em atraso, nem há como se cogitar de ofensa literal ao art. 477 da CLT da v. decisão regional que entendeu que o pagamento parcelado, com concordância do empregado, não determina atraso na quitação. Recurso de revista não conhecido. TST-RR-22.950/2002-902-02-00.0 — (Ac. 6ª T.) — 2ª Reg. — Rel. Min. Aloysio Corrêa da Veiga. DJU 16.5.08, p. 304.

Ementa: Recurso de revista. Parcelamento de verbas rescisórias. Multa do art. 477 da CLT. Renúncia.

Acordo individual firmado. Invalidade. Hipótese em que o empregador pagou as verbas rescisórias em parcelas, atraindo, por conseguinte, a aplicação do § 8º do art. 477 da CLT, visto a expressa disposição do § 4º do referido dispositivo legal, que prevê o pagamento das verbas rescisórias no ato da homologação da rescisão e mediante dinheiro ou cheque visado. Ademais, é inválido acordo que importe patente renúncia a direito indisponível do empregado, protegido por norma de ordem pública de caráter cogente. Recurso conhecido e não provido. TST-RR-2.445/2002-044-02-00.8 — (Ac. 3ª T.) — 2ª Reg. — Rel. Min. Carlos Alberto Reis de Paula. DJU 24.8.07, p. 1.183.

Ementa: Verbas rescisórias. Pagamento parcelado com assistência do sindicato. Multa do art. 477, parágrafo 8º, da CLT. Mora configurada. Ainda que o trabalhador, com assistência do sindicato, aceite receber as verbas rescisórias de forma parcelada, tal fato não afasta o direito à multa pela mora, por se tratar de direito legal do trabalhador, irrenunciável. TRT 2ª Reg. RO 01459200420102004 — (Ac. 9ª T. 20070866168) — Rel. Juiz Luiz Edgar Ferraz de Oliveira. DJE/TRT 2ª Reg. 26.10.07, p. 535.

Ementa: Parcelamento das verbas rescisórias. Multa do § 8º, do art. 477, da CLT. O parcelamento das verbas rescisórias por força de pactuação entre as partes não desonera o empregador da multa prevista no § 8º do art. 477 da CLT, uma vez que não poderia a empregada suportar os ônus da mora patronal, sendo que o referido dispositivo prevê isenção apenas quando o trabalhador der causa ao retardamento. TRT 12ª Reg. RO-V 00979-2006-019-12-00-9 — (Ac. 1ª T. 01714/07, 28.11.06) — Relª. Juíza Maria Aparecida Caitano. TRT-SC/DOE 7.3.07.

14.11. Multa. Cumulação da multa do art. 477, § 8º da CLT com outra multa também sobre atraso de pagamento de verbas rescisórias prevista em norma coletiva. Podem as partes estipular em acordo coletivo ou convenção coletiva outra multa além daquela prevista no § 8º do art. 477, da CLT, com o objetivo de aumentar a sanção pelo não pagamento das verbas rescisórias no prazo legal. Se o objetivo resultar da vontade das partes, até porque se o pagamento for feito no prazo legal, não existirá a multa, parece-nos válida a cláusula, já que derivada de fonte autônoma (acordo ou convenção coletiva de trabalho) que é reconhecida pela Carta Magna (art. 7º, XXVI). Entretanto, a matéria ainda é controvertida, pois há entendimento que é inaplicável a dupla penalidade já que estabelecida sobre um mesmo fato gerador.

Jurisprudência

Ementa: Atraso na quitação. Multa criada por norma coletiva. Aplicação concomitante à multa do art. 477 da CLT. Bis in idem não caracterizado. Em que pese a convenção coletiva da categoria ter estipulado multa pelos mesmos motivos que levaram o legislador infraconstitucional a normatizar a questão via art. 477 da CLT, tal circunstância, por si, não leva ao "bis in idem". Com efeito, empregados e empregadores, através da Convenção Coletiva, resolveram que a multa prevista no art. 477 da CLT era insuficiente para desestimular o descumprimento da norma legal e portanto, outra multa foi inserida, através de cláusula específica na Convenção Coletiva, para incrementar o valor da sanção pecuniária pelo atraso na quitação. Desse modo, não há que se falar em coincidência entre os títulos, sendo um decorrente de fonte autônoma (convenção coletiva) e outro, de fonte heterônoma (a lei), circunstância que, na hipótese, desautoriza qualquer compensação. TRT 2ª Reg. RO 02394200205502008 — (Ac. 4ª T. 20050594065) — Rel. Juiz Ricardo Artur Costa e Trigueiros. DJSP 13.9.05, p. 155.

Ementa: Atraso no acerto das verbas rescisórias. Cláusula convencional punitiva cumulada com sanção legal. Inaplicabilidade. Já sancionada a conduta patronal lesiva à ordem legal (CLT, art. 477, § 8º), inconcebível a duplicidade de penalidade, cuja causa assenta-se no mesmo fato gerador. Recurso conhecido e parcialmente provido. TRT 10ª Reg. RO 00557-2005-020-10-00-3 — (Ac. 3ª T./06) — Rel. Juiz José Ribamar O. Lima Junior. DJU3 10.3.06, p. 66.

Ementa: Verbas rescisórias. Prazo para pagamento. Nenhum impedimento se verifica para que as partes convencionem uma indenização proporcional aos dias de atraso no pagamento das verbas rescisórias, o que não se equipara e nem é incompatível, em razão de possuírem naturezas jurídicas distintas, com a multa prevista no § 8º do art. 477 da CLT, esta uma penalidade que é devida em virtude do descumprimento do prazo legal. Entendimento em sentido contrário implica admitir que, por meio de instrumento coletivo, se flexibilize a aplicação de norma cogente prevista no diploma consolidado, que estabelece o pagamento de um salário no caso de um dia somente de atraso no cumprimento do prazo estipulado no § 6º do referido artigo. TRT 12ª Reg. RO-V 07833-2004-035-12-00-1 — (Ac. 3ª T. 11926/06, 11.07.06) — Relª. Juíza Denise Zanin. DJSC 4.9.06, p. 38.

14.12. Multa. Pessoa jurídica de Direito Público. A pessoa jurídica de direito público quando admite empregado ela se equipara a um empregador comum e por essa razão não fica isenta da multa de que trata o art. 477, da CLT, se o pagamento das verbas rescisórias ocorrer fora do prazo legal. Nesse sentido a OJ-SDI-1 n. 238, do TST.

Jurisprudência

TST, OJ-SDI-1 n. 238. MULTA. ART. 477 DA CLT. PESSOA JURÍDICA DE DIREITO PÚBLICO. APLICÁVEL (inserido dispositivo) — DJ 20.4.2005 . Submete-se à multa do art. 477 da CLT a pessoa jurídica de direito público que não observa o prazo para pagamento das verbas rescisórias, pois nivela-se a qualquer particular, em direitos e obrigações, despojando-se do "jus imperii" ao celebrar um contrato de emprego. Histórico: Redação original — Inserida em 20.6.2001

14.13. Multa. Falência. Em relação à multa aqui tratada, duas situações se extraem. Se a rescisão contratual aconteceu antes da decretação da falência e não feito o pagamento no prazo determinado pela lei, a multa do art. 477, § 8, da CLT, é devida por ser um fato consumado. Já na ocorrência de falência em que a rescisão contratual se opera em função da quebra da empresa, a multa é indevida e por questão lógica. É que em tais situações, o pagamento das verbas rescisórias não ocorre por atraso, mas pela falta de numerário em caixa para cumprir a sua obrigação, de forma que se impõe a sua habilitação pelo credor no juízo universal da falência, conforme disposto no art. 6º, § 2º da Lei n. 11.101, de 9 de fevereiro de 2005, DOU 9 de fevereiro de 2005 (Ed. extra).

Jurisprudência

TST, SÚMULA N. 388. MASSA FALIDA. ARTS. 467 E 477 DA CLT. INAPLICABILIDADE (conversão das Orientações Jurisprudenciais ns. 201 e 314 da SBDI-1) — Res. 129/2005, DJ 20, 22 e 25.04.2005. A Massa Falida não se sujeita à penalidade do art. 467 e nem à multa do § 8º do art. 477, ambos da CLT. (ex-OJs da SBDI-1 ns. 201 — DJ 11.8.2003 — e 314 — DJ 8.11.2000)

Ementa: 1. Falência. Insolvência civil. Multas. Arts. 467 e 477, §8.º, da CLT. Conquanto seja certo que os casos de falência e de insolvência civil não devam ser confundidos, em face de existir previsão legal específica para cada um deles, também não se pode olvidar do princípio da analogia, o qual vigora em nosso ordenamento jurídico positivo, sem sombra de dúvida, ante o que dispõe o art. 8.º da CLT. Em sendo assim, em existindo lacunas na lei, onde houver idêntica razão jurídica, o tratamento jurídico também deve ser o mesmo. Dessa forma justifica-se o emprego da analogia como meio de se integrar a norma jurídica faltosa, motivo pelo qual se aplica a inteligência da Súmula n. 388 do colendo TST, a qual isenta a massa falida da obrigação de pagar as multas dos arts. 467 e parágrafo oitavo do art. 477 da CLT. 2... TRT 10ª Reg. RO 00016-2007-016-10-00-8 — (Ac. 2ª T./08) — Rel. Juiz Gilberto Augusto Leitão Martins. DJU 23.5.08, p. 442.

14.14. Multa. Empresa em recuperação judicial. A multa é devida na hipótese de empresa em recuperação judicial já que ela continua em pleno funcionamento, exigindo-se o cumprimento das obrigações trabalhistas como qualquer outra empresa (art. 6º, § 2º da Lei n. 11.101/05). Registre-se, também que Ementa Normativa n. 17 da SRT/MTE esclarece que as empresas em processo de recuperação judicial se sujeitam a todas as exigências da legislação em vigor, portanto, não gozando de nenhum privilégio na homologação da rescisão dos contratos de trabalho.

Ementas Normativas SRT/MTE

Ementa n. 17. *Homologação. Empresa em processo de recuperação judicial.* As empresas em processo de recuperação judicial não têm privilégios ou prerrogativas em relação à homologação das rescisões de contrato de trabalho. Portanto, devem atender a todas as exigências da legislação em vigor. Ref.: Art. 6º da Lei n. 11.101, de 2005 e art. 477 da CLT.

Jurisprudência

Ementa: Empresa em recuperação judicial. Multas dos arts. 467 e 477, § 8º, da CLT. Cabimento. As multas previstas nos arts. 467 e 477, § 8º, da CLT, são devidas pela empresa em processo de recuperação judicial. A Nova Lei de Falências (Lei n. 11.101/05), em seu art. 83, inciso VII, registra que podem ser reclamadas na falência "as multas contratuais e as penas pecuniárias por infração das leis penais ou administrativas, inclusive as multas tributárias". Assim, se no caso da falência as multas podem ser cobradas, com maior razão poderão sê-lo, no caso de recuperação judicial. TRT 18ª Reg. RO-00138-2006-008-18-00-5 — Rel. Juiz Gentil Pio de Oliveira. DJGO n. 14.860, 17.10.06, p. 56.

14.15. Multa. Força maior. No campo das relações trabalhistas podem ocorrer situações nem sempre previsíveis e que ficam fora dos riscos do empreendimento. Muitas vezes, a empresa encerra suas atividades ou parte delas não pela vontade do empregador, mas em decorrência de uma força maior que se traduz num acontecimento inevitável ao qual não concorreu diretamente ou indiretamente. (art. 501, *caput*, da CLT). Insere-se também o caso fortuito no contexto da força maior. A respeito, ensinam *Francisco Ferreira Jorge Neto* e *Jouberto de Quadros Pessoa Cavalcante* que "é difícil separar caso fortuito de força maior. O Código Civil identificou-os num conceito único: 'O caso fortuito, ou de força maior, verifica-se no fato necessário, cujos efeitos era possível evitar, ou impedir' (art. 393, parágrafo único)." Acrescentam ainda os autores que "as legislações modernas preocupam mais em determinar os casos que responsabilizam o devedor pela inexecução, do que os que exigem. É a chamada conceituação negativa em que culposo é todo fato que não resulta de caso fortuito ou força maior"[98]. Mais adiante, no art. 501, que trata da força maior o tema foi mais aprofundado e a ele reportamo-nos. O importante a ser destacado aqui é que na existência de força maior ou de caso fortuito, a legislação trabalhista não isenta o empregador da indenização prevista em lei, até porque o trabalhador não deu causa ao acontecido, mas de certa forma atenua os riscos reduzindo-os. Assim, no caso de estável, de acordo com a regra dos arts. 477 e 478, da CLT. Não sendo estável, metade da indenização a que teria direito o empregado numa rescisão sem justa causa. Tratando-se de contrato por prazo indenizado, a metade da indenização que seria devida (art. 479, da CLT, atendo-se, neste particular o disposto art. 502, da CLT, itens I e II). Já, a multa do FGTS de 40% devida em caso de rescisão por justa causa também é reduzida pela metade (20%). Vale ressaltar que, a alegação de força maior deve ser devidamente comprovada, sendo certo que a falsa alegação importa na reintegração ao serviço do empregado estável e aos demais empregados não estáveis, a reparação dos direitos que deixaram de receber, inclusive a remuneração atrasada que se aplica as duas categorias de trabalhadores, estáveis e não estáveis, conforme previsão no art. 504, da CLT.

Jurisprudência

Ementa: Multa do art. 477, § 8º, da CLT. Configuração de força maior. O Eg. Tribunal Regional manteve a condenação ao pagamento da multa do art. 477, § 8º, da CLT, ao fundamento de que o bloqueio de valores da Reclamada por decisão proferida em Medida Cautelar não configura a força maior, referida no art. 501, *caput*, da CLT. O Recurso de Revista não comporta conhecimento, pois o aresto colacionado é inespecífico; a violação ao art. 5º, incisos II e XXXIV, da Constituição Federal não foi objeto do indispensável prequestionamento; e a ofensa ao art. 501 da CLT não se divisa, pois a circunstância do

---

[98] *Direito do Trabalho.* 3. ed. 2005, Ed. Lumen Juris, Rio, p. 660.

bloqueio de valores da Reclamada por decisão proferida em Medida Cautelar não se enquadra no conceito de força maior, já que a Reclamada, em última análise, concorreu para sua realização. Incidência dos Enunciados ns. 296 e 297/TST. Recurso não conhecido. TST-RR-19.355/2002-900-09-00.7 — (Ac. 3ª T.) — 9ª Reg. — Relª. Maria Cristina Irigoyen Peduzzi. DJU 7.2.03, p. 721.

14.16. Multa. Ação de consignação em pagamento. A ação de consignação em pagamento (arts. 890/900 do CPC) tem sido utilizada pelo empregador para evitar aplicação da multa estabelecida no § 8º do art. 477, da CLT, sobretudo quando verifica que não há intenção do trabalhador em receber as verbas rescisórias dentro do prazo legal. Esse procedimento tem sido frequente pela natureza da referida ação que se traduz numa forma de resguardar o direito do devedor que quer se livrar de uma obrigação e demonstrar que não teve culpa pelo atraso no pagamento das verbas rescisórias. Entretanto, o empregador deverá promover a ação de consignação dentro do prazo legal para o pagamento das verbas rescisórias, ou seja, até o décimo dia da data de notificação de despedida. Nesse sentido, o Precedente Normativo n. 37, da SRT/MTE. De notar-se que há entendimento de que a ação consignatória poderá ser intentada, mesmo depois do vencimento do prazo, pois existe a hipótese de a homologação estar marcada para o último dia do prazo, e o trabalhador não comparecer e nem justificar a sua ausência. Neste momento é que surge a motivação para a mencionada ação, de forma que seria razoável admitir o ajuizamento da ação consignatória depois do prazo, mas com uma justificativa plausível para tal procedimento. Entretanto, na ação consignatória de pagamento não poderá haver discussão a respeito do motivo da rescisão, mas apenas a eficácia jurídica do pagamento e da extinção da obrigação.

Precedente Administrativo da SIT/MTE

PRECEDENTE ADMINISTRATIVO N. 37. *Rescisão. Ajuizamento da ação de consignação fora do prazo legal para pagamento das verbas rescisórias.* A propositura fora do prazo legal de ação judicial de consignação em pagamento para pagamento das verbas rescisórias não afasta a mora da empresa autuada em relação ao prazo legal para cumprimento da obrigação. Referência Normativa: art. 477 da Consolidação das Leis do Trabalho — CLT.

Jurisprudência

Ementa: Multa do art. 477, § 8º, da CLT. Ação consignatória. O não comparecimento do ex-empregado, ou o seu comparecimento e a sua recusa em receber os valores que o ex-empregador julga devidos, são elementos que não eximem o ex-empregador de disponibilizar os valores rescisórios dentro dos prazos previstos no art. 477, § 6º, da CLT. Em outras palavras, ainda que o ex-empregado dificulte o acerto rescisório, sempre existe a possibilidade de o empregador ajuizar a competente ação de consignação em pagamento para se livrar da multa prevista no § 8º do mesmo dispositivo consolidado, desde que o faça dentro do prazo legal. TRT 3ª Reg. RO 01520-2007-103-03-00-5 — (Ac. 8ª T) — Rel. Des. Cleube de Freitas Pereira — DJMG 26.7.08, p. 30.

Ementa: Multa rescisória. Constatado que a ação consignatória foi aforada pela empresa quando já escoado o prazo previsto no § 6º do art. 477 da CLT, correta a decisão que a condenou no pagamento da penalidade prevista no § 8º daquele mesmo dispositivo Consolidado. TRT 7ª Reg. RO 01991/2006-031-07-00-1 — (Ac. 1ª T.) — Relª. Lais Maria Rossas Freire. DOJT 7ª Reg. n. 15.5.08, p. 5.474.

Ementa: Ação de consignação em pagamento. Multa do art. 477 da CLT. Efeito. A propositura de ação de consignação em pagamento somente afasta a multa prevista no art. 477 da CLT, se observado o prazo e condições estabelecidas no § 6º do mesmo dispositivo legal. TRT 18ª Reg. RO-02197-2005-012-18-00-6 — Relª. Juíza Ialba-Luza Guimarães de Mello. DJGO 1.8.06, p. 76.

Ementa: Multa do art. 477 da CLT. A despeito de o reclamado ter ajuizado ação de consignação em pagamento para quitação das verbas rescisórias, não observou o prazo estipulado pelo art. 477, § 6º da

CLT, razão por que é devida a multa prevista no § 8º, do mesmo diploma legal. TRT 3ª Reg. RO 01449-2007-031-03-00-1 — (Ac. 3ª T) — Rel. Des. Cesar Machado. DJMG 12.7.08, p. 4.

Ementa: Multa do art. 477 da CLT. Ação de consignação em pagamento. Objetivo. Não há disposição de lei imperativa no sentido de obrigar o empregador a consignar em pagamento quantia que entenda ser devida a seu empregado, quando da rescisão do contrato de trabalho. Pelo contrário, ao ajuizar respectiva ação de consignação, o empregador estará apenas exercendo a prerrogativa que a lei lhe confere de, havendo recusa do credor em receber o que lhe é de direito, depositar em juízo os valores respectivos. Na seara trabalhista, entretanto, este procedimento tem escopo também de evitar a aplicação da multa do art. 477 da CLT, relativa ao atraso no pagamento das verbas rescisórias, o que traduz grande vantagem para o empregador que se veja prejudicado pela mora *accipiendi*. TRT 3ª Reg. RO 01146-2004-106-03-00-4 — (Ac. 2ª T.) — Rel. Juiz Bolivar Viegas Peixoto. DJMG 12.2.05, p. 04.

Ementa: Ação de consignação em pagamento. Motivo da rescisão contratual. I — Não cabe discutir o motivo da rescisão contratual, no âmbito da ação de consignação em pagamento, mas apenas por via da reconvenção ou pedido contraposto (art. 31 da Lei n. 9.099/95, por força do art. 769, da CLT), em caso de rito sumaríssimo, com vistas à percepção de verbas resilitórias. II — A ação consignatória visa apenas questionar a eficácia jurídica do pagamento e a extinção da obrigação.TRT 8ª Reg. — RO 4831/2003 — (Ac. 2ª T., julg. 26.11.03) — Rel. Juiz Vicente José Malheiros da Fonseca. BJ do TRT da 8ª Região.

14.17. Multa. Pagamento fora do prazo legal e a multa administrativa. Distinção. Efeitos. Havendo o pagamento das verbas rescisórias fora do prazo legal, duas consequências se extraem do fato. A primeira delas é que o pagamento do valor equivalente ao salário se destina ao empregado, por ter sido prejudicado. A segunda delas reside na possibilidade de o empregador ser penalizado administrativamente, cuja multa está prevista no § 8º do art. 477, da CLT. A primeira é de competência da Justiça do Trabalho, se houver questionamento a respeito e a segunda só poderá ser aplicada pelos auditores-fiscais do trabalho, embora haja controvérsia a respeito nos Tribunais Regionais, mas o certo é que as decisões do Tribunal Superior do Trabalho são no sentido contrário. Cabe registrar que na redação do § 8º, do art. 477, está estipulada a multa de 160 BTN por trabalhador em caso de descumprimento do prazo para o acerto rescisório. Entretanto, a Lei n. 8.177/91, extinguiu a BTN, havendo leis posteriores que modificaram o sistema monetário (Leis ns. 8.216/91, 8.697/93 e 8.880/94) e finalmente a Lei n. 8.383/91, instituiu a UFIR que vigorou até a Lei n. 10.522/02, que converteu a UFIR em real, na forma do seu art. 29. Assim, convertidas as UFIRs correspondente a infração verificada por empregado, em real, a multa é de R$ 170,25.

Precedente Administrativo SIT/MTE

PRECEDENTE ADMINISTRATIVO N. 28. *Rescisão contratual. Pagamento de verbas fora do prazo legal.* O pagamento da multa em favor do empregado não exime o autuado da multa administrativa, uma vez que são penalidades distintas: a primeira beneficia o empregado, enquanto a segunda destina-se ao Poder Público. Referência Normativa: art. 477 § 8º da CLT.

14.18. Multa. Responsabilidade subsidiária. O tomador de serviços responde subsidiariamente pelas obrigações trabalhistas, em razão da culpa *in eligendo* e *in vigilando*. Não pode haver restrição à responsabilidade subsidiária quando envolve trabalho humano. Quem contrata mal responde pelos atos decorrentes. Portanto, a responsabilidade subsidiária alcança a multa do art. 477, da CLT.

Jurisprudência

Ementa: Multa prevista no art. 477 da CLT. Responsabilidade subsidiária. Alcance. O responsável subsidiário responde pela integralidade dos débitos do prestador de serviços, incluindo as verbas de natureza punitiva e convencional, uma vez que, em caráter subsidiário, responde pela dívida como se fosse o principal devedor. Nesse sentido vem decidindo pacificamente o C. TST bem como esta E. Corte. Não existem restrições à responsabilidade subsidiária do tomador. Assim sendo, a responsabilidade subsidiária da segunda Ré, como dos demais Reclamados, abrange todas as parcelas deferidas pela sentença, inclusive as indenizatórias, como é o caso da multa do art. 477, º 8º, da CLT, razão pela qual é irreparável a r. sentença. ...TRT 9ª Reg. RO 04248-2006-012-09-00-4 — (Ac. 1ª T. 24154/08) — Rel. Ubirajara Carlos Mendes. DJPR 8.7.08, p. 454.

Art. 478 *A indenização devida pela rescisão de contrato por prazo indeterminado será de um mês de remuneração por ano de serviço efetivo, ou por ano e fração igual ou superior a seis meses.*

§ 1º O primeiro ano de duração do contrato por prazo indeterminado é considerado como período de experiência, e, antes que se complete, nenhuma indenização será devida.

§ 2º Se o salário for pago por dia, o cálculo da indenização terá por base trinta (30) dias.

§ 3º Se pago por hora, a indenização apurar-se-á na base de duzentas e quarenta (240) horas por mês.

§ 4º Para os empregados que trabalhem à comissão ou que tenham direito a percentagens, a indenização será calculada pela média das comissões ou percentagens percebidas nos últimos 12 (doze) meses de serviço. (Redação deste § DL n. 229, 28.2.67, DOU 28.2.67)

§ 5º Para os empregados que trabalhem por tarefa ou serviço feito, a indenização será calculada na base média do tempo costumeiramente gasto pelo interessado para realização de seu serviço, calculando-se o valor do que seria feito durante trinta dias.

Como já vimos, a indenização pela despedida do empregado, sem justa causa, em contratos por prazo indeterminado, era equivalente a um mês de remuneração por ano de serviço efetivo ou não e fração igual ou superior a seis meses. Serviço efetivo compreende os períodos reconhecidos como tais (art. 4º, parágrafo único da CLT — afastamento por motivo de serviço militar e acidente do trabalho e Súmula n. 138, do TST — readmissão após saída espontânea, contagem do período anterior). Para os contratos de prazo determinado aplicam-se as regras do art. 479, da CLT, ao qual nos reportamos.

Depois do advento do FGTS como sistema único de garantia do tempo de serviço, a indenização equivale ao levantamento dos depósitos fundiários acrescidos de 40% (quarenta por cento) de multa pela rescisão, além das demais verbas rescisórias (aviso-prévio, férias completas ou incompletas, 13º salário total ou parcial).

O parágrafo primeiro, que considerava como período de experiência, para efeito de indenização, o primeiro ano de duração de contrato, depois do advento do FGTS, não tem mais aplicação já que o empregado é contratado sob a égide desse novo regime. Por outro lado, com o Decreto-lei n. 229, de 28 de fevereiro de 1967, o contrato de experiência passou a ter regra própria em face do disposto no art. 443, da CLT.

A rigor, este artigo só seria aplicado aos empregados estáveis pelo regime da CLT, os quais são reduzidíssimos em decorrência do regime do FGTS que alcançou todos os trabalhadores após a Constituição de 1988.

Os §§ 2º, 3º, 4º e 5º estabelecem as formas de cálculos da indenização que deveria ser paga aos empregados, tendo em vista os salários por hora, por dia, por comissão e por tarefa. Em relação a tais parágrafos cabem alguns esclarecimentos.

O salário é pago tendo por referência 30 dias, conforme art. 6º, § 1º, da Lei n. 8.542/92, Assim, se o salário é pago por dia, este multiplicado por 30 dias representará o salário mensal, base de cálculo da indenização.

Já se o pagamento for por hora, de acordo com norma constitucional (art. 7º, XIII), a base de cálculo da indenização será de 220 horas que corresponderá ao salário mensal (Súmula n. 343 do TST). Se a jornada diária for menor, como a dos bancários que é de seis horas, o salário mensal será o resultante da operação 30x6 horas diárias, ou seja, 180 horas. (Súmula n. 124 do TST).

De acordo com § 4º os empregados que trabalhem à comissão ou que tenham direito a percentagens, a indenização será calculada pela média das comissões ou percentagens percebidas nos últimos 12 (doze) meses de serviço, prática essa que não deixou de ser adotada na atualidade para se chegar a remuneração mensal do empregado.

Os empregados que trabalhem por tarefa ou serviço feito, a indenização será calculada na base média do tempo costumeiramente gasto pelo interessado para realização de seu serviço, calculando-se o valor do que seria feito durante trinta dias. Atente-se também ao disposto na alínea "c" do art. 7º da Lei n. 605/49, no que toca à remuneração do repouso semanal remunerado.

Por fim, registramos a existência de várias súmulas do Tribunal Superior do Trabalho que guardam pertinência com a formação da remuneração que será objeto de cálculo para os efeitos de rescisão do contrato de trabalho, as quais constam da parte destinada à jurisprudência.

Jurisprudência

STF, Súmula n. 207. As gratificações habituais, inclusive a de Natal, consideram tacitamente convencionadas, integrando o salário.

TST, Súmula n. 24. SERVIÇO EXTRAORDINÁRIO (mantida) — Res. 121/2003, DJ 19, 20 e 21.11.2003. Insere-se no cálculo da indenização por antiguidade o salário relativo a serviço extraordinário, desde que habitualmente prestado.

TST, Súmula n. 60. ADICIONAL NOTURNO. INTEGRAÇÃO NO SALÁRIO E PRORROGAÇÃO EM HORÁRIO DIURNO (incorporada a Orientação Jurisprudencial n. 6 da SBDI-1) — Res. 129/2005, DJ 20, 22 e 25.4.2005. I — O adicional noturno, pago com habitualidade, integra o salário do empregado para todos os efeitos. (ex-Súmula n. 60 — RA 105/1974, DJ 24.10.1974)

TST, Súmula n. 132. ADICIONAL DE PERICULOSIDADE. INTEGRAÇÃO (incorporadas as Orientações Jurisprudenciais n.s 174 e 267 da SBDI-1) — Res. 129/2005, DJ 20, 22 e 25.4.2005. I — O adicional de periculosidade, pago em caráter permanente, integra o cálculo de indenização e de horas extras (ex-Prejulgado n. 3). (ex-Súmula n. 132 — RA 102/1982, DJ 11.10.1982/ DJ 15.10.1982 — e ex-OJ n. 267 da SBDI-1 — inserida em 27.09.2002)

TST, Súmula n. 139. ADICIONAL DE INSALUBRIDADE (incorporada a Orientação Jurisprudencial n. 102 da SBDI-1) — Res. 129/2005, DJ 20, 22 e 25.04.2005. Enquanto percebido, o adicional de insalubridade integra a remuneração para todos os efeitos legais. (ex-OJ n. 102 da SBDI-1 — inserida em 01.10.1997)

TST, Súmula n. 148. GRATIFICAÇÃO NATALINA (mantida) — Res. 121/2003, DJ 19, 20 e 21.11.2003. É computável a gratificação de Natal para efeito de cálculo de indenização (ex-Prejulgado n. 20).

Ementa: Acordo coletivo de trabalho. Interpretação de cláusula estipulatória de indenização por tempo de serviço. Impropriedade da aplicação do critério estabelecido no art. 478 da CLT. Regência distinta de institutos distintos. Violação legal que não se configura. A pretensão do reclamante respeita a diferenças a título de indenização por tempo de serviço, instituída mediante acordo coletivo de trabalho, relativamente à qual persegue a aplicação do critério de apuração do tempo de execução do contrato previsto no art. 478 da CLT. Após confirmar a sentença — ressaltando que a norma coletiva instituidora do benefício estabeleceu o pagamento de dois salários e meio mensais por ano de trabalho apenas para os empregados que já tivessem completado vinte anos a serviço na empresa, sendo que o reclamante contava, incontroversamente, com 19 anos, 11 meses e 17 dias, quando de sua dispensa, fazendo jus, portanto, a apenas 2 salários mensais por ano de serviço —, o Tribunal de origem afastou a possibilidade de aplicação analógica à hipótese da regra inserta no art. 478 da CLT, tendo em vista dirigir-se esta exclusivamente aos trabalhadores considerados estáveis sob a óptica da lei — instituto a respeito do qual não se controverte nos autos. Sem que tal entendimento consubstancie ofensa ao referido dispositivo legal e sem que o recorrente ofereça à colação julgados provenientes de outros Tribunais que traduzam conclusões divergentes, o conhecimento do recurso de revista não se viabiliza. Recurso de revista não conhecido. TST-RR-1365/1999-094-15-00 — (Ac. 1ª T., j. 9.4.08) — Rel. Min.Luiz Philippe Vieira de Mello Filho. DJU 25.4.08.

Art. 479 *Nos contratos que tenham termo estipulado, o empregador que, sem justa causa, despedir o empregado, será obrigado a pagar-lhe, a título de indenização, e por metade, a remuneração a que teria direito até o termo do contrato.*

PARÁGRAFO ÚNICO. Para a execução do que dispõe o presente artigo, o cálculo da parte variável ou incerta dos salários será feito de acordo com o prescrito para o cálculo da indenização referente à rescisão dos contratos por prazo indeterminado.

1. Rescisão do contrato de trabalho por prazo determinado. Esse dispositivo é dedicado às rescisões dos contratos por prazo determinado, sem justa causa. Ao empregado será devida, a título indenizatório, a metade da remuneração a que faria jus até o término do contrato.

Ocorre que a indenização trabalhista foi substituída pelos depósitos do FGTS. Contudo, a obrigação decorrente prevista nesse dispositivo, deve ser entendida como um ônus da empresa e um direito do empregado, importando não o título dado, mas o resultado preconizado nas rescisões, sem justa causa, dos contratos por prazo determinado.

Houve quem defendesse que deveria haver uma compensação de valores a serem pagos ao empregado, ou seja, se o valor do FGTS a ser liberado pelo mesmo motivo fosse inferior àquela metade do tempo faltante para o término do contrato, complementar-se-ia o valor previsto nesse art. 479. Se fosse superior, nenhuma complementação seria devida, em razão da substituição ocorrida pelo FGTS em relação à indenização trabalhista.

Ocorre, no entanto, o Tribunal Superior do Trabalho, pela Súmula n. 125, pacificou a questão, ao entendimento de que, na hipótese do art. 479, aplica-se nela o disposto no regime do FGTS, cumulativamente.

A lógica dessa interpretação é a de que a indenização de que trata o art. 479 é uma vantagem concedida ao empregado que teve seu contrato por prazo determinado rescindido antes de seu término, por interesse do empregador.

Tal vantagem, porém independe dos direitos do trabalhador decorrentes do fato de ter optado pelo regime do FGTS.

São coisas diferentes, porque, no caso, o FGTS não estará substituindo a indenização relacionada com a estabilidade no emprego, mas, sim, constituindo um direito paralelo ao que constava do art. 479. (V. art. 30, § 3º da Lei do FGTS e art. 14 do Regulamento do FGTS.)

Jurisprudência

TST, Súmula n. 125. CONTRATO DE TRABALHO. ART. 479 DA CLT (MANTIDA) — Res. 121/2003, DJ 19, 20 e 21.11.2003. O art. 479 da CLT aplica-se ao trabalhador optante pelo FGTS admitido mediante contrato por prazo determinado, nos termos do art. 30, § 3º, do Decreto n. 59.820, de 20.12.1966.

Ementa: Recurso de revista. Gestante. Contrato de experiência. Dispensa antecipada. Contrariedade à súmula n. 244, III, do TST. Não configuração. Segundo a diretriz fixada no item III da Súmula n. 244 do TST, não há direito da empregada gestante à estabilidade provisória na hipótese de admissão mediante contrato de experiência, visto que a extinção da relação de emprego, em face do término do prazo, não constitui dispensa arbitrária ou sem justa causa. Na hipótese, o Tribunal Regional manteve a sentença que julgou improcedente o pedido de estabilidade provisória, por entender que o contrato de experiência não é compatível com o instituto de garantia de emprego à gestante, prevista no art. 10, II, -b-, do ADCT, bastando para o seu término que o empregador pague a indenização prevista no art. 479 da CLT. Acrescentou, ainda, como óbice à estabilidade vindicada, que a dispensa da Reclamante ocorreu dois dias antes do término do contrato de experiência, dentro, portanto, do prazo previamente fixado. No contexto em que foi proferida a decisão recorrida, não há como divisar a indigitada contrariedade à Súmula n. 244, III, desta Corte Superior, que não tem o alcance pretendido pela Reclamante. Ao contrário, a decisão recorrida, ao negar o direito à estabilidade provisória da gestante, na hipótese de contrato de experiência, harmoniza-se com os termos da supramencionada Súmula. Recurso de revista de que não se conhece. TST-RR — 414/2006-011-17-00.3 — (Ac. 1ª T.j. 17.9.08) — Rel. Min.Walmir Oliveira da Costa. DJe 26.9.08.

Ementa: Agravo de instrumento em recurso de revista. Contrato de trabalho por prazo determinado. O Tribunal Regional, tendo em vista as regras próprias do contrato de trabalho por prazo determinado, exaurido antes do prazo previsto para sua extinção, decidiu que faz jus a empregada ao pagamento da indenização prevista no art. 479 da CLT, equivalente a metade da remuneração que seria devida pelo período restante do contrato a prazo. Violação do art. 7º, III, da Carta Magna não prequestionada incidindo, *in casu*, os termos da Súmula n. 297 do TST. Agravo de instrumento desprovido. TST-AIRR-194/1999-025-02-40.7 — (Ac. 1ª T., j. 26.09.07) — Rel. Min. Luiz Philippe Vieira de Mello Filho. DJU 19.10.07.

1.1 Parte variável ou incerta dos salários. O parágrafo único estabelece que, para a execução desse pagamento, o cálculo da parte variável ou incerta dos salários será feito da mesma forma prevista para cálculo da indenização no tocante à rescisão dos contratos por prazo indeterminado (v. art. 478).

2. Atleta profissional. Art. 479 da CLT e arts. 28 e 31, § 3º da Lei n. 9.615/98. No contrato de atleta profissional há necessidade do estabelecimento de uma cláusula penal, em caso de rescisão do contrato por iniciativa do atleta profissional, dado as características dessa atividade. A previsão dessa cláusula está contida no art. 28 e como está expresso no § 2º desse artigo o vínculo desportivo do atleta com a entidade desportiva tem natureza acessória ao respectivo vínculo trabalhista. Se não houvesse essa cláusula penal, o atleta profissional simplesmente na sua melhor fase, a qual poderia ser originada na entidade que prestava os seus serviços e passaria para outra entidade sem maiores consequências. Daí porque há necessidade da referida cláusula penal que poderá ser livremente estabelecida pelos contratantes até o limite máximo de cem vezes o montante da remuneração anual pactuada, permitindo-se a redução automática da cláusula penal em percentuais progressivos e não cumulativos, os quais estão previstos nos incisos I a IV do § 4º do art. 28 da mencionada lei. Quando se tratar de transferência internacional, a cláusula penal não será objeto de qualquer limitação, desde que esteja expresso no respectivo contrato desportivo (§ 5º, do art. 28).

Quando ocorre a rescisão antecipada do atleta profissional já que o contrato na sua essência é de prazo determinado surge controvérsia a respeito do pagamento da indenização pela metade na forma do art. 479 da CLT e a aplicação da cláusula penal prevista no art. 28, da Lei n. 9.615/98, mais precisamente sobre a aplicação cumulativa das duas normas. A jurisprudência ainda não é pacífica a respeito, pois há entendimento de que as duas cláusulas são distintas. A primeira, cláusula penal obrigatória na modalidade específica do contrato de trabalho. A segunda, como indenização pelo rompimento do contrato a prazo determinado. A tese predominante, no entanto, é a que considera que o instituto da cláusula penal figura, na atual sistemática reguladora, como mera compensação do investimento feito pelo clube em cada um dos jogadores que contrata, de tal modo que somente em favor da entidade desportiva tem razão de ser sua estipulação, quando verificada a rescisão contratual antecipada, já que a reparação do direito do atleta à expectativa de continuidade do contrato de trabalho conta com previsão específica na legislação trabalhista (art. 479 da CLT). Não se justifica, portanto, a interpretação extensiva do disposto no art. 28 da Lei n. 9.615/1998 para estender ao atleta profissional direito à reparação por rescisão contratual antecipada que a CLT já contempla. Quer nos parecer que essa tese é a mais correta, pois no campo desportivo dependendo do atleta haveria uma desproporcionalidade contratual para entidade desportiva que projetou o atleta e ainda assim ficaria em igualdade de tratamento numa eventual rescisão contratual. O ideal, no entanto, seria que a questão fosse solucionada pela via legislativa.

Jurisprudência

Ementa: Recurso de revista. Atleta profissional de futebol. Término antecipado do contrato de trabalho. Cláusula penal e sanção prevista no art. 479 da CLT. Cumulação. Possibilidade. Da exegese do art. 28 da Lei n. 9.615/98, constata-se que a antecipação, pelo empregador, do termo final do contrato de trabalho de atleta profissional acarreta o pagamento da cláusula penal. Entender que a referida cláusula tem como único obrigado o atleta que rompe, antecipadamente, o contrato de trabalho contrasta com o direito e fere o sinalagma, na medida em que pretende impor ao atleta encargo desproporcional ao exigido da entidade desportiva. Também não cabe se entender que a cláusula penal de que trata o art. 28 não pode ser cumulada com a indenização de que trata o art. 479 da CLT. Têm elas natureza diversa. A primeira, cláusula penal obrigatória na modalidade específica do contrato de trabalho. A segunda, como indenização pelo rompimento do contrato a prazo determinado. Recurso de revista conhecido e provido. TST-RR-601/2006-011-08-00.6 — (Ac. 6ª T.,j.24.9.08) — Rel. Min. Aloysio Corrêa da Veiga. DJe 3.10.08.

Ementa: Atleta profissional de futebol. Lei Pelé (art. 28 da Lei n. 9.615/98). Rescisão contratual. Cláusula penal. Responsabilidade. 1. Pelo art. 28 da Lei n. 9.615/98 (Lei Pelé), o contrato de trabalho do atleta profissional de futebol deve conter obrigatoriamente cláusula penal pela rescisão unilateral do contrato, do que se infere ser o sujeito passivo da multa rescisória quem deu azo à rescisão, e beneficiário aquele que com ela sofreu prejuízo. -In casu-, restou assentada a iniciativa do Reclamado na ruptura contratual, o que atrai sobre ele, portanto, a responsabilidade pelo pagamento da multa rescisória preconizada na cláusula penal firmada no contrato celebrado entre as Partes. 2. No entanto, entende a douta maioria desta Turma que a cláusula penal somente é aplicável às hipóteses em que o atleta der causa ao rompimento antecipado do contrato de trabalho. Nessa linha, ressalvado entendimento pessoal, é indevido o pagamento da referida cláusula quando a rescisão contratual ocorrer por iniciativa da Empresa, hipótese em que o Atleta faz jus apenas à indenização do art. 479 da CLT, conforme dispõe o § 3º do art. 31 da Lei n. 9.615/98. Recurso de revista parcialmente conhecido e desprovido. TST-RR — 1278/2005-203-04-00.0 — (Ac. 7ª T., j. 16.4.08) — Rel. Min. Ives Gandra Martins Filho. DJU 18.4.08.

Ementa: Atleta profissional de futebol. Rescisão contratual. Cláusula penal. Lei Pelé. Aplicabilidade do instituto. A interpretação meramente literal do disposto no art. 28 da Lei n. 9.615/1998 conduz, necessariamente, à conclusão de que o legislador deixou a cargo das partes, na formalização do contrato a que se refere, o estabelecimento dos critérios regentes de ambos os institutos cuja previsão estipula como sendo essenciais ao instrumento regulador da relação jurídica que entre ambas se estabelece: remuneração e penalidades cabíveis às partes, em decorrência do contrato em si. Na situação ora delineada nos autos, há registro de que a cláusula 9ª do contrato livremente celebrado entre os litigantes prevê que o clube reclamado estaria obrigado, apenas, ao pagamento da indenização prevista no art. 479 da CLT, na hipótese de tomar a iniciativa de rescindir antecipadamente o contrato. O que se fez nas instâncias percorridas, por conseguinte, foi meramente dar aplicação à norma expressa constante do contrato de trabalho em vigor entre as partes. Ademais, no que concerne à discussão teórica sob o prisma da possibilidade de a norma reguladora do contrato do atleta poder admitir ou não a imposição de penalidade a apenas uma das partes contratantes, o instituto da cláusula penal figura, na atual sistemática reguladora, como mera compensação do investimento feito pelo clube em cada um dos jogadores que contrata, de tal modo que somente em favor da entidade desportiva tem razão de ser sua estipulação, quando verificada a rescisão contratual antecipada, já que a reparação do direito do atleta à expectativa de continuidade do contrato de trabalho conta com previsão específica na legislação trabalhista (art. 479 da CLT). Não se justifica, portanto, a interpretação extensiva do disposto no art. 28 da Lei n. 9.615/1998 para estender ao atleta profissional direito à reparação por rescisão contratual antecipada que a CLT já contempla. Recurso de revista conhecido e desprovido. TST-RR-1657/2003-201-04-00.6 — (Ac. 1ª T., 11.12.07) — Rel. Min. Lelio Bentes Corrêa. DJU 28.3.08.

Ementa: ...Atleta profissional. Rescisão contratual. Falta de pagamento de salários. Aplicação do art. 479 da CLT. Na rescisão contratual decorrente da falta de pagamento de salários, de acordo com expressa menção do § 3º do art. 31 da "Lei Pelé" combinado com o seu *caput*, não é cabível a multa contratual, mas, tão-somente, a indenização prevista no art. 479 da CLT. TRT 15ª Reg. (Campinas/SP) RO 00098-2006-001-15-00-3 — (Ac. 157/2008-PATR, 1ª C.) — Rel. Juiz José Otávio de Souza Ferreira. DOE 11.1.08, p. 59.

Ementa: Atleta profissional de futebol. Lei Pelé (art. 28 da Lei n. 9.615/98). Rescisão contratual. Cláusula penal. Responsabilidade. No art. 28 da Lei n. 9.615/98 (Lei Pelé), estabelece-se que o contrato de trabalho do atleta profissional de futebol deve conter cláusula penal para a hipótese de rescisão unilateral. Inexistência, na lei, de distinção, do que se infere ser sujeito passivo da multa rescisória aquele que deu causa à rescisão. In casu, restou assentada a iniciativa do Reclamado na ruptura contratual, o que lhe impõe responsabilidade pelo pagamento da cláusula penal contratual. Recurso de revista a que se dá provimento. TST-RR-552/2002-029-01-00.4 — (Ac. 5ª. T.) — Rel. Min. Gelson de Azevedo. DJU 24.8.07, p. 1.242.

Ementa: Atleta profissional de futebol. Rescisão unilateral do contrato. Multa do art. 479 da CLT. Cláusula penal. Cumulação. Possibilidade. Inexiste óbice legal para a condenação no pagamento de forma cumulativa da multa prevista no art. 479 da CLT e na cláusula penal, uma vez provado que a rescisão do contrato deu-se por iniciativa exclusiva de uma das partes. Entretanto, provado o interesse mútuo no distrato, não há que se falar em recebimento do valor constante da cláusula penal pelo atleta, sob pena de se permitir o enriquecimento sem causa do trabalhador. TRT 15ª Reg. RO 00515-2005-086 -15-00-7 — (Ac. 9686/2007-PATR, 10ª C.) — Relª. Juíza Elency Pereira Neves. DJSP 9.3.07, p. 94.

Art. 480
Havendo termo estipulado, o empregado não se poderá desligar do contrato, sem justa causa, sob pena de ser obrigado a indenizar o empregador dos prejuízos que desse fato lhe resultarem.

§ 1º A indenização, porém, não poderá exceder àquela a que teria direito o empregado em idênticas condições. (Renumerado DL n. 6.353, 20.3.44, DOU 22.3.44).

§ 2º Revogado pela L. n. 6.533, 24.5.78, DOU 26.5.78.

Esse dispositivo é o reverso do anterior. Estipula a obrigação do empregado que se desligar por sua conta do contrato, sem justa causa, obrigação essa consistente em indenizar o empregador dos prejuízos que desse fato lhe resultarem. É aplicável apenas ao contrato de prazo determinado.

Na verdade, essa norma procura dar um equilíbrio na relação contratual, a fim de que o empregador não tenha prejuízo com o desligamento abrupto do trabalhador. Imagina-se a hipótese de uma empresa contratar um trabalhador especializado para um projeto que envolva alguns meses na sua implementação e, depois de iniciado há o seu desligamento da empresa. É evidente que o empregador estará sendo prejudicado. Nesse caso, a lei autoriza o empregador exigir a reparação dos direitos decorrentes da quebra do contrato de prazo determinado, o que na prática seria a aplicação do disposto no art. 479, da CLT, indenização pela metade, por força do que dispõe o § 1º do artigo em análise, ao estabelecer que a indenização não poderá exceder àquela a que teria direito o empregado em idênticas condições. Equivale dizer que mesmo que o empregador tenha prejuízo maior com a saída do empregado pela necessidade da contratação de outro em condições superiores do anterior para manter o seu empreendimento, o seu direito à indenização será o correspondente ao estabelecido no art. 479, da CLT. *Sérgio Pinto Martins* entende que se o prejuízo causado pelo trabalhador for inferior à indenização do art. 479 da CLT, deverá ressarcir apenas o valor menor[99].

Art. 481 *Aos contratos por prazo determinado, que contiverem cláusula assecuratória do direito recíproco de rescisão antes de expirado o termo ajustado, aplicam-se, caso seja exercido tal direito por qualquer das partes, os princípios que regem a rescisão dos contratos por prazo indeterminado.*

Se os contratos por prazo determinado contiverem cláusula prevendo a possibilidade de rescisão antes do termo contratual e, se esse direito for exercitado por qualquer das partes, aplicar-se-ão a essa rescisão os princípios que regem os contratos por prazo indeterminado. Nesse caso será devido o aviso prévio, conforme Súmula n. 163, do TST. O empregado também levantará o FGTS com o acréscimo de 40%, uma vez que o contrato de prazo determinado é transmudado em de prazo indeterminado.

De notar-se que nesse caso, hão de ser aplicado os princípios que regem o contrato de trabalho por prazo indeterminado, notadamente o da continuidade do vínculo e o da boa-fé, impondo-se que cada parte notifique a outra do desejo de por fim ao contrato, daí porque é devido o aviso prévio.

Inexistindo a referida cláusula não será devido o aviso prévio uma vez que o contrato se exaurirá normalmente ao seu final, ressalvado a possibilidade de sua continuidade, mas aí sob a égide do contrato por prazo indeterminado.

Jurisprudência

TST, Súmula n. 163. AVISO PRÉVIO. CONTRATO DE EXPERIÊNCIA (mantida) — Res. 121/2003, DJ 19, 20 e 21.11.2003. Cabe aviso prévio nas rescisões antecipadas dos contratos de experiência, na forma do art. 481 da CLT (ex-Prejulgado n. 42).

Ementa: Agravo de instrumento. Gestante. Estabilidade provisória. Contrato de experiência. 1. O Eg. Tribunal Regional, soberano na análise do conjunto fático-probatório dos autos, registrou que inexiste cláusula assecuratória do direito recíproco de rescisão contratual antes do prazo determinado, nos termos do art. 481 da CLT. Inteligência da Súmula n. 126/TST. 2. Logo, o despedimento da Autora antes do prazo somente gera o direito à indenização correspondente à metade da remuneração que teria direito até o término do contrato de experiência, cujo pagamento é incontroverso nos autos. Não enseja, portanto, a conversão do contrato por prazo determinado em indeterminado. 3. Caracterizada a existência e validade do contrato por prazo determinado, aplica-se o entendimento da Súmula n. 244, item III, do Tribunal Superior do Trabalho: — III — Não há direito da empregada gestante à estabilidade provisória na hipótese de admissão mediante contrato de experiência, visto que a extinção da relação de emprego, em face do término do prazo, não constitui dispensa arbitrária ou sem justa causa. — Agravo de Instrumento a que se nega provimento. TST-AIRR-950/2001-005-02-40.9- (Ac. 8ª T., 21.11.07) — Relª. Min. Maria Cristina Irigoyen Peduzzi. DJU 30.11.07.

Ementa: Contrato de experiência. Estabilidade. Gestante. Dispensa antecipada da reclamante com base em cláusula assecuratória do direito recíproco de rescisão antes do termo final. À primeira vista, seria inviável conferir-se a incidência das garantias de emprego no

---

(99) *Comentários à CLT.* 12. ed. São Paulo: Atlas, 2008. p. 500.

âmbito dos contratos a prazo. A pré-fixação de um termo final ao contrato, no caso os noventa dias, tornaria incompatível a posterior conseqüência legal típica de contratos de duração incerta e que levaria a tornar indeterminado o prazo do contrato de trabalho. Todavia, a previsão da data da extinção do contrato de trabalho, apesar de inicialmente previsível foi alterada, tendo em vista cláusula assecuratória permitindo a rescisão antes de expirado o termo ajustado. A faculdade efetivamente exercida pelo empregador em dispensar a empregada antes do termo final, retirou as características, regras e efeitos jurídicos próprios do contrato a termo. Este fato transmudou a modalidade do contrato de determinado para indeterminado assegurando a plena repercussão sobre o liame empregatício das garantias especiais de emprego, entre elas a estabilidade provisória. Esta garantia inviabiliza a ruptura arbitrária do pacto, mantendo-o íntegro ate o fim correspondente da garantia. *In casu*, assegura-se a indenização referente ao período de garantia desrespeitado. Embargos não conhecidos. TST-E-RR-57344/2002-900-02-00.3 — (Ac. SBDI -1, j. 7.8.06) — Rel. Min. Aloysio Corrêa da Veiga. DJU 25.8.06.

Ementa: Aviso prévio. Contrato a termo. Experiência. Ausência de previsão de cláusula assecuratória. Rescisão antecipada. Indevido. No termos do art. 481 da CLT, nos contratos a termo com expressa previsão de cláusula assecuratória de direito recíproco de rescisão antes de expirado o termo ajustado, a rescisão antecipada pelo empregador implica o pagamento do aviso prévio, na medida em que tal proceder violaria as regras previamente ajustadas pelas partes na elaboração do contrato. Ausente referida cláusula, não há que se falar em condenação da empregadora ao pagamento de aviso prévio. TRT 15ª Reg. (Campinas/SP) ROPS 556-2008-059-15-00-3 — (Ac. 63774/08-PATR, 4ª C.) — Rel. Luís Carlos Cândido Martins Sotero da Silva. DOE 3.10.08, p. 32.

Art. 482 Constituem justa causa para rescisão do contrato de trabalho pelo empregador:

a) ato de improbidade;

b) incontinência de conduta ou mau procedimento;

c) negociação habitual por conta própria ou alheia sem permissão do empregador e quando constituir ato de concorrência à empresa para a qual trabalha o empregado, ou for prejudicial ao serviço;

d) condenação criminal do empregado, passada em julgado, caso não tenha havido suspensão da execução da pena;

e) desídia no desempenho das respectivas funções;

f) embriaguez habitual ou em serviço;

g) violação de segredo da empresa;

h) ato de indisciplina ou de insubordinação;

i) abandono de emprego;

j) ato lesivo da honra ou da boa fama praticado no serviço contra qualquer pessoa, ou ofensas físicas, nas mesmas condições, salvo em caso de legítima defesa, própria ou de outrem;

k) ato lesivo da honra e boa fama ou ofensas físicas praticadas contra o empregador e superiores hierárquicos, salvo em caso de legítima defesa, própria ou de outrem;

l) prática constante de jogos de azar.

PARÁGRAFO ÚNICO. *Constitui igualmente justa causa para dispensa de empregado, a prática, devidamente comprovada em inquérito administrativo, de atos atentatórios à segurança nacional. (§ incluído DL n. 3, 27.1.66, DOU 27.1.66, LTr 30/94 e revogado pela Lei n. 8.630/93).*

— ver Lei n. 10.224, de 15.5.01, DOU 16.5.01, p. 577.

1. Poder disciplinar do empregador e conceito de justa causa. É no presente artigo que o empregador encontra respaldo no seu poder disciplinar, que é uma manifestação do seu poder diretivo ou hierárquico (art. 2º da CLT). Esse poder disciplinar, na lição de *João Moreira da Silva* consiste "na faculdade de reconhecida à entidade patronal de impor aos trabalhadores, dentro dos limites da lei e das garantias formalmente estabelecidas, sanções disciplinares quando se verifiquem comportamentos daqueles que traduzem um não cumprimento defeituoso ou quando a sua conduta se mostre desconforme à organização dos meios produtivos da empresa ou inadequada à correta execução da prestação de trabalho"[100]. Em síntese, é o poder, não absoluto, conferido ao empregador, derivado de lei de impor sanções disciplinares aos seus empregados.

Por outro lado, os princípios da continuidade do vínculo empregatício, da boa-fé e, sobretudo o elemento confiança devem nortear as relações de trabalho. Da mesma forma o valor social do trabalho e a dignidade da pessoa humana (art. 1º, da Carta Magna). Nesse contexto, o poder disciplinar, de natureza contratual, deve ser exercido pelo empregador, com moderação, com razoabilidade e dentro da legalidade, sem ferir o direito alheio. Haverá, portanto, motivo para a rescisão contratual por justa causa quando o ato faltoso for suficientemente grave a ponto de impedir a continuidade do vínculo. Observa-se que a dispensa por justa causa deixa uma marca indelével na vida profissional do empregado, ainda mais quando mal aplicada. Hoje, dependendo das circunstâncias abusivas que cercam a dispensa por justa causa, poderá o trabalhador não só questionar judicialmente a medida, ou seja, a conversão da dispensa motivada para imotivada com as reparações cabíveis, mas também pleitear a indenização por dano moral, em face do disposto nos incisos V e X, do art. 5º da Carta Magna. A jurisprudência atual deixa antever essa possibilidade em algumas situações.

1.1. Conceito de justa causa. Todos os atos faltosos do empregado contrário as regras de boa conduta no ambiente de trabalho, na prestação de serviços, ou mesmo fora do local de trabalho em algumas circunstâncias, os quais assumem uma gravidade tal que torne impossível a continuidade do vínculo empregatício são motivos de justa causa. O art. 482, da CLT, enumera as hipóteses ensejadoras da justa motivos, as quais admitem situações que com elas se identificam até porque seria muito difícil abranger todas as condutas faltosas que existem no cotidiano das reações trabalhistas.

2. Denominação: falta grave ou justa causa. A falta grave como a justa causa conduz ao mesmo resultado que é a rescisão do contrato de trabalho por motivos justificados — atos faltosos do empregado —, os quais não permitem a continuidade da relação laboral.

Assim, é irrelevante a discussão que se trava na doutrina a respeito das duas denominações, as quais são utilizadas na Consolidação das Leis do Trabalho.

Com efeito, no art. 492, da CLT está tratado a rescisão motivada como falta grave e, neste artigo (482) se refere à justa causa, o que vale dizer que são expressões sinônimas para os fins a que se destinam, ou seja, a rescisão sem ônus para o empregador, dado a justa razão para o rompimento do contrato de trabalho. Há também menção a dispensa injusta no art. 474, da CLT.

De notar-se, no entanto, que para efeito didático tem sido adotada uma distinção aceita por alguns doutrinadores no sentido de que a justas causas previstas no art. 482 são aquelas que comportam dispensa sumária por não abranger empregados estáveis; já a falta grave na definição

---

[100] *Direitos e deveres dos sujeitos da relação individual de trabalho.* Coimbra, Portugal: Almedina, 1983. p. 209.

de *Francisco Meton Marques de Lima* é o "ato faltoso do empregado estável no emprego, apurado por meio de inquérito judicial, que autoriza a resolução do seu contrato de trabalho sem indenização. Daí concluir-se que a falta grave só se materializa mediante declaração judicial. Antes disso há indícios, acusação, suspeita etc"[101]. Essa distinção está relacionada à bem da verdade na forma do procedimento da resolução, porque os motivos determinantes serão aqueles tipificados em lei.

3. Rol do art. 482. Taxativo ou exemplificativo. Embora a CLT tenha tratado de justas causas em outros dispositivos legais, portanto, fora do art. 482, citando como exemplo a dos bancários no art. 508, a do menor aprendiz no art. 433, II, (na verdade, antecipa o término do contrato de aprendizagem, em caso de falta disciplinar grave); a do ferroviário no art. 240, parágrafo único; a relacionada com segurança no trabalho no art. 159 e, finalmente, no art. 13, da Lei n. 6.019/74, que trata do trabalhador temporário, o certo é que o rol apresentado no art. 482 é taxativo e não exemplificativo. Como diz com propriedade *Wagner D. Giglio* "Optou o legislador trabalhista brasileiro pelo sistema da enumeração rígida das justas causas, o que significa que só podem ser invocados os motivos relacionados em lei, e nenhum outro, para justificar a rescisão. Adotou-se, portanto, princípio semelhante ao vigente no Direito Penal: não há justa causa sem previsão legal expressa"[102].

4. Advertência e suspensão. Efeitos. Tanto a advertência como a suspensão disciplinar servem para demonstrar a inconformismo do empregador com a conduta do empregado. O que difere é que na suspensão o empregado não recebe salário nos dias em que está ausente em razão de punição.

Mesquita em relação às advertências afirma que "A advertência ou admoestação é um prévio aviso sobre possível irregularidade ou transtorno no serviço. E a mais branda das sanções disciplinares. Tem lugar quando os atos do empregado, pela sua imprudência, incompetência ou desleixo, podem causar um desvio na boa ordem do serviço. Reveste-se de caráter preventivo apenas, levando, em regra geral, ser aplicada secretamente ou em particular. Seu intento não é, propriamente, punir uma falta, mas preveni-Ia"[103].

A verdade é que no Direito do Trabalho brasileiro não existem normas regendo tais sanções disciplinares, mais de cunho moral, a exemplo do Direito do Trabalho português que estabelece um elenco de penalidades, como: a) repreensão; b) repreensão registrada; c) sanção pecuniária; d) perda de dias de férias; e) suspensão do trabalho com perda de retribuição e de antiguidade; e f) despedimento sem qualquer indenização ou compensação (art. 366, Código do Trabalho).

No Direito do Trabalho, o intérprete se vale do poder diretivo conferido ao empregador (art. 2º da CLT) e pela disposição do art. 474, que permite a suspensão do trabalhador por até 30 dias consecutivos e no caso considerado como sanção pecuniária, dada os descontos dos dias de suspensão.

As advertências, por atos que o empregador reputa de certa forma grave, e as suspensões devem ser comunicadas por escrito ao empregado com a descrição das irregularidades por ele

---

(101) *As mais novas implicações jurídicas da velha justa causa.* Cuiabá, MT: Oasis Jurídico Editora, 2001. p. 67.
(102) *Justa causa.* São Paulo: Saraiva, 6. ed. 2000. p. 13.
(103) *Direito disciplinar do trabalho.* São Paulo: LTr, 2. ed. 1991. p. 219.

praticadas, até para se defender delas, se for o caso. As duas têm efeitos pedagógicos porque visam alertar o empregado para que ele se corrija, sob pena de punição mais severa que poderá culminar na dispensa por justa causa.

Nada impede que depois de aplicadas as advertências de forma intercaladas, o empregador venha a suspender o empregado já que aquelas não surtiram o efeito desejado. Quanto às suspensões, o empregador normalmente começa aplicando um dia, na reincidência, dois dias e assim diante. É certo também que a suspensão não poderá ultrapassar a 30 dias como já visto (art. 474, da CLT). Assim, se ultrapassado o referido prazo, o empregado poderá postular a rescisão indireta do contrato de trabalho por culpa do empregador.

De notar-se também que se houver regulamento de empresa estabelecendo regras não só para aplicação de penalidades, mas também para a pena máxima, as mesmas hão de ser respeitadas pelo empregador sob pena de nulidade do ato. Já, no processo administrativo disciplinar deverá ser assegurado ao empregado, o direito à ampla defesa e ao contraditório, por força do disposto no art. 5º, LV, da CF.

Jurisprudência

Ementa: Justa causa. CLT, art. 474. Na forma do art. 474 da CLT, a Lei autoriza a suspensão do trabalhador pelo período de até 30 dias, do que se deduz que o ato faltoso do empregado deve ser mais grave do que aquele gerador desta punibilidade para se considerar a justa causa da despedida. TRT 15ª Reg. (Campinas/SP) RO 0828-2006-041-15-00-5 — (Ac. 8712/08-PATR, 12ªC.) — Rel. José Pitas. DOE 29.2.08, p. 87.

Ementa: Advertência escrita. Legalidade. Proporcionalidade com a falta cometida. Age com culpa o empregado que, deixando de observar procedimento passado pelo empregador, permite a fabricação de toneladas de produto fora de especificações traçadas por cliente. A alegada inadequação das condições de trabalho não justifica o erro cometido, vez que o prejuízo acarretado pela atuação negligente poderia ser evitado mediante simples consulta ao e-mail pessoal. Desse modo, a penalidade de advertência escrita aplicada pela ré, dentro de seu poder disciplinar, guarda proporcionalidade com a falta cometida pelo autor. TRT 10ª Reg. ROPS 00705-2007-010-10-00-4 — (Ac. 2ª T./07) — Rel. Juiz Brasilino Santos Ramos. DJU 18.1.08, p. 918.

Ementa: Penalidade disciplinar. Processo administrativo. Direito à ampla defesa e ao contraditório. É certo que o processo administrativo não tem o mesmo rigor procedimental e o formalismo existente no processo judicial. Porém, assim como neste, é necessário assegurar ao acusado/réu o direito à ampla defesa e ao contraditório, sob pena de nulidade do ato, por força do disposto no art. 5º, LV, da Constituição Federal. TRT 12ª Reg. RO 06329-2006-001-12-00-9 — (Ac. 2ª T., 4.12.07) — Rel. Juiz Edson Mendes de Oliveira. TRT-SC/DOE 18.1.08.

Ementa: Cabimento. Pena disciplinar. Suspensão. Gradação. A suspensão tem caráter pedagógico, devendo ser aplicada posteriormente à pena de advertência. Tão necessária é a gradação, que acaso não observada pode a penalidade ser considerada abusiva, como na hipótese, em que por mais de vinte anos laborou o trabalhador sem a prática de qualquer ato desabonador e, simplesmente por deixar de cumprir um dia da escala em horário noturno foi punido com suspensão de quase trinta dias, em flagrante extrapolação do poder de comando do empregador. TRT 3ª Reg. RO 00394-2003-099-03-00-3 — (Ac. 8ª T.) — Rel. Juiz Paulo Maurício Ribeiro Pires DJMG 17.1.04, p. 20.

Ementa: Advertência aplicada pelo empregador. Descumprimento de dever contratual pelos empregados. Poder disciplinar. Possibilidade. A aplicação de advertência pelo empregador é plenamente possível quando os empregados vulneram um de seus deveres contratuais, abstendo-se de executar tarefas que lhes são impostas, em decorrência das funções desempenhadas, constituindo uma das prerrogativas do poder diretivo a punição disciplinar daqueles que violem as regras pré-estabelecidas no contrato de trabalho. TRT 3ª Reg. RO 01147-2004-009-03-00-0 — (Ac. 8ª T.) — Rel. Des. Jose Miguel de Campos. DJMG 18.12.04, p. 23.

Ementa: Poder disciplinar. Advertência. Empregado que descaracteriza equipamento de proteção individual. Cabimento da sanção. Considera-se justa e proporcional à falta cometida a aplicação de advertência ao empregado que descaracteriza equipamento de proteção individual (protetor auricular). Se compete ao empregador tomar as medidas que conduzam à diminuição ou eliminação da nocividade, dentre as quais as relativas ao uso efetivo do equipamento pelo empregado (Enunciado n. 289, do C.TST), cumpre-lhe também velar pelo cumprimento das normas de segurança e medicina do trabalho, punindo o empregado relapso (art. 157, da CLT). Anular a advertência seria punir a empregadora que busca, de forma louvável, atender a todas as exigências legais e assegurar a seus empregados uma melhor qualidade de vida; seria premiar o empregado negligente que, além de descumpridor de suas obrigações (art. 158, da CLT), demonstra-se relapso com sua própria saúde. Poder disciplinar. Advertência. Empregado que descaracteriza equipamento de proteção individual. Cabimento da sanção. Cumpridas todas as obrigações patronais relativas à diminuição ou eliminação da nocividade, é responsabilidade do empregado zelar pelo cumprimento das normas para preservação de sua saúde: esse é o procedimento determinado pelo disposto no art. 158, da CLT, cujo descumprimento autoriza o exercício do poder disciplinar, podendo, inclusive, motivar a demissão, por indisciplina, nos termos do art. 482, letra "h", da CLT. TRT 15ª Reg. (Campinas/SP) ROPS 00245-2003-085-15-00-6 — (Ac. 40828/03-PATR) — Relª. Juíza Olga Aida Joaquim Gomieri. DJSP 12.12.03, p. 34.

5. Comunicação da dispensa por justa causa. Norma coletiva. Considerando o princípio da boa-fé que deve imperar nas relações de trabalho, a dignidade da pessoa humana e o valor social do trabalho (estes dois últimos assegurados pela Carta Magna) têm que a dispensa por justa causa deve ser precedida de uma comunicação do empregador ao trabalhador com a indicação das faltas que a motivaram.

Nos tempos atuais não se pode admitir a prática então adotada por alguns empregadores de comunicar verbalmente ao trabalhador a sua dispensa por justa causa com a recomendação de que procurasse os seus direitos na Justiça do Trabalho. Nisso resultava que o trabalhador só vinha a ter conhecimento dos motivos determinantes de sua dispensa na apresentação da defesa feita pelo ex-empregador, prática essa hoje considerada abusiva. A jurisprudência, por sinal tem repelida a comunicação da dispensa por justa causa sem a menção dos motivos ensejadores da mesma.

Assim, a necessidade da comunicação da dispensa por justa causa com os seus motivos é uma exigência inerente a própria modalidade de rompimento do pacto laboral. É atípica e tem repercussões na vida profissional do trabalhador, tanto que é vedado ao trabalhador fazer quaisquer anotações desabonadoras na sua Carteira de Trabalho e Previdência Social, conforme o disposto no § 4º do art. 29, da CLT.

Aliás, estamos na esteira de *Sérgio Pinto Martins* quando afirma que "deveria a lei estabelecer que o empregador comunicaria por escrito as causas da ruptura do pacto laboral, justamente para que, em juízo, não fizesse outras alegações ou modificasse as causas anteriores da dispensa"[104].

Evidentemente que, com essa prática os limites da lide envolvendo a justa causa estaria definido no processo com os fatos postos na respectiva comunicação, os quais deveriam ser provados em juízo pelo empregador. Como dizia *Evaristo de Moraes Filho* "a necessidade de especificação da justa causa decorre diretamente da natureza causal da denúncia do contrato de trabalho, porque será baseado na licitude ou ilegalidade do motivo aventado que se anulará a dispensa com reintegração do empregado injustamente dispensado, ou se condenará o empregador a lhe pagar as indenizações fixadas e determinadas por lei"[105].

Por último, a negociação coletiva tem proporcionado a inserção de cláusula em acordo ou convenção coletiva dispondo sobre a exigência de comunicação da justa causa com os motivos que a determinaram sob pena de configurar dispensa injusta, o que é bastante salutar na convivência da relação entre empregado e empregador.

---

(104) *Comentários à CLT.* São Paulo: Atlas, 12. ed. 2008. p. 505.
(105) *A justa causa na rescisão do contrato de trabalho.* Rio de Janeiro: Forense, 1968. p. 194.

Jurisprudência

Ementa: Justa causa indeterminação da falta grave praticada. Afastamento desta modalidade de dispensa. Considerando que do comunicado de dispensa trazido com a defesa não constou o fato imputado ao autor determinante do desligamento por justa causa, não há como acolher tal modalidade de dispensa, ainda mais quando o próprio preposto ignorou tal fato. Assim, diante da impossibilidade de se saber qual a falta grave levou ao rompimento do contrato de trabalho havido entre as partes, presume-se a ocorrência da dispensa imotivada, o que está, inclusive, em consonância com os termos da CCT da categoria que previu a necessidade de comunicação escrita do motivo de dispensa, sob pena de a rescisão contratual ser tomada como injusta. TRT 3ª Reg. RO 00535-2007-086-03-00-5 — (Ac. 2ª T) — Rel. Des. Jorge Berg de Mendonça. DJMG 19.12.07, p. 11.

Ementa: Justa causa. Comunicação indispensável. A justa causa deve ser expressa e inequívoca na comunicação da dispensa do empregado, exatamente por se tratar de forma atípica de extinção do pacto, sendo indispensável estar clara a sua aplicação, com a indicação das faltas que a ensejaram. Não obstante entender a Reclamada pela comprovação de falta após a dação do aviso prévio, não fez a prévia comunicação ao empregado, surpreendendo-o quando da homologação do acerto rescisório, não podendo prevalecer a modalidade do rompimento motivado, para os efeitos colimados pela Reclamada. TRT 3ª Reg. RO 00953-2006-064-03-00-4 — (Ac. 6ª T.) — Relª. Juíza Convocada Maria Cristina D. Caixeta. DJMG 12.7.07, p. 11.

Ementa: Justa causa. A inobservância da condição pactuada pela norma coletiva da obrigação de fazer constar, por escrito, a capitulação legal do motivo da dispensa justa afasta, de plano, a possibilidade do reconhecimento da pena capital, ainda que presentes os demais requisitos legais para sua caracterização. TRT 3ª Reg. RO 01675-2006-044-03-00-8 — (Ac. 7ª T.) — Relª. Juíza Convocada Maristela Iris S. Malheiros. DJMG 19.7.07, p. 17.

Ementa: Justa causa. Ausência do motivo no aviso prévio. Exigência prevista em norma coletiva. Não gera, necessariamente, direito ao trabalhador. Embora a norma coletiva obrigue as empresas a declarar expressamente o motivo da rescisão do contrato por justa causa, a irregularidade não acarreta automática presunção de dispensa imotivada. Ao juiz caberá adequar aquela obrigação à situação existente nos autos. Ainda que o aviso prévio não traga o motivo expresso, embora fale em justa causa, o despedimento deve ser confirmado se houver confissão ou prova irrefutável da ocorrência do justo motivo. Para ministrar a justiça o juiz deve ater-se à realidade dos fatos e não ao formalismo exagerado, inconsequente diante da prova. TRT 2ª Reg. RO 02432200002902004 — (Ac. 6ª T. 20040130082) — Rel. Juiz Luiz Edgar Ferraz de Oliveira. DJSP 6.4.04, p. 89.

Precedente Normativo do TST. (Dissídio Coletivo)

TST, PN N. 47. DISPENSA DE EMPREGADO (positivo). O empregado despedido será informado, por escrito, dos motivos da dispensa.

6. Requisitos configuradores da justa causa. Na doutrina são encontrados vários requisitos configuradores para a justa causa, mas preferimos apontar apenas três, embora, no entendimento de *Wagner D. Giglio* "apenas a gravidade é o único requisito; todos os demais são fatores externos, importantes, mas estranhos à infração em si mesma". (*Justa causa*, 2000, 6. ed. SP: Saraiva, p. 15) Assim, enumeramos os seguintes requisitos, a saber: a) gravidade da falta praticada pelo empregado, a qual deve estar tipificada em lei; b) sua atualidade; e c) imediação entre a falta e a rescisão.

Portanto, a falta deverá ser grave a ponto de impedir a continuidade da relação de emprego e elencada entre as hipóteses legais; a falta deverá ser atual, pois as passadas não podem ser restauradas e a imediatidade na dispensa, diante do fato constatado, para não ocorrer à incidência do perdão tácito.

Outros aspectos também devem ser considerados na aplicação da justa causa, como a existência do nexo casual entre o ato faltoso e a punição, a dupla penalidade pela mesma falta, o princípio da proporcionalidade entre o ato faltoso e a pena máxima e que serão objeto de análise mais adiante.

Jurisprudência

Ementa: Justa causa. Cochilo. jornada de trabalho noturna. A doutrina clássica, respaldada pela jurisprudência, elenca como requisitos caracterizadores da justa causa a tipicidade, a imediatidade, a determinância, o *non bis in idem* e, mais importante, a gravidade da falta, todos esses elementos analisados segundo os princípios da razoabilidade e da proporcionalidade. A causa determinante da dispensa apontada foi o fato do obreiro ter sido surpreendido dormindo. Ora, o reclamante trabalhava no período noturno, sabidamente mais penoso, portanto, o cochilo pode ter sido decorrência de cansaço, da natureza humana do empregado. A reclamada não noticia qualquer outro fato à abonar a tese de desídia. Por conseguinte, houve falta disciplinar, mas a punição foi desproporcional à gravidade do ato praticado, pelo que afasto a justa causa da dispensa. TRT 2ª Reg. RO 02042200330102006 — (Ac. 6ª T. 20060593622) — Relª. Juíza Ivani Contini Bramante. DJSP 25.8.06, p. 127.

Ementa: Justa causa. Falta grave. Inexistência. A rescisão por justa causa, capaz de autorizar a denúncia do contrato laboral sem ônus para o denunciante, procede quando o empregado comete infração ao dever de fidelidade e boa fé, norteador do vínculo laboral, conforme elencado no art. 482, da CLT, restando configurada quando se encontram presentes os *três elementos representados pela gravidade, atualidade e imediação entre a falta e a rescisão.* Não se inclui neste conceito a participação em ato de paralisação pacífica dos serviços, que não trouxe sério prejuízo ao empregador, principalmente quando restou demonstrado que o reclamante não era o líder do movimento paredista. TRT 3ª Reg. RO 01093-2004-063-03-00-8 — (Ac. 7ª T.) — Relª. Juíza Convocada Wilmeia da Costa Benevides. DJMG 12.4.05, p. 16.

6. 1. Nexo causal entre o ato faltoso e a punição. O empregador no limite do seu poder disciplinar, ao aplicar a justa causa deve especificar os motivos que determinaram a medida, já que a prova em juízo será feita com base na sua alegação para permitir o contraditório e a ampla defesa conforme previsão constitucional (art. 5º, LV).

É preciso também que haja um nexo causal entre a falta praticada e a rescisão contratual. Há que se ter uma correspondência entre o ato faltoso e a dispensa, de forma que não seja aplicada a justa causa sobre um fato com o objetivo de alcançar outras faltas. *Sérgio Pinto Martins* dá um exemplo a respeito: "o empregado falta seguidamente ao serviço e o empregador o despede pelo fato de ter sido apanhado dormindo no serviço há quase um mês"[(106)].

Não se confunde a narração dos fatos da justa causa com eventual incorreção na tipificação dada à justa causa pelo empregador ou mesmo na sua defesa, pois compete ao julgador a definição do preceito legal adequado, havendo vedação legal apenas quando a causa é diversa da pedida (art. 460, do CPC). No entanto, não sendo informados os fatos pelo empregador ou apontada tipificação totalmente estranha às razões que ditaram a medida extrema, a jurisprudência tem repelida a sua aplicação.

Jurisprudência

Ementa: Justa causa. Caracterização. Restando suficientemente demonstrada nos autos a conduta faltosa imputada ao autor, a qual ensejou a dispensa motivada, não há como se amparar a pretensão do obreiro, no que se refere ao afastamento da justa causa, mormente porque embasada apenas em erro de enquadramento de sua conduta nas hipótese aludidas no art. 482 da CLT. Assim, ainda que não se evidenciasse o cometimento das faltas tipificadas nas alíneas "a" e "b" da CLT, mas de conduta diversa também prevista no referido dispositivo legal, tal circunstância não ensejaria, por si só o afastamento da justa causa. TRT 3ª Reg. RO 01399-2007-112-03-00-2 — (Ac. 6ª T.) — Rel. Juiz Convocado Fernando A. Viegas Peixoto. DJMG 10.7.08, p. 16.

Ementa: Justa causa. Tipificação no art. 482 da CLT. Nada impede que a Justiça Trabalhista entenda configurada justa causa para dispensa do empregado, pelos mesmos fatos que ensejaram processo-crime em que, a final, houve absolvição do réu, sob fundamento de que não se caracterizou o ilícito penal. Até pelo contrário: é normal que assim aconteça, uma vez que o conceito de justa causa tem contornos mais elásticos do que os do crime, sendo menos rigorosos, via de consequência, os elementos que caracterizam

---

(106) Comentários à CLT, São Paulo: Atlas, 12. ed. 2008. p. 503.

o motivo justificador do despedimento. Recurso a que se nega provimento. TRT 23ª Reg. RO 00673.2006.003.23.00-7 — (Ac. 2ª T.) — Rel. Des. Osmair Couto. DJE/TRT 23ªR n. 0295/07, 10.8.07, p. 12.

Ementa: justa causa. Dispensa. Validade. Erro material na tipificação da falta grave. O erro material devidamente comprovado nos autos quanto à tipificação da falta grave atribuída ao empregado não tem o condão de modificar as circunstâncias da despedida por justa causa nem de anular a punição. No caso, o empregador, após tomadas as medidas cabíveis para despedir o empregado por abandono do emprego, equivocou-se ao fazer constar no documento de comunicação da despedida a falta grave "ato de improbidade". Esse erro material não dá azo à anulação da punição, sob pena de olvidar-se o princípio da razoabilidade, cuja determinação de que o julgador obedeça a um juízo, ao menos, de verossimilhança no exame das condutas das pessoas. Da leitura do acórdão revisando verifica-se ser inverossímil a despedida do reclamante por outro motivo que não o devidamente comprovado nos autos, não tendo sido cogitada sequer a existência de variação da punição levada a efeito pela empresa, de despedida por abandono do emprego para despedida por ato de improbidade. Se fosse esse o caso, estaria correta a anulação da punição pelo Judiciário para tornar sem efeito a despedida por justa causa. É curioso notar a particularidade do caso, no qual Órgão julgador *a quo*, apreciando pedido de indenização por dano moral decorrente do equívoco cometido pela empresa reputou-a indevida, por entender que não havia sido demonstrado nenhum prejuízo para o reclamante, porque apenas ele havia tido acesso ao documento de comunicação da sua despedida. Sendo válida a punição imposta ao reclamante, absolve-se a reclamada da condenação ao pagamento das verbas rescisórias e da multa prevista no art. 477, § 8º, da Consolidação das Leis do Trabalho, bem como dos honorários advocatícios em razão da improcedência total do pedido. Recurso de revista conhecido e provido. TST-RR-521/2001-004-17-00.9 — (Ac. 1ª T.) — 17ª Reg. — Rel. Min. Lelio Bentes Corrêa. DJU 24.3.06, p. 700.

Ementa: Justa causa. Tipificação. A tipificação da falta cometida em alíneas do art. 482 da CLT diversas daquelas apontadas pelo empregador é irrelevante no âmbito processual, uma vez preservados os fatos narrados, desde que devidamente comprovados. Em nosso ordenamento jurídico incumbe ao juiz a apreciação do pedido à luz do preceito legal adequado, ainda que a tipificação aludida pela parte possa estar incorreta. Constitui atribuição do Juízo solucionar a lide subsumindo os fatos ao direito aplicável à espécie, incidindo aqui os brocardos *iura novit curia* e da *mihi factum dabo tibi ius*, havendo vedação legal apenas para que seja solucionada causa diversa da pedida (art. 460, do CPC). TRT 9ª Reg. RO 18263-2002-006-09-00-4 — (Ac. 4ª T. 07164/06) — Rel. Juiz Luiz Celso Napp. DJPR 14.3.06, p. 199.

Ementa: Justa Causa. Quando não informados pelo empregador os fatos ou é apontada tipificação legal estranha aos motivos da dispensa, não é possível admitir a modalidade resolutiva do contrato de trabalho. TRT 17ª Reg. RO 01118.2003.003.17.01.5 — (Ac. 239/2005) — Rel. Juiz Jailson Pereira da Silva. DJES 14.1.05, p. 219.

Ementa: Justa causa. Art. 482 da CLT. Capitulação errônea. A capitulação errônea das alíneas constantes do art. 482 da CLT, pelo empregador, não nulifica a dispensa por justa causa se os atos faltosos forem devidamente comprovados, pois cabe ao Juiz a correta inserção legal da falta praticada. TRT 15ª Reg. (Campinas/SP) RO 00807-2003-106-15-00-8 — (Ac. 1ª T. 47198/2004-PATR) — Rel. Juiz Eduardo Benedito de Oliveira Zanella. DJSP 3.12.04, p. 51.

Ementa: Justa causa. Fato determinado, mas impreciso. A falta imputada ao empregado deve ser precisa e determinada, bem identificados o tempo, modo e lugar. Mesmo quando a falta envolve fatos reiterados, isso não se exime o empregador desse ônus, ainda que apenas o fato derradeiro e culminante. Tudo para que se permita não só o exame dos requisitos e circunstâncias da falta (imediatidade, gravidade, determinância etc.), como também para se atender à exigência constitucional do contraditório. TRT 2ª Reg. 02208200301802001 — (Ac. 3ª T. 20040134312) — Rel. Juiz Eduardo de Azevedo Silva. DJSP 6.4.04, p. 61.

Ementa: I. Justa causa. Enquadramento equivocado pela parte. Improbidade e indisciplina. Norma interna. Quando norma regulamentar interna da empresa é objeto de desatenção pelo trabalhador não se caracteriza "ato de improbidade", mas de "indisciplina". Entretanto, o enquadramento equivocado não gera maiores consequências no âmbito processual diante dos princípios "da mihi factum, dabo tibi jus" (ou, em tradução livre, dados os fatos, ao juiz cabe sua subsunção ao direito) e "jura novit curia" (o juiz aplica o direito ao fato, ainda que aquele não tenha sido invocado). II ...TRT 9ª Reg. Proc. 00714-2002-657-09-00-9 — (Ac. 01427-2004) Relª. Juíza Sueli Gil El-Rafihi. DJPR 23.1.04, p. 195.

Ementa: Falta grave. Enquadramento do fato narrado com determinante de falta grave. A tipificação do fato, tornado incontroverso, é tarefa exclusiva do magistrado que profere a sentença, único competente para analisar e decidir se o mesmo configura ou não falta grave, à luz da lei, da jurisprudência e da prova dos autos, para justificar extremada medida. TRT 2ª Reg. RO 18080200290202005 — (Ac. 10ª T. 20020680346) — Rel. Juiz Vera Marta Publio Dias. DJSP 29.10.02, p. 58.

6.2. Princípio da proporcionalidade entre o ato faltoso e a pena máxima. O nosso ordenamento jurídico não prevê a hipótese de gradação da penalidade, ou seja, da necessidade de medidas pedagógicas visando à correção de procedimento contrário a boa ordem dos serviços ou mesmo em relação ao ambiente de trabalho, como as sanções preliminares de advertências e suspensões, para depois aplicar a pena máxima. Havendo, no entanto, regulamento interno de empresa que prevê normas sobre as penalidades, evidentemente hão que ser observadas, sob pena de nulidade do ato. O que vigora na aplicação da pena máxima é o princípio da razoabilidade e da proporcionalidade entre o ato faltoso e a penalidade. Isso porque existem faltas que pela sua gravidade claramente levam à rescisão por justa causa e outras que atraem uma penalidade mais leve, ou até mesmo uma advertência verbal.

Cabe, portanto, ao empregador usar do seu poder disciplinar de forma moderada e pedagógica, começando com a advertência verbal para as faltas corriqueiras, depois a escrita, para mais graves, e se a gravidade for mais intensa, suspensão, atendo-se a esta ao limite legal (30 dias) do art. 474, da CLT ou mesmo a pena máxima, quando a falta pela sua gravidade não comportar outra solução. Aliás, isso acontece, pois dependendo da gravidade da falta ela acarreta a quebra da confiança e viola o princípio da boa-fé que deve nortear todo pacto laboral e consequentemente impondo o rompimento do contrato de trabalho sem ônus para o empregador.

Jurisprudência

Ementa: Agravo de instrumento. Recurso de revista. Justa causa. É de natureza interpretativa a questão, visto que o art. 482, alínea "e" da CLT, ao estabelecer que a desídia configura justa causa rescisiva, não fixa os seus contornos, nem lhe fornece conceito. In casu, o Tribunal Regional, mediante o cotejo da proporcionalidade entre a pena aplicada e a falta cometida, considerados o passado funcional do empregado, o módico valor relativo aos *tickets* desaparecidos e a indenização de parte desse valor, pelo reclamante, concluiu pela inexistência da justa causa alegada. Ausência de demonstração de ofensa à literalidade das normas invocadas pelo Município, e de divergência jurisprudencial, visto que o único aresto coligido não focaliza as premissas fáticas determinantes da conclusão firmada pelo Tribunal Regional, ao afastar a justa causa; incidência da Súmula n. 296, TST. TST-AIRR-748.267/2001.4 — (Ac. 1ª T.) — 1ª Reg. — Relª. Juíza Convocada Maria do Perpétuo Socorro Wanderley de Castro. DJU 11.11.05, p. 1042.

Ementa: Justa causa. Gradação. 1. A despedida por justa causa, constituindo penalidade máxima e de dramática repercussão pessoal e social, há de ser reservada a situações extremas, quando o ato faltoso do empregado revestir-se de suficiente gravidade. Cumpre, assim, ao empregador dosar a sanção na medida da gravidade da falta. 2. O comportamento do empregado consistente em orientar alguns de seus subordinados a trabalharem sem marcação dos controles de horário, embora traduza ato faltoso, não exibe suficiente gravidade para autorizar despedida por justa causa, mormente quando o empregador obriga-se, por norma regulamentar, a graduar as sanções. 3. Violação ao art. 482, alíneas "b" e "h", da CLT não configurada. 4. Agravo de instrumento de que se conhece e a que se nega provimento. TST-AIRR-780.656/01.6 — (Ac. 1ª T.) — 18ª Reg. — Rel. Min. João Oreste Dalazen. DJU 14.2.03, p. 452

Ementa: Rescisão contratual. Justa causa. Excesso de rigor. Caracterização. A resolução do vínculo laboral, a par de representar a maior penalidade que pode ser imposta ao trabalhador, na medida em que gera reflexos pecuniários imediatos e profissionais futuros, contraria o princípio da boa-fé, do qual deflui o dever de execução leal das obrigações assumidas, e o princípio da continuidade da relação de emprego, no qual se presume o interesse do empregado na manutenção do vínculo empregatício, vez que fonte de sua subsistência. O direito de punir do empregador deve ser confrontado com o valor social do trabalho, consagrado na Carta Magna como fundamento da República. Portanto, a melhor doutrina recomenda a gradação na aplicação da pena ao empregado faltoso, cuja feição pedagógica deve sobrepujar-se ao próprio caráter punitivo. In casu, a conjuminância da falta cometida à punição aplicada atesta excesso de rigor, com o condão de vulnerar o princípio da proporcionalidade da pena. Recurso ordinário conhecido e desprovido. TRT 10ª Reg. ROPS 00036-2008-011-10-00-8 — (Ac. 3ª T./08) — Relª. Juíza Márcia Mazoni Cúrcio Ribeiro. DJU 23.5.08, p. 457.

Ementa: Despedida motivada. Falta de proporcionalidade da punição com o ato faltoso. Conversão em dispensa sem justa causa. A despedida motivada, por representar uma mácula na vida profissional do trabalhador, com repercussão na sua vida pessoal, familiar e social, deve estar alicerçada em justo motivo, caracterizada, inclusive, pela proporcionalidade entre o ato faltoso e a penalidade aplicada. Evidenciado nos autos que a penalidade máxima aplicada pela empresa não se apresentou compatível com o pretenso ato faltoso praticado pelo empregado, imperioso torna-se convertê-la em dispensa imotivada. TRT 12ª Reg. RO 03606-2006-002-12-00-8 — (Ac. 1ª T., 20.11.07) — Rel. Juiz Garibaldi T. P. Ferreira. TRT-SC/DOE 8.1.08.

Ementa: Justa causa. Proporcionalidade entre a falta praticada e a punição impingida. Para a caracterização da justa causa rescisória, autorizadora da ruptura do contrato de trabalho sem as onerações típicas da dispensa imotivada, não basta a ocorrência de uma das hipóteses do art. 482 da CLT. É necessário, também, que a penalidade aplicada seja imediata e proporcional à gravidade da falta. Recurso Ordinário patronal conhecido e não provido, no particular. TRT 2ª Reg. RO 00344200500402006 — (Ac. 5ªT 20070965883) — Relª Anelia Li Chum. DOE 30.11.07

Ementa: Recurso do reclamado: Despedimento por justa causa. Desproporcionalidade. I — Caracteriza-se como ato faltoso do empregado bancário o emprego de artifícios para a movimentação de crédito em conta corrente sem a devida autorização do titular. Todavia, no caso particular dos autos, embora a demandante efetivamente tenha incorrido em tal falha, nela não se vislumbra a gravidade de magnitude tal a justificar a medida extrema de demissão por justa causa, levada a efeito pelo banco empregador. Isto porque, consoante deixam entrever as provas colhidas ao longo da instrução processual, o comportamento da empregada, ainda que não condizente com as normas internas, teve o escopo de solucionar situação de emergência vivenciada por grande cliente bancário, solução esta que, uma vez concretizada, e oportunamente regularizada, veio a beneficiar a própria instituição. Além disso, os atos foram praticados em obediência a uma ordem do gerente geral, superior hierárquico da reclamante, atenuando sua culpa. II — Delineia-se, na espécie, a desproporcionalidade entre a falha cometida e a penalidade aplicada à trabalhadora, pelo que se impõe manter a decisão de primeira instância, na parte em que afasta a demissão por justa causa. III — Igualmente correto o deferimento do pleito de reparação por dano moral, haja vista a situação vexatória a que foi submetida a autora, ao ser exigida de comparecer ao ambiente de trabalho apenas para assinar a folha de frequência, sendo impedida de exercer suas atribuições. Entrementes, diante das peculiaridades do caso, e tendo em mira o princípio da razoabilidade, convém reduzir o montante da indenização arbitrada em primeira instância...TRT 13ª Reg. RO 01460.2006.006.13.00-6 — Rel. Juiz Carlos Coelho de Miranda Freire. DJPB 26.9.07, p. 8.

Ementa: Justa causa. Desproporcionalidade. Não caracterização. Um dos requisitos da justa causa é que o ato faltoso seja de tal gravidade que comprometa a fidúcia no relacionamento entre as partes, tornando impossível a prossecução do vínculo. Além disso, deve haver proporcionalidade entre a falta e a punição. No caso, não há dúvida de que a Reclamante praticou uma falta ao agredir uma colega de trabalho. Todavia, a Reclamada agiu com rigor excessivo ao aplicar a pena de dispensa por justa causa, infringindo os princípios da proporcionalidade e razoabilidade na dosagem da pena disciplinar. Além disso, a fidúcia entre a Reclamada e a Reclamante sequer foi abalada, conforme se depreende do depoimento do preposto da Reclamada. As circunstâncias apontam para o fato de que a penalidade aplicada foi desproporcional à falta cometida, tendo em vista, que a desavença entre a Reclamante e suas colegas de trabalho ocorreu fora do local de trabalho. A Reclamada nem ao menos levou em consideração o bom comportamento da Reclamante durante a vigência do contrato de emprego. Assim, afigura-se desmesurada a pena de demissão por justa causa aplicada pela Ré, reconhecendo-se como injusta a dispensa da Reclamante. Portanto, não há que se alterar a sentença originária. Recurso Ordinário da Reclamada ao qual se nega provimento. TRT 23ª Reg. RO 00859.2006.071.23.00-4 — (Sessão 05/07) Rel. Juiz Bruno Weiler. DJE/TRT 23ª Reg. n. 189/07, 9.3.07, p. 79.

Ementa: Justa causa: "Um ato isolado, que pode estar contaminado por circunstâncias pessoais momentâneas, não pode servir de motivo para a dispensa injusta, caracterizando uma desproporção entre o ato e uma medida tão grave, como é o justo despedimento". TRT 2ª Reg. RS 00784200507502000 — (Ac. 10ª T. 20050781345) — Relª. Juíza Vera Marta Publio Dias. DJSP 29.11.05, p. 67.

Ementa: Justa causa. Prática de ato condenável uma única vez. Proporcionalidade não observada. O simples fato do reclamante ser encontrado, uma única vez, conectado a um site de diversão durante o expediente, ainda que seja um ato condenável, não constitui falta suficientemente grave a ensejar a aplicação da pena máxima ao reclamante, de modo que torna-se inaceitável o rompimento do contrato por justa causa, porque não observada pela reclamada a proporcionalidade entre a pena aplicada e a falta cometida. Recurso ordinário não-provido neste aspecto. TRT 15ª Reg. (Campinas/SP) RO 01123-2002-013-15-00-2 — (Ac. 3ª T. 21555/2004-PATR) — Rel. Juiz Lorival Ferreira dos Santos. DJSP 18.6.04, p. 26.

Ementa: Justa causa no Direito do Trabalho. Caracterização. Por representar a justa causa penalidade máxima a ser aplicada ao empregado, na medida em que causa na vida pessoal, familiar e profissional do trabalhador prejuízo devastador, sobretudo de ordem pecuniária, a prova acerca de sua caracterização há que ser robusta, indene de dúvidas. De sorte que não ficando provado que a trabalhadora tenha sido orientada, ainda que verbalmente, a permanecer na tesouraria junto à sua colega de trabalho, torna-se insustentável a reação extrema do empregador em rescindir o contrato por justa causa. Ainda que houvesse norma a esse respeito, a ausência momentânea da trabalhadora não autorizaria a aplicação da pena capital de justa causa, haveria sim que ser observado o princípio da proporcionalidade, sob pena de o empregador incidir em abuso de seu poder disciplinar. Recurso não provido. TRT 15ª Reg. (Campinas/SP) RO 01209-2003-016-15-00-5 - (Ac. 28168/2006-PATR, 5ª Câmara) — Rel. Juiz Lorival Ferreira dos Santos. DJSP 23.6.06, p. 36.

Ementa: Recurso ordinário. Gradação de pena. Não obrigatoriedade. Não calha à hipótese a alegação de que imprescindíveis a aplicação de medidas progressivas ao empregado, porquanto além da não obrigatoriedade da gradação de pena, parece-nos clara a complacência do empregador ao esperar 2 (dois) meses de ausência para, enfim, aplicar ao empregado a dispensa por justa causa, por abandono de emprego, quando a lei e jurisprudência já consagraram o prazo de 30 dias. TRT 1ª Reg. RO 1906/02 — (Ac. 3ª T.) — Relª. Juíza Maria José Aguiar Teixeira Oliveira. DJRJ 17.01.03, p. 189.

Ementa: Justa causa. Gradação da pena. Desnecessidade. Nosso ordenamento jurídico-trabalhista não prevê a obrigatoriedade de gradação na aplicação da pena, tendo em vista que esta se reveste apenas de cunho pedagógico que visa o disciplinamento do empregado. Advertido o empregador por escrito duas vezes, sendo que na última constou que a reiteração da falta acarretaria sua dispensa por justa causa, vindo ele a faltar novamente ao serviço, sem justificativa, pode o empregador aplicar-lhe a pena máxima, não havendo necessidade de aplicar-lhe nova advertência ou suspensão. TRT 9ª Reg. 00052-2002-669-09-00-7 (RO 13223/02) — (Ac. 07917/03) — Relª. Juíza Márcia Domingues. DJPR 25.04.03, p. 480.

Ementa: Justa causa. A justa causa não pode ser analisada isoladamente, devendo ser levadas em consideração as circunstâncias que envolveram o ato tido como faltoso, sendo necessário que se faça análise de sua natureza e motivação. Impõe-se também verificar se o ato faltoso implica na violação das obrigações essenciais do contrato de trabalho e no término da confiança que deve existir entre empregado e empregador, tornando-se impossível a manutenção do emprego. Para tanto, a falta deve ser grave o suficiente para configuração da justa causa, o que não ocorreu na hipótese dos autos, porquanto não se verificou a indispensável proporcionalidade entre a punição e o ato faltoso praticado. TRT 3ª Reg. RO 6246/03 — (Ac. 7ª T.) — Rel. Juiz Luiz Ronan Neves Koury. DJMG 19.6.03, p. 20.

6.3. Imediatidade entre ato faltoso e a penalidade (perdão tácito). Tomando conhecimento de falta grave praticada pelo empregado o empregador deve agir rápido no sentido de aplicar a penalidade a fim de não incidir em perdão tácito. Não há previsão em lei do tempo que poderia ser razoável para a tomada de posição pelo empregador. A complexidade do caso, o tamanho da empresa e a necessidade de apuração que envolveria vários segmentos da empresa poderiam acarretar uma demora além daquela previsível. Vale ressaltar que no Código do Trabalho português prescreve no item 1, do art. 372, que "O procedimento disciplinar deve exercer-se nos 60 dias subsequentes àquele em que o empregador, ou o superior hierárquico com competência disciplinar, teve conhecimento da infracção"[107].

Por essa razão, a jurisprudência tem admitido que o "perdão tácito poderia ser presumido caso ocorresse à falta de interesse em apurar a existência ou não da justa causa". Evidentemente que em se tratando de uma empresa de grande porte seria normal que a demora fosse maior do que de uma pequena empresa e nesse sentido a jurisprudência tem mitigada o prazo segundo as peculiaridades de cada caso.

Jurisprudência

Ementa: Inquérito para apuração de falta grave. Ausência de imediaticidade. Princípio da não discriminação. Justa causa. Bis in idem. A aplicação da justa causa se sujeita à atualidade da falta, à proporcionalidade, que o fato imputado ao empregado seja determinante da rescisão contratual, e que não tenha sido objeto de outra punição (Evaristo de Moraes Filho). Constatado que o requerido foi advertido verbalmente pela falta e que o empregador pretende despedi-lo por justa causa em decorrência do mesmo ato, caracterizada está a dupla punição para o mesmo ato faltoso, o que não é admitido na legisla-

---

(107) *Código do Trabalho.* 2003, Fernando Gonçalves — Manuel João Alves, Coimbra, Portugal, Almedina, p. 218.

ção pátria. Além da constatação anterior verifica-se a não observância do requisito da imediaticidade, haja vista o decurso de quase nove meses entre a falta e a pretensão de nova punição, bem como violação do princípio da não discriminação, uma vez que de todos os empregados envolvidos no ato faltoso, dois continuam laborando, os outros foram dispensados sem justa causa e somente o requerido teve imputação de justa causa, em flagrante violação do princípio isonômico. Recurso parcialmente conhecido e não provido. TRT 10ª Reg. RO 01867-2005-811-10-00-0 — (Ac. 1ª T./06) — Relª. Juíza Cilene Ferreira Amaro Santos. DJU3 23.2.07, pp. 21/2.

Ementa: Ato de improbidade. Continuidade da atividade laborativa. Perdão tácito. A improbidade, dentre as justas causas elencadas na CLT, é a mais séria imputação feita ao trabalhador, porque o estigmatiza profissional e socialmente, constituindo-se em uma mácula que ele carregará para o resto de sua vida. Assim, configurado o ato de improbidade, deve-se imediatamente operar a rescisão do contrato de trabalho, já que abortada a fidúcia necessária para a continuação do vínculo de emprego. Porém, permitindo a Reclamada a continuidade do vínculo por mais cinquenta dias, ciente da atitude obreira, tal fato implica dizer que se os atos praticados pelo empregado tivessem se revestido, para a empregadora, da gravidade imputada, deveria ter demitido o Autor na oportunidade em que teve conhecimento dos mesmos, não mais permitindo qualquer espécie de prestação de serviço e, se não o fez, como, de fato, foi apurado, caracterizou-se o perdão tácito, presumindo-se que a falta fora implicitamente perdoada, no que concerne ao exclusivo âmbito trabalhista, elidindo, assim, a demissão por justa causa. TRT 3ª Reg. RO 02091-2006-140-03-00-2 — (Ac. 8ª T.) — Rel. Des. Marcio Ribeiro do Valle. DJMG 6.2.07, p. 31.

Ementa: Imediatidade. Justa causa. Ausência de imediatidade. Não obstante a reclamada suspeitasse ter o autor praticado ato de improbidade, quanto à apresentação de atestado médico falso para abonar um dia de falta, não aplicou qualquer punição ao obreiro, deixando transcorrer mais de dois meses para dispensá-lo por justa causa. Em vista da ausência de imediatidade entre a alegada falta e a aplicação da penalidade, além de não ter sido comprovado o conluio entre obreiro e o médico que emitiu o atestado, afasta-se a justa causa, impondo-se o reconhecimento da dispensa imotivada, com o consequente deferimento das parcelas rescisórias. TRT 3ª Reg. RO 00967-2004-034-03-00-4 RO — (Ac. 1ª T) — Relª. Juíza Maria Laura Franco Lima de Faria. DJMG 4.3.05, p. 5.

Ementa. Justa causa não configurada. O suposto comportamento reprovável em épocas pretéritas não pode ser somado a um fato presente para autorizar a dispensa imotivada, especialmente quando convolado em perdão tácito, ante a ausência de medida disciplinar não aplicada pelo empregador. TRT 2ª Reg. RS 00897200446502000 — (Ac. 4ª T. 20040659229) — Rel. Juiz Paulo Augusto Câmara. DJSP 03.12.04, p. 196.

Ementa: Justa causa. Adulteração de atestado médico. Apuração cautelosa. Falta de imediatidade não caracterizada. Provada a adulteração de atestado pela empregada, com vistas a descaracterizar ausência injustificada ao trabalho e tendo o empregador agido com cautela na apuração dos fatos, não há como transigir no tocante à falta grave praticada a pretexto da suposta falta de imediatidade da punição, merecendo ser referendada a justa causa aplicada pela ré. Com efeito, o tempo demandado pela empresa na averiguação dos fatos, procurando a médica para verificação do real conteúdo do atestado, denota que o empregador procedeu de forma cautelosa, de modo a não cometer qualquer injustiça. O fato de não afastar a reclamante do trabalho durante a verificação, ou de não tê-la despedido de imediato, também revela a acuidade da ré, em não tomar qualquer atitude precipitada e injusta, haja vista que a justa causa, por se tratar da pena capital trabalhista, não pode ser aplicada levianamente ou de forma açodada. Recurso da reclamada a que se dá provimento. TRT 2ª Reg. RO 01685200405102005 — Ac. 4ª T. 20060658279) — Rel. Juiz Ricardo Artur Costa e Trigueiros. DJSP 1.9.06, p. 19.

Ementa: Justa causa. Imediatidade. Não há ausência de imediatidade no fato de empresa de grande porte apurar o fato em tempo razoável antes de aplicar a justa causa. Recurso a que se nega provimento. TRT 2ª Reg. RO 00292200305302006 — (Ac. 6ª T. 20050530202) — Rel. Juiz Rafael E. Pugliese Ribeiro. DJSP 26.8.05, p. 66.

Ementa. Justa causa não configurada. O suposto comportamento reprovável em épocas pretéritas não pode ser somado a um fato presente para autorizar a dispensa imotivada, especialmente quando convolado em perdão tácito, ante a ausência de medida disciplinar não aplicada pelo empregador. TRT 2ª Reg. RS 00897200446502000 — (Ac. 4ª T. 20040659229) — Rel. Juiz Paulo Augusto Câmara. DJSP 3.12.04, p. 196.

Ementa: Justa causa. Perdão tácito. Inocorrência. O perdão tácito é a renúncia do empregador em punir o seu empregado faltoso, a qual é presumida em virtude do decurso de significativo lapso temporal entre a falta e a punição. Inadmite-se, em tal circunstância, que o empregador que não se sinta tão ultrajado com o comportamento faltoso de seu empregado fique aguardando um outro momento que lhe seja mais oportuno, segundo sua conveniência, para então aplicar-lhe a correspondente punição, conduta que torna ilegítimo o ato. Não se considera perdoada a falta grave cometida por empregado se a dispensa ocorreu apenas quinze dias depois do ato faltoso, porque se considera razoável que esse estreito lapso temporal tenha sido despendido com a avaliação *in concreto* da falta praticada em face dos procedimentos inerentes à organização empresarial, ainda mais quando se trata de uma empresa de grande porte como a reclamada. TRT 3ª Reg. RO 00392-2004-024-03-00-2 — (Ac. 5ª T.) — Rel. Juiz Jose Roberto Freire Pimenta. DJMG 27.11.04, p. 13.

Ementa: Imediatidade entre o ato faltoso e a dispensa por justa causa. Não caracterização do perdão tácito. O transcurso de apenas onze dias úteis entre o cometimento da falta e a aplicação da pena de demissão não é tempo suficiente para que se possa alegar ausência de imediatidade, a fim de caracterizar o perdão tácito, como pretende o recorrente, pois o tempo gasto para a verificação variará de acordo com a complexidade de cada caso, não podendo ser fixado em razão de dias ou meses. O perdão tácito poderia ser presumido caso ocorresse a falta de interesse em apurar a existência ou não da justa causa, ou seja, se a empresa, deixasse de apurá-la, o que não restou configurado nestes autos. Recurso de revista a que se nega provimento". (TST-RR-457.671/98.3 — 1ª Turma — Rel. Juíza convocada Maria De Lourdes Sallaberry). TRT 12ª Reg. RO-V 00799-2003-006-12-00-8 — (Ac. 1ª T. 07117/04, 18.5.04).-.Rel. Juiz Marcos Vinicio Zanchetta. DJSC 7.7.04, p. 200.

Ementa: Justa causa. Imediatidade na dispensa. Falta grave apurada em auditoria. Inexistência de perdão tácito. O requisito circunstancial da imediatidade, que avalia a conduta do empregador no momento da dispensa por justa causa, deve ser visto com moderação quando o procedimento de apuração da falta imputada ao empregado e a conclusão da administração em demiti-lo demande tempo razoável (49 dias). Isto porque, apesar de, a princípio, revelarem certa burocracia, as normas de empresa de grande porte têm caráter acautelatório tanto em seu favor, quanto do empregado não ser injustiçado. A demora, no caso, não se traduz em perdão tácito. TRT 18ª Reg. RO 3242/2002 — Relª. Juíza Dora Maria da Costa. DJE-GO 20.11.02, p.122.

6.4. Dupla penalidade pela mesma falta. Vedação. Vigora no Direito do Trabalho a regra de que o empregado não pode ser punido pela mesma falta, de forma que uma vez aplicada a penalidade, com ela se exaure a atividade punitiva do empregador. Assim, não poderá o empregador depois de aplicada a penalidade, fazer nova avaliação da falta praticada pelo empregado e proceder a sua dispensa por justa causa. Entretanto, na jurisprudência encontramos decisão que considera que o ato que levou o empregado a ser advertido foi distinto do que levou à sua demissão por justa causa. Não é rara essa possibilidade, porquanto pode acontecer de o empregado ser advertido por uma falta leve sobre determinado fato, mas posteriormente o empregador vem, a saber, que associado aquele fato houve outro de natureza tão grave que impossibilita a continuidade do vínculo empregatício. São, portanto, fatos distintos e nessa conformidade milita a favor do empregador os princípios da razoabilidade e da proporcionalidade que indicam a necessidade do rompimento do contrato de trabalho por justa causa.

Jurisprudência

Ementa: Negativa de prestação jurisdicional. Suspensão e despedida por justa causa. Dupla punição para o mesmo ato faltoso. Vedação. Non bis in idem. Incidência. Desnecessidade de tipificação da conduta. Tendo o e. Regional afastado a justa causa para a demissão do reclamante, que acessou o sistema de informações em seu benefício, ou seja, acessou e alterou as informação (sic) referentes à sua conta telefônica, sob o fundamento de que anteriormente, para o mesmo fato, já havia sido punido com a suspensão de três dias e, nesse contexto, aplicou o princípio do *non bis in idem*, torna-se desnecessário a manifestação do e. Regional acerca da natureza e gravidade da falta, para efeito de sua subsunção às hipóteses previstas no art. 482 da CLT. Negativa de prestação jurisdicional inexistente. Agravo de instrumento não provido. TST-AIRR-797.216/01.8 — (Ac. 4ª T.) — 18ª Reg. — Rel. Min. Milton de Moura França. DJU 21.2.03, p. 568.

Ementa: Suspensão disciplinar e dispensa por justa causa. Dupla punição. Ilegalidade. O Poder Disciplinar, conferido ao empregador, deve ser exercitado, segundo as regras do Direito, observando-se determinados critérios, para a imposição de qualquer sanção ao empregado. A doutrina e a jurisprudência consagraram requisitos circunstanciais, para o exercício do Poder Disciplinar, exigindo a imediatidade e a ausência de perdão tácito, a proporcionalidade e a gradação da pena e, sobretudo, a singularidade da punição. Apesar da conduta gravosa do Recorrente, devidamente demonstrada, nos autos, a Recorrida não observou os requisitos circunstanciais, aplicando dupla penalidade ao Obreiro, pela mesma falta cometida — o que é vedado, pela ordem jurídica. TRT 3ª Reg. RO 00897-2005-108-03-00-7 — (Ac. 1ª T.) — Rel. Juiz Manuel Candido Rodrigues. DJMG 2.12.05, p. 4.

Ementa: Aplicação de duas sanções por uma falta. Vedado o bis in idem. *Justa causa. Não configuração.* Ainda que constatada a existência de várias faltas ao trabalho, relevando desídia, pelas quais a Obreira recebera advertência, no dia de sua dispensa, pelo mesmo fato, suposto desacato a sua supervisora, ela recebera duas penas, isto é, foi advertida e, logo depois, dispensada por justa causa. Isso, configura *bis in idem*, vedado pelo Direito do Trabalho, para coibir conduta faltosa do empregado, por reflexo do princípio da singularidade, tanto que sem justa causa a dispensa. Ademais, ainda que se considere, pela falta de sua assinatura na respectiva comunicação, não ter sido a obreira advertida, o alegado destrato não restou demonstrado. TRT 18ª Reg. RO-00839-2004-201-18-00-4 — Rel. Juiz Luiz Francisco Guedes de Amorim. DJGO 5.7.05, p. 43.

Ementa: Dupla punição. Advertência. Justa causa. Bis in idem. Tendo a Reclamada advertido a Reclamante por escrito e no dia seguinte aplicado a justa causa pelo mesmo fato, configura o *bis in idem*. A circunstância de a Reclamante ter ou não recebido a advertência que lhe fora encaminhada via postal, antes da demissão, não altera a quadra, porque evidente a intenção da Reclamada de apenas advertir a empregada pela suposta falta. Após a advertência, mudando de idéia, a Reclamada resolveu demitir a Autora por justa causa, o que não se admite, por se tratar de aplicação de pena em duplicidade por um mesmo fato. TRT 3ª Reg. RO 01327-2004-020-03-00-9 — (Ac. 6ª T.) — Rel. Juíza Emília Facchini. DJMG 10.3.05, p. 12

Ementa: Justa Causa. Não caracteriza justa causa a existência de punições disciplinares (advertências e suspensão) aplicadas ao empregado, sem que haja prova da última falta arguida como responsável pela resolução contratual, sob pena de se incorrer no *bis in idem*. TRT 3ª Reg. RO 00943-2004-112-03-00-6 — (Ac. 7ª T.) — Relª. Juíza Alice Monteiro de Barros. DJMG 27.1.05, p. 11.

Ementa: Justa causa. Duplicidade de punição. Avaliação da condição pessoal do trabalhador frente ao seu empregador e ao contrato de trabalho. Comprovação dos fatos ensejadores da justa causa. Ausência. Conversão em dispensa injusta. Havendo prova nos autos de que o empregador já havia aplicado ao trabalhador uma sanção pela falta praticada, não pode ele se servir desta mesma transgressão contratual para dispensar seu empregado por justa causa, considerando ser inadmissível a duplicidade de punição (*nom bis in idem*). Deve o julgador, ainda, ao analisar a justa causa imputada ao trabalhador, fazer a análise de sua condição pessoal, especialmente frente ao vínculo deste para com seu empregador (tempo de vigência, histórico funcional do empregado, presença de faltas anteriores ...), para aquilatar a adequação da sanção aplicada, isto sem descurar, obviamente, da análise criteriosa dos fatos imputados ao trabalhador, avaliando se estão presentes, nos autos, todos os elementos de prova suficientes para a caracterização da(s) falta(s) imputada(s). Configurada a dupla punição, a inadequação da pena às condições pessoais do empregado e a fragilidade da prova quanto à ocorrência dos fatos ensejadores da rescisão motivada do contrato, deve o julgador converter esta dispensa em rescisão imotivada, deferindo ao empregado os direitos rescisórios pertinentes. TRT 3ª Reg. RO 00269-2003-110-03-00-6 — (Ac. 5ª T.) — Rel. Juiz Emerson José Alves Lage. DJMG 23.8.03, p. 15.

Ementa: Justa causa. Impossibilidade de dupla punição. Princípio geral de direito. Não pode o empregador, depois de aplicar uma punição ao empregado, arrepender-se para aplicar outra, mais rigorosa, pelo mesmo fato. Se a última punição aplicada foi a dispensa por justa causa, a empresa deve ser condenada a pagar as verbas indenizatórias. TRT 2ª Reg. RO 38705200290202005 — (Ac. 9ª T. 20030114670) — Rel. Juiz Luiz Edgar Ferraz de Oliveira. DJSP 28.3.03, p. 59.

Ementa: Justa causa. Dupla punição. A justa causa, por ser a pena máxima prevista no Direito do Trabalho e pelas consequências que causa à vida do trabalhador, somente deve ser utilizada quando devidamente comprovado o ato faltoso e, ainda assim, desde que seja a ele proporcional. Comprovado nos autos que pela falta cometida, não suficientemente comprovada, o trabalhador já havia sido punido com pena mais branda, é inadmissível a aplicação da justa causa posteriormente, pois assim estaria configurada a dupla punição pela mesma falta. TRT 12ª Reg. RO-V-06088/00 — (Ac. 3ª T. 00858/01, 28.11.00) — Relª. Juíza Ione Ramos. DJ/SC 31.1.01, p. 166.

Ementa: Justa causa. Dupla penalidade. Não se verifica a duplicidade de aplicação de penalidade, pois está clara a decisão regional ao registrar que a demandada, na verdade, substituiu a pena de suspensão pela de demissão, já que o fez no mesmo dia, o que leva à conclusão de que repensou a gravidade da falta para aplicação da aludida penalidade. Dessa forma, revela-se genérica, nos termos do Verbete n. 23 do TST, a jurisprudência transcrita por partir da premissa da impossibilidade de aplicação da dupla penalidade sem evidenciar os fundamentos do acórdão regional. Recurso não conhecido em sua integralidade. TST-RR-686.549/2000.0 — (Ac 4ª T.) —

1ª Reg. — Rel. Min. Antônio José de Barros Levenhagen. DJU 22.11.02, p. 680.

Ementa: Advertência seguida de demissão por justa causa. Atos distintos. Dupla penalidade. Não ocorrência. Em face das consequências econômicas e desastrosas na vida profissional do trabalhador, o fato invocado como justa causa, para permitir a ruptura unilateral do contrato, sem ônus para o empregador, deve ficar provado de tal modo que não paire nenhuma incerteza no espírito do julgador. É o que se notabilizou por "prova robusta" ou incontrastável da justa causa. Ainda assim, existindo a "prova robusta" devem estar presentes os requisitos da justa causa, a saber: a relação de causalidade; a imediatidade e a proporcionalidade entre a falta e a punição. O empregador, dentro do seu poder disciplinar tem o direito de punir o empregado faltoso, aplicando a penalidade que mais se ajuste à falta praticada, proporcionalmente a sua gravidade. Porém, escolhida e aplicada a pena disciplinar de advertência, não mais cabe a penalidade de dispensa por justa causa, com fundamento no mesmo fato. As provas orais e documentais, não confirmam a alegação de dupla penalidade, porque o ato que levou a reclamante a ser advertida foi distinto do que levou à sua demissão por justa causa. Com efeito o reclamado ficou sabendo posteriormente que a reclamante teria utilizado o seu carro sem autorização, sendo advertida quanto ao seu ato no dia 17.11.05. Após, tendo notado reações estranhas em seu filho, que necessita de cuidados especiais por ser totalmente incapaz, ficou sabendo que a reclamante além de utilizar-se de seu carro para viajar, ainda levou o filho do reclamado junto (fato confirmado pela reclamante em depoimento pessoal). O conhecimento de tal atitude da reclamante levou o reclamado a registrar o boletim de ocorrência n. 3802/05, na delegacia policial de Araras, no dia 22.11.05, noticiando o uso indevido do seu carro e o transporte de seu filho para outra cidade, sem a sua autorização. E, em razão da reclamante estar afastada, por motivos de incapacidade laborativa, de 18.11.05 a 21.2.06, somente foi demitida por justa causa quanto retornou ao trabalho, ou seja em 22.2.06. Verifica-se, portanto, do depoimento da reclamante e dos documentos trazidos aos autos, que a situação criada pela conduta da autora revelou-se insuportável para o reclamado, não lhe restando outro caminho senão a demissão por justa causa, visto que a reclamante utilizou-se do carro do reclamado sem a sua autorização, entregando-o para seu marido dirigir e, ainda pior, levou consigo o filho do reclamado que necessita de cuidados especiais. Logo, em razão da atitude temerosa e displicente da reclamante, correta a conduta do reclamado. Recurso conhecido e desprovido. TRT 15ª Reg. (Campinas/SP) ROPS 0418-2006-046-15-00-6 — (Ac. 49417/06-PATR, 10ª Câmara) — Rel. Juiz José Antonio Pancotti. DJSP 20.10.06, p. 81.

Ementa: Propósito de "acertar contas". Ameaça de agressão verbalizada pelo trabalhador quanto a outro colega por haver aposto assinatura como testemunha na suspensão anterior que lhe foi aplicada. O desejo de vingança do trabalhador, ameaçando colega de trabalho, presenciado e demonstrado cabalmente pela prova testemunhal produzida, oferta motivação bastante para a justa causa, máxime a se ater o desairoso histórico funcional. A aplicação de duas reprimendas (suspensão e dispensa por justa causa), embora no mesmo dia, por duas e distintas faltas, não imprime a configuração da repudiada dupla punição. Por atitudes desacertadas, ocorridas no mesmo dia, uma em sucessão à outra, cabe a penalização individual, gradativa e acertada com a justa causa em relação à última. TRT 12ª Reg. RO-V 00696-2003-013-12-00-6 — (Ac. 3ª T. 06107/04, 25.5.4) — Rel Juiz Gilmar Cavalheri. DJSC 15.6.04, p. 203.

6.5. Princípio da isonomia na aplicação da justa causa. O empregador detém o poder diretivo e consequentemente o poder disciplinar, de forma que compete a ele a bem do empreendimento aplicar as penalidades que entender conveniente aos seus empregados ou mesmo relevá-las a uma simples advertência ou suspensão. Indagação que se faz é se diante do seu poder diretivo o empregador pode dar tratamento diferenciado a empregados que cometeram a mesma falta. Evidentemente, que existem situações que até comportam um tratamento diferenciado. Conforme se verifica na jurisprudência, o empregador dispensou determinado empregado por justa causa porque tinha apenas três meses e que já tinha outras faltas, e o empregado mais antigo, com três anos de serviço na empresa, sem justa causa. Nesse caso, o critério adotado pelo empregador não decorreu de um ato discriminatório, mas sim de fundamento lógico, já que levou em consideração a contribuição que o empregado mais antigo proporcionou a empresa. Nessa conformidade, se a empresa não apresentar razões que justifiquem o tratamento diferenciado na aplicação da penalidade é de se entender que a dispensa foi injusta. Entendemos também que é constrangedor para o empregado saber que sofreu um tratamento discriminatório ao ser aquinhoado com a penalidade máxima enquanto seu colega permaneceu na empresa ou então foi dispensado sem justa causa. A melhor interpretação, no caso, é aquela que leva em consideração o princípio da igualdade de tratamento na aplicação da justa causa e só admitindo, como exceção, tratamento diferenciado quando houver um motivo por demais justificado para sua ocorrência, acreditando ainda que em tais situações, o empregado que sofreu tratamento discriminatório poderá pleitear indenização por dano moral com fulcro nos incisos V e X, do art. 5º da Carta Magna.

Jurisprudência.

Ementa: Justa causa. Tratamento diferenciado. Ainda que comprovado o envolvimento do reclamante numa briga com colega de trabalho, não há como manter a dispensa por justa causa, quando resta também comprovado nos autos que ambos os empregados contribuíram para a discussão seguida de agressão física, cometendo a mesma falta. Assim, sendo idêntica a falta cometida, a punição deveria ser equivalente, ainda mais quando a reclamada não apresenta justificativa para a aplicação de penalidade rigorosa a apenas um deles. Esse tratamento diferenciado demonstra a ausência de suporte legal para a justa causa imposta. TRT 12ª Reg. RO 00002-2005-003-12-00-5. Maioria, (Ac. 3ª T., 18.9.07) — Rel. Juiz Gerson Paulo Taboada Conrado. Disp. TRT-SC/DOE 09.10.07. Data de Publ. 10.10.07.

Ementa: Dispensa por justa causa. Ofensa ao princípio da igualdade. Nulidade. É nula a dispensa por justa causa aplicada isoladamente a um determinado empregado, quando se verifica que os danos sofridos pelo empregador foram causados por ato conjunto, praticado em companhia de outro empregado e com a concorrência deste. Em tais circunstâncias, a aplicação da penalidade máxima configura evidente afronta ao princípio da igualdade. TRT 3ª Reg. RO 00264-2007-142-03-00-1 — (Ac. 3ª T.) — Rel. Des. Cesar Machado. DJMG 1.9.07, p. 4.

Ementa: Dispensa por justa causa. Ofensa ao princípio da igualdade. Nulidade. É nula a dispensa por justa causa aplicada isoladamente a um determinado empregado, quando se verifica que os danos sofridos pelo empregador foram causados por ato conjunto, praticado em companhia de outro empregado e com a concorrência deste. Em tais circunstâncias, a aplicação da penalidade máxima configura evidente afronta ao princípio da igualdade. TRT 3ª Reg. RO 00264-2007-142-03-00-1 — (Ac. 3ª T.) — Rel. Des. Cesar Machado. DJMG 1.9.07, p. 4.

Ementa: Justa causa. *Não caracterização. Falta grave. Briga entre a reclamante e outra funcionária. Dispensa por justa causa somente da reclamante, grávida, que constituiu ato discriminatório, a tornar ilícito o ato. Desobediência aos princípios da razoabilidade, da proporcionalidade e da boa-fé, indispensáveis ao conceito de justa causa. Desrespeito manifesto aos limites do ato jurídico, art. 187 do NCC.* Num contexto de inimizade mútua entre as funcionárias envolvidas numa briga, a provocação é quase tão grave como a via de fato, máxime quando a provocada encontrava-se grávida e, portanto, com sensibilidade acima do normal. Eis o sopesamento das situações que deveria ser efetivado pelo empregador, a fim de que o exercício do poder de direção observasse os princípios da razoabilidade e da proporcionalidade. Porém, na espécie, o empregador despediu uma funcionária sem justa causa e a reclamante por justa causa. Deu tratamento diferenciado injustificado às empregadas, o que somente poderia ser explicado pelo fato da reclamante possuir estabilidade de gestante. Destarte, o ato jurídico praticado, a dispensa, tornou-se ilícito ao discriminar a empregada pelo motivo gravidez, excedendo manifestamente os limites impostos pelo fim social e pela boa-fé (art. 187, Código Civil). TRT 2ª Reg. RO 00783200506202000 (Ac. 6ª T. 20070448706) — Relª. Ivani Contini Bramante. DOE/TRT 2ª Reg. 22.6.07, p. 125.

Ementa: Demissão por justa causa. Improbidade. Aplicação da penalidade a uma parte dos empregados envolvidos no procedimento irregular. Inexistência de afronta ao princípio da igualdade, quando o tratamento diferenciado decorre de situações particulares relativas a cada empregado. Os reclamantes foram demitidos por justa causa porque praticaram atos que se enquadram nos termos da alínea "a" do art. 482 da CLT, ao se utilizarem de notas "frias" para obter o pagamento ou ressarcimento a maior de diárias em viagens a serviço. O Tribunal Regional, instância máxima no exame das provas, embora não tenha descrito com precisão os fundamentos pelos quais a reclamada deixou de demitir outros funcionários que incidiram na mesma falta, revela que a empresa não vislumbrou "condição ou necessidade de fazer igual" com os outros contratados. Com essa afirmativa, o TRT está explicando o motivo pelo qual nem todos foram demitidos, ou seja, examinando os fatos, a empresa concluiu em não aplicar a mesma sanção, acobertada pelo direito potestativo de resilir e pelo seu poder de direção. Extrai-se daí que existiam circunstâncias particulares que, no âmbito operacional da empresa, justificaram a manutenção de alguns dos funcionários faltosos, enquanto os reclamantes foram demitidos por justa causa. Assim, não há como reconhecer a ocorrência de afronta ao princípio da igualdade, tendo em vista que a desigualdade de situações e de consequências para a empresa justificaram o tratamento diferenciado. Embargos parcialmente conhecidos e providos. TST-E-RR-564.568/1999.2 — (Ac. SBDI1) — 15ª Reg. — Red. Desig. Min. Rider Nogueira de Brito. DJU 10.12.04, p. 820.

Ementa: Falta grave. Empregados que praticaram a mesma falta. Demandas com desfecho diverso. Isonomia. Não se há de invocar tratamento igual pela circunstância de terem sido diferentes os desfechos dos processos diversos em que foram partes empregados que praticaram a mesma falta. A conciliação entre as partes em um deles, inexistente no outro, desaguou obviamente em decisões diversas pela simples circunstância de que diversos foram os processos. O desfecho de um não se projeta no outro. Como é sabido, a sentença tem força nos limites da lide e faz coisa julgada somente às partes, não beneficiando nem prejudicando terceiros. TRT 10ª Reg. RO 00048-2003-001-10-00-0 — (Ac. 3ª T.) — Rel. Juiz Bertholdo Satyro. DJU3 23.4.04.

Ementa: Demissão por justa causa. Aplicação da penalidade a apenas um dos empregados envolvidos em ato de improbidade. Inexistência de afronta ao princípio da igualdade. O reclamante e o supervisor praticaram ato de improbidade ao se apropriarem de numerário da empresa referente à venda de um consórcio de moto. A reclamada despediu o autor por justa causa e o supervisor, que incidiu na mesma falta, imotivadamente. No presente caso, não se vislumbra violação ao princípio da isonomia ante o fato de o critério adotado pela reclamada não ter por base um fator discriminatório ou ser desprovido de fundamento lógico, eis que a situação do reclamante e a do supervisor dentro da empresa era diversa. O primeiro contava com três meses de serviço e já havia incidido em outras faltas, enquanto o segundo era seu empregado há mais de três anos. Nesse contexto, o poder potestativo do empregador lhe permite ponderar sobre os aspectos negativos e positivos de perdoar um empregado faltoso ou não, sobre mantê-lo nos seus quadros ou não e, ainda, sobre considerar a contribuição que o empregado proporcionou à empresa no período em que fez parte de seus quadros, nada obstante tenha cometido um ato reprovável, desde que observados os elementos circunstanciais de cada caso. Recurso provido. TRT 24ª Reg. RO 00128-2005-041-24-00-0 — Red. Juiz André Luís Moraes de Oliveira. DJMS n. 6595 de 26.10.05, p. 28.

6.6. Ônus da prova na justa causa. A finalidade da prova é de convencer o julgador no sentido de que os fatos articulados no processo têm correspondência com direito postulado pelo autor, sendo certo que aquele que estará no polo passivo também terá que provar as alegações postas na sua defesa. Cada um, portanto, suportará o ônus da prova. Em relação ao ônus da prova existem regras que estabelecem a quem cabe o ônus de provar. Isso acontece porque "a regra do ônus da prova não se afigura tão somente uma regra de julgamento para o caso de haver incerteza no momento de julgar. É regra, portanto, que também se liga à organização da instrução do procedimento, porque define os contornos da atividade probatória das partes. Mediante o conhecimento da regra, portanto, tanto a parte-autora quanto a parte ré desenvolvem seus esforços na busca das provas que terão de empreender a fim de lograr êxito na demonstração dos fatos de seu interesse"[108].

Como já se demonstrou a justa causa é a medida mais extrema prevista em lei, com graves consequências para a vida profissional do trabalhador, de forma que a sua aplicação deve ser feita sempre com a máxima cautela. Desafia, portanto, uma regra prova robusta e indene de dúvidas dos fatos imputados ao empregado sob pena de se presumir injusta a dispensa com o pagamento das verbas rescisórias decorrentes. Outros fatores como o histórico funcional, o tempo de serviço na empresa e a gravidade da falta devem ser sopesadas pelo julgador a fim de não se cometer injustiça. A prova no caso é do empregador e sobre isso não paira nenhuma dúvida na doutrina e na jurisprudência, eis que a iniciativa do rompimento do contrato de trabalho é do

---

(108) CARPES, Artur Thompsen. *Apontamentos sobre a inversão do ônus da prova e a garantia do contraditório. Prova Judiciária. Estudos sobre o novo Direito Probatório.* Coordenação de Danilo Kniinik. Porto Alegre: Livraria do Advogado Editora, 2007. p. 35.

empregador e de forma motivada sem os ônus decorrentes, a não serem os dias de serviços, férias vencidas e proporcionais. Existem casos, no entanto, que cabe ao empregado provar que agiu em legítima defesa ou então que a sua recusa a uma determinação do empregador se deu por razões plausíveis que afastariam a pena máxima.

Jurisprudência

Ementa: 1. Justa causa. Ônus da prova. O texto constitucional consignou aos trabalhadores várias garantias, entre as quais se destaca a proteção contra dispensa arbitrária, visto que a prestação pecuniária auferida como retribuição pelo dispêndio de sua força laborativa é o único meio de que dispõem para sua subsistência. Por isso mesmo, é de crucial importância que o empregador demonstre de maneira irremediável a falta praticada pelo obreiro para que lhe dispense a pena capital prevista no art. 482 do diploma consolidado, isto é, a rescisão do contrato de trabalho por justa causa, por ser modalidade contratual resilitória que retira do empregado direitos trabalhistas aos quais normalmente faria jus. Incumbe, assim, ao empregador comprovar em juízo os motivos que teriam resultado na aplicação da justa causa, ante o teor da regra do art. 818 da CLT e 333, inciso II, do CPC, de aplicação supletiva. A reclamada não se desincumbiu satisfatoriamente do ônus da prova do cometimento de falta grave ensejadora da dispensa por justa causa. Contrário senso, a prova produzida é convincente de que o ato praticado, aliado à ausência de gradação da pena, não possui a gravidade requerida para a aplicação da pena máxima. 2. Recurso conhecido ao qual se nega provimento. TRT 10ª Reg. RO 00879-2006-013-10-00-5 — (Ac. 2ª T./08) — Rel. Juiz Gilberto Augusto Leitão Martins. DJU 4.7.08, p. 531.

Ementa: Justa causa. Ônus probatório. Prova indireta. Possibilidade. Incumbe ao empregador demonstrar a ocorrência de fatos ensejadores da dispensa motivada de seu empregado. Nesse contexto, entretanto, não há vedação à utilização da denominada "prova indireta", consistente no testemunho de quem não presenciou o fato mas soube, por relato de outrem, de detalhes do ocorrido. Tanto mais quando essas informações são prestadas pelo próprio empregado envolvido no evento e há outros elementos processuais capazes de conduzir à conclusão da configuração de justa causa. TRT 12ª Reg. RO 05331-2006-004-12-00-0. (Ac. 3ª T., 22.1.08) — Relª. Juíza Ligia Maria Teixeira Gouvêa. TRT-SC/DOE 21.2.08.

Ementa: 1. Justa causa. Ônus da prova. Versando a presente discussão em torno da ocorrência ou não de ato faltoso praticado pelo autor a embasar sua dispensa por justa causa, sobre a reclamada recai o encargo de prová-lo (CLT, art. 818, c/c CPC, art. 333, II). E, mais ainda, de fazê-lo de forma precisa e inequívoca, porquanto se trata da mais severa penalidade aplicada ao empregado no curso do contrato de trabalho, não podendo haver nenhuma dúvida a seu respeito. Mormente por considerar-se que sua aplicação enseja o rompimento da continuidade do vínculo contratual, entendendo-se, desse modo, deva o ato ser comprovadamente eivado de gravidade. Tendo a reclamada se desvencilhado do encargo que lhe incumbia, deve ser reconhecida a dispensa por motivo justificado. 2. Recurso ordinário conhecido em parte e não provido. TRT 10ª Reg. RO 00149-2007-007-10-00-3 — (Ac. 2ª T./08) — Rel. Juiz Brasilino Santos Ramos. DJU 8.2.08, p. 2.344.

Ementa: Justa causa. Ônus da prova. A justa causa, por constituir a mais grave penalidade imposta ao empregado, somente pode ser reconhecida em juízo mediante prova clara e robusta da falta apontada como sua ensejadora, diante do potencial dano econômico imputado ao faltoso e das graves consequências para a sua vida profissional. Em sendo assim, aspectos relevantes, como o histórico funcional do empregado, o tempo de serviço prestado à empresa, a prática de faltas anteriores, seguidas da aplicação de outras sanções disciplinares devem ser considerados. TRT 3ª Reg. RO 00232-2007-001-03-00-2 — (Ac. 3ª T.) — Relª. Juíza Maria Cristina D. Caixeta. DJMG 1.9.07, p. 3.

Ementa: Justa causa. Necessidade de prova cabal de sua existência. A prática de justa causa pelo empregado deve ser cabalmente demonstrada pela empresa de forma a não ensejar dúvidas quanto à sua ocorrência, pois o princípio da continuidade da relação de emprego milita em favor do obreiro. TRT 3ª Reg. RO 00493-2007-140-03-00-3 — (Ac. 5ª T.) — Rel. Juiz Convocado Danilo Siqueira de C. Faria. DJMG 1.9.07, p. 18.

Ementa: Justa causa. Prova robusta e convincente. Indispensabilidade. Em face das consequências econômicas e desastrosas na vida profissional do trabalhador, o fato invocado como justa causa, para permitir a ruptura unilateral do contrato, sem ônus para o empregador, deve ficar provado de tal modo que não paire nenhuma incerteza no espírito do julgador. É o que se notabilizou por "prova robusta" ou incontrastável da justa causa. Na hipótese, apenas uma testemunha declarou que "o reclamante foi dispensado porque estava marcando uma maior produção, sem fazê-la", o que não basta para a sua configuração. Tal declaração isolada no contexto fático probatório é insuficiente para caracterizar a justa causa. Ademais, se provado tal fato, deveria merecer sanção menos gravosa, para uma empresa, cujo nível de organização é sofrível, na medida que sequer anota a CTPS dos seus empregados. Teria havido rigor excessivo, sem a prova da reiteração da falta, porque a sanção máxima foi aplicada sem estar precedida de, pelo menos, uma advertência, ou sanção disciplinar menos grave. Incensurável, portanto, a r. sentença, que por considerar que a rescisão se deu sem justa causa deferiu os títulos rescisórios postulados. Recurso conhecido e desprovido, no particular. TRT 15ª Reg. (Campinas/SP) RO. 0028-2005-118-15-00-4 — (Ac. 20963/06-PATR, 10ª Câmara) — Rel. Juiz José Antonio Pancotti. DJSP 5.5.06, p. 62

7. Outras singularidades sobre a justa causa

7.1. Dosagem da pena pela Justiça do Trabalho. Se houver conflito perante a Justiça do Trabalho sobre a punição, indaga-se o Juiz, entre a suspensão e a anulação da falta imputada ao trabalhador, poderá reduzi-la a uma simples advertência e, com isso, dosando-se a punição. A respeito, o segundo signatário deste fascículo assim se manifestou em artigo elaborado para a obra[109] (também figurando na coordenação) em homenagem ao Ministro Milton Moura França, intitulado Efeitos do Contrato de Trabalho, como segue: "Há entendimento no sentido de que a pena pode ser dosada, conforme tese exposta por *Débora Maria Lima Machado*, Juíza do Trabalho da 5ª Região, no Primeiro Congresso Brasileiro de Direito Individual do Trabalho, realizado pela LTr, de 29 a 30 de março de 1993, em São Paulo e citada por Irany Ferrari. Com efeito, 'Sustenta a Juíza Débora, em última análise que quem pode o mais (anular) também pode o menos (dosar), deixando de se fazer justiça no caso concreto, se não aplicadas as noções basilares de equidade, para punir quem mereça punição ou punir excessivamente quem, analisadas as situações concretas da situação fática, mereça situação mais branda'."[110]

Também *Romita*, citando *Paulo Emílio Ribeiro de Vilhena*, é do entendimento que nada impede que a pena seja dosada pelo Juiz com o argumento de que "há, para a empresa, consequências muito mais danosas em sua vida disciplinar no fato de se cassar uma suspensão desproporcionada à falta do que dosá-la". E acrescenta que, se "falta houve e, ainda que leve, o empregado não poderá permanecer imune de sanção, sob pena de quebrar-se, romper-se a estrutura hierárquica da empresa"[111].

Entretanto, a doutrina e jurisprudência têm sido firmes no sentido de que ao Juiz é vedado graduar a pena, cabendo apenas a verificação da legalidade ou não da punição imposta pelo empregador. Esse entendimento é manifestado pela maioria dos autores sob o fundamento de que a dosagem da pena tira o poder de comando do empregador.

Ademais, se admitida à dosagem da pena pelo Judiciário, este também poderia elevar a punição. Exemplificando, se o empregador, em virtude da sua benevolência no trato da questão aplicar uma penalidade ao empregado, à qual poderia ser maior, e viesse o obreiro a submeter o conflito à apreciação judicial, o empregador exercitando o seu direito de resistência também poderia reivindicar o aumento da punição, o que seria razoável dentro desse contexto. Tal posicionamento, no entanto, seria prejudicial ao trabalhador, de forma que a nosso ver, o entendimento majoritário na doutrina e jurisprudência trabalhistas no sentido de que cabe

---

(109) *Fundamentos do Direito do Trabalho. Estudos em Homenagem ao Ministro Milton Moura França.* Coordenação de Francisco Alberto da Motta Peixoto Giordani, Melchíades Rodrigues Martins e Tarcio José Vidotti, São Paulo: LTr, 2000. p. 407/8
(110) *Fundamentos e exercício do poder disciplinar do empregador. Noções atuais de direito do trabalho. Estudos em Homenagem ao Professor Elson Gotteschalk.* Coordenação de José Augusto Rodrigues Pinto. São Paulo: LTr. p. 173.
(111) ROMITA, Arion Sayão. *O poder disciplinar do empregador.* Rio de Janeiro: Ed. Freitas Bastos, 1983. p. 184.

apenas ao Juiz apreciar a justeza ou não da punição é o mais correto, considerando, inclusive, que não há previsão legal para o caso, ao contrário do que ocorre na legislação penal que sinaliza tal possibilidade.

Jurisprudência

Ementa: Justa causa do empregador. Tipificação. Nos termos do art. 482 da CLT, o empregador não é obrigado a arcar com o ônus de empregado que falta reiteradamente ao serviço. O legislador não obriga a gradação de punições. Basta que configure-se a situação tipificada para que o empregador fique autorizado a proceder à dispensa justificada. A obrigatoriedade de uma gradação na aplicação da pena, na forma de advertência e suspensão, somente geraria ao empregado a certeza de que o empregador não poderia despedi-lo de imediato, estimulando, assim, a prática da primeira falta, a violação das obrigações legais e contratuais do vínculo jurídico havido entre as partes. TRT 3ª Reg. RO Segunda Turma 00645-2006-080-03-00-8 — (Ac. 2ª T.) — Rel. Convocado Juiz Paulo Maurício Ribeiro Pires. DJMG 23.2.07, p.17.

Ementa: Justa causa. Exame judicial da dosagem da pena imposta pelo empregador. Limites. A descaracterização absoluta da pena de justa causa imposta àquele empregado incontestavelmente faltoso pode, a princípio, soar injusta. Contudo, demonstrado exagero pelo empregador, que poderia atingir a corrigenda do empregado com o uso de sanção mais branda, o caminho da cassação plena é o único possível no exame da dosagem em sede judicial, consoante magistério de Arion Sayão Romita: "O controle judicial exercido sobre o poder disciplinar do empregador detém-se (...) na fronteira traçada pelo conceito do abuso de direito (rectius: excesso de poder). Mas o reconhecimento do abuso de direito, no caso concreto, leva o tribunal a cancelar a punição (ou a mandar pagar as indenizações, em caso de dispensa, como se ocorresse despedida injusta). Nada impede seja o excesso de poder corrigido pela adequada redução da penalidade. Esta solução só se aplica, porém, aos casos de suspensão. Tratando-se de dispensa, o empregador arca com os riscos: se agir com excessivo rigor, despedindo empregado por falta punível com sanção mais branda, sujeitar-se-á às indenizações cabíveis" — O poder disciplinar do empregador, 1a edição, 1.983, pág. 185. TRT 3ª Reg. RO 00070-2006-152-03-00-2 — (Ac. 1ª T.) — Relª. Juíza Deoclecia Amorelli Dias. DJMG 28.7.06, p. 5.

Ementa: Recurso ordinário É vedado ao Juiz da causa, graduar, reduzir a punição aplicada pelo empregador, cabendo-lhe, apenas, verificar a legalidade ou não da punição. TRT 1ª Reg. 1 T., RO n. 3.2870/93 — (Ac. 1ª T.) — ReI. Juiz Félix de Souza, DJRJ 7.5.96, p. 173.

7.2. Justa causa (reversão pela Justiça do Trabalho) e o dano moral. O rompimento do contrato de trabalho normalmente causa um trauma para o trabalhador, pois seu emprego está ligado a sua sobrevivência e à de sua família, sobretudo quando não há perspectiva de conseguir novo trabalho, diante do alarmante quadro de desemprego que impera no País.

Sobre tal questão, é oportuna a lição de *Rodolfo Pamplona Filho,* quando afirma que "um dos momentos mais tensos da relação empregatícia, é, em regra, o momento de sua extinção, uma vez que consiste para o empregado a perda de sua fonte imediata de subsistência", e acrescenta que, "em que pese o contrato de trabalho não ser efetivamente um pacto de natureza vitalícia, os motivos da sua extinção podem, muitas vezes, configurar atos ilícitos ensejadores de danos na esfera patrimonial e extrapatrimonial, tanto de trabalhadores, quanto de empregadores"[112].

De notar-se que a Constituição Federal de 1988, nos incisos V e X, do art. 5º, tutelou os direitos ligados à moral, à imagem, à intimidade, à vida privada e assegurou a respectiva indenização reparatória do dano sofrido, alcançando todas as pessoas, até porque vivemos num Estado Democrático de Direito.

As normas constitucionais não só encorajaram, como incentivaram os trabalhadores a postular em juízo trabalhista, além de outros direitos, a indenização fundada em dano moral,

---

(112) *O dano moral na relação de emprego.* 3. ed. São Paulo: LTr, 2002. p. 105.

sempre com a alegação de que o rompimento do contrato de trabalho causou lesões a sua pessoa (intimidade, honra, boa fama e outros motivos), principalmente quando ele decorra de justa causa. Não podemos deixar de consignar que o art. 4º da Lei n. 9.029, de 13 de abril de 1995, estabelece uma indenização tarifada quando o ato da despedida tenha caráter discriminatório. Sobre ele assinala *Pamplona Filho* que "esta indenização tarifada diz respeito aos prejuízos de ordem material com a despedida discriminatória" e que "inexiste impedimento legal que haja uma cumulação do pedido de dano material com um eventual pleito de reparação do dano moral (caso este tenha efetivamente ocorrido na situação submetida à apreciação do Poder Judiciário)"[113].

É certo também que, estando em vigor o contrato de trabalho, dependendo da falta praticada pelo empregador, o empregado poderá postular não só a rescisão indireta do contrato de trabalho com fulcro no art. 483, da CLT, que trata das faltas praticadas pelo empregador, mas também a indenização por dano moral quando haja motivo para isso.

As decisões que acolhem o pedido de indenização por dano moral estão alicerçadas em hipóteses que suplantam a licitude da dispensa do empregado, ou seja, é importante que a comunicação da rescisão contratual seja feita dentro dos padrões normais de conduta, com observância das normas legais e não deixando transbordar em lesão à intimidade, à honra e boa fama do trabalhador.

A acusação infundada de ato de improbidade, como a de furto ou roubo, sem qualquer prova, de forma a denegrir a imagem do trabalhador tem motivado a condenação do empregador a indenização por dano moral, uma vez que a dor moral se instala em qualquer pessoa que se vê injustificada por ato que não deu causa, e ainda mais com a perda do emprego que é o meio de sua sobrevivência.

As modalidades da dispensa podem ser irrelevantes para configuração de dano moral, uma vez que o trabalhador pode ser dispensado sem justa causa ou mesmo solicitar demissão, recaindo sobre ele informações desairosas que não correspondem à realidade e ferindo sua dignidade como pessoa humana que é tutelada pela Carta Magna (art. 1º, IV, da Carta Magna).

Jurisprudência

Ementa: Justa causa não configurada. Publicidade do fato. Indenização por dano moral devida. A reclamante, professora do ensino fundamental, apenas teceu comentários acerca da violência e sevícias em trotes praticados em outra instituição. Isto, por si só, não macula a moral ou os bons costumes dos seus alunos e, quiçá, de pais eventualmente ofendidos. TRT 15ª Reg. (Campinas/SP) RO 1184-2005-091-15-00-8 — (Ac. 54080/06-PATR, 1ª C.) — Rel. Juiz Luiz Roberto Nunes. DJSP 24.11.06, p. 16.

Ementa: Indenização. Dano moral. Ato de improbidade. Princípio constitucional da dignidade da pessoa humana. O direito ao recebimento de uma indenização por dano moral, nos casos em que não há provas contundentes acerca do cometimento de ato de improbidade pelo autor, há de ser reconhecido, independentemente da sua repercussão no meio social, vez que a acusação de prática de ato criminoso tem o condão de, por si só, atingir a moral e a dignidade da pessoa humana, lesando o princípio constitucional insculpido no art. 1º, inciso III da Constituição Federal/88. TRT 15ª Reg. (Campinas/SP) RO 01788-2001-013-15-00-5 — (Ac. 51144/2005-PATR, 10ª Câmara) — Relª. Juíza Elency Pereira Neves. DJSP 21.10.05, p. 55.

Ementa: Dano Moral. Cabimento. Não se pode admitir que a empresa, verificando ter cometido uma ilegalidade, simplesmente reverta a demissão por justa causa em injusta, pagando apenas as verbas rescisórias, sem responder pelo dano causado. Se era intenção do empregador reparar o dano causado, deveria

---

(113) Ob. cit., p. 106.

ter readmitido o obreiro, não o demitido sem justa causa. TRT 2ª Reg. RO 01196200221102009 — (Ac. 5ª T. 20050084199) — Rel. Juiz Ricardo Verta Luduvice. DJSP 11.3.05, p. 288.

Ementa: Indenização por dano moral. Mesmo que a reclamada não tenha divulgado a notícia da prática do ato de improbidade, a dispensa do obreiro, sem qualquer prova do cometimento da gravíssima falta, por si só, fez aflorar a figura do ato ilícito, que dá origem ao dano moral. Noutras palavras, a simples alegação da empresa de que o reclamante tenha cometido ato de improbidade (apropriação indébita) — sem, contudo, provar tal prática —, viola o bom nome, a boa fama, a honra e a imagem do reclamante, de forma a afetá-la, moralmente. TRT 3ª Reg. RO 00538-2004-001-03-00-6 — (Ac. 1ª T.) — Rel. Juiz Manuel Candido Rodrigues. DJMG 26.11.04, p. 06.

Ementa: I)... II) Recurso de revista. Justa causa afastada por insuficiência de prova. Dano moral não imputável. 1. O dano moral passível de indenização diz respeito à violação da imagem, honra, vida privada e intimidade da pessoa (CF, art. 5º, X). 2. A dispensa do empregado por justa causa, quando não provada em juízo a motivação do ato, não implica automaticamente o deferimento da indenização por dano moral, pois o empregador já deverá arcar com os ônus da despedida imotivada (cfr. TST-RR-570.845/1999.0, Rel. Min. Ives Gandra, DJ de 14.12.01. 3. "In casu", o Regional consignou que a dispensa foi motivada pelo desrespeito a normas de procedimento de voos, pelo uso indevido, por parte do Autor (comandante), de equipamento da aeronave. A justa causa foi afastada, na hipótese, por insuficiência de prova e o dano moral deferido com lastro na propagação de comentários depreciativos quanto à conduta profissional do Autor, que teriam abalado sua esfera íntima e maculado a sua honra e imagem. 4. Ora, o fato de a dispensa e de sua motivação ser conhecida no âmbito da Empresa não é suficiente para gerar o direito à indenização por dano moral, uma vez que: a) se o procedimento adotado pelo Autor era o correto, porque corriqueiro (sendo conhecido pelos colegas), sua imagem não fica tisnada com a pecha; b) se era incorreto, mas só não foi apenado por insuficiência de prova, não se pode carregar ainda mais a Reclamada, que já arca com a majoração das verbas rescisórias com base na descaracterização da justa causa. Recurso de revista provido.TST-RR-1.876/1996-077-02-40.3 — (Ac. 4ª T.) — 2ª Reg. — Rel. Min. Ives Gandra Martins Filho. DJU 4.5.07, p. 1.360.

Ementa: Dano moral. Demissão por justa causa revertida por decisão judicial. A reversão da demissão por justa causa em dispensa imotivada, por si só, não tem o condão de caracterizar o dano material e moral. A reversão da demissão por justa causa em dispensa imotivada, por si só, não tem o condão de caracterizar o dano material e moral, máxime quando ausente a intenção culposa ou dolosa, por parte do empregador, de denegrir a honra, a imagem e a boa fama do empregado. Ainda que o empregado tenha passado funcional ilibado a imputação de ofender e desrespeitar superior hierárquico, por si só, não faz nascer o direito a indenização por dano moral, exceto quando tipificada uma falta grave de modo falso e abusivo, sem qualquer sustentáculo no princípio da razoabilidade. Ademais, quanto ao dano material, descaracterizada a falta grave em juízo, como na espécie, a dispensa revertida para imotivada já reconheceu as indenizações correspondentes. Qualquer prejuízo extrapolante da indenização legal tarifada da modalidade dispensa injusta deve ser cabalmente provada. TRT 2ª Reg. RO 02653200131102000 — (Ac. 6ª 20050408008) — Relª. Juíza Ivani Contini Bramante. DJSP 8.7.05, p. 161.

Ementa: Indenização por dano moral: requisitos. O dano moral não pode apenas ser alegado ou presumido, dependendo da demonstração de prova de fatos que levam à desqualificação da honra do atingido ou à verificação de situação vexatória ou de temor que resultem na existência de dor sentimental. Para isso, há necessidade de verificação se o fato alegado causa gravame relevante no íntimo do atingido e não a mera circunstância da ocorrência de fato que possa estar coligado a interesses patrimoniais, dada a distinção com a indenização que decorre da percepção da ocorrência do dano moral. No caso, a demissão por justa causa, ainda que desqualificada judicialmente, com ocorrência policial para apuração de eventual fato criminoso, não envolve dano moral se a acusação não foi divulgada pela empresa para repercutir negativamente na sua honra, eis que é direito do empregador proteger-se de eventual ilícito provocando a autoridade policial ou a via judicial, ainda que por conta disso possam advir incômodos naturais. Seria necessário que a empresa houvesse publicizado a acusação policial ou dado divulgação desabonadora por qualquer outro meio para configurar-se atingida a obreira no seu íntimo. Recurso obreiro desprovido. TRT 10ª Reg. RO 00772-2002-007-10-00-1 — (Ac. 1ª T./05) — Rel. Juiz Alexandre Nery de Oliveira. DJU3 2.9.05, p. 17.

Ementa: Dano moral. Justa causa afastada em juízo. Embriaguez. Não caracterização. O fato de o empregador invocar embriaguez em serviço como motivador da rescisão contratual, não configura, por si só, ofensa ao patrimônio moral do trabalhador. O gravame à intimidade, vida privada, honra ou imagem há que ser bem delineado, a fim de ensejar indenização por danos morais. No caso em exame, não se comprovou qualquer ato positivo ou omissivo da Reclamada ou de seus prepostos que tivesse ofendido a moral, a dignidade e a honra do Reclamante. Não há qualquer comprovação nos autos de que as razões elencadas pela Reclamada, para dispensá-lo por justa causa, tenham lhe causado dano efetivo. O regular exercício do empregador de rescindir o contrato de trabalho não constitui dano moral, ainda que tenha alegado justa causa e tal circunstância não venha a se comprovar em juízo. Recurso a que se dá provimento para excluir a indenização deferida em razão de danos morais. TRT 9ª Reg. RO 00722-2003-026-09-00-9 — (Ac. 4ª T. 14909/05) — Rel. Juiz Arnor Lima Neto. DJPR 17.6.05, p. 606.

Ementa: I. ...II. Recurso adesivo do reclamante. Dano moral. Dispensa por justa causa. Ausência de configuração. Encontrando lastro no art. 159 do Código Civil, a obrigação de reparar o dano moral (Constituição Federal, art. 5º, caput e incisos V e X), pressupõe ação ou omissão ilícitas, assim não se caracterizando o exercício regular de direito (Código Civil, art. 160). Como o ordenamento admite e disciplina a resolução contratual por justa causa (CLT, art. 482), o seu manejo pelo empregador não constituirá abuso de direito, mesmo que, em processo judicial, resulte não provada. A caracterização do dano, em tal caso, exigirá a adoção, por parte da empresa, de procedimentos que exponham o trabalhador a sofrimentos superiores aos que a situação, em condições normais, provocaria. Acusação fundada no preceito da CLT e o posterior desemprego não concorrem para a materialização de ato abusivo, rejeitando a condenação às reparações pleiteadas. Dano moral não configurado. Recurso adesivo conhecido e desprovido.TRT 10ª Reg. RO 3839/2002 — (Ac. 3ª T./02) — Rel. Juiz Alberto Bresciani. DJU 06.12.02, p. 32.

7.3. Conversão da dispensa por justa causa no curso do aviso prévio. É possível a conversão da dispensa sem justa causa ou imotivada em justa causa, mas isso deve ocorrer no curso do aviso prévio, quer tenha a falta grave ocorrido no interregno do cumprimento do aviso prévio ou então quando o empregador venha a tomar conhecimento dos fatos motivadores da justa causa depois de notificado o empregado da sua dispensa sem justa causa. De outra parte, se as faltas praticadas pelo empregado já eram de conhecimento do seu empregador, temos no caso a incidência do perdão tácito, já tratado no item 2.6. O procedimento aqui aventado encontra amparo no disposto no art. 491, da CLT, que dispõe: "O empregado que, durante o prazo de aviso prévio, cometer qualquer das faltas consideradas pela lei como justas para a rescisão perde o direito ao restante do respectivo prazo."

Jurisprudência

Ementa: Justa causa. Ato de improbidade. Apuração no curso do aviso prévio. Princípio da determinância. Alteração da causa determinante da ruptura do contrato de emprego. 1. É lícito ao empregador, no curso do aviso prévio, alterar a causa determinante da resolução do contrato de emprego, de despedida imotivada originalmente para dispensa por justa causa, se há constatação e apuração de ato de improbidade cometido pelo empregado na vigência do pacto laboral. 2. O princípio da determinância — vinculação obrigatória do empregador ou do empregado em Juízo ao motivo originário declarado extrajudicialmente para a cessação do contrato — não tem abrigo na lei brasileira, salvo disposição em contrário em normas coletivas. 3. Ademais, constitui um formalismo desnecessário, que não atende à realidade dos fatos e gera denegação de justiça, por via oblíqua, ao impedir que aflore no processo toda a verdade sobre a justa causa para a despedida do empregado, ou a justa causa patronal para o empregado romper o contrato (CLT, art. 483). 4. Se a lei não obriga que se decline o motivo determinante da ruptura do contrato de emprego, passa, então, a ser mera questão processual a possibilidade de substituição, pelo empregado ou pelo empregador, do motivo anteriormente invocado para tanto. Logo, até o momento em que a parte comparece em Juízo, é-lhe lícito alterar a causa antes declinada para a rescisão do contrato (CPC, art. 264). 5. O essencial é saber se antes da resolução do contrato havia a justa causa alegada em Juízo, ainda que o motivo determinante da resilição do contrato, a um primeiro momento, haja sido outro. 6. Embargos conhecidos, por contrariedade à Súmula n. 73 do TST, e providos. TST-E-RR-548.753/1999.1 — (AC. SBDI1) — 15ª Reg. — Red. Desig. Min. João Oreste Dalazen. DJU 22.9.06, p. 827.

Ementa: Justa causa praticada no curso do aviso prévio dado pelo empregador. Invocação de tolerância do empregador sobre o mesmo fato no curso do contrato. Impertinência. A tolerância do empregador em relação aos pequenos atrasos do empregado, ou a outras infrações menores, não significa autorização para o relaxamento, a morosidade, a desídia e a liberdade de comportamento. O limite do empregador é atingido quando dá advertência verbal ou escrita, ou pune de algum modo o comportamento do empregado. Embora os fatos do passado, tolerados e perdoados, não possam ser objeto de punição atual, eles servem como justificativa para as punições atuais, diante de novas infrações do empregado. Dispensado o empregado sem justa causa, e sem que a dispensa esteja relacionada às infrações passadas, e continuando o empregado com seu comportamento desidioso no curso do aviso prévio, nada impede que o empregador transforme a dispensa sem justa causa em dispensa motivada, dentro das hipóteses do art. 482 da CLT. TRT 2ª Reg. RO 02300200206402001 — (Ac. 9ª T. 200507788400) — Rel. Juiz Luiz Edgar Ferraz de Oliveira. DJSP 2.12.05, p. 116.

Ementa: Despedida imotivada. Conversão em justa causa no curso do aviso prévio indenizado. Fatos pretéritos. Impossibilidade. Os efeitos da projeção ficta do aviso prévio indenizado apenas contemplam as faltas eventualmente praticadas no curso deste prazo (art. 491 da CLT). Não têm o condão de alcançar fatos pretéritos, mormente quando o empregador somente revelou preocupação em averiguá-los após a formalização do ato de dispensa. Qualquer alteração que agrave a situação do empregado é veementemente repelida pelo arcabouço principiológico em que se funda o Direito do Trabalho, a exemplo do princípio tuitivo e da singularidade punitiva ou inalteração da punição (Maurício Godinho Delgado, Curso de Direito do Trabalho, LTr, 3. ed, 2004, p. 1188). Não se olvide, ainda, do necessário respeito ao princípio da segurança jurídica. TRT 9ª Reg. RO 11333-2003-652-09-00-4 -(Ac. 2ª T. 21767/05) — Rel. Márcio Dionísio Gapski. DJPR 26.8.05, p. 631.

7.4. A justa causa no período de suspensão ou interrupção do contrato de trabalho. Não há dúvida que durante a interrupção ou suspensão do contrato de trabalho ainda persistem deveres e obrigações por parte do empregador e do empregado espelhados na confiança e no princípio da boa-fé que deve residir em todo contrato de trabalho. Assim, a prática de ato considerado passível de justa causa nesse período de interrupção ou suspensão do contrato de trabalho é possível. Com efeito, *Amauri Mascaro Nascimento* ensina que "O contrato não se suspende; alguns dos seus efeitos continuarão. Em férias, mas habitando o apartamento do edifício do qual é empregado, ou doente e recebendo da organização previdenciária na mesma situação, o zelador do prédio continuará desfrutando da habitação (....). Da mesma maneira, se em dia de folga o empregado vai ao estabelecimento e comete falta grave, por exemplo, agredindo superior, não deixarão de produzir efeitos os atos que praticou. Logo, a suspensão não é do contrato. A suspensão é do trabalho, seus efeitos são determinados pelas normas jurídicas. Suspendem-se com o trabalho algumas obrigações contratuais" (*in Curso de Direito do Trabalho*, 21. ed., 2006, SP: Saraiva, p. 740).

No entanto, predomina na jurisprudência o entendimento de que durante a suspensão do contrato de trabalho a rescisão do contrato por justa causa só poderá ser concretizada quando do retorno do empregado ao serviço. Nesse sentido decisão da SBDI-1 do TST, que consta da parte destinada à jurisprudência.

Jurisprudência

Ementa: Dispensa motivada falta grave caracterização. Comprovado, por meio de prova técnica, que o reclamante, no período de afastamento pelo INSS para tratamento de saúde, ingressou nas dependências da reclamada, de forma sub-reptícia, resta caracterizada a falta grave ensejadora da dispensa motivada do empregado. Recurso desprovido, no particular. TRT 3ª Reg. RO 00460-2006-145-03-00-4 — (Ac. 1ª T) — Rel. Des. Deoclecia Amorelli Dias. DJMG 4.7.08, p. 11.

Ementa: Recurso de revista da reclamada. Auxílio-doença. Suspensão do contrato de trabalho. Justa causa relativa a fato anterior à licença. É válido o ato da dispensa de empregado em gozo do auxílio-doença, por justa causa, quando o fato foi anterior à concessão do benefício e apenas sua apuração ocorreu a *posteriore*, entretanto, ante a ocorrência da suspensão do contrato de trabalho, os efeitos da rescisão contratual ficam postergados para após o fim da referida licença. Recurso de Revista parcialmente provido para declarar a validade do ato da dispensa. ...TST-AIRR-E-RR-751.318/2001.3 — (Ac. 3ª T.) — 12ª Reg. — Rel. Min. Carlos Alberto Reis de Paula. DJU 24.8.07, p. 1.208.

Ementa: Dispensa. Justa causa. Contrato de trabalho suspenso. Impossibilidade. Falta praticada antes do gozo de auxílio-doença. Necessidade de retorno ao trabalho. A efetivação de dispensa por justa causa, em período de suspensão do contrato de trabalho, mostra-se viável se a falta grave for praticada pelo empregado no próprio período suspensivo. No entanto, sendo a falta grave cometida pelo empregado antes do seu ingresso no gozo do benefício previdenciário, mas apurada quando o contrato já se encontre suspenso, a dispensa, embora possa ser, de imediato, comunicada ao obreiro, somente pode ser efetivada depois de finda a causa suspensiva do contrato de trabalho, com o retorno do trabalhador às suas atividades laborativas, consoante se infere da interpretação conjugada dos arts. 471 e 482 da CLT, pois a suspensão do contrato prevalece sobre a dispensa, uma vez que durante o período suspensivo o contrato não gera efeitos, não havendo ônus financeiros para a empresa. Registre-se que esta Corte tem se manifestado no sentido da impossibilidade da dispensa de obreiro cujo contrato de trabalho esteja suspenso em virtude de gozo de benefício previdenciário. Recurso de revista parcialmente conhecido e não provido. TST-RR-59.285/2002-900-12-00.3 — (Ac. 4ª T.) — 12ª Reg. — Rel. Min. Ives Gandra Martins Filho. DJU 21.5.04, p. 570.

Ementa: Suspensão do contrato de trabalho. Dispensa por justa causa. Possibilidade. A suspensão do contrato de trabalho, por força do recebimento de auxílio-doença (art. 476 da CLT), atrai a sustação provisória das principais obrigações contratuais, quais sejam: a prestação dos serviços e o pagamento de salários. Ficam preservados, entretanto, o próprio vínculo entre as partes e certas obrigações contratuais recíprocas, podendo-se citar, a título de exemplo, o compromisso de lealdade contratual. Por conseguinte, é plenamente viável a dispensa por justa causa, mesmo que o contrato de trabalho esteja suspenso, se ficar constatado o cometimento de falta tipificada no art. 482 da CLT, antes da suspensão contratual. TRT 3ª Reg. RO 00733-2005-061-03-00-0 — (Ac. 2ª T.) — Relª. Juíza Convocada Maristela Iris S. Malheiros. DJMG 30.7.08, p. 12.

Ementa: Auxílio-doença. Suspensão do contrato de trabalho. Dispensa por justa causa. Possibilidade. A suspensão do contrato de trabalho, em virtude do afastamento do trabalhador por motivo de doença, estando a perceber do órgão previdenciário auxílio-doença, não impede a sua dispensa por justa causa, quando devidamente comprovados os atos de improbidade a ele imputados, pois não se pode exigir do empregador que, em casos de quebra de fidúcia extrema, mantenha o contrato do trabalho do laborista suspenso, por período indefinido, e ainda concedendo benefícios assegurados pelas normas coletivas da categoria. TRT 3ª Reg. RO 01389-2007-021-03-00-0 — (Ac. 8ª T) — Rel. Juíza Convocada Maria Cristina D. Caixeta. DJMG 12.7.08, p. 27

Ementa: Demissão. Obreiro que se achava no gozo de licença médica previdenciária. Apuração de falta grave cometida por ele ainda no curso efetivo do contrato. Estando suspenso o contrato de trabalho, não a rescisão contratual não pode operar efeitos, ainda que no curso desta suspensão venha a ser constatado o cometimento de falta grave pelo laborista quando tal contrato ainda se achava em efetivo curso. Mas, se tal demissão não pode produzir efeitos no curso da suspensão, não se pode pretender que ela venha ser tida como causadora de perdão tácito ou mesmo no afastamento de imediatidade entre a apuração da falta grave e a imposição da pena de demissão. É por este motivo que, tão logo cesse a suspensão, ela pode ser aplicada de imediato. TRT 10ªReg. RO 01159-2006-011-10-00-4 — (Ac. 3ª T./07) — Rel. Juiz Paulo Henrique Blair DJU3 22.6.07, p. 50.

Ementa: Resolução. Do contrato de trabalho no período de suspensão contratual. Possibilidade. É pacífico o entendimento na doutrina e jurisprudência de que existem obrigações que perduram durante a suspensão ou interrupção contratual, de sorte que havendo violação de cláusula contratual pode haver o rompimento do contrato de trabalho por culpa da parte, valendo ressaltar que somente na hipótese de resilição sem justa causa é que há impedimento para terminação contratual, nunca aquela baseada em falta praticada pelo empregado ou empregador. Portanto, nada obstante a resolução contratual tenha ocorrido durante a licença concedida pelo INSS, é mister destacar que é possível ao empregado ou empregador considerar rescindido o contrato de trabalho por justa causa, na suspensão ou interrupção contratual, posto que neste período ainda permanece entre as partes a necessidade de se observar os princípios da confiança recíproca e da boa fé. O jurista Amauri Mascaro Nascimento ensina: "O contrato não se suspende; alguns dos seus efeitos continuarão. Em férias, mas habitando o apartamento do edifício do qual é empregado, ou doente e recebendo da organização previdenciária na mesma situação, o zelador do prédio continuará desfrutando da habitação (....). Da mesma maneira, se em dia de folga o empregado vai ao estabelecimento e comete falta grave, por exemplo, agredindo superior, não deixarão de produzir efeitos os atos que praticou. Logo, a suspensão não é do contrato. A suspensão é do trabalho, seus efeitos são determinados pelas normas jurídicas. Suspendem-se com o trabalho algumas obrigações contratuais" (in Curso de Direito do Trabalho, Editora Saraiva). Recurso não provido.TRT 15ª Reg. (Campinas/SP) RO 00365-2002-093-15-85-0 — (Ac. 15752/07-PATR, 5ª C.) — Rel. Juiz Lorival Ferreira dos Santos. DJSP 13.4.07, p. 70.

Ementa: Suspensão do contrato de trabalho. Falta grave. Ausência de imediatidade na aplicação da punição. Consequências. Incontroverso que, aproveitando-se da condição de caixa, a autora efetuou saques irregulares em contas correntes e de poupança mantidas na instituição financeira empregadora, resta plenamente caracterizada a falta grave capaz de ensejar a aplicação da pena máxima trabalhista, tendo sido a apuração dos citados fatos concluída quando a obreira, apesar de no pleno exercício de suas faculdades mentais, se encontrava no gozo de benefício previdenciário. Nessa situação, dividida a jurisprudência quanto à necessidade de ser imediatamente aplicada a punição, não se cogita de reintegrar a trabalhadora se, por medida de cautela, preferiu o superior hierárquico aguardar o retorno para praticar o ato, evitando correr o risco de vê-lo anulado e não mais poder praticá-lo, do que resultaria, por via transversa, o premiar da conduta antijurídica antes noticiada. TRT 12ª Reg. RO-VA 01079-2005-009-12-00-0 — (Ac. 3ª T. 03042/07, 12.12.06) — Rel. Juiz Gerson Paulo Taboada Conrado. TRT-SC/DOE 22.3.07.

Ementa: Contrato de trabalho suspenso em razão de auxílio-doença. Justa causa do empregador. Possibilidade de resolução contratual. É inegável que o recebimento do auxílio-doença a partir do décimo sexto dia de afastamento suspende o curso do contrato de trabalho, por força do art. 476 da CLT, impedindo, a princípio, a rescisão contratual. A regra, todavia, não é absoluta. Impede-se a resilição unilateral do contrato por ato do empregador, porquanto um dos efeitos da suspensão é justamente a garantia de retorno do obreiro ao cargo anteriormente ocupado, após desaparecida a causa suspensiva (art. 471 da CLT). A ilação é diversa, no entanto, em se tratando de justas causas, consoante entende o C. TST: "Nula é a dispensa do empregado durante o período de suspensão do contrato, considerando-se como dispensa a resilição unilateral, e não a resolução por motivo faltoso do empregado.(...)(TST-ROAR-450.418-98-Ac. SDI-2-Rel. Juiz Convocado Aloysio Corrêa da Veiga-DJU 6.9.2002. Revista TST, v. 68, julho-dezembro de 2002, p. 382). A viabilidade jurídica de ruptura de contrato suspenso não conduz, todavia, à procedência da pretensão obreira, porquanto não provadas as causas motivadoras aduzidas na peça preambular. Recurso da Reclamante a que se nega provimento. TRT 9ª Reg. RO 00993-2005-015-09-00-2 — (Ac. 1ª T. 30651/06) — Rel. Juiz Ubirajara Carlos Mendes. DJPR 27.10.06, p. 691.

Ementa: Auxílio-doença. Empregado que pratica falta grave. Havendo prática de falta grave é possível a dispensa de empregado em período de auxílio-doença. TRT 12ª Reg. RO-V 03318-2003-022-12-00-5 — (Ac. 2ª T. 11767/04, 28.9.04) — Rel. Juiz Dilnei Ângelo Biléssimo. DJSC 19.10.04, p. 301.

Ementa: Dispensa por justa causa durante a suspensão do contrato de trabalho. A suspensão do contrato de trabalho não obsta a resolução por justa causa; apenas posterga a efetivação da dispensa do empregado para o momento em que cessar a causa suspensiva, porque o pacto, que estava latente, volta a operar em sua plenitude e pode, nessa ocasião, ser extinto. (RO. V. 6125/3003 — 2ª Turma — Rel. Juíza Marta Maria Villalba Fabre). TRT 12ª Reg. RO-V 05712-2003-001-12-00-7 — (Ac. 2ª T. 05516/04, 11.5.04) — Rel. Juiz Dilnei Ângelo Biléssimo. DJSC 1.6.04, p. 200.

Ementa: Processo-crime em andamento a respeito dos fatos discutidos em ação trabalhista. Sobrestamento do feito. Aforado processo-crime com a finalidade de verificar a existência de ilícito cuja ocorrência é premissa básica da ação trabalhista, é altamente aconselhável o sobrestamento da reclamatória na medida em que, na ação criminal, o fato poderá ser tido como inexistente ou, até mesmo, poderá ser decidido que o denunciado não praticou o ato que lhe foi imputado. Em consequência, determinação nesse sentido não representa ato abusivo ou arbitrário do Juízo da causa. TRT 12ª Reg. RO-V 00796-2001-008-12-00-5 — (Ac. 1ª T. 13059/02, 05.11.02) — Rel.: Juiz Marcos Vinicio Zanchetta. Publ. DJSC 21.11.02, p. 159.

Ementa: Nulidade de demissão. Desprovimento. O fato de o contrato de trabalho se encontrar suspenso pelo gozo de licença para tratamento de saúde e, posteriormente, por auxílio-doença não obsta a possibilidade de a empresa apurar a falta grave, sendo a suspensão do contrato preceituada até por lei, como no caso do art. 494 da CLT. Ademais, o cometimento de falta grave sobrepõe-se a qualquer garantia de manutenção de emprego, resguardando-se apenas o direito ao empregado de ter os fatos devidamente apurados, sendo esse o tratamento preconizado pelo nosso ordenamento jurídico pátrio. TRT-12ª Reg. RO-V-08543/00 — (Ac. 2ª T. 01855/01, 16.1.01) — Rel. Juiz Dilnei Ângelo Biléssimo. DJSC 22.2.01, p. 71.

8. As justas causas tipificadas no art. 482 da CLT

a) ato de improbidade. É unanimidade na doutrina e jurisprudência que a justa causa que envolve ato de improbidade é a que exige mais cautela na sua aplicação dado os efeitos que ela acarreta na vida profissional do trabalhador. Ímprobo é o desonesto. Portanto, quem pratica ato de improbidade tem uma conduta desonesta compreendendo aquela que causa prejuízos ao empregador. Pode, eventualmente, existir hipótese em que o ato faltoso não acarreta prejuízo ao empregador, como se dá numa tentativa de furto. Nesse caso não se consumou o ato faltoso, mas a quebra da confiança impossibilitou a continuidade do pacto laboral.

"O furto ou roubo, a apropriação indébita, a simulação, fraude e o dolo de graves consequências, a malícia habitual daquele que a tudo envolve em murmuração e difamação sobretudo em assuntos patrimoniais — tudo isto é improbidade, se praticada a falta em serviço. Em geral, os crimes contra o patrimônio se situam no âmbito da improbidade".[114]

O ato de improbidade praticado fora do serviço, mas com repercussão no contrato de trabalho como a quebra da confiança poderá redundar em justa causa. Imaginemos um alto empregado da empresa que se tenha envolvido em crime de furto ou roubo. Nesse caso, é evidente que houve a quebra de confiança.

O empregado pode "ser ímprobo sem prejudicar patrimonialmente o empregador; e mesmo praticar o ato lesivo fora do ambiente de trabalho, porém, criando situação onde ocorra total perda da fidúcia contratual. Configura-se improbidade, ato de empregado que, conferente em serviços de armazenagem, se envolve, segundo a prova, em imputado crime de roubo a veículo de entrega e às respectivas mercadorias, ainda que estas não pertençam ou tivessem se originado no ambiente do empregador. Fidúcia rompida, porquanto incompatíveis as situações". Rel. Juiz Valdevir Roberto Zanardi (TRT 15ª Reg. (Campinas/SP) RO 01035-2002-032-15-00-9 — (Ac. 5ª T. 11492/2004-PATR), DJSP 16.4.04, p. 86).

De ressaltar também que mesmo que o ato de improbidade não seja consumado a incidência da justa causa poderá ocorrer dada a quebra da confiança que se instaura no pacto laboral.

Duas vertentes também são encontradas nesta justa causa as quais são apontadas por *Gustavo Felipe Barbosa Garcia*: "Há os que entendem que a improbidade refere-se apenas ao prejuízo patrimonial acarretado ao empregador, por ato do empregado, como ocorre no furto, roubo ou apropriação indébita. Há segunda vertente que entende de forma mais ampla, no sentido de que a improbidade não se restringe à lesão ao patrimônio da empresa, podendo ser também um ato desonesto dotado de gravidade. Como exemplo tem-se a falsificação de atestado médico pelo trabalhador".[115]

Aliás, o conceito mais elástico é encontrado na jurisprudência de nossos Tribunais trabalhistas, embora na prática fosse melhor situar os atos que tem menor relação com o de improbidade, como de mau procedimento.

Jurisprudência

Ementa: Agravo de instrumento. Recurso de revista. Justa causa. Falta grave. Apresentação de atestado médico falso. A Corte Regional firmou seu convencimento na análise das provas produzidas nos autos, primordialmente na prova técnica, que concluiu que os atestados médicos carreados aos autos são falsos, o que caracteriza a falta grave e justifica a demissão da autora por justa causa. Acrescentou, ainda, que não é importante saber se quem falsificou os atestados foi a clínica, mas sim que são falsos, e quem deles está de posse, ou faz uso, é tão falsário quanto o seu autor. É de se manter o despacho agravado, ante os termos do entendimento contido na Súmula n. 126 desta Corte. Agravo de instrumento não provido. TST-AIRR-71.697/2002-900-01-00.1 — (Ac. 4ª T.) — 1ª Reg. — Relª. Juíza Convocada Maria Doralice Novaes. DJU 15.6.07, p. 845.

Ementa: Recurso de revista. Dispensa por justa causa. Ato de improbidade. Confissão extrajudicial. Validade. De acordo com o art. 353 do CPC, a confissão extrajudicial, feita por escrito à parte ou a quem a represente, tem a mesma eficácia probatória da judicial.

---

(114) BERNARDES. Hugo Queiros. *Direito do Trabalho*. V. I, São Paulo: LTr, p. 409.
(115) *Curso de Direito do Trabalho*. São Paulo: Método, 2007. p. 382.

O art. 334, inciso II, do CPC, por sua vez, estabelece que não dependem de prova os fatos afirmados por uma parte e confessados pela parte contrária. Sendo assim, ao trazer aos autos documento por meio do qual a reclamante admite que se apropriou de numerário do caixa da empresa, a reclamada se desincumbiu do ônus de provar o motivo que ensejou a dispensa por justa causa. Em semelhante contexto, cabia à reclamante comprovar a alegação de que a confissão extrajudicial do ato de improbidade foi emanada de coação, porque não há como presumir a existência de vício de consentimento pelo simples fato de a aludida confissão ter sido obtida enquanto vigente o contrato de trabalho. Recurso conhecido e provido para julgar improcedentes os pedidos deduzidos na petição inicial. TST-RR-514.686/1998.6 — (Ac. 1ª T.) — 8ª Reg. — Rel. Juiz Convocado Altino Pedrozo dos Santos. DJU 25.2.05, p. 908.

Ementa: Dispensa. Justa causa. Ato de improbidade. Desídia. Configuração. 1. A configuração de improbidade (art. 482, 'a', da CLT) supõe a prática de atos em que resulte comprovada de forma sólida a má-fé, ou que revelem claramente desonestidade, abuso, fraude. Sobressai, como condição essencial à configuração da improbidade, o dolo do agente. 2. Já a desídia (art. 482, 'e', da CLT), se não requer a presença do dolo exigido na improbidade, pressupõe a existência ao menos de negligência ou imprudência — ou, ainda, para alguns, também de imperícia —, como expressões da culpa nessa modalidade de justa causa. 3. Assim, afigura-se inviável a caracterização das aludidas faltas justificadoras de dispensa motivada se o acórdão recorrido não consigna a existência de algum desses elementos. 4. Agravo de instrumento a que se nega provimento. TST-AIRR-813.783/2001.0 — (Ac. 1ª T.) — 12ª Reg. — Red. Desig. Min. João Oreste Dalazen. DJU 15.10.04, p. 468

Ementa: Ato de improbidade. Justa causa. A improbidade, por sua natureza, é daquelas faltas que traduzem violação de uma obrigação geral de conduta, constituindo, sempre, falta bastante a justificar a resolução do contrato. Confiança e improbidade do empregado são figuras inteiramente incompatíveis entre si. Recurso a que se nega provimento. TRT 3ª Reg. RO 00057-2008-100-03-00-6 — (Ac. 5ª T) — Rel. Juíza Convocada Rosemary de O. Pires. DJMG 5.7.08, p. 16.

Ementa: Justa causa. Quando constatada a improbidade, esta se sobrepõe ao que se possa invocar em se tratando de antecedentes ou de tempo de serviço do trabalhador, pois a gravidade do fato, automaticamente, ocasiona a quebra da confiança que deve imperar nas relações entre empregado e empregador. Viável a imputação de falta grave, desde logo, mesmo considerando a ausência de advertência e punição anteriores por outras faltas, afetas à gradação da pena. Como constou da r. sentença recorrida, da lavra do i. Juiz Fernando Hoffmann, "Não há que se falar em excesso de rigor no exercício do poder patronal de punir seus empregados, dado que se um empregado é capaz de adulterar um documento médico, a dúvida quanto ao exato cumprimento dos diversos deveres — dentre eles o de lealdade, o mais atingido — tornar-se-ia algo permanente nas mentes de seus chefes e dos titulares da empresa.(...) Também o tempo de serviço prestado ao empregador não importa para o deslinde da controvérsia em exame, na medida em que a justa causa aplicada não diz respeito ao conjunto de atos ou omissões observados ao longo do período de vigência contratual. E se o ex-empregado não concordou com o atendimento médico que lhe foi prestado, deveria ter tomado as medidas cabíveis em relação àqueles que são responsáveis pelo serviço prestado, não contra o empregador, buscando locupletar-se de sua própria torpeza." TRT 9ª Reg. RO 00837-2006-068-09-00-8 — (Ac. 2ª T. 00877/08) — Relª. Ana Carolina Zaina. DJPR 18.1.08, p. 819.

Ementa: Justa causa. Configuração. Tendo em vista a gravidade da conduta da reclamante, consubstanciada na utilização de atestado médico adulterado, com o fito de justificar ausência ao serviço, não há como exigir tolerância por parte da empresa, restando inviabilizada a continuidade do vínculo e autorizada a ruptura do contrato de trabalho por justa causa, com espeque na alínea "a" do art. 482 da CLT. Recurso ordinário a que se nega provimento. TRT 2ª Reg. RS 02191200305102007 — (Ac. 5ª T. 20070953249) — Relª. Anelia Li Chum. Doe/TRT 2ª Reg. 13.11.07, p. 539.

Ementa: Justa causa. Ato de improbidade. Quebra da confiança. O art. 482 da CLT enumera várias hipóteses de justa causa para o empregador demitir o empregado, dentre as quais, o ato de improbidade. Referido ato consiste na conduta que atenta contra o patrimônio do empregador ou de terceiro, praticada pelo empregado com o fito de obter vantagens para si ou para outrem. Devido aos efeitos danosos que pode causar à vida profissional e social do empregado, inclusive no âmbito familiar, a caracterização da prática do ato de improbidade exige prova robusta, cujo ônus é do empregador (Inteligência do art. 818, CLT). Comprovada a prática de ato que incrimina o empregado, capaz de romper a confiança do empregador, está autorizada a rescisão contratual por justa causa. TRT 10ª Reg. ROPS 00463-2007-005-10-00-3 — (Ac. 1ª T./07) — Rel. Juiz Pedro Luis Vicentin Foltran. DJU3 26.10.07, p. 15.

Ementa: Justa causa. Improbidade. A retenção de valores monetários pelo empregado exercente da função de Caixa da empresa, mesmo em quantias pequenas (valor de um lanche), não tem o condão de afastar a gravidade do ato cometido, mormente quando se constata a inexistência de qualquer registro relativo à venda efetuada em valor equivalente àquele retido, fato que não se coaduna com a conduta esperada de qualquer empregado, o que justifica a sua dispensa por justo motivo em virtude da prática de ato de improbidade. TRT 10ª Reg. RO 00291-2007-003-10-00-5 — (Ac. 1ª T./07) — Relª. Juíza Elaine Machado Vasconcelos. DJU3 28.9.07, p. 20.

Ementa: Justa causa. Ato de improbidade. Configuração. Há quebra de confiança entre empregado e empregador, ensejando a despedida por justa causa, o ato do reclamante de entregar o seu cartão de ponto para outro colega bater, em seu lugar. É ato desonesto vez que visou falsificar uma jornada de trabalho não realizada pelo reclamante. TRT 23ª Reg. RO 00427.2007.051.23.00-0 — (Sessão 26/07) —.Rel. Des. Osmair Couto. DOE/TRT 23ª Reg. n. 295, 10.8.07, p. 10/11.

Ementa: Justa causa. Confissão da autoria do furto na esfera policial pelo autor x ausência da materialidade do delito. Efeitos: quebra da fidúcia pelo empregador e terminação do ajuste por justa causa. A não-comprovação da posse do objeto furtado pelo empregado, cujo crime foi confessado na esfera policial, não afasta a possibilidade do reconhecimento da justa causa, cuja ocorrência não está vinculada à comprovação da tipificação penal, da materialidade e da autoria do crime. O contrato de trabalho revela-se "intuitu personae" em relação ao empregado, ou seja, é baseado na fidúcia depositada pelo empregador. Uma vez quebrada a confiança com a prática de ato desonesto pelo empregado, a terminação do ajuste se dá por justa causa (ato de improbidade), independentemente da consumação ou não de delito. TRT 12ª Reg. RO-V 05839-2005-047-12-00-5 — (Ac. 3ª T. 09919/07, 15.5.07) — Relª Juíza Lília Leonor Abreu. TRT-SC/DOE, 13.7.07.

Ementa: Justa causa. Improbidade. Nos termos do art. 482, letra h e j, da CLT, constitui justa causa para rescisão do contrato de trabalho a prática de "ato de indisciplina e insubordinação" e "ato lesivo da honra ou boa fama praticado no serviço contra qualquer pessoa, ou ofensas físicas, nas mesmas condições, salvo em caso de legítima defesa, própria ou de outrem". Restando evidenciado, a partir do conjunto probatório coligido ao feito, que o autor recusou-se a cumprir as ordens de seu supervisor, agredindo-o com palavras de baixo calão, tem-se configurada a prática de falta grave, que autoriza a sua imediata dispensa por justa motivação. Recurso a que se nega provimento. TRT 3ª Reg. RO 00697-2006-028-03-00-1 — (Ac. 1ª T.) — Rel. Juiz Convocado Jose Marlon de Freitas. DJMG 18.5.07, p. 6.

Ementa: Justa causa. Configuração. Ato de improbidade. Confissão ficta extrajudicial. A confissão ficta extrajudicial feita a terceiro, conceito no qual se enquadra a obtida de depoimento prestado perante a autoridade policial, não é destituída de validade, não se afastando por mera negativa, cabendo ao juiz, no seu livre convencimento, sopesá-la. Inteligência dos arts. 131 e 353, ambos do Código de Processo Civil. No caso em deslinde, infere-se, com segurança, que a confissão colhida no inquérito policial apresenta a consistência e a robustez necessárias para a comprovação da justa causa praticada pelo autor. TRT 18ª Reg. RO 00877-2006-101-18-00-0 — (Ac. 1ª T.) — Relª. Des. Kathia Maria Bomtempo de Albuquerque. DJE, Ano I, n. 66, 15.5.07, p. 02.

Ementa: Justa causa. Improbidade. Sacar os volumosos depósitos do FGTS, ciente de que resultaram de equívoco da Reclamada, e resistir ao ressarcimento do dano foram atos de má-fé e desonestidade do Reclamante. Tem-se como configurada a improbidade, dada a potencial lesão patrimonial causada à empresa, suficiente para abalar a confiança depositada no Reclamante, apesar da prestação de serviços de quase 18 anos. TRT 18ª Reg. RO-00213-2006-002-18-00-0 — (Ac. 1ª T.) — Rel. Des. Luiz Francisco Guedes de Amorim. DJE/TRT 18ª Reg. n. 22, 7.3.07, p. 08.

Ementa: Justa causa. Caixa bancário. Atos de indisciplina e de improbidade. Quebra de fidúcia. A atividade desempenhada pelo obreiro, como caixa bancário, revela exigência de conduta ilibada na execução de suas tarefas no trato com valores, não sendo razoável aceitar a manipulação de títulos para efetivar quitações descabidas, em favor de terceiro, ainda que, depois, tenha sido o prejuízo minimizado pela restituição dos valores por parente beneficiado, já que a justa causa não se examina apenas pelo resultado da ação, mas pela própria conduta imprópria eleita pelo obreiro. A pena de demissão por justa causa, pois, não se mostra desproporcional quando se percebe que não havia mero erro de interpretação de normas internas ou conduta de boa-fé, mas nítida intenção de locupletamento pelo obreiro, em favor de sua família, a partir do benefício obtido por seu pai e por sua esposa na quitação de títulos de cobrança com cheques sabidamente desprovidos de fundos, considerando a indicação de dados que dificultariam à instituição a percepção da fraude, a denotar, na máscara do ato, apenas a tentativa de fugir à responsabilidade. A perda da fidúcia necessária à manutenção do vínculo de emprego, dada a gravidade da falta obreira, é autorizador para a pena aplicada pela empresa para a resilição contratual. Justa causa mantida. TRT 10ª Reg. RO 01548-2004-101-10-00-9 — (Ac. 2ª T./07) — Rel. Juiz Alexandre Nery de Oliveira. DJU3 2.3.07, p. 29/30.

Ementa: Atestado médico falso. Configuração de hipótese autorizadora da dispensa por justa causa.

Imediatidade. A apresentação de atestado médico comprovadamente falso à empregadora, com a finalidade de justificar faltas ao serviço, encontra tipificação no art. 482, a, da CLT, autorizando a dispensa por justa causa. A data do atestado médico falso não é relevante para a aferição da imediatidade da aplicação da penalidade máxima à Obreira. O lapso temporal decorrido entre a apresentação do atestado à empresa e a data da dispensa, que, *in casu*, foi de aproximadamente onze dias, deve ser tido como razoável para a necessária apuração do fato. TRT 3ª Reg. RO 01662-2005-010-03-00-0 — (Ac. 8ª T.) — Rel. Des. Marcio Ribeiro do Valle. DJMG 6.2.07, p. 30.

Ementa: Justa causa. Improbidade. Impossibilidade de manutenção do contrato de trabalho. O acolhimento de justo motivo para a dispensa, caracterizando-se como fato impeditivo à percepção das verbas rescisórias, exige que a falta imputada ao empregado seja de tal gravidade que inviabilize, por completo, a manutenção do contrato de trabalho, pela quebra da boa-fé e confiança existentes entre as partes. O ato praticado pelo autor — permitir pessoa não autorizada adentrar nas dependências da ré e deixar sair com materiais a ela pertencentes e negociados por ele — implica em improbidade, a macular, irremediavelmente, as relações empregatícias, inviabilizando a continuidade do contrato de trabalho. TRT 3ª Reg. RO 00175-2006-087-03-00-7 — (Ac. 3ª T.) — Rel. Juiz César P. S. Machado Jr. DJMG 2.12.06, p. 4.

Ementa: Justa causa. Ato de improbidade. Condenação criminal. A justa causa por improbidade (art. 482, alínea "a", da CLT) configura-se a mais grave forma de extinção contratual, uma vez que impõe ao empregado a pecha de desonesto, tornando indesejável o prosseguimento do contrato de trabalho ante a perda da fidúcia. Nesse passo, para ser aplicada, deve ser cabalmente comprovado o ato de improbidade, sem qualquer margem de dúvida. Levando-se em consideração os depoimentos das testemunhas e a Ata de Assembleia apontando que a obreira desviava numerário que recebia em virtude do desempenho de sua função junto ao Sindicato, caracterizada está a improbidade. Sopesando-se a esses fatos, advém sentença criminal que condenou a reclamante pelo crime de apropriação indébita, deixando absolutamente clara a autoria e materialidade do delito. TRT 9ª Reg. RO 01039-2003-025-09-00-2 — (Ac. 4ª T. 29584/06) — Rel. Juiz Luiz Celso Napp. DJPR 17.10.06, p. 443.

Ementa: Justa causa. Ato de improbidade. Subtração de bens da empresa. Verbas rescisórias. Verificado que o empregado, efetivamente, tentou subtrair bens pertencentes à empresa, propósito malogrado pela oportuna intervenção de um membro da equipe de segurança patrimonial, tal constitui evidente falta grave, na medida em que encerra ato de improbidade capaz de fraturar, em definitivo, o elemento fiduciário indispensável à normal continuidade do vínculo (CLT, art. 482, "a"), a autorizar a dispensa por justo motivo. Recurso desprovido. TRT 10ª Reg. ROPS 00829-2006-102-10-00-2 — (Ac. 3ª T./06) — Rel. Juiz João Luis Rocha Sampaio. DJU3 6.10.06, p. 27.

Ementa: Justa Causa. Ato de improbidade. Trabalhador que apresenta atestados médicos falsos com o intuito de justificar sua ausência ao trabalho. Dispensa por justa causa que se legitima. Recurso não provido. TRT 2ª Reg. RO 02494200338302009 — (Ac. 1ª T. 20060080978) — Rel. Juiz Plínio Bolivar de Almeida. DJSP 14.3.06, p. 89.

Ementa: Justa causa. Caracterização. A adulteração da leitura de aparelhos de medição da eficiência das máquinas, pelo empregado, com o objetivo de aumentar a produtividade e, consequentemente, sua parcela no Programa de Participação de Resultados da empresa, configura infringência ao previsto na letra "a" do art. 482 da CLT, sendo legítima a rescisão do contrato de trabalho por justa causa. TRT 12ª Reg. RO-V 00690-2004-039-12-00-2 — (Ac. 3ª T. 00639/06, 29.11.05) — Rel. Juiz Gilmar Cavalheri. DJSC 20.1.06, p. 173.

Ementa: Justa causa. Manipulação de dados nos mapas de produção de vendas para registrar alcance das metas em todos os meses. Percepção de comissões indevidas. Configuração de improbidade. Estipulando o contrato de trabalho do autor a meta mensal a ser alcançada, não lhe é autorizado, ainda que verificasse que outros vendedores assim o fizessem por praxe, manipular os dados sobre as vendas, distribuindo-os ao longo dos meses de maneira a sempre demonstrar o alcance das metas exigidas e, consequentemente, a percepção das respectivas comissões que, no mais das vezes, nem sequer seriam devidas. Configurada a improbidade, correta a dispensa por justa causa praticada pelo empregador. TRT 12ª Reg. RO-V 01857-2004-036-12-00-3 — (Ac. 3ª T. 13955/05, 04.10.05) — Rel. Juiz Gracio Ricardo Barboza Petrone. DJSC 29.11.05, p. 215.

Ementa: Demissão por justa causa. Ato de improbidade. Apropriação indevida de valores. Provado que o empregado efetuou vendas de mercadorias a diversos clientes, cobrando destes o valor real dos produtos, mas, ao emitir as notas fiscais, efetuava descontos não autorizados pela empresa, apropriando-se das diferenças entre o valor efetivamente pago e o consignado nas notas fiscais, resta configurado ato de improbidade, nos termos do art. 482, "a", da CLT, fato que enseja sua demissão por justa causa. TRT 17ª Reg. RO 00601.2000.151.17.00.2 — (Ac. 8046/2005) — Rel. Juiz José Luiz Serafini. DJES 26.10.05, p. 7990.

Ementa: Justa causa. Improbidade. A improbidade, por se caracterizar na mais grave das imputações que o empregador pode capitular como motivo ensejador da ruptura do pacto laboral que mantém com o empregado, deve ser cabalmente provada, já que marcará indelevelmente a vida profissional do trabalhador por colocar em cheque a sua honestidade. Entretanto, não se pode olvidar que pelo princípio da imediação é o Juiz de primeiro grau, que mantém contato direto com as partes e testemunhas, que tem melhores condições de aferir a verdade real e, portanto, de proferir sentença mais justa. Assim, é fato relevante a declaração por ele prestada na sentença de que está absolutamente convicto da prática pelo autor do fato a ele imputado, assim como no que respeita à credibilidade dos depoimentos prestados em Juízo. TRT 12ª Reg. RO-V 00311-2005-020-12-00-0 — (Ac. 3ª T. 13027/05, 20.09.05) — Rel. Juiz Edson Mendes de Oliveira. DJSC 25.10.05, p. 222.

Ementa: 1. Justa causa. Ato de improbidade. O ato criminoso do empregado, mesmo agindo fora das dependências da empresa e sem lesão ao patrimônio desta, caracteriza a improbidade e, portanto, rompe a confiança sobre a qual se embasa a relação de emprego, implicando justo motivo para a rescisão contratual nos termos do art. 482, "a" da CLT. 2. Recurso conhecido e desprovido. TRT 10ª Reg. RO 00283-2005-005-10-00-0 — (Ac. 2ª T./05) — Rel. Juiz Brasilino Santos Ramos. DJU3 7.10.05, p. 38.

Ementa: Justa causa. O procedimento adotado pelo Reclamante de manipulação dos registros de ponto, à revelia de seu empregador e em benefício próprio, constituiu-se em ato suficiente para a quebra da fidúcia necessária à manutenção da relação de emprego, o que impõe o acolhimento do justo motivo para a dispensa, nos termos do que dispõe o art. 482, letra "a", da CLT. Justa causa reconhecida. TRT 10ª Reg. RO 00658-2004-007-10-00-3 — (Ac. 1ª T./05) — Rel. Juiz Alexandre Nery de Oliveira. DJU3 23.9.05, p. 9.

Ementa: Ato de improbidade. Facilitação em furto. Justa causa. Sentença homologatória de acordo no juízo penal. Efeitos. Ainda que a sentença homologatória da transação penal não se torne título executivo no juízo cível, tal fato não impede o reconhecimento da prática de ato de improbidade do empregado, apto a quebrar a fidúcia inerente ao contrato de trabalho e justificar a ruptura do contrato por justa causa, quando adequadamente apurado que o reclamante facilitou a prática de furto por outro empregado. TRT 3ª Reg.RO 01700-2004-043-03-00-5 — (Ac. 5ª T.) — Rel. Juiz Luiz Philippe V. de Mello Filho. DJMG 11.6.05.

Ementa: Improbidade. Fraude. Conivência. Quebra da confiança. Admitindo o trabalhador ter conhecimento de fraude perpetrada por colegas de trabalho contra o empregador, praticada ao longo do tempo, com a sua conivência, a dispensa por improbidade se justifica, mormente se procura, inicialmente, acobertar os colegas ao ser questionado sobre os fatos inquinados. TRT 3ª Reg. RO 00583-2004-057-03-00-5 — (Ac. 5ª T.) — Rel. Juiz José Murilo de Morais. DJMG 30.4.05, p. 15.

Ementa: Justa causa. Furto. Confissão em inquérito judicial. A confissão de furto em inquérito judicial, através de documento não impugnado, aliada à aceitação, pela acusada, da suspensão do processo crime, na forma da Lei n. 8.099/95, comprova a justa causa alegada como motivo ensejador da dispensa. TRT 3ª Reg. RO 02059-2003-104-03-00-0 — (Ac. 4ª T.) — Rel. Juiz Fernando Luiz G. Rios Neto. DJMG 12.2.05, p. 10.

Ementa: Justa causa. Ato de improbidade. Acolhimento. Demonstrando a prova dos autos que a obreira, prevalecendo-se de suas funções de orientadora de Caixa no estabelecimento reclamado, engendrou esquema para passar mercadoria por sobre o caixa, sem o devido registro e pagamento, evidencia-se a quebra de fidúcia na relação de emprego, autorizando a dispensa por justa causa, tipificada no art. 482, a, da CLT. TRT 18ª Reg. ROS-01218-2004-006-18-00-3 — Rel. Juiz Luiz Francisco Guedes de Amorim. DJGO 28.1.05, p. 32.

Ementa: Justa causa. Improbidade. Furto de mercadoria da empregadora. Declarações prestadas pelo empregado perante autoridade policial. Validade. Admitindo o empregado perante autoridade policial que cometeu furto de mercadorias da empresa para a qual trabalha, sem que haja prova de coação para que prestasse tais declarações, comprovada está a justa causa para a rescisão do contrato de trabalho, na forma do art. 482, "a", da CLT. TRT 10ª Reg. RO 00922-2004-101-10-00-9 — (Ac. 1ª T./2004) — Rel. Juiz Pedro Luis Vicentin Foltran. DJU3 3.12.04, p. 19.

Ementa: Improbidade. Inexistência de lesão ao patrimônio do empregador. Ato praticado pelo empregado fora do ambiente de trabalho — Repercussão na fidúcia contratual Configuração: "Ato de improbidade é todo aquele que não se coaduna com os padrões de moral de uma dada sociedade em dado momento" (SAAD), podendo o empregado ser ímprobo mesmo sem prejudicar patrimonialmente o empregador; e mesmo praticar o ato lesivo fora do ambiente de trabalho, porém, criando situação onde ocorra total perda da fidúcia contratual. Configura-se improbidade, ato de empregado que, conferente em serviços de armazenagem, se envolve, segundo a prova, em imputado crime de roubo a veículo de entrega e às respectivas mercadorias, ainda que estas não pertençam ou tivessem se originado no ambiente do empregador. Fidúcia rompida, porquanto incompatíveis as situações. Recurso provido.TRT 15ª Reg. (Campinas/SP) RO 01035-2002-032-15-00-9 — (Ac. 5ª T. 11492/2004-PATR) — Rel. Juiz Valdevir Roberto Zanardi. DJSP 16.4.04, p. 86.

Ementa: Justa causa. O reclamante, exercendo as funções de cobrador, possibilitando a entrada de passageiros pela roleta em "meia lua", configura-se ato de improbidade, rompendo com o elemento fiduciário da relação empregatícia, restando cabível a dispensa por justa causa. TRT 1ª Reg. RO 221/96 — (Ac. 3ª T.) — Relª. Juíza Maria das Graças Cabral Viégas Paranhos. DJRJ 21.1.04, p. 241.

Ementa: Justa causa. Improbidade. Improbidade significa má qualidade, imoralidade, malícia. Quando constatada, independe do valor econômico do resultado da conduta. Pouco importa se houve tentativa de subtração de alto ou baixo valor econômico. A gravidade do fato, automaticamente, ocasiona a quebra da confiança e da expectativa no bom e autêntico relacionamento que até então existiu. Assim, justifica-se a aplicação da penalidade máxima, qual seja, a dispensa por justa causa, ainda que o trabalhador tenha o passado funcional ilibado. TRT 2ª Reg. RO 59387200390202007 — (Ac. 3ª T. 20030655433) — Rel. Juiz Sérgio Pinto Martins. DJSP 02.12.03, p. 160.

Ementa: Justa causa. Improbidade. A confecção de recibos de despesas pelo próprio empregado, objetivando comprovar gastos a serem futuramente ressarcidos pela sua empregadora, sem a autorização desta, é procedimento que legitima a resolução do contrato de trabalho, ante a quebra da fidúcia inerente à relação laboral. TRT 12ª Reg. RO-VA 05031-2002-035-12-00-5 — (Ac. 1ª T. 10679/03, 11.09.03) — Relª. Juíza Maria do Céo de Avelar. DJSC 07.11.03, p. 189.

Ementa: Improbidade. Atentado contra patrimônio de colega de trabalho. O ato de improbidade caracteriza-se não somente quando o trabalhador atenta contra patrimônio do empregador, mas também quando atenta contra patrimônio de terceiros, dentro dos domínios da empresa. Assim, a rescisão contratual por justa causa, nos termos da alínea "a" do art. 482 da CLT, é autorizada em relação a empregado que se apropria, indevidamente, de veículo de colega de trabalho que estava estacionado no pátio da empresa, sem qualquer autorização, ainda que não tivesse a finalidade última de furtá-lo. TRT 12ª Reg. RO-V 01551-2002-011-12-00-9 — . (Ac. 3ª T. 11398/03, 23.10.03) — Rel.: Juiz Gerson Paulo Taboada Conrado. DJSC 20.11.03, p. 189.

Ementa: Justa causa. Improbidade. Caracterização. A adulteração de data de atestado médico para justificar a ausência e pagamento de salários, implica em ato de improbidade, justificador da resilição contratual por justa causa — art. 482, letra "a" da CLT. TRT 15ª Reg. (Campinas/SP) ROPS 00715-1999-021-15-00-5 — (Ac. 1ª T. 019672/2003-PATR) —Rel. Juiz Luiz Antonio Lazarim. DJSP 11.07.03, p. 66.

Ementa: Dispensa por justa causa. Improbidade. Rompimento do elo de fidúcia. A conduta do reclamante, ao exigir vantagem que sabia indevida, rompe o indispensável elo de fidúcia que deve permear a relação de emprego. Irrelevante o fato da vítima não manter relação empregatícia com a empresa já que havia um liame contratual de natureza civil (seguro opcional) a qualificá-la como beneficiária do contrato firmado pelo cônjuge empregado do estabelecimento até o momento de sua morte. Também despiciendo que a operação engendrada pelo autor não haja sido consumada, pois o dolo ou intenção de fraudar direitos é suficiente para caracterizar a improbidade, que segundo o dicionarista Aurélio Buarque de Holanda Ferreira é sinônimo de desonestidade. Portanto, desnecessária a existência de sentença criminal transitada em julgado para a caracterização de justo motivo para a dispensa por justa causa. TRT 2ª Reg. RO 25263200290202007 — (Ac. 4ª T. 20030024611) — Rel. Juiz Paulo Augusto Câmara. DJSP 7.2.3, p. 20.

Ementa: Improbidade. Prova. Quando um empregado reconhece-se perante o empregador como responsável por práticas ímprobas, e acusa companheiro de trabalho de delas obter resultado em proveito próprio, alegando a divisão dos valores ilegitimamente apossados por aqueles meios ilegítimos, a acusação de improbidade alcançando o outro empregado tem de ser cumpridamente provada. Não se pode admitir como provada esta imputação quando o dela acoimado a nega e o elemento informativo a respeito do fato é exclusivamente noticiado por aquele que fez a denúncia, porque este tem seu próprio interesse na versão que apresentou, e uma vez que o empregador assume a acusação, e passa a endereçá-la àqueloutro, os dois se irmanam nos mesmos propósitos, do que resulta que o acaso informado pelo primitivo denunciante não se presta à formação de convencimento do Juízo e não pode ser aceito como prova do fato. TRT 3ª Reg. RO -13978/02 — (Ac. 2ª T.) — Relª. Juíza Maria de Lourdes G. Chaves. DJMG 22.1.03, p. 06.

Ementa: Justa causa. Investigação policial. Ausência de isenção do agente público. Ato de improbidade. Não comprovação. A demissão do empregado embasada em justa causa exige prova robusta do comportamento definido em lei como contrário às boas relações contratuais. A investigação policial não traz, por si só, presunção de autoria do comportamento imputado ao empregado, especialmente quando constatado que os agentes públicos encarregados da investigação não agiram com a isenção esperada de autoridades investidas de poder de polícia. Não comprovada a falta grave para a demissão, o contrato de trabalho extingue-se sob a modalidade rescisória sem justo motivo. O relatório a admissibilidade e as partes aspeadas, na forma regimental, são da lavra de S. Exª o Juiz Relator. TRT 10ª Reg. RO 00289-2006-021-10-00-7 — (Ac. 1ª T./07) — Red. Juíza Elaine Machado Vasconcelos. DJU3 15.6.07, p. 5.

Ementa: Ato de improbidade. Continuidade da atividade laborativa. Perdão tácito. A improbidade, dentre as justas causas elencadas na CLT, é a mais séria imputação feita ao trabalhador, porque o estigmatiza profissional e socialmente, constituindo-se em uma mácula que ele carregará para o resto de sua vida. Assim, configurado o ato de improbidade, deve-se imediatamente operar a rescisão do contrato de trabalho, já que abortada a fidúcia necessária para a continuação do vínculo de emprego. Porém, permitindo a Reclamada a continuidade do vínculo por mais cinquenta dias, ciente da atitude obreira, tal fato implica dizer que se os atos praticados pelo empregado tivessem se revestido, para a empregadora, da gravidade imputada, deveria ter demitido o Autor na oportunidade em que teve conhecimento dos mesmos, não mais permitindo qualquer espécie de prestação de serviço e, se não o fez, como, de fato, foi apurado, caracterizou-se o perdão tácito, presumindo-se que a falta fora implicitamente perdoada, no que concerne ao exclusivo âmbito trabalhista, elidindo, assim, a demissão por justa causa. TRT 3ª Reg. RO 02091-2006-140-03-00-2 — (Ac. 8ª T.) — Rel. Des. Márcio Ribeiro do Valle. DJMG 6.2.07, p. 31.

Ementa: Justa causa. Invalidade. Inobservância da gradação das penas. A apropriação de 18 latinhas de refrigerante e uma de cerveja pelo reclamante e seu companheiro, sem autorização da empresa, certamente que constitui falta punível, mas não de molde a ensejar a aplicação da penalidade máxima, que tem sérias repercussões na vida profissional do trabalhador, e deve ser aplicada apenas em último caso. Em verdade, do que se denota da leitura dos depoimentos testemunhais, já tinha ocorrido de a empresa distribuir as sobras dos refrigerantes de festas que eram destinadas a apenas alguns empregados 'mais graduados', e desta feita os dois empregados resolveram tomar a iniciativa por si próprios. Não há como crer que pretendiam obter algum proveito econômico com um número pouco expressivo de bebidas, motivo pelo qual não se vislumbra a quebra da fidúcia inerente ao contrato de trabalho para que se possa rescindi-lo motivadamente. TRT 3ª Reg. RO 01077-2005-047-03-00-7 — (Ac. 3ª T.) — Rel. Juiz Paulo Roberto Sifuentes Costa. DJMG 25.2.06, p. 8.

Ementa: Improbidade. Justa causa. Inocorrência. Auxiliar de enfermagem, portador de dores lombares, que, respaldado por atestado médico, falta a um dia de serviço, em hospital em que, sozinho, dá banho em pacientes, inclusive obesos, não merece a pecha de desonesto por, no mesmo dia, à noite, ter trabalhado em outro hospital, onde desempenha atividades mais leves, ligadas à administração de medicamentos. Improbidade não caracterizada. O empregado não quis se beneficiar de vantagem ilícita nem tentou ludibriar o empregador mediante uso de atestado falso. TRT 3ª Reg. RO 01266-2003-014-03-00-7 — (Ac. 2ª T.) — Relª Juíza Olívia Figueiredo Pinto Coelho. DJMG 30.6.04, p. 13.

Ementa: Justa causa. Improbidade. Subjetivação. Descabimento. "Se há uma justa causa que não admite (se isso fosse possível) subjetivação, é a improbidade: ninguém é mais ou menos honesto. Na aplicação dessa figura o juiz não pode, sem violar a lei e o ordenamento jurídicos, deixar-se levar pelo critério dos standards jurídicos, em relação à pessoa do trabalhador dependente; não pode encarar o 'ímprobo' enquanto trabalhador, ao invés de o trabalhador enquanto 'ímprobo': o trabalhador se confunde com o cidadão: a palavra 'improbidade' abrange toda a sua personalidade, na mais absoluta integralidade; não é desonesto, sem caráter, sem honra o trabalhador fulano de tal, porém o cidadão fulano de tal, que no serviço ou em razão dele, deu ansas à sua má personalidade. O desonesto o é de corpo inteiro, não de 'rosto'ou 'meio busto'. (...) Mesmo aqueles que individualizam a pena, que advogam a proporcionalidade etc., hão de concordar que o 'ato de improbidade', sendo de natureza dolosa, deve ser encarado sob o aspecto de sua natureza antológica, sem levar em conta a situação pessoal do agente. Basta um só ato (ou omissão) de improbidade, e eis que surge a incriminação: mesmo na esfera penal, quem nunca delinquiu, mas delinque, está sujeito a pena, embora com atenuantes." (Antônio Lamarca, Manual das Justas Causas, RT, 1977, p. 345/346). TRT 3ª Reg. RO 00884-2003-063-03-00-0 — (Ac. 6ª T.) — Relª. Juíza Cristiana M. Valadares Fenelon. DJMG 17.6.04, p. 12.

b) incontinência de conduta ou mau procedimento. A incontinência de conduta difere do mau procedimento, tanto que no seu universo poderia ser enquadrada a maioria das justas causas aplicadas pelo empregador. Ocorre que o mau procedimento é toda conduta que não se coaduna com os princípios que devem nortear qualquer relação humana, notadamente no respeito pelas regras que se espera de um homem comum na sua convivência social. Como diz com propriedade *Wagner Giglio* "o conceito de mau procedimento é tão abrangente que só permite apuração pelo critério de exclusão, funcionando como vala comum. Configura-se todo ato faltoso grave praticado pelo empregado, que não se enquadre em nenhuma das outras justas causas"[116].

---

(116) *Justa Causa*, 6. ed. São Paulo: Saraiva, 2000. p. 91.

Nesse contexto, a doutrina dominante é no sentido de que as faltas que não encontram amparo em outras faltas capituladas nos itens deste artigo, de normas da CLT ou não, podem ser encaradas como de mau procedimento.

De notar-se também que em determinada categoria de trabalhadores a incontinência de conduta deve ser avaliada com mais rigor, como acontece com os atletas. Nesse contexto, com apoio em *Ralph Cândia, Alice Monteiro de Barros* sinaliza que pratica incontinência de conduta o jogador que comparece com frequência 'às casas noturnas, para encontros constantes, amorosos, que somente se concretizam depois de longa permanência na área de diversão, onde quase sempre o uso imoderado de bebida faz parte da noitada'. Alerta, no entanto, a autora, que "é imprescindível, para a configuração dessa falta, que haja habitualidade, residindo aí um dos limites à intromissão da agremiação na conduta privada do empregado"[117].

Vale ressaltar também que o empregador poderá responder por dano moral (art. 5º, V e X, da CF, e arts. 186/187, do CC), na ocorrência de assédio sexual, já que o empregador responderá por atos praticados por seu preposto e empregado, como também de ato de seu empregado perante terceiros, conforme disposto no art. 932 que prescreve: São também responsáveis pela reparação civil... III — o empregador comitente, por seus empregados, serviçais e prepostos, no exercício do trabalho que lhes competir, ou em razão dele".

Quanto à incontinência de conduta e o assédio sexual, alguns entendem que na sua ocorrência envolve ato de natureza sexual. Segundo o Dicionário Houaiss, incontinência significa "falta de continência, de comedimento nos prazeres sexuais; luxúria, sensualidade, impudicícia".

Alice Monteiro de Barros afirma que "incorre nessa falta o empregado que pratica o assédio sexual em serviço contra colega de trabalho, cliente da empresa ou contra o próprio empregador. Enquadra-se como assédio sexual não apenas aquele classificado como crime, porque acompanhado de chantagem, mas também o que se caracteriza pela intimidação, pelo constrangimento, com a incitação, com a utilização de incitações sexuais inoportunas"[118]. Da mesma forma, segundo a autora, "incide em justa causa de incontinência de conduta o empregado que se utiliza de telefone do empregador para efetuar ligações para disque-sexo, ou do e-mail corporativo para remessa de material pornográfico[119].

Ocorrendo a condenação do empregador pelo ato praticado por seu empregado, em caso de assédio sexual, ele poderá em ação regressiva (art. 934, do CC.) pleitear a reparação do respectivo prejuízo. O ideal seria que o próprio trabalhador causador do ato ilícito respondesse no mesmo processo juntamente com o empregador, mediante denunciação à lide, até para que pudesse se defender da alegação posta na reclamatória. Nesse caso, até a fixação da indenização por dano moral poderia sofrer agravantes ou atenuantes e considerando-se também que o assédio sexual constitui crime (Lei n. 10.224, de 15.5.01[120]).

---

(117) Ob. citada, p. 856.
(118) *Curso de Direito do Trabalho*. 2. ed. São Paulo: LTr, 2006. p. 855.
(119) Ob. citada, p. 856.
(120) "Art. 216-A, do Código Penal. "Constranger alguém com o intuito de obter vantagem ou favorecimento sexual, prevalecendo-se o agente da sua condição de superior hierárquico ou ascendência inerentes ao exercício de emprego, cargo ou função." (AC). "Pena – detenção, de 1 (um) a 2 (dois) anos." (AC)

Jurisprudência

Incontinência de conduta

Ementa: Justa causa configurada. Incontinência de conduta e ato de indisciplina. Repasse de mensagens de cunho pornográfico em e-mail corporativo. Existência de regra no contrato de trabalho proibindo o uso do e-mail para questões particulares. Restando comprovado nos autos que o autor, ciente da regra contida no contrato de trabalho que proíbe o uso do e-mail corporativo para questões particulares, utilizou o correio eletrônico disponibilizado pela ré de forma imprópria, repassando mensagens de cunho pornográfico, tem-se caracterizadas as figuras da incontinência de conduta e ato de indisciplina, o que autoriza a aplicação da justa causa ao empregado. TRT 12ª Reg. RO 03007-2007-039-12-00-1 — (Ac. 3ª T., 27.5.08) — Relª. Juíza Mari Eleda Migliorini. Disp. TRT-SC/DOE 18.6.08. Data de Publ. 19.6.08.

Ementa: Dispensa por justa causa. Incontinência de conduta. A incontinência de conduta está ligada ao desregramento do empregado no que tange à sua vida sexual ao ponto de atingir a moral e prejudicar o ambiente de labor ou suas obrigações contratuais. É notório que as provas que envolvem situações de conotação sexual, seja o ato obsceno, o assédio sexual, a libertinagem, a pornografia, ou qualquer outra, são, na maioria das vezes, difíceis de ser produzidas, por ocorrerem em ambientes fechados e longe da presença de outras pessoas. Destarte, o Juiz *a quo* que, usufruindo de plenas condições para o exame detido de cada depoimento, proporcionado pelo contato próximo com as partes envolvidas, pode, de perto, auscultar com propriedade seus pensamentos e emoções, avaliando com maior exatidão o valor real das provas. TRT 18ª Reg. RO 01004-2007-053-18-00-7 — (Ac. 1ª T.) — Relª. Juíza Marilda Jungmann Gonçalves Daher. DJe/TRT 18ª Reg., Ano II, n. 47, 14.3.08, p.15.

Ementa: Justa causa. Reintegração ao emprego. Impossibilidade. A dispensa por justa causa com fundamento no art. 482, "b" da CLT, inobstante a dificuldade de conceituação precisa, se revela perfeitamente aplicável quando há flagrante violação às obrigações contratuais e extracontratuais. A incontinência de conduta independe do contrato de trabalho e o mau procedimento não se revela em uma obrigação específica do contrato de trabalho. Em virtude da função desempenhada, em especial a que visa cuidar da saúde das pessoas, a incontinência de conduta se revela pela própria incompatibilidade das atitudes praticadas pelo trabalhador. Tratando-se de trabalhador que tenha como função cuidar da saúde das pessoas, as irregularidades relativas ao contrato de trabalho são secundárias em relação à violação à dignidade do ser humano. O mau procedimento se revela na quebra do Princípio da boa-fé que norteia as relações contratuais. A boa-fé se traduz na busca da execução apropriada do contrato de trabalho com um mínimo de observância às obrigações contratuais. Ainda mais, quando a função desempenhada se relaciona diretamente com a vida das pessoas. Portanto, a amplitude decorrente da interpretação do art. 482, "b" da CLT é perfeitamente aplicável aos casos em que não ocorre violação somente das obrigações contratuais, mais sim, àqueles casos em que o contrato é secundário em relação às finalidades de sua execução. Casos em que as atitudes do trabalhador extrapolam a quebra da confiança do empregador e se projetam sobre aqueles que dependem diretamente dos serviços que lhes são precariamente prestados pelos agentes do Estado. TRT 15ª Reg. (Campinas/SP) RO 0291-2005-119-15-00-0 — (Ac. 18095/07-PATR, 12ª C.) — Rel. Juiz Eurico Cruz Neto. DJSP 27.4.07, p. 104.

Ementa: Justa causa. Improbidade e incontinência de conduta. Comprovados os fatos caracterizadores da incontinência de conduta perante a esfera criminal, e havendo sentença condenatória da autora, é desnecessária a produção de prova oral na esfera trabalhista, haja vista que esta não teria o condão de alterar a realidade dos fatos evidenciados através de prova pericial. O indeferimento de prova oral neste sentido não enseja cerceamento de defesa, haja vista o silêncio da recorrente no momento adequado. TRT 2ª Reg. RO 01405199803602007 — (Ac. 10ª T. 20050538394) — Relª. Juíza Cândida Alves Leão. DJSP 30.8.05, p. 117.

Ementa: Justa causa. Incontinência de conduta ou mau procedimento. É verdade que o alcoolismo é doença, mas nem por isso a embriaguez autoriza ou justifica a manutenção do vínculo empregatício, se o empregado demonstra a não adesão a tratamento e age em desrespeito e indisciplina com relação aos seus superiores. TRT 9ª Reg. RO 95003-2004-024-09-00-6 — (Ac. 4ª T. 07637/05) — Rel. Juiz Arnor Lima Neto. DJPR 5.4.05, p. 198.

Ementa: Justa causa. Incontinência de conduta ou mau procedimento. Configuração. Configura justa causa que enseja rescisão do contrato com base no art. 482, alínea "b", da CLT, comportamento censurável do empregado no sentido de assediar estagiárias a ele subordinadas. Como bem esclarece Wagner D. Giglio, "São os desmandos do empregado no seu comportamento sexual, as obscenidades que pratica, a libertinagem, a pornografia, a falta de respeito ao sexo oposto, regra geral, que configuram a incontinência de conduta". TRT 18ª Reg. RO 500/2002 — Relª. Juíza Ialba-Luza Guimarães de Mello. DJE-GO 28.6.02, p. 76.

Ementa: Justa causa. Incontinência de conduta. Mau procedimento. Não caracterização. Segundo o Regional, "a circunstância fática derradeira, que culminou com a despedida, não foi protagonizada pela reclamante, já que a posição desta, no episódio, foi de vítima de agressão deferida por colega de serviço, no caso, seu companheiro". Como se vê, o episódio que culminou na dispensa da Reclamante não configurou o justo motivo, razão pela qual não ficou demonstrada a hipótese do art. 482, "b", da CLT, ou seja, incontinência de conduta ou mau procedimento, no quadro fático em que ocorreu a demissão. Acresça-se a isso que o Regional *a quo*, considerando que a Reclamante escondeu o verdadeiro motivo das lesões sofridas, concluiu, não obstante, que era natural o seu procedimento, "em face do constrangimento advindo do fato de ter sido vítima de agressões físicas por seu próprio companheiro, dentro do local de trabalho". Incólume, pois, o art. 482, "b", da CLT. Súmula n. 126/TST. Agravo de instrumento não provido. TST-AIRR-275/2004-009-04-40.5 — (Ac. 4ª T.) — 4ª Reg. — Relª. Min. Maria de Assis Calsing. DJU 28.9.07, p. 1.082.

Ementa: Justa causa. Inocorrência das condutas tipificadas no art. 482, "b" e "h", da CLT. O quadro fático fixado pelo Regional é expresso no sentido de que a conduta do reclamante, ao gravar reunião com seus superiores, embora incorreta, não é revestida de gravidade suficiente a ensejar a ruptura do contrato de trabalho por justa causa, uma vez que ficou provado, inclusive por depoimento do gerente da reclamada, que a reunião não era confidencial, destinando-se apenas a discussão de assuntos de interesse pessoal do reclamante. Registra, ainda, que não ficou comprovada a prática de outras faltas pelo reclamante durante todo o período da contratualidade, mas, ao contrário, que era um ótimo funcionário. Diante desse contexto fático-jurídico, efetivamente, não persiste o argumento de que a gravação foi feita com a única finalidade de prejudicar o empregador, de modo a autorizar o enquadramento da controvérsia nas condutas tipificadas no art. 482, "b" e "h", da CLT. Agravo não provido. TST-A-E-RR-643.279/2000.9 — (Ac. SBDI1) — 3ª Reg. — Rel. Juiz Convocado José Antônio Pancotti. DJU 21.10.05, p. 513.

Ementa: Justa causa. Namoro. O simples relacionamento do gerente do condomínio com doméstica que serve morador do edifício não permite o reconhecimento da justa causa para dispensa, ainda que o reclamante seja casado, especialmente se conforme a prova, sequer foram vistos juntos e não houve escândalo, a quando da presença da mulher presumivelmente traída. TRT 8ª Reg. RO 0300/02 — (Ac. 4ª T., j. 7.2.03) — Relª. Juíza Odete de Almeida Alves. BJ do TRT 8ª Reg.

Ementa: Descaracterização da justa causa. Incontinência de conduta. Mau procedimento. A jurisprudência tem entendido que o envolvimento em rixas, para caracterizar a incontinência de conduta e autorizar o despedimento motivado, deve ser habitual. Um único fato dessa natureza na vida funcional de um empregado, inclusive premiado por desempenho de forma plenamente satisfatória aos objetivos empresariais, não possui tipicidade. Também não é cogitável o enquadramento do fato como mau procedimento, por ausência do dolo ou da má-fé, requisitos indispensáveis à sua caracterização. (TRT-12ª Reg. RO-VA-10745/01 Ac. 3ª T. 14005/02, 30.7.02) — Red. Desig.: Juíza Marta Maria Villalba Fabre. DJSC 13.12.02, p. 137.

Mau procedimento.

Ementa: Recurso de revista. 1) Demissão do empregado. Justa causa. Mau procedimento. Caracterização. Efeitos. Restou devidamente comprovada nos autos a conduta promovida pelo Autor, caracterizada pelo órgão julgador como mau procedimento, por se apropriar de numerário da empresa Reclamada que se encontrava sob a sua guarda. Ainda que tenha ocorrido a devolução da quantia retirada do caixa da empresa após a notificação desta última, certo é que o fato repercute diretamente na relação de trabalho, afetando a mútua confiança que deve existir entre os sujeitos da relação empregatícia. A justa causa aqui aplicada tem como motivação maior a quebra na confiança necessária ao bom desempenhar da relação empregatícia, aliada à possibilidade de dano acarretado pela conduta obreira, fato este que não pode ser desconsiderado, mesmo em razão da inexistência de qualquer mácula na vida funcional pretérita do Autor. Revista conhecida e provida para limitar o pagamento das parcelas rescisórias ao saldo de salários e às férias vencidas, bem como aos depósitos do FGTS sobre o primeiro item, excluindo-se ainda da condenação o pagamento da indenização relativa ao seguro-desemprego. 2. ...TST-RR-689.654/2000.0 — (Ac. 4ª T.) — 3ª Reg. — Relª. Juíza Convocada Maria de Assis Calsing. DJU 21.10.05, p. 749.

Ementa: Justa causa. Mau procedimento. Deboche. Caracterização. Comprovado de forma irrefutável que o autor, teleoperador da Telefônica, ao prestar atendimento aos clientes da empregadora, inseria a conversa então travada, assuntos totalmente alheios aos reclamados pelos clientes (que ligavam para pedir reparos em suas linhas telefônicas ou solicitar serviços e informações), restou sobejamente configurado o mau procedimento autorizador da ruptura contratual por justa causa. Apenas a título de exemplo, o reclamante, que se considerava apenas um brincalhão, se dava ao deboche de exigir dos clientes procedimentos desnecessários, fazendo-os repetilos por várias vezes, ridicularizando-os sem que eles soubessem, chegando até, sempre com a reprovação de seus colegas, a inoportunamente comentar sobre novelas ou sobre o "Big Brother", a imitar miados de gato e a adotar, para falar com os clientes, um sotaque nordestino que não tinha, num procedimento absolutamente não profissional e desrespeitoso, assumindo com eles uma intimidade inexistente e colocando, assim, em risco o bom nome da empresa a quem prestava serviços. TRT 15ª Reg. (Campinas/SP RO 0738-2005-042-15-00-0 — (Ac. 47993/07-PATR, 12ª C.) — Relª. Juíza Olga Aida Joaquim Gomieri. DJSP 21.9.07, p. 166.

Ementa: Justa causa. Mau procedimento. Violação a dever anexo de conduta. O mau procedimento do Autor desrespeitou o princípio da boa-fé objetiva, consubstanciado no art. 422 do Código Civil (art. 422 — Os contratantes são obrigados a guardar, assim na conclusão do contrato, como em sua execução, os princípios da probidade e boa-fé) — novo paradigma para as relações contratuais. Referido princípio impõe uma visão dinâmica aos contratos, inclusive ao contrato de trabalho, permitindo neles observar não só a obrigação (principal) de prestar, mas também a obrigação (acessória ou anexa) de conduta. Dentre os deveres anexos de conduta, há o "dever de cuidado", que visa o não só preservar o contratante e sua integridade pessoal (moral ou física) — mas igualmente a integridade de seu patrimônio. Trata-se de uma obrigação de segurança, que não foi observada pelo Autor, ao utilizar, no dia de folga, imprudentemente, o veículo de propriedade do Réu, após ingestão de bebida alcoólica. Recurso do Reclamado a que se dá provimento. TRT 9ª Reg. RO 00224-2006-678-09-00-7 — (Ac. 1ª T. 21702/07) — Rel. Juiz Ubirajara Carlos Mendes. DJPR 14.8.07, p. 291.

Ementa: I. Justa causa. Mau procedimento e indisciplina. Infringência do regulamento da empresa. Configuração. Opera-se justo motivo para a rescisão do contrato dc trabalho (CLT, art. 482, b e h) quando o empregado, infringindo o regulamento da empresa, nela adentra portando equipamentos particulares sem ter tido o cuidado de declará-los e, pior que isso, adota postura sorrateira ao tentar passar pela portaria, quando da saída, ocultando-os, a evidenciar atitude estranha e suspeita, cuja inaceitável dissimulação fratura, irremediavelmente, o elemento fiduciário indispensável para a normal continuidade do vínculo. TRT 10ª Reg. RO 00168-2006-103-10-00-1 — (Ac. 3ªT./06) — Rel. Juiz João Luis Rocha Sampaio. DJU3 17.11.06, p. 47.

Ementa: Dispensa por justa causa. Caracterização. Comprovado nos autos que o reclamante reagiu de forma agressiva e com ameaças físicas à preposta do reclamado no ato da entrega do aviso prévio para rescisão de seu contrato de trabalho de forma imotivada, é de se confirmar a dispensa por justa causa com fundamento na alínea "b", do art. 482 da CLT, ante o mau procedimento do obreiro. Recurso do reclamante a que se nega provimento. TRT 3ª Reg. RO 00334-2006-151-03-00-1 — (Ac. 7ª T.) — Rel. Juíza Convocada Taisa Maria M. de Lima. DJMG 28.11.06, p. 15.

Ementa: Justa causa. Mau procedimento. Configura ato de mau procedimento, ensejador da dispensa por justa causa, o ato faltoso grave do empregado que, sem que tivesse poderes para tanto, e sem o conhecimento e a autorização de seu superior, serrou o cadeado de um armário que ele pensava estar desocupado, a fim de que outro empregado pudesse utilizá-lo para colocar seus pertences. TRT 18ª Reg. RO-00702-2006-011-18-00-2 — Rel. Juiz Gentil Pio de Oliveira. DJGO n.14.840, 15.9.06, p. 89.

Ementa: Recurso ordinário. Justa causa. Operadora de vendas. Pagers. Fraude na comercialização de aparelhos, em prejuízo do empregador e com a utilização de cadastros de terceiros sem o conhecimento destes. *Improbidade e mau procedimento.* A dispensa de um empregado por justa causa é medida de grande gravidade, com a aplicação dessa punição não podendo e não devendo verificar-se sem que se leve em conta todos os condicionantes do fato ou fatos que a ensejaram, exigindo, por isso, prova robusta quanto aos mesmos, sendo do empregador, por óbvio, o ônus dessa prova. No caso dos autos, os elementos dos autos, lastreados pelo bem elaborado laudo pericial que os autorizam, referendam a tese patronal quanto a ter a acionante incorrido em atos de improbidade e mau procedimento, já que, no desempenho de seus misteres e em conluio com pessoa estranha à acionada, fraudou a venda de aparelhos de envio de mensagens (*pagers*) de modo a auferir vantagem pecuniária, chegando mesmo a coonestar com a utilização de dados de terceiros que desconheciam a situação, causando à empresa não só prejuízos financeiros como também lesão à sua imagem, decorrente justamente da utilização dos cadastros de terceiros. Recurso da acionante improvido. TRT 1ª Reg. RO 1054-2001-024-01-00-6 — (Ac. 3ª T.) — Rel. Juiz Afrânio Peixoto Alves dos Santos. DJRJ 28.11.05, p. 150.

Ementa: Justa causa. Improbidade. Mau procedimento. Configuração. A configuração da improbidade ou do mau procedimento não exige que o ato praticado pelo empregado cause prejuízo ou dano patrimonial ao empregador ou terceiro, sendo suficiente que revele conduta imoral, desonesta ou de má-fé, incompatível com o comportamento que deve permear a relação de emprego. O procedimento adotado pelo reclamante (levantamento de depósitos fundiários no curso do pacto laboral sem preencher qualquer hipótese legalmente prevista para saque) constitui-se em quebra de fidúcia necessária à manutenção da relação de emprego, o que impõe o acolhimento do justo motivo para a dispensa, nos termos do que dispõe o art. 482, letra "b" da CLT. Justa causa reconhecida. TRT 10ª Reg. RO 00471-2005-103-10-00-3 — (Ac. 1ª T./05) — Rel. Juiz Alexandre Nery de Oliveira. DJU3 28.10.05, p. 18.

Ementa: Justa causa. Mau procedimento. Desnecessidade de trânsito em julgado da sentença criminal.

Revela-se absolutamente equivocada a decisão no sentido de que a dispensa por justa causa, fundada em mau procedimento, esteja vinculada ao "trânsito em julgado" ou, ainda, de prolação de sentença condenatória criminal por furto ou apropriação indébita. Nem mesmo a hipotética absolvição em sede penal do empregado é causa necessariamente impeditiva de declaração de existência de falta capaz de ocasionar o rompimento justificado do vínculo por parte do empregador. A razão é palmar: a desnecessidade de que a conduta irregular seja tipificada como um crime para que, nesta seara, se autorize a extinção contratual por justa causa. Basta, por definição, que o ato, doloso ou culposamente grave, implique em desaparecimento da confiança e boa-fé existentes entre as partes, fator impossibilitante, por si só, do prosseguimento da relação contratual. TRT 9ª Reg. RO 00717-2004-023-09-00-8 — (Ac. 4ª T. 24184/05) — Relª. Juíza Sueli Gil El-Rafihi. DJPR 23.9.05, p. 471.

Ementa: Justa causa. Mau procedimento. Provado que o reclamante marcou o cartão de ponto de outro empregado que não comparecera ao serviço, correta a sentença que acolhe a alegação de justa causa para a dispensa com fundamento no art. 482, alínea "b", da CLT. TRT 24ª Reg. RO 01039-2004-071-24-00-2 — Red. Juiz Márcio Eurico Vitral Amaro. DJMS n. 6560, 1.9.05, págs. 40/41.

Ementa: Estabilidade provisória. Inquérito para apuração de falta grave. "Do contrato de trabalho decorrem para o empregado as obrigações de obediência, diligência e fidelidade. De forma que, qualquer falta cometida pelo empregado que implique na violação dessas obrigações específicas configura-se, desde que enquadradas nas hipóteses legais, em justa causa para a resolução do contrato de trabalho. Do conjunto probatório dos autos, constata-se que a conduta do Reclamante demonstrou-se desrespeitosa e negligente, além de ser desidioso, no exercício das obrigações decorrentes do contrato de trabalho, incidindo nas hipóteses previstas nas alíneas b e h do art. 482 da CLT. Portanto, incontroverso nos autos que as condutas do requerido no local de trabalho de gritar frases ofensivas aos colegas de trabalho e ao engenheiro da firma configuram-se em mau procedimento, pois revelam a quebra do princípio de que os contratos devem ser executados com boa-fé" (Exma. Juíza Daniela Torres Conceição). TRT 3ª Reg. RO 00237-2005-007-03-00-1 — (Ac. 4ª T.) — Rel. Juiz Luiz Otavio Linhares Renault. DJMG 16.7.05, p. 11.

Ementa: Justa causa. Mau procedimento. Alteração de dados de informática. A adulteração pelo empregado dos seus dados pessoais na folha de pagamento no sistema de computador do empregador constitui procedimento absolutamente censurável e tipificador da justa causa para a sua dispensa. TRT 3ª Reg. RO 01604-2003-105-03-00-8 — (Ac. 4ª T.) — Rel. Juiz Tarcisio Alberto Giboski. DJMG 02.10.04, p. 12.

Ementa: Justa causa. Patrocínio de causa em favor de um dos sócios dos réus. Configura mau procedimento do empregado, ensejador de despedida motivada, o patrocínio de causa em favor de um dos sócios dos réus em detrimento dos interesses das empresas do grupo econômico que o contratou, uma vez que deixa de proceder com lealdade na relação profissional mantida com seus empregadores, infringindo as regras do contrato de trabalho, bem como o Código de Ética e Disciplina da OAB. TRT 12ª Reg. RO-V 02368-2002-027-12-00-6 — (Ac. 3ª T. 10444/04, 10.08.04) — Rel. Juíza Gisele Pereira Alexandrino. DJSC 22.09.04, p. 217.

Ementa: Justa causa. Mau procedimento. O autor desrespeitou seus superiores e colegas, proferindo palavras de baixo calão, causando o rompimento da relação de confiança existente entre as partes e o bom ambiente de trabalho necessário ao desenvolvimento das atividades da empresa, justificando a aplicação da pena máxima por mau procedimento. TRT 2ª Reg. RO 12999200390202006 — (Ac. 3ª T. 20030475680) — Rel. Juiz Sérgio Pinto Martins. DJSP 23.09.03, p. 72.

Ementa: Justa causa. Mau procedimento. É cediço na doutrina e jurisprudência que o ordinário se presume, enquanto o extraordinário demanda prova cabal. Neste sentido, tratando-se a justa causa de fato extraordinário incidente sobre o contrato de trabalho, caracterizando-se pela máxima punição aplicada ao empregado, punição esta que macula os antecedentes funcionais do obreiro, ademais considerando-se o Princípio da Continuidade da Relação de Trabalho, é imperativo que haja pertinência entre o fato gerador da infração, a norma na qual se enquadra a conduta e a proporcionalidade da punição, pertinência esta observada no presente caso. TRT 10ª Reg. RO 00505-2002-006-10-00-8 — (Ac. 2ª T./03) — Relª Juíza Maria Piedade Bueno Teixeira. DJU 21.02.03, p. 16.

Ementa: Justa causa. Mau procedimento. O mau procedimento consistente na movimentação, pela empregada bancária, da conta corrente de seus pais, sem permissão formal destes e tampouco do gerente da agência, implica quebra da fidúcia inerente ao elo laboral, justificando a aplicação da penalidade máxima. TRT-12ª Reg. RO-V-A-00172/00 — (Ac. 2ª T. 04461/00, 27.4.00) — Relª: Juíza Maria do Céo de Avelar. DJSC 26.5.00, p. 237.

Ementa: ...Rescisão contratual. Justa causa. Reversão. A justa causa, como fato ensejador da rescisão do contrato de trabalho, deve se apresentar inconteste, haja vista a violência que encerra o pacto laboral e as consequências indesejáveis que a ela estão atreladas, sendo ônus do empregador que alega comprovar a efetividade dos seus motivos (art. 818 da CLT e art. 333, I do CPC), de modo que constatando-se que o "mau procedimento", alegado com motivo justificador da dispensa do empregado, deriva de simples "desconfiança" de prática de ato, resta descaracterizada a justa causa. Recurso da reclamante. Dano moral. Justa causa. Reversão. O poder potestativo do empregador — quer para a instauração de procedimento administrativo para a apuração de eventual irregularidade, quer para decidir acerca da resilição do pacto —, por si só, não enseja a indenização por dano moral, mormente quando não se infere a publicidade dos motivos ensejadores da ruptura contratual. A indenização por danos morais, por ato do empregador, exige prova objetiva e robusta de que o ato foi praticado com dolo ou culpa. Ausentes esses elementos, resta indevido o pedido de indenização. ...TRT 15ª Reg. (Campinas/SP) RO 1504-2005-003-15-00-7 — (Ac. 43260/07-PATR, 1ª C.) — Rel. Juiz Luiz Antonio Lazarim. DJSP 6.9.07, p. 74.

Ementa: 1. Justa causa. Mau procedimento e ofensa à honra ou boa-fama não reconhecidos. A irritação humana, tão comum nos dias agitados atuais, não justifica nenhuma agressão, nem é pretexto para a prática intencional ofensiva, mas as suas causas precisam ser investigadas para que possam ser debeladas, cujo combate ao ato temperamental, nem sempre passa pela simples dispensa do empregado, sem que ele tenha, inclusive, oportunidade, de apresentar a sua versão, além de ser submetido a eventual tratamento com intervenções psicossociais. Devo dizer que dessa doença — estresse —, padecem pessoas dos mais diversos segmentos da sociedade, ocasionando comportamentos irreflexivos e anormais, mas a sanção moral, na maioria das vezes, alcança apenas os mais débeis do ponto de vista econômico. É como se os sujeitos posicionados de forma menos injusta na pirâmide social tivessem uma carga de responsabilidade autorizadora da externalização de atos agressivos, sem considerar a premissa antes destacada, porém, que as pessoas humildes sofrem pressão de intensidade exagerada no dia — a — dia para a manutenção de uma vida com o mínimo de dignidade. Recurso conhecido e provido parcialmente. TRT 10ª Reg. RO 00125-2006-821-10-00-5 — (Ac. 2ª T./07) — Rel. Juiz Grijalbo Fernandes Coutinho. DJU3 17.8.07, p. 13.

Ementa: Justa causa. Mau procedimento. Não-configuração. Não constitui mau-procedimento, passível de demissão por justa causa do trabalhador, nos moldes do art. 482, "b" da CLT, o repasse de informações patronais a um ex-empregado, por meio de correspondência eletrônica, quando o destinatário das informações tinha conhecimento prévio do conteúdo da correspondência e quando tal atitude do empregado não representou prejuízo ao seu empregador. ...TRT 10ª Reg. RO 01125-2005-017-10-00-7 — (Ac. 1ª T./06) — Rel. Juiz Oswaldo Florêncio Neme Junior. DJU3 27.10.06, p. 16.

Ementa: Justa causa. Mau procedimento. Trabalhador encontrado dormindo em serviço. Gradação das penalidades impostas. A justa causa, por se tratar de punição severa e que, certamente, deixa sequelas na vida funcional do trabalhador, deve, obrigatoriamente, guardar proporcionalidade com os atos faltosos por ele cometidos durante a contratualidade, e somente deve ser aplicada se, efetivamente, comprovada a prática reiterada de procedimento incompatível. Ainda que nada elogiável a conduta do obreiro, "in casu", deixou o empregador de observar a gradação das punições, não se configurando hipótese permissiva à aplicação da pena máxima. Inteligência do art. 482, letras "b" da CLT. Recurso a que se nega provimento. TRT 15ª Reg. (Campinas/SP) RO 00852-2003-121-15-00-5 — (Ac. 3ª T. 39553/2004-PATR) — Relª. Ana Paula Pellegrina Lockmann. DJSP 08.10.04, p. 71.

c) negociação habitual por conta própria ou alheia sem permissão do empregador e quando constituir ato de concorrência à empresa para a qual trabalha o empregado, ou for prejudicial ao serviço. A expressão negociação habitual deve ser entendida na acepção do termo e executada de forma prejudicial ao empregador. Assim o é quando o empregado tira proveito da situação de forma sistemática, ou seja, procurando arregimentar os clientes do empregador e com objetivo de reduzir-lhe os lucros. Os ensinamentos de *Valentim Carrion* evidenciam esse quadro ao dizer: "Negociação habitual (c). Qualquer atividade, mesmo alheia ao comércio (Dorval Lacerda, ob. cit.). Exige-se habitualidade, não havendo necessidade de coincidência com os pressupostos do crime de concorrência desleal (Código da Propriedade Industrial, art. 178). Como o empregado é livre de trabalhar para mais de um empregador, é necessário que haja uma concorrência efetiva, que possa diminuir os lucros deste, mesmo em potência (Maranhão, ob. cit.), podendo, por outro lado, haver prejuízo ao serviço sem concorrência (LTr 35/192, Emílio Gonçalves). (Comentários à *Consolidação das Leis do Trabalho* e *Nova Jurisprudência em Direito do Trabalho*, 4ª edição). O ato de concorrência, no dizer sempre oportuno do mestre *José*

Martins Catharino, (Compêndio de Direito do Trabalho II. São Paulo: Saraiva, 1982. p. 33) é violar obrigação de não fazer, como o de revelar segredo da empresa, podendo ser desleal ou ilícito. É proceder com culpa ou dolo, para desviar freguesia ou clientela, seja trabalhando para outro empregador concorrente, seja de maneira autônoma." Não observada tal circunstância, inviável cogitar-se de justa motivação para ruptura do pacto, devendo a dispensa ser considerada injusta e a Reclamada arcar com todos os ônus de tal ato.

Jurisprudência

Ementa: Justa causa. Ato de concorrência ao empregador. Caracterização. Gerente que instala fábrica para produzir os mesmos bens produzidos e comercializados pelo empregador. O empregado que, sem o conhecimento do empregador, passa a explorar o mesmo ramo de atividade deste, pratica ato de concorrência ao empregador, dando ensejo a justa causa para rescisão de seu contrato de trabalho, na forma que possibilita o art. 482, alínea "c", da CLT, sem que seja necessária a comprovação do efetivo prejuízo, bastando o prejuízo em potencial que decorre da possibilidade de o empregado desviar clientes da empresa em que trabalha para aquela da qual é titular. A fidúcia é imprescindível para o contrato de trabalho e, a partir de quando o empregado passa a ser concorrente do empregador, há "perda da confiança do empregador e da lealdade que o empregado deveria ter a ele". Na espécie, a quebra da fidúcia se afigura ainda mais grave, porquanto o reclamante ocupava cargo de confiança na empresa, qual seja o cargo de gerente, conforme revela o Tribunal Regional a fls. 716. O gerente é aquele empregado em quem é depositada uma confiança maior do que a depositada nos demais empregados, é aquele que representa o empregador na prática de certos atos ou na administração de alguns interesses da empresa e muitas vezes o substitui perante terceiros. Dessa forma, não é admissível que um empregado que tem tanta ingerência, que atua na condução da empresa e que na maioria das vezes conhece os seus segredos, os fornecedores e os clientes, explore a mesma atividade econômica de seu empregador. Entendo, assim, estar configurado o ato de concorrência à empresa, que constitui justa causa para dispensa, a teor do art. 482, alínea "c", da CLT. *Multa prevista no art. 538, parágrafo único, da CLT.* A reclamada não indicou ofensa ao art. 538, parágrafo único, do CPC, único fundamento hábil a ensejar a exclusão da referida multa. Recurso de Embargos de que se conhece parcialmente e a que se dá provimento. TST-E-RR-713.081/2000.0 — (Ac. SBDI-1) — Rel. Min. João Batista Brito Pereira. DJU 28.10.05, p. 747.

Ementa: Atividade paralela. Falta grave caracterizada. Justa causa mantida. O exercício de atividade alheia ao contrato de trabalho não é vedado pelo ordenamento jurídico. Mas se essa atividade se mostrar prejudicial ao serviço estará caracterizada a falta grave que permite a rescisão contratual por justa causa. TRT 12ª Reg. RO00160-2007-051-12-00-0. — (Ac. 2ª T., 11.12.07) — Relª. Juíza Mari Eleda Migliorini. TRT-SC/DOE 12.2.08.

Ementa: Justa causa. Negociação habitual por conta própria. A concorrência desleal ao empregador ou prejudicial ao serviço do empregado somente se caracteriza se houver a prática de negociação habitual. Não autoriza a rescisão por justa causa um ato esporádico e sem comprovação de dano ao empregador. Comprovado que as negociações feitas pelo reclamante não importaram em concorrência desleal, porque ele não vendeu bem ou serviço negociável pelo empregador, sendo certo que não houve prejuízo financeiro à empresa ou comprometimento dos serviços, afasta-se a justa causa imputada ao obreiro. TRT 18ª Reg. RO 01315-2005-131-18-00-5 — (Ac. 1ª T.) — Rel. Juiz Aldon do Vale Alves Taglialegna. DJE/TRT 18ª Reg., Ano I, n. 193, 21.11.07, p. 7.

Ementa: Inquérito para apuração de falta grave. Tipo trabalhista capitulado nas alíneas "c" e "g" do art. 482 da CLT. Empregado que tem acesso às informações técnicas sigilosas por dever de ofício assume dever de confidencialidade. Reside aí fortemente o elemento fiduciário. Utilização específica dos métodos e processos produtivos, próprios e exclusivos da empresa para a qual houve a prestação de serviços, não são apropriáveis pelo empregado que teve acesso simplesmente por ser o móvel da efetivação do produto. Não pode ser mantido no quadro funcional da empresa alguém que possa estar prestando atividades técnicas em empresa concorrente por questões estratégicas de mercado. Falta que não tem como ser olvidada, ou simplesmente esmaecida, em especial porque a relação de emprego é de débito permanente, havendo obrigações e deveres. TRT 3ª Reg. RO 00111-2007-142-03-00-4 — (Ac. 6ª T.) — Rel. Des. Emilia Facchini. DJMG 14.6.07, p. 10.

Ementa: Justa causa. A concorrência desleal do empregado ao seu patrão é o primeiro tipo legal contido na alínea 'c' do art. 482 da CLT. Restando comprovado nos autos que o reclamante, pactuava à parte com os clientes e por um preço mais módico, a prestação pessoal do mesmo serviço que deveria a eles prestar em nome da empresa, é evidente que houve uma quebra de fidúcia indispensável à relação de emprego, tendo-se por correta a r. decisão 'a quo' que ratificou a resolução contratual operada nos moldes do art. 482, alínea "c", da CLT. TRT 3ª Reg. RO 00388-2006-026-03-00-9 — (Ac. 3ª T.) — Rel.Des. Irapuan Lyra. DJMG 3.3.07, p. 6.

Ementa: ...Rescisão contratual: Aplicação de justa causa ao empregado. Negociação habitual. Constatado que o obreiro passara a usar do tempo de trabalho à disposição de sua empregadora para proceder a negócios particulares, em decorrência de empresa que constituíra, inclusive com evidente prejuízo ao desempenho dos serviços junto àquel'outra, emerge a negociação habitual vedada pela CLT, para ensejar justa a rescisão contratual, ainda que não se caracterize concorrência desleal, já que o fato de o empregado não estar, ao menos por ora, a concorrer no mesmo negócio da sua empregadora, não permite que o tempo à disposição dessa seja usado, à revelia daquela, para fins diversos aos interesses do contrato de trabalho. Recurso obreiro conhecido e desprovido. TRT 10ª Reg. RO 01161-2005-005-10-00-0 — (Ac. 2ª T./06) — Rel. Juiz Alexandre Nery de Oliveira. DJU3 4.8.06, p. 21.

Ementa: Justa causa. Desvio de clientes das reclamadas para a concorrência. caracterizada. Art. 482, "c", da CLT. Restou comprovado nos autos que o reclamante desviou clientes das reclamadas para a concorrência. Tal atitude implica em motivo para a rescisão por justa causa do contrato de trabalho, nos termos do art. 482, "c", da CLT. Mantida a decisão de primeiro grau que reconheceu a legitimidade da despedida por justa causa do autor. TRT 9ª Reg. RO 21160-2003-007-09-00-9 — (Ac. 4ª T. 07392/06) — Rel. Juiz Sergio Murilo Rodrigues Lemos. DJPR 17.3.06, p. 553.

Ementa: Justa causa. Comercialização de produtos concorrentes. Caracterização. O conjunto probatório também deixou claro que o reclamante comercializava produtos concorrentes aos da reclamada, cuja composição química era idêntica à dos fabricados pela ré. Com efeito, o reclamante, em razão do seu cargo na empresa, tinha acesso e utilizava-se de certo *software* contendo as fórmulas de produtos da reclamada e das matizes nutricionais de seus componentes. A cópia desse *software* foi encontrada na residência do autor sem que houvesse autorização pela empresa para a retirada ou utilização desse material fora das suas dependências. Nesse sentido, conclui-se que realmente ficou demonstrado que o reclamante produzia e comercializava produtos utilizando-se de material de propriedade da reclamada, sem autorização desta, restando configurados os atos de concorrência desleal e negociação habitual que fundamentaram a justa causa aplicada. TRT 15ª Reg. (Campinas/SP) RO 00242-2004-010-15-00-0 — (Ac. 5727/2006-PATR, 6ª Câmara) — Rel. Juiz Luiz Carlos de Araújo. DJSP 10.2.06, pp. 51/52.

Ementa: Justa causa. Concorrência desleal. Comprovado satisfatoriamente nos autos que a empregada comercializava para outra empresa os mesmos produtos negociados por sua empregadora, utilizando-se da carteira de clientes, desviando clientela, não há como afastar a justa causa aplicada, porque violado o dever de fidelidade que se traduz na obrigação de agir com lealdade e boa-fé. TRT 3ª Reg. RO 02058-2003-030-03-00-4 — (Ac. 2ª T.) — Rel. Des. Antonio Miranda de Mendonca. DJMG 6.4.05, p. 10.

Ementa: Justa causa. Concorrência desleal. Evidenciado que o empregado empreendeu negociação no mesmo ramo de atividade da empregadora durante a vigência do contrato de trabalho, desviando-lhe a clientela, resta configurada a concorrência desleal, motivadora da despedida por justa causa, a teor do art. 482, "c", da CLT. TRT 12ª Reg. RO-VA 03546-2002-022-12-00-4 — (Ac. 3ª T. 11185/03, 14.10.03) — Rel.: Juíza Licélia Ribeiro. DJSC 17.11.03, p. 209.

Ementa: Falta grave. Concorrência desleal. Embora seja lícito ao empregado ser subordinado a uma empresa e, nas horas de folga, exercer outras atividades como autônomo, não permite a que essa atividade concorra com a do seu empregador nem o prejudique. Causa dano sem dúvida à empresa a atividade do obreiro, ainda que não coincida com aquelas para as quais foi contratado, o seu empregador também a exerce, concorrendo com a mesma clientela. TRT 10ª Reg. RO 00929-2002-020-10-00-9 — (Ac. 3ª T./03) — Rel. Juiz Bertholdo Satyro. DJU 16.05.03, p. 22.

Ementa: Ato de concorrência desleal com o empregador. Justa causa. O empregado que concorre com seu empregador demonstra sua deslealdade, pois embora preste serviços durante a jornada de trabalho, em seu benefício, presta outros serviços, fora da empresa, em prejuízo desta, restringindo-lhe o campo de atividades, ao explorar o mesmo ramo de negócio, em benefício próprio ou de terceiro. É bem verdade que o empregador não é "dono" do empregado. Mas se não pode exigir senão a diligência normal de seu empregado durante as horas de serviço contratadas, seria absurdo negar-lhe o direito de não ser prejudicado por outras atividades do trabalhador. Assim, assiste-lhe o direito de despedir o empregado que o prejudica, exercendo nas horas de folga atividades que concorram com as da empresa, criando obstáculos para que esta atinja seus objetivos. (Wagner Giglio, in Justa Causa LTr, 5ª edição, 1994, p. 95/96).TRT 3ª Reg. RO 114/03 — (Ac. 8ª T.) — Red. Juiz Paulo Mauricio Ribeiro Pires. DJMG 01.3.03, p. 20.

Ementa: Concorrência desleal. Habitualidade. Há ser habitual a negociação ou o ato de concorrência de que trata a alínea "c" do art. 482 da CLT para justificar a despedida motivada do empregado. Ac. 1ª T. 00571/01, 24.10.00. TRT-12ª Reg. RO-V-04813/00 — Red. Desig.Juiz Gerson Paulo Taboada Conrado. DJSC 24.1.01, p. 179.

Ementa: Concorrência ilícita do empregado. Falta grave. Incorre em falta grave o empregado que se associa a cooperativa de prestação de serviços para concorrer com seu empregador, sem o consentimento deste.TRT 12ª Reg. RO-V-00711/00 — (Ac. 1ª T. 07660/00, 29.6.00) — Rel.Juiz Garibaldi T. P. Ferreira. DJSC 18.8.00, p. 228.

Ementa: Justa causa. Atos de concorrência ao empregador. 1. Não constitui justa causa para a despedida ato isolado de concorrência ao empregador, praticado pelo empregado. 2. A justa causa de que cogita o art. 482, c, da CLT supõe, necessariamente, habitualidade na negociação que importe atos de concorrência desleal ao empregador.3. Recurso de revista não provido. TST-RR-647.297/00.6 — (Ac. 1ª T.) — 13ª Reg. — Rel. Min. João Oreste Dalazen. DJU 19.12.06, p. 1.220.

Ementa: Justa causa. Ato de concorrência ao empregador. Art. 482, "c", da CLT. 1. A negociação habitual, nos termos tipificados na CLT, somente se configura se o empregado pratica ato de concorrência ao empregador, buscando tomar-lhe clientes e com isso reduzir-lhe o faturamento e causar-lhe prejuízo. 2. Ademais, o empregado é livre para trabalhar para diversos empregadores, sem estar gerando a concorrência ao empregador, porquanto o elemento da letra "c" do art. 482 da CLT não veda ao empregado a possibilidade de ativar-se em dois empregos, ou então, uma vez empregado, complementar seu salário com o exercício de atividade comercial autônoma em horário diferenciado daquele em que se dedica ao emprego. 3. Recurso de revista conhecido e provido para, afastada a justa causa, restabelecer a sentença de origem. TST-RR-713.081/2000.0 — (Ac. 1ª T.) — 6ª Reg. — Rel. Min. João Oreste Dalazen. DJU 8.10.04, p. 750.

Ementa: Justa causa. Não ocorrência. Apenas o fato de o empregado prestar serviços a empresa do mesmo ramo de atividade de sua empregadora não autoriza a rescisão por justa causa do contrato de trabalho, se neste não estava prevista cláusula de exclusividade, tampouco caracterizada hipótese de ato de concorrência à empresa ou prejuízo ao serviço. Cumpre ao empregador provar cabalmente a justa causa alegada para a dispensa do empregado. Não o fazendo, entende-se que houve dispensa imotivada. TRT 18ª Reg. RO 2.234/2002 — Rel. Juiz Eugênio José Cesário Rosa. DJE-GO 6.9.02, p. 92.

d) condenação criminal do empregado, passada em julgado, caso não tenha havido suspensão da execução da pena. A falta aqui prevista pode não ter nenhum nexo com o trabalho, porque o ato normalmente é praticado fora do local do trabalho.

Entretanto, a norma prescreve uma situação já definida para a configuração da justa causa, qual seja que o empregado já tenha uma condenação criminal, com a decisão passada em julgado, portanto aquela que não comporta mais nenhum recurso. Assim, se a condenação não impedir a impossibilidade do cumprimento da prestação de serviço ela não dará ensejo a justa causa. Acrescenta-se que a prisão provisória e se a pena privativa da liberdade for inferior a 30 dias não será motivo para a aplicação da penalidade máxima.

Da mesma forma, se o ato de improbidade e a respectiva condenação ocorreram antes de o empregado ser contratado não pode ser considerado como justa causa, já que o ato deverá guardar concomitância com o contrato de trabalho.

Registre-se, também, que se o ato de improbidade ou qualquer ato criminoso tiver relação com o contrato de trabalho e na hipótese da absolvição do trabalhador no processo criminal não terá repercussão no processo de trabalhista, salvo se neste ficar comprovado que a conduta do empregado impossibilita a continuidade do vínculo empregatício pela quebra da confiança ou outro motivo justificador. Reportamo-nos ao item d.1, onde a matéria é tratada com maior profundidade.

Jurisprudência

Ementa: Justa causa. Do empregado. Falta de imediatidade. Empregado que cumpre pena e, ao pretender retornar ao trabalho, é dispensado por justa causa (art. 482, "d" da CLT). Se a empresa manteve o contrato de trabalho suspenso enquanto o reclamante cumpria pena, não pode valer-se da justa causa para rescisão do contrato de trabalho. O fato do reclamante ter sido condenado criminalmente não o torna um pária da sociedade, um monstro. Todo cidadão pode errar e ter o direito de retomar sua dignidade, uma vez paga a sua dívida social. A possibilidade de dispensa com base no art. 482, "d" da CLT está ligada à impossibilidade de fornecimento da força de trabalho pelo empregado, não ensejando pré-julgamento moral do trabalhador, nem motivo para dispensa por justa causa passados vários meses do encarceramento, justamente quando o trabalhador obteve legalmente sua liberdade e pretendia voltar ao trabalho, reintegrando-se à sociedade.TRT 15ª Reg. (Campinas/SP) RO 0743-2006-141-15-00-5 RO — (Ac. 48657/07-PATR, 8ª C.) — Rel. Juiz Renato Henry Sant´Anna. DJSP 11.10.07, p. 131.

Ementa: Justa causa. Condenação criminal transitada em julgado. De acordo com o disposto no art. 482, alínea d, da CLT, constitui justa causa para a rescisão do contrato de trabalho pelo empregador a "condenação criminal do empregado, passada em julgado, caso não tenha havido suspensão da execução da pena". Diante disso, deve-se ressaltar que a justa causa só se justifica após o trânsito em julgado da sentença penal condenatória. O simples fato de o empregado encontrar-se preso não autoriza a dispensa por justa causa, mas apenas a suspensão do contrato. Todavia, sobrevindo a condenação criminal transitada em julgado, com pena privativa de liberdade, encontra-se configurada a justa causa tipificada no art. 482, alínea d, da CLT, pela impossibilidade física de o empregado continuar trabalhando. TRT 3ª Reg. RO 00043-2006-148-03-00-0 — (Ac. 2ª T.) — Rel. Juiz Sebastião Geraldo de Oliveira. DJMG 31.5.06, p. 7.

Ementa: Justa causa. Art. 482, alínea "d" da CLT. Condenação criminal. Caracterização. Tanto a doutrina como a jurisprudência são unânimes em afirmar que não é propriamente a condenação criminal com trânsito em julgado o fundamento determinante para a configuração da justa causa. Na verdade, é a execução da pena, a sua forma de cumprimento, que pode criar um obstáculo intransponível à manutenção da prestação dos serviços pelo empregado, pois os regimes de detenção e reclusão restringem a liberdade do condenado, retirando-o do convívio social, aspecto que, para fins trabalhistas, compromete a continuidade do contrato de trabalho por impedir a prestação dos serviços. Recurso do Município ao qual se dá provimento. TRT 15ª Reg. (Campinas/SP) REO-RO 2295-2004-075-15-00-1 — (Ac. 30567/07-PATR, 7ª C.) — Rel. Juiz Manuel Soares Ferreira Carradita. DJSP 6.7.07, p. 36.

Ementa: Justa causa. Condenação penal. Lícita é a ruptura do contrato de trabalho pelo empregador, por justa causa, com fundamento no art. 482, "d", da CLT, quando o reclamante se encontra detido, em regime fechado, em decorrência de condenação penal. TRT-SC-RO-V-05391/00 — (Ac. 2ª T. 03219/01, 23.1.01) — Rel. Juiz José Luiz Moreira Cacciari. DJSC 11.4.01, p. 262.

d.1) justa causa e processo-crime. O empregado eventualmente pode incidir em infração penal e ser preso em flagrante. O empregador depois de uma apuração interna chega à conclusão de que houve a quebra de confiança que impede a continuidade do vínculo empregatício. Dispensado o empregado por justa causa em defesa é solicitado o sobrestamento do feito até a decisão do processo criminal. Sobre tal questão há controvérsia na jurisprudência sobre o cabimento do sobrestamento do feito (art. 265, do CPC) na esfera trabalhista até a decisão do processo crime. A jurisprudência predominante é no sentido de que não cabe o sobrestamento do processo trabalhista e com razão. O segundo signatário dessa obra, antes de ser magistrado teve algumas experiências que indicam que essa é a melhor solução qual seja, não sobrestar o feito. Num dos casos, no processo trabalhista foi reconhecida a justa causa em razão da prova colhida nos autos e, no processo crime (assalto a mão armada) o trabalhador foi absolvido porque as testemunhas não reconheceram o reclamante como autor do crime. Em outro caso, o julgador apenas por cautela, admitiu o sobrestamento do feito sem nenhuma oposição do empregador, em face da pessoa envolvida no processo crime, o que ao final o obreiro foi condenado criminalmente e a justa causa acolhida no processo trabalhista.

Observe-se decisão da SBDI do TST, cujo relator foi o Ministro João Batista Brito Pereira que, com fundamento no art. 935, do Código Civil (fato novo) e art. 462 do CPC que admitiu a justa causa com base em ato de improbidade em virtude dos fatos já terem sido "apreciados pelo juízo criminal, que a eles deu o devido enquadramento jurídico, cabendo, agora, declarar os efeitos jurídicos na extinção do vínculo de emprego, por justa causa, capitulado no art. 482, alínea 'a', da CLT". Afirma o Relator que "É nesta Corte que a repercussão da sentença penal condenatória, com trânsito em julgado, deve influir no julgamento do Recurso de Embargos (transitada a sentença penal condenatória em 17.11.2004, após a interposição do presente Recurso de Embargos, em 8.8.2003)". Portanto, pelo que consta do acórdão foi recebida a "Manifestação da reclamada, apresentando sentença penal condenatória da reclamante transitada em julgado..., atendendo aos fins do art. 462 do CPC, reconhecer a dispensa por justa causa da reclamante em face dos atos de improbidade, e, consequentemente julgar improcedentes os pedidos deduzidos na reclamação trabalhista, invertendo-se o ônus da sucumbência em relação às custas.TST-E-RR-809.622/2001.5 — (Ac. SBDI1) — 3ª Reg. — Rel. Min. João Batista Brito Pereira. DJU 1.9.06, p. 970.

Jurisprudência

Ementa: Sentença penal condenatória com trânsito em julgado. Crime de apropriação indébita. Repercussão no juízo trabalhista. Art. 935 do Código Civil. Fato novo. Art. 462 do CPC. 1. Sendo una a jurisdição, é de se compreender a inspiração da norma contida no art. 935 do Código Civil, para reconhecer os efeitos extrapenais da sentença criminal transitada em julgado, de sorte que não será possível, independentemente das provas produzidas durante a instrução da Reclamação Trabalhista, solução diversa daquela proferida na ação penal acerca dos fatos até então debatidos, qual seja os atos de improbidade praticados pela reclamante. 2. Hipótese que não configura reexame de fatos em sede extraordinária, procedimento vedado pela Súmula n. 126 desta Corte, porque os fatos já foram apreciados pelo juízo criminal, que a eles deu o devido enquadramento jurídico, cabendo, agora, declarar os efeitos jurídicos na extinção do vínculo de emprego, por justa causa, capitulado no art. 482, alínea "a", da CLT. Do contrário, significaria remeter os autos ao juízo trabalhista para que pudesse, diante de novos fatos, proferir nova decisão de mérito, em ofensa ao art. 463 do CPC, segundo o qual ao publicar a sentença de mérito, o juiz cumpre e acaba o ofício jurisdicional, só podendo alterá-la mediante embargos de declaração ou para corrigir inexatidões materiais ou retificar erros de cálculo. 3. É nesta Corte que a repercussão da sentença penal condenatória, com trânsito em julgado, deve influir no julgamento do Recurso de Embargos (transitada a sentença penal condenatória em 17.11.2004, após a interposição do presente Recurso de Embargos, em 8.8.2003). 4. Manifestação da reclamada, apresentando sentença penal condenatória da reclamante transitada em julgado, que se recebe para, atendendo aos fins do art. 462 do CPC, reconhecer a dispensa por justa causa da reclamante em face dos atos de improbidade, e, consequentemente julgar improcedentes os pedidos deduzidos na reclamação trabalhista, invertendo-se o ônus da sucumbência em relação às custas. TST-E-RR-809.622/ 2001.5 — (Ac. SBDI1) — 3ª Reg. — Rel. Min. João Batista Brito Pereira. DJU 1.9.06, p. 970.

Ementa: Agravo de Instrumento. Justa causa. Pendência de Ação Penal. Dissenso demonstrado. Tratando-se de ação trabalhista em que a reclamada contrapõe alegação de justa causa, cuja pertinente ação penal encontrava-se em curso ao ser proferida a sentença trabalhista, apresenta-se válido e específico a impulsionar a revista aresto paradigma que aborda a questão atrelada ao princípio geral da independência das responsabilidades civil e criminal. Agravo de instrumento provido. *Recurso de revista. Justa causa. Pendência de ação penal. Sobrestamento.* A imputação de justa causa, resultante de fato apurado em sindicância interna e com evolução no âmbito criminal que inclui o oferecimento de denúncia e seu recebimento, insere-se no entendimento segundo o qual é de todo conveniente que a decisão trabalhista, na hipótese, contemple a sentença criminal a respeito da denúncia que constitui matéria comum a ambos os juízos. Provimento que se impõe para o sobrestamento do feito até se comprovar nos autos o pronunciamento definitivo da justiça criminal. Inteligência dos arts. 1.525 do Código Civil de 1916 e 110 do CPC. Recurso de revista conhecido e provido.TST-RR-41373/2002-900-09-00.5 — (Ac. 3ª T.) — 9ª Reg. — Rel. Juíza Convocada Wilma Nogueira de Araujo Vaz da Silva. DJU 6.2.04, p. 712.

Ementa: Dispensa por justa causa. Ato de improbidade. Independência com a esfera criminal. A decisão proferida pela Justiça do Trabalho, relativa à natureza jurídica da rescisão contratual, não guarda relação de dependência ou prejudicialidade com questão discutida na esfera criminal. Ora, a rescisão contratual por justa causa fundamenta-se no fato de que inexiste, entre as partes, a fidúcia necessária à manutenção do vínculo empregatício. No caso dos autos, a partir do momento em que a Autora confessou ao seu empregador a autoria de ilícito, praticado em detrimento do patrimônio da empresa, adveio a supressão da confiança que embasava a relação de emprego. A questão relativa à ocorrência de crime capitulado no Código Penal é distinta e envolve temas outros, tais como tipicidade, ilicitude e culpabilidade do fato executado pelo agente. Assim, o julgamento da ação penal não compromete o resultado da demanda trabalhista. Considerando que o conjunto probatório torna inequívoca a falta grave praticada pela Obreira, consubstanciada na realização de ato extremamente grave, suficiente a ensejar a ruptura imediata do contrato de trabalho, merece ser confirmada a r. sentença originária que reconheceu a rescisão motivada do pacto laboral, ainda que a ação penal instaurada para a apuração dos fatos, na esfera criminal, esteja pendente de julgamento. TRT 3ª Reg. RO 01705-2007-092-03-00-0 — (Ac. 8ª T.) — Rel. Des. Marcio Ribeiro do Valle. DJMG 19.7.08, p. 24.

Ementa: Justa causa. Absolvição no âmbito penal por falta ou insuficiência de provas. Vinculação. Coisa julgada. Efeitos. De acordo com as regras que regem o Direito Processual como um todo, decisão transitada em julgado e proferida por Juízo Criminal em que a pessoa do trabalhador (réu) é absolvida em virtude da falta de provas ou de sua insuficiência — CPP, art. 386, incisos II e VI — não é capaz de gerar efeitos de vinculação no âmbito trabalhista, justamente por não haver a efetiva declaração de inexistência do ato tido por ilícito. Trocando em miúdos, essa vinculação só ocorrerá quando a decisão no Foro Criminal declarar a improcedência da ação penal (e consequente absolvição do réu) por inexistência ou desconstituição do fato, ou ainda naquelas hipóteses descritas no art. 65 do CPP. Assim sendo, nada impede que o Juízo Trabalhista, ainda que ciente do resultado dessa decisão, venha rever e interpretar de modo diverso aquelas mesmas provas produzidas nos autos da ação penal, e que fazem referência à materialidade de suposto ato ilícito e antijurídico, justificador da justa causa aplicada pelo ex-empregador (vítima). TRT 15ª Reg. (Campinas/SP) RO 00105-2003-100-15-00-6 RO — (Ac. 41827/2005-PATR, 9ª Câmara) — Rel. Juiz Gerson Lacerda Pistori. DJSP 2.9.05, p. 87.

Ementa: Processo-crime em andamento a respeito dos fatos discutidos em ação trabalhista. Sobrestamento do feito. Aforado processo-crime com a finalidade de verificar a existência de ilícito cuja ocorrência é premissa básica da ação trabalhista, é altamente aconselhável o sobrestamento da reclamatória na medida em que, na ação criminal, o fato poderá ser tido como inexistente ou, até mesmo, poderá ser decidido que o denunciado não praticou o ato que lhe foi imputado. Em consequência, determinação nesse sentido não representa ato abusivo ou arbitrário do Juízo da causa. TRT 12ª Reg. RO-V 00796-2001-008-12-00-5 — (Ac. 1ª T. 13059/02, 05.11.02) — Rel. Juiz Marcos Vinício Zanchetta. DJSC 21.11.02, p. 159.

e) desídia no desempenho das respectivas funções. Incide em justa causa com base nessa alínea o empregado que age com negligência, displicência, desleixo, desinteresse, descaso, descuido, incúria, indiferença, indolência, inércia, preguiça e má-vontade na prestação de serviços, conforme a jurisprudência dominante. A maioria das justas causas encontra-se neste dispositivo legal.

Ocorre que, são atitudes que caracterizam pelo descumprimento quantitativo ou qualitativo das obrigações pelo empregado. Exemplo típico é a do empregado que sistematicamente reduz a sua produção e a qualidade do seu serviço, muitas vezes com objetivo de conseguir a sua dispensa sem justa causa.

Portanto, a desídia caracteriza-se pela repetição de atos faltosos, de natureza leve ou não, mas para isso o empregador deverá provar que houve punição das faltas anteriores da qual a última resultou na justa causa. Isso para demonstrar que o empregador tentou corrigir a conduta do empregado, mas sem sucesso, o que vale dizer que é a reiterações de faltas que conduz à justa causa.

As punições, embora possam ser feitas verbalmente, e em algumas circunstâncias se torna a medida mais adequada, principalmente quando se trata da primeira falta praticada pelo empregado, mas o correto é ser feita por escrito, pois nessa condição será prova documental numa demanda trabalhista.

Pode também caracterizar a desídia em única falta praticada pelo empregado, que pela sua gravidade dispensa a punição gradativa, como também "resultar do conjunto de pequenas infrações que as tornam grave e suficiente e essencial à sua caracterização", conforme ressalta o Des. Luiz Carlos Teixeira Bomfim do TRT da 1ª Reg., no processo R0 00288-1998-061-01-00-0, cuja ementa consta do rol de jurisprudência.

Por derradeiro, há que ser salientado que se a prática irregular é aceita e tolerada pelo empregador ela não poderá ser motivo de justa causa, não só pela incidência do perdão tácito, mas pelo fato de haver conivência com o ato tido como faltoso.

Jurisprudência

Ementa: Justa causa. Falta contumaz ao serviço. Uma das obrigações específicas que resultam ao empregado, na constância do contrato de trabalho, é a de dar, no exercício de sua função, o rendimento quantitativo e qualitativo que se pode esperar de uma execução de boa-fé. O comportamento negligente, descuidado ou desidioso traduz a culpa do trabalhador, frustrando a justa expectativa do empregador na medida em que representa a inobservância das normas que nos ordenam operar com atenção, capacidade, solicitude e discernimento, pressupostos que regem a conduta normal dos negócios humanos. A aplicação da penalidade contratual máxima, em casos tais, é medida que atende ao direito e à justiça. Recurso a que se nega provimento. TRT 3ª Reg. RO 00772-2007-104-03-00-3 — (Ac. 4ª T.) — Rel. Juiz Convocado José Eduardo de R. C. Junior. DJMG 15.12.07, p. 22.

Ementa: ...Contrato de emprego. Término. Justa causa. A desídia pode resultar da renovação sucessiva de ilícitos trabalhistas, como também de ato único do empregado. Nesta última hipótese, além de gravidade, necessário elemento culposo, caracterizado pela imprudência, negligência ou imperícia. Mas a conduta exige prova satisfatória, cujo ônus incumbe ao empregador. Indemonstrada a culpa do obreiro, torna-se inadequado o reconhecimento da rescisão do contrato por justa causa... TRT 10ª Reg. RO 00066-2006-017-10-00-0 — (Ac. 2ª T./07) — Rel. Juiz João Amílcar. DJU3 7.12.07, p. 26.

Ementa: Estabilidade. Gestante. Abuso do instituto. Direito não absoluto. Falta grave inexcusável. Justa causa. A estabilidade provisória conferida à empregada gestante garante e protege contra a despedida arbitrária ou sem justa causa. Demonstração de justo motivo para o despedimento, incidindo nas letras "e", "h" e "j" do art. 482 da CLT, tem-se como acertada a conduta empresarial, devendo e merecendo ser mantido o quanto decidido na origem. Não se deve abusar do instituto previsto no art. 10, inciso II, alínea 'b' do ADCT, direito não absoluto. Vida funcional tumultuada com endosso testemunhal. Perda de confiança irrecuperável impossibilitando a manutenção do vínculo laboral, acarretando a consequente justa causa. Recurso ordinário obreiro desprovido. TRT 2ª Reg. RS 01017200702402008 — (Ac. 9ª T. 20070958810) — Rel. Davi Furtado Meirelles. DOE/TRT 2ª Reg. 30.11.07, p. 131.

Ementa: Justa causa. Desídia. Obreiro que é flagrado adormecido em serviço. O fato de, em um incidente isolado, o autor ter sido flagrado adormecido em serviço não é suficiente a que seja ele reputado desidioso ou para que reste configurado o cometimento de falta grave a ponto de gerar como pena a demissão motivada. Ainda mais quando a prova testemunhal colhida revela a forte possibilidade de que este adormecimento não resultasse de descuido ou descaso, mas de algum processo físico não comum. TRT 10ª Reg. RO 01063-2006-007-10-00-7 — (Ac. 3ª T./07) — Rel. Juiz Paulo Henrique Blair. DJU3 8.6.07, p. 36.

Ementa: Justa causa. Desídia. Exercício de função técnica. Descumprimento culposo. Prova suficiente. Caracterização. Reconhecimento. A justa causa para a despedida de qualquer trabalhador, por constituir pecha que irá acompanhar a sua vida profissional, deve restar indubitavelmente demonstrada. Um dos elementos intrínsecos do contrato de trabalho é a fidúcia, qualidade essa que deve subsistir enquanto houver o liame jurídico unindo as partes. Desse modo, não se pode prescindir de sua presença. Se eventualmente um empregado deixa de cumprir sua função técnica, de maneira grave e, por via de consequência, proporciona sérios prejuízos ao empregador — ainda que se trate da única ocorrência verificada na sua vida profissional — inevitável o rompimento do contrato de forma motivada, por iniciativa deste. TRT 15ª Reg. (Campinas/SP) RO 1116-2006-028-15-00-3 — (Ac. 17707/07-PATR, 4ª C.) — Rel. Juiz Luís Carlos Cândido Martins Sotero da Silva. DJSP 27.4.07, p. 86

Ementa: Dispensa por justa causa. Aplicação da alínea "e" do art. 482 da CLT. Desídia. Recurso do autor pleiteando nulidade da justa causa conhecido e improvido. O empregado tem o dever de trabalhar bem no cumprimento de suas obrigações contratuais primando sempre por executá-las dentro do princípio da boa-fé. Quando viola essa obrigação surge a figura da desídia, justa causa que implica na prestação insatisfatória das funções do obreiro, com consequentes prejuízos ao empregador. No caso dos autos, a reiteração específica de ausência injustificada restou cabalmente comprovada tipificando a gravidade suficiente a ensejar o rompimento do vínculo de forma motivada, ressaltando-se que inobstante as advertências e a suspensão aplicadas ao obreiro, este voltou a incidir na mesma falta injustificada. Tendo, portanto, o reclamante insistido na reiteração de sua má-conduta, correto o procedimento adotado pela empresa em lhe aplicar a pena máxima, qual seja, a despedida por justa causa. Inteligência do art. 482, alínea "e" da CLT. Recurso do autor conhecido e não provido. TRT 15ª Reg. (Campinas/SP) ROPS 1176-2005-006-15-00-8 — (Ac. 15533/07-PATR, 12ª C.) — Rel. Juiz Eurico Cruz Neto. DJSP 13.4.07, p. 102.

Ementa: Recurso ordinário. Dispensa por justa causa. Empregado flagrado 2 (duas) vezes dormindo no seu posto de serviço durante o horário de trabalho. Comportamento desidioso. A circunstância de um vigilante dormir mais de uma vez no seu posto de serviço durante o horário de trabalho configura desídia (alínea "e" do art. 482 da CLT), pois tal conduta revela falta de cumprimento de um dos deveres contidos no contrato de trabalho. Espera-se que o vigilante permaneça em estado de vigília para garantir a segurança patrimonial e até mesmo física do seu empregador. Ainda que o trabalhador tenha sido escalado para o turno da noite, não há justificativa para que o mesmo durma no seu posto de trabalho. Caso o trabalhador não tenha condições físicas de permanecer em guarda, deverá comunicar o seu superior hierárquico, mas o que não se pode admitir é que o empregado simplesmente ignore os seus deveres funcionais, o que por certo revela desinteresse de sua parte. TRT 2ª Reg. RO 00733200530102007 — (Ac. 12ª T. 20070056905) — Rel. Juiz Marcelo Freire Gonçalves. DJSP 23.2.07, p. 26.

Ementa: Justa causa. Desídia. A desídia consubstancia comportamento negligente do empregado e traduz má vontade para execução das tarefas determinadas pelo empregador. É possível a sua configuração pela prática de um só ato faltoso, na hipótese de transgressão grave, capaz de quebrar a fidúcia entre as partes. Demonstrado que o empregado incumbido de acompanhar o desenvolvimento de obras, com o fim de autorizar o pagamento respectivo, deixou de observar o rigor necessário nessa avaliação e permitiu a quitação de tarefas não executadas, há de ser confirmada a decisão que reconheceu a justa causa para a dispensa. TRT 3ª Reg. RO 00404-2005-016-03-00-5 — (Ac. 7ª T.) — Relª. Juíza Wilmeia da Costa Benevides. DJMG 23.11.06, p. 13.

Ementa: Justa causa. Chegadas atrasadas, faltas ao serviço sem justificativa e abandono do posto de trabalho. Reconhecimento da desídia e desconto salarial. Ausência de dupla punição. A reiteração das chegadas atrasadas, das faltas ao serviço sem justificativa e o abandono do posto de trabalho são incompatíveis com as obrigações contratuais assumidas pelo empregado e caracterizam a desídia no desempenho de suas funções (CLT, art. 482, alínea "e"). Não há falar em excessividade da pena se o despedimento motivado foi precedido da aplicação de sanções mais brandas com posterior comunicação do autor (caráter pedagógico) e tampouco em dupla punição, em virtude do desconto salarial do dia da ausência. O salário é contraprestação em razão da prestação laboral. Ausente esta, salvo nas hipóteses de interrupção remunerada, é indevida a prestação salarial. TRT 12ª Reg. RO-V 04845-2005-051-12-00-4 — (Ac. 3ª T. 15958/06, 26.09.06) — Rel. Juíza Lília Leonor Abreu. DJSC 22.11.06, p. 48.

Ementa: Justa causa. Desídia. Configuração. Verificado que a empregada vinha assumindo atitude desidiosa, fato evidenciado pelos sucessivos atrasos no cumprimento de horários e pelo retardo na renovação de apólices de seguro, sobretudo quando tinha a atribuição de abrir o estabelecimento, tal encerra gravidade suficiente para autorizar a rescisão contratual por justo motivo, na medida em que — a par de encerrar visível agressão aos deveres funcionais — provoca sérios transtornos no ambiente de trabalho, porque subversivo das regras mínimas indispensáveis ao eficiente funcionamento da organização produtiva. Isso é inaceitável e particularmente intolerável, sobretudo porque acaba pondo em risco a imagem da empregadora perante a sua clientela, a atingir a sua reputação no mercado, tanto mais quando frustradas as medidas punitivas adotadas. Recurso parcialmente provido. TRT 10ª Reg. RO 00949-2005-019-10-00-2 — (Ac. 3ª T./06) — Rel. Juiz João Luis Rocha Sampaio. DJU3 17.11.06, p. 54.

Ementa: ...Recurso do reclamante. Justa causa. Desídia. Caracterizado o comportamento desidioso do Reclamante, pelo descuido e desatenção, traduzidos em violação ao dever de diligência profissional, rompendo com o elemento fiduciário da relação empregatícia, configura-se falta grave que autoriza a dispensa por justa causa. TRT 1ª Reg. RO 00302-2005-015-01-00-4 — (Ac. 3ª T.) — Relª. Juíza Maria das Graças Cabral Viégas Paranhos. DJRJ 16.10.06, p. 186.

Ementa: Justa causa. Desídia. Motorista. Acidente de trânsito. Excesso de velocidade. Vítimas fatais. Deve ser autorizada a ruptura do contrato de trabalho, por justa causa, nos termos do art. 482, letra "e", da CLT, ante a comprovação de que o Reclamante, motorista de ônibus, não respeitou o limite máximo de velocidade, provocando acidente, com vítimas fatais. Nesse caso, o ato praticado reveste-se de gravidade de tamanha proporção que, de fato, não justificaria pena menor, bastando por si só, para impedir o prosseguimento da relação empregatícia. TRT 3ª Reg. RO 00075-2006-112-03-00-6 — (Ac. 4ª T.) — Rel. Juiz Fernando Luiz G. Rios Neto. DJMG 12.9.06, p. 18.

Ementa: Desídia. Justa causa. Dormir em serviço. Troca de turno a mais de 100 dias. Não descaracterização. Não elide a justa causa, por desídia decorrente de ter sido encontrado dormindo em horário de trabalho pela segunda vez, o fato do autor ter sido trocado de turno a mais de 100 dias. Em tal hipótese, já havia tempo hábil mais do que suficiente para adaptação do "relógio biológico" do trabalhador, não se mostrando plausível a alegação recursal nesse sentido. TRT 9ª Reg. RO 01376-2005-562-09-00-2 — (Ac. 4ª T. 22275/06) — Relª. Juiz Sueli Gil El-Rafihi. DJPR 1.8.06, p. 256

Ementa. Justa causa. A justa causa, constituindo a máxima punição aplicável ao empregado, apta a autorizar a rescisão contratual sem ônus para o empregador, deve ser por este provada, a teor dos arts. 333, I, do CPC e 818, da CLT. *Desídia.* A desídia caracteriza-se pela desatenção, desinteresse, desleixo do trabalhador com as obrigações contratuais, podendo caracterizar-se por ato único do empregado, que por ser excepcionalmente grave, dispensa a punição gradativa. No caso, restou devidamente demonstrada a gravidade da conduta obreira ao desligar, embora conhecendo o regulamento da empresa acerca da necessidade de se manter ligado, o alarme do termostato da fornalha da indústria de cerâmica, justificando a dispensa por justa causa. Recurso parcialmente conhecido e desprovido. TRT 10ª Reg. ROPS 00996-2005-821-10-00-8 — (Ac. 3ª T./06) — Rel. Juiz Braz Henriques de Oliveira. DJU3 26.5.06, p. 28.

Ementa: Justa causa. Desídia. A desídia funcional constitui falta que autoriza a dispensa por justa causa e implica violação ao dever de diligência, caracterizando-se pelo desleixo, pela má vontade, pela incúria, pela falta de zelo ou de interesse do empregado no exercício de suas funções. A desídia manifesta-se pela deficiência qualitativa do trabalho e pela redução de rendimento. Conquanto, em geral, seja necessária, para a sua caracterização, uma certa repetição, ela poderá configurar-se pela prática de uma só falta, como uma negligência ocasional, suficientemente grave, pelas suas consequências, capaz de autorizar a quebra da confiança, além de servir de mau exemplo e perigoso precedente para a estrutura disciplinar da empresa. O empregado que, encarregado de prestação de contas, deixa de detectar fraude consubstanciada na falsificação de comprovantes bancários, não pratica essa falta, se a empresa não lhe fornecia os instrumentos capazes de propiciar averiguação completa dos dados lançados nesses documentos. TRT 3ª Reg. RO 01153-2005-023-03-00-4 — (Ac. 7ª T.) — Relª. Juíza Alice Monteiro de Barros. DJMG 2.2.06, p. 14.

Ementa: Justa causa. Faltas injustificadas e regime de banco de horas. Desídia. Caracterização. 1. Comete falta grave de desídia o trabalhador que, apesar de sucessivas punições, continua a faltar ao serviço sem justificativa. 2. Ainda que a empresa adote o banco de horas e aceite, como liberalidade, a apresentação de justificativas verbais de ausências para compensação em outros dias do mês, não é possível considerar obrigatória a adoção de tal procedimento como regra, sob pena de causar irremediável prejuízo ao próprio desenvolvimento da atividade empresarial, pois, ficando ao alvedrio do trabalhador escolher o dia em que, sem avisar, faltaria ao serviço para posterior compensação, o poder diretivo e disciplinar do empregador restaria aniquilado, com absoluto comprometimento da boa organização do empreendimento. 3. É, sem dúvida, abusivo o comportamento do trabalhador que falta ao serviço sem prévio aviso, antecipa férias por conta própria e, fazendo "pouco caso" das punições sofridas, nem mesmo tem a preocupação de justificar condignamente suas ausências. 4. Recurso provido para reconhecer a validade da justa causa aplicada pelo empregador. 5. Decisão unânime, no particular. TRT 24ª Reg. RO 01122-2003-021-24-00-4 — Rel. Juiz Red. Amaury Rodrigues Pinto Júnior. DJMS Nº 6659. 30.1.06, p. 56.

Ementa: Guarda de condomínio. Conduta desidiosa por permitir a entrada no prédio de pessoa que estava proibida pela administração. "Apelo não provido." TRT 2ª Reg. RO 00496200402502009 — (Ac. 1ª T. 20050880599) — Rel. Juiz Plínio Bolívar de Almeida. DJSP 10.1.06, p. 198.

Ementa: Desídia. Caracterização. O contrato de trabalho pressupõe, como dever basilar do empregado a prestação de serviços com cuidado, interesse, atenção e produtividade. Firmam-se jurisprudência e doutrina na regra de que a prática continuada e reiterada de atos demonstrativos de ausência desse dever de diligência conduz, necessariamente, à inequívoca configuração da desídia. Essa figura faltosa em especial, ao reverso de outras, não exige que o último ato praticado esteja revestido de extrema gravidade, haja vista que justamente do conjunto das pequenas infrações é que resulta gravidade suficiente e essencial à sua caracterização. TRT 1ª Reg. RO R0 00288-1998-061-01-00-0 — (Ac. 1ª T.) — Rel. Des. Luiz Carlos Teixeira Bomfim. DJRJ 1.9.05, p. 167.

Ementa: Rescisão contratual. Justa causa. Desídia. Configuração. Os documentos colacionados aos autos pela reclamada, demonstram que o reclamante foi advertido e suspenso em vários dias por ter faltado injustificadamente ao trabalho; se retirado do setor em que laborava antes do término de sua jornada e se recusado a realizar a tarefa que lhe fora determinada pelo Encarregado. E, apesar das punições, representadas pelas suspensões, o reclamante não alterou o seu comportamento quanto a tais aspectos, culminando com sua dispensa por justa causa, com fundamento na alínea "e", do art. 482, da CLT (desídia). Recurso Ordinário improvido por unanimidade. TRT 24ª Reg. RO.1. 0428/2004-056-24-00-8 — Rel. Juiz João de Deus Gomes de Souza. DJMS n. 6487, 17.5.05, p. 43.

Ementa: 1. Justa causa. Comprovação. A imputação da justa causa deve ser apenas reconhecida em casos extremos, dentro daquelas hipóteses ventiladas no art. 482 da CLT e acompanhada de justificativa plena e inquestionável. No caso dos autos, estando comprovado que o Reclamante incorreu em conduta desidiosa — não uso dos equipamentos de segurança, de cuja obrigatoriedade tinha ciência —, acertada revelou-se a sua dispensa. É de se notar, ainda, que a conduta displicente do Autor para com sua própria integridade física causou prejuízo à Reclamada, que, como consta nos autos, foi multada pela empresa para a qual presta serviços em razão do ocorrido. Recentes fatos ocorridos e amplamente divulgados pela mídia (como, por exemplo, a explosão em Alcântara, MA) só confirmam a tese de que o perigo não tem dia e hora para acontecer e, portanto, não há como deixar de usar a proteção fornecida. 2. ... TRT 10ª Reg. RO 00276-2004-020-10-00-0 — (Ac. 3ª T. /2005) — Relª. Juíza Maria de Assis Calsing. DJU3 4.3.05, p. 26.

Ementa: 1. ...2. Motorista. Envolvimento em acidente automobilístico. Desídia. Rescisão do contrato de emprego por justa causa. Se o reclamante exerce a função de motorista profissionalmente, de se esperar que tenha maiores cuidados e esmero no desempenho de sua função, motivo pelo qual, restando provado que agiu com negligência, imprudência e imperícia, de forma a causar acidente automobilístico que ocasionou graves danos materiais ao seu empregador, fica caracterizada a falta grave capaz de justificar a rescisão do seu contrato de emprego por justa causa. TRT 23ª Reg. RO — 01517.2003.001.23.00-8 — Rel. Juiz Edson Bueno. DJMT 7054, 14.1.05, p. 32.

Ementa: ...Recurso de revista. Justa causa. Acusação de desídia, indisciplina e insubordinação. A acusação de justa causa foi desautorizada diante dos fatos ministrados pelo acórdão recorrido. O reclamante, atleta do futebol, viu-se envolvido em situação que exigiu, primeiro, a opção entre os deveres de comparecer à audiência da Vara de Família em São Paulo, decorrente de processo em que figurava como réu, e o jogo de sua equipe, na noite do mesmo dia, no Rio de Janeiro. Não conseguindo adiamento da audiência, procurou conciliar os compromissos, o que conseguiu, chegando a tempo para o jogo, embora perdendo a "preleção do técnico". Retirado da escala, "permaneceu no banco" durante o certame, após o que, aproveitando a estada no Rio de Janeiro, pernoitou em sua própria residência. No dia seguinte, não chegou a tempo para um treino em Porto Alegre. Em verdade, a ausência à preleção do técnico nem poderia ser discutida, em face do justo motivo do atraso do reclamante, que não tinha, por certo, a disponibilidade da audiência a que estava obrigado a comparecer, nem do espaço imediato nos aviões da "ponte aérea" Rio-São Paulo. Restaria o fato do pernoite na própria residência e a ausência ao treino do dia seguinte, em Porto Alegre. Fatos assim isolados não podem ser eleitos para tipificação de desídia que, no geral, exige reiteração de faltas como "medida de desamor ao trabalho". Também uma só ausência ao treino, dadas as circunstâncias verificadas, e a dúvida quanto à comunicação ao superior, no que diz respeito à visita à própria residência, aproveitando a estada no Rio de Janeiro, tudo desautoriza a acusação de insubordinação e indisciplina. A correta qualificação jurídica do quadro fático, sem importar em reexame das provas, e sem qualquer ofensa à diretriz da Súmula n. 126/TST, torna patente a má aplicação dos tipos das alíneas "e" e "h" do art. 482 da CLT. Recurso de revista provido, no particular, para restabelecer a sentença de piso. TST-RR-1.121/2002-007-04-40.6 — (Ac. 2ª T.) — 4ª Reg. — Rel. Juiz Convocado Horácio Raymundo de Senna Pires. DJU 11.4.06, p. 644.

Ementa: Desídia. Não configuração. Enunciados ns. 23 e 296. Incidência. O Regional conclui que a desídia não se configurou, sob os seguintes fundamentos: "a reclamada não se desincumbiu do ônus de provar que o reclamante praticou ato desidioso e tampouco que causou prejuízo a ela, até porque a venda em questão acabou sendo autorizada pelo supervisor do reclamante"; "Não há que se considerar a alegação da recorrente de que o autor anteriormente fora advertido, por escrito, em razão de ato de desídia, por não conferir a data de vencimento dos produtos postos a disposição do consumidor, o que resultou na autuação da empresa, com aplicação de multa, pois se tal ato tivesse se revestido da gravidade que ela quer fazer crer, deveria ter demitido o autor na oportunidade e, se não o fez, caracterizou-se o perdão tácito"; e "o fato de o autor ter descumprido normas internas da empresa, sem causar-lhe prejuízo, até porque, na qualidade de gerente, teria a flexibilidade de fazê-lo, resta configurado o rigor excessivo por parte do empregador." O aresto transcrito consigna apenas o fundamento de que: "a punição isolada a cada um desses atos, que tem finalidade inclusive pedagógica, visando a compelir o empregado a cumprir sua obrigação com assiduidade, não se confunde com a justa causa decorrente de reiteração, tipificadora da desídia e que, portanto, não configura o *bis in idem* ou dupla punição por uma mesma conduta". Não abrange, pois, todos os fundamentos adotados pelo Regional. Incidência dos Enunciados ns. 23 e 296 do TST. Agravo de instrumento não provido. TST-AIRR-51.214/2002-900-10-00.3 — (Ac. 4ª T.) — 10ª Reg. — Rel. Min. Milton de Moura França. DJU 12.11.04, p. 843.

Ementa: Justa causa. Desídia. Ausência de punição de fatos anteriores. A desídia constitui violação do dever de diligência. Pode constituir um ato isolado, extremamente grave, a ponto de impedir o prosseguimento do pacto laboral. Também pode constituir um fato final, não necessariamente grave, que, inserido num conjunto de vários fatos não suficientemente graves pretéritos e sucessivos, que, agrupados, impossibilitam a continuidade da relação de emprego. Todavia, para que tal conjunto de fatos anteriores justifique a dispensa por justa causa por conta de um fato final, é necessário que tenham sido anteriormente punidos. Se tais fatos anteriores não foram punidos, devem ser considerados como tacitamente perdoados, não podendo, assim, integrar o painel dos fatos geradores da pena máxima trabalhista. Excluídos os fatos não punidos, se restarem apenas poucos fatos punidos, não suficientemente graves, constitui rigor excessivo a rescisão por justa causa sob alegação de desídia. TRT 15ª Reg. (Campinas/SP) — RO 00497-2005-006-15-00-5 — (Ac. 63999/2007-PATR, 6ª C.) — Rel. Samuel Hugo Lima. DOE 11.1.08, p. 114.

Ementa: ...Contrato de emprego. Término. Justa causa. A desídia pode resultar da renovação sucessiva de ilícitos trabalhistas, como também de ato único do empregado. Nesta última hipótese, além de gravidade, necessário elemento culposo, caracterizado pela imprudência, negligência ou imperícia. Mas a conduta exige prova satisfatória, cujo ônus incumbe ao empregador. Indemonstrada a culpa do obreiro, torna-se inadequado o reconhecimento da rescisão do contrato por justa causa... TRT 10ª Reg. RO 00066-2006-017-10-00-0 — (Ac. 2ª T./07) — Rel. Juiz João Amílcar. DJU3 7.12.07, p. 26.

Ementa: Justa causa. Motorista de ônibus envolvido em acidente de trânsito. Desídia. Obrigatoriedade de demonstração de que a média de acidentes ocorridos com o reclamante é superior à dos demais colegas de trabalho. Desproporção entre a falta e a punição. Para que se reconheça que um motorista de ônibus assumiu comportamento desidioso porque se envolveu em dois pequenos acidentes com ônibus que dirigia, ao longo do período de 19 meses de vigência do contrato de trabalho, principalmente daquele que conduz veículos em cidades como São Paulo, com seu trânsito caótico e muitas vezes de alta velocidade, especialmente nas marginais, local em que ocorreu o incidente que resultou na dispensa motivada do obreiro, apresenta-se essencial a demonstração de que, no universo dos motoristas que prestam serviços à empregadora, a média de acidentes envolvendo o reclamante tenha sido bem superior à dos demais motoristas, fato que comprovaria seu menosprezo pelas regras de segurança do trânsito. Inexistente essa demonstração nos autos, deve ser afastada a tese de desídia, pois todo e qualquer motorista de ônibus com horário a cumprir, submetido ao tráfego das grandes cidades, está sujeito a se envolver em acidentes. De outro lado, a reduzida gravidade daquele ocorrido com o obreiro demonstra que este não foi totalmente imprudente a ponto de justificar a pecha de desidioso no cumprimento de suas obrigações. Evidente, pois a desproporcionalidade entre a falta e a punição. Decisão de primeiro grau confirmada. TRT 15ª Reg. (Campinas/sp) RO 00657-2005-021-15-00-9 — (Ac. 11060/07-PATR, 11ª C.) — Rel. Juiz Marcelo Magalhães Rufino. DJSP 16.3.07, p. 53.

Ementa: Justa causa. Cochilo. Jornada de trabalho noturna. A doutrina clássica, respaldada pela jurisprudência, elenca como requisitos caracterizadores da justa causa a tipicidade, a imediatidade, a determinância, o *non bis in idem* e, mais importante, a gravidade da falta, todos esses elementos analisados segundo os princípios da razoabilidade e da proporcionalidade. A causa determinante da dispensa apontada foi o fato do obreiro ter sido surpreendido dormindo. Ora, o reclamante trabalhava no período noturno, sabidamente mais penoso, portanto, o cochilo pode ter sido decorrência de cansaço, da natureza humana do empregado. A reclamada não noticia qualquer outro fato à abonar a tese de desídia. Por conseguinte, houve falta disciplinar, mas a punição foi desproporcional à gravidade do ato praticado, pelo que afasto a justa causa da dispensa.

TRT 2ª Reg. RO 02042200330102006 — (Ac. 6ª T. 20060593622) — Relª. Juíza Ivani Contini Bramante. DJSP 25.8.06, p. 127.

Ementa: Porteiro noturno. Sono. Desídia. Justa causa não configurada. Não havendo prova cabal da falta grave e em se tratando de porteiro que se ativava em plantões noturnos, trocando a noite pelo dia, eventual recidiva de sonolência não pode ser tratada pelo empregador como um desvio comportamental revelador de desinteresse pelo emprego, ao talhe da figura da desídia (art. 482, letra e, da CLT). O sono faz parte da natureza humana. Trata-se de uma necessidade biológica complexa e não de uma faculdade. Nenhum ser humano tem controle sobre o sono. Pesquisas médicas indicam que os trabalhadores noturnos são os mais sujeitos a apresentar problemas de saúde, com quadro de sonolência e lapsos de consciência, resultantes da ausência de sono regular durante a noite. O fato de o empregado cochilar ou apresentar dificuldades cognitivas durante a jornada pode ser indicativo de afecções graves que devem ser tratadas e não simplesmente punidas pelo empregador. In casu, estas circunstâncias sequer foram consideradas ou investigadas pela ré, que, prontamente, adotou o caminho mais fácil e excessivamente rigoroso da dispensa desonerada, sendo duvidosa, inclusive, a derradeira ocorrência alegada. A punição, nesse contexto, constituiu medida excessivamente rigorosa que contraria o bom senso e as tendências modernas de busca da qualidade no meio ambiente de trabalho. Recurso a que se dá provimento para julgar insubsistente a justa causa. TRT 2ª Reg. RO 00465200344302001 — (Ac. 4ª T. 20060093310) — Rel. Juiz Ricardo Artur Costa e Trigueiros. DJSP 10.3.06, p. 89.

Ementa: Nulidade. Rescisão por justa causa. Art. 482, alíneas "e" e "h", da CLT. Abalroamento de artefato de cimento com carro forte. Desproporcionalidade entre a penalidade e o ato praticado. O fato ensejador da dispensa por justa causa deve resultar de ação que abale a fidúcia existente entre empregador e empregado necessária a continuidade da prestação laboral, bem como, deve estar adstrita às hipóteses elencadas no art. 482 da CLT, visto que, se trata de penalidade máxima imposta ao trabalhador. A penalidade imposta ao empregado também deve ser proporcional ao ato praticado, evitando-se a atribuição de punição por demais severa à faltas consideradas leves. O abalroamento de "artefato de cimento" pelo trabalhador com o carro forte da empregadora, sem a ocorrência de qualquer dano ao veículo ou ao artefato abalroado, bem como, ante a ausência de comprovação de que o trabalhador estivesse dirigindo com excesso de velocidade permitida no local, não possui o condão de legitimar a dispensa por justa causa. A ocorrência do pequeno incidente não possui a gravidade e o alcance que a empregadora pretendeu impingir-lhe, deste modo, a dispensa por justa causa constitui penalidade por demais excessiva, estando em total desproporcionalidade com a falta cometida pelo Autor. Recurso ordinário a que se nega provimento. TRT 9ª Reg. RO 13466-2002-015-09-00-5 — (Ac. 1ª T. 13171/05) — Rel. Juiz Ubirajara Carlos Mendes. DJPR 31.5.05, p. 250.

Ementa: (1) ... (2) Faltas justificadas. Doença de filho. Justa causa insubsistente. Mãe que leva filho doente a médico não pode ser punida com justa causa. Ainda que reiteradas as ausências ao trabalho, sendo estas devidamente justificadas por atestados médicos particulares ou emitidos por órgãos públicos não impugnados quanto ao conteúdo ou submetidos à arguição incidental de falsidade, não há que se falar em falta grave. É regra na natureza, que a fêmea não abandona a sua cria. A mãe que relega um filho ao abandono, além de merecer a execração moral está sujeita a ser responsabilizada na esfera penal. Assim, não há como dar guarida à rigorosa e desumana tese patronal da justa causa por desídia, apenas por ter a autora deixado de comparecer ao trabalho algumas vezes para levar o filho enfermo ao médico, mormente sendo este fato sobejamente conhecido pela empresa. TRT 2ª Reg. RS 01070200403202000 — (Ac. 4ª T. 20050246210) — Rel. Juiz Ricardo Artur Costa e Trigueiros. DJSP 6.5.05, p. 77.

Ementa: Justa causa. Inocorrência. A dispensa por justa causa, como penalidade máxima a ser aplicada ao empregado, deve ser apurada com cautela. No caso dos autos, o disparo acidental de arma de fogo, no vestiário, sem causar dano algum e sem expor ao perigo a vida e a segurança de outras pessoas, não demonstra imprudência, negligência ou imperícia por parte do trabalhador, vigilante, mormente quando constatado que o episódio ocorreu porque a arma fornecida pela empresa não tinha trava. Acrescente-se o fato de o empregado ter trabalhado quatro anos para a empresa, sem qualquer mácula em seu passado funcional. Justa causa não caracterizada. TRT 3ª Reg. 7ª Turma 00940-2004-034-03-00-1 — (Ac. 7ª T.) — Relª. Juíza Alice Monteiro de Barros. DJMG 10.3.05, p.14.

f) embriaguez habitual ou em serviço. Segundo o Dicionário Houaiss, a embriaguez é "o estado causado pela ingestão de bebidas alcoólicas; embriagamento". Na doutrina, ela é definida como a "intoxicação produzida pelo álcool ou outra substância equivalente capaz de afastar transitoriamente o equilíbrio emocional do agente ou omitente"[121].

A norma legal ao falar em embriaguez habitual está compreendendo que ela poderá ocorrer no trabalho ou fora dele. Quanto a embriaguez em serviço ela poderá ser originada de um estado de embriaguez já habitual ou de uma situação isolada que venha a causar prejuízo na qualidade do serviço, ou de risco para o empregador como se dá com um motorista que dirige alcoolizado.

Referida norma que se encontra vigente desde a edição da CLT, na atualidade tem comportado muita controvérsia em virtude do avanço da medicina que tem considerado que o alcoolismo como também a substância tóxica são doenças patológicas as quais merecem tratamento médico apropriado. Segundo a Organização Mundial da Saúde que a classificou em três categorias distintas — psicose alcoólica, síndrome de dependência do álcool e abuso alcoólico, sem dependência, atribuindo a cada uma Código Internacional de Doenças (CID), o alcoolismo é moléstia crônica e incurável, tendendo à desagregação total da personalidade, embora em muitos casos possa ser posta sob controle.

Com isso a aplicação da justa causa para um empregado acometido da doença do alcoolismo crônico não encontra amparo na doutrina e jurisprudência porque a situação comporta um acompanhamento médico por parte do Estado para tentar a sua recuperação para o trabalho e convívio social. O que não pode é o empregador ficar com um empregado, que potencialmente pelas circunstâncias de ingestão de bebidas alcoólicas lhe venha a causar não só perturbações ao ambiente de trabalho, mas também se sujeitar a riscos de acidentes de trabalho. Em tais casos, será mais aconselhável a suspensão do contrato de trabalho para tratamento médico, mas para isso haverá que se ter prova contundente da doença, até para não se desbordar em pretensão obreira de indenização por dano moral (incisos V e X, do art. 5º, da Carta Magna) em caso de imputação injusta.

A prova da embriaguez se faz pelo teste de bafômetro, pela perícia médica, por meio do exame de sangue ou da urina, ou ainda por outros meios que possibilitam concluir sobre a existência de alta ingestão de bebida alcoólica ou de outras substâncias equivalentes.

Jurisprudência

Ementa: Recurso de revista. 1. Embriaguez habitual e no serviço. Justa causa. O regional condenou a reclamada à readmissão do reclamante por entender que a embriaguez é doença que deve ser tratada não a considerando como motivo para dispensa por justa causa. Revista conhecida por aparente violação legal e divergência jurisprudencial. No mérito, não obstante os judiciosos argumentos expendidos nas instâncias ordinárias, entendo que a moléstia que acometeu o reclamante, não obstante possa ser reconhecida como tal, é causa de dispensa do empregado por justa causa, a teor do entendimento contido no art. 482, "f", da CLT. Impende ressaltar que não se pode impingir ao empregador a obrigação de manter em seu quadro empregado que nitidamente não tem condições de exercer suas atividades, colocando em risco não só a sua vida mas também a de seus companheiros de trabalho e da população em geral. A justificativa para manutenção do vínculo, malgrado louvável, não encontra eco na legislação trabalhista, que prevê, no caso, a possibilidade de rompimento brusco do liame empregatício. Recurso de revista conhecido e provido. TST-RR-638.368/2000.0 — (Ac. 3ª T.) — 21ª Reg. — Rel. Juiz Convocado Luiz Ronan Neves Koury. DJU 13.5.05, p. 688.

Ementa: Justa causa. Motorista. Bebida alcoólica. Constatada pela Polícia Federal através do teste do bafômetro a ingestão de bebida alcoólica por motorista profissional em limite superior ao permitido

---

(121) SANTOS, Altamiro dos. *Direito Penal do Trabalho.* São Paulo: LTr, 1977. p. 569.

pelo CTB, ainda que não tenha levado à embriaguez, representa grave descumprimento das obrigações contratuais e enseja a ruptura motivada do contrato de trabalho. TRT 3ª Reg. RO 01149-2007-073-03-00-4 — (Ac. 5ª T) — Rel. Des. Lucilde D'Ajuda Lyra de Almeida. DJMG 5.7.08, p. 26.

Ementa: Resolução do contrato de trabalho. Justa causa. Embriaguez em serviço. Constitui falta grave, que autoriza a dissolução do pacto laboral por justa causa, o empregado que se apresenta para o trabalho alcoolizado, o que configura a hipótese prevista na alínea 'f', segunda parte, do art. 482 da CLT, denominada 'embriaguez em serviço'. O empregado alcoolizado no trabalho, indubitavelmente, compromete o seu rendimento quantitativo e qualitativo na prestação de serviço e configura ausência de boa-fé na execução do contrato, fator que representa quebra da fidúcia entre as partes contratantes, elemento indispensável para manter a existência de qualquer relação contratual. No caso, há que se considerar como agravante o fato de o Reclamante ser motorista de ônibus, que fazia percurso interestadual, portanto, sobre ele repousava a responsabilidade de conduzir os passageiros e, mais, de zelar pela segurança destes. Vale dizer, a falta em exame é agravada pela natureza da atividade desenvolvida pelo Reclamante. Caracterizada a falta grave — embriaguez em serviço — na hipótese fática, cumpre validar a demissão por justa causa praticada pela Reclamada e reconhecida pela sentença. TRT 23ª Reg. RO 00142.2007.009.23.00-3 — (Ac. 1ª Tª.) — Rel. Des. Tarcísio Valente. DJE/TRT 23ªReg. n. 342/07, 18.10.07, p. 5.

Ementa: Dispensa por justa causa. Motorista de ônibus. Teste de bafômetro positivo. É de conhecimento geral que os efeitos do álcool no organismo humano podem variar de pessoa para pessoa. Desse modo, considerando a função do reclamante — motorista de ônibus interestadual — ainda que o teste de bafômetro tenha acusado a existência de álcool no organismo do laborista no percentual de 0,4 decigramas, inferior ao limite previsto na legislação federal (0,6 decigramas de álcool por litro de sangue — arts. 165 e 276 da Lei 9.503/97), não se mostra excessiva a sua dispensa por justa causa, haja vista que a ingestão de álcool, em qualquer quantidade, pode causar sonolência e diminuição dos reflexos do condutor do veículo. A segurança do transporte público é uma obrigação da empresa que atua nesse ramo de atividade, devendo zelar pela vida e integridade física dos passageiros e das outras pessoas que trafegam pelas estradas do país, sendo essa segurança imprescindível à harmonia social. TRT 3ª Reg. RO 00150-2006-135-03-00-2 — (Ac. 8ª T.) — Relª. Des. Denise Alves Horta. DJMG 3.3.07, p. 20.

Ementa: Trabalhador acometido de alcoolismo. Comportamento patronal. Em respeito ao princípio da dignidade da pessoa humana — fundamento da República previsto no inciso III do art. 1º da Carta Política — o comportamento empresarial esperado — tanto mais diante da ciência de que o trabalhador havia se submetido, por sua própria iniciativa, a tratamento médico para alcoolismo — não é o de aplicar, seja por que motivo for, a pena máxima do Direito do Trabalho — nódoa que permanece por toda a vida profissional —, descartando o trabalhador. Deve, isso sim, ou reconduzi-lo ao antigo posto ou pagar as verbas rescisórias relativas à resilição por iniciativa patronal. Esse é o sentido da busca de uma sociedade livre, justa e solidária de que trata o art. 3º, da valorização social do trabalho humano, da função social da propriedade e da busca do pleno emprego previstas no art. 170 do Texto Constitucional. Os dispositivos citados, principiológicos, são dotados de eficácia normativa imediata que, em sua dimensão subjetiva negativa, impõe a observância do neles contido nas relações contratuais mantidas entre particulares. TRT 12ª Reg. RO-V 01677-2005-033-12-00-3 — (Ac. 3ª T. 17155/06, 17.10.06) — Relª. Juíza Teresa Regina Cotosky. DJSC 6.12.06, p. 14.

Ementa: Recurso ordinário. Embriaguez em serviço. Justa causa. O tema "alcoolismo", tendo em vista os diversos estudos realizados nesse campo, considera-se, em alguns casos, como sendo uma doença e não como ato de leviandade do ser humano. Todavia, não se pode perder de vista que a profissão de motorista pressupõe obrigações não só para com a empresa, mas com a coletividade. O estado de embriaguez prejudica a realização do trabalho, conturba a ordem interna na empresa, prejudicando, inclusive, a ordem pública, circunstâncias que dão ensejo à dispensa por justa causa. Poderá ser configurada de duas maneiras: habitual ou em serviço. Se o empregado se embriaga constantemente fora do serviço, esse ato se reflete no desempenho da sua atividade profissional; se a embriaguez não é habitual, mas ocorrida no próprio serviço configura-se a irresponsabilidade do empregado. Em ambas as hipóteses, caracteriza-se o justo motivo para o despedimento do faltoso.TRT 1ª Reg. RO 00602-2004-244-O1-004 — (Ac. 8ª T.) — Relª. Desembargadora Maria José Aguiar Teixeira Oliveira. DJRJ 20.4.06, p. 183

Ementa: Justa causa. Motorista embriagado. Dirigir embriagado é crime inafiançável que autoriza a justa causa (art. 482, "f", da CLT). A embriaguez é sim, uma doença, que deve ser tratada, mas não retira do empregado que é motorista a responsabilidade pelo risco ao qual submete não só os demais empregados que transporta, mas também todos aqueles, pedestres e condutores de outros veículos, que cruzam o seu caminho. TRT 3ª Reg. RO 00689-2005-060-03-00-2 — (AC. 8ª T.) — Relª Juíza Cleube de Freitas Pereira. DJMG 11.3.06. p. 22.

Ementa: Rescisão contratual. Justa causa. Embriaguez em serviço. Falta grave prevista no art. 482, "f", da CLT. Estando devidamente comprovado nos autos que o reclamante, na função de Encarregado de Segurança, compareceu embriagado em serviço, permanecendo adormecido em seu veículo por praticamente toda a jornada, correto o reconhecimento da justa causa, ante a falta grave prevista no art. 482, "f" da CLT. Recurso patronal a que se dá provimento. TRT 2ª Reg. RO 01705200207902001 — (Ac. 2ª T. 20050580358) — Relª. Juíza Rosa Maria Zuccaro. DJSP 6.9.05, p. 151.

Ementa: Justa causa. Embriaguez em serviço. Caracterização. Dada a natureza da prestação dos serviços oferecidos pelo recorrente, ou seja, de segurança e, em razão do cargo ocupado pelo recorrido, vigilante, a ingestão da bebida alcoólica, ainda uma única vez, é motivo suficiente para justificar a dispensa do empregado por justa causa. É de se ressaltar que tal fato abalou não só a fidúcia que deve existir em toda relação contratual de trabalho, como poderia vulnerar a imagem da empresa. (Recurso provido). TRT 10ª Reg. RO 00360-2004-007-10-00-3 — (Ac. 2ª T./05) — Relª. Juíza Maria Piedade Bueno Teixeira. DJU3 4.2.05, p. 17.

Ementa: Justa causa. Procedimento irregular do reclamante. Justifica a extinção do contrato. O procedimento irregular do reclamante que resultou na aplicação da justa causa, está relacionado ao fato de que, por diversas vezes o reclamante apresentou-se embriagado em serviço, o que resultou em pelo menos duas suspensões, aliado a acidente de trânsito ocorrido por responsabilidade do reclamante, comprovado através do Boletim de Ocorrência de Acidente de Trânsito. TRT 8ª Reg. RO 01013-2004-001-08-00-0 — (Ac. 2ª T.) — Relª. Juíza Sulamir Monassa. DJPA 26.11.04, p. 03

Ementa: Dispensa por justa causa. Embriaguez no serviço em uma única oportunidade. Art. 482, "f", da CLT. 1. De acordo com os estritos termos da letra "f" do art. 482 da CLT, é certo que a embriaguez em serviço para autorizar a dispensa por justa causa não precisa ser, necessariamente, habitual. Assim, uma única vez que ocorra esse evento, pode o empregador, valendo-se de seu poder potestativo, demitir o trabalhador justificadamente. Se ocorrido uma única vez tal fato, entretanto, deve ser avaliado pelo magistrado, considerando-se todos os fatos e as circunstâncias que motivaram a embriaguez, tendo como parâmetro a justificar, ou não, a validade da adoção da medida extrema os anos de serviços prestados pelo trabalhador, bem como seus antecedentes no âmbito da relação empregatícia. 2. No caso dos autos, não há qualquer possibilidade de êxito no tocante ao intuito de reforma da decisão proferida pelo Regional. A razão é simples: não há mais possibilidade de considerar-se o caso in concreto, analisando-se fatos e circunstâncias da vida funcional do trabalhador. Inexistem, nos termos da decisão recorrida, elementos suficientes para avaliar se foi excessiva, ou não, a medida do empregador consistente na dispensa do Reclamante por justa causa. O Regional, ao julgar o recurso ordinário, resumiu-se a concluir que a demissão do Reclamante era justa, mesmo que a embriaguez em serviço tivesse ocorrido uma única vez, quer dizer, nada discorreu sobre o tempo de serviço e sua conduta durante todo o pacto laboral, muito embora tenha o Reclamante invocado tais razões em seu apelo. 3. Recurso de revista conhecido e desprovido. TST-RR-12.990/2002-900-02-00.1 — (Ac. 1ª T.) 2ª Reg. — Rel. Min. Emmanoel Pereira. DJU 10.2.06, p. 822.

Ementa: Justa causa. Atividade de motorista. Ingestão de bebida alcoólica durante expediente. Inexistência de alcoolismo crônico. Com o advento do novo Código Civil, os ébrios habituais passaram a ser considerados relativamente incapazes (art. 4º, II), reconhecendo assim o legislador que o alcoólatra contumaz é uma pessoa doente, devendo ser tratada. Portanto, o alcoolismo crônico, catalogado no Código Internacional de Doenças com a nomenclatura de "síndrome de dependência do álcool", não autoriza o enquadramento na justa causa para a dispensa, ensejando, isso sim, tratamento médico. Contudo, tratando-se de motorista que vem a ingerir bebida alcoólica durante o expediente, sem qualquer relação com a enfermidade em questão, há de se considerar a existência de motivo suficiente para amparar a ruptura justificada do vínculo (alínea "f" do art. 482 da CLT), uma vez que a ingestão de bebida alcoólica, neste caso, reveste-se de maior gravidade pela própria natureza da atividade exercida pelo obreiro (motorista), na medida em que põe em risco a vida ou integridade física de usuários do transporte público e da coletividade, sem desconsiderar, ainda, que uma eventual responsabilidade recairia sobre a empresa, no caso de ocorrência de algum acidente. Recurso ordinário provido neste aspecto. TRT 15ª Reg. (Campinas/SP) RO 00598-2004-096-15-00-0 RO — (Ac. 43858/2006-PATR, 5ª Câmara) — Rel. Juiz Lorival Ferreira dos Santos. DJSP 22.9.06, p. 43.

Ementa: ...Recurso de revista patronal. Alcoolismo. Diante do posicionamento da OMS, que catalogou o alcoolismo como doença no Código Internacional de Doenças (CID), sob o título de síndrome de dependência do álcool (referência F-10.2), impõe-se a revisão do disciplinamento contido no art. 482, letra "f", da CLT, de modo a impedir a dispensa por justa causa do trabalhador alcoólatra (embriaguez habitual), mas, tão-somente, levar à suspensão de seu contrato de trabalho, para que possa ser submetido a tratamento médico ou mesmo a sua aposentadoria, por invalidez. Recurso de Revista conhecido em parte e desprovido. TST-AIRR E RR-813.281/2001.6 — (Ac. 2ª T.) — 2ª Reg. — Rel. Min. José Luciano de Castilho Pereira. DJU 22.9.06, p. 926.

Ementa: Embargos. Justa causa. Alcoolismo crônico. Art. 482, "f", da CLT. 1. Na atualidade, o alcoolismo crônico é formalmente reconhecido como doença pelo Código Internacional de Doenças (CID) da Organização Mundial de Saúde — OMS, que o classifica sob o título de "síndrome de dependência do álcool" (referência F 10.2). É patologia que gera compulsão, impele o alcoolista a consumir descontroladamente a substância psicoativa e retira-lhe a capacidade de discernimento sobre seus atos. Clama, pois, por tratamento e não por punição. 2. O dramático quadro social advindo desse maldito vício impõe que se dê solução distinta daquela que imperava em 1943, quando passou a viger a letra fria e hoje caduca do art. 482, "f", da CLT, no que tange à embriaguez habitual. 3. Por conseguinte, incumbe ao empregador, seja por motivos humanitários, seja porque lhe toca indeclinável responsabilidade social, ao invés de optar pela resolução do contrato de emprego, sempre que possível, afastar ou manter afastado do serviço o empregado portador dessa doença, a fim de que se submeta a tratamento médico visando a recuperá-lo. 4. Recurso de embargos conhecido, por divergência jurisprudencial, e provido para restabelecer o acórdão regional. (TST-E-RR-586320/1999.1 — (Ac. SBDI1) 10ª Reg. — Rel. Ministro João Oreste Dalazen. DJU 21.5.04, p 401.

Ementa: Justa causa. Embriaguez habitual. Alcoolismo. CLT, art. 482, "f". Insubsistência. A embriaguez habitual, ou alcoolismo, não pode mais ser motivo para a dispensa por justa causa, por ser reconhecida como doença pela Organização Mundial de Saúde e por ser catalogada como tal no item F-10.2, da Classificação Estatística Internacional de Doenças e Problemas Relacionados à Saúde (CID 10). De sorte que se encontra parcialmente derrogada a alínea "f", do art. 482, da Consolidação das Leis do Trabalho... TRT 15ª Reg. (Campinas/SP) RO 01329-2005-020-15-00-3 — (Ac. 62292/2007-PATR, 3ª C.) — Rel. Ricardo R. Laraia. DOE 11.1.08, p. 70.

Ementa: Justa causa. Embriaguez durante a jornada de trabalho. Art. 482, alínea f" da Consolidação das Leis do Trabalho. Interpretação literal. Impossibilidade. Para a caracterização da justa causa, incumbe ao reclamado produzir prova cabal da ocorrência de ilícito perpetrado pelo empregado e que ele foi suficiente para quebrar a confiança depositada no trabalhador, o que não ocorreu na hipótese dos autos. Segundo Maurício Godinho Delgado, "no caso de embriaguez em serviço, ela afeta diretamente o contrato de trabalho, sem dúvida. Em conformidade com a função do trabalhador (motorista ou segurança armado, por exemplo), esta afetação pode ser muito grave, uma vez que coloca em risco a saúde e bem-estar da própria coletividade, o que tende a ensejar a dispensa por justa causa. Noutros casos, dependendo da atividade do empregado, a afetação pode ser menor, propiciando o gradativo exercício do poder disciplinar, com intuitos de ressocialização do obreiro" (Curso de Direito do Trabalho, p. 1194/1195, 3ª edição, 2004, LTr, grifos nossos). Dessarte, o fato do reclamante ter ingerido bebida alcóolica em serviço, por uma única vez, e, função de afetação menor, não enseja a dispensa por justa causa. TRT 2ª Reg. RO 03481200609002003 — (Ac. 12ª T. 20070984365) — Relª. Vania Paranhos. DOE/TRT 2ª Reg. 30.11.07, p. 68/9.

Ementa: Justa causa. Alcoolismo como doença. Desídia. Ônus da prova. É certo que a tendência jurídica moderna considera o alcoolismo como doença, que deve ensejar o correspondente tratamento medicinal, mas, "no caso de embriaguez em serviço, ela afeta diretamente o contrato de trabalho, sem dúvida", tal como defende Maurício Godinho Delgado. O art. 482, "f", da CLT diz que constitui justa causa para a rescisão do contrato de trabalho pelo empregador a embriaguez habitual. Assim, para que a embriaguez constitua justa causa para a rescisão contratual, basta que esta ocorra no ambiente de trabalho, nos termos do dispositivo consolidado. Por outra face, há nos autos evidência de que o Reclamante se mostrou, também, desidioso no exercício de sua função de borracheiro, consoante a prova oral. Tratando-se da máxima penalidade que o empregador pode aplicar ao empregado (CLT, art. 482), a justa causa para o despedimento requer prova robusta e convincente, cujo ônus é, inteiramente, do empregador, que, no caso, se desincumbiu a contento. TRT 10ª Reg. RO 00020-2007-011-10-00-4 — (Ac. 3ª T./07) — Rel. Juiz Grijalbo Fernandes Coutinho. DJU3 20.7.07, p. 49.

Ementa: Dispensa por justa causa. Embriaguez. A dispensa por culpa do empregado, por embriaguez, encontra-se no art. 482, "f", da CLT, e traz duas hipóteses: Uma, a embriaguez habitual, crônica, o chamado alcoolismo, tema em que a jurisprudência oscila em definir se é fato gerador de uma dispensa motivada. A outra hipótese é a embriaguez em serviço, e que é a apontada pela ré como motivo da dispensa. Para que se caracterize a justa causa por embriaguez em serviço, o estado etílico deve restar robustamente provado, pelo empregador. *In casu*, não há prova contundente quanto ao fato. Não foi realizado exame hábil a conferir a dosagem alcoólica no sangue do reclamante e as declarações da única testemunha ouvida não têm força suficiente para comprovar que ele estava embriagado. Justa causa não reconhecida. Recurso a que se nega provimento. TRT 24ª Reg. RO.1 1646/2005-2-24-9-0- (j.28.3.07) — Rel. Des. Ricardo G. M. Zandona. DO/MS n. 6955, 24.4.07.

Ementa: Dispensa por justa causa. Embriaguez. Tratamento discriminatório. A conduta da autarquia, ao oferecer a um empregado vítima de alcoolismo oportunidade de tratamento, enquanto o reclamante, também alcoólatra, é dispensado por justa causa caracteriza-se como discriminatória, pois a reclamada em razão do mesmo fato tratou diferentemente dois funcionários, e, assim, a desigualdade de tratamento por parte da reclamada quanto a situações idênticas importou em vulneração, por seu cunho discriminatório, o art. 5º *caput* e 7º , XXX e XXXII da Constituição da República/88 — todos invocados por analogia. TRT 3ª Reg. RO 01745-2005-053-03-00-8 — (Ac. 3ª T.) Relª. Des. Maria Lucia Cardoso Magalhães. DJMG 3.3.07, p. 13.

Ementa: Justa causa. Alcoolismo. Doença. Função social da empresa. O empregado, assim denominado "alcoólatra", equipara-se àquele que sofreu uma moléstia profissional, a indicar o tratamento junto ao INSS, tanto que o alcoolismo crônico é formalmente reconhecido como doença pelo Código Internacional de Doenças (CID — referência F-10.2), tornando imperioso afastar-se o enquadramento do art. 482, "f" da CLT. Da mesma forma, o empregador exerce uma função social obrigatória, e à empresa não cabe tão-somente a faculdade de poder colocá-la em prática, mas sim, o dever de exercê-la, sempre em benefício de outrem, e nunca em prejuízo. Tal princípio impõe que os interesses da empresa têm, obrigatoriamente, que transcender à pessoa do empresário unicamente, de modo a atingir a ordenação de suas relações com a própria sociedade. TRT 2ª Reg. RO 00928200201902008 — (Ac.10ª T. 20060006190) — Relª. Juíza Vera Marta Publio Dias. DJSP 7.2.06, p. 11.

Ementa: Embriaguez alcoólica em serviço. Justa causa. Requer ingestão voluntária e irresponsável. Prova não convincente. Passado funcional sopesado. Princípios da razoabilidade e proporcionalidade. Embriaguez alcoólica em serviço a tipificar justa causa deve decorrer de ingestão voluntária e irresponsável e restar cabalmente comprovada, cujo ônus é do empregador. Prova testemunhal dúbia favorece o acusado, mormente em se tratando de única ocorrência, envolvendo empregado com oito anos de casa e passado funcional ilibado. Pondere-se, ademais, que o incidente aconteceu, num domingo, Dia dos Pais, sem maiores consequência para a empresa. Não se infere ato gravoso a justificar a pena máxima, principalmente, hodiernamente, quando o alcoolismo tem sido visto como doença pela OMS, ensejando abrandamento do art. 482, f, da CLT. Outrossim, as penalidades funcionais devem ser dosadas, proporcionalmente a falta cometida, levando-se em conta as circunstâncias emergentes e os antecedentes funcionais, sem perder de vista o seu caráter pedagógico e corretivo. Fere o princípio da razoabilidade e o da proporcionalidade, quando o empregador age com rigor excessivo, aplicando sanção desmedida. Justa causa revertida. Sentença mantida. TRT 15ª Reg. (Campinas/SP) RO 01658-2003-067-15-00-6 RO (Ac. 40851/2005-PATR, 11ª Câmara) — Rel. Juiz Edison dos Santos Pelegrini. DJSP 2.9.05, p. 90.

Ementa: Justa causa. "Embriaguez habitual" e "Ato de beber". Ainda que se admita que o autor ingeria bebida alcoólica, cumpre salientar que não há sinonímia entre a embriaguez e o ato de beber, haja vista que este não resulta necessariamente naquele. Segundo Wagner Giglio, citando a definição de embriaguez feita pela Associação Médica Britânica — "A palavra embriaguez será usada para significar que o indivíduo está de tal forma influenciado pelo álcool, que perdeu o governo de suas faculdades ao ponto de tornar-se incapaz de executar com prudência o trabalho a que se consagre no momento." Se as empregadoras permitiam que o recorrente continuasse exercendo as suas funções habituais de vigilante, era porque o mesmo detinha totais condições de exercer seu mister profissional com segurança, não havendo razoabilidade em se admitir a "embriaguez habitual" do trabalhador. Justa causa não configurada.TRT 2ª Reg. RO 03408200320202002 — (Ac. 6ª T. 20050477999) — Rel. Juiz Valdir Florindo. DJSP 5.8.05, p. 66.

Ementa: Justa causa. Motorista. Consumo de bebida alcoólica. Na rescisão contratual motivada, por parte do empregador, a falta deverá revestir-se de gravidade tal que justifique esse ato, de forma que impossibilite a continuação da relação de emprego, constituindo-se, assim, em uma das infrações elencadas no art. 482, da CLT. No presente caso, restou comprovado que o reclamante cometeu falta grave a ponto de justificar a dispensa motivada — alínea "h" do art. 482 da CLT (ato de insubordinação), tendo em vista haver utilizado o caminhão para encontros amorosos e consumo de bebida alcoólica. Sentença que se mantém. TRT 9ª Reg. RO 16505-2003-651-09-00-0 — (Ac. 4ª T. 19071/05) — Relª. Juíza Sergio Murilo Rodrigues Lemos. DJPR 29.7.05, p. 318.

Ementa: Justa causa. Dependência alcoólica e química. Ocorrência de crises. Incapacidade temporária para o trabalho. Caracterização como doença. Ausências prolongadas. Abandono de emprego e desídia não caracterizados. 1. A dependência alcoólica e química caracteriza-se por uma série de sintomas fisiológicos e comportamentais que acarretam um estado de incapacidade mental no usuário, ocasionados pelos enormes danos que as drogas provocam no sistema neurológico humano. 2. Nos períodos de surto é muito comum que o dependente abandone sua família, sua casa e seu trabalho, ficando em tempo integral nas ruas e praças, quase sempre de modo inconsciente ou em estado de pouca consciência. 3. O novo Código Civil Brasileiro reconhece a incapacidade relativa, para certos atos, dos ébrios habituais e os viciados em tóxicos (art. 4o, II) e a Organização Mundial de Saúde classifica formalmente a doença, inclusive relacionando-a no Código Internacional de Doenças (CID). 4. Restando comprovado nos autos que o trabalhador sofre de graves problemas de ordem psiquiátrica, estando dependente de substâncias entorpecentes e que as ausências ao serviço ocorreram em razão de crises que culminaram com sua internação em hospital psiquiátrico, tem-se como caracterizada a incapacidade física e psicológica para o trabalho, não sendo possível reconhecer a falta grave de desídia ou abandono de emprego, até porque, em tais circunstâncias, não se poderia exigir que o trabalhador comunicasse e justificasse ao empregador suas ausências. 5. Recurso não provido. 6. Decisão unânime. TRT 24ª Reg. RO.1 0991/2004-004-24-00-7 — Rel. Juiz Amaury Rodrigues Pinto Júnior. DJMS N. 6512, 24.6.05, p. 54.

Ementa: Dispensa por justa causa — Uso de bebida alcoólica em serviço. O uso de bebida alcoólica em serviço não é causa de dispensa por justa causa. A lei fala em embriaguez. Nas palavras de Wagner Giglio, com a propriedade que lhe é peculiar, haverá embriaguez quando o indivíduo, intoxicado, perde o governo de suas faculdades a ponto de tornar-se incapaz de executar com prudência a tarefa a que deveria praticar no momento. E, ainda, a lei pune a embriaguez e não o ato de beber. Deste não decorre, necessariamente a embriaguez. Assim, o empregador não poderá punir o empregado porque o viu bebendo, na presunção de que a embriaguez virá como consequência, pois os fatos poderão destruir a presunção e a embriaguez não se consumar. E, não havendo embriaguez não haverá falta punível (Giglio, Wagner, "Justa Causa", 2ª ed., 1985, LTr). TRT 3ª Reg. RO 01242-2003-016-03-00-0 — 3ª T.) — Red. Juíza Olívia Figueiredo Pinto Coelho. DJMG 17.4.04, p. 06.

Ementa: Justa causa. Uso de drogas. Caracterização. Comete falta grave o empregado que, desidioso na frequência ao trabalho, no cumprimento das tarefas e no expediente laborativo, entrega-se ao uso de drogas, recusa-se a fazer o tratamento oferecido pelo empregador e pela Previdência e malbarata todas as oportunidades de readaptação, mudança de local de trabalho e outras medidas de apoio que lhe são sucessivamente oferecidas. TRT-12ª Reg. RO-V-05751/00 — (Ac. 3ª T. 05703/01, 24.4.01) — Rel. Juiz Luiz Fernando Cabeda. DJSC 19.6.01, p. 223.

Ementa: Rescisão contratual. Justa causa. Comete justa causa ensejadora de rescisão contratual a empregada que durante o horário de trabalho, nas dependências da empresa, faz uso de droga considerada ilícita. TRT-12ª Reg. RO-V-08996/99 — (Ac. 3ª T. 07217/00, 11.7.00) -. Relª Juíza Ione Ramos. DJSC 8.8.00, p. 101.

g) violação de segredo de que o empregado tenha conhecimento. "O segredo é a alma do negócio" conforme lema popular. Paralelo a essa lema temos que "O dever de colaboração, que engloba os deveres da boa-fé, diligência, lealdade e fidelidade traz ao empregado a responsabilidade de preservar a empresa por todos os modos, em especial quanto àquilo que, se revelado, lhe pode causar grande dano (salvo é claro a prática de ato ilícito)"[122].

Essa norma, portanto, considera justa causa a violação de segredo da empresa entendendo-se aquele que o empregador quer ver-se protegido, pois se passado para as mãos de terceiros lhe causará prejuízos. Evidentemente que os segredos protegidos pela norma são aqueles conhecidos em função do contrato de trabalho e que podem acarretar prejuízos ao empregador. Assim, como a concorrência desleal poderá prejudicar a empresa, a revelação de segredos também situa no mesmo patamar, daí porque no Código Português de 2003, entre os deveres do empregado está o de "Guardar lealdade ao empregador, nomeadamente não negociando por

---

(122) BERNARDES, Hugo Queiros, Direito do Trabalho. V. I, São Paulo: LTr, 1989. p. 414.

conta própria ou alheia em concorrência com ele, nem divulgando informações referentes à sua organização, métodos de produção ou negócios" (art. 121, alínea e)[123].

Quanto aos segredos eles "normalmente estão compreendidos dentro da questão comercial (situação econômico-financeira) ou organizacional (técnicas de produção, métodos de trabalho, composição de produtos)"[124]. Acrescente-se, também, que na atualidade com o avanço da tecnologia no campo da informática e repercussão na gestão da empresa aumentaram-se os riscos sob o enfoque de violação de segredo.

De notar-se, também, que segundo *Bernardes*, "O segredo, para ser tal, deve ser exclusivo da empresa, como pensam *Dorval Lacerda* e *Antônio Lamarca*. Discordamos: o segredo, repetimos, é aquilo que, se revelado, pode causar grande dano ao empregador ou à empresa (por exemplo, função e salário de determinado empregado, processos de fabricação de outrem contratados para experimentação, estado de saúde do Presidente da empresa, resultado de determinadas operações financeiras ou comerciais, contratos ainda não celebrados mas em estudos etc.): a exclusividade não tem porque ser introduzida no conceito, nem é justo que a ausência de exclusividade exonere o empregado da responsabilidade de ser falastrão em prejuízo evidente do empregador ou da empresa".[125]

A verdade é que "o trabalhador está obrigado a manter o sigilo sobre todos os assuntos relacionados com a vida interna da empresa que não sejam do domínio público e cuja divulgação seja susceptível de prejudicar a entidade patronal. Aliás, o alcance da obrigação de reserva há-de fatalmente variar em função das exigências próprias da organização na qual o trabalhador presta serviço: pense-se, por exemplo, na obrigação de segredo relativamente a um trabalhador de um partido político ou de um trabalhador doméstico"[126].

Enfim, essa norma resguarda o dever de colaboração, de lealdade, de confiança e de boa-fé que deve imperar nas relações de trabalho, pois não seria crível que o trabalhador detivesse conhecimentos estratégicos da empresa e deles se aproveitasse para tirar proveito da situação. Aliás, vale lembrar que no campo da concorrência tem sido comum a celebração de um pacto de não concorrência entre empregador e empregado estabelecendo-se regras para que a empresa não seja prejudicada com os conhecimentos que foram adquiridos pelo trabalhador em função de cursos por ela patrocinados ou de informações sigilosas próprias da atividade da entidade patronal.

A verdade é que nesse campo ainda há muita coisa a regular, pois a CLT é de 1943 e nesse dispositivo nada foi acrescentado em termos de inovação enquanto que a realidade mostra um avanço e uma preocupação no sentido de mudança legislativa.

Jurisprudência

Ementa: Recurso ordinário. Justa causa. Art. 482, "g", DA CLT. Tipificação de natureza penal trabalhista. Violação de segredo da empresa. Em face da gravidade, a alegada ocorrência deve estar cumpridamente provada. Repercute na vida privada do empregado e nos objetivos da empregadora. No caso, a alegada revelação não ocorreu em face de se tratar de Diretor Comercial, com acesso às mesmas e idênticas informações da reclamante. TRT 2ª Reg. RO 01672200404402008 — (Ac. 11ª T. 20070475690) — Rel. Carlos Francisco Berardo. DOE/TRT 2ª Reg. 26.06.07, p. 328.

---

(123) GONÇALVES, Fernando; ALVES, Manuel João. *Código de Trabalho*. 4. ed. Coimbra, Portugal: Almedina, 2003. p.121.
(124) BORGES, Ricardo Luis Espínola. *Da Justa Causa, Manual de Direito do Trabalho*, Estudo em Homenagem ao Prof. Cássio Mesquita Barros. Coordenação de Bento Herculano Duarte. São Paulo: LTr, 1998. p. 505.
(125) Ob. cit, p. 415.
(126) PINTO, Mário, MARTINS, Pedro Furtado e CARVALHO, António Nunes de. *Comentário às Leis do Trabalho*, V. I, Lisboa, Portugal: Lex. Edições Jurídicas, 1998, p. 96.

Ementa: Justa causa. Improbidade. Repasse de informações sigilosas à empresa concorrente. Caracterização. Ciente a autora da necessidade de sigilo das informações a que tinha acesso em virtude do cargo ocupado, com a advertência expressa acerca das conseqüências advindas de um possível descumprimento de seus termos, caracteriza a justa causa o repasse destas informações a diretor de empresa concorrente. Nesse sentido, irrelevante a comprovação de efetivo prejuízo em decorrência da conduta desonesta praticada, pois a gravidade dos atos deduzidos é de tal monta que extermina qualquer vestígio de confiança na empregada. Vislumbra-se, assim, a impossibilidade da continuidade do pacto laboral, em face da ausência da fidúcia, reputando-se válida a rescisão contratual por justa causa da empregada... TRT 15ª Reg. (Campinas/SP) RO 02972-2001-046-15-00-3 — (Ac. 6ª T. 38387/2003-PATR) — Relª. Juíza Olga Aida Joaquim Gomieri. DJSP 28.11.03, p. 53.

Ementa: Justa causa. Violação de segredo da empresa. A violação de segredo da empresa encontra-se capitulada no art. 482, "g" da CLT. Trata-se de fato grave, afetando a relação do empregado com a empresa e também lesiva a terceiros, ocasionando a quebra da fidúcia indispensável à continuidade da relação de emprego. TRT 12ª Reg. RO-V 00248-2003-018-12-00-4 — (Ac. 3ª T. 10560/04, 24.8.04).-.Relª. Juíza Gisele Pereira Alexandrino. DJSC 23.9.04, p. 158.

Ementa: Justa causa. Violação de segredo da empresa. O empregado pode prestar serviços a vários empregadores, desde que tenha compatibilidade de horário, na mesma função, não se constituindo violação de segredo da empresa a ocupação de emprego em empresa do mesmo ramo, ainda que na mesma atividade empresarial, se o empregado não detém conhecimento do processo de produção ou método de negociação exclusivos da empresa, como ocorreu na hipótese em exame. TRT 2ª Reg. RO 01677200226102000 — (Ac. 3ª T. 20050560853) — Relª. Juíza Mercia Tomazinho. DJSP 16.9.05, p. 249.

h) ato de indisciplina ou de insubordinação. A primeira vista poder-se-ia pensar que são expressões sinônimas, mas não são, até porque não se admite a existência de palavras inúteis num contexto de legislação. A Lei n. 62, de 5.6.35, já dispunha no art. 5º, *f*, que constituía justa causa para a despedida do emprego "ato de indisciplina ou insubordinação", cuja enunciação não ficou muito diferente do que consta da alínea *h* do atual art. 482, da CLT. Mas há que ser registrado que existe confusão na utilização das suas expressões, porque a insubordinação muitas vezes não deixa de estar vinculada a um ato de indisciplina, sendo certo também que nem todo o ato de indisciplina pode ser configurado como de insubordinação.

Em vista dessa dicotomia, coube a doutrina e a jurisprudência aclarar as duas expressões no trato da justa causa. Assim, há que se falar em indisciplina quando o empregado deixa de cumprir ordens de cunho geral, ou seja, aquela dirigida para todos os empregados da empresa ou então para determinados setores da empresa que exigem normas específicas. Com efeito, normas destinadas ao pessoal de portaria serão diferentes daquelas dirigidas ao pessoal de escritório, devido as peculiaridades de cada atividade, ressalvadas aquelas que pela sua natureza abrangem todos os empregados, citando como exemplo o de não fumar no local de trabalho. Aliás, *Dorval de Lacerda* já dizia que "Indisciplina é o ato do empregado, que traduz violação deliberada dos princípios de ordem geral que devem reinar na comunidade da empresa, e que emanam ou da regulamentação coletiva, ou do regulamento interno, ou dos contratos-tipo, ou das regras costumeiras, ou da lei estatal e da lei do grupo"[127].

Assim, se a indisciplina se caracteriza pelo descumprimento de norma geral, portanto, impessoal já que dirigida a todos empregados da empresa ou parte deles se destinada a empregados de departamentos específicos, a insubordinação verifica-se pelo descumprimento de ato direto, pessoal e específico do empregador ou de alguém que faça as suas vezes, ou então superior hierárquico ou chefe. *Amaro Barreto da Silva*, citado por *Dorval de Lacerda* a identifica como "mais específica, ferindo a autoridade da direção e da chefia da empresa"[128].

---

(127) Ob. cit., p. 65.
(128) Ob. cit, p. 65.

Vale, no entanto, lembrar que no caso de insubordinação se a ordem direta for alheia ao contrato de trabalho, como os serviços proibidos por lei, os contrários aos bons costumes, os prejudicais à saúde e à segurança, o empregado estará legitimado a recusar a fazê-lo e a persistir a sua exigência poderá pleitear na Justiça do Trabalho a rescisão indireta do contrato de trabalho, com base no art. 483, alínea "d", da CLT.

Jurisprudência

a) Indisciplina.

Ementa: Justa causa. Alteração de turno de trabalho. Recusa injustificada. Incide em falta grave, motivadora da rescisão contratual por justa causa, o empregado que se recusa, injustificadamente, ao cumprimento de ordem do empregador quanto à alteração do turno de trabalho, demonstrando desinteresse na manutenção do pacto laboral ao deixar de prestar serviços no novo horário de trabalho. TRT 15ª Reg. (Campinas/SP) RO 2584-2006-010-15-00-7 — (Ac. 30589/08-PATR, 1ªC.) — Rel. Luiz Antonio Lazarim. DOE 6.6.08, p. 68.

Ementa: Justa causa. Gerente de banco. Descumprimento de normas internas. Ato de indisciplina. Restando comprovado por documentos carreados aos autos, bem como pelo próprio depoimento pessoal do obreiro, que o mesmo descumpria normas internas do Banco onde laborava, facilitando a aprovação e liberação de financiamentos a clientes da praça comercial onde exercia a função de gerente, merece ser mantida a r. sentença que reconheceu correta a sua demissão, por justa causa, por ato de indisciplina, com fulcro no art. 482, alínea h, da CLT. Recurso ordinário conhecido e não provido. TRT 16ª Reg. RO 01713-2005-007-16-00-0 — (Ac. Pleno/07) — Rel. Des. Américo Bedê Freire. DO/MA 31.10.07, p. 162.

Ementa: Rescisão do contrato de trabalho por justa causa. Descumprimento e desleixo em relação às normas da empresa. Indisciplina e desídia. A conduta reiterada da obreira em descumprir normas de serviços e procedimentos da reclamada, além de caracterizar descompromisso com as operações de recuperação de créditos da empresa, dificulta sobremaneira o recebimento de valores devidos pelos clientes, configurando ato de indisciplina e desídia, conforme previsto no art. 482, alíneas "e" e "h", da CLT. No caso dos autos, a prova coligida autorizou o entendimento contido na r. sentença atacada, que ratificou o encerramento do pacto laboral, por justa causa do empregado, julgando procedente o pedido contido na ação de consignação em pagamento da reclamada e improcedentes os pleitos formulados na reclamação trabalhista da obreira.Recurso conhecido e não provido. TRT 16ª Reg. RO 02271-2004-001-16-00-0 — (Ac. Pleno/07) — Rel. Des. Américo Bedê Freire. DO/MA 31.10.07, p. 176.

Ementa: Recusa de utilizar EPI. Justa causa. Possibilidade. Em face das consequências econômicas e desastrosas na vida profissional do trabalhador, o fato invocado como justa causa, para permitir a ruptura unilateral do contrato, sem ônus para o empregador, deve ficar provado de tal modo que não paire nenhuma incerteza no espírito do julgador. É o que se notabilizou por "prova robusta" ou incontrastável da justa causa. Ainda assim, existindo a "prova robusta" devem estar presentes os requisitos da justa causa, a saber: a relação de causalidade; a imediatidade e a proporcionalidade entre a falta e a punição. O empregador, dentro do seu poder disciplinar tem o direito de punir o empregado faltoso, aplicando a penalidade que mais se ajuste à falta praticada, proporcionalmente a sua gravidade. A recusa do empregado de utilizar o EPI de forma correta pode acarretar em demissão por justa causa, nos termos do art. 482, "h" da CLT, vez que, nos termos do art. 158 da CLT, o empregado tem por obrigação o uso do EPI, dentro de suas finalidades, sendo inclusive responsável por sua guarda e conservação, devendo, inclusive, comunicar o empregador de qualquer alteração que o torne impróprio para o uso. No caso dos autos, ficou demonstrado que o reclamante estava exercendo o seu trabalho sem a utilização dos óculos de proteção, expondo-se, portanto, ao risco de sofrer um acidente de trabalho. Correta, portanto, a r. sentença, que reconheceu comprovada a justa causa. Recurso conhecido e desprovido... TRT 15ª Reg. (Campinas/SP) RO 00722-2005-008-15-00-6-RO — (Ac. 032309/2007-PATR, 10ª C.) — Rel. Juiz José Antônio Pancotti. DJSP 13.7.07, p. 104.

Ementa: Contrato de emprego. Recusa em trabalhar. Descumprimento das obrigações contratuais por parte do empregado. Justa causa ensejadora da ruptura contratual configurada. Elementar que a principal obrigação do empregado é a prestação do trabalho contratado, com o rendimento qualitativo e quantitativo esperado, demonstrando-se óbvio que, se algum fator alheio à sua vontade impede a prestação, há necessidade de comunicação do obstáculo ao empregador, sob pena de se caracterizar o inadimplemento contratual, que justifica plenamente o exercício do poder disciplinar. Nestes termos, verificada a recusa imotivada em trabalhar, resta configurada a justa causa ensejadora da ruptura contratual. Sentença que se mantém. Decisão por unanimidade, acompanhada pelos MM. Juízes Eurico Cruz Neto e

José Pitas.... TRT 15ª Reg. (Campinas/SP) RO 0737-2005-074-15-00-0 (Ac. 19435/07-PATR, 12ª C.) — Relª. Juíza Olga Aida Joaquim Gomieri. DJSP 4.5.07, p. 43.

Ementa: Justa causa para a dispensa. Ato de indisciplina e insubordinação. Para a caracterização da justa causa para rescisão do contrato de trabalho pelo empregador é necessário prova clara e induvidosa do ato faltoso, já que tal modalidade gera grande repercussão na vida social e profissional do trabalhador. Não há dúvidas quanto à existência do desrespeito no trato com superior hierárquico. A gravidade do ato praticado e a proporcionalidade da penalidade imposta estão evidentes no depoimento pessoal do reclamante, que anuncia a imediatidade e o nexo causal entre o ato e a punição. O ato, tal como perpetrado, ainda que único, abala o prosseguimento da relação entre as partes. Sobressai como ato de indisciplina e insubordinação de maior gravidade a interpelação ao gerente no setor onde o próprio autor trabalhava, portanto, em frente a demais trabalhadores. Esta circunstância se reveste de gravidade tal que merece a penalidade máxima no âmbito empresarial, representando afronta ao superior hierárquico, numa expressão de desprezo ao emprego e ao ambiente de trabalho. O *jus resistentiae* é garantia do trabalhador, porém não autoriza o destempero emocional. Recurso não provido. TRT 24ª Reg. RO.1 1648/2005-071-24-00-2 — Red. Des. Ricardo Geraldo Monteiro Zandona. DOMS N. 6942, 3.4.07.

Ementa: Recusa ao uso de uniforme por crença religiosa. Ato de indisciplina. Justa causa configurada. Art. 482, "h", da CLT: A recusa pelo empregado em usar uniforme instituído no âmbito de trabalho configura justa causa na forma de indisciplina. A liberdade religiosa garantida constitucionalmente não autoriza o empregado a ignorar normas contratuais absolutamente lícitas e condizentes com os bons costumes, como, de resto, já constatado no caso vertente. A exigência de uso de uniforme, por outra vertente, configura-se mera prerrogativa inerente ao poder diretivo do empregador, sem o qual fica obstaculizada a fixação das diretrizes da empresa e dos modos como deseja ver alcançados seus fins e a prestação laboral. Encontra abrigo, ainda, no *jus variandi* patronal. Justa causa que se mantém. TRT 9ª Reg. RO 01321-2005-658-09-00-1 — (Ac. 4ª T. 16987/06) — Rel. Juiz Arnor Lima Neto. DJPR 9.6.06, p. 429.

Ementa: Justa causa. Indisciplina. Incorre em falta grave o empregado que descumpre normas estabelecidas pela empresa, das quais tinha ciência. Ao utilizar o carro da Empresa sem autorização prévia e estando em sua companhia pessoa estranha, deixou de observar o manual de normas e procedimentos. Incide sobre a conduta a aplicação do art. 482, h, da CLT, caracterizando a indisciplina. TRT 10ª Reg. RO 00114-2005-841-10-00-9 — (Ac. 2ª T./05) — Relª. Juíza Flávia Simões Falcão. DJU3 17.6.05, p. 29.

Ementa: Justa causa. Indisciplina. O descumprimento deliberado da obrigação profissional de utilizar o equipamento de proteção fornecido pela empresa dá azo à quebra da fidúcia, que torna insuportável a continuidade do vínculo laboral, a fim de não induzir outros empregados em tal prática. TRT 12ª Reg. RO-V-05300/00 — (Ac. 1ª T. 05993/01, 30.1.01) — Red. Desig.: Juíza Maria do Céo de Avelar. DJSC 22.6.01, p. 292.

Insubordinação.

Ementa: Justa causa. Atividade bancária. Descumprimento das normas da instituição. Quebra de fidúcia. A fidúcia afigura-se elemento essencial, na relação empregado/empregador, sobretudo na atividade bancária, em que o obreiro, lidando diariamente com valores, deve desempenhar sua função com zelo, diligência e lisura. Evidenciado que o consignado descumpriu norma empresarial, ao deixar de comunicar ao empregador a diferença de numerário constatada, optando em adotar procedimento em desconformidade com as normas da instituição, tem-se por configurada a justa causa, de sorte a ensejar a resolução do pacto laboral, máxime em se considerando a atividade econômica do consignante. TRT 10ª Reg. RO 01208-2004-802-10-00-1 — (Ac. 1ª T./06) — Relª. Juíza Maria Regina Machado Guimarães. DJU3 23.2.07, p. 21.

Ementa: Jus variandi empresarial. Transferência de posto de trabalho. Recusa do empregado. Ato de insubordinação. O poder diretivo do empregador enfeixa uma série de prerrogativas voltadas para a organização estrutural da empresa, sendo dele corolário o *jus variandi* empresarial, ou seja, o poder de alterar, ajustar o modo da prestação contratual com o fito de adequá-la à realidade do empreendimento. Nesse toar, a alteração funcional sem redução salarial ou mudança de domicílio não implica alteração contratual lesiva, mormente se voltada para a manutenção do liame empregatício, caracterizando ato de insubordinação a recusa do empregado ao acatamento da ordem. TRT 3ª Reg. RO 00614-2006-153-03-00-2 — (Ac. 6ª T.) — Relª. Des. Emilia Facchini. DJMG 8.2.07, p. 19.

Ementa: Justa causa. Ato de insubordinação. Recusa em apresentar documentos para o registro funcional. configuração. Opera-se justo motivo para a rescisão do contrato de trabalho (CLT, art. 482, h) quando o empregado, reiteradamente instado a apresentar os documentos necessários para o registro funcional, se recusa a fazê-lo, visto que tal postura encerra gravidade não só pela resistência oferecida ao poder diretivo, mas também porque impõe ao empregador situação de irregularidade capaz de ensejar-lhe autuações fiscais. TRT 10ª Reg. RO 00010-2006-021-10-00-5 — (Ac. 3ª T./06) — Rel. Juiz João Luis Rocha Sampaio. DJU3 17.11.06, p. 45.

Ementa: Justa causa. Ato de indisciplina. Quebra de fidúcia por parte da empregada. O fato da Reclamante emitir vale para proveito próprio, sem a devida autorização do superior hierárquico, configurou falta grave, ensejadora da pena máxima, qual seja, a demissão por justa causa. O cargo que ocupava ensejava confiança além do normal, já que laborava como auxiliar do departamento financeiro em uma das Reclamadas e auxiliar de departamento pessoal e financeiro na outra Reclamada. Embora não tenha sido provada a intenção da Reclamante de causar prejuízo às Reclamadas, pois alegou que pretendia ver descontado em seu salário o valor representado pelo vale emitido sem a assinatura de um dos diretores, tal ato já configura a quebra da fidúcia e é suficiente para a Reclamante ter seu contrato rescindido por justa causa, por ato de indisciplina. Aliás, enquanto não ressarcida a importância aos cofres da Reclamada, resta configurado, inclusive, ato de improbidade. Essa atitude é, indene de dúvida, a antítese da confiança que a empresa nela depositou e empreende suporte à pena aplicada. Recurso ao qual se nega provimento. TRT 23ª Reg. RO 01795.2005.009.23.00-8 — (Ac. Sessão 13/06) — Rel. Juiz Bruno Weiler. DJE/TRT 23ª Reg. n. 116/06, 30.10.06, p. 35.

Ementa: Despedida motivada. Possibilidade de transferência prevista no contrato de trabalho. Necessidade evidenciada. Recusa do empregado sem justificativa plausível. Falta grave. Prevendo o contrato de trabalho a possibilidade de transferência do empregado e havendo necessidade desta, a persistência dele na recusa em se mudar para município diverso daquele onde vinha prestando serviços sem nenhuma justificativa plausível, mesmo após a aplicação de outras penalidades mais brandas, configura falta grave, passível de punição máxima, qual seja, a dispensa motivada. TRT 12ª Reg. RO-VA 03994-2004-004-12-00-8 — (Ac. 3ª T. 03169/06, 10.01.06) — Relª. Juíza Gisele Pereira Alexandrino. DJSC 16.3.06, p. 298.

Ementa: Justa causa. Recusa do empregado em ser transferido. Insubordinação. Havendo expressa previsão no contrato de trabalho da possibilidade de o empregado ser transferido para trabalhar em outra localidade, em face da característica de transitoriedade dos serviços oferecidos pela reclamada, empresa de engenharia, e havendo insistência por parte do empregado em não atender à ordem de transferência, mesmo após ter sido punido com advertências e suspensões, configurado o ato de insubordinação, que justifica o rompimento do contrato de trabalho por justo motivo. TRT 9ª Reg. RO 01215-2004-660-09-00-3 — (Ac. 2ª T. 27713/05) — Rel. Juiz Luiz Eduardo Gunther. DJPR 28.10.05, p. 383.

Ementa: Rescisão contratual. Justa causa. Insubordinação. Resistência à determinação injusta do empregador. Não configuração. Promover o empregado o chamamento da autoridade policial para apuração de suposto ato ilícito que lhe é imputado não caracteriza justa causa para rescisão contratual, ainda se, diante da negativa da empresa em permitir a presença do policial em suas dependências, tenha a acusada se deslocado até a Delegacia competente para lavratura do boletim pertinente. Sentença que, neste tópico, se mantém. TRT 15ª Reg. (Campinas/SP) RO 1141-2004-101-15-00-4 — (Ac. 45179/05-PATR, 11ª Câmara) — Relª. Juíza Maria Cecília Fernandes Alvares Leite. DJSP 16.9.05, p. 63.

Ementa: Justa causa. A dispensa por justa causa, devidamente comprovada nos autos, não revela tratamento excessivo por parte do empregador se observa ele o princípio pedagógico da pena que, antes aplicada, não surte o efeito desejado. A última falta cometida, punida com a pena máxima, não necessita ser da mesma natureza ou qualidade das anteriores. Empregado recalcitrante, que por fim usa de palavras de baixo calão ao ser admoestado por segurança da empresa, por se encontrar desrespeitando normas internas proibitivas para a conduta em que é flagrado, age com total indisciplina, justificadora da rescisão contratual nos exatos termos nos termos da lei consolidada (letra "h", art. 482/CLT). Recurso provido. Ação julgada improcedente. TRT 3ª Reg. RO 01629-2004-022-03-00-0 — (Ac. 2ª T.) — Rel. Juiz João Bosco Pinto Lara. DJMG 10.8.05, p. 11.

Ementa: Justa causa. Gradação pedagógica. Apesar de o empregador deter o poder disciplinar na relação de emprego, deve exercê-lo proporcionalmente à gravidade da falta. Não se caracteriza a justa causa quando o empregado, motorista de caminhão, recusa-se a cumprir determinação para continuar a viagem até outra cidade, a longa distância, pois neste caso a insubordinação a que se refere o art. 482, h, da CLT não está plenamente configurada, já que o empregador alterou o comando no curso de sua execução, e tencionando punir o empregado, deveria tê-lo feito de forma gradual. TRT 3ª Reg. 3ª Turma 00699-2003-032-03-00-7 — (Ac. 3ª T.) — Rel. Juiz Paulo Roberto Sifuentes Costa. DJMG 5.6.04, p. 4.

Ementa: Justa causa. A recusa do empregado em permanecer trabalhando após o encerramento da jornada de trabalho, longe de configurar o propalado ato de insubordinação ensejador da justa causa aplicada, encontra respaldo nos arts. 59 e 61 da CLT, exceto em caso de força maior ou necessidade imperiosa de serviço, hipóteses que não se verificavam no caso em tela. ...TRT 2ª Reg. RO 02118200344402000 (Ac. 10ª T. 20070268040) — Relª. Juíza Rilma Aparecida Hemetério. DJSP 27.4.07, p. 37.

Ementa: Insubordinação. CLT, art. 482, 'h'. Não se caracteriza quando a ordem vem de pessoa estranha ao relacionamento jurídico entre empregado e empregador. Para que haja insubordinação é necessário que o empregado receba ordens diretas da pessoa a quem se subordina, ou de alguém acima na hierarquia da empresa, ordens essas que não podem ser manifestamente ilegais, nem podem infringir as condições originais do contrato. A alteração unilateral das condições pode representar um ilícito do empregador. A recusa do empregado em tais casos não constitui necessariamente justa causa, salvo se estava a par da nova situação ou da necessidade de sua transferência de um local para outro. A transferência de local ou de setor é lícita — pois faz parte do "jus variandi" — mas o empregador deve comunicar ao empregado de modo formal a alteração que pretende introduzir. Se não o fizer, o empregado não está obrigado a ir a outro local ou a outro setor de trabalho, sobretudo se se tratar de ordem de pessoa estranha ao seu relacionamento habitual. TRT 2ª Reg. RO 02010199707802002 — Ac. 9ª T. 20050151406) — Rel. Juiz Luiz Edgar Ferraz de Oliveira. DJSP 8.4.05, p. 146.

Ementa: Dispensa por justa causa. Direito de resistência. Vale citar, neste passo, a lição de Márcio Túlio Viana, extraída da obra "Direito de resistência: Possibilidades de autodefesa do Empregado em face do empregador": "Se, na sociedade global, pode-se resistir com a lei, em face da lei e até contra o poder de onde emana, na empresa não é muito diferente". Ensina o festejado autor que, quando o empregador dá uma ordem ilícita, viola um direito fundamental do empregado, fazendo nascer a resistência, que não se identifica com a insubordinação ou a indisciplina, porque o empregado está no exercício de um direito. Acrescenta que é o próprio poder de comando, quando jurídico, que traça os primeiros limites do *ius resistentiae*, fechando os seus caminhos. Inversamente, porém, é esse mesmo poder, quando injurídico, que o faz nascer e o justifica. Desse modo, é imperioso concluir que toda a cadeia de atos que culminou na ausência do reclamante ao seminário de qualidade, no contexto em que se verificou, não pode ensejar a ruptura contratual por justa causa. TRT 3ª Reg. RO 00960-2003-037-03-00-0 — (Ac. 7ª T.) — Rel. Juiz Luiz Ronan Neves Koury. DJMG 20.1.05, p. 16.

I) abandono de emprego. A expressão abandono de emprego da alínea "i" deste artigo diz o óbvio para fins da justa causa, pois o empregado que deixa de cumprir com sua obrigação principal que é de prestar serviços por um lapso de tempo, sem qualquer justificativa está descumprindo o ajustado à luz do princípio da boa-fé que deve imperar em todo contrato. Quem abandona o emprego em tese não tem interesse na continuidade do vínculo empregatício.

Normalmente, quando o empregado deixa de comparecer ao serviço sem qualquer motivo, o empregador cuidadoso o convoca para reassumir as suas funções, ou então que apresente as justificativas para as suas ausências, sob pena de se configurar o abandono de emprego. A rigor, o empregador nem deveria convocar o empregado para reassumir a sua função, mas apenas formalizar a rescisão do contrato de trabalho. Entretanto, a complexidade que encerram as relações de trabalho, como a possibilidade de o empregado estar adoentado, acidente de trabalho, preso ou outras circunstâncias impeditivas de se comunicar com o seu empregador, a doutrina e jurisprudência caminharam no sentido de exigir duas condições para caracterização do abandono de emprego, uma de caráter objetiva e outra subjetiva.

A de caráter objetiva está na própria ausência do empregado, o que mostra a sua disposição pela não continuidade do vínculo empregatício. Não se confundem faltas reiteradas com abandono de emprego. Para caracterização do abandono de emprego a ausência deve ser ininterrupta, pois em caso de faltas intercaladas com advertências a justa causa se enquadrará em desídia. Segundo a Súmula n. 32, do TST, se a ausência ultrapassar de 30 (trinta) dias, presumir-se-á o abandono de emprego.

A subjetiva tem correspondência com ânimo do empregado em abandonar o serviço. Nesse caso, se o empregado transferiu sua residência para outra localidade e lá montou comércio e deixando de comparecer ao serviço sem qualquer motivo que justifique fica patente o seu desinteresse pela continuidade do vínculo empregatício.

Em se tratando de empregado com direito a estabilidade no emprego e que para a sua dispensa necessita de inquérito judicial, nos termos dos arts. 853 a 855, da CLT, o prazo de decadência do direito é contado a partir do momento em que o empregado pretendeu seu retorno ao serviço, conforme Súmula n. 62, do TST.

Jurisprudência

TST, Súmula 32. ABANDONO DE EMPREGO (nova redação) — Res. 121/2003, DJ 19, 20 e 21.11.2003. Presume-se o abandono de emprego se o trabalhador não retornar ao serviço no prazo de 30 (trinta) dias após a cessação do benefício previdenciário nem justificar o motivo de não o fazer.

TST, Súmula n. 62. ABANDONO DE EMPREGO (mantida) — Res. 121/2003, DJ 19, 20 e 21.11.2003. O prazo de decadência do direito do empregador de ajuizar inquérito em face do empregado que incorre em abandono de emprego é contado a partir do momento em que o empregado pretendeu seu retorno ao serviço.

Ementa: 1. Justa causa. Abandono de emprego. Benefício previdenciário. Presume-se, consoante o entendimento consubstanciado na Súmula n. 32 do TST, o abandono de emprego se o empregado não retornar ao serviço no prazo de 30 dias após a cessação do benefício previdenciário nem justificar o motivo de não o fazer. Portanto, comprovado nos autos que, apesar do término do benefício previdenciário e dos telegramas enviados pela empregadora, o autor não mais voltou a trabalhar, tampouco apresentou qualquer atestado médico ou mesmo comprovante de licença-previdenciária para tratamento de saúde concedida pelo INSS, forçoso é o reconhecimento da justa causa por abandono de emprego. 2. Recurso ordinário conhecido e desprovido. TRT 10ª Reg. ROPS 00926-2007-020-10-00-0 — (Ac. 2ª T./07) — Rel. Juiz Brasilino Santos Ramos. DJU 18.1.08, p. 919.

Ementa: Abandono de emprego. Caracterização. A caracterização do abandono de emprego exige dois elementos: o objetivo, consistente no real afastamento do serviço e o subjetivo, consubstanciado na vontade, mesmo implícita, de rompimento do vínculo. Por constituir-se em fato obstativo à continuidade da relação de emprego, a prova da abstenção do empregado em comparecer ao local de trabalho é ônus do empregador. Desincumbindo-se a reclamada de comprovar os requisitos objetivos e subjetivos configuradores do ânimo do empregado em não continuar a prestação laboral, revela-se acertada a decisão que reconhece o abandono de emprego. TRT 10ª Reg. ROPS 00863-2007-007-10-00-1 — (Ac. 1ª T./07) — Relª. Juíza Elaine Machado Vasconcelos. DJU 18.1.08, p. 899.

Ementa: Abandono de emprego. Ausência inferior a 30 dias. A ausência por 30 dias consecutivos não é um elemento essencial à configuração do abandono de emprego, constituindo, apenas, uma presunção, fruto de construção jurisprudencial, de que o empregado não queria mesmo dar prosseguimento ao contrato. Nesse caso, provada a intenção de abandonar o emprego, é desnecessário que as ausências injustificadas alcancem o patamar de 30 dias. Recurso não provido. TRT 18ª Reg. RO 00134-2007-241-18-00-9 — (Ac. 2ª T.) — Rel. Juiz Mário Sérgio Bottazzo. DJE, Ano I, n.106, 12.7.07, p. 7.

Ementa: Justa causa. Abandono de emprego. Não atendimento aos chamados da empresa. Configuração. Constando dos autos que a reclamada enviou quatro telegramas à reclamante, convocando-a para retornar ao trabalho, e não tendo esta última atendido aos chamados da empresa, resta configurado o abandono de emprego, após o decurso do prazo de trinta (30) dias. O fato de os avisos terem sido postados após o ingresso da presente ação — mas antes da notificação inicial, observa-se —, em nada impedia a autora de atendê-los, na medida em que os mesmos estavam em consonância com o objeto da lide, qual seja, a reintegração da mesma ao seu emprego. O não atendimento aos chamados da reclamada somente se justificaria se os mesmos estivessem em conflito com o objeto da demanda, como, por exemplo, se a reclamante estivesse postulando a rescisão indireta do contrato de trabalho. Não sendo essa a hipótese, a atitude da autora mostra-se absolutamente contraditória com as alegações e a pretensão deduzidas nos autos, impondo-se o reconhecimento da justa causa para a resilição contratual, com base no art. 482, letra "i" da CLT. TRT 15ª Reg. (Campinas/SP) ROPS 01956-2005-049-15-00-6 — (Ac. 5165/07-PATR, 5ªC) — Relª. Juíza Ana Paula Pellegrina Lockmann. DJSP 9.2.07, p. 61.

Ementa: Justa causa. Abandono. Provado que a empregadora convocou a empregada para se apresentar ao serviço ou, então, para que justificasse as faltas, e também provado que a empregada recebeu essa convocação, pessoalmente, e que, apesar disso, nada comunicou ao empregador, inviável a reforma da sentença em que se reconheceu abandono do emprego. Contexto em que se são irrelevantes atestados médicos que se pretendia juntar no curso do processo, quando já definida a lide e a preclusão. TRT 2ª Reg. RO 00994200304802004 (Ac. 3ª T. 20050896630) — Rel. Juiz Eduardo de Azevedo Silva. DJSP 24.1.06, p. 29

Ementa: Abandono de emprego. Empregada grávida. Afastamento voluntário. Comunicação ao empregador. Ausência. O afastamento voluntário do trabalho, de grávida, para ficar ao lado do esposo, noutra cidade, sem comunicação ao empregador, configura conduta faltosa da empregada, que deixa, assim, por sua conta e risco, o emprego. Não cabendo impor ao empregador uma reparação a quem não trabalhou por vontade própria, não se apresentou para obtenção das licenças legais a que tinha direito e esperou maliciosamente o esgotamento dos prazos legais com objetivo de obter vantagem econômica. O que não está no espírito, não está na letra do direito. TRT 3ª Reg. RO 01184-2003-099-03-00-2 — (Ac. 3ª T.) — Rel. Juiz Paulo Araújo. DJMG 17.4.04, p.06.

Ementa: Abandono de emprego e rescisão indireta do contrato. Peculiaridades. O pedido de rescisão indireta do contrato de trabalho deve ser oficializado perante o juiz com o contrato ainda em vigor, isto é, o empregado deve estar no regular exercício de suas funções no ato de pedir a rescisão indireta, por isso a lei lhe faculta permanecer ou não no serviço até final decisão do processo (CLT, art. 483, § 3º). Permanecer no emprego é ato de ficar, de continuar no estado em que a pessoa se encontra. Não permanecer significa afastar-se voluntariamente e assumir os riscos da decisão final do juiz, que pode ser desfavorável ao trabalhador, caso em que a lei não lhe autoriza pedir retorno às funções. Essa faculdade deve ser exercida de forma aberta, por escrito, na petição dirigida ao juiz, a fim de que não paire dúvida de que o afastamento não pode ser confundido com abandono de emprego. Impossível ao empregado, depois de meses de ausência injustificada, vir a juízo pedir a rescisão indireta do contrato. A justa causa de abandono se concretizou antes, de acordo com o art. 482, "i", da CLT, e Súmula n. 36 do C. TST. TRT 2ª Reg. AI 02228200243102004 — (Ac. 9ª T. 20040044631) — Rel. Juiz Luiz Edgar Ferraz de Oliveira. DJSP 05.03.04, p. 150.

Ementa: Embargos. Recurso de revista. Fundamentos jurídicos autônomos no acórdão regional. Impugnação parcial. Rescisão indireta. Justa causa. Abandono de emprego. 1. Viola o art. 896 da CLT acórdão de Turma do TST que conhece e dá provimento a recurso de revista, sob o fundamento de violação a dispositivo de lei federal, se subsiste no acórdão regional, sem impugnação específica no recurso de revista, outro fundamento jurídico autônomo e suficiente para embasar a decisão. 2. Não caracteriza justa causa, em virtude de abandono de emprego, o comportamento do empregado consistente em se afastar espontaneamente do trabalho e ingressar em juízo, apenas 13 (treze) dias após, para pleitear a declaração de rescisão indireta do contrato. Ainda que se faça acompanhar de mudança de domicílio que torne impraticável a execução do contrato, o afastamento imediato do emprego para postular a rescisão indireta do contrato de trabalho, a par de constituir o exercício de um direito, não revela ânimo de renunciar o emprego. 3. Embargos parcialmente conhecidos e providos. TST-E-RR-92.939/2003-900-02-00.6 — (Ac. SBDI1) — 2ª Reg. — Red. Desig. Min. João Oreste Dalazen. DJU 10.2.06, p. 731/32.

Ementa: Rescisão indireta do contrato de trabalho. Abandono de emprego. Não se reconhece o abandono de emprego, quando a Obreira deixou de prestar serviços em um dia e no dia seguinte ajuizou Reclamação Trabalhista, pleiteando rescisão indireta do contrato de trabalho. À toda evidência, o alegado abandono não ocorreu, diante da ausência dos elementos objetivos e subjetivos que caracterizam aquela falta grave. Não restou caracterizado, em última análise, o necessário *animus* de abandonar o emprego. O abandono requer uma intenção particular, vale dizer, uma ausência prolongada, que, na hipótese, não existiu. Desse modo, o fato desta Justiça Especializada ter afastado a tese da empregada de ver rescindido seu contrato de trabalho indiretamente, por não reconhecer conduta irregular do empregador, não transforma a falta de prestação de serviços em abandono de emprego, ainda mais considerando que a ação fora ajuizada no dia imediato à cessação da prestação dos serviços. Via de consequência, não há como reconhecer a falta grave, diante da ausência dos pressupostos que a configuram. Intacto, portanto, o art. 482, I, da CLT. Recurso de embargos não conhecidos. TST-E-RR-588.633/99.6 — (Ac. SBDI-1) — 10ª Reg. — Rel. Min. Lelio Bentes Corrêa. DJU 24.10.03, p. 544.

Ementa: Justa causa. Abandono de emprego não configurado. Matéria fática. Enunciado n. 126 do TST. Quando o Regional, analisando o contexto probatório, conclui que não ficou configurado abandono de emprego, sob os fundamentos de que a notificação enviada pela reclamada para que o reclamante retornasse ao emprego foi remetida para endereço diverso do seu, comprometendo a eficácia do ato, e, ainda, que o prazo de trinta dias presuntivo do abandono não se efetivou, por ter o reclamante ajuizado a presente reclamação trabalhista, não há que se falar em justa causa por abandono de emprego, tendo em vista que, para se aferir a veracidade das assertivas da reclamada de que ficou evidenciado o ânimo de abandonar o emprego, quando o reclamante não atendeu à notificação para retornar ao trabalho —, efetivamente, pressupõe o revolvimento de matéria fático-probatória, insusceptível de revisão nesta esfera extraordinária, ante o óbice contido no Enunciado n. 126 do TST, corretamente invocado no r. despacho agravado para negar seguimento ao recurso de revista. Agravo de instrumento não provido. TST-AIRR-791.078/01.3 — (Ac. 4ª T.) — 3ª Reg. — Rel. Min. Milton de Moura França. DJU 21.02.03, p. 517.

Ementa: Rescisão contratual. Invocação de abandono de emprego. Hipótese na qual a empregadora não efetuou sequer expressamente o ato demissional, deixando de impor tal penalidade de forma clara e direta ao obreiro. Impossibilidade de que tal abandono de emprego seja reconhecido posteriormente para, de forma retroativa, dar amparo jurídico ao ato demissional. A demissão por abandono de emprego é modalidade de pena máxima aplicável ao laborista (demissão por falta grave). Como toda a espécie de pena contratual, a sua incidência tem como pressuposto que a parte que a invoca em seu favor a tenha efetivamente aplicado. Se a empregadora não procedeu a rescisão contratual de forma expressa, não poderá pretender agora que o rompimento do contrato seja retroativamente arrimado em abandono de emprego. Ante a ausência do obreiro no labor, era facultado à empregadora convocá-lo expressamente para o retorno do trabalho (sob pena de se configurar o abandono de emprego) e, em persistindo a ausência do laborista, impor-lhe expressa e formalmente a demissão motivada. Não tendo a empresa tomado quaisquer destas providências, o possível abandono de emprego agora não mais pode ser acolhido de forma retroativa. Recurso ordinário da reclamada conhecido e desprovido. TRT 10ª Reg. ROPS 00467-2006-010-10-00-6 — (Ac. 3ª T./06) — Rel. Juiz Paulo Henrique Blair. DJU3 2.2.07, p. 59

Ementa: Justa causa. Abandono de emprego. Empregada com filho em fase de amamentação. Não caracterização. É dever da família, da sociedade e do Estado colocar a criança, com absoluta prioridade, a salvo de toda a forma de negligência (CRFB/88, art. 227, *caput*). Logo, não revela o ânimo de abandonar o emprego a empregada (sem registro de atos faltosos) que, trabalhando no mesmo turno do marido, faltou ao trabalho por período inferior a 30 (trinta) dias e ajuíza posteriormente ação trabalhista visando a obter a rescisão indireta do contrato de trabalho, sobretudo considerando o fato de que a empresa (de grande porte) não observou as disposições contidas no inc. XXV do art. 7º da CRFB/88 no que diz respeito à assistência gratuita aos filhos desde o nascimento até seis anos de idade em creches e pré-escolas e tampouco atendeu ao pedido do casal de modificação do turno de trabalho de um deles. TRT 12ª Reg. RO-V 01400-2005-008-12-00-0 — (Ac. 1ª T. 11133/06, 18.07.06) — Red. Desig.: Juíza Viviane Colucci. DJSC 18.8.06, p. 61.

Ementa: Justa. Causa. Abandono de emprego. Ônus da prova. 1. Tendo em vista o princípio da continuidade da relação empregatícia, é da reclamada o ônus de provar que a ruptura do pacto deu-se por culpa do reclamante, de forma cabal e irrefutável. 2. Não se mostram suficientes para caracterizar o abandono de emprego anúncio em classificados de jornal e a postagem de correspondência quando já instada a reclamada a participar de audiência de conciliação em comissão de conciliação prévia, mister quando a prova oral acene para a dispensa imotivada, em especial a inexistência de *animus abandonandi*. Dada a fragilidade da prova obtida, tem-se por não comprovada a ocorrência da justa causa abandono de emprego. TRT 10ª Reg. RO 01871-2003-101-10-00-1 — (Ac. 2ª T./2004) — Relª. Juíza Maria Piedade Bueno Teixeira. DJU3 3.12.04, p. 26.

Ementa: Justa causa. Abandono de emprego. Ausência do elemento volitivo. Não caracterização. A justa causa para a despedida de qualquer trabalhador, por constituir pecha que irá acompanhar a sua vida profissional, deve restar induvidosamente demonstrada. Os elementos que a caracterizam devem ser concretos e objetivos. Considerando que o aplicador da Lei deve buscar a distribuição da Justiça frente a um dado de realidade concreta, imprescindível que na análise do caso posto à apreciação sejam devidamente sopesados a pessoa do prestador, a sua qualificação profissional, o seu *status*, a natureza do seu serviço e a responsabilidade que desfruta na empresa, condições absolutamente essenciais. Nesse passo, na hipótese de justa causa tipificada como abandono do emprego devemos perquirir sobre a presença do elemento volitivo, sob pena de caracterizar-se o chamado abandono de serviço, que poderia implicar em outra figura tipificadora. Logo, à míngua de elementos probatórios convincentes de que não houve intenção de abandono de emprego, deve ser reputada injusta a despedida. ...TRT 15ª Reg. (Campinas/SP) ROPS 00568-2002-107-15-00-1 — (Ac. 2ª T. 009813/2003-PATR) — Rel. Juiz Luís Carlos Cândido Martins Sotero da Silva. DJSP 15.4.03, p. 15.

i. 1. convocação do empregado para reassumir suas funções por meio de publicação em jornal. Essa era uma prática comum do empregador que fazia convocação em jornais da localidade para o obreiro reassumir suas funções sob pena de caracterização de abandono de emprego. Hoje, essa prática existe, mas em menor escala. A justificativa para tal procedimento tem sido o fato de se tratar de uma prova documental, na qual fica demonstrado o interesse da empresa pelo retorno do empregado ao serviço.

Entretanto, tanto a doutrina como a jurisprudência repele essa prática principalmente quando o empregador tem conhecimento da residência do empregado. Eventualmente, poderia ser utilizado esse procedimento quando o empregado estiver em local incerto e não sabido. Mas para isso deverá comprovar o empregador que procurou as vias corretas para tentativa de uma solução.

Rodolfo Pamplona Filho coloca restrições a essa prática ao afirmar que "se o empregador conhece o endereço do empregado e, mesmo assim, prefere utilizar este artifício em vez de notificar diretamente o trabalhador, parece clara a intenção fraudulenta de forjar a justa causa" e acrescenta ainda que "tal conduta, que pretende demonstrar à comunidade que o empregado abandonou o serviço, pode gerar efeito inverso, pois caso a comunicação seja efetivamente falsa, o próprio empregador terá feito prova de ato violador da boa reputação do trabalhador, gerando o direito à reparação do dano moral correspondente"[129].

Jurisprudência

Ementa: Abandono de emprego. Ônus da prova. Convocação do empregado por edital. Possuindo o empregado endereço certo e conhecido, não se mostra suficiente à prova do abandono de emprego convocação veiculada em jornal. À falta de prova, presume-se que o empregado tenha sido demitido sem justa causa. Recurso ordinário a que se nega provimento. TRT 18ª Reg. RO-01146-2006-121-18-00-7 — (Ac. 1ª T.) — Des. Luiz Francisco Guedes de Amorim. DJGO n. 14.892, 5.12.06, p. 26.

Ementa: Justa causa. Abandono de emprego. Não caracterização. A publicação de anúncios nos jornais, noticiando o abandono de emprego, por si só, não se presta a comprovar o fato, o qual exige prova concreta do chamamento pessoal do empregado para o retorno ao trabalho. TRT 15ª Reg. (Campinas/SP) ROPS 0199-2003-058-15-00-2- (Ac. 1ª T. 35434/2003-PATR) — Rel. Juiz Luiz Antonio Lazarim. DJSP 14.11.03, p. 43.

Ementa: Abandono de emprego. Publicação em jornal. A comunicação feita no jornal chamando o empregado ao trabalho não tem qualquer valor, pois o empregado não tem obrigação de lê-lo, nem na maioria das vezes dinheiro para comprá-lo. A publicação também pode ser feita em jornal que o empregado não lê, nem tem obrigação legal de fazê-lo. O fato de o empregado não atender a comunicação publicada na imprensa pelo empregador, pedindo seu retorno ao serviço, sob pena da caracterização da justa causa, não revela ânimo de abandonar o emprego. TRT 2ª Reg. RO 20010416220 — (Ac. 3ª T. 20030334580) — Rel. Desig. Sérgio Pinto Martins. DJSP 8.7.03, p. 118.

Ementa: Abandono de emprego. Convocação do empregado por edital em noticioso impresso. Incumbe ao empregador convocar ao trabalho o empregado faltoso, e a mera publicação de edital convocatório em noticioso impresso não elide a obrigação daquele de procurar o empregado relapso em seu paradeiro habitual, sobremaneira quando certo e determinado. TRT 12ª Reg. RO-V 00303-2001-006-12-00-4 — (Ac. 2ª T. 13913/02 — Rel. Juiz Dilnei Ângelo Biléssimo — DJSC 12.12.02.

j) ato lesivo da honra ou da boa fama praticado no serviço contra qualquer pessoa, ou ofensas físicas, nas mesmas condições, salvo em caso de legítima defesa, própria ou de outrem. A honra e a boa fama são atributos ligados à personalidade de qualquer pessoa e consequentemente são direitos preciosos protegidos pela Carta Magna ao tratar da dignidade da pessoa humana (art. 1º, III). Compreende, portanto, que nessa norma, bem como a disposta na alínea K, a ela pertinente, se encaixa todo ato praticado pelo empregado que vai de encontro à honra e a boa fama do empregador, dos superiores hierárquicos ou de qualquer outra pessoa, excluindo, evidentemente, as hipóteses de legítima defesa.

Verifica-se também que a norma trata de atos praticados no serviço, portanto, o local em que ela é praticada tem relevância como também a pessoa destinatária do ato faltoso. Necessariamente os atos não precisam estar vinculados ao exercício efetivo das funções. Isso faz com que as ofensas físicas ocorridas na cercania da empresa, quer as fora do horário de trabalho (antes do início do trabalho ou após a saída) quer nas pausas legais serão abrangidas pela mencionada alínea.

A rigor, os atos lesivos da honra e da boa fama são aqueles derivados de calúnia, injúria e difamação que são figuras que constam do Código Penal, como crimes contra a honra (arts. 143 a 145), valendo ressaltar que, no campo das relações trabalhistas, não se aplica a hipótese de

---

(129) *O Dano Moral na Relação de Emprego.* 3. ed. São Paulo: LTr, 2002. p. 111.

retratação admitida em relação à calúnia e difamação (art. 143, do CP). Isso porque, de "nada aproveita ao empregado arrepender-se e pretender se desculpar, retirando a ofensa irrogada, pois o mal já está feito, e a incompatibilização, criada. É mais um fato distintivo entre o crime e a infração trabalhista"[130].

Os atos praticados podem ser por palavras ou gestos com intenção dolosa e assim "importar em expor outrem ao desprezo de terceiros será considerado lesivo da boa fama. Tudo, quanto, por qualquer meio, magoá-lo em sua dignidade pessoal, será ato contra a honra"[131].

Segundo *Wagner D. Giglio*, "As ofensas praticadas em serviço não oferecem dificuldades, pois a lei prevê como justa causa os atos lesivos da honra ou da boa fama de qualquer pessoa, nessas circunstâncias. E na expressão 'qualquer pessoa' compreendem-se, evidentemente, os parentes. Dirigir-se a um superior, ou mesmo a um colega ou estranho, e ofender honra de seu pai, mãe, irmão, filho, esposa ou qualquer outro parente, sem dúvida caracteriza falta, que, sendo grave, determinará justa causa para a dispensa do ofensor[132]."

Ressalte-se que o conceito dessa justa causa não pode ficar restrito aos crimes contra a honra, capituladas no Código Penal e já indicadas acima, uma vez que podem existir situações fora daquelas figuras jurídicas, pois como assinala Russomano "o empregado que induz um menor a praticar atos libidinosos em serviço cometeu 'crime contra os costumes' e, não obstante, age contrariamente à honra e a boa fama do mesmo"[133].

Por último, a excludente que afasta a responsabilidade do empregado está ligado ao conceito de legítima defesa prevista no Código Penal, especificamente no art. 25, que dispõe que "entende-se em legítima defesa quem, usando moderadamente dos meios necessários, repele injusta agressão, atual ou iminente, a direito seu ou de outrem".

Jurisprudência

Ementa: Justa causa. Agressão física a colega de trabalho. Se o fato controvertido não foi presenciado por ninguém, à exceção das partes envolvidas, descabe falar-se em justa causa, quando não revelados os motivos daquele, à luz da prova produzida nos autos. Sobre esse prisma, considerando que não há qualquer informação que desabone a conduta do obreiro, tanto no aspecto subjetivo, de ser, por exemplo, pessoa violenta, mal humorada ou mal quista em seu ambiente de trabalho, ou, objetivamente, no sentido de já ter se envolvido em outro fato do mesmo gênero, não restou configurada a justa causa para a sua dispensa, evidenciando, ademais, tratamento discriminatório. Por certo, o despedimento por justa causa, como pena máxima aplicada ao empregado, deve ser comprovado de forma induvidosa. Inocorre tal prova quando o empregado acusado de agressão física a colega de trabalho também foi agredido por este, não sendo possível precisar se algum deles estava agindo em legítima defesa. TRT 3ª Reg. RO 01197-2007-143-03-00-9 — (Ac. Turma Recursal de Juiz de Fora) — Rel. Des. Heriberto de Castro. DJMG 22.7.08, p. 27.

Ementa: Discussão em serviço. Resistência a agressão sofrida. Justa causa não configurada. Não comete justa causa o empregado que, repele com moderação agressão injusta e desmedida de outro empregado, mormente se o ofensor era dado as brincadeiras inoportunas e inconvenientes. Legítima, portanto, a defesa exercida pelo reclamante, não havendo que se falar em justa causa para a rescisão do contrato de trabalho. Recurso provido. TRT 15ª Reg. (Campinas/SP) — ROPS 1780-2007-003-15-00-7 — (Ac. 29714/08-PATR, 5ª C.) — Rel. Lorival Ferreira dos Santos. DOE 6.6.08, p. 86.

Ementa: Justa causa. Ofensa física. Embora seja extremamente difícil o trato de pacientes agressivos com problemas mentais, o profissional que atua em tal função tem como dever agir com paciência e dentro dos limites legais. Assim, a ofensa física do trabalhador em relação a paciente com problemas

---

(130) GIGLIO, Wagner D., ob. cit., p. 318.
(131) RUSSOMANO, Mozart Victor, *Comentários à Consolidação das Leis do Trabalho*
(132) Ob. cit., p. 311.
(133) RUSSOMANO, ob. cit, p. 671.

mentais, exceto em caso de legítima defesa, configura falta grave e justifica a dispensa, nos termos da letra "j" do art. 482 da CLT. TRT 15ª Reg. (Campinas/SP) ROPS 2394-2005-011-15-00-5 ROPS — (Ac. 62104/07-PATR, 12ª C.) — Rel. José Pitas. DOE 11.1.08, p. 163.

Ementa: Justa causa. Agressões físicas e verbais no horário e local de trabalho. Punição pelo empregador. Cabimento. Considerando-se que, segundo Evaristo Moraes Filho, justa causa é "todo ato doloso ou culposamente grave, que faça desaparecer a confiança e a boa-fé existentes entre as partes, tornando, assim, impossível o prosseguimento da relação", tem-se que o envolvimento do Autor em agressões com outro empregado revestiu-se de suficiente gravidade a ensejar a medida punitiva extrema aplicada. Falta que não tem como ser olvidada, ou simplesmente esmaecida, em especial porque a relação de emprego é de débito permanente, havendo obrigações e deveres, pouco importando, em relação à divulgação, o local, a época e o momento em que o ato faltoso foi praticado, avultando mais a prática dele a dano do *dominus negotii*. À evidência, ante a valoração dos elementos que envolvem a matéria discutida nos autos, não há como arredar a justa causa aplicada. TRT 3ª Reg RO 00026-2007-104-03-00-0 — (Ac. 6ª T.) — Relª. Des. Emilia Facchini. DJMG 1.11.07, p. 17.

Ementa: Justa causa. Briga. Conduta reprovável. O empregado que se envolve em briga, com mútuas agressões, num local de trabalho em que os obreiros manuseiam instrumentos cortantes, age em desconformidade com as regras de conduta ditadas pela empresa e pelo bom senso. Contendas assim em locais de risco perturbam o ambiente de trabalho, quebrando a fidúcia, o que caracteriza conduta ensejadora da despedida motivada. Nesse caso, a disciplina mais do que nunca é necessária, não podendo o empregador admitir desavenças que cheguem às vias de fato, sob pena de ameaçar a segurança de todos os empregados que laboram nesse ambiente.TRT 12ª Reg. RO 00802-2006-015-12-00-7 — (Ac. 3ª T., 31.7.07) — Relª. Juíza Lília Leonor Abreu. TRT-SC/DOE 31.8.07.

Ementa: I- ...II-Ofensas verbais e agressões físicas recíprocas entre empregados. Legítima defesa inexistente. Justa causa configurada. Não há que se falar em legítima defesa, mas sim em reconhecimento da justa causa tipificada no art. 482, "j", da CLT, quando ocorrem provocações pessoais, depois insultos, depois ofensas verbais, e que acabaram culminando em agressões físicas entre os empregados, tudo de forma simultânea, recíproca e desproporcional às ofensas e agressões recebidas, desrespeitando as ordens de superior hierárquico e tumultuando o ambiente de trabalho. Não há que se falar ainda em falta de imediatidade e discriminação quando os empregados envolvidos na contenda foram dispensados três dias depois, após o final de semana que se seguiu ao dia da ocorrência e também após a breve apuração dos fatos pela direção da empresa. Diante da gravidade do ato reprovável praticado pelo autor, está plenamente caracterizada a justa causa para a sua dispensa imediata, prevista no dispositivo legal supramencionado. Recurso ordinário do autor ao qual se nega provimento. TRT 9ª Reg. RO 00161-2006-017-09-00-0 — (Ac. 1ª T. 17958/07) — Rel. Juiz Edmilson Antonio de Lima. DJPR 6.7.07, p. 655.

Ementa: 1. Justa causa. Verbas rescisórias. A prova produzida é manifesta no sentido de que o recorrente e o colega ..., na madrugada do dia 19.8.2006, no local e horário de trabalho, agrediram-se mutuamente do que resultou a ambos lesões corporais. Por esse motivo, o recorrente foi despedido por justa causa, pelo cometimento da falta grave prevista no art. 482, "j", da CLT, tendo também sido despedido por justa causa o colega envolvido na briga. A realidade dos fatos emoldurada no processo, tendo-se em consideração que a briga entre o recorrente e o colega Paulo não foi testemunhada por ninguém, donde se infere que eram os únicos empregados da demandada trabalhando na madrugada do dia 19.8.2006, tanto é assim que o recorrente em depoimento declara que imediatamente ligou para o senhor Valdir "(...) para vir levá-lo ao hospital" (*sic* fl. 18), caracteriza a quebra de confiança imprescindível à manutenção do vínculo de emprego, o que configura cometimento de falta grave prevista no art. 482, "j", da CLT, fato que autoriza a penalização máxima aplicada, já que se mostra suficientemente forte e comprometedora a ponto de autorizar a despedida com a perda de todos os direitos. TRT 4ª Reg. ROPS 00918-2006-001-04-00-7 (Ac. 4ª T.) Rel. Milton Varela Dutra. DOERGS 15.5.07.

Ementa: Recurso do reclamante. Justa causa comprovada. "briga". Pelo que se verifica, a reclamada se desincumbiu do seu ônus de provar que a justa causa foi praticada pelo reclamante, pois este poderia, se quisesse, ter evitado a briga, assim como o fez a sua própria testemunha quando afirma que "o Sr. Joaquim tinha desavenças com outras pessoas, uma vez que 'caçava briga com todo mundo'; que o Sr. Joaquim chegou a arrumar briga com o depoente, porém esse deixou passar", podendo aqui se lembrar do velho ditado popular, segundo o qual "quando um não quer, dois não brigam". Portanto, configurada a hipótese da letra "j" do art. 482 da CLT (constitui justa causa do empregado o "ato lesivo da honra ou da boa fama praticado no serviço contra qualquer pessoa, ou ofensas físicas, nas mesmas condições, salvo em caso de legítima defesa, própria ou de outrem"), patente a falta grave praticada pelo autor, o que torna lícita a sua dispensa por justa causa. TRT 15ª Reg. (Campinas/SP) RO 00290-2005-126-15-00-3 — (Ac. 52440/2006- PATR, 5ª C.) — Rel. Juiz Luiz Carlos de Araújo. DJSP 10.11.06, p. 49.

Ementa: Justa causa. Discussão e ofensas recíprocas entre vendedor e cliente. CLT, art. 482, alíneas "h" e "j". Os empregados são prepostos do empregador e devem portar-se com dignidade e cortesia perante a clientela. Em caso de desentendimento com o cliente, por motivos relacionados à negociação, devem solicitar a intervenção do superior hierárquico. Não podem os prepostos entrar em bate-boca com o cliente, usando desnecessariamente palavras que ofendem a autoestima, salvo se a atitude for em autodefesa, a título de retorsão, ou resposta imediata a uma ofensa pessoal que constitua crime, o que será sempre dependente de prova, competindo ao trabalhador provar sua versão em caso de dispensa por justa causa. TRT 2ª Reg. RO 01738200305802001 (Ac. 9ª T. 20050893623) — Rel. Juiz Luiz Edgar Ferraz de Oliveira. DJSP 27.1.06, p. 52.

Ementa: Justa causa. Agressão física. Art. 482, "j" da CLT. Legítima defesa. A agressão física entre colegas de trabalho é injustificável. Se amenizadas suas consequências sob a tese da legítima defesa, cabe ao réu demonstrá-la como reação a ato agressivo anterior. Não desconstituídas as provas que atestam a conduta agressiva do reclamante, caracteriza-se o justo motivo para o rompimento da relação de emprego, nos termos do art. 482, letra "j" da CLT. TRT 10ª Reg. ROPS 00647-2005-004-10-00-5 — (Ac. 1ª T./05) — Rel. Juíza Elaine Machado Vasconcelos. DJU3 11.11.05, p. 17.

Ementa: Justa causa. Os meros dissabores, aborrecimentos, mágoas e irritações cotidianas fazem parte da normalidade do nosso dia a dia, no trabalho, no trânsito, entre os amigos e até no ambiente familiar. É inaceitável que essas contrariedades culminem em agressões entre seres humanos, porquanto tais situações não são intensas e duradouras, a ponto de romper o equilíbrio psicológico do indivíduo. Se assim não se entender, acabaremos por aceitar e banalizar gestos de agressão como a maneira mais correta de se repelir brincadeiras debochadas. Estando insatisfeito com as galhofas do colega de trabalho, a atitude mais sensata do reclamante, como defesa, seria levar ao conhecimento de seu superior hierárquico as manifestações inconvenientes, e nunca chegar às vias de fato com o colega, inclusive o esfaqueando. TRT 3ª Reg. RO 00573-2005-112-03-00-8 — (Ac. 6ª T.) — Rel. Juiz João Bosco de Barcelos Coura. DJMG 4.11.05, p. 9.

Ementa: Justa causa. Ofensa física praticada no veículo cedido pela ex-empregadora no regresso para a casa. Configuração. Segundo o que dispõe o art. 482, 'j', da CLT, caracteriza-se a justa causa a ofensa física praticada pelo empregado contra qualquer pessoa no serviço. Entende-se este como o ambiente laborativo, o qual não se limita às instalações da empresa propriamente ditas, abrangendo todas as suas adjacências, onde devem imperar a ordem e a harmonia como forma de assegurar o seu bom funcionamento. Assim, a agressão física perpetrada contra um colega de trabalho dentro da caminhonete cedida pela ex-empregadora no momento do regresso para a casa dá ensejo à denúncia cheia do pacto laboral. TRT 12ª Reg. RO-V 01971-2004-026-12-00-6 — (Ac. 3ª T. 00439/05, 23.11.04) — Relª Juíza Gisele Pereira Alexandrino. DJSC 18.1.05, p. 114.

Ementa: Justa causa. Ofensa física contra colega de trabalho no âmbito da empresa. A ofensa física praticada por empregado detentor de estabilidade provisória que disparou tiros contra colega no âmbito da empresa enseja aplicação da justa causa prevista no art. 482, "j", da CLT. Proc. TRT-SC-RO-V-05383/01 — (Ac. 2ª T. 00434/02, 13.11.01) — Rel. Juiz Telmo Joaquim Nunes. DJSC 22.1.02, p. 72.

Ementa: Justa causa. Comprovado ter o empregado reagido à agressão injusta, de forma moderada, não configura a falta grave ensejadora da despedida sem ônus para o empregador o revide à agressão sofrida, na forma da exceção prevista no art. 482, letra "j", da CLT. TRT 12ª Reg. RO-V-05509/00 — (Ac. 1ª T. 01899/01, 14.11.00) — Red. Desig.: Juiz Gerson Paulo Taboada Conrado. DJSC 23.2.01, p. 253.

Ementa: Justa causa. Agressão verbal. Rigor excessivo. Inocorrência. Comprovada a agressão verbal que represente ofensa moral a qualquer pessoa no ambiente de trabalho, correta a decisão de primeira instância que mantém a penalidade, autorizando a despedida capitulada na alínea "j" do art. 482 da CLT, mormente quando a referida agressão se deu de forma deliberada, sem motivo plausível, fato que afasta, de plano, qualquer investigação em relação à vida pregressa funcional ou possível rigor excessivo, ante a gravidade do comportamento da servidora. TRT 12ª Reg. RO-V-06051/00 — (Ac. 1ª T. 11499/00, 19.9.00) — Red. Desig.: Juiz Antonio Carlos Facioli Chedid. DJSC 24.11.00, p. 212.

Ementa: Justa causa. Ocorrência. Enseja a punição com despedida por justa causa, nos termos do art. 482, alínea "j", da CLT, o ato do empregado em desferir "socos" em colega de trabalho sem motivo justificável. TRT 12ª Reg. RO-V-01032/00 — (Ac. 2ª T. 10857/00, 18.7.00) — Red. Desig. Juiz Gilmar Cavalheri. DJSC 14.11.00, p. 67.

Ementa: Justa causa. Agressão física. A ocorrência de agressão física entre empregados no local do trabalho, comprovado que a iniciativa ocorreu por parte do reclamante, sendo revidada pelo colega, somado à prática reiterada da troca de insultos e ofensa entre ambos, constitui falta grave e autoriza o rompimento do contrato laboral por justa causa, com fulcro no art. 482, letra "j", da CLT. TRT 12ª Reg. RO-V-09722/99 — (Ac. 1ª T. 02319/00, 15.2.00) — Relª Juíza Sandra Márcia Wambier. DJSC 14.3.00, p. 122.

k) ato lesivo da honra e boa fama ou ofensas físicas praticadas contra o empregador e superiores hierárquicos, salvo em caso de legítima defesa, própria ou de outrem. Na alínea *j* tratamos do ato lesivo a honra e a boa fama, cujos comentários se aplicam a esta, de forma que aqui trataremos das ofensas físicas. A própria expressão ofensa física explica que são atitudes que extrapolam o relacionamento normal que deve imperar não só ambiente de trabalho, mas também fora dele, já que existem empregados que caracterizam por trabalharem externamente, citando como exemplos, os vendedores, motoristas etc.

Quaisquer tipos de agressões devem ser considerados nessa norma, ou seja, as lesões corporais causadas pelo trabalhador, às meras agressões e as tentativas de agressão, pois são atos graves que impossibilitam a continuidade do vínculo empregatício. Para *Russomano*, "no local de serviço, a ofensa dirigida contra quem quer que seja é justa causa (alínea *j*). Fora da empresa, só é justa causa a ofensa física praticada contra empregador ou contra os superiores hierárquicos do empregado (alínea k). É esse o modo utilizado para se evitarem incidentes corporais dentro da empresa, entre quaisquer pessoas, bem como para assegurar a integridade física dos superiores do empregado, mesmo fora das horas de trabalho"[134].

De notar-se também que tão somente a pessoa física poderá ser objeto de agressão física já que a pessoa jurídica é abstratamente considerada, não tendo portanto, existência real.

A regra excludente de aplicação dessa norma, como já se afirmou na alínea *j*, é da legítima defesa que tem o seu conceito explicado no art. 25, do Código Penal também transcrita naquela alínea.

A respeito das alíneas J e K, numa eventual revisão da CLT seria conveniente o estabelecimento de uma mesma alínea para regular as questões aqui postas, tal como sucede no Código de Trabalho português de 2003, que na alínea *i* do art. 396, prevê como justa causa a "prática, no âmbito da empresa, de violências físicas, de injurias ou outras ofensas punidas por lei sobre trabalhadores da empresa, elementos dos corpos sociais ou sobre o empregador individual não pertencentes aos mesmos órgãos, seus delegados ou representantes"[135].

Jurisprudência

Ementa: Justa Causa. Enquadramento. O fato de a empresa ter alegado que a dispensa baseou-se no art. 482, "h", da CLT, referente a ato de indisciplina e insubordinação, não impedia que o Tribunal Regional reconhecesse a justa causa da dispensa baseando-se em dispositivo diverso (art. 482, k, da CLT, referente a ato lesivo da honra e boa fama ou ofensa física praticado no serviço contra qualquer pessoa), pois é dado ao julgador proceder ao correto enquadramento dos fatos alegados e comprovados pelas partes. Por outro lado, a gravidade dos atos praticados pelo reclamante, que agrediu verbalmente e tentou agredir fisicamente um superior hierárquico, autorizavam a imediata dispensa do obreiro, sendo desnecessária a comprovação da ocorrência de faltas anteriores ou a aplicação de sanções menos severas. Recurso de revista conhecido e provido, no particular. TST-RR-550.595/1999.2 — (Ac. 5ª T.) — 6ª Reg. — Rel. Min. Rider Nogueira de Brito. DJU 6.6.03, p. 853.

Ementa: Inquérito para apuração de falta grave. Art. 8º, VIII, da Constituição Federal. Art. 482, "k", da CLT. I — A imunidade sindical — estabelecida no art. 8º, VIII, da Carta Magna e no § 3º do art. 543 da CLT — guarnece de proteção especial o exercício funcional do dirigente da entidade de classe para assegurar o livre desenvolvimento da representação por seu relevo sóciopolítico. II — No âmbito das negociações coletivas, as partes têm que se tratar

---

(134) *Comentários à Consolidação das Leis do Trabalho*, 17. ed. V. I, Rio: Forense, 1997. p. 671.
(135) GONÇALVES, Fernando; JOÃO ALVES, Manuel. *Código do Trabalho*. 4. ed. Coimbra, Portugal: Almedina, 2003. p. 228.

com mútuo respeito e decoro. O proferimento, pelo representante sindical, de imprecações e palavras de baixo calão dirigidas aos representantes da empresa extrapola o cumprimento das elevadas atribuições de que foi investido. Inquérito judicial procedente, a teor do art. 482, letra "k", da CLT. TRT 12ª Reg. Ac. 3ª T. RO 01863-2007-046-12-00-0 — (Ac. 3ª T, 3.6.08) — Relª. Juíza Ligia Maria Teixeira Gouvêa. Disp. TRT-SC/DOE 24.6.08. Data de Publ. 25.6.08.

Ementa: 1. Justa causa. Agressão física por parte do empregado. Se ficou comprovado nos autos que o obreiro teria agredido o reclamado, dando-lhe um empurrão com o cotovelo, sendo que o próprio agente policial interveio, apartando a situação, a conduta obreira revela-se suficiente a quebrar a fidúcia inerente a todo e qualquer contrato de trabalho, não se podendo aceitar agressões provenientes do empregado a seu patrão, assim como a situação contrária também não se justificaria. Em casos que tais, não há como se manter estavelmente a relação de emprego, uma vez que a confiança e a própria relação social das partes ficou totalmente abalada. Dessa forma, a dispensa por justa causa revela-se adequada, não se justificando a atitude obreira de agredir o empregador, após conhecimento de registro de ocorrência policial em virtude de suspeitar de furto de objetos guardados dentro de seu próprio terreno, sem que disso tivesse ciência. 2 .... TRT 10ª Reg. RO 00957-2006-016-10-00-0 — (Ac. 2ª T./07) — Rel. Juiz Brasilino Santos Ramos. DJU3 13.4.07, p. 27.

Ementa: Justa causa. Cometimento de ato de indisciplina e insubordinação. Art. 482, letras h e k, da CLT. Caracterização. Revelando a prova dos autos que o reclamante negou-se a obedecer as normas de procedimento estabelecidas pela empregadora e que, ao ser repreendido por tal comportamento, agrediu verbalmente seu superior, restou sobejamente caracterizada a falta grave ensejadora da demissão motivada, elencada nas letras h e k, do art. 482 da CLT. TRT 15ª Reg. (Campinas/SP) ROPS 01180-2004-117-15-00-7 — (AC. 6ª T. 6032/2005-PATR) — Relª. Juíza Olga Aida Joaquim Gomieri. DJSP

Ementa: Rescisão por justa causa. A agressão física a um superior hierárquico é falta extremamente grave. Da prova dos autos, não se permite concluir que a atitude do empregado se deu em razão de legítima defesa, não tendo havido fato que pudesse justificar tal comportamento. Prevalece, portanto, a justa causa aplicada pela Reclamada, sendo indevidas as parcelas decorrentes de rescisão do contrato de trabalho pelo empregador de forma imotivada. TRT 3ª Reg. RO 00688-2005-019-03-00-9 — (Ac. 6ª T.) — Rel. Juiz João Bosco de Barcelos Coura. DJMG 9.2.06, p. 7.

Ementa: Professor. Ensino fundamental. Ofensas físicas aos alunos. Justa causa. Restaram comprovadas, de forma assaz suficiente, as atitudes arbitrárias e violentas atribuídas ao autor como desencadeadoras do rompimento justificado do vínculo. Tais tipos de conduta, data venia, não são aceitáveis em nenhum ambiente de trabalho, em nenhum ambiente doméstico e, a rigor, em nenhum lugar onde impere as noções de civilidade e educação. Educação, aliás, é o termo que ilustra com grande propriedade o absurdo da conduta noticiada nos autos. Professor o autor, a semântica do termo revela a importância de seu papel: o mestre, aquele que ensina, aquele que conduz, aquele que exemplifica. O mister eleito pela parte, data venia, mais que uma profissão, se constitui em verdadeira missão, ainda que nem todos os profissionais se mostrem cônscios da amplitude de suas responsabilidades. A ele cabe a transmissão de valores, com a inevitável interferência na formação do próprio caráter dos alunos. Dele é de se exigir, pois, ao menos em sala de aula, uma postura de exemplo, de equilíbrio e tanto quanto possível, de bom senso. Ainda mais quando se trata de professor de ensino fundamental, em vivência direta com seres ainda extremamente influenciáveis. Inaceitável, por isso, que se lance a atitudes como as adotadas pelo autor, um olhar complacente, como se, no pólo passivo das agressões, de seres humanos em formação não se tratasse. TRT 9ª Reg. RO 12986-2002-004-09-00-7 — (Ac. 4ª T. 9524/05) — Relª. Juíza Sueli Gil El-Rafihi. DJPR 22.4.05, p. 363.

Ementa: Justa causa. Atos lesivos da honra e da boa fama. Caracterização. A prática de atos lesivos da honra e da boa fama, incompatível com o respeito e a decência que devem imperar no ambiente de trabalho, justifica a aplicação da justa causa para a resilição contratual. TRT 12ª Reg. RO-V-02235/00 — (Ac. 2ª T. 10149/00, 19.9.00) — Rel. Juiz Jorge Luiz Volpato. DJSC 18.10.00, p. 204.

Ementa: Justa causa. Ofensa à honra do empregador. A falta tipificada no art. 482, "k", da CLT, alusiva à prática de ato lesivo da honra e boa fama do empregador ocorre quando o empregado expõe seu patrão, por qualquer meio (gestos, palavras, etc) ao desprezo de terceiros, ou quando praticar qualquer ato que ofenda a honra deste último. A professora que retira um de seus filhos da instituição de ensino da qual é empregada, transferindo-o para outro estabelecimento, mesmo concorrente, não pratica esse tipo de ofensa. O ato tido como faltoso apenas atendia às necessidades pessoais da aluna e não traduz desapreço da empregada em relação ao empregador. TRT 3ª Reg RO 00736-2006-142-03-00-5 — (Ac. 7ª T.) — Relª. Juíza Wilmeia da Costa Benevides. DJMG 17.10.06, p. 22.

Ementa: Justa causa. Ofensa física praticada fora do serviço. A prática pelo empregado, fora do serviço, de ofensas físicas contra colega de trabalho que não é seu superior hierárquico direto não tipifica hipótese ensejadora da despedida por justa causa. TRT 12ª

Reg. RO-V 00258-2004-004-12-00-8 — (Ac. 1ª T. 02761/05, 22.02.05) — Rel. Juiz Garibaldi T. P. Ferreira. DJSC 17.3.05, p. 231.

Ementa: Justa causa. Não configuração. Animosidade entre empregados. É preciso que o juiz leve em conta o nível sócio cultural das partes envolvidas. Em certos círculos sociais, a agressão verbal ou física é vista como a única resposta possível a um quadro de ofensas reiteradas. TRT 1ª Reg. Proc. 00429-2003-461-01-00-5 — (Ac. 5ª T.) — Rel. Des. Flávio Ernesto Rodrigues Silva. DJRJ 21.5.04, p. 221.

Ementa: Justa causa. Agressão física à colega de trabalho. A falta cometida pela Reclamante — agressão física a outra empregada, causando-lhe ferimentos leves — consiste em uma falta gravíssima, que inviabiliza a continuação do contrato de trabalho, razão pela qual a razão está com o empregador em demitir a empregada com justa causa, com base no art. 482 da CLT, o que se deu no mesmo dia da falta cometida.TRT 1ª Reg. Proc. 01139-2001-025-01-00-0 — (Ac. 5ª T.) — Rel. Juiz Antônio Carlos Areal. DJRJ 16.05.03, p. 202.

Ementa: Justa causa. Inexistência. Vítima de agressão física. A reação violenta (vias de fato) ocorreu após uma indagação da autora. A reação desproporcional é injurídica. Eventual lesão a direito no curso da relação de trabalho tem proteção garantida em razão da estrutura hierárquica. TRT 2ª Reg. RS 02375200201802001 — (Ac. 6ª T. 20030058222) — Rel. Juiz Rafael E. Pugliesi Ribeiro. DJSP 28.03.03, p. 178.

Ementa: Justa causa. Ofensa física contra colegas de serviço, ocorrida fora do horário de trabalho e do âmbito da empresa. O envolvimento do trabalhador em luta corporal com outros colegas de serviço fora do âmbito do trabalho não tipifica a hipótese arrolada na alínea "k" do art. 482 da CLT, pois segundo esse Dispositivo a ofensa física ou moral ensejadora da justa causa para o despedimento do obreiro deve ser dirigida contra a empregadora ou os seus superiores hierárquicos. TRT 12ª Reg. RO-V-01933/00 — (Ac. 1ª T. 07266/00, 04.7.00).- Rel. Juiz Idemar Antônio Martini. DJSC 9.8.00, p. 252.

l) **prática constante de jogos de azar.** Conforme *Wagner D. Giglio* "É o Direito Penal que nos fornece os conceitos de jogos de azar." Dispõe o art. 50, § 3º, da Lei das Contravenções Penais que são considerados jogos de azar: a) o jogo em que o ganho e a perda dependem exclusiva ou principalmente da sorte; b) as apostas sobre corrida de cavalos fora de hipódromo ou de local onde sejam autorizadas; c) as apostas sobre qualquer outra competição esportiva".

É a letra *a*, como se vê, que dá o critério geral. A letra *b* ressalta um caso, especial pela frequência de jogo. E a letra *c* apenas prevê uma forma de jogo, que se poderia dizer indireta[136].

A própria expressão utilizada no texto legal leva à conclusão de que a forma costumeira de praticar jogos de azar é que dá ensejo a justa causa. A prática isolada ou mesmo em poucas vezes, sem qualquer reflexo na atividade do empregado, não será considerado falta grave. Nesse sentido a lição de *Wagner D. Giglio* quando afirma que "Obviamente, não se poderá classificar de jogador constante quem é encontrado, dois ou três domingos seguidos, a fazer apostas no hipódromo. É necessário que seja um jogador contumaz, inveterado. Mas só o juiz, no exame de caso por caso, poderá dizer se a prática do jogo é constante, ou apenas eventual, pois não é possível determinar, a priori, um número certo de vezes, para a configuração da habitualidade do jogo. Ao Direito, como já dissemos mais de vez, repugnam as fórmulas matemáticas rígidas[137]".

Os jogos recreativos, ou seja, os considerados como um passatempo ou mesmo os de fins beneficentes, sem qualquer vinculação com lucro, não dão ensejo a justa causa com base na alínea em evidência. Nesse sentido, a lição de *Dorval Lacerda* ao afirmar como "pressuposto necessário e imprescindível do jogo de azar, isto é um elemento sem a presença do qual não se poderá falar, de modo algum, na existência de tal falta trabalhista, é o empenho, no resultado do jogo, de dinheiro ou, de qualquer modo, a presença de perdas que tenham aspecto econômico. O jogo gracioso, mesmo com os pressupostos originários do jogo de azar, não é um jogo de azar".

---

(136) *Justa causa*, 7. ed. São Paulo: Saraiva, p. 330.
(137) Ob. cit., p. 333.

Existem também pessoas que sofrem de vício patológico relacionado com bebida alcoólica, de forma que não fica sem jogar e, também para estes casos, *Wagner D. Giglio* diz que "é suficiente para configurar a infração, que o empregado tenha o hábito arraigado do jogo, que a ele se dedique reiteradamente, como um costume que já faz parte de seu comportamento em sociedade"[138].

Evidentemente que, há tipos de jogos em que predomina a habilidade do jogador, como no jogo de *snooker* ou bilhar, xadrez, competições esportivas e outros tipos esportes que se sustentam na capacidade do jogador. Em tais hipóteses, o empregado não será considerado faltoso ainda que haja habitualidade no seu proceder. Entretanto se o empregado viver de aposta com base nos competidores de determinado esporte, poderá incidir na falta capitulada nesta alínea, porque como bem assinala *Dorval de Lacerda* "o mesmo jogo pode ter um duplo caráter, isto é, ser lícito para os jogadores e jogo de azar para os apostadores"[139].

Portanto, qualquer tipo de jogo de azar em que o empregado visa o resultado e isso passa a ser um vício haverá repercussão na vida profissional com a possibilidade de se tornar um potencial empregado problemático e consequentemente a perda da confiança inerente ao pacto laboral.

Por fim, na justa causa com fundamento em jogo de azar há que se ter presente que, quando mais elevado o empregado for na hierarquia da empresa, principalmente os ocupantes de cargo de confiança, com mais rigor deverá ser apreciada essa falta, porque exercem funções não só de responsabilidade, mas também com movimentação financeira e outros bens da empresa etc. Esse mesmo rigor, não poderá acontecer com o empregado humilde, cujo serviço seja braçal. A respeito, diz *Dorval de Lacerda* que "se ele se compraz com jogos de azar (o jogo chamado do 'bicho', por exemplo) sem que isso traga, ou ameace trazer à empresa, o menor dano. Se não há dano, nem perigo de dano, não direi que não possa haver ou configurar-se a falta grave, mas afirmo que o conceito desta, na hipótese particular que se encara, se restringe, de modo que só surge a falta quando o desmando, que ela encerra, se tornar patente e escandaloso"[140].

Enfim, cada caso concreto merece uma análise considerando todos os enfoques aqui postos, até porque são pouquíssimas reclamatórias que se balizam nessa alínea.

Jurisprudência

Ementa: Justa causa. Ato de pequena gravidade. Princípio da gradação das penas. Inobservância. Não configuração. A justa causa, por se tratar de punição severa, a qual deixa sequelas indeléveis na vida funcional do trabalhador, deve, obrigatoriamente, guardar proporcionalidade com os atos faltosos por ele cometidos, e somente deve ser aplicada se, efetivamente, comprovada a prática reiterada de procedimento incompatível. Constando dos autos que no passado laboral do reclamante não há quaisquer faltas disciplinares, e tampouco se verificando, no ato praticado pelo mesmo (jogar baralho em serviço), a gravidade de tal monta a ensejar a sua sumária dispensa, deveria a reclamada ter observado o princípio da gradação das penas, adotando medidas punitivas em escala crescente, de forma a transmitir ao obreiro a exata noção do desajuste de seu comportamento. Não tendo sido observada essa gradação, correto o julgado quanto ao afastamento da justa causa. TRT 15ª Reg. (Campinas/SP) RO 0965-2003-079-15-00-0 — (Ac. 37751/07-PATR, 5ª C.)- Relª. Juíza Ana Paula Pellegrina Lockmann. DJSP 10.8.07, p. 77.

PARÁGRAFO ÚNICO. *Constitui igualmente justa causa para dispensa de empregado, a prática, devidamente comprovada em inquérito administrativo, de atos atentatórios à segurança*

---

(138) Ob. cit., p. 333.
(139) *A falta grave no Direito do Trabalho,* 4. ed. Rio de Janeiro: Ed. Trabalhistas, 1976. p. 240.
(140) Ob. cit., p. 238.

nacional. (§ incluído pelo DL n. 3, 27.1.66, DOU 27.1.66, LTr 30/94 e revogado pela Lei n. 8.360/93, a qual revogou o Decreto-Lei n. 3, de 27.1.66.

Foi a Revolução de 1964 a motivadora da introdução desse parágrafo único no art. 482, da CLT, por intermédio do Decreto-lei n. 3, de 27 de janeiro de 1966, sendo que alguns autores, como *Francisco Meton Marques Lima*, entendem que não foi recepcionado pela Carta Magna de 1988[141].

Na verdade, referido dispositivo está revogado em face do disposto no art. 76, da Lei n. 8.630, de 25 de fevereiro de 1993 (DOU 26.2.93) que revoga expressamente o Decreto-lei n. 3, de 27 de janeiro de 1966. Este Decreto-lei n. 3, de 27 de janeiro de 1966 veio a disciplinar as relações jurídicas do pessoal que integra o sistema de atividades portuárias e altera disposições da Consolidação das Leis do Trabalho e dá outras providências e nele é que figurava o atentado à segurança nacional (art. 3º). Nesse artigo dispunha que "o Ministro do Trabalho e Previdência Social, em face da representação do Delegado do Trabalho Marítimo, poderá suspender ou cassar a matrícula profissional do trabalhador portuário ou marítimo, **como decorrência da prática ou exercício de atividades contrárias ao interesse nacional**. No § 1º prescrevia que "o Delegado do Trabalho Marítimo poderá suspender, preventivamente, a matrícula profissional, com recurso, *ex officio*, para o Ministro do Trabalho e Previdência Social. O § 2º por seu turno rezava que "ao encaminhar o recurso, o Delegado do Trabalho Marítimo no prazo de até 5 (cinco) dias úteis instruirá o processo com os elementos informativos necessários ao julgamento da autoridade superior e, finalmente, no 3º estabelecia que "a suspensão máxima independentemente de inquérito será de 90 (noventa) dias, aplicada pelo Ministro". Com isso fica evidente que a Lei n. 8.630, de 25 de fevereiro de 1993, ao revogar expressamente o Decreto-lei n. 3, de 27 de janeiro de 1966, automaticamente revogou o disposto no parágrafo único do art. 482, da CLT.

Ainda que não tivesse sido revogado o referido dispositivo pela Lei n. 8.630/93, o certo é que ele não encontra amparo na Carta Magna de 1988. Conforme assinala *Mauricio Godinho Delgado* o dispositivo "está, obviamente, revogado pela Constituição da República (não recebido), uma vez que esta não autoriza prisões ou condenações de pessoas humanas pelo caminho meramente administrativo, ainda mais por razões Político-ideológicas. Nenhum indivíduo, no país, será mais 'processado nem sentenciado senão pela autoridade competente' (art. 5, LIII, CF/88), nem 'será privado da liberdade ou de seus bens sem o devido processo legal' (art. 5º, LIV, CF/88), sendo que qualquer restrição a isso pode ser levada a exame do Judiciário (art. 5º, XXXV, CF/88)"[142].

9. Outras justas causas previstas na Consolidação das Leis do Trabalho e normas esparsas.

9.1. Art. 158, da CLT. Segurança e Medicina do Trabalho. Segundo o art. 158, da CLT, cabe aos empregados observar "as normas de segurança e medicina do trabalho, inclusive as instruções de que trata o item II do artigo anterior que diz 'instruir os empregados, através de ordens de serviço, quanto às precauções a tomar no sentido de evitar acidentes do trabalho ou

---

(141) *As mais novas implicações jurídicas da velha justa causa.* Cuiabá, MT: Oasis Jurídico Editora, 2001. p. 65/6.
(142) *Curso de Direito do Trabalho.* 7. ed. São Paulo: LTr, 2008. p. 1.203.

doenças ocupacionais' e colaborar com a empresa na aplicação dos dispositivos deste Capítulo. No parágrafo único do art. 158 está disposto que "constitui ato faltoso do empregado a recusa injustificada: a) à observância das instruções expedidas pelo empregador na forma do item II do artigo anterior; b) ao uso dos equipamentos de proteção individual fornecidos pela empresa".

Verifica-se, assim, que a recusa injustificada do empregado na observância das instruções expedidas pelo empregador na forma do item II do art. 157, ou ao não uso dos equipamentos de proteção individual fornecido pela empresa poderá redundar em ato faltoso ensejador da aplicação da justa causa a que alude o art. 482, da CLT. Outra não poderia ser a solução porque a segurança e medicina do trabalho têm repercussões no ambiente no trabalho e nesse caso tanto o empregador como o empregado devem contribuir não só preventivamente, mas também com ações que visem a afastar acidentes do trabalho ou doenças ocupacionais ou profissionais.

Jurisprudência

Ementa: Recusa de utilizar EPI. Justa causa. Possibilidade. Em face das consequências econômicas e desastrosas na vida profissional do trabalhador, o fato invocado como justa causa, para permitir a ruptura unilateral do contrato, sem ônus para o empregador, deve ficar provado de tal modo que não paire nenhuma incerteza no espírito do julgador. É o que se notabilizou por "prova robusta" ou incontrastável da justa causa. Ainda assim, existindo a "prova robusta" devem estar presentes os requisitos da justa causa, a saber: a relação de causalidade; a imediatidade e a proporcionalidade entre a falta e a punição. O empregador, dentro do seu poder disciplinar tem o direito de punir o empregado faltoso, aplicando a penalidade que mais se ajuste à falta praticada, proporcionalmente a sua gravidade. A recusa do empregado de utilizar o EPI de forma correta pode acarretar em demissão por justa causa, nos termos do art. 482, "h" da CLT, vez que, nos termos do art. 158 da CLT, o empregado tem por obrigação o uso do EPI, dentro de suas finalidades, sendo inclusive responsável por sua guarda e conservação, devendo, inclusive, comunicar o empregador de qualquer alteração que o torne impróprio para o uso. No caso dos autos, ficou demonstrado que o reclamante estava exercendo o seu trabalho sem a utilização dos óculos de proteção, expondo-se, portanto, ao risco de sofrer um acidente de trabalho. Correta, portanto, a r. sentença, que reconheceu comprovada a justa causa. Recurso conhecido e desprovido... TRT 15ª Reg. (Campinas/SP) RO 00722-2005-008-15-00-6-RO — (Ac. 032309/2007-PATR, 10ª C.) — Rel. Juiz José António Pancotti. DJSP 13.7.07, p. 104.

Ementa: 1. Justa causa. Comprovação. A imputação da justa causa deve ser apenas reconhecida em casos extremos, dentro daquelas hipóteses ventiladas no art. 482 da CLT e acompanhada de justificativa plena e inquestionável. No caso dos autos, estando comprovado que o Reclamante incorreu em conduta desidiosa — não uso dos equipamentos de segurança, de cuja obrigatoriedade tinha ciência —, acertada revelou-se a sua dispensa. É de se notar, ainda, que a conduta displicente do Autor para com sua própria integridade física causou prejuízo à Reclamada, que, como consta nos autos, foi multada pela empresa para a qual presta serviços em razão do ocorrido. Recentes fatos ocorridos e amplamente divulgados pela mídia (como, por exemplo, a explosão em Alcântara, MA) só confirmam a tese de que o perigo não tem dia e hora para acontecer e, portanto, não há como deixar de usar a proteção fornecida. 2. ... TRT 10ª Reg. RO 00276-2004-020-10-00-0 — (Ac. 3ª T. /2005) — Relª. Juíza Maria de Assis Calsing. DJU3 4.3.05, p. 26.

9.1.1. Membro da CIPA. Art. 165, da CLT. O disposto no art. 165, da CLT, prescreve que "os titulares da representação dos empregados nas CIPA(s) não poderão sofrer despedida arbitrária, entendendo como tal a que não se fundar em motivo disciplinar, técnico, econômico ou financeiro" e ocorrendo a despedida, caberá ao empregador, em caso de reclamação à Justiça do Trabalho, comprovar a existência de qualquer dos motivos mencionados neste artigo, sob pena de ser condenado a reintegrar o empregado. Aplica-se a mesma regra ao suplente, representante dos empregados (Súmulas n. 339, I e II, do TST). Vale ressaltar que o membro da CIPA poderá ser despedido por justa causa, basta que incida nas faltas previstas no art. 482, da CLT. Não haverá necessidade de inquérito para apuração da falta grave, pois a única exigência da lei (parágrafo único, do art. 165, da CLT) é a comprovação do empregador perante a Justiça do Trabalho dos motivos determinantes da rescisão (disciplinar, técnico, econômico ou financeiro), sob pena de reintegração do empregado ou a sua conversão em indenização, se assim for o caso. Ver o art. 165.

Jurisprudência

Ementa: Estabilidade. Membro da CIPA. Justa causa. Possibilidade. A garantia de emprego assegurada ao cipeiro não o resguarda contra qualquer dispensa, mas, tão-somente, contra aquela que é destituída de fundamento, injusta, imotivada. Uma vez comprovada a prática de quaisquer dos atos declinados no art. 482, da CLT, torna-se perfeitamente válida a dispensa do empregado, porque baseada em justa causa. TRT 3ª Reg. RO 00040-2008-061-03-00-0 — (Ac. 2ª T.) — Relª. Juíza Convocada Taisa Maria M. de Lima. DJMG 30.7.08, p. 11.

9.2. Ferroviário. Art. 240 da CLT. Prescreve o citado artigo que "nos casos de urgência ou de acidente, capazes de afetar a segurança ou a regularidade do serviço, poderá a duração do trabalho ser excepcionalmente elevada a qualquer numero de horas, incumbindo à Estrada zelar pela incolumidade dos seus empregados e pela possibilidade de revezamento de turmas, assegurando ao pessoal um repouso correspondente e comunicando a ocorrência ao Ministério do Trabalho, dentro de 10 (dez) dias da sua verificação". Já no parágrafo único desse artigo, está disposto que "a recusa, sem causa justificada, por parte de qualquer empregado, à execução de serviço extraordinário, será considerada falta grave". A norma celetista deu ênfase ao direito da coletividade que se utiliza de transporte público, no caso, ferroviário, permitindo o trabalho extraordinário em situações anormais, mediante comunicação ao Ministério do Trabalho e Emprego.

Depreende-se dessa norma que a havendo recusa do empregado em atender a convocação da empresa ferroviária, sem motivo justificador, incorrerá em falta grave (insubordinação), expressão essa utilizada porque a maioria das empresas ferroviárias tinha participação do Estado e em face dessa vinculação eram providas de regimento interno que tornavam mais difíceis as rescisões de contrato de trabalho. Assim, a dispensa só poderia ser precedida de inquérito administrativo assegurando ao empregado o direito ao contraditório e a ampla defesa, na forma do art. 5º, LV.

9.3. Art. 508, da CLT. Bancários. V. art. 508 que consta deste fascículo.

9.4. Contrato de aprendizagem. Art. 433, II, da CLT. Dispõe o mencionado artigo que "O contrato de aprendizagem extinguir-se-á no seu termo ou quando o aprendiz completar dezoito anos, ou ainda antecipadamente nas seguintes hipóteses: ... II — falta disciplinar grave". Verifica-se pelo mencionado dispositivo legal que o término do contrato de aprendizagem será antecipado na hipótese de falta disciplinar grave. Compreende-se entre as faltas disciplinares aquelas previstas no art. 482, da CLT. Na hipótese do término do contrato de aprendizagem com fulcro no item II do art. 433, o aprendiz não tem direito às indenizações previstas nos arts. 479 e 480 da CLT, a teor do que dispõe o parágrafo único do art. 433, em comento.

9.5. Trabalho temporário. Lei n. 6.019/80, art. 13. Como se sabe "o trabalho temporário é aquele prestado por pessoa física a uma empresa, para atender à necessidade transitória de substituição de seu pessoal regular e permanente ou a acréscimo extraordinário de serviços. Portanto, a empresa de trabalho temporário é fornecedora de mão de obra, na forma prevista na mencionada Lei. Reza o art. 13, da mencionada Lei que "Constituem justa causa para rescisão do contrato do trabalhador temporário os atos e circunstâncias mencionados nos arts. 482 e 483, da Consolidação das Leis do Trabalho, ocorrentes entre o trabalhador e a empresa de trabalho temporário ou entre aquele e a empresa cliente onde estiver prestando serviço".

Verifica-se que o trabalhador temporário poderá ser dispensado por justa causa não só em relação a atos praticados no serviço da sua empregadora, mas também praticado na empresa tomadora dos serviços.

O trabalhador temporário, por exemplo, se cometer ato de improbidade no local da prestação de serviço, embora a tomadora de serviços não seja a sua empregadora, o fato em si é suficiente grave pela quebra de confiança que ele acarreta para as duas empresas envolvidas no contrato de prestação de serviços, no caso, sua empregadora (fornecedora de mão de obra) e a tomadora de serviços.

9.6. Vale-transporte. Lei n. 7.418, de 16.12.85 e Decreto n. 95.247, de 17.11.87. O Decreto regulamentador do vale-transporte estabelece no seu art. 7º os requisitos para o empregado ter direito ao referido benefício, no caso, as informações sobre os meios de transporte adequados ao seu deslocamento residência e trabalho e vice-versa. No § 3º do citado artigo está disposto que a "Declaração falsa ou o uso indevido do vale-transporte constituem falta grave".

Nessa conformidade, se ficar comprovado que o empregado, no ato da admissão ou nas informações anuais, deu declaração falsa a respeito do seu endereço ou na de utilização de transporte para a sua locomoção, com o objetivo de ser beneficiário do vale-transporte quando não fazia jus a esse direito, não há dúvida que incidiu em falta grave, possibilitando ao empregador a sua dispensa por justa causa.

Jurisprudência

Ementa: Justa causa. Improbidade. Constitui ato de improbidade o empregado requerer e receber vale-transporte quando ia trabalhar de motocicleta. O ato desonesto do reclamante abala a confiança existente na relação de emprego, além de fazer com o empregador tenha de pagar parte do vale-transporte. TRT 2ª Reg. RO 02458200247102002 — (Ac. 3 T. 20040591489) — ReI. Juiz Sérgio Pinto Martins. DJSP 16.11.04, p. 10.

Ementa: I... II. Vale-transporte. Flagrância de trabalhador comercializando vales. Justa causa. A Lei do vale-transporte, ao exigir "sua utilização efetiva em despesas de deslocamento residência-trabalho e vice-versa" (art. 1º da Lei n. 7.418/85 c/c o art. 2º do Decreto n. 95.247/87) veda apenas sua comercialização pelo empregado quando fornecido pelo empregador. Veja que aludidos preceptivos referem-se apenas ao empregado e ao empregador, e não a terceiros estranhos a esta relação, cumprindo relembrar que, como norma sancionadora que é, não pode ser dada interpretação extensiva, mas apenas autêntica ou restritiva. Portanto, quando o empregado comercializa os vales fornecidos pelo seu empregador, diante do abuso de direito, haverá — pelo menos em tese, já que deve ser respeitado, ainda, o princípio da proporcionalidade da falta à sanção — "improbidade" motivadora da dissolução contratual justificada. Aludido preceito legal, todavia, não conta com qualquer veto à comercialização efetuada por terceiros. Assim, determinado trabalhador que é pilhado comercializando vales-transporte adquiridos de terceiros estranhos à relação contratual trabalhista, não pratica qualquer dos atos faltosos elencados no art. 482 da CLT. Justa causa imposta por esta razão, merece incontinente afastamento... TRT 9ª Reg. Proc. 00714-2002-657-09-00-9 — (Ac. 01427-2004) Relª. Juíza Sueli Gil El-Rafihi. DJPR 23.01.04, p. 195.

10. Situações que merecem tratamento especial

10.1. A justa causa e o empregado exercente da função de confiança. O empregado que exerce a função de confiança na forma do art. 62, II, e parágrafo único da CLT, por ser o representante do empregador, dele se exige uma conduta que não pode ser equiparado a um empregado comum.

Os atos por ele praticados devem ser vistos com outros olhos pelo empregador, em face da fidúcia nele depositado. Uma falta menor, em determinada circunstância pode configurar em justa causa, o que não aconteceria se fosse um empregado comum.

Com base nessa afirmação, há quem sustente que, em relação à prática de jogo de azar, que é uma das causas que possibilita a rescisão do contrato por justa causa, a teor do art. 482, I, da CLT, o "rigor na apreciação da falta praticada deverá ser maior do que quando a mesma falta é praticada por um empregado menos qualificado". É o que pensa *Domingos Sávio Zainaghi*[143] e, com muita razão, porque, a confiança depositada no empregado obriga a que ele tenha uma conduta mais compatível com os padrões normais de que se exige de uma pessoa, o que não se sucederia se o trabalhador desbancar para uma jogatina de forma desmesurada.

A verdade é que o empregado de confiança tem parcela de responsabilidade nos destinos do empreendimento não só por ser conhecedor dos segredos e das estratégias comerciais mas por possuir os poderes de mando e disciplinar. É lhe exigido também iniciativa, ação e perspicácia no trato dos interesses da empresa, daí porque na configuração da justa causa a falta deve ser suficientemente grave a ponto de impedir a continuidade do vínculo empregatício. Aliás, *Wagner D. Giglio*, diz com propriedade que "em princípio, quanto mais elevada for a posição hierárquica do infrator, tanto mais grave será considerada a infração, pois as regalias e aos privilégios inerentes à sua condição corresponde o dever de um comportamento exemplar, do ponto de vista da disciplina: como poderia impô-la a seus subordinados, se ele mesmo a desrespeita? E assim é porque a repercussão na ordem e na produtividade da empresa é muito maior, quando a infração de normas disciplinares parte de um superior hierárquico"[144].

Afirmam também *J. F. Almeida Policarpo* e *Antonio Monteiro Fernandes*, autores portugueses, que "a circunstância de um empregado se situar no escalão superior da empresa e desenvolver a sua atividade em estreito contato com o chefe da mesma pode, conforme o caso, determinar o agravamento ou a atenuação das consequências do fato invocado como justa causa. Haverá, por hipótese, maior gravidade nas condutas violadoras da confiança e na fidelidade, mas menor relevo nas faltas de assiduidade"[145].

É oportuna também a lição de *Evaristo Moraes Filho* que a respeito diz que "um dos fundamentos da existência da justa causa para a resilição do contrato de trabalho é que ela traz em si ou acarreta lesão de confiança, presente em todo o contrato de trabalho, *intuitu personae* quanto ao empregado, que deve executá-lo pessoalmente, pelo conjunto de suas qualidades morais e qualificações profissionais "[146]

A verdade é que as circunstâncias da falta poderão ter uma intensidade maior se o empregado for exercente da função de confiança, podendo até ser perdoada em relação ao empregado comum, pelo simples fato de que a conduta do primeiro, além de normal e honesta, deve "ser pura, perfeita, intocável, sem o menor vislumbre de mácula de qualquer espécie", como salienta *Evaristo Moraes Filho*, na mencionada obra"[147].

---

(143) A justa causa no Direito do Trabalho, 2. ed. São Paulo: Malheiros Editores, 2001. p. 147.
(144) Justa causa, 7. ed. São Paulo: Saraiva, 2000. p. 223.
(145) Lei do contrato de trabalho, 1970, Coimbra, Portugal, p. 224.
(146) Pareceres de Direito do Trabalho, V. II, SP: LTr, p. 137.
(147) Ob. cit., p. 142.

Jurisprudência

Comprovado que o empregado exercente de cargo de confiança, o qual o de gerente ou chefe de vendas, exerceu-o com desídia, com improbidade funcional, causando evidentes prejuízos para a empregadora, autoriza-se a rescisão sem ônus. Em se tratando de empregado de confiança, antigo e de passado até então tido e havido como exemplar, a falta de vigilância da alta administração da empresa sobre seus serviços não desculpa seus erros e suas faltas; ao contrário, agrava-os com outra, também respeitável, qual seja a de quebra dessa confiança. Mesmo, porém, que essa falta de confiança se pudesse considerar como responsável pela negligência e desídia do empregado, jamais seria possível absolver delas o faltoso e punir com pesado ônus a passividade do empregado" (TST, 3ª T., RR 3.122/72, Rel. Min. Barata Silva, In Dicionário de Decisões Trabalhistas, 1975, B. Calheiros Bomfim, p. 75.

"O volume das operações alheias à atividade empresarial indevidamente autorizadas por quem devia coibí-las como exercente da função de confiança, permite a imposição da pena máxima da perda do emprego, comprometida que ficou a fidúcia, sendo o apenamento adequado à gravidade e imposto com imediatidade. TRT -3ª Reg. RO 06405/92 (Ac. 1ªT.) Rel. Juiz M. de Morais. DJMG 2.4.93, p. 105.

Ementa: Dispensa por justa causa. Licitude. Constatadas as condutas de improbidade da reclamante, com a devida apuração em processo administrativo, garantidos a ampla defesa e o contraditório, é de se declarar lícita à penalidade de rescisão do contrato de trabalho por justa causa aplicada pela reclamada, principalmente em virtude do cargo de confiança que a autora ocupava. TRT 3ª Reg. RO/00808-2006-003-03-00-3 — (Ac. 2ª T.) — Rel. Juiz Convocado Paulo Maurício Ribeiro Pires. DJMG 10.8.07.

Ementa. Justa causa. Alto empregado/abuso de fidúcia. 1. A hipótese do art. 474 da CLT não se confunde com a suspensão do contrato para uma escorreita apuração dos fatos com a qual pretende o empregador evitar uma dispensa por justa causa sem fundamento. 2. A alegação no sentido de que o obreiro, trabalhador adido a cargo de elevada fidúcia, era fiscalizado por um conselho consultivo e sujeito a auditoria não exclui a possibilidade do mau proceder. 3. Não há falar em presunção pela falta de juntada nos autos dos documentos internos que resultaram da apuração subjetiva promovida pelo empregador, seja porquanto o processo do trabalho tem fase de cognição prevista, seja porquanto a presença de elementos reais afasta qualquer presunção. Ademais, o STJ tem decidido que goza de sigilo profissional todo e qualquer documento interno de auditoria (inciso II, art. 2º, Res. CFC n. 803/96, c.c. subitem 1.6.2 das Normas Profissionais de Auditor Independente — NBC-1 aprovado pela Resolução 821/97). 4. Não tendo o obreiro manifestado adequada insurgência quanto ao laudo pericial, nem dado contas oportunamente de que não teve ciência do início dos trabalhos para acompanhar o Vistor do Juízo, operada a preclusão, destacando-se que no prazo final, anterior ao decisório, quedou silente. 5. Inúmeras irregularidades praticadas no curso da gestão promovida pelo obreiro foram demonstradas, envolvendo taxas de câmbio, empréstimos e gratificações, férias, uso de veículo secundário e motorista, fabrico de peças para uso particular, promoção de despesas de hospedagem internacionais e manutenção de irregularidades contábeis (variação cambial ou majoração retroativa para atualização de salário) não autorizadas. Cabalmente demonstrados os motivos suficientes a sua dispensa motivada por justa causa, sendo certo que a ação proposta e o respectivo recurso nada mais são do que extensão de um comportamental amoral de autoria do obreiro, valendo registrar que em aproximadamente 15 anos de Magistratura este conjunto fático reflete o mais agudo caso já examinado de abuso de fidúcia por parte daquele que, fazendo as vezes do empregador, seria o depositário de um amplo mandato de boa e fiel gestão. 6. À toda evidência, ainda, litigou de má-fé, impondo-se declaração, indenização e honorários. 7. Outrossim, em vista das considerações dirigidas à pessoa da Magistrada e à pessoa do perito do Juízo, impõe-se remessa de ofício com cópia do Voto e Acórdão para que tomem as providências que e se entenderem cabíveis. Recurso Ordinário a que se nega provimento para, entre vários itens, manter a justa causa aplicada por empregador a alto empregado por abuso de fidúcia. TRT 15ª Reg. (Campinas/SP) RO 00012-2002-002-15-00-5 — (Ac. 36060/07-PATR, 12ª C.) — Rel. Juiz Luiz Felipe Bruno Lobo. DJSP 3.8.07, p. 61.

Ementa: 1. ...2. Justa causa. Cargo de confiança. Quebra de fidúcia. O empregado ocupante de cargo de confiança, junto ao órgão encarregado da defesa da empregadora, que acede a pedido de terceiro, que contra ela litigava, no sentido de sonegar aos advogados o conhecimento de citação, com o fim de proporcionar a perda de prazo judicial, comete ato incompatível com suas funções e torna insustentável o liame empregatício por irremediável quebra da fidúcia nele depositada. Recurso da Reclamada conhecido e provido. Recurso do Reclamante conhecido e não provido. TRT 10ª Reg. RO 01210-2004-001-10-00-9 — (Ac. 3ª T./05) — Rel. Juiz Braz Henriques de Oliveira. DJU3 21.10.05,

10.2. Justa causa e o monitoramento do *e-mail* e a restrição à privacidade do empregado — Informatização. A dignidade da pessoa humana, a intimidade, a vida privada, a honra e a imagem das pessoas são direitos previstos na Carta Magna (arts. 1º, III e 5º, X) assegurando indenização por dano material e moral em caso de sua violação. Esses direitos, no entanto, têm sido confrontados em face da utilização pelos empregados dos meios tecnológicos de transmissões e recepções de informações pela internet. Essa utilização nas relações de trabalho é uma realidade vivenciada nos nossos dias com reflexos no tocante à justa causa pela sua utilização indevida.

Uma das questões mais discutidas na seara trabalhista é o direito da interferência do empregador nos *e-mails* dos seus empregados em função da possibilidade de ofensa ao seu direito de privacidade. Como se sabe existe o *e-mail* corporativo e o *e-mail* particular. "O primeiro é aquele que se constitui em ferramenta de trabalho, entregue pelo empregador exclusivamente para o trabalho" enquanto o segundo " possui um caráter muito mais intimo e totalmente garantido pelo texto constitucional"[148].

O que tem ocorrido na prática é o uso abusivo dessa nova tecnologia pelos empregados que passam *e-mails* contendo imagens pornográficas, informações proibidas pela empresa ou brincadeiras indevidas, daí porque muitas empresas estão disciplinando a sua utilização em normas internas que passam a ser de conhecimento dos empregados, sujeitando-se a dispensa por justa causa, cujo enquadramento ficará na dependência de cada caso. Exemplo, se o empregado utiliza *e-mail* com mensagem pornográfica, poderá ser enquadrado na "incontinência de conduta" ou então em "indisciplina" por descumprir normas de caráter geral do empregador, ou por último, em ambas as hipóteses. O empregado também poderá ser enquadrado no mau procedimento que é o mais abrangente na aplicação da justa causa, conforme veremos no item específico. Enfim, o exame de cada caso é que possibilitará estabelecer o enquadramento correto da justa causa.

Quanto à prova existe entendimento de que ela seria ilícita por invadir a privacidade do empregado (art. 5º, LVI, CF). Entretanto, o Tribunal Superior do Trabalho tem entendido que "não é ilícita a prova assim obtida, visando a demonstrar justa causa para a despedida decorrente do envio de material pornográfico a colega de trabalho", por não vislumbrar "afronta ao art. 5º, incisos X, XII e LVI, da Constituição Federal", conforme decisão no processo TST-RR-613/2000-013-10-00.7, Ac. 1ª T., 10ª Reg., Rel. Min. João Oreste Dalazen, publicado no DJU 10 de junho de 2005, p.901, que consta da parte destinada à jurisprudência.

No Código do Trabalho Português de 2002[149] já está regulado a questão da confiabilidade de mensagens e de acesso a informação, o que demonstra um certo avanço legislativo da matéria, o que não ocorreu ainda em nosso País. Com efeito, no n. "1" do art. 21, do referido Código está disposto que " O trabalhador goza do direito de reserva e confidencialidade relativamente ao conteúdo das mensagens de natureza pessoal e acesso a informação de carácter não profissional que envie, receba ou consulte, nomeadamente através do correio electrónico". O n. 2, do mesmo artigo faz uma ressalva ao prescrever que " O disposto no número anterior não prejudica o poder de o empregador estabelecer regras de utilização dos meios de comunicação na empresa, nomeadamente do correio electrónico."

---

(148) BARROS FALCÃO, Felipe Hack de. O monitoramento do *e-mail* corporativo e a restrição à liberdade do empregado — Novos debates no ambiente de trabalho. *Suplemento Trabalhista LTr* 115/07, p. 487.
(149) GONÇALVES, Fernandes, ALVES, Manuel João, *Código do Trabalho*. 4. ed. Almedina, Portugal, 2003. p. 52.

Em nosso livro Dano moral — Múltiplos aspectos nas relações de trabalho (3ª Ed.), nos comentários do capítulo XIII — Dano moral e os atos de fiscalização, de monitoramento eletrônico e de revistas de empregado por parte de empregador, citamos também que, naquele país já se criaram os princípios específicos em relação ao *e-mail* e os relativos à internet e ainda assim existem controvérsias sobre os limites do empregador em relação aos direitos da intimidade do trabalhador.

Aliás, os empregadores também devem ter todo o cuidado com o acesso dos *e-mails* do empregado, pois como assinala o autor português Amadeu Guerra a "intromissão da entidade empregadora sempre poderá colocar em risco aspectos da vida privada do trabalhador e da sua família (cf. art. 16. do CT). A consulta de *sites* visitados poderá permitir, nalguns casos, a constituição de perfis do trabalhador, bem como o conhecimento de gostos, *hobbies*, consulta sistemática de documentação relativa a determinada doença, a compra de determinados produtos, a preparação de uma viagem ou o gozo de férias, enfim, a procura de um novo emprego. Daí que o legislador tenha sido cauteloso e prudente, assegurando que a entidade empregadora não poderia — por essa via — estabelecer «perfis de consulta» ou vir a tomar conhecimento de aspectos da vida privada do trabalhador e que nada têm a ver com a actividade da empresa"[150].

A verdade é que há necessidade de uma regulamentação sobre tal matéria que se avulta a cada momento pelo avanço dessa tecnologia em todos os campos da atividade humana. Enquanto isso não acontece a doutrina e notadamente a jurisprudência vem cumprimento o seu papel na solução do respectivo conflito.

Jurisprudência

Ementa: Prova ilícita. E-mail corporativo. Justa causa. Divulgação de material pornográfico. 1. Os sacrossantos direitos do cidadão à privacidade e ao sigilo de correspondência, constitucionalmente assegurados, concernem à comunicação estritamente pessoal, ainda que virtual ("e-mail" particular). Assim, apenas o *e-mail* pessoal ou particular do empregado, socorrendo-se de provedor próprio, desfruta da proteção constitucional e legal de inviolabilidade. 2. Solução diversa impõe-se em se tratando do chamado "e-mail" corporativo, instrumento de comunicação virtual mediante o qual o empregado louva-se de terminal de computador e de provedor da empresa, bem assim do próprio endereço eletrônico que lhe é disponibilizado igualmente pela empresa. Destina-se este a que nele trafeguem mensagens de cunho estritamente profissional. Em princípio, é de uso corporativo, salvo consentimento do empregador. Ostenta, pois, natureza jurídica equivalente a de uma ferramenta de trabalho proporcionada pelo empregador ao empregado para a consecução do serviço. 3. A estreita e cada vez mais intensa vinculação que passou a existir, de uns tempos a esta parte, entre Internet e/ou correspondência eletrônica e justa causa e/ou crime exige muita parcimônia dos órgãos jurisdicionais na qualificação da ilicitude da prova referente ao desvio de finalidade na utilização dessa tecnologia, tomando-se em conta, inclusive, o princípio da proporcionalidade e, pois, os diversos valores jurídicos tutelados pela lei e pela Constituição Federal. A experiência subministrada ao magistrado pela observação do que ordinariamente acontece revela que, notadamente o "e-mail" corporativo, não raro sofre acentuado desvio de finalidade, mediante a utilização abusiva ou ilegal, de que é exemplo o envio de fotos pornográficas. Constitui, assim, em última análise, expediente pelo qual o empregado pode provocar expressivo prejuízo ao empregador. 4. Se se cuida de "e-mail" corporativo, declaradamente destinado somente para assuntos e matérias afetas ao serviço, o que está em jogo, antes de tudo, é o exercício do direito de propriedade do empregador sobre o computador capaz de acessar à INTERNET e sobre o próprio provedor. Insta ter presente também a responsabilidade do empregador, perante terceiros, pelos atos de seus empregados em serviço (Código Civil, art. 932, inc. III), bem como que está em xeque o direito à imagem do empregador, igualmente merecedor de tutela constitucional. Sobretudo,

---

(150) A privacidade no local de trabalho. As novas tecnologias e o controlo dos trabalhadores através de sistemas automatizados. *Uma abordagem ao Código do Trabalho.* Portugal: Almedina, 2004. p. 400.

imperativo considerar que o empregado, ao receber uma caixa de "e-mail" de seu empregador para uso corporativo, mediante ciência prévia de que nele somente podem transitar mensagens profissionais, não tem razoável expectativa de privacidade quanto a esta, como se vem entendendo no Direito Comparado (EUA e Reino Unido). 5. Pode o empregador monitorar e rastrear a atividade do empregado no ambiente de trabalho, em "e-mail" corporativo, isto é, checar suas mensagens, tanto do ponto de vista formal quanto sob o ângulo material ou de conteúdo. Não é ilícita a prova assim obtida, visando a demonstrar justa causa para a despedida decorrente do envio de material pornográfico a colega de trabalho. Inexistência de afronta ao art. 5º, incisos X, XII e LVI, da Constituição Federal. 6. Agravo de Instrumento do Reclamante a que se nega provimento. TST-RR-613/2000-013-10-00.7 — (Ac. 1ª T.) — 10ª Reg. — Rel. Min. João Oreste Dalazen. DJU 10.6.05, p. 901.

Ementa: Justa causa. Prova indiciária. A Côrte Regional considerou que a prova dos autos levava à conclusão de que a reclamante apagara arquivos do 'lap top' da empresa, em seu poder, correspondentes ao programa de um projeto em desenvolvimento pela empregadora e concluiu pela existência de justa causa. Dissenso jurisprudencial indemonstrado, pois os arestos transcritos não se apresentam segundo as mesmas premissas fáticas. Agravo de instrumento a que se nega provimento. TST-AIRR-1.435/2002-122-15-40.0 — (Ac. 1ª T.) — 15ª Reg. — Relª. Juíza Convocada Maria do Perpétuo Socorro Wanderley de Castro. DJU 10.8.07, p. 1.178.

Ementa: Justa causa configurada. Incontinência de conduta e ato de indisciplina. Repasse de mensagens de cunho pornográfico em e-mail corporativo. Existência de regra no contrato de trabalho proibindo o uso do e-mail para questões particulares. Restando comprovado nos autos que o autor, ciente da regra contida no contrato de trabalho que proíbe o uso do e-mail corporativo para questões particulares, utilizou o correio eletrônico disponibilizado pela ré de forma imprópria, repassando mensagens de cunho pornográfico, tem-se caracterizadas as figuras da incontinência de conduta e ato de indisciplina, o que autoriza a aplicação da justa causa ao empregado. TRT 12ª Reg. RO 03007-2007-039-12-00-1 — (Ac. 3ª T., 27.5.08) — Relª. Juíza Mari Eleda Migliorini. Disp. TRT-SC/DOE 18.6.08. Data de Publ. 19.6.08.

Ementa: Justa causa. Insubordinação. A reiterada negativa da autora em acatar a determinação imposta pelo empregador quanto à proibição de acessar a internet no local de trabalho, caracteriza falta grave prevista no art. 482, h, da CLT, ensejando o rompimento do contrato de trabalho por justa causa. TRT 3ª Reg. RO 00974-2007-129-03-00-1 — (Ac. 3ª T) — Rel. Juiz Convocado Milton V. Thibau de Almeida. DJMG 2.8.08, p. 5.

Ementa: Justa causa. Descumprimento de norma estabelecida pela empresa. Tendo sido confesso o autor, quanto à matéria de fato e, inexistindo prova a elidir sua confissão, tem-se que a reclamada agiu dentro da lei, uma vez que o autor afrontou regras estabelecidas por ela, das quais ele tinha pleno conhecimento. Frise-se que a empregadora é uma escola, onde convivem crianças e adolescentes, o que justifica a punição máxima e imediata quando da constatação da atitude do obreiro em acessar *sites* da internet proibidos pela reclamada, durante o expediente e em local de fácil visualização pelos alunos e seus responsáveis. Recurso do reclamante a que se nega provimento. TRT 9ª Reg. RO 14051-2005-015-09-00-1 — (Ac. 4ª T. 18300/07) — Rel. Juiz Arnor Lima Neto. DJPR 10.7.07, p. 346.

Ementa: E-mail. Mensagem eletrônica contendo imagens pornográficas. Alegação de equívoco na seleção do endereço eletrônico do destinatário-caracterização da justa causa. O fato do e-mail corporativo, gritantemente ofensivo à moral e aos bons costumes, enviado a endereço eletrônico de cliente da ré, ter decorrido de suposto equívoco do trabalhador na seleção dos destinatários da malsinada mensagem, não tem o dom de descaracterizar a falta gravíssima. Ocorre que as figuras da incontinência de conduta e do mau procedimento, baseiam-se na conduta culposa do empregado, não se exigindo, necessariamente, o ânimo de prática dolosa. Importante não se olvidar que, em tal hipótese, o que está em jogo é o direito à imagem do empregador, igualmente merecedor de tutela constitucional (art. 5º, inciso V, da Constituição Federal de 1988) arranhada de forma clara, conforme resposta indignada da administradora da cliente que recebeu a mensagem, independentemente da conduta ter sido culposa ou dolosa. Justa causa que se mantém por desaparecida a fidúcia necessária à manutenção do vínculo de emprego com o trabalhador que se utilizou de ferramenta de trabalho para envio de mensagens com teor prejudicial à reputação da empregadora. TRT 9ª Reg. RO 02449-2004-001-09-00-1 — (Ac. 4ª T. 17242/06) — Relª. Juíza Sueli Gil El-Rafihi. DJPR 13.6.06, p. 192.

Ementa: Justa causa. Internet. Senha pessoal. O Reclamante tinha conhecimento de que era necessário, quando de sua ausência, encerrar sua conexão na internet através de senha pessoal. Não o fazendo, conclui-se que houve quebra de confiança através de seu comportamento, que levou ao acesso não permitido pelo empregador, ensejando a rescisão do contrato de trabalho por justa causa. TRT 18ª Reg.

RO-00168-2006-221-18-00-8 — Rel. Juiz Eugênio José Cesário Rosa. DJGO 14.827, 25.8.06, p. 73.

Ementa: 1. ... 2. Justa causa. Acesso a sites de conteúdo pornográfico via internet no local de trabalho. Violação de norma geral de conduta e do regulamento interno da empresa. Configuração do mau procedimento, desídia e indisciplina. Licitude da dispensa motivada. Revelando os relatórios de monitoramento de acesso a internet repetidas visitas do empregado a sítios pornográficos durante o horário de expediente e utilizando-se de equipamentos da empregadora, inclusive transgredindo expressos comandos do regulamento da empresa, tal constitui evidente falta grave, na medida em que, a par da desídia e indisciplina, atenta contra a moral e os bons costumes, de modo a caracterizar mau procedimento/incontinência de conduta (CLT, art. 482, "b", "e" e "h"). Recurso adesivo obreiro desprovido. TRT 10ª Reg. RO 00613-2005-802-10-00-3 — (Ac. 3ª T./06) — Rel. Juiz João Luis Rocha Sampaio. DJU3 2.6.06, p. 37.

Ementa: O empregador pode fiscalizar o uso da Internet por seus funcionários, sem que isto viole qualquer direito do empregado, pois o local de trabalho não é um ambiente com expectativa de privacidade. O acesso à Internet e o computador são de propriedade da empresa e caracterizam-se como ferramentas de trabalho. Assim, não há problema no fato do empregador fiscalizar o uso que os funcionários estão fazendo da sua propriedade. Em tendo a empresa prova do uso irregular da Internet, esta é apta para justificar a rescisão contratual do empregado. TRT 15ª Reg. (Campinas/SP) — RO 02036-2004-058-15-00-5 — (Ac. 36471/2006, PATR, 1ª Câmara) — Rel. Juiz Wilton Borba Canicoba. DJSP 10.8.06, p. 22.

Ementa: Justa causa. Falta grave. Uso indevido do correio eletrônico. Se a falta grave atribuída ao empregado é comprovada mediante confissão e prova testemunhal uniforme, resta caracterizada a justa causa aplicada. Parcelas rescisórias indevidas. TRT 12ª Reg. RO-V 05116-2002-004-12-00-5 — (Ac. 2ª T. 04521/04, 30.03.04) — Rel.: Juiz Dilnei Ângelo Biléssimo. Publ. DJ/SC 11.05.04 — P. 202.

Ementa: Instrumentos informatizados de trabalho. Utilização indevida. Justa causa. A despeito da discussão acerca da existência de normas que impeçam o acesso pelos empregados a determinadas páginas da "internet", o bom-senso, por si só, impõe afastar a possibilidade de utilização das ferramentas de trabalho para fins moralmente questionáveis. Ainda que se pondere o fato de o empregado ter sido levado a acessar "sites" pornográficos por mera curiosidade, importa considerar as possíveis repercussões judiciais, na esfera cível ou na criminal, de ações que envolvem pornografia. Cumpre resguardar o legítimo direito da empresa de se precaver e de garantir a preservação de sua imagem, coibindo toda forma de associação de seu nome com atos passíveis de reprovação no meio social. Nesse contexto, revela-se proporcional a penalidade de dispensa por justo motivo à falta cometida, seja em razão da quebra do liame de confiança que deve estar presente na relação empregatícia, seja por constituir a dispensa por justa causa, nesse caso, medida pedagógica necessária para incutir nos demais funcionários a exata noção da gravidade da utilização indevida dos instrumentos informatizados de trabalho. TST-RR-817/2003-003-04-40.0 — (Ac. 1ª T.) — 4ª Reg. — Rel. Min. Lelio Bentes Corrêa. DJU 1.9.06, p. 994.

Ementa: Justa causa. Endereço eletrônico particular (e-mail). Monitoramento pelo empregador. Impossibilidade. Evidente que o empregado, ao receber uma caixa de e-mail de seu empregador para uso corporativo, mediante ciência prévia de que nele somente podem transitar mensagens profissionais, não tem razoável expectativa de privacidade quanto a esta, podendo o empregador monitorar e rastrear a atividade do empregado no ambiente de trabalho, o que não se justifica em se tratando de *e-mail* pessoal e particular, pois nesta hipótese o direito à intimidade protege a vida privada do empregado, salvaguardando um espaço íntimo não passível de intromissões ilícitas externas (art. 5º, X, CF)- inclusive por parte de seu empregador. A prova obtida nessa situação é ilícita (art. 5º, LVI, CF). TRT 9ª Reg. RO 03058-2005-013-09-00-5 — (Ac. 4ª T. 29721/07) — Rel. Juiz Luiz Celso Napp. DJPR 16.10.07, p. 361.

Ementa: Justa causa. Mau-procedimento. Não configuração. Não constitui mau-procedimento, passível de demissão por justa causa do trabalhador, nos moldes do art. 482, "b" da CLT, o repasse de informações patronais a um ex-empregado, por meio de correspondência eletrônica, quando o destinatário das informações tinha conhecimento prévio do conteúdo da correspondência e quando tal atitude do empregado não representou prejuízo ao seu empregador. ... TRT 10ª Reg. RO 01125-2005-017-10-00-7 — (Ac. 1ª T./06) — Rel. Juiz Oswaldo Florêncio Neme Junior. DJU3 27.10.06, p. 16.

Ementa: Justa causa. Uso de "e-mail" corporativo para enviar currículo pessoal e carteira de clientes. Buscar uma nova colocação no mercado de trabalho utilizando-se de envio de *e-mail*, ainda que corporativo, cujo uso era autorizado pela política da empresa para fins pessoais, e não havendo prova de qualquer dano ou prejuízo, não há que se falar em justa causa. TRT 2ª Reg. RO 01759200504302000 — (Ac. 12ª T. 20060471683) — Rel. Juiz Delvio Buffulin. DJSP 11.7.06, p. 121.

Ementa: Justa causa. Aplicação. Dosimetria. A justa causa é a pena capital do direito do trabalho, onde o trabalhador terá o seu currículo profissional marcado para o resto da vida, sem falar na repercussão que isso ocasiona entre os seus colegas de trabalho e mesmo no núcleo familiar. Portanto, o ato do trabalhador para caracterizar a justa causa deve ter uma potencialidade lesiva de tal monta que abala a fidúcia existente no contrato de trabalho. Por outro lado, deve haver a proporcionalidade entre o ato lesivo e a pena aplicada, decorrente do poder diretivo do empregador, não podendo este último usar arbitrariamente ou abusivamente de tal direito. Na dosimetria da pena devemos antever as situações particulares, tais como a idade do trabalhador, a concorrência do empregador na situação tida por ilícita, a coação irresistível, etc. *Ato pornográfico — Descaracterização.* O recorrente é acusado de usar dos equipamentos da recorrida, dentro do seu horário de trabalho, para construir páginas na internet com cunho eminentemente pornográfico. Segundo Aurélio, pornografia é o conjunto de "figura(s), fotografia(s), filme(s), espetáculo(s), obra literária ou de arte, etc., relativos a, ou que tratam de coisas ou assuntos obscenos ou licenciosos, capazes de motivar ou explorar o lado sexual do indivíduo". Deve-se levar em conta, entretanto, a revolução sexual existente entre as gerações, pois o que é pornográfico para um grupo de pessoas amadurecidas pode não ser encarado do mesmo modo por outro mais jovem. Os documentos encartados pela recorrida, "data venia", à princípio, não eram encarados como pornográficos pelo recorrente, tendo em vista, a mensagem existente à fl. 39. Ressalte-se que a utilização de palavras de baixo calão em textos de gosto duvidoso pelo recorrente, por si só, não podem ser encaradas como pornográficas, visto que desprovidos de libido. Tais textos, ante a notória falta de fidedignidade, devem ser encarados, s.m.j, como trabalhos humorísticos, eis que, inclusive, desprovidos de imagens obscenas. Ressalte-se, ainda, que a existência de arquivos na pasta meus documentos com conteúdos diversos não pode ser encarado como uma ação na construção de *sites* pornográficos, podendo ter conotação de simples curiosidade própria do ser humano. *Justa causa. Hipóteses. Rol taxativo.* O art. 482 da CLT é taxativo, sendo que somente as faltas tipificadas no referido comando legal serão passíveis da aplicação da justa causa. Descaracterizado o ato pornográfico, verifica-se que a atitude do reclamante não se coaduna com nenhuma das hipóteses indicadas no art. 482 da CLT. Talvez, por isso, que a reclamada não tenha individualizado a falta grave do rol daquele artigo celetário. Por outro lado, o recorrente, à época dos fatos, contava com 20 (vinte) anos, ou seja, com a testosterona à flor da pele e com a vontade, própria de tal idade, de se sobressair em relação aos demais indivíduos do seu nicho. A construção da aludida página na internet veio apaziguar esse desejo, que para algumas pessoas com tal idade se mostra irresistível. Por isso mesmo, que o art. 6º, I, do CC de 1916, os considerava com capacidade relativa, fato não levado em conta pelo legislador do novo CC. Ressalte-se, outrossim, que a alegação de que a construção das páginas eram feitas com acessos na "internet" durante o expediente de trabalho é falaciosa, pois o encarregado do CPD foi contundente ao afirmar que o recorrente não tinha senha para tal utilização. Sabemos que a elaboração de páginas na rede mundial basta um computador, conhecimento técnico das ferramentas HTML, Java, etc. e acesso a internet para a sua inserção. No caso proposto, tendo em vista o desconhecimento da senha por parte do trabalhador, a inserção provavelmente foi feita de outro computador em local diverso daquele onde era realizado o seu labor diário. Portanto, a rede de computadores da reclamada nunca poderia ser infectada pela atitude do reclamante, pois lhe faltava uma ferramenta essencial, qual seja, o acesso à internet. Finalmente, a reclamada não provou que a ação, tida por imoral, partiu do reclamante, pois, é de conhecimento público, que em CPD's de empresas vários computadores são utilizados de forma comum por todos os seus componentes. Recurso provido. TRT 15ª Reg. (Campinas/SP) ROPS 300/05-021-15-00-0 — (Ac. 14993/06-PATR, 11ª Câmara) — Rel. Juiz Flavio Nunes Campos. DJSP 31.3.06, p. 151.

10.3. Justa causa e greve abusiva ou ilegal. O direito de greve está assegurada pela Constituição Federal em seu art. 9º que dispõe "É assegurado o direito de greve, competindo aos trabalhadores decidir sobre a oportunidade de exercê-lo e sobre os interesses que devam por meio dele defender". O § 2º do referido artigo está disposto que "Os abusos cometidos sujeitam os responsáveis às penas da lei". Compreendem-se nas penas da lei as infrações de natureza civil, penal e trabalhista, sendo certo que em relação a está última entende-se as faltas que se encaixam naquelas previstas no art. 482, da CLT.

No campo infraconstitucional é a Lei n. 7.783/89 que disciplina as questões relacionadas com a greve e no seu art. 6º são assegurados alguns direitos aos grevistas, cabendo destacar dois deles que estão relacionados com o abuso de direito. Assim, no § 2º da mencionada lei está disposto que "em nenhuma hipótese, os meios adotados por empregados e empregadores poderão violar ou constranger os direitos e garantias fundamentais de outrem" e no § 3º que "As manifestações e atos de persuação utilizados pelos grevistas não poderão impedir o acesso ao trabalho nem causar ameaça ou dano a propriedade ou pessoa".

Assim, para que a greve seja legal, tem que haver aprovação do movimento pela assembleia geral, depois de frustrada a negociação, sob pena de ser considerado abusivo (art. 14, da Lei n. 7.783/89).

Entretanto, a simples adesão ou participação ao movimento grevista por si só não configura justa causa, mesmo que a greve seja declarada abusiva ou ilegal. A jurisprudência tem deixado antever que apenas os excessos praticados pelos grevistas poderiam dar ensejo à aplicação da justa causa, embora alguns doutrinadores entendam que considerada a greve abusiva ela por si só será fato ensejador da justa causa.

Por último, cabe registrar que na Primeira Jornada de Direito Material e Processual na Justiça realizada no Tribunal Superior do Trabalho em 23 de novembro de 2007, foi aprovado o Enunciado n. 25 com os seguintes dizeres: "**CONDUTA ANTISSINDICAL. PARTICIPAÇÃO EM GREVE. DISPENSA DO TRABALHADOR.** A dispensa de trabalhador motivada por sua participação lícita na atividade sindical, inclusive em greve, constitui ato de discriminação antissindical e desafia a aplicação do art. 4º da Lei n. 9.029/95, devendo ser determinada a readmissão com ressarcimento integral de todo o período de afastamento, mediante pagamento das remunerações devidas ou a percepção, em dobro, da remuneração do período de afastamento sempre corrigidas monetariamente e acrescida dos juros legais." Evidentemente que esse Enunciado não tem força de lei, pois não decorreu dos caminhos normais para sua formação como ocorre com a edição de Súmulas.

Jurisprudência

STF, Súmula n. 316: A simples adesão à greve não constitui falta grave.

Ementa: Greve. Participação pacífica. Rescisão contratual por justa causa. Inviabilidade. A mera participação do empregado em movimento paredista, sem cometer ofensas ao empregador e a terceiros, encontra-se dentro do exercício regular do direito de greve (art. 9º da CRFB/88), e não enseja a dispensa por justa causa (art. 7º da Lei n. 7.783/89). TRT 12ª Reg. RO 00759-2007-019-12-00-6 — (Ac. 1ª T., 26.2.08) — Rel. Juiz Garibaldi T. P. Ferreira. Disp. TRT-SC/DOE 7.5.08. Data de Publ. 8.5.08.

Ementa: Justa causa. Paralisação das atividades por 30 minutos. Reivindicação de melhoria salarial. Trabalhador dispensado por liderar movimento. Penalidade excessiva. A empresa moderna deve adotar a política do diálogo nas relações com os seus empregados. É preciso assegurar àqueles que lhe prestam serviços o direito de manifestação, protesto e reivindicação de forma responsável. Configura-se arbitrariedade empresarial a dispensa por justa causa, sem convite aos trabalhadores para uma conversa franca e legal, pois divorciada do direito e do bom senso. Recurso a que se nega provimento.TRT 9ª Reg. RO 02188-2006-303-09-00-9 — (Ac. 1ª T. 00230/08) — Rel. Benedito Xavier da Silva. DJPR 15.1.08, p. 396.

Ementa: Ato discriminatório. Justa causa. Dispensa. Participação em movimento paredista. A discriminação pode consistir em uma ação, ou omissão, que tenha por objetivo restringir direitos de pessoas ou grupos, desfavorecendo-os. Nesse sentido, a dispensa de empregado devido à sua participação em atos relacionados a movimento paredista (incitamento à greve), por meio de critérios desvinculados da justa causa, consiste em prática discriminatória, por violação às normas de ordem pública (Lei n. 7.783/89 e Lei n. 9.029/95), aos tratados internacionais (Convenções ns. 98 e 111 da OIT) e às Normas Constitucionais (arts. 3º, 5º e 9º da CF/88), ensejando a reintegração do empregado, nos termos do inc. I do art. 4º da Lei n. 9.029/95. TRT 12ª Reg. RO-V 00226-2006-046-12-00-6 — (Ac. 1ª T. 08551/07, 22.5.07) — Relª. Juíza Viviane Colucci. TRT-SC/DOE, 25.6.07.

Ementa: Justa causa. Reversão. A participação do empregado em movimento paredista não revela, por si só, motivo para a dispensa por justa causa. É incontestável que o empregador detém o poder de comando e o livre arbítrio na condução do empreendimento, porém o tratamento discriminatório dispensado aos obreiros deflagra a aplicação do princípio da isonomia. TRT 12ª Reg. RO-V 04547-2002-016-12-00-4 — (Ac. 1ª T. 01716/05, 07.12.04) — Relª. Juíza Maria do Céo de Avelar. DJSC 21.2.05, p. 240.

Ementa: Paralisação das atividades pelos empregados em razão de protesto. Greve não formalizada. Extinção do contrato de trabalho por culpa recíproca. Não está caracterizada a justa causa alegada pela reclamada, pois que a premissa fática que a embasa — agitação e coação dos demais colegas — restou infirmada pela prova testemunhal, da qual se extrai, em seu conjunto, que a manifestação foi pacífica e a adesão dos demais trabalhadores foi espontânea. A gradação pedagógica impunha-se, pois a falta por si só não era capaz de ensejar a penalidade máxima. De outro lado, os empregados foram imprudentes ao tomarem, como primeira atitude, a paralisação das atividades de um número significativo de trabalhadores para a discussão acerca da medição ou do preço da cana, ainda mais em se considerando que há uma comissão de empregados que acompanha a pesagem, conforme também relataram as testemunhas. O direito de greve é assegurado aos trabalhadores (art. 9º da CR/88), mas não é absoluto, e deve ser exercido nos limites que a própria Constituição impõe, quando diz que cabe ao sindicato a defesa da categoria (art. 8º, III). Assim, para que a greve seja legal, têm de estar presentes os requisitos da Lei n. 7.783/89, principalmente no que toca à aprovação do movimento pela assembleia geral, depois de frustrada a negociação, sob pena de ser considerado abusivo (art. 14 daquele diploma). Qualquer interpretação que se faça destes dispositivos não pode levar à sobreposição do interesse individual sobre o interesse público, conforme o cânone encerrado no art. 8º da CLT. Portanto, a solução da culpa recíproca (art. 484/CLT) é adequada ao caso em exame, punindo as partes na medida da sua falta. TRT 3ª Reg. RO 01160-2004-063-03-00-4 — (Ac. 3ª T.) — Relª. Juíza Maria Cristina Diniz Caixeta. DJMG 26.2.05, p. 07.

Ementa: Justa causa. Ausência dos elementos caracterizadores. Reversão. Restou comprovado nos autos a ocorrência de paralisação pelos funcionários da Reclamada, dentre eles o Reclamante, sem a observação das disposições constantes na Lei n. 7.783/89, a qual dispõe sobre o exercício do direito de greve, vez que não houve a notificação da entidade patronal, com antecedência de 48 horas, não houve intermediação da entidade sindical, nem realização de assembleia geral. Tais circunstâncias podem ser tidas como razão para considerar a greve abusiva com desconto dos dias parados. Entretanto, não foi comprovado pela Reclamada a ocorrência de tumulto, ou mesmo que os funcionários paralisados tenham impedido os outros trabalhadores de continuarem a trabalhar na obra, pois, conforme evidente pela transcrição dos depoimentos, a prova restou dividida, porquanto a testemunha patronal afirmou que não conseguiu trabalhar, tendo sido impedida pelos funcionários da Kade, enquanto a testemunha laboral negou tal fato, afirmando que trabalhou normalmente naqueles dias. Assim, embora o Reclamante tenha afirmado em seu apelo que paralisou com a prestação de serviços após o dia 20.12 (fl. 188), tal fato, por si só, não é o suficiente para ensejar o rescisão contratual por justa causa, razão pela qual reformo a r. sentença, declarando que a rescisão do contrato de trabalho obreiro deu-se na modalidade *sem justa causa* e como consequência, condeno a Reclamada a pagar ao Autor as verbas atinentes à esta modalidade de rescisão. TRT 23ª Reg. RO 00119.2006.066.23.00-2 — (Sessão 0012/07) — Relª. Des.Leila Calvo. DJE/TRT 23ª Reg. n. 228/07, 8.5.07, p. 26.

Ementa: Justa causa. Reversão. A participação do empregado em movimento paredista não revela, por si só, motivo para a dispensa por justa causa. É incontestável que o empregador detém o poder de comando e o livre arbítrio na condução do empreendimento, porém o tratamento discriminatório dispensado aos obreiros deflagra a aplicação do princípio da isonomia. Proc. RO-V 01721-2002-016-12-00-7 — (Ac. 1ª T. 01301/04, 18.11.03) — Relª Juíza Maria do Céo de Avelar. DJSC 4.2.04, p. 155.

Ementa: Rescisão contratual. Justa causa. Não caracterização. Paralisação dos trabalhos. O simples fato de a empresa não ter sido informada da suspensão dos trabalhos não respalda a dispensa sumária do empregado que participou do movimento paredista, mormente quando, na prática, já se sabia que uma manifestação dessa ordem poderia acontecer a qualquer momento. TRT 12ª Reg. RO-V 01686-2002-030-12-00-2 — (Ac. 3ª T. 05556/03, 6.5.03.) — Red. Desig.: Juíza Ione Ramos. DJSC 11.6.03, p. 220.

Ementa: Falta grave. Inexistência. Não incorre em falta grave o trabalhador que, juntamente com outros colegas e de forma pacífica, paralisa suas atividades por um dia para protestar contra o irregular pagamento de salários e gratificação natalina. TRT 12ª Reg. RO-V 01048-2002-028-12-00-5 — (Ac. 1ª T. 13958/02, 26.11.02) — Rel. Juiz Garibaldi T. P. Ferreira. DJSC 13.12.02.

10.4. A justa causa e o empregado doméstico. Prova. Aplica-se ao empregado doméstico as mesmas regras da CLT no que diz as justas causas, ante a ausência de norma específica sobre a matéria para tais empregados. A Lei n. 10.208/01 exclui as alíneas "c" e "g" do art. 482, da CLT, em relação aos domésticos. No entanto, a essa categoria de trabalhadores que prestam os seus serviços em ambiente familiar, a prova da justa causa é mais difícil. É que normalmente as testemunhas serão aquelas pessoas que frequentam a casa e a rigor seriam consideradas suspeitas. Em razão disso, o julgador, nos limites do seu poder de direção no processo, deverá ser menos rígido na apreciação das suspeições porventura levantada em audiência com fulcro no art. 405, § 3º, item III, do CPC. Existem, portanto, situações no campo da prova que possibilitam ao juiz a sua flexibilização, com a adoção de regras de experiência e outros instrumentais que o processo lhe permite, até porque "se o processo é um instrumento fundamental para a realização de justiça, a prova deve ser compreendida como uma ferramenta essencial do processo para que seja possível o alcance dessa finalidade"[151].

Jurisprudência

Ementa: Empregado doméstico. Justa causa. A comprovação de fatos ocorridos no convívio íntimo da família, tal como a prova de falta grave praticada pelo empregado doméstico, exige o testemunho de pessoas que frequentam a casa, do que não decorre, necessariamente, a imputação de suspeição, impondo-se menor rigidez na aferição do impedimento configurado no art. 405, § 3º, item III, do CPC. Aos respectivos depoimentos se atribuirá a valoração correspondente residindo o doméstico com os patrões, desfrutando, por isso do convívio familiar, a quebra do liame de confiança é motivo suficiente à ruptura do vínculo. (TRT 10ª R — RO 444/94 — Ac. 2ª T 1713/94 — Relª. Juíza Heloisa Pinto Marques — DJU 11.11.94) — *In Dicionário Jurisprudencial Trabalhista*, Susy Lani Desideri, V. 1, Julex, Campinas, SP, p. 318.

Art. 483 *O empregado poderá considerar rescindido o contrato e pleitear a devida indenização quando:*

a) forem exigidos serviços superiores às suas forças, defesos por lei, contrários aos bons costumes, ou alheios ao contrato;

b) for tratado pelo empregador ou por seus superiores hierárquicos com rigor excessivo;

c) correr perigo manifesto de mal considerável;

d) não cumprir o empregador as obrigações do contrato;

e) praticar o empregador, ou seus prepostos, contra ele ou pessoas de sua família, ato lesivo da honra e boa fama;

f) o empregador ou seus prepostos ofenderem-no fisicamente, salvo em caso de legítima defesa, própria ou de outrem;

g) o empregador reduzir o seu trabalho, sendo este por peça ou tarefa, de forma a afetar sensivelmente a importância dos salários.

§ 1º O empregado poderá suspender a prestação dos serviços ou rescindir o contrato, quando tiver de desempenhar obrigações legais incompatíveis com a continuação do serviço.

§ 2º No caso de morte do empregador constituído em empresa individual, é facultado ao empregado rescindir o contrato de trabalho.

---

(151) CARPES, Artur Thompsen, ob. citada, p. 33.

§ 3º *Nas hipóteses das letras d e g, poderá o empregado pleitear a rescisão de seu contrato de trabalho e o pagamento das respectivas indenizações, permanecendo ou não no serviço até final decisão do processo. (parágrafo incluído L. n. 4.825, 5.11.65, DOU 8.11.65)*

1. Considerações preliminares. A forma em que se opera a rescisão contratual prevista neste artigo é chamada de "rescisão indireta". Outras denominações são também utilizadas como despedida indireta (esta expressa no § 4º, do art. 487, da CLT), justa causa do empregador ou rescisão forçada. Entendemos que a denominação "rescisão indireta é mais apropriada e tem uma razão para ser chamada assim. É que na prática o empregado se vê obrigado a rescindir o seu contrato de trabalho em virtude de abusos ou atitudes cometidas pelo seu empregador que impossibilitam a continuidade do pacto laboral. A exemplo do que ocorre na justa causa praticada pelo empregado, a falta ou faltas praticadas pelo empregador devem ser de gravidade tal que levem a rompimento do contrato por culpa do empregador. Se as infrações praticadas pelo empregador são leves, não afetam o relacionamento entre as partes e não cria qualquer incompatibilidade que inviabilize a continuidade do vínculo empregatício, a rescisão indireta não deverá ser reconhecida.

A iniciativa, por outro lado, é do empregado e bastará a sua comunicação ao empregador com os motivos justificadores da medida extremada já que ela se opera "*ope iuris* e não *ope judicis*, isso é, a aplicação da penalidade ao empregador depende apenas da declaração de vontade emitida pelo empregado ao empregador, não havendo necessidade de pronunciamento do Judiciário"[(152)]. Na prática, porém, não é bem assim, conforme veremos mais adiante, já que algumas situações têm simetria com as hipóteses de justa causa praticadas pelo empregado.

Jurisprudência

Ementa: Justa causa e rescisão indireta. Necessidade de falta grave para configuração. Os motivos ensejadores da rescisão indireta (art. 483 da CLT), assim como aqueles motivadores da justa causa (art. 482 da CLT), pela própria leitura dos referidos dispositivos legais, leva à interpretação de que os mesmos devem decorrer de faltas graves cometidas, seja pelo empregador, seja pelo empregado. Falta leves ou de pouca gravidade não podem ser tidas como justificadoras da rescisão indireta do contrato de trabalho ou da dispensa por justa causa, sob pena de somente trazer insegurança às relações de trabalho. Por isso, um dos requisitos da rescisão indireta é a gravidade da falta. Os motivos elencados pelo reclamante não se revestem da gravidade necessária para justificar a rescisão indireta do contrato de trabalho. TRT-9ª Reg. RO 03055-2005-662-09-00-0—(Ac. 4ª T.19483/07) — Rel. Sergio Murilo Rodrigues Lemos. DJPR 20.7.07.

a) princípio da imediatidade (perdão tácito): A inércia do empregado no agir contra a atitude do empregador suficiente para dar ensejo a quebra do vínculo também configura perdão tácito, a exemplo do que acontece em relação ao empregador, de forma que se aplica o princípio da imediatidade, como descrito no item 6.3 do artigo anterior, ao qual nos reportamos:

Jurisprudência

Ementa: Rescisão indireta do contrato de trabalho. Descumprimento de obrigações do contrato. Perdão tácito. Segundo a alínea d do art. 483 da CLT, o empregado poderá considerar rescindido o pacto e pleitear a devida indenização quando "não cumprir o empregador as obrigações do contrato". Restando

---

(152) Vólia Bomfim Cassar. *Direito do Trabalho.* Rio: Editora Impetus, 2007. p. 1092.

configurada na espécie a tipificação legal (falta de assinatura da CTPS, ausência de recolhimento das contribuições previdenciárias e do FGTS, não-pagamento das férias e dos 13º salários, etc.), não há como considerar a hipótese de perdão tácito pelo transcurso do tempo e pela inércia do empregado, sob pena de beneficiar-se o empregador inadimplemente e tolerar-se ilegalidades continuadas, impondo-se declarar a rescisão indireta do contrato de trabalho e deferir as parcelas inerentes a essa modalidade de distrato. TRT 3ª Reg. RO 01833-2007-058-03-00-3 — (Ac. 5ª T) — Rel. Des. Jose Murilo de Morais — DJMG — 2.8.08, p. 17

Ementa: Rescisão indireta do contrato de trabalho. Não configuração. A ofensa à isonomia salarial (falta de equiparação) e a inobservância dos direitos coletivos não traduzem inadimplementos capazes de impedir a continuidade da relação de emprego no caso. Tanto se afirma em relação à concessão parcial do intervalo intrajornada (art. 71 da CLT). A Reclamante tolerou o inadimplemento das obrigações legais e contratuais da admissão (7.1.2004) até 3.10.2005, quando se afastou do trabalho. O fato descaracteriza a justa causa, uma vez que não foi observada a imediatidade, o que traduz renúncia ao direito de resolver o contrato de emprego pelos motivos alegados. TRT 18ª Reg. RO-01755-2005-001-18-00-2 — Relª. Juíza Marilda Jungmann Gonçalves Daher. DJGO 21.6.06, p. 122.

Ementa: Rescisão indireta. Falta de registro em CTPS. Longo pacto laboral. Não configuração. A reclamante ao longo de todo o período laboral (quase oito anos) não se insurgiu contra o procedimento inadequado da reclamada em não cumprir a obrigação contratual de registro do contrato em CTPS. Considerando-se que a infração patronal era continuada e antiga, a tolerância do empregado configura omissão no agir e impede a tipificação de gravidade suficiente para rescindir o contrato por culpa do empregador, posto que não se pode permitir que a obreira guarde a sua indignação para utilizá-la em momento que for mais conveniente. Rescisão indireta não configurada. Recurso ordinário não-provido neste aspecto. TRT 15ª Reg. (Campinas/SP) RO 0348-2005-046-15-00-5 — (Ac. 52014/06-PATR, 5ª Câmara) — Rel. Juiz Lorival Ferreira dos Santos. DJSP 10.11.06, p. 43.

Ementa: Falta do empregador. Requisitos. Rescisão indireta. Em direito, há isonomia de tratamento, sendo que os mesmos requisitos exigidos do empregador para o acatamento de uma falta grave configuradora de justa causa para a dispensa, dentre as previstas no art. 482 — CLT, são também exigidos do empregado, quando queira enquadrar a conduta patronal nas hipóteses do art. 483. Tratando-se de falta continuada e antiga (como falta de registro do contrato, não pagamento de adicionais, etc.), a tolerância do empregado não configura perdão tácito — inviável de se caracterizar quanto a evento continuado —, mas omissão no agir e tolerância, que impede a tipificação de gravidade da falta suficiente para rescindir o contrato, de surpresa, a qualquer época que o trabalhador resolver argui-la como motivo para isso. Nesse caso, a partir do momento em que o trabalhador não pretender mais ter tolerância ou não puder mantê-la ante prejuízos graves que se avizinham ou acumulam, deve notificar o empregador, de forma expressa, inequívoca e provada, de que não mais admitirá a situação, dando-lhe um prazo razoável para sanar os erros, sob pena, então, da rescisão indireta. TRT 3ª Reg. RO 00708-2004-023-03-00-0 — (Ac. 6ª T.) — Relª. Juíza Emilia Facchini. DJMG 6.10.05, p. 13.

Ementa: Rescisão indireta do contrato de trabalho. Princípio da oportunidade. Para que se acolha o pedido de rescisão indireta do contrato de trabalho, não se exige obediência ao princípio da imediatidade, mesmo porque as dificuldades da empresa podem ser passageiras e suas infrações perfeitamente suportáveis. Assim, o descumprimento reiterado das obrigações trabalhistas por parte do empregador faculta ao empregado declarar a resolução do contrato de trabalho no momento em que considera impossível a continuidade ou inviável a manutenção do vínculo empregatício. TRT 3ª Reg. RO 01442-2004-077-03-00-4 — (Ac. 1ª T.) — Rel. Juiz Marcus Moura Ferreira. DJMG 17.8.05, p. 18.

Ementa: Contrato de trabalho. Rescisão indireta. Inércia injustificável do trabalhador no ajuizamento da ação desconstitutiva correlata. Efeitos. Ainda que o prazo de prescrição para o ajuizamento da ação trabalhista seja de dois anos a contar da data da dissolução do contrato (CF, art. 7º, XXIX), é fato que a reação do contratante à falta grave imputada ao ex adverso deve ser imediata, sob pena de restar tipificado o "perdão tácito". Muito embora o conceito de imediatidade possa e deva ser flexibilizado quando existirem circunstâncias objetivas que inviabilizem o acesso direto à jurisdição — como no caso da submissão obrigatória da demanda à Comissão de Conciliação Prévia competente (CLT, arts. 625-A a 625-H) —, é relevante verificar se a atitude do trabalhador na busca da composição do conflito não sofreu injustificável solução de continuidade. Nesse sentido, verificada a inércia operária de quase um ano entre a data da comunicação da rescisão indireta ao empregador e o ajuizamento da reclamação trabalhista correlata, há que se reconhecer configurado o perdão tácito, a inviabilizar o decreto judicial de rescisão indireta. Recurso conhecido e desprovido. TRT 10ª Reg. RO 00170-2005-002-10-00-5 — (Ac. 3ª T./05) — Rel. Juiz Douglas Alencar Rodrigues. DJU3 22.7.05, p. 47.

Ementa: ...Rescisão indireta do contrato de trabalho. Inexistência de imediatidade. É princípio elementar para a caracterização da rescisão do contrato de trabalho por justa causa a imediatidade, ou seja, a reação da parte ofendida deve ser atual e imediata ao dano causado, contemporânea ao ato de rescisão contratual. A imediatidade não se trata de requisito apenas para o ato punitivo do empregador, mas consubstancia regra geral das rescisões de contrato de trabalho por essa via. Levando-se em consideração a ausência de reação contemporânea do empregado à infração de seus direitos, pelo empregador, impossível caracterizar-se a rescisão indireta pleiteada. Preliminar que se rejeita e Recurso Ordinário do Reclamante ao qual se nega provimento. TRT 9ª Reg. RO 22843-2001-010-09-00-4-Ac. 18055/04) — Rel. Ubirajara Carlos Mendes. DJPR 20.8.04

b) nexo causal (relação de causa e efeito) entre o ato faltoso e a punição. Também aqui se aplica o mesmo raciocínio adotado na situação de empregado que comete justa causa. Há necessidade, portanto, que o ato faltoso tenha uma relação com a pretensão de rescisão indireta, como se fosse um elo. É certo, também, que a penalidade máxima na maioria das vezes resultará da última infração praticada pelo empregador que, por sua gravidade acarreta a quebra de confiança ou então decorrentes de atos faltosos reiterados, como se dá com o assédio moral, hoje tão em evidência no seio trabalhista.

Assim, o empregado ao postular a rescisão indireta necessariamente terá que descrever as faltas que motivaram a sua declaração de vontade por duas razões. A primeira delas, em virtude do princípio do contraditório, já que o empregador tem o direito de aceitar o pedido motivado do empregado ou então oferecer a sua defesa. A segunda, como garantia de que não está abandonando o emprego, mas sim insurgindo contra abusos praticados pelo empregador tendo por amparo as hipóteses elencadas no art. 483, da CLT.

De notar-se que o pedido de demissão ou mesmo a concessão de aviso prévio pelo empregado tem como consequência a incidência do perdão tácito que importam na presunção de que as faltas anteriores à comunicação foram desconsideradas pelo obreiro.

Vale lembrar também que determinadas faltas praticadas pelo empregador (concessão parcial do intervalo para refeição, jornada excessiva, não pagamento de horas extras, etc) podem ser corrigidas pelo judiciário sem necessidade da quebra do contrato de trabalho, daí porque o pedido de rescisão indireta deve estar sempre alicerçado em motivo suficiente grave para se sobrepor ao princípio dominante no campo da relação de emprego que é o da continuidade do vínculo.

Jurisprudência

Ementa: Rescisão indireta. Justa causa do empregador. Requisitos. Caracterização. Da mesma forma que é exigido, para a caracterização da justa causa para demissão do empregado, a existência do nexo causal entre a última falta cometida e a despedida, de molde a observar-se o requisito da imediatidade da punição, sob pena de configurar-se o perdão tácito, também devem ser observados tais requisitos para o reconhecimento do direito à despedida indireta, ou seja, do justo motivo para ruptura unilateral do vínculo promovida pelo empregado. Assim, o ato ilícito praticado pelo empregador contra o empregado, consistente na ausência de recolhimento do FGTS, arguido meses após a regularização dos depósitos respectivos feita voluntariamente pelo Reclamado, não autoriza o reconhecimento da rescisão indireta do contrato de trabalho, ainda porque, ao contrário, seria deixar ao exclusivo alvedrio do empregado a escolha do momento oportuno para insurgir-se contra a situação que lhe desfavoreceu. Recurso provido. TRT 10ª Reg. RO 01467-2005-101-10-00-0 — (Ac. 2ª T./07) — Relª. Juíza Heloisa Pinto Marques. DJU 18.1.08, p. 917.

c) comunicação da rescisão indireta. O pedido de rescisão indireta poderá ser feito pelo empregado documentado com testemunhas, a fim de não pairar dúvida sobre a sua intenção. Os motivos determinantes da medida extremada e a ciência do empregador são cautelas que devem ser tomadas pelo empregado. Entretanto, na prática, sedimentou-se o pedido de rescisão indireta pela via judicial, até por medida de segurança da parte do empregado, a fim de ser evitada discussão sob o enfoque de abandono de emprego e, sobretudo, porque em determinadas situações o empregado poderá postular a rescisão com a permanência no emprego, conforme previsão no § 3º deste artigo.

d) ônus da prova. A prova no caso de rescisão indireta é do empregado enquanto que na justa causa praticada pelo empregado é do empregador. É a prevalência do princípio da isonomia de tratamento das partes e da distribuição do ônus da prova. É também a aplicação pura da regra prevista no art. 818, da CLT, que dispõe: "A prova das alegações incumbe à parte que as fizer".

Jurisprudência

Ementa: Despedida indireta. Necessidade de prova robusta que a configure. Art. 483 da CLT. A denominada "despedida indireta" é uma figura híbrida, com característica de demissão e de despedida. Assemelha-se à primeira por ser ato unilateral de iniciativa do empregado, mas dela se distancia por não implicar em ideia de renúncia: o empregado denuncia o contrato com fundamento em falta grave do empregador, aproximando-se assim da despedida sem justa causa. Assim como a justa causa do empregado deve ser robustamente provada, por constituir uma mácula em sua vida profissional, os motivos que ensejam a justa causa do empregador segue o mesmo sentido: deve ser provada com elementos convincentes, incontestes, sob pena de não restar configurada quaisquer das hipóteses previstas no art. 483 da CLT. TRT 15ª Reg. (Campinas/SP) RO 2662-2006-153-15-00-0 — (Ac. 14198/08-PATR, 4ªC) — Rel. Luís Carlos Cândido Martins Sotero da Silva. DOE 28.3.08, p. 76.

Ementa: Rescisão indireta. Prova. Imediatidade. Ante o princípio da isonomia de tratamento das partes e da distribuição do ônus da prova igualmente à justa causa cometida pelo empregado, a do empregador deve restar cabalmente demonstrada nos autos. Da mesma forma, deve estar caracterizada a imediatidade entre a ação e a reação quanto aos atos tidos como suficientes para a configuração da justa causa. Quando se verifica que o empregado esperou cerca de cinco meses para denunciar as alegadas irregularidades praticadas pelo seu empregador, tem-se por ausente o requisito da imediatidade, o que, por si só, afasta a possibilidade de se reconhecer a rescisão indireta do contrato de trabalho. TRT 10ª Reg. RO-00636-2004-010-10-00-6 — (Ac. 1ª T./05) — Rel. Juiz Pedro Luis Vicentin Foltran. DJU3 13.5.05, p. 18.

Trataremos a seguir das hipóteses elencadas no artigo em destaque:

a) alínea "a" — "quando forem exigidos do empregado serviços superiores às suas forças, defesos por lei, contrários aos bons costumes, ou alheios ao contrato". Nessa alínea estão descritas 4 situações que podem dar ensejo a rescisão indireta do contrato de trabalho por parte do empregado, a saber:

a.1) exigência de serviços superiores às suas forças. Embora o disposto no parágrafo único do art. 456, da CLT estipule que na falta de prova ou inexistindo cláusula expressa a tal respeito, entender-se-á que o empregado se obrigou a todo e qualquer serviço compatível com a sua condição pessoal, o certo é que o poder de comando do empregador sofre limitações, de forma que ele não pode exigir do seu empregado serviços que não se conformam com a sua possibilidade, quer em termos técnicos, quer em físicos. Aqui podem ser apontadas várias situações, algumas previstas na CLT ou normas de segurança e medicina do trabalho. A expressão "forças" aqui referidas, segundo *Dorval de Lacerda*, "refere-se, não só às forças físicas, como, também, às forças mentais ou intelectuais. Força é capacidade laborativa e é sabido que tal capacidade pode ser, tal como declara, aliás, a própria lei, proibindo tratando desigual, intelectual, manual ou técnica"[153]. No art. 198, da CLT prevê que é de 60 (sessenta) quilogramas

---

(153) *A Falta Grave no Direito do Trabalho*. 4. ed. Rio: Ed. Trabalhistas, 1976. p. 262.

o peso máximo que um empregado pode remover individualmente e no art. 390, da CLT, que trata do trabalho da mulher está disposto que o empregador não poderá utilizar dos serviços da mulher que demande o emprego de força muscular superior a 20 (vinte) quilos para o trabalho contínuo, ou 25 (vinte e cinco) quilos para o trabalho ocasional. Importante ressaltar também que se aplicam ao menor as regras do art. 390 da CLT, incluindo o seu parágrafo único, por força do § 5º do art. 405, da CLT. Evidentemente que, a vedação prevista nos dois mencionados artigos (arts. 198 e 390, da CLT) não se aplicam quando a remoção de material é feita por impulsão ou tração de vagonetes sobre trilhos ou por outros aparelhos mecânicos que reduzam os esforços físicos do trabalhador, conforme ressalva feita nos parágrafos únicos dos mencionados artigos. Sobre tais limites, registra *Vólia Bomfim Cassar* que "O comando legal deve apenas servir de parâmetro, pois deve ser observado o perfil e a estrutura física do empregado. Assim se posicionam *Giglio, Alice Monteiro, Carrion,* que defendem que deve ser de acordo com o perfil do empregado."[154] A respeito, vale lembrar que NR-17, da Portaria n. 3.214/78, do Ministério do Trabalho e Emprego, disciplina a questão da ergonomia no trabalho, que envolve o relacionamento entre o homem e o seu trabalho, compreendendo nessa relação à utilização dos instrumentais (máquinas e equipamentos, etc) necessários ao bem estar e desempenho do empregado no serviço e sem lhe causar prejuízo à saúde física e mental. Portanto, as normas regulamentadoras e outras expedidas pelo MTE ligadas à segurança, higiene e medicina do trabalho sobre a forma, limites de trabalho e suas cautelas tem por objetivo não comprometer a saúde e a segurança do trabalhador. A dignidade do trabalhador também deve ser preservada para os fins deste artigo. Os limites impostos por essa alínea serão mais difíceis de serem reconhecidas no caso de trabalho intelectual, mas *Gustavo Felipe Barbosa Garcia* afirma a sua ocorrência na seguinte hipótese: "se fosse ordenado que o empregado criasse elevado número de textos, em curto prazo de tempo, algo que seria praticamente impossível, humanamente falando, de ser executado, sem grave danos à integridade física e mental do empregado"[155].

a.2) **exigência de serviços defesos em lei.** Toda a atividade do trabalhador enquanto empregado deve estar no círculo das normas trabalhistas protetoras no seu sentido amplo. Nesse contexto, o trabalhador está proibido de executar serviços não permitidos em lei. Aqui os serviços compreendem uma interpretação restrita, já que está relacionada com a atividade do empregado (tarefa ou forma de execução do serviço). Dessa forma, a recusa do trabalhador em executar serviço que não se enquadre dentro do permitido pela lei torna-se legítima, tal como se dá no caso de trabalho proibido para o menor, nas atividades insalubres, perigosas e no trabalho noturno, conforme tutela do art. 7º, XXXIII, da Carta Magna.

Jurisprudência

Ementa: Contadora empregada da ré. Negativa em assinar alteração do balanço patrimonial da empresa. Desatendimento de ordem do empregador. Não caracterização de insubordinação ou ato de improbidade. Observância pela obreira do Código de Ética de sua categoria profissional. Configuração da rescisão indireta do contrato de trabalho. A autora, profissional da área de contabilidade, após ter elaborado o balanço patrimonial da ré relativo ao exercício de 2004, recebeu ordem para que alterasse referido balanço, a fim de realizar a provisão de valores para a quitação de ação judicial movida contra a ré por um dos sócios que havia recém assumido o controle da empresa através de decisão judicial, provisão essa no importe de 21 milhões de reais. Em decorrência da negativa da autora em cumprir tal determinação, baseando-se em parecer da assessoria jurídica da diretoria anterior, bem como no Código de Ética dos Contabilistas, passou a trabalhadora a sofrer pressão da empresa, restando caracterizadas, pelas provas contidas nos autos,

---

(154) *Direito do Trabalho*, 2. ed. Rio: Impetus, 2008. p. 1.131.
(155) *Curso de Direito do Trabalho*, 2. ed. São Paulo: Método. p. 571.

as faltas previstas no art. 483, alíneas "a", "b", e "d", da CLT. A não obediência pela autora às ordens emanadas não configurou insubordinação ou indisciplina, uma vez que a obreira, antes de ser empregada da ré, deve atentar-se às regras e responsabilidades advindas de sua profissão. Sentença que se reforma para reconhecer a ocorrência de rescisão indireta do contrato de trabalho. TRT-9ª Reg. RO 01410-2005-069-09-00-2 — (Ac. 4ª T. 11909/07) — Relª. Sueli Gil El-Rafihi. DJPR 11.5.07.

a.3. exigência de serviços contrários aos bons costumes. O ambiente de trabalho deve ser propício para o bom desempenho do trabalhador. A moral e o decoro devem estar presentes, a fim de que não se tenha os maus exemplos para os empregados que ali prestam os seus serviços. *Giglio* afirma que "A moral, entretanto, é contingente: bons costumes, por isso, são aqueles aceitos por uma sociedade considerada, em determinada época. No caso, a sociedade brasileira, nos tempos atuais. Na apreciação do caso concreto, não há de se considerar a moral individual, quer do empregado, quer do empregador, mas o procedimento padrão da sociedade"[156]. Portanto, haverá abuso do empregador e consequentemente dando ensejo à rescisão indireta quando ele orienta as suas empregadas para fazer promessas de atos libidinosos aos seus clientes com o objetivo de aumentar as suas vendas. Enfim, todos os atos que impliquem em ofensa aos padrões normais de conduta, a rigor se enquadram nesse dispositivo. Em relação a esse tópico é importante a ressalva feita por *Giglio* quando afirma que "nas casas de tolerância, as mulheres que ali exercem a prostituição afrontam os bons costumes, mas os serventes, os porteiros, cozinheiros e garçons que ali prestam serviços, não. Justa causa, para estes últimos existiria se uma servente de hotel recebesse ordem para exercer o comércio amoroso com um dos hóspedes"[157].

Jurisprudência

Ementa: Recurso do reclamante. Rescisão indireta. Ilegalidade da suspensão. A demandada traz aos autos prova técnica demonstrando o acesso do autor a páginas da internet que, por seu conteúdo, eram de utilização expressamente proibida pela empresa, proibição da qual estava ciente o reclamante. Embora tenha sido detectada a presença de espécies diferentes de vírus no computador utilizado pelo obreiro, o perito encontrou arquivos e registros de acesso em outras datas, inclusive anteriores à infecção por vírus, que não são justificados pela presença dos programas maliciosos. Inócuas as alegações relativas à imprestabilidade da prova pericial juntada pela ré. Configurada a falta grave cometida pelo reclamante, não se verifica caráter abusivo na suspensão aplicada ou na despedida por justa causa, não havendo falar em rescisão indireta. Recurso improvido no tópico. TRT 4ª Reg. RO 00635-2005-020-04-00-2 — (Ac. 1ª T.) — Relª. Juíza Eurídice Josefina Bazo Tôrres. DOE/RS, 29.3.07.

a.3.1) assédio sexual no ambiente do trabalho. Incluímos o assédio sexual nesta alínea "a" por abranger os bons costumes que está ligada à moral e a um ambiente de trabalho saudável onde o assédio sexual, na forma prescrita em lei penal não deve ser aceita pelo empregador e nem pelos seus prepostos, mas ele pode ser também enquadrado na alínea "e" deste art. 483, que trata de ofensa à honra e a boa fama, de forma que cada caso deve ser analisado pelo julgador em função dos fatos postos em juízo.

Sobre o assédio sexual assinala *Aloysio Santos*, que "não existe, propriamente, divergência sobre o conceito de assédio sexual, mas, sim, modos diversos de enunciá-lo, dependendo tal definição da linha doutrinária que os legisladores assumem no tratamento desse desvio comportamental, em seus respectivos países", aponta o conceito de *Robert Husbands*, que consta da

---

(156) *Justa causa*, 7. ed. São Paulo: Saraiva, 2000. p. 383.
(157) Obra citada, p. 383.

Revista Internacional del Trabajo, vol. 134, 1992, OIT, Genebra, o qual se caracteriza "pelos avanços sexuais importunos, os pedidos de favores ou outras manifestações verbais, não verbais ou físicas de conotação sexual que têm por objetivo ou por consequência influir abusivamente sobre a *performance* profissional da pessoa visada ou, ainda, de criar um ambiente de trabalho de natureza intimidatória, hostilizante, insultante ou ofensiva"[158].

Como se sabe, o assédio sexual é considerado crime, pois de acordo com a Lei n. 10.224, de 15.5.01, constranger alguém com o intuito de levar vantagem ou fornecimento sexual, prevalecendo-se o agente de sua forma de superior hierárquico, ou ascendência inerente a exercício de emprego, cargo ou função, é crime sujeito à pena de detenção de um a dois anos"[159].

Conforme assinala *José Affonso Dallegrave Neto*, do conceito legal de assédio sexual que consta do art. 216-A, do Código Penal, introduzido pela Lei n. 10.224/01, sobrevêm dois requisitos de configurações:

"a. constrangimento provocado por agente que assim age favorecido pela ascendência exercida sobre a vítima;

b. ação dolosa e reiterada que visa vantagem sexual".[160]

Acrescenta o autor que "o agente é sempre o empregador ou um colega de trabalho que seja superior hierárquico da vítima. Ressalvada tal condição subjetiva (atinente aos sujeitos ativo e passivo), nada obsta que agente e vítima sejam do sexo masculino ou feminino, nem mesmo que sejam hétero ou homossexuais. Entretanto, não se pode negar a influência de fatores culturais sobre o tema, os quais nos levam a constatar que na maioria dos casos o agente é do sexo masculino e a vítima é mulher"[161].

A regra abrange não só os empregados da empresa, como também os prestadores de serviços e os empregados de empresas terceirizadas.

Por outro lado, a tipificação do dano moral por assédio sexual deve ter o enquadramento de ameaça concreta de represália ou de demissão do emprego. A represália constituir-se-á em perda de promoções, de transferência indevida, etc. O assédio sexual revela-se sempre como um abuso do poder que resulta em ofensa à honra e à dignidade de quem é assediado.

"**Art. 932.** São também responsáveis pela reparação civil: III — o empregador ou comitente, por seus empregados, serviçais e prepostos, no exercício do trabalho que lhes competir, ou em razão dele."

Em nosso livro *Dano moral* — Multíplos aspectos das relações de trabalho — já na terceira edição, no capítulo dedicado ao Assédio Sexual, defendemos a tese de que, em sendo o assediante o superior hierárquico do assediado ele deveria participar da lide na forma de "denunciação à lide", aproveitando a lição de *Rodolfo Pamplona Filho* e *Fernanda Salinas Di Giacomo* que, comentando a aplicação da denunciação da lide no processo do trabalho, "deixam claro seu entendimento sobre aplicação do referido instituto no caso de assédio sexual, ao afirmar "por ser ele ampliativo e menos oneroso ao Poder Público, já que todas as circunstâncias fáticas, incluindo-se a culpa ou o dolo (responsabilidade subjetiva) do assediador serão vislumbrados

---

(158) *Assédio sexual nas relações trabalhistas e estatutárias*. Rio: Forense, 1999. p. 31.
(159) *Assédio sexual nas relações de trabalho*. São Paulo: LTr, 2001, p. 31.
(160) Responsabilidade civil no Direito do Trabalho, junho/2005, LTr, SP, p. 231.
(161) DALLEGRAVE NETO, José Affonso, ob. cit., p. 232.

simultaneamente ao processo principal, que está sendo movido contra o empregador/empresa da qual fazia parte o primeiro. Desse modo, não haverá necessidade de cobrança regressiva, uma vez que o verdadeiro devedor da indenização (agente causador do dano) haverá participado de todo o processo e efetivado o seu direito constitucional ao contraditório e a ampla defesa". E acrescentam ainda os autores que depois da edição da Emenda Constitucional que ampliou as hipóteses do art. 114 da CF/88, ..."torna-se plenamente aplicável ao processo do trabalho, a denunciação da lide, mais especificamente em casos de assédio sexual, até porque não se estaria criando um dissídio entre duas empresas, mas sim entre o empregador demandado pelo empregado assediado e o obreiro assediador. Entre a empresa e o assediador já existe uma relação de emprego, razão pela qual, nos termos do dispositivo supracitado, é competente a Justiça do Trabalho para analisar e julgar esse litígio decorrente da denunciação da lide, devendo, no entanto, a sentença definir e estabelecer quais as responsabilidades de cada parte envolvida na demanda"[162].

Justificamos ainda o aspecto pedagógico dessa medida, pois inibiria a sua ocorrência para outros empregados que ficariam sabendo dessa possibilidade e evitariam também a prática de atos simulados com o objetivo de lesar o empregador. Aqui, vale lembrar a lição de *Gisela Sampaio da Cruz* para quem "no âmbito da responsabilidade civil, os prejuízos decorrentes de um dano injusto devem ser repartidos entre os agentes que concorreram na produção do dano, ainda que perante a vítima eles sejam responsáveis solidários; ou entre o agente e o lesado, se este contribuiu para o evento danoso"[163]. E mais com a denunciação à lide do infrator, na fixação do valor da indenização do dano moral, o julgador teria de sopesar as circunstâncias do caso, notadamente da omissão ou não do empregador no episódio danoso. São questões que, efetivamente merecem ser debatidas entre os operadores do direito, mas de forma a não desvirtuar a finalidade de proteger a mulher e sua dignidade no trabalho.[164] De notar-se ainda que, participando o assediador do processo ele terá interesse na produção de sua prova não deixando esse encargo tão-somente para o empregador que sequer tinha conhecimento dos fatos que normalmente ocorrem sem vestígio aparente.

Jurisprudência

Ementa: Assédio sexual. Dificuldade de comprovação. Indenização. Fixação do valor devido. Responsabilidade objetiva do empregador. É certo que circunstâncias que envolvem o assédio sexual são de difícil comprovação, porque o que agente procura se cercar de todo o cuidado que o ato exige, não permitindo a presença de pessoas que o possam denunciar, mas a testemunha da autora informou os fatos que autorizam a conclusão de que assistiu a parte da conversa e, em juízo, afirmou que ouviu a pessoa acusada dizendo que pretendia encontrar-se com a reclamante e que esta não teria aceitado a proposta. O próprio juízo sentenciante argumenta que, se tiver havido qualquer iniciativa por parte da pessoa que foi indicada como autora do ato, no sentido de constranger sexualmente a reclamante, tal fato não restou demonstrado. Aliás, a prova de fatos dessa natureza quase sempre é difícil, em razão das condições em que são praticados. No caso dos autos, pode-se afirmar que os contatos mantidos entre o acusado e a reclamante foram além dos limites profissionais, apesar de o ilustre julgador concluir, com o que não concordo, *permissa venia*, que "não o suficiente para se concluir de que tenha havido o alegado assédio sexual" (f. 107). Apesar de este julgador estar convicto da ocorrência do fato, ainda pesa em favor da reclamante o princípio *in dubio pro operario*, que deve ser aplicado. Não só pelas condições de hipossuficiência, mas — e especialmente — por se tratar de sexo feminino, alvo de tais procedimentos que não condizem com a dignidade da trabalhadora.

---

(162) A aplicabilidade da denunciação da lide no processo do trabalho, *Revista de Direito do Trabalho* n. 126, ano 33, abril-junho/2007, Coordenação de Nelson Mannrich, SP: Ed. Revista dos Tribunais, p. 150/151.
(163) *O problema do nexo causal na responsabilidade civil*, 2005, Rio: Renovar, p. 325.
(164) FERRARI, Irany, MARTINS, Melchíades Rodrigues, 3. ed. São Paulo: LTr, p. 147.

Se admitirmos a continuação deste tipo de conduta, teremos as regras ditadas pelo elemento mais forte fisicamente no seio da comunidade de animais irracionais ou retornaremos à idade pré-histórica, em que o macho se valia do seu cajado impiedoso e colocava em estado de inconsciência a fêmea e dela fazia uso como bem lhe aprouvesse, e ela não podia resistir às investidas e abusos. Na sociedade atual, guardadas as devidas proporções, o abuso do poderoso continua e todos devemos lutar para extirpar este mal que campeia — ainda quase impunemente — na comunidade global, impiedosamente. Não só quanto à mulher — alvo mais fácil —, mas também o pobre, o negro, o desafortunado, que é explorado em todos os sentidos, ainda que para trabalhar mais e ganhar menos que os outros. **Entendo, por tudo isto, que ficou provado o assédio sexual, devendo o reclamado pagar a indenização por danos morais postulada, bem como arcar com o pagamento das verbas da rescisão indireta do contrato de trabalho, que declaro neste ato, conforme está sendo postulado na peça inicial.** E, tratando-se de responsabilidade objetiva do empregador, nos termos do art. 932 do Código Civil brasileiro, deve este arcar com os danos causados por seu preposto no evento, podendo, se entender que deve, se ressarcir com o causador do prejuízo, em ação própria, o que foge a esta reclamação. TRT 3ª Reg. RO 0192-2006-056-03-00-6 — (Ac. 3ª T.) — Red. Juiz Bolivar Viegas Peixoto. DJMG 15.7.06, p. 5. (não há grifo no original)

Ementa: Assédio sexual. Rescisão indireta. A empregada que sofre assédio sexual por superior hierárquico, registrando a ocorrência e sem que a administração empresarial tome quaisquer providências, tem autorizada a rescisão indireta do contrato de trabalho. TRT 12ª Reg. RO-V-06632/00 — (Ac. 02.896/01 1ª T.) — Rel. Juiz C. A. Godoy Ilha. DJSC 30.3.01.

Ementa: Assédio sexual. Rescisão indireta do contrato de trabalho. Dano moral. Reparação civil. Procedência. Pode-se inferir que assédio sexual é conduta, verbal ou física, de conotação sexual não desejada, repetida ou não, capaz de causar constrangimento à vítima e efeito desfavorável no ambiente de trabalho, atentando contra a dignidade e a integridade física ou moral da pessoa humana. Restando comprovado o assédio sexual de superior hierárquico durante o liame empregatício, procedente se revela o pedido de reconhecimento de rescisão indireta do contrato de trabalho por justa causa do empregador. TRT 3ª Reg. RO 00560-2005-097-03-00-0 — (Ac. 8ª T.) — Rel. Juiz Paulo Maurício Ribeiro Pires. DJMG 8.10.05, p. 16.

a.4) serviços alheios ao contrato de trabalho. Ao se firmar o contrato de trabalho ficam estabelecidas às condições que vão vigorar no pactuado. É bem verdade que o art. 447, da CLT, prescreve que "na falta de acordo ou prova sobre condição essencial ao contrato verbal, esta se presume existente, como se a tivessem estatuído os interessados na conformidade dos preceitos jurídicos adequados à sua legitimidade", donde se conclui que as condições pactuadas ainda que verbais prevalecem sob o amparo das normas trabalhistas que são de ordem pública. O disposto no parágrafo único do art. 456, da CLT, já analisado, também evidencia a prevalência das condições pactuadas. De notar-se que o disposto na alínea "d" deste artigo, que trata de forma mais abrangente o descumprimento das obrigações contratuais pode ter aplicação na rescisão indireta do contrato de trabalho. Isso porque a alteração do contrato de trabalho só tem validade mediante mútuo consentimento e ainda assim desde que não resulte prejuízo direto ou indireto ao empregado (art. 468, da CLT). Nessa conformidade não pode o empregador, depois de certo tempo de trabalho pelo empregado na função de escriturário exigir dele que faça serviços de limpeza ou de jardineiro. É evidente que tais serviços são alheios ao contrato. Da mesma forma, não pode a empregada que foi contratada como auxiliar de costureira, ser deslocada para atribuições para a quais não foi contratada.

Jurisprudência

Ementa: Rescisão indireta. Inexiste controvérsia quanto ao fato de que a demandante foi contratada como auxiliar de costureira, pelo que jamais poderia a Reclamada alterar as condições de contrato de trabalho, impondo ao empregado desempenho de atribuição diversa daquela para a qual foi contratada, com execução de tarefas que nunca lhe foram atribuídas, razão pela acertada a decisão primeira ao deferir a rescisão indireta postulada. Recurso da Reclamada a que se nega provimento. TRT 1ª Reg. 9ª T (RO 1515/98), Redª (designada) Juíza de Maria de Fatima de Oliveira. DO/RJ 17/01/00, p. 188[165].

---

(165) *Dicionário de Decisões Trabalhistas*, 31. ed. B. Calheiros Bomfim, Silvério dos Santos e Cristina Kaway Stamato, Ed. Trabalhista, Rio, p. 590, ementa n. 2214.

b) alínea "b" — "quando for tratado pelo empregador ou por seus superiores hierárquicos com rigor excessivo". O empregador deve tratar o seu empregado com respeito e urbanidade de forma a proporcionar um ambiente de trabalho saudável, onde a disciplina também se impõe sem haver abuso. A recíproca também é verdadeira no que toca ao empregado. A relação entre empregador e empregado deve situar-se no patamar da civilidade até porque o poder diretivo do empregador sofre limitações naquilo que fere a dignidade, a imagem e a honra do trabalhador.

Assim, se o empregador ou seus prepostos tratam o empregado com rigor excessivo, aqui entendido aqueles atos abusivos que extrapolam os padrões normais de conduta é evidente que está exorbitando do seu poder diretivo e ferindo a dignidade do obreiro enquanto pessoa. Como bem assinala *Vólia Bomfim Cassar* "muitas podem ser as formas de rigor excessivo dispensadas pelo empregador aos seus empregados, tais como repreensões verbais grosseiras, com requinte de desmerecimento; exagero minudente de ordens e de perfeição na realização das tarefas; punições desnecessárias sucessivas e violentas; maus tratos; fiscalização afrontosa; impedimento de ausências durante o expediente para ir ao banheiro ou para se sentar"[166].

Jurisprudência

Ementa: Rigor excessivo. Rescisão indireta. Caracterização. O tratamento com rigor do empregado está inserido dentro do poder diretivo do empregador. Entretanto, os excessos devem ser coibidos porque extrapolam a regular atuação deste poder. Demonstrado que a preposta, na condução dos trabalhos na empresa, dirigia-se à empregada com expressões pejorativas, cabível a rescisão indireta. TRT 18ª Reg. Reg. RO 01732-2007-111-18-00-5 — (Ac. 1ª T.) — Relª. Juíza Marilda Jungmann Gonçalves Daher. DJE/TRT 18ª Reg. Ano II, n. 126, 15.7.08, p. 7/8.

Ementa: Rescisão indireta. Rigor excessivo. Procedência dos pedidos. Restando demonstrado nos autos o tratamento rigoroso conferido à empregada que apresenta reiteradas faltas ao serviço, — devidamente justificadas por atestados médicos — deve ser mantida a sentença em que reconhecida a rescisão indireta do contrato de trabalho (art. 483, "b" e "d", da CLT). Recurso patronal conhecido e desprovido. TRT 10ª Reg. ROPS 00828-2007-102-10-00-9 — (Ac. 3ª. T.j. 10.10.07) — Rel. Juiz Douglas Alencar Rodrigues. DJU3 19.10.07.

Ementa: Rescisão indireta. Limitação da utilização de banheiros durante o turno de trabalho. Inexistência de rigor excessivo. Em abstrato, a limitação do uso de banheiros, pelos empregados, durante o horário de trabalho pode caracterizar rigor excessivo. Mas, para tanto, é necessário que a exigência não seja proporcional, isto é, que não tenha razão de ser, que o intervalo concedido seja insuficiente e/ou provoque situações vexatórias. Se a limitação decorrer da organização seriada do trabalho, em linha de produção, e for possibilitada a utilização razoável das instalações sanitárias, não resta configurada a ocorrência de rigor excessivo necessário para o reconhecimento da rescisão indireta. A admoestação do empregado por dirigir-se ao banheiro outras vezes, igualmente não configura tal rigor, se não demonstrada a existência de excesso. TRT 18ª Reg. ROS-01534-2005-003-18-00-7 — Red. Desig. Juiz Platon Teixeira de Azevedo Filho. DJGO 13.1.06, p. 40.

Ementa: Rescisão indireta. Discriminação. Se a autora é transferida para um setor onde normalmente trabalham 2 (duas) caixas, para trabalhar só, com o claro intuito de ser repreendida e perseguida pela Ré, por ter-se negado a firmar norma interna que restringia seu direito à privacidade nos arquivos eletrônicos por ela manuseados, caracterizado está o excesso de rigor e trabalho excessivo, descrito nas alíneas "a" e "b" do art. 483 da CLT a ensejar a resolução contratual por culpa do empregador. TRT 1ª Reg. RRPS 870-2003-521-01-00-6 — (Ac. 5ª T.) — Rel. Agra Belmonte. DJRJ 27.7.05, p. 169.

Ementa: Rescisão indireta. Rigor excessivo. Discussão. Não comprovado nos autos que o empregador tratou o empregado com rigor excessivo (art. 483/CLT, alínea "b"), a prova de uma mera discussão entre as partes não autoriza o convencimento em torno da caracterização da rescisão indireta. No trato da relação de emprego, é preciso mais do que um sentimento íntimo de pesar do empregado para caracterizar o rigor excessivo e o abuso de direito por parte do empregador e, muito mais ainda, o dano moral capaz de ensejar o direito à indenização. O empregador tem o poder diretivo e o poder disciplinar, porque é dele o risco do negócio. E o empregado pode e deve trabalhar para quem quiser. Está equivocado aquele que pensa que qualquer desa-

---

(166) *Direito do Trabalho.* 2. ed. Rio: Ed. Impetus, 2008. p. 1132.

vença entre patrão e empregado implica em ofensa à honra e à imagem do trabalhador. Não é porque o nosso ordenamento jurídico reconheceu e consagrou, com razão, o direito à honra e à imagem do cidadão, bem como o dano moral, que o bom senso deixou de imperar. O patrão e seus prepostos devem sempre reger a prestação de serviços com boa-fé, lealdade e respeito à dignidade da pessoa humana, o que não faz daqueles SANTOS, mas também não os tornam os vilões de toda e qualquer história. TRT 3ª Reg. RO 00505-2003-044-03-00-3 — (Ac. 6ª T.) — Rel. Des. Hegel de Brito Boson. DJMG 4.9.03, p. 542.

Ementa: Rescisão indireta. Configuração. A falta de anotação da CTPS na data correta, com ausência do respectivo pagamento da remuneração, como devida, aliada à inexistência de quitação de parcela à qual se obrigou a empregadora, não obstante o cumprimento, pela reclamante, do fato gerador, e ao rigor excessivo por parte do superior hierárquico, autorizam o reconhecimento da rescisão indireta, inserindo-se o caso vertente nas faltas previstas nas alíneas "b" e "d" do art. 483 da CLT. TRT 3ª Reg. RO 02302-2002-075-03-00-9 — (Ac. 4ª T.) — Rel. Juiz Luiz Otavio Linhares Reunalt. DJMG 2.4.03, p. 10.

Ementa: Rescisão indireta do contrato de trabalho. Tratamento com rigor excessivo. Não configuração. O rigor excessivo adotado pelo legislador como falta patronal grave é aquele que fuja dos padrões normais de comportamento profissional, revelado através de conduta pautada em extrema severidade e exigências descabidas. Que não se confunde com o simples entrechoque de personalidades na convivência chefe/subordinado no dia a dia ou falta de urbanidade generalizada de uma gerente que não dispense a todos os funcionários "um tratamento muito agradável", segundo as testemunhas ouvidas. Caso em que o pedido de demissão, espontâneo, não pode ser transmudado judicialmente em rescisão indireta sob fundamento de trato com excesso de rigor, o que não é figura legal amoldada aos fatos examinados, que mais configure demissão por insatisfação pessoal com o ambiente de trabalho. TRT 3ª Reg. RO 01581-2001-113-03-00-4 — (Ac. 2ª T.) — Rel. Juiz Paulo de Araujo. DJMG 25.1.03, p. 7.

b.1) Assédio moral (dano moral). O assédio moral é um mal que surgiu com o próprio trabalho. Entretanto, passou a ser encarado como um problema social, quando o trabalho se tornou não só socialmente estruturado, mas regulamentado, com o que surgiu a competição agressiva entre os trabalhadores visando a melhores condições de trabalho e de salário. As pressões pela produção passam a ser a primeira preocupação das empresas e as relações de urbanidade, cordialidade, o respeito pela dignidade da pessoa humana e o valor social do trabalho são deixado de lado, daí porque parafraseando as palavras de *Hádassa Dolores Bonilha Ferreira*, "pode-se afirmar, sem medo de errar, que o assédio moral nas relações de trabalho é um dos problemas mais sérios enfrentados pela sociedade atual"[167]. Acrescenta ainda a autora que "ele é fruto de um conjunto de fatores, tais como a globalização econômica predatória, vislumbradora somente da produção e do lucro, e a atual organização de trabalho, marcada pela competição agressiva e pela opressão dos trabalhadores através do medo e da ameaça. Esse constante clima de terror psicológico gera, na vítima assediada moralmente, um sofrimento capaz de atingir diretamente sua saúde física e psicológica, criando uma predisposição ao desenvolvimento de doenças crônicas, cujos resultados a acompanharão por toda a vida"[168]. Sobre a conceituação de assédio moral, *Marie-France Hirigoyen*, citada por *Hádassa Dolores Bonilha Ferreira*[169], afirma que "por assédio moral em um local de trabalho temos que entender toda e qualquer conduta abusiva manifestando-se, sobretudo, por comportamento, palavras, gestos, escritos, que possam trazer dano à personalidade, à dignidade ou à integridade física ou psíquica de uma pessoa, pôr em perigo seu emprego ou degradar o ambiente de trabalho".

Vários autores incluem o assédio moral na alínea "b" que trata do rigor excessivo nas relações de trabalho, tanto que *Carlos Zangrando* afirma que "o rigor excessivo está incluso na

---

(167) *Assédio Moral nas Relações de Trabalho*, 1. ed. Campinas, SP: Ed. Russel, 2004. p. 37.
(168) *Ibidem*, p. 37.
(169) Ob. cit., p. 43.

moderna concepção do assédio moral"[170]. Também *Gustavo Felipe Barbosa Garcia* referindo-se ao rigor excessivo assinala que conforme a gravidade da conduta patronal e sua reiteração, em prejuízo a dignidade do empregado, há possibilidade de configurar até mesmo o *assédio moral*. Este pode ter como objetivos escusos o de fazer com que o empregado, por ser repetidamente lesado em termos psicológicos e morais, com atitudes nefastas do empregador, não mais suportando o sofrimento, peça demissão. Frise-se que o rigor excessivo pode ser praticado, ainda por superior hierárquico, configurando prática de assédio moral, autorizando da mesma forma a despedida indireta, pois o empregador é responsável por manter o ambiente de trabalho saudável e harmonioso"[171]. As pressões sobre os empregados trazem outras consequências que "repercutem na vida cotidiana do trabalhador, com sérias interferências na sua qualidade de vida, gerando desajustes sociais e transtornos psicológicos. Há relatos de depressão, ansiedade e outras formas de manifestação (ou agravamento) de doenças psíquicas ou orgânicas. Casos de suicídios têm sido relatados, como decorrências dessas situações"[172].

Em nosso livro Dano moral — Multíplos aspectos nas relações de trabalho, já na sua terceira edição, dedicamos um capítulo tratando do assédio moral e a ele nos reportamos, mas lá ressaltamos o que está de acordo com a doutrina e jurisprudência que se "o empregado que vier a sofrer assédio moral poderá não só pleitear em juízo trabalhista as verbas rescisórias decorrentes do contrato de trabalho, sob o fundamento de descumprimento de deveres legais e contratuais (art. 483, alíneas *a*, *b* e *d*, da CLT), como também postular a indenização por dano moral[173], a qual não se relaciona com as "indenizações trabalhistas", pois, a do dano moral está assegurada no art. 5º, X, da Constituição Federal. Por outro lado, a dimensão dada pelo dispositivo constitucional leva em consideração a dignidade da pessoa humana, numa acepção em que se congrega o respeito à cidadania, à imagem, à honradez e à autoestima, que são, também, valores inseridos como direitos fundamentais. Portanto, são direitos que extrapolam os constantes da rescisão contratual de cunho meramente trabalhista. E mais, que os atos do assediante, dependendo da gravidade, podem gerar situações não só perturbadoras à saúde do trabalhador mas também de natureza psicológica, a ponto de exigir gastos com remédios e tratamentos. Em tais hipóteses, o trabalhador, além de postular a rescisão indireta do contrato de trabalho, a indenização por dano moral, poderá reivindicar também a indenização por dano material, mas para isso deverá comprovar as razões e as despesas efetivadas[174].

Jurisprudência

Ementa: Assédio moral. Rescisão indireta do contrato de trabalho. Define-se o assédio moral — ou *mobbing* — como a atitude abusiva, de índole psicológica, que ofende repetidamente a dignidade psíquica do indivíduo, com o intento de eliminá-lo do ambiente laboral. Provando-se que os prepostos do empregador arquitetaram um plano para que o trabalhador, diante da perseguição de seus superiores, pedisse demissão ou cometesse algum deslize apto a atrair a aplicação

---

(170) *Curso de Direito do Trabalho.* 2008, tomo II, SP: LTr, p. 980.
(171) *Curso de Direito do Trabalho.* 2. ed. São Paulo: Ed. Método, 2008. p. 572.
(172) JORGE NETO, Francisco Ferreira; PESSOA CAVALCANTE, Jouberto de Quadros. *Direito do Trabalho.* 2008, 4. ed. Tomo I, RJ: Lumen Juris, p. 699.
(173) O STF, assim decidiu:
"Recurso extraordinário. Indenização por danos materiais e morais. Cumulação. Possibilidade. Inteligência do art. 5º, V, da Constituição, que preconiza apenas a existência de indenização por ofensa à moral das pessoas, não cuidando de suas eventuais causas. Precedentes do Tribunal. Agravo regimental desprovido" (STF-AgRg em RE n. 222.878/DF, 1ª T., Relª Min. Ellen Gracie, DJ 9.11.01, p. 52).
(174) FERRARI, Irany, Martins, Melchíades Rodrigues. LTr, SP, p. 105.

do art. 482 da CLT, resta configurado o comportamento empresarial causador do assédio moral e da rescisão indireta do contrato de trabalho. Recurso conhecido e desprovido. TRT 10ª Reg. RO 00687-2006-002-10-00-5 — (Ac. 3ª T./07) — Rel. Juiz Grijalbo Fernandes Coutinho. DJU3 11.5.07, p. 35.

Ementa: Assédio moral. Ociosidade forçada. Colocar empregado 'na geladeira'. Indenização por danos morais. Rescisão indireta. Ausência de provas. O assédio moral do tipo estratégico, praticado pela empresa interessada em eliminar do seu quadro de empregados aqueles considerados inadequados ou indesejáveis, com utilização de operações do tipo 'geladeira' ou ociosidade forçada, que significam excluir a participação do trabalhador da atividade profissional, com ausência de fornecimento de qualquer trabalho, deve estar cristalinamente provado nos autos, para garantir o direito ao trabalhador, vítima dessa conduta ilícita praticada pelo empregador, a indenização por danos morais, bem como o reconhecimento da chamada rescisão indireta. Não configura a estratégia quando o empregador, após o término do gozo de auxílio-doença-acidentário, oportuniza ao Autor a execução de serviços na empresa, de modo a reintegrá-lo ao ambiente laboral, mesmo que as atividades sejam diversas da sua originária, desde que estas não o colocam em isolamento e/ou o exponham a tratamento vexatório, humilhante e indigno. Neste contexto, a inexistência de falta efetivamente grave perpetrada pela empregadora — ociosidade forçada —, a ponto de causar prejuízos para o empregado, e, ainda, de tornar a continuidade do vínculo empregatício intolerável, ou seja, de inviabilizar a continuidade da relação de emprego, afasta o reconhecimento da rescisão indireta, assim como da indenização por danos morais decorrentes de assédio moral. TRT 23ª Reg. RO 00646.2006.096.23.00-9 — (Sessão 11/07) — Rel. Des. Tarcísio Valente. DJE/TRT 23ª Reg. n. 210, 12.4.07, p. 26.

Ementa: Rescisão indireta. Assédio moral. Caracterização. Apontando o contexto probatório dos autos para a prática de atos de constrangimento ao obreiro no ambiente de seu contrato de trabalho, consistentes em recorrentes zombarias, desqualificações e exposição de suas fragilidades, levadas a efeito por parte do seu superior hierárquico, forçoso é o reconhecimento da justa causa praticada pela empresa, restando delineadas as hipóteses descritas nas alíneas "d" e "e" do art. 483 da CLT. TRT 10ª Reg. RO 00580-2006-004-10-00-0 — (Ac. 1ª T./07) — Red. Designada Juíza Maria Regina Machado Guimarães. DJU3 20.4.07, p. 03.

Ementa: Dano moral. Agressão psicológica. Rescisão indireta do contrato de trabalho. A manifestação do assédio moral na empresa agrega, como elementos essenciais, o abuso de poder e a manipulação perversa. Enquanto o abuso de poder pode ser facilmente desmascarado, a manifestação insidiosa causa maior devastação, pois instala-se de modo quase imperceptível. A princípio, a própria vítima encara o fato como simples brincadeira, até que a repetição dos vexames e das humilhações ganha contornos de uma espécie de violência silenciosa, porém demolidora, e que evolui numa escalada destrutiva que só pode ser detida pela interferência de agente externo ao ambiente de trabalho. Se a vítima reage e tenta libertar-se, as hostilidades transformam-se em violência declarada e dão início à fase de aniquilamento moral, denominada de psicoterror. Atitudes veladas como a de manter recinto conhecido como 'senzala', onde os empregados recebem advertências em tom grosseiro, ou apelidar o empregado com termos humilhantes configuram assédio e provocam abalo moral que deve ser indenizado. Recurso a que se dá provimento para reconhecer o dano moral e impor indenização. TRT 9ª Reg. RO 14267-2001-007-09-00-9 — (Ac. 05751/05) — Relª. Marlene T. Fuverki Suguimatsu. DJPR 8.3.05.

c) alínea "c" — "correr perigo manifesto de mal considerável". O empregador também é responsável pela saúde e integridade do trabalhador na prestação de serviços. As regras de saúde, higiene e segurança são disciplinadas no Capítulo V da CLT, especificamente nos arts. 154 a 201, as quais devem ser observadas pelo empregador e também pelos empregados. Duas condições são apontadas por *Russomano* para "que se tenha a incidência dessa alínea: a) que haja perigo e que ele seja claro e evidente; b) que o risco corrido pelo trabalhador seja capaz de lhe causar mal considerável. Mas há que se distinguir os riscos decorrentes da própria profissão daqueles riscos derivados de atitudes de empregador que impõe ao obreiro serviços que envolvem riscos sem respaldo contratual".[175] Por essa razão, se o empregador determinar a realização de

---

(175) *Comentários à Consolidação das Leis do Trabalho.* vol. 1, 17. ed., Rio: Forense, 1977. p. 677.

serviços que possam incidir em perigo manifesto de mal considerável, o empregado não só poderá recusar a ordem como também postular a rescisão indireta do contrato de trabalho com fundamento nessa alínea.

Jurisprudência

Ementa: Rescisão indireta. Condições insalubres. Perigo manifesto de mal considerável. É certo que o ordenamento jurídico vigente tem especial preocupação com a saúde e segurança do trabalhador, tanto que a Constituição da República listou, no título dos Direitos e Garantias Fundamentais, entre os direitos dos trabalhadores a "redução dos riscos inerentes ao trabalho" (art. 7º, XXII), estabelecendo, ainda, no seu art. 200, inciso II, como atribuição do Sistema Único de Saúde a execução de ações referentes à saúde do trabalhador. Acerca da questão, determina o art. 157 que cabe às empresas: "I — cumprir e fazer cumprir as normas de segurança e medicina do trabalho; II — instruir os empregados, através de ordens de serviço, quanto às precauções a tomar no sentido de evitar acidentes do trabalho ou doenças ocupacionais (...)". Por sua vez, o art. 166 da CLT dispõe que "a empresa é obrigada a fornecer aos empregados, gratuitamente, equipamento de proteção individual adequado ao risco e em perfeito estado de conservação e funcionamento, sempre que as medidas de ordem geral não ofereçam completa proteção contra os riscos de acidentes e danos à saúde dos empregados". Neste sentido, o art. 483, c, da CLT fixou que o "empregado poderá considerar rescindido o contrato e pleitear a devida indenização quando: c) correr perigo manifesto de mal considerável". No caso dos autos, verificou-se, por meio do laudo pericial, que a empregadora não respeitava as normas de saúde e segurança do trabalho, expondo a reclamante a atividades insalubres sem o fornecimento de qualquer equipamento de proteção individual, o que acarretou, sem dúvida, riscos à saúde do empregado em virtude das condições do ambiente de trabalho. Desta forma, percebe-se que a autora ficava exposta a agentes insalubres sem a proteção necessária, o que, por si só, gera perigo manifesto de mal considerável, o que não pode ser tido como "falta leve", por envolver aquilo que o trabalhador tem de mais valioso — a sua vida e a sua saúde —, valores estes constitucionalmente protegidos. Por tudo isto, deve ser declarada a rescisão indireta do contrato de trabalho da obreira. TRT 3ª Reg. RO 00258-2007-016-03-00-0 — (Ac. 3ª T.) — Rel. Des. Bolivar Viegas Peixoto. DJMG 15.9.07, p. 7

Ementa: Rescisão indireta. O art. 483, alínea "c", da CLT, autoriza a rescisão indireta quando o trabalhador "correr perigo manifesto de mal considerável". Alegando a autora que o ambiente de trabalho apresentava condições ergonômicas adversas a ponto de provocar-lhe doença profissional, competia-lhe comprovar esses fatos, a fim de ver atendido o pleito de rescisão indireta fundado no dispositivo legal já referido. Se os elementos dos autos evidenciam a ausência de moléstia relacionada ao trabalho, além de inexistir comprovação quanto à inadequação do mobiliário utilizado pela obreira, há que ser rejeitado o pleito de rescisão indireta. TRT 3ª Reg. RO 01429-2002-070-03-00-9 — (Ac. 2ª T.) — Relª Juíza Alice Monteiro de Barros. DJMG 16.7.03, p. 12.

Ementa: Justa causa do empregador. Configuração. O empregador que desloca a empregada estabilitária, gestante, de seu posto de trabalho, para dependência mal iluminada e sem ventilação, em condições ambientais impróprias, enseja a resolução culposa do contrato. TRT 1ª Reg. RO 12909/01 (Restauração) — (Ac. 1ª T.) — Rel. Des. Luiz Carlos Teixeira Bomfim. DJRJ 5.8.05, p. 159.

d) alínea "d" — "não cumprir o empregador as obrigações do contrato". Nessa alínea são encontradas, sem dúvida nenhuma, as hipóteses mais frequentes de pedido de rescisão indireta por parte do empregado, até porque pelo disposto no § 3º deste artigo o trabalhador poderá pleitear a rescisão do seu contrato de trabalho e pagamento das verbas pertinentes permanecendo no emprego até o final do processo.

Vale ressaltar que todas as obrigações lícitas que circundam o contrato de trabalho dentro do pactuado são protegidas pela legislação trabalhista, de forma que o descumprimento delas, dependendo da sua gravidade podem levar à rescisão indireta do contrato de trabalho em razão da impossibilidade da manutenção do vínculo empregatício. Muitas das infrações praticadas pelo empregador podem ser enumeradas aqui, mas destacamos as mais importantes que tem abarrotado o judiciário trabalhista.

Jurisprudência

Ementa: Recurso de embargos. Falta grave patronal. Desnecessidade de ajuizamento de "reclamação trabalhista" ou de inquérito judicial para apuração de falta grave ou notificação do empregador quanto ao seu suposto ato faltoso. Violação do art. 483, "d", da CLT configurada. Embargos admitidos por violação do art. 896 da CLT. 1. Discute-se no presente Recurso de Embargos, calcado em violação dos arts. 483, "d", e 896 da CLT, se é razoável, ou não, a interpretação que o TRT emprestou ao referido preceito, no sentido de que deveria o trabalhador notificar a Empresa ou ajuizar "reclamação trabalhista" para apurar a falta grave patronal. 2. No caso em exame, entendeu o egr. Regional que "a previsão de rescisão indireta determina que o empregado promova ação trabalhista para apurar a falta grave do empregador, com a declaração do procedimento faltoso, como estabelecido pelo § 3º, do art. 483, da CLT. Esse procedimento é necessário, tendo em vista as consequências nefastas que traz para o empregador que se vê obrigado a pagar, até indenização, no caso de restar reconhecida a justa causa patronal. Na inicial, o reclamante alegou que em 16.7.97 'deu por rescindido o contrato de trabalho'. Não cuidou, sequer, de notificar a empresa desse procedimento". 3. Para a egr. 5.ª Turma, o posicionamento adotado pelo Regional é razoável, não violando a literalidade do art. 483, "d", da CLT, consoante exigência da Súmula n. 221 do TST. Com base nesse posicionamento, a egr. Turma salientou que o Reclamante, da mesma forma que a Empresa tem que provar a justa causa do trabalhador, deveria ajuizar "demanda trabalhista", buscando a declaração de ato faltoso por parte do Empregador, até porque este se vê obrigado a pagar indenização, caso seja reconhecida a violação do art. 483, § 3º, da CLT. Por outro lado, destacou a egr. Turma que os arestos colacionados eram inespecíficos ao cotejo de teses, à luz do art. 896, "a", da CLT. 4. O art. 483, "d", § 3º, do Estatuto Consolidado dispõe, respectivamente, que: "O empregado poderá considerar rescindido o contrato e pleitear a devida indenização quando: (...) d) não cumprir o empregador as obrigações do contrato. [...] § 3º — Nas hipóteses das letras d e g, poderá o empregado pleitear a rescisão de seu contrato de trabalho e o pagamento das respectivas indenizações, permanecendo ou não no serviço até final decisão do processo". 5. Examinando-se a norma em questão, especialmente pelos destaques feitos, tem-se que, no *caput* e no § 3º, a lei coloca uma faculdade à disposição do trabalhador para considerar rescindido o contrato de trabalho, elencando em suas alíneas as hipóteses em que poderá fazer uso desse direito subjetivo. 6. Não existe no dispositivo em exame a obrigatoriedade de o empregado notificar o empregador pelo descumprimento das obrigações contratuais, muito menos se impõe a obrigação de ajuizamento de "reclamação trabalhista" para que o Judiciário venha a declarar a rescisão contratual por justa causa patronal. Antes pelo contrário, o art. 853 da CLT, que regulamenta o "inquérito para apuração de falta grave", somente faz alusão à falta grave do empregado, o mesmo não fazendo em relação à falta grave empresarial. 7. Na realidade, esse inquérito judicial para apuração de falta grave obreira (CLT, art. 853) só é utilizado quando o trabalhador é detentor de algum tipo de estabilidade, pois, do contrário, o empregador dispensa seu empregado, valendo-se do seu poder potestativo, e fica com toda a documentação relativa à suposta falta grave para apresentar em eventual ação trabalhista proposta pelo seu ex-empregado, promovendo defesa indireta de mérito. 8. O que não pode, contudo, é exigir-se, como fizeram as instâncias ordinárias, que o empregado ajuíze "reclamação trabalhista" objetivando provar a justa causa patronal, que, segundo a exegese do art. 483, "d", da CLT, dá-se pelo simples descumprimento das obrigações do contrato, entre elas as de dar (pagamento de salários e vantagens pecuniárias acessórias, depósitos para o FGTS, recolhimento das contribuições previdenciárias, etc.) e as de fazer (a valorização social do trabalho, a dignidade da pessoa do trabalhador e a função social da empresa). 9. Impende lembrar que nem a Súmula n. 13 desta Corte, ratificada pela Resolução Administrativa 121/2003 do Pleno do TST, alivia a mora contumaz empresarial, consoante se extrai do seu conteúdo, "verbis": "O só pagamento dos salários atrasados em audiência não ilide a mora capaz de determinar a rescisão do contrato de trabalho". 10. Assim, a partir do momento em que a egr. Turma não conheceu do Recurso de Revista do Reclamante pela indigitada violação do art. 483, "d", da CLT, tem-se que o presente Recurso de Embargos prospera pela indigitada violação do art. 896 da CLT, na medida em que a Súmula n. 221 do TST não se mostrava pertinente como óbice à revisão pretendida. Recurso de Embargos provido. TST-E-RR-726.083/2001.0 — (Ac. SBDI1) — 2ª Reg. — Relª. Min. Maria de Assis Calsing. DJU 7.3.08, p. 98/9.

Ementa: Recurso de revista. Ausência de anotação na CTPS. Rescisão indireta. Art. 483, "D", da CLT. A anotação da CTPS decorre de obrigação legal do empregador, não implicando, seu descumprimento, com todas as suas decorrências, mera infração administrativa, haja vista os significativos prejuízos dele advindos ao trabalhador, inclusive para fins previdenciários, a autorizar o reconhecimento da rescisão indireta do contrato de trabalho, nos termos do art. 483, "d", da CLT. Recurso de revista de que se conhece e a que se dá provimento. TST-RR-393.197/

1997.5 — (Ac. 5ª. T.) — 2ª Reg. — Rel. Juíza Convocada Rosa Maria Weber Candiota da Rosa. DJU 17.3.06, p. 1.141.

Ementa: Rescisão indireta do contrato de trabalho. Justa causa patronal. Cabimento. A justa causa patronal, que deve estruturar-se nos mesmos moldes da operária, encontra sólido alicerce na situação fática retratada nos autos. O art. 483, alínea "d", da CLT preconiza que o empregado poderá considerar rescindido o contrato e pleitear a devida indenização, quando o empregador deixar de cumprir as suas obrigações contratuais. Ora, o trabalho constitui justamente a base essencial do pacto laboratio. Se dele se torna arbitrariamente alijado o laborista, esvai-se o objeto avençado, configurando-se o inadimplemento patronal, pela própria privação do trabalhador dos meios de cumprir com a sua parte no contrato. E, nesse sentido, é satisfatória e convincente a prova processual, sumarizando-se dos autos que, de fato, a Reclamada, na contramão dos princípios que valorizam o trabalho e a dignidade do trabalhador, engendrou maneiras de afastar o Reclamante da empresa e de suas atividades, mantendo- o, contudo, sob a iminência de ser instado a resolver supostas "pendências burocráticas", esquivando-se, na verdade, de cumprir as suas obrigações contratuais com o Reclamante ou mesmo, se fosse o caso, de — no uso de suas faculdades potestativas — dar sequência à dispensa imotivada, na forma estrita da lei, arquitetando, na verdade, um suposto quadro motivador e uma dispensa por justa causa, circunstâncias as quais, porém, não se mostram devidamente comprovadas nos autos. Sendo assim, confirma-se o acerto da decisão monocrática no aspecto, revelando-se infundadas as alegações recursais que tentam descaracterizar a evidente falta grave patronal. TRT 3ª Reg. RO 01376-2007-015-03-00-9 — (Ac. 8ª T.) — Rel. Des. Marcio Ribeiro do Valle. DJMG 12.7.08, p. 26.

Ementa: Rescisão indireta. Do contrato de trabalho. Acidente de trabalho. Ausência de emissão da CAT. Na ocorrência de acidente de trabalho é dever do empregador a emissão incontinente da CAT por expressa disposição legal. Sua omissão caracteriza falta grave, justificadora da rescisão indireta do contrato de trabalho. Trabalhador acidentado. Garantia de emprego. Indenização. Rescisão indireta do contrato de trabalho. A rescisão indireta do contrato de trabalho abarca todos os direitos do trabalhador decorrentes do pacto laboral, inclusive a indenização do período estabilitário que incorporou-se ao patrimônio do trabalhador. TRT 15ª Reg. (Campinas/SP) RO 1149-2006-083-15-00-5 — (Ac. 17763/08-PATR, 1ªC.) — Rel. Luiz Antonio Lazarim. DOE 11.4.08, p. 71.

Ementa: Rescisão indireta do contrato de trabalho — Reclamada deixou de cumprir a obrigação do contrato. Estando cabalmente comprovado nos autos que a reclamada deixou de pagar em dia os salários do empregado, bem como não efetuou todos os depósitos fundiários e chegou até a deixá-lo sem posto de trabalho, devida a rescisão indireta do contrato de trabalho por falta de cumprimento pela ré da obrigação do contrato (art. 483, letra "d" da CLT). TRT 2ª Reg. RO 00905200506702000 — (Ac. 4ª T. 20070989073) — Rel. Carlos Roberto Husek. DOE/ TRT 2ª Reg. 30.11.07, p. 211.

Ementa: Vale-transporte. Supressão não satisfatoriamente justificada. O vale-transporte pago pelas empregadoras constitui parcela não salarial de natureza indenizatória em razão de despesas realizadas em função do cumprimento do contrato de trabalho. A empresa tem por obrigação fornecer ao empregado a quantidade certa de vales-transporte que o mesmo utiliza no percurso da residência para o trabalho, de forma que a sua supressão, ainda que parcial, acarreta para o empregado despesas extras para chegar ao local de trabalho, ou seja para cumprimento de seu contrato laboral. No mais, não se olvide que o empregado também paga pelo vale-transporte, no valor de 6% (seis por cento) de seus salários, de forma que faz jus ao seu recebimento integral, desde que isso não acarrete recebimento indevido dos vales ou despesas adicionais ao empregador. *Rescisão indireta.* A supressão parcial dos vales-transportes fornecidos acarretaram aumento nas despesas do trabalhador, o qual, tendo em vista o salário percebido pela mesma, tem peso significativo em seu orçamento. Recurso improvido. TRT 2ª Reg. RS 00409200603402006 — (Ac. 12ª T. 20060941493) — Relª. Juíza Sonia Maria Prince Franzini. DJSP 1.12.06, p. 10.

Ementa: Recurso ordinário. Rescisão indireta do contrato de trabalho. Descumprimento das obrigações do contrato de trabalho. Ausência de imediatidade. Um dos requisitos da rescisão indireta do contrato de trabalho é a imediatidade. Segundo esse requisito a insurgência do trabalhador deve ser contemporânea à infração do empregador, pois do contrário pode ser configurado o perdão tácito quanto à falta do empregador. O ato faltoso do empregador que consiste na alteração unilateral do contrato de trabalho e prejudicial ao trabalhador é um ato único. A partir da sua data é que deve ser avaliada a imediatidade da reação do trabalhador. TRT 2ª Reg. RO 00756200437102001 — (Ac. 12ª T. 20070105272) — Rel. Juiz Marcelo Freire Gonçalves. DJSP 2.3.07, p. 54.

Ementa: ...Rescisão indireta. Os fatos que dão lastro à pretensão restaram incontroversos, sendo certo que esses fatos se revestem de gravidade suficiente para ensejar a resolução contratual, quais sejam, a ausência de anotação da carteira profissional do empregado e de pagamento das horas extraordinárias efetivamente prestadas. Impõe-se o reconhecimento do término contratual por iniciativa do empregado e culpa da empregadora, com o deferimento das parcelas daí decorrentes. Recurso do acionante provido. TRT 1ª Reg. RO 00140-2005-056-01-00-0 — (Ac. 3ª T.) — Rel. Juiz Afrânio Peixoto Alves. DJRJ 29.11.06, p. 237.

Ementa: *Falta de anotação da CTPS. Rescisão indireta. Não caracterização.* A falta de anotação do contrato de trabalho na CTPS do obreiro não se reveste de gravidade suficiente para ensejar a rescisão indireta do contrato de trabalho, vez que não impossibilita a continuidade da relação de emprego, sendo passível de correção por via judicial ou administrativa. TRT 18ª Reg. ROS-01889-2005-005-18-00-9 — Rel. Juiz Elvecio Moura dos Santos. DJGO 7.2.06, p. 54

Ementa: *Rescisão indireta. Sobrejornada excessiva sem pagamento.* O trabalho em sobrejornada excessiva e sem pagamento por diversos meses é falta grave do empregador suficiente para justificar a rescisão indireta do contrato de trabalho. A prestação de serviço além da jornada normal deve se constituir em fato extraordinário e não regular, não havendo como manter-se o contrato se havia uma sobrecarga de trabalho impossível de ser mantida sem riscos para a saúde do obreiro. TRT 10ª Reg. RO 00378-2005-004-10-00-7 — (Ac. 2ª T./05) — Relª. Juíza Flávia Simões Falcão. DJU3 18.11.05, p. 29.

Ementa: *Rescisão indireta (descumprimento de obrigações do contrato de trabalho).* Observa-se dos autos que o reclamado cometeu diversas faltas, tais como (a) excessiva demora para a anotação da CPTS (considerando que o vínculo se estendeu de agosto-01 a fevereiro-05); (b) não pagamento do adicional noturno, do FGTS e das verbas rescisórias; (c) não concessão das férias anuais. O inadimplemento das obrigações do contrato foi particularmente grave pelo fato do réu não ter pago os salários devidos ao autor nos meses de férias escolares, tornando-se ainda mais evidente pelo fato dele ter assumido que o obreiro era seu empregado (já que a defesa não impugnou o pedido de reconhecimento do vínculo empregatício). Em virtude de tais aspectos, não se pode negar o fato de que o réu incidiu na conduta tipificada no art. 483, "d", da CLT. TRT 9ª Reg. RO 01328-2005-567-09-00-6 — (Ac. 1ª. T. 17252/06) — Relª. Juíza Odete Grasselli. DJPR 13.6.06, p. 198.

Ementa: *Mora salarial e previdenciária. Descumprimento do contrato de trabalho. Rescisão indireta.* O descumprimento do contrato de trabalho por parte do empregador, consubstanciado na mora salarial e previdenciária, constitui-se em uma das hipóteses que autorizam o empregado a requerer a rescisão indireta do contrato de trabalho, nos termos do art. 483, d, da CLT, ademais quando o empregador ainda deixa de efetuar os reajustes salariais e nem paga os abonos previstos em convenção coletiva. *Previdência privada.* Ao deixar de constituir o fundo de previdência privada do recorrido, atraiu para si a responsabilidade pelo prejuízo suportado pelo obreiro, devendo arcar com o pagamento da indenização correspondente, em face do preceito contido no art. 186 do Novo Código Civil, aplicável subsidiariamente ao processo do trabalho, por força do art. 8º, parágrafo único, da CLT. TRT 17ª Reg. RO 00318.2004.003.17.00.9 — (Ac. 2141/2005) — Rel. Juiz Mário Ribeiro Cantarino Neto. DJES 22.3.05. p. 1938.

Ementa: Rescisão indireta. Considera-se falta grave, para autorizar a rescisão indireta do contrato de trabalho, o descumprimento de promessa de pagamento de salário fixo acrescido de comissões quando da contratação, tendo em vista que houve a publicação de tal promessa em anúncio de jornal de grande circulação no Estado, utilizando-se a reclamada de propaganda enganosa para atrair candidatos para venda de seus produtos e, por esta razão, fica obrigada a cumprir o que foi prometido, a teor do art. 854 c/c art. 427 do Novo Código Civil. TRT 3ª Reg. RO 00509-2004-023-03-00-1 — (Ac. 7ª T.) — Rel. Juiz Luiz Ronan Neves Koury. DJMG 5.10.04, p. 15.

d.1) não pagamento de salário. Essa infração é a de maior incidência no seio das relações trabalhistas, isso porque está relacionada com o descumprimento da obrigação principal pelo empregador que é o não pagamento de salário. Ocorre em mora contumaz o empregador que em relação a mencionada obrigação, deixa de fazer o pagamento de salário por período igual ou superior a três meses (Decreto-lei n. 368/68, art. 2º, § 2º) e consequentemente dando ao ensejo ao pedido de rescisão contratual lastreado na referida alínea. Há entendimento de que não há necessidade de o empregado aguardar três meses ou mais para configuração da falta grave praticada pelo empregador. Nesse sentido, a posição de *Vólia Bomfim Cassar* que entende que a regra prevista no Decreto-lei n. 368/68 foi criada para "sanção penal e fiscal e não trabalhista. O não pagamento do salário é falta gravíssima que não precisa reiteração"[176]. Destaca-se que, mesmo com o pagamento dos salários em atraso na audiência trabalhista não retira do empregado, o direito à rescisão indireta do contrato de trabalho. A redução salarial de forma indevida também acarreta a rescisão indireta do contrato de trabalho.

Jurisprudência

TST, Súmula n. 13. MORA (mantida) — Res. 121/2003, DJ 19, 20 e 21.11.2003. O só pagamento dos salários atrasados em audiência não ilide a mora capaz de determinar a rescisão do contrato de trabalho.

Ementa: Recurso de revista. Rescisão indireta. Atraso no pagamento de salários por dois meses. Caracterização. Art. 483, "D", da CLT. O atraso no pagamento de salários por dois meses autoriza a rescisão indireta do contrato de trabalho, em face não apenas da natureza alimentar da contraprestação do trabalho, mas também e principalmente, do princípio da proporcionalidade, tendo em vista que, conforme o art. 482, "i", da CLT e a jurisprudência pacífica da Justiça do Trabalho, o descumprimento da obrigação contratual elementar do empregado de comparecer ao serviço por período de apenas 30 dias — metade daquele em que a Reclamada, no presente feito, descumpriu seu dever elementar de pagar os salários do Reclamante — já é suficiente para caracterização da justa causa por abandono de emprego. Recurso de revista provido. TST-RR-6/2000-067-02-00.2 — (Ac. 6ª T.) — Rel. Min. Horácio Raymundo de Senna Pires. DJU 20.10.06, p. 1200.

Ementa: Rescisão indireta. Art. 483, "D", da CLT. Mora salarial contumaz. Em face da natureza alimentar do salário — fonte de subsistência do trabalhador e sua família — o pagamento respectivo constitui primordial obrigação do empregador, razão pela qual a mora salarial reveste-se de tamanha gravidade que enseja a rescisão indireta do contrato de trabalho, com fulcro na alínea "d" do art. 483 da CLT, ferindo a dignidade da pessoa humana (art. 1º, IV, da CF/88) e melindrando o valor social do trabalho (art. 193, da CF/88). TRT 9ª Reg. RO 01796-2006-660-09-00-5- (Ac. 2ª T. 27744/08) — Relª. Rosemarie Diedrichs Pimpão. DJPR 8.8.08.

Ementa: Rescisão indireta. Mora salarial. O salário corresponde à contraprestação devida em decorrência do esforço despendido pelo trabalhador, pela sua prestação laboratícia, em cumprimento ao contrato mantido com o empregador. Destarte, no contrato de trabalho, há uma relação recíproca entre o capital e o trabalho. A frustração desse liame, pelo empregador, não pagando os salários devidos, sobretudo considerada a natureza alimentar destes, enseja rescisão indireta do contrato por culpa patronal. TRT 3ª Reg. RO 01490-2007-048-03-00-0 — (Ac. 8ª T.) — Rel. Des. Marcio Ribeiro do Valle. DJMG 26.7.08, p. 30

Ementa: Rescisão indireta. Mora contumaz. Caracterização. A exemplo do que ocorre em favor dos trabalhadores, a falta cometida pelo empregador capaz de ensejar o reconhecimento da rescisão do contrato deve ser de tal monta que inviabilize a continuidade do aludido vínculo, o que ocorre, por exemplo, pela mora salarial, caracterizada, nos termos do § 1º do art. 2º do Decreto-lei n. 368/68, quando atrasado o pagamento de salários, sem motivo grave ou relevante, por período igual ou superior a 03 (três) meses. TRT 12ª Reg. RO 00373-2007-024-12-00-0 — (Ac. 3ª T., 26.2.08) — Rel. Juiz Gerson Paulo Taboada Conrado. TRT-SC/DOE 10.03.08.

Ementa: Rescisão indireta do contrato de trabalho. A ré parcelou o pagamento dos salários premida pela necessidade e respaldada através de acordo coletivo. Não demonstrou a autora a alegada mora contumaz da empregadora. Ressalte-se, ainda, que a ré encontra-se em processo de concordata preventiva. Porem, isto por si só, não permite classificá-la como descumpridora das obrigações contratuais. Inaplicável o art. 483, alínea d, da CLT. Sentença que se mantém. TRT 9ª Reg. RO 22106-2002-016-09-00-0 — (Ac. 24089/04) — Rel. Sergio Murilo Rodrigues Lemos. DJPR 5.11.04.

Ementa: Extinção. Do contrato de trabalho. Por culpa do empregador. Alguns atrasos salariais ao longo dos anos, não autorizam o reconhecimento da extinção contratual por culpa do empregador. TRT 15ª

---

(176) *Direito do Trabalho.* 2. ed. Rio de Janeiro: Ed. Impetus, 2008. p. 1135.

Reg. (Campinas/SP) 1601-2006-131-15-00-8 — (Ac. 3817/08-PATR, 2ªC.) — Rel. Eduardo Benedito de Oliveira Zanella. DOE 24.1.08, p. 58.

Ementa: Falta grave do empregador. Mora salarial. A simples mora salarial é capaz de caracterizar a falta grave do empregador, autorizando o empregado a, nos termos da lei, rescindir indiretamente o contrato de trabalho por inexecução faltosa cometida pelo empregador (art. 483, "d", da CLT). TRT 10ª Reg. ROPS 1088-2005-015-10-00-4 — (Ac. 1ª T.) — Rel. Juiz Oswaldo Florêncio Neme Junior. DJU3 17.3.06, p. 2.

Ementa: ....Atos faltosos do empregador. Rescisão indireta. Inocorrência da mora contumaz. A modalidade de rescisão indireta do contrato de trabalho, prevista na legislação trabalhista, pauta-se no descumprimento, pelo empregador, de obrigação no âmbito das relações laborais, ocasionando a justa causa para a resolução do contrato de trabalho. Para a caracterização da mora contumaz, ponto basilar do pleito obreiro, há que ser observado o prazo contido no Decreto-lei n. 368/1968, art. 2º, § 1º, qual seja, o atraso ou sonegação do salário em período igual ou superior a três meses. Não ocorrendo o atraso nos termos da legislação pertinente, não há que se falar em rescisão indireta do contrato de trabalho por ocorrência da mora contumaz. Recurso adesivo do reclamante conhecido e não provido. TRT 10ª Reg. RO 00508-2005-020-10-00-0 — (Ac. 3ª T./05) — Relª. Juíza Márcia Mazoni Cúrcio Ribeiro. DJU3 21.10.05, p. 16.

Ementa: Resilição indireta do contrato de trabalho. A efetuação incorreta dos depósitos do FGTS e o atraso em alguns dias do pagamento de salários não ensejam a resilição do contrato de trabalho pela via oblíqua prevista no art. 483, da CLT. Uma porque não acarreta prejuízo ao cotidiano do empregado de forma a tornar impossível a continuidade do vínculo, a outra por não configurar mora contumaz definida no § 1º no art. 2º do Decreto-lei n. 368/68, que pressupõe o atraso no pagamento dos salários por tempo igual ou superior a três meses. TRT 3ª Reg. RO 00672-2003-022-03-00-7 — (Ac. 5ª T.) — Rel. José Murilo de Moraes. DJMG 4.10.03, p. 23.

d. 1.1) Atleta profissional. Art. 28, II e 31, § 2º da Lei n. 9.615/98. O descumprimento das obrigações contratuais do atleta profissional possibilita também a ele o pedido de rescisão indireta do contrato de trabalho. É o que se depreende pelo disposto no *caput* do art. 31 da Lei n. 9.615/98 ao estabelecer que "a entidade de prática desportiva empregadora que estiver com pagamento de salário de atleta profissional em atraso, no todo ou em parte, por período igual ou superior a três meses, terá o contrato de trabalho daquele atleta rescindido, ficando o atleta livre para se transferir para qualquer outra agremiação de mesma modalidade, nacional ou internacional, e exigir a multa rescisória e os haveres devidos". O disposto no inciso III do art. 28 fala no término do contrato de trabalho em decorrência do inadimplemento salarial de responsabilidade da entidade desportiva empregadora prevista em lei e o § 2º do art. 31, da mesma lei estatui que "a mora contumaz será considerada também pelo não recolhimento do FGTS e das contribuições previdenciárias". Frise-se, no entanto, que de acordo com o disposto no § 3º do art. 31, da Lei n. 9.615/98, "Sempre que a rescisão se operar pela aplicação do disposto no art. 28 acima citado, a multa rescisória a favor do atleta será conhecida pela aplicação do disposto no art. 479 da CLT", conforme redação dada pela Lei n. 10.672/03. Além da indenização prevista no art. 479, o atleta profissional fará jus as verbas devidas a título de férias, décimo terceiro salário e levantamento do saldo existente no FGTS.

Jurisprudência

Ementa: Recurso de revista. Atleta profissional de futebol. FGTS. Mora. Inaplicabilidade da cláusula penal. Incidência do art. 479 da CLT. Lei Pelé. Término antecipado do contrato de trabalho. Relação jurídica. Interpretação sistêmica da norma. Da exegese do art. 31 da Lei n. 9.615/98, constata-se que é esse o dispositivo da Lei Pelé que trata acerca da multa a ser aplicada quando houver pagamento atrasado do salário do atleta profissional ou mora contumaz no recolhimento do FGTS. A interpretação sistemática da norma, em face da conjugação com a regra inserida nos parágrafos subsequentes, evidencia tratar literalmente da questão sub exame, quando também há mora contumaz no recolhimento do FGTS, pois torna claro que — *sempre que a rescisão se operar pela aplicação do disposto no* caput *deste artigo, a multa rescisória a favor do atleta será conhecida pela aplicação do disposto no art. 479 da CLT —*. A regra contida no art. 28 da Lei n. 9.615/98 estipula cláusula penal para a rescisão contratual antecipada do contrato de trabalho, não equivalendo a rescisão antecipada o caso em que o jogador, em face da mora contumaz no recolhimento dos depósitos do FGTS pede a rescisão indireta do contrato de trabalho. Outra interpretação não merece a norma legal, na medida em que não há como se depreender que o Clube tenha procedido à antecipação do fim da relação contratual, indenizando o jogador, quando no caso se trata de descumprimento do contrato de trabalho, em que há previsão legal específica de multa a ser aplicada e quando há contrato chancelado pela Confederação Brasileira de Futebol dirigindo a cláusula penal ao Atleta. Recurso de revista conhecido e desprovido. TST-RR — 515/2006-021-10-00.0 — (Ac. 6ª T., j. 6.8.08) — Rel. Min. Aloysio Corrêa da Veiga. DJ 22.8.08.

Ementa: Atleta profissional. Rescisão indireta. Improcedência. De conformidade com o disposto no art. 483 da CLT, o empregado poderá considerar rescindido seu contrato de trabalho e pleitear a respectiva indenização quando o empregador incorrer em uma das faltas ali previstas. No entanto, por considerar falta grave imputada ao empregador, necessário que se comprove a gravidade do fato por este praticado, de maneira que torne impossível ou desaconselhável a continuidade do vínculo empregatício. Se restou demonstrado nos autos, que os atos tidos como graves não se revestiram de ilicitude capaz de caracterizá-los como gravosos e, ainda, destituídos do requisito da imediatidade, não se acolhe a pretensão do obreiro de rescisão oblíqua do contrato de trabalho. Este entendimento se aplica também ao atleta profissional que tem legislação especial, mas o exame do pedido de rescisão indireta está afeto aos princípios que norteiam o contrato de trabalho, notadamente, quanto à sua rescisão. TRT 3ª Reg. RO 00897-2005-015-03-00-7 — (Ac. 7ª T.) — Rel. Juiz Ricardo Marcelo Silva. DJMG 19.1.06, p. 18.

Ementa: Atleta profissional de futebol. Mora salarial. Rescisão indireta. Cláusula penal indevida. Multa rescisória. Inteligência dos arts. 28 e 31 da Lei 9.615/98. O Legislador, ao editar a chamada "Lei Pelé", restringiu a multa rescisória, nas hipóteses de mora salarial, ao montante previsto no art. 479 da CLT. Em momento algum, no art. 28 do referido Estatuto, estabeleceu cláusula penal adicional. Pelo contrário, a cláusula penal prevista no art. 28 objetiva, apenas e tão somente, compensar o investimento feito pelo clube no jogador, bem como indenizar os lucros cessantes de um atleta que daria, até o final do contrato, vantagens financeiros para o clube. Além disso, o § 5º do art. 28, ao prever que a limitação não se aplica às transferências internacionais, deixou ainda mais claro que a cláusula penal está ligada apenas às transferências unilaterais do jogador antes do final do contrato. Indevida, assim, a cláusula penal. TRT 15ª Reg. (Campinas) RO 02030-2003-053-15-00-5 — (Ac. 50368/2005-PATR, 6ª Câmara) — Rel. Juiz Samuel Hugo Lima. DJSP 14.10.05, p. 43.

Ementa: Atleta profissional de futebol. Não recolhimento de FGTS. Mora contumaz. Rescisão indireta. Comprovada no processo a inexistência dos depósitos do FGTS, nas épocas próprias, devidos ao reclamante no período de janeiro/2001 a outubro/2003 e considerando ainda a circunstância de que o reclamado, quando depositou as respectivas parcelas, fê-lo apenas em parte, recolhendo valores inferiores aos efetivamente devidos, segundo os salários consignados nos recibos emitidos por ele próprio, a declaração da rescisão oblíqua do contrato é medida que decorre da expressividade da Lei n. 9.615/98, com as alterações introduzidas pela Lei n. 10.672, de 15.5.2003, cujos arts. 28, § 2º, III e 31 dispõem que o contrato de trabalho do atleta profissional será rescindido quando a entidade de prática desportiva incidir em mora contumaz, esta considerada também pelo não-recolhimento do FGTS e das contribuições previdenciárias nas épocas próprias. TRT 3ª Reg. RO 01101-2004-019-03-00-8 — (Ac. 5ª T.) — Rel. Juiz José Roberto Freire Pimenta. DJMG 18.12.04, p. 16.

d.2) não depósito no FGTS. Também há muita discussão sobre o não recolhimento do FGTS e a possibilidade do pleito de rescisão indireta do contrato de trabalho. Ocorre que, na doutrina e na jurisprudência há entendimento no sentido de que sendo um direito que poderá ser suprido a qualquer momento pelo empregador, a infração não se reveste de uma ilicitude capaz de caracterizá-la como suficientemente gravosa para pôr fim ao pacto laboral. Justificam também alegando que a obrigação descumprida poderia ser reparada judicialmente sem inviabilizar a continuidade do vínculo empregatício. Entretanto, se levarmos em consideração que o Fundo de Garantia por Tempo de Serviço representa uma garantia para o trabalhador em caso de rescisão do contrato de trabalho, como também suscetível de ser utilizado pelo empregado como entrada em financiamento para aquisição de imóvel residencial, não resta dúvida de que o descumprimento reiterado da obrigação poderá dar ensejo à rescisão indireta do contrato de trabalho. Mas há controvérsia na jurisprudência, inclusive com decisão proferida pelo TST acolhendo a rescisão indireta. Em relação ao atleta profissional, a hipótese do descumprimento das obrigações com o FGTS está regulada no § 2º do art. 31, da Lei n. 9.615/98, conforme se verifica no item d.1.1.

Jurisprudência

Ementa: Recurso de revista. Rescisão indireta. Ausência de depósitos do FGTS. Art. 483, "d", da CLT. A falta de recolhimento dos depósitos do FGTS pelo empregador configura ato faltoso de gravidade suficiente a ensejar a rescisão indireta do pacto laboral, forte no art. 483, "d", da CLT, sopesadas, inclusive, as diferentes hipóteses previstas em lei autorizadoras do seu levantamento no curso do contrato, a inviabilizarem seja minimizado o prejuízo potencial ao empregado advindo do inadimplemento patronal, e extreme de dúvida que as obrigações de origem legal impostas ao empregador — o chamado contrato mínimo de trabalho constituído pela tutela legal —, se incorporam ao contrato de trabalho e, enquanto tais, também se qualificam como obrigações contratuais. Recurso de revista conhecido e provido no tópico. TST-RR-1.892/2004-019-09-00.3 — (Ac. 6ª T.) — 9ª Reg. — Red. Desig. Min. Rosa Maria Weber Candiota da Rosa. DJU 31.8.07, p. 1.125.

Ementa: Rescisão indireta. Assim como acontece com a justa causa praticada pelo empregado, a inexecução faltosa do empregador há de ser suficientemente grave para inviabilizar a continuidade da relação de emprego. O atraso no recolhimento do FGTS não dá azo ao reconhecimento da rescisão indireta, porquanto podem ser reclamados judicialmente, sem prejuízo da manutenção do vínculo de emprego. TRT 3ª Reg. RO 01366-2007-005-03-00-6 — (Ac. 2ª T.) — Rel. Juiz Convocado Paulo Mauricio R. Pires. DJMG 23.7.08, p. 11.

Ementa: Rescisão indireta. Ausência parcial de depósitos do FGTS. Ao caso não é aplicável o art. 483, "d", da CLT. Pós CF/1988 o empregado não é mais optante do FGTS, cuja obrigação de fazer ("in casu" depósitos) é legal e não contratual, fazendo com que exista possibilidade de exigência do cumprimento de tal obrigação pela via administrativa ou mesmo (e como aliás sucedeu neste caso, sem recurso do ex-patrão) mediante pleito formulado em demanda trabalhista. TRT 2ª Reg. RO 02068200602402006 — (Ac. 5ª T. 20070751921) — Rel. Juiz Ricardo Verta Luduvice. DOE/TRT 2ª Reg. 21.9.07, p. 100.

Ementa: Rescisão indireta não configurada. O reconhecimento da justa causa patronal exige a demonstração de motivos graves e relevantes inviabilizadores da manutenção do contrato de trabalho, decorrentes do descumprimento de obrigações e condições mínimas para a permanência do pactuado, como a retenção salarial ou a omissão no registro do pacto laboral. Tal modalidade de rescisão contratual está legalmente prevista no art. 483 da CLT. Contudo, neste contexto não se amolda o atraso patronal quanto ao recolhimento do FGTS, quando isoladamente considerado. Sem perder de vista a relevância da questão, especialmente pela utilidade que o soerguimento dos valores depositados possa representar para o empregado, o fato, por si só, não induz à justa causa patronal. Muito embora constitua desrespeito às obrigações legais e contratuais, o referido atraso não enseja prejuízo direto e imediato ao empregado, já que o levantamento dos mesmos somente é possível em caso de dispensa injustificada ou para aquisição da casa própria. A omissão do empregador, no particular, não se reveste da mesma gravidade em relação àquela que envolve a sonegação dos salários, propriamente ditos, pois, estes sim, representam forma direta de subsistência própria e familiar. TRT 2ª Reg. RS 02780200403002005 — (Ac. 4ª T. 20050584213) — Rel. Juiz Paulo Augusto Câmara. DJSP 13.9.05, p. 24.

Ementa: Dispensa indireta. Atraso no recolhimento do FGTS. Não configurada. A falta do empregador para caracterizar a dispensa indireta deve ser grave o suficiente a ponto de inviabilizar a continuidade do pactuado; *mutatis mutandis*, a dosagem da gravidade deve ser a mesma exigida na demissão por justa causa. Conquanto o atraso no recolhimento fundiário se constitua em irregularidade patronal, a própria legislação fundiária oferece mecanismos para a regularização da pendência mediante parcelamento junto à CEF. Assim, não se consolida lesão grave o suficiente a tipificar a dispensa indireta, sobretudo quando o empregado não demonstra interesse em utilizar o FGTS por outro motivo, senão o saque por ocasião da rescisão contratual. Dispensa indireta não configurada. Sentença mantida. TRT 15ª Reg. (Campinas/SP) RO 01714-2002-096-15-00-7 — (Ac. 6ª T. 50658/2004-PATR) — Rel. Juiz Edson dos Santos Pelegrini. DJSP 17.12.04, p. 46.

Ementa: Rescisão indireta. A falta de recolhimento dos depósitos do FGTS constitui motivo suficiente para autorizar a rescisão indireta do vínculo empregatício com base em descumprimento de obrigação contratual (art. 483 da CLT). Apesar de o crédito em princípio ser disponibilizado para o empregado após o rompimento do contrato, há várias situações em que o empregado pode movimentar a respectiva conta, independentemente dessa ruptura. É o que ocorre, por exemplo, na hipótese de calamidade pública; quando o empregado pretender adquirir imóvel pelo Sistema Financeiro Habitacional ou amortizar essa dívida, e ainda caso ele ou seus familiares sejam acometidos de neoplasia maligna, etc. Logo, não resta dúvida de que a irregularidade no recolhimento dos depósitos gera insegurança para o trabalhador, acabando por interferir na continuidade do contrato, mormente quando descumpridas outras obrigações legais, como o pagamento do terço de férias e a anotação da CTPS. A propósito, a Lei n. 9.615, de 1998, alusiva ao atleta e conhecida popularmente como Lei Pelé, arrola, expressamente no art. 31, § 2º, como causa de rescisão indireta, o não-recolhimento do FGTS. A infração é grave também porque está inviabilizando o Poder Público de utilizar o valor no Sistema Financeiro Habitacional e no saneamento básico. Corrobora esse posicionamento o C. TST em decisão de 1.8.03 no julgamento do RR-487315/98, cujo Relator foi o Ministro José Simpliciano Fernandes. TRT 3ª Reg. RO 01443-2004-109-03-00-9 — (Ac. 7ª T.) — Relª. Juíza Alice Monteiro de Barros. DJMG 17.3.05, p. 10.

Ementa: Rescisão indireta do contrato de trabalho. Não configuração. A rescisão indireta do contrato de trabalho encontra-se disposta no art. 483 da CLT e é para o empregador a penalidade máxima a ser aplicada. Destarte, para se caracterizar a falta grave praticada pelo reclamado essa deve ser de tal monta que impossibilite a continuação do pacto laboral, bem como imediatamente denunciada. Eventuais ausências no recolhimento do fundo de garantia não autorizam a rescisão indireta, por duplo fundamento. A um, porque o empregado pode postular, em juízo, o pagamento dos valores não recolhidos. A dois, porque a falta grave praticada pelo empregador deve ser imediatamente denunciada, sob pena de configurar perdão tácito. TRT 3ª Reg. RO 00393-2003-012-03-00-6 — (Ac. 7ª T.) — Rel. Juiz Convocado Milton V.Thibau de Almeida. DJMG 21.8.03, p. 12.

d.3) não fornecimento de trabalho ao empregado. Outra forma rigorosa de tratamento é aquela em que o empregador deixa de fornecer serviços ao empregado para puni-lo, colocando-o na situação de "ócio sem dignidade" ou então numa odiosa discriminação. Não há prejuízo quanto ao salário, mas tal prática é constrangedora "já que restringe a possibilidade de o empregado continuar aperfeiçoando-se na sua profissão, pelo exercício contínuo, treinamento etc, o que constitui, induvidosamente, um prejuízo incalculável"[177]. Cabe, no entanto, ressaltar que a ausência ocasional de serviços ou a divisão dos serviços com outro colega não levam a rescisão indireta, a não ser que fique provado que o intuito do empregador foi de punir o empregado. Em razão disso, cada caso merecerá ser analisado sob a prudência do Julgador.

Jurisprudência

Ementa: Rescisão indireta. Tratamento discriminatório. Direito de receber salário sem trabalhar. Impossibilidade. A obrigação principal de um empregado é a prestação dos serviços para que foi contratado. Ninguém tem o direito de receber salário sem trabalhar, ainda mais quando parte desse salário provém de recursos públicos. A alegação de trabalhador de que sofre discriminação porque foi repreendido por estudar em horário de trabalho quando os colegas usam parte de tal tempo para fumar ou entabular conversas amenas é desprovida de qualquer razoabilidade, não podendo jamais servir de fundamento para embasar pedido de rescisão indireta. O antigo brocardo "Instaure-se a moralidade, ou locupletemo-nos todos" não se aplica na Justiça do Trabalho. TRT 10ª Reg.-ROPS 00748-2007-006-10-00-0 — (Ac. 1ª T./08) — Rel. Juiz Pedro Luis Vicentin Foltran. DJU 8.2.08, p. 2.341.

Ementa: Rescisão indireta do contrato de trabalho por culpa do empregador (art. 483, letras "d" e "e" da CLT).
Sujeição do empregado à ociosidade. A rescisão contratual por iniciativa do empregado, decorrente da prática de atos faltosos praticados pelo empregador, deve ser comprovada de forma eficaz e inconteste. *In casu*, ante a negativa da Reclamada da existência dos fatos alegados pela autora, cabe a esta demonstrar a existência de fato constitutivo do seu direito, relativo a tese lançada na exordial. A Reclamante não produziu prova capaz de demonstrar a veracidade dos fatos alegados no caderno processual, ensejadores do pleito de rescisão indireta do contrato de trabalho por culpa do empregador, ou seja, que quando do retorno de suas férias encontrou outra pessoa exercendo as suas funções, e passou a não ter atividades para serem desenvolvidas, ficando, assim, em situação vexatória perante os colegas de trabalho, vez que a transferência que lhe havia sido prometida pela Reclamada para Curitiba não se operou, e passou a ficar sujeita a uma condição de ociosidade como forma de pressão por parte da Reclamada, para pedir demissão. Segundo o i. jurista Wagner D. Giglio, "não seria a ausência temporária ou ocasio-

---

(177) ALMEIDA, Ísis de. *Manual de Direito Individual do Trabalho.* São Paulo: LTr, 1998. p. 325.

nal de tarefas a executar que caracterizaria a justa causa. Requisito essencial, que outorga gravidade à infração, é o intuito do empregador de impor a ociosidade como forma de punição moral, pela humilhação sofrida pelo empregado." (obra "Justa causa", Editora Saraiva, 7ª edição, p. 409). A prova oral produzida revela que a Reclamada não submeteu a autora a condição de ociosidade, tendo em vista que ao retornar de férias passou a dividir tarefas com o novo empregado. Recurso da Reclamante a que se nega provimento.TRT 9ª Reg. RO 00073-2003-658-09-00-0 — (Ac. 02665/04) — Rel. Ubirajara Carlos Mendes. DJPR 6.2.04.

Ementa: Assédio moral. Ociosidade forçada. Colocar empregado 'na geladeira'. Indenização por danos morais. Rescisão indireta. Ausência de provas. O assédio moral do tipo estratégico, praticado pela empresa interessada em eliminar do seu quadro de empregados aqueles considerados inadequados ou indesejáveis, com utilização de operações do tipo 'geladeira' ou ociosidade forçada, que significam excluir a participação do trabalhador da atividade profissional, com ausência de fornecimento de qualquer trabalho, deve estar cristalinamente provado nos autos, para garantir o direito ao trabalhador, vítima dessa conduta ilícita praticada pelo empregador, a indenização por danos morais, bem como o reconhecimento da chamada rescisão indireta. Não configura a estratégia quando o empregador, após o término do gozo de auxílio-doença-acidentário, oportuniza ao Autor a execução de serviços na empresa, de modo a reintegrá-lo ao ambiente laboral, mesmo que as atividades sejam diversas da sua originária, desde que estas não o colocam em isolamento e/ou o exponham a tratamento vexatório, humilhante e indigno. Neste contexto, a inexistência de falta efetivamente grave perpetrada pela empregadora — ociosidade forçada —, a ponto de causar prejuízos para o empregado, e, ainda, de tornar a continuidade do vínculo empregatício intolerável, ou seja, de inviabilizar a continuidade da relação de emprego, afasta o reconhecimento da rescisão indireta, assim como da indenização por danos morais decorrentes de assédio moral. TRT 23ª Reg. RO 00646.2006.096.23.00-9 — (SESSÃO 11/07) — Rel. Des. Tarcísio Valente. DJE/TRT 23ª Reg. n. 210, 12.4.07, p. 26.

d. 4) suspensão por mais de 30 dias (art. 474, da CLT). O empregador tem a faculdade de suspender o empregado por um período não superior a 30 (trinta) dias, conforme previsão no art. 474, da CLT. Normalmente, essa suspensão decorre de medida tomada pelo empregador para propositura de inquérito judicial para apuração de falta grave praticada pelo empregado. Entretanto, se ultrapassado o prazo de trinta dias sem qualquer medida adotada pelo empregador, o trabalhador poderá pleitear a rescisão indireta do contrato de trabalho, pouco importando se houve a falta punível de acordo com a lei e regulamento de empresa, este, se houver. Ocorre que, o prazo de 30 dias facultado pela lei é decadencial e a sua inobservância leva à conclusão de que o empregador abriu mão de seu direito de ajuizar o respectivo inquérito para apuração de falta grave a que alude o art. 853, da CLT, cujo dispositivo será analisado quando dele tratarmos.

d. 5) alterações contratuais lesivas. As alterações lesivas praticadas pelo empregador que se chocam com o disposto nos arts. 9º e 468, da CLT, os quais protegem o empregado contra todos os atos praticados com o objetivo de desvirtuar, impedir ou fraudar a aplicação dos preceitos contidos nas normas trabalhistas podem levar à rescisão indireta do contrato de trabalho. A gravidade do ato faltoso é o elemento diferenciador para aplicação do disposto na alínea "d" desse artigo, como também possível incompatibilidade invencível entre as partes envolvidas. Isso porque se as faltas são leves e não afetam o relacionamento entre as partes, a rescisão indireta não deve ser reconhecida.

d. 6) menor e não mudança de função (art. 407, parágrafo único, da CLT). O art. 407 da CLT protege o menor no trabalho, de forma a não trabalhar em atividade que lhe seja prejudicial a sua saúde, ao seu desenvolvimento físico ou a sua moralidade. Na sua ocorrência, se a empresa não adotar as medidas recomendadas pela autoridade competente para que o menor mude de função, o disposto no parágrafo único do mencionado artigo permite ao empregado considerar rescindido por justa causa fundada em culpa do empregador.

e) alínea "e" — praticar o empregador, ou seus prepostos, contra ele ou pessoas de sua família, ato lesivo da honra e boa fama. Aqui se aplicam as mesmas considerações feitas na parte relacionada com o empregado (art. 482, alíneas "j" e "k", da CLT), pois a recíproca é verdadeira. Esse dispositivo legal protege o empregado contra atos do empregador e de seus prepostos que possam lhe ofender a honra e a boa fama, o que sucederia em casos de calúnia, injúria e difamação. Caracteriza-se a falta se praticada dentro da empresa como fora dela, até porque essa alínea inclui "pessoas da família". A norma, portanto, protege as pessoas da família do empregado, já que elas podem ser passíveis de sofrerem atos lesivos da honra e da boa fama. Segundo *Isis de Almeida* entende como pessoa da família "não só os ascendentes e descendentes e cônjuge do empregado, mas, ainda, o dependente que com ele viva"[178].

Jurisprudência

Ementa: I — ...II — Da rescisão indireta do contrato de trabalho do autor. Mau procedimento. Rigor excessivo por parte do empregador. O pagamento dos salários do trabalhador fora do prazo legal (após o 5º dia útil do mês subsequente ao trabalhado) causa-lhe sérios transtornos e prejuízos com pagamento de acréscimos em dívidas adimplidas após o vencimento, decorrente da mora patronal, podendo, até mesmo, comprometer a sua subsistência e a sua credibilidade no mercado. Da mesma forma, a mora no pagamento de férias frustra a intenção do legislador ordinário de prover o trabalhador de condição financeira para melhor usufruir do período de descanso (CLT, art. 145). A ofensa à honra do empregado constitui falta gravíssima, considerando-se que ao empregador cabe propiciar ao trabalhador ambiente saudável, sem hostilidade e perseguições, para que, assim, possa melhor desempenhar suas atividades. A demora no repasse de pensão alimentícia a dependente do trabalhador, além de comprometer a subsistência deste, pode influenciar de forma negativa no relacionamento entre pai e filho. Assim agindo, o empregador resta autorizada a resilição indireta do contrato de trabalho, com base no disposto nas letras "b", "d" e "e", do art. 483 da CLT. O relatório, a admissibilidade e as partes aspeadas, na forma regimental, são da lavra de Sua Excelência o Juiz Relator. TRT 10ª Reg. RO 01177-2006-013-10-00-9 — (Ac. 1ª T./07) — Red. Juíza Elaine Machado Vasconcelos. DJU3 17.8.07, p. 8.

Ementa: Rescisão indireta do contrato de trabalho. Abuso do poder de investigação. Em se cuidando de pedido de rescisão indireta do contrato de trabalho, incumbe sempre averiguar se a intensidade da falta cometida pelo empregador dá ensejo à pretensão, ou seja, se a conduta irregular possui gravidade suficiente a ponto de tornar insuportável a manutenção do pacto laboral. Se, no caso dos autos, ficou devidamente comprovado que o Reclamante foi injustamente acusado de "perturbação ao trabalho" e de ter envenenado a água da empresa, fato que acarretou, inclusive, a sua detenção, não há dúvidas de que a conduta da Reclamada foi abusiva e ofensiva à reputação do Reclamante. Não se olvida que o empregador detém o direito de investigação das irregularidades existentes em sua empresa, preservando a sua propriedade e seu patrimônio. Acontece que esta prerrogativa não pode ser exercida de forma arbitrária, pois, antes de ter feito uma acusação formal perante a polícia militar, a Ré deveria ter tido o bom senso de averiguar o ocorrido de outra maneira, com todas as cautelas necessárias, evitando-se, assim, a suscitação de dúvidas quanto à reputação e boa fama do Autor. Desse modo, a conduta da empresa, ao tratar o seu empregado com rigor excessivo, antes mesmo de apurar a verdade dos fatos, possui gravidade suficiente a ponto de tornar insuportável a manutenção do pacto laboral, dando ensejo à pretensão da rescisão indireta do contrato de trabalho, com base nas alíneas 'b' e 'e' do art. 483 da CLT. TRT 3ª Reg. RO 00731-2007-051-03-00-6 — (Ac. 8ª T.) — Rel. Des. Marcio Ribeiro do Valle. DJMG 8.3.08, p. 22.

Ementa: Rescisão indireta. Justa causa cometida pelo empregador. Reconhecida. Atos praticados pelo empregador após o aforamento da ação de rescisão indireta. Para a caracterização da falta grave cometida pela Reclamada, que tenha ofendido a honra do Reclamante, seja por atos praticados antes do aforamento da ação de rescisão indireta, ou depois desta, devem ser avaliados pelo Juiz ao proferir o julgamento, ante a manutenção do contrato de trabalho, não se restringindo a prova somente até a data da propositura da referida ação, tendo em vista que cabe ao Juízo determinar a causa motivadora e suficiente para a rescisão indireta pleiteada, bem como, com suporte no art. 462 do CPC, que autoriza ao Juiz conhecer de ofício ou a requerimento da parte, no momento em que preferir a sentença, de fatos constitutivos, modificativos ou extintivos do direito que possam influir no julgamento, mesmo depois da propositura da ação. Recurso ordinário da Reclamada a que se nega provimento. TRT 9ª Reg. RO 13020-2001-006-09-00-9 — (Ac. 22214/03) — Rel. Ubirajara Carlos Mendes. DJPR 10.10.03, p. 500.

---

(178) *Manual de Direito Individual de Trabalho*. São Paulo: LTr, 1998. p. 323.

e.1) assédio moral. A possibilidade do assédio moral a que nos aludimos no item b.1 também tem aplicação nesta alínea em face da proteção da dignidade da pessoa humana, já que a honra e a boa fama do empregado podem ser atingidas com reiterações de atitudes de zombarias, desqualificações e exposição das suas fragilidades de forma indevida e desnecessária pelo empregador.

Jurisprudência

Ementa: Rescisão indireta. Assédio moral. Caracterização. Apontando o contexto probatório dos autos para a prática de atos de constrangimento ao obreiro no ambiente de seu contrato de trabalho, consistentes em recorrentes zombarias, desqualificações e exposição de suas fragilidades, levadas a efeito por parte do seu superior hierárquico, forçoso é o reconhecimento da justa causa praticada pela empresa, restando delineada a hipótese descrita na alínea "e" do art. 483 da CLT. *Dano moral. Prova*. O dano causado aos bens imateriais do indivíduo, consoante majoritária corrente doutrinária, prescinde de prova, pois este se encontra "in re ipsa", o que significa dizer que a dor moral se prova por si mesma. O que se impõe evidenciar é o fato causador do dano. Uma vez demonstrado, tem-se por ocorrida a lesão ao acervo extrapatrimonial do indivíduo. TRT 10ª Reg. RO 00955-2006-010-10-00-3 — (Ac. 1ª T., 20.6.07) — Relª. Juíza Maria Regina Machado Guimarães. DJU3 29.6.07.

f) alínea "f" — o empregador ou seus prepostos ofenderem-no fisicamente, salvo em caso de legítima defesa, própria ou de outrem. Os comentários feitos nas alíneas "j" e "l" do art. 482, da CLT, direcionadas ao empregado aplicam-se também em relação ao empregador, pois são, na verdade, direitos recíprocos que importam num respeito mútuo que tem suporte na dignidade da pessoa humana, já que se trata de um dos direitos fundamentais assegurados pela Carta Magna (art. 1º. III) e com reflexos em todas as relações humanas. Ademais, se o empregador deve zelar para que o ambiente de trabalho seja o mais saudável possível para o próprio desenvolvimento do empreendimento, não seria lógico e nem razoável que ele próprio empregador ou seus prepostos sejam os primeiros a ir contra os padrões normais de conduta. A lei, no entanto, faz uma ressalva e com muita razão, pois exclui da aplicação dessa alínea a hipótese de legítima defesa, própria ou de outrem.

g) alínea "g"— o empregador reduzir o seu trabalho, sendo este por peça ou tarefa, de forma a afetar sensivelmente a importância dos salários. Esta alínea está relacionada com a alteração lesiva das condições de trabalho e tem afinidade com o descumprimento das obrigações contratuais a que alude a alínea "d" deste mesmo artigo em exame. A redução do trabalho com alteração do salário para menor é sem dúvida um ato faltoso do empregador. A lei, no entanto, faz referência à redução de trabalho e alcançando todas as modalidades de salário ligadas à unidade de obra e com vinculação à produção, de forma que existem variações no pagamento.

A expressão "sensivelmente" chamou à atenção de *Isis de Almeida* que ressalta o fato de constar, na lei, o advérbio de modo "sensivelmente", o que leva a entender-se que a alteração será lícita quando for ínfima a repercussão no salário, ou quando mantiver uma média apurável em período razoável, mais ou menos, nos últimos seis meses, por parecer-nos que um ano é um período um tanto longo, no caso"[179]. A expressão destacada não deixa de ser um dos requisitos para aplicação dessa alínea, pois como assinala *Vólia Bomfim Cassar* o "requisito é a redução 'sensível' do valor total do salário mensal, o que quer dizer redução substancial nas

---

(179) Obra citada, p. 323.

vendas, nas tarefas ou peças. O que reduz é a quantidade de peças ou de produção e não o valor nominal de cada peça, da comissão ou da tarefa. Logo, pequenas variações salariais afastam justa causa do empregador. *Giglio* sugere que a variação até 25% (aplicação analógica do art. 503 da CLT) estará dentro da normalidade. Acima disto, o empregado poderá punir o patrão"[180].

Os vendedores, viajantes ou pracistas possuem condições estabelecidas na Lei n. 3.207/57, especificamente no art. 2º, §§ 1º e 2º, as quais permitem ao empregador mudar a zona de trabalho do seu vendedor e se do ato houver prejuízo ao trabalhador é lhe garantido a manutenção da média da remuneração percebida nos últimos (12) doze meses.

A aplicação dessa alínea exige muita cautela, pois não é descartável a existência de fatores exógenos que ficam fora do alcance do empregador de forma que ele não pode ser penalizado por ato que não deu causa. Por exemplo, a retração do mercado poderá repercutir na remuneração do empregado, o que não se sucederá quando houver falta de produto por culpa do empregador. Caso constante na jurisprudência se dá com o professor que tem sua remuneração pelo número de aulas dadas. A jurisprudência tem admitido a redução de salário do professor, quando razoável, e devidamente comprovado que houve a redução de alunos, o que obrigou o empregador a reduzir o número de aulas.

h) (§ 1º, do art. 483, da CLT) — Suspensão da prestação de serviços ou rescisão do contrato na hipótese de o empregado tiver que desempenhar obrigações legais incompatíveis com a continuação do serviço. Trata-se de uma faculdade atribuída ao empregado, o qual poderá desde logo suspender a prestação de serviços ou rescindir o contrato, já que se vê diante de uma situação criada pelo empregador que impossibilita a continuidade do vínculo de emprego. Aqui não existe meio termo, pois como diz *Sérgio Pinto Martins*, o empregado "deveria desligar-se imediatamente, sob pena de se entender que houve perdão da falta praticada pelo empregador, ou que a falta não foi tão grave a ponto de impedir a continuidade do contrato de trabalho"[181].

Jurisprudência

Ementa: Rescisão indireta. Alteração contratual. Recusa pelo empregado. Licitude. Legítima a recusa do empregado ao cumprimento de jornada diversa da pactuada. O ordenamento jurídico confere o direito ao empregado em não se submeter à alteração das condições do contrato de trabalho (art. 468 da CLT). A insistência da empregadora em exigir do trabalhador o cumprimento de jornada para a qual não estava obrigado, acrescida do impedimento da prestação de serviços nos horários pactuados, configura o não cumprimento de obrigação do contrato de trabalho, o que autoriza a iniciativa do autor em rescindi-lo (art. 483, d, da CLT). TRT 9ª Reg. RO 02579-2003-020-09-00-1 — (Ac. 1ª T. 27367/05) — Rel. Juiz Tobias de Macedo Filho. DJPR 25.10.05, p. 232/233.

i) (§ 2º do art. 483, da CLT) — Morte do empregador, constituído em empresa individual. Rescisão do contrato. Faculdade do empregado. A norma não fala em extinção da empresa, o que leva ao raciocínio de que se a mesma continuar com os sucessores não haverá razão para o rompimento do vínculo por parte do empregado. Talvez a lei tenha tomado por referência possível a incompatibilidade do empregado com os sucessores de empresa individual, pois com a permanência da empresa, sobrepõe o princípio da continuidade do vínculo empregatício,

---

(180) Obra citada, p. 1.136.
(181) *Comentários à CLT*. 12. ed. São Paulo: Atlas, 2008, p. 523.

a que alude a Súmula n. 212, do TST. Por outro lado, a prova da incompatibilidade deve ser robustamente produzida, a fim de não se ter possível proveito da situação pelo empregado. Evidentemente, que encerrando-se a empresa individual, automaticamente implica na extinção do vínculo, já que não há a figura de empregado sem empregador, o contrário sim. Nesse caso, entender-se-á que a rescisão partiu do empregador, dispensa sem justa causa, ressalvada a hipótese de o empregado tomar a iniciativa de romper o vínculo, com a manifesta declaração nesse sentido, hipótese que leva a concluir que houve pedido de demissão, já que a empresa continua em atividade, salvo a existência de vício que macule o ato rescisório.

j) (§ 3º do art. 483, da CLT) — **Nas hipóteses das letras d e g, poderá o empregado pleitear a rescisão de seu contrato de trabalho e o pagamento das respectivas indenizações, permanecendo ou não no serviço até final decisão do processo**. Em face do princípio da continuidade do vínculo empregatício e considerando que determinadas faltas praticadas pelo empregador poderão ser corrigidas pela via judicial, o legislador pela Lei n. 4.825/65, incluiu esse parágrafo, o qual possibilita ao empregado postular a rescisão indireta do contrato de trabalho com a opção de permanecer no emprego até a final da decisão do processo nas hipóteses de descumprimento de obrigações contratuais (alínea "d"), e na de redução de trabalho por peça ou tarefa com reflexos no salário (alínea "g"). A rigor, é de se pensar que nas demais hipóteses elencadas no art. 483, da CLT, o empregado ao postular a rescisão do contrato de trabalho deveria se afastar do serviço porque não seria razoável sua permanência no emprego diante de ato faltoso do empregador, sem o respaldo da lei que lhe faculte permanecer no serviço. Nesse caso, haveria a possibilidade da caracterização de perdão tácito já que os atos praticados pelo empregador não foram tão graves a ponto de impedir a continuidade do vínculo. Trata-se, no entanto, de situações que devem ser analisados caso a caso. Finalmente, é de se registrar que se o empregado opta por permanecer no emprego enquanto se discute a rescisão indireta pela via judicial, o empregador não está impedido de dispensar o empregado por sua iniciativa, com as reparações legais, até porque a medida vem ao encontro daquilo que é postulado pelo empregado, qual seja a rescisão por culpa do empregador.

Jurisprudência

Ementa: Rescisão indireta do contrato de trabalho afastamento do emprego risco assumido pela autora. Se a empregada invoca, na petição inicial, a rescisão indireta do contrato de trabalho, imputando à empregadora a prática de atos incompatíveis com a manutenção do contrato de emprego, a análise dos elementos fático-jurídicos deve, prioritariamente, centrar-se nas alegações da obreira e não no abandono de emprego, principalmente quando ainda não decorrido o lapso de tempo de trinta dias da cessação da prestação de serviços. A imputação da prática de justa causa à empregadora, envolta em fatos incompatíveis com a continuidade da prestação de serviços, protrai os efeitos de sucessivas convocações de retorno, via telegramas. Havendo controvérsia a respeito da verdadeira causa da cessação do labor, exigir da empregada o retorno ao trabalho, por convocação da co-contratante, significa a aniquilação do direito subjetivo à prova do fato constitutivo à resilição contratual. Assim, o afastamento da empregada constitui decisão a ser tomada por ela própria, mediante a assunção dos riscos decorrentes da paralisação da prestação de serviços, aberta que fica a possibilidade de rejeição, por falta de provas, do motivo da ruptura, com as consequências naturais da demissão e não do abandono de emprego. TRT 3ª Reg. RO 00906-2007-150-03-00-7 — (Ac. 4ª T.) — Rel. Des. Luiz Otavio Linhares Renault. DJMG 27.5.08, p. 22.

Ementa: Rescisão indireta — Permanência ou não do empregado no serviço até decisão final da ação judicial. No questionamento da falta grave do empregador, o empregado poderá optar por permanecer ou não prestando serviços, o que é possível diante do art. 483, § 3º, da CLT, que menciona essa possibilidade de opção do empregado apenas nas hipóteses de descumprimento das obrigações contratuais e redução salarial, mas que a doutrina tem ampliado para todas as demais hipóteses. Não há que se exigir do empregado o prévio ajuizamento da ação postulando a rescisão indireta do contrato de trabalho, para o pleno exercício do direito de deixar de prestar seus serviços ao empregador faltoso, tendo em vista que tal formalidade não consta do referido § 3º do art. 483 da CLT, que lhe assegura a prerrogativa de, segundo o seu interesse, permanecer ou não no serviço até final decisão do processo. TRT 3ª Reg. RO 01167-2007-135-03-00-8 — (Ac. 3ª T) — Rel. Des. Cesar Machado. DJMG 27.9.08, p. 5.

Ementa: Rescisão indireta e permanência no emprego. Posterior dispensa sem justa causa. Possibilidade. A faculdade conferida ao empregado pelo art. 483, § 3.º, da CLT, de permanecer no serviço enquanto busca, com base nas alíneas "b" e "g", a rescisão indireta do contrato de trabalho, deve ser vista como a exata contraposição às situações em que o afastamento se faz necessário como elemento excludente do perdão da falta. Assim, enquanto nas outras hipóteses legais impõe-se o afastamento do trabalho como elemento necessário à caracterização da falta grave patronal (caso da ofensa física sofrida pelo empregado — alínea "f"), na hipótese de descumprimento de obrigações do contrato (alínea "d") e de redução do trabalho de forma a afetar a importância dos salários (alínea "g"), dispensou-se o desligamento como elemento configurador. Nesse sentido, a doutrina de Alice Monteiro de Barros (Curso de direito do trabalho. 2. ed. São Paulo: LTr, 2006, p. 883). Entender-se, todavia, que o ajuizamento de ação contendo pleito de rescisão indireta implica vedação à resilição unilateral pelo empregador, operada em momento posterior (cerca de um ano depois) e em conduta não motivada pela iniciativa obreira, implicaria criar-se, por vedada via legislativa transversa, a figura de uma estabilidade provisória no emprego inexistente. Legítima, portanto, a rescisão contratual posterior ao ajuizamento da demanda que tem por objeto a rescisão indireta do contrato, cujos efeitos pecuniários, decorrentes da iniciativa do empregador, equivalem àqueles buscados pelo empregado, além de atender, em última análise, à intenção obreira de ver o pacto rompido. Recurso ordinários dos Reclamados a que se dá provimento para excluir da condenação o pagamento de salários e consectários desde a dispensa até a data da sentença. TRT 9ª Reg. RO 02152-2005-562-09-00-8 — (Ac. 1ª T. 16365/07) — Rel. Ubirajara Carlos Mendes. DJPR 26.6.07.

k) consequências da rescisão indireta do contrato de trabalho. Verbas rescisórias e data de desligamento.

k.1. verbas rescisórias. A decisão que envolve rescisão indireta do contrato de trabalho uma vez acolhida pela Justiça do Trabalho importará no pagamento pelo empregador do aviso prévio, férias vencidas (se houver) e proporcionais, 13º salário proporcional e possibilitará ao empregado o levantamento do FGTS, acrescido da multa de 40%, na forma da lei. É na verdade, uma rescisão com todos os efeitos de uma resolução sem justa causa. Por outro lado, se a decisão for pela improcedência da pretensão obreira, a rescisão será considerada como pedido de demissão, tendo direito o trabalhador apenas aos dias de serviços ou saldo de salário, férias vencidas, se houver. O direito às férias proporcionais ainda é passível de controvérsia, pois existem decisões que asseguram esse direito ao obreiro, com fundamento na convenção da OIT n. 132, e outras em sentido contrário.

Jurisprudência

Ementa: Rescisão indireta descaracterizada. Devido o pagamento de verbas trabalhistas típicas do pedido de demissão. inexistência de justa causa por abandono de emprego. O fato de o pronunciamento judicial ter afastado a hipótese de rescisão indireta do contrato de trabalho, por entender não comprovada a conduta irregular do empregador, não converte a falta de prestação de serviços do empregado em abandono de emprego, de modo a justificar a aplicação da pena de justa causa, na medida em que a paralisação dos serviços encontra-se amparada pelo art. 483 e parágrafos da CLT. TST-RR-588.633/1999.6 (Ac. 2ª T.) — Rel. Altino Pedrozo dos Santos. DJU 14.2.03, p. 536.

Ementa: Rescisão indireta. Art. 483, alínea "d", da CLT. Não configuração. Pedido de demissão reconhecido. No caso sob análise, a falta grave atribuída ao empregador, como derivada das ações especificadas na decisão objurgada, não se reveste de gravidade que seja capaz de inviabilizar a prestação do serviço por parte do empregado, considerando-se que, quanto às transferências, o reclamante expressamente concordou quando firmou o contrato de trabalho e, quanto às demais, as suportou durante todo o pacto laboral, consoante extrai-se do teor do seu depoimento. Por outro lado, não há como negar a falta de imediatidade na denúncia do contrato de trabalho. Veja-se que o reclamante diz, na inicial, que era constantemente transferido e que as condições de trabalho eram impróprias desde o início da relação de emprego. Logo, se a justa causa para a rescisão do contrato é aquela resultante de fatos que tornem absolutamente inviável a continuidade da relação laboral, sem dúvida que essa não é a situação destes autos, pois, se fosse assim, o reclamante não teria permanecido no emprego por mais de cinco meses e, com certeza, na primeira violação que alega ter ocorrido, teria denunciado o contrato. Assim, uma vez não caracterizada a justa causa do empregador, prevista na alínea "d" do art. 483, da CLT, para a rescisão do contrato de trabalho, resta configurado pedido de demissão do reclamante. Recurso ordinário provido por unanimidade, no particular. TRT 24ª Reg. RO.1 0888/2004-071-24-00-9 — Rel. Juiz João de Deus Gomes de Souza. DJMS n. 6566, 12.9.05, p. 95.

k.2) data da rescisão contratual. Se o empregado postulou a rescisão indireta afastando-se do emprego, será considerada a data do seu último dia de trabalho, ou então aquela fixada na decisão, se precedida de controvérsia a respeito. No entanto, se o trabalhador permanecer no serviço, a data será a do dia seguinte ao do trânsito em julgado da decisão ou então aquela fixada pela sentença.

Jurisprudência

Ementa: Rescisão indireta. Descumprimento de obrigações contratuais. Poder geral de cautela. Na rescisão indireta do contrato de trabalho, o vínculo empregatício desfaz-se à luz dos mesmos requisitos, tal como se a justa causa tivesse sido alegada pelo empregador, exigindo-se a produção de prova firme e convincente a respeito dos fatos ensejadores da quebra de fidúcia entre as partes. Afastando-se o empregado do serviço, os efeitos da sentença retroagem àquele momento, que, normalmente, coincide com a data do ajuizamento da ação trabalhista. *Todavia, se o Autor lança mão da faculdade contida no art. 483, § 3º, da CLT, e continua prestando serviços, a data da resilição contratual será a do dia seguinte ao do trânsito em julgado da decisão.* O juiz pode, em qualquer grau de jurisdição, exercer o seu poder geral de cautela e conceder tutela inibitória, visando à cessação dos atos que deram suporte à rescisão indireta do contrato de trabalho — jornada excessiva de trabalho e veículo em condições inseguras de circulação — , prevendo a incidência de multa em caso de descumprimento, até que se opere o trânsito em julgado da decisão. Com essa medida coibe-se a prática de atos que colocam em risco a integridade física do empregado, dos passageiros e de toda a coletividade. TRT 3ª Reg. RO 00917-2004-069-03-00-0 — (Ac. 4ª T.) — Rel. Juiz Luiz Otavio Linhares Renault. DJMG 15.7.06, p. 13.

Ementa: Rescisão indireta. Data do término da relação laboral. Em caso de rescisão indireta é imperativo que se observe o princípio da imediatidade, ou seja, que o empregado se insurja logo após o cometimento do ato doloso por parte do empregador, haja vista que a razão de existir da ação centra-se na justa causa atribuída à reclamada. Inexiste controvérsia acerca da data em que a recorrida deixou de cumprir as normas mínimas que norteiam o contrato de trabalho. Assim, a circunstância da Autora vir a demandar em juízo somente depois de seis meses, não lhe dá o direito a receber esse interregno como se trabalhado fosse, mormente porque irregularidades toleradas por longo tempo não autorizam o reconhecimento da rescisão indireta. Recurso da reclamante a que se nega provimento. TRT 2ª Reg. RO 00774200105602003 — (Ac. 2ª 20060319903) — Relª. Juíza Rosa Maria Zuccaro. DJSP 30.5.06, p. 3.

Ementa: Rescisão indireta. Data de saída. CTPS. A decisão que declara a extinção do vínculo de emprego em virtude da rescisão indireta do contrato de trabalho tem natureza constitutiva, devendo-se considerar como desfeito o vínculo firmado entre as partes na data de sua prolação. A fixação deste marco independe do pedido de pagamento de parcelas vincendas, até o pronunciamento judicial, pois não se discute, aqui, pedido de reintegração ao emprego em face de estabilidade provisória. Discorda-se do parâmetro fixado na r. decisão recorrida (data de efetivação da res judicata), tendo em vista que a concretização da coisa julgada pode se dar e frequentemente se dá apenas alguns meses depois da prolação da decisão de 1º grau, tendo em vista a interposição de recursos pelas partes como efetivamente ocorreu no caso em exame, o que levaria à hipótese de anotação de período de trabalho na CTPS obreira sem que houvesse correspondente labor. Tampouco há que se falar em utilização do parâmetro da data de ajuizamento da ação conforme requerido pela recorrente, pois, em tal ocasião, ainda não havia sido emitido pronunciamento judicial a respeito da controvérsia instaurada. TRT 3ª Reg. RO 00404-2003-014-03-00-0 — (Ac. 7ª T.) — Rel. Juiz Bolivar Viegas Peixoto. DJMG 07.08.03, p. 10.

l) rescisão indireta e o aviso prévio. Depois de muita controvérsia a respeito, a Lei n. 7.108, de 5.7.83, incluiu o § 4º, no art. 487, da CLT, Capítulo VI da CLT (Do aviso prévio), estipulando que "é devido o aviso prévio na despedida indireta". Acertadamente, pois a rescisão indireta decorre de um ato faltoso do empregador já que ele é que deu causa ao rompimento, sendo uma rescisão equiparável àquela sem justa causa, na qual é devido o aviso prévio.

m) peculiaridades da rescisão indireta

m. 1) Pedido de reconhecimento de vínculo empregatício acompanhada de pedido de rescisão indireta. Há controvérsia na doutrina e na jurisprudência sobre tal questão e o fundamento para essa discórdia reside na incompatibilidade de pedido de rescisão de uma relação jurídica que depende do reconhecimento judicial. Entretanto, é de se reconhecer aceitável a tese do pedido de rescisão indireta em situação em que está patenteado o descumprimento da legislação trabalhista pelo empregador, sendo o mais importante o registro do trabalhador como empregado. Até porque a aparente inércia do obreiro não pode ser considerada como óbice à rescisão indireta, já que é natural o conflito da irresignação do trabalhador com a necessidade imperiosa de manutenção da relação ocorrida em função da sua subsistência.

Jurisprudência

Ementa: Embargos. Reconhecimento de vínculo de emprego e rescisão indireta. Cumulação de pedidos. Possibilidade. É possível cumular pedido de reconhecimento de vínculo empregatício com o de rescisão indireta deste pacto, desde que não exista dúvida razoável sobre a relação de emprego. Embargos conhecidos e desprovidos. TST-E-RR-435318/1998 — (Ac. SESBDI-1) Rel. Min. Carlos Alberto Reis de Paula. DJ 17.12.04.

Ementa: Reconhecimento de relação de emprego e rescisão indireta. Cumulação de pedidos. Possibilidade. Consignando o acórdão regional que o "contrato de participação" firmado entre as partes era fraudulento, restando em evidência a configuração dos requisitos previstos no art. 3º da CLT para a relação de emprego, os arestos que não enfrentam essas particularidades são inespecíficos, a teor do disposto na Súmula n. 296 do TST. Não se divisa ofensa literal ao disposto no art. 292, I, do CPC. O referido diploma legal estabelece o requisito da "compatibilidade" dos pedidos na cumulação objetiva de ações. Entretanto, não há, em sua literalidade, nenhuma definição do que seja compatível ou não para efeito de cumulação, o que fica a cargo da doutrina e da jurisprudência. Demonstrado pelo acórdão regional não haver dúvida razoável quanto ao vínculo empregatício, tem-se pela possibilidade de cumulação dos pedidos de reconhecimento de vínculo e rescisão indireta. Precedente: E-RR n. 435.318/1998.8. TST-RR-1.622/1996-023-05-00.2 — (Ac. 4ª T.) — 5ª Reg. — Rel. Min. Antônio José de Barros Levenhagen. DJU 5.8.05, p. 1078.

m. 2) Pedido de rescisão indireta x pedido de demissão. É incompatível o pedido de demissão com a de rescisão indireta. Ocorre que o primeiro, quando devidamente formalizado na forma de lei gera efeitos jurídicos imediatos, pois decorrente de uma declaração de vontade do empregado nesse sentido. A rescisão indireta, por outro lado, depende de pronunciamento judicial. A jurisprudência deixa bem clara essa distinção.

Jurisprudência

Ementa: Conversão do pedido de demissão em rescisão indireta. Impossibilidade. O pedido de reconhecimento de rescisão indireta do contrato de trabalho mostra-se incompatível com o pedido de demissão anterior feito pelo trabalhador, salvo se comprovado vício na manifestação de sua vontade, hipótese que não restou comprovada, cujo ônus que competia ao autor (art. 818 da CLT e art. 333, I, do CPC), motivo pelo qual se afasta a possibilidade de acatamento da tese de rescisão indireta. Além disso, falta imediatidade entre a data do desligamento e o aJuizamento da ação que tenta desconfigurar o motivo do desligamento. Pedido de demissão mantido. Verbas rescisórias pretendidas pelo autor, próprias da rescisão indireta, indeferidas. Recurso do autor ao qual se nega provimento. TRT 9ª Reg. RO 05661-2007-019-09-00-1- (Ac. 1ª T. 25223/08) — Rel. Edmilson Antonio de Lima. DJPR 15.7.08.

Ementa: Pedido de demissão. Reversão da modalidade rescisória. Prova da coação. O decurso de razoável lapso temporal (três meses) entre o pedido de demissão e o desentendimento com superior hierárquico impede atribuir-se a este fato o motivo da ruptura contratual, ou considerá-lo como fator de coação àquele pedido. Além disso, incabível admitir-se rescisão indireta do contrato de trabalho quando presente nos autos expresso pedido de demissão, subscrito pelo obreiro, e a ação trabalhista é interposta cerca de oito meses depois desta iniciativa. Ausente qualquer vício de consentimento a macular o pedido de desligamento firmado pelo empregado, conclui-se que a ruptura contratual ocorreu por sua livre opção. Recurso ordinário a que se nega provimento, neste particular. TRT 9ª Reg. RO 06303-2005-005-09-00-1 — (Ac. 1ª T. 24181/08) — Rel. Ubirajara Carlos Mendes. DJPR 8.7.08.

Ementa: Recurso ordinário. Pedido de rescisão indireta. O pedido de rescisão indireta afigura-se inconciliável com o pedido de demissão regularmente formulado pelo empregado na vigência do contrato de trabalho, mesmo porque tal pedido gera efeitos jurídicos imediatos. No caso em testilha, a recorrente admitiu que efetivamente pediu demissão, não se verificando, portanto, a existência de vício a macular a sua manifestação de vontade. Destarte, não há como se alterar a forma de ruptura contratual eleita pela recorrente anteriormente ao ajuizamento da demanda objetivando a decretação da rescisão indireta do contrato de trabalho, sendo indevidas as verbas rescisórias decorrentes de rescisão indireta. TRT 2ª Reg. RO 00485200525102002 — (Ac. 12ª T. 20070676075) — Rel. Juiz Marcelo Freire Gonçalves. DOE/TRT 2ª Reg. 31.8.07, p. 374.

m. 3) Pedido de rescisão indireta x estabilidade provisória. Pode acontecer de o empregado ser portador de estabilidade provisória e vir a ser compelido a postular a rescisão indireta do contrato de trabalho com fundamento em descumprimento das obrigações contratuais (alínea "d" do art. 483, da CLT). Em tal situação há entendimento de que há uma renúncia automática da estabilidade, em virtude da incompatibilidade do pretenso rompimento contratual com o direito à permanência no emprego, de forma que descabe a indenização substitutiva da estabilidade. Em se tratando de dirigente sindical, ainda mais se faz presente esse raciocínio, porque a garantia de emprego a que aludem os arts. 8º, da CF e 543, § 3º da CLT se referem à defesa dos interesses da categoria que representa não sendo assim um direito individual propriamente dito. Evidentemente, que em se tratando de dirigente sindical, a garantia de emprego a ele conferida é justamente para defender os interesses da categoria e se isso não é feito em relação ao seu próprio direito, fica claro que o pleito de rescisão indireta se torna incompatível com aquela garantia. Entretanto, em se tratando de estabilidade provisória que não seja a sindical, quer nos parecer que essa tese comporta controvérsia. Isso porque, se ficar comprovado judicialmente que houve uma intenção deliberada do empregador em se ver livre do empregado possuidor de estabilidade provisória, o que ocorre na prática com atitudes incompatíveis com a continuidade do vínculo empregatício, não seria razoável que o empregador só arcasse com a reparação das verbas rescisórias sem considerar o tempo faltante de garantia de emprego. O trabalhador também tem sua dignidade que é um dos direitos assegurados pela Carta Magna. A indagação que se faz é se é justo o empregado se sujeitar as medidas arbitrárias do empregador só pelo direito à permanência no emprego. Parece-nos que não. Mas a questão deverá ser analisada pela Justiça, caso a caso.

Jurisprudência

Ementa: Rescisão indireta. Indenização substitutiva da estabilidade sindical. Incompatibilidade. Embora a condição de dirigente sindical implique o direito obreiro à estabilidade provisória, verifica-se, *in casu*, descabida a pretensão indenizatória substitutiva reinstaurada. O instituto da estabilidade tem por finalidade precípua impedir a dispensa arbitrária e criar estímulo para evitar o desemprego, e não, de per si, o auferimento da indenização substitutiva do período correspondente a essa garantia. Menos ainda se o desfazimento do vínculo advém de iniciativa de seu próprio beneficiário. Ainda que apurada nestes autos a motivação legal que ensejou o cabimento da rescisão indireta, a iniciativa do empregado estável de romper o pacto laboral — mesmo que amparado pela faculdade prevista na alínea "d", do art. 483 da CLT — implica a renúncia automática da estabilidade, revelando-se, destarte, incompatível o rompimento contratual nessas condições com a pretensão obreira pelo recebimento de indenização substitutiva. Mormente em se tratando de dirigente sindical, a quem a estabilidade provisória é conferida justamente com o propósito de oferecer plenas condições para a reivindicação do fiel cumprimento patronal de todas as obrigações trabalhistas — e para com todos os empregados — o que torna ainda mais nítida a incongruência da pretensão e o despreparo do Recorrente, para se investir na condição que lhe conferia a multicitada garantia, eis que, imbuído de um animus meramente individualista, valeu-se das prerrogativas legais para obter em Juízo os seus próprios — e efetivamente devidos — direitos. Agiu, portanto, acertadamente o Juízo recorrido, não se olvidando que as obrigações descumpridas pela Ré, as quais deram origem ao rompimento indireto, também foram devidamente reparadas no Julgado de Primeiro Grau. TRT 3ª Reg. RO 00801-2007-036-03-00-3 — (Ac. 8ª T.) — Rel. Des. Marcio Ribeiro do Valle. DJMG 9.2.08.

m. 4) Rescisão indireta e a multa prevista no art. 477, § 8º, da CLT. A reclamatória envolvendo pedido de rescisão indireta do contrato de trabalho por culpa do empregador por si só é de natureza conflituosa, porque depende da apreciação do judiciário, havendo até a possibilidade de o empregado permanecer no emprego até a decisão final do processo, nas hipóteses previstas em lei (§ 3º, do art. 483, da CLT). Dessa forma, não é devida a multa prevista no art. 477, da CLT. A jurisprudência tem acompanhada essa posição.

Jurisprudência

Ementa: Multa do art. 477, da CLT. Pedido de reconhecimento de rescisão indireta. Controvérsia. Não cabe a multa prevista no art. 477, da CLT, quando há pedido de reconhecimento de rescisão indireta do contrato de trabalho por parte do empregado, diante da controvérsia em relação à motivação da dispensa e, consequentemente, quanto às verbas rescisórias devidas. TRT 9ª Reg. RO 03671-2005-006-09-00-4 — (Ac. 4ª T. 32309/07) — Relª. Sueli Gil El-Rafihi. DJPR 6.11.07.

Ementa: Pedido de demissão. Reversão para rescisão indireta (Art. 483, letras "b" e "d" da CLT). O empregado pode pedir a dispensa motivada e ajuizar ação trabalhista postulando a declaração da rescisão indireta do contrato de trabalho por culpa do empregador, porém, no pedido de dispensa deverá constar o motivo gerador, bem como o enquadramento em uma das justas causas elencadas no art. 483 da CLT. Constatando-se que o afastamento do emprego dá-se por livre e espontânea vontade do empregado, inviável pretender-se que se reverta o pedido de demissão para rescisão indireta. Recurso do Reclamante a que se nega provimento. TRT 9ª Reg. RO 18654-2004-007-09-00-7 — (Ac. 1ª T. 02329/07) — Rel. Ubirajara Carlos Mendes. DJPR 2.2.07.

Art. 484 *Havendo culpa recíproca no ato que determinou a rescisão do contrato de trabalho, o Tribunal do Trabalho reduzirá a indenização à que seria devida em caso de culpa exclusiva do empregador, por metade.*

Se as duas partes, empregado e empregador, praticam atos concomitantes e simultâneos que assumem uma gravidade tal que por si só impede a continuidade do vínculo empregatício, a Justiça do Trabalho com fundamento no dispositivo legal em causa poderá dar por terminado o contrato de trabalho dado à existência de culpa recíproca.

A decisão na espécie é judicial porque as partes em nenhum momento admitirão a sua culpa, eis que cada uma delas alegará que o ato decorreu de culpa da parte adversa.

É necessário que o motivo determinante do rompimento esteja presente no ato do empregador e do empregado de forma concomitante e que um ato não sobreponha ao outro, sob pena de ocorrer punição de apenas um dos infratores. Fazendo referências a *Nélio Reis*, afirma *Russomano*: "diz-se que as culpas devem ser *concomitantes* porque devem ocorrer ao mesmo tempo. Não é possível alegar-se culpa recíproca quando o empregado responde indisciplinadamente, ao empregador, sob o fundamento de que, em outra ocasião anterior e remota, o empregador lhe falava de modo pouco cortês" e diz também "que devem ser determinantes, porque a conduta das duas partes terá sido a causa eficiente da rescisão". (*Comentários à Consolidação das Leis do Trabalho*, 17. ed. Rio: Forense, 1997. p. 683)

Os requisitos da imediatidade e da proporcionalidade entre as faltas também deverão estar presentes, a fim que se tenha "uma resposta jurídica equânime e equilibrada, com justa distribuição de vantagens e desvantagens rescisórias"[182].

Enfim, para configuração da culpa recíproca é necessário que os atos, tido por infratores, do empregador e empregado sejam concomitantes, determinantes e equivalentes. Inexiste também uma previsão taxativa dos fatos que a caracterizam, conforme posição do TST (decisão na parte de jurisprudência), de forma que nada impede a sua aplicação se presente uma interpretação razoável. Assim, nada obsta de o julgador diante da pretensão posta e da defesa da parte adversa decidir pela existência de culpa recíproca.

Finalmente, destacamos que o TST alterou a sua Súmula n. 14, que trata da rescisão contratual por culpa recíproca, para acrescentar que o empregado, neste tipo de rescisão tem direito, além dos salários pelos dias de trabalho, a 50% do aviso prévio, do décimo terceiro salário e das férias proporcionais.

Também a Lei n. 8.036, de 11 de maio de 1990, que dispõe sobre o FGTS, no parágrafo 2º do art. 18, reduz, nesses casos, o acréscimo de 40% (quarenta por cento) para 20% (vinte por cento).

Jurisprudência

TST, Súmula n. 14, "Reconhecida a culpa recíproca na rescisão do contrato de trabalho (art. 484 da CLT), o empregado tem direito a 50% (cinquenta por cento) do valor do aviso prévio, do décimo terceiro salário e das férias proporcionais. *(Revisado pela Res. Adm. do TST (Pleno) n. 121, de 28.10.03, DJ 19.11.03, Rep. DJ 25.11.03)*

Ementa: Recurso ordinário. Ação rescisória. Cumulação de cargos públicos. Culpa recíproca. Decisão rescindenda em que se reconheceu a culpa recíproca, em razão de a reclamante ter cumulado cargos públicos e haver omitido tal informação e, por outro lado, de o reclamado não ter tomado as providências cabíveis (rescindir o contrato de trabalho) quando tomou ciência do ato ilícito. Violação dos arts. 37, XVI e XVII, da Constituição Federal não demonstrada, tendo em vista ter sido reconhecida, na decisão rescindenda, a impossibilidade de cumulação de cargos públicos. De outra parte, a existência de culpa recíproca deve ser verificada no caso concreto, tendo em vista no art. 484 da CLT não haver previsão taxativa dos fatos que a caracterizam. Interpretação razoável do mencionado dispositivo legal. Recurso ordinário a que se nega provimento. *Isenção de custas. Pessoa jurídica.* O recorrente é empresa pública, que goza de isenção tributária, à luz do art. 15 da Lei n. 5.604/70, daí porque tem direito à isenção de custas, cuja natureza é tributária. Recurso ordinário a que se dá provimento. TST-ROAR-1.925/2006-000-04-00.0 — (Ac. SBDI2) — 4ª Reg. — Rel. Min. Pedro Paulo Teixeira Manus. DJU 15.2.08, p. 793.

Ementa: Resolução contratual por culpa recíproca. Cabimento das verbas rescisórias pela metade. A resolução do contrato de trabalho por culpa recíproca supõe uma concorrência de culpa das partes contratuais, praticando ambas, com certa simultaneidade, justa causa. Se, no caso concreto, observa-se uma conjugação de infrações de origens diversas, tendencialmente conexas entre si, que evidenciam a culpa recíproca como causa ensejadora do rompimento do pacto laboral, essa concorrência de culpas deve conduzir a uma resposta jurídica equânime e equilibrada, com justa distribuição de vantagens e desvantagens rescisórias. Essa solução é consagrada no próprio direito positivo, como bem exemplificam o art. 484 da CLT e o art. 18, §2º, da Lei n. 8.036/90, que determinam, em relação às verbas que especificam, o seu pagamento pela metade. Nessa esteira já fixada, coerentemente, pela ordem jurídica, deve-se reduzir pela metade as verbas rescisórias devidas ao empregado na ocorrência de resolução contratual por culpa recíproca (nova redação da Súmula n. 14 do TST) TRT 3ª Reg. RO 00727-2004-015-03-00-1 — (Ac. 1ª T.) — Rel. Juiz Mauricio J. Godinho Delgado. DJMG 25.11.05, p. 4.

Ementa: Rescisão do contrato de trabalho. Culpa recíproca. Comprovado o descumprimento das obrigações decorrentes do contrato de trabalho por ambas as partes, com a mesma intensidade e de forma simultânea, através de agressão verbal mútua, resta caracterizar a culpa recíproca prevista no art. 484, da CLT, sendo devido o pagamento das parcelas rescisórias pela metade. TRT 3ª Reg. RO 01143-2004-109-03-00-0 — (Ac. 4ª T.) — Rel. Juiz Convocado Fernando Luiz G. Rios Neto. DJMG 16.4.05, p. 7.

---

(182) DELGADO, Mauricio Godinho. *Curso de Direito do Trabalho.* São Paulo: LTr, 2002. p. 1206.

Ementa: Paralisação das atividades pelos empregados em razão de protesto — Greve não formalizada. Extinção do contrato de trabalho por culpa recíproca. Não está caracterizada a justa causa alegada pela reclamada, pois que a premissa fática que a embasa — agitação e coação dos demais colegas — restou infirmada pela prova testemunhal, da qual se extrai, em seu conjunto, que a manifestação foi pacífica e a adesão dos demais trabalhadores foi espontânea. A gradação pedagógica impunha-se, pois a falta por si só não era capaz de ensejar a penalidade máxima. De outro lado, os empregados foram imprudentes ao tomarem, como primeira atitude, a paralisação das atividades de um número significativo de trabalhadores para a discussão acerca da medição ou do preço da cana, ainda mais em se considerando que há uma comissão de empregados que acompanha a pesagem, conforme também relataram as testemunhas. O direito de greve é assegurado aos trabalhadores (art. 9º da CR/88), mas não é absoluto, e deve ser exercido nos limites que a própria Constituição impõe, quando diz que cabe ao sindicato a defesa da categoria (art. 8º, III). Assim, para que a greve seja legal, têm de estar presentes os requisitos da Lei n. 7.783/89, principalmente no que toca à aprovação do movimento pela assembleia geral, depois de frustrada a negociação, sob pena de ser considerado abusivo (art. 14 daquele diploma). Qualquer interpretação que se faça destes dispositivos não pode levar à sobreposição do interesse individual sobre o interesse público, conforme o cânone encerrado no art. 8º da CLT. Portanto, a solução da culpa recíproca (art. 484/CLT) é adequada ao caso em exame, punindo as partes na medida da sua falta. TRT 3ª Reg. RO 01160-2004-063-03-00-4 – (Ac. 3ª T.) – Relª Juíza Maria Cristina Diniz Caixeta. DJMG 26.2.05, p. 7).

Ementa: Culpa recíproca. Configuração. O pleno conhecimento de normas de trabalho e a gravidade do seu descumprimento, especialmente por se tratar de atividade pública, de interesse de toda a coletividade, configura falta grave não só do empregado que pratica o ilícito, como daquele que, na qualidade de chefe, detentor de cargo de confiança e representante da empresa, determina tal prática. Este último, perante seus subordinados, representa o empregador, estando caracterizada a culpa recíproca prevista no art. 484 da CLT. TRT 3ª Reg. RO 00749-2002-047-03-00-4 – (Ac. 6ª T.) – Relª. Juíza Maria Jose C. B. de Oliveira. DJMG 20.2.03, p. 11.

Art. 485
Quando cessar a atividade da empresa por morte do empregador, os empregados terão direito, conforme o caso, à indenização a que se referem os arts. 477 e 497.

No caso de morte do empregador-pessoa física, redundando em cessação da atividade da empresa, os empregados fariam jus às indenizações previstas nos arts. 477 e 478, da CLT, as quais foram substituídas por depósitos do FGTS, resguardado, porém, os empregados com período anterior a opção pelo regime do FGTS. A indenização será em dobro na hipótese de empregado estável pelo regime da CLT, hoje praticamente em extinção. Assim, havendo a cessação da atividade do empregador por morte do empregador, o empregado faz jus ao levantamento do FGTS, acrescido da multa de 40%, e mais os direitos decorrentes de uma rescisão normal, inclusive o aviso prévio, já que não foi o empregado quem deu cassa a cessação da atividade (Súmula n. 44, do TST). Importante assinalar também que o art. 20, II, da Lei n. 8.036/90 (FGTS) permite a movimentação da conta vinculada do trabalhador no FGTS na hipótese da "extinção total da empresa, fechamento de quaisquer de seus estabelecimentos, filiais ou agências, supressão de parte de suas atividades, declaração de nulidade do contrato de trabalho nas condições do art. 19-A, ou ainda falecimento do empregador individual sempre que qualquer dessas ocorrências implique rescisão de contrato de trabalho, comprovada por declaração escrita da empresa, suprida, quando for o caso, por decisão judicial transitada em julgado".

Evidentemente que se a empresa continuar em atividade com os seus sucessores, os contratos de trabalho continuara normalmente. Vale recordar que § 2º do art. 483, da CLT, o empregado com a morte do empregador, tem a faculdade de continuar trabalhando com os sucessores ou então rescindir o contrato de trabalho, hipótese equivalente ao seu pedido de demissão. Trata-se, portanto de situação distinta da prevista neste artigo que envolve a dispensa do empregado.

Jurisprudência

TST, Súmula n. 44. A cessação da atividade da empresa, com o pagamento da indenização, simples ou em dobro, não exclui, por si só, o direito do empregado ao aviso prévio.

Art. 486 *No caso de paralisação temporária ou definitiva do trabalho, motivada por ato de autoridade municipal, estadual ou federal, ou pela promulgação de lei ou resolução que impossibilite a continuação da atividade, prevalecerá o pagamento da indenização, que ficará a cargo do governo responsável. (Redação L. n. 1.530, 26.12.51, DOU 28.12.51).*

§ 1º Sempre que o empregador invocar em sua defesa o preceito do presente artigo, o Tribunal do Trabalho competente notificará a pessoa de direito público apontada como responsável pela paralisação do trabalho, para que, no prazo de 30 dias, alegue o que entender devido, passando a figurar no processo como chamada à autoria. (Redação DL n. 6.110, 16.12.63, DOU 18.12.63).

§ 2º Sempre que a parte interessada, firmada em documento hábil, invocar defesa baseada na disposição deste artigo e indicar qual o juiz competente, será ouvida a parte contrária, para, dentro de três dias, falar sobre essa alegação.

§ 3º Verificada qual a autoridade responsável, a Junta de Conciliação ou Juiz dar-se-á por incompetente, remetendo os autos ao Juiz privativo da Fazenda, perante o qual correrá o feito, nos termos previstos no processo comum. (§§ 2º e 3º com redação da L. n. 1.530, 26.12.51, DOU 28.12.51).

Situações ocorrem em que empresa se vê obrigada a paralisar as suas atividades, temporariamente ou de forma definitiva, em virtude de atos de autoridade municipal, estadual ou federal ou em decorrência de lei que crie obstáculo intransponível para a continuidade do empreendimento. Exemplo típico é a interdição da atividade empresarial por ato de império do Estado. Nessas situações, temos o denominado *factum principis*. Ocorrendo o *factum principis* surge para o trabalhador o direito à respectiva indenização que ficará a cargo do governo responsável, que poderá ser o federal, estadual ou municipal.

Para tanto, a empresa que se encontra nessa situação terá que requerer a notificação da pessoa de direito público responsável para que, no prazo de 30 (trinta) dias, alegue o que entender devido, passando a figurar no processo como chamada à autoria. Evidentemente, que se houver indeferimento do Juiz quanto à participação de terceiro no processo original, entendem alguns que não haveria prejuízo ao empregador, já que ele poderá discutir numa ação regressiva o seu direito ao ressarcimento dos prejuízos tidos com o *factum principis*.

Entretanto, sempre que for invocada no juízo competente a existência do fato do príncipe, precedido sempre de documento hábil que o comprove, será ouvida a parte contrária que terá o prazo de 3 (três) dias para a sua manifestação, dada à necessidade da observância do princípio do contraditório e da ampla defesa.

Se, no entanto, o encerramento da empresa se der por atividade ilegal, evidentemente, não se tratará de fato do príncipe, da mesma forma se o motivo resultar de dolo ou culpa do empregador. Nessa hipótese, as dívidas com os trabalhadores serão de responsabilidade do empregador.

O parágrafo 3º desse artigo mostra a necessidade de atualização da CLT, uma vez que o referido texto não está em consonância com a realidade de nossos dias. Ocorre que, a competência da Justiça do Trabalho foi ampliada não só pela Constituição de 1988, mas também pela Emenda Constitucional n. 45/05. Assim, compete à Justiça do Trabalho não só a apreciação da caracterização ou não do *factum principis,* mas também da ação que postule o pagamento de indenização dele derivado. Por outro lado, não é mais Junta de Conciliação e Julgamento, mas Vara do Trabalho, por força da referida Emenda.

Jurisprudência

Ementa: Factum principis. *Configuração. Violação do art. 486 da CLT. Inexistência de culpa do estado no encerramento das atividades da reclamada.* Para que o *factum principis* transfira a obrigação de indenizar para o Estado, é necessário que se reunam os mesmos requisitos da força maior, quais sejam, fato imprevisível sem participação do empregador, e com absoluta impossibilidade de continuidade do contrato. Na hipótese dos autos, não há nada que nos leve a concluir que as atividades da empresa reclamada foram encerradas em decorrência de ato governamental praticado pelo Município de Belém. O Serviço de Auditoria da Secretaria Municipal de Saúde — SMS/SUS, diante de irregularidades, constatadas na Clínica reclamada a suspensão temporária dos atendimentos pelo SUS, até o término dos trabalhos de auditoria realizada para apuração dos fatos. Eventual suspensão dos atendimentos pelo SUS, por si só, não pode ser interpretada como impossibilidade da atividade econômica de modo a configurar a hipótese de *factum principis,* pois, explorando a empresa empregadora atividades na área de saúde, e, tendo ela, por vontade própria, feito a opção por atender pacientes exclusivamente provenientes do SUS, evidentemente que não há nesta decisão nenhuma ingerência do Poder Público, pois constitui um ato meramente gerencial, cuja responsabilidade deve ser suportada unicamente pela empresa, que tomou essa decisão. A imprevidência da Clínica empregadora e concorrência de culpa, excluem a caracterização de força maior, na forma do art. 501 e seu parágrafo da CLT, não havendo falar em *factum principis* quando a ação do poder público tem por objetivo resguardar o interesse de toda população. A solução adotada pela Corte Regional importou, sem sombra de dúvida, em afronta ao art. 486, § 1º, da CLT. Recurso de revista conhecido e provido.TST-RR-589/2005-004-08-00.0 — (Ac. 2ª T.,j. 28.5.08) — Rel. Min.Vantuil Abdala. DJU 13.6.08.

Ementa: Factum principis. *Alcance. Factum principis* é o ato de autoridade pública que, por via administrativa ou legislativa, impossibilita a continuação da atividade da empresa. O "factum principis" libera o empregador de qualquer obrigação resultante da cessação das atividades da empresa. Todavia, no presente caso, a ocorrência do fato do príncipe foi invocado pelo autor de forma a justificar o seu pedido de condenação subsidiária dos entes públicos elencados na inicial, contudo, a revogação da concessão dos serviços públicos, retirando da empresa particular (CTC) o direito de explorar o transporte coletivo de passageiros, não transfere para o Poder Público a responsabilidade pelos direitos trabalhistas não cumpridos pela concessionária, que responderá com seus bens pelas obrigações inadimplidas. TRT 18ª Reg. RO 00341-2007-012-18-00-1 — (Ac. 1ª T.) – Relª. Des. Kathia Maria Bomtempo de Albuquerque. DJE/TRT 18ª Reg. Ano I, n. 189, 13.11.07, p. 4/5.

Ementa: Fato do príncipe. Bingo. Proibição pela Medida Provisória n. 168/2004. A Medida Provisória n. 168, de 2.2.2004, simplesmente confirmou a ilegalidade do exercício da atividade, ao proibir expressamente a exploração de todas as modalidades de jogo de bingo e de jogos em máquinas eletrônicas denominadas caça-níqueis, independentemente dos nomes de fantasia, em todo o território nacional. A despeito da sua rejeição posterior e da existência da legislação estadual mencionada na defesa, o jogo do bingo continua sendo uma contravenção no território nacional, nos termos do art. 50 do Decreto-lei n. 3.688, de 3.10.1941, a chamada Lei de Contravenções Penais, bem como do Decreto-lei n. 9.215, de 30.4.1946, razão pela qual o empregador assumiu integralmente o risco de não ver reconhecida a legalidade da sua atividade (art. 2º da CLT), caso em que a sua paralisação não caracteriza fato do príncipe, mas exercício do poder-dever de polícia. É incabível nessa hipótese o "chamamento à autoria" previsto no art. 486 da CLT da União, autoridade apontada como responsável pela paralisação do trabalho. TRT 12ª Reg. RO 01601-2005-032-12-00-1 — (Ac. 2ª T., 4.9.07) – Relª. Juíza Marta Maria Villalba Fabre. TRT-SC/DOE, 22.11.07.

CAPÍTULO VI

DO AVISO PRÉVIO

Art. 487 *Não havendo prazo estipulado, a parte que, sem justo motivo, quiser rescindir o contrato, deverá avisar a outra da sua resolução, com a antecedência mínima de:*

I — oito dias, se o pagamento for efetuado por semana ou tempo inferior;

II — trinta dias aos que perceberem por quinzena ou mês, ou que tenham mais de doze meses de serviço na empresa. (Redação incisos I e II L. n. 1.530, 26.12.51, DOU 28.12.51).

§ 1º A falta do aviso prévio por parte do empregador dá ao empregado o direito aos salários correspondentes ao prazo do aviso, garantida sempre a integração desse período no seu tempo de serviço.

§ 2º A falta de aviso prévio por parte do empregado dá ao empregador o direito de descontar os salários correspondentes ao prazo respectivo.

§ 3º Em se tratando de salário pago na base de tarefa, o cálculo, para os efeitos dos parágrafos anteriores, será feito de acordo com a média dos últimos doze meses de serviço.

§ 4º É devido o aviso prévio na despedida indireta. (§ acrescido pela L. n. 7.108, 5.7.83, DOU 6.7.83).

§ 5º O valor das horas extraordinárias habituais integra o aviso prévio indenizado.

§ 6º O reajustamento salarial coletivo, determinado no curso do aviso prévio, beneficia o empregado pré-avisado da despedida, mesmo que tenha recebido antecipadamente os salários correspondentes ao período do aviso, que integra seu tempo de serviço para todos os efeitos legais. (Os parágrafos 5º e 6º foram acrescentados pela Lei n. 10.218, de 11.4.01, DOU 12.4.01).

1. Considerações preliminares. O Código Civil, de 1916, ao tratar da locação de serviços tratava do instituto do aviso prévio no art. 1.221, declarando que em não havendo prazo estipulado qualquer das partes, a seu arbítrio, mediante aviso prévio, poderia rescindir o contrato. É recíproca a obrigação, portanto.

O art. 599 do Código Civil, de 2002, repetiu a redação do anterior, no Capítulo dedicado à prestação de serviço.

A lógica desse instituto é a de impossibilitar rescisões em contratos por prazo indeterminado, de forma abrupta ou de improviso.

Pelo Direito Civil, a inexecução das obrigações deve ser reparada por perdas e danos (art. 1056, de CC de 1916), além de juros, correção e honorários de advogado (art. 389, C. Civil de 2002).

Como se sabe, desse tipo de contrato originou-se o individual do trabalho, com características próprias, tendo o instituto do aviso prévio a ele se incorporado por força da Lei n. 62/35, que regulou o Direito do Trabalho. Ocorre, no entanto, que a referida lei só obrigava o empregado a comunicar ao seu empregador o desejo de extinção do pacto laboral com antecedência mínima de oito dias ou trinta dias. O Decreto-lei n. 5.452, de 1º de maio de 1943, que criou a Consolidação das Leis Trabalho aproveitou o texto da Lei n. 62/35 e o ampliou para incluir o empregador também como destinatário do direito, portanto, atribuindo-lhe efeito recíproco (art. 487 a 491, da CLT).

1.1. Aviso prévio. Constituição de 1988. A Constituição de 1988 assegurou aos trabalhadores, urbanos e rurais, o direito ao aviso prévio proporcional ao tempo de serviço, sendo no mínimo de trinta dias, nos termos da lei (art. 7º, XXI). Portanto, o aviso prévio foi elevado ao patamar de norma constitucional, sendo referida norma de eficácia contida no que toca ao aviso prévio proporcional, conforme veremos mais adiante.

2. Aviso prévio. Conceito. O instituto do aviso prévio não é direcionado ao contrato de prazo determinado, de forma que, no âmbito do Direito do Trabalho, representa a comunicação de um ato jurídico de efeito contido, em face da imposição de um prazo para que o ato de rescisão do pacto laboral seja aperfeiçoado, o que ocorre só depois do decurso do respectivo prazo. Assim, podemos conceituar o aviso prévio como sendo um ato de vontade praticado por qualquer das partes, empregado e empregador, objetivando por fim ao contrato de trabalho, de forma que, inexistindo nenhum obstáculo no seu curso, torna o contrato em prazo determinado, em face da incidência do respectivo prazo que decorre de lei, de regulamento de emprego, ou de instrumento normativo, se mais benéfico. É um direito irrenunciável, em face de sua finalidade social e, por consequência não pode ser transacionado.

3. Aviso prévio. Natureza jurídica e finalidade. São encontradas na doutrina várias correntes tratando da natureza jurídica do aviso prévio. Com efeito, uma delas parte do entendimento de que o aviso prévio nada mais é do que lapso de tempo previsto em lei que medeia a denúncia do contrato e o seu término e que tem entre seus adeptos *Octávio Bueno Magano*, para quem o aviso prévio "é o prazo que deve preceder a rescisão unilateral do contrato de prazo indeterminado e cuja não concessão gera a obrigação de indenizar"[183]. O seu efeito como já visto é bilateral, daí a permissibilidade de reconsideração de qualquer das partes do decurso do prazo, respeitada, no entanto, a aceitação da outra parte. Outra corrente explicada por *Carmen Camino* considera "uma manifestação unilateral de vontade, mediante a qual um dos sujeitos comunica ao outro a sua intenção de não mais prosseguir na execução do contrato. Tanto que dela tome conhecimento o sujeito destinatário, consuma-se a denúncia do contrato e passa, incontinenti, a fluir o prazo legal de sua *execução residual*, ao cabo do qual a denúncia torna-se plenamente eficaz e o contrato, extinto. Enquanto o outro sujeito não tomar conhecimento da intenção de não mais prosseguir na execução do contrato de trabalho, inexiste denúncia e não corre o prazo do aviso prévio, mesmo que essa intenção tenha sido manifestada para várias outras pessoas. Em síntese, o aviso prévio é, por natureza, uma manifestação de vontade receptícia"[184].

Quanto à finalidade do aviso prévio ela tem duas vertentes. Para o empregado evita o rompimento brusco do contrato de trabalho proporcionando a ele a busca de nova colocação no mercado do trabalho; para o empregador, a busca de um substituto para suprir à falta daquele que saiu, daí porque o disposto nos §§ 1º e 2º, do art. 487, da CLT, estabelece o pagamento dos salários para aquele que não cumpre o prazo do aviso prévio. Ainda, sobre a finalidade do aviso prévio, nos valemos dos ensinamentos de Carlos Alberto Gomes Chiarelli para quem "A finalidade do aviso prévio, muito menos numerosos, na prática, no sentido trabalhador-empresa, permitiria ao empregador que buscasse, no mercado de trabalho externo ou nos próprios quadros da empresa, alguém para substituir aquele operário que, moto próprio, está afastando-se da firma, e no qual, regra geral, o empregador investiu em preparação e qualificação profissionais. Se, para o trabalhador, geralmente, uma despedida abrupta é um impacto

---

(183) *Primeiras Lições de Direito do Trabalho*. 3. ed., RT, 2003. p. 80.
(184) *Direito Individual do Trabalho*. 3. ed., RS: Síntese, 2003. p. 513/4.

cruel e de prejuízo pessoais, familiares e profissionais graves, também, para a empresa, guardadas as proporções, uma saída repentina de um empregado qualificado, com larga experiência, merecedor de confiança, é, ou pode ser, um apreciável dano, em certos casos de recuperação específica não muito imediata. Daí, a obrigação do aviso prévio também para o empregado, como alude e disciplina o § 2º, do art. 487 da CLT. O fator surpresa, a decisão abrupta e repentina, de uma das partes, cortando ou querendo cortar o vínculo e alcançando desprevenida a outra, no ajuste a termo não ocorrerá. De mais a mais, se houver antecipação do término da relação contratual pactuada para uma duração mais longa e determinada, a própria Consolidação estabelece formas e fórmulas de ressarcimento da parte prejudicada pela precoce e não ajustada conclusão contratual."[185] Por fim, há que ser ressaltado que o prazo de aviso prévio projeta-se como tempo de serviço para todos os efeitos legais, daí porque a rescisão contratual só se opera efetivamente na data do seu término.

Jurisprudência

Ementa: Aviso prévio. Projeção legal. Um dos efeitos do aviso prévio é, justamente, a integração do tempo de serviço ao contrato de trabalho para todos os fins. O pacto laboral não termina de imediato, mas apenas após expirado o prazo do aviso prévio, mesmo que indenizado (art. 487, § 1º., da CLT e OJ n. 82 da SDI-I/TST). TRT 3ª Reg. RO 00965-2007-114-03-00-1 – (Ac. 8ª T) – Rel. Desa. Cleube de Freitas Pereira. DJMG 2.8.08, p.21.

Ementa: Aviso prévio. Objetivos e efeitos. É dever do empregador, e também do empregado, avisar com antecedência a intenção de romper o contrato de trabalho. De acordo com o art. 489, da CLT, só se considera rescindido o contrato ao término do prazo concedido por ocasião do aviso. O que se costuma denominar de aviso prévio indenizado é, na verdade, uma indenização pelo aviso não concedido previamente. Com efeito, se a indenização é concedida porque o empregador não cumpriu a determinação de avisar antecipadamente o empregado do encerramento do contrato, não é razoável limitar os efeitos dessa imposição, que visa a repor o *status quo* perturbado pela conduta antijurídica. Dito de outra forma, se o empregado se beneficia da projeção do aviso prévio, inclusive para efeito de contagem do tempo de serviço, quando o empregador cumpre o que determina a lei, soa incongruente sonegar algum benefício ao trabalhador quando o comando legal foi desatendido, pela falta de aviso prévio, o que também configuraria inegável favorecimento ao infrator. Recurso a que se nega provimento, no particular, para manter a decisão de que o aviso prévio indenizado se projeta para efeito da contagem do tempo de serviço do empregado. TRT 9ª Reg. RO 10366-2005-015-09-00-0 — (Ac. 2ª T. 17878/08) — Relª Marlene T. Fuverki Suguimatsu. DJPR 30.5.08, p. 854.

4. Aviso prévio. Princípio da reciprocidade. Os dispostos nos §§ 1º e 2º deste artigo nos levam a aplicação do princípio da reciprocidade tanto que *Cabanellas*, citado por *Amauri Mascaro*, escreve no seu "Derecho Laboral", p. 794 que "a reciprocidade em matéria de pré-aviso constitui essência deste; o que quer dizer que tanto tem direito o trabalhador de receber a denúncia antecipada do contrato de trabalho por parte do seu empregador como este a do seu trabalhador, com o fim de procurar um substituto sem quebra de produção. Em todos os casos em que o contrato se dissolve sem o aviso prévio e sem causa justificada para a rescisão, a parte que o rescinde está obrigado a abonar à outra a indenização supletória por falta de aviso prévio"[186]. Nesse sentido, temos que a falta de pré-aviso por parte do empregador sobre o término do contrato obriga-o ao pagamento do respectivo salário e a garantia do aludido prazo como tempo de serviço para todos os efeitos legais (§ 1º) e da mesma forma o empregador tem o direito de descontar nos salários do empregado os dias correspondentes ao aviso prévio (§ 2º). Portanto, o aviso prévio é bilateral e constitui obrigação de cada parte em pré-avisar a denúncia

---

(185) *Trabalho na Constituição.* Direito Individual. V. I, São Paulo: LTr, 1989. p. 183.
(186) *Apud* Adelmo de Almeida Cabral. *Aviso prévio, legislação e jurisprudência.* São Paulo: LTr, 1998. p. 30/31.

do pacto laboral sob pena de indenizar o outro pela sua inobservância. A compensação do aviso prévio pelo empregador em caso do seu descumprimento, na hipótese do § 2º, poderá ser feito sobre outros créditos do empregado, como férias, 13º salário, etc, pois inexiste restrição quanto a este procedimento, destacando-se também que no processo judicial, no caso de controvérsia, haverá de ser arguida a compensação ou retenção na forma do art. 767, da CLT.

Jurisprudência

Ementa: Aviso prévio. Empregado demissionário. A teor do art. 487, parágrafo 2º, da CLT, a falta de aviso prévio por parte do empregado demissionário dá ao empregador o direito de descontar os salários correspondentes ao prazo respectivo. TRT 3ª Reg. RO 00823-2007-003-03-00-2 — (Ac. 6ª T) - Relª. Des. Emilia Facchini — DJMG 24.7.08, p. 11.

Ementa: Aviso prévio do empregado. Compensação. De acordo com o art. 487, § 2º, da CLT, a ausência de aviso prévio por parte do empregado dá ao empregador o direito de descontar os salários correspondentes ao prazo respectivo. TRT 3ª Reg. RO 00178-2004-106-03-00-2 – (Ac. 6ª T.) – Rel. Juiz Ricardo Antonio Mohallem. DJMG 3.2.05, p. 27.

Ementa. Aviso prévio indenizado. Hipótese de não-cabimento. É cediço que a indenização do aviso prévio é devida quando qualquer uma das partes da relação empregatícia deixa de avisar a outra, com antecedência mínima de 30 dias, da intenção de rescindir o contrato, sendo que aquela que assim procede atrai o ônus financeiro previsto no § 1º do art. 487 da CLT. O dever de pagar o aviso prévio indenizado recai, pois, sobre os ombros do empregador sempre que demitir sem justa causa e sem pré-avisar o empregado. Não se pode olvidar, no entanto, que o aviso prévio tem por finalidade, quando dado pelo empregador ao empregado, que este tenha tempo hábil para procurar um novo emprego, de molde a não ser prejudicado pela dispensa abrupta. *In casu*, constato haver confissão real da autora, na audiência dita inaugural, conforme ata à fl. 44, declarando que não houve solução de continuidade entre a extinção do vínculo com a COOTRAPUC e a admissão pelo IDEP, tornando, assim, desnecessária a concessão de pré-aviso quanto à intenção de despedi-la. Recurso ao qual se dá provimento, no particular, para excluir da condenação o aviso prévio indenizado. TRT 2ª Reg. RO 01414.2006.008.23.00-5- (Sessão 3/07) – Rel. Des. Roberto Benatar. DJE/TRT 23ª Reg. N. 168/07, p. 29.

Ementa: Aviso prévio. Solicitação imediata de afastamento feita pelo empregado. Anuência da empresa. É indevido o valor referente ao aviso prévio quando o empregado solicita o afastamento imediato do trabalho com a anuência da empresa. TRT 12ª Reg. RO 00222-2007-031-12-00-0 — (Ac. 2ª T., 28.08.07) – Relª. Juíza Ione Ramos. Disp. TRT-SC/DOE 11.10.07. Data de Publ. 15.10.07.

Ementa: Aviso prévio. Pedido de dispensa do cumprimento. Validade. Necessidade de demonstração inequívoca da autenticidade da manifestação de vontade externada pelo empregado. Nada impede que o empregado, quando notificado da ruptura contratual, solicite a dispensa do cumprimento do aviso prévio. Todavia, considerando a posição de inferioridade que se encontra o empregado no momento da rescisão, sujeito a possíveis pressões por parte do empregador, este pedido de dispensa deve ser recebido com reservas, somente podendo ser aceito quando houver demonstração inequívoca da autenticidade da manifestação de vontade externada pelo trabalhador. TRT 12ª Reg. RO-V 00482-2005-003-12-00-4 — (Ac. 3ª T. 14830/06, 5.9.06) – Relª. Juíza Gisele Pereira Alexandrino. DJSC 1.11.06, p. 70.

Ementa: Aviso prévio. Dispensa. Desconto pecuniário. Por se tratar de obrigação bilateral decorrente do contrato de trabalho, não só o empregador tem o dever jurídico de pré-avisar ao empregado sobre a sua intenção de rescindir o contrato entre eles existente. Todavia, existem duas hipóteses que autorizam a dispensa do cumprimento do aviso prévio, quais sejam: a primeira, quando o empregador comprova que o empregado demitido obteve um novo emprego (Precedente n. 24 e Súmula n. 276 do C. TST); a segunda, trata-se de uma faculdade, pois o empregador poderá ou não dispensar a referida obrigação jurídica do empregado que pede demissão e solicita a dispensa do cumprimento do aviso prévio. Portanto, se a iniciativa da ruptura do contrato de trabalho parte do empregado e este deixa de dar ou de cumprir o aviso prévio, nasce para o empregador o direito de descontar o valor equivalente àquele período. Inteligência do § 2º do art. 487 da CLT. TRT 10ª Reg. ROPS 00687-2005-020-10-00-6 – (Ac. 1ª T./05) – Rel. Juiz Pedro Luis Vicentin Foltran. DJU 7.10.05, p. 29.

5. Aviso prévio. Prazo mínimo e proporcionalidade. A Constituição de 1988 foi clara no sentido de que o prazo mínimo do aviso prévio é de 30 dias, ao dispor no inciso XXI do art. 7º "aviso prévio proporcional ao tempo de serviço, sendo no mínimo de trinta dias, nos termos da lei".

Portanto, quanto ao prazo mínimo, o texto constitucional é auto-aplicável, prevalecendo-se, nesse caso, o disposto na CLT, respeitando-se o prazo mínimo de 30 dias. Com isso, ficou derrogado o inciso I, do art. 487, da CLT, que prescrevia aviso prévio de 8 (oito) dias, se o pagamento fosse efetuado por semana ou tempo inferior, acabando, assim, com a diferenciação então existente. Resta agora ao legislador à normatização do texto constitucional no que concerne a sua proporcionalidade ao tempo de serviço, que até hoje não aconteceu, embora já transcorrido mais de 20 anos. De notar-se, também que, depois de muita controvérsia a respeito, acabou o TST editando a OJ-SDI-1 n. 84, no sentido apontado, ou seja, de que o aviso prévio proporcional ao tempo de serviço depende de lei.

Jurisprudência

TST, OJ-SDI-1. N. 84. AVISO PRÉVIO. PROPORCIONALIDADE (inserida em 28.4.1997). A proporcionalidade do aviso prévio, com base no tempo de serviço, depende da legislação regulamentadora, visto que o art. 7º, inc. XXI, da CF/1988 não é autoaplicável.

6. Aviso prévio. Forma e a sua prova. Não existe forma prescrita em lei para o aviso prévio. Assim, poderá ser formalizado verbalmente ou por escrito, sendo esta última forma a mais recomendável, sobretudo quando conta com o ciente do notificado, porque fica a comprovação que interessa ao notificante, sendo, portanto, uma prova de significativa importância, numa eventual negativa do seu recebimento. Evidentemente que se o pré-avisado admite o seu recebimento, válido será o procedimento. É que os meios de prova permitidos em direito valem também na concessão do aviso prévio, importando dizer que se for verbal, incumbe a quem deu o ônus da prova. A confissão judicial do recebimento do aviso prévio dá validade ao ato. Outras formas de comunicação, como a feita por edital não invalida o ato se comprovado que o destinatário dela tomou conhecimento. O que "não é possível a concessão do aviso prévio de forma tácita. Como ato receptício de vontade, torna-se fundamental, para que surta o efeito desejado, que a parte *ex adversa* tenha conhecimento da vontade do comunicante"[187].

Jurisprudência

Ementa: Aviso prévio. Dação de forma verbal. Embora seja admissível a dação verbal do aviso prévio, incumbe a quem deu a prova respectiva. TRT 12ª Reg. RO-V-08825/99 – (Ac. 2ª T. 04577/01) – Rel. Juiz José Luiz Moreira Cacciari. DJSC 15.5.01, p. 92.

Ementa: Aviso prévio. Possibilidade de ciência do obreiro em dia não trabalhado. Inexiste qualquer determinação legal no sentido de que o aviso prévio deve ser dado ao empregado para ciência, obrigatoriamente em dia trabalhado, sendo possível, até mesmo, que nesse dia o reclamante tenha sido convocado somente para esse fim. TRT 10ª Reg. RO 00368-2005-018-10-00-4 – (Ac. 2ª T./05) – Relª. Juíza Maria Piedade Bueno Teixeira. DJU3 9.9.05, p. 38.

Ementa: Aviso prévio. Efeito "retroativo". Invalidade. Não é válido o comunicado de dispensa do empregado, emitido no ato da demissão, porém, com data falsa, para fazer supor que fora emitido trinta dias de antecedência como determina a lei, vulgarmente rotulado de aviso prévio com efeito "retroativo", porque frustra o caráter teleológico deste instituto de Direito do Trabalho. Hipótese em que o empregado faz jus à indenização do pré-aviso. Recurso não provido. TRT 15ª Reg. (Campinas/SP) – RO 00388-2006-044-15-00-5 – (Ac. 1960/2008-PATR, 10ª C.) — Rel. José Antonio Pancotti. DOE 18.1.08, p. 66.

7. Aviso prévio. Remuneração. Segundo o disposto nos §§ 1º e 2º do art. 487, o aviso prévio deverá corresponder aos "salários percebidos pelo empregado", compreendendo na cita-

---

(187) CARVALHO RIBEIRO, Lélia Guimarães. *Natureza jurídica do aviso prévio.* São Paulo: LTr, p. 33.

da expressão, que integra a sua base de cálculo, as verbas de natureza salarial, como as comissões, os adicionais de transferência, insalubridade, periculosidade, noturno, horas extras, estas habituais, pois as esporádicas estão excluídas. Lembra também com propriedade *Adelmo de Almeida Cabral* que "embora a lei fale em salário, o pagamento do aviso prévio deve ser realizado, com base na remuneração, se esta constituir a base de pagamento do empregado. Recebendo o empregado remuneração não há como limitar-se ao salário o pagamento do aviso prévio, especialmente o trabalhado, pois, no caso, haveria redução da remuneração. Dentro dessa ótica, o pagamento do aviso prévio indenizado deverá ser feito na base da remuneração, pois a opção para que o empregado deixe de trabalhar é do próprio empregador"[188]. Entretanto, a gratificação semestral e as gorjetas não integram o cálculo do aviso prévio, conforme Súmulas ns. 253 e 354 do Colendo TST.

De notar-se, no entanto, que se o aviso prévio for trabalhado, o trabalhador receberá normalmente a sua remuneração, já que está relacionada com o trabalho prestado no respectivo período. No entanto, se o aviso prévio foi indenizado, ele não terá natureza salarial, já que não há trabalho no respectivo período. Segundo *Sérgio Pinto Martins*, "o fato de os §§ 1º e 2º do art. 487, falarem em salário não modifica a natureza do pagamento, pois o que se pretende dizer é que a indenização do aviso prévio não concedido corresponderia ao salário"[189].

Jurisprudência

TST, Súmula n. 253. GRATIFICAÇÃO SEMESTRAL. REPERCUSSÕES (nova redação) — Res. 121/2003, DJ 19, 20 e 21.11.2003. A gratificação semestral não repercute no cálculo das horas extras, das férias e do aviso prévio, ainda que indenizados. Repercute, contudo, pelo seu duodécimo na indenização por antiguidade e na gratificação natalina.

TST, Súmula n. 305. O pagamento relativo ao período de aviso prévio, trabalhado ou não, está sujeito à contribuição para o FGTS.

TST, Súmula n. 354. GORJETAS. NATUREZA JURÍDICA. REPERCUSSÕES (mantida) — Res. 121/2003, DJ 19, 20 e 21.11.2003. As gorjetas, cobradas pelo empregador na nota de serviço ou oferecidas espontaneamente pelos clientes, integram a remuneração do empregado, não servindo de base de cálculo para as parcelas de aviso prévio, adicional noturno, horas extras e repouso semanal remunerado.

Ementa: Vale-refeição. Verba indevida no pagamento do aviso prévio indenizado. O vale-alimentação, fornecido pelo empregador inscrito no PAT, com a finalidade de indenizar o valor despendido com a alimentação durante o trabalho, não possui natureza salarial, e, consequentemente, não é devido o seu pagamento quando o aviso prévio é indenizado. TRT 12ª Reg. RO 00835-2003-043-12-00-3 – (Ac. 1ª T.,14.8.07) — Rel. Juiz Marcus Pina Mugnaini. TRT-SC/DOE 10.9.07.

8. Aviso prévio. Pagamento feito por tarefa (§ 3º). Se o pagamento for na base de tarefa, o cálculo será feito de acordo com a média dos últimos doze meses de serviço. O trabalho com base em tarefa se caracteriza como uma situação mista porque há uma combinação do salário por unidade de tempo com o salário por unidade de obra. Consequentemente, resulta sempre em salário variável, porque não deixa de estar vinculado com a produção, ainda que de forma indireta, daí com propriedade a lição de *Valentim Carrion* quando afirma que "O tarefeiro tem calculado o mês de aviso prévio na forma do § 3º, na hipótese em que a tarifa tenha permanecido estável; se houve acréscimo decorrente do pacto, de variação do salário mínimo ou de norma coletiva, levar-se-á conta, sempre que possível, a média de produção do último ano, multiplicada pela tarifa mais recente[190]".

---

(188) *Aviso Prévio*. Doutrina. Legislação e Jurisprudência. São Paulo: LTr, 1997. p. 66:7.
(189) *Comentários à CLT*. 12. ed., São Paulo: Atlas, 2008. p. 539.
(190) *Comentários à CLT*. 32. ed., São Paulo: Saraiva, 2007. p. 398.

9. Aviso prévio e a despedida indireta (§ 4º). Depois de muita controvérsia na doutrina e na jurisprudência, o legislador por intermédio da Lei n. 7.108, 5.7.83, DOU 6.7.83, acabou por acrescentar o § 4º nesse artigo em análise para assegurar ao empregado o direito ao aviso prévio em caso da procedência do pedido de rescisão indireta. Com isso ficou cancelada a Súmula n. 31, do TST, pela Resol. n. 31/94, DJ 12.5.94, que dispunha ser incabível o aviso prévio na despedida indireta.

10. Aviso prévio e as horas extras habituais (§ 5º). No parágrafo 5º está estabelecido que o valor das horas extras habituais, integrará o aviso-prévio indenizado. A expressão "horas extras habituais" se entende como aquelas realizadas rotineiramente para distinguir daquelas prestadas esporadicamente. A jurisprudência trabalhista tem entendido que se durante o período de apuração houve o pagamento de horas em mais de 50% do período trabalhado, caracterizado está a habitualidade.

Jurisprudência

Ementa: Horas extras. Habitualidade. Critérios de definição. Para o deferimento de reflexos das horas extras nos títulos trabalhistas que são pagos com base na remuneração, há de se averiguar se houve o pagamento habitual dentro do período de apuração de cada um desses títulos. Ou seja, para esse fim, o pagamento habitual ou reiterado significa que o mesmo ocorreu em mais de 50% do período trabalhado. Ademais, é preciso observar se esse pagamento habitual ocorreu dentro do período de apuração de cada parcela trabalhista: a) quanto ao 13º salário, pelo período de janeiro a dezembro de cada ano (Dec. n. 57.155/65, art. 2º); b) quanto às férias, pelo período de doze meses que precederam à sua concessão (CLT, art. 142); c) quanto ao aviso prévio, pelos últimos doze meses de serviço (CLT, art. 487, § 3º); d) quanto aos repousos semanais remunerados, pelo período de segunda a sábado de cada semana (Lei n. 605/49, art. 7º). TRT 3ª Reg. RO 00421-2004-013-03-00-2 – (Ac. 3ª T.) – Rel. Juiz Cesar P. S. Machado Jr. DJMG 3.6.06, p. 5.

11. Aviso prévio e o reajustamento coletivo no curso do aviso prévio. (§ 6º) Para pôr fim a uma discussão que vinha controvertida perante os Tribunais, a Lei n. 10.218, de 11 de abril de 2001, acrescentou a esse art. 487, o parágrafo 6º, para deixar claro que o reajustamento coletivo determinado no curso do aviso prévio beneficia o empregado pré-avisado, mesmo que tenha recebido antecipadamente os salários correspondentes ao período do aviso, o qual integra o tempo de serviço pra todos os efeitos legais (parágrafo 1º desse art. 487). Aliás, esse entendimento já era consagrado na Súmula n. 5, do TST, depois cancelada pela Resol. Adm. (Pleno) n. 121, de 28 de outubro de 2003. A verdade é que o empregado seria prejudicado se fosse adotado outro entendimento, como também motivaria ao empregador fazer a dispensa do empregado quando se avizinhasse o reajustamento coletivo. Aliás, o legislador sempre se preocupou com o trabalhador nas vésperas da data-base da categoria tanto que instituiu uma indenização adicional (Lei n. 6.708/79) quando a dispensa ocorra nos trinta dias que anteceda a data do reajustamento.

12. Peculiaridades do aviso prévio

12.1. Aviso prévio. Baixa na CTPS. Em função do disposto no § 2º do art. 487, da CLT, supratranscrito, prevaleceu o entendimento de que sendo garantida a integração do período do aviso prévio no tempo de serviço do empregado, a data da baixa na Carteira de Trabalho e Previdência Social é aquela correspondente ao término do prazo de aviso prévio, mesmo o indenizado. Quando o aviso prévio é trabalhado não haverá nenhuma dúvida de que a baixa deverá corresponder ao do seu término, por dedução lógica, já que houve trabalho no respectivo período. Entretanto, quando se trata de aviso prévio indenizado algumas considerações merecem ser destacadas. Uma delas está na natureza do seu pagamento, já que predomina o entendimento no Judiciário Trabalhista de que ela é indenizatória, mas por outro lado, sobre ele incide o FGTS (Súmula n. 305, do TST). A segunda diz respeito à contribuição previdenciária, mas sobre ela nos reportamos ao item 12.6.

Jurisprudência

TST, OJ-SDI-1 N. 82. AVISO PRÉVIO. BAIXA NA CTPS (inserida em 28.4.1997). A data de saída a ser anotada na CTPS deve corresponder à do término do prazo do aviso prévio, ainda que indenizado.

Ementa: Anotação da CTPS. Data de saída. Correspondente ao fim do prazo de aviso prévio indenizado. Necessidade de anotação desta peculiaridade. Nos termos do entendimento sedimentado na Orientação Jurisprudencial n. 82 da SDI-I do TST, a data de saída a ser anotada na CTPS deve corresponder ao término do aviso prévio, ainda que indenizado. Contudo, nesta hipótese, deve ser inserida na CTPS do reclamante a anotação que está sendo considerado o prazo do aviso prévio indenizado. Isto permite ao órgão previdenciário o conhecimento do fato, possibilitando a verificação, na forma da lei, sobre o cômputo, ou não, do referido período no tempo de serviço para efeito de aposentadoria, bem como afasta a possibilidade de o empregador ser obrigado a discutir ou mesmo vir a ser punido, no futuro, pela ausência de um recolhimento a que não estava obrigado. TRT 9ª Reg. RO 15490-2002-014-09-00-2 — (Ac. 4ª T. 05198/05) – Rel. Juiz Sergio Murilo Rodrigues Lemos. DJPR 4.3.05, p. 515.

12.2. Aviso prévio. Cessação da atividade da empresa. A cessação da atividade da empresa se insere dentro dos riscos do empreendimento os quais não podem ser repassados ao empregado. Dessa forma, havendo o pagamento de indenização, simples ou em dobro, não interfere no direito ao aviso prévio, pois este visa proporcionar ao trabalhador um período de tempo a procura de nova colocação no mercado de trabalho, direito esse irrenunciável. Nesse sentido, a Súmula n. 44, do TST.

Jurisprudência

TST, Súmula n. 44. AVISO PRÉVIO (mantida) — Res. 121/2003, DJ 19, 20 e 21.11.2003. A cessação da atividade da empresa, com o pagamento da indenização, simples ou em dobro, não exclui, por si só, o direito do empregado ao aviso prévio.

12.3. Aviso prévio. Força maior. Em caso de força maior em que se aplica o disposto no art. 501, da CLT, não é devido o aviso prévio, já que o evento caracterizador impossibilitou a continuidade da atividade laboral.

Jurisprudência

Ementa: Aviso prévio indenizado. Ruptura do contrato de trabalho por motivo de força maior. Incêndio no local de trabalho. Comprovada a ocorrência de incêndio no local de trabalho do empregado, que impossibilitou a continuidade da atividade laboral, caracterizada a força maior descrita no art. 501 da CLT. Não é devido aviso prévio indenizado ao reclamante. TRT 9ª Reg. Proc. 00615-2006-002-09-00-3- (Ac. 1ª T. 02207/08) – Rel. Tobias de Macedo Filho. DJPR 25.1.08.

12.4. Aviso prévio. Comissionista. O aviso prévio em se tratando de empregado comissionista deve ser calculado tomando-se por base a média dos últimos doze meses, como se estivesse trabalhando, a fim de que ele não sofra prejuízo. Isso porque, conforme assinalam *José Affonso Dallegrave Neto* e *Cláudia Salles Vilela Vianna*, "em se tratando de parcela variável apurada em valores, como por exemplo as comissões, o cálculo das médias deverá ser efetuado tomando-se por base o valor recebido, aplicando-se índices de correção se previstos em contrato ou documento coletivo da categoria"[191]. Também *José Aparecido dos Santos* afirma que "os comissionistas devem receber a título de salário do aviso prévio a média dos últimos 12 meses trabalhados, estando atualmente a prevalecer o entendimento de que para obter essa média os valores das comissões devem ser atualizados monetariamente"[192].

12.5. Aviso prévio. Contrato de experiência. O contrato de experiência é uma das modalidades do contrato por prazo determinado e em razão disso o aviso prévio torna-se incabível já que as partes sabem de antemão quando haverá o término do vínculo. Entretanto, nada impede que nesse tipo de contrato as partes estabeleçam a possibilidade do rompimento antecipado, na forma do art. 481, da CLT, sendo em tal hipótese devido o aviso prévio. Na prática, não é comum a inserção da referida cláusula no contrato de experiência, em face do disposto no parágrafo único do art. 445, da CLT, que o limita ao prazo máximo de 90 dias, sendo permitida uma prorrogação desde que respeitado o referido prazo.

Jurisprudência

TST, Súmula n. 163. AVISO PRÉVIO. CONTRATO DE EXPERIÊNCIA (mantida) — Res. 121/2003, DJ 19, 20 e 21.11.2003. Cabe aviso prévio nas rescisões antecipadas dos contratos de experiência, na forma do art. 481 da CLT (ex-Prejulgado n. 42).

Ementa: Contrato de experiência. Aviso prévio indenizado. Para que se configure o direito ao aviso prévio indenizado, é necessária prova robusta e inconteste relativamente à alegação de existência de fraude por ocasião da assinatura do contrato de experiência. TRT 12ª Reg. RO-VA 00744-2005-039-12-00-0 — (Ac. 1ª T. 16188/06, 3.10.06) — Rel. Juiz Marcus Pina Mugnaini. DJSC 23.11.06, p. 56.

12.6. Aviso prévio. Contribuição previdenciária. Quando o aviso prévio é trabalhado, não haverá nenhuma dúvida sobre a incidência da contribuição previdenciária, pois na sua essência representa a remuneração propriamente dita devida ao empregado no curso do aviso prévio trabalhado. No tocante ao aviso prévio indenizado pairam dúvidas a respeito; alguns entendem que a sua natureza é salarial, porque se é tempo de serviço para todos os efeitos legais, tem repercussão no direito à aposentadoria do empregado e consequentemente atrairia o recolhimento da contribuição previdenciária, observado o mesmo raciocínio que levou a incidir o FGTS sobre ele, na forma da Súmula n. 305, do TST. Outros se posicionam contrariamente à referida tese sob o argumento de que não há trabalho quando o aviso prévio é indenizado e por essa razão a sua natureza só pode ser indenizatória. As normas previdenciárias não contribuíram para elucidar a controvérsia, já que foram omissas a respeito (vide processo TST-RR-259/2005-013-10-00.5, que consta da parte destinada à jurisprudência), deixando, portanto, para os Tribunais Trabalhistas a missão de solucionar a pendência. A jurisprudência predominante, inclusive do Colendo TST, tem acolhido a tese de que a natureza jurídica do aviso prévio, quando não trabalhado, é de natureza indenizatória, acreditando, no entanto, que este entendimento não se mostra consistente quando se sabe que a data da baixa na CTPS do empregado considera o referido prazo e sobre ele incide FGTS, como também o seu prazo tem reflexo na aposentadoria do trabalhador, pois sem o respectivo recolhimento previdenciário, dito prazo não será

---

(191) *Rescisão do contrato de trabalho*. Doutrina e prática. São Paulo: LTr, 2001.
(192) *Curso Prático de Cálculos de Liquidação Trabalhista*. Curitiba: Juruá, 2002. p. 279.

contado para aquele benefício. Entretanto, o Decreto n. 6.727, de 12 de janeiro de 2009 (DOU 13.1.09) revoga o alínea "f" do inciso V do § 9º do art. 214, do Decreto n. 3.048/99. A referida alínea excluia expressamente a incidência da contribuição previdenciária sobre o aviso prévio, de forma que a partir da aludida revogação haverá incidência previdenciária sobre o aviso prévio.

Jurisprudência

Ementa: *Aviso prévio indenizado. Incidência da contribuição previdenciária. Natureza jurídica.* I — Efetivamente, a Lei n. 9.528/97 suprimiu do texto o § 2º do art. 28 da Lei n. 8.212/91, no qual eram enumeradas as parcelas a serem excluídas do salário de contribuição, a importância recebida a título de aviso prévio indenizado. Não se trata, porém, de silêncio eloquente do legislador, a partir do qual seria imperativa a conclusão sobre a incidência da contribuição previdenciária sobre o aviso prévio indenizado, mas simples omissão decorrente de "cochilo" legislativo, conforme se depreende do art. 214, § 9º, inciso V, letra "f", do Decreto regulamentador n. 3.049/99 e do art. 78, inciso V, letra "f", da Instrução Normativa INSS-DC100, de 18/12/2003. II — Com efeito, tanto no Decreto regulamentador quanto na Instrução Normativa editada pelo próprio INSS, malgrado a omissão detectada na nova redação dada ao art. 28, § 9º, alínea "e" da Lei n. 8.212/91, consta expressamente que o aviso prévio indenizado não integra o salário-de-contribuição, infirmando desse modo a pretensa vulneração literal e direta dos arts. 114, § 3º, 195 e 201, § 6º e § 11, da Constituição Federal, 111, 116, parágrafo único, e 123 do CTN e 28, § 9º, da Lei n. 8.212/91. III — Em se tratando de aviso prévio indenizado, por não ser parcela retributiva do trabalho prestado nem proveniente de tempo de serviço à disposição do empregador, ainda que não fossem baixados provimentos normativos, com vistas a sanar omissão em que incorrera a Lei n. 9.528/97, seria imperativa a sua exclusão do salário-de-contribuição, por ser integrado basicamente de parcelas de natureza salarial. IV — Recurso não conhecido. TST-RR-259/2005-013-10-00.5 — (Ac. 4ª T.) – 10ª Reg. – Rel. Min. Antônio José de Barros Levenhagen. DJU 30.3.07, p. 1287.

Ementa: *Acordo judicial. Parcela paga a título de aviso prévio. Natureza indenizatória.* O valor pecuniário pago a título de aviso prévio tem o objetivo de compensar o empregado pela repentina rescisão do contrato de emprego, constituindo-se em nítido caráter indenizatório, não se sujeitando, portanto, a incidência da contribuição previdenciária. Ressalta-se, ainda, não possuir relevância o fato de constar ou não o aviso prévio do rol das parcelas sobre as quais incide a contribuição previdenciária (art. 28 da Lei n. 8.212/91). O que de fato importa é referida parcela deter natureza indenizatória.

12.7. Aviso prévio. Cumprido em casa. Efeitos. Já tratamos do aviso prévio cumprido em casa no item 14.8, do art. 477, da CLT no que concerne ao prazo para o pagamento das verbas rescisórias. A ele nos reportamos. Fica, no entanto, o registro de que não houve proibição a esse procedimento, apenas que para o aviso prévio cumprido em casa, o prazo de pagamento das verbas rescisórias continua sendo até o décimo dia da notificação de despedida. Esse é o posicionamento adotado pela Orientação Jurisprudencial n. 14 da SBDI-1, do TST. Aliás, tem sido admitida em norma coletiva cláusula que considera válido o aviso prévio domiciliar, havendo jurisprudência, inclusive de Turma do TST, com este posicionamento sob o argumento de que "O aviso prévio cumprido em casa corresponde ao período em que o empregado não está obrigado a trabalhar para o empregador, mas este estará obrigado a pagar o tempo correspondente, mesmo inexistindo a prestação de serviços. Nesse caso, o empregado terá tempo integral para procurar novo emprego. Portanto, é válida cláusula de convenção coletiva de trabalho que contempla o cumprimento do aviso prévio em casa. De fato, cumpre as três finalidades do instituto jurídico: a) comunicação de que o contrato de trabalho irá acabar; b) prazo para o empregado procurar outro emprego; e c) pagamento do período respectivo. Assim, nos termos da lei, nenhum prejuízo advém para o empregado, na medida em que seria lícito ao empregador exigir-lhe a prestação de labor". (Proc. TST-RR-1188/99,1ª Turma, Rel. Min. João Oreste Dalazen, DJU 6.10.06)

Ementa Normativa do SIT/MTE

Ementa n. 24. *Homologação. Aviso prévio. Dispensa do empregado durante o cumprimento do aviso. Prazo para pagamento.* Quando, no curso do aviso prévio, o trabalhador for dispensado pelo empregador do seu cumprimento, o prazo para o pagamento das verbas rescisórias será o que ocorrer primeiro: o décimo dia, a contar da dispensa do cumprimento, ou o primeiro dia útil após o término do cumprimento do aviso prévio. Ref.: art. 477, § 6º, da CLT. Portaria n. 1 do MTE/SRT, de 25 de maio de 2006, (DOU 26.5.06)

Jurisprudência

TST, OJ-SDI-1 N. 14. AVISO PRÉVIO CUMPRIDO EM CASA. VERBAS RESCISÓRIAS. PRAZO PARA PAGAMENTO (título alterado e inserido dispositivo) — DJ 20.4.2005. Em caso de aviso prévio cumprido em casa, o prazo para pagamento das verbas rescisórias é até o décimo dia da notificação de despedida.

Ementa: Aviso prévio. Cumprimento em casa. Norma coletiva. 1. É válida cláusula de convenção coletiva de trabalho que contempla o cumprimento do aviso prévio em casa, mesmo porque, objetivamente, nos termos da lei, daí nenhum prejuízo advém para o empregado, na medida em que seria lícito ao empregador exigir-lhe a prestação de labor nesse período. 2. Inexistência de afronta ao art. 7º, inc. XXVI, da Constituição Federal. 3. Recurso de revista de que não se conhece. TST-RR-1188/1999-087-15-00 (Ac. 1ª T.) — 15ª Reg. — Rel. Min. João Oreste Dalazen. DJU 6.10.06.

Ementa: Aviso prévio domiciliar. Convenção coletiva de trabalho. Validade. É válida a previsão normativa que autoriza o cumprimento do aviso prévio domiciliar, permanecendo o empregado à disposição do empregador nesse período. As cláusulas normativas refletem a vontade das partes acordantes e, por isso, devem ser amplamente observadas, tais como pactuadas, sob pena de ofensa ao art. 7º, XXVI, da CF/88. Não se admite que a própria parte, legalmente representada no ajuste coletivo, negue a sua validade plena. TRT 3ª Reg. RO 00095-2008-088-03-00-0 — (Ac. 6ª T.) — Rel. Des. Ricardo Antonio Mohallem. DJMG 14.8.08, p. 10.

Ementa: A CLT (arts. 487 a 491) prevê duas modalidades para o aviso prévio: laborado ou indenizado, e mais nenhuma outra que seja. O denominado "aviso cumprido em casa" acaba sendo afrontoso tanto ao art. 4º quanto ao art. 477 do diploma consolidado, pois caracteriza forma anômala de frustração legal, devendo ser considerado nulo (CLT, art. 9º). Tanto elastece erradamente o cumprimento da homologação rescisória dentro de curto decurso temporal (CLT, art. 477), como desrespeita o princípio basilar do efetivo trabalho com a respectiva contraprestação salarial (CLT, art.4º). TRT 2ª Reg. RO 242180200290202005 — (Ac. 7ª T. 20030034773) — Rel. Juiz Ricardo Verta Luduvice. DJSP 21.02.03, p. 111

12.8. Aviso prévio. Empregado analfabeto. O empregado analfabeto, dada a sua condição, requer sempre um tratamento diferenciado e não poderia ser diferente no que toca a comunicação da rescisão contratual. No caso do aviso prévio, a comunicação deverá ser feita na presença de testemunhas que atestem a leitura dos seus termos para o empregado analfabeto.

Jurisprudência

Ementa: Aviso prévio. Empregado analfabeto. A comunicação do aviso prévio ao empregado analfabeto somente poderá ser considerada válida se pessoas idôneas testemunharam a leitura de seus termos. TRT 12ª Reg. (Ac. 3477/06) – Rel. Juiz Idemar A. Martini. DJSC 8.7.96, p. 122.

12.9. Aviso prévio. Estabilidade provisória. Dirigente sindical. Impera o entendimento de que, com a dação do aviso prévio, o contrato de trabalho, então por prazo indeterminado é transformado em prazo determinado, conforme *Russomano*. Assim, se feito a comunicação ao empregado, com o aviso prévio indenizado ou não, o registro da candidatura do empregado como dirigente sindical não lhe assegura o direito à estabilidade prevista no art. 543, § 3º da CLT. Ocorre que, no caso fica prevalecendo à vontade do empregador, pois no momento da comunicação do aviso prévio não havia nenhum impedimento que o impedisse de assim agir. Esse entendimento já vinha da Orientação Jurisprudencial da SBDI-1 n. 35, do TST, a qual foi transforma na Súmula n. 369, V, do TST.

Jurisprudência

TST, Súmula 369. DIRIGENTE SINDICAL. ESTABILIDADE PROVISÓRIA. V — O registro da candidatura do empregado a cargo de dirigente sindical durante o período de aviso prévio, ainda que indenizado, não lhe assegura a estabilidade, visto que inaplicável a regra do § 3º do art. 543 da Consolidação das Leis do Trabalho. (ex-OJ n. 35 da SBDI-1 — inserida em 14.3.1994).

12.10. Aviso prévio. Férias. O aviso prévio não poderá ser concedido no período em que o empregado estiver em gozo de suas férias. Ocorre que a finalidade do aviso prévio é permitir ao empregado a busca de nova colocação no mercado do trabalho enquanto as férias visam à recuperação das energias do empregado com a prática de lazer e de outras atividades que melhor lhe aprouver. São dois institutos que se distinguem em virtudes das finalidades a que se destinam e por isso não podem conviver juntos. Nessa conformidade, o empregador só está liberado para conceder o aviso prévio ao empregado em férias, depois de usufruído pelo empregado.

12.11. Aviso prévio. Fundo de Garantia do Tempo de Serviço. Como o aviso prévio é considerado como tempo de serviço para todos os efeitos e o Fundo de Garantia por Tempo de Serviço veio para substituir a indenização prevista no regime da CLT ligada também ao tempo de serviço, prevaleceu o entendimento de que sobre ele incide o recolhimento do FGTS, pouco importando se o aviso prévio é trabalhado ou não. Nesse sentido, o disposto na Súmula n. 305, do TST.

Jurisprudência

TST, Súmula n. 305. FUNDO DE GARANTIA DO TEMPO DE SERVIÇO. INCIDÊNCIA SOBRE O AVISO PRÉVIO (mantida) — Res. 121/2003, DJ 19, 20 e 21.11.2003. O pagamento relativo ao período de aviso prévio, trabalhado ou não, está sujeito a contribuição para o FGTS.

12.12. Aviso prévio. Garantia de emprego. Concessão na sua fluência. Na fluência da garantia de emprego, o empregado não poderá ser dispensado a não ser por justa causa, e dependendo do tipo de garantia de emprego, só por inquérito judicial, tal como se dá com o dirigente sindical. São dois institutos antagônicos, porquanto o aviso prévio está relacionado com a ruptura do pacto laboral enquanto o outro visa primordialmente à preservação do vínculo. O primeiro só poderá ser exercido quando o empregador está na plenitude do seu poder diretivo, ou seja, não existe nenhum impedimento para o seu exercício, enquanto no outro há uma restrição àquele poder, ressalvada à hipótese de justa causa e ainda assim com observância das regras dispostas em lei. Assim "a superveniência, durante o transcurso do prazo do aviso prévio, de qualquer norma ou fato impeditivos de resolução contratual, desconhecidos à época da despedida, não impossibilita a rescisão do contrato de trabalho já sujeito a termo", excluindo dessa orientação "as hipóteses de fraude, quando o empregador despede o empregado, de má-fé, apenas para que este não adquira a estabilidade, quando sabia que tal iria acontecer nos trinta dias subsequentes"[193]. Portanto, a incompatibilidade entre os dois institutos — aviso prévio e garantia de emprego — torna-se incabível o aviso prévio. Nesse sentido, a Súmula n. 348, do TST.

---

(193) ABDALA, Vantuil. *Aviso prévio para o aviso prévio. Fundamentos do Direito do Trabalho.* Livro em Homenagem ao Ministro Milton de Moura França. Coordenadores Peixoto Giordani, Francisco Alberto da Motta, Martins, Melchiades Rodrigues e Vidotti, Tárcio José. São Paulo: LTr, 2000. p. 560.

Jurisprudência

TST, Súmula n. 348 . AVISO PRÉVIO. CONCESSÃO NA FLUÊNCIA DA GARANTIA DE EMPREGO. INVALIDADE (mantida) — Res. 121/2003, DJ 19, 20 e 21.11.2003. É inválida a concessão do aviso prévio na fluência da garantia de emprego, ante a incompatibilidade dos dois institutos.

Ementa: Garantia de emprego prevista no art. 10, II, a, do ADCT. Cipa. Incompatibilidade com o aviso prévio.

Não é válida a concessão do aviso prévio durante o período em que o empregado tem estabilidade, tendo em vista ser necessária a fruição integral do prazo da estabilidade, neste sentido o disposto na Súmula n. 348 do TST que assim dispõe "é inválida a concessão do aviso prévio na fluência da garantia de emprego, ante a incompatibilidade dos dois institutos". TRT 3ª Reg. RO 00063-2008-094-03-00-6 — (Ac. 6ª T.) — Rel. Des. Antonio Fernando Guimarães. DJMG 17.7.08, p. 11.

12.13. Aviso prévio. Indenização adicional da Lei n. 6.708/79. Havia uma prática de dispensa do trabalhador pelo empregador quando se aproximava a data-base da categoria, oportunidade em que as verbas rescisórias seriam elevadas em função do reajustamento coletivo por força de acordo ou convenção coletiva. Para evitar essa prática, o legislador por intermédio da Lei n. 6.708/79, instituiu uma indenização adicional a ser paga ao trabalhador quando a dispensa ocorresse nos trinta dias que antecedessem a data-base da categoria. Entretanto, o empregador para escapar dessa indenização praticava a dispensa antes do período crítico. Esse procedimento, que seria uma forma de burlar o pagamento da indenização adicional acabou por levar ao entendimento que se o término do aviso prévio recaísse nos trinta dias que antecedesse a data-base, a indenização adicional também seria devida. Diante desse quadro pacificou o entendimento no TST, de que o tempo do aviso prévio, mesmo indenizado, acarreta o pagamento da indenização prevista no art. 9º da Lei n. 6.708/79 (Súmula n. 182). Vale ressaltar, ainda sobre o mesmo tema, que tão-somente após o término da estabilidade provisória é que começa a contagem do aviso prévio para efeito das indenizações previstas nos arts. 9º da Lei n. 6.708/79 e 9º da Lei n. 7.238/84. Nesse sentido, a OJ. SDI-I n. 268, do TST.

Jurisprudência

TST, Súmula n. 182. AVISO PRÉVIO. INDENIZAÇÃO COMPENSATÓRIA. LEI N. 6.708, DE 30.10.1979 (mantida) — Res. 121/2003, DJ 19, 20 e 21.11.2003. O tempo do aviso prévio, mesmo indenizado, conta-se para efeito da indenização adicional prevista no art. 9º da Lei n. 6.708, de 30.10.1979.

TST, OJ-SDI-I, 268. INDENIZAÇÃO ADICIONAL. LEIS NS. 6.708/79 E 7.238/84. AVISO PRÉVIO. PROJEÇÃO. ESTABILIDADE PROVISÓRIA (inserida em 27.09.2002). Somente após o término do período estabilitário é que se inicia a contagem do prazo do aviso prévio para efeito das indenizações previstas nos arts. 9º da Lei n. 6.708/79 e 9º da Lei n. 7.238/84.

12.14. Aviso prévio. Indenizado. Superveniência de auxílio-doença no seu curso. Uma vez dado o aviso prévio, o ato rescisório só será aperfeiçoado na ausência de qualquer impedimento para sua consumação, ou seja, a rescisão contratual só se opera quando transcorrido o respectivo prazo. Nesse contexto, pode acontecer de o empregado pré-avisado da sua despedida por motivo de doença profissional ou acidente do trabalho ficar afastado pela Previdência Social, hipótese essa que impossibilitará o acerto de contas porque o contrato de trabalho estaria suspenso, de forma que os efeitos do aviso prévio só se concretizariam quando do término do afastamento. Essa regra atende a finalidade do social do aviso prévio, pois enquanto o trabalhador por motivos alheios a sua vontade estiver impossibilitado de prestar serviços, ele não estará liberado para procurar nova colocação ou apto para iniciar no emprego já conseguido.

Jurisprudência

TST, Súmula n. 371. AVISO PRÉVIO INDENIZADO. EFEITOS. SUPERVENIÊNCIA DE AUXÍLIO-DOENÇA NO CURSO DESTE (conversão das Orientações Jurisprudenciais n.s 40 e 135 da SBDI-1) — Res. 129/2005, DJ 20, 22 e 25.04.2005. A projeção do contrato de trabalho para o futuro, pela concessão do aviso prévio indenizado, tem efeitos limitados às vantagens econômicas obtidas no período de pré-aviso, ou seja, salários, reflexos e verbas rescisórias. No caso de concessão de auxílio-doença no curso do aviso prévio, todavia, só se concretizam os efeitos da dispensa depois de expirado o benefício previdenciário. (ex-OJs n.s 40 e 135 da SBDI-1 — inseridas, respectivamente, em 28.11.1995 e 27.11.1998)

Ementa: Concessão de benefício previdenciário durante o aviso prévio. A concessão de auxílio-doença no curso do aviso prévio, ainda que indenizado, protrai os efeitos da dispensa para depois do término do benefício previdenciário. TRT 12ª Reg. RO 00723-2006-010-12-00-4. Maioria, (Ac. 3ª T, 2.9.08) — Red. Desig.: Juiz Gerson Paulo Taboada Conrado. Disp. TRT-SC/DOE 18.9.08. Data de Publ. 19.9.08.

Ementa: Aviso prévio do empregado. Licença médica superveniente. Contagem. Considerando que os efeitos da rescisão contratual somente se concretizam após o benefício previdenciário (OJ n. 135 da SDI-1 do E. TST) se o empregado pré-avisou o empregador e no curso dos trinta dias foi afastado do trabalho por motivo médico por mais quinze dias, deverá, após o término da licença, retornar ao trabalho para cumprir os dias remanescentes do aviso prévio, suspenso pelo benefício previdenciário a partir do 16º dia da licença.

12.15. Aviso prévio. Início da contagem. Quer tenha a comunicação do aviso prévio sido feita antes do início, no curso ou no término da jornada de trabalho, a contagem do seu prazo só se inicia no dia seguinte da notificação de dispensa. Outro entendimento não se compatibilizaria com a finalidade do aviso prévio (item 3), que por si só, já denota a perda do emprego e ainda diminuiria um dia do seu curso se fosse contado o dia da notificação. Por outro lado, essa diretriz está em harmonia com a regra do art. 132, do CC de 2002, que se aplica ao Direito do Trabalho, por força do art. 8º da CLT, a qual, para efeito de contagem de prazo, exclui o dia do começo e inclui o do vencimento.

Jurisprudência

TST, Súmula n. 380. AVISO PRÉVIO. INÍCIO DA CONTAGEM. ART. 132 DO CÓDIGO CIVIL DE 2002 (conversão da Orientação Jurisprudencial n. 122 da SBDI-1) — Res. 129/2005, DJ 20, 22 e 25.04.2005. Aplica-se a regra prevista no *caput* do art. 132 do Código Civil de 2002 à contagem do prazo do aviso prévio, excluindo-se o dia do começo e incluindo o do vencimento. (ex-OJ n. 122 da SBDI-1 — inserida em 20.04.1998)

Ementa: Acerto rescisório. Contagem do prazo. Tratando-se a hipótese de aviso prévio indenizado, o início da contagem do prazo para efetivação do acerto rescisório inicia-se no dia seguinte à dação do aviso (art. 6º do art. 477 c/c arts. 774 e 775, todos da CLT). Isto, considerando-se, inclusive, que, na processualística trabalhista, para a contagem dos prazos, excluiu-se o dia do começo e inclui o dia do vencimento, o mesmo devendo valer para a hipótese do acerto rescisório com aviso prévio indenizado. TRT 3ª Reg. RO 00410-2006-091-03-00-0 – (Ac. 7ª T.) – Relª. Desª. Maria Perpetua Capanema F. de Melo. DJMG 9.11.06, p. 13.

12.16. Aviso prévio. Indenizado. Prescrição. Quando o aviso prévio é trabalhado, o acerto de contas é realizado no dia seguinte ao seu término, conforme o disposto no § 6º, letra "a", do art. 477, da CLT, de forma que o prazo prescricional começa a fluir a partir da referida data, no caso de descumprimento de normas trabalhistas pelo empregador. Não há, portanto, controvérsia quanto a esse procedimento, pois o contrato de trabalho vigorou normalmente até o término do aviso prévio. No caso de aviso prévio indenizado, a quitação das verbas rescisórias, de acordo com o disposto no § 6º, letra "b", a rigor, é feita até o décimo dia a contar da notificação, de forma que o prazo prescricional deveria ser contado a partir do dia seguinte do respectivo acerto de contas. Entretanto, em face dos termos do *caput* do art. 487 que não havendo prazo estipulado, há o pré-aviso de forma que o pacto laboral vai até o término do aviso prévio. Nesse caso, o prazo prescricional se inicia quando termina o prazo do aviso prévio indenizado, ou seja, no dia seguinte, conforme a Orientação Jurisprudencial da SDI-1 n. 83.

Jurisprudência

TST, OJ-SDI-1 N. 83. AVISO PRÉVIO. INDENIZADO. PRESCRIÇÃO (inserida em 28.04.1997). A prescrição começa a fluir no final da data do término do aviso prévio. Art. 487, § 1º, CLT.

Ementa: Aviso prévio dado pelo empregado. Prescrição. Termo inicial. A dação de aviso prévio por parte do empregado, com expresso pedido de seu nãocumprimento, aceito pelo empregador, constitui termo inicial para efeito de contagem do prazo prescricional. Essa hipótese se diferencia daquela em que o empregador é quem toma a iniciativa de denunciar o contrato de trabalho sem justa causa, e que o empregado tem o direito de ver computado em seu tempo de serviço o prazo do aviso prévio (indenizado ou trabalhado), para todos os efeitos legais (Orientação Jurisprudencial n. 83 da SDI-1). Nesse contexto, e considerando-se que foi da reclamante a iniciativa de pedir demissão e solicitar o descumprimento do aviso prévio, por certo que não se pode falar em ofensa ao art. 7º, XXI, da Constituição Federal, e muito menos em contrariedade ao Enunciado n. 276 do TST. Agravo de instrumento não provido. TST-AIRR-47447/2002-900-09-00.7 – (Ac. 4ª T.) – 9ª Reg. – Rel. Milton de Moura França. DJU 21.5.04, p. 550.

12.17. Aviso prévio. Empregado menor. Segundo o disposto no art. 439, da CLT é lícito ao menor firmar recibo de pagamento de salário. Quanto à rescisão contratual exige-se que seja feita com assistência dos seus responsáveis legais. O aviso prévio está intimamente ligado ao término do vínculo empregatício, salvo quando houver reconsideração no respectivo prazo com a concordância da outra parte. Os efeitos do aviso prévio decorrente do aperfeiçoamento do ato atraem o seu pagamento e as verbas rescisórias decorrentes, ou então a sua indenização, quando o aviso prévio não é cumprido. Nesse sentido, nada impede a dação do aviso prévio pelo empregado menor, já que a assistência deverá ocorrer no ato da rescisão contratual, por imposição legal. Compartilha desse entendimento *Alice Monteiro de Barros* ao afirmar que "a lei não proíbe que o menor peça demissão, o que ela exige é a participação dos pais ou representante legal, no ato alusivo à quitação final. Quando o legislador pretendeu exigir a assistência na demissão do trabalhador, ele foi claro como se infere do art. 477, § 1º da CLT. Os pais ou o representante legal do menor não o representam, simplesmente o assistem, salvo nas exceções previstas em lei, isto é, quando entenderem que o prosseguimento da relação de emprego é prejudicial à integridade física ou moral do menor". (Curso de Direito do Trabalho. 4. ed., São Paulo: LTr, 2008. p. 552/3.) Assim, somente na hipótese de haver comprovadamente vício na manifestação de vontade de empregado é que não será válido o aviso prévio.

12.18. Aviso prévio. Norma coletiva. Aumento do prazo. Pelos termos do art. 7º, XXI, da Carta Magna, depreende-se que não haverá nenhuma dúvida que o prazo de aviso prévio poderá ser elasticido por intermédio de negociação coletiva (Acordo ou convenção coletiva) por várias razões. A expressão consignada no referido inciso já começa ressaltando que não havendo disposição em contrário, o prazo mínimo do aviso prévio será de trinta dias, o que vale dizer se ele for mais benéfico será considerado válido. No inciso XXVI do art. 7º, da Carta Magna está reconhecida também a validade dos acordos e convenções coletivas de trabalho, como corolário da vontade das partes acordantes. O princípio da proteção que é a viga mestra do Direito do Trabalho também contribui para o mesmo raciocínio, já que o aviso prévio tem finalidade social porque proporciona ao empregado a busca de novo emprego.

Jurisprudência

Ementa: Aviso prévio de 60 dias. Reflexos. Violação do art. 896 da CLT. Indiscutível se afigura na hipótese dos autos que foram observados os limites da norma coletiva que, ao estabelecer o prazo do aviso prévio em 60 dias, não desnaturou o instituto — e nem poderia fazê-lo, por se tratar de garantia mínima, não inserida no âmbito da disponibilidade das partes. Assim, não concedido o aviso prévio, o prazo respectivo deverá ser computado na duração do contrato de trabalho, a teor do art. 487, § 1º da CLT. Ilesos os arts. 1.090 do Código Civil de 1916, 7º, inciso XXI, da Constituição da República e 487 da CLT. As normas trabalhistas encerram preceitos mínimos de proteção ao trabalhador, revestindo-se de plena eficácia as disposições que vêm em seu benefício. Pertinência do princípio protetivo, expressamente positivado no caput do próprio art. 7º da Carta Magna. Recurso de embargos não conhecido. TST-E-RR-646.156/2000.2 — (Ac. SBDI1) – 3ª Reg. — Rel. Min. Lelio Bentes Corrêa. DJU 11.11.05, p. 912.

Ementa: Embargos. Recurso de revista não conhecido. Aviso prévio de 60 dias. Elastecimento por norma coletiva. Projeção. 1. Na interpretação de negócios jurídicos, o hermeneuta deve estar atento ao "horizonte de compreensão" das partes, no momento de sua celebração (Karl Larenz). 2. Desse modo, se não há qualquer restrição, na convenção coletiva, quanto aos efeitos do elastecimento do aviso prévio para 60 dias, deve-se entender que todas as consequências jurídicas legais inerentes ao instituto foram prestigiadas pelas partes (logicamente, no que se refere aos 30 que excedem o mínimo legal, período esse que poderia ser transacionado). 3. Significa dizer que, não havendo disposição expressa na norma coletiva, os 60 dias de aviso prévio deverão projetar-se inteiramente no tempo de serviço do empregado e nas verbas rescisórias, nos exatos termos do § 1º do art. 487 da CLT. Embargos não conhecidos. TST-E-RR-549.464/1999.0 — (Ac SBDI1) – 3ª Reg. Relª. Min. Maria Cristina Irigoyen Peduzzi. DJU 25.2.05, p. 839.

Ementa: Convenção coletiva de trabalho. Prevalência. Norma mais favorável. Prevalece, no Direito Trabalhista Pátrio, o princípio da norma mais favorável. Assim, se o aviso prévio estiver disciplinado na convenção coletiva, como sendo de 70 dias, não poderá ser utilizado outro parâmetro para a sua aplicação. . Proc. RO01135-2006-012-12-00-0. Unânime, (Ac. Ac. 1ª T., 6.5.08) — Rel. Juiz Marcus Pina Mugnaini. Disp. TRT-SC/DOE 28.5.08. Data de Publ. 29.5.08.

Ementa: Aviso prévio dilatado por cláusula coletiva é computado no tempo de serviço. As normas contratuais prevêem os direitos mínimos do trabalhador. Note-se que o legislador constitucional, no caso específico do aviso prévio, inscreveu na norma citada: "aviso prévio proporcional ao tempo de serviço, sendo no mínimo de trinta dias". O art. 444, da CLT, dá às partes a liberdade para estabelecer condições mais favoráveis ao trabalhador que, se ajustadas, devem obedecer ao disciplinamento geral das normas obreiras. Sendo assim, não se é dado afirmar, por não autorizado pela lei e além dos limites da exegese, que o aviso prévio estabelecido em ajuste coletivo tenha caráter meramente indenizatório e esteja imune à regra geral do cômputo no tempo de serviço do trabalhado. TRT 15ª Reg. (Campinas/SP) RO 00981-1997-003-15-85-7 — (Ac. 12.233/2004-PATR) – Rel. Dagoberto Nishina de Azevedo. DJSP 16.4.04, p. 65.

12.19. Aviso prévio. Dispensa do pagamento do aviso prévio na ruptura imotivada do contrato de trabalho. Norma Coletiva. Tem ocorrido a inserção de cláusula em instrumento normativo dispensando o pagamento do aviso prévio em caso de dispensa imotivada quando o empregado que trabalha em empresa que presta serviços a Administração Pública e que passa a trabalhar para outra empresa que sucede aquela em que trabalhava. Nesse caso, há apenas uma troca de empresas. É uma cláusula que favorece a empresa que sucedeu porque contará com o empregado que já conhece o serviço e o empregado também será beneficiado, pois contará com outro emprego sem o menor esforço, apenas deixará de perceber o aviso prévio. Esse procedimento não desvirtua a finalidade do aviso prévio porque não existirá espaço a procura de novo emprego, uma vez que já existe de imediato. O fundamento para referida cláusula está no art. 7º, XXVI, da Carta Magna que reconhece as convenções coletivas de trabalho. Não se pode esquecer também que a Súmula n. 276, do TST, dispõe que "O direito ao aviso prévio é irrenunciável pelo empregado. O pedido de dispensa de cumprimento não exime o empregador de pagar o respectivo valor, salvo comprovação de haver o prestador dos serviços obtido novo emprego." A ressalva feita na parte final da referida Súmula está em sintonia com o espírito convencional.

Jurisprudência

Ementa: Convenção coletiva de trabalho. Dispensa do pagamento do aviso prévio na ruptura contratual imotivada. Validade. As Convenções Coletivas de Trabalho são reconhecidas em nível constitucional (art. 7º, XXVI), cumprindo-lhes fixar as cláusulas e condições de trabalho a serem observadas nos contratos de trabalho celebrados pelos sujeitos vinculados ao âmbito de representação dos entes pactuantes. Na hipótese de redução de determinado direto, a prevalência da disposição normativa sobre a legislação será admissível desde que, disciplinando a realidade socioeconômica específica de todos aqueles alcançados pela norma coletiva, o diploma autonomamente negociado ofereça, em sua generalidade, maiores vantagens aos trabalhadores. Desse modo, é válida a cláusula normativa que, regulando situação em que o empregador é sucedido por outra empresa em contrato com a Administração Pública, prevê a contratação dos trabalhadores pela empresa sucessora, ainda que a custo do não pagamento do aviso prévio devido pelo ex-empregador. Recurso conhecido e desprovido. TRT 10ª Reg. ROPS 00330-2008-003-10-00-5 – (Ac. 3ª T./08) – Rel. Juiz Douglas Alencar Rodrigues. DJU 4.7.08, p. 553.

12.20. Aviso prévio. Professores. De acordo com o art. 322, da CLT, no período de exames e o de férias escolares, é assegurado aos professores o pagamento, na mesma periodicidade contratual, da remuneração por eles percebida, na conformidade dos horários, durante o período de aulas. Em face dessa situação peculiar dos professores, muita discussão se travou sobre a possibilidade da concessão de aviso prévio no período de férias escolares. A corrente dominante é sentido da possibilidade desde que lhe sejam assegurados os salários correspondentes ao período previsto no mencionado período. O saudoso *Emilio Gonçalves* entendia ser lícito ao estabelecimento de ensino fornecer o aviso prévio ao professor, no final do ano letivo ou durante as férias escolares, sem prejuízo da remuneração integral do questionado período. E até mais conveniente ao estabelecimento de ensino dispensar o professor nesse período, pois assim evitará a desarticulação do ensino, o que certamente ocorreria se a despedida se verificasse no período letivo, visto como a saída de um professor e admissão de outro poderia acarretar eventualmente a interrupção das aulas, com acentuado prejuízo para os alunos. Por outro lado, nenhum prejuízo advirá ao professor pelo fato de ser despedido no final do período letivo ou durante as férias escolares, desde que lhe seja assegurada a remuneração do período de recesso escolar. Isto porque, pré-avisado, poderá, no decorrer das férias escolares, procurar nova colocação em outro estabelecimento, para assumir as aulas a partir, evidentemente, de 1º de março do ano seguinte ou do dia em que iniciar o novo período letivo. O que se nos afigura juridicamente inadmissível, em face do art. 322 da CLT, é negar-se ao professor pré-avisado, a remuneração das férias escolares, pois dificilmente esse professor conseguirá novo emprego nos meses de dezembro, janeiro e fevereiro, para assumir de imediato. Nenhum estabelecimento de ensino, salvo casos especialíssimos, está disposto a contratar o professor durante as férias escolares de fim de ano, com o pagamento da respectiva remuneração"[194].

Jurisprudência

Ementa: Professor. Garantia de emprego no curso do ano letivo. Interpretação teleológica. A sentença normativa prevê garantia de emprego durante o ano letivo. O escopo da norma é impedir que o professor seja dispensado em período de difícil recolocação no mercado de trabalho, ou seja, quando as aulas estão em curso. O procedimento adotado pela reclamada (aviso prévio trabalhado no mês de dezembro) em nada feriu o espírito da norma. Pelo contrário, a reclamante teve um mês remunerado em que já sabia que precisava encontrar novo emprego, o que era plenamente possível no referido dezembro, para iniciar em outra escola no ano seguinte. É irrelevante, assim, que a data do aviso prévio esteja no curso do ano letivo, quando a dispensa efetivou-se plenamente apenas depois do término daquele, que se deu em 23 de dezembro, pois conforme a norma coletiva o recesso escolar inicia-se em 24 do mesmo mês. O recebimento de 12 meses de salários e demais parcelas referentes ao ano seguinte configuraria claro abuso de direito, não respaldado pela ordem jurídica (art. 187 do Código Civil, aplicável

---

(194) *Os professores e o Direito do Trabalho.* São Paulo: RT, 1985. p. 76/77.

por força do art. 8º, parágrafo único, da CLT). Deve prevalecer, assim, a interpretação teleológica do instituto da garantia de emprego. TRT 3ª Reg. RO 00598-2005-003-03-00-2 – (Ac. 3ª T.) – Rel. Juiz Paulo Roberto Sifuentes Costa. DJMG 19.11.05, p. 4.

12.21. Aviso prévio. Renúncia pelo empregado. Os objetivos do aviso prévio nada mais são do que um período fixado por lei, no mínimo de 30 dias (arts. 7º, XXI e 487, da CLT), conferido ao trabalhador para a obtenção de uma nova colocação no mercado do trabalho. Assim, o pedido de dispensa de cumprimento não exime o empregador de pagar o respectivo valor, salvo comprovação de obtenção de novo emprego. A ressalva tem razão de ser, pois se o trabalhador, ato contínuo ao desligamento da empresa, já começa em novo emprego, não teria sentido o direito ao aviso prévio. Nesse diapasão, a parte final da Súmula n. 276 do TST.

Precedente Normativo do TST

PRECEDENTE NORMATIVO N. 24. *Dispensa do aviso prévio (positivo).* O empregado despedido fica dispensado do cumprimento do aviso prévio quando comprovar a obtenção de novo emprego, desonerando a empresa do pagamento dos dias não trabalhados.

Jurisprudência

TST, Súmula n. 276. AVISO PRÉVIO. RENÚNCIA PELO EMPREGADO (mantida) – Res. 121/2003, DJ 19, 20 e 21.11.2003. O direito ao aviso prévio é irrenunciável pelo empregado. O pedido de dispensa de cumprimento não exime o empregador de pagar o respectivo valor, salvo comprovação de haver o prestador dos serviços obtido novo emprego.

12.22. Aviso prévio. Rescisão por culpa recíproca. A rescisão contratual por culpa recíproca se verifica quando as duas partes, empregado e empregador, concorreram com atos não condizentes para manutenção do vínculo de emprego e dando ensejo ao fim do pacto laboral e sobre ela já nos ocupamos no art. 484, da CLT. Porém, no que concerne ao aviso prévio há que ser salientado que vigorou por muito tempo o entendimento de que no caso de rescisão do contrato por culpa recíproca não seria devido o aviso prévio nem as férias proporcionais e muito menos o décimo terceiro salário, tanto que a redação primitiva da Súmula n. 14 do TST, era nesse sentido. Essa tese, no entanto, acabou sendo modificada e com razão porque o empregado era o mais prejudicado, pois além de perder o emprego ficava sem aludidos direitos. Assim, prevaleceu o entendimento de que nessa modalidade de rescisão, o empregado faz jus ao aviso prévio, como o décimo terceiro salário e as férias proporcionais, mas pela metade, conforme a nova redação dada a Súmula n. 14, do TST, pela Res. n. 121/2003, DJ 19, 20 e 21.11.2003. Quanto à projeção do aviso prévio como tempo de serviço para todos os efeitos legais prevalece à regra geral, ou seja, é contado por inteiro, trinta dias ou mais, se previsto em regulamento de emprego ou norma coletiva.

Jurisprudência

TST, Súmula n. 14. CULPA RECÍPROCA (nova redação) — Res. 121/2003, DJ 19, 20 e 21.11.2003. Reconhecida a culpa recíproca na rescisão do contrato de trabalho (art. 484 da CLT), o empregado tem direito a 50% (cinquenta por cento) do valor do aviso prévio, do décimo terceiro salário e das férias proporcionais.

Ementa: Verbas rescisórias. Projeção do aviso prévio. Nos termos do art. 484 da CLT, o reconhecimento de que a rescisão se deu por culpa recíproca autoriza reduzir as verbas rescisórias à metade do que seria devido em caso de culpa exclusiva do empregador. Esse entendimento restringe-se aos efeitos pecuniários do encerramento do contrato de trabalho, o que significa que o aviso prévio indenizado é devido pela metade de seu valor. Quanto à projeção desse tempo para fins de exata fixação da data de término do contrato, não se mostra razoável aplicar o mesmo entendimento, pois o prejuízo, afinal seria suportado apenas pelo trabalhador, o que não é, em absoluto, o objetivo da conversão ou fixação da modalidade de dispensa efetuada em Juízo. Recurso provido, em termos, para reconhecer a culpa recíproca pela extinção do vínculo de emprego.TRT 9ª Reg. RO 01723-2003-659-09-00-0 – (Ac. 2ª T. 12662/05) – Relª. Juíza Marlene T. Fuverki Suguimatsu. DJPR 27.5.05, p. 416.

12.23. Aviso prévio e a falência. A falência acarreta a impossibilidade do pagamento dos direitos do trabalhador, já que os créditos ficam sujeitos ao processo de habilitação e disponibilização de pagamento, na forma da Lei n. 11.101/05, observado a ordem de preferência de créditos e os limites (art. 83, I, VI, "a", VIII, § 4º). Entretanto, o trabalhador não poderá ter reduzido o seu crédito, já que não deu causa a quebra, de forma que não poderá ser privado do direito ao aviso prévio.

Jurisprudência

Ementa: Falência. Aviso prévio. Os riscos do empreendimento ficam a cargo do empregador (art. 2º da CLT), não podendo ser transferidos para o empregado. Havendo cessação do pacto laboral pela falência da empresa, é devido o aviso prévio. TRT 2ª Reg. RS 00039200305102000 — (Ac. 3ª T. 20030217037) — Rel. Juiz Sérgio Pinto Martins. DJSP 27.05.03, p. 25.

12.24. Aviso prévio. Trabalhador rural. Dada a situação peculiar do trabalhador rural, a Lei n. 5.889/71, que disciplina o trabalho rural, estabelece que se a rescisão ocorrer por iniciativa do empregador, sem justa causa, o trabalhador terá direito a 1 dia por semana, durante o prazo do aviso prévio, para conseguir outra colocação, sem prejuízo do salário integral. (art. 15). Vide art. 488, da CLT.

12.25. Aviso prévio. Trabalho temporário. Lei n. 6.019/74. O trabalhador temporário a que alude a Lei n. 6.019/74 não tem direito ao aviso prévio pelas seguintes razões: a) a Lei n. 6.019/74 e nem o seu Regulamento (Decreto n. 73.841/74) confere tal direito ao trabalhador temporário, já que ele está alicerçado em um contrato de prazo determinado que prevê o seu início e o respectivo término; b) o trabalhador temporário não se confunde com o trabalhador comum, o qual celebra contrato com o seu real empregador; c) a extensão desse direito ao trabalhador temporário só poderá ocorrer por lei, não sendo possível a aplicação analógica de norma aplicada ao trabalhador comum.

Jurisprudência

Ementa: Contrato de trabalho temporário. Aviso prévio. Multa do art. 477 da CLT. Aplicação analógica. Indeferimento. O empregado temporário terceirizado não é regido pela CLT, mas tem seu contrato por prazo máximo de três meses para a utilização pela empresa tomadora dos seus serviços submetido à regência normativa da Lei n. 6.019/74, regulamentada pelo Decreto n. 73.841/74, sendo a ele assegurado apenas os direitos previstos no art. 12 desse Diploma especial. O direito ao aviso prévio e à multa do § 8º do art. 477 da CLT não figuram no rol de direitos previstos no dispositivo especial citado. Portanto, esse trabalhador não faz jus a tais verbas. Ademais, não há falar em aplicação analógica dos arts. 477 da CLT e 7º, inciso XXI, da Carta Magna. Isso porque o empregado temporário não se confunde com a figura do trabalhador celetista admitido por prazo certo (empregado clássico), que firma relação de emprego com o tomador real de seu trabalho. Além disso, é impróprio se falar em aplicação analógica de norma punitiva, ante o Princípio da reserva legal (inciso XXXIX do art. 5º da CRFB/88 e art. 1º do CP). Recurso conhecido e desprovido. TRT 10ª Reg. ROPS 00987-2006-003-10-00-0 – (Ac. 3ª T./08) – Rel. Juiz Braz Henriques de Oliveira. DJU3 25.5.07, p. 44.

Art. 488 *O horário normal de trabalho do empregado, durante o prazo do aviso, e se a rescisão tiver sido promovida pelo empregador, será reduzido de duas horas diárias, sem prejuízo do salário integral.*

PARÁGRAFO ÚNICO. É facultado ao empregado trabalhar sem a redução das 2 (duas) horas diárias previstas neste artigo, caso em que poderá faltar ao serviço, sem prejuízo do salário integral, por 1 (um) dia, na hipótese do inciso I, e por 7 (sete) dias corridos, na hipótese do inciso II do art. 487 desta Consolidação. (§ acrescido pela L. n. 7.093, 25.4.83, DOU 26.4.83).

1. Aviso prévio. Do empregador. Redução de duas horas do horário normal de trabalho (art. 488, *caput*). Outro direito assegurado ao empregado, durante o prazo de aviso prévio concedido pelo empregador, é a redução de duas horas diárias do seu horário normal de trabalho, sem prejuízo do salário integral, com o sentido de facilitar a procura de um novo emprego. Compreende-se por tal dispositivo que a redução do horário de trabalho leva em conta aquele praticado pelo empregado, pouco importando se ele tem uma jornada especial de 4, 5 ou 6 horas. Nessa conformidade, se o empregado bancário, sujeito a jornada de seis horas, por força do art. 224, da CLT, cumprindo o horário diário das 8 às 14 horas, poderá ter a redução no período das 8 às 10 horas ou das 12 às 14 horas. Para *Carrion*, na jornada inferior a oito horas, a interpretação sistemática leva a redução proporcional à norma geral estabelecida (duas horas não trabalhadas e pagas para cada oito horas de jornada normal; se o empregado trabalha quatro horas, terá uma remunerada, sem trabalhar"[195]. O empregado que tem a duração normal de trabalho de 8 horas, durante o prazo de aviso prévio laborará apenas 6 horas, sendo certo que a redução da jornada de trabalho de duas horas poderá ser feita no início ou término da jornada. Mesmo que o trabalhador labore em horário noturno terá direito a redução do horário normal de trabalho em duas horas por ser direito assegurado a todos os trabalhadores. Evidentemente que, o empregado que trabalha no período noturno com a redução de 2 horas do seu horário de trabalho terá mais tempo de repouso e com o reflexo no tempo destinado a procura de novo emprego. Observa-se, pelo disposto na lei, que às duas horas não poderão se fracionadas, "a não ser que haja concordância do operário ou lhe seja mais favorável"[196], embora na prática seja difícil a sua ocorrência. De outra parte, se o empregado não usufruir da redução do horário de trabalho na forma preconizada neste dispositivo (art. 488, *caput*), o aviso prévio será considerado como não cumprido, já que o fim por ele visado se tornou ineficaz, impondo ao empregado o pagamento integral do aviso prévio. Nesse sentido a Súmula n. 230 do TST que estatui que "é ilegal substituir o período que se reduz da jornada de trabalho, no aviso prévio, pelo pagamento das horas correspondentes". A mesma regra vale para o caso do empregado que faz a opção pelos 7 dias corridos, em substituição a redução de duas horas de labor diárias.

Jurisprudência

TST, Súmula n. 230. É ilegal substituir o período que se reduz da jornada de trabalho, no aviso prévio, pelo pagamento das horas correspondentes.

Ementa: Aviso prévio. Ausência da redução da jornada prevista no art. 488 da CLT. Nulidade. O objetivo do aviso prévio é possibilitar ao empregado a obtenção de nova colocação no mercado de trabalho. O art. 488 da CLT dispõe que o horário de trabalho do

---

(195) *Comentários à Consolidação das Leis do Trabalho.* 32. ed, São Paulo: Atlas, 2008. p. 540.
(196) MARTINS, Sérgio Pinto. *Comentários à CLT.* 12. ed., São Paulo: Atlas, 2008. p. 540.

empregado será reduzido quando dado o aviso prévio pelo empregador, sem prejuízo do salário integral. Já o parágrafo único do citado dispositivo faculta ao empregado trabalhar sem a redução, com direito de faltar ao serviço por 7 dias corridos. Trate-se de uma faculdade, não podendo, por isso mesmo, ser imposta pelo empregador. Por conseguinte, quando o empregador não concede a redução de horário, tem-se que o fim precípuo do instituto não foi atingido, na medida em que não é viável a possibilidade de o empregado procurar novo emprego, circunstância que descaracteriza o instituto. Agravo de instrumento não provido. TST-AIRR-14.716/2002-900-04-00.6 – (Ac. 4ª T.) – 4ª Reg. — Rel. Juiz Convocado José Antônio Pancotti. DJU 11.11.05, p. 1.264.

Ementa: Aviso prévio trabalhado. Ausência da redução legal. Novo deferimento. O cumprimento do aviso prévio sem a redução legal da jornada prevista no art. 488 e parágrafo único da CLT não alcança a finalidade a que se destina, ou seja, a de possibilitar ao empregado buscar novo emprego, pelo que deve ser tido como inexistente, não vingando a pretensão da demandada de que sejam, em contrapartida, deferidas duas horas extras diárias, o que encontra óbice na Súmula n. 230 do c. TST. Impõe-se, portanto, o deferimento de novo aviso prévio ao laborista. TRT 3ª Reg. RO 01480-2007-060-03-00-8 – (Ac. 8ª T) – Relª. Des. Denise Alves Horta – DJMG 6.9.08, p. 33.

Ementa: Aviso prévio. Ineficácia da concessão. Descumprimento da exigência contida no art. 488 da CLT. Pagamento da indenização respectiva. O legislador estabeleceu, no art. 488 da CLT e parágrafo único, que, quando o aviso prévio for dado pelo empregador, o horário de trabalho do empregado deverá ser reduzido em duas horas ou em sete dias corridos, para que o trabalhador possa buscar uma nova colocação no mercado de trabalho. Quando descumprida essa determinação legal, impõe-se reconhecer que não houve concessão do aviso prévio, uma vez que este não cumpriu com uma de suas finalidades, qual seja: oportunizar que o empregado procure um novo emprego. No caso concreto, a Empregadora é fictamente confessa quanto à não concessão da redução de 2 (duas) horas diárias de trabalho ou de 7 (sete) dias corridos durante o período do aviso prévio, o que lhe acarreta a condenação de pagar a indenização respectiva e seus reflexos. É irrelevante o fato de a Reclamante, por seus próprios meios, ter conseguido recolocação imediata no mercado. TRT 23ª Reg. — RO 01076.2007.036.23.00-1 — (Ac. 1ª T., Sessão 2/08) Rel. Des. Tarcísio Valente. DJE/TRT 23ª Reg., 22.1.08, p. 15.

Ementa: Art. 488 da CLT. Não comprovação da redução da jornada laboral. Pagamento do aviso prévio indenizado. O aviso prévio concedido ao empregado, quando da rescisão do pacto laboral, visa evitar a surpresa do trabalhador pela ruptura repentina do contrato de trabalho, possibilitando que o mesmo busque nova colocação em outra empresa. O art. 488 da CLT traz expressamente a possibilidade de redução da jornada laboral do empregado, para que este possa procurar trabalho em outra empresa, consoante se verifica "in verbis": "Art. 488. O horário normal de trabalho do empregado, durante o prazo do aviso, e se a rescisão tiver sido promovida pelo empregador, será reduzido de duas horas diárias, sem prejuízo do salário integral. Parágrafo único. É facultado ao empregado trabalhar sem a redução das 2 (duas) horas diárias previstas neste artigo, caso em que poderá faltar ao serviço, sem prejuízo do salário integral, por 1 (um) dia, na hipótese do inciso I, e por 7 (sete) dias corridos, na hipótese do inciso II do art. 487, desta Consolidação.". No presente caso, ante a ausência de prova em sentido contrário, prevalece o entendimento de que o Reclamante laborou no período relativo aos 30 (trinta) dias do aviso prévio, em horário normal de trabalho, ou seja, sem qualquer redução de sua jornada laboral, em total desacordo com o art. 488 do texto celetário. Diante de tal situação, tem-se que devido ao Autor o pagamento indenizado do período relativo ao aviso prévio. Recurso Ordinário do Reclamado a que se nega provimento quanto a este aspecto. TRT 9ª Reg. Proc. 00487-2003-091-09-00-4 – (Ac. 1ª T. 00973/05) — Rel. Juiz Ubirajara Carlos Mendes. DJPR 21.01.05, p. 199.

Ementa: Aviso prévio trabalhado. Resilição contratual promovida pelo empregador. Inobservância do art. 488/CLT. Efeitos. O aviso prévio trabalhado pode ser cumprido de duas maneiras, nos casos de dispensa promovida pelo empregador, a teor da regra contida no art. 488 da CLT. A primeira, mediante prestação laborativa pelo obreiro na jornada e horários habituais, ao longo de 30 dias, com redução diária de duas horas, sem prejuízo da integralidade do salário (*caput* do art. 488/CLT). A segunda consiste na supressão de qualquer trabalho nos últimos 7 dias de pré-aviso, laborando-se o período anterior sem a redução de duas horas acima mencionada (parágrafo único do art. 488/CLT). Não comprovada a observância de qualquer dessas medidas por parte da ré, sendo dela o ônus de prova (art. 333, II, do CPC c/ com art. 818/CLT), reputa-se frustrado o principal objetivo do aviso prévio, que é possibilitar à parte surpreendida com a ruptura ajustar-se à nova situação; no caso de empregado, procurar outro emprego. Em consequência, é devido ao obreiro o pagamento de novo valor pelo aviso parcialmente frustrado, pagamento que tem evidente caráter indenizatório (Enunciado n. 230 do TST). TRT 3ª Reg RO 00503-2004-099-03-00-3 – (Ac. 1ª T.) – Rel. Juiz Mauricio J. Godinho Delgado. DJMG 18.2.05, p. 04.

Ementa: Justa causa. Não configuração. Não configura justa causa atitude de empregado que, cumprindo o aviso prévio trabalhando, ao optar pela falta em sete dias consecutivos, começa a trabalhar para outro empregador, devidamente registrado, no primeiro dos sete dias. TRT 15ª Reg. (Campinas/SP) RO 00643-2001-121-15-00-0 — (Ac. 5ª T. 47981/2004-PATR) – Rel. Juiz Nildemar da Silva Ramos. DJSP 3.12.04, p. 82.

2. Aviso prévio. Substituição da redução de duas horas do horário por sete dias corridos (Art. 488, parágrafo único). O parágrafo único desse artigo foi acrescentado pela Lei n. 7.093, de 25 de abril de 1983, para estatuir que a redução diária prevista no *caput* poderá, ser substituída por 1 (um) dia e por 7 (sete) dias corridos, respectivamente nas hipótese dos incisos I e II do art. 487. O inciso I, do art. 487, da CLT, que prescrevia aviso prévio de 8 (oito) dias, se o pagamento fosse efetuado por semana ou tempo inferior foi derrogado pela Carta Magna (art. 7º, XXI) que estabelece o prazo mínimo de 30 dias, acabando, assim, com a diferenciação então existente. Consequentemente, na parte que fixa um dia para a procura de um novo emprego, quando o pagamento for feito por semana ou tempo inferior não tem eficácia diante do texto constitucional. Assim, resta ao empregado a opção pela redução de duas horas de trabalho durante o prazo de aviso prévio ou então a ausência ao serviço por 7 (dias) corridos, frise-se, corridos, pois a norma é taxativa nesse sentido e não dias úteis, sendo que o descumprimento de tais normas pelo empregador redundará na sua ineficácia, já que ao obreiro não foi oportunizado o tempo necessário para a busca de nova colocação. A verdade é que se não houve a redução legal das duas horas ou não concedido os 7 (sete) corridos, por opção do empregado, este ficou frustrado no seu direito, sendo-lhe devida a reparação que consistirá no pagamento integral do aviso prévio. Cabe, por último, a análise do trabalhador que labora no regime de 12x36. A opção, no caso, que melhor atenderia o espírito da lei, seria a da ausência dos 7 dias em detrimento da redução diária de duas horas. Ocorre que se a jornada, na escala, fosse cumprida das 19 horas às 7 horas, é evidente que a saída às 5 horas neste dia, em nada contribuirá para o empregado na busca de novo emprego, pois a redução fica compreendida em horário não comercial.

Jurisprudência

Ementa: Aviso prévio trabalhado. A inobservância da redução de que trata o art. 488 da CLT desvirtua a finalidade de propiciar ao empregado a busca de nova colocação no mercado de trabalho, e autoriza a condenação ao pagamento do aviso prévio indenizado. TRT 12ª Reg. RO 01102-2007-006-12-00-0 — (Ac. 2ª T. 1.7.08) — Rel.: Juiz Edson Mendes de Oliveira. Disp. TRT-SC/DOE 10.7.08. Data de Publ. 11.7.08.

Ementa: Do aviso prévio nulo. Não redução da jornada. Considerando o disposto no Enunciado n. 230 do TST, no sentido de ser ilegal substituir o período de redução da jornada de trabalho no curso do aviso prévio pelo pagamento das horas correspondentes, bem como a finalidade dessa redução, que é possibilitar ao trabalhador procurar novo emprego, nulo é o aviso prévio concedido sem a referida redução, ainda que as duas horas que o trabalhador deveria deixar de laborar, sejam pagas como extras. TRT 17ª Reg. RO 00487.2004.121.17.00.9 -(Ac. 2120/2005) — Relª. Juíza Cláudia Cardoso de Souza. DJES 21.3.05, p. 1892.

Ementa: Aviso prévio. Redução de duas horas diárias ou ausência de trabalho durante sete dias corridos. Regime 12 x 36. Só o regime de trabalho, das 19h00 de um dia até às 07h00 do dia seguinte, já faz concluir que a opção não pode se dar pela redução de duas horas diárias, mas, sim, pela ausência de trabalho durante sete dias corridos mais benéfico ao caso. Óbvio que a saída às 05h00, fora do horário comercial, não atenderia ao objetivo da norma, qual seja, o de possibilitar a obtenção de outro emprego. Recurso a que se dá provimento para declarar a validade do aviso prévio concedido. TRT 9ª Reg. Proc. 00671/2002-021 -09-00-2 – (Ac. 2ª T. 04753/04) Rel. Juiz Luiz Eduardo Gunther. DJPR 12.3.04, p. 455.

3. Aviso prévio. Cumprido em casa. Em face das opções conferidas ao empregado pelo art. 488 e seu parágrafo único, redução da jornada em duas horas diárias ou 7 dias corridos, no caso de aviso prévio concedido pelo empregador, surgiu a prática de o empregador pré-avisar o empregado e este permanecer em casa, cujo procedimento seria mais benéfico ao empregado. Entretanto, esse procedimento, como não é previsto em lei, hoje não é aceito pela jurisprudência do TST (OJ-SDI-14) e para maiores esclarecimentos sobre esse tema nos reportamos aos itens 14.8, do art. 477, e 12.6 do art. 487, todos da CLT.

4. Aviso prévio. Trabalhador rural. O trabalho rural é regido pela Lei n. 5.889/73. A alínea "b" do art. 7º da CLT, diz que não se aplica as normas da CLT ao empregado rural, embora na prática não seja verdade, porque tanto a referida Lei n. 5.889/73 (art. 1º) como o Decreto n. 73.626, de 12 de fevereiro de 1974 (art. 4º), determina a aplicação supletiva de várias normas da CLT ao rural. No que concerne ao aviso prévio, a Lei n. 5.889/73 prescreve no seu art. 15 e 22, do respectivo Regulamento (Decreto n. 73.626/74), que "durante o prazo de aviso prévio, se a rescisão tiver sido promovida pelo empregador, o empregado rural terá direito a um dia por semana, sem prejuízo do salário integral, para procurar outro trabalho", ou emprego, como está no texto da norma regulamentadora. Em face desse texto, há entendimento que a opção dos 7 dias corridos a que alude o parágrafo único do art. 488, da CLT, não se aplica aos rurais, considerando inclusive que o Decreto n. 73.626/74, não elenca o art. 488 como aplicável ao rural (art. 4º). Entretanto, quer nos parecer que a opção pelo 7 (sete) dias corridos no meio rural é mais vantajoso para o trabalhador. *Dirceu Galdino* e *Aparecido Errerias Lopes* justificam esse entendimento ao afirmaram que no "âmbito rural, via de regra, as distâncias são longas, impondo necessidade de ir a outras cidades, empreendendo à vezes muitas viagens. Ter um tempo contínuo para outro serviço é mais vantajoso"[197]. Há também o argumento de que a norma mais favorável há que ser aplicado a esta situação até porque a Constituição Federal de 1988, igualou os direitos dos trabalhadores rurais aos urbanos (art. 7º). A matéria, no entanto, não é pacifica, mas não seria lógico nem razoável condenar o empregador rural que concordou com os 7 (sete) dias corridos solicitado pelo empregado, sem que houvesse qualquer vício que maculasse o ato, por se tratar à toda evidência que o procedimento é benéfico ao rural.

Jurisprudência

Ementa: Empregado rural. Aviso prévio. Inaplicabilidade do art. 488 da CLT. O empregado rural está sujeito a legislação própria específica e que prevê concessão de aviso prévio diferenciado dos trabalhadores celetistas. Assim, conforme Lei n. 5.889/73, art. 15, no caso de aviso prévio deverá haver ausência num dia por semana (e não a redução de duas horas diárias ou de sete dias corridos conforme previsão do parágrafo único do art. 488 da CLT — lei genérica). TRT 15ª Reg. (Campinas/SP) ROPS 00409-2002-104-15-00-8- (10453/2003-ROPS-8) – (Ac. 1ª T. 15333/03-PATR) – Rel. Juiz Luiz Roberto Nunes. DJSP 6.6.03, p. 78.

Ementa: Trabalhador rural. Aviso prévio. Aplicabilidade do art. 488 da CLT. Com a promulgação da Constituição Federal de 1988, os direitos dos trabalhadores rurais foram equiparados aqueles dos trabalhadores urbanos, exceto os direitos mais benéficos previstos na legislação infraconstitucional. Assim, muito embora o art. 15 da Lei n. 5.889/73, estipule o direito do trabalhador rural faltar um dia durante o período de aviso prévio, sem prejuízo do salário, para procurar outro emprego, há que se observar que o aviso prévio do rural é regido pela Constituição Federal, que no inciso XXI do art. 7º estipulou o prazo de no mínimo 30 dias. Ora, quando a CF igualou direitos entre os trabalhadores urbanos e rurais e fixou o período mínimo de trinta dias, por certo recepcionou a regra inserida no art. 488 da CLT, a qual é muito mais benéfica pois faculta ao trabalhador fazer a opção de faltar aos serviços durante 7 dias, sem prejuízo do salário integral. Recurso improvido. TRT 15ª Reg. (Campinas/SP) ROPS 02706-2003-075-15-00-8 – (Ac. 048084/2008-PATR) – Rel. Juiz Lorival Ferreira dos Santos. DJSP 3.12.04, p. 65.

---

(197) *Manual do direito do trabalhador rural.* 3. ed. São Paulo: LTr, 1995. p. 485.

5. Aviso prévio. Empregado doméstico. O trabalho doméstico é disciplinado pela Lei n. 5.859/72. A Constituição de 1988, no parágrafo único do art. 7º estendeu a tais empregados, o direito ao salário mínimo, décimo terceiro salário, repouso semanal remunerado, férias anuais remuneradas, licença-maternidade, licença-paternidade, aviso prévio, aposentadoria e sua integração na Previdência Social. Entretanto, como não foi estendido ao doméstico o direito a uma jornada de trabalho, algumas decisões têm afastada a aplicação da redução de duas horas prevista no parágrafo único do art. 488, da CLT, ao empregado doméstico já que este ainda não tem uma limitação diária da jornada de trabalho. Acreditamos, no entanto, que em cada relação trabalhista envolvendo o trabalhador doméstico normalmente há estipulação de horário de prestação de serviços, mesmo quando empregado dorme no emprego, resultando nisso um ajuste de vontade entre as partes. Assim, se com a comunicação do aviso prévio pelo empregador, houve a opção do empregado doméstico de iniciar a sua jornada de trabalho às 10 horas, quando o normal seria às 8 horas, estaria sendo atendida a regra do art. 488, *caput*, da CLT. A verdade é que a opção pelos 7 dias corridos melhor atenderia os objetivos do aviso prévio para o empregado doméstico, até que se venha a ter uma norma disciplinando a questão.

Jurisprudência

Ementa: Empregado doméstico. Aviso prévio. Cumprimento nos termos da CLT. Possibilidade. Não tendo sido estendidos aos domésticos, pela regra do parágrafo único do art. 7º da CF/88, os limites de jornada, mantendo-os à margem de proteção jurídica quanto à duração de seu trabalho, não é possível cogitar-se de redução de seu horário de trabalho durante o período de cumprimento do aviso prévio. Todavia, a lei abre ao trabalhador alternativas de cumprimento do aviso prévio: redução diária de 2 horas, 1 folga semanal (se se entender sobrevivente a regra após a abolição constitucional do aviso de 8 dias) ou 7 dias corridos (CLT, art. 488). O objetivo da introdução do instituto do aviso prévio no Direito do Trabalho, como sabido, é ensejar ao trabalhador, à beira do ócio involuntário, a oportunidade de buscar nova colocação no mercado de trabalho. A partir do instante em que a Constituição, em regra de eficácia imediata (salvo quanto à proporcionalidade, ainda não regulada em lei), inclui os domésticos dentro do rol de beneficiários de tal direito social, é irrecusável a incidência das normas da CLT, ainda que adaptada ao regime jurídico subalterno dos domésticos, já que de tal vantagem não cuidava a legislação especial (Lei n. 5.859/72). Assim, só não será aplicável aos domésticos a primeira alternativa aberta (CLT, art. 488, *caput*), incompatível com trabalhadores sem direito a limites em sua jornada. Recurso conhecido e provido. TRT 10ª Reg. ROPS 00702-2004-018-10-00-9 — (Ac. 3ª T./2004) – Red. Desig. Juiz Antonio Umberto de Souza Júnior. DJU3 14.01.05, p. 29.

Ementa: Empregado doméstico. Aviso prévio. Em princípio, a redução da jornada em duas horas, durante o prazo do aviso prévio, não se aplica ao empregado doméstico, tendo em vista que este não sofre nenhum controle de horário, ainda mais se este presta serviços em sítio de recreio, longe do controle direto do empregador. TRT 2ª Reg. RO 00233200341102009 — Ac. 5ª T. 20040690843) – Rel. Juiz Fernando Antonio Sampaio da Silva. DJSP 14.01.05, p. 98.

Art. 489 *Dado o aviso prévio, a rescisão torna-se efetiva depois de expirado o respectivo prazo, mas, se a parte notificante reconsiderar o ato, antes de seu termo, à outra parte é facultado aceitar ou não a reconsideração.*

PARÁGRAFO ÚNICO. Caso seja aceita a reconsideração ou continuando a prestação depois de expirado o prazo, o contrato continuará a vigorar, como se o aviso prévio não tivesse sido dado.

1. Normatiza esse artigo que a rescisão do contrato só será efetiva depois de expirado o prazo. Estabelece, também, que se a parte notificante reconsiderar o ato, antes que chegue ao seu termo, o contrato continuará a vigorar como se o aviso não tivesse sido dado. É a renúncia ao ato da rescisão por parte do notificante, seja ele empregado ou empregador. Contudo, a outra parte, a notificada, poderá aceitar, ou não, a reconsideração, evidenciando por essa condição o sentido bilateral do contrato de trabalho.

2. A rigor, poder-se-á pensar que o pedido de reconsideração do aviso prévio só se aplicaria no caso de aviso prévio trabalhado, porque o contrato continua produzindo efeitos até o último dia de trabalho do empregado e nesse interregno aconteceria o pedido de reconsideração e a aceitação ou não da outra parte. Entretanto, mesmo no caso de aviso prévio indenizado, há que ser aplicada a regra aqui preconizada, pois onde a lei não distingue não cabe ao intérprete distingui-la. Ademais, em se tratando de aviso prévio indenizado, o pedido de reconsideração poderá ser efetivado até o dia do acerto de contas, se a parte notificada aceitar o restabelecimento do pacto laboral, já que o objetivo maior dessa norma é não fechar as portas para a continuidade do vínculo laboral.

3. A reconsideração poderá ser expressa, verbal ou tácita. A expressa compreende-se pela posição assumida pelo notificante de continuar trabalhando com a manifestação favorável do notificado, de forma que o contrato passa a viger como se o aviso prévio não existisse. A tácita ocorre quando o prazo do aviso prévio se expira e o contrato continua normalmente, anulando-se a respectiva notificação. Aqui, vale a observação feita por *Mozart Victor Russomano* para quem "Esgotado o prazo e continuado o trabalho, por poucos dias que seja, o aviso prévio está anulado e a rescisão não mais se poderá dar, a não ser que seja novo aviso prévio ou pago o valor a ele correspondente. Tudo dependerá, porém, do exame de cada caso concreto"[198].

4. A previsão desse artigo no sentido de que a rescisão só se torna efetiva depois de expirado o prazo do aviso prévio leva em consideração a probabilidade de no seu curso ocorrer situações que impossibilitam o obreiro de não só cumprir o aviso prévio e se afastando da finalidade para o qual foi instituído que é o de possibilitar a busca de novo emprego, citando como exemplo a hipótese de acidente do trabalho ou afastamento por doença. Em tais situações, a consequência lógica é a suspensão do prazo do aviso prévio que voltará a ser contado quando não houver impedimento, o que se dá quando o empregado está apto para o trabalho. De notar-se, também, por esse raciocínio que o aviso prévio não poderá ser concedido quando o contrato de trabalho está suspenso, como ocorre na aposentadoria por invalidez, ainda não transformada em definitiva pelo órgão previdenciário.

Jurisprudência

Ementa: Aviso prévio. Indenizado. Pagamento de verbas rescisórias. Reconsideração. Art. 489 da CLT. Incabível. A possibilidade de reconsideração de que trata o art. 489 da CLT se refere ao aviso prévio trabalhado, e não ao indenizado. Rescindido o contrato de trabalho, com o pagamento do aviso prévio indenizado e demais verbas rescisórias, não há a possibilidade do empregador voltar atrás, no sentido do contrato continuar a vigorar, como se não houvesse a indenização do aviso, sendo certo que haveria a necessidade de se firmar um novo pacto laboral. Entendimento em sentido contrário poderia até mesmo ensejar a prática de atos simulados, com a intenção de fraudar a legislação trabalhista, o que seria inadmissível. TRT 15ª Reg. (Campinas/SP) RO 0300-2006-006-15-00-9 — (Ac. 58544/08-PATR, 6ªC.) — Relª. Ana Paula Pellegrina Lockmann. DOE 19.9.08, p. 41.

Ementa: Pedido de demissão. Reconsideração do ato após constatada gravidez. Ausência de obrigação da empregadora. Nos termos do art. 489 da CLT, a empregada demissionária pode reconsiderar o pedido de rescisão contratual, mas a empregadora tem a faculdade, e não a obrigação, de aceitar a retratação, não havendo modificação desse preceito no caso de gravidez constatada após o pedido de demissão. TRT 12ª Reg, RO 03484-2007-050-12-00-4 — (Ac. 3ª T., 26.8.08) — Red. Desig. Juiz Gerson Paulo Taboada Conrado. Disp. TRT-SC/DOE 9.9.08. Data de Publ. 10.9.08.

---

(198) *Comentários à Consolidação das Leis do Trabalho*, V. I, 17. ed, Rio: Forense, p. 705.

Art. 490 *O empregador que, durante o prazo do aviso prévio dado ao empregado, praticar ato que justifique a rescisão imediata do contrato, sujeita-se ao pagamento da remuneração correspondente ao prazo do referido aviso, sem prejuízo da indenização que for devida.*

1. Esse dispositivo assegura ao empregado notificado do aviso o direito de recebê-lo, além de todas as verbas rescisórias, se o empregador der causa à rescisão do contrato. Extrai-se, portanto, dessa norma que enquanto o empregado estiver sujeito ao cumprimento do aviso prévio, as obrigações e deveres da partes continuam normalmente em vigor. Nessa conformidade, se o empregador cometer atos capitulados no art. 483, da CLT, o empregado poderá considerar imediatamente rescindindo o contrato de trabalho, arcando o empregador com o pagamento da remuneração atinente ao aviso prévio, mais as verbas rescisórias correspondentes, inclusive a liberação do FGTS com a multa de 40%, mais as guias do seguro-desemprego.

2. Os efeitos práticos desse dispositivo nos leva à conclusão de que apenas haverá a antecipação da rescisão contratual, uma vez que se o aviso prévio é dado pelo empregador, é evidente que a rescisão operou sem justa causa, hipótese em que as verbas rescisórias seriam pagas pelo empregador com base nessa condição. A rigor, o empregador só teria maior oneração com as verbas rescisórias na parte restante da remuneração do aviso prévio. Evidentemente que, na atualidade outras indenizações poderiam ser postuladas pelo empregado em caso de rescisão indireta (art. 483), com fundamento em indenização por dano moral ou material, dada as disposições dos incisos V e X, do art. 5º da Carta Magna, se o ato patronal envolver dano moral, à honra, à imagem, à dignidade do trabalhador. A doutrina e a jurisprudência deixam antever tal possibilidade já que o abuso é o marco delimitador do poder diretivo do empregador; o exercício normal de o referido poder é a regra, e o anormal, o abuso.

Art. 491 *O empregado que, durante o prazo do aviso prévio, cometer qualquer das faltas consideradas pela lei como justas para a rescisão, perde o direito ao restante do respectivo prazo.*

1. No artigo anterior se referiam às faltas praticadas pelo empregador no curso do prazo do aviso prévio e as respectivas consequências. Neste é tratado das faltas praticadas pelo empregado. Assim, se for o empregado quem deu motivo para rescisão do contrato, por justa causa, no período do aviso prévio, perderá ele o restante desse período, além de outras perdas previstas em lei. Infere-se, portanto, que em se tratando de justa causa (art. 482, da CLT) o empregado perde o direito ao restante do aviso prévio, as férias proporcionais, ao décimo terceiro proporcional, ao levantamento do FGTS, a indenização de 40% e em se tratando de empregado estável, a indenização por tempo de serviço.

Jurisprudência

TST, Súmula n. 73. DESPEDIDA. JUSTA CAUSA (nova redação) — Res. 121/2003, DJ 19, 20 e 21.11.2003. A ocorrência de justa causa, salvo a de abandono de emprego, no decurso do prazo do aviso prévio dado pelo empregador, retira do empregado qualquer direito às verbas rescisórias de natureza indenizatória.

Ementa: Falta grave. Ato doloso praticado após comunicação de dispensa sem justa causa. Conversão da modalidade de ruptura contratual. Possibilidade.
1. Quando o trabalhador, após ser comunicado de

sua dispensa sem justa causa, se dirige a um terminal de computador do estabelecimento empresarial e deleta diversos programas de sistema, causando transtornos administrativos que obrigam o empregador a chamar um técnico para resolver os problemas criados, fica caracterizada a falta grave capitulada no art. 482, "b", da CLT, autorizando o empregador a converter a modalidade de ruptura contratual em dispensa com justa causa. 2. Recurso não provido. 3. Decisão unânime. TRT 24ª Reg. RO 01730-2004-005-24-00-0 — Red. Juiz Amaury Rodrigues Pinto Júnior. DJMS N. 6758, 3.7.06.

2. Vale lembrar também que o disposto no art. 491, da CLT, citado, está relacionado com as faltas cometidas no curso do cumprimento do aviso prévio, entendendo este como trabalhado, em face da sua dicção. Assim, se o empregador tem indícios de irregularidades praticadas por seu empregado e sem uma apuração mais aprofundada toma a decisão de despedi-lo sem justa causa, não poderá reverter à situação, com a transformação daquela modalidade despedida, em justa causa. A empresa, portanto, assumiu os riscos e não há como mudar a situação, pois se trata de ato consumado, sendo este o entendimento já manifestado em decisão do TST.

Jurisprudência

Ementa: Despedida por justa causa. Apuração da falta no curso do aviso prévio indenizado. Se a empregadora, no exercício de seu poder de resilir unilateralmente o contrato, opta por despedir o empregado sem justa causa, mesmo diante de indícios de irregularidades, não há como reverter sua decisão em decorrência de posterior apuração mais aprofundada dos fatos, ainda que dentro do período de aviso prévio indenizado. Com efeito, não se tratando de hipótese de falta cometida após a comunicação do despedimento (CLT, art. 491), de se concluir que já estava consumada de forma irreversível a precipitada opção da empregadora pela despedida sem justa causa. Recurso de revista de que se conhece e a que se nega provimento. (TST-RR 548753/1999 – (Ac. 1ª T.) — Rel. Juiz Conv. Altino Pedrozo dos Santos. DJU 24.5.01)

3. A indagação que se faz é se antes de expirado o prazo do aviso prévio e do acerto de contas o empregador poderá converter a dispensa imotivada em justa causa, em virtude do surgimento de irregularidades praticadas pelo empregado que só vieram ao seu conhecimento depois de comunicado o aviso prévio. Dependendo da situação, a resposta poderá ser sim, porquanto há casos em que o empregado omite ou esconde fatos que só são descobertos pelo empregador depois do ato rescisório e antes do acerto de contas. Por exemplo, o cliente lesado pelo trabalhador procura a empresa para relatar irregularidades por ele praticadas no desempenho das suas funções na proximidade do acerto de contas, ou seja, já com data designada para homologação da rescisão contratual junto ao órgão competente para tal. Uma questão como esta normalmente será levada a apreciação judicial e se o empregador comprovar que não teria meios de saber das irregularidades antes da comunicação do aviso prévio poderá ser entendido como legal o seu procedimento. No entanto, a matéria é controvertida.

Jurisprudência

Ementa: Justa causa. Ato de improbidade. Apuração no curso do aviso prévio. Princípio da determinância. Alteração da causa determinante da ruptura do contrato de emprego. 1. É lícito ao empregador, no curso do aviso prévio, alterar a causa determinante da resolução do contrato de emprego, de despedida imotivada originariamente para dispensa por justa causa, se há constatação e apuração de ato de improbidade cometido pelo empregado na vigência do pacto laboral. 2. O princípio da determinância — vinculação obrigatória do empregador ou do empregado em Juízo ao motivo originário declarado extrajudicialmente para a cessação do contrato — não tem abrigo na lei brasileira, salvo disposição em contrário em normas coletivas. 3. Ademais, constitui um formalismo desnecessário, que não atende à realidade dos fatos e gera denegação de justiça, por via oblíqua, ao impedir que aflore no processo toda a verdade sobre a justa causa para a despedida do empregado, ou a justa causa patronal para o empregado romper o contrato (CLT, art. 483). 4. Se a lei não obriga que se decline o motivo determinante da ruptura do contrato de emprego, passa, então, a ser mera questão processual a possibilidade de substituição, pelo empregado ou pelo empregador, do motivo anteriormente invocado para tanto. Logo, até o momento em que a parte comparece em Juízo, é-lhe lícito alterar a causa antes declinada para a rescisão do contrato (CPC, art. 264). 5. O essencial é saber se antes da resolução do contrato havia a justa causa alegada em Juízo, ainda que o motivo determinante da resilição do contrato, a um primeiro momento, haja sido outro. 6. Embargos conhecidos, por contrariedade à Súmula n. 73 do TST, e providos. TST-E-RR-548.753/1999.1 — (Ac. SBDI1) – 15ª Reg. – Red. Desig. Min. João Oreste Dalazen. DJU 22.9.06, p. 827.

CAPÍTULO VII
DA ESTABILIDADE

Art. 492 *O empregado que contar mais de dez anos de serviço na mesma empresa não poderá ser despedido senão por motivo de falta grave ou circunstância de força maior, devidamente comprovadas.*

PARÁGRAFO ÚNICO. Considera-se como de serviço todo o tempo em que o empregado esteja à disposição do empregador.

A norma desse artigo vigorou plenamente, da data em que vigeu a CLT até o advento da Lei que instituiu o sistema do FGTS, para os trabalhadores subordinados.

Com esse dispositivo estabeleceu-se no Brasil, a "estabilidade decenal", como sendo a que era adquirida por empregado com mais de dez anos de serviço na empresa, eis que sua dispensa só poderia acontecer por motivo de falta grave ou circunstância de força maior, se devidamente comprovados e ainda assim mediante inquérito judicial, na forma do art. 853, da CLT.

Essa estabilidade no emprego, após dez anos de serviço efetivo, depois de algum tempo, começou a criar problemas para as empresas, não só porque os empregados se acomodavam com a sua situação privilegiada, como também impedia que houvesse renovação em seus quadros funcionais, com pessoal mais jovem e com conhecimentos mais atualizados.

Nesse contexto e, para que as empresas não corressem tais riscos, havia dispensas de empregados com 9 (nove) ou com menos anos de serviço.

Dentre esses dispensados, os mais eficientes e mais produtivos eram readmitidos, normalmente depois de um certo tempo fora da empresa, e por vezes, trabalhando sem registro nesse pouco tempo.

São dessa época duas Súmulas do TST, atualmente canceladas, do seguinte teor:

Súmula n. 26 "Presume-se obstativa à estabilidade a despedida, sem justo motivo, do empregado que alcançar nove anos de serviço na empresa."

Súmula 20 "Não obstante o pagamento da indenização de antiguidade, presume-se em fraude à lei a resilição contratual, se o empregado permanecer prestando serviço ou tiver sido, em curto prazo, readmitido."

Essas Súmulas vieram pacificar divergências então existentes na jurisprudência dos Tribunais sobre as fraudes cometidas pelas empresas na tentativa de burlarem o direito à estabilidade.

Estava, pois, criada uma situação social embaraçosa tanto para os empregados, que não atingiam os dez anos de serviço para a conquista de seu direito à estabilidade, como para os empregadores que perdiam trabalhadores treinados e úteis no desempenho de suas atividades comerciais, industriais ou mesmo de serviços, dispensando-os sem justo motivo.

Foram principalmente esses argumentos, juntando-se a outros de incentivo à habitação e pecúlios para a aposentadoria, que levaram o Governo Militar, sob o comando do economista Roberto Campos, a instituir o Fundo de Garantia do Tempo de Serviço, em substituição à estabilidade, ambos entendidos como compatíveis e equivalentes sob aspecto jurídico e não econômico, conforme Súmula/TST n. 98.

A Constituição Federal de 1988 estendeu o FGTS para todos os empregados e estabeleceu uma indenização compensação de 40% sobre o montante do saldo vinculada na conta do FGTS (art. 10, I, do ADCT) até que Lei Complementar viesse a ser editada para dar eficácia plena à norma do art. 7º, I, que prescreve "relação de emprego protegida contra despedida arbitrária ou sem justa causa, nos termos de lei complementar, que preverá indenização compensatória, dentre outros direitos".

As leis pertinentes ao FGTS trouxeram soluções para várias situações como a opção com efeito retroativo a data da instituição do FGTS, ou seja, a 1º de janeiro de 1967 ou a data de admissão se posterior aquela, ou então respeitado o decênio, que tornava estável o empregado a fim de que não lhe acarretasse prejuízo em face do seu direito a indenização em dobro, mas sempre com a concordância do empregador (Lei n. 5.958/73). Também foi permitida a transação da estabilidade, desde que respeitasse o montante de 60% da indenização prevista no regime da CLT, calculada sobre o maior salário percebido no emprego, conforme Súmula n. 54, do TST.

Depois do advento do sistema implantado pelo FGTS, não se fala mais com insistência em estabilidade. A denominação utilizada passou a ser garantia de emprego, para a gestante, para o cipeiro, para o sindicalista, etc.

Isso decorre pelo fato de que a garantia de emprego sempre está ligada a uma situação provisória, daí porque é normalmente denominada de estabilidade provisória, enquanto que o termo estabilidade se relaciona com permanência do emprego por um tempo indefinido, já que rescisão contratual só poderá decorrer mediante decisão judicial, em face da necessidade de instauração de inquérito judicial para apuração de falta grave (art. 853, da CLT). Determinados empregados são detentores de estabilidade provisória prevista em lei, citando como exemplo, o dirigente sindical (art. 543, §3º, da CLT) e os membros de cooperativa (Lei n. 5.764/71), os quais se encontram numa posição privilegiada, já que não poderá ser dispensado a não ser por falta grave ou justa causa, e ainda assim, mediante o respectivo inquérito judicial para apuração de falta grave a que alude o art. 853, da CLT. Os representantes dos trabalhadores no Conselho Curador do FGTS (Lei n. 8.036/90, art. 3º, § 9º), titulares e suplentes representantes dos trabalhadores no Conselho Nacional de Previdência Social (Lei n. 8213/91, art. 3º, § 7º) só poderão ser dispensados por motivo de falta grave regularmente comprovada através de processo judicial.

Outros trabalhadores também possuem uma garantia de emprego por determinado período, este fixado em lei, como ocorre com os membros da CIPA, titulares e suplentes, eleitos como representantes dos empregados (CF, ADCT, art. 10, II, a), gestantes (CF, ADCT, art. 10, II), e os acidentados, desde que fiquem afastados por período superior a quinze dias (art. 118, da Lei n. 8.213/91). Estes trabalhadores estão sujeitos a dispensa por justa causa se praticarem atos que se enquadram nas hipóteses do art. 482, da CLT.

Existem mais trabalhadores que possuem garantia de emprego, mas está fixada em instrumento coletivo ou sentença normativa (empregado que está prestando serviço militar (PN 80) e empregado às vésperas de aposentadoria (PN-85) e empregado transferido (PN-77), ou então em regulamento de empresa. Estas normalmente dependem de inquérito administrativo para a efetivação da dispensa por falta grave, se assim dispuser o regulamento interno do empregador: quanto às demais, não.

Por fim, o parágrafo único desse artigo considera como de serviço todo o tempo em que o empregado esteja à disposição do empregador. Essa diretriz diz o óbvio e tem relação com o disposto no art. 4º da CLT, que considera como de serviço efetivo o período em que o empregado esteja à disposição do empregador. Ocorre que, se o contrato, embora paralisado, mas surtindo os efeitos previstos em lei, como recolhimento do FGTS e o pagamento de salário, nos casos de interrupção do contrato de trabalho, não haverá dúvida que o tempo de serviço nessas condições será contado para todos os efeitos legais.

Jurisprudência

STF, Súmula n. 197. ESTABILIDADE — DIRIGENTE SINDICAL. O empregado com representação sindical só pode ser despedido mediante inquérito em que se apure falta grave.

STF, Súmula n. 219. INDENIZAÇÃO DE EMPREGADO READMISSÍVEL. Para a indenização devida a empregado que tinha direito a ser readmitido, e não foi, levam-se em conta as vantagens advindas à sua categoria no período do afastamento.

STF, Súmula n. 220. INDENIZAÇÃO DE ESTÁVEL READMISSÍVEL. A indenização devida a empregado estável, que não é readmitido, ao cessar sua aposentadoria, deve ser paga em dobro.

STF, Súmula n. 221. TRANSFERÊNCIA OU EXTINÇÃO DE ESTABELECIMENTO. A transferência de estabelecimento, ou a sua extinção parcial, por motivo que não seja de força maior, não justifica a transferência de empregado estável.

STF. Súmula n. 463. TEMPO DE SERVIÇO MILITAR. Para efeito de indenização e estabilidade, conta-se o tempo em que o empregado esteve afastado, em serviço militar obrigatório, mesmo anteriormente à Lei n. 4.072, de 1.6.62.

TST, Súmula n. 54. OPTANTE (mantida) – Res. 121/2003, DJ 19, 20 e 21.11.2001. Rescindindo por acordo seu contrato de trabalho, o empregado estável optante tem direito ao mínimo de 60% (sessenta por cento) do total da indenização em dobro, calculada sobre o maior salário percebido no emprego. Se houver recebido menos do que esse total, qualquer que tenha sido a forma de transação, assegura-se-lhe a complementação até aquele limite.

TST, Súmula n. 98. FGTS. INDENIZAÇÃO. EQUIVALÊNCIA. COMPATIBILIDADE (incorporada a Orientação Jurisprudencial n. 299 da SBDI-1) — Res. 129/2005, DJ 20, 22 e 25.4.2005. I — A equivalência entre os regimes do Fundo de Garantia do Tempo de Serviço e da estabilidade prevista na CLT é meramente jurídica e não econômica, sendo indevidos valores a título de reposição de diferenças. (ex-Súmula n. 98 — RA 57/1980, DJ 6.6.1980) II — A estabilidade contratual ou a derivada de regulamento de empresa são compatíveis com o regime do FGTS. Diversamente ocorre com a estabilidade legal (decenal, art. 492 da CLT), que é renunciada com a opção pelo FGTS. (ex-OJ n. 299 da SBDI-1 — DJ 11.8.2003)

TST, OJ-SDI-1-T N. 39 FGTS. OPÇÃO RETROATIVA. CONCORDÂNCIA DO EMPREGADOR. NECESSIDADE (conversão da Orientação Jurisprudencial n. 146 da SBDI-1) — DJ 20.4.2005. A concordância do empregador é indispensável para que o empregado possa optar retroativamente pelo sistema do Fundo de Garantia por Tempo de Serviço. (ex-OJ n. 146 da SBDI-1 — inserida em 27.11.98)

TST, SÚMULA N. 244. GESTANTE. ESTABILIDADE PROVISÓRIA (incorporadas as Orientações Jurisprudenciais ns. 88 e 196 da SBDI-1) — Res. 129/2005, DJ 20, 22 e 25.04.2005. I — O desconhecimento do estado gravídico pelo empregador não afasta o direito ao pagamento da indenização decorrente da estabilidade (art. 10, II, "b" do ADCT). (ex-OJ n. 88 da SBDI-1 — DJ 16.04.2004 e republicada DJ 4.5.2004). II — A garantia de emprego à gestante só autoriza a reintegração se esta se der durante o período de estabilidade. Do contrário, a garantia restringe-se aos salários e demais direitos correspondentes ao período de estabilidade. (ex-Súmula n. 244 – alterada pela Res. 121/2003, DJ 21.11.2003). III — Não há direito da empregada gestante à estabilidade provisória na hipótese de admissão mediante contrato de experiência, visto que a extinção da relação de emprego, em face do término do prazo, não constitui dispensa arbitrária ou sem justa causa. (ex-OJ n. 196 da SBDI-1 — inserida em 8.11.2000)

TST, Súmula n. 339 CIPA. SUPLENTE. GARANTIA DE EMPREGO. CF/1988 (incorporadas as Orientações Jurisprudenciais ns. 25 e 329 da SBDI-1) — Res. 129/2005, DJ 20, 22 e 25.04.2005. I — O suplente da CIPA goza da garantia de emprego prevista no art. 10, II, "a", do ADCT a partir da promulgação da Constituição Federal de 1988. (ex-Súmula n. 339 — Res. 39/1994, DJ 22.12.1994 — e ex-OJ n. 25 da SBDI-1 — inserida em 29.3.1996). II — A estabilidade provisória do cipeiro não constitui vantagem pessoal, mas garantia para as atividades dos membros da CIPA, que somente tem razão de ser quando em atividade a empresa. Extinto o estabelecimento, não se verifica a despedida arbitrária, sendo impossível a reintegração e indevida a indenização do período estabilitário. (ex-OJ n. 329 da SBDI-1 — DJ 09.12.2003)

TST, Súmula n. 378. ESTABILIDADE PROVISÓRIA. ACIDENTE DO TRABALHO. ART. 118 DA LEI N. 8.213/1991. CONSTITUCIONALIDADE. PRESSUPOSTOS (conversão das Orientações Jurisprudenciais n.s 105 e 230 da SBDI-1) — Res. 129/2005, DJ 20, 22 e 25.04.2005. I — É constitucional o art. 118 da Lei n. 8.213/1991 que assegura o direito à estabilidade provisória por período de 12 meses após a cessação do auxílio-doença ao empregado acidentado. (ex-OJ n. 105 da SBDI-1 — inserida em 01.10.1997). II — São pressupostos para a concessão da estabilidade o afastamento superior a 15 dias e a consequente percepção do auxílio-doença acidentário, salvo se constatada, após a despedida, doença profissional que guarde relação de causalidade com a execução do contrato de emprego. (primeira parte — ex-OJ n. 230 da SB-DI-1 — inserida em 20.06.2001)

TST, Súmula n. 379. DIRIGENTE SINDICAL. DESPEDIDA. FALTA GRAVE. INQUÉRITO JUDICIAL. NECESSIDADE (conversão da Orientação Jurisprudencial n. 114 da SBDI-1) — Res. 129/2005, DJ 20, 22 e 25.04.2005. O dirigente sindical somente poderá ser dispensado por falta grave mediante a apuração em inquérito judicial, inteligência dos arts. 494 e 543, §3º, da CLT. (ex-OJ n. 114 da SBDI-1 — inserida em 20.11.1997)

Ementa: Recurso ordinário. Ação rescisória. Empregado optante pelo regime do FGTS. Estabilidade contratual. Possibilidade. Violação legal. Não configuração. I — A decisão rescindenda não negou vigência ou eficácia aos arts. 7º, I, e 8º, VIII, da Constituição Federal; 10, I e II, do ADCT; 165, XII, da EC n. 1/69; 1º, 6º e 16 da Lei n. 5.107/66, sendo intuitivo ter o juízo se louvado no princípio da persuasão racional do art. 131 do CPC para deferir ao recorrido a estabilidade pleiteada, com base na prova produzida. II — Com efeito, o acórdão rescindendo foi explícito ao consignar que a estabilidade decorrera não apenas do fato de o reclamante contar com mais de dez anos serviço quando da opção pelo FGTS, mas, sobretudo, de cláusula benéfica do contrato de trabalho, pela qual o reclamado renunciou expressamente à faculdade de unilateralmente rescindir o contrato de trabalho. III — Frise-se que ao tempo em que proferida a decisão rescindenda (17.6.2004) a discussão em torno da compatibilidade da estabilidade contratual e o regime do FGTS já se encontrava pacificada pela Orientação n. 299 da SBDI-1/TST, atual item II da Súmula n. 98, segundo o qual "A estabilidade contratual ou a derivada de regulamento de empresa são compatíveis com o regime do FGTS. Diversamente ocorre com a estabilidade legal (decenal, art. 492 da CLT), que é renunciada com a opção pelo FGTS". IV — A possibilidade de ter havido má-avaliação dos elementos dos autos induz, no máximo, à ideia de erro de julgamento, insusceptível de ser reparado no âmbito da ação rescisória, a teor da Súmula n. 410/TST. V — Recurso a que se nega provimento. TST-ROAR-13770/2006-000-02-00.5 – (Ac. SBDI-2) – 2ª Reg. – Rel. Min. Antônio José de Barros Levenhagen. DJe/TST n. 69/08, 12.9.08, p.

Art. 493

Constitui falta grave a prática de qualquer dos fatos a que se refere o art. 482, quando por sua repetição ou natureza representem séria violação dos deveres e obrigações do empregado.

1. Falta grave e justa causa. A expressão falta grave por estar no Capítulo VII, da CLT, que trata da estabilidade e atendo-se a situação dos empregados estáveis, ou seja, aqueles que contavam com de 10 anos na mesma empresa (art. 492) leva a conclusão de que ela deve ser utilizada para os empregados estáveis, enquanto que a expressão justa causa deve ser aplicada aos demais empregados, ou seja, aqueles que não estáveis. Talvez seja essa a distinção que poderia ser dada para as duas expressões, destacando-se que nos casos dos empregados estáveis que ainda são encontrados nas relações de emprego (dirigentes sindicais art. 543, § 3º, da CLT, apenas para exemplificar) haverá necessidade de instauração de inquérito para apuração de falta de grave (art. 853, da CLT), cujo artigo utiliza-se da mesma expressão. A rigor, as duas expressões são utilizadas em vários dispositivos da CLT com o mesmo significado de rescisão motivada do contrato de trabalho. Apenas para exemplificar, no art. 453, no parágrafo único do art. 240, no art. 492, neste artigo, no art. 495 e no § 3º do art. 543, todos da CLT constam a expressão falta grave enquanto que em outros artigos, também da CLT, é utilizada a expressão justa causa (arts. 479, 480 e 482). Outras expressões que levam ao mesmo sentido são encontrados em outros artigos da CLT, o que demonstra que não há preocupação com a denominação de falta grave ou justa causa, pois todas deságuam no art. 482, da CLT, que trata das hipóteses de justa causa para rescisão do contrato de trabalho do empregado. Vale ressaltar, no entanto, que existem outras disposições legais que tratam de justa causa, citando as hipóteses do bancário a que alude o art. 508, da CLT, o caso de não cumprimento de normas de segurança e medicina do trabalho e na utilização de EPI (art. 158, parágrafo único), a do parágrafo único do art. 240, relacionada com o ferroviário que recusa a prestação de serviço extraordinário nos casos de urgência ou de acidentes, capazes de afetar a segurança e a regularidade do serviço. Também em legislação esparsa encontramos referência a hipótese de atos que enseja a aplicação da dispensa por justa causa, como a "declaração falsa ou uso indevido do vale-transporte (art. 7º, § 3º, do Decreto n. 95.247/87).

2. Reiteração e gravidade das faltas. Dependendo da falta não haverá necessidade de reiteração. Isso porque, existem faltas que pela sua gravidade não precisam de reiteração para configuração do ato faltoso, como na hipótese em que há quebra da confiança. Será, portanto, a gravidade e a intensidade da falta que ditará a aplicação deste dispositivo e não uma falta passível de tolerância ou atenuada em função do tempo de serviço.

Jurisprudência

Ementa: Agravo de instrumento em recurso de revista. Inquérito para apuração de falta grave. Justa causa. Nega-se provimento ao agravo, quando a decisão regional, com fundamento no contexto fático-probatório, reconhece a caracterização da justa causa pela intenção premeditada e deliberada do empregado, portador de estabilidade sindical, de se dirigir à empresa e agredir o seu colega de trabalho. Nos termos da Súmula n. 126 do Tribunal Superior do Trabalho, é incabível o recurso de revista para reexame de fatos e provas. Não houve pronunciamento expresso da instância de origem sobre a necessidade de inquérito judicial, incidindo a Súmula n. 297 do Tribunal Superior do Trabalho. Agravo de instrumento a que se nega provimento. TST-AIRR-2367/2002-008-07-40.5 – (Ac. 7ª T., j. 9/4.08) – Rel. Min. Pedro Paulo Teixeira Manus. DJU 18.4.08.

Ementa: Justa causa. Ato de improbidade. Quebra da confiança. O art. 482 da CLT enumera várias hipóteses de justa causa para o empregador demitir o empregado, dentre as quais, o ato de improbidade. Referido ato consiste na conduta que atenta contra o patrimônio do empregador ou de terceiro, praticada pelo trabalhador com a finalidade de obter vantagens para si ou para outrem. Devido aos efeitos danosos que pode causar à vida profissional e social do empregado, inclusive no âmbito familiar, a caracterização da prática do ato de improbidade exige prova robusta, cujo ônus é do empregador (inteligência do art. 818 da CLT). Comprovada a prática de ato que incrimina o funcionário, capaz de romper a confiança do empregador, está autorizada a rescisão contratual por justa causa. TRT 10ª Reg. RO-935/2006-015-10-00.4 – (Ac. 1ª T./08) – Rel. Juiz Pedro Luis Vicentin Foltran. DJe/TRT 10ª Reg. N. 73/08. 18.9.08, p. 43.

Art. 494 *O empregado acusado de falta grave poderá ser suspenso de suas funções, mas a sua despedida só se tornará efetiva após o inquérito em que se verifique a procedência da acusação.*

PARÁGRAFO ÚNICO. A suspensão, no caso deste artigo, perdurará até a decisão final do processo.

Referido dispositivo legal está relacionado com empregado que contava com a estabilidade decenal a que alude o art. 492, da CLT, portanto a ele também nos reportamos. Na atualidade, a hipótese de inquérito para apuração de falta grave tem aplicação restritíssima. O dirigente sindical (art. 543, § 3º, da CLT) é um dos casos, só para exemplificar, já que só poderá ser dispensado por falta grave mediante o respectivo inquérito, ou então quando a estabilidade decorre de lei, de cláusula normativa ou de regulamento de empresa. (Vide art. 492, da CLT.)

Como a suspensão está atrelada a existência de possível falta grave, está patente que foi conferida uma faculdade ao empregador de suspender o empregado, em período não superior a 30 dias, em face do disposto no art. 474, da CLT, a fim de que ele possa fazer não só a apuração da falta cometida pelo empregado, mas também de se municiar de todos os elementos que interessam a causa. Ademais, em se tratando de inquérito para apuração de grave pelos reflexos que ele pode causar ao empregado, detentor de estabilidade, é permitido cada parte a oitiva de até 6 (seis) testemunhas (art. 821, da CLT).

Suspenso o empregado com estabilidade no emprego, o empregador terá que ajuizar o inquérito para apuração de falta grave no prazo de 30 dias, pois se não o fizer haverá a perda do direito, já que este prazo é de decadência. Nesse sentido, a Súmula n. 403, do STF e 62 do TST.

De notar-se também que se ajuizado inquérito para apuração de falta grave no prazo legal, haverá a suspensão do empregado estável das suas funções até decisão final do processo, conforme o disposto no parágrafo único deste artigo. Se o inquérito for julgado improcedente o empregado será reintegrado na mesma função e com as reparações decorrentes. O contrato então suspenso por força do inquérito passa a vigorar desde a suspensão como se a mesma não estivesse acontecida.

Jurisprudência

STF, Súmula n. 403. É de decadência o prazo de 30 (trinta dias) para instauração do inquérito judicial, a contar da suspensão, por falta grave, de empregado estável.

TST, Súmula n. 62. ABANDONO DE EMPREGO (mantida) — Res. 121/2003, DJ 19, 20 e 21.11.2003. O prazo de decadência do direito do empregador de ajuizar inquérito em face do empregado que incorre em abandono de emprego é contado a partir do momento em que o empregado pretendeu seu retorno ao serviço.

Ementa: Inquérito para apuração de falta grave. Estabilidade provisória. Prescindibilidade. O inquérito para apuração de falta grave de que cogita o art. 494 da CLT é procedimento que somente se aplica aos empregados detentores de estabilidade decenária. Daí decorre a prescindibilidade desse inquérito para apuração de falta grave de empregado detentor de estabilidade provisória, como na hipótese, decorrente de acidente do trabalho, por falta de previsão legal. Recurso de Embargos de que não se conhece. TST-E-RR-804.917/2001.3 — (Ac. SBDI1) – 3ª Reg. — Rel. Min. João Batista Brito Pereira. DJU 29.2.08, p. 69.

Ementa: Inquérito para apuração de falta grave. Empregado portador da garantia de emprego prevista no art. 165/CLT. O inquérito judicial aludido no art. 853 da CLT somente tem cabimento para discussão sobre a prática de falta grave pelo empregado destinatário da estabilidade decenal ou do dirigente sindical. As normas consolidadas somente exigem a medida judicial nesses dois casos, como se nota dos arts. 494 e 543, § 3º, da CLT. No que concerne ao empregado protegido com a estabilidade provisória prevista no art. 165 da CLT, caberá ao empregador promover o rompimento, reservando-se o direito de discutir a caracterização da justa causa no caso de vir a ser ajuizada reclamação trabalhista. Nesse sentido é a disposição contida no parágrafo único do derradeiro dispositivo referido acima, *verbis*: Ocorrendo a despedida, caberá ao empregador, em caso de reclamação à Justiça do Trabalho, comprovar a existência de qualquer dos motivos mencionados neste artigo, sob pena de ser condenado a reintegrar o empregado. O exercício do direito potestativo de dispensa, assegurado ao empregador, não foi restringido em relação ao empregado cipista. Logo, apenas no caso de ajuizamento de reclamação trabalhista, incumbirá ao empregador o ônus de provar os motivos da ruptura contratual, sob pena de reintegração. Inexiste, pois, interesse processual da reclamada em postular o reconhecimento da justa causa, se o pacto não chegou a romper-se. Logo, há de ser confirmada a decisão que declarou a extinção do feito sem julgamento do mérito. TRT 3ª Reg. RO 00108-2008-137-03-00-6 – (Ac. 7ª T) — Rel. Juíza Convocada Ana Maria Amorim Rebouças — DJMG — 2.9.08, p. 16

Art. 495 *Reconhecida a inexistência de falta grave praticada pelo empregado, fica o empregador obrigado a readmiti-lo no serviço e a pagar-lhe os salários a que teria direito no período da suspensão.*

Foi utilizada a expressão readmissão ao invés de reintegração que é a correta embora em outros dispositivos da CLT, como este, tenha sido utilizada a readmissão como equivalente. Isso acontece porque o Decreto n. 20.465, de 1º de outubro de 1931, como bem esclarece *Weliton Souza Carvalho* "adotou explicitamente a readmissão do empregado, estabelecendo a suspensão do obreiro quando do início do inquérito. Se o inquérito não confirmasse a falta grave, estaria confirmada a 'despedida arbitrária'[199]". E a nossa CLT, também adota a expressão readmissão e reintegração como equivalentes, bastando se ater aos arts. 495, 496 e 504. Com isso fica evidente que a expressão "readmissão", também poderá ser aplicada em caso de suspensão do contrato de trabalho, não sendo necessariamente vinculada a um ato de rescisão do contrato de trabalho seguida de nova contratação, embora se reitere que a expressão correta é a reintegração, eis que enquanto controvertido na esfera judicial a rescisão contratual poderá ser convertida em reintegração com as reparações decorrentes.

A consequência da reintegração no emprego é o pagamento dos salários nas mesmas condições em que se dariam se estivesse trabalhando, porque o contrato de trabalho então suspenso passa a ser considerado como de interrupção. A reintegração deverá ser feita também na mesma função e nas mesmas condições, uma vez que o empregado não poderá ser prejudicado já que não deu causa ao afastamento. O fato de ter trabalhado para outro empregador durante o período de afastamento não lhe retira o direito dos salários deferidos na condenação, pois o trabalho é um direito de todos, e se relaciona com a sobrevivência do empregado e de seus familiares, com repercussão na sua dignidade como pessoa humana.

Ficando, no entanto, comprovado no litígio que houve culpa recíproca, ou seja, as partes contribuíram para o afastamento do empregado, os salários não seriam devidos.

Jurisprudência

Ementa: ...3. Justa causa. Previsão em norma coletiva de não-aplicação de penalidade em razão de movimento grevista. Reintegração. Pagamento dos salários do período de afastamento. O Embargante, por força de norma coletiva, não poderia ter demitido o Reclamante, e, por óbvio, a não-demissão implicaria continuação do vínculo empregatício e pagamento dos salários respectivos. Uma vez reconhecido o direito à reintegração no emprego, por força de norma coletiva, não se há de falar em liberalidade do empregador, mas em cumprimento de uma norma aplicável às partes e, se o empregador deu causa à paralisação da prestação dos serviços, deve, por isso, pagar os salários e demais vantagens advindas do período em que não houve trabalho. Havendo o cancelamento da dispensa por justa causa, na hipótese, ainda que espontânea, são devidos os salários do período. Incólumes, portanto, os arts. 453, 495 e 896 da CLT; 1090 do Código Civil e 5º, inciso II, da CF/88. Embargos não conhecidos. TST-E-RR — 596093/1999.5 – (Ac. SBDI-1, j. 15.10.07) – Rel. Min. Carlos Alberto Reis de Paula. DJU 19.10.07.

Ementa: Ação rescisória. Procedência. Recurso ordinário do réu. Inquérito judicial improcedente. Reintegração não determinada. Não-apresentação do empregado ao serviço. Nova alegação de abandono de emprego. Justa causa. Caracterização. O art. 495

---

(199) *Despedida arbitrária no Texto Constitucional de 1988*, Curitiba: Juruá, 1998. p. 104.

da CLT preceitua que — reconhecida a inexistência de falta grave praticada pelo empregado, fica o empregador obrigado a readmiti-lo no serviço e a pagar-lhe os salários que teria direito no período da suspensão — Contudo, da norma ali preconizada não se extrai a ilação de que o empregador está obrigado a comunicar ao empregado a improcedência do inquérito judicial e o seu consequente retorno ao trabalho. Constata-se dos autos que o reclamante não se desincumbiu do ônus de provar o fato impeditivo do seu retorno ao emprego, não o socorrendo a alegação de que só tomou conhecimento do trânsito em julgado da improcedência do inquérito judicial quando da baixa dos autos, pois confessou expressamente a sua ciência na própria inicial da reclamação trabalhista. Significa dizer que o *animus* de abandonar o emprego está implícito na ausência injustificada do trabalhador ao serviço por prazo superior a trinta dias, não infirmada pelo recorrente em suas razões recursais. Recurso a que se nega provimento, ficando prejudicada a análise do recurso adesivo do autor. TST-ROAR-760217/2001.5 – (Ac. SBDI-2, j. 9.11.04) – Rel. MIn. Antônio José de Barros. DJ 26.11.04.

Ementa: Recurso de revista. Execução de sentença. Inquérito para apuração de falta grave. Reintegração. Conversão da obrigação de fazer em indenização. Terminado o período de estabilidade provisória, não ofende a coisa julgada a sentença em que se determina a conversão de reintegração em indenização. Ileso, pois, o art. 5º, XXXVI, da Constituição Federal. Recurso de revista não conhecido. TST-RR — 398/2007-911-11-00.6 –(Ac. 3ª T., j. 10.9.08) – Rel. Min. Alberto Luiz Bresciani de Fontan Pereira. DJe 10.10.08.

Art. 496 *Quando a reintegração do empregado estável for desaconselhável, dado o grau de incompatibilidade resultante do dissídio, especialmente quando for o empregador pessoa física, o Tribunal do Trabalho poderá converter aquela obrigação em indenização devida nos termos do artigo seguinte.*

A previsão desse artigo é o de casos em que a reintegração (e não readmissão) for desaconselhável em razão da incompatibilidade criada pelo dissídio, especialmente quando o empregador for pessoa física. No cotidiano das relações trabalhistas podem acontecer fatos que tornam desaconselhável a permanência do empregado na empresa, situando os casos de animosidade, de desavenças pessoais, envolvendo até familiares do empregador, principalmente quando este for pessoa física. Nesse caso, a Justiça do Trabalho poderá converter a obrigação de reintegrar no pagamento das verbas rescisórias como se o empregado tivesse sido dispensado sem a falta grave. Vale ressaltar que a norma deste artigo é de ordem pública e poderá ser aplicada de ofício pelo Julgador, justamente porque envolve situações que ficam na esfera do seu poder decisório. É na verdade uma decisão *ultra petita*, a qual independe de pedido da parte, já que está autorizada pela lei.

A indenização referida neste artigo se refere a prevista pelo então regime da CLT, sendo substituída pelo regime do FGTS que foi estendido a todos os trabalhadores, com exceção daqueles que já contavam com a estabilidade decenal, antes da opção pelo regime do FGTS. Para os empregados estáveis, a indenização seria dobrada na forma do art. 492, da CLT. Os empregados vinculados ao regime do FGTS, no caso de dispensa sem justa causa terão direito ao levantamento do FGTS acrescido da multa de 40%, mais as verbas rescisórias (aviso prévio, férias, décimo terceiro salário e saldo de salário, se houver).

Jurisprudência

TST, Súmula n. 396. ESTABILIDADE PROVISÓRIA. PEDIDO DE REINTEGRAÇÃO. CONCESSÃO DO SALÁRIO RELATIVO AO PERÍODO DE ESTABILIDADE JÁ EXAURIDO. INEXISTÊNCIA DE JULGAMENTO "EXTRA PETITA" (conversão das Orientações Jurisprudenciais n.s 106 e 116 da SBDI-1) — Res. 129/2005, DJ 20, 22 e 25.04.2005. I — Exaurido o período de estabilidade, são devidos ao empregado apenas os salários do período compreendido entre a data da despedida e o final do período de estabilidade, não lhe sendo assegurada a reintegração no emprego. (ex-OJ n. 116 da SBDI-1 — inserida em

1.10.1997). II — Não há nulidade por julgamento "extra petita" da decisão que deferir salário quando o pedido for de reintegração, dados os termos do art. 496 da CLT. (ex-OJ n. 106 da SBDI-1 — inserida em 20.11.1997)

Ementa: Contribuição previdenciária. Indenização pelo período estabilitário da gestante. Não-incidência. Art. 214, § 12, in fine, *do Decreto 3.048/99. Natureza indenizatória da verba.* 1. O art. 214, § 12, in fine, do Decreto n. 3.048/99, estabelece que o valor pago à empregada gestante, inclusive à doméstica, em função do disposto na alínea "b" do inciso II do art. 10 do Ato das Disposições Constitucionais Transitórias da Constituição Federal, integra o salário-de-contribuição, excluídos os casos de conversão em indenização previstos nos arts. 496 e 497 da CLT. 2. -In casu-, o Regional entendeu que não há de se falar em incidência de contribuição previdenciária sobre os valores devidos à Reclamante a título de indenização da estabilidade gestante. Frisou que tal parcela não se destina a retribuir o trabalho ou compensar o tempo em que a Obreira ficou à disposição do empregador, caracterizando-se como uma indenização substitutiva ao período estabilitário que não foi observado pela Empregadora. 3. O entendimento adotado pela Turma Julgadora -a quo- acerca da natureza da verba em tela está em consonância com a jurisprudência majoritária desta Corte Superior, segundo a qual a empregada gestante que é dispensada, tem direito à contraprestação financeira correspondente ao período estabilitário de que trata o art. 10, -b-, do ADCT, que possui caráter indenizatório. Assim, apesar de o art. 214, § 12, -in fine- do Decreto n. 3.048/99, fazer referência apenas à hipótese de conversão em indenização prevista nos arts. 496 e 497 da CLT, por analogia, também deve ser aplicado aos casos em que é reconhecido o direito da empregada gestante ao percebimento da indenização do período de estabilidade, não pelo fato de ser inviável a sua reintegração em face do grau de incompatibilidade resultante do dissídio, mas por meio de acordo judicial firmado entre as Partes. 4. Nesse contexto, é forçoso reconhecer a inviabilidade da incidência das contribuições para a seguridade social sobre os valores devidos à Reclamante a título de indenização correspondente às parcelas do período estabilitário da gestante. 5. Ademais, não aproveita à ora Agravante a reiteração da tese de afronta a dispositivos de lei e da Constituição Federal que nada dispõem sobre a incidência, ou não, da contribuição previdenciária sobre a verba vindicada. Agravo de instrumento desprovido. TST-AIRR-789/2006-007-10-40.7 – (Ac. 7ª T., j. 15.10.08) – Rel. Min. Ives Gandra Martins Filho. DJU 17.10.08.

Art. 497

Extinguindo-se a empresa, sem a ocorrência de motivo de força maior, ao empregado estável despedido é garantida a indenização por rescisão do contrato por prazo indeterminado, paga em dobro.

O empregado estável é aquele que possui direito adquirido de permanecer na empresa, na forma do art. 492, da CLT, só podendo ser dispensado por falta grave devidamente comprovada e ainda assim mediante o respectivo inquérito para apuração de falta grave a que aludem os arts. 853 a 855, da CLT. Acreditamos que, na atualidade, são pouquíssimos os casos de empregados com direito a mencionada estabilidade, na forma do regime do CLT, em face da implantação do regime do FGTS que pela CF/88 alcançaram todos os empregados comuns, ressalvando-se, no entanto, os que estavam com direito adquirido.

Esse art. 477, na verdade retrata uma situação que poderá abranger tanto o empregado estável como o não estável, porquanto com a extinção da empresa não há como se manter o vínculo empregatício. Daí a sua normatividade no sentido de que extinta a empresa sem a ocorrência de motivo de força maior fica assegurado ao empregado estável à indenização prevista no contrato por prazo indeterminado, em dobro. Consequentemente, se a rescisão se der por força maior, a indenização será simples, conforme art. 502, I, da CLT.

A extinção de estabelecimento que não se confunde com a extinção de empresa, também enseja o pagamento da indenização em dobro para o estável, conforme previsão no art. 502, I, da CLT. Na ocorrência de extinção do estabelecimento onde o empregado estável trabalhava será possível a transferência para outro estabelecimento, desde que este aceite, já que o espírito da legislação trabalhista sempre se pautou pela manutenção do emprego. Quanto ao empregado não estável lembramos que é lícita a transferência quando ocorrer à extinção do estabelecimento em que trabalhar o empregado (art. 469, § 2º da CLT).

A extinção da empresa também torna lícita a rescisão do contrato de trabalho do empregado com estabilidade provisória no emprego, respeitado, no entanto, os direitos rescisórios, conforme análise já feita no art. 469, item 6.1 e a ele nos reportamos.

No que concerne o encerramento da empresa por ato da administração pública reportamo-nos a art. 486, da CLT.

Por fim, reza a Súmula n. 173, do TST, que os salários do empregado em caso da extinção da empresa só serão devidos até a data da respectiva extinção, uma vez que não faz sentido outra solução.

Jurisprudência

TST, Súmula n. 173. SALÁRIO. EMPRESA. CESSAÇÃO DE ATIVIDADES (mantida) — Res. 121/2003, DJ 19, 20 e 21.11.2003. Extinto, automaticamente, o vínculo empregatício com a cessação das atividades da empresa, os salários só são devidos até a data da extinção (ex-Prejulgado n. 53).

Ementa: Violação literal de lei. Inciso XXXVI do art. 5º da Carta Magna. Empregada estável quando da promulgação da Carta Política de 1988. Direito adquirido à regência do contrato de trabalho pelas normas inscritas nos arts. 477, 478 e 497 da CLT. Indenização dobrada pelo tempo integral de serviço prestado. Não obstante o dissenso jurisprudencial em torno do tema debatido que, em seu bojo, oscila entre o direito à indenização dobrada pelo tempo integral de serviço, dos empregados que ao tempo da promulgação da Carta Política de 1988 equivale dizer, anteriormente à Lei n. 8.036/90 e instituição do regime do FGTS — já contavam com mais de dez anos de tempo de serviço para o mesmo empregador (direito adquirido e, não, aliás, mera expectativa de direito), ou, se aquela reparação se limita ao correspondente, apenas, em pecúnia, do tempo anterior à celebração da Carta Magna vigente diante da compulsória opção ao fundo de garantia por tempo de serviço. E o que emerge, latente dos autos, é a ofensa perpetrada aos preceitos do inciso XXXVI, do art. 5º. da Carta Magna, inexistindo margem ao referendo da decisão desconstitutiva por mera discrepância jurisprudencial a respeito da exata interpretação dos dispositivos da legislação infraconstitucional a respeito da matéria, quando, flagrante, marginalizada foi a Constituição da República, sendo que a inteligibilidade do dispositivo malferido é incontroversa, não podendo o Poder Judiciário calcar-se em eventuais embates de julgamentos para perenizar, em sede de rescisória, a propalada violação ao texto da Lei Maior. Até porque esta é a última oportunidade que a parte dispõe para assegurar a soberania e a intangibilidade dos dispositivos inseridos na *Lex Legum*, sendo que a malversação desta importaria em sedimentar na prática uma decisão flagrantemente inconstitucional, com o aval do Poder Judiciário. Em outras palavras, a divergência interpretativa na qual exsurge claramente a marca da razoabilidade de ponderações não é de se confundir com a interpretação errônea da Lei Maior, que afronta ao princípio da legalidade e neutraliza os efeitos queridos pelo legislador. O cuidado há de ser ainda mais redobrado quando se está diante de um dispositivo da Carta Política de ordem proibitiva a de que alterações legais posteriores não afetam o direito daqueles que já o adquiriam, anteriormente à mudança legislativa — uma vez que aquela divergência interpretativa, da qual se extrai a marca da razoabilidade de ponderações, não há de tomar a senda que importe autorizar o que a Constituição proíbe e de proibir o que a Constituição autoriza, senão entraríamos no caos jurídico, incompatível com o Estado Democrático de Direito. TRT 3ª Reg. AR 01053-2007-000-03-00-6 — (Ac. 2a Seção Espec. de Dissídios Individuais) – Rel. Des. Julio Bernardo do Carmo — DJMG 25.7.08, p. 7.

Ementa: Estabilidade. Membro da CIPA. Encerramento das atividades empresariais. Nos termos do art. 10, inciso II, alínea a, do Ato das Disposições Constitucionais Transitórias, o empregado membro da CIPA faz jus à garantia de emprego desde o registro de sua candidatura até um ano após o final de seu mandato. Contudo, de acordo com o entendimento consagrado nas Súmulas ns. 339 e 369 do TST, encerradas as atividades empresariais, esta garantia não subsiste. Assim, inexiste qualquer arbitrariedade por parte do empregador no ato da dispensa do empregado cipeiro, quando ocorre o fechamento de um de seus estabelecimentos ou a extinção da atividade empresarial. TRT 3ª Reg. RO 00198-2008-036-03-00-0 – (Ac. Turma Recursal de Juiz de Fora) – Rel. Juiz Convocado Paulo Mauricio R. Pires. DJMG 29.7.08, p. 24.

Art. 498 Em caso de fechamento do estabelecimento, filial ou agência, ou supressão necessária de atividade, sem ocorrência de motivo de força maior, é assegurado aos empregados estáveis, que ali exerçam suas funções, o direito à indenização, na forma do artigo anterior.

Se houve o fechamento do estabelecimento, filial ou agência, ou supressão necessária da atividade, sem ocorrência de força maior, é porque a iniciativa da medida partiu do empregador que se viu obrigado a assim proceder. Entretanto, o empregado não poderá ser prejudicado porque não deu causa ao que sucedeu e, por essa razão, a lei lhe garantiu o direito à indenização na forma do disposto no artigo anterior, ou seja, em dobro, ou então, aquelas devidas pelo regime do FGTS.

Eventualmente, o empregador poderá encerrar o estabelecimento em determinada localidade e abrir em outra. Nessa hipótese, nada impedirá de o empregado aceitar a sua transferência para a outra localidade, respeitada as suas condições de trabalho, até porque a lei teve por objetivo a sua permanência no emprego. Havendo a recusa do empregado, este receberá a respectiva indenização na forma posta nesse artigo.

No caso de falência da empresa, por ser uma situação previsível, já que decorre do risco do empreendimento, a indenização do empregado estável será em dobro.

Jurisprudência

TST, Súmula n. 173. Extinto, automaticamente, o vínculo empregatício, com a cessação das atividades da empresa, os salários só são devidos até a data da extinção.

Ementa: ...Estabilidade provisória. Afastamento e percepção de auxílio-doença. Fechamento de filial da empresa. Nulidade da dispensa. O Tribunal Regional consignou expressamente que não houve extinção da empresa, apenas fechamento de uma de suas filiais, e que a reclamada poderia aproveitar a força de trabalho do autor em outro estabelecimento filial, — quando e se ele retornar ao trabalho, pois até o presente momento se encontra afastado e em gozo de auxílio doença. — Nesse contexto, partindo da premissa de que não existiu a extinção do estabelecimento empresarial, mas, sim, do fechamento de uma filial, não se há de falar em contrariedade à Súmula n. 173 do TST ou em violação dos arts. 501 e 502 da CLT. Agravo de instrumento a que se nega provimento. TST-AIRR-29941/2002-900-03-00.2 – (Ac. 7ª T., j. 26.11.08) – Rel. Pedro Paulo Manus. DJe 28.11.08.

Ementa: Recurso ordinário em ação rescisória. Dirigente sindical. Extinção da agência. Fim da estabilidade. Ofensa de lei. Art. 498 da CLT. Configuração. Extinto o estabelecimento onde prestava serviços a Obreira, cessa o fundamento que respalda a estabilidade conferida ao dirigente sindical, uma vez que esta não é uma garantia pessoal do empregado, e sim uma prerrogativa da categoria para possibilitar o exercício da representação sindical. Desse modo, extinto o vínculo laboral com o fechamento da empresa naquela localidade, não tem mais razão de existir a estabilidade (Inteligência da Súmula n. 369, IV, do TST). Desse modo, ante as circunstâncias que motivaram a dispensa, considero que a decisão rescindenda, ao condenar o Reclamado, ora Autor, ao pagamento de salários e vantagens decorrentes da manutenção do vínculo de emprego da Ré, até o término da estabilidade como dirigente sindical, viola o art. 498 da CLT, que estabelece que no caso de fechamento da agência, sem ocorrência de motivo de força maior, é assegurado aos empregados estáveis o direito à indenização por rescisão do contrato de trabalho indeterminado, paga em dobro, na forma do art. 497 da CLT. Recurso Ordinário provido. ...TST-ROAR-807102/2001.6 – (Ac.. SBDI-2, j. 9.10.07) — Rel. Min. José Simpliciano Fontes de F. Fernandes, DJ 26.10.2007

Ementa: Agravo de instrumento. Estabilidade acidentária. Extinção do estabelecimento empresarial. Indenização. Art. 498 da CLT. Intransferibilidade. Subsiste o direito à estabilidade acidentária mesmo quando ocorrente a extinção do estabelecimento, tendo jus o Reclamante à percepção da indenização correspondente. Aplicação analógica do art. 498 da CLT. Inteligência da Súmula n. 221/STF. Agravo de instrumento a que se nega provimento. TST-AIRR-981/2006-057-03-40.8 – (Ac. 3ª T.) – Rel². Min. Maria Cristina Irigoyen Peduzzi. DJU 10.8.07.

Ementa: ...Reintegração. I — O Regional se fundamentou no art. 498 da CLT, para a denegação do pedido de reintegração, tendo em vista a extinção da agência em que trabalhava a recorrente, sendo também esse o motivo pelo qual impôs a condenação à indenização substitutiva, em face da dispensa no período estabilitário decorrente de acidente de trabalho. II — Não se verifica tenha havido violação literal à norma contida no art. 93 da Lei n. 8.213/91, que determina que a empresa com cem ou mais empregados preencha de 2% a 5% dos seus cargos com beneficiários reabilitados ou pessoas portadoras de deficiente, habilitadas, conforme as proporções traçadas. III — Tendo a decisão se pautado no fechamento da agência — situação que atingiu todos os empregados que lá prestavam serviços — é descabido enfocar a questão exclusivamente pelo ângulo teórico e específico da proteção ao portador de deficiência ou reabilitado, como se isso independesse do funcionamento ou não da agência. Tampouco se verifica violação ao § 1º do mencionado artigo, — relativo à prova de que a dispensa de trabalhador reabilitado só poderá ocorrer após a contratação de substituto de condição semelhante —, conforme foi insinuado pela recorrente nas razões dos embargos de declaração, pois se infere ser aplicável essa regra àquele que já tenha retornado ao trabalho e não ao que está buscando judicialmente a reintegração. IV — Recurso não conhecido. *Pagamento em dobro do período de estabilidade provisória. arts. 497 e 498 da CLT.* I — É sabido que os artigos epigrafados dizem respeito à antiga estabilidade decenal, proveniente do modelo jurídico celetista anterior à Constituição Federal de 1988, ao passo que a estabilidade defendida pela recorrente é a decorrente de acidente de trabalho, caracteristicamente provisória ou temporária, conforme bem firmado no acórdão recorrido. II — O entendimento doutrinário e jurisprudencial é no sentido de que deve ser simples a indenização pelo ferimento à garantia de emprego da gestante e do acidentado. Isso porque os arts. 497 e 498 da CLT dizem respeito, originariamente, à estabilidade decenal, modelo já praticamente extinto nas relações trabalhistas atuais. III — Infere-se que a decisão recorrida, ao conceder a indenização à recorrente temporariamente estável com base no art. 498 da CLT, só o poderia fazer por aplicação da analogia com a estabilidade permanente decenal, tendo em vista a característica comum de ambas representarem uma resistência ao poder potestativo patronal à demissão. IV — Tratando-se de uma sanção punitiva não se pode aplicar a dobra da indenização por analogia a nenhum caso que não seja o especificamente previsto. V — Recurso não conhecido. TST-RR-315/1999-048-01-00.5 – (Ac. 4ª T., j. 16.5.07) – Rel. Min. Antônio José de Barros Levenhagen. DJU 8.6.07.

Ementa: Estabilidade CIPA. Extinção do estabelecimento. Com o encerramento da atividade empresarial, desaparece elemento essencial à realização do contrato de trabalho e deixa de haver suporte fático para a estabilidade. Vale dizer que a área de atuação do empregado cipeiro foi extinta, não existindo mais nenhuma classe de trabalhadores a ser representada e preservada. Com propriedade, a CLT, no art. 498, incluiu o fechamento do estabelecimento, filial ou agência, sem a ocorrência de força maior, no âmbito das exceções à norma legal proibitiva da despedida sem justa causa do empregado estável. TRT 9ª Reg. Proc. 00208-2006-665-09-00-8 – (Ac. 4ª T. 01185/07) – Rel. Sergio Murilo Rodrigues Lemos. DJPR 23.1.07.

Art. 499
Não haverá estabilidade no exercício dos cargos de diretoria, gerência ou outros de confiança imediata do empregador, ressalvado o cômputo do tempo de serviço para todos os efeitos legais.

§ 1º Ao empregado garantido pela estabilidade, que deixar de exercer cargo de confiança, é assegurada, salvo no caso de falta grave, a reversão ao cargo efetivo que haja anteriormente ocupado.

§ 2º Ao empregado despedido sem justa causa, que só tenha exercido cargo de confiança e que contar mais de dez anos de serviço na mesma empresa, é garantida a indenização proporcional ao tempo de serviço nos termos dos arts. 477 e 478.

§ 3º A despedida que se verificar com o fim de obstar ao empregado a aquisição de estabilidade, sujeitará o empregador a pagamento em dobro da indenização prescrita nos arts. 477 e 478.

1. Diretor de sociedade anônima. Como é sabido, a sociedade anônima pode ser composta por diretores estatutários que são egressos do seu quadro de empregados e também por pessoas que não possuem nenhum vínculo com a empresa. E considera-se diretor eleito aquele que exerça cargo de administração previsto em lei, estatuto ou contrato social, independente da denominação do cargo (art. 16, da Lei n. 8.036/90). Em relação a este, de acordo com o disposto no art. 16 da Lei n. 8.036/90, a sociedade anônima é facultada a recolher o FGTS sobre o valor pago a título de pró-labore. Já quando o empregado é eleito para ocupar o cargo de diretor eleito, além do seu contrato de trabalho ficar suspenso, ele tem o direito ao recolhimento do FGTS sobre o valor percebido a título de pró-labore, conforme o disposto no art. 29 do Decreto n. 99.684, de 8 de novembro de 1990. Dessa forma, se o diretor eleito exercer a sua função com desenvoltura e com autonomia e subordinada apenas aos interesses da sociedade anônima e se originado do quadro de empregados da empresa (sociedade anônima), o seu contrato de trabalho ficará suspenso. Isso porque, a doutrina e a jurisprudência majoritárias são no sentido de que a figura do diretor eleito na forma da lei das sociedades anônimas como órgão representativo da sociedade e a de empregado da mesma sociedade são excludentes ou incompatíveis, já que a mesma pessoa não pode ser ao mesmo tempo órgão da empresa e empregado.

Jurisprudência

TST, Súmula n. 269. DIRETOR ELEITO. CÔMPUTO DO PERÍODO COMO TEMPO DE SERVIÇO (mantida) — Res. 121/2003, DJ 19, 20 e 21.11.2003. O empregado eleito para ocupar cargo de diretor tem o respectivo contrato de trabalho suspenso, não se computando o tempo de serviço desse período, salvo se permanecer a subordinação jurídica inerente à relação de emprego.

Ementa: Diretor e Vice-Presidente de Sociedade anônima. Vínculo empregatício. Comprovado nos autos através das Atas das Assembleias Gerais Ordinárias dos Acionistas que o reclamante, de julho/1975 a 28.3.1985 foi eleito e reeleito anualmente Diretor Adjunto e, a partir de então, Vice-Presidente, com pleno exercício dos atos previstos nos Estatutos Sociais da empresa, tem-se que atuou, sempre, em nome e como órgão da sociedade, nos moldes estabelecidos no art. 144 da Lei n. 6.406/76, impondo concluir, destarte, que não caracterizada, em absoluto, a subordinação jurídica norteadora do vínculo empregatício. Recurso patronal a que se dá provimento. TRT 2ª Reg. RO 01245200505502004 — (Ac. 2ª T. 20060568008) – Relª. Juíza Rosa Maria Zuccaro. DJSP 15.8.06, p. 12.

Ementa: *Vínculo de emprego. Diretor de sociedade anônima. Inexistência. Suspensão do contrato de trabalho. Tempo de serviço.* O empregado eleito para ocupar cargo de diretor tem o respectivo contrato de trabalho suspenso, não se computando o tempo de serviço deste período, salvo se permanecer a subordinação jurídica inerente à relação de emprego (inteligência do Enunciado n. 269 do c. TST). Ademais, é impossível o reconhecimento do vínculo jurídico de emprego entre a empresa e o diretor eleito pelo Conselho de Administração que desempenha as suas atividades sem qualquer subordinação jurídica, não preenchendo, portanto, os elementos configuradores da relação de emprego previstos no art. 3º da CLT. TRT 12ª Reg. RO-V 02066-1998-004-12-00-7 — (Ac. 1ª T. 06250/03, 10.06.03) — Rel. Juiz Gerson Paulo Taboada Conrado. DJSC 3.7.03, p. 145.

2. Os cargos de confiança do art. 499, da CLT. Os cargos referidos nesse artigo são aqueles descritos no art. 62, II, da CLT, ou seja, os empregados detentores de encargos de gestão com amplos poderes de mando e de representação, entre os quais figura o gerente bancário, desde que preenchidos os requisitos da Súmula n. 287, da CLT.

O empregado exercente da função de confiança pode resultar do aproveitamento de empregado do próprio quadro funcional ou então ser contratado diretamente na função.

O empregado também poderá ser eleito para o cargo de diretor, conforme já visto no item anterior, hipótese em que será considerado órgão da empresa, ficando o seu contrato suspenso enquanto ocupar o referido cargo, conforme Súmula n. 269, do TST, salvo se permanecer a subordinação jurídica inerente à relação de emprego.

Portanto, esse artigo se refere a cargos de gestão ou de diretoria na condição de empregado. E para esses empregados não haverá estabilidade no emprego, ressalvado o cômputo do tempo de serviço para todos os efeitos legais. Isso porque o exercício da função no amplo sentido doutrinário estará sempre na dependência da confiança do empregador, a qual poderá ser quebrada por qualquer motivo, ou "por pequenos fatos imponderáveis, quase imperceptíveis aos olhos de terceiros", com aponta *Mozart Victor Russomano*[200]

Ressalte-se também que, empregado estável com base no art. 492, da CLT, é aquele empregado que contasse com mais de dez anos de efetivo serviço prestado à mesma empresa anterior ao regime do Fundo de Garantia do Tempo de Serviço, já que desde a Lei n. 5.107/66, que instituiu o FGTS, a maioria dos empregados optou pelo referido regime, só permanecendo estáveis os que atingiram os 10 anos de serviços na empresa e que passaram a ter direito adquirido à estabilidade no emprego e a indenização dobrada. O que temos hoje é empregado com estabilidade provisória, em decorrência de cargo sindical, membro de Comissão Interna de Acidentes do Trabalho, Gestante, etc e, quando não deriva de lei, origina-se de Convenção ou Acordo Coletivo de Trabalho ou de regulamento de empresa.

Destaque-se, também, que, conforme já relatado no art. 492, da CLT, na atualidade, ou seja, depois da Constituição Federal de 1988 todos os empregados são beneficiários do FGTS, que substituiu a indenização então prevista pela CLT, de forma que na hipótese de rescisão do contrato de trabalho receberão as verbas rescisórias normais (aviso prévio, férias, 13º salário, saldo de salário, etc) acrescido da multa de 40% calculada sobre o montante da sua conta vinculada ao referido regime.

O disposto no § 1º desse artigo o empregado com estabilidade que deixar de exercer cargo de confiança, é assegurada, salvo no caso de falta grave, a reversão ao cargo efetivo que haja anteriormente ocupado. Entretanto, é bom lembrar que o empregado que exercer por mais 10 anos na função de confiança poderá ser revertido ao seu cargo efetivo, mas não poderá ter suprimida ou reduzida a gratificação decorrente do cargo comissionado, sendo este o entendimento manifestado na Súmula n. 372, do TST, que considera o empregado possuidor de uma estabilidade financeira. V. art. 468, item 9.

Pelo disposto no § 2º desse artigo se verifica que o empregado que só tenha exercido cargo de confiança e que contar mais de dez anos de serviço na mesma empresa, é garantido a indenização proporcional ao tempo de serviço nos termos do arts. 477 e 478. A indenização, no caso, é simples e não dobro, em face do que dispõem os arts. 477 e 478 da CLT. Isso, no entanto, só valeria para o empregado sob o regime da indenização da CLT, pois desde a Constituição de 1988, todos os empregados são regidos pelo FGTS.

No último parágrafo desse artigo há previsão legal de indenização em dobro quando a despedida é efetivada com o objetivo de obstar ao empregado a aquisição da estabilidade, conforme previsão no § 3º do mesmo art. 499.

As situações evidenciadas nesse artigo apenas servem para demonstrar que os empregados que exercem encargos de gestão na forma do art. 62, II, da CLT não poderiam ser estáveis pela necessidade de um tratamento especial já que no exercício das suas funções se identificam com as do empregador, já que todos os empregados, que exerçam ou não cargo de gestão são regidos pelo FGTS (CF, art. 7º, III) que substituiu a indenização por tempo de serviço então prevista no regime da CLT.

---

(200) *Comentários a Consolidação das Leis do Trabalho*, 17. ed, Rio: Forense, 1997. p. 724, v. I.

Jurisprudência

TST, Súmula n. 287. JORNADA DE TRABALHO. GERENTE BANCÁRIO (nova redação) — Res. 121/2003, DJ 19, 20 e 21.11.2003. A jornada de trabalho do empregado de banco gerente de agência é regida pelo art. 224, § 2º, da CLT. Quanto ao gerente-geral de agência bancária, presume-se o exercício de encargo de gestão, aplicando-se-lhe o art. 62 da CLT.

Ementa: Cargo de gestão. Caracterização. A confiança a que alude o art. 62, II, da CLT concerne a poderes de mando e gestão, os quais comportam a idéia de que o empregado tem do empregador mandato (ainda que tácito) para administrar, autorização para admitir, demitir, advertir e aplicar sanções aos demais empregados e não tem controle da jornada (ele é quem determina seu horário), representa o empregador, tem padrão salarial diferenciado e elevado em relação aos demais, recebendo gratificação pelo exercício da função de confiança. Enfim, os poderes de gestão referidos no dispositivo legal são aqueles mediante os quais o empregado funciona como verdadeiro alter ego do empregador. TRT 10ª Reg. RO 01284-2004-007-10-00-3 – (Ac. 2ª T./ 07) – Relª. Juíza Flávia Simões Falcão. DJU3 13.4.07, p. 29.

Art. 500 *O pedido de demissão do empregado estável só será válido quando feito com a assistência do respectivo sindicato e, se não o houver, perante autoridade local competente do Ministério do Trabalho ou da Justiça do Trabalho. (Redação L. n. 5.584, 26.6.70, DOU 29.6.70).*

Esse dispositivo refere-se a pedido de demissão de empregado estável, ou seja, aquele empregado que detinha a estabilidade no emprego na forma do art. 492, da CLT. O regime da estabilidade no emprego conviveu com o regime do FGTS de forma opcional até a Constituição de 1988, que acabou abolindo a estabilidade decenal e estendendo aquele regime para todos os trabalhadores, resguardando-se o direito dos empregados que já contavam com direito adquirido.

A verdade é que esse dispositivo continua sendo aplicado, de forma analógica para os empregados que são detentores de estabilidade provisória por força de lei (dirigente sindical, membro de Cipa e gestante) e também nas hipóteses de garantia de emprego estabelecida em cláusula de convenção ou acordo coletivo, pois na prática, a assistência prevista neste artigo, já consta como norma para todos os trabalhadores, qualquer que seja a modalidade de dispensa, que conte com mais de 1 (um) ano de serviço, a teor do disposto no art. 477 e parágrafos. No caso do empregado estável com estabilidade provisória, havendo pedido de demissão, a assistência será prestada pelo sindicato profissional ou federação respectiva e, apenas, na falta de entidade sindical, pela autoridade do Ministério do Trabalho e Emprego ou da Justiça do Trabalho (art. 7º, da Instrução Normativa n. 3 da SRT/MTE, de 21.6.02. No caso, o empregado não só está pedindo demissão, mas renunciando a garantia de emprego, ainda que provisória. Assim, nada mais justa a regra que transfere a assistência na rescisão contratual para a entidade sindical que representa a categoria profissional, já que haverá a pressuposição de que ela jamais aceitará qualquer ato de pressão contra o trabalhador, como também será mais difícil a existência de vício que macule o ato. Ocorre que a entidade sindical é a maior interessada na defesa dos seus representados, sobretudo daqueles que possuem garantia de emprego.

Vale ressaltar também que a assistência feita nos órgãos aludidos no mencionado artigo é relativa já que a quitação dada pelo empregado no TRCT só tem eficácia liberatória em relação às parcelas expressamente especificadas no respectivo documento, na forma da Súmula n. 330, do TST.

Ementa Normativa da SRT/MTE

Ementa n. 18. *Homologação. Extinção da empresa.* Não compete aos órgãos do Ministério do Trabalho e Emprego a homologação de rescisão de contrato de trabalho de empregado com garantia de emprego cuja dispensa se fundamente em extinção da empresa, diante da dificuldade de comprovação da veracidade dessa informação. Ref.: art. 8º, VIII, da CF; Art. 10, II, do ADCT; art. 492 a 500 da CLT; Livro II do Código Civil.

Jurisprudência

TST, SÚMULA N. 330. QUITAÇÃO. VALIDADE (mantida) — Res. 121/2003, DJ 19, 20 e 21.11.2003. A quitação passada pelo empregado, com assistência de entidade sindical de sua categoria, ao empregador, com observância dos requisitos exigidos nos parágrafos do art. 477 da CLT, tem eficácia liberatória em relação às parcelas expressamente consignadas no recibo, salvo se oposta ressalva expressa e especificada ao valor dado à parcela ou parcelas impugnadas. I — A quitação não abrange parcelas não consignadas no recibo de quitação e, consequentemente, seus reflexos em outras parcelas, ainda que estas constem desse recibo. II — Quanto a direitos que deveriam ter sido satisfeitos durante a vigência do contrato de trabalho, a quitação é válida em relação ao período expressamente consignado no recibo de quitação.

Ementa: Agravo de instrumento. Recurso de revista. Inconstitucionalidade de lei estadual. Ante a confirmação de ausência de indicação de afronta a dispositivo da Constituição Federal, não há como se aferir a inconstitucionalidade de dispositivo da lei estadual que institui o plano de demissão voluntária. *Nulidade do ato demissional.* A assistência do Ministério do Trabalho à rescisão do contrato de emprego, consignada na decisão regional, afasta a tese de afronta ao art. 500 da CLT. De outro modo, não há como se aferir a nulidade da dispensa, à luz do art. 9º da CLT, pois o Tribunal Regional não verificou nenhuma coação na adesão ao plano. TST-AIRR-73939/2003-900-04-00.6 – (Ac. 6ª T.) – Rel. Min. Horácio Raymundo de Senna Pires. DJU 20.6.2008.

Ementa: Recurso de revista do reclamante. Nulidade do acórdão por negativa de prestação jurisdicional. Violação ao art. 93, IX, da CF/88. Das razões do recurso ordinário do reclamante percebe-se que, no tocante à nulidade do pedido de demissão, alegou-se a existência de prova da invalidade do documento de fls. 42 — pedido de demissão padronizado —, ou seja, vício na celebração do ato e, ainda, vício formal, porque é o autor detentor de estabilidade, e o pedido de demissão não atende aos requisitos do art. 500 da CLT. Apesar disso, tais questões não foram analisadas, integralmente, pelo acórdão regional. Assim, tenho que o Regional, em que pese a oposição de Embargos de Declaração, não enfrentou a matéria fática relevante para a solução do litígio, obstando que a questão fosse submetida à apreciação desta Corte, que está impedida de proceder ao reexame de fatos e provas. Inaplicável, no presente caso, o disposto no item 3 do En. n. 297 desta Corte que diz respeito, tão somente, às teses meramente jurídicas e não à matéria fática. Caracterizada a afronta ao disposto no art. 93, IX, da CF, que consagram a obrigatoriedade de fundamentação das decisões judiciais. Revista conhecida e provida para, anulando a decisão de Embargos de Declaração, determinar o retorno dos autos ao Tribunal de origem para que se manifeste, como entender de direito, sobre as matérias apontadas nos embargos. TST-RR-616261/1999.5 – (Ac. 3ª T., 22.9.04) – Relª Juíza Convocada. DJU 15.10.04.

CAPÍTULO VIII
DA FORÇA MAIOR

Art. 501 *Entende-se como força maior todo acontecimento inevitável, em relação à vontade do empregador, e para realização do qual este não concorreu, direta ou indiretamente.*

§ 1º A imprevidência do empregador exclui a razão de força maior.

§ 2º À ocorrência do motivo de força maior que não afetar substancialmente, nem for suscetível de afetar, em tais condições, a situação econômica e financeira da empresa, não se aplicam as restrições desta Lei referentes ao disposto neste Capítulo.

Esse dispositivo dá-nos o entendimento da força maior como sendo "todo acontecimento inevitável, em relação à vontade do empregador, e para a realização do qual este não concorreu, direta ou indiretamente". Nele não foi incluída a hipótese de caso fortuito que é tratada no parágrafo único do art. 393 do Código Civil que dispõe "O caso fortuito ou de força maior verifica-se no fato necessário, cujos efeitos não era possível evitar ou impedir." Portanto, a expressão força maior e caso fortuito são usadas no mesmo sentido embora na doutrina exista elementos de distinção.

A respeito da aludida distinção assinala *Fabrício Zamprona Matiello* que as duas expressões, caso fortuito e força maior, são tratados "praticamente como sinônimos pelo legislador e produzem os mesmos efeitos liberatórios do devedor, afastando deste a responsabilidade pela inexecução da obrigação assumida, Em geral, a expressão caso fortuito é empregada para designar fato ou ato alheio à vontade das partes, ligado ao comportamento humano ou ao funcionamento de máquinas ou ao risco da atividade ou da empresa, como greve, motim, guerra, queda de viaduto ou ponte, defeito oculto em mercadoria produzida etc. E 'força maior' para os acontecimentos externos ou fenômenos naturais, como raio, tempestade, terremoto, fato do príncipe (*fait du prince*) etc."

E acrescenta ainda o autor que "A caracterização tanto do caso fortuito como da força maior reclama a presença dos seguintes elementos: a) acontecimento estranho à vontade do devedor e não causado por culpa, já que a presença desta afasta o reconhecimento da excludente de responsabilidade; b) superveniência do fato em relação ao liame obrigacional existente entre as partes, pois se a avença é firmada durante a ocorrência anômala nenhuma das partes poderá invocá-la como esquiva de responsabilidade; c) desproporção entre o evento e a capacidade de contenção do mesmo pelo devedor, porque se ele puder evitar ou impedir a consumação do prejuízo e não o fizer terá agido com culpa, restando com isso patenteada a responsabilidade"[201]. De notar-se, no entanto, que âmbito do Direito Civil, a ocorrência de força maior é excludente de responsabilidade enquanto que no Direito do Trabalho é motivo de redução da indenização trabalhista pela metade, conforme será visto nos artigos seguintes.

O incêndio ocorrido na empresa que impossibilite a continuidade das suas atividades é considerado como motivo de força maior, porque não há como se manter os postos de trabalho se não existe o local e os instrumentais para o trabalho.

---

(201) Ob. cit., p. 267.

O *factum principis* a que alude do art. 486 da CLT insere como caso de força maior, já que decorre de ato da autoridade pública que poderá acarretar a suspensão temporária ou definitiva da empresa.

No âmbito trabalhista, a incúria, a negligência e a imprevidência do empregador em relação a determinado acontecimento não se caracterizam como caso de força maior. Situações de empresas em recuperação judicial, de falência e de má gestão são previsíveis de acontecer e se inserem nos riscos do empreendimento, conforme o disposto no art. 2º, da CLT. Muitas outras situações aqui se encaixam como a mudança de política econômica do país (planos econômicos), perda de um contrato de concessão pública, dificuldades econômicas que podem ter reflexos no empreendimento, etc.

A falta de matéria prima ou mesmo uma situação que possa afetar parcialmente a empresa não será considerado como de força maior. Da mesma forma, se parte da empresa é afetada por um incêndio ou tem um setor extinto por razões tecnológicas ou em decorrência de não produção de peças ou utensílios. *Sérgio Pinto Martins* afirma que "a desapropriação não é força maior, pois muitas vezes é previsível, sendo risco do negócio" e também "o empregador que indiretamente dá causa a determinada situação não pode alegar força maior. Seria o caso do empregador que não faz a devida manutenção nas estruturas de sua empresa e, posteriormente, em razão de chuva forte, o prédio vem a desabar. Nesse caso, não se poderá falar em força maior, pois o empregador deu causa ao fato, indiretamente"[202].

No parágrafo único está disposto que, se a ocorrência de força maior não afetar substancialmente, nem for susceptível de afetar, em tais condições, a situação econômica e financeira da empresa não será aplicada as restrições aqui estabelecidas. Compreende-se, assim, que se o motivo, ainda que resultante de força maior não for suficiente grave a ponto de abalar a estrutura econômico-financeira da empresa, não será considerado como tal.

Se a força maior, no entanto, "for alegada pelo empregado, a seu favor os elementos que a configuraram não serão os do art. 501, acima indicados, mas o do Código Civil, aplicável subsidiariamente ao Direito do Trabalho (Consolidação, art. 8º)"[203].

A ocorrência de força maior também se verifica no meio rural, de forma que as normas aqui prescritas são aplicáveis no empregador rural (Lei n. 5.889/73, art. 1º). "As geadas, secas prolongadas ou mesmo surtos epidêmicos não serão motivos caracterizadores da força maior. As geadas são de alguma forma previsíveis e se fazem sentir com maior intensidade naquelas plantações feitas nas baixadas. Para tais hipóteses existem certos controles que evitam ou mesmo minimizam prejuízos. Para as estiagens prolongadas deve o fazendeiro precaver-se mediante a construção de açudes. Por outro lado, as epidemias serão evitadas se houver um tratamento periódico do gado, aves etc."[204].

Finalmente, é de ser salientado que em situação de força maior, a indenização será sempre devida, mas pela metade, uma vez que a lei visa atenuar o infortúnio do empregador com o acontecimento inesperado e imprevisível e do lado do empregado assegurar-lhe pelo menos o direito a metade da indenização a que teria direito. Levaram-se, portanto, em consideração, as

---

(202) *Comentários à CLT*, 2007, 11. ed, SP: Atlas, p. 551.
(203) RUSSOMANO, Mozart Victor, *Comentários à Consolidação das Leis do Trabalho*. 17. ed., Rio: Forense, 1997. p. 732, v. II.
(204) OLIVEIRA, Francisco Antonio de. *Comentários à Consolidação das Leis do Trabalho*. 3. ed., São Paulo: Rev. Tribunais. p. 486.

circunstâncias sociais que o caso encerra para as duas partes, empregado e empregador. Na atualidade, o espírito da lei está por demais atendidos porque o trabalhador tem assegurado o FGTS, cujo regime se equivale juridicamente à indenização então prevista pela CLT (Súmula n. 98, I, do TST) e no caso de força maior o empregado poderá levantar integralmente o montante que se encontra em sua conta vinculada. É importante, no entanto, que o trabalhador e o seu Sindicato fiscalizem o fiel cumprimento das normas trabalhistas.

Jurisprudência

Ementa: Mora salarial e em verbas rescisórias. Força maior. Não caracterização. Multa do art. 477 da CLT e convencionais. Cabimento. Não se enquadra como motivo de força maior para eximir a reclamada de sua responsabilidade contratual a alegação de dificuldade financeira, mormente porque não demonstrada. O risco do empreendimento é do empregador, a teor do art. 2º da CLT, e sua má gestão não pode ser suportada pelos empregados em face do caráter forfetário da contraprestação constituída. Satisfeitos os salários a destempo, bem como as verbas rescisórias, cabível tanto a penalidade estatuída no art. 477, § 8º, da CLT quanto aquela prevista no instrumento coletivo da categoria. TRT 12ª Reg. 00209-2007-024-12-00-2 — Juíza Ligia M. Teixeira Gouvêa — Publicado no TRTSC/DOE em 03-09-2007.

Ementa: Indenização compensatória de 20% sobre o FGTS. Força maior. Fechamento do estabelecimento. Incabimento. O encerramento das atividades de determinado estabelecimento é evento suscetível de ocorrer e previsível pelo empregador, bem como deflui de sua vontade, fazendo parte dos riscos da atividade econômica. Incabível, portanto, em tal situação, a hipótese de força maior, contida no art. 501 da CLT, sendo inviável a redução do percentual a título de indenização compensatória do FGTS, conforme previsto no art. 18, §§ 1º e 2º, da Lei n. 8.036/90, devendo permanecer o de 40%, recolhido pela empresa. TRT 12ª Reg. 01282-2004-009-12-00-6 — (Ac. 5.656/07) — /Relª. Juíza Teresa Regina Cotosky. TRTSC/DOE em 4.5.2007,

Ementa: Aviso prévio indenizado. Ruptura do contrato de trabalho por motivo de força maior. Incêndio no local de trabalho. Comprovada a ocorrência de incêndio no local de trabalho do empregado, que impossibilitou a continuidade da atividade laboral, caracterizada a força maior descrita no art. 501 da CLT. Não é devido aviso prévio indenizado ao reclamante. TRT 9ª Reg. RO 00615-2006-002-09-00-3 – (Ac. 1ª T. 02207/08) – Rel. Tobias de Macedo Filho. DJPR 25.1.08.

Ementa: Dano moral. Seguro-desemprego. Atraso no percebimento das parcelas. Eventual apuração de irregularidades pela DRT no âmbito da empresa não tem o condão de caracterizar ato ilícito por parte da empregadora, eis que a suspensão do deferimento ou recebimento das parcelas do seguro-desemprego não foi determinada pelas Recorridas, mas sim pela DRT, caracterizando autêntica situação de força maior, nos termos do art. 501 da CLT, que exclui a responsabilidade do empregador (art. 393, CC). Não havendo comprovação da conduta omissiva por parte das Recorridas, não há que se falar em ato ilícito patronal e, muito menos, em indenização por eventuais danos morais sofridos, pois estão ausentes os requisitos autorizadores da responsabilização civil (art. 186, CC).TRT 9ª Reg. RO 11101-2005-010-09-00-7 – (Ac. 4ª T. 32943/06) — Rel. Luiz Celso Nap. DJPR 21.11.06.

Art. 502 *Ocorrendo motivo de força maior que determine a extinção da empresa, ou de um dos estabelecimentos em que trabalhe o empregado, é assegurada a este, quando despedido, uma indenização na forma seguinte:*

I — sendo estável, nos termos dos arts. 477 e 478;

II — não tendo direito à estabilidade, metade da que seria devida em caso de rescisão sem justa causa;

III — havendo contrato por prazo determinado, aquela a que se refere o art. 479, desta Lei, reduzida igualmente à metade.

1. Inicialmente, é preciso esclarecer que tão somente os empregados que tinham período anterior à opção pelo regime do FGTS e antes de 5 de outubro de 1988 (CF/88) é que fariam jus à indenização referida nesse artigo, já que ela não mais subsiste depois da Constituição de 1988 que assegurou o regime do FGTS para todos os trabalhadores (art. 7º, III), respeitados, no entanto, o direito daqueles trabalhadores que já contavam com direito adquirido. Assim, na atualidade, os trabalhadores têm direito ao FGTS e no caso de rescisão do contrato de trabalho por força maior, a respectiva conta vinculada poderá ser movimentada e a multa de 40% será reduzida pela metade (Lei n. 8.036/90, art. 18, § 2º e 20, I), conforme já visto no art. 501.

2. A ocorrência de força maior pode acarretar o fechamento da empresa ou de um dos seus estabelecimentos. Compreendem no contexto dos estabelecimentos, as filiais, agências, ou sucursais. Em relação às duas primeiras, o art. 498, da CLT, faz referências a elas e no que concerne à terceira "sucursais" nos valemos da lição de *Rubens Requião*[205] para quem "Filiais, sucursais e agências são expressões seguidamente empregadas como sinônimas. Não há deveras, distinção legal entre os diversos estabelecimentos secundários da mesma empresa." E complementa o autor "se assim é legal e juridicamente, a intuição do comércio vai acentuando a maior importância da sucursal sobre a filial. Sucursal é, de fato, expressão mais pomposa... Corresponde, geralmente, a estabelecimento secundário, cujo gerente tem certa autonomia, mas está vinculado ao estabelecimento principal, pois dele recebe instruções sobre os negócios de maior importância ou gravidade. A filial, porém, é mais estreitamente vinculada à administração centralizada do estabelecimento principal ou matriz, não tendo o gerente nenhuma autonomia".

3. Verificando-se a ocorrência de força maior (inciso I), autorizada está a rescisão contratual do empregado estável, a qual será processada mediante o respectivo inquérito judicial (art. 492, da CLT), pois é exigida a devida comprovação, o que só poderá ocorrer no respectivo processo com o pagamento da indenização pelo seu valor simples, ou seja, sem ser em dobro.

4. Não tendo o empregado direito a estabilidade (inciso II), como se sabe, a indenização é simples, mas em se tratado de rescisão contratual com base em força maior, a indenização devida é reduzida pela metade, ou seja, daquela que seria devida numa dispensa sem justa causa. Veja observação feita no item 1 quanto ao regime do FGTS.

5. Nas hipóteses de força maior envolvendo o contrato por prazo determinado (inciso III), a indenização é aquela prevista no art. 479, que já é reduzida pela metade, de forma que o trabalhador terá direito a metade dela, o que representa um quarto. Veja observação feita no item 1 quanto ao regime do FGTS.

6. A lei só faz referência à indenização, hoje substituída pelo regime do FGTS, de forma que na rescisão contratual por força maior são devidos dias de serviços, férias e décimo terceiro salário, inclusive proporcionais na sua inteireza já que se trata de verbas ligadas com o trabalho propriamente dito e não com o tempo de serviço.

Jurisprudência

Ementa: Rescisão do contrato de trabalho. Força maior. Art. 502, II, da CLT. Alcance. As disposições do inciso II do art. 502 da CLT, que prevê o pagamento do valor pela metade, haja vista a ocorrência de força maior para a resolução do contrato de trabalho, não alcança às férias vencidas, por abranger, exclusivamente as verbas rescisórias. Recurso parcialmente conhecido e desprovido. TRT 10ª Reg. ROPS 00417-2007-001-10-00-9 — (Ac. 3ª T./07) – Relª. Juíza Márcia Mazoni Cúrcio Ribeiro. DJU3 19.10.07, p. 53.

---

(205) *Curso de Direito Falimentar.* v. 1, p. 193, *apud* PAES DE ALMEIDA, Amador, *Direito de Empresa no Código Civil.* 2004, Saraiva, SP, p. 46.

Art. 503 *É lícita, em caso de força maior ou prejuízos devidamente comprovados, a redução geral dos salários dos empregados da empresa, proporcionalmente aos salários de cada um, não podendo, entretanto, ser superior a 25%, respeitado, em qualquer caso, o salário mínimo da região.*

PARÁGRAFO ÚNICO. Cessados os efeitos decorrentes do motivo de força maior, é garantido o restabelecimento dos salários reduzidos.

Esse dispositivo deve ser analisado em confronto com o que dispõe o art. 7º, inciso VI, da CF/88, que assegura a "irredutibilidade do salário, salvo o disposto em convenção ou acordo coletivo".

A possibilidade e as respectivas condições hão de estar previstos em acordo coletivo ou convenção, podendo até ser superior ao limite de 25% se as circunstâncias indicarem para essa solução, já que o texto maior não específica limites. Constata-se que, pelo mencionado artigo a redução do salário não está ligada à redução da jornada de trabalho, cuja possibilidade está prevista na Lei n. 4.923, de 23 de dezembro de 1965.

Art. 504 *Comprovada a falsa alegação do motivo de força maior, é garantida a reintegração aos empregados estáveis e aos não estáveis o complemento da indenização já percebida, assegurado a ambos o pagamento da remuneração atrasada.*

1. A expressão "empregados estáveis", a rigor, só poderia ser aplicada aos empregados que possuíam mais de dez anos de serviços prestados ao empregador na forma do art. 492, da CLT, ainda que optantes pelo regime do Fundo de Garantia do Tempo de Serviço (Leis ns. 5.107/66 e 8.036/90, se antes da opção já contavam com a estabilidade por força do direito adquirido, já que pela Constituição de 1988 foi abolida a estabilidade decenal. Assim, esse dispositivo na atualidade só poderá ser aplicado de forma analógica aos trabalhadores que possuem estabilidade prevista em lei, norma coletiva ou em regulamento de empresa e que leva à reintegração no emprego se descumpridas as respectivas regras proibitivas de rescisão contratual, exemplo: dirigente sindical, membro de cipa etc.

2. Vista a questão sob a ótica assinalada, em caso de falsa alegação de motivo de força maior, cuja comprovação deverá ser feita pela via judicial, com o ajuizamento de ação própria, os empregados estáveis que foram dispensados, por força da respectiva alegação falsa, deverão não só retornar ao *status quo* anterior, mas também serem ressarcidos da remuneração que ficou atrasada no respectivo período. Indenização do empregado estável, como se sabe, é em dobro em razão do que dispõe o art. 497, da CLT.

3. A norma posta não estabelece se o empregado estável deverá devolver o valor recebido a titulo de indenização em virtude da sua reintegração no emprego. A respeito, assinala *Sérgio Pinto Martins* que "a solução justa seria a devolução da quantia recebida pelo estável para poder ser reintegrado, pois recebeu indevidamente a indenização, justamente porque não houve rescisão. O ideal também poderia ser o empregador compensar o pagamento da indenização já recebida com a remuneração atrasada"[206]. Quer nos parecer, no entanto, que a lei não tratou da

---

(206) Comentários à CLT. 11. ed, São Paulo: Atlas, 2007. p. 554.

questão porque o empregador, tendo praticado um ato ilícito (alegação indevida de força maior) responderá pelo prejuízo causado ao empregado, pois se não fosse assim, não haveria nenhuma punição ao mau empregador. Não se pode esquecer que à época da edição da CLT não se cogitava de indenização por dano moral nas relações trabalhistas, o que ocorre na atualidade em face do previsto na nossa Constituição Federal (art. 5º, V e X).

4. Os não estáveis receberão a complementação da indenização, se houver esse direito, já que o pagamento fora feito pela metade. Quanto aos salários atrasados, os não estáveis, em princípio não teriam esse direito, pois quando da rescisão deveriam ter recebido os seus direitos rescisórios, a não ser que tenha ocorrido controvérsia na esfera judicial sobre a modalidade da rescisão, o que não é raro nas relações de trabalho, de forma que a questão fica na análise de cada caso concreto.

CAPÍTULO IX
DISPOSIÇÕES ESPECIAIS

Art. 505 *São aplicáveis aos trabalhadores rurais os dispositivos constantes dos Capítulos I, II e VI do presente Título.*

A letra *b* do art. 7º, da CLT, exclui da aplicação da CLT os trabalhadores rurais e neste particular nos reportamos aos comentários lá feitos, sendo certo que é a Lei n. 5.889/73 que regula o trabalho rural e se socorrendo de dispositivos da CLT de forma a atender os interesses dos trabalhadores e empregadores rurais.

Com efeito, o art. 1º da Lei n. 5.889/73 que trata do trabalho rural estabelece que "as relações de trabalho rural serão reguladas por esta Lei e, no que com ela não colidirem, pelas normas da Consolidação das Leis do Trabalho, aprovada pelo Decreto-lei n. 5.452, de 1º de maio de 1943 e no parágrafo único do mesmo artigo está dito que observadas as peculiaridades do trabalho rural a ele também se aplicam as Leis ns. 605, de 5 de janeiro de 1940; 4.090, de 13 de julho de 1952; 4.725, de 13 de julho de 1965; com as alterações da Lei n. 4.903, de 16 de dezembro de 1965, e os Decretos-leis ns. 15, de 29 de julho de 1966; 17, de 22 de agosto de 1966 e 368, de 19 de dezembro de 1968.

No Decreto n. 73.626, de 12 de fevereiro de 1974, que aprova o Regulamento da Lei n. 5.889/73, prevê no seu art. 4º que nas relações de trabalho rural aplicam-se os arts. 4º a 6º; 8º a 10; 13 a 19; 21; 25 a 29; 31 a 34; 36 a 44; 48 a 50; 62, *alínea b*; 67 a 70; 74; 76; 78 e 79; 83; 84; 86; 116 a 118; 124 a 126; 129 a 133; 134, alíneas a, c, d, e e f; 135 a 142; parágrafo único do art. 143; 144; 147; 359; 366; 372; 377; 379; 387 a 396; 399; 402; 403; 405 caput, § 5º; 407 a 410; 414 a 427; 437; 439; 441 a 457; 458 caput e § 2º; 459 a 479; 480 caput e § 1º; 481 a 487; 489 a 504; 511 a 535; 537 a 552; 553 caput e alíneas b, c, d e e, e §§ 1º e 2º; 554 a 562; 564 a 566; 570 caput, 601 a 603; 605 a 629; 630 caput e §§ 1º; 2º; 3º; 4º; 5º; 7º e 8º; 631 a 685; 687 a 690; 693; 694; 696; 697; 699 a 702; 707 a 721; 722 caput, alíneas b e c e §§ 1º, 2º e 3º; 723 a 725; 727 a 733; 735 a 754; 763 a 914, da Consolidação das Leis do Trabalho, aprovada pelo Decreto-lei n. 5.452, de 1º de maio de 1943, com suas alterações. (Nota: Os arts. 129 a 153, que tratam das férias, tiveram sua redação alterada pelo Dec.-lei n. 1.535, de 13 de abril de 1977, DOU 13.4.77).

O art. 62, da CLT, também foi alterado pela Lei n. 8.966, de 27 de dezembro de 1994, de forma que alínea "b" que trata dos empregados exercentes de função de confiança foi substituído pelo inciso II e pelo parágrafo único, os quais estabelecem os requisitos para a configuração do cargo de confiança e que tem aplicação no meio rural.

Art. 506 *No contrato de trabalho agrícola é lícito o acordo que estabelecer a remuneração in natura, contanto que seja de produtos obtidos pela exploração do negócio e não exceda de um terço do salário total do empregado.*

Esse artigo acha-se revogado pela Lei n. 5.889/73, que estatuiu normas reguladoras do trabalho rural. No art. 9º da referida lei está disciplinado o salário *in natura* no meio rural, a saber: a) em caso de ocupação de moradia, o desconto está limitado em 20% (vinte por cento) e calculado sobre o salário mínimo; b) no fornecimento de alimentação sadia e farta, o limite do desconto é de 25% (vinte e cinco por cento) observados os preços vigentes da região.

As deduções acima especificadas deverão ser previamente autorizadas, sem o que serão nulas de pleno direito (§ 1º, do art. 9º). E sempre que mais de um empregado residir na mesma morada, o desconto, previsto na letra "a" desse artigo (20%), será dividido proporcionalmente ao número de empregados, vedada, em qualquer hipótese, a moradia coletiva de famílias (§ 2º).

Rescindido ou findo o contrato de trabalho, o empregado rural será obrigado a desocupar a casa dentro de trinta dias. (§ 3º).

A Lei n. 9.300, de 29 de dezembro de 1996, DOU 30.8.96, inclui o § 5º, no art. 9º da Lei n. 5.889/73, para estabelecer que "A cessão pelo empregador, de moradia e de sua infraestrutura básica, assim como, bens destinados à produção para sua subsistência e de sua família, não integram o salário do trabalhador rural, desde que caracterizados como tais, em contrato escrito celebrado entre as partes, com testemunhas e notificação obrigatória ao respectivo sindicato de trabalhadores rurais".

Por fim, segundo o disposto no § 4º, do mesmo art. 9º, o regulamento da referida Lei especificará os tipos de morada para fins de dedução. E, pelo disposto no § 2º do art. 16 do Decreto n. 73.626, de 12 de fevereiro de 1974, que regulamenta a Lei n. 5.889/73, considera "morada, a habitação fornecida pelo empregador, a qual, atendendo as condições peculiares de cada região, satisfaça os requisitos de salubridade e higiene estabelecidos em normas expedidas pelas Delegacias Regionais do Trabalho".

Art. 507 *As disposições do Capítulo VII do presente Título não serão aplicáveis aos empregados em consultórios ou escritórios de profissionais liberais.*
PARÁGRAFO ÚNICO. Revogado pelo art. 37 da L. n. 6.533, 24.5.78, DOU 26.5.78, LTr 42/714.

Esse artigo excluía os empregados em consultórios ou escritórios de profissionais liberais do direito à estabilidade no emprego em virtude das características da função que normalmente exigia um maior grau de confiança.

Houve muita crítica a esse dispositivo porque excluiu aludidos trabalhadores do direito à estabilidade sem oferecer nada em contrapartida, já que muitos deles recebiam remuneração insignificante. Não se considerava também que muitos deles não eram exercentes de função de confiança.

Entretanto, o Capítulo VII, que versa sobre a estabilidade decenal já não tem aplicação vez que foi abolida pela Constituição de 1988 (arts. 7º, incisos I e III), que instituiu o regime do FGTS para todos os trabalhadores.

Finalmente, o disposto no parágrafo único deste artigo foi revogado pela Lei n. 6.533, de 24.5.78 e nele se excluía a aplicação dos arts. 451 e 452, da CLT, os quais tratam do contrato de prazo determinado aos artistas e congêneres.

Art. 508 *Considera-se justa causa, para efeito de rescisão do contrato de trabalho do empregado bancário, a falta contumaz de pagamento de dívidas legalmente exigíveis.*

Os bancários têm normas específicas na CLT sobre condições de trabalho, como são as pertinentes à duração do trabalho (arts. 224 a 226), e também este dispositivo que trata da justa causa quando o bancário incide em falta contumaz de pagamento de dívidas legalmente exigíveis. Esse artigo, como se pode notar pelo que dispõe, está fora de lugar, eis que tratando de justa causa de bancário poderia estar de forma mais adequada, ou no art. 482 ou dentre os arts. 224 a 231, que são dedicados aos bancários.

Esse artigo também dá tratamento diferenciado ao bancário no caso de justa causa com base em falta contumaz de pagamento de dívidas legalmente exigíveis, embora muitos trabalhadores estejam na mesma situação do bancário dado ao crescente aumento de atividades que lidam com dinheiro.

Acredita-se que a justificativa para esse dispositivo estaria no fato de que os empregados de bancos deveriam cumprir regularmente as suas obrigações comerciais e privadas a fim de não prejudicar a imagem do seu empregador como instituição de crédito. Alguns autores, como aponta *Alice Monteiro de Barros* "justificam a justa causa específica dos bancários (art. 508), ao argumento de que os bancos, como instituições de crédito, dependem do conceito de que desfrutam os seus empregados"[207].

No entanto, há crítica a esse dispositivo, como a de *Russomano* no sentido de que "não se compreende que a lei haja criado essa figura de justa causa apenas para os bancários. Em primeiro lugar, porque a natureza da falta é a mesma, seja ela praticada por um bancário, seja praticada por um empregado de escritório de qualquer empresa comercial. Em segundo lugar, porque o conceito da instituição de crédito não depende da conduta particular dos seus empregados. Já dissemos de outra feita: sempre nos pareceu muito mais razoável despedir o "caixa" de uma empresa comercial por falta contumaz no pagamento de suas dívidas que, pelo mesmo motivo, despedir um simples escriturário de casa bancária, pois os riscos do empregador, na primeira hipótese, pela má conduta privada do empregado, são muito maiores"[208].

Os pressupostos para a configuração da justa causa na forma preconizada por esse dispositivo residem na contumácia, que nada mais é do que o descumprimento reiterado de uma obrigação e aqui ela é especificada, no caso, a dívida legalmente exigível (cheques sem provisão de fundo, promissórias, duplicatas, etc.).

---

(207) *Curso de Direito do Trabalho.* 2. ed., São Paulo: LTr, 2006. p. 869.
(208) *Comentários à Consolidação das Leis do Trabalho.* 17. ed., Rio: Forense, 1997. p. 740, v. I,

Havendo regulamento interno na instituição financeira que estabeleça procedimento para a dispensa do empregado por justa causa haverá necessidade de sua observância, sob pena de configurar dispensa sem justa causa, com os consectários legais.

Finalmente, esse dispositivo não elide a aplicação das demais hipóteses de que tratam o art. 482, da CLT, que têm destinação aos demais trabalhadores.

Jurisprudência

Ementa: Bancário. Justa causa. Art. 508 da CLT. Pressupostos. A justa causa tipificada no art. 508 da CLT tem como pressupostos (a) o não pagamento de dívida legalmente exigível; (b) a contumácia, ou continuidade, dessa prática e (c) o regular uso do poder disciplinar pela empresa. Se a prova dos autos demonstra a ausência da contumácia na falta de pagamento de dívidas e que a empresa deixou de observar o princípio da imediatidade que rege o seu poder disciplinar, é impossível realizar a subsunção dos fatos à norma em comento. Por outro lado, o fundamento dessa justa causa específica reside na circunstância de que o comportamento do bancário, mesmo nas relações pessoais e privadas, atinge moralmente e de forma indireta o estabelecimento em que trabalha (Alice Monteiro de Barros). Estando o contrato de trabalho suspenso, o comportamento do bancário em nada, ou pouco, repercutirá na imagem do banco. Recurso conhecido e desprovido. TRT 10ª Reg. RO 00015-2006-007-10-00-1 — (Ac. 2ª T./07) — Relª. Juíza Heloisa Pinto Marques. DJU3 8.6.07, p. 17.

Ementa: Recurso de embargos em recurso de revista. Nulidade do julgado. Negativa de prestação jurisdicional. Justa causa. Empregado bancário. Emissão contumaz de cheques sem provisão de fundos. Art. 508 da CLT. O posicionamento desfavorável ao recorrente não se confunde com a existência de lacuna na prestação jurisdicional. Apresentadas as razões que levaram à conclusão acerca da não caracterização da situação ensejadora da despedida por justa causa, na forma do art. 508 da CLT, não prospera a alegação de ofensa aos arts. 832 da CLT, 458 do CPC e 93, IX, da Constituição da República. Justa causa. Caracterização. Empregado bancário. Emissão contumaz de cheques sem provisão de fundos. Art. 508 da CLT. Necessidade de observância do procedimento previsto em norma interna. As normas regulamentares, criadas unilateralmente pelo empregador, integram o contrato de trabalho em tudo aquilo que não contraria a legislação trabalhista e geram direitos e obrigações para ambas as partes. A existência de norma interna delimitadora dos efeitos da emissão de cheques sem provisão de fundos pelo empregado bancário, para os fins do disposto no art. 508 da CLT, vincula a instituição à sua observância. Presume-se o perdão tácito quando o empregador deixa de aplicar a sanção disciplinar cabível, tão logo tome conhecimento da falta cometida. Perdoado, o ato faltoso não pode ser computado para efeito de aplicação progressiva de penalidade mais grave em caso de reincidência na conduta. A licitude da ruptura do contrato de trabalho por justa causa, com base no art. 508 da CLT, depende do reconhecimento da contumácia, condição cuja constatação, in casu, pressupõe a observância do procedimento previsto na norma interna aplicável. Recurso de embargos não-conhecido. TST-E-ED-RR-318/2001-124-15-00.6 — (Ac. SBDI1) – 15ª Reg. – Rel. Min. Rosa Maria Weber Candiota da Rosa. DJU 1.6.07, p. 1.031.

Ementa: Justa causa: Caixa bancário. Atos de indisciplina e de improbidade: Quebra de fidúcia. A atividade desempenhada pelo obreiro, como caixa bancário, revela exigência de conduta ilibada na execução de suas tarefas no trato com valores, não sendo razoável aceitar a manipulação de títulos para efetivar quitações descabidas, em favor de terceiro, ainda que, depois, tenha sido o prejuízo minimizado pela restituição dos valores por parente beneficiado, já que a justa causa não se examina apenas pelo resultado da ação, mas pela própria conduta imprópria eleita pelo obreiro. A pena de demissão por justa causa, pois, não se mostra desproporcional quando se percebe que não havia mero erro de interpretação de normas internas ou conduta de boa-fé, mas nítida intenção de locupletamento pelo obreiro, em favor de sua família, a partir do benefício obtido por seu pai e por sua esposa na quitação de títulos de cobrança com cheques sabidamente desprovidos de fundos, considerando a indicação de dados que dificultariam à instituição a percepção da fraude, a denotar, na máscara do ato, apenas a tentativa de fugir à responsabilidade. A perda da fidúcia necessária à manutenção do vínculo de emprego, dada a gravidade da falta obreira, é autorizador para a pena aplicada pela empresa para a resilição contratual. Justa causa mantida. TRT 10ª Reg. RO 01548-2004-101-10-00-9 – (Ac. 2ª T./07) – Rel. Juiz Alexandre Nery de Oliveira. DJU3 2.3.07, p. 29/30.

Ementa: Justa causa. Bancário. Cheques sem provisão de fundo. Advertência por escrito. Exigência. Norma interna. 1. O empregado bancário pode ser dispensado por justa causa em decorrência de falta reiterada de pagamento de dívidas legalmente exigíveis, como se dá em caso de emissão contumaz de cheques sem provisão de fundos. 2. Não se reconhece a justa causa em tela, porém, em hipótese de inobservância de norma interna da instituição financeira, que exige advertência por escrito quando da emissão dos dois primeiros cheques sem a devida provisão de fundos. Se a penalidade drástica da despedida por justa causa não foi precedida de advertência pedagógica do empregado, visando a que se emende, tal como se obrigou o próprio empregador, entende-se que não se reveste de gravidade o suficiente. 3. Recurso de revista de que não se conhece, neste particular. TST-RR-318/2001-124-15-00.6 — (Ac. 1ª T.) – Rel. Min. João Oreste Dalazen. DJU 6.10.06, p. 998.

Ementa: Falta grave. Bancário. Emissão de cheques sem provisão de fundos. Art. 508 da CLT. Configurada a falta contumaz de pagamento de dívidas legalmente exigíveis por empregado bancário, impõe-se reconhecer a dispensa por justa causa, a teor do que preconiza o art. 508 da CLT. TRT 12ª Reg. RO 00538-2006-050-12-00-9 — (Ac. 1ª T.) 22.01.08. Rel.: Juiz Garibaldi T. P. Ferreira. Disp. TRT-SC/DOE 19.02.08. Data de Publ. 20.02.08.

Ementa: Falta grave. Inquérito. Cheque sem fundo. Rejeição. Excetuada a hipótese prevista no art. 508 da CLT, a emissão de cheque sem fundo não caracteriza falta grave ensejadora da ruptura contratual do empregado beneficiário de garantia de emprego. Há que se perquirir da natureza da falta praticada pelo obreiro, se funcional ou não. Na hipótese, "o ato praticado não decorreu da condição de empregado da requerente, mas de mero consumidor, não podendo ele ser punido por isso com a perda do emprego". (Sentença, fl. 87, Juíza Maria Beatriz Vieira da Silva Gubert). TRT 12ª Reg. RO-V 01843-2003-003-12-00-8 — Ac. 3ª T. 02681/05, 22.02.05. – Relª Juíza Ligia Maria Teixeira Gouvêa. DJSC 14.3.05, p. 218.

Art. 509 *Revogado pelo art. 37 da L. n. 6.533, 24.5.78, DOU 26.5.78, LTr 42/714.*

Esse artigo tratava de despesas de viagem dos empregados de empresas teatrais e do pagamento dos salários em viagem, sendo revogado pela Lei n. 6.533/78 que regula as profissões de Artista e de Artista Técnico em Espetáculos de Diversões.

Art. 510 *Pela infração das proibições constantes deste Título, será imposta à empresa a multa de valor igual a 10 (dez) vezes o valor de referência regional, elevada ao dobro, no caso de reincidência, sem prejuízo das demais cominações legais. (Redação DL n. 229, 28.2.67, c/c L. n. 6.205, 29.4.75 e art. 7º, L. n. 6.986, 13.4.82).*

A Lei n. 7.855, de 24 de outubro de 1989, nos seus arts. 2º a 6º atualizou não só as multas como também estabeleceu os critérios para a sua aplicação, sua gradação e o critério da dupla visita e sua aplicação em dobro, no caso de reincidência. Normas do Ministério do Trabalho e Emprego também disciplinam questões afetas à fiscalização trabalhista, destacando-se a Portaria n. 148, de 25 de janeiro de 1966, que aprova normas para a organização e tramitação dos processos de multas administrativas e de notificações para Depósito do Fundo de Garantia do Tempo de Serviço.

As multas por infrações administrativas são fixadas pelo Ministério do Trabalho e Emprego, órgão competente para tanto, através de portarias, dentre as quais mais se destacam a:

a) Portaria n. 290, de 11 de abril de 1997, que estabelece multas nas hipóteses lá elencadas em UFIR e hoje convertidas em reais;

b) Portaria MTE/GM n. 14, de 10 de fevereiro de 2006, que a prova normas para a imposição da multa administrativa variável prevista no art. 25 da Lei n. 7.998, de 11 de janeiro de 1990, pelo descumprimento da obrigação de declaração da Relação Anual de Informações Sociais — RAIS.

Embora existam decisões isoladas de Tribunais Regionais do Trabalho admitindo a imposição de multa pela Justiça do Trabalho, uma vez constatada irregularidade, a jurisprudência majoritária é no sentido de que não cabe à Justiça do Trabalho a imposição de multas, a não ser as previstas nos arts. 467 e 477 da CLT.

Jurisprudência

Ementa: Multas administrativas. Competência da justiça do trabalho. A Justiça do Trabalho, na forma do art. 114 da CF., é competente para aplicar multas da alçada da autoridade administrativa, quando a violação de norma trabalhista estiver provada nos autos. Nos dissídios entre empregados e empregadores compreende-se também a competência para aplicação de multas (CLT, art. 652, *d*). Se é da competência da Justiça do Trabalho decidir sobre o direito trabalhista, é claro que é ela também competente, por natural ilação, para aplicar a multa que derive do direito reconhecido em sua sentença, pois se trata de um dissídio típico entre empregado e empregador, derivado da relação de trabalho. Apenas se diferencia do dissídio comumente decidido num aspecto: em vez de ter uma função ressarcitória, a multa possui finalidade punitiva. Esta função é na prática tão importante quanto a condenação patrimonial, para a garantia do ordenamento trabalhista. Como os mecanismos ressarcitórios são insuficientes, a multa reforça a condenação e ajuda no estabelecimento de um quadro desfavorável ao demandismo, pois a protelação passa a ser um ônus e não uma vantagem para o devedor. Só assim se extinguirá esta litigiosidade absurda que hoje se cultiva na Justiça do Trabalho, sem dúvida, a maior e a mais cara do mundo. Além do mais, se garantirá o efeito educativo da lei, com a reversão da expectativa que hoje reina no fórum trabalhista: é melhor cumpri-la e pagar o débito, do que empurrá-lo anos afora, pelo caminho tortuoso e demorado dos recursos trabalhistas. Os juros reais e as multas desestimularão o negócio que hoje se pratica, em nome da controvérsia trabalhista e à custa do crédito do trabalhador. TRT 3ª Reg. RO 01239-2004-048-03-00-2 — (Ac. 4ª T.) — Rel. Juiz Antonio Álvares da Silva. DJMG 22.10.05, p. 14.

Índice Alfabético e Remissivo

TITULO IV
CONTRATO INDIVIDUAL DE TRABALHO

Artigos 442 a 510 da Consolidação das Leis do Trabalho

Administração pública (V. Contrato de Trabalho)

Alteração do contrato de trabalho

alteração do contrato de trabalho – art. 468, 5	171
alteração de local de trabalho – art. 468, 5.1	171
alteração de função – art. 468, 5.2	171
alteração de jornada de trabalho – art. 468, 5.3	172
alteração de salário – art. 468, 5.4	173
alteração em razão de inovações tecnológicas – art. 468, 5.5	174
complementação de aposentadoria – art. 468, 6.1	175
contrato de trabalho. Alterações – art. 468, 1	169
Jus variandi. – art. 468, 4	154
mútuo consentimento – art. 468, 2	169
prejuízos diretos e indiretos – art. 468, 3	169
regulamento de empresa. (Cláusulas sobre regulamento ou de regimento interno) – art. 468, 6	175
reversão do empregado confiança ao seu cargo efetivo – art. 468,7	176

Aposentadoria

e extinção ou não do contrato de trabalho – art. 453, 3	72
servidores de empresa pública e sociedade de economia mista. Aposentadoria e somatória de contratos – art. 453, 4	72

Aviso prévio

considerações preliminares – art. 487,1.	376
aviso prévio. Constituição de 1988 – art. 487,1.1	377
conceito – art. 487,2	377
cumprido em casa – art. 488,3. (V.art. 487,12.7)	397
curso do aviso prévio. Empregador. Ato que justifique a rescisão imediata do contrato. Pagamento da remuneração correspondente – art. 490	401
curso do aviso prévio. Perda do direito do empregado ao restante do aviso prévio. Justa causa no seu curso. Efeitos – art. 491	401
despedida ou rescisão indireta – art. 487,9	382

do empregador. Redução de duas horas do horário normal de trabalho (art. 488, *caput*) – art. 488, 1 395

empregado doméstico – art. 488, 5 399

forma e a sua prova – art. 487, 6 380

horas extras habituais – art. 487, 10 382

natureza jurídica e finalidade – art. 487, 3 377

pagamento feito por tarefa – art. 487, 8 381

prazo mínimo e proporcionalidade – art. 487.5 379

princípio da reciprocidade – art. 487, 4 378

remuneração – art. 487, 7 380

Peculiaridades do aviso prévio – art. 487, 12 382

    baixa na CTPS – art. 487, 12.1 382

    cessação da atividade da empresa – art. 487, 12.2 383

    comissionista – art. 487, 12.4 384

    contrato de experiência – art. 487, 12.5 384

    contribuição previdenciária – art. 487, 12.6 384

    cumprido em casa. Efeitos – art. 487, 12.7 385

    dispensa do pagamento do aviso prévio na ruptura imotivada do contrato de trabalho. Norma coletiva – art. 487, 12.19 391

    empregado analfabeto – art. 487, 12.8 386

    empregado menor – art. 487, 12.17 390

    estabilidade provisória. Dirigente sindical — art. 487, 12.9 386

    falência – art. 487, 12.23 394

    férias – art. 487, 12.10 387

    força maior – art. 487, 12.3 383

    Fundo de Garantia do Tempo de Serviço – art. 487, 12.11 387

    garantia de emprego. Concessão na sua fluência – art. 482, 12.12 387

    indenização adicional da Lei n. 6.708/79 – art. 487, 12.13 388

    indenizado. Prescrição – art. 487, 12.16 389

    indenizado. Superveniência de auxílio-doença no seu curso – art. 487, 12.14 388

    inicio da contagem – art. 487, 12,15 389

    norma coletiva. Aumento do prazo – art. 487, 12.18 390

    professores – art. 487, 12.20 392

    reajustamento coletivo no curso do aviso prévio — art. 487, 11 382

    reconsideração ou continuação da prestação de serviços depois de expirado o prazo. Efeitos – art. 489 e parágrafo único 399

    renúncia pelo empregado- art. 487, 12.21 393

    rescisão por culpa recíproca – art. 487, 12,22 393

substituição da redução de duas horas do horário por sete dias corridos. (Art. 488, parágrafo único) – art. 488,2 397

trabalhador rural – art. 487, 12.24	394
trabalho temporário. Lei n. 6.019/74 – art. 487, 12.25	394
trabalhador rural – art. 488,4 (v. art. 487,12.24)	398
Bancário. Justa causa – art. 508	426
Cargos de confiança – art. 499, 2	415
Cargo em comissão ou interino – art. 450	
Cessação da atividade da empresa. Morte do empregador. Efeitos – art. 485	373
Comissões	
alteração contratual – art. 466,6	164
comissões e percentagens – art. 466	160
exclusividade de zona – art. 466,3	162
expressão "ultimada a transação" (art. 466, caput) – art. 466.2	161
insolvência do comprador – art. 466,5	163
prestações sucessivas (art. 466, § 2) – art. 466,4	162
rescisão contratual (art. 466, § 2º) – art. 466,7	164
peculiaridades sobre pagamento na forma de comissões e percentagens	
décimo terceiro salário – art. 466,8.3	164
férias – art. 466,8.2	164
correção monetária – art. 466, 8.4	164
horas extras – art. 466,8.5	165
prova – art. 466, 8.6	165
prescrição – art. 466, 8.7	165
verbas rescisórias – art. 466,8.1	164
Comprovação de experiência. Art. 442-A	34
Contrato de experiência – (Art. 443, c)	40
anotação na Carteira de Trabalho e Previdência Social – art. 443, c.3	42
cargo de confiança – art. 443, d. 11	48
cláusula assecuratória de direito recíproco de rescisão antes do termo final – art. 443, d. 5	43
empregado doméstico – art. 443, d. 11	47
empresa pública e sociedade de economia mista – art. 443, d. 15	50
existência de acordo de compensação de horário pelo não trabalho ao sábado. Final de contrato. Efeitos – art. 443, d. 12	48
finalidade – art. 443, c.2	41
garantia de emprego – art. 443, d.7	44
natureza jurídica – art. 443, d.1	40
necessidade de justificativa dos motivos da extinção do pacto e o dano moral – art. 443, d.4	42
ônus da prova – art. 443, d. 16	50
prazo – art. 445, parágrafo único,	53
prorrogação automática – art. 443, 6	43

seguido de outro da mesma espécie – art. 443, d. 14.	49
tempo parcial (Lei n. 9.601/98) – art. 443e	51
término e o repouso semanal remunerado – art. 443, d. 13	49
trabalhador rural (contrato de safra) – art. 443, d. 9.	46
trabalho temporário – art. 447, d. 8.	46
Contrato de safra – art. 443, a. 7	39
Contrato de trabalho	
administração pública (contrato de trabalho) – art. 442, 8	30
capacidade das partes – art. 442.2	22
conceito, natureza jurídica e manifestação de vontade – art. 442, 1,	21
dualidade do contrato do trabalho com o mesmo empregador – art. 442,6	28
empregado (Conceito e elementos configuradores) - art. 442, 5	25
empregador. Múltiplas facetas – art. 442, 4	25
entre cônjuges e familiares – art. 442, 5.3	26
equipe (Contrato) – art. 442, 7	30
livre estipulação – art. 444	51
menor – art. 442, 5.2	26
notas características – art. 442,3	24
prova – art. 456	91
policial militar. Relação de emprego – art. 442, 5.1	26
princípio da realidade - art. 442, 3.1	24
sociedade cooperativa (parágrafo único) – art. 442, parágrafo único, 9	31
sociedade cooperativa. Meio rural – art. 442,parágrafo único, 10	33
trabalho rural. Contratação do trabalhador rural por pequeno prazo para atividades de natureza temporária/Lei n. 11.718/08 – 442.11	34
Contrato de trabalho agrícola – art. 506 (revogado)	425
Contrato de trabalho por prazo determinado	
afastamento. Interrupção do contrato de trabalho – art. 472,§ 2º	192
atividades empresariais de caráter transitório – art. 443, b	39
contrato de safra. Lei n. 5.889/73 – art. 443, a.1	39
prazo, estipulação – art. 445	53
prorrogação – art. 451	68
serviço cuja natureza ou transitoriedade justificar a predeterminação do prazo – art. 443, a	37
Contrato de trabalho por prazo indeterminado	
ajuste. Forma – 443, *caput*	36
requisitos – art. 452	69
rescisão do contrato de trabalho – art. 479.1	247
Cooperativa. V. Sociedade cooperativa	
Culpa recíproca – art. 484	371
Curso ou programa de qualificação. Suspensão do contrato de trabalho – art. 476-A	204
Diretor de sociedade anônima – art. 499,1	414
Dono da obra – art. 455,2	86

Empreitada, subempreitada e a responsabilidade subsidiária – art. 455, 1 84
    ação regressiva e denunciação à lide – art. 455, 5 91
    competência – art. 455,1 86
    dono da obra. Responsabilidade pelas obrigações trabalhistas – art. 455, 2 86
    terceirização de serviços e a responsabilidade subsidiária – art. 455, 3 87
    terceirização de serviços e os órgãos públicos – art. 455, 4 90
Empregados em consultórios ou escritórios de profissionais liberais – art. 507 425
Equiparação salarial
    cargo de confiança – art. 461, 1.3 138
    cargo comissionado – art. 461, 1.4 139
    cessão de empregados – art. 461,10 146
    desvio de função – art. 461, 8 145
    empregados de empresas concessionárias de serviços públicos federais, estaduais e municipais. Encampação ou transferência dos serviços – art. 461, 11 146
    igualdade de tratamento no trabalho, equiparação salarial e requisitos - art. 461 133
    identidade de funções e simultaneidade na prestação de serviço – art. 461,1 134
    mesma localidade – art. 461, 4.5 143
    mesmo empregador – art. 461,4 142
    servidor público – art. 461,12 147
    simultaneidade na prestação de serviço – art. 461, 1.1 136
    sociedade de economia mista – art. 461,13 147
    trabalho intelectual – art. 461, 1.2 137
        trabalhador temporário – art. 461, 4.1 142
Empregados de empresas que sofreram processo de fusão, incorporação ou sucessão – art. 461, 4.2 143
    quadro organizado em carreira – art. 461, 6 144
        indicação de paradigma – art. 461,14.1 147
        ônus da prova – art. 461,14.4 149
        peculiaridades da equiparação salarial 147
        prescrição – art. 461,14.5 Vide art. 11.5, primeiro fascículo 149
        vantagens pessoais – art. 461,14.2 148
        vantagens obtidas pelo paradigma em decisão judicial – art. 461,14.3 149
    trabalhador readaptado. Obstáculo à equiparação salarial – art. 461.7 145
        substituição de empregados – art. 461,9 146
    trabalho de igual valor (igual produtividade e mesma perfeição técnica) e tempo de serviço na função inferior a dois anos – art. 461, 2 e 3 139
Estabilidade – art. 492 a 499 403
Estabilidade. Decenal. Rescisão. Falta grave. Indenização – art. 492 403
Estabilidade. Extinção da empresa. Indenização – art. 497 411
Estabilidade. Fechamento do estabelecimento, filial ou agência, ou supressão necessária de atividade, sem ocorrência de motivo de força maior – art. 498 413

Estabilidade. Tempo de serviço – art. 492,parágrafo único 403

Experiência. V. Comprovação de experiência e contrato de experiência

Extinção da empresa. Empregado estável – art. 497 411

Factum principis – art. 486 374

Falência (Lei de Recuperação Judicial e Falência - Lei n. 11.101/05) – art. 449 63

Força maior – arts. 501 a 504 419

Formas de pactuação - art. 443, 1 36

Formação (falta de acordo ou prova sobre condição essencial ao contrato verbal) – art. 447 55

Indenização. Rescisão por prazo determinado. Iniciativa do empregador – art. 479 247

Indenização. Rescisão por prazo determinado. Iniciativa do empregador – art. 480 250

    considerações preliminares – art. 454, 1 79

        direitos autorais e a situação de empregado. Dano moral- art. 454, 6 83

        direitos intelectuais ligados à criação e utilização de *software* – art. 454, 5 82

        invenção e ou modelo de utilidade realizado por empregado e efeitos no contrato de trabalho – art. 454, 2 79

        invenção e ou modelo de utilidade ocorrido nas entidades da Administração Pública direta, indireta e fundacional, federal, estadual ou municipal – art. 453, 4 81

        invenção e ou modelo de utilidade realizado por trabalhador autônomo ou o estagiário e a empresa contratante e entre empresas contratantes e contratadas – art. 454, 3 81

Inquérito para apuração de falta grave. Suspensão do contrato de trabalho – art. 494 407

Invenção e modelo de utilidade

Justa Causa

    advertência e suspensão. Efeitos – art. 482,4 254

    comunicação da dispensa por justa causa. Norma coletiva – art. 482, 5 256

    conceito de justa causa – art. 482, 1.1 253

    denominação: falta grave ou justa causa – art. 482, 2 253

    falta grave e justa causa – art. 493, 1 406

    inquérito para apuração de falta grave. Suspensão do contrato de trabalho – art. 494 391

    justas causas tipificadas no art. 482 da CLT – art. 482,8 277

    a) ato de improbidade – art. 482,a 277

    b) incontinência de conduta ou mau procedimento – art. 482, b 284

    c) negociação habitual por conta própria ou alheia sem permissão do empregador e quando constituir ato de concorrência à empresa para a qual trabalha o empregado, ou for prejudicial ao serviço – art. 482, c 290

    d) condenação criminal do empregado, passada em julgado, caso não tenha havido suspensão da execução da pena – art. 482, d 293

        d.1) Justa causa e processo crime – art. 482, d.1 294

    e) desídia no desempenho das respectivas funções – art. 482, e 296

    f) embriaguez habitual ou em serviço – art. 482, f 303

    g) violação de segredo de que o empregado tenha conhecimento – art. 482, g 308

    h) ato de indisciplina ou de insubordinação – art. 482, h 310

    i) abandono de emprego – art. 482, i 314

i. 1 convocação do empregado para reassumir suas funções por meio de publicação em jornal – art. 482, i.1 317

j) ato lesivo da honra ou da boa fama praticado no serviço contra qualquer pessoa, ou ofensas físicas, nas mesmas condições, salvo em caso de legítima defesa, própria ou de outrem – art. 482, j 318

k) ato lesivo da honra e boa fama ou ofensas físicas praticadas contra o empregador e superiores hierárquicos, salvo em caso de legítima defesa, própria ou de outrem – art. 482, k 322

l) prática constante de jogos de azar – art. 482, l 324

outras justas causas previstas na Consolidação das Leis do Trabalho e normas esparsas

    art. 158, da CLT. Segurança e Medicina do Trabalho – art. 482, 9.1 326

        membro da Cipa. Art. 165, da CLT – art. 482, 9.1.1 327

    art. 508, da CLT. Bancários. V. art. 508 que consta deste fascículo – art.. 482, 9.3 326

    contrato de aprendizagem. Art. 433, II, da CLT – art. 482, 9.4 328

    ferroviário. Art. 240 da CLT – art. 482, 9.2 328

    trabalho temporário. Lei n. 6.019/80, art. 13º - art. 482, 9.5 328

    vale-transporte. Lei n. 7.418, de 16.12.85 e Decreto n. 95.247, de 17.11.87 – art. 482, 9. 6 329

requisitos configuradores da justa causa – art. 482. 6 257

    dupla penalidade pela mesma falta. Vedação – art. 482, 6.4 264

    imediatidade entre ato faltoso e a penalidade (perdão tácito) – art. 482, 6.3 262

    nexo causal entre o ato faltoso e a punição – art. 482, 6.1 258

    ônus da prova na justa causa – art. 482, 6.6 268

    princípio da isonomia na aplicação da justa causa – art. 482, 6.5 266

    princípio da proporcionalidade entre o ato faltoso e a pena máxima – art. 482, 6.2 260

rol do artigo 482. Taxativo ou exemplificativo – art. 482, 3 254

outras singularidades sobre a justa causa – art. 482, 7 270

    conversão da dispensa por justa causa no curso do aviso prévio – art. 482, 7.3 274

    dosagem da pena pela Justiça do Trabalho – art. 482, 7.1 270

    justa causa (reversão pela Justiça do Trabalho) e o dano moral – art. 482, 7.2 271

    justa causa no período de suspensão ou interrupção do contrato de trabalho – art. 482, 7.4 275

    justa causa e o empregado exercente da função de confiança – art. 482,10.1 329

    justa causa e o monitoramento do e-mail e a restrição à privacidade do empregado – Informatização – art. 482, 10.2 332

    justa causa e greve abusiva ou ilegal – art. 482,10.3 336

    justa causa e o empregado doméstico. Prova – art. 482,10.4 339

    justa causa no período de suspensão ou interrupção do contrato de trabalho – art. 477, 7.4 275

    reiteração e gravidade das faltas – art. 493, 2 407

    situações que merecem tratamento especial – art. 482,10 329

Livre estipulação (contrato de trabalho). Limites – art. 444 51

Meios de prova – art. 456 91

Mudança na propriedade ou na estrutura jurídica da empresa – arts. 10, (fascículo 1) e 448 57

Multa. Descumprimento de obrigações trabalhista – art. 510 (revogado) 428

Paralisação temporária ou definitiva do trabalho, motivada por ato de autoridade municipal, estadual ou federal – art. 486 374

Pedido de demissão. Empregado estável – art. 500 417

Percentagens. Ver. Comissões

Poder disciplinar do empregador– art. 482,1 253

Prova do contrato de trabalho – art. 456 91

Readmissão. Falta Grave. Salário – art. 495 409

Readmissão. Soma do período anterior – art. 453,2 71

Readmissão e unicidade contratual

    considerações preliminares – art. 453, 1 70

    regime da CLT (Indenização) e do FGTS (Lei n. 8.036/90) – art. 453, 2.1 72

    somatória de períodos de trabalho e o prazo prescricional – art. 453, 2.2 72

Reintegração e incompatibilidade resultante do dissídio – art. 496 410

Remuneração (salário)

    abonos – art. 457, 9 104

    ajudas de custo – art. 457, 12 107

    atributos (salário e remuneração) – art. 457,1 93

    comissões e percentagens – art. 457, 4 97

    diárias para viagem – art. 457, 11 106

    e a intimidade do trabalhador – art. 457, 18 115

    gorjetas – art. 457, 2 95

    gueltas – art. 457, 2.1 96

    gratificações ajustadas – art. 457, 5 98

    gratificação semestral – art. 457, 5.1 100

    gratificação de função – art. 457, 6 100

    gratificação por tempo de serviço – art. .457, 7 102

    gratificação de natal ou 13º Salário – art. 457, 10 105

    impenhorabilidade do salário – art. 457, 19 115

    importância fixa – art. 457, 3 97

    pagamento por fora. V. art. 464, item 2.5 – art. 457,17 115

    participação nos lucros, ou resultados – art. 457,14 110

    prêmios e gratificações – art. 457,8 103

    programa de Integração Social – PIS/PASEP – art. 457, 15 15

    stock Option. Contrato de opção de compra de ações – art. 457, 16 113

    salário complessivo – art. 457,13 109

Rescisão do contrato de trabalho

    categoria de trabalhadores dispensados da assistência no ato rescisório – art. 477,5 213

    União, Estado, Distrito Federal, Município, Autarquia e Fundação de Direito no âmbito federal, estadual ou municipal – art. 477, 5.1 213

empregador doméstico – art. 477, 5.2 213

culpa recíproca – art. 484 ....

Órgãos competentes, formalidades e meios de prova (§§ 1º e 3º) – art. 477, 9 216

impedimentos e circunstâncias obstativas à assistência – art. 477, 9.1 219

exame médico demissional – art. 477, 9.2 220

Perfil Profissiográfico Previdenciário – PPP – art. 477, 9.3 222

indenização e estabilidade. (*caput*) – art. 477,1 207

garantia de emprego – art. 477,1.1 208

contrato de trabalho por prazo determinado. Indenização – art. 476 247

contrato de trabalho por prazo determinado e indeterminado (*caput*) – art. 477, 1.2 208

prazo determinado – art. 477,1.2.1 209

prazo indeterminado – art. 477,1.2.2 209

denominação. (*caput*) - art. 477,2 209

remuneração. (caput) – art. 477,3 209

Órgãos competentes para homologação. Assistência sem ônus para as partes (empregado e empregador) – art. 477, 11 224

pagamento das verbas rescisórias (condições e formas de pagamento) – art, 477,12 224

multa. Ação de consignação em pagamento – art. 477,14,16 243

multa. Aviso prévio cumprido em casa – art. 477, 14.8 238

multa. Controvérsia sobre a relação de emprego e aplicação da multa – art. 477,14.5 234

multa. Cumulação da multa do art. 477, § 8º da CLT com outra multa também sobre atraso de pagamento de verbas rescisórias prevista em norma coletiva – art. 477,14.11 240

multa. Demora no saque no FGTS – art. 477,9 239

multa. Empresa em Recuperação judicial – art. 477,14.14 241

multa. Falência. Em relação à multa aqui tratada, duas situações se extraem – art. 477,14.13. ... 241

multa. Força maior – art. 477, 14.15 242

multa. Justa causa e rescisão indireta – art. 477, 14.7 237

multa. Pagamento em cheque de outra praça – art. 477, 12.2 225

compensação possíveis – art. 477, 12.2 226

multa. Pagamento fora do prazo legal e a multa administrativa. Distinção. Efeitos – art. 477, 14.17 244

multa. Pagamento incompleto ou a menor das verbas rescisórias – art. 477,14.6 236

multa. Parcelamento do pagamento de verbas rescisórias – art. 477,14,10 239

multa. Pessoa jurídica de Direito Público – art. 477,14.12 241

multa. Proporcionalidade. Descabimento – art. 477,14.3 231

multa. Responsabilidade subsidiária – art. 477,14.18 244

pedido de demissão ou rescisão por iniciativa do empregador. Validade. (§ 1º) – art. 477.4 209

assistência na rescisão contratual e a Comissão de Conciliação Prévia ou Núcleo Intersindical de Conciliação Trabalhista – Ninter – art. 477, 4.2 212

contagem do tempo de serviço para compreensão do termo de "mais de um ano" e o aviso prévio – art. 477, 4.1 211

contagem do início do aviso prévio. Vide art. 487, da CLT – art. 477, 4.3 213
pedido de demissão de empregado estável ou amparado por garantia provisória de emprego – Art. 477, 6 214
prazo para o pagamento das verbas rescisórias – Assistência e homologação – art. 477.13 227
    aposentaria e o pagamento das verbas rescisórias – art. 477, 13.3 229
    contrato de prazo determinado. Alínea "a" – art. 477, 13.1 227
    demais contratos (Prazo indeterminado) – art. 477, 13.2 228
multa em caso de descumprimento dos prazos para o pagamento das verbas rescisórias – art. 477, 14 230
deposito das verbas rescisórias no prazo legal e homologação posterior. Efeitos – art. 477, 14.4 232
prova do atraso do pagamento das verbas rescisórias – art. 477, 14.1 230
salário base para efeito da aplicação da multa – art. 477, 14.2 231
recibo de quitação e Termo de rescisão – Especificações das verbas pagas. Quitação e ressalva – art. 477, 10 223
rescisão de empregado menor – art. 477, 7 215
rescisão do contrato de trabalho e FGTS – art. 477, 8 215
Rescisão do contrato de trabalho – art. 467, da CLT
    aplicação de ofício do acréscimo de 50% — art. 467, 4 167
    empregado doméstico – art. 467, 7 168
    entes públicos. Exclusão – art. 467, 1.1 166
    massa falida – art. 467, 8 168
    requisitos para a incidência do acréscimo de 50% – art. 467, 2 166
    responsabilidade subsidiária. Tomador de serviços – art. 467, 6 168
    revelia – 467.5 168
    verbas incontroversas – art. 467,1 (comentários) 166
    verbas rescisórias. Componentes – art. 467,3 167
Rescisão ou despedida indireta do contrato de trabalho – art. 483,1 340
comunicação da rescisão indireta – art. 483, c. 342
conseqüências da rescisão indireta do contrato de trabalho. 367
    data da rescisão contratual – art. 483, l.2 368
    verbas rescisórias – art. 483, k-1 368
continuidade na empresa até a decisão judicial – art. 483, j 366
hipótese de rescisão indireta do contrato de trabalho
alínea "a" – "quando forem exigidos do empregado serviços superiores às suas forças, defesos por lei, contrários aos bons costumes, ou alheios ao contrato" – art. 483, alínea "a" 343
    exigência serviços alheios ao contrato de trabalho – art. 483, a.4 348
    exigência de serviços contrários aos bons costumes – art. 483, a.3 345
        assédio sexual no ambiente do trabalho – art. 483, a.3.1 345
    exigência de serviços defesos em lei – art. 483, a.2 344
    exigência de serviços superiores às suas forças – art. 483, a.1 343

alínea "b" Quando for tratado pelo empregador ou por seus superiores hierárquicos com rigor excessivo" – art.483, alínea "b" 349

    assédio moral (Dano moral) – art. 483-alínea "b.1" 350

alínea "c" - correr perigo manifesto de mal considerável – art. 483, alínea "c" 352

alínea "d""não cumprir o empregador as obrigações do contrato"– art. 483, alínea "d" 353

    alterações contratuais lesivas – art. 483, d.5 362

    menor e não mudança de função (art. 407, parágrafo único, da CLT) – art. 483, d.6 362

    não depósito no FGTS – art. 483, d.2 359

    não fornecimento de trabalho ao empregado – art. 483, d.3 361

    não pagamento de salário – art. 483, d.1 356

    atleta profissional. Art. 28, II e 31, § 2º da Lei n. 9615/98 – art. 483, d.1.1 358

    suspensão por mais de 30 dias (Art. 474, da CLT – art. 483, d.4 362

alínea "e" – praticar o empregador, ou seus prepostos, contra ele ou pessoas de sua família, ato lesivo da honra e boa fama – art. 483, alínea "e" 362

    assédio moral – art. 483, e.1 364

alínea "f" – o empregador ou seus prepostos ofenderem-no fisicamente, salvo em caso de legítima defesa, própria ou de outrem – art. 483, alínea "f" 364

alínea "g" – o empregador reduzir o seu trabalho, sendo este por peça ou tarefa, de forma a afetar sensivelmente a importância dos salários – art. 483, alínea "g" 364

morte do empregador, constituído em empresa individual. art. 483, 1 365

nexo causal (relação de causa e efeito) entre o ato faltoso e a punição – art. 483, b 342

ônus da prova – art. 483, d 343

peculiaridades da rescisão indireta – art. 483, m 369

    pedido de reconhecimento de vínculo empregatício acompanhada de pedido de rescisão indireta – art. 483, m. 1 369

    pedido de rescisão indireta x pedido de demissão – art. 483, m. 2 369

    pedido de rescisão indireta x estabilidade provisória – art. 483, m. 3 370

    rescisão indireta e a multa prevista no art. 477, § 8º, da CLT – art. 483, m. 4 371

    princípio da imediatidade (perdão tácito) – art. 483, a 340

    rescisão do contrato. Faculdade do empregado – art. 483, J 366

    rescisão indireta e o aviso prévio – art. 483, l 368

    suspensão da prestação de serviços ou rescisão do contrato na hipótese de o empregado tiver que desempenhar obrigações legais incompatíveis com a continuação do serviço – art. 483, h ... 365

Salário (Ver remuneração)

    adiantamentos. Descontos – art. 462, 2 150

    atraso de pagamento de salário e o dano moral – art. 459, 5 131

    descontos permitidos (art. 462, *caput*) – art. 462, 3 151

    -atleta profissional de futebol – art. 462,3.1 152

    descontos. Acordo ou convenção coletiva. (art. 462, *caput*) – art. 462,4 152

    descontos. Contrato individual de trabalho (art. 462, § 1º) – art. 462,5 152

época própria para o pagamento – art. 459, 3 128
estipulação (falta) ou ausência de prova do valor ajustado – art. 460 132
mora salarial – art. 459, 4 130
pagamento. Analfabeto – art. 464.2 155
pagamento. Comissões e percentagens. Gratificações – art. 459, 2 128
pagamento. Crédito em conta bancária – art. 464, parágrafo único 155
pagamento. Dia útil e local do trabalho – art. 465 159
pagamento. Estipulação – art. 459, 1 128
pagamento. Forma e recibo – art. 464 155
pagamento. Moeda corrente – art. 463 154
pagamento. Moeda corrente. Inobservância – art. 463, parágrafo único 154
pagamento. Recibo e outras formas – art. 464.1 155
pagamento. Peculiaridades
    empregado analfabeto – art. 464, 2.1 158
    confissão do empregado – art. 464, 2.2 158
    empregado doméstico – art. 464, 2.3 158
    empregado menor – art. 464, 2.4 159
pagamento de salário "por fora – art. 464, 2.5 159
proteção (Art. 462, *caput* e §§ 3º e 4º) – art. 462, 1 150
Salário utilidade ou *in natura*
    alimentação – art. 458, 2 118
    alimentação no meio rural e outras prestações *in natura* – art. 458, 2.1 121
    comentários – art. 458, *caput*, 1 118
    habitação – art. 458, 3 121
    habitação no meio rural – art. 458, 3.1 123
    utilidades não consideradas como salário (§ 2º) – art. 458, 4 123
        (inciso I, do § 2º). Vestuários, equipamentos e outros acessórios fornecidos aos empregados e utilizados no local de trabalho, para a prestação do serviço – art. 458, 4.1 124
        (inciso II, do § 2º). Educação, em estabelecimento de ensino próprio ou de terceiros, compreendendo os valores relativos à matrícula, mensalidade, anuidade, livros e material didático – art. 458, 4.2 124
        (Inciso III, do § 2º). Transporte destinado ao deslocamento para o trabalho e retorno, em percurso servido ou não por transporte público – art. 458, 4.3 124
        veículo fornecido para o trabalho – art. 458, 4.3.1 125
        vale transporte – art. 458, 4.3.1.1 126
        (Inciso IV). Assistência médica, hospitalar e odontológica, prestada diretamente ou mediante seguro-saúde – art. 458, 4.4 126
        (Inciso V). Seguros de vida e de acidentes pessoais – art. 458, 4.5 127
        (Inciso VI). Previdência privada – art. 458, 4.6 127
Serviço compatível com a condição pessoal do empregado – art. 456, parágrafo único 91
Serviço militar. Afastamento – art. 472, § 1º 192

Somatória de período anterior (V. Readmissão e Aposentadoria)
Sucessão trabalhista
- considerações iniciais – art. 448, 1.. 57
- contrato de concessão pública – art. 448, 3 59
- contrato de arrendamento– art. 448, 4 59
- desmembramento de municípios – art. 448, 5. 60
- Lei de Recuperação Judicial e Falência (art. 141, II e § 2º) da Lei n. 11.101/05 – art. 448, 7 61
- modalidades de sucessão – art. 448, 2 58
- titularidade de cartório extrajudicial – art. 448, 6 60
- trabalho doméstico – art. 448, 8 62
- trabalho rural – art. 448, 9 63

Substituição eventual ou temporária – art. 450 65
Suspensão e interrupção do contrato de trabalho
interrupção
- alistamento como eleitor – art. 473,V 196
- alistamento militar – art. 473, VI 197
- aposentadoria por invalidez. Admissão de substituto pela empresa. Indenização – art. 475, § 2º . 201
- aposentadoria por invalidez. Recuperação da capacidade. Efeitos – art. 475 201
- aposentadoria por invalidez. Suspensão do contrato de trabalho – art. 475, § 1º 201
- auxílio-enfermidade. Afastamento. Licença não remunerada – art. 476 202
- casamento – art. 473, II 195
- comparecimento a Juízo – art. 473, VIII 197
- doação voluntária de sangue, art. 473, IV 196
- encargo público. Afastamento – art. 472, § 1º 192
- falecimento do cônjuge – art. 473, I 195
- exame vestibular – prova – art. 473, VII 197
- nascimento do filho – art. 473, III 196
- participantes de Conselho de Órgãos oficiais (Fundo de Garantia do Tempo de Serviço – FGTS e Previdência Social – art. 473, IX,1 198
- representação sindical. Participação em reunião oficial de organismo internacional do qual o Brasil seja membro – art. 473, IX 197
- outras hipóteses de afastamento do empregado consideradas como de interrupção do contrato de trabalho, ou seja, com o pagamento de salário – art. 473-X 198
    - interrupção do trabalho (art. 61, parágrafo 3º, da CLT) – art. 473, X.5 199
    - licença maternidade – art. 473, X.2 198
    - licença paternidade – art. 473, X.1 198
    - licença remunerada, concedida pelo empregador – art. 473, X.4 199
    - motivo de doença – art. 473, X.3 198
    - atestado médico. Abono de faltas – art. 473, X.3.1 199
    - período de amamentação (art. 396, da CLT) – art. 473, X.6 199

serviço militar. Afastamento – art. 472 e § 1º 193
suspensão. Curso ou programa de qualificação – art. 476-A 204
suspensão. Limite – art. 474 199
suspensão e interrupção do contrato de trabalho – art. 471,1 a 7 190
Tempo parcial (Contrato de trabalho, Lei n. 9.601/98) – art. 443, d 46
Terceirização de serviços e a responsabilidade subsidiária – art. 455, 3 87
Terceirização de serviços e os órgãos públicos – art. 455, 4 90
Trabalho proibido e objeto ilícito — art. 442, 2 22
Transferência
    adicional de 25ª. Base de cálculo (Art. 469, § 3º) – art. 469, 8 186
    cargo de confiança (Art. 469, § 1º) – art. 469, 3 178
    cláusula explícita e implícita (Art. 469,§ 1º) – art. 469, 5 181
    conceito de real necessidade de serviço (Art. 469, § 2º) – art. 469, 4 180
    despesas de ida do empregado – art. 470, 1 189
    despesas de retorno do empregado – art. 470, 2 189
    domicílio e residência – art. 469, 1 177
    extinção do estabelecimento. (Art. 469, § 2º) – art. 469, 6 182
    -garantia de emprego – art. 469, 6.1 182
    definitiva e Provisória. Adicional (Art. 469, § 3º) – art. 469, 7 183
    -transferência definitiva – art. 469, 7.1 183
    -transferência provisória – art. 469, 7.2 184
    transferência do empregado para local mais distante de sua residência. Despesas com transporte – art. 469, 11 188
    transferência e domicílio. (Art. 469, *caput*) – art. 469, 2 178
    transferência entre empresas do mesmo grupo econômico – art. 469, 9 186
    transferência para o exterior. Lei n. 7.064/82 – art. 469, 10 187

Produção Gráfica e Editoração Eletrônica: **RLUX**

Capa: **FÁBIO GIGLIO**

Impressão: **ESCOLAS PROFISSIONAIS SALESIANAS**

CLT - Doutrina - Jurisprudência Predominante e Procedimentos Administrativos

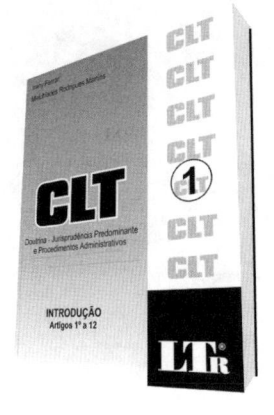

INTRODUÇÃO
Artigos 1º a 12

2006 - (Cód. 3371.0) - 144 pgs.

DO PROCESSO DE MULTAS ADMINISTRATIVAS
Artigos 626 a 642

2007 - (Cód. 3431.8) - 160 pgs.

SEGURANÇA E MEDICINA DO TRABALHO
Artigos 154 a 201

2007 - (Cód. 3477.4) - 136 pgs.

Visite nosso site: www.ltr.com.br